JN441535

定本 朱子語類小分 (一)

1～30卷

편자 | 송시열 외

표점 · 교감 | 충북대학교 우암연구소
우암자료집성및정본화사업팀

심산

＊이 책은 2007년~2010년까지 3년간 한국연구재단(구 한국학술진흥재단)의 기초연구과제지원 사업(토대연구)으로 연구비를 지원받아 수행된 〈우암자료 집성 및 정본화 사업〉(과제번호: KRF-2007-322-A00036)의 연구결과물입니다.

우암 송시열 선생의 영정. 우암의 후손이 국립청주박물관에 기탁하여 보관중인 작품.

우암 선생 영정의 초본.

조선시대 국가적 차원에서 교감하여 정본으로 편찬한 우암의 문집인 『송자대전宋子大全』. 우암이 평생 흠모하고 연구했던 주자의 문집인 『주자대전朱子大全』을 본떠서 만들었다.

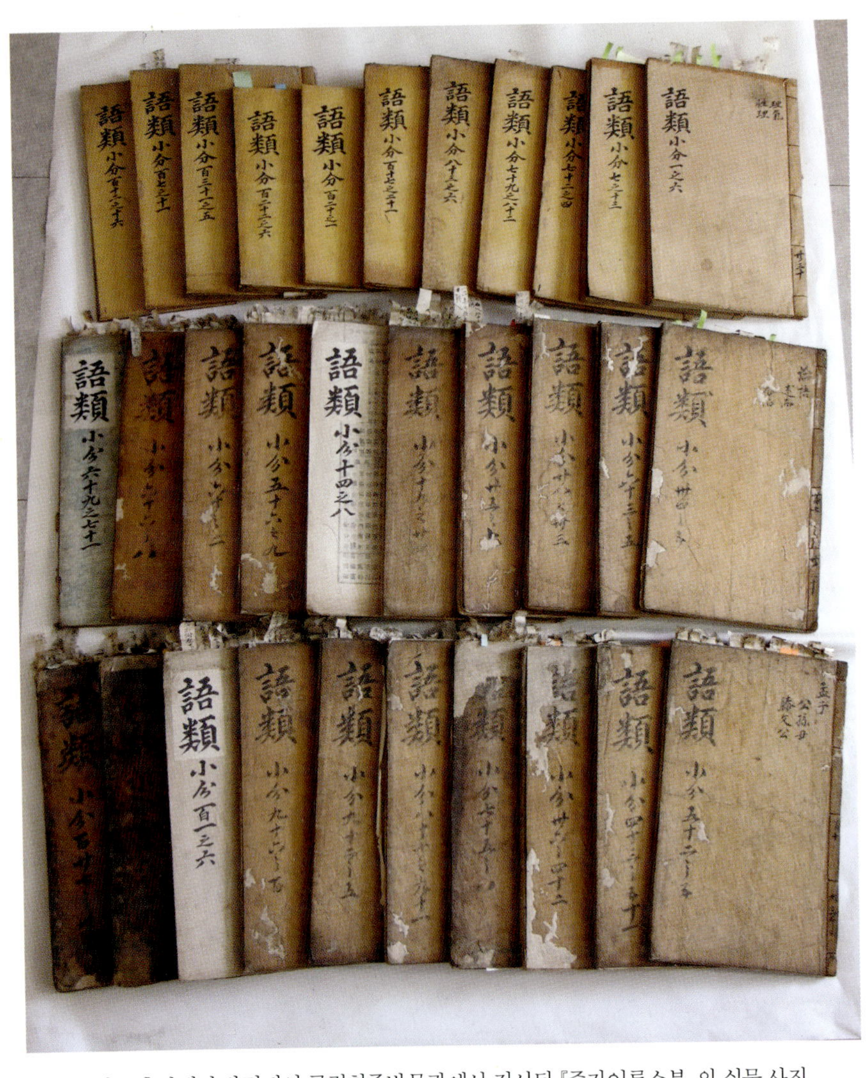

대전 문충사에서 발견되어 국립청주박물관에서 전시된 『주자어류소분』의 실물 사진.

대로사는 1785년 정조의 명에 따라 여주에 세운 사액 사우로서, 현판의 '대로大老'는 우암 선생을 국가원로로 예우하는 존칭이다.

우암 선생이 평소 강학할 때 쓰던 서안.

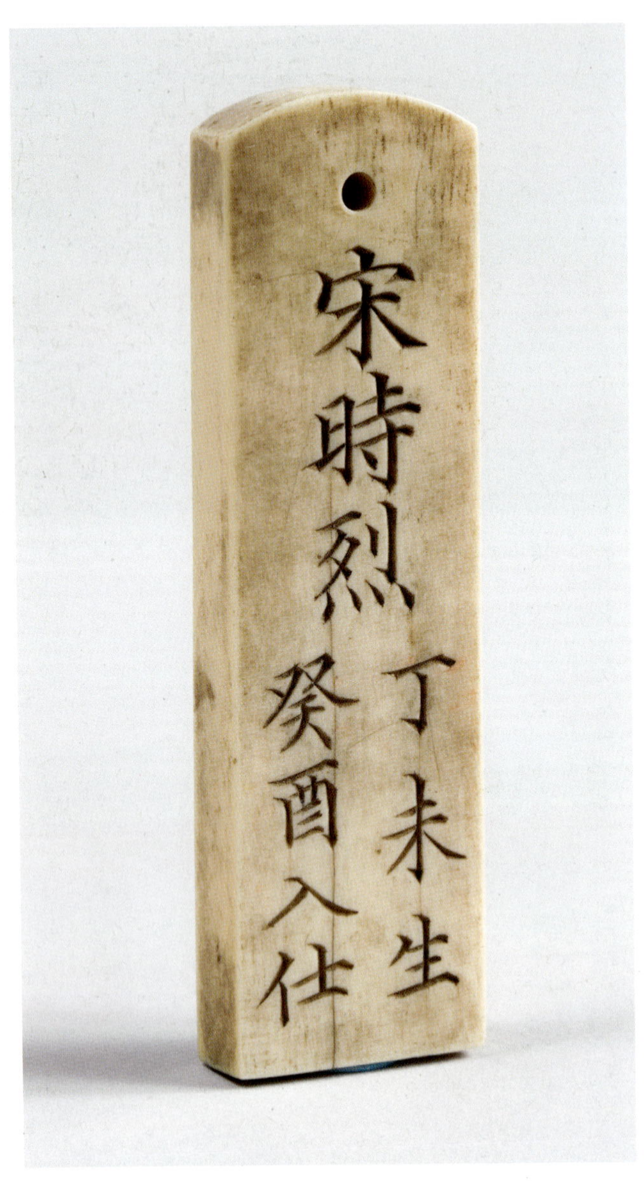

정미년에 태어나 계유년 관직에 나아간 사실이 기록된 우암 선생의 호패.

발간사

충북대학교 우암연구소는 2007년부터 한국연구재단(구 학술진흥재단)의 지원을 받아 '우암자료(尤庵資料) 집성(集成) 및 정본화(定本化) 사업(事業)'을 진행하여 왔다. 지난 3년 동안 사업을 진행하면서 우암(尤庵) 송시열(宋時烈) 선생과 관련된 광범위한 자료를 수집하였고, 또한 수집한 자료들을 표점 · 교감이라는 방식을 통해 새롭게 정리하여 왔다.

이제 그간의 사업이 일단락되어 마무리를 하는 즈음에 『주자어류소분(朱子語類小分)』 표점 · 교감본을 출간하게 되었다. 『주자어류소분』은 우암 선생이 1679년에 유배지인 거제도에서 그 손자인 주석(疇錫)과 함께 주자어류를 교감하면서 중복되거나 번잡한 내용을 산삭(刪削)하고 문목(問目)을 재분류하여 편집한 것으로서, 우암뿐만 아니라 권상하(權尙夏), 이희조(李喜朝), 이기홍(李箕洪), 홍치상(洪致祥) 등 우암의 여러 문인들이 함께 참여하였고 그 이후 그 유지를 받들어 조선 말기까지 지속적으로 작업이 이루어져 현재의 모습을 갖추게 된 기호학의 집성적인 작품이라 할 수 있다.

이번에 출간하는 『주자어류소분』 표점 · 교감본에서는 우리 연구소의

'우암자료 집성 및 정본화 사업팀' 전임연구원들이 7종의 『주자어류』 판본을 꼼꼼하게 대교하면서 표점 · 교감 작업에 정확을 기하고자 하였다. 앞으로 우리나라 학계에서도 활발하게 이루어질 표점 · 교감 연구에서 하나의 모델이 될 것이라고 자부해 본다. 또한 『주자어류』 및 주자학과 우암학을 연구하는 분들께 도움이 될 것이라고 기대한다.

이 책을 출간하기 위해 우리 사업팀의 전임연구원들의 노고가 컸다. 우암정본화 사업을 총괄해 주신 이강수 교수님과 본 『주자어류소분』의 표점 · 교감 작업에 참여하였던 모든 연구원들의 노고에 감사드린다. 또한 어려운 출판계의 사정을 고려하지 않고 그 자료적 가치만을 생각하여 흔쾌히 출판을 허락한 심산출판사에도 감사의 뜻을 전한다.

2010년 12월

충북대학교 우암연구소장 金聖基

발간사

『주자어류소분(朱子語類小分)』은 우암(尤庵) 송시열(宋時烈, 1607~1689)이 『주자어류(朱子語類)』를 교감하고 항목을 재분류하여 편집한 책이다. 『주자어류』는 사서오경(四書五經), 성리설, 역사, 정치, 문학 등에 관한 주자(朱子, 1130~1200)의 학설을 담고 있다. 사서오경은 주자의 주해를 거쳐 원·명·청과 조선 시대에 이르기까지 과거고시의 표준교과서가 되었기에 주자학은 관방의 지도사상이었는데, 주자학을 제대로 알려면 『주자어류』를 정독하지 않을 수 없었다.

『주자어류』는 주자 사후 70년이 지나서 1270년 여정덕(黎靖德)이 편집하여 140권으로 출판한 것이다. 주자의 제자 97인이 기록한 것을 종합한 것이기에 그 가운데는 번잡한 것과 잘못된 것이 적지 않았으며 일부 재료는 산실(散失)되기도 하고 주자의 초년설이 말년에 수정된 것도 있었다. 또한 『주자어류』는 본래 주자가 그 제자들과 학문을 토론한 내용을 담고 있기에 자유롭고 진지한 태도가 엿보이는 반면에 문어체로 잘 정리된 『주자대전(朱子大全)』과 달리 그 본지를 파악하기 어렵다는 단점도 있었다.

우암 송시열은 이러한 『주자어류』를 교감하고 정리할 필요를 느끼고 그의 나이 73세 때인 거제도 유배시절에 그의 손자 송주석과 같이 교감·편집하기 시작하였으나 미처 마무리 짓지 못하고 제자들에게 그 일을 이어받아 완성해 주기를 당부하였다. 그러나 제자들이 스승의 작업을 계승하여 그 미비점을 보완하는 일은 결코 순탄치 않았고 오래 걸렸으며 중도에 그 행방이 묘연하다가 최근 연재(淵齋) 송병선(宋秉璿, 1836~1905)의 문충사에서 그 필사본이 발견되었다.

금번에 우암연구소 우암자료 집성 및 정본화 사업팀에서 새롭게 간행하는 『주자어류소분』은 『주자어류소분』 본문과 부전지(附箋紙)의 원문을 입력하고 조선과 중국의 다양한 『주자어류』 판본들과 대조하여 교감한 뒤 원문에 표점을 가한 것이다.

『주자어류소분』은 새로운 학설을 주장하거나 참신한 방법론을 선보이는 창의적인 저술이 아니라 번잡하고 중복되는 부분을 삭제하고 유사한 성격의 어록들끼리 모아서 면밀하게 분류한 편집서이다. 따라서 기존의 『주자어류』 판본들과 문자와 편집을 비교하는 것이 중요하다.

우리 팀에서는 이런 점에 주목하여 『주자어류소분』을 중국과 조선에서 간행된 중요한 『주자어류』 판본들과 비교할 수 있도록 주석에 이본들 간에 나타나는 문자(文字)의 동이(同異)와 더불어 삭제되거나 재편집된 내용을 설명했으며, 『주자어류』의 권수·항목수를 표기하여 대조의 편의를 도모하는 방식으로 편집하였다. 또한 현존 최고본(最古本)인 성화본(成化本)에서 만력본(萬曆本), 하본(賀本), 휘주본(徽州本) 등을 거쳐 현대의 중화서국본(中華書局本)에 이르는 중국의 중요 판본은 물론이고, 우암이 효종(孝宗)으로부터 내사(內賜)받은 효종간본(孝宗刊本)과 더불어 선조간본(宣祖刊本), 영조간본(英祖刊本), 정조간본(正祖刊本) 등의 조선본을 『주자어류소분』과 대조하였다. 그러므로 이번에 간행되는 『주자어류소분』은 우암과 우암학파의 『주자어류』 연구 역량이 결집된 책으로서도 가치가 높지만, 중국과 조선의 다양한 『주자어류』 판본을 비교할 수 있다는 점에서도 유용할 것으로 기대된다.

『주자어류소분』은 한국연구재단(구 한국학술진흥재단)의 지원을 받아 사업의 1차년도에 총 140권 30책의 본문 157만여 자를 입력한 뒤, 3년에 걸쳐서 14명의 연구원들이 중요한 『주자어류』 판본들과 비교 가능한 형태로 재편집한 본문과 주석을 교감하고 표점을 가했으며, 다시 10명이 3차례에 걸쳐 교정했다. 이 과정에서 특히 본문의 삭제, 가필(加筆), 보사(補寫), 정정, 재편집 등을 명시하고 본문과 부전지(附箋紙), 협서(挾書), 두주(頭註) 등을 구별하여 표시함으로써 우암과 우암학파의 편집과 교감이 이루어지는 과정을 보여주고자 신경을 썼다.

한편, 본문 중간에 붙어있는 부전지는 이두희 선생과 조종업 선생이 탈초(脫草)했고, 박종천 연구원이 누락된 부전지를 보완하여 탈초하고 교열한 뒤 표점을 가했다. 그 결과 〈『朱子語類小分』 附箋紙 脫草本〉(총 3만 3,643자 분량)이 완성되었다. 부전지 내용은 주석에 반영했으며, 이에 따라 총 282만여 자의 『주자어류소분』을 완성했다. 이 과정에서 박종천 연구원은 해제를 쓰고 편집과 작업 실무 전체를 조율했다.

본서의 출판에 즈음하여 우암정본화사업을 지원해주신 한국연구재단에 사의를 표하고, 조선 후기에 사라졌던 『주자어류소분』이 다시 세상에 빛을 볼 수 있도록 여러 면에서 도움을 주신 은진송씨 송자사업회(恩津宋氏 宋子事業會)와 유림(儒林)들, 그리고 이 책을 새로운 형태로 참신하게 세상과 만나도록 출판해 주신 심산출판사에 감사를 드린다.

2010년 12월

우암자료집성및정본화사업팀 연구책임자 이강수

차 례

『주자어류소분』에 대하여[1]

박종천(충북대 우암연구소 전임연구원)

Ⅰ. 우암학파와 『주자어류소분』

『주자어류소분(朱子語類小分)』은 송시열(尤庵 宋時烈, 1607~1689)이 1679년에 유배지에서 그의 손자와 함께 『주자어류(朱子語類)』를 교감하면서 중복되거나 번잡한 내용을 산삭(刪削)하고 문목(問目)을 재분류하여 편집한 것이다. 이는 그 본지(本旨)를 포착하기 힘든 『주자어류』가 우암 선생에 의해 비로소 온전하게 이해되었을 뿐만 아니라 새로운 체계화를 주체적으로 진행할 만큼 주자학 연구의 수준이 높아졌음을 드러낸 학문적 결실로서,[2] 『주자대전(朱子大全)』을 연구한 『주자대전차의(朱子大全箚疑)』와 더불어 주자를 절대적 표준으로 정립하는 우암 주자학 연구의 정수를 잘 보여준다.[3]

---

1) 본 해제는 박종천, 「우암학파의 『주자어류소분』에 대한 연구」, 『역사와 담론』 53집(호서사학회, 2009), 67-100쪽에 게재되었던 것을 수정보완한 것이다.

2) 우암에 앞서 이황의 『주자어류』 연구가 있었으나 이는 『주자어류』의 이해의 초기단계에 해당한다. 이에 대해서는 송욱, 「이황 자필교정본 『주자어류』의 가치와 그의 학문방법론(수양법)」, 『역사학보』 47(역사학회, 1970) 참조.

3) 金駿錫, 「조선후기 畿湖士林의 朱子 인식 –朱子文集·語錄 연구의 전개과정–」, 『백제연구』 18(충남대학교 백제연구소, 1987); 우경섭, 「宋時烈의 世道政治思想

우암은 자신의 작업을 권상하(遂庵 權尙夏, 1641~1721)와 이희조(芝村 李喜朝, 1655~1724) 등의 제자들에게 계승하도록 당부했고, 그 유지(遺志)에 따라 몇 명의 직전(直傳)제자들이 참여하여 스승이 30책으로 정리한 『주자어류소분』 정본(淨本)을 교정하면서 부전지(附籤紙)를 붙였다. 그러나 『주자어류소분』은 재전(再傳)제자와 삼전(三傳)제자를 거치면서 없어져서 18세기부터는 그 행방이 묘연해졌다. 그러다가 19세기에 와서 홍직필(梅山 洪直弼, 1776~1852)이 기국정(杞菊亭)에서 그 원본(原本/元本)을 발견해서 잠시 그 소재가 파악되었으며, 그 뒤 보완 작업을 거쳤을 것으로 추정된다. 그 이후 다시 역사의 무대에서 사라졌다가, 최근 현존하는 유일한 필사본(筆寫本)이 송병선(淵齋 宋秉璿, 1836~1905)을 모시는 문충사(文忠祠)에서 발견되어 공개되었다. 이 텍스트는 19세기 후반 송병선과 그 제자들에 의해 추가로 보완된 것으로 보이는 보본(補本)이 포함되어 있다. 따라서 『주자어류소분』은 우암이 그의 손자와 함께 작성한 초고(草稿), 우암 직전제자들의 부전지 작업, 송병선 단계의 보완작업 등을 거쳐 17세기 후반부터 19세기 후반에 이르는 우암학파의 『주자어류』 연구 역량이 결집된 학문적 결실이라고 평가할 수 있다.

그러나 우암의 주도 아래 우암학파의 학문적 관심이 집약된 『주자어류소분』은 조선 후기 『주자어류』 연구의 모범을 제시하면서 그 이후 간행된 여러 저술들에 지대한 영향을 미쳤으면서도 여러 가지 사정 때문에 필사본인 채로 남아 있다가 결국 간행되지 못했다. 2008년에 충북대학교 우암연구소에서 『송자별집총간(宋子別集叢刊)』 시리즈 중 하나로 영인되어 비로소 그 실체가 공개되었으며, 부전지(附籤紙)

硏究」(서울대학교 대학원 박사학위논문, 2005) 참조.

내용도 탈초(脫草)작업을 거쳐 별도로 출판되었다.

본 해제는 그동안 베일에 가려졌던 『주자어류소분』 필사본의 편찬 경위와 전승과정을 소개하고 형식적 특징과 편집방식을 설명하며 조선시대 『주자어류』 연구에서 차지하는 사상사적 의의를 검토함으로써 『주자어류소분』의 심화연구를 위한 단초를 제공하려 한다.

Ⅱ. 『주자어류소분』의 편찬경위와 전승과정

『주자어류소분』은 우암이 1679년(己未) 거제도(巨濟島) 유배시절(음력 4월~12월)에 그의 손자 송주석(鳳谷 宋疇錫, 1650~1692)과 함께 밤낮으로 『주자어류』를 집중적으로 교감하여 그 가운데 착잡(錯雜)한 것을 정리하고 번거롭거나 중복된 것을 산삭(删削)하며 유(類)에 맞게 항목[分]을 재분류하여 완성한 것이다.[4] 이와 관련해서 1682년(壬戌) 3월에 우암은 『주자어류소분』에 대해서 손자뻘인 제자 이희조에게 다음과 같이 말한 바 있다.

> 『어류(語類)』가 이미 편목을 나눈[分門] 책인데, 이제 다시 편목을 나누니, 장차 어떤 표제(標題)를 달아야 온당하겠는가? 『계몽(啓蒙)』에 대분(大分)·소분(小分)의 말이 있으니, 『어류소분(語類小分)』으로 제목을 다는 것이 어떨지 모르겠네. ○편말(篇末)에 혹시 옮겨야 마땅한데도 아

4) 『宋子大全附錄』, 卷7, 「年譜[六]」. “[崇禎五十二年己未], 五十二年己未【先生七十三歲】, 四月【乙丑】甲戌, 移配于巨濟. 十二月【壬戌】, 戊子, 聞火延先墓擧哀. 『朱子語類小分』成. 【先生每嫌『語類』記事錯雜, 且多煩複. 自入島中, 與孫疇錫, 日夕對勘, 整其錯雜, 删其煩複, 隨類移分. 雖危禍迫頭, 而亦不以爲意, 惟專心用工於此事也.】” 『宋子大全附錄』, 卷13, 「墓表【門人權尙夏撰】」, “『語類小分』, 巨濟時所編也.”

직 옮기지 않은 것이 있으면, 그것들을 하나하나 옮겨야 하네. 그런 뒤에 신본(新本)의 글씨를 쓰는 사수(寫手)에게 그것들을 건네주는 것이 어떻겠는가? ○대저 이 책은 많이 아끼는 데서 벗어나지 못하고 있는데, 산삭(刪削)해야 할 필요가 있을 걸세. 의거했던 바 향본(鄕本)은 뒤섞인 것이 많으니, 이 본(本)이 착잡(錯雜)한 것은 괴이할 게 없네. 선묘조(宣廟朝)의 관본(館本)을 얻어서 중국본처럼 교정(校正)을 매우 잘해야 할 걸세. 만약 『소분(小分)』에 원본(元本)의 편목(篇目)보다 분명하지 않은 점이 있다면, 새로운 편목을 따로 세워도 무방하네.[5)]

위 기록에 의하면 『주자어류소분』은 텍스트상으로 문제점이 있는 향본(鄕本) 『주자어류』 텍스트에 교감을 가한 것임을 알 수 있다. 향본은 일반적으로 당본(唐本)으로 표현되는 중국본과 대조하여 쓰이는 조선본을 뜻한다. 이 향본은 중국본의 필사본 혹은 선조간본(宣祖刊本) 『주자어류』의 필사본으로 추정된다. 우암은 1657년에 이미 내사본(內賜本)으로 관본(館本)인 효종간본(孝宗刊本) 『주자어류』를 받은 바 있었으나, 유배라는 특수한 상황적 여건과 더불어 임금이 내린 내사본에 직접 교정을 할 수는 없었으므로 향본에 교정을 했던 것으로 추측된다.[6)] 향본에 산삭과 재분류 및 교정을 가한 내용은 글씨를 쓰는 사수를 통해 정서(淨書)함으로써 『주자어류소분』의 정본(淨本)이

---

5) 『宋子大全』, 卷96, 「書・與李同甫【壬戌三月二日】」, 1b. "『語類』旣是分門之書, 而今又分門, 將如何標題然後爲穩耶? 『啓蒙』有大分・小分語, 題以『語類小分』, 未知如何? ○篇末或有當移而未移者, 須一一移之. 然後付之新本寫手如何? ○大抵此書, 不免於多愛, 須更要刪也. 所据鄕本多錯, 此本之錯無怪也. 須得宣廟朝館本, 若華本校正甚善. 若小分有不著於元本篇目者, 則別立新目亦無妨".

6) 藤本幸夫, 「朝鮮版『朱子語類』攷」, 『富山大學人文學部紀要』 5 (富山大學人文學部, 1981), pp. 251-302. 우암의 內賜本 『朱子語類』(京都大學 文學部 소장본), "崇禎 丁酉(順治 14년, 孝宗 8년, 1657년) 7月 初4日"에서 내사한다는 〈內賜記〉와 〈告目〉이 제1권 앞부분에 쓰여 있다. 효종간본은 嶺南 比安縣에서 宣祖刊本의 번각본으로 간행된 刊本이다.

완성된다. 권상하가 당시 전라도관찰사였던 이수언(聾溪 李秀彦, 1636~1697)에게 보낸 서한에 의하면, 우암이 편집한 『어류소분』은 직전(直傳)제자들의 교정을 거쳐 모두 30여 책의 정본(淨本)으로 완성된 채 간행을 앞두고 있었으나 실제로 간행되지는 못했다.[7] 이수언이 전라도관찰사로 임명된 것은 1694년 말이었고,[8] 1696년 대사헌(大司憲)으로 서울로 올라오다가 사직하였으므로, 1679년에 완성된 초고가 늦어도 1695년경에는 정본으로 출간을 앞둔 상태로 정리된 셈이다.

우암은 1679년 초고를 완성한 뒤 1689년 죽음에 이르러 유언을 남길 때까지 몇 번의 편지를 통해 후학들이 『주자어류소분』 작업에 참여하도록 요청했다. 앞 인용문에 나타나듯이, 우암은 『주자어류』가 주자 문인들의 기록이 뒤섞여 있기 때문에 완전하게 정비된 체계적 저술이 아니라는 점을 인식하고, 자신이 직접 편집하고 교감했을 뿐만 아니라 이희조와 권상하 등을 중심으로 직전제자들에게 『주자어류소분』을 산삭하고 교정하도록 당부했다. 우암은 1682년(壬戌) 7월에 보낸 편지에서 이희조에게 직접 『주자어류』 등본(謄本)을 보내면서 『주자어류소분』 작업의 지속을 당부하였으며,[9] 1689년(己巳) 2월 임

---

7) 權尙夏, 『寒水齋集』, 卷19, 「書・與湖南伯」, 1a. "先生所編『語類小分』, 共卅餘冊, 已成淨本, 趁執事按南時, 欲謀入梓, 而似聞朝議將請召還. 若始事而中寢, 則不如不始, 未知如何?"

8) 權尙夏, 『肅宗實錄』 27卷(29冊, 75a), 肅宗 20年(1694) 12月 27日(庚申)條. "庚申/都目政, 以李世載爲司書, 柳尙載爲輔德, 崔奎瑞爲副提學, 尹德駿爲應敎, 趙泰采爲副修撰, 權㣌爲正言, 李箕疇爲諮議, 出李秀彦爲全羅道觀察使, 吳道一爲江原道觀察使."

9) 『宋子大全』, 卷96, 「書·答李同甫【壬戌七月十六日】」, 2a-3a. "病臥呻吟中, 獲奉前月廿九日本月初五所遺書, 不但存問死生, 其所以講質『語類』事, 至精至密. 此平生得於諸友者甚鮮, 欣然玩繹, 不覺心眼俱開也. 寫役承退憂丈留意, 甚敬且仰, 世衰道微. 此等書冊, 抛在笆籬邊, 久矣. 王務家私之人, 有肯樂聞於此者乎? 吾儕不可不勤勉卒業, 歸成於此翁也. 『語類』謄本, 前後所呈者, 五冊也. 今又呈一冊, 是自百二十七至三十者也. 此外則更無餘矣. 別錄一冊, 蒙示極幸. 今欲一一奉報,

자(壬子, 14)일에 태인(泰仁)에서 하룻밤 유숙하고 나서 갑인(甲寅, 16)일에 제자 수암 권상하에게 흥계(興溪)의 집 시렁 위에 둔 『어류소분』의 검교(檢校)를 부탁했다.10) 다시 5월 14일에 권상하에게 보낸 편지에서는 자신의 주자학 연구의 학문적 계승을 다음과 같은 유언(遺言)으로 남겼다.

"아침에 도(道)를 들으면 저녁에 죽어도 괜찮다"는 것이 성인(聖人)의 밝은 가르침인데, 여든 살 남짓의 나이에 마침내 듣지 못하고 죽게 되었으니, 그 소중한 천부(天賦)의 성(性)을 저버리게 되었네. 이것이 마음에 부끄럽고 한스러울 뿐일세. 또 마음에 걸리는 것이 있네. 일생동안 『주자대전(朱子大全)』과 『주자어류(朱子語類)』를 읽으면서 그 가운데 의심스러운 점이 없지 않았고 풀기 어려운 곳도 있어서, 그것을 간추려서 초록(抄錄)하고 대략 해설을 해서 동지들과 함께 헤아리고 또 후세 사람들에게도 보여주고자 했는데, 안타깝게도 끝맺지 못했네. 돌아보건대 지금 세상에 이 일을 맡길 사람은 오직 자네(致道: 權尙夏)와 중화(仲和: 金昌協) 뿐이네. 모름지기 동보(同甫: 李喜朝), 여구(汝九: 李箕洪), 미백(美伯: 崔邦彦)과 그 밖에 함께 일할 수 있는 사람과 더불어 협동하여 정리하는 것이 어떻겠는가?11)

而樞傔告忙, 當俟後便耳. 夕陽無限, 黃昏已近, 同甫若至此漢年歲, 則亦當知之也. 『程書分類』之本, 付之白石崔君諸人已久, 而迄未了當. 若得同甫重略加警責則善矣. 將來註解, 亦願蒙同甫之相助也. 自餘千萬, 倩草不宣. [別紙] 當初鄙意, 則以爲一語之中, 有轉而之它者, 三數語. 故不免裁割, 各以類從, 故欲加小分之目, 而亦意其未甚恰好也. 今來示如此, 須更思恰好者, 終不至爲阿房宮則幸甚. ○ 來示然矣. 但所謂雜類者, 雖間有雜說, 然皆主於古書之雜者而已. 今所追入恐, 或有不著者矣, 更加商量如何."

10) 『寒水齋先生年譜』, 16ab. "己巳【先生四十九歲】, 二月, … 壬子, 宿泰仁. …【又曰, '『語類小分』在興溪架上, 可取去檢校.'】" 『寒水齋集』, 卷21, 「雜著・己巳行中語錄」, 25a. "『語類小分』在興溪架上, 可取去檢校." 『宋子大全附錄』, 卷11, 13a.

11) 『宋子大全』, 卷89, 「書·奉訣致道【己巳五月十四日】」, 26b. "朝聞夕死, 聖人明

이러한 당부는 제자들에게 전해졌고,[12] 스승의 유지에 따라서 황강(黃江)의 권상하와 서울의 이희조를 중심으로[13] 김창협(農巖 金昌協, 1651~1708), 이기홍(直齋 李箕洪, 1641～1708), 최방언(養正堂 崔邦彦, 1634~1724) 등의 직전제자들이 모여서 스승의 작업을 계승해서 『주자어류소분』의 미비점을 보완하고 부첨지(附籤紙)를 붙여 나갔고, 그 결과는 총 30책의 『주자어류소분』의 정본(淨本)의 완성으로 나타났던 것이다.

이 과정 중에 권상하와 이희조는 다른 제자들의 참여를 권면하고 그 결과를 모으고 정본을 만드는 역할을 했고, 다른 제자들은 자신들의 교정 결과를 부첨(付籤)을 통해 반영했다. 그러나 이 과정이 순탄한 것은 아니었으며, 이런저런 사정으로 인해 정본의 완성과 간행이

訓, 而八十餘年, 終不得聞而死焉, 孤負天畀之重矣. 此爲媿恨於心耳. 又有所銜於心者, 一生讀『朱子大全』·『語類』, 其中不無可疑者, 亦有難解處, 切欲抄錄, 略爲解說, 以與同志商量, 亦以示後來之人矣, 惜乎! 未能成緖. 顧念今世以此相託者, 惟吾友與仲和耳. 須與同甫·汝九·美伯·其餘可與共事者, 協同整理, 如何如何?"

12) 李箕洪, 『直齋集』, 卷8, 「先師耽羅謫中, 與權致道書後跋」, 13b-14a. "嗚呼! 此吾老先生在島中時賜權友書, 而崔友美伯謄出寄來者也. 其書托以『程書分類』卒業事與『朱子大全』·『語類』箚疑未及者, 而幷托于金仲和·李同甫·崔美伯與不佞, 諭以協力同助之意. 噫! 先生之以此事托吾輩者, 其意豈淺尠也哉? 泰山頹矣, 微言絶矣, 平日及門者, 孰無安倣之慟, 而顧余魯質, 重以數十年貞疾者也. 今又坐謫荒塞, 病日益衄, 學日益疏, 則區區梟雁, 未足爲輕重於其間, 而感念付托之盛意, 只有涕泗之交頤而已. 噫! 時重光協洽仲春下澣, 門下鰲山之纍罪人抆血謹題."

13) 실제로 권상하와 이희조가 주고받은 편지를 통해 주도했다는 것을 알 수 있다. 李喜朝, 『芝村集』, 卷7, 「書·與權致道【癸巳】」, 36ab. "卽者, 偶考老先生抵執事書, 其入耽羅後書, 有曰, '元未下工者, 姑置不論. 其已始而未能卒業者, 有若干. 孫兒等將以奉納, 幸留意畢功.' 又曰, '『退溪集』中, 不無商量處, 愚嘗錄出爲一冊子, 所修數件文字, 孫兒從當呈稟, 須舍置他事, 專一勘定.' 又五月十四日訣書, 有云, '一生讀『大全』·『語類』, 切欲抄錄, 略爲解說矣. 惜乎! 未能成緖. 今世以此相托, 惟吾友與仲和, 須與同甫·汝九·美伯·其餘可共事者, 協同整理'云云. 所謂'已始而未卒業, 若干'與'所修數件文字', 果某某書, 而『退溪集』錄出一冊子, 亦並在案上, 而皆已勘定否. 『大全』·『語類』抄錄, 亦似非指言箚疑也. 其亦別有合整理者耶? 乞聞之."

계속 연기되었다. 예컨대, 스승의 유지를 따르려고 한 이희조는 권상하에게 『주자어류소분』을 보여 달라고 절실하게 청했고,[14] 권상하는 이희조에게 쓴 편지에서 『우암선생문집』 간행에 관한 의견 교환을 하면서 송문상(宋文相)이 전염병을 앓고 있어서 『주자어류소분』을 가져올 수 없는 사정을 이야기했다.[15]

작업 참여자 개인의 사정도 연기의 원인이 되었다. 이기홍은 이희조가 새로 보내준 『주자어류』 5책을 받았는데 병이 들어 정밀하게 검열할 수 없는 상황임을 알리는 답장으로 보내거나,[16] 1685년(乙丑, 숙종 11)에는 이어지는 제사 일로 인해 『주자어류』를 교정(校正)하기 힘든 처지를 토로하기도 했으나,[17] 병중에도 억지로 일어나서 교수(校讎)에 임하였고, 결국 신구(新舊)를 합하여 모두 6책을 교정하여 이희조에게 보냈다.[18]

다른 제자들의 노고 역시 이를 통해 미루어 짐작할 수 있다. 현존하는 20책의 원본(元本) 『주자어류소분』 가운데 부첨지에 그 이름을 남긴 사람들로는 구시경(獨樂齋 具時經, 1637～1699)[19], 이기주(李箕疇; 李

14) 權尙夏, 『寒水齋集』, 卷5, 「書·答李同甫【五月】」, 38a. "『語類小分』求見之懇至此, 送示爲當矣."

15) 權尙夏, 『寒水齋集』, 卷6, 「書·與李同甫【八月】」, 6b. "『語類小分』, 宋生文相染痛, 故不得推來, 勢將待後矣."

16) 李箕洪, 『直齋集』, 卷6, 「書·答同甫」, 32b. "下送『語類』五冊, 幷新舊依受, 而恐病憒, 不能精閱也."

17) 李箕洪, 『直齋集』, 卷6, 「書·答同甫【乙丑】」, 33b. "『語類』校正, 連行祀事, 恐未能下手耳."

18) 李箕洪, 『直齋集』, 卷6, 「書·與同甫別紙」, 34b. "『語類』, 病中強起校讎, 而未得精細究察, 殊用愧嘆. 新舊合六冊送呈. 視至, 前呈爲學方續抄, 必有未恰處. 幸仔細繙閱, 一一批敎."

19) 具時經: 『華陽淵源錄』, 第二編, 「門人」. "具時經, 字濟伯, 號獨樂齋, 綾城人, 綾城君 致寬之后. 蔭縣監. 己未, 石谷獄, 杖流伊川, 庚申, 放還. 己巳, 禍作解官歸". 1653년(孝宗 4)부터 30여 년간 尤庵 宋時烈을 스승으로 섬겼다. 1679년(肅宗 5)에 禮訟에 연루되어 伊川에 유배되었으며, 順陵祠官序, 山陵監董官, 敍

箕洪)[20], 홍치상(洪致祥, ?~1698)[21], 조인수(趙仁壽, ?~?)[22], 김유(儉齋 金揉, 1653~1719)[23], 김간(厚齋 金榦, 1646~1732)[24], 홍우익(洪禹翊, ?

社稷, 洪城判官을 거쳐 漣川縣監을 지냈다. 저술로는『獨樂齋遺稿』가 남아 있다.

20) 李箕疇:『華陽淵源錄』, 第二編,「門人」. "李箕洪, 字汝九, 辛巳生. 號直齋, 蓮山君 炯信之孫. 逸執義. 己巳, 疏辨師誣, 竄會寧, 甲戌, 放還. 天姿和粹, 器度剛方.『春秋』之義, 邪正之辨, 一遵師門大旨, 直字之號, 即先生單傳之訣也. 芝村撰行狀". 箕疇는 李箕洪의 초명이다. 본관은 全州. 副司果 李塾의 아들. 어머니는 군수 宋鉉의 딸이다. 李之濂과 宋時烈의 문인이다. 學名이 높았으나 과거에 응시하지 않다가 47세 때인 1687년(숙종 13) 學行으로 孝陵參奉에 천거되어 임용되었다. 1689년(숙종 15) 司圃署 別檢에 전직되었으나 사임하고 나아가지 않았다. 그해 스승인 송시열이 제주로 유배가게 되자, 동문 40여 인과 함께 이를 변론하다가 죄를 얻어 會寧에 유배되었다. 그곳에서 5년간 후진교육을 하다가 1694년 侍講院 諮議로 복직되었다. 이듬해인 1695년 宗簿寺 主簿로 승직되었으나 사은만 하고 사퇴하였고, 이듬해 서연관, 지평 등에 임명되었으나 모두 사퇴하였다. 1697년에 통천현감과 청풍부사를 잠시 역임하였다가, 이듬해 장령에 전임되자 人主治道에 관한 疏만 올리고 사퇴하였다. 그 뒤 延豊에 내려가 文山에 壽樂亭을 세워 그곳에 살면서, 權尙夏와 함께 經史를 강론하였으며, 때때로 화양동 등 師門의 유적을 찾아다니며 소일하였다. 조정에서 여러 번 집의에 기용하고자 하였으나 부임하지 않았다. 저술로는『自省編』,『直齋集』등이 있다.

21) 洪致祥: 생년 미상. 孝宗의 외손자. 숙종의 고모 숙안공주의 외아들. 1689년(숙종 15) 己巳換局 때 송시열, 김수항 등과 함께 사형당했다.

22) 趙仁壽: 생몰년 미상. 본관은 豊壤. 자는 伯靜, 호는 白賁堂. 뒤에 영의정, 豊興府院君이 되었다. 아버지는 진사 相鼎이다. 朴世采의 문하에서『가례』,『심경』등을 사사하고, 李端相의 문인으로 학문을 닦았으며, 오직 학문에만 뜻을 두고 과거에 응시하지 않았다. 1685년(숙종 11) 천거로 永昭殿 參奉이 되었으며, 의금부 都事를 지냈다. 숙종의 후궁이었던 張禧嬪의 무고로 왕비 閔氏(仁顯王后)가 폐위되자 두문불출하며 독서에 전념하였다. 해서에 뛰어났으며 만년에 이르러『주역』에 전념, 끝까지 통독하는 한편,『啓蒙正傳』등의 책을 통달하여 운명변화의 이치를 철저히 구명하였다. 시문 몇 권을 남겼다. 少論 집안이지만 老論 집안을 처가로 삼아 뒤에 정승이 된 趙文命, 趙顯命 등의 형제를 낳았고, 노론 집안과 사돈을 맺는 등 老論과 친밀하게 교유하였다.

23) 金揉: 본관은 淸風. 자는 士直, 호는 儉齋. 할아버지는 克亨이고, 아버지는 관찰사 澄이며, 어머니는 李義吉의 딸이다. 朴世采와 宋時烈의 문인이다. 학문에 조예가 깊어 박세채가 그의 후계자로 지목하였으며, 송시열도 그의 재주를 중히 여겼다. 1674년(현종 15) 慈懿大妃의 服喪問題를 둘러싸고 제2차 예송으로 인해 송시열과 박세채 등이 화를 입게 되자 과거를 포기하고 경기도 이천에 은거하였다. 1683년(숙종 9) 사마시에 합격, 經學으로 추천받아 창릉참봉에 등

~1701)[25] 등이 있으며, 산실된 나머지 10책의 원본(현재는 補本만 남아 있음)에도 몇 명의 참여자 이름이 더 있었을 것으로 추정된다. 이밖에도 이기홍이 신유(晦谷 申愈)와 『주자어류소분』을 황강(黃江)으로부터 가지고 가서 고정(考訂)하는 일에 대해 상의하는 내용을 통해 신유 역시 이 일에 연관되었음을 확인할 수 있다.[26]

이렇듯 지난한 과정을 거치면서 완성된 『주자어류소분』은 간행되지 못한 채 다음 세대로 넘어가면서 18세기에는 아예 그 행방이 묘연해졌다. 그리하여 김창협의 문인인 어유봉(杞園 魚有鳳, 1672~1744)은 "우암 선생께서 『주자어류』를 초절(抄節)하여 『주자어류소분』이란 책을 만든 적이 있으나, 그 책은 없어져서 전하지 않는다."[27]고 말하기에 이른다.

그러던 중 19세기에 이르러 『주자어류소분』이 다시금 발견되었다. 1819년(己卯, 순조 19) 11월 7일, 우암의 7세손인 송치규(剛齋 宋穉圭, 1759~1838)에게 보낸 편지에서, 홍직필은 소제(蘇堤)의 기국정(杞菊亭)

용되었으며, 정랑을 거쳐 1699년 증광문과에 병과로 급제, 纂修郎官이 되어 『동국여지승람』을 증보했다. 1715년 황해도관찰사를 거쳐 이조참판 겸 兩館대제학을 지냈다. 좌찬성에 추증되었으며, 시호는 文敬이다. 저술로는 『小學集註』, 『增補朱子外記』, 『尊周錄』, 『儉齋集』 등이 있다.

24) 金榦: 본관은 淸風. 자는 直卿, 호는 厚齋. 참봉 洙에게 입양되었다. 朴世采와 宋時烈의 문인이다. 시호는 文敬이다. 학행으로 천거되어 1694년(숙종 20) 전설사별검, 청양현감을 거쳐 지평, 집의 등을 지냈고, 1720년 호조참의, 1726년(영조 2) 찬선, 대사헌, 우참찬에 이르렀다. 70세 이후에는 관직을 사양하고, 『論語』, 『孟子』, 『中庸』, 『小學』 등의 箚記를 저술해 올리는 등 많은 저술을 남겼다. 특히 禮說에 조예가 깊어 선인들의 문집 가운데 예설을 뽑아 정리한 『東儒禮說』을 편찬하였다. 저술로는 『太極圖說箚記』, 『孟子箚記』, 『論語箚記』, 『中庸箚記』, 『童蒙學規』, 『居鄕戒辭』, 『思齊錄』 등이 있다.

25) 洪禹翊: 본관은 南陽. 和順縣監을 지냈다.

26) 李箕洪, 『直齋集』, 卷7, 「書·與伯純」, 14a. "『語類小分』, 申友亦自黃江持去, 而此有相議考訂之事, 幷「家狀」草本付送也".

27) 魚有鳳, 『杞園先生年譜』, 卷2, 「丁巳【先生六十六歲】, 十月, 『朱子語類要略』成.」, 522c. "尤齋先生嘗抄節爲『小分』書, 而其書佚不傳".

시렁 위에서 『주자어류』에 부첨(付籤)과 삭절(刪節)이 이루어진 책을 발견하고, 이것이 『주자어류소분』을 편차(編次)한 원본(原本)으로서, 어유봉의 『주자어류요략(朱子語類要略)』(1737)과 이재(陶菴 李縡, 1680~1746)의 『주자어류초절(朱子語類抄節)』(1743) 등 후대 우암학파의 『주자어류』 연구의 근원이 됨에도 불구하고 간행되지 못한 점을 반성하면서 『주자어류소분』의 간행을 주장했다.[28] 이에 대해 답신에서 송치규는 "『어류소분(語類小分)』은 종가(宗家)에 소장하고 있는 것이 없어서, 구해 보려고 한 적이 있었으나, 할 수 없었네"라고 고백하면서 홍직필의 건의대로 하겠노라고 대답했다.[29] 곧이어 송치규는 "『어류(語類)』의 부첨본(付籤本)은 참으로 아직 고열(考閱)한 적이 없었으나 부첨(付籤)한 지 오래이니 그 완전함을 지키기 어려우므로, 이로 인하여 그것을 편성(編成)하는 것은 아무래도 쉽지 않은 듯하네"[30]라고 하여 그 작업의 어려움을 토로했는데, 실제로 그 뒤 작업이 이루어졌는지는 알 수가 없다.

그러다가 최근 송병선의 문충사(文忠祠)에서 발견되면서 그 존재가 다시금 확인되었다. 현존 필사본의 원본(原本) 제3책의 「『어류소분』

28) 洪直弼, 『梅山集』, 卷5, 「與鰲村宋丈【穉圭 ○己卯十一月七日】」, 14b-15b. "『朱子語類』, 卽門人各記升堂之聞者. 故俱收幷蓄, 意疊語複, 繁絮而不刪, 以致卷帙之浩汗. 此老先生『小分』之所由作也. 遂翁嘗勸湖南伯刊行, 所抵湖南伯書, 在『寒水齋集』, 可考而知也. 湖南伯果是何人, 而終欠登梓, 亦未知何故也. 謄本見在故宅耶? 頃年, 仰稟潭上, 則答以無有. 抑藏在黃江耶? 伏幸問及焉. 曾過蘇堤, 上杞菊亭, 取看架上羣書, 則『語類』中有付籤刪節者. 此爲編次『小分』時原本也, 卽此本寫成一通, 而略施梳洗, 則亦可以追成, 未知如何. 陶菴之『語類抄節』·魚杞園之『語類節略』, 咸原于『小分』, 而俱莫入印. 此爲斯文欠事, 推得『小分』正本, 而行于一世, 用廣老先生羽翼朱門, 嘉惠後學之苦心, 伏望."

29) 宋穉圭, 『剛齋集』, 卷3, 「書·答洪伯膺【直弼】」, 1b. "『語類小分』, 宗家無所藏, 嘗求見不得. 今承來教, 其在黃江, 理勢似然, 早晩因人問之, 當如戒也."

30) 宋穉圭, 『剛齋集』, 卷3, 「書·答洪伯膺【直弼】」, 1b. "『語類』付籤本, 固未嘗考閱, 而付籤年久, 難保其完, 則因是而編成之, 恐未易也. 陶菴『抄節』·杞園『節略』, 各爲幾卷耶? 無緣得見, 可恨".

권수목록(語類小分卷數目錄)」에는 "보본(補本) 10책은 원계(遠溪)에서 완성된 것"이라고 기록되어 있는데,[31] 원계는 1885년(고종 22) 3월에 송병선이 직접 이사하여 살던 곳이고, 문충사는 연재를 제사하는 사당이므로, 산실된 원본 10책을 보충하기 위해 만들어진 보본 10책은 연재와 그 주변인물들이 수집하고 필사한 뒤 재보완한 작업이었던 것으로 추정된다.[32] 이런 과정을 거쳐 『주자어류소분』 필사본은 우암과 직전제자들이 남긴 원본 20책과 연재와 주변인물들이 보완한 보본 10책을 합하여 총 30책의 완질(完帙)로 문충사에 보관되었고, 그것이 최근 다시 발견되어 『송자별집총간』으로 영인되었던 것이다.

III. 『주자어류소분』의 형식과 구성

『朱子語類小分』, 宋時烈 (編)

140卷 30冊, 筆寫本, 24×37.8cm

原本 20冊, 補本 10冊, 總 30冊

(26冊: 26-①과 26-②로 分冊되어 현재는 총 31책 상태임).

---

31) 『朱子語類小分』, 第3冊, 표지 이면 부록. "「『語類小分』卷數目錄」【原本二十冊, 補本十冊,】 合三十卷. 【補十冊, 遠溪所成.】" 『朱子語類小分』, 第30冊, "「『語類小分』卷數目錄」. 原本二十冊, 補本十冊, 合三十冊." 『朱子語類小分』, 第27冊은 原本과 補本의 책수를 명시하지는 않았지만, 해당 권수를 각 책별로 분류한 다음 補本에 해당하는 책에만 草書로 '補'로 표시하거나 '○' 또는 '═'로 표기하여 原本과 구분하였다.

32) 『淵齋集』, 「行狀」과 「年譜」 참조. 아울러 金有輝, 鄭萬興, 趙泰豪, 李春華, 李爾萬, 李鑴 등의 성명이 책의 본문 가장자리에 초서로 쓰여 있는데, 이들이 책의 부첨자인지, 필사자인지, 보관자인지, 아니면 다른 어떤 사람들인지는 좀더 상세한 고증이 필요하지만, 지금으로서는 淵齋 宋秉璿의 문인들이 아닐까 추측해 본다.

12行 26字, 오침선장, 付籤紙 있음.

3冊, 27冊, 30冊의 표지 이면에는 附錄으로 「『語類小分』 卷數目錄」이 있음.

大田 龍雲洞의 文忠祠 소장본.

『주자어류소분』은 대전 용운동의 문충사에 소장된 필사본으로서, 현존 유일본이다. 「『어류소분』 권수 목록」에 의하면, 원본 20책, 보본 10책, 전 30책으로 구성되는데, 실제로는 26冊이 두 권으로 분책되어 있어서 총 31책이다. 그러나 26-①과 26-②책의 표지는 두 권이 원래 한 책이었음을 보여준다. 위 서지사항은 원본 20책을 중심으로 적은 『주자어류소분』의 전형적인 서지사항이며, 보본 10책은 다양한 형식적 변형이 있다.

모든 필사본들이 공유하는 특징은 다음과 같다. 속표지 뒷면 혹은 겉표지 오침선장의 다섯 번째 매듭 아래 장수(張數)가 '□丈' 혹은 '□張'의 형식으로 기록되어 있는데, 정확한 경우도 있지만 오기(誤記)도 많다. 오기는 실제 글씨를 쓰지 않은 본문의 장수까지 포함하여 산정하거나 속표지를 포함하여 계산한 데서 비롯된 것으로 보이는데, 각 책마다 계산방식은 다르다. 여기에서는 실제 글씨가 있는 본문의 장수만을 표시한다.

각 책은 겉표지 왼쪽 상단에 대자(大字)로 '語類【小分□之□】' 형식으로 시작된다. 우측 상단에는 『주자어류』의 해당 편명이 쓰여 있다. 겉표지 앞면에는 오침선장한 부분에서 세 번째 매듭과 네 번째 매듭 사이에 '第□' 식으로 『주자어류소분』의 해당 책수(冊數)가 기록되어 있고, 네 번째 매듭과 다섯 번째 매듭 사이에 '共三十'으로 『주자어류소분』의 전체 책수가 쓰여 있으며, 다섯 번째 매듭 아래에는 해당 책의 장수가 적혀 있다. 뒷표지에는 오침선장의 매듭 사이에 해당 책의 권수가 '□之□' 형식으로 기록되어 있다. 원본 계열에 해당하는 필사본들은 대체로 위의 형식을 일관되게 지키고 있다. 다만 3책, 15책, 23책처럼 표지가 너무 낡거나 새로 만든 표지에는 장수가 쓰여 있지 않은 경우도 있는데, 이 경우에도 원래 겉표지는 다른 원본 계열 필사본처럼 장수가 적혀 있었을 것으로 추정된다. 이에 비해 補本 계열의 필사본은 모두 겉표지의 오침선장한 부분의 네 번째 매듭과 다섯 번째 매듭에만 '共三十'이라고 적혀 있으며, 오침선장한 매듭의 다른 부분에는 기록이 없다.

원본 계열 필사본은 단아한 해(楷)·행서(行書)의 필체로 되어 있으며, 서체(書體)로 볼 때 대체로 한 필사자가 필사한 것으로 보인다. 다만 20책과 30책의 경우에는 원본 계열에 속하는 대부분의 필사본에 비해 필획이 가늘고 날카로우며 행서(行書)의 비율이 더 높아지는 차이가 보이며, 3책에 추가로 합책(合冊)된 18권 부분은 온전한 해서(楷書)로 필체가 다른 필사자의 것으로 추정된다. 이에 비해, 보본은 다양한 필사자들의 해(楷)·행(行)·초서체(草書體)가 보인다. 부첨지 역시 해·행·초서체가 뒤섞여 나온다. 부첨자의 이름이 적혀 있는 부첨지는 모두 원본 계열 필사본들에만 붙어 있다.

현재 남아 있는 필사본은 책의 크기와 행수(行數)/자수(字數) 면에서 위와 같은 형식을 벗어나는 경우가 있다. 1) 책의 크기면에서 원본 20책은 모두 24×37.8cm의 형식을 지키고 있으나, 보본 10책은 크기가 상이하다. 1책: 22.7×35cm, 2책: 22.7×34.7cm, 16책: 22.7×33.9cm, 18책-19책: 21.7×34.3cm, 24책: 19.1×34.4cm, 25책: 18.8×34.2cm, 26-①책: 20.7×32.2cm, 26-②책: 20.4×29cm, 27책: 20.3×29cm, 29책: 19.1×33.5cm. 다만 원본 20책 중 3책의 18권 부분은 21.8×36.5cm 형식으로 추가로 보입(補入)된 채 합책되어 있다. 2) 행수/자수는 원본 20책과 보본 10

책 중 1책, 2책, 16책, 18책, 19책은 12행 26자 형식을 지키고 있으나, 그 밖의 보본들은 10행 19, 22, 24, 25, 26, 27자, 11행 24자 등의 파격적 형식을 갖고 있다. 이러한 형식적 특징은 원본이 보본보다 시간적으로 선행하는 선본(善本)이라는 형식서지적 증거가 된다.

한편, 『주자어류소분』의 권수제(卷首題)는 '『朱子語類』 卷第□' 또는 '『朱子語類』 卷之□'으로 시작한다. 본래 영조간본과 「주자어류대전문목(朱子語類大全問目)」에는 '卷之□' 형식으로 되어 있으나, 효종간본(孝宗刊本)·성화본(成化本)·하본(賀本)·만력본(萬曆本)·휘주본(徽州本) 등 대다수 『주자어류』에는 '卷第□'으로 되어 있다. 『주자어류소분』의 경우에는 원본 계열 필사본 20책들은 대체로 '卷第□'으로 되어 있고, 총 10책인 보본 계열 필사본들은 대체로 '卷之□'으로 표기하고 있다. 다만 원본 계열 필사본 중 25권은 '卷之□'으로 되어 있고, 보본 계열 필사본 중 16책(72-74권), 18책(79-82권), 19책(83-86권)은 '卷第□'으로 표시하고 있다. 시기적으로 선행 필사본으로 보이는 원본에 따라 권수제는 모두 '卷第□'으로 표기를 통일하고, 따로 주석을 붙이지는 않는다. '卷之□'으로 표기되어 있는 경우는 『주자어류소분』의 1책(1-6권), 2책(7-13권), 5책 일부(25권), 24책(107-111권), 25책(112-116권), 26책(117-121권), 27책(122-126권), 29책(131-135권) 뿐이다. 이러한 권수제 역시 대체로 원본 계열 필사본들이 보본 계열 필사본보다 선행하는 선본임을 입증하는 것이다.

'『朱子語類』 卷之□'으로 시작되는 권수제는 보본 계열 필사본들이 대체로 영조간본 『주자어류』와 같은 표기방식의 영향을 받았음을 보여주며, 영조간본에 나오는 홍계희(淡窩 洪啓禧, 1703~1771)의 「고이(考異)」가 붙어 있는 자료 역시 보본 계열 필사본들이다. 특히 121-122권, 131-135권 등은 '【附】「考異」'의 영조간본 형식을 그대로 차용함으로써 보본 계열 필사본들이 영조간본 이후 쓰여진 필사본임을 드러내고 있다. 주로 송시열의 제자들이 기록한 것으로 보이는 부전지들이 보본 계열 필사본들에서 거의 보이지 않는 것 역시 보본 계열 필사본들은 원본 계열 필사본들에 붙어 있던 부전지 내용을 본문에 반영했을 가능성이 높다.

『주자어류소분』의 구성은 [표 1] 「『어류소분』 권수목록」을 통해 정리했다. 총30책 중 제26책은 현존본에서 2책으로 분책(分冊)되어 있으나, 26-①책은 117-119권, 26-②책은 120-121권에 해당한다. 26-①책의 겉표지는 語類【小分百十七之二十一】로 되어 있고, 26-②책의 겉표지는 語類【小分百二十之一】로 되어 있으며, 26-①책의 속표지는 語類【小分百十七之二十一[補]】로 되어 있고, 26-②책의 속표지는 아예 없다. 이는 26권이 원래 분책이 되지 않았음을 잘 보여준다.

[표 1] 「『語類小分』 卷數目錄」

冊數	現存本 卷數	3冊 「卷數目錄」	27冊 「卷數目錄」	30冊 「卷數目錄」
1	1-6	一卷, 一之六	第一之六. [補] =	一補, 第一之六
2	7-13	二卷, 七之十三	第七之十三. [補] =	二補, 第七之十三
3	14-18	[元]三卷, 十四之十八	十四之十八.	三原, 十四之十八
4	19-24	[元]四卷, 十九之卄四	十九之卄四.	四原, 十九之卄四
5	25-27	[元]五卷, 卄五之卄七	卄五之七.	五原, 卄五之七
6	28-33	[元]六卷, 卄八之卅三	卄八之卅三.	六原, 卄八之卅三
7	34-35	[元]七卷, 卅四之卅五	卅四之五.	七原, 卅四之五
8	36-42	[元]八卷, 卅六之四十二	卅六之四十二.	八原, 卅六之四十二
9	43-51	[元]九卷, 四十三之五十一	四十三之五十一.	九原, 四十三之五十一
10	52-55	[元]十卷, 五十二之五十五	五十二之五.	十原, 五十二之五

11	56-59	[元]十一卷, 五十六之九	五十六之九.	十一原, 五十六之九
12	60-62	[元]十二卷, 六十之六十二	六十之二.	十二原, 六十之二
13	63-65	[元]十三卷, 六十三之六十五	六十三之五.	十三原, 六十三之五
14	66-68	[元]十四卷, 六十六之六十八	六十六之八.	十四原, 六十六之八
15	69-71	[元]十五卷, 六十九之七十一	六十九之七十一. =	十五原, 六十九之七十一
16	72-74	十六卷, 七十二之七十四	[補]七十二之七十四. ○ =	十六補, 七十二之七十四
17	75-78	[元]十七卷, 七十五之七十八	七十五之八.	十七原, 七十五之八
18	79-82	十八卷, 七十九之八十二	[補]七十九之八十二. ○ =	十八補, 七十九之八十二
19	83-86	[元]十九卷, 八十三之八十六	[補]八十三之八十六. ○ =	十九補, 八十三之八十六
20	87-91	[元]二十卷, 八十七之九十一	八十七之九十一.	二十原, 八十七之九十一
21	92-95	[元]廿一卷, 九十二之九十五	九十二之五.	廿一原, 九十二之五
22	96-100	[元]廿二卷, 九十六之一百	九十六之百.	廿二原, 九十六之百
23	101-106	廿三卷, 百一之六	百一之六.	廿三原, 百一之六
24	107-111	廿四卷, 百七之十一	[補]百七之十一. ○. =	廿四補, 百七之十一
25	112-116	廿五卷, 百十二之十六	[補]百十二之十六. =	廿五補, 百十二之十六
26	117-121 (①117-119 ②120-121)	廿六卷, 百十七之廿一	百十七之廿一. ○ =	廿六補, 百十七之廿一
27	122-126	廿七卷, 百廿二之廿六	[補]百廿二之六. ○ =	廿七補, 百二十二之六
28	127-130	[元]廿八卷, 百廿七之卅	百廿七之卅.	廿八原, 百廿七之卅
29	131-135	廿九卷, 百卅一之卅五	[補]百卅一之五. ○	廿九補, 百卅一之五
30	136-140	[元]卅卷, 卅六之四十	百卅六之四十. 終. —	卅原, 卅六之四十. 終

「『어류소분』 권수목록」의 중요한 내용은 다음과 같다.

제3책: 「『語類小分』 卷數目錄」【原本二十冊, 補本十冊】合三十卷.【補十冊, 遠溪所成.】

제30책: 「『語類小分』 卷數目錄」. 原本二十冊, 補本十冊, 合三十冊.

제27책: 【原本 20冊, 補本 10冊】 全 30冊.

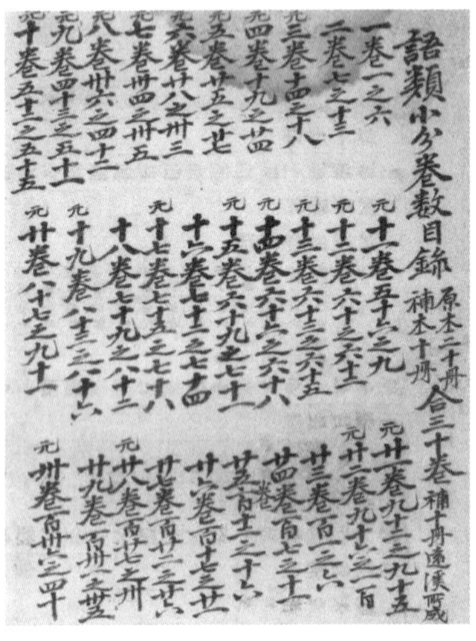

〈그림 1〉 3책의 목록

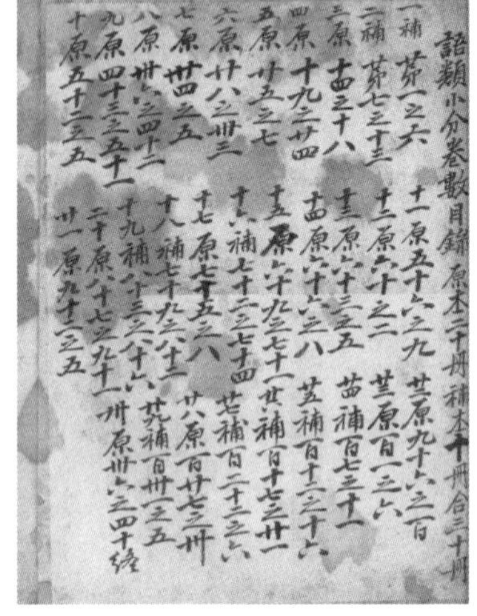

〈그림 2〉 30책의 목록

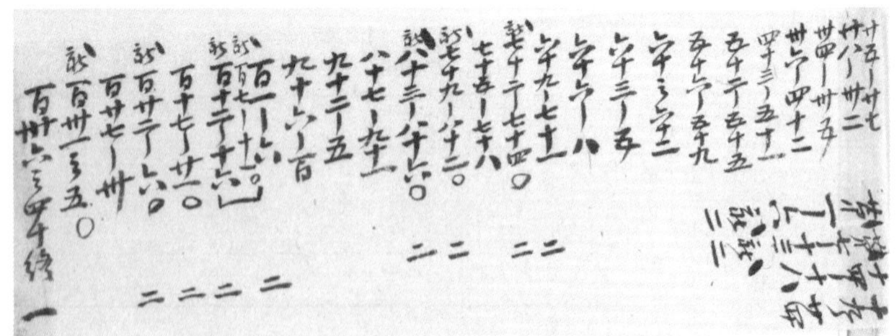

〈그림 3〉 27책의 목록

부첨자의 성명이 기재된 부첨지가 붙어 있는 책은 다음과 같다.

4, 5冊: 洪致祥 付籤

7, 8冊: 李箕疇 付籤

10, 11冊: 趙仁壽 付籤

12, 13冊: 未及付籤

14, 15, 17冊: 具時經 付籤

21冊: 金揉 付籤

22冊: 金幹 付籤

28冊: 洪禹翊 付籤

『주자어류소분』의 「『어류소분』 권수목록」에 의하면, 전 30책은 원본 20책(3책, 4책, 5책, 6책, 7책, 8책, 9책, 10책, 11책, 12책, 13책, 14책, 15책, 17책, 20책, 21책, 22책, 23책, 28책, 30책)과 보본 10책(1책, 2책, 16책, 18책, 19책, 24책, 25책, 26책, 27책, 29책)의 두 종류로 구성되어 있는데, 부첨지가 원본에만 붙어 있는 걸로 보아 원본은 우암과 직전 제자들의 작품인 반면, "보본은 원계에서 완성된 것"이라는 목록의 기록으로 보아 보본은 1885년(고종 22) 3월에 원계로 이사해서 살았던 송병선이 주변인물들과 함께 산실된 자료를 수집하여 필사하고 교정한 것으로 추정된다. 따라서 현존 필사본 『주자어류소분』은 우암과 직전제자들이 기초작업을 했던 17세기 후반부터 연재와 제자들이 보완작업을 했던 20세기 말엽까지 우암학파의 『주자어류』 연구가 결집된 학문적 소산이었다고 평가할 수 있다.

그런데 제3책의 겉표지 속에 붙어 있는 「『어류소분』 권수목록」에는 19책이 원본이고 23책이 보본으로 되어 있으나, 제27책에 끼워져 있는 간지(間紙)와 제30책의 겉표지에 붙어 있는 「『어류소분』 권수목록」에 의하면 19책이 보본이고 23책이 원본이다. 실제로 현존하는 문충사 소장 필사본 『주자어류소분』의 서지적 특징을 살펴보면, 분명히

19책이 보본이고 23책은 원본이다.

한편, 『주자어류소분』의 내용과 목차는 『주자어류』와 동일하다. 각 책, 각 권에서 다루는 내용은 다음과 같다.

[표 2] 상세목차 (속표지 권수와 다를 경우에는 겉표지 권수가 옳다)

冊	겉표지 제목(大字【小字】)	속표지제목(大字【小字】)	내용	본문 장수
1	語類【小分一之六】	語類【小分第一之六】	理氣, 性理	71장
2	語類【小分七之十三】	語類【小分第七之十三】	小學	80장
3	語類【小分十四之八】	속표지 無	大學	合94장
	語類【小分十四之十八】	속표지 無	大學下	
4	語類【小分十九之廿四】	語類【十九之二十五】	論語	101장
5	語類【小分廿五之七】	語類【二十六之二十七】	論語	61장
6	語類【小分廿八之卅三】	語類【二十八之三十二】	論語	97장
7	語類【小分卅四之五】	語類【三十四之三十五】	論語	55장
8	語類【小分卅六之四十二】	語類【三十六之四十一】	論語	88장
9	語類【小分四十三之五十一】	속표지 無	論語	82장
10	語類【小分五十二之五】	語類【五十二之五十五】	孟子	51장
11	語類【小分五十六之九】	語類【五十六之五十九】	孟子	51장
12	語類【小分六十之二】	語類【六十之六十二】	孟子, 中庸	52장
13	語類【小分六十三之五】	語類【六十三之六十五】	中庸, 易	61장
14	語類【小分六十六之八】	語類【六十六之六十八】	易	58장
15	語類【小分六十九之七十一】	語類【六十九之七十一】	易	63장 (+缺落2장)
16	語類【小分七十二之四】	語類【小分七十二之七十四】	易	64장
17	語類【小分七十五之八】	語類【七十五之七十八】	易, 書一	64장

18	語類【小分七十九之八十二】	語類【小分七十九之八十二】	尙書, 詩	89장
19	語類【小分八十三之六】	語類【小分八十三之八六】	春秋, 禮	65장
20	語類【小分八十七之九十一】	語類【八十七之九十一】	禮四-禮八	80장
21	語類【小分九十二之五】	語類【九十二之九五】	樂, 孔・孟・周・ 程・張子, 周子書, 程子書一	79장
22	語類【小分九十六之百】	語類【九十六之百】	程子書 二三, 張子書, 邵子書	65장
23	語類【小分百一之六】	속표지 無	程子門人	73장
24	語類【小分百七之十一】	語類【小分百七之十一[補]】	內任, 論治道, 論取士, 論兵, 論民	51장
25	語類【小分百十二之十六】	語類【小分十四之十八】	論官, 論門人	65장
26 分 冊	①語類【小分百十七之二十一】	語類【小分百十七之二十一[補]】	論門人	①79장
	②語類【小分百二十之一】	속표지 無	論門人	②73장
27	語類【小分百二十二之六】	語類【小分百二十二之六】	呂伯恭, 老子, 釋氏	97장
28	語類【小分百廿七之卅】	語類【百二十七之三十】	本朝	81장
29	語類【小分百三十一之五】	속표지 無	本朝	86장
30	語類【小分百卅六之四十】	속표지 無	歷代三, 戰國漢唐諸子, 雜類, 論文	82장

Ⅳ. 『주자어류소분』의 편집방식

『주자어류소분』은 『주자대전』과 『주자어류』를 날마다 연구하면서 한 글자라도 놓치지 않고 철저하게 이해하려고 한 우암의 주자학 존숭과 학문태도를 반영한다.[33] 우암은 『주자대전』과 『주자어류』를 학자라면 누구나 당연히 읽어야만 하는 필독서로 보았다.[34] 그리고 이런 태도는 김수흥(退憂堂 金壽興, 1626~1690)을 비롯하여 많은 지인들과 제자들에게 커다란 영향을 미쳤고, 그에 따라 『주자어류』를 읽고 연구하는 풍조가 본격적으로 확산되었다.[35] 우암은 이단사설(異端邪說)이 일어나서 세상에 도(道)가 상실되어 가는 원인을 윤휴(白湖 尹鑴, 1617~1680) 등을 비롯한 자들이 주자학을 제대로 이해하지 못한 데서 찾았고, 그러한 진단 아래 근원적 대책으로 『주자어류』와 『주자대전』의 연구에 매진했으며,[36] 그러한 관점과 태도는 후학들에게 크게

---

33) 李喜朝, 『芝村集』, 卷19, 「南澗精舍記」, 21b. 22ab. "取'雲谷南澗'號, 名其齋曰'南澗精舍'. 已倩谷雲八分, 揭之楣間, 藏書數千卷, 而常所諷詠者, 『朱子大全』及『語類』也. … 然先生又恐其一字之義, 或有未明而害及於後學, 則於是正其口讀, 釋其訓詁, 而『大全』之義理益明; 刪其繁複, 證其訛誤, 而『語類』之編簡益整. 此皆無非所以發明於夫子之道者, 而先生之意猶欿然自以爲未足也, 方且作爲精舍, 扁以夫子南澗之號, 日以此二書, 朝夕諷詠於其中, 以益求其所未至者, 而欣然樂而忘老焉, 則其有得於書言象意之表者, 必有日新上達, 而不能已者矣."

34) 李喜朝, 『芝村集』, 卷30, 「尤庵先生語錄」, 19a. 余曰, "學者於朱子書不熟, 恐難爲儒者事." 先生曰, "然. 『朱子大全』與『語類』, 不可不讀."

35) 李喜朝, 『芝村集』, 卷26, 「大匡輔國崇祿大夫; 議政府領議政; 兼領經筵; 弘文館·藝文館·春秋館·觀象監事; 世子師; 退憂堂先生金公行狀」, 71a. "尤致力於『朱子大全』及『語類』, 隨其有疑, 往復質問於尤菴先生間, 又親自抄寫, 積成卷帙. 又取其格言要語, 書付四面窓壁而中處之, 以爲日玩警省之資. 後雖更還朝端, 亦不廢佔畢焉, 以故發爲言論見於章奏者, 率皆一本於朱子, 具有根據, 盖於『語類』, 得力尤多也."

36) 李喜朝, 『芝村集』, 卷29, 「雜記下」, 2a-3a. "五峰撰「眉庵行狀」曰, 甞謂文公傳註, 已有諸儒之疏, 以惠後學. 獨『文集』·『語類』, 未有註解. 中華文獻之地。讀者尙患不得其門戶。況吾東人乎? 加以世衰道喪, 邪說大行, 管窺童觀, 各自雄長, 文公之言將掩昧而不明, 用是就『語類』, 添以箋釋, 爬梳抉剔, 縷析毫分, 公之精力, 盡於此矣, 猶謂義理無窮, 探索未至, 不出以示諸人. 又纂『大全』書集覽, 以體大未盡就緖云, 我東自圃隱以後, 率爲推尊朱子, 獨近世尹鑴改『中庸』. 其前則未聞有立異攻斥者, 而今公之論如此, 豈當己卯禍後, 小人當國數十年, 以靜庵諸賢推尊朱子之故, 並與朱子而攻之者多故耶? 所謂『語類』箋釋, 『大全』書集覽,

영향을 미쳤다. 우암이 시작해서 한원진(南塘 韓元震, 1682~1751)이 완성한 『주자언론동이고(朱子言論同異攷)』가 그 대표적인 작품이다.[37] 영조대에 완성되는 『주자어류』 영남감영본(嶺南監營本) 역시 이러한 학문적 성과 위에 이루어진 것이며, 후대 우암학파의 다양한 『주자어류』 연구 결과물 역시 그 연장선상에서 이해할 수 있는 것이다.

앞서 살펴본 바와 같이, 『주자어류소분』은 주자 문인들의 뒤섞인 기록을 정돈하고, 그 번거롭고 중복되는 내용을 산삭하며, 유(類)에 맞게 항목[分]을 재분류하여 완성한 것이다.[38] 이에 따라 몇가지 교정, 산삭, 재편집 등의 유형이 나타난다.

먼저, 『주자어류소분』은 『주자어류』에서 번거롭거나 중복되는 내용을 산삭하였다. 예컨대, 『주자어류』, 권1, 「리기상(理氣上)」과 『주자어류소분』, 권1, 「리기상」을 비교해 보면, 『주자어류』 1권이 총 66항목 3,673자인 데 비해, 『주자어류소분』 1권은 13항목 628자는 항목 전체를 생략했고, 22항목 253자는 부분을 생략한 것을 알 수 있다. 다른 권들도 이런 추세에서는 마찬가지다. 약 20% 가까운 항목이 항목 통째로 생략되고 있으며, 7% 가까운 내용이 부분적으로 삭제되고 있다.

둘째, 우암이 제자들에게 권했던 것처럼, 세부편명에서 약간씩 차이를 보인다. 예컨대, 『주자어류』에서 권1 「태극(太極) · 천지(天地)」로 되어 있던 편명이 『주자어류소분』에서는 「태극(太極) · 천지(天地) ·

未知規模凡例如何, 而今無所傳, 極可歎也. 尤翁嘗以尹鑴之故, 謂朱子之道不明, 就『語類』, 有『小分』; 就『大全』, 有『箚疑』. 其與眉庵, 可謂曠世一意, 而獨恨眉庵之兩書, 皆不免泯沒, 使其一生工夫, 歸於虛地, 豈不惜哉?"

37) 『宋子大全』 卷130, 「雜著·朱子言論同異攷」, 14a-26a 참조.

38) 주석 3) 참조. 그러한 의식은 부전지에도 분명하게 확인된다. 『朱子語類小分』, 卷131, 「本朝五」, 27冊, 속표지 뒷면의 草書. 【附箋紙】 "『語類小分』百三十二一之六, 自'呂伯恭'至'釋氏', 整其錯雜, 刪其煩複, 隨類移分." 『朱子語類小分』, 卷131, 「本朝五」, 29冊, 1a. 1行의 【附箋紙】 "百卅一之五, 自'中興'至'歷代二'. ○ 整其錯雜, 刪其煩複, 隨類移分."

일월성신(日月星辰)」으로 바뀌고, 권3 「귀신(鬼神)」으로 되어 있던 편명이 『주자어류소분』에서는 「귀신(鬼神) · 혼백(魂魄)」으로 변화되었다. 대체로 편명은 다루고 있는 내용을 좀더 상세하고 명확하게 분석하는 면모를 보여주고 있다.

셋째, "수류이분(隨類移分)"의 정신에 따라 권수와 항목을 옮겨서 새롭게 편집한 경우가 상당수에 이른다. 예컨대, 『주자어류』 62:72의 일부 대목을 『주자어류소분』 15:67과 15:68 사이로 옮겨서 편집하기도 했고,[39] 『주자어류』 16:190 항목의 경우 『주자어류소분』에서는 16:189에 편입되어 한 항목으로 편집되어 있기도 하며,[40] 『주자어류』의 79:131 항목의 경우에는 『상서(尙書)』를 다루는 79권에서 빼내서 아예 귀신과 혼백에 대해서 다루는 2권의 2:32와 2:33 사이에 삽입하였다.[41]

---

39) 해당 내용은 다음과 같다. "『大學』所以說格物, 卻不說窮理. 蓋說窮理, 則似懸空無捉摸處. 只說格物, 則只就那形而下之器上, 便尋那形而上之道, 便見得這个元不相離, 所以只說格物."

40) 해당 내용은 다음과 같다. (『大學』)如"正心"章, 已說盡了. 至"修身"章又從頭說起, 至"齊家治國"章又依前說教他, 何也? 蓋要節節去照管. 不成卻說自家在這裏, 心正 · 身修了, 便都只聽其自治! 【夔孫】

41) 해당 내용은 다음과 같다. 問: "'生明''生魄'如何?" 曰: "日爲魂, 月爲魄. 魄是黯處. 魄死則明生, 『書』所謂'哉生明'是也. 『老子』所謂'載營魄', 載, 如車載人之載. 月受日之光, 魂加於魄, 魄載魂也. 明之生時, 大盡則初二, 小盡則初三. 月受日之光常全, 人在下望之, 卻見側邊了, 故見其盈虧不同. 或云月形如餅, 非也. 『筆談』云, 月形如彈圓, 其受光如粉塗一半, 月去日近則光露一眉, 漸遠則光漸大. 且如日在午, 月在酉, 則是近一遠三, 謂之弦. 至日月相望, 則去日十矣. 旣謂之'旣望', 日在西而月在東, 人在下面, 得以望見其光之全. 月之中有影者, 蓋天包地外, 地形小, 日在地下, 則月在天中, 日甚大, 從地四面光起【他本作'衝上'.】. 其影則地影也. 地礙日之光, 世所謂'山河大地影'是也. 如星亦受日光. 凡天地之光, 皆日光也. 自十六日生魄之後, 其光之遠近如前之弦, 謂之下弦. 至晦, 則月與日相沓, 月在日後, 光盡體伏矣. 魄加日之上, 則日食, 在日之後, 則無食, 謂之晦. 朔則日月相並". 又問: "步里客談所載如何?" 曰: "非". 又問: "月蝕如何?" 曰: "至明中有暗處【他本作"暗虛", 下同】. 其暗至微. 望之時, 月與之正對, 無分毫相差. 月爲暗處所射, 故蝕. 雖是陽勝陰, 畢竟不好. 若陰有退避之意, 則不至相敵而成蝕

넷째, 『주자어류소분』은 『주자어류』 판본 중 성화간본이 선조간본과 효종간본을 지나 영조간본으로 가는 중간과정을 잘 반영한다. 그리하여 영조간본이 나올 수 있는 토대의 역할을 한 것으로 추정된다. 예컨대, 7권의 "성현배복(聖賢坯墣)"에 대해서 대다수 판본들이 박(璞)과 모(模)로 되어 있고, 효종간본에는 박(璞)과 복(墣)으로 되어 있으나, 『주자어류소분』과 영조간본에는 복(墣)과 복(墣)으로 되어 있다. 『주자어류소분』은 『주자어류소분』의 저본(底本)으로 추측되는 효종간본[42]과 다르고 영조간본과 일치한다.[43] 이러한 경향은 성화본 이후 중국 판본들과는 달리 글자의 일관성이라는 측면에서 교감한 조선 판본의 교감 내용, 특히 효종간본에서 영조간본에 이르는 과정에서 『소분』이 지닌 위상을 잘 보여준다.

다섯째, "정기착잡(整其錯雜), 산기번복(刪其煩複), 수류이분(隨類移分)"이라는 『주자어류소분』의 연구/편집 방식은 후대 우암학파의 『주자어류』 연구의 기본방침으로 활발하게 활용되었다. 그리하여 조선 후기 우암학파의 『주자어류』 연구 결과는 『주자어류소분』의 영향을 받아 초절(抄節), 요략(要略), 고이(考異), 해의(解義) 등의 방식을 선보이는 작품들로 나타났다. 중국에서 수입된 성화본을 저본으로 한 선조간본 뒤에 간행되는 영조 대의 영남감영본 『주자어류』 간행과 그 각권 말미마다 실린 홍계희의 「주자어류고이(朱子語類考異)」의 작성은 『주자어류소분』 작업의 영향을 받았을 것으로 추측된다. 아울러 이의

也". 【義剛】

42) 효종간본은 조정에서 우암에게 내린 內賜本으로서, 현재 교토 대학에 소장중이다.

43) 조선판 『주자어류』의 특징에 대한 비교를 위해서는 조선 서지학 전문가 토야마 대학(富山大學)의 후지모토 유키오(藤本幸夫) 교수의 연구가 참고할 만하다. 藤本幸夫, 「朝鮮版『朱子語類』攷」, 『富山大學人文學部紀要』 5 (富山大學人文學部, 1981), pp.251-302.

철(李宜哲, 1703~1778)의 『주자어류고문해의(朱子語類考文解義)』(1774), 어유봉의 『주자어류요략(朱子語類要略)』(1737)과 이재의 『주자어류초절(朱子語類抄節)』(1743) 등은 『주자어류』가 주자 문인들의 기록을 모은 책의 성격상 중복되거나 뒤섞인 기록이 많고 주자의 본지에서 어긋나는 내용도 있다는 점에 주목하여 치밀한 선정 작업을 펼친 작품들인데, 이러한 작업의 선구가 되는 것이 바로 『주자어류소분』이다. 어유봉의 지적처럼, 『주자어류』는 학자들을 위한 필독서이지만 주자의 많은 문인들이 전한 기록이 중복되거나 뒤섞인 채로 나왔으며, 본지에서 어긋나는 내용도 있기 때문에 대략 가려내고 바로잡는 선정 작업이 필요했는데,[44] 이러한 작업의 선구가 되는 것이 바로 송시열의 『주자어류소분』인 것이다.

V. 『주자어류소분』의 학문적 성격과 사상사적 의의

필사본 『주자어류소분』은 현존 유일본으로서, 송시열이 직접 교감과 편집을 하고 제자들이 산삭과 교정을 이어나간 우암 혹은 우암학파의 학문적 업적을 보여주는 1차자료로서 중요한 의의를 지닌다. 이를 부연하면 다음과 같이 기술할 수 있다.

첫째, 『주자어류소분』은 『주자대전차의』, 『이정서분류』, 『논맹문의통고』 등과 함께 주자를 절대적 표준으로 정립하는 송시열의 학문적

44) 魚有鳳, 『杞園先生年譜』, 卷2, 「丁巳【先生六十六歲】, 十月, 『朱子語類要略』成.」, 522bc. "先生以『朱子語類』一書爲學者一日不可缺之書, 而以其雜出於諸門人之所傳記, 故有重復繁氄者, 有差失本旨者, 不可不略加選正. 尤齋先生嘗抄節爲『小分』書, 而其書佚不傳, 遂居閑精究, 反復參攷, 爲之芟其煩蕪, 擷其精粹, 依『近思錄』門目, 分爲二十一編, 至是書成".

역량이 유감없이 발휘된 저술로서,[45] 조선시대 주자학의 최고봉을 이루는 우암 사상의 폭과 깊이를 가늠할 중요한 자료로 평가할 수 있다. 이는 우암을 계승하는 우암학파의 공통된 자부심이었을 뿐만 아니라,[46] 조선 후기 학자들의 일반적 평가이기도 하였다.[47]

둘째, 『주자어류소분』은 우암의 사상을 계승하는 우암학파의 학문적 역량이 집결되는 양상을 잘 보여준다. 작업을 주도했던 권상하와 이희조는 물론이요, 구시경, 이기홍, 홍치상, 조인수, 김유, 김간, 홍우익 등 우암의 문인들이 만들어 붙였던 부첨지들은 우암이 직접 편집했던 『주자어류소분』의 본문과 함께 『주자어류』에 대한 우암학파의 학문적 성과를 분석하는 데 중요한 자료가 될 것이다.

셋째, 『주자어류소분』은 선조간본 『주자어류』에서 영조간본 『주자어류』로 이행해 가는 조선시대 『주자어류』 이해의 중요한 디딤돌로

---

45) 權尙夏, 『寒水齋集』, 卷31, 「尤菴先生墓表」, 3b-4a. "先生嘗曰, '朱子之後, 義理大備, 靡有餘蘊, 後學只當尊信朱子, 極意講明. 爲聖爲賢, 不外於是. 必欲著書垂後者, 妄也贅也." 是故其所用工者, 皆闡發程・朱之旨, 雖在流移危困之中, 晝夜覃思, 不明不措, 使一言一句, 無不躍如. 雖初學之士, 亦能曉然知其歸趣矣. 若『朱子大全箚疑』・『二程書分類』, 長鬐時所述也. 『語類小分』, 巨濟時所編也. 『問義通攷』, 濟州時所成也. 『心經釋疑』, 則以退溪講錄, 承命而添刪者也. 又有『文集』百餘卷, 將行於世".

46) 『宋子大全續拾遺附錄』 卷2, 「墓誌【後學尹鳳九撰.】」. "嘗謂: '朱子之學不明, 故世或誣侮朱子, 而亦多黨助之者, 世道之害, 甚於洪水. 若使人人讀朱子書, 知朱子義理, 邪說自無所售', 遂取『大全』書, 隨手箚錄, 名曰『朱子大全箚疑』, 大義躍如, 微言盡析, 粗解文理者, 皆可以曉然, 誠後學之指南也. 又有『語類小分』・『二程全書分類』・『論孟問義通考』, 皆切於學者之考覽也. 『近思釋疑』, 鄭守夢因沙溪箚錄一冊, 裒粹而稍大之, 先生修潤成書. 『心經釋疑』, 以退溪講錄, 承命添刪者也."

47) 『承政院日記』, 814책, 英祖 11年 12月 15日(庚辰)日. "又嘗著書明道, 以嘉惠後學, 輯合或問・精義之說, 而以便考閱, 分類『二程集』中之語而俾有條理, 箚疑『朱子大全』而欲其易解, 編成『語類小分』而整其繁亂, 其羽翼經訓, 發揮斯道之功, 亦可謂朱子後一人也. 噫! 天地之間, 有陽則必有陰, 有正則必有邪, 以孔子之大聖, 而尙有毁者之言, 以程・朱之大賢, 而不免搆捏之辱, 我朝諸先正之遭罹世禍者, 前後相望, 則時烈之賢, 豈獨無媢嫉者之中傷乎?"

평가되어야 한다. 이 저술은 영조간본 『주자어류』에도 어느 정도 영향을 미쳤을 것으로 사료되며, 이 저술의 영향을 받아 홍계희의 「주자어류고이」, 이의철의 『주자어류고문해의』, 어유봉의 『주자어류요략』과 이재의 『주자어류초절』 등의 업적이 나오게 된다.

『주자어류소분』의 자세한 분석을 위해서는 우암의 작업부분과 각 부첨지를 작성한 각 사람들의 견해가 들어 있는 원본과 연재와 주변 인물들이 만든 보본을 구별하고, 각 사람들이 작업한 내용에 대한 상세한 비교가 필요하다. 그 기반 위에 『주자어류』와 『주자어류소분』의 비교를 진행하여 내용상으로 기존의 『주자어류』와 달라진 점을 해명해야 한다. 나아가 『주자어류소분』과 영남감영본 『주자어류』 및 이후 우암학파의 『주자어류』 관련 저술들을 비교하여 『주자어류소분』이 실제로 미친 영향을 검토할 필요가 있다.

본서의 출판은 『주자어류소분』과 조선의 『주자어류』 연구를 위한 기본 자료를 제공한다는 의의가 있다. 이를 계기로 삼아 앞으로 조선에서 이루어진 『주자어류』와 주자학 연구에 대한 심층적 연구가 본격적으로 전개되기를 기대한다.

『주자어류소분』 표점·교감 범례

1. 『주자어류소분』 표점・교감의 일반적 원칙

1-1. **『주자어류소분』**(이하 『소분』으로 약칭함)의 표점・교감은 〈우암자료 집성 및 정본화 사업 標點・校勘 범례안〉(이하 표준범례안)의 일반적 원칙에 따른다. 다만 『소분』에만 나타나는 특수한 문제에 대해서는 효율적으로 다루기 위한 세부규칙을 적용하며, 이체자 문제 등 일반적 원칙과 소분 자체의 규정이 충돌하는 일부 경우에는 소분 자체 규정이 우선하며 이를 명시적으로 밝힌다.

1-2. 현존 유일본 상태인 필사본 **『소분』을 표점・교감의 대상**으로 삼고, 『소분』으로 교감내용을 설명한다.

2. 교감을 위해 참조할 『주자어류』 판본들

2-1. **賀本**: 清 賀瑞麟이 校刻한 劉氏傳經堂 刊本(華東師範大學圖書館 소장본)인 이른 바 '**賀本**'을 『주자어류』의 **본문 교감의 일차 자료**로 삼아 同異를 표시한다. 賀本을 저본으로 삼은 **中華書局本**이 현재 국제적으로 표준 판본의 역할을 하고 있으므로 **中華書局本의** 본문과 주를 통해 賀本의 내용을 반영하고 『소분』과의 同異를 표시한다.

2-2. **成化本**: 교감 대본의 底本은 成化9年(1473) 陳煒 刻本으로서 現存最古本(中國國家圖書館 / 南京圖書館 소장본)인데, 臺灣과 日本에서 영인출판된 것이다. 조선시대의 『주자어류대전』의 대본이 된 판본으로서 교감시 '成化本'으로 약칭한다. 그러나 이 판본의 입수는 현실적으로 어려움이 있으므로, 成化本을 저본으로 삼아 충실히 반영한 **『朱子全書』本(상해고적출판사/안휘교육출판사)**의 본문과 校勘記를 토대

로 成化本의 내용을 교감에 반영한다.

2-3. **孝宗刊本**: 우암이 직접 보았던 140권 50책의 內賜本 『주자어류』(京都大學 文學部 소장본), '順治14(孝宗8, 1657)년 7월초 4일' 嶺南 比安縣에서 宣祖刊本의 번각본으로 간행된 孝宗刊本이다. 교토대본은 국내 입수에 어려움이 있으므로 우선 동일한 판본에 해당하는 장서각본과 국립중앙도서관본으로 작업을 진행하되, 교감에서는 '孝宗刊本'으로 표시한다.

2-4. **英祖刊本**: 필요에 따라 영남감영에서 간행된 **英祖刊本**을 참조한다. 이 판본은 嶺營藏板으로 불리는 권위있는 판본인 동시에 규장각본 『주자어류초』나 유희춘과 이황의 교정을 거쳐서 『주자어록해』의 송준길, 『주자어류고문해의』의 이의철, 「주자어류고이」의 홍계희에 이르기까지 『주자어류』에 대한 조선의 학문적 성과가 집대성된 판본이다. 이 자료들을 『소분』과 비교하면 송시열의 학문적 수준과 업적이 객관화될 수 있기 때문에, 이들 조선 판본 역시 송시열 이후 등장한 판본이지만 대교본으로 활용한다. 규장각, 장서각, 국립중앙도서관의 소장본 등이 일차 자료가 된다.

2-5. **기타 對校本**: 이밖에 중요한 대교본으로는 明 萬曆32년(1604)에 婺源 朱崇沐의 刻本(上海圖書館 소장본)인 **'萬曆本'**, 흔히 朝鮮本으로도 불리는 朝鮮古寫徽州本(일본 九州大學圖書館 소장본, 이하 **'徽州本'**으로 약칭함)이 있으며 **상해고적판 『朱子全書』本** 본문과 校勘記에 반영된 **萬曆本·徽州本**의 내용을 교감에 반영한다.

2-6. **교감시 인용의 순서**: 교감시 『소분』과 『주자어류』의 여러 판본들의 차이를 열거할 필요가 있을 때에서는 **'『소분』·孝宗刊本·英祖刊本·正祖刊本·成化本·賀本·萬曆本·徽州本'**의 방식으로 표시한

다. 이 순서는『소분』원문,『소분』의 대본이 되었을 가능성이 제일 높은 孝宗刊本, 우암 이후 조선의 학문적 성과가 반영된 판본인 英祖刊本, 조선에서 간행된『주자어류』판본의 저본이 되는 중국 판본이자 현존하는 最古의 판본인 成化本, 현재 가장 폭넓게 유통되는 中華書局本의 저본이자 청대의 표준적 판본인 賀本, 명대의 대표적 판본인 萬曆本, 판본상 가장 많은 글자의 出入과 차이를 보이는 徽州本 순으로 배열된 것이다.

2-6. 위의 **『소분』・孝宗刊本・英祖刊本・正祖刊本・成化本・賀本・萬曆本・徽州本에** 포함되지 않지만 교감에 관련되는 다른 자료들은 교감문에 부가적인 주를 덧붙인다. (예: **『考異』**)

3. 입력과 편집

3-1. 스타일과 문단 간격

1) 기본스타일

집성과 입력, 표점과 교감 및 교열 작업은 스타일이 지정된 '스타일.hwp'를 사용한다. 전체 작업의 통일성 유지를 위해 다른 스타일의 파일을 사용하지 않는다. 아래는 해당 스타일이 각각 적용된 사례다.

① 큰제목(15 piont): 우암 정본자료의『책제목』에만 쓴다.

② 소제목(13 point): 우암 정본자료의 편제목 이하「소제목」에 쓴다.

③ 바탕글(11 point): 일반적으로 교감 대상 원문의 본문 글자체로 사용한다.

④ 원주(9 point): 교감본문 상의 原註에만 사용한다. 반드시 【 】를 붙여서 본문과 구분한다. 문자표(Ctrl+F10) 상의 전각기호(일반) 【 】를 쓴다. * HNC코드로 【(341C)와 】(341D)에 해당한다. [ ] 혹은 〔 〕로 쓰지 않도록 유의해야 한다.

예) 【仁, 從人從二.】, 【先生時在輿農.】

⑤ 교감주(9 point): 교감자가 붙이는 교감주에만 사용한다. 다만 본문 상의 頭注 혹은 附箋紙는 교감주로 처리하되, 교감주의 표제어 다음에 【頭註】나 【附箋紙】 표시를 하고 사용한다. 교감주는 교감주 번호까지 교감주 스타일이 유지되도록 유의해야 한다. 특히 교감주에 다른 파일에서 작성된 글자를 오려붙일 때도 반드시 블록지정을 해서 글자체가 문제가 생기지 않도록 유의해야 한다.

예) 先君適方開坐司[1)]倉

1) 司:【頭註】社

2) 문단 간격 지정

큰제목은 상하 두 줄씩을 비우고, 소제목은 상하 한 줄씩을 비우고, 각각 스타일을 적용한다. 편명 아래 세목은 위로 한 줄만 띄고 아래 문장은 문단만 바꾸어 쓴다. 문단나누기는 임의대로 하지 않고 저본에 따른다. 세로쓰기가 적용되는 古書에서는 그저 줄만 바꾸는 경우가 있고, 줄을 바꾸고 한 칸을 내려쓰는 경우가 있으며, 문단을 구분하기 위해 ○를 쓰는 경우가 있다. 우암 자료 정본에서는 흔글 파일에서 가로쓰기를 적용하되, 첫번째 경우에는 문단을 바꾸어 쓰되 상하를 한 줄씩 띄우지 않고, 두번째 경우에는 아래 한 줄을 띄우고 문단을 바꾸어 쓰며, 세 번째 경우에는 문단을 바꾸어 쓰되 ○를 그대로 유지한다. 단 ○표시가 문단과 문단을 가르는 경우가 아니라 짧은 보충설명일 때는 문단을 바꾸지 않는다.

3) 空格과 擡頭法의 처리

『소분』에서는 敬語 표시 혹은 尊稱을 위한 擡頭法은 적용하지 않는다.

3-2. 자료 입력에 사용되는 특수문자들

■, ⁄, □, *(), ▒, ▲, ◇, ○, 【】, *, @

1) 반각기호 우선원칙과 그 예외: 중점 '·'는 전각, 그 이외에는 반각

특수문자는 **반각기호를 사용하는 것을 원칙**으로 한다. 예컨대, 서명, 편명은 겹낫표를 활용하여 자판상에 있는 각각 '『 』'(서명), '「 」'(편명)으로 표시하고, 전각기호인 '『 』', '「 」'은 사용하지 않는다. 인용부호인 '〈 〉'도 자판상의 반각기호를 사용하고, 전각기호인 '〈 〉'을 사용하지 않는다. 다만 편명의 분류세목을 표현하는 사이점은 자판상에 없으므로, 시각적 구분이 용이한 전각가운뎃점(·)을 사용하고 반각 사이점(·)을 사용하지 않는다.

2) 글자 판독 및 입력과 연관되는 기호들: ■, ⁄, *(), □, ▒

① 판독이 불가능한 글자: ■, ⎕

판독이 힘든 글자는 **글자수만큼 ■로 표시**하고, 글자수가 **분명하지 않으면 ⎕로** 표기한다. 글자에 대한 추정이 가능한 경우에는 교감주에서 근거를 밝히고 추정내용을 설명한다. 저본과 이본 중 판독이 가능한 글자가 있을 경우에는 그것을 본문에 표시하지만, 어느 곳에도 판독이 가능한 글자가 없으면, 비록 해당 글자에 대한 추정이 분명하다는 확신이 있더라도 ■ 혹은 ⎕로 표기하고 그 추정내용을 교감주에서 설명한다.

② 입력이 불가능한 글자: *( )

판독이 힘든 글자를 표시하는 ■와는 달리, 판독이 가능하지만 훈글에 나오지 않는 漢字는 그 글자 수만큼 *로 표시하여 구분한 후 ( )로 造字와 연관된 구체적인 설명을 빨간색으로 달아 준다. 기호*( )는 최종 출판이 이루어질 때에 폰트 관련 전문가들에 의해 정확한 글자들로 대체되면서 없어질 것이다.

예) *(○와 ○를 좌우/상하로 합친 글자)

*(亻과 宗을 좌우로 합친 글자) **/*=〉 倧 (최종 교정시) */**

③ 본문의 空格과 공란: □

『소분』 및 『朱子語類』의 원문 자체가 공란으로 비어 있을 경우에는 비어 있는 글자 수만큼 □로 표기한다.

예) 138:91 問: "春牛事未見出處. 但「月令」載'出土牛以送寒氣', 不知其原果出於此否? 或又云, 以示勸耕之意. 未詳孰是" "某嘗見□□云, 處士立於縣庭土牛之南. 恐古者每歲爲一牛, 至春日別以新易舊而送之也."

④ 補寫된 부분: ▒

원본이 손상되어 후대에 보사(補寫)가 이루어진 부분에 대해서는 음영 20%만 씌우고 별도의 주를 추가하지 않는다.

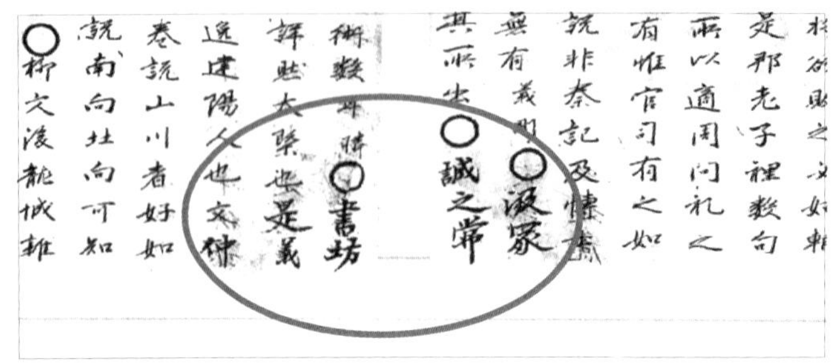

138:5 汲冢古書, 堯憂囚, 舜野死, 尹篡太甲, 太甲殺尹之類, 皆其所出.

....

138:7 書坊印得六經, 前面纂圖子, 也略可觀. 如車圖雖不甚詳, 然大概也是.【義剛】

....

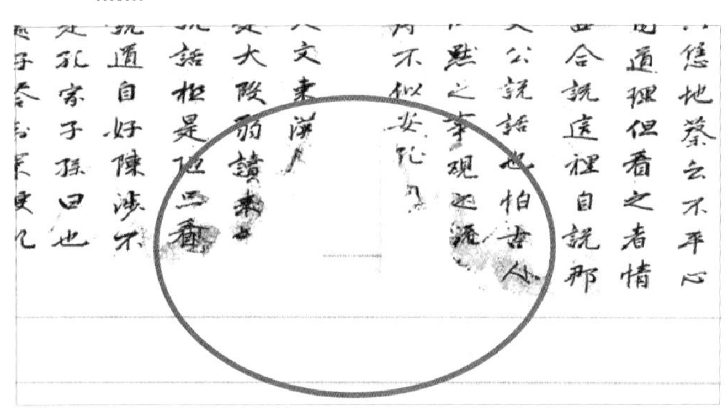

원본이 손상되었는데 보사하지 않은 경우에는 교감주와 음영을 동시에 달아 준다.

○[1] (前略) 將臨川·何言·江黙之事觀之, 說道[2]『公羊』·『穀梁』是姓姜人一手做, 也有這般事. 『尙書』序不似孔安[3]國作, 其[4]文軟弱, 不似西漢人文, 西漢文麄豪. 也不似東漢人文, 東漢人文有骨[5]肋, 也不似東晉人文, 東晉如孔坦『疏』也自得. 他文是大段弱, 讀來卻[6]宛順, 是做『孔叢子』底人一手做. 看『孔叢子』撰許多說話, 極是陋. 只看他撰造說陳涉, 那得許多說話正史都無之? 他卻說道自好, 陳涉不能從之. 看他文卑弱, 說到後面, 都無合煞[7]." (後略)

---

1) 이 항목은 『朱子語類』의 125:26의 일부이다.
2) 道: 『小分』에서는 손상되어 있으나 『朱子語類』에 따라 보충하였다.
3) 孔安: 『小分』에서는 安孔을 교정부호로 바로잡았다.
4) 國作, 其: 『小分』에서는 손상되어 보이지 않으나 『朱子語類』에 따라 보충하였다.
5) 人文有骨: 『小分』에서는 손상되어 보이지 않으나 『朱子語類』에 따라 보충하였다.
6) 卻: 『小分』에서는 손상되어 보이지 않으나 『朱子語類』에 따라 보충하였다.
7) 煞: 『朱子語類』에서는 殺로 되어 있다.

3) 삭제 및 가필과 연관되는 기호들: ▲과 ◇

① **▲: 삭제** 기호
『朱子語類』의 본문에서는 있으나 『소분』에서 생략된 부분을 교감주에 표시하기 위해 본문과 교감주에서 사용한다.

② ◇: 가필 기호
– 『소분』의 본문에 가필(加筆)을 통해서 본문에서 빠져 있는 부분을 보충할 경우, 이를 표시하기 위해 본문과 교감주에서 사용한다.

4) 항목의 삽입 및 원주(原註) 내에서의 내용 구분 기호: ○

– 항목의 삽입: 『소분』에서 『朱子語類』의 다른 부분에 있는 항목의 전체나 일부를 삽입할 때에 이를 표시해 주기 위해서 본문과 교감주에서 사용한다.
– 원주(原註) 내에서의 내용 구분: 본문에 포함되어 있는 원주 내에서 내용을 구분해 주기 위해 본문의 원주 내에서 사용한다.

– 간혹 『소분』 본문에서 구분기호를 ○ **대신** ◇로 필사한 경우가 있다. 이것은 단순한 형태의 차이일 뿐이고 아무런 실질적인 차이가 없으므로 **일괄적으로 ○로 표기한다.**
– ○ 대신 사용된 ◇처럼 아무런 독자적인 기능이 없고 동일한 기능을 하는 일반적인 기호가 있는 경우에는 가장 일반적인 기호를 따라 사용한다.

5) 원주(原註) 표시 기호: 【】
– 원주는 【】로 경계를 표시한다.

6) 부가설명기호: *
『주자어류』와 『考異』의 판본 비교 이외의 추가적 설명이 필요할 경우, 혹은 추가적인 설명을 삭제·가필된 부분과 분명히 구분해서 보여 주기 위해서 * 기호를 사용한다.

예) 149) ◇: 入井 *賀本에는 없다.
가필된 부분과 추가적인 설명을 *로 분명히 구분함.

4. 표점과 교감

4-1. 구두(句讀)와 표점(標點) 원칙

1) 총론
2) 마침표(.)와 쉼표
3) 물음표(?) 원칙
4) 감탄부호(!) 원칙
5) 인용부호(“”, ‘’, 〈〉) 원칙

6) 가운뎃점(·) 원칙
7) 콜론(:)의 원칙
8) 서명(『』), 편명(「」), 장(章)과 절(節)의 표시
9) 고유명사의 처리규정
10) 원주 표점 원칙
11) 시문(詩文)의 표점 원칙

1) 총론

① 구두 표시는 대체로 현대 중국식 표점방식을 따르되, 한국식 표점방식을 참조하여 종합적으로 적용한다. 다만 중국식 표점에서 사용하는 이슬점(、)과 세미콜론(;)은 사용하지 않고, 한국식 표점방식에서는 거의 사용하지 않지만, 중국식 표점에서 '云'이나 '曰' 등 뒤에 쓰는 콜론(:)을 사용한다.

② 구두(句讀)는 원칙적으로 문장 형식의 문법적 구조를 드러내는 방식을 기준으로 하되, 문장을 읽는 호흡의 편의를 고려하여 표시한다. 예컨대, 내용상 연결되는 짧은 술어구가 연달아 나오는 경우에는 문장을 읽는 호흡을 고려하여 중간에 쉼표를 쓰지 않고(㉠) 길게 연결한다.(㉡)

㉠ 己丑, 上箚, 陳戒.(『宋子大全』(이하 생략함)「年譜」, ×)
㉡ 己丑, 上箚陳戒.(「年譜」, ○)

③ 문장과 문장성분의 구분의 원칙
– **한 문장의 완료**: 한 문장은 구조가 복잡해지거나 길이가 길어지지 않도록 **최대한 짧게 완료한다.** 완료되는 각각의 문장은 평서문/의문문/감탄문 여부에 따라 **마침표(.), 물음표(?), 느낌표(!)**의 세 기호를 사용할 수 있다.

– **여러 문장의 연결**: 각 개별 문장들의 병렬, 대조, 비교, 인과 등의 논리적 연관관계를 분명하게 드러낼 필요가 있을 때에만 **쉼표(,)**로 각 문장을 연결할 수 있다.
– **한 문장 내에서의 개별 문장성분의 구분**: 한 문장 내부에서 문장성분의 경계를 드러내어 **의미를 명료화**할 필요성이 있거나 한문 문장 고유의 운율에 따른 **호흡의 단위**를 드러낼 필요성이 있을 경우 **쉼표(,), 콜론(:), 중점(・)**으로 개별 문장 성분을 드러낸다.
– **특수한 문장성분과 어사의 표시**: 일반적인 성분이 아닌 고유명사, 인용문, 인용구, 강조표시는 각각에 해당하는 표점기호를 통해 각각의 특징을 드러낸다. 고유명사는 밑줄(_), 서명(『』), 편명(「」) 등의 기호를 사용하고 인용문, 인용구, 강조표시는 인용부호(“”, ‘’, 〈〉)를 사용한다.

2) 마침표(.)와 쉼표(,)

① 의문부호와 감탄부호로 끝나지 않는 모든 문장의 끝에 마침표를 쓴다.

臣不勝激切怔營之至.(「辭職仍辭食物疏」)

② 복문(複文)이나 중문(重文)은 가능한 한 짧게 끊어서 마침표를 쓰되,(㉠) 문장구조상 문장이나 구절 사이의 병렬, 대조, 비교, 인과 등의 논리적 연관관계를 분명하게 드러낼 필요가 있을 때에는 해당 문장/구절은 쉼표로 연결하고 논리적 관계가 완결되는 곳에만 마침표를 쓴다.(㉡, ㉢)

㉠ 昔有江乙者, 飢死. 其母號泣曰: “三公殺我子.”(「辭右議政疏」)

㉡ 公而正者, 逸而日休, 私而邪者, 勞而日拙.(「病中陳所懷疏」)

㉢ 伏以小臣憑恃寵靈, 得以百病餘喘, 歸到松楸, 感戴恩榮, 只思

隕首而已. 唯是給馬之命, 特出尋常. 旣入湖界, 則道臣又定差員, 使之護行. 此皆不宜於逋人身上, 故臣終不敢承膺, 而銘鏤之忱, 又不能勝說矣. 臣還家之日, 伏承疏批, 則不許遞職, 而使之改圖上來.(「還鄕後辭職, 仍辨大臣筵奏失實疏」)

– 특히 'A也, B也 (…)' 혹은 '(其)一曰A, (其)二曰B (…)'처럼 문장이 병렬 형태로 오는 경우에는 끝에만 마침표를 쓰고 중간 연결부분에서는 모두 쉼표를 쓴다.(㉣, ㉤)

㉣ 春・夏, 陽也, 秋・冬, 陰也.(「答宋明甫」)

㉤ 一曰食, 二曰貨, 三曰祀, …(「答校正廳問目」)

– 다만 각 항의 구/절/문장의 길이가 긴 경우에는 마침표를 찍어 구분한다.(㉥)

㉥ 公末年, 有授子訓辭五條. 其一曰, 硏經史以開知識. … 其二曰, 安義命以祛利欲. …(「澤堂 李公諡狀」)

– 동사구가 **연속되면서 선행 동사구가 후행 동사구를 꾸며 주는 경우**에는(현대한어의 **連動句文**에 해당한다.) **원칙적으로 붙여 쓰지만**(㉦) 한문 문장 고유의 호흡단위에 따라, 혹은 구문이 지나치게 긴 경우, 동사구를 **쉼표로 분리할 수 있다**(㉧).

㉦ 辛酉, 上疏辭職名及食物, 優批不許.(「年譜」) (○)

㉧ 辛酉, 上疏, 辭職名及食物, 優批不許.(「年譜」) (○)

③ (주어가 생략된 경우라도) 주어가 달라지는 곳에서는 반드시 쉼표를 쓴다(㉠).

㉠ 上遣史官別諭召之, 上疏辭不赴.(「年譜」)

④ '하여금'의 뜻을 지닌 '使', '俾', '敎', '遣' 등은 보통 문법구조상 해당

문장의 본동사까지 포함하여 쉼표를 쓰는 것이 원칙이지만, 호흡을 고려하여 그 뒤에 3-4글자 이상의 단어/구/절이 오면서 그곳이 호흡상 쉬는 곳이라면 '(으)로'의 토(吐)가 붙는 곳에 쉼표를 쓸 수 있다.

㉠ 伏乞聖慈, 更諒情實, 姑許遞改, **使臣**得以安意調治, 不勝幸甚.(「辭判義禁兼陳山陵事箚」) (○)

㉡ 伏乞聖慈, 更諒情實, 姑許遞改, **使臣**, 得以安意調治, 不勝幸甚.(「辭判義禁兼陳山陵事箚」) (×) ← 호흡단위가 되지 못한다.

㉢ 伏乞聖慈, 特加矜憐, 亟賜遞免, **俾此殘骸**歸死巖壑, 則實天地父母生成之恩也.(「辭職疏」) (○)

㉣ 伏乞聖慈, 特加矜憐, 亟賜遞免, **俾此殘骸**, 歸死巖壑, 則實天地父母生成之恩也.(「辭職疏」) (○) ← 호흡단위가 될 수 있다.

⑤ **'주어+술어'**의 문장에서 **주어 뒤에서는 쉼표를 쓰지 않는 것을 원칙**으로 하지만(㉠, ㉡) 다음과 같은 경우에는 주어와 술어 사이에 쉼표를 집어넣는다.

㉠ 此或說之誤也.(「答朴士述」)

㉡ 其悖甚矣.(「答李幼能」)

— 개념에 대한 정의나 글자나 어구 자체에 대한 주석문, 특히 'A(者), B(也).'의 문장 형태를 이루거나, 글자의 뜻을 풀이하는 주석투의 문장에서는 주어 뒤에 반드시 쉼표를 쓴다.(㉥, ㉦, ㉧, ㉨)

㉠ 賢者, 敎之所由起也.(「御製御筆大老祠廟庭碑銘」)

㉡ 九, 恐當作八.(「大王大妃服制議」의 頭註)

㉢ 土, 唐本作土.(「答校正廳問目」)

㉣ 盻音, 五計反.(「答校正廳問目」)

㉤ 一角, 猶言一封也.(「答李雲擧」)

㉥ 曰德字, 從行從直從心, 卽行直心也.(「永春縣監贈參判李公行

狀」)

㉧ 所謂今按者, 卽朱子說也.(「答李幼能」)

㉨ 夫心者, 主乎吾身者也. 理者, 散在事物者也.(「答朴士述」)

㉩ 感者, 動也. 怎生, 如之何之意也.(『經筵講義』)

– **주어의 길이가 너무 길 경우**에 쉼표를 사용한다.(㉪)

㉪ 文純公臣李滉, 平生尊信此書.(「進『心經釋疑』箚」)

– 술어가 '**是矣**'(옳다), '**非矣**'(그르다), '**可也**'(가능하다) 등의 판단구일 경우에는 주어 뒤에 쉼표를 넣어 주어와 술어를 구분한다. 다만 판단구의 앞에 위치하는 주어가 극히 짧은 경우에는 쉼표를 생략할 수 있다.

㉫ 臣伏見重臣所欲去者, 非但中朝所已行者, 其所論可去之實, 皆有證援, 則雖謂之攧撲不破, 可也.(「論文廟從祀疏」)

㉬ 朱子嘗言: "一字不明之禍, 大矣."(「進『心經釋疑』箚」)

㉭ 臣伏見重臣所欲去者, 非但中朝所已行者, 其所論可去之實, 皆有證援, 則雖謂之攧撲不破, 可也.(「論文廟從祀疏」)

㉮ 然則其所以避不避者, 一主於情之厚薄, 可見矣.(「因嫌請遞疏」)

– 그러나 是가 是/非의 의미가 아니라 지시의 기능을 갖는 是/此/彼에 대응되는 의미로 사용되는 경우에는 쉼표를 사용하지 않는다.

後世之解經者有三. 一, 儒者之經. 一, 文人之經, 東坡 · 陳少南輩是也. 一, 禪者之經, 張子韶輩是也.

– **주어와 술어가 도치**된 문장에서는 **쉼표**를 써서 문장의 도치를 나타낸다.

大哉, 聖人之言也!(「病中陳所懷疏」)

⑥ **부사구나 부사절에서는 쉼표**를 쓴다. 시간을 나타내는 부사구들이 잇달아 나오면 그 사이에 쉼표를 하지 않고 제일 끝에 쉼표를 쓴다.(㉠) 다만『春秋』의 경우에는 각 부사구에 고유의 의미가 있으므로 쉼표를 쓴다.(㉡) 또한 부사구나 절이 매우 짧은 경우에는 쉼표를 쓰지 않을 수 있다.(㉢)

㉠ 今稍遲數月, 以俟明年春王正月三陽交泰之時, 則恰好恰好, 未知兄意如何.(「答宋明甫」)

㉡『傳』曰: "五年, 春, 王正月, 辛亥, 朔, 日南至."(『宋子大全隨箚』, 卷11, 「跋·二十七板·南至日」)

㉢ 昔胡文定刪去明道文數十字, 則朱子大以爲非矣.(「進『心經釋疑』箚」)

⑦ 접속사 '而'는 순접일 경우 그 앞에 쉼표를 쓰지 않지만,(㉠) 순접이라도 주어가 바뀌는 경우라든가 연결되는 문장의 길이가 긴 경우에는 '而' 앞에 쉼표를 쓴다.(㉡, ㉢, ㉣) '而'가 앞뒤로 조건절과 결과절을 연결시키면서 '則'의 뜻을 지닐 때에도 쉼표를 쓴다.(㉤)

㉠ 公而正者, 逸而日休, 私而邪者, 勞而日拙.(「病中陳所懷疏」)

㉡ 宋 神宗不知王安石, 以爲可任國事, 而終致僨敗矣.(『經筵講義』)

㉢ 某官官高多事之人, 而猶且留意於書, 而諸人何故不能然耶?(「沙溪先生語錄」)

㉣『綱目』特誅揚雄·荀彧·宋齊丘等, 特崇奬節義之臣.「沙溪先生語錄」)

㉤ 臣雖至愚, 其如此, 而可以有成, 不如此, 而不可以有爲, 則灼然知之矣.(「病中陳所懷疏」)

⑧ 관용적인 부가어와 중복표현에서는 쉼표를 사용하지 않는다.
― 공식적인 문건에서 공경의 뜻을 표시하기 위해 관용적으로 사용하

는 '竊念', '伏惟', '恭惟', '竊意', '伏以', '伏審' 등의 뒤에서

㉠ **伏以**臣伏蒙前月批諭, 憂念臣疾, 無異慈父之於稚子也.(「丁酉封事」)

– '某按' 혹은 '某案' 등의 형식이 별도의 주석이 아닌 본문의 일부로 사용될 때

㉡ **按**士與土俱未詳, 恐是祀字之誤. 大文一曰食, 二曰貨, 三曰祀, 則士字之爲祀, 較然矣.(「答校正廳問目」)

– 편지글에서 관용적으로 중복해서 쓰는 표현들

幸甚幸甚.(「與兪武仲」)

可怪可怪.(「答李幼能」)

⑨ 기타 개별 특정 구문에서의 쉼표의 사용

– 두 가지 중 한 가지를 선택하는 상황을 표시하는 '與其 A, 不如/孰若/寧 B'의 구문은 A 뒤에 반드시 쉼표를 쓴다.

㉠ 臣固知有此『儀禮』疏說, 而於其疏說, 有不能十分無疑者, 故以爲: "與其輕用可疑之疏說, 斷定莫重之變禮, 無寧近從大明之制, 猶爲寡過也."(「大王大妃服制議」)

㉡ 與其顚沛於末流而不知所濟, 孰若早爲之所乎? (「與金永叔」)

㉢ 敢膺玆命, 與其玷辱名器, 寧犯逋慢.(「辭輔導東宮之命疏」)

– '非但/非徒/非獨/非唯/非惟/非特/非直 A, (又/而又/亦/抑亦) B'의 구문은 A구 뒤에 반드시 쉼표를 쓴다.

㉠ 今於栗谷譜後, 附見申公, 則見者不能無疑訝, 非徒疑訝, 雖或嚴辭罪之, 亦無辭以解之矣.(「答尹汝望」)

㉡ 噫! 臣若一毫有此意思, 則不但擧國之人亟肆於市朝, 抑亦上天威怒而震滅之, 必不旋日矣.(「趙絅疏後待罪疏【四疏】」)

ⓒ 此非但家法之要義, 亦是養性命之道也.(「己丑封事」)

– '비록/설사 … 하더라도/일지라도'의 뜻으로 양보를 나타내는 '雖 A, (而/然而) B'의 구문은 반드시 A 뒤에 쉼표를 쓴다.

ⓐ 今又隱疾摧殘, 神心耗竭, 雖欲掇拾舊聞以浼聖聽, 亦且昏謬顚錯, 只增其不韙之罪而已, 然而忠戀之誠, 則不能以疏賤而有間矣.(「辭贊善疏【六疏】」)

ⓑ 帝王之學, 莫切於克己. 帝王之政, 莫先於保民. 雖在治安之世, 去此二者, 則君德日累, 邦本日搖, 未或不亡.(「辭職仍陳戒疏」)

– '然後', '然則', '如此則', '是故', '是以' 등의 단어 뒤에서는 쉼표를 쓰지 않는다.(ⓐ, ⓑ, ⓒ, ⓓ, ⓔ) 그러나 '雖然' 뒤에서는 쉼표를 쓸 수 있다.(ⓕ) 조건절 뒤에 붙는 '則'은 그 앞에 반드시 쉼표를 쓴다. (ⓖ) 다만 '然則', '如此則' 등은 則의 앞뒤에 쉼표를 쓰지 않는다.(ⓑ, ⓒ 참조)

ⓐ 矧惟冬享, 其禮尤重, 而又未進參, 所當亟從吏議, 與多官同被推勘. 然後其義乃安.(「辭職兼陳所懷疏」)

ⓑ 然則臣之威勢, 有過於高者矣.(「因國舅論斥待罪疏」)

ⓒ 如此則君勞臣逸, 其舛甚矣.(「己丑封事」)

ⓓ 是故臣主俱得其道, 風俗益以淸明矣.(「自哭班渡江時乞致仕箚」)

ⓔ 是以敢以爲獻, 伏願聖明, 以聖祖爲法, 以朱子爲師, 廓然大公, 儼然至正, 而泰然行之, 則誰敢不精白一心, 以佐下風哉?(「病中陳所懷疏」)

ⓕ 雖然, 情性之用, 貴於得中.(「進慰仍待罪陳情箚」)

ⓖ 民心一失, 則不可以復收.(「論事箚」)

– 至是, 於是, 先是, 頃者 등의 부사구 뒤에서는 쉼표를 쓴다.

㉠ 至是, 上疏待罪.(「年譜」)

㉡ 先是, 賊鑴陰邀奸臣李山海之孫袤, 引趙襄子立浣之說.(「年譜」)

– '以爲A'의 구문에서는 爲와 A 사이에 쉼표를 쓰지 않고,(㉠) '以A爲B'의 구문에서도 A와 爲 사이에 쉼표를 쓰지 않는다.(㉡, ㉢, ㉣) 다만 '以A爲B'의 구문에서 爲 앞에 爲의 수식어가 들어가는 경우에는 '以A, ○爲B'의 형태로 쉼표를 쓰고,(㉤) A에 하나 이상의 쉼표가 들어갈 경우에는 '以A, C, 爲B' 형태로 쉼표를 쓴다.(㉥) '爲' 대신 다른 동사(○)가 오는 '以A○B'의 구문도 '以A爲B' 구문과 동일하게 취급한다.(㉦)

㉠ 宋 神宗不知王安石, 以爲可任國事, 而終致僨敗矣.(『經筵講義』)

㉡ 以此數三說觀之, 則台監諸人, 以兇人之說爲是乎? 以愚輩之說爲是乎?(「與金永叔」)

㉢ 他人見之, 必以爲言是而時非矣.(「答金起之」)

㉣ 非惟自無一言, 甚以相詰被毆者爲非矣.(「答尹體元」)

㉤ 且以頃日之斥絶, 指爲聖上之過, 至以勿憚改爲言.(「三學士傳」)

㉥ 先生學問之功, 老而彌篤, 常有惟日不足之意, 每以家居人事煩擾, 不能專心讀書, 爲慊,(「年譜」)

㉦ 二十一日召對, 自"有人勞伊川", 止"可立致矣." 時烈曰: "伊川嘗以篆字書'非禮勿動'云. '日履安地', 謂禮也. '日踐危地', 謂非禮也." 閔維重曰: "'和天瘦'之和字, 當爲去聲."(『經筵講義』)

3) 물음표(?) 원칙

① 의문문의 끝에 물음표를 쓴다. 의문문이 병렬적으로 이어질 때는 두 문장 모두에 물음표를 쓴다.

殿下何故而蹈此哉?(「赴召乞退疏」)

② 자문자답 혹은 반어의문문의 끝에 물음표를 쓴다.

臣尙復何言哉?(「辭贊善疏【六疏】」)

彼李雖賞其功, 而不疑其心乎? 愚則竊以爲愚也.(「與金永叔」)

③ 선택의문문일 경우에는 각 절에 모두 물음표를 쓴다.

是西山乎? 抑石室乎?(「與李雲擧」)

以此數三說觀之, 則台監諸人, 以兇人之說爲是乎? 以愚輩之說爲是乎?(「與金永叔」)

④ '未知/不知 (…) 如何'의 문장 형식에서는 마침표를 쓴다

威顔咫尺, 雖如是懇達, 而至於允許, 則未知如何.(「年譜」)

4) 감탄부호(!) 원칙

① 감탄문의 끝에 쓴다. 嗚呼, 噫 등의 독립된 감탄사와 호칭은 가능한 한 쉼표로 처리하고 '哉', '夫' 등의 감탄사 뒤에만 감탄부호를 쓴다.

噫, 其甚矣!(「與金永叔」)

② 감탄문의 주어와 술어가 도치된 경우에는 '술어, 주어!'로 표시한다.

大哉, 哀公問!(「次後雲翁煥章菴七十一韻」)

5) 인용부호("", '', 〈〉) 원칙

① 인용부호는 기본적으로 인용문이나 대화문에 쓰며, 그 길이에 상관없이 처음 사용할 때에서는 큰따옴표("")를 쓰고, 큰따옴표 안에 다

시 인용부호를 써야 할 경우에는 작은따옴표(‘’), 작은따옴표 안에 다시 인용부호를 써야 할 경우에는 최종따옴표(〈〉)로 표현한다. 강조를 표시하는 기능으로는 사용하지 않는다.

㉠ 時烈曰: “伊川嘗以篆字書‘非禮勿動’云. ‘日履安地’, 謂禮也. ‘日踐危地’, 謂非禮也.” 閔維重曰: “‘和天瘦’之和字, 當爲去聲.”(『經筵講義』)

㉡ 嘗講『家禮』「親迎」條附註‘圍布几筵’處, 因言: “昔松江一日挾『家禮』來, 指示此註曰: ‘吾反覆窮考, 終未曉解, 願賜詳說.’ 余一一說破, 則公喜甚曰: ‘今得破鬱, 幸甚幸甚.’ 未幾, 自經筵直來, 見余笑謂曰: ‘今日遭逢一奇事矣. 進講訖, 後自上出『家禮』下問曰: 〈此處, 予屢次尋繹而終始阻塞, 諸筵臣試爲我講說. 雖翰·注, 苟有知者, 勿辭〉, 乃昨者所問於君者也. 諸人皆以不敢知爲對, 吾一一句絶而釋其義. 自上敎曰: 〈大段灑然矣〉. 再三稱歎, 仍曰: 〈予於書, 未有若此註之艱阻者也〉. 謂筵臣曰: 〈某官官高多事之人, 而猶且留意於書, 而諸人何故不能然耶?〉 諸人皆慙謝. 吾幾欲言〈臣亦不知. 昨者學於金某而知之〉云矣, 到口而終不敢達矣. 旣退, 追送賞賜, 此實君之功也, 可分受也.’”(「沙溪先生語錄」)

② 문장의 이해와 인용의 범위 파악을 위해 꼭 필요한 경우에도 인용부호를 사용할 수 있다. 이 때에도 큰따옴표, 작은따옴표, 최종따옴표 순으로 인용부호를 적용한다.

二十一日召對, 自“有人勞伊川”, 止“可立致矣”.(『經筵講義』)

③ ‘동사+以+목적어절’의 간접인용문에도 목적어구나 목적어절 전체에 인용부호를 쓴다.

㉠ 上謂閔公曰: “卿今下去, 須諭以‘與卿久未相會, 去國十年, 今始相會, 而坐席未煖, 遽又求退, 非但予心悵缺, 其於國事, 關係甚重, 卽今三公之任, 捨卿其誰? 一時撝謙之過, 雖至於此, 卿有終不可恝視者.

卿之求退如是其急者, 必出於卿之思慮之太過, 而亦由於予之誠意不足之致. 予實慙靦, 更有何言? 望卿從速還入, 上下戮力, 扶持艱危之國事.'"「年譜」)

ㄴ 上批以"安心勿辭."(「年譜」)

ㄷ 五月, 復上疏待罪, 上只答以"安心勿辭."(「年譜」)

ㄹ 上批以"今玆別設, 意非偶然", 且諭以"從速入城."(「年譜」)

ㅁ 上教以"疏語多有不安, 又非儒生所與", 命還給.(「年譜」)

④ 직접인용 형식으로 대화나 인용 등을 나타내는 '云', '曰', '問' 등의 말 뒤에서는 콜론(:)을 쓴다.(ㄱ, ㄴ) 그러나 그것이 간접인용 형식의 문장성분이 될 때에서는 길이와 상관없이 콜론을 하지 않으며, 대화 혹은 인용 부분만 인용부호로 묶는다.(ㄴ, ㄷ) 다만 간접인용 형식으로 볼 수도 있고 직접인용 형식으로 볼 수도 있을 경우, 인용 부분만 인용부호로 묶되, 인용문의 길이가 길면 콜론(:)을 쓰고, 짧으면 콜론을 쓰지 않는다.(ㄹ, ㅁ은 둘 다 가능함.)

ㄱ 先生曰: "此蓋將有壬辰兵亂之兆也." 【關中以西風而雨, 程子以爲山勢使然.】(「金幹錄」)

ㄴ 榦問: "韓昌黎・王文中, 孰優?" 先生曰: "王優. 朱子以韓爲諂諛戲豫之人. 旣云'諂諛戲豫', 則更何足議?"(「金幹錄」)

ㄷ 栗谷先生曰: "靈者, 心之知處, 雖未感物, 而靈固自若, 不可曰'心之感矣.'"(「答鄭景由・別紙」)

ㄹ 朱子嘗言: "一字不明之禍, 大矣."(「進『心經釋疑』箚」)

⑤ 謂, 言 등의 동사 뒤에 생각, 대화, 독백 등을 표시하는 직접인용 형식의 목적어구나 목적어절이 오면 해당동사 뒤에 구두를 하지 않고 해당 구나 절을 인용부호로 묶는다.

ㄱ 先是, 賊鑴陰邀奸臣李山海之孫袤, 引趙襄子立浣之說, 謂: "先生禮議, 不歸宗統於孝廟, 意實在於昭顯子孫", 將謀告變.(「年譜」)

㉡ 先生手記于曆書曰: "寺僧戒和問: '今世碑碣甚多, 未知書虜號耶?' 余謂: '未知豈人人皆書彼人年號耶?' 和曰: '頃者, 吾豎吾父小表, 而竊有疑於心, 不書其年矣.' 余聞此說, 不覺爽然. 東坡云: '信義多在物外, 信然矣.' 恨不令徐載邇輩聞之也."(「年譜」)

㉢ 頃歲, 何人造爲飛語, 謂: "臣嘗謂: 〈孝宗大王不當入廟〉." 是臣於君父, 不欲其宗廟享之也.

㉣ 朱子嘗言: "一字不明之禍, 大矣."(「進『心經釋疑』箚」)

⑥ 문체상 語錄처럼 問, 聞, 傳, 請 뒤에 직접인용의 형식으로 완전한 문장의 대화나 인용문이 나오면 曰이나 云이 생략된 것으로 간주하여 뒤에 쉼표를 쓰고 한 칸을 띄운 다음에 인용부호를 쓴다.(㉠, ㉡, ㉢) 다만 인용문이 간접인용의 형식의 목적어句나 목적어節이거나 所謂, 云(云) 등과 앞뒤로 연결되어 간접인용의 형식으로 사용될 때에서는 인용부호를 쓰되, 한 칸을 띄우지는 않는다.(㉣, ㉤)

㉠ 問: "夢周公, 是眞夢否?" 曰: "當初思欲行周公之道時, 必亦是曾夢見."(『朱子語類小分』)

㉡ 因說林擇之, 曰: "此人曉事, 非其他學者之比." 徐又曰: "到他己分, 事事卻暗."(『朱子語類小分』)

㉢ 仍請: "量蠲湖南大同, 亟追聖考遺意."(「年譜」)

㉣ 問"默而識之." 曰: "是得之於心, 自不能忘了, 非是聽得人說後記得."(『朱子語類小分』)

㉤其疏中"今茲除命, 尤不知所出"云者, 未知以何意下此語也.(「年譜」)

⑦ 쉼표 혹은 마침표와 인용부호의 순서를 유의해야 한다.

㉠ 先是, 賊鑴陰邀奸臣李山海之孫袤, 引趙襄子立浣之說, 謂: "先生禮議, 不歸宗統於孝廟, 意實在於昭顯子孫", 將謀告變.(「年譜」)

㉡ 時李翻等七諫臣, 以"主上受無前羞辱, 而大臣曾無自當者, 反

以罪歸上躬爲自功, 其蔑義無識甚矣", 遂擧劾許積, 並論領・左兩相. 上震怒, 並竄七臣, 承旨亦因觸忤下獄.(「年譜」)

㉢ 頃歲, 何人造爲飛語, 謂: "臣嘗謂: 〈孝宗大王不當入廟〉." 是臣於君父, 不欲其宗廟享之也.(「年譜」)

⑧ 전체 문장 가운데서 인용문이나 대화문을 인용부호[" "・' '・〈〉]로 표시한 경우, 인용부호 안에 있는 문장의 마지막 글자에만 마침표(.)를 사용하지 않고 인용부호 밖에 쉼표(,)를 한다. 다만 마지막 글자에 물음표(?), 느낌표(!) 등은 사용할 수 있다.

㉠ 載萬曰: "跋涉泥濘之際, 賊騎猝至則雖欲死, 不可得也. 且奔走道路, 苟冀倖免, 本非吾志也", 遂同向天登寺.

㉡ 載萬曰: "苟能死計堅決, 無往不可. 何必水哉?", 遂至寺.

⑨ 전체 문장의 마지막에서 인용문이나 대화문을 인용부호[" "・' '・〈〉]로 표시한 경우, 인용부호 밖에 마침표를 표시한다. 인용부호가 중첩되는 경우 마지막 인용부호 밖에 마침표를 표시한다.

㉠ 昔宋之尹衡州穀城陷, 冠其子曰: "欲令冠帶而見先人於地下."

㉡ "先生又每讀『大學』, 至'爲人君, 止於仁'云云, 必三復玩味曰: '此善形容文王處. 『中庸』所謂〈純亦不已〉, 學者猝難學得也.'"

㉢ 頃歲, 何人造爲飛語, 謂: "臣嘗謂: 〈孝宗大王不當入廟〉."

6) 가운뎃점(・) 원칙

① 문장 형식상 동등한 성격을 지닌 명사가 잇달아 나올 경우에는 시각적 구분을 위해 전각(全角) 가운뎃점을 쓴다(㉠, ㉡). 특히 고유명사일 경우에는 아무리 짧은 어구라도 가운뎃점을 쓴다. 관용적으로 연결해서 쓰는 고유명사라도 각각 독립된 명사일 경우에는 반드시 가운

뎃점을 사용한다.(ⓒ)

㉠ 其所棄之屍, 盡爲狐·貍·烏·鳶之所食, 而餘骸殘胔, 狼藉暴露.(「辭右議政疏」)

㉡ 如副校理·校理·應教·持平·掌令·執義·司諫等職, 旣遞還入者, 屢矣.(「芝川 黃公墓誌銘」)

㉢ 若無朱子, 則堯·舜·周·孔之道晦矣.(『語錄』「沙溪先生語錄」)

② 명사를 연결하는 '及', '若', '與' 등의 접속사가 있는 경우에는 가운뎃점을 쓰지 않는다.

今此新本, 合黃江本及印本, 略加抄刪以成全帙, 而亦有攙取添入者.(「宋子大全凡例」)

③ 가운뎃점이 연이어 와서 혼동이 되는 경우에는 가운뎃점이 들어가는 큰 단위의 어구에 쉼표를 해서 혼동을 피한다.

此非但末節宂儀, 而反有害於任·姒之德, 周·武之孝也.(「陳戒箚」)

④ 명칭을 나열하면서 서로 차이가 되는 부분만 열거하고 공통부분은 하나로 합치는 경우(左丞相·右丞相 =>左·右丞相), 병렬과 통합이 복잡하게 이루어져서 가운뎃점을 전부 사용하면 단위 구분에 오해가 생길 가능성이 있을 경우에는 문장 내에서 동등한 단위를 표시하기 만들기 위해 부분적으로 가운뎃점을 생략할 수 있다.

예) 128:31 "舊制: 門下省有侍中, 有門下侍郞, 中書省有中書令·中書侍郞. 改官制, 神宗除去侍中·中書令, 只置門下·中書侍郞. 後併尙書**左右丞·門下中書侍郞四員**, 爲參政."

⑤ 동사 뒤에 2개 이상의 목적어구/절이 연이어 나올 경우에는 가운뎃점 대신 쉼표를 쓴다.

雖知治亂·得失之所由, 而苟不能好善如好好色, 惡惡如惡惡臭, 則心不誠實而事皆無功矣.(「年譜」)

先生旣拜贊成, 推恩三世, 贈祖考都事公判書, 曾祖考奉事公參判.(「年譜」)

7) 콜론(:)의 원칙

① 云, 曰, 問, 言 등의 동사 뒤에 쓰인 표현이 독립된 문장으로 쓸 수 있고, 대화 혹은 인용문이 오는 직접인용인 경우에는 콜론(:)을 쓰고 해당 부분을 인용부호로 묶는다. 다만 인용부호로 묶이는 부분이 해당 동사의 목적어구나 목적어절이 되는 간접인용의 경우에는 콜론(:)을 쓰지 않고 인용부호로만 묶는다. 예컨대, ㉠은 不可曰 뒤에 간접인용이 왔기 때문에 콜론을 쓸 수 없고, ㉡은 問 뒤에 오는 말이 묻는 사람 자신의 발언이 아니라 그것에 대해 묻는 것이기 때문에 콜론을 쓸 수 없다.

㉠ 栗谷先生曰: "靈者, 心之知處, 雖未感物, 而靈固自若, 不可曰 '心之感矣.'"(「答鄭景由·別紙」)

㉡ 問"默而識之." 曰: "是得之於心, 自不能忘了, 非是聽得人說後記得."(『朱子語類小分』)

② 以爲 뒤에 말 혹은 생각을 표시하는 내용이 오면 콜론(:)을 쓰되, 인용부호는 원칙적으로 쓰지 않는다.(㉠) 다만 해당 부분의 범위를 분명하기 위해서는 인용부호를 쓸 수 있다.(㉡)

㉠ 又以爲: 臣之妄意, 人所以爲人, 國所以爲國, 只是人倫而已. 苟或去此, 則人類入於禽獸, 中國淪於夷狄. 故雖當危急存亡之日, 明主·賢臣, 尤以明此爲務, 而不敢忽也.(「年譜」)

ㄴ 先生以爲: "善道凶疏, 實受鑴嗾而襲其餘論, 則善道末也, 鑴乃本也. 況鑴乃朱門叛賊, 一毛一髮, 無非罪逆, 而至今手足盡露, 公安敢扶護如是也?"(「年譜」)

③ ○念, ○竊聞, ○案, ○按 등 뒤에서는 콜론(:)으로 구두할 수 있으며, 인용부호는 쓰지 않는다.

ㄱ 又臣念: 昔朱子於慶元己未, 有詩曰: "極知此道無終否, 明年太歲又涒灘." 蓋涒灘是古辰申名, 而宋祖開運, 是庚申之歲, 故朱子賦此而爲之畫然感涕.(「年譜」)

ㄴ 臣竊聞: 遠外之聲先至, 小大相慶, 惟幸目前之解棼, 而以臣愚妄, 則竊不勝寒心而痛哭也.(「年譜」)

8) 서명(『』), 편명(「」), 장(章)과 절(節)의 표시

① 서명과 편명은 『서명』「편명」으로 구분한다. 인명과 서명은 인명『서명』으로 구분한다. 생략된 경우라도 마찬가지로 적용한다.

『鐸氏微』, 書名, 出馬『史』「十二諸侯表」.(「與金延之」)

→ 馬『史』: 司馬遷의 『史記』. 遷『史』로도 함.

② 편명은 정식명칭에만 「편명」으로 표시하며,(ㄱ) 편명 아래 세부 항목은 「편명 · 편명의 세부항목들…」로 표시한다.(ㄴ)

ㄱ 『周禮』「春官 · 大宗伯」之職

ㄴ 『詩經』「小雅 · 鹿鳴之什 · 鹿鳴」

③ 詩賦, 書, 疏, 箚子, 畫, 樂舞 등의 (예술) 작품명과 편지글 「작품명/편지글」로 표시한다.

「次朴和叔寄示韻」, 「金剛全圖」, 「大武」 등

④ 책제목으로 분명하지 않은 注疏는 서명 표시를 하지 않고 그냥 '注

疏'로 표기한다.(㉠) **단, 注疏가 내용상 『五經正義』에 포함되는 서적들을 가리키는 것이 분명할 경우에는 『注疏』의 형식을 사용한다.**(㉡) '인명+注/疏'의 경우에는 '인명注/疏'로 쓴다.(㉢) '인명+서명의 일부'는 '인명『서명의 일부』'로 표시한다.(㉣, ㉤) 인명+서명으로 된 표현이라도 관용적으로 책이름으로 널리 알려졌으면, 전체를 서명으로 표시한다.(㉥)

㉠注疏, ㉡『注疏』, ㉢鄭注, 孔疏
㉣馬『史』, ㉤朱子『綱目』, 有一處可疑.(「沙溪先生語錄」)
㉥『朱子家禮』, 『老子道德經』

⑤ 『서명』이나 「편명」 속에서는 고유명사에 밑줄을 치지 않는다(㉠, ㉡). 다만 편지글 등에서 인명이 곧바로 편명에 사용된 경우에는 독자의 편의를 위해 밑줄을 칠 수 있다(㉢, ㉣).

㉠ 先生升講席, 講「玉山講義」, 諸生環聽者, 殆千餘人.(「年譜」)
㉡ 獻「延平從祀議」.(「年譜」)
㉢ 文定「答曾吉甫書」
㉣ 范文正公「嚴子陵祠記」

⑥ 특정한 한 서적의 명칭이 아닌 四書, 六經, 三傳 등과 같은 집합적인 대상을 지시하는 명칭은 『 』나 「 」 등을 사용하지 않는다.

140:51 劉叔通屢舉簡齋: "六經在天如日月, 萬事隨時更故新. (後略)

⑦ 특정한 편명이 아니라 문장의 각 편의 형식적 분류를 나타내는 말에서는 「 」를 사용하지 않는다.

137:17 問荀·揚·王·韓四子. 曰: "凡人著書, 須自有箇規模, 自有箇作用處. 及知時勢之不可爲, 做周公事業不得, 則急退而續『詩』·『書』,

續『元經』, 又要做孔子底事業. 殊不知孔子之時接乎三代, 有許多**典 · 謨 · 訓 · 誥**之文, 有許多禮樂法度, 名物度數, 數聖人之典章皆在於是, 取而纘述, 方做得這箇家具成. 王通之時, 有甚麽**典 · 謨 · 訓 · 誥**? 有甚麽禮樂法度?

⑧ 특정한 서적의 序, 跋, 注, 疏 등은 『서명』序, 『서명』跋, 『서명』注, 『서명』疏 형식으로 표시한다.

○ (前略) 『尙書』序不似孔安國作, 其文軟弱, 不似西漢人文, 西漢文麄豪. (後略)

14:55 ▲[0]問: "▲[0]'旣與之以仁義禮知之性, 又有氣質之稟.' (後略)

----

0) ▲: 亞夫

0) ▲: 『大學』序云:

9) 고유명사의 처리규정

人名과 地名 등의 고유명사에서는 밑줄을 친다. 관직이나 관서(官署)의 명칭에서는 밑줄을 치지 않는다.

① 지명과 지명, 지명과 인명, 謚號와 성명 등이 잇달아 나올 경우에는 반각 띄어쓰기(Alt+Space)를 한다.

李君 冕夏, 字伯周, 一字從周.(「李修撰冕夏傳」)

遂以丁丑三月二十九日, 卒于漢陽里第. 得年六十七. 夫人宋氏, 掌令承禧女, 先沒無子. 以同宗子栕爲後, 今爲弼善, 側出栖 · 棪 · 杠. 弼善男光夏, 女適權斗紀, 餘男女皆幼. 閏四月二十八日, 葬于海美縣 母山里亥坐之原.(「東岳 李公墓誌銘」)

② 관청과 관직, 지명과 인명 혹은 관직이 잇달아 연결되는 경우나 동일한 인명이 병렬적으로 연결되는 경우에도 반각 띄어쓰기를 한다.

有明 朝鮮國左議政尤菴 宋先生之墓【碑面大字】(「御製墓碑銘」)

臣卽伏見所答延陽府院君 李時白箚辭, 則以山陵事使薦地官, 有以見聖人之心無所偏係兼聽博照之盛也.(「辭判義禁兼陳山陵事箚」)

③ '성+관직'으로 이루어진 경칭 중에서 관직명을 대신하는 지역명, 즉 특정 지역의 지방관을 역임했음을 표시하는 경칭은 字나 號처럼 姓과 직접 연결하고 반각 띄어쓰기를 하지 않는다.

140:23 杜子美"暗飛螢自照", 語只是巧. **韋蘇州**云: (後略)

④ 인명에서는 姓, 名, 字, 號, 年號, 謚號, 廟號, 封號, 陵號 등이 해당되며, 문맥상 특정한 사람을 가리키는 경우라도 관직명이나 別稱을 비롯한 일반적인 칭호에서는 밑줄을 치지 않지만,(㉠) 사람을 가리키는 표현이라도 특정한 사람을 가리키는 고유명사로 취급되면 밑줄을 친다.(㉡) 姓, 號, 國名 등과 결합한 '-先生', '-公', '-侯' 등의 일반 호칭의 경우에는 일반 호칭에 해당하는 부분에서는 밑줄을 치지 않는다.(㉢) 다만 謚號로서의 '-公'은 전체에 밑줄을 친다.(㉣)

㉠ 先生, 公

㉡ 孔子, 朱子, 周公

㉢ 睡翁公, 郭夫人, 宋公, 陳侯, 李公, 宋先生, 嘉靖皇帝

㉣ 魯 僖公, 莊公

⑤ 謚號로 사용되는 경우가 아닐 경우 **公, 先生 등은 원칙적으로 밑줄을 긋지 않는다**(예: 程先生). 단, '公'이 溫公(작위인 동시에 사실상의 고유명사), 坡公(별칭인 동시에 사실상의 고유명사), **사실상의 고유명사**로 사용되는 경우에 한해서 밑줄을 긋는다(『주자어류』나 『소분』을 비롯한 다수 저자의 거의 모든 문헌에서 溫公, 坡公은 司馬光과 蘇軾을 가리킨다.).

예) 139:66 統領商榮以「溫公神道碑」爲餉. 先生命吏約道夫同視, 且曰: "坡公此文, 說得來恰似山摧石裂."

⑥ '老蘇'처럼 수식어+고유명사의 형식으로 되어 있는 칭호들은 고유명사 부분에만 밑줄을 긋는다. 蘇軾의 아버지 蘇洵을 가리키지만 '老' 자체는 수식하는 표현이지 고유명사적 특성을 가지고 있는 것이 아니므로 '老'에 밑줄을 긋지 않는다.

139:39 東坡文字明快. **老蘇**文雄偉, 儘有好處. 如**歐公**·曾南豊·韓昌黎之文, 豈可不看? 柳文雖不全好, 亦當擇. 合數家之文擇之, 無二百篇. 下此則不須看, 恐低了人手段. 但採他好處以爲議論, 足矣. 若班·馬·孟子, 則是大底文字. 【道夫】

⑦ 姓 뒤에 나타나는 敬稱인 子, 姓과 부족명 뒤에 나타나는 氏는 모두 밑줄을 긋는다.

예) 137:9 問: "『史記』云: '申子卑卑, 施於名實. 韓子引繩墨, 切事情, 明是非, 其極慘礉少恩, 皆原於道德之意.'" 曰: "張文潛之說得之." (中略) 曰: "也是這意. 要之, 只是『孟子』所謂'**楊氏**爲我, 是無君也.' **老子**是箇占便宜·不肯擔當做事底人, 自守在裏, 看你外面天翻地覆, 都不管, 此豈不是少恩?" 道夫曰: "若柳下惠之不恭, 莫亦至然否?" 曰: "下惠其流必至於此." 又曰: "老子著書立言, 皆有這箇底意思." 【道夫】

단, 子작위의 명칭 그 자체(예: 楚子), 姓氏 개념 그 자체를 나타내는 氏는 밑줄을 긋지 않는다(아래의 **굵은 글씨** 참조.).

예) 138:39 **姓與氏之分**, 姓是本原所生, 氏是子孫下各分. 如商姓子, 其後有宋, 宋又有**華氏·魚氏·孔氏**之類. 周自黃帝以來姓姬, 其後魯·

衛・毛・聃・晉・鄭之屬, 各自以國爲氏, 而其國之子孫又皆以字爲氏. 如魯國子展之後爲展氏, 展禽喜是也. 三家**孟・仲・季爲氏**, 或因所居爲氏, 如東門氏之類. 『左氏』曰: "天子因生以賜姓, 諸侯以字爲謚, 因以爲族." 天子自因生以賜姓, 爲推其所自出而賜之姓. 如舜居嬀汭, 及武王卽位, 封舜之後於陳, 因賜姓爲嬀, 此所謂"因地以賜姓"也. "諸侯以字爲謚", 只是"氏"字傳寫之訛, 遂以"氏"字爲"謚", 無義理. 只是"**以字爲氏**", (後略)

⑧ 지명(특정한 강, 산, 장소, 국명, 부족명 등)의 경우에도 고유명사에만 밑줄을 하고 일반명사에서는 밑줄을 하지 않는다.(㉠) 예컨대, 長城, 河, 江 등은 萬里長城, 黃河, 揚子江을 가리키는 고유명사일 경우에만 밑줄을 치고, 일반 명사일 경우에는 밑줄을 치지 않는다.(㉡) 또한 고유명사는 아니더라도 특정지명을 가리키는 말로만 쓰이는 경우에는 밑줄을 친다. 예컨대 서울을 표시하는 京에서는 밑줄을 치지 않지만, 구체적인 도시를 가리키는 등에서는 밑줄을 친다.(㉢) 관용적으로 國名과 결합된 호칭의 경우에는 고유명사에 해당하는 부분에만 밑줄을 친다.(㉣) 一坊, 一洞 등 행정단위에 해당하는 지명에서는 전체 명칭에 밑줄을 친다.(㉤)

㉠ 西橋, 北橋, 北門, 南門

㉡ 長城, 河, 江

㉢ 西京, 南京, 西監(西京 國子監의 경우), 量鐲湖南大同

㉣ 胡元, 淸虜, 亡秦

㉤ 水原府, 水原府使(수원부사에서 부사는 일반적인 관직명에 해당한다.)

⑨ 다음의 집합적 고유명사들에서는 밑줄을 긋는다. **이 규정은 예외 규정**이며, 따라서 여기에서 **명시적으로 지적된 고유명사들에만 적용**된다.

三皇, 五帝

10) 원주 표점 원칙

① 본문과 동일한 원칙을 적용한다.

② 단 문장이 완성되지 않은 句나 節로 끝날 때에서는 마침표를 하지 않는다.

幹曰: "或者有'來歲陰陽未生'之語, 是如何?"【林德涵之說】(「金幹錄」)

③【 】는 앞의 문장 바로 뒤에 칸을 띄우지 않고 이어서 쓴다. 앞 문장의 문장부호는【 】바로 앞에 표기하고【 】뒤에서는 한 칸 띄운다.

先生曰: "此則有非他人所知者."【癸丑西郊語錄. 下同.】(「金幹錄」)

단, 다음의 경우에는【 】앞뒤에 한 칸을 띄우지 않는다.

A【小註】· B · C…

문장이나 구절 내부에서 표점으로 분리되지 않는 곳

命千牛將軍【千牛, 擇武力者爲之.】執長刀, …
因問陳庭秀【臨安人】曰: "今大禮命從官一人立玉輅側, 以帛維之, 名何官?." …

11) 시문(詩文)의 표점 원칙

① 시문(詩文)의 제목과 서(序)의 표점과 구두는 본문과 동일하게 적용한다. 다만 시제(詩題)는 길이가 길더라도 「 」로 표시하고 끝에 마침표를 찍지 않으며, 「 」 안에 원주가 있을 경우에는 칸을 띄우지 않고 【 】로 표시한다.(㉠, ㉡)

㉠「次朴和叔【世采】寄示韻【庚戌四月】」

㉡「洪元九【錫箕】令公, 比住後雲亭, 累次見訪, 輒以詩什隨之. 昨者, 復以四十四韻寄示, 諷誦再三, 不覺沈痾去體. 遂與小孫疇錫, 聯句以次, 奉謝前後鄭重之意」

② 시서(詩序)는 시제와는 달리, 본문과 동일하게 마지막에도 마침표를 찍되, 본문과는 달리 소제목 스타일을 적용하고, 「 」를 붙이지 않는다. 시제와 시서, 시서와 시 본문은 서로 한 줄을 띄어 구분한다. 보통 시제, (시서,) 시 본문의 순으로 되어 있는데, 『송자대전』에서는 시제는 본문보다 두 칸을 띄우고 시작하는 반면, 시서는 시제보다 한 칸 더 아래에서 시작하고, 시 본문은 空格 없이 시작된다.

「次洪元九寄疇孫二十韻」(시제)

文章老手, 乃與少輩鬪靡, 是楚 伯王與樓煩爭衡也. 其往復篇中, 頗有令人涕淚者, 聊用其韻, 以自敍悲, 而用冀郢正之加焉.(시서)

維昔我寧王, 重華述而祖. …(시 본문)

4-2. 교감 세부 지침

1) 『소분』교감의 대원칙
2) 교감주의 기본 형식
3) 항목번호 매기기와 줄바꾸기
4) 부전지(附箋紙), 협서(挾書), 두주(頭註)의 처리
5) 본문의 삭제와 가필의 처리
6) 본문 원문의 교정이 필요한 경우와 필요하지 않은 경우
7) 교감주의 각 판본 명칭 표기
8) 『소분』에서 『주자어류』의 항목을 재편집한 경우
9) 동일한 표제어에 교감내용이 겹칠 경우
10) 권차의 표시
11) 교감주의 인용부호 처리
12) 판본 대조에서 사용되는 주요 교감 용어

1) 『소분』교감의 대원칙

-기본적으로 『소분』교감팀의 자체규정(이하 자체규정으로 약칭)에 따르며, 자체규정은 원칙적으로 표준범례안의 규정과 모순되지 않아야 한다. 단, 正字, 俗字, 異體字, 通假字의 처리는 독자적인 자체 규정을 따른다.

– 교감주에서는 규정이 적용될 수 있는 환경에서 불완전한 문장표기나 규정에 어긋나는 표현을 허용하지 않는다.

– 'A본과 B본에서는' **'A본 · B본에서는'**으로 표기해야 한다.

– '바로잡음' 혹은 '되어 있음' 등의 불완전한 문장은 모두 '바로잡는다.' 혹은 '되어 있다.' 등의 완전한 문장으로 통일한다.

– '문맥상' 혹은 '문맥에 의거하여'는 '문맥에 따라'로, '-에 의거하여'는 '-에 따라'로, '쓰여 있다.'는 '되어 있다.'로, '틀리게 되어 있다'는 '잘못

되어 있다'로

– **'빠져 있다.'**는 **'없다'**로 통일한다.

– **저본과 이본상의 대조 문제 이외의 상세한 부가설명은 교감자의 재량에 맡긴다.**

– 모든 인용문과 재인용문은 반드시 해당전거를 찾아 대조하여 확인한다. 인용문과 재인용문의 원문을 확인하는 저본으로는 저자가 직접 보았을 가능성이 높은 판본을 선택하고, 그 다음으로 참고할 만한 대조본으로는 믿을 만한 현대의 비판적 교감판본이나 전통적으로 권위 있는 판본을 참조한다.

2) 교감주의 기본 형식

① **교감주**는 해당되는 글자/구/절이나 이에 대응되는 기호(■, ⁄, □, ▲, ◇, 】...)의 **오른쪽 끝에 각주를 단다.**

② **각주번호**는 **각 권이 바뀌면서 새로 시작**되게 한다.

③ 본문에 대한 교감

– 구/절에 대한 교감주에서는 해당되는 구/절이 표점기호를 포함하는지의 여부에 주의한다(예 1의 주 2), 주 5) 참조).

– 개별 글자에 대한 교감주의 **각주번호 위치는 표점기호에 선행**한다(예 3, 4 참조).

예1) 18:23 問: "程子言: ▲[1] 但於一事上窮盡, 其他可以類推.' ▲[2]如何?" 曰: "旣是敎類推, 不是窮盡一事便了. 且如孝, 盡得箇孝底道理, 故忠可移於君, 又須▲[3]盡得忠. 以至▲[4]兄弟・夫婦・朋友, 從此推之無不盡窮, 始得. 且如炭, 又有白底, 又有黑底. 只窮得黑, 不窮得白, 亦不得. ▲[5] 【夔孫】

예2) 8:45 ▲[6)]

예3) 137:55 (前略) 「原道」, 其言雖不精, 然皆實, 大綱是[7)]. 【韓子】

예4) 8:29 (前略) 今之學者說正心, 但將正心吟詠一餉[8)], 說誠意, 又將誠意詠一餉[9)], 說修身, 又將聖賢許多說修身處諷誦而已. (中略) 這裏須用[10)]著意理會. (後略)

---

1) ▲: '今日格一件, 明日格一件, 積習旣久, 自當脫然有貫通處.' 又言: '格物非謂盡窮天下之理,
2) ▲: 二說
3) ▲: 去
4) ▲: 於
5) ▲: 且如水雖是冷而濕者, 然亦有許多樣, 只認冷濕一件也不是格. 但如今下手, 且須從近處做去. 若幽奧紛拏, 卻留向後面做. 所以先要讀書, 理會道理. 蓋先學得在這裏, 到臨時應事接物, 撞著便有用處. 且如火爐, 理會得一角了, 又須都理會得三角, 又須都理會得上下四邊, 方是物格. 若一處不通, 便非物格也." 又曰: "格物不可只理會文義, 須實下工夫格將去, 始得."
6) ▲: 道不能安坐等其自至, 只待別人理會來, 放自家口裏. 【淳】
7) 是: 『考異』에서는 是, 下一有此樣.으로 되어 있다.
8) 餉: 賀本에서는 晌으로 되어 있다.
9) 餉: 賀本에서는 晌으로 되어 있다.
10) 用: 賀本에서는 要로 되어 있다.

④ 교감주의 표제어: 해당되는 글자/구/절 모두를 제시하고 (:)를 달아 준 뒤 한 칸 띄고 교감내용을 적는다. 단, 표제어가 길 때에서는 '해당 첫구 … 해당 끝구:' 형식으로 축약할 수 있다. **"…"는 앞뒤에 한 칸씩 공백을 둔다.**

예) 8:44 今人做工夫, 不肯便下手, 皆是要等待. 如今日早間有事, 午間無事, 則午間便可下手, 午間有事, 晚間便可下手, 卻須要待明日. 今月若尙有數日, 必直待後月, 今年尙有數月, 不做工夫, 必曰, 今年歲月無幾, 直須來年. 如此, 何緣長進? 【因康叔臨問致知, 先生曰: "如此說得, 不濟

事."[1] ○蓋卿】

---

1) 因康叔臨問致知, … 不濟事.": 賀本에서는 본문으로 처리되어 있다.

단, 인용을 표시하는 어사(問/曰/謂…) 등은 해당 첫 구에 포함시킨다.

예) 133:13 **問: "本朝建國**, 何故不都關中?" (中略) 狃於一勝之後, 廟論一意主於用兵, 三敗**至於永樂, 極矣**[1].

---

1) 問: "本朝建國 … 極矣: 【附箋紙】"問: '本朝建國'", 止"至於永樂, 極矣", 當移入于一百二十卷「本朝」〈神宗〉條下, 更詳考之如何?

⑤ 小註에 대한 교감주의 위치:

– 小註 전체의 내용에 대한 교감주를 달 경우에는 각주 표시를 원괄호 다음에 오게 하고 표제어는 원괄호를 포함하게 한다.

34:98『史記』: "子在齊聞『韶』音, 學之三月, 不知肉味." "三月"當作一點. 蓋是學『韶』樂三月耳, 非三月之久不知肉味也. 【去僞】[1]

---

1) 【去僞】: 徽州本에서는 【祖道 ○謨錄同.】으로 되어 있다.

– 小註 내에서 생략된 부분은 생략 표시를 원괄호 안으로 집어 넣는다.

34:89 (前略)如孟子說伯夷・伊尹與夫子'是則同'處. 看伯夷・伊尹與夫子, 豈是一樣人! 但是此大節處同. 若此處不同, 則不足爲聖人矣."【夔孫 ▲[1]】

---

1) ▲: ○義剛錄別出.

⑥ 徽州本의 내용에 대한 교감주의 처리

— 徽州本의 추가부분에 대한 설명은 ① "徽州本에서는 이 뒤/앞에 … 가 더 있다."로 통일한다. ② **徽州本의 추가부분의 내용이 매우 길 경우에는 표점을 생략할 수 있다.**

11:136 (前略) 又問: "致堂『管見』, 初得之, 甚喜. 後見『南軒集』中云: '病敗不可言.' 又以爲專爲檜設. 豈有言天下之理而專爲一人者?"[1] (後略)

---

1) 豈有言天下之理而專爲一人者: 徽州本에서는 이 뒤에 道夫心疑之先生이 더 있다.

— 본문에서 나온 부분은 徽州本에 대한 주석을 달지만 본문에서 생략된 부분에서는 徽州本에 대한 별도의 교감주를 달지 않는다.

34:134 (前略) ▲[1] 曰: "『史記』'加'作'假', 古本'五十'作'卒'字. '加'·'假'聲相近, '五十'與'卒'字相似, 而併誤也. (後略) 【謨】

---

1) ▲: 俱未有定據."

* 徽州本에서는 원래 주 1)에서 賀本에서 생략된 俱未有定據." 다음에 아래의 135 글자가 있다.

"若曰孔子自五十歲後始學『易』, 可以無大過, 則大害義理. 是未學『易』之前, 聖人嘗有過也. 伊川後來自不取此說. 竊謂天下之人凡所云爲至於大過而不知止者, 皆『易』道不明於天下故也. 聖人之意, 謂俟我贊『易』之後, 庶幾『易』道大明, 而天下之人皆有所省覺, 雖不免有小小過失, 然可以保其無大過矣. 蓋不特爲『八索』與弟子之學『易』者言之. 不知是否."

그러나 이 부분은 본문이 아닌 주석에 포함되어 있는 부분이기 때문에 주가 추가되지 않은 것이다.

3) 항목번호 매기기와 줄바꾸기

① 『주자어류』와 『소분』의 同異를 나타내기 위해서 우선 모든 『주자어류』 본문 앞에 '권수:항목수'를 표기하고, 항목수가 달라지는 곳에서는 줄을 바꾸고 한 줄 전체를 띄워 구분한다. 이 원칙은 교감주에서도 동일하다.

예) 1:3 若無太極, 便不飜了天地. 【方子】

1:4 太極只是一箇'理'字. 【人傑】

② 편집상의 비교 편의를 위해 본문의 권수:항목수는 『주자어류』의 권수:항목수를 그대로 사용한다. 『소분』의 편집사항과 『주자어류』의 비교 내용은 주석에서 밝힌다.

4) 부전지(附箋紙), 협서(挾書), 두주(頭註)의 처리

① 원문에 두주/협서/가필/부전지 등으로 부가된 모두 조종업 선생과 이두희 선생이 脫草한 원고를 기초로 한 『주자어류소분』 附箋紙의 내용을 고려하여 원문을 확정한 뒤 韓·中·日의 중요한 각종 『주자어류』 판본(嶺營藏板, 成化本, 徽州本, 萬曆本, 賀本 등)과 대조하여 표점·교감작업을 진행한다.

② 附箋紙는 그것이 해당하는 글자나 문장에 교감주를 붙이되, 교감주에서는 '표제어: 【附箋紙】 부전지 원문'순으로 표시한다. (주 1) 참조.)

③ 挾書는 그것이 해당하는 글자나 문장에 교감주를 붙이되, 교감주

에서는 '표제어: 【挾書】 협서 원문' 순으로 표시한다. (주 3), 4) 참조)

* 주의: **挾書는** 가필을 통해 본문에 추가된 부분이 아니라(이 경우에는 ◇를 사용한다.) **본문의 옆에 註를 추가한 부분이다. 실제로 挾書는 『소분』에서 거의 나타나지 않는다.**

④ **挾書**가 나타나는 부분은 **『考異』에 해당 부분에 관련된 내용이 있는지 반드시 확인**하고, 관련내용이 있으면 이를 반드시 교감주에 반영한다.

⑤ 頭註는 그것이 해당하는 글자나 문장에 교감주를 붙이되, 교감주에서는 '표제어: 【頭註】 두주 원문'순으로 표시한다. 頭註와 附箋紙의 구분에 유의한다.

⑥ 附箋紙 · 挾書 · 頭註의 내용은 별도의 인용부호를 사용하지 않는다. 단, 특정한 글자를 강조할 필요가 있을 때에서는 인용부호를 사용할 수 있다(주 1), 2) 참조).

예) 18:17 (前略) 要之, 他連那地下亦是天. 天只管轉來旋去, 天大了, 故**旋**[1)]得許多渣滓在中間.

예) 140:103 (前略) 曰: "然. 某昨日看他與<u>李端叔</u>[2)3)]一書[4)], 說它起屋, 有甚明窗淨几, 眼前景致, 末[5)]梢又只歸做好吟詩上去. (後略)

⑦ 附箋紙, 頭註 등의 내용이 본문 중에서 긴 부분이나 여러 항목을 포괄하는 경우 각주의 위치는 해당 내용의 맨 마지막에 놓는다. (주 6), 주 7), 주 9) 참조) 附箋紙, 頭註의 내용이 여러 항목에 거쳐서 경우에는 각주의 표제어를 **'XXX:XX 해당 첫구 … XXX:XX 해당 끝구'의 형식으로 표기한다.** (주 9) 참조)

예) 133:13 **問: "本朝建國**, 何故不都關中?" (中略) 狃於一勝之後, 廟論一意主於用兵, 三敗**至於永樂, 極矣**[6]. **永樂之敗**, 徐禧死之. 禧, 師川之父, 黃魯直之妹夫也. 能文章, 好談兵, 也有進策行於世, 文字甚好. 二蘇之文未出, 學者爭**傳誦之**[7]." 【儒用】

133:38 **南渡之後**, 說復讎者, 惟胡氏父子說得無病, 其餘並是半上落下說. 雖魏公要用兵, 其實亦不能明大義, 所以高宗只以區區成敗進退之. (中略) 魏公傾五路兵爲富平之敗, 又潰於淮上. 若無氣力, 也是做不得事. 韓魏公煞是箇人物, 然亦適是人事恰做得. 若更向上, 且怕難擔當. 【賀孫 ○ 論規恢[8]】

133:52 (前略) 彼來時, 只是些羊巴匹段之類, **甚微**[9]. 【揚】

---

1) 旋: 【附箋紙】"旋"作"包."
2) 李端叔: 『朱子語類』에서는 李方叔으로 되어 있다. 孝宗刊本에서는 頭註에 李方之方, 改"端."으로 되어 있고 『考異』에서는 方, 恐端.으로 되어 있다.
3) 端: 【挾書】方
4) 書: 『朱子語類』에서는 詩로 되어 있다. 孝宗刊本에서는 頭註에 一詩之詩, 改"書."로 되어 있고 『考異』에서는 詩, 恐書.로 되어 있다. 【挾書】詩
5) 未: 『朱子語類』에서는 末로 되어 있다.
6) 問: "本朝建國 … 極矣: 【附箋紙】"問: '本朝建國'", 止"至於永樂, 極矣", 當移入于一百二十卷「本朝」〈神宗〉條下, 更詳考之如何?
7) 永樂之敗 … 學者爭傳誦之: 【附箋紙】自"永樂之敗", 止"傳誦之", 當移入于一百二十九卷「本朝」條中, 可也. 然更詳之如何?
8) 論規恢: 孝宗刊本에서는 規恢論으로 되어 있고 賀本에서는 論恢復로 되어 있다.
9) 133:38 南渡之後 … 133:52 甚微 : 【附箋紙】自"南渡", 止"匹段之類, 甚微", 凡十五條, 當移入于上一百三十二卷〈一日獨侍坐〉條下.

5) 본문의 삭제와 가필의 처리

교감은 『소분』의 원문을 존중하는 것을 원칙으로 하여 본문상에서는 『소분』의 원문만을 표시한다. 다만 『소분』이 『주자어류』에서 의도적으로 생략하거나 편집한 부분 혹은 수정보완한 부분은 교감주에서 그 내용을 설명한다.

① 『소분』에서 『주자어류』의 내용 삭제한 경우: 본문에 ▲로 표시하고 교감주를 단다.

항목 전체가 삭제되었을 때

– 『소분』과 『주자어류』의 同異를 나타내기 위해서 항목 전체가 생략된 『朱子語類』 本文이 들어가야 할 자리에 ▲표시를 하고, 교감주에서는 ▲를 표제어로 삼아 편집·생략된 『주자어류』 全文을 넣는다. 이때 교감주에서 인용되는 판본은 현재 가장 많이 유통되고 있는 中華書局本(저본은 賀本임.) 『주자어류』을 사용하고, 나머지 판본의 원문을 따로 인용하지는 않는다.

예) 3:7 ▲[1)]

---

1) ▲: 鬼神只是氣. 屈伸往來者, 氣也. 天地間無非氣. 人之氣與天地之氣常相接, 無間斷, 人自不見. 人心才動, 必達於氣, 便與這屈伸往來者相感通. 如卜筮之類, 皆是心自有此物, 只說你心上事, 才動必應也. 【恪】

항목 내용이 부분적으로 삭제되었을 때

– 『소분』에서 항목 자체는 생략되지 않았지만 『주자어류』에 있는 단 한 글자나 구절이라도 빠져 있는 모든 경우 ▲표시를 하고 생략된 글자나 구절의 교감주에 표시한다.

예) 24:21 ▲[1)] "私者, 他人所不知, 而回之所自知者, 夫子能察之. 如心之所安, 燕居獨處之所爲, 見識之所獨見, 皆是也." ▲[2)] "'私'字儘闊. '私'與『中庸』'愼獨'之'獨'同. ▲[3)] 如'克己復禮', 夫子告之矣. 退而察之, 則見其果然'克己復禮.'" ▲[4)] "范氏說'私'字, 作與門人言, 恐不是. 謝氏以不違作'聲聞相通, 雖以耳聽, 而實以神受', 又較深. 只是'無所不說', 便是不

違."【榦】

----

1) ▲: 問'退而省其私'. 曰:
2) ▲: 又曰:
3) ▲: 大意只是初間與回言, 一似箇不通曉底人相似. 退而觀其所獨爲, 又足以發明夫子所說之道. 且
4) ▲: 因說:

장절 제목이 삭제되었을 때

– 본문이 아닌 장절의 제목이 삭제되는 경우에는 별다른 표시 없이 그대로 ▲로 표시한다.스타일도 바탕글인 채로 그대로 둔다.

61:72 ▲

▲[1]

61:73 ▲

----

1) 「曾晳嗜羊棗章」

② 『소분』에 가필, 즉 붓으로 추가한 경우: 본문에 ◇로 표시하고 교감주를 단다.

부전지가 아니라 본문에 직접 加筆한 경우에는 해당 원문에 ◇표시를 하고, 교감주에서는 ◇를 표제어로 삼아 그 가필 내용을 기입한다.

예) 16:189 "『大學』所以有許多節次, 正欲學者逐節用功. 非如一無節之竹, 使人才能格物, 則便到平天下也. 夫人蓋有意誠而心未正者, 蓋於忿懥・恐懼等事, 誠不可不隨◇[1]人而節制也. 至於齊家以下, 皆是教人節節省察用功. 故經序但言心正者必自誠意而來, 修身者必自正心而來. 非謂意旣誠而心無事乎正, 心旣正而身無事乎修也. 且以『大學』之首章便教人'明明德', 又爲格物以下事目, 皆爲明明德之事也. 而平天下, 方

且言先謹乎德等事, 亦可見矣."【壯祖】

---

1) ◇: 事而排遣也. 蓋有心正而身未修者, 故於好惡之間, 誠不可不隨

③ 삭제된 부분에 대해 부분적으로 가필한 경우: 본문에 ◇로 표시하고 교감주에 ▲를 포함한다.
『소분』에서 삭제된 부분에 가필이 부분적으로만 이루어지는 경우가 있을 수 있다. 아래의 예에서 실제 가필된 내용은 다음과 같다.

예) 14:59 問: "'各俛焉以盡其力', 下此'俛'字◇[1]者, 乃是刺著頭, 只管做將去底意思."【友仁】

---

1) ◇: 何謂?" 曰: "'俛'字

그러나, 다음과 같이 부분적으로 가필된 경우도 이론상으로 가정할 수 있다.

1) ◇: 何謂?" "'俛'字 (〈=『朱子語類』의 曰이 생략됨.)
1) ◇: 何謂?" 曰: "'俛' (〈=『朱子語類』의 字가 생략됨.)

이럴 경우에는

---

1) ◇: 何謂?" ▲ "'俛'字 (▲:曰:)
1) ◇: 何謂?" 曰: "'俛'▲ (▲:字)

처럼 처리하고 주석에 ▲를 허용하는 예외규정으로 둔다.

④ 『소분』에서 붓으로 삭제한 경우: 『소분』 본문상에서 붓으로 삭제한 표시가 있는 곳은 **특별한 경우가 아니면 입력을 생략한다.**
다만 **특별히 주석이 필요한 곳**에서는 해당 표제어가 있던 곳을 ▲로 표시하고 교감주에서 이에 대한 설명을 한다.

8:38 爲學, 須思所以超凡入聖. 如何昨日爲鄕人, 今日便爲聖人? 須是竦拔, 方始有進. ▲

---

1) ▲: 【砥】* 『小分』에는 원래 있었으나 이를 붓으로 지웠다

⑤ 『소분』에서 A를 붓으로 B로 정정: 본문은 B로 표시, 교감주) B: 『소분』에서는 A를 B로 고쳤다.

— 『소분』에서 원래 글자 A 위에 직접 글자 B를 적어 수정했을 경우, 원래의 글자가 보일 경우에는 교감주에 반영하고 그렇지 않을 경우에는 각주를 생략한다. 교감주의 내용은 **"B: 『소분』에서는 A를 B로 고쳤다."로 통일한다.**

예) 136:10 諸葛亮之事, 其於荊・蜀亦合取. 當日草廬亦是商量準擬在此, 但此時不當恁地. 若是恁地取時, 全不成擧措. 如二人視魏而不伐, 自合當取. 兼在是時捨此無以爲資. 若能**聲**[1]其罪, 用兵而取之, 却正. (後略)

---

1) 聲: 『小分』에서는 成을 聲으로 고쳤다.

— 마찬가지로, 『소분』의 본문을 삭제한 뒤 이를 정정하는 내용을 가필했을 경우라면 수정된 내용을 본문에 입력하고, 이에 대해 교감주를 달아서 수정 전의 내용을 기록한다. 교감주의 표제어는 수정이 이루어진 해당 표현 전체가 된다.

6) 본문 원문의 교정이 필요한 경우와 필요하지 않은 경우

① 『소분』 원문의 글자가 명백한 오류라 하더라도 본문을 교정하지 않으며, 해당 오류 내용은 교감주에 설명한다.

8:59 (前略) 兵法一言甚佳: "因其勢而利導之"也. 人謂齊人弱, 田單[1] 乃因其弱以取勝, 今日三萬竈, 明日二萬竈, 後日一萬竈. (後略)

---

1) 田單: 賀本에는 田忌로 되어 있다. 『史記』「孫子·吳起列傳」에 의하면 田忌가 되어야 한다.

② 『소분』에서 점을 찍어 글자의 순서를 교정했을 경우는 원문 순서를 바로잡는다.

교정된 내용을 파일에 입력하고 『소분』에 원래 입력되어 있던 내용은 각주에 반영한다. 이때 각주의 내용은 "**AB(교정후): 『소분』에서는 BA (교정전)를 교정부호로 바로잡았다.**"로 통일한다(아래 주 2) 참조).

예) 136:9 (前略) 蓋皆是己子[1], 不應便專愛堅而特使人殺東海公[2]也. (後略)

---

1) 己子: 孝宗刊本에서는 已了로 되어 있다.
2) 東海公: 『小分』에서는 東公海를 교정부호로 바로잡았다.

③ 『소분』 원문의 손상으로 인한 가필

『소분』이 손상되어 글자가 보이지 않을 경우에는 다른 판본들을 기준으로 글자를 보충하며(예1 참조.), 『주자어류』의 판본에 따라 글자가 다를 경우에는 賀本을 기준으로 보충한다(예2 참조.). 이런 경우, 교감주에서 앞부분에서는 손상과 관련된 구체적인 내용을 기술하고 뒷부분은 '**『朱子語類』/賀本에 따라 보충한다.**'로 적는다.

예) 『小分』에서는 가려져 있어서 보이지 않으나 賀本에 따라 보충한다.
『小分』에서는 손상되어 보이지 않으나 『朱子語類』에 따라 보충한다.
『小分』에서는 …하여 보이지 않으나 『朱子語類』에 따라 보충한다.

예1) ○[1] 人呼氣時, 腹却脹. 吸氣時, 腹却厭. 論來, 呼而腹厭, 吸而腹

脹, 乃是. 今若此者, 蓋呼氣時, 此[2]一口氣雖出, 第二口氣復生, 故其腹脹. 及吸氣時, 其所生之氣又從[3]裏趕出, 故其腹却厭. 大凡人生至死, 其氣只管出, 出盡便死. 如吸氣[4]時, 非是吸外氣而入, 只是住得一霎時, 第二口氣又出, 若無得出時[5]便死.

---

1) 『朱子語類』의 1:44의 일부이다.
2) 此: 『小分』에서는 손상되어 보이지 않으나 『朱子語類』에 따라 보충한다.
3) 又從: 『小分』에서는 손상되어 보이지 않으나 『朱子語類』에 따라 보충한다.
4) 吸氣: 『小分』에서는 손상되어 보이지 않으나 『朱子語類』에 따라 보충한다.
5) 時: 『小分』에서는 손상되어 보이지 않으나 『朱子語類』에 따라 보충한다.

예2) ○[1] (前略) 凡城門坊角, 有武侯鋪, 衛士分守. 日暮門閉. 五更二點, 鼓自內發, 諸街鼓[2]承[3]振, 坊市門皆啓. 若有姦盜, 自無所容. 蓋坊內皆常居之民, 外面人[4]來皆可知. 如殺宰相武元衡於靖[5]安里門外, 分明宰元衡入朝, 出靖安里, 賊乘暗害之. 亦可見坊門不可胡亂入, 只在大官街上被殺了. 如那時措置得好, 官堦[6]邊都無閑雜賣買, 汙穢雜揉. 所以杜詩云: '我居巷南子巷北, 可恨鄰里間, 十日不一見顔色[7].' 亦見出一坊, 入一坊, 非特特往來不可."【賀孫】

---

1) 『朱子語類』의 90:48의 일부이다.
2) 鼓: 『小分』에서는 가려져 있어서 보이지 않으나 賀本에 따라 보충한다.
3) 承: 賀本에서는 城으로 되어 있다.
4) 面人: 『小分』에서는 가려져 있어서 보이지 않으나 賀本에 따라 보충한다.
5) 靖: 『小分』에서는 가려져 있어서 보이지 않으나 賀本에 따라 보충한다.
6) 堦: 賀本에서는 街로 되어 있다.
7) 十日不一見顔色: 『小分』에서는 十日一不見顔色을 교정부호로 바로잡았다. 賀本에서는 十日不見一顔色으로 되어 있다.

7) 교감주의 각 판본 명칭 표기

교감주에서 『소분』과 『주자어류』 판본들이 차이가 있는 경우, 『소분』을 기준으로 삼아 『소분』과 다른 판본의 내용만 비교하고 『소분』과 동일한 내용의 판본은 따로 언급하지 않는다. 그리고 모든 『주자어류』 판본과 달리 『소분』만 다른 글자인 경우 모든 『주자어류』 판본은 『주자어류』로 통칭한다.

예) 24:25 (前略) 這樣人[1]是如何?" 曰: "這箇也自有, 於'觀過知人[2]'可見." 【壽】[3]"

---

1) 這樣人: 孝宗刊本・英祖刊本・成化本에서는 似這般樣人으로 되어 있고, 賀本에서는 是這般樣人으로 되어 있다.
2) 人: 『朱子語類』에서는 仁으로 되어 있다.
3) 【壽】: 英祖刊本・成化本・賀本에서는 【燾】로 되어 있다.

8) 『소분』에서 『주자어류』의 항목을 재편집한 경우

『소분』에서 『주자어류』를 항목을 새롭게 편집했을 경우에는 교감주에서 다음과 같이 명시한다.

① 다른 항목이 독립된 항목으로 삽입될 경우: ○로 시작하는 독립된 항목으로 본문에 표시하고 그 내용을 교감주에 표시한다.

『주자어류』의 원래 있던 곳에서 자리를 옮겨 『소분』에서 새로운 항목으로 독립시켜 다른 곳에 삽입했을 경우에는 해당 항목을 ○로 표시하여 한 항목으로 독립시키고 그 내용을 교감주에 표시한다.

『소분』에서 『주자어류』의 다른 부분의 항목 전체를 가져 올 때 **"『朱子語類』의 XX:XXX이다."**

예) ○[1] 自晉以來, 解經者却改變得不同, 如王弼・郭象輩是也. (後略)

---

1) 『朱子語類』의 67:145이다.

해당 항목의 일부분을 가져와 별도의 항목으로 처리할 경우에는 **"『朱子語類』의 XX:XX의 일부이다."**

예) ○[1] 人呼氣時, 腹却脹. 吸氣時, 腹却厭. 論來, 呼而腹厭, 吸而腹脹, 乃是. (中略) 如吸氣時, 非是吸外氣而入, 只是住得一霎時, 第二口氣又出, 若無得出時便死.

1) 『朱子語類』의 1:44의 일부이다.

② 연속되는 두 항목이 하나로 합쳐질 경우: 본문에서 『주자어류』의 항목번호를 포함한 상태로 두 항목을 직접 연결한다.
『주자어류』에서 서로 독립된 항목이 『소분』에서 한 항목으로 합쳐져 편집된 경우에는 『주자어류』의 항목 표시를 유지하되, 해당 항목에 편집상황을 나타내는 교감주에 표시한다. 교감주의 내용은 **XX:XXY: 『小分』에서는 XX:XXX에 이어져 한 항목으로 편집되어 있다.**"로 통일한다(주 1) 참조.).

16:189 "『大學』所以有許多節次, 正欲學者逐節用功. ...(中略), 亦可見矣." 【壯祖】 16:190[1] ▲[2] 如"正心"章, 已說盡了. 至"修身"章又從頭說起, 至"齊家治國"章又依前說教他, 何也? 蓋要節節去照管. 不成卻說自家在這裏, 心正・身修了, 便都只聽其自治! 【夔孫】

1) 16:190: 『小分』에서는 16:189에 이어져 한 항목으로 편집되어 있다.
2) ▲: 『大學』

③ 연속되는 두 항목에서 뒷 항목의 앞부분이 생략되면서 하나로 합쳐질 경우: 생략된 부분을 본문에 ▲로 표시하고, 항목번호를 교감주 속에 포함시킨다.
『주자어류』에서 연속되는 두 항목 중에서 뒷 항목의 앞부분이 『소분』에서 부분적으로 생략되면서 한 항목으로 합쳐져 편집된 경우에

는 생략된 부분의 교감주에서 『주자어류』의 항목 번호를 표시하고 『소분』에서 편집된 해당 항목의 맨 뒤에 **"이 항목은 원래 XX:XXX의 일부이며 『小分』에서는 XX:XXX에 이어져 한 항목으로 편집되어 있다.**"로 교감주를 단다. 이와 같은 복잡한 구문은 가급적 교감자가 자세한 설명을 단다.

80:50 叶韻, 恐當以頭一韻爲準. (中略) 如此則又未可以頭一韻爲定也. 【閎祖 ▲[1] ○饒 何氏錄云: "『中庸』'奏格無言', 奏, 音族, 平聲音騣, 所以『毛詩』作'鬷'字."】 [2]

---

1) ▲: 】 80:52 吳才老『補韻』甚詳, 然亦有推不去者. 某煞尋得, 當時不曾記, 今皆忘之矣. 如"外禦其務"叶"烝也無戎", 才老無尋處, 卻云"務"字古人讀做"蒙", 不知"戎", 汝也, "汝・戎"二字, 古人通用, 是協音汝也. 如"南仲太祖, 太師皇父, 整我六師, 以修我戎", 亦是協音汝也. "下民有嚴", 叶"不敢怠遑." 才老欲音"嚴"爲"莊", 云避漢諱, 卻無道理. 某後來讀『楚辭』「天問」見一"嚴"字乃押從"莊"字, 乃知是叶韻, "嚴"讀作"昂"也. 「天問」, 才老豈不讀? 往往無甚意義, 只恁打過去也. 【義剛

2) ○饒 何氏錄云 … 所以『毛詩』作'鬷'字."】: 이 항목은 원래 80:51의 일부이며 『小分』에서는 80:50에 이어져 한 항목으로 편집되어 있다.

④ 한 항목 전체나 그 일부가 별도의 다른 항목의 일부로 통합되는 경우: '항목' 대신에 '부분'이라는 표현을 사용한다.

"이 부분은 『朱子語類』의 XX:XXX이다.."
"이 부분은 『朱子語類』의 XX:XXX의 일부이다.."
*『소분』의 문장과 『주자어류』의 문장에서 완벽한 대응이 이루어지지 않을 경우에는 'XX:XXX를 참조하라.' 등등을 주석을 추가로 달아 준다.

80:40 (前略) 某因云: "今人不以『詩』說『詩』, 卻以「序」解『詩』, 是以委曲牽合, 必欲如序者之意, 寧失詩人之本意不恤也. 此是序者大害處." 【賀孫 ○振錄云: 伯恭黨得「小序」不好, 使人看着轉可惡.[1]】

80:45 ▲[2)]

1) 振錄云: … 使人看着轉可惡.: 이 부분은 『朱子語類』의 80:45이다. *80:45의 주석을 참조하라.
2) ▲: 伯恭黨得「小序」不好, 使人看着轉可惡.【振】

⑤ **하나의 항목을 연속되는 두 항목으로 나눌 경우:** 『朱子語類』에서 원래 하나의 항목이었던 것을 『소분』에서 **연속되는 별도의 항목**으로 나누어 편집한 경우라면 별도의 항목으로 독립된 부분은 항목 표시를 '○'로 나타내고 '○'에 대해서는 **"『朱子語類』의 XX:XXX를 『小分』에서 별도의 항목으로 나누었다.**"로 통일한다.

예) 3:32 或問: "氣之出入者爲魂, 耳目之聰明爲魄. 然則魄中復有魂, 魂中復有魄耶?" 曰: "精氣周流, 充滿於一身之中, 嘘吸聰明, 乃其發而易見者耳. 然旣周流充滿於一身之中, 則鼻之知臭, 口之知味, 非魄乎? 耳目之中皆有暖氣, 非魂乎? 推之遍體, 莫不皆然. ▲[1)]."

○[2)] 問: "先生嘗言, 體魄自是二物. 然則魂氣亦爲兩物耶?" 曰: "將魂氣細推之, 亦有精粗, 但其爲精粗也甚微, 非若體魄之懸殊耳." 問: "以目言之, 目之輪, 體也, 睛之明, 魄也. 耳則如何?" 曰: "竅卽體也, 聰卽魄也." 又問: "月魄之魄, 豈只指其光而言之, 而其輪則體耶?" 曰: "月不可以體言, 只有魂魄耳. 月魄卽其全體, 而光處乃其魂之發也."

1) ▲: 佛書論四大處, 似亦祖述此意
2) ○: 『朱子語類』의 3:32를 『小分』에서 별도의 항목으로 나누었다.

⑥ **본문을 소주로 처리했거나 소주를 본문으로 처리했을 경우: "『朱子語類』/해당판본에서는 小註/본문으로 되어 있다.**"로 통일한다

12:127 (前略) 曰: "患不省察爾. (中略) '請事斯語', 亦是習. 孟子恐人不識, 方說出'察'字, 而'察'字最輕, '習'字最重也."【次日, 陳一之[1)]求先生書

"涵養須用敬, 進學則在致知"字2)以爲觀省之益. 曰: "持敬不用判公憑." 終不肯寫. ○謨】[3)]

---

1) 陳一之: 成化本에서는 陳人之로 되어 있고, 徽州本에서는 陳後之로 되어 있다.
2) 字: 成化本에서는 子로 되어 있다.
3) 【次日, ~ 終不肯寫. ○謨】 : 賀本에서는 본문으로 되어 있다.

9) 동일한 표제어에 교감내용이 겹칠 경우

①표제어가 동일할 경우에는 교감주를 한 항목으로 처리한다. 이때 순서는 **판본의 차이**(소분-효종간본-영조간본-성화본-하본-만력본-휘주본)-**(考異의 내용)-부전지-두주-협서**의 순서를 따른다.

②교감주로 처리할 내용이 겹쳐 있어도 표제어를 달리할 수 있을 경우에는 별도의 교감주로 처리한다(주 2), 3) 참조).

예) 140:103 (前略) 曰: "他也却說道理. 但到做處, 亦與少游不爭多. 他一輩行皆是恁地." 道夫曰: "也是坡公做頭, 故他門[1)]從而和之." 曰: "然. 某昨日看他與李端叔[2)3)]一書[4)], 說它起屋, 有甚明窗淨几, 眼前景致, 末[5)]梢又只歸做好吟詩上去.

---

1) 門: 英祖刊本 · 賀本에서는 們으로 되어 있다.
2) 李端叔: 『朱子語類』에서는 李方叔으로 되어 있다. 孝宗刊本에서는 頭註에 李方之方, 改"端."으로 되어 있고 『考異』에서는 方, 恐端.으로 되어 있다.
3) 端: 【挾書】 方
4) 書: 『朱子語類』에서는 詩로 되어 있다. 孝宗刊本에서는 頭註에 一詩之詩, 改"書."로 되어 있고 『考異』에서는 詩, 恐書.로 되어 있다. 【挾書】 詩
5) 末: 『朱子語類』에서는 末로 되어 있다.

10) 권차의 표시

『소분』의 卷首題는 '『朱子語類』 卷第□' 또는 '『朱子語類』 卷之□'으로

시작한다. 본래 英祖刊本과 「朱子語類大全問目」에서는 '卷之□' 형식으로 되어 있으나, 孝宗刊本·成化本·賀本·萬曆本·徽州本 등 대다수 『주자어류』에서는 '卷第□'으로 되어 있다. 『소분』의 경우에는 原本(元本) 계열 필사본 20책들은 대체로 '卷第□'으로 되어 있고, 총 10책인 補本 계열 필사본들은 대체로 '卷之□' 으로 표기하고 있다. 다만 원본 계열 필사본 중 25권은 '卷之□' 으로 되어 있고, 보본 계열 필사본 중 16책(72-74권), 18책(79-82권), 19책(83-86권)은 '卷第□'으로 표시하고 있다. 시기적으로 선행 필사본으로 보이는 원본에 따라 권수제는 모두 '卷第□'으로 표기를 통일하고, 따로 주석을 붙이지는 않는다. '卷之□'로 표기되어 있는 경우는 『소분』의 1책(1-6권), 2책(7-13권), 5책일부(25권), 24책(107-111권), 25책(112-116권), 26책(117-121권), 27책(122-126권), 29책(131-135권) 뿐이다.

11) 교감주의 인용부호 처리

① 교감주에서 판본에 따른 글자의 차이를 보일 경우에는 인용부호를 사용하지 않는다. 단, 附箋紙·挾書·頭註 등에서 특별히 글자를 강조할 경우에는 인용부호를 사용할 수 있다.

예) 199) 孟子: 賀本에서는 子가 없다.
212) 自: 賀本에서는 是로 되어 있다.

② 교감주에서 문장에 삭제(▲), 가필(◇) 등이 이루어질 경우에는 이런 경우에는 삭제와 가필이 이루어지기 전의 표점 및 인용부호들을 그대로 교감주에 옮긴다

3:32 或問: "氣之出入者爲魂, 耳目之聰明爲魄. 然則魄中復有魂, 魂中復有魄耶?" 曰: "精氣周流, 充滿於一身之中, 噓吸聰明, 乃其發而易見者耳. 然旣周流充滿於一身之中, 則鼻之知臭, 口之知味, 非魄乎? 耳目之中皆有暖氣, 非魂乎? 推之遍體, 莫不皆然 ▲[1]."

---

1) ▲: . 佛書論四大處, 似亦祖述此意

③ 교감주에서 문장에 삭제(▲), 가필(◇) 등이 이루어질 경우에는 **편집 전의 표점 및 인용부호들이 편집 후의 본문과는 어울리지 않는 경우**가 있다. 이런 경우에는 『朱子語類』의 賀本을 기준으로 한 삭제와 가필이 이루어지기 전의 본문의 표점 및 인용부호들을 그대로 교감주에 옮기며, 본문에 남아 있는 표점 및 인용부호들은 비록 **어색하더라도 추가 수정 없이** 그대로 둔다.

예1) (삭제·가필 전의 원문)
14:59 問: "'各俛焉以盡其力', 下此'俛'字何謂?" 曰: "'俛'字者, 乃是刺著頭, 只管做將去底意思." 【友仁】

(삭제·가필 후)
14:59 問: "'各俛焉以盡其力', 下此'俛'字◇[1]者, 乃是刺著頭, 只管做將去底意思." 【友仁】

---

1) ◇: 何謂?" 曰: "'俛'字

12) 판본 대조에서 사용되는 주요 교감 용어

되어 있다. - 소분에 있는 글자가 다른 판본에서 다른 글자에 대응될 경우.
없다. - 소분에 있는 글자가 다른 판본에는 없을 경우.
바로잡았다. - 소분에서 원래 필사한 **글자의 순서**를 교정부호로 바로잡을 때
지웠다. - 소분에서 원래 필사했던 글자를 붓으로 지울 때.

고쳤다. - 소분에서 원래 필사했던 글자를 붓으로 지우고 다른 글자로 바꾸어 썼을 때.

4-3. 한자의 입력 (異體字/通假字)

1) 正字, 俗字, 異體字의 처리

— 교감 대상인 **略字, 俗字, 異體字는 모두 소분에 따르고 교감주를 다는 것을 원칙으로 한다**. 단, ①, ②, ③의 예외를 둔다.

①『소분』에서 사용된 글자가 일반적으로 통용되는 약자가 분명한 경우에는 대표자인 **정자로 바꾼다**(예: 旧>**舊**).

② 자형이 비슷하고 서로 의미의 차이가 없이 **이체자로만 사용되는 것이 확실한 경우**에는 일반적으로 통용되는 正字(예: **群|羣**), 혹은 정해진 글자(예:卻|**却**)로 통일하고 별도의 교감주를 달지 않는다. 단, **正字, 俗字, 異形字, 異體字의 구분의 근거는** 한국고전국역원 사이트 (http://www.itkc.or.kr)의 '이체자정보검색'과『康熙字典』을 이용한다.) 예에 든 글자들은『소분』 전체에서 앞 자형으로 통일한다.
예) **胸|胷, 群|羣, 沈|沉, 概|槩, 卻|却, 決|决, 脈|脉, 劫|刼, 澁|澀, 竈|灶, 龘|麁|麄, 據|擄, ...**

③ 판본에 따라 부분적인 이체관계를 보이고 판본 내에서도 섞여 사용되는 다음의 경우에는『소분』 본문의 자형대로 따르되, 따로 주석을 붙이지 않는다.『소분』에서 생략된『주자어류』 본문(주석에 편입)은 賀本(=중화서국본)에 따르고, 주석을 붙이지 않는다. **여기에 해당하는 글자들은 별도의 목록을 작성하며, 해당하지 않는 글자들은 ④**

의 규정을 따른다.

예) **麤(=麁=麄)|粗, 據=㨿|据, 個|个|箇, 着|著, 他|它|佗, 據(=㨿)|据, 後|后, 澀|澁, 竈|灶, 飜|翻, 決|决, 脈|脉, 修|脩, 刼|劫**

④ ①, ②, ③에 속하지 않는 나머지 글자들은 『소분』에서 한 글자에 대해 정자/약자 여부가 분명하지 않고 교감의 측면에서 단순한 이체자인지 조금이라도 다른 의미나 인용 문헌의 차이를 반영하는 것인지 불분명한 경우에는 『소분』의 표기를 존중하여 『소분』에 나와 있는 그대로 글자를 입력하고 각 판본들 사이의 차이는 교감주에 반영한다. (주 1) 참조)

예) 14:108 (前略) 今人只**据**[1]他說一兩字, 便認以爲聖賢之所以爲聖賢者止此而已, 都不窮究著實, 殊不濟事. (後略)

----

1) 据: 成化本·賀本에서는 "據"로 되어 있다.

2) 通假字의 처리 (자체규정이 표준범례안에 우선한다.)

① '己(기)/已(이)/巳(사)', '未(미)/末(말)' '祗(지)|祇(기)', '斂(렴)|歛(감)'과 같은 사실상의 통가자는 문맥에 맞게 **올바른 글자로 고치고 필요할 경우에만 교감주를 붙인다.**

『朱子語類』 卷第一

「理氣上」

「太極・天地・日月星辰」[1)]

1:1 問: “太極不是未有天地之先有箇渾成之物, 是天地萬物之理總名否?” 曰: “太極只是天地萬物之理. 在天地言, 則天地中有太極, 在萬物言, 則萬物中各有太極. 未有天地之先, 畢竟是先有此理. 動而生陽, 亦只是理, 靜而生陰, 亦只是理.”

○[2)] 問: “『太極解』何以先動而後靜, 先用而後體, 先感而後寂?” 曰: “在陰陽言, 則用在陽而體在陰, 然動靜無端, 陰陽無始, 不可分先後. 今只就起處言之, 畢竟動前又是靜, 用前又是體, 感前又是寂, 陽前又是陰, 而寂前又是感, 靜前又是動, 將何者爲先後? 不可只道今日動便爲始, 而昨日靜更不說也. 如鼻息, 言呼吸則辭順, 不可道吸呼. 畢竟呼前又是吸, 吸前又是呼.” 【淳】

1:2 問: “昨謂未有天地之先, 畢竟是先有理, 如何?” 曰: “▲[3)] 有此理, 便有此天地, 若無此理, 便亦無天地, 無人無物, 都無該載了. 有理, 便有氣流行, 發育萬物.” 曰: “發育是理發育之否?” 曰: “有此理, 便有此氣流行發育. 理無形體.” ▲[4)] 曰: “理無極, 而[5)]氣有極否?” 曰:

---

1) 太極・天地・日月星辰: 『朱子語類』에서는 太極・天地上으로 되어 있다.
2) ○: 『朱子語類』의 1:1을 『小分』에서 별도의 항목으로 나누었다.
3) ▲: 未有天地之先, 畢竟也只是理.
4) ▲: 曰: ‘所謂體者, 是强名否?’ 曰: ‘是.’
5) 而: 『朱子語類』에는 없다.

“論其極, 將那處做極?”【淳】

1:3 若無太極, 便◇[6]飜了天地.【方子】[7]

1:4 太極只是一箇“理”字.【人傑】

1:5 ▲[8]

1:6 天下未有無理之氣, 亦未有無氣之理. ▲[9]【銖】

1:7 先有箇天理了, 卻有氣. 氣積爲質, 而性具焉.【敬仲】

1:8 問理與氣. 曰: “伊川說得好, 曰: ‘理一分殊.’ 合天地萬物而言, 只是一箇理, 及在人, 則又各自有一箇理.”【夔孫】

1:9 ▲[10] “有是理便有是氣, 但理是本, 而今且從理上說氣. 如云: ‘太極動而生陽, 動極而靜, 靜而生陰.’ 不成動已前便無靜[11]. 程子曰: ‘動靜無端.’ 蓋此亦是▲[12]自那動處說起. 若論著動以前又有靜, 靜以前又有動, 如云: ‘一陰一陽之謂道, 繼之者, 善也.’ 這‘繼’字便是動之端. 若只一開一闔而無繼, 便是闔殺了.” ▲[13]問: “繼是動靜之間否?” 曰: “是靜之終, 動之始也. 且如四時, 到得冬月, 萬物都歸窠了, 若不[14]生, 來年便都息了. 蓋是貞復生元, 無窮如此.” ▲[15]

---

6) ◇: 不
7)【方子】: 徽州本에서는【公謹】으로 되어 있다.
8) ▲: 有是理後生是氣, 自“一陰一陽之謂道”推來. 此性自有仁義.【德明】
9) ▲: 氣以成形, 而理亦賦焉.
10) ▲: 問理與氣, 曰:
11) 靜: 徽州本에서는 이 뒤에 了가 더 있다.
12) ▲: 且
13) ▲: 又

○[16] 問: "有是理而後有是氣. 未有人時, 此理何在?" 曰: "▲[17]只在這裏. 如一海水, 或取得一杓, 或取得一擔, 或取得一 椀[18], 都是這海水. 但是他爲主, 我爲客, 他較長久, 我得之不久耳."【夔孫 ▲[19]】

1:10 問: "先有理? 抑先有氣?" 曰: "理未嘗離乎氣, 然理形而上者, 氣形而下者. 自形而上下言, 豈無先後? 理無形, 氣便粗, 有查[20]滓."【淳】

1:11 或問: "必有是理, 然後有是氣, 如何?" 曰: "此本無先後之可言, 然必欲推其所從來, 則須說先有是理, 然理又非別爲一物, 卽存乎是氣之中, 無是氣, 則是理亦無掛搭處. 氣則爲金木水火, 理則爲仁・義・禮・智."【人傑】

1:12 ▲[21]問: "理在氣中發見處如何?" 曰: "如陰陽五行錯綜不失條緒, 便是理. 若氣不結聚時, 理亦無所附著. 故康節云: '性者, 道之形體, 心者, 性之郛郭, 身者, 心之區宇, 物者, 身之舟車.'" 問道之體用. 曰: "假如耳便是體, 聽便是用, 目是體, 見是用."【祖道】

1:13 或問先有理後有氣之說. 曰: "不消如此說, 而今知得他合下是

---

14) 不: 徽州本에서는 이 뒤에 會가 더 있다.

15) ▲: 又問: "元亨利貞是備箇動靜陰陽之理, 而『易』只是「乾」有之?" 曰: "若論文王易, 本是作'大亨利貞', 只作兩字說. 孔子見這四字好, 便挑開說了. 所以某嘗說, 『易』難看, 便是如此. 伏羲自是伏羲易, 文王自是文王易, 孔子因文王底說, 又卻出入乎其間也." 又

16) ○: 『朱子語類』의 1:9를 『小分』에서 별도의 항목으로 나누었다.

17) ▲: 也

18) 椀: 成化本에서는 碗으로 되어 있다.

19) ▲: 義剛同.

20) 查: 成化本・賀本에서는 渣로 되어 있다.

21) ▲: 或問"理在先, 氣在後." 曰: "理與氣本無先後之可言. 但推上去時, 卻如理在先, 氣在後相似." 又

先有理, 後有氣耶[22]? 後有理, 先有氣耶[23]? 皆不可得而推究, 然以意度之, 則疑此氣是依傍這理行. 及此氣之聚, 則理亦在焉. 蓋氣則能凝結造作, 理卻無情意, 無計度, 無造作. 只此氣凝聚處, 理便在其中. 且如天地間人物・草木・禽獸, 其生也, 莫不有種, 定不會無種子[24]白地生出一箇物事, 這箇都是氣. 若理, 則只是箇淨潔空闊底世界, 無形跡, 他卻不會造作, 氣則能醞釀凝聚生物也. 但有此氣, 則理便在其中."【僩】

1:14 問: "理氣[25], 似不可分先後?" 曰: "要之, 也先有理. 只不可說▲[26]今日有是理, 明日卻有是氣, 也須有先後. 且如萬一[27]山河大地都陷了, 畢竟理卻只在這裏."【胡泳】

1:15 ◇[28]問: "天地未判時, 下面許多都已有否?" 曰: "只是都有此理, 天地生物千萬年, 古今只不離許多物."【淳 ○天地】

1:16 問: "天地之心亦靈否? 還只是漠然無爲?" 曰: "天地之心, 不可道是不靈, 但不如人恁地思慮. 伊川曰: '天地無心而成化, 聖人有心而無爲.'"【淳】

1:17 問: "天地之心, 天地之理. 理是道理, 心是主宰底意否?" 曰: "心固是主宰底意, 然所謂主宰者, 卽是理也, 不是心外別有箇理, 理外別有箇心." 又問: "此'心'字與'帝'字相似否?" 曰: "'人'字似'天'字, '心'字似'帝'字."【夔孫 ▲[29]】

---

22) 耶: 『朱子語類』에서는 邪로 되어 있다.
23) 耶: 『朱子語類』에서는 邪로 되어 있다.
24) 子: 成化本에서는 了로 되어 있다.
25) 理氣: 『朱子語類』에서는 有是理便有是氣로 되어 있다.
26) ▲: 是
27) 一: 孝宗刊本・成化本에서는 乙로 되어 있다.
28) ◇: 徐

1:18 道夫言: “向者先生敎思量天地有心無心. 近思之, 竊謂天地無心, 仁便是天地之心. 若▲[30]其有心, 必有思慮, 有營爲. 天地曷嘗有思慮來? ▲[31]其所以‘四時行, 百物生’者, 蓋以其合當如此便如此, 不待思惟[32], 此所以爲天地之道.” 曰: “如此則『易』所謂‘復其見天地之心’·‘正大而天地之情可見’, 又如何? 如公所說, 秖[33]說得他無心處爾. 若果無心, 則須牛生出馬, 桃樹上發李花, 他[34]又卻自定. 程子曰: ‘以主宰謂之帝, 以性情[35]謂之乾.’ 他這名義自定, 心便是他箇主宰處, 所以謂天地以生物爲心. 中間欽夫以爲[36]不合如此說. 某謂天地別無句[37]當, 只是以生物爲心. 一元之氣, 運轉流通, 略無停間, 只是生出許多萬物而已.”

○[38] 問: “程子謂: ‘天地無心而成化, 聖人有心而無爲.’” 曰: “這是說天地無心處. ◇[39]如‘四時行, 百物生’, 天地何所容心? 至於聖人, 則順理而已, 復何爲哉? 所以明道云: ‘天地之常, 以其心普萬物而無心, 聖人之常, 以其情順萬事而無情.’ 說得最好.” 問: “普萬物, 莫是以心周徧而無私否?” 曰: “天地以此心普及萬物, 人得之遂爲人之心, 物得之遂爲物之心, 草木·禽獸接著遂爲草木·禽獸之心, 只是一箇天地之心爾▲[40].” 【道夫】

---

29) ▲: 義剛錄同.
30) ▲: 使
31) ▲: 然
32) 惟: 賀本에서는 維로 되어 있다.
33) 秖: 成化本·賀本에서는 祇로 되어 있다.
34) 他: 徽州本에서는 이 뒤에 心이 더 있다.
35) 性情: 『小分』에서는 情性을 교정부호로 바로잡았다.
36) 爲: 孝宗刊本에서는 이 뒤에 甚이 더 있고, 英祖刊本·成化本·賀本에서는 이 뒤에 某가 더 있다.
37) 句: 『朱子語類』에서는 勾로 되어 있다.
38) ○: 『朱子語類』의 1:18을 『小分』에서 별도의 항목으로 나누었다.
39) ◇: 且
40) ▲: . 今須要知得他有心處, 又要見得他無心處, 只恁定說不得

1:19 萬物生長, 是天地無心時, 枯槁欲生, 是天地有心時.【方】

1:20 問: "'上帝降衷于民', '天將降大任於人', '天祐民, 作之君', '天生物, 因其才而篤', '作善, 降百祥, 作不善, 降百殃.' '天將降非常之禍於此世, 必預出非常之人以擬之.' 凡此等類, 是蒼蒼在上者眞有主宰如是耶[41)]? 抑天無心, 只是推原其理如此[42)]?" 曰: "此三段只一意. 這箇也只是理如此. 氣運從來一盛了又一衰, 一衰了又一盛, 只管恁地循環去, 無有衰而不盛者. 所以降非常之禍於世, 定是[43)]生出非常之人▲[44)]."【淳】

1:21 帝是理爲主. ▲[45)]

1:22 ▲[46)]

1:23 天地初間只是陰陽之氣. 這一箇氣運行, 磨來磨去, 磨得急了, 便拶許多查[47)]滓, 裏面無處出, 便結成箇地在中央. 氣之清者便爲天, 爲日月, 爲星辰, 只在外, 常周環運轉. 地便只在中央不動, 不是在下.【淳】

---

41) 耶: 『朱子語類』에서는 邪로 되어 있다.
42) 此: 徽州本에서는 이 뒤에 耶가 더 있다.
43) 是: 徽州本에서는 이 뒤에 必이 더 있다.
44) ▲: . 邵堯夫「經世吟」云: '羲·軒·堯·舜, 湯·武·桓·文, 皇王帝霸, 父子君臣. 四者之道, 理限于秦, 降及兩漢, 又歷三分. 東西俶擾, 南北紛紜, 五胡·十姓, 天紀幾棼. 非唐不濟, 非宋不存, 千世萬世, 中原有人.' 蓋一治必又一亂, 一亂必又一治. 夷狄只是夷狄, 須是還他中原.
45) ▲:【淳】
46) ▲: 蒼蒼之謂天. 運轉周流不已, 便是那箇, 而今說天有箇人在那裏批判罪惡, 固不可, 說道全無主之者, 又不可. 這裏要人見得.【僩 ○又僩問經傳中"天"字. 曰: "要人自看得分曉, 也有說蒼蒼者, 也有說主宰者, 也有單訓理時."】
47) 查: 賀本에서는 渣로 되어 있다.

1:24 淸剛者爲天, 重濁者爲地.【道夫】

1:25 ▲[48)]

1:26 天以氣而依地之形, 地以形而附天之氣. 天包乎地, 地特天中之一物爾. 天以氣而運乎外, 故地搉在中間[49)], 隤然不動. 使天之運有一息停, 則地須陷下.【道夫】

1:27 天包乎地, 天之氣又行乎地之中, 故横渠云: "地對天不過."【振】[50)]

1:28 ▲[51)]

1:29 ▲[52)]

1:30 天只是一个大底物, 須是大著心腸看他, 始得. 以天運言之, 一日固是轉一匝, 然又有大轉底時候, 不可如此偏滯求也.【僩】

1:31 天明則日月不明[53)]. 天無明. 夜半黑淬淬地, 天之正色.【僩】

1:32 ▲[54)]

---

48) ▲: 天運不息, 晝夜輥轉, 故地搉在中間. 使天有一息之停, 則地須陷下. 惟天運轉之急, 故凝結得許多渣滓在中間. 地者, 氣之渣滓也, 所以道"輕淸者爲天, 重濁者爲地."【道夫】

49) 故地搉在中間:【頭註】[ㄅ]音"각", 敲擊, [ㄅ]揚搉與榷.

50)【振】: 徽州本에서는【方子】로 되어 있다.

51) ▲: 地卻是有空闕處. 天卻四方上下都周匝無空闕, 逼塞滿皆是天. 地之四向底下卻靠着那天. 天包地, 其氣無不通. 恁地看來, 渾只是天了. 氣卻從地中迸出, 又見地廣處.【淵】

52) ▲: 季通云: "地上便是天."【端蒙】

53) 天明則日月不明:【附箋紙】此枚當攷.

1:33 "天地始初混沌未分時, 想只有水火二者. 水之滓脚便成地. 今登高而望, 群山皆爲波浪之狀, 便是水泛如此. 只不知因甚麼時凝了. 初間極軟, 後來方凝得硬." 問: "想得如潮水湧起沙相似?" 曰: "然. 水之極濁[55]便成地, 火之極淸[56]便成風霆雷電日星之屬."【僩】

1:34 西北地至高. 地之高處, 又不在天之中.【義剛】

1:35 唐 太宗用兵至極北處, 夜亦不曾太暗, 少頃卽天明. 謂在地尖處, 去天地上下不相遠, 掩日光不甚得.【揚】

1:36 地有絶處. 唐 太宗收至骨利幹, 置堅昆都督府. 其地夜易曉, 夜亦不甚暗, 蓋當地絶處, 日影所射也. 其人髮皆赤.【揚】

1:37『通鑑』說, 有人適外國, 夜熟一羊胛[57]而天明. 此是地之角尖處. 日入地下, 而此處無所遮蔽, 故常光明, 及從東出而爲曉, 其所經遮蔽處亦不多耳.【義剛】[58]

1:38 問: "康節論六合之外, 恐無外否?" 曰: "理無內外, 六合之形須有內外. 日從東畔升, 西畔沈, 明日又從東畔升. 這上面許多, 下面亦許多, 豈不是六合之內? 曆家算氣, 只算得到日月星辰運行處, 上去更算不得. 安得是無內外?"【淳】

1:39 ▲[59]問: "天地會壞否?" 曰: "不會壞. 只是相將人無道極了, 便

54) ▲: 山河大地初生時, 須尙軟在.【氣質 ○方子】
55) 濁: 徽州本에서는 渴로 되어 있다.
56) 淸: 徽州本에서는 精으로 되어 있다.
57) 胛: 成化本·賀本에서는 脾로 되어 있다.
58)【義剛】: 徽州本에서는【淳】으로 되어 있다.
59) ▲: 問: "自開闢以來, 至今未萬年, 不知已前如何?" 曰: "已前亦須如此一番明白來." 又

一齊打合, 混沌一番, 人物都盡, 又重新起." 問: "生第一箇人時如何?" 曰: "以氣化. 二五之精合而成形, 釋家謂之化生. 如今物之化生者[60]甚多, 如蝨[61]然."【揚】

1:40 "天地不恕", 謂肅殺之類.【振】[62]

1:41 ▲[63]

1:42 造化之運如磨, 上面常轉而不止. 萬物之生, 似磨中撒出, 有粗有細, 自是不齊. 又曰: "天地之形, 如人以兩盌相合, 貯水於內. 以手常常掉開, 則水在內不出, 稍住手, 則水漏矣."【過】

1:43 問氣之伸屈. 曰: "譬如將水放鍋裏煮, 水既乾, 那泉水依前又來, 不到得將已乾之水去做它."【夔孫】

1:44 ▲[64]

1:45 數只是算氣之節候. 大率▲[65]陰陽播而爲五行, 五行中各有陰陽. 甲乙木, 丙丁火, 春屬木, 夏屬火. 年月日時無有非五行之氣, 甲乙丙丁又屬陰屬陽, 只是二五之氣. 人之生, 適遇其氣, 有得淸者, 有

60) 者: 賀本에서는 者가 없다.
61) 蝨: 孝宗刊本・成化本・賀本에서는 虱로 되어 있다.
62) "天地不恕" …【振】:【附箋紙】當刪.
63) ▲: 可幾問: "大鈞播物, 還是一去便休, 也還有去而復來之理?" 曰: "一去便休耳, 豈有散而復聚之氣?"【道夫 ○氣】
64) ▲: 人呼氣時, 腹卻脹, 吸氣時, 腹卻厭. 論來, 呼而腹厭, 吸而腹脹, 乃是. 今若此者, 蓋呼氣時, 此一口氣雖出, 第二口氣復生, 故其腹脹. 及吸氣時, 其所生之氣又從裏趕出, 故其腹卻厭. 大凡人生至死, 其氣只管出, 出盡便死. 如吸氣時, 非是吸外氣而入, 只是住得一霎時, 第二口氣又出, 若無得出時便死. 老子曰: "天地之間, 其猶橐籥乎, 動而不屈, 虛而愈出." 橐籥只是今之鞴扇耳.【廣】
65) ▲: 只是一箇氣.

得濁者, 貴賤・壽夭皆然, 故有參差[66]不齊如此. 聖賢在上, 則其氣中和, 不然, 則其氣偏行. 故有得其氣清, 聰明而無福祿者, 亦有得其氣濁, 有福祿而無知者, 皆其氣數使然. 堯・舜・禹・皇・文・武・周・召得其正, 孔・孟・夷・齊得其偏者也. 至如極亂之後, 五代之時, 又卻生許多聖賢, 如祖宗諸臣者, 是極而復者也. ▲[67] 如大睡一覺, 及醒時卻有精神. 【揚錄此下云: "今卻詭詐玩弄, 未有醒時. 非積亂之甚五六十年, 卽定氣息未蘇了, 是大可憂也."】

1:46 天地統是一箇大陰陽. 一年又有一年之陰陽, 一月又有一月之陰陽, 一日一時皆然. 【端蒙 ○陰陽五行】

1:47 ▲[68]

1:48 陰陽是氣, 五行是質. 有這質, 所以做得物事出來. 五行雖是質, 他又有五行之氣做這物事, 方得, 然卻是陰陽二氣截做這五箇, 不是陰陽外別有五行. 如十干甲乙, 甲便是陽, 乙便是陰. 【高 ▲[69]】

1:49 問: "前日先生▲[70]云: '陰陽五行之爲性, 各是一氣所稟, 而性則一也.' 兩'性'字同否?" 曰: "一般." 又曰: "同者, 理也, 不同者, 氣也." 又曰: "他所以道'五行之生各一其性.'" ▲[71]問: "這箇莫是木自是木, 火自是火, 而其理則一?" 先生應而曰: "且如這箇光, 也有在硯蓋上底, 也有在墨上底, 其光則一也." 【節】

1:50 五行相爲陰陽, 又各自爲陰陽. 【端蒙】

---

66) 差: 賀本에서는 錯으로 되어 있다.
67) ▲: 【揚錄云: "碩果不食之理."】
68) ▲: 陰陽五行之理, 須常常看得在目前, 則自然牢固矣. 【人傑】
69) ▲: ○淵同.
70) ▲: 答書
71) ▲: 節復

1:51 氣之精英者爲神. 金・木・水・火・土, 非神, 所以爲金・木・水・火・土者是神. 在人則爲理, 所以爲仁・義・禮・智・信者是也.【植】

1:52 金・木・水・火・土, 雖曰'五行各一其性', 然一物又各具五行之理, 不可不知. 康節卻細推出來.【僩】

1:53 天一自是生水, 地二自是生火. 生水只是合下便具得濕底意思. 木便是生得一箇軟底, 金便是生出得一箇硬底. 五行之說, 『正蒙』中說得好. 又曰: "木者, 土之精華也." ▲[72]【節[73]】

1:54 問: "黃寺丞云: '金木水火體質屬土'"[74]. 曰: "『正蒙』有一說好, 只說金與木之體質屬土, 水與火卻不屬土." 問: "火附木而生, 莫亦屬土否?" 曰: "火自是箇虛空中物事." 問: "只溫熱【一作"煖".】之氣便是火否?" 曰: "然."【胡泳 ▲[75]】

1:55 水火淸, 金木濁, 土又濁.【可學】

1:56 ▲[76]陰陽五行▲[77]: "康節說得法密, 橫渠說得理透. ▲[78]【方

72) ▲: 又記曰: "水火不出於土, 『正蒙』一段說得最好, 不胡亂下一字"
73) 節: 徽州本에서는 이 뒤에 按正蒙說五行惟一條天木曰曲直能旣屈而反伸也金曰從革一從革而不能自反也水火氣也故淡上潤下與陰陽昇降土不得已制焉木金若土之華實也其性有水火之雜故木之爲物水漬則生火然而不離也蓋得土之浮華於水火之交也金之爲物得火之精於土之燥得水之精於土之濡故水火相對而不相害爍之反流而不耗也蓋得土之精實於水火之際也土也者物之所以成始而成終也地之質也化之終也水火之所以昇降物兼體而不遺者也 가 더 있다.
74) 問: "黃寺丞云: '金木水火體質屬土'": 徽州本에서는 問: "五行之體質屬土否?"로 되어 있다.
75) ▲: 僩同.
76) ▲: 論
77) ▲: 曰
78) ▲: 邵伯溫載伊川言曰: "向惟見周茂叔語及此, 然不及先生之有條理也." 欽夫以

子】

1:57 ▲[79]

1:58 ▲[80]

1:59 ▲[81]

1:60 火中有黑, 陽中陰也, 水外黑洞洞地, 而中卻明者, 陰中之陽也. 故水謂之陽, 火謂之陰, 亦得.【伯羽】

1:61 陰以陽爲質, 陽以陰爲質. 水內明而外暗, 火內暗而外明. 橫渠曰: "陰陽之精, 互藏其宅", 正此意也.【▲[82] 道夫】

1:62 淸明內影, 濁明外影, 淸明金水, 濁明火日.【僩】

1:63 天有春・夏・秋・冬, 地有金・木・水・火, 人有仁・義・禮・智, 皆以四者相[83]爲用也.【季札】

1:64 春爲感, 夏爲應, 秋爲感, 冬爲應. 若統論, 春夏爲感, 秋冬爲應, 明歲春夏又爲感.【可學 ▲[84]】

爲伊川未必有此語, 蓋伯溫妄載. 某則以爲此語恐誠有之.

79) ▲: 土無定位, 故今曆家以四季之月十八日爲土, 分得七十二日. 若說播五行於四時, 以十干推之, 亦得七十二日.【方子 ○高同.】

80) ▲: 問: "四時取火, 何爲季夏又取一番?" 曰: "土旺於未, 故再取之. 土寄旺四季, 每季皆十八日, 四箇十八日, 計七十二日. 其他四行分四時, 亦各得七十二日. 五箇七十二日, 共湊成三百六十日也."【僩】

81) ▲: 問: "古者取火, 四時不同. 不知所取之木旣別, 則火亦異否?" 曰: "是如此."【胡泳】

82) ▲:坎・離○

83) 相: 徽州本에서는 利로 되어 있다.

1:65 問學者云: "古人排十二時是如何?" 諸生思未得. 先生云: "'志'是從'之'從'心', 乃是心之所之. 古'時'字從'之'從'日', 亦是日之所至. 蓋日至於午, 則謂之午時, 至未, 則謂之未時. 十二時皆如此推. 古者訓'日'字, 實也, '月'字, 缺也. 月則有缺時, 日常實, 是如此. 如天行亦有差, 月星行又遲, 趕它不上. 惟日, 鐵定如此." 又云: "看北斗, 可以見天之行."【夔孫】

○[85] 問: "四時取火, 何爲季夏又取一番?" 曰: "土旺於未, 故再取之. 土寄旺四季, 每季皆十八日, 四箇十八日, 計七十二日. 其他四行分四時, 亦各得七十二日. 五箇七十二日, 共湊成三百六十日也."【僩】

---

84) ▲: 四時
85) ○:『朱子語類』의 1:58이다.

『朱子語類』卷第二

「理氣下」

▲[1]

2:1 天文有半邊在上面, 須有半邊在下面.【淵】[2]

2:2 如何見得天有三百六十度? 甚麽人去量來? 只是天行得過處爲度. 天之過處, 便是日之退處. 日月會爲辰.【節】

2:3 有一常見不隱者, 爲天之蓋, 有一常隱不見者, 爲天之底.【節】

2:4 ▲[3]問: "天有幾道?" 曰: "據曆家說有五道, 而今且將黃・赤道說, 赤道正在天之中, 如合子縫模樣, 黃道是在那赤道之間."【義剛】

2:5 問同度同道. 曰: "天有黃道, 有赤道. 天正如一圓匣相似, 赤道是那匣子相合縫處, 在天之中. 黃道一半在赤道之內, 一半在赤道之外, 東西兩處與赤道相交. 度卻是將天橫分爲許多度數. 會時是日月在那黃道・赤道十字路頭相交處厮撞著. 望時是月與日正相向. 如一箇在子, 一箇在午, 皆同一度. 謂如月在畢十一度, 日◇[4]在畢十一度. 雖同此一度, 卻南北相向. 日所以蝕於朔者, 月常在下, 日常在上, 旣

---

1) 「天地下」
2) 【淵】: 賀本에서는【僩】으로 되어 있다.
3) ▲: 叔器
4) ◇: 亦

是相會, 被月在下面遮了日, 故日蝕. 望時月蝕, 固是陰敢與陽敵, 然曆家又謂之暗虛. 蓋火日外影, 其中實暗, 到望時恰當著其中暗處, 故月蝕.【僩】

2:6 問: "周天之度, 是自然之數, 是强分?" 曰: "天左旋, 一晝一夜行一周, 而又過了一度. 以其行過處, 一日作一度, 三百六十五度四分度之一, 方是一周. 只將南北表看, 今日恁時看, 時有甚星在表邊, 明日恁時看, 這星又差遠, 或別是一星了."【胡泳】

2:7 ▲[5]

2:8 天行至健, 一日一夜一周, 天必差過一度. 日一日一夜一周恰好, 月卻不及十三度有奇. 只是天行極速, 日稍遲一度, 月又[6]遲十三度有奇耳. 因擧陳元滂云: "只似在圓地上走, 一人過急一步, 一人差不及一步, 又一人甚緩, 差數步也." 天行只管差過, 故曆法亦只管差. 堯時昏旦星中於午, 「月令」差於未, 漢・晉以來又差, 今比堯時似差及四分之一. 古時冬至日在牽牛, 今卻在斗.【德明】

2:9 ▲[7]

2:10 問: "天道左旋, 自西而東[8], 日月右行, 則如何?" 曰: "橫渠說:

---

5) ▲: 天一日周地一遭, 更過一度. 日卽至其所, 趕不上一度. 月不及十三度. 天一日過一度, 至三百六十五度四分度之一, 則及日矣, 與日一般, 是爲一期.【揚】

6) 又: 賀本에서는 必로 되어 있다.

7) ▲: 天最健, 一日一周而過一度. 日之健次於天, 一日恰好行三百六十五度四分度之一, 但比天爲退一度. 月比日大故緩, 比天爲退十三度有奇. 但曆家只算所退之度, 卻云日行一度, 月行十三度有奇. 此乃截法, 故有日月五星右行之說, 其實非右行也. 橫渠曰: "天左旋, 處其中者順之, 少遲則反右矣." 此說最好. 『書』疏'璣衡', 『禮』疏'星回於天', 『漢志』天體, 沈括『渾儀議』, 皆可參考.【閎祖】

8) 自西而東: 賀本에서는 自東而西로 되어 있다.

‘日月皆是左旋’, 說得好. 蓋天行甚健, 一日一夜周三百六十五度四分度之一, 又進過一度. 日行速, 健次於天, 一日一夜周三百六十五度四分度之一, 正恰好. 比天進一度, 則日爲退一度. 二日天進二度, 則日爲退二度. 積至三百六十五日四分日之一, 則天所進過之度, 又恰周得本數, 而日所退之度, 亦恰退盡本數, 遂與天會而成一年. 月行遲, 一日一夜三百六十五度四分度之一行不盡, 比天爲退了十三度有奇. 進數爲順天而左, 退數爲逆天而右. 曆家以進數難算, 只以退數算之, 故謂之右行, 且曰: ‘日行遲, 月行速.’ 然則日行卻得其正, 故揚子『太玄』首便說日云云. 向來久不曉此, 因讀「月令」‘日窮于[9]次’疏中有天行過一度之說, 推之乃知其然. 又如『書』‘齊七政’疏中二三百字, 說得天之大體亦好. 『後漢』「曆志」亦說得好.”【義剛錄云: “『前漢』「曆志」說道理處少, 不及『東漢志』較詳.” ▲[10]○淳 ▲[11]】

2:11 ▲[12]

2:12 天道與日月五星皆是左旋. ▲[13] 今人卻云: ‘月行速, 日行遲’, 此錯說也. 但曆家以右旋爲說, 取其易見日月之度耳.【至】

2:13 ▲[14]‘璇璣玉衡’疏載王蕃『渾天說』一段極精密, 可檢看, 便是說

9) 于: 賀本에서는 於로 되어 있다.

10) ▲: 】淳問: “「月令」疏‘地冬上騰, 夏下降’, 是否?” 曰: “未便理會到此. 且看大綱識得後, 此處用度算, 方知.”【 *『小分』에서는 『朱子語類』에서 본문에 해당하는 이 부분을 생략하고 바로 뒤에 오는 小註를 앞의 소주와 통합했다.

11) ○義剛同.

12) ▲: 天左旋, 日月亦左旋. 但天行過一度, 日只在此, 當卯而卯, 當午而午. 某看得如此, 後來得『禮記』說, 暗與之合.【泳】

13) ▲: 天道日一周天而常過一度. 日亦日一周天, 起度端, 終度端, 故比天道常不及一度. 月行不及十三度四分度之一.

14) ▲: 問天道左旋, 日月星辰右轉. 曰: ‘自疏家有此說, 人皆守定. 某看天上日月星不曾右轉, 只是隨天轉. 天行健, 這箇物事極是轉得速. 且如今日日與月星都在這度上, 明日旋一轉, 天卻過了一度, 日遲些, 便欠了一度, 月又遲些, 又欠了十三度. 如歲星須一轉爭了三十度. 要看曆數子細, 只是

一箇現成天地了. 月常光, 但初二三日照只照得那一邊, 過幾日漸漸移得正, 到十五日, 月與日正相望. 到得月中天時節, 日光在地下, 迸從四邊出, 與月相照, 地在中間, 自遮不過. 今月中有影, 云是莎羅樹, 乃是地形, 未可知."【賀孫】

2:14 ▲15)

2:15 ▲16) 星不是貼天. 天是陰陽之氣在上面, 下人看, 見星隨天去耳.【寓】

---

15) ▲ 義剛言: "伯靖以爲天是一日一周, 日則不及一度, 非天過一度也." 曰: "此說不是. 若以爲天是一日一周, 則四時中星如何解不同? 更是如此, 則日日一般, 卻如何紀歲? 把甚麽時節做定限? 若以爲天不過而日不及一度, 則趲來趲去, 將次午時便打三更矣." 因取『禮記』「月令」疏指其中說早晚不同, 及更行一度兩處, 曰: "此說得甚分明. 其他曆書都不如此說. 蓋非不曉, 但是說滑了口後, 信口說, 習而不察, 更不去子細檢點, 而今若就天裏看時, 只是行得三百六十五度四分度之一. 若把天外來說, 則是一日過了一度. 季通常有言: '論日月, 則在天裏, 論天, 則在太虛空裏. 若去太虛空裏觀那天, 自是日月衮得不在舊時處了.'" 先生至此, 以手畫輪子, 曰: "謂如今日在這一處, 明日自是又衮動着些子, 又不在舊時處了." 又曰: "天無體, 只二十八宿便是天體. 日月皆從角起, 天亦從角起. 日則一日運一周, 依舊只到那角上, 天則一周了, 又過角些子. 日日累上去, 則一年便與日會." 次日, 仲默附至「天說」曰: "天體至圓, 周圍三百六十五度四分度之一, 繞地左旋, 常一日一周而過一度. 日麗天而少遲, 故日行一日, 亦繞地一周, 而在天爲不及一度. 積三百六十五日九百四十分日之二百三十五而與天會, 是一歲日行之數也. 月麗天而尤遲, 一日常不及天十三度十九分度之七. 積二十九日九百四十分日之四百九十九而與日會. 十二會, 得全日三百四十八, 餘分之積, 又五千九百八十八. 如日法, 九百四十而一, 得六, 不盡三百四十八. 通計得日三百五十四, 九百四十分日之三百四十八, 是一歲月行之數也. 歲有十二月, 月有三十日. 三百六十日者, 一歲之常數也. 故日與天會, 而多五日九百四十分日之二百三十五者, 爲氣盈. 月與日會, 而少五日九百四十分日之五百九十二者, 爲朔虛. 合氣盈朔虛而閏生焉. 故一歲閏率則十日九百四十分日之八百二十七, 三歲一閏, 則三十二日九百四十分日之六百單一, 五歲再閏, 則五十四日九百四十分日之三百七十五. 十有九歲七閏, 則氣朔分齊, 是爲一章也." 先生以此示義剛, 曰: "此說也分明."【義剛】

16) ▲: 天道左旋, 日月星並左旋.

2:16 ▲[17]

2:17 『晉』「天文志」論得亦好, 多是許敬宗爲之. 日月隨天左旋, 如橫渠說較順. 五星亦順行. 曆家謂之緩者反是急, 急者反是緩. ▲[18]【揚】

2:18 ▲[19] 聞季通云: '西域有『九執曆』, 卻是順算.'"【胡泳】

2:19 ▲[20]

2:20 日月升降三萬里之中, 此是主黃道相去遠近而言. 若天之高, 則里數又煞遠. 或曰'八萬四千里', 未可知也. 立八尺之表, 以候尺有

---

17) ▲: 問: "經星左旋, 緯星與日月右旋, 是否?" 曰: "今諸家是如此說. 橫渠說天左旋, 日月亦左旋. 看來橫渠之說極是. 只恐人不曉, 所以『詩』傳只載舊說." 或曰: "此亦易見. 如以一大輪在外, 一小輪載日月在內, 大輪轉急, 小輪轉慢. 雖都是左轉, 只有急有慢, 便覺日月似右轉了." 曰: "然. 但如此, 則曆家'逆'字皆着改做'順'字, '退'字皆着改做'進'字."【僩】

18) ▲: 曆數, 謂日月星所經歷之數.

19) ▲: 問: "日是陽, 如何反行得遲如月?" 曰: "正是月行得遲." 問: "日行一度, 月行十三度有奇." 曰: "曆家是將他退底度數爲進底度數. 天至健, 故日常不及他一度, 月又遲, 故不及天十三度有奇. 且如月生於西, 一夜一夜漸漸向東, 便可見月退處." 問: "如此說, 則是日比天行遲了一度, 月比天行遲了十三度有奇." 曰: "曆家若如此說, 則算着那相去處度數多. 今只以其相近處言, 故易算.

20) ▲: 程子言日升降於三萬里, 是言黃赤道之間相去三萬里. 天日月星皆是左旋, 只有遲速. 天行較急, 一日一夜繞地一周三百六十五度四分度之一, 而又進過一度. 日行稍遲, 一日一夜繞地恰一周, 而於天爲退一度. 至一年, 方與天相値在恰好處, 是謂一年一周天. 月行又遲, 一日一夜繞地不能匝, 而於天常退十三度十九分度之七. 至二十九日半强, 恰與天相値在恰好處, 是謂一月一周天. 月只是受日光. 月質常圓, 不曾缺, 如圓毬, 只有一面受日光. 望日日在酉, 月在卯, 正相對, 受光爲盛. 天積氣, 上面勁, 只中間空, 爲日月來往. 地在天中, 不甚大, 四邊空. 有時月在天中央, 日在地中央, 則光從四旁上受於月. 其中昏暗, 便是地影. 望以後, 日與月行便差背向一畔, 相去漸漸遠, 其受光面不正, 至朔行又相遇. 日與月正緊相合, 日便蝕, 無光. 月或從上過, 或從下過, 亦不受光. 星亦是受日光, 但小耳. 北辰中央一星甚小, 謝氏謂'天之機', 亦略有意, 但不似'天之樞'較切.【淳】

五寸之景, 寸當千里, 則尺有五寸恰當三萬里之半. 日去表有遠近, 故景之長短爲可驗也. ▲[21]

○[22] 以月受日光爲可見. 月之望, 正是日在地中, 月在天中, 所以日光到月, 四畔[23]更無虧欠. 唯中心有少黶[24]翳處, 是地有影蔽者爾. 及日月各在東西, 則日光到月者止及其半, 故爲上弦, 又減其半, 則爲下弦. 逐夜增減, 皆以此推. 地在天中, 不爲甚大, 只將日月行度折算可知. 天包乎地, 其氣極緊. 試登極高處驗之, 可見形氣相催, 緊束而成體. 但中間氣稍寬, 所以容得許多品物. 若一例[25]如此氣緊, 則人與物皆消磨矣. 謂"日月只是氣到寅上則寅上自光, 氣到卯上則卯上自光"者, 亦未必然. 旣曰'日月', 則自是各有一物, 方始各有一名. 星光亦受於日, 但其體微爾. 五星之色各異, 觀其色, 則金・木・水・火之名可辨[26]. 衆星光芒閃爍, 五星獨不如此. 衆星亦皆左旋, 唯北辰不動, 在北極五星之旁一小星是也. 蓋此星獨居天軸, 四面如輪盤[27], 環繞旋轉, 此獨爲天之樞紐是也. ▲[28] 【謨】

2:21 日月升降三萬里中, 謂夏至謂冬至, 其間黃道相去三萬里. 【夏至, 黃道高, 冬至, 黃道低.】 伊川誤認作東西相去之數. 形器之物, 雖天地之大, 亦有一定中處. 伊川謂: "天地無適而非中", 非是. 【揚】

---

21) ▲: 曆家言天左旋, 日月星辰右行, 非也. 其實天左旋, 日月星辰亦皆左旋. 但天之行疾如日, 天一日一周, 更攙過一度, 日一日一周, 恰無贏縮.
22) ○: 『朱子語類』의 2:20을 『小分』에서 별도의 항목으로 나누었다.
23) 畔: 成化本・賀本에서는 伴으로 되어 있다.
24) 黶: 賀本에서는 壓으로 되어 있다.
25) 一例: 『小分』에서는 例一를 교정부호로 바로잡았다.
26) 辨: 賀本에서는 辯으로 되어 있다.
27) 輪盤: 『小分』에서는 盤輪을 교정부호로 바로잡았다.
28) ▲: 日月薄蝕, 只是二者交會處, 二者緊合, 所以其光掩沒, 在朔則爲日食, 在望則爲月蝕, 所謂"紓前縮後, 近一遠三". 如自東而西, 漸次相近, 或日行月之旁, 月行日之旁, 不相掩者皆不蝕. 唯月行日外而掩日於內, 則爲日蝕, 日行月外而掩月於內, 則爲月蝕. 所蝕分數, 亦推其所掩之多少而已.

2:22 ▲[29] 潘子善言: "嵩山本不當天之中, 爲是天形欹側, 遂當其中耳." 先生[30]曰: "嵩山不是天之中, 乃是地之中. 黃道・赤道皆在嵩山之北. 南極・北極, 天之樞紐, 只有此處不動, 如磨臍然. 此是天之中至極處, 如人之臍帶也."【銖】

2:23 "『周髀』法謂: '極當天中, 日月遶天而行, 遠而不可見者爲盡.' 此說, 不是." 問: "『論語或問』中云: '南極◇[31]入地三十六度, 北極高出地三十六度.' 如何?" 曰: "圓徑七十二度, 極正居其中. 「堯典」疏義甚詳."【德明】

2:24 ▲[32]

2:25 南極在下七十二度, 常隱不見. 『唐書』說, 有人至海上, 見南極下有數大星甚明. 此亦在七十二度之內.【義剛】

2:26 月體常圓無闕, 但常受日光爲明. 初三四是日在下照, 月▲[33]西邊明, 人在這邊望, 只見在弦光. 十五六則日在地下, 其光由地四邊而射出, 月被其光而明. 月中是地影. 月, 古今人皆言有闕, 惟沈存中云無闕.【揚】

2:27 ▲[34]

29) ▲: 先生論及璣衡及黃赤道日月躔度.
30) 先生: 『朱子語類』에는 없다.
31) ◇: 低
32) ▲: 季通嘗設一問云: "極星只在天中, 而東西南北皆取正於極, 而極星皆在其上, 何也?" 某無以答. 後思之, 只是極星便是北, 而天則無定位.【義剛】
33) ▲: 在 *成化本에는 없다.
34) ▲: "月無盈闕, 人看得有盈闕. 蓋晦日則月與日相疊了, 至初三方漸漸離開去, 人在下面側看見, 則其光闕. 至望日則月與日正相對, 人在中間正看見, 則其光方圓." 因云: "「禮運」言: '播五行於四時, 和而後月生也.' 如此則氣不和時便無月, 恐無此理. 其云'三五而盈, 三五而闕', 彼必不曾以理推之. 若以理推之, 則無有

2:28 問"弦望"之義. 曰: "上弦是月盈及一半, 如弓之上弦. 下弦是月虧了一半, 如弓之下弦." 又問: "是四分取半否?" 曰: "如二分二至, 也是四分取半." 因說曆家謂: "'紓前縮後, 近一遠三.' 以天之圍言之, 上弦與下弦時, 月日相看, 皆四分天之一."【僩】

2:29 問: "月本無光, 受日而有光. 季通云: '日在地中, 月行天上. 所以光者, 以日氣從地四旁周圍空處迸出, 故月受其光.'" 先生曰: "若不如此, 月何緣受得日光? 方合朔時[35], 日在上, 月在下, 則月面向天者有光, 向地者無光, 故人不見. 及至[36]望時, 月面向人者有光, 向天者亦有光[37], 故見其圓滿. 若至弦時, 所謂'近一遠三', 只合有許多光." 又云: "月常有一半光. 月似水, 日照之, 則水面光倒射壁上, 乃月照也." 問: "星受日光否?" 曰: "星恐自有光."【德明】

2:30 ▲[38]

2:31 ▲[39]

盈闕也. 畢竟古人推究事物, 似亦不甚子細." 或云: "恐是說元初有月時." 曰: "也說不得."【燾】

35) 時: 孝宗刊本・成化本에서는 待로 되어 있다. 待일 경우에서는 뒷문장과 이어진다.

36) 及至: 『小分』에서는 至及을 교정부호로 바로잡았다.

37) 亦有光: 賀本에서는 無光으로 되어 있다.

38) ▲: 問: "月受日光, 只是得一邊光?" 曰: "日月相會時, 日在月上, 不是無光, 光都載在上面一邊, 故地上無光. 到得日月漸漸相遠時, 漸擦挫, 月光漸漸見於下. 到得望時, 月光渾在下面一邊. 望後又漸漸光向上去."【胡泳】

39) ▲: 或問: "月中黑影是地影否?" 曰: "前輩有此說, 看來理或有之, 然非地影, 乃是地形倒去遮了他光耳. 如鏡子中被一物遮住其光, 故不甚見也. 蓋日以其光加月之魄, 中間地是一塊實底物事, 故光照不透而有此黑暈也." 問: "日光從四邊射入月光, 何預地事, 而礙其光?" 曰: "終是被這一塊實底物事隔住, 故微有礙耳."【或錄云: "今人剪紙人貼鏡中, 以火光照之, 則壁上圓光中有一人. 月爲地所礙, 其黑暈亦猶是耳."】

2:32 康節謂: "日, 太陽◇[40], 月, 太[41]陰也, 星, 少[42]陽也, 辰, 少[43]陰也. 辰[44], 非星也." 又曰: "辰弗集於房." 房者, 舍也. 故十二辰亦謂之十二舍. 上"辰"字, 謂日月也, 所謂'三辰'. 北斗去辰爭十二來度. 日蝕是日月會合處. 月合在日之下, 或反在上, 故蝕. 月蝕是日月正相照. 伊川謂: "月不受日光", 意亦相近. 蓋陰盛亢陽, 而不少讓陽故也. 又曰: "日月會合, ◇[45]初一初二, 月全無光. 初三漸開, 方微有弦上光, 是哉生明也. 開後漸亦[46]光, 至望則相對, 故圓. 此後復漸相近, 至晦則復合, 故暗. 月之所以虧盈者此也."【伯羽】

○[47] 問: "'生明'·'生魄'如何?" 曰: "日爲魂, 月爲魄. 魄是黯處. 魄死則明生, 『書』所謂'哉生明'是也. 『老子』所謂'載營魄', 載, 如'人載車[48], 車載人'之載. 月受日之光, 魂加於魄, 魄載魂也. 明之生時, 大盡則初二, 小盡則初三. 月受日之光常全, 人在下望之, 卻在[49]側邊了, 故見其盈虧不同. 或云月形如餅, 非也. 『筆談』云, 月形如彈圓, 其受光如粉塗一半, 月去日近則光露一眉, 漸遠則光漸大. 且如月[50]在午, 日[51]在酉, 則是近一遠三, 謂之弦. 至日月相望, 則去日十矣. 故謂之望[52], 日在西而月在東, 人在下面, 得以望見其光之全. 月之中

40) ◇: 也
41) 太: 成化本·賀本에서는 少로 되어 있다.
42) 少: 成化本에는 없다.
43) 少: 成化本·賀本에서는 太로 되어 있다.
44) 辰: 成化本·賀本에서는 星辰으로 되어 있다.
45) ◇: 故
46) 亦: 徽州本에서는 益으로 되어 있다.
47) ○: 『朱子語類』의 79:131이다.
48) 人載車: 孝宗刊本에서는 空格으로 되어 있고 成化本·賀本에는 없다.
49) 在: 孝宗刊本·成化本·賀本에서는 見으로 되어 있다.
50) 月: 孝宗刊本에서는 "日"/"月"의 판독이 불분명하며 成化本·賀本에서는 日로 되어 있다.
51) 日: 孝宗刊本·成化本·賀本에서는 月로 되어 있다.
52) 故謂之望: 成化本·賀本에서는 旣謂之旣望으로 되어 있고 徽州本에서는 故謂之旣望으로 되어 있다.

有影者, 蓋天包地外, 地形小, 日在地下, 則月在天中, 日甚大, 從地四面光起,【池[53]本作'衝上'.】 其影則地影也. 地礙日之光, 世所謂'山河大地影'是也. 如星亦受日光. 凡天地之光, 皆日光也. 自十六日生魄之後, 其光之遠近如前之弦, 謂之下弦. 至晦, 則月與日相沓, 月在日後, 光盡體伏矣. 魄加日之上, 則日食, 在日之後, 則無食, 謂之晦. 朔則日月相竝." 又問: "『步里客談』所載如何[54]?" 曰: "非." 又問: "月蝕如何?" 曰: "至明中有暗處,【佗本作"暗虛", 下同.】 其暗至微. 望之時, 月與之正對, 無分毫相差. 月爲暗處所射, 故蝕. 雖是陽勝陰, 畢竟不好. 若陰有退避之意, 則不至相敵而成蝕矣[55]."【義剛】

2:33 問: "自古以日月之蝕爲災異. 如今曆家卻自預先算得, 是如何?" 曰: "只大約可算, 亦自有不合處. 有曆家以爲當食而不食者, 有以爲不當食而食者."【木之】

2:34 ▲[56]

2:35 日食是爲月所掩, 月食是與日爭敵. 月饒日些子, 方好無食.【揚】

2:36 日月交蝕. 暗虛.【道夫】

2:37 "遇險", 謂日月相遇, 陽遇陰爲險也.【振】

2:38 日月食皆是陰陽氣衰. 徽廟朝曾下詔書, 言此定數, 不足爲災

---

53) 池: 賀本에서는 他로 되어 있다.
54) 如何: 『小分』에서는 何如를 교정부호로 바로잡았다.
55) 矣: 賀本에서는 也로 되어 있다.
56) ▲: 曆家之說, 謂日光以望時遙奪月光, 故月食, 日月交會, 日爲月掩, 則日食, 然聖人不言月蝕日, 而以'有食'爲文者, 闕於所不見.【閎祖】

異, 古人皆不曉曆之故.【揚】

2:39 橫渠言, 日月五星亦隨天轉. 如二十八宿隨天而定, 皆有光芒, 五星逆行而動, 無光芒.【揚】

2:40 緯星是陰中之陽, 經星是陽中之陰. 蓋五星皆是地上木・火・土・金・水之氣上結而成, 卻受日光. 經星卻是陽氣之餘凝結者, 疑得也受日光. 但經星則閃爍開闔, 其光不定. 緯星則不然, 縱有芒角, 其本[57]體之光亦自不動, 細視之, 可見.【僩】

2:41 ▲[58]

2:42 夜明多是星月. 早日欲上未上之際, 已先鑠退了星月之光, 然日光猶未上, 故天欲明時, 一霎時暗.【揚】

2:43 星有墮地其光燭天而散者, 有變爲石者.【揚】

2:44 分野之說始見於春秋時, 而詳於『漢志』, 然今『左傳』所載大火辰星之說, 又卻只因其國之先曾主二星之祀而已. 是時又未有所謂趙・魏・晉者, 然後來占星[59]者又卻多驗, 殊不可曉.【廣】

2:45 ▲[60]

57) 其本: 『小分』에서는 本其를 교정부호로 바로잡았다.
58) ▲: 莫要說水星. 蓋水星貼著日行, 故半月日見.【泳】
59) 占星: 『小分』에서는 星占을 교정부호로 바로잡았다.
60) ▲: 叔重問星圖. 曰: "星圖甚多, 只是難得似. 圓圖說得頂好. 天彎, 紙卻平. 方圖又卻兩頭放小不得." 又曰: "那箇物事兩頭小, 中心漲." 又曰: "三百六十五度四分度之一, 想見只是說赤道. 兩頭小, 必無三百六十五度四分之一."【節】

2:46 風只如天相似, 不住旋轉. 今此處無風, 蓋或旋在那邊, 或旋在上面, 都不可知. 如夏多南風, 冬多北風, 此亦可見.【廣】

2:47 霜只是露結成, 雪只是雨結成. 古人說: "露是星月之氣", 不然. 今高山頂上, 雖晴亦無露. 露只是自下蒸上. 人言: "極西高山上亦無雨雪."【廣】

2:48 "高山無霜露, 卻有雪. 某嘗登雲谷. 晨起穿林薄中, 並無露水沾衣. 但見煙霞在下, 茫然如大洋海, 衆山僅露峰尖, 煙雲環繞往來, 山如移動, 天下之奇觀也." ▲[61]問: "高山無霜露, 其理如何?" 曰: "上面氣漸清, 風漸緊, 雖微有霧氣, 都吹散了, 所以不結. 若雪則只是雨遇寒而凝, 故高寒處, 雪先結也. ▲[62]【僩】

2:49 雪花所以必六出者, 蓋只是霰下, 被猛風拍開, 故成六出. 如人擲一團爛泥於地, 泥必濽開成稜瓣也. 又, 六者陰數, 太[63]陰玄精石亦六稜, 蓋天地自然之數.【僩】

2:50 問龍行雨之說. 曰: "龍, 水物也. 其出而與陽氣交蒸, 故能成雨. 但尋常雨自是陰陽氣蒸鬱而成, 非必龍之爲也. '密雲不雨, 尙往也', 蓋止是下氣上升, 所以未能雨. 必是上氣蔽蓋無發洩處, 方能有雨. 橫渠『正蒙』論風雷雲雨之說, 最分曉."【木之】

2:51 問: "雷電, 程子曰: '只是氣相摩軋.' 是否?" 曰: "然." "或以爲

---

61) ▲: 或

62) ▲: 道家有高處有萬里剛風之說, 便是那裏氣清緊. 低處則氣濁, 故緩散. 想得高山更上去, 立人不住了, 那裏氣又緊故也. 「離騷」有九天之說, 注家妄解, 云有九天. 據某觀之, 只是九重. 蓋天運行有許多重數.【以手畫圖暈, 自內繞出至外, 其數九.】 裏面重數較軟, 至外面則漸硬. 想到第九重, 只成硬殼相似, 那裏轉得又愈緊矣.

63) 太: 賀本에서는 大로 되어 있다.

有神物.” 曰: “氣聚則須有, 然纔過便散. 如雷斧之類, 亦是氣聚而成者. 但已有查[64]滓, 便散不得, 此亦屬‘成之者性.’ 張子云: ‘其來也, 幾微易簡, 其究也, 廣大堅固.’ 卽此理也.”【螢】

2:52 雷如今之爆杖, 蓋鬱積之極而迸散者也.【方子】

2:53 十月雷鳴. 曰: “恐發動了陽氣. 所以大雪爲豐年之兆者, 雪非豐年, 蓋爲凝結得陽氣在地, 來年發達生長萬物.”【敬仲】

2:54 雷雖只是氣, 但有氣便有形. 如蝃蝀本只是薄雨爲日所照成影, 然亦有形, 能吸水, 吸酒. 人家有此, 或爲妖, 或爲祥.【義剛】

2:55 虹非能止雨也, 而雨氣至是已薄, 亦是日色射散雨氣了.【揚】[65]

2:56 伊川說: “世間人說: ‘雹是蜥蜴做.” 初恐無是理, 看來, 亦有之. 只謂之全是蜥蜴做, 則不可耳. 自有是上面結作成底, 也有是蜥蜴做底. 某少見十九伯說親見如此.▲[66] 十九伯誠確人, 語必不妄. 又, 此間王三哥之祖參議者云, 嘗登五臺山, 山極高寒, 盛夏攜綿被去. 寺僧曰: “官人帶被來少.” 王甚怪之. 寺僧又爲借得三兩條與之. 中夜之間寒甚, 擁數床綿被, 猶不煖. 蓋山頂皆蜥蜴含水, 吐之爲雹. 少間, 風雨大作, 所吐之雹皆不見. 明日下山, 則見人言昨夜雹大作. 問, 皆如寺中所見者. ▲[67] 蜥蜴形狀亦如龍, 是陰屬. 是這氣相感應, 使作得他如此. 正是陰陽交爭之時, 所以下雹時必寒. 今雹之兩頭皆尖, 有稜

64) 查: 賀本에서는 渣로 되어 있다.
65) 虹非能止雨也, …【揚】:【附箋紙】此問當書「鬼神」篇“必大問: ‘虹霓是氣’”條.
66) ▲:【記在別錄.】
67) ▲: 又, 『夷堅志』中載劉法師者, 後居隆興府 西山修道. 山多蜥蜴, 皆如手臂大. 與之餅餌, 皆食. 一日, 忽領無限蜥蜴入菴, 井中之水皆爲飮盡. 飮乾, 卽吐爲雹. 已而風雨大作, 所吐之雹皆不見. 明日下山, 則人言所下之雹皆如蜥蜴所吐者.

道. 疑得初間圓, 上面陰陽交爭, 打得如此碎了. "雹"字從"雨", 從"包", 是這氣包住, 所以爲雹也.

2:57 古今曆家只推算得个陰陽消長界分耳.【人傑 ○曆】

2:58 太史公「曆書」是說太初, 然卻是顓頊『四分曆』. 劉歆作『三統曆』. 唐 一行『大衍曆』最詳備. 五代 王朴『司天考』亦簡嚴, 然一行・王朴之曆, 皆止用之二三年卽差. 王朴曆是七百二十加去. 季通所用, 卻依康節三百六十數.【人傑】

2:59 "今之造曆者無定法, 只是趕趁天之行度以求合, 或過則損, 不及則益, 所以多差." 因言: "古之鍾律紐算, 寸分毫釐絲忽皆有定法, 如合符契, 皆自然而然, 莫知所起. 古之聖人, 其思之如是之巧, 然皆非私意撰爲之也. 意古之曆書, 亦必有一定之法, 而今亡矣. 三代而下, 造曆者紛紛莫有定議, 愈精愈密而愈多差, 由不得古人一定之法也. 季通嘗言: '天之運無常. 日月星辰積氣, 皆動物也. 其行度疾速, 或過不及, 自是不齊. 使我之法能運乎天, 而不爲天之所運, 則其疎密遲速, 或過不及之間, 不出乎我. 此虛寬[68]之大數縱有差忒, 皆可推而不失矣. 何者? 以我法之有定而律彼之無定, 自無差也.' 季通言, 非是天運無定, 乃其行度如此, 其行之差處亦是常度. 但後之造曆者, 其爲數窄狹, 而不足以包之爾."【僩】

2:60 問: "曆法何以推月之大小?" 曰: "只是以每月二十九日半, 六百四十分日之二十九計之, 觀其合朔爲如何. 如前月大, 則後月初二日月生明, 前月小, 則後月初三日月生明."【人傑】

2:61 閏餘生於朔不盡周天之氣. 周天之氣, 謂二十四氣也. 月有[69]

---

68) 虛寬: 徽州本에서는 曆象으로 되어 있다.

大小, 朔不得盡此氣, 而一歲日子足矣, 故置閏.【揚】

2:62 中氣只在本月. 若趲得中氣在月盡, 後月便當置閏.【人傑】

2:63 沈存中欲以節氣定晦朔, 不知交節之時適在亥, 此日當如何分.【方子】

2:64 或說曆四廢日. 曰: "只是言相勝者. 春是庚辛日, 秋是甲乙日. 溫公『潛虛』亦是此意."【人傑】

2:65 ▲[70]

2:66 ▲[71]

2:67 ▲[72]問: "人言: '虜中曆與中國曆差一日', 是否?" 曰: "只如子正四刻方屬今日, 子初自屬昨日. 今人纔交子時, 便喚做今日. 如此亦便差一日."【木之】

2:68 曆數微眇, 如今下漏一般. 漏管稍澁, 則必後天, 稍闊, 則必先天, 未子而子, 未午而午.【淵】

2:69 "曆法, 季通說: '當先論天行, 次及七政.' 此亦未善. 要當先論太虛, 以見三百六十五度四分度之一, 一一定位, 然後論天行, 以見天度加損虛度▲[73]歲分. 歲分既定, 然後七政乃可齊耳."【道夫】

---

69) 周天之氣. … 月有: 『小分』에서는 종이를 덧대어 補瀉하였다.
70) ▲: 五子六甲, 二五爲干, 二六爲支.【人傑】
71) ▲: 先在先生處見一書, 先立春, 次驚蟄, 次雨水, 次春分, 次穀雨, 次清明. 云: "『漢曆』也."【揚】
72) ▲: 子升
73) ▲: 之

2:70 ▲[74]

2:71 ▲[75]

2:72 ▲[76]

2:73 先生嘗言: "數家有大小陽九." 道夫問: "果爾, 則有國有家者何貴乎修治?" 曰: "在我者過得他一二[77]分, 便足以勝之."【道夫】[78]

2:74 問: "周公定豫州爲天地之中, 東西南北各五千里. 今北邊無極, 而南方交趾便際海, 道里長短敻殊, 何以云各五千里?" 曰: "此但以中國地段四方相去言之, 未說到極邊與際海處. 南邊雖近海, 然地形則未盡. 如海外有島夷諸國, 則地猶連屬. 彼處海猶有底, 至海無底處, 地形方盡. 周公以土圭測天地之中, 則豫州爲中, 而南北東西際天各遠許多. 至於北遠而南近, 則地形有偏爾, 所謂'地不滿東南'也. 「禹貢」言東西南北各二千五百里, 不知周公何以言五千里. 今視中國, 四方相去無五千里, 想他周公且恁大說教好看. 如堯·舜所都冀州之地, 去北方甚近. 是時中國土地甚狹, 想只是略相羈縻. 至夏·商已後, 漸漸開闢. 如三苗只在今洞庭·彭蠡·湖·湘之間. 彼時中國已不能到,

74) ▲: 或問: "季通曆法未是?" 曰: "這都未理會得, 而今須是也會布算, 也學得似他了, 把去推測, 方見得他是與不是, 而今某自不曾理會得, 如何說得他是與不是. 這也是康節說恁地. 若錯時, 也是康節錯了. 只是覺得自古以來, 無一箇人考得到這處, 然也只在『史記』·『漢書』上, 自是人不去考. 司馬遷·班固·劉向父子杜佑說都一同, 不解都不是."【賀孫】

75) ▲: 陳得一『統元曆』, 紹興七八年間作. 又云: "局中暗用『紀元曆』, 以『統元』爲名."【文蔚】

76) ▲: 渾儀可取, 蓋天不可用. 試令主蓋天者做一樣子, 如何做? 只似箇雨傘, 不知如何與地相附着. 若渾天, 須做得箇渾天來.【賀孫 ○或錄云: "有能說蓋天者, 欲令作一蓋天儀, 不知可否. 或云似傘樣. 如此則四旁須有漏風處, 故不若渾天之可爲儀也."】

77) 一二: 『小分』에서는 二一를 교정부호로 바로잡았다.

78)【道夫】: 『小分』에서는【道夫·數】로 되어 있었으나 數를 붓으로 지웠다.

三苗所以也負固不服."【後來又見先生說: "崑崙取中國五萬里, 此爲天地之中. 中國在東南, 未必有五萬里. 嘗見佛經說崑崙山頂有阿耨大池, 水流四面去, 其東南入中國者爲黃河, 其二方流爲弱水・黑水之類."】 又曰: "自古無人窮至北海, 想北海只挨著天殼邊過. 緣北邊地長, 其勢北海不甚闊. 地之下與地之四邊皆海水周流, 地浮水上, 與天接, 天包水與地." 問: "天有形質否?" 曰: "無. 只是氣旋轉得緊, 如急風然, 至上面極高處轉得愈緊. 若轉纔[79]慢, 則地便脫墜矣." 問: "星辰有形質否?" 曰: "無. 只是氣之精英凝聚者." 或云: "如燈花否?" 曰: "然."【僩 ▲[80]】

2:75 人言北方土地高燥, 恐暑月亦蒸濕. 何以言之? 「月令」云: "是月也, 土潤溽暑, 天氣下降, 地氣上騰." 想得春夏間天轉稍慢, 故氣候緩散昏昏然, 而南方爲尤甚. 至秋冬, 則天轉益急, 故氣候清明, 宇宙澄曠. 所以說天高氣清, 以其轉急而氣緊也.【僩】

2:76 "海那岸便與天接." 或疑百川赴海而海不溢. 曰: "蓋是乾了. 有人見海邊作旋渦吸水下去者."【直卿云: "程子大鑪[81]鞴之說, 好." ○方子】

2:77 海水無邊, 那邊只是氣蓄得在.【揚】

2:78 海水未嘗溢者, 莊周所謂'沃焦土'是也.【德明】

2:79 潮之遲速大小自有常. 舊見明州人說, 月加子午則潮長, 自有此理. 沈存中『筆談』說亦如此.【德明】

2:80 ▲[82]

79) 纔: 徽州本에서는 緩으로 되어 있다.
80) ▲: ○地理
81) 鑪: 賀本에서는 爐로 되어 있다.

2:81 ▲[83]

2:82 問: “先生前日言水隨山行, 何以[84]驗之?” 曰: “外面底水在山下, 中間底水在脊上行.” 因以指爲喩, 曰: “外面底水在指縫中行, 中間底水在指頭上行.” ▲[85] 【節】

2:83 冀都是正天地中間, 好箇風水. 山脈從雲中發來, 雲中正高脊處. 自脊以西之水, 則西流入于龍門・西河, 自脊以東之水, 則東流入于海. 前面一條黃河環繞, 右畔是華山聳立, 爲虎. 自華來至中, 爲嵩山, 是爲前案. 遂過去爲泰山, 聳于左, 是爲龍. 淮南諸山是第二重案. 江南諸山及五嶺, 又爲第三四重案. 【淳 ○義剛同.】

2:84 ▲[86]

2:85 河東地形極好, 乃堯・舜・禹故都, 今晉州 河中府是也. 左右多山, 黃河繞之, 嵩・華列其前. 【廣】

2:86 上黨卽今潞州, 春秋 赤狄 潞氏, 卽其地也. 以其地極高, 與天爲黨, 故曰上黨. 上黨, 太行山之極高處. 平陽・晉州・蒲坂, 山之盡頭, 堯・舜之所都也. 河東・河北諸州, 如太原・晉陽等處, 皆在山之兩邊窠中. 山極高闊. 【伊川云: “太行千里一塊石.”】 山後是忻・代諸州. 泰山卻是太行之虎山. 又問: “平陽・蒲坂, 自堯・舜後何故無人建

---

82) ▲: 陸子靜謂潮是子午月長, 沈存中『續筆談』之說亦如此, 謂月在地子午之方, 初一卯, 十五酉. 【方子】

83) ▲: 蔡伯靖曰: “山本同而末異, 水本異而末同.” 【義剛】

84) 山行, 何以: 『小分』에서는 山何行以를 교정부호로 바로잡았다.

85) ▲: 又曰: “山下有水. 今浚井底人亦看山脈.”

86) ▲: 堯都中原, 風水極佳. 左河東, 太行諸山相遶, 海島諸山亦皆相向. 右河南遶, 直至泰山湊海. 第二重自蜀中出湖南, 出廬山諸山. 第三重自五嶺至明・越. 又黑水之類, 自北纏繞至南海. 泉州常平司有一大圖, 甚佳. 【揚】

都?" 曰: "其地磽瘠不生物, 人民朴陋儉嗇, 故惟堯・舜能都之. 後世侈泰, 如何都得?"【僩】

2:87 ▲[87]

2:88 太行山一千里, 河北諸州皆旋其趾. 潞州・上黨在山脊最高處. 過河時[88]便見太行在半天, 如黑雲然.【揚】

2:89 ▲[89]問: "天[90]下之山, 西北最高?" 曰: "然. 自關中一支生下函谷, 以至嵩山, 東盡泰山, 此是一支. 又自嶓冢・漢水之北生下一支, 至揚州而盡. 江南諸山則又自岷山分一支, 以盡乎兩浙・閩・廣."【僩】

2:90 江西山皆自五嶺・贛上來, 自南而北, 故皆逆. 閩中卻是自北而南, 故皆順.【揚】

2:91 閩中之山多自北來, 水皆東南流. 江・浙之山多自南來, 水多北流, 故江・浙冬寒夏熱.【僩】

2:92 ▲[91]

2:93 江西山水秀拔, 生出人來便要硬做.【升卿】

2:94 荊・襄, 山川平曠, 得天地之中, 有中原氣象, 爲東南交會處,

87) ▲: 河東・河北皆遶太行山. 堯・舜・禹所都, 皆在太行下.【揚】
88) 時: 賀本에는 없다.
89) ▲: 或
90) 在半天, 如黑雲然.【揚】2:89 ▲1)問: "天: 『小分』에서는 종이를 덧대어 보사하였다.
91) ▲: 仙霞嶺在信州分水之右, 其脊脈發去爲臨安, 又發去爲建康.【義剛】

者舊人物多, 最好卜居. 但有變, 則正是兵交之衝, 又恐無噍類.【義剛】

2:95 ▲[92]

2:96 ▲[93]

2:97 ▲[94] "向於某人家看『華夷圖』, 因指某水云: '此水將有入淮之勢.' 其人曰: '今其勢已自如此.'" ◇[95]因言, 河本東流入海, 後來北流. 當時亦有塡河之議, 今乃向南流矣.【力行】

2:98 "某說道: '後來黃河必與淮河相幷.' 伯恭說: '今已如此.' 問他: '如何見得?' 伯恭說: '見薛某說.'" 又曰: "元豐間河北流, 自後中原多事, 後來南流, 虜人亦多事. 近來又北流, 見歸正人說."【或錄云: "因看劉樞家『中原圖』, 黃河卻自西南貫梁山泊, 迤邐入淮來. 祖宗[96]時, 河北流, 故虜人盛, 今卻南來, 故其勢亦衰."】▲[97]

---

92) ▲: 要作地理圖三箇樣子. 一寫州名, 一寫縣名, 一寫山川名. 仍作圖時, 須用逐州正斜・長短・闊狹如其地形, 糊紙葉子以剪.【振】

93) ▲: 或問『南北對境圖』. 曰: "天下大川有二, 止河與江. 如淮亦小, 只是中間起. 虜中混同江卻是大川." 李德之問: "薛常州『九域圖』如何?" 曰: "其書細碎, 不是著書手段. '予決九川, 距四海'了, 卻逐旋爬疏小江水, 令至川. 此是大形勢."【蓋卿】

94) ▲: 先生謂張倅云:

95) ◇: 先生

96) 祖宗: 賀本에서는 神宗으로 되어 있다.

97) ▲: 又曰: '神宗時行淤田策, 行得甚力. 差官去監那箇水, 也是肥. 只是未蒙其利, 先有衝頹廬舍之患.' 潘子善問: '如何可治河決之患?' 曰: '漢人之策, 令兩旁不立城邑, 不置民居, 存留些地步與他, 不與他爭, 放教他寬, 教他水散漫, 或流從這邊, 或流從那邊, 不似而今作堤去圩他. 元帝時, 募善治河決者. 當時集衆議, 以此說爲善.' 又問: '河決了, 中心平處卻低, 如何?' 曰: '不會低, 他自擇一箇低處去.' 又問: '雍州是九州那裏高?' 曰: '那裏無甚水.' 又曰: '「禹貢」亦不可考其次第, 那如經量門簿? 所謂門簿者, 載此一都有田若干, 有山若干.'【節】

2:99 御河是太行之水, 出來甚淸. 周 世宗取三關, 是從御河裏去, 三四十日取了. 又曰: "御河之水淸見底. 後來黃河水衝來, 濁了." 曰: "河北流, 是禹之故道." 又曰: "不是禹之故道, 近禹之故道."【節】

2:100 ▲[98]

2:101 ▲[99]

2:102 ▲[100]

2:103 ▲[101]

2:104 ▲[102]

2:105 ▲[103]

98) ▲: 仲默問: "有兩漢水, 如何有一水謂之西漢江?" 曰: "而今如閬州等處, 便是東川. 東川卻有一支出來, 便是西漢江, 卽所謂嘉陵江也."【義剛】

99) ▲: 南康郡治, 張齊賢所建, 蓋兩江之咽喉. 古人做事都有意思. 又如利州路, 卻有一州在劍閣外.【方子】

100) ▲: 漢 荊州刺史是守襄陽. 魏 · 晉以後, 以江陵爲荊州.【節】

101) ▲: 吳大年曰: "呂蒙城在郢州. 其城方, 其中又有數重, 形址如井, 今猶存."【義剛】

102) ▲: 道州卽春陵. 武帝封子爲春陵王, 後徙居鄧州. 至今鄧州亦謂之春陵.【義剛】

103) ▲: 漢時人仕宦於瓜州者, 更極前面亦有人往. 長安西門至彼, 九千九百九十九里.【揚】

『朱子語類』卷第三

「鬼神・魂魄」[1]

3:1 ▲[2] “鬼神事自是第二著. 那箇無形影, 是難理會底, 未消去理會, 且就日用緊切處做工夫. 子曰: ‘未能事人, 焉能事鬼? 未知生, 焉知死?’ 此說盡了. 此便是合理會底理會得, 將間鬼神自有見處. 若合理會底不理會, 只管去理會沒緊要底, 將間都沒理會了.”【淳 ▲[3]】

3:2 ▲[4]

3:3 ▲[5]

3:4 ▲[6]

---

1) 「鬼神・魂魄」: 『朱子語類』에서는 「鬼神」으로 되어 있다.

2) ▲: 因說鬼神, 曰:

3) ▲: ○義剛聞目別出.

4) ▲: 義剛將鬼神問目呈畢, 先生曰: “此事自是第二著. ‘未能事人, 焉能事鬼?’ 此說盡了. 今且須去理會眼前事, 那箇鬼神事, 無形無影, 莫要枉費心力. 理會得那箇來時, 將久我着實處皆不曉得. 所謂『詩』・『書』執禮, 皆雅言也’, 這箇皆是面前事, 做得一件, 便是一件. 如『易』, 便自難理會了, 而今只據我恁地推測, 不知是與不是, 亦須逐一去看. 然到極處, 不過只是這箇.”【義剛】

5) ▲: 或問鬼神有無. 曰: “此豈卒乍可說? 便說, 公亦豈能信得及? 須於衆理看得漸明, 則此惑自解. ‘樊遲問知. 子曰: 〈務民之義, 敬鬼神而遠之, 可謂知矣〉.’ 人且理會合當理會底事, 其理會未得底, 且推向一邊. 待日用常行處理會得透, 則鬼神之理將自見得, 乃所以爲知也. ‘未能事人, 焉能事鬼?’ 意亦如此.”【必大】

6) ▲: 天下大底事, 自有箇大底根本, 小底事, 亦自有箇緊切處. 若見得天下亦無甚事. 如鬼神之事, 聖賢說得甚分明, 只將『禮』熟讀便見. 二程初不說無鬼神, 但無而今世俗所謂鬼神耳. 古來聖人所制祭祀, 皆是他見得天地之理如此.【去僞】

3:5 神, 伸也. 鬼, 屈也. 如風雨雷電初發時, 神也. 及至風止雨過, 雷住電息, 則鬼也.

3:6 鬼神不過陰陽消長而已. 亭毒化育, 風雨晦冥, 皆是. 在人則精是魄. 魄者, 鬼之盛也. 氣是魂, 魂者, 神之盛也. 精氣聚而爲物, 何物而無鬼神? "遊魂爲變", 魂遊則魄之降可知. 【升卿】

3:7 ▲[7]

3:8 問: "鬼神便只是此氣否?" 曰: "又是這氣裏面神靈相似." 【燾】

3:9 問: "先生說'鬼神自有界分', 如何?" 曰: "如日爲神, 夜爲鬼, 生爲神, 死爲鬼, 豈不是界分?" 【義剛】

3:10 ▲[8]問: "▲[9]'日爲神, 夜爲鬼, 所以鬼夜出', 如何?" 曰: "間有然者, 亦不能皆然. 夜屬陰. 且如妖鳥皆陰類, 皆是夜鳴." 【義剛 ▲[10]】

3:11 雨風露雷・日月晝夜, 此鬼神之跡也, 此是白日公平正直之鬼神. 若所謂"有嘯間于[11]梁, 觸于[12]胸", 此則所謂不正邪暗, 或有或無, 或去或來, 或聚或散者. 又有所謂禱之而應, 祈之而獲, 此亦所謂鬼神, 同一理也. 世間萬事皆此理, 但精粗小大之不同爾. 又曰: "以功用謂之鬼神, 卽此便見." 【道夫】

---

7) ▲: 鬼神只是氣. 屈伸往來者, 氣也. 天地間無非氣. 人之氣與天地之氣常相接, 無間斷, 人自不見. 人心才動, 必達於氣, 便與這屈伸往來者相感通. 如卜筮之類, 皆是心自有此物, 只說你心上事, 才動必應也. 【恪】

8) ▲: 叔器

9) ▲: 先生前說

10) ▲: ○淳同.

11) 于: 賀本에서는 於로 되어 있다.

12) 于: 賀本에서는 於로 되어 있다.

3:12 鬼神死生之理, 定不如釋家所云, 世俗所見. 然又有其事昭昭, 不可以理推者, 此等處且莫要理會.【揚】

3:13 因說神怪事, 曰: "人心平鋪著便好, 若做弄, 便有鬼怪出來." 【方】

3:14 ▲13)

3:15 因論薛士龍家見鬼, 曰: "世之信鬼神者, 皆謂實有在天地間, 其不信者, 斷然以爲無鬼. 然卻又有眞箇見者. 鄭景望遂以薛氏所見爲實理, 不知此特虹霓之類耳." 必大因問: "虹霓只是氣, 還有形質?" 曰: "旣能啜水, 亦必有腸肚. 只纔散, 便無了. 如雷部14)【『考異』恐

13) ▲: "理有明未盡處, 如何得意誠? 且如鬼神事, 今是有是無?" 因說張仲隆曾至金沙堤, 見巨人跡. "此是如何?" 揚謂: "冊子說, 幷人傳說, 皆不可信, 須是親見. 揚平昔見冊子上幷人說得滿頭滿耳, 只是都不曾自見." 先生曰: "只是公不曾見. 畢竟其理如何? 南軒亦只是硬不信, 有時戲說一二. 如禹鼎鑄魑魅・魍魎之屬, 便是有這物. 深山大澤, 是彼所居處, 人往占之, 豈不爲祟? 邵先生語程先生: '世間有一般不有不無底人馬.' 程難之, 謂: '鞍轡之類何處得?' 如邵意, 則是亦以爲有之. 邵又言: '蜥蜴造雹.' 程言: '雹有大者, 彼豈能爲之?' 豫章曾有一劉道人, 嘗居一山頂結菴. 一日, 衆蜥蜴入來, 如手臂大, 不怕人, 人以手撫之. 盡喫菴中水, 少頃菴外皆堆成雹. 明日, 山下果有雹. 此則是冊子上所載. 有一妻伯劉丈,【致中兄】 其人甚樸實, 不能妄語, 云: '嘗過一嶺, 稍晚了, 急行. 忽聞溪邊林中響甚, 往看之, 乃無, 止蜥蜴在林中, 各把一物如水晶. 看了, 去未數里, 下雹.' 此理又不知如何. 造化若用此物爲雹, 則造化亦小矣. 又南劍 鄧德喩嘗爲一人言: '嘗至餘杭 大滌山中, 常有龍骨, 人往來取之. 未入山洞, 見一陣青煙出. 少頃, 一陣火出. 少頃, 一龍出, 一鬼隨後.' 大段盡人事, 見得破, 方是. 不然, 不信. 中有一點疑在, 終不得. 又如前生後生, 死復爲人之說, 亦須要見得破." 又云: "南軒拆廟, 次第亦未到此. 須是使民知信, 末梢無疑, 始得. 不然, 民倚神爲主, 拆了轉使民信向怨望. 舊有一邑, 泥塑一大佛, 一方尊信之. 後被一無狀宗子斷其首, 民聚哭之, 頸上泥木出舍利. 泥木豈有此物? 只是人心所致." 先生謂一僧云. 問: "龍行雨如何?" 曰: "不是龍口中吐出. 只是龍行時, 便有雨隨之. 劉禹錫亦嘗言, 有人在一高山上, 見山下雷神龍鬼之類行雨. 此等之類無限, 實要見得破." 問: "'敬鬼神而遠之', 則亦是言有, 但當敬而遠之, 自盡其道, 便不相關." 曰: "聖人便說只是如此. 嘗以此理問李先生, 曰: '此處不須理會.'" 先生因曰: "蜥蜴爲雹, 亦有如此者, 非是雹必要此物爲之也."【揚】

斧.】[15]神物, 亦此類."【必大】[16]

3:16 ▲[17]

3:17 ▲[18]

3:18 問: "死生有無之說, 人多惑之."[19] 曰: "不須如此疑. 且作無主張." 因問: "識環記井之事, 古復有此, 何也?" 曰: "此又別有說話."【力行】

3:19 問生死鬼神之理. ▲[20] 曰: "天道流行, 發育萬物, 有理而後有氣. 雖是一時都有, 畢竟以理爲主, 人得之以有生. ▲[21] 氣之淸者爲氣, 濁者爲質.【明作錄云: "淸者屬陽, 濁者屬陰."】 知覺運動, 陽之爲也, 形體,【明作錄作"骨肉皮毛".】 陰之爲也. 氣曰魂, 體曰魄. 高誘『淮南子註』曰: '魂者, 陽之神, 魄者, 陰之神.' 所謂神者, 以其主乎形氣也. 人所以生, 精氣聚也. 人只有許多氣, 須有箇盡時,【明作錄云: "醫家所謂'陰陽不升降'是也."】 盡則魂氣歸于[22]天, 形魄歸于地而死矣. 人將死時,

---

14) 部: 『考異』에서는 部, 恐斧.로 되어 있다.

15) 【『考異』恐斧.】: 『朱子語類』에는 없다. 이 부분은 해당 필사본이 홍계희의 『考異』가 간행된 후에 필사되었거나 홍계희 이전에 『朱子語類考異』의 원형이 되는 다른 주석본이 존재했음을 보여 주는데, 해당 필사본의 상태로 볼 때 『考異』 간행 이후에 필사되었다고 보는 것이 합리적이다.

16) 必大因問 …【必大】: 【附箋紙】此下當移書於「理氣下」編"虹非能止雨"之上.

17) ▲: 因說鬼怪, 曰: "'木之精夔魍魎.' 夔只一脚. 魍魎, 古有此語, 若果有, 必是此物."【淳】

18) ▲: 氣聚則生, 氣散則死.【泳 ○以下並在人鬼神, 兼論精神・魂魄.】

19) 人多惑之: 徽州本에서는 이 뒤에 今日不合僭言及此亦欲一言是正.이 더 있다.

20) ▲:【明作錄云: "問: '鬼神生死, 雖知得是一理, 然未見得端的.' 曰: '精氣爲物, 遊魂爲變, 便是生死底道理.' 未達. 曰: '精氣凝則爲人, 散則爲鬼.' 又問: '精氣凝時, 此理便附在氣上否?"】

21) ▲:【明作錄云: "然氣則有淸濁."】

22) 于: 賀本에서는 於로 되어 있다.

熱氣上出, 所謂'魂升'也, 下體漸冷, 所謂'魄降'也. 此所以有生必有死, 有始必有終也. 夫聚散者, 氣也. 若理, 則只泊在氣上, 初不是凝結自爲一物. 但人分上所合當然者便是理, 不可以聚散言也. 然人死雖終歸於散, 然亦未便散盡, 故祭祀有感格之理. 先祖世次遠者, 氣之有無不可知. 然奉祭祀者既是他子孫, 必竟只是一氣, 所以有感通之理, 然已散者不復聚. 釋氏卻謂人死爲鬼, 鬼復爲人. 如此則天地間常只是許多人來來去去, 更不由造化生生, 必無是理. 至如伯有爲厲, 伊川謂別是一般道理. 蓋其人氣未當盡[23]而强死, 自是能爲厲. 子産爲之立後, 使有所歸, 遂不爲厲, 亦可謂知鬼神之情狀矣."[24] 問: "伊川言: '鬼神, 造化之跡.' 此豈亦造化之跡乎?" 曰: "皆是也. 若論正理, 則似樹上忽生出花葉, 此便是造化之跡. 又如[25]空中忽然有雷霆風雨, 皆是也. 但人所常見, 故不之怪. 忽聞鬼嘯·鬼火之屬, 則便以爲怪. 不知此亦造化之跡, 但不是正理, 故爲怪異. 如『家語』云: '山之怪曰夔魍魎, 水之怪曰龍罔象, 土之怪羵羊.' 皆是氣之雜 糅[26]乖戾所生, 亦非理之所無也, 專以爲無則不可. 如冬寒夏熱, 此理之正也. 有時忽然夏寒冬熱, 豈可謂無此理? 但既非理之常, 便謂之怪. 孔子所以不語, 學者亦未須理會也."【因擧似南軒不信鬼神而言. ○閎祖 ▲[27]】

---

23) 當盡: 『小分』에서는 盡當을 교정부호로 바로잡았다.

24) 亦可謂知鬼神之情狀矣: 徽州本에서는 이 뒤에 人言古之戰場往往有鬼, 彼皆强死, 銜寃抱恨, 固宜未散也.가 더 있다.

25) 如: 賀本에서는 加로 되어 있다.

26) 糅: 成化本·賀本에서는 揉로 되어 잇다.

27) ▲: ○賜錄云: "問: '民受天地之中以生, 中是氣否?' 曰: '中是理, 理便是仁義禮智, 曷嘗有形象來? 凡無形者謂之理, 若氣, 則謂之生也. 淸者是氣, 濁者是形. 氣是魂, 謂之精, 血是魄, 謂之質. 所謂"精氣爲物", 須是此兩箇相交感, 便能成物. "遊魂爲變", 則所謂氣至此已盡. 魂升于天, 魄降于地. 陽者, 氣也, 歸于天, 陰者質也, 魄也, 降于地. 謂之死也. 知生則便知死, 只是此理. 夫子告子路, 非拒之, 是先後節次如此.' 因說, 鬼神造化之跡, 且如起風做雨, 震雷花生, 始便有終也. 又問: '人死則魂魄升降, 日漸散而不復聚矣. 然人之祀祖先, 卻有所謂"來假來享", 此理如何?' 曰: '若是誠心感格, 彼之魂氣未盡散, 豈不來享?' 又問: '如周以后稷爲始祖, 以帝嚳爲所自出之帝, 子孫相去未遠, 尙可感格. 至於成·康以後千有餘年, 豈復有未散者而來享之乎?' 曰: '夫聚散者, 氣也. 若理, 則只泊在氣

3:20 才卿問: “來而伸者爲神, 往而屈者爲鬼. 凡陰陽魂魄, 人之噓吸皆然, 不獨死者爲鬼, 生者爲神. 故橫渠云: ‘神祇者, 歸之始, 歸往者, 來之終.’” 曰: “此二句, 正如俗語罵鬼云: ‘你是已死我, 我是未死你.’ 『楚詞』中說終古, 亦是此義.” 【“去終古之所之兮, 今逍遙而來東. 羌靈魂之欲歸兮, 何須臾而忘反?”】 用之云: “旣屈之中, 恐又自有屈伸.” 曰: “祭祀致得鬼神來格, 便是就旣屈之氣又能伸也.” ▲[28]問: “魂氣▲[29]能旣屈而伸, 若祭祀來格是也. 若魄旣死, 恐不能復伸矣.” 曰: “也能伸. 蓋他來則俱來. 如祭祀報魂報魄, 求之四方上下, 便是皆有感格之理.” ▲[30]問: “‘遊魂爲變’, 聖愚皆一否?” 曰: “然.” ▲[31]問: “‘天神地祇

上, 初不是凝結爲一物而爲性也. 但人分上所合當者, 便是理. 氣有聚散, 理則不可以聚散言也. 人死, 氣亦未便散得盡, 故祭祖先有感格之理. 若世次久遠, 氣之有無不可知. 然奉祭祀者旣是他子孫, 必竟只是這一氣相傳下來, 若能極其誠敬, 則亦有感通之理. 釋氏謂人死爲鬼, 鬼復爲人. 如此則天地間只是許多人來來去去, 更不由造化, 生生都廢, 卻無是理也.’ 曰: ‘然則羊叔子識環之事非邪?’ 曰: ‘史傳此等事極多, 要之不足信. 便有, 也不是正理.’ 又問: ‘世之見鬼神者甚多, 不審有無如何.’ 曰: ‘世間人見者極多, 豈可謂無? 但非正理耳. 如伯有爲厲, 伊川謂別是一理. 蓋其人氣未當盡而强死, 魂魄無所歸, 自是如此. 昔有人在淮上夜行, 見無數形象, 似人非人, 旁午克斥, 出沒於兩水之間, 久之, 纍纍不絕. 此人明知其鬼, 不得已, 躍跳之, 衝之而過之下, 卻無礙. 然亦無他. 詢之, 此地乃昔人戰場也. 彼皆死於非命, 銜冤抱恨, 固宜未散.’ 又問: ‘〈知鬼神之情狀〉, 何緣知得?’ 曰: ‘伯有爲厲, 子産爲之立後, 使有所歸, 遂不爲厲, 可謂〈知鬼神之情狀矣〉.’ 又問: ‘伊川言: 〈鬼神者, 造化之跡〉. 此豈爲造化之跡乎?’ 曰: ‘若論正理, 則庭前樹木, 數日春風便開花, 此豈非造化之跡? 又如雷霆風雨, 皆是也. 但人常見, 故不知怪. 忽聞鬼叫, 則以爲怪. 不知此亦是造化之跡, 但非理之正耳.’ 又問: ‘世人多爲精怪迷惑, 如何?’ 曰: ‘『家語』曰: 〈山之怪曰夔魍魎, 水之怪曰龍罔象, 土之怪羵羊〉. 皆是氣之雜揉乖亂所生, 專以爲無則不可. 如冬寒夏熱, 春榮秋枯, 此理之正也. 忽冬月開一朵花, 豈可謂無此理? 但非正耳, 故謂之怪. 孔子所以不語, 學者未須理會也.’ 坐間或云: ‘鄉間有李三者, 死而爲厲, 鄉曲凡有祭祀佛事, 必設此人一分. 或設黃籙大醮, 不曾設他一分, 齋食盡爲所汚. 後因爲人放爆杖, 焚其所依之樹, 自是遂絕.’ 曰: ‘是他枉死, 氣未散, 被爆杖驚散了. 設醮請天地山川神祇, 卻被小鬼汚卻, 以此見設醮無此理也.’” 明作錄云: “如起風做雨, 震雷閃電, 花生花結, 非有神而何? 自不察耳. 才見說鬼事, 便以爲怪. 世間自有箇道理如此, 不可謂無, 特非造化之正耳. 此爲得陰陽不正之氣, 不須驚惑. 所以夫子不語怪, 以其明有此事, 特不語耳. 南軒說無, 便不是.” 餘同.

28) ▲: 僩
29) ▲: 則

人鬼', 地何以曰'祇'?" 曰: "'祇'字只是'示'字. 蓋天垂三辰以著象, 如日月星辰是也. 地亦[32]顯山川草木以示人, 所以曰'地示.'" 用之云: "人[33]◇禱天地山川, 是以我之有感彼之有. 子孫之祭先祖, 是以我之有感他之無." 曰: "神祇之氣常屈伸而不已, 人鬼之氣則消散而無餘矣. 其消散亦有久速之異. 人有不伏其死者, 所以既死而此氣不散, 爲妖爲怪. 如人之凶死及僧道既死, 多不散.【僧道務養精神, 所以凝聚不散.】若聖賢則安於死, 豈有不散而爲神怪者乎? 如黃帝・堯・舜, 不聞其既死而爲靈怪也. 嘗見輔漢卿說: '某人死, 其氣溫溫然, 熏蒸滿室, 數日不散.' 是他氣盛, 所以如此. 劉元城死時, 風雷轟于[34]正寢, 雲務晦冥, 少頃辨[35]色, 而公已端坐薨矣. 他是什麽樣氣魄?" 用之曰: "莫是元城忠誠, 感動天地之氣否?" 曰: "只是元城之氣自[36]散爾. 他養得此氣剛大, 所以散時如此. 「祭義」云: '其氣發揚于[37]上, 爲昭明・焄蒿・悽愴, 此百物之精也.' 此數句說盡了. 人死時, 其魂氣發揚于[38]上. '昭明'是人死時自有一般光景. '焄蒿', 即前所云'溫溫之氣'◇[39]. '悽愴'是一般肅然之氣, 令人悽愴, 如漢 武帝時'神君來則風肅然'是也. 此皆萬物之精, 既死而散也.【僴 ▲[40]】

3:21 ▲[41]

---

30) ▲: 用之
31) ▲: 僴
32) 地亦: 『小分』에서는 亦地를 교정부호로 바로잡았다.
33) ◇: 之
34) 于: 賀本에서는 於로 되어 있다.
35) 辨: 賀本에서는 辯으로 되어 있다.
36) 氣自: 『小分』에서는 自氣를 교정부호로 바로잡았다.
37) 于: 賀本에서는 於로 되어 있다.
38) 于: 賀本에서는 於로 되어 있다.
39) ◇: 也
40) ▲: ○淳錄云: "問: '〈其氣發揚於上〉, 何謂也?' 曰: '人氣本騰上, 這下面盡, 則只管騰上去. 如火之煙, 這下面薪盡, 則煙只管騰上去.' 淳云: '終久必消了.' 曰: '然.'"
41) ▲: 問: "鬼神便是精神魂魄, 如何?" 曰: "然. 且就這一身看, 自會笑語, 有許多聰

3:22 ▲[42)]

3:23 ▲[43)] "氣質是實底, 魂魄是半虛半實底, 鬼神是虛分數多, 實分數少底."【賜】

3:24 問魂魄. 曰: "魄是一點精氣, 氣交時便有這神. 魂是發揚出來底, 如氣之出入息. 魄是如水, 人之視能明, 聽能聰, 心能强記底. 有這魄, 便有這神, 不是外面入來. 魄是精, 魂是氣, 魄主靜, 魂主動." 又曰: "草木之生自有箇神, 它自不能生. 在人則心便是, 所謂'形旣生矣, 神發知矣'是也." 又問生魄死魄. 曰: "古人只說'三五而盈, 三五而闕.' 近時人方推得他所以圓闕, 乃是魄受光處, 魄未嘗無也. 人有魄先衰底, 有魂先衰底. 如某近來覺重聽多忘, 是魄先衰." ▲[44)]【植】

3:25 先儒言: "口鼻之噓吸爲魂, 耳目之聰明爲魄." 也只說得大概. 卻更有箇母子, 這便是「坎」·「離」水火. 煖氣便是魂, 冷氣便是魄. 魂便是氣之神, 魄便是精之神, 會思量計[45)]度底便是魂, 會記當去底便是魄. 又曰: "見於目而明, 耳而聽者, 是魄之用. 老氏云載營魄, 營是晶熒之義, 魄是一箇晶光堅凝物事. ▲[46)]."

明知識, 這是如何得恁地? 虛空之中, 忽然有風有雨, 忽然有雷有電, 這是如何得恁地? 這都是陰陽相感, 都是鬼神. 看得到這裏, 見一身只是箇軀殼在這裏, 內外無非天地陰陽之氣. 所以夜來說道: '〈天地之塞, 吾其體, 天地之帥, 吾其性〉, 思量來只是一箇道理.'" 又云: "如魚之在水, 外面水便是肚裏面水. 鱖魚肚裏水與鯉魚肚裏水, 只一般." 仁父問: "魂魄如何是陰陽?" 曰: "魂如火, 魄如水."【賀孫】

42) ▲: 因言魂魄鬼神之說, 曰: "只今生人, 便自一半是神, 一半是鬼了. 但未死以前, 則神爲主, 已死之後, 則鬼爲主. 縱橫在這裏. 以屈伸往來之氣言之, 則來者爲神, 去者爲鬼, 以人身言之, 則氣爲神而精爲鬼. 然其屈伸往來也各以漸."【僩 ○饒錄云: "若以對待言, 一半是氣, 一半是精."】

43) ▲: 問魂魄. 曰:

44) ▲: 又曰: "一片底便是分做兩片底, 兩片底便是分作五片底. 做這萬物·四時·五行, 只是從那太極中來. 太極只是一箇氣, 迤邐分做兩箇. 氣裏面動底是陽, 靜底是陰. 又分做五氣, 又散爲萬物."

45) 計: 賀本에서는 討로 되어 있다.

3:26 陰陽之始交, 天一生水. 物生始化曰魄. 旣生魄, 煖者爲魂. 先有魄而後有魂, 故魄常爲主爲幹.【僩】

3:27 人生初間是先有氣. 旣成形, 是魄在先. "形旣生矣, 神發知矣." 旣有形後, 方有精神知覺. 子產曰: "人生始化曰魄. 旣生魄, 陽曰魂." 數句說得好.【淳】

3:28 ▲[47]

3:29 ▲[48]

3:30 魄是耳目之精, 魂是口鼻呼吸之氣. 眼光落地, 所謂"體魄則降"也.

3:31 ▲[49] "精氣爲物, 魂乃精氣中無形跡底. 『淮南子注』云: '魂者, 陽之神, 魄者, 陰之神.' 釋氏四大之說, 亦是竊見這意思. 人之一身, 皮肉之類皆屬地, 涕唾之類皆屬水. 暖氣爲火, 運動爲風. 地・水, 陰也, 火・風, 陽也."

---

46) ▲: 釋氏之地水火風, 其說云, 人之死也, 風火先散, 則不能爲祟. 蓋魂先散而魄尙存, 只是消磨未盡, 少間自塌了. 若地水先散, 而風火尙遲, 則能爲祟, 蓋魂氣猶存爾." 又曰: "無魂, 則魄不能以自存. 今人多思慮役役, 魂都與魄相離了. 老氏便只要守得相合, 所謂'致虛極, 守靜篤', 全然守在這裏, 不得動." 又曰: "專氣致柔, 不是'守'字, 卻是'專'字. 便只是專在此, 全不放出, 氣便細. 若放些子出, 便粗了也."

47) ▲: 動者, 魂也, 靜者, 魄也. "動靜"二字括盡魂魄. 凡能運用作爲, 皆魂也, 魄則不能也. 今人之所以能運動, 都是魂使之爾. 魂若去, 魄則不能也. 今魄之所以能運, 體便死矣. 月之黑暈便是魄, 其光者, 乃日加之光耳, 他本無光也, 所以說"哉生魄", "旁死魄." 莊子曰: "日火外影, 金水內影." 此便是魂魄之說.【僩 ○有脫誤.】

48) ▲: 耳目之聰明爲魄, 魄是鬼.【某自覺氣盛則魄衰. 童男・童女死而魄先化. ○升卿】

49) ▲: 或問: "口鼻呼吸者爲魂, 耳目之聰明爲魄?" 曰:

3:32 或問: "氣之出入者爲魂, 耳目之聰明爲魄. 然則魄中復有魂, 魂中復有魄耶?" 曰: "精氣周流, 充滿於一身之中, 嘘吸聰明, 乃其發而易見者耳. 然◇[50]周流充滿於一身之中, 則鼻之知臭, 口之知味, 非魄乎? 耳目之中皆有煖[51]氣, 非魂乎? 推之遍體, 莫不皆然. ▲[52]."

○[53] 問: "先生嘗言: '體魄自是二物.' 然則魂氣亦爲兩物耶?" 曰: "將魂氣細推之, 亦有精粗, 但其爲精粗也甚微, 非若體魄之懸殊耳." 問: "以目言之, 目之輪, 體也, 睛之明, 魄也. 耳則如何?" 曰: "竅卽體也, 聰卽魄也." 又問: "月魄之魄, 豈只指其光而言之, 而其輪則體耶?" 曰: "月不可以體言, 只有魂魄耳. 月魄卽其全體, 而光處乃其魂之發也."

3:33 魂屬木, 魄屬金. 所以說"三魂七魄", 是金・木之數也.

3:34 人之能思慮計畫者, 魂之爲也. 能記憶辨[54]別者, 魄之爲也. 【僩】

3:35 "人有盡記得一生以來履歷事者, 此是智以藏往否?" 曰: "此是魄强, 所以記得多."【德明】

3:36 問: "魂氣升于[55]天, 莫只是消散, 其實無物歸于[56]天上否?" 曰: "也是氣散, 只是才散便無. 如火將滅, 也有烟[57]上, 只是便散. 蓋緣木

---

50) ◇: 旣
51) 煖: 『朱子語類』에서는 暖으로 되어 있다.
52) ▲: 佛書論四大處, 似亦祖述此意
53) ○: 『朱子語類』의 3:32를 별도의 항목으로 나누었다.
54) 辨: 賀本에서는 辯으로 되어 있다.
55) 于: 賀本에서는 於로 되어 있다.
56) 于: 賀本에서는 於로 되어 있다.
57) 烟: 『朱子語類』에서는 煙으로 되어 있다.

之性已盡, 無以繼之. 人之將死, 便氣散, 卽是這裏無箇主子, 一散便死▲58)."【夔孫】

3:37 魂散, 則魄便自沈了. 今人說虎死則眼光入地, 便是如此.

3:38 問:"人死時, 是當初稟得許多氣, 氣盡則無否?" 曰:"是." 曰:"如此則與天地造化不相干." 曰:"死生有命, 當初稟得氣時便定了, 便是天地造◇59). 只有許多氣, 能保之亦可延. 且如我與人俱有十分, 俱已用出二分. 我才用出二分便收回, 及收回二分時, 那人已用出四分了, 所以我便能少延. 此卽老氏作福意. 老氏惟見此理, 一向自私其身."【淳】

3:39 問:"黃寺丞云:'氣散而非無.' 泳竊謂, 人稟得陰陽五行之氣以生, 到死後, 其氣雖散, 只反本還原去." 曰:"不須如此說. 若說無, 便是索性無了. 惟其可以感格得來, 故只說得散. 要之, 散也是無了." 問:"燈焰衝上, 漸漸無去. 要之, 不可60)謂之無, 只是其氣散在此一室之內." 曰:"只是他有子孫在, 便是不可謂之無."【胡泳】

3:40 問:"▲61)人死而氣不散者, 何也?" 曰:"他是不伏死. 如自刑自害◇62), 皆是未伏死, 又更聚得這精神. 安於死者便自無, 何曾見堯·舜做鬼來?"

3:41 死而氣散, 泯然無跡者, 是其常. 道理恁地. 有托生者, ◇63)偶

58) ▲: . 大率人之氣常上. 且如說話, 氣都出上去
59) ◇: 化
60) 不可: 『小分』에서는 可不를 교정부호로 바로잡았다.
61) ▲: 有
62) ◇: 者
63) ◇: 是

然聚得氣不散，又怎生去湊着那生氣，便再生，然非其常也．伊川云："『左傳』伯有之爲厲，又別是一理．" 言非死生之常理也．【人傑▲[64]】

3:42 伯有爲厲之事，自是一理，謂非生死之常理．人死則氣散，理之常也．它卻用物宏，【『考異』'宏，本弘.'】[65] 取精多，族大而强死，故其氣未散耳．【螢】

3:43 ▲[66]問："▲[67] 伊川云[68]：'伯有爲厲，別是一理.' ▲[69]如何?" 曰："亦◇[70]有這般底．然亦多是不得其死，故强氣未散．要之，久之亦不會不散．如[71]漳州一件公事，婦殺夫，密埋之．後爲祟，事才發覺，當時便不爲祟．此事恐奏裁免死，遂於申諸司狀上特批了．後婦人斬，與婦人通者絞．以是知刑獄裏面這般事，若不與決罪償命，則死者之冤必不解．" 又曰："氣久必散．人說神仙，一代說一項．漢世說甚安期生，至唐以來，則不見說了．又說鍾離權・呂洞賓，而今又不見說了．看得來，他也只是養得分外壽考，然終久亦散了．"【賀孫】

3:44 ▲[72]

---

64) ▲: 錄略.
65) 【『考異』'宏，本弘.'】: 『朱子語類』에는 없다.
66) ▲: 光祖
67) ▲: 先生所答崧卿書云云.
68) 伊川云: 『朱子語類』에서는 如伊川又云으로 되어 있다.
69) ▲: 又
70) ◇: 自
71) 問 … 久之亦不會不散．如: 【附箋紙】"問伊川云"止"不散如", 當刪.
72) ▲: 問: "伯有之事別是一理，如何?" 曰: "是別是一理．人之所以病而終盡，則其氣散矣．或遭刑，或忽然而死者，氣猶聚而未散，然亦終於一散．釋道所以自私其身者，便死時亦只是留其身不得，終是不甘心，死御冤憤者亦然，故其氣皆不散．浦城山中有一道人，常在山中燒丹．後因一日出神，乃祝其人云: '七日不返時，可燒我.' 未滿七日，其人焚之．後其道人歸，叫罵取身，亦能於壁間寫字，但是墨較淡，不久又無." 揚嘗聞張天覺有一事亦然．鄧隱峰一事亦然．其人只管討身，隱峰云: "說底是甚麼?" 其人悟，謝之而去.【揚】

3:45 問: "'遊魂爲變', 間有爲妖孽者, 是如何得未散?" 曰: "'遊'字是漸漸散. 若是爲妖孽者, 多是不得其死, 其氣未散, 故鬱結而成妖孽. 若是尫羸病死底人, 這氣消耗盡了方死, 豈復更鬱結成妖孽? 然不得其死者, 久之亦散. 如今打麵做糊, 中間自有成小塊核不散底, 久之漸漸也自會散. 又如其取精多, 其用物弘, 如伯有者, 亦是卒未散也. 橫渠曰: '物之初生, 氣日至而滋息, 物生旣盈, 氣日反而遊散. 至之謂神, 以其伸也, 反之謂鬼, 以其歸也.' 天下萬物萬事自古及今, 只是箇陰陽消息屈伸. 橫渠將屈伸說得貫通. 上蔡說, 卻似不說得循環意思. 宰我曰: '吾聞鬼神之名, 不知其所謂.' 子曰: '氣也者, 神之盛也, 魄也者, 鬼之盛也. 合鬼與神, 敎之至也.' 注謂口鼻噓吸爲氣, 耳目聰明爲魄. 氣屬陽, 魄屬陰, 而今有人說眼光落, 這便是魄降. 今人將死, 有云魄落. 若氣, 只升而散. 故云: '魄氣歸于[73]天, 形魄歸于[74]地.' 道家修養有這說, 與此大段相合."【賀孫】

3:46 萇弘死三年而[75]化爲碧. 此所謂魄也, 如虎威之類. 弘以忠死, 故其氣凝結如此.【廣】

3:47 "鬼神憑依言語, 乃是依憑人之精神以發." 問: "伊川記金山事如何?" 曰: "乃此婢子想出." 問: "今人家多有怪者." 曰: "此乃魑魅·魍魎之爲. 建州有一士人, 行遇一人, 只有一脚, 問某人家安在. 與之同行, 見一脚者入某人家. 數日, 其家果死一子."【可學】

3:48 鄭說: "有人寤寐間見鬼通刺甚驗者." 曰: "如此則是不有不無底紙筆."【淳】

3:49 論及巫人治鬼, 而鬼亦效巫人所爲以敵之者, 曰: "後世人心姦

73) 于: 賀本에서는 於로 되어 있다.
74) 于: 賀本에서는 於로 되어 있다.
75) 而: 徽州本에서는 而魂으로 되어 있다.

詐之甚, 感得姦詐之氣, 做得鬼也姦巧."【淳】

3:50 厚之問: "人死爲禽獸, 恐無此理. 然親見永春人家有子, 耳上有猪毛及猪皮, 如何?" 曰: "此不足怪. 向見籍溪借[76]事一兵, 胸前有猪毛, 睡時作猪鳴. 此只是稟得猪氣."【可學】

3:51 或問鬼神. 曰: "且類聚前輩說鬼神處看, 要須自理會得. 且如祭天地祖考, 直是求之冥漠. 然祖考卻去人未久, 求之似易." 先生▲[77]曰: "如此說, 又是作怪了也."【祖道▲[78]】

3:52 問: "性卽是理, 不可以聚散言. 聚而生, 散而死者, 氣而已. 所謂精神魂魄, 有知有覺者, 氣也. 故聚則有, 散則無. 若理則亘古今常存, 不復有聚散消長也." 曰: "只是這箇天地陰陽之氣, 人與萬物皆得之. 氣聚則爲人, 散則爲鬼. 然其氣雖已散, 這箇天地陰陽之理生生而不窮. 祖考之精神魂魄雖已散, 而子孫之精神魂魄自有些小相屬. 故祭祀之禮盡其誠敬, 便可以致得祖考之魂魄. 這箇自是難說. 看既散後, 一似都無了. 能盡其誠敬, 便有感格, 亦緣是理常只在這裏也."【賀孫】

3:53 問: "鬼神以祭祀而言. 天地山川之屬, 分明是一氣流通, 而兼以理言之. 人之先祖, 則大概以理爲主, 而亦兼以氣魄言之. 若上古聖賢, 則只是專以理言之否?" 曰: "有[79]是理, 必有是氣, 不可分說. 都是理, 都是氣. 那箇不是理? 那箇不是氣?" 問: "上古聖賢所謂氣者, 只是天地間公共之氣. 若祖考精神, 則畢竟是自家精神否?" 曰: "祖考亦只是此公共之氣. 此身在天地間, 便是理與氣凝聚底. 天子統攝天地,

76) 借: 賀本에서는 供으로 되어 있다.
77) ▲: 又笑
78) ▲: ○以下論祭祀祖考・神示.
79) 有: 成化本에서는 在로 되어 있다.

負荷天地間事, 與天地相關, 此心便與天地相通. 不可道他是虛氣, 與我不相干. 如諸侯不當祭天地, 與天地不相關, 便不能相通. 聖賢道在萬世, 功在萬世. 今行聖賢之道, 傳聖賢之心, 便是負荷這物事, 此氣便與他相通. 如釋奠列許多籩豆, 設許多禮儀, 不成是無此, 姑謾爲之. 人家子孫負荷祖宗許多基業, 此心便與祖考之心相通. 「祭義」所謂'春禘秋嘗'者, 亦以春陽來則神亦來, 秋陽退則神亦退, 故於是時而設祭. 初間聖人亦只是略爲禮以達吾之誠意, 後來遂加詳密." 【義剛】

3:54 自天地言之, 只是一箇氣. 自一身言之, 我之氣卽祖先之氣, 亦只是一箇氣, 所以才感必應.

3:55 周問: "何故天曰神, 地曰祇, 人曰鬼?" 曰: "此又別. 氣之清明者爲神, 如日月星辰之類是也. 此變化, 不可測. 祇本'示'字, 以有跡之可示, 山河草木是也, 比天象又差著. 至人, 則死爲鬼矣." 又問: "旣曰往爲鬼, 何故謂'祖考來格'?" 曰: "此以感而言. 所謂'來格', 亦略有些神底意思. 以我之精神感彼之精神, 蓋謂此也. 祭祀之禮全是如此. 且'天子祭天地, 諸侯祭山川, 大夫祭五祀', 皆是自家精神抵當得他過, 方能感召得他來. 如諸侯祭天地, 大夫祭山川, 便沒意思了." 【雉】

3:56 ▲[80)]

3:57 問: "人之死也, 不知魂魄便散否?" 曰: "固是散." 又問: "子孫祭祀, 卻有感格者, 如何?" 曰: "畢竟子孫是祖先之氣. 他氣雖散, 他根卻

80) ▲: 陳後之問: "祖宗是天地間一箇統氣, 因子孫祭享而聚散?" 曰: "這便是上蔡所謂'若要有時, 便有, 若要無時, 便無', 是皆由乎人矣. 鬼神是本有底物事. 祖宗亦只是同此一氣, 但有箇總腦處. 子孫這身在此, 祖宗之氣便在此, 他是有箇血脈貫通. 所以'神不歆非類, 民不祀非族', 只爲這氣不相關. 如'天子祭天地, 諸侯祭山川, 大夫祭五祀', 雖不是我祖宗, 然天子者天下之主, 諸侯者山川之主, 大夫者五祀之主. 我主得他, 便是他氣又總統在我身上, 如此便有箇相關處." 【義剛 ○淳同.】

在[81]這裏, 盡其誠敬, 則亦能呼召得他氣聚在此. 如水波樣, 後水非前水, 後波非前波, 然卻通只是一水波. 子孫之氣與祖考之氣, 亦是如此. 他那箇當下自散了, 然他根卻在這裏. 根旣在此, 又卻能引聚得他那氣在此. 此事難說, 只要人自看得." 問: "「下武」詩'三后在天', 先生解云: '在天, 言其旣沒而精神上合于[82]天.' 此是如何?" 曰: "便是又有此理." 用之云: "恐只是此理上合于[83]天耳." 曰: "旣有此理, 便有此氣." 或曰: "想是聖人稟得淸明純粹之氣, 故其死也, 其氣上合于[84]天." 曰: "也是如此. 這事又微妙難說, 要人自看得. 世間道理有正當易見者, 又有變化無常不可窺測者, 如此方看得這箇道理活. ▲[85] 【僩】

---

81) 卻在: 『小分』에서는 在卻을 교정부호로 바로잡았다.
82) 于: 賀本에서는 於로 되어 있다.
83) 于: 賀本에서는 於로 되어 있다.
84) 于: 賀本에서는 於로 되어 있다.
85) ▲: 又如云: '文王陟降, 在帝左右.' 如今若說文王眞箇在上帝之左右, 眞箇有箇上帝如世間所塑之像, 固不可. 然聖人如此說, 便是有此理. 如周公「金縢」中'乃立壇墠'一節, 分明是對鬼. '若爾三王是有丕子之責於天, 以旦代某之身.' 此一段, 先儒都解錯了, 只有晁以道說得好. 他解'丕子之責'如史傳中'責其侍子'之'責.' 蓋云上帝責三王之侍子. 侍子, 指武王也. 上帝責其來服事左右, 故周公乞代其死云: '以旦代某之身.' 言三王若有侍子之責於天, 則不如以我代之. 我多才多藝, 能事上帝. 武王不若我多才多藝, 不能事鬼神, 不如且留他在世上, 定你之子孫與四方之民. 文意如此. 伊川卻疑周公不應自說多才多藝, 不是如此, 他止是要代武王之死爾." 用之問: "先生「答廖子晦書」云: '氣之已散者, 旣化而無有矣, 而根於理而日生者, 則固浩然而無窮也. 故上蔡謂: "我之精神, 卽祖考之精神." 蓋謂此也."' 問: "根於理而日生者浩然而無窮, 此是說天地氣化之氣否?" 曰: "此氣只一般. 『周禮』所謂'天神・地示・人鬼', 雖有三樣, 其實只一般. 若說有子孫底引得他氣來, 則不成無子孫底他氣便絶無了. 他血氣雖不流傳, 他那箇亦自浩然日生無窮. 如『禮』書, 諸侯因國之祭, 祭其國之無主後者, 如齊太公封於齊, 便用祭甚爽鳩氏・季萴・逢伯陵・蒲姑氏之屬. 蓋他先主此國來, 禮合祭他. 然聖人制禮, 惟繼其國者, 則合祭之, 非在其國者, 便不當祭. 便是理合如此, 道理合如此, 便有此氣, 如晉侯夢康叔云: '相奪予饗.' 蓋晉後都帝丘, 夏后相亦都帝丘, 則都其國自合當祭. 不祭, 宜其如此. 又如晉侯夢黃熊入寢門, 以爲鯀之神, 亦是此類. 不成說有子孫底方有感格之理. 便使其無子孫, 其氣亦未嘗亡也. 如今祭勾芒, 他更是遠. 然旣合當祭他, 便有些【池作"此".】氣. 要之, 通天地人只是這一氣, 所以說: '洋洋然如在其上, 如在其左右.' 虛空偪塞, 無非此理, 自要人看得活, 難以言曉也. 所以明道答人鬼神之問云: '要與賢說無, 何故聖人卻說有? 要與賢說有, 賢又來問某討.' 說只說到這裏, 要人自看得. 孔子曰: '未能事人, 焉能事鬼?' 而今

3:58 問: “鬼神恐有兩様. 天地之間, 二氣氤氳, 無非鬼神, 祭祀交感, 是以有感有, 人死爲鬼, 祭祀交感, 是以有感無.” 曰: “是. 所以道天神人鬼, 神便是氣之神[86], 此是常在底, 鬼便是氣之屈, 便是已散了底. 然以精神去合他, 又合得在.” 問: “不交感時常在否?” 曰: “若不感而常有, 則是有餒鬼矣.” 又曰: “先輩說魂魄多不同. 『左傳』說魄先魂而有, 看來也是. 以賦形之初言之, 必是先有此體象, 方有陽氣來附他.”

3:59 ▲[87]

3:60 蔡行夫問事鬼神. 曰: “古人交神明之道, 無些子不相接處. 古人立尸, 便是接鬼神之意.” 【時擧】

3:61 問: “祭祀之理, 還是有其誠則有其神, 無其誠則無其神否?” 曰: “鬼神之理, 卽是此心之理.” 【恪】

3:62 祭祀之感格, 或求之陰, 或求之陽, 各從其類, 來則俱來. 然非有[88]一物積于[89]空虛之中, 以待子孫之求也. 但主祭祀者旣是他一氣之流傳, 則盡其誠敬感格之時, 此氣固寓此也. 【僩】

3:63 問: “子孫祭祀, 盡其誠意以聚祖考精神, 不知是合他魂魄, 只是感格其魂氣?” 曰: “焫蕭祭脂, 所以報氣, 灌用鬱鬯, 所以招魂, 便是合他[90], 所謂‘合鬼與神, 敎之至也’.” 又問: “不知常常恁地, 只是祭祀

且去理會緊要道理. 少間看得道理通時, 自然曉得. 上蔡所說, 已是煞分曉了.”

86) 神: 賀本・萬曆本에서는 伸으로 되어 있다. 『考異』에서는 神, 恐伸.으로 되어 있다.

87) ▲: 鬼神以主宰言, 然以物言不得. 又不是如今泥塑底神之類, 只是氣. 且如祭祀, 只是你聚精神以感之. 祖考是你所承流之氣, 故可以感. 【揚】

88) 非有: 『小分』에서는 有非를 교정부호로 바로잡았다.

89) 于: 賀本에서는 於로 되어 있다.

時恁地?" 曰: "但有子孫之氣在, 則他便在. 然不是祭祀時, 如何得他聚?"

3:64 人死, 雖是魂魄各自飛散, 要之, 魄又較定. 須是招魂來復這魄, 要他相合. 復, 不獨是要他活, 是要聚他魂魄, 不敎便散了. 聖人敎人子孫常常祭祀, 也是要去聚得他.

3:65 ▲[91]

3:66 問: "死者精神旣散, 必須生人祭祀, 盡誠以聚之, 方能凝聚. 若'相奪予享'事, 如伊川所謂'別是一理'否?" 曰: "他夢如此, 不知是如何. 或是他有這念, 便有這夢, 也不可知." 【子蒙】

3:67 問: "死者魂氣旣散, 而立主以主之, 亦須聚得些子氣在這裏否?" 曰: "古人自始死, 弔魂復魄, 立重設主, 便是常要接續他些子精神在這裏. 古者釁龜用牲血, 便是覺見那龜久後不靈了, 又用些子生氣去接續他. 『史記』上「龜筴傳」, 占春, 將雞子就上面開卦, 便也是將生氣去接他, 便是釁龜之意." 又曰: "古人立尸, 也是將生人生氣去接他." 【子蒙】

3:68 問: "祭天地山川, 而用牲幣酒醴者, 只是表吾心之誠耶? 抑眞有氣來格也?" 曰: "若道無物來享時, 自家祭甚底? 肅◇[92]在上, 令人奉承敬畏, 是甚物? 若道眞有雲車擁從而來, 又妄誕." 【淳▲[93]】

---

90) 他: 成化本에서는 地로 되어 있다.

91) ▲: 問: "祖考精神旣散, 必須'三日齋, 七日戒', '求諸陽, 求諸陰', 方得他聚. 然其聚也, 倏然其聚. 到得禱祠旣畢, 誠敬旣散, 則又忽然而散." 曰: "然." 【子蒙】

92) ◇: 然

93) ▲: ○以下論祭祀神示.

3:69 漢卿問天神地示之義. 曰: “『注疏』謂天氣常伸, 謂之神, 地道常默以示人, 謂之示.” 【人傑】

3:70 ▲[94]

3:71 地之神, 只是萬物發生, 山川出雲之類. 【振】

3:72 ▲[95]

3:73 問: “鬼者, 陰之靈, 神者, 陽之靈. 司命・中霤・竈與門・行, 人之所用者. 有動有靜, 有作有止, 故亦有陰陽鬼神之理, 古人所以祀之. 然否?” 曰: “有此物便有此鬼神, 蓋莫非陰陽之所爲也. 五祀之神, 若細分之, 則戶・竈屬陽, 門・行屬陰, 中霤兼統陰陽. 就一事之中, 又自有陰陽也[96].” 【壯祖】

3:74 或言鬼神之異. 曰: “世間亦有此等事, 無足怪.” 味道擧以前日“魂氣歸天, 體魄降地, 人之出入氣卽魂也, 魄卽精之鬼, 故氣曰陽, 魄曰陰, 人之死則氣散於空中”之說, 問: “人死氣散, 是無蹤影, 亦無鬼神. 今人祭祀, 從何而求之?” 曰: “如子祭祖先, 以氣類而求. 以我之氣感召, 便是祖先之氣, 故想【饒本作“祭”.】之如在, 此感通之理也.” 味道又問: “子之於祖先, 固是如此. 若祭其他鬼神, 則如之何? 有來享之意否?” 曰: “子之於祖先, 固有顯然不易之理. 若祭其他, 亦祭其所當祭. ‘祭如在, 祭神如神在.’ 如天子則祭天, 是其當祭, 亦有氣類, 烏

94) ▲: 地祇者, 『周禮』作“示”字, 只是示見著見之義.

95) ▲: 說鬼神, 擧明道有無之說, 因斷之曰: “有. 若是無時, 古人不如是求. ‘七日戒, 三日齋’, 或‘求諸陽’, 或‘求諸陰’, 須是見得有. 如天子祭天地, 定是有箇天, 有箇地, 諸侯祭境內名山・大川, 定是有箇名山・大川, 大夫祭五祀, 定是有箇門・行・戶・竈・中霤. 今廟宇有靈底, 亦是山川之氣會聚處. 久之, 被人掘鑿損壞, 於是不復有靈, 亦是這些氣過了.” 【賀孫】

96) 自有陰陽也: 『小分』에서는 自陰陽也有를 교정부호로 바로잡았다.

得而不來歆乎? 諸侯祭社稷, 故今祭社亦是從氣類而祭, 烏得而不來歆乎? 今祭孔子必於學, 其氣類亦可想." 長孺因說: "祭孔子不當以塑像, 只當用木主." 曰: "向日白鹿洞欲塑孔子像於殿. 某謂不必, 但置一空殿, 臨時設席祭之. 不然, 只塑孔子坐於地下, 則可用籩・豆・簠・簋. 今塑像高高在上, 而設器皿於地, 甚無義理."【懇】

3:75 汪德輔問: "'祖考精神便是自家精神', 故齋戒祭祀, 則祖考來格. 若祭旁親及子, 亦是一氣, 猶可推也. 至於祭妻及外親, 則其精神非親之精神矣, 豈於此但以心感之而不以氣乎?" 曰: "但所祭者, 其精神魂魄, 無不感通, 蓋本從一源中流出, 初無間隔, 雖天地山川鬼神亦然也."【壯祖[97]】

3:76 問: "人祭祖先, 是以己之精神去聚彼之精神, 可以合聚. 蓋爲自家精神便是祖考精神, 故能如此. 諸侯祭因國之主, 與自家不相關, 然而也呼喚得他聚. 蓋爲天地之氣, 便是他氣底母, 就這母上聚他, 故亦可以感通." 曰: "此謂無主後者, 祭時乃可以感動. 若有主後者, 祭時又也不感通." 用之曰: "若理不相關, 則聚不得他, 若理相關, 則方可聚得他." 曰: "是如此." 又曰: "若不是因國, 也感他不得. 蓋爲他元是這國之主, 自家今主他國土地, 他無主後, 合是自家祭他, 便可感通."【子蒙】

3:77 問: "天地山川是有箇物事, 則祭之其神可致. 人死氣已散, 如何致之?" 曰: "只是一氣. 如子孫有箇氣在此, 畢竟是因何有此? 其所自來, 蓋自厥初生民氣化之祖相傳到此, 只是此氣." 問: "祭先賢先聖如何?" 曰: "有功德在人, 人自當報之. 古人祀五帝, 只是如此. 後世有箇新生底神道, 緣衆人心都[98]向它, 它便盛. 如狄仁傑只留吳 太伯

97) 壯祖: 徽州本에서는 處謙으로 되어 있다.
98) 都: 孝宗刊本・成化本・萬曆本・徽州本에서는 邪로 되어 있다. 『考異』에서는 都, 一作邪.로 되어 있다.

・伍子胥廟, 壞了許多廟, 其鬼亦不能爲害, 緣是它見得無這物[99]事了." 因擧上蔡云: "可者欲人致生之, 故其鬼神, 不可者欲人致死之, 故其鬼不神."【夔孫 ▲[100]】

3:78 ▲[101]

3:79 風俗尙鬼, 如新安等處, 朝夕如在鬼窟. 某一番歸鄕里, 有所謂五通廟, 最靈怪. 衆人捧擁, 謂禍福立見. 居民纔出門, 便帶紙片入廟, 祈祝而後行. 士人之過者, 必以名紙稱"門生某人謁廟." 某初還, 被宗人煎迫令去, 不往. 是夜會族人, 往官司打酒, 有灰, 乍飮, 遂動臟腑終夜. 次日, 又偶有一蛇在階旁. 衆人閧然, 以爲不謁廟之故. 某告以"臟腑是食物不著, 關他甚事? 莫枉了五通." 中有某人, 是向學之人, 亦來勸往, 云: "亦是從衆." 某告以"從衆何爲? 不意公亦有此語. 某幸歸此, 去祖墓甚近. 若能爲禍福, 請卽葬某於祖墓之旁, 甚便." 又云: "人做州郡, 須去淫祠. 若係[102]勅額者, 則未可輕去."【賀孫】

3:80 ▲[103]

99) 物: 成化本에서는 回로 되어 있다.

100) ▲: ○賜錄略.

101) ▲: 或問: "世有廟食之神, 緜歷數百年, 又何理也?" 曰: "浸久亦能散. 昔守南康, 緣久旱, 不免遍禱於神. 忽到一廟, 但有三間弊屋, 狼籍之甚. 彼人言, 三五十年前, 其靈如響, 因有人來, 而帷中有神與之言者. 昔之靈如彼, 今之靈如此, 亦自可見."【壯祖】

102) 係: 賀本에서는 繫로 되어 있다.

103) ▲: 論鬼神之事, 謂: "蜀中灌口 二郎廟, 當初是李冰因開離堆有功, 立廟. 今來現許多靈怪, 乃是他第二兒子出來. 初間封爲王, 後來徽宗好道, 謂他是甚麽眞君, 遂改封爲眞君. 向張魏公用兵禱於其廟, 夜夢神語云: '我向來封爲王, 有血食之奉, 故威福用得行. 今號爲〈眞君〉, 雖尊, 凡祭我以素食, 無血食之養, 故無威福之靈. 今須復我封爲王, 當有威靈.' 魏公遂乞復其封. 不知魏公是有此夢, 還復一時用兵, 托爲此說. 今逐年人戶賽祭, 殺數萬來頭羊, 廟前積骨如山, 州府亦得此一項稅錢. 利路又有梓潼神, 極靈. 今二箇神似乎割據了兩川. 大抵鬼神用生物祭者, 皆是假此生氣爲靈. 古人釁鐘・釁龜, 皆此意." 漢卿云: "季通

3:81 論及請紫姑神吟詩之事, 曰: "亦有請得正身出見, 其家小女子見, 不知此是何物. 且如衢州有一箇人事一箇神, 只錄所問事目於紙, 而封之祠前. 少間開封, 而紙中自有答語. 這箇不知是如何."【義剛】

3:82 ▲[104)]

3:83 問: "道理有正則有邪, 有是則有非. 鬼神之事亦然. 世間有不正之鬼神, 謂其無此理則不可." 曰: "老子謂: '以道蒞天下者, 其鬼不神.' 若是王道修明, 則此等不正之氣都消鑠了."【人傑 ○方錄云: "老子云: '以道治世, 則其鬼不神.' 此有理. 行正當事人, 自不作怪. 棄常則妖興."】

說: '有人射虎, 見虎後數人隨着. 乃是爲虎傷死之人, 生氣未散, 故結成此形.'" 先生曰: "仰山廟極壯大, 亦是占得山川之秀. 寺在廟後, 卻幽靜. 廟基在山邊. 此山亦小, 但是來遠. 到此溪邊上, 外面群山皆來朝. 寺基亦好. 大抵僧家寺基多是好處. 往往佛法入中國, 他們自會尋討. 今深山窮谷好處, 只得做僧寺. 若人家居, 必不可." 因言: "僧家虛誕. 向過雪峯, 見一僧云: '法堂上一木毬, 纔施主來做功德, 便會熱.' 某向他道: '和尙得恁不脫灑? 只要戀着這木毬要熱做甚?'" 因說"路當可向年十歲, 道人授以符印, 父兄知之, 取而焚之. 後來又自有." 漢卿云: "後來也疏脫." 先生曰: "人只了得每日與鬼做頭底, 是何如此無心得則鬼神服? 若是此心洞然, 無些子私累, 鬼神如何不服?"【賀孫 ○淳同.】

104) ▲: 問: "嘗問紫姑神"云云. 曰: "是我心中有, 故應得. 應不得者, 是心中亦不知曲折也."【方】

『朱子語類』 卷第四

「性理一」

「人物之性・氣質之性」

4:1 這幾箇字 自古聖賢上下數千年, 呼喚得都一般. 畢竟是聖學傳授不斷, 故能如此. 至春秋時, 此箇道理其傳猶未泯. 如劉 康公[1]論人受天地之中以生, 鄭 子産論伯有爲厲事, 其窮理煞精. 【廣】[2]

4:2 ▲[3]

4:3 天下無無性之物. 蓋有此物, 則有此性, 無此物, 則無此性. 【若海】

4:4 問: “五行均得太極否?” 曰: “均.” 問: “人具五行, 物只得一行?” 曰: “物亦具有五行, 只是得五行之偏者耳.” 【可學】

4:5 問: “性具仁・義・禮・智?” 曰: “此猶是說‘成之者, 性.’ 上面更有‘一陰一陽’, ‘繼之者, 善.’ 只一陰一陽之道, 未知做人做物, 已具是四者. 雖尋常昆虫之類皆有之, 只偏而不全, 濁氣間隔.” 【德明】

4:6 人物之生[4], 其賦形偏正, 固自合下不同. 然隨其偏正之中, 又

---

1) 康公: 孝宗刊本・成化本・賀本에서는 定公으로 되어 있다.
2) 這幾箇字 … 【廣】: 【附箋紙】 此條當刪.
3) ▲: 天之生物也, 一物與一無妄. 【大雅】

自有淸濁昏明之異.【僩】

4:7 物物運動蠢然, 若與人無異, 而人之仁・義・禮・智之粹然者, 物則無也.【當時所記, 改"人之""之"字爲"性"字, 姑[5]兩存之. ○節】

4:8 或問[6]: "人物之性一源, 何以有異?" 曰: "人之性論明暗, 物之性只是偏塞. 暗者可使之明, 已偏塞者不可使之通也. 橫渠言, 凡物莫不有是性, 由通蔽開塞, 所以有人物之別, 而卒謂塞者牢不可開, 厚者可以開而開之也難, 薄者開之也易是也." 又問: "人之習爲不善, 其溺已深者, 終不可復反矣." 曰: "勢極重者不可反, 亦在乎識之淺深與其用力之多寡耳."【大雅】

4:9 先生「答黃商伯書」有云: "論萬物之一原, 則理同而氣異, 觀萬物之異體, 則氣猶相近, 而理絶不同." 問: "'理同而氣異', 此一句是說方付與萬物之初, 以其天命流行, 只是一般, 故理同, 以其二五之氣有淸濁純駁, 故氣異. 下句是就萬物已得之後說, 以其雖有淸濁之不同, 而同此二五之氣, 故氣相近, 以其昏明開塞之甚遠, 故理絶不同. 『中庸』是論其方付之初, 『集注』是看其已得之後." 曰: "氣相近, 如知寒煖, 識饑飽, 好生惡死, 趨利避害, 人與物都一般. 理不同, 如蜂蟻之君臣, 只是他義上有一點子明, 虎狼之父子, 只是他仁上有一點子明, 其他更推不去. 恰似鏡子, 其他處都暗了, 中間只有一兩點子光. 大凡物事稟得一邊重, 便占了其他底. 如慈愛底人少斷制, 斷制之人多殘忍. 蓋仁多, 便遮了義, 義多, 便遮了那仁." 問: "所以婦人臨事多怕, 亦是氣偏了?" 曰: "婦人之仁, 只流從愛上去."【僩】

4:10 問: "人物皆稟天地之理以爲性, 皆受天地之氣以爲形. 若人品

---

4) 生: 萬曆本에서는 性으로 되어 있다.
5) 字, 姑: 『小分』에서는 姑字를 교정부호로 바로잡았다.
6) 或問: 『小分』에서는 問或을 교정부호로 바로잡았다.

之不同, 固是氣有昏明厚薄之異. 若在物言之, 不知是所稟之理便有不全耶? 亦是緣氣稟之昏蔽故如此耶?" 曰: "惟其所受之氣只有許多, 故其理亦只有許多. 如犬馬, 他這形氣如此, 故只會得如此事." 又問: "物物具一太極, 則是理無不全也." 曰: "謂之全亦可, 謂之偏亦可. 以理言之, 則無不全, 以氣言之, 則【士毅錄作"以不能推言之".】[7]不能無偏. 故呂與叔謂物之性有近人之性者,【如貓相乳之類. 『溫公集』載他家一貓, 又更差異.】 人之性有近物之性者."【如世上昏愚人. ○廣】

4:11 問: "氣質有昏濁不同, 則天命之性有偏全否?" 曰: "非有偏全. 謂如日月之光, 若在露地, 則盡見之, 若在蔀屋之下, 有所蔽塞, 有見有不見. 昏濁者是氣昏濁了, 故自蔽塞, 如在蔀屋之下. 然在人則蔽塞有可通之理, 至於禽獸, 亦是此性, 只被他形體所拘, 生得蔽隔之甚, 無可通處. 至於虎狼之仁, 豺獺之祭, 蜂蟻◇[8]義, 卻只通這些子, 譬如一隙之光. 至於獼猴, 形狀類人, 便最靈於他物, 只不會說話而已. 到得夷狄, 便在人與禽獸之間, 所以終難改."【螢】

4:12 性如日光, 人物所受之不同, 如隙竅之受光有大小也. 人物被形質局定了, 也是難得開廣. 如螻蟻如此小, 便只知得君臣之分而已.【僩】

4:13 或說: "人物性同." 曰: "人物性本同, 只氣稟異. 如水無有不清, 傾放白椀[9]中是一般色, 及放黑椀[10]中又是一般色, 放青椀[11]中又是一般色." 又曰: "性最難說, 要說同亦▲[12], 要說異亦得. 如隙中之日,

7) 則【士毅錄作"以不能推言之."】: 『朱子語類』에서는【士毅錄作"以不能推言之."】則으로 되어 있다.
8) ◇: 之
9) 椀: 成化本에서는 碗으로 되어 있다.
10) 椀: 成化本에서는 碗으로 되어 있다.
11) 椀: 成化本에서는 碗으로 되어 있다.
12) ▲: 得

隙之長短大小自是不同, 然卻只是此日."【夔孫】

4:14 人物之生, 天賦之以此理, 未嘗不同. 但人物之稟受, 自有異耳. 如一江水, 你將杓去取, 只得一杓. 將椀[13]去取, 只得一椀[14]. 至於一桶一缸, 各自隨器量不同, 故理亦隨以異.【僩】

4:15 問: "人則能推, 物則不能推." 曰: "謂物無此理, 不得. 只是氣昏, 一似都無了."【夔孫】

4:16 天地間非特人爲至靈, 自家心便是鳥獸草木之心, 但人受天地之中而生耳.【敬仲】

4:17 某有疑問呈先生曰: "人物之性, 有所謂同者, 又有所謂異者. 知其所◇[15]同, 又知其所以異, 然後可以論性矣. 夫太極動而二氣形, 二氣形而萬化生. 人與物俱本乎此, 則是其所謂同者, 而二氣五行, 絪縕交感, 萬變不齊, 則是其所謂異者. 同者, 其理也, 異者, 其氣也. 必得是理, 而後有以爲人物之性, 則其所謂同然者, 固不得而異也, 必得是氣, 而後有以爲人物之形, 則所謂異者, 亦不得而同也. 是以先生於『大學或問』因謂: '以其理而言之, 則萬物一原, 固無人物貴賤之殊, 以其氣而言之, 則得其正且通者爲人, 得其偏且塞者爲物, 是以或貴或賤而有所不能齊'者, 蓋以此也. 然其氣雖有不齊, 而得之以有生者, 在人物莫不皆有理, 雖有所謂同, 而得之以爲性者, 人則獨異於物. 故爲知覺而[16]運動者, 此氣也, 而[17]爲仁義爲禮智者, 此理也. 知覺運動, 人能之, 物亦能之, 而仁・義・禮・智, 則物固有之, 而豈能全之

13) 椀: 成化本에서는 碗으로 되어 있다.
14) 椀: 成化本에서는 碗으로 되어 있다.
15) ◇: 以
16) 而: 『朱子語類』에서는 爲로 되어 있다.
17) 而: 『朱子語類』에는 없다.

乎? 今告子乃欲指其氣而遺其理, 梏於其同者, 而不知其所謂異者, 此所以見闢於孟子, 而先生於『集注』◇[18]亦以爲: '以氣言之, 則知覺運動人物若不異, 以理言之, 則仁・義・禮・智之稟, 非物之所能全也.' 於此則言氣同而理異者, 所以見人之爲貴, 非物之所能並, 於彼則言理同而氣異者, 所以見太極之無虧欠, 而非有我之所得爲也. 以是觀之, 尙何疑哉? 有以『集注』・『或問』異同爲疑者, 答之如此, 未知是否?" 先生批云: "此一條論得甚分明. 昨晚朋友正有講及此者, 亦已略爲言之, 然不及此之有條理也."【枅陳自修名.】[19]

4:18 子晦問人物淸明昏濁之殊, 德輔因問: "堯・舜之氣常淸明沖和, 何以生丹朱・商均?" 曰: "氣偶然如此, 如瞽瞍生舜是也." 某曰: "瞽瞍之氣有時而淸明, 堯・舜之氣無時而昏濁." 先生答之不詳. 次日, 廖再問: "恐是天地之氣一時如此?" 曰: "天地之氣與物相通, 只借從人軀殼裏過來."【德輔】

4:19 問: "虎狼之父子, 蜂蟻之君臣, 豺獺之報本, 雎鳩之有別, 物雖得其一偏, 然徹頭徹尾得義理之正. 人合下具此天命之全體, 乃爲物欲・氣稟所昏, 反不能如物之能通其一處而全盡, 何也?" 曰: "物只有這一處通, 便卻專. 人卻事事理會得些, 便卻泛泛, 所以易昏."【銖】

4:20 虎遇藥箭而死, 也直去不回. 虎是剛勁之物, 便死得也公正.【僩】

4:21 有飛蛾[20]爭集于[21]燭而死, 指而示諸生曰: "此飛而亡者, 便是

---

18) ◇: 則
19) 【枅陳自修名.】: 『小分』에서는 원래 "自" 앞에 기호 "○"이 있었으나 붓으로 지웠다. 『朱子語類』에서는 【枅】으로 되어 있다.
20) 蛾: 成化本・賀本에서는 蟻로 되어 있다.
21) 于: 賀本에서는 於로 되어 있다.

屬陰, 便是'成之者, 性.' 莊子謂: '一受其成形, 不亡以待盡.'" 【道夫】

4:22 問: "人與物以氣稟之偏全而不同, 不知草木如何?" 曰: "草木之氣又別, 他都無知了." 【廣】

4:23 一草◇[22]木, 皆天地和平之氣. 【人傑】

4:24 "天下之物, 至微至細者, 亦皆有心, 只是有無知覺處爾. 且如一草一木, 向陽處便生, 向陰處便憔悴, 他有箇好惡在裏. 至大而天地, 生物[23]許多萬物, 運轉流通, 不停一息, 四時晝夜, 恰似有箇物事積踏恁地去. 天地自有箇無心之心. 「復」卦一陽生於下, 這便是生物之心. 又如所謂'惟皇上帝降衷於下民'·'天道福善禍淫', 這便自分明有箇◇[24]在裏主宰相似. 心是他本領, 情是他箇意思." 又問: "如何見天地之情?" 曰: "人正大, 便也見得天地之情正大. 天地只是正大, 未嘗有些子邪處, 未嘗有些子小處." ▲[25] 【道夫】

4:25 徐子融以書問[26]: "枯槁之中, 有性有氣, 故附子熱, 大黃寒, 此[27]性是氣質之性?" ◇[28] 性卽是理. 有性卽有氣, 是他稟得許多氣, 故亦只有許多理." 才卿謂有性無仁. 先生曰: "此說亦是. 是他元不曾稟得此道理. 惟人則得其全. 如動物, 則又近人之性矣. 故呂氏云: '物有近人之性, 人有近物之性.' 蓋人亦有昏愚之甚者. 然動物雖有知覺,

---

22) ◇: 一
23) 物: 『朱子語類』에서는 出로 되어 있다.
24) ◇: 人
25) ▲: 又曰: "且如今言藥性熱, 藥何嘗有性, 只是他所生恁地."
26) 徐子融以書問: 徽州本에서는 徐子融, 名昭然, 鉛山人. 以書問. 先生云으로 되어 있다.
27) 此: 徽州本에서는 이 앞에 子融謂가 더 있다.
28) ◇: 陳才卿謂: "卽是本然之性." 先生曰: "子融認知覺爲性, 故以此爲氣質之性.

才死, 則其形骸便腐壞, 植物雖無知覺, 然其質卻堅久難壞."【廣】

4:26 問: "曾見「答余方叔書」, 以爲枯槁有理. 不知枯槁瓦礫, 如何有理?" 曰: "且如大黃・附子, 亦是枯槁. 然大黃不可爲附子, 附子不可爲大黃."【節】

4:27 問: "枯槁之物亦有性, 是如何?" 曰: "是[29]他合下有此理, 故云天下無性外之物." 因行街, 云: "階磚便有磚之理." 因坐, 云: "竹倚[30]便有竹倚[31]之理. 枯槁之物, 謂之無生意, 則可, 謂之無生理, 則不可. 如朽木無所用, 止可付之爨竈, 是無生意矣. 然燒甚麽木, 則是甚麽氣, 亦各不同, 這是理元如此."【賀孫】

4:28 問: "枯槁有理否?" 曰: "才有物, 便有理. 天不曾生箇筆, 人把兔毫來做筆. 才有筆, 便有理." 又問: "筆上如何分仁義?" 曰: "小小底, 不消恁地分仁義."【節】

4:29 問: "理是人物同得於天者. 如物之無情者, 亦有理否?" 曰: "固是有理, 如舟只可行之於水, 車只可行之於陸."【祖道】

4:30 ▲[32]

4:31 草木都是得陰[33]氣, 走飛都是得陽氣. 各分之, 草是得陰氣, 木是得陽氣, 故草柔而木堅, 走獸是得陰氣, 飛鳥是得陽氣, 故獸伏草而

29) 是: 徽州本에서는 이 앞에 性이 더 있다.
30) 倚: 成化本・賀本에서는 椅로 되어 있다.
31) 倚: 成化本・賀本에서는 椅로 되어 있다.
32) ▲: 李通云: "在陸者不可以入水, 在水者不可以居陸. 在陸者陽多而陰少, 在水者陰多而陽少. 若出水入陸, 則龜獺之類是也."【端蒙】
33) 得陰: 『小分』에서는 陰得을 교정부호로 바로잡았다.

鳥捿木. 然獸又有得陽氣者, 如猿猴之類是也, 鳥又有得陰氣者, 如雉鵰之類是也. 唯草木都是得陰氣, 然卻有陰中陽・陽中陰者.【端蒙】

4:32 ▲[34)]

4:33 問: "動物有知, 植物無知, 何也?" 曰: "動物有血氣, 故能知. 植物雖不可言知, 然一般生意亦可黙見. 若戕賊之, 便枯悴不復悅懌【池本作"澤".】, 亦似有知者. 嘗觀一般花樹, 朝日照曜之時, 欣欣向榮, 有這生意, 皮包不住, 自迸出來, 若枯枝老葉, 便覺憔悴, 蓋氣行已過也." 問: "此處見得仁意否?" 曰: "只看戕賊之便彫瘁, 亦是義底意思." 因擧康節云: "植物向下,【頭向下.】'本乎地者親下', 故濁, 動物向上,【人頭向上.】'本乎天者親上', 故淸. 獼猴之類能如人立, 故特靈怪, 如鳥獸頭多橫生, 故有知・無知相半."【德明 ○銖錄云: "'本乎天者親上', 凡動物首向上, 是親乎上, 人類是也. '本乎地者親下', 凡植物本向下, 是親乎下, 草木是也. 禽獸首多橫, 所以無智. 此康節說."】

4:34 純叟言: "枇杷具四時之氣. 秋結蓓[35)]蕾, 冬花, 春實, 夏熟. 才熟後, 又結蓓[36)]蕾." 先生顧謂德明曰: "如此看去."【意[37)]謂生理循環也. ○德明】

4:35 冬間花難謝. 如水仙, 至脆弱, 亦耐久, 如梅花蠟梅, 皆然. 至春花則易謝. 若夏間花, 則尤甚矣. 如葵榴荷花, 只開得一日. 必竟冬時其氣貞固, 故難得謝. 若春夏間, 才發便發盡了, 故不能久. 又云: "大凡花頭大者易謝, 果實亦然. 如梨樹, 極易得衰, 將死時, 須猛結一年實了死, 此亦是氣將脫也."【廣】

---

34) ▲: 問: "物有夏秋間生者." 曰: "生得較遲, 他又自有箇小四時."【方子】
35) 蓓: 賀本에서는 菩로 되어 있다.
36) 蓓: 賀本에서는 菩로 되어 있다.
37) 意: 徽州本에서는 이 앞에 去字疑是生字恐只是去字絶句가 더 있다.

4:36 看茄子內一粒, 是箇生性.【方】

4:37 ▲[38]

4:38 語厚之: "昨晚說'造化爲性', 不是. 造化已是形而下, 所以造化之理是形而上." 蜚卿問: "'純亦不已', 是理? 是氣?" 曰: "是理. '天命之謂性', 亦是理. 天命, 如君之命令, 性, 如受職於君, 氣, 如有能守職者, 有不能守職者." 某問: "'天命之謂性', 只是主理言. 才[39]說命, 則氣亦在其間矣. 非氣, 則何以爲人物? 理何所受?" 曰: "極是極是. 子思且就總會處言, 此處最好看."【可學】

4:39 因看替等說性, 曰: "論性, 要須先識得性是箇甚麼樣物事.【必大錄此下云: "性畢竟無形影, 只是心中所有底道理是也."】 程子'性卽理也', 此說最好. 今且以理言之, 畢竟卻無形影, 只是這一箇道理. 在人, 仁・義・禮・智, 性也. 然四者有何形狀, 亦只是有如此道理. 有如此道理, 便做得許多事出來, 所以能惻隱・羞惡・辭遜・是非也. 譬如論藥性, 性寒・性熱之類, 藥上亦無討這形狀處. 只是服了後, 卻做得冷做得熱底, 便是性, 便只是仁・義・禮・智. 孟子說: '仁・義・禮・智根於心.' 如曰'惻隱之心', 便是心上說情." 又曰: "邵堯夫說: '性者, 道之形體, 心者, 性之郛郭.' 此說甚好. 蓋道無形體, 只性便是道之形體. 然若無箇心, 卻將性在甚處? 須是有箇心, 便收拾得這性, 發用出

---

38) ▲: 問: "命之不齊, 恐不是眞有爲之賦予如此. 只是二氣錯綜參差, 隨其所値, 因各不齊. 皆非人力所與, 故謂之天所命否?" 曰: "只是從大原中流出來, 模樣似恁地, 不是眞有爲之賦予者. 那得箇人在上面分付這箇!『詩』・『書』所說, 便似有箇人在上恁地, 如'帝乃震怒'之類. 然這箇亦只是理如此. 天下莫尊於理, 故以帝名之. '惟皇上帝降衷於下民', 降, 便有主宰意." 問: "'大哉, 乾元! 萬物資始. 乾道變化, 各正性命.' 萬物盈乎兩間, 生生不窮, 日往則月來, 寒往則暑來, 風雷之所以鼓動, 山川之所以流峙, 皆蒼蒼者實有以主其造化之權邪? 抑只是太極爲萬化樞紐, 故萬物自然如此?" 曰: "此與前只一意."【淳 ○以下論氣質之性.】

39) 才: 成化本・賀本에서는 纔으로 되어 있다.

來. 蓋性中所有道理, 只是仁・義・禮・智, 便是實理. 吾儒以性爲實, 釋氏以性爲空. 若是指性來做心說, 則不可. 今人往往以心來說性, 須是先識得, 方可說.【必大錄云: "若指有知覺者爲性, 只是說得'心'字."】 如有天命之性, 便有氣質. 若以天命之性爲根於心, 則氣質之性又安頓在何處? 謂如'人心惟危, 道心惟微', 都是心, 不成只道心是心, 人心不是心." 又曰: "喜怒哀樂未發之時, 只是渾然, 所謂氣質之性亦皆在其中. 至於喜怒哀樂, 卻只是情." 又曰: "只管說出語言, 理會得. 只見事多, 卻不如都不理會得底." 又曰: "然亦不可含胡[40], 亦要理會得箇名義著落."【螢 ○人傑・必大錄少異.】

4:40 "'天命之謂性.' 命, 便是告劄之類, 性, 便是合當做底職事. 如主簿銷注, 縣尉巡捕. 心, 便是官人, 氣質, 便是官人所習尙, 或寬或猛. 情, 便是當廳處斷事, 如縣尉捉得賊. 情便是發用處. 性只是仁・義・禮・智. 所謂天命之與氣質, 亦相滾[41]同. 才有天命, 便有氣質, 不能相離. 若闕一, 便生物不得. 旣有天命[42], 須是有此氣, 方能承當得此理. 若無此氣, 則此理如何頓放?【必大錄此云: "有氣質之性, 無天命之性, 亦做人不得, 有天命之性, 無氣質之性, 亦做人不得."】 天命之性, 本未嘗偏. 但氣質所稟, 卻有偏處, 氣有昏明厚薄之不同. 然仁・義・禮・智, 亦無闕一之理. 但若惻隱多, 便流爲姑息柔懦, 若羞惡多, 便有羞惡其所不當羞惡者. 且如言光, 必有鏡, 然後有光, 必有水, 然後有光. 光便是性, 鏡・水便是氣質. 若無鏡與水, 則光亦散矣. 謂如五色, 若頓在黑多處, 便都黑了, 入在紅多處, 便都紅了, 卻看你稟得氣如何, 然此理卻只是善. 旣是此理, 如何得惡? 所謂惡者, 卻是氣也. 孟子之論, 盡是說性善. 至有不善, 說是陷溺, 是說其初無不善, 後來方有不善耳. 若如此, 卻似'論性不論氣', 有些不備. 卻得程氏說出氣質來接一接, 便接得有首尾, 一齊圓備了." 又曰: "才又在氣質之下. 如退之

---

40) 胡: 孝宗刊本・成化本・賀本에서는 糊로 되어 있다.
41) 滾: 孝宗刊本・成化本・賀本에서는 袞으로 되어 있다.
42) 天命: 『小分』에서는 命天을 교정부호로 바로잡았다.

說三品等, 皆是論氣質之性, 說得儘好. 只是不合[43]不說破箇氣質之性, 卻只是做性說時, 便不可. 如三品之說, 便分將來, 何止三品? 雖千百可也. 若荀·揚則是'論氣而不論性', 故不明. 既不論性, 便卻將此理來昏了." 又曰: "「皐陶謨」中所論'寬而栗'等九德, 皆是論反[44]氣質之意, 只不曾說破氣質耳." 伯豐曰: "匡衡疏中說治性之道, 亦是說氣質." 螢謂: "'寬而栗'等, '而'下一字便是工[45]夫." 先生皆然之. 或問: "若是氣質不善, 可以變否?" 曰: "須是變化而反之. 如'人一己百, 人十己千', 則'雖愚必明, 雖柔必强.'" 【螢】

4:41 人之所以生, 理與氣合而已. 天理固浩浩不窮, 然非是氣, 則雖有是理而無所湊泊, 故必二氣交感, 凝結生聚, 然後是理有所附著. 凡人之能言語動作, 思慮營爲, 皆氣也, 而理存焉, 故發而爲孝·弟·忠·信·仁·義·禮·智, 皆理也. 然而二氣五行, 交感萬變, 故人物之生, 有精粗之不同. 自一氣而言之, 則人物皆受是氣而生, 自精粗而言, 則人得其氣之正且通者, 物得其氣之偏且塞者. 惟人得其正, 故是理通而無所塞, 物得其偏, 故是理塞而無所知. 且如人, 頭圓象天, 足方象地, 平正端直, 以其受天地之正氣, 所以識道理, 有知識. 物受天地之偏氣, 所以禽獸橫生, 草木頭生向下, 尾反在上. 物之間有知者, 不過只通得一路, 如烏之知孝, 獺之知祭, 犬但能守禦, 牛但能耕而已. 人則無不知, 無不能. 人所以與物異者, 所爭者此耳. 然就人之所稟而言, 又有昏明淸濁之異, 故上知生知之資, 是氣淸明純粹, 而無一毫昏濁, 所以生知安行, 不待學而能, 如堯·舜是也. 其次則亞於生知, 必學而後知, 必行而後至. 又其次者, 資稟既偏, 又有所蔽, 須是痛加工夫, "人一己百, 人十己千.", 然後方能及亞於生知者. 及進而不已, 則成功一也. ▲[46] 【僩】

---

43) 不合: 『小分』에서는 合不을 교정부호로 바로잡았다.
44) 反: 萬曆本에서는 及으로 되어 있다.
45) 工: 成化本·賀本에서는 功으로 되어 있다.
46) ▲: 孟子曰: "人之所以異於禽獸者幾希." 人物之所以異, 只是爭這些子. 若更不

4:42 問氣質之性. 曰: "纔說性時, 便有些氣質在裏. 若無氣質, 則這性亦無安頓處. 所以繼之者只說得善, 到成之者便是性."【榦】

4:43 性只是理. 然無那天氣地質, 則此理沒安頓處. 但得氣之淸明則不蔽錮, 此理順發出來. 蔽錮少者, 發出來天理勝, 蔽錮多者, 則私欲勝, 便見得本原之性無有不善. 孟子所謂性善, 周子所謂純粹至善, 程子所謂性之本, 與夫反本窮源之性是也. 只被氣質有昏濁, 則隔了, 故"氣質之性, 君子有弗[47]性者焉. 學以反之, 則天地之性存矣." 故說性, 須兼氣質說方備.【端蒙】

4:44 天命之性, 若無氣質, 卻無安頓處. 且如一勺水, 非有物盛之, 則水無歸著. 程子云: "論性不論氣, 不備, 論氣不論性, 不明, 二之則不是." 所以發明千古聖賢未盡之意, 甚爲有功. 大抵此理有未分曉處, 秦・漢以來傳記所載, 只是說夢. 韓退之略近似. 千有餘年, 得程先生兄弟出來, 此理益明. 且如唐 劉知幾之子云: "注述六經之旨, 世俗滔滔[48], 知我者希." 不知其書如何說, 想亦是擔當不得. 如果能曉得此理, 如何不與大家知?【賀孫】

4:45 性只是理. 氣質之性, 亦只是這裏出. 若不從這裏出, 有甚歸著. 如云"人心惟危, 道心惟微", 道心固是心, 人心亦心也. 橫渠言: "心統性情."【人傑】

4:46 論天地之性, 則專指理言, 論氣質之性, 則以理與氣雜而言之. 未有此氣, 已有此性. 氣有不存, 而性卻常在. 雖其方在氣中, 然氣自

能存得, 則與禽獸無以異矣. 某年十五六時, 讀『中庸』"人一己百, 人十己千"一章, 因見呂與叔解得此段痛快, 讀之未嘗不竦然警厲奮發. 人若有向學之志, 須是如此做工夫方得.

47) 有弗: 『小分』에서는 弗有를 교정부호로 바로잡았다.

48) 滔滔: 成化本・賀本에서는 陶陶로 되어 있다.

是氣, 性自是性, 亦不相夾雜. 至論其偏[49]體於物, 無處不在, 則又◇[50]論氣之精粗, 莫不有是理.

4:47 性非氣質, 則無所寄, 氣非天性, 則無所成.【道夫】

4:48 蜚卿問氣質之性. 曰: "天命之性, 非氣質則無所寓. 然人之氣稟有淸濁偏正之殊, 故天命之正, 亦有淺深厚薄之異, 要亦不可不謂之性. 舊見病翁云: '伊川言氣質之性, 正猶佛書所謂〈水中鹽味, 色裏膠淸〉.'" 又問: "孟子言性, 與伊川如何?" 曰: "不同. 孟子是剔出而言性之本, 伊川是兼氣質而言, 要之不可離也, 所以程子云: '論性不論氣, 不備, 論氣不論性, 不明', 而某於『太極解』亦云: '所謂太極者, 不離乎陰陽而爲言, 亦不雜乎陰陽而爲言.'"【道夫 ○閎祖錄云: "氣稟之偏難除. 釋氏云, '如水中鹽, 色中膠', 取不出也. 病翁愛說此."】

4:49 性卽理也. 當然之理, 無有不善者. 故孟子之言性, 指性之本而言. 然必有所依而立, 故氣質之稟不能無淺深厚薄之別. 孔子曰"性相近也", 兼氣質而言.【砥】

4:50 ▲[51]

4:51 人所稟之氣, 雖皆是天地之正氣, 但滾[52]來滾[53]去, 便有昏明厚薄之異. 蓋氣是有形之物. 才是有形之物, 便自有美有惡也.【廣】

4:52 氣質之性, 便只是天地之性. 只是這箇天地之性卻從那裏過.

49) 徧: 成化本에서는 遍으로 되어 있다.
50) ◇: 不
51) ▲: 天地間只是一箇道理. 性便是理. 人之所以有善有不善, 只緣氣質之稟各有淸濁.【去僞】
52) 滾: 孝宗刊本・成化本・賀本에서는 袞으로 되어 있다.
53) 滾: 成化本・賀本에서는 袞으로 되어 있다.

好底性如水, 氣質之性如殺些醬與鹽, 便是一般滋味.【僩】

4:53 ▲[54]

4:54 問: "理無不善, 則氣胡爲有清濁之殊?" 曰: "才說著氣, 便自有寒有熱, 有香有臭."【儒用】

4:55 二氣五行, 始何嘗不正? 只滾[55]來滾[56]去, 便有不正.【如陽爲剛躁[57], 陰爲重濁之類. ○士毅】

4:56 氣升降, 無時止息. 理只附氣. 惟氣有昏濁, 理亦隨而間隔.【德明】

4:57 ▲[58]

4:58 ▲[59]

---

54) ▲: 問: "天理變易無窮. 由一陰一陽, 生生不窮. '繼之者善', 全是天理, 安得不善? 孟子言性之本體以爲善者是也. 二氣相軋相取, 相合相乖, 有平易處, 有傾側處, 自然有善有惡. 故稟氣形者有惡有善, 何足怪? 語其本則無不善也." 曰: "此卻無過." 丁復之曰, "先生解『中庸』大本"云云. 曰: "旣謂之大本, 只是理善而已. 才說人欲, 便是氣也, 亦安得無本? 但大本中元無此耳."【大雅】

55) 滾: 孝宗刊本·成化本·賀本에서는 袞으로 되어 있다.

56) 滾: 孝宗刊本·成化本·賀本에서는 袞으로 되어 있다.

57) 躁: 賀本에서는 燥로 되어 있다.

58) ▲: 人性本善, 無許多不美, 不知那許多不美是甚麽物事.【振】

59) ▲: 問: "趙書記一日問浩: '如何是性?' 浩對以伊川曰: '孟子言"性善", 是極本窮原之性, 孔子言"性相近", 是氣質之性.' 趙云: '安得有兩樣? 只有『中庸』說〈天命之謂性〉, 自分明.'" 曰: "公當初不曾問他: '旣謂之善, 固無兩般. 才說相近, 須有兩樣.' 便自說不得." 因問: "'天命之謂性', 還是極本窮原之性? 抑氣質之性?" 曰: "是極本窮原之性. 天之所以命, 只是一般, 緣氣質不同, 遂有差殊. 孟子分明是於人身上挑出天之所命者說與人, 要見得本原皆善."【浩】

4:59 人之性皆善, 然而有生下來善底, 有生下來便惡底, 此是氣稟不同. 且如天地之運, 萬端而無窮, 其可見者, 日月淸明氣候和正之時, 人生而稟此氣, 則爲淸明渾厚之氣, 須做箇好人, 若是日月昏暗, 寒暑反常, 皆是天地之戾氣, 人若稟此氣, 則爲不好底人, 何疑? 人之爲學, 卻是要變化氣稟, 然極難變化. 如"孟子道性善", 不言氣稟, 只言"人皆可以爲堯·舜." 若勇猛直前, 氣稟之徧[60]自消, 功夫自成, 故不言氣稟. 看來吾性旣善, 何故不能爲聖賢, 卻是被這氣稟害? 如氣稟偏於剛, 則一向剛暴, 偏於柔, 則一向柔弱之類. 人一向推托道氣稟不好, 不向前, 又不得, 一向不察氣稟之害, 只昏昏地去, 又不得. 須知氣稟之害, 要力去用功克治, 裁其勝而歸於中乃可. 濂溪云: "性者, 剛柔善惡中而已. 故聖人立敎, 俾人自易其惡, 自至其中而止矣." 責沈言: "氣質之用狹, 道學之功大."【璘】

4:60 ▲[61] "孟子言'性善', 伊川謂是'極本窮原之性', 孔子言: '性相近', 伊川謂是'氣質之性', 固已曉然. 『中庸』所謂'天命之謂性', 不知是極本窮原之性, 是氣質之性." 曰: "性也只是一般. 天之所命, 何嘗有異? 正緣氣質不同, 便有不相似處, 故孔子謂之'相近.' 孟子恐人謂性元來不相似, 遂於氣質內挑出天之所命者說與人, 道性無有不善, 卽子思所謂'天命之謂性'也."【浩】

4:61 問: "孔子已說'繼之者, 善, 成之者, 性', 如何人尙未知性? 到孟◇[62]方才說出, 到周先生方說得盡?" 曰: "孔子說得細膩, 說不曾了. 孟子說得麤, ◇[63]疎略. 孟子不曾推原原頭, 不曾說上面一截, 只是說'成之者, 性'也."【義剛】

---

60) 徧: 『朱子語類』에서는 偏으로 되어 있다. 『小分』의 오류이다.
61) ▲: 問:
62) ◇: 子
63) ◇: 說得

4:62 ▲[64]

4:63 ▲[65]

4:64 亞夫[66]問: "氣質之說, 起[67]於何人?" 曰: "此起於張·程. 某以爲極有功於聖門, 有補於後學, 讀之使人深有感於張·程, 前此未曾有人說到此. 如韓退之「原性」中說三品, 說得也是, 但不曾分明說是氣質之性耳. 性那裏有三品來? 孟子說性善, 但說得本原處, 下面卻不曾說得氣質之性, 所以亦費分疏. 諸子說性惡與善惡混. 使張·程之說早出, 則這許多說話自不用紛爭. 故張·程之說立, 則諸子之說泯矣." 因擧橫渠: "形而後有氣質之性. 善反之, 則天地之性存焉. 故氣質之性, 君子有弗性者焉." 又擧明道云: "論性不論氣, 不備, 論氣不論性, 不明, 二之則不是." 且如只說箇仁·義·禮·智是性, 世間卻有生出來便無狀底, 是如何? 只是氣稟如此. 若不論那氣, 這道理便不周匝, 所以不備. 若只論氣稟, 這箇善, 這箇惡, 卻不論那一原處只是這箇道理, 又卻不明. 此自孔子·曾子·子思·孟子理會得後, 都無人說這道理. 謙之問: "天地之氣, 當其昏明駁雜之時, 則其理亦隨而昏明駁雜否?" 曰: "理卻只恁地, 只是氣自如此." 又問: "若氣如此, 理不如此, 則是理與氣相離矣!" 曰: "氣雖是理之所生, 然既生出, 則理管他不得. 如這理寓於氣了, 日用間運用都由這箇氣, 只是氣強理弱. 譬如大禮赦文, 一時將稅都放了相似, 有那村知縣硬自捉縛須要他納,

---

64) ▲: 孟子言性, 只說得本然底, 論才亦然. 荀子只見得不好底, 揚子又見得半上半下底, 韓子所言卻是說得稍近. 蓋荀·揚說既不是, 韓子看來端的見有如此不同, 故有三品之說. 然惜其言之不盡, 少得一箇"氣"字耳. 程子曰: "論性不論氣, 不備, 論氣不論性, 不明." 蓋謂此也.【力行】

65) ▲: 孟子未嘗說氣質之性. 程子論性所以有功於名教者, 以其發明氣質之性也. 以氣質論, 則凡言性不同者, 皆冰釋矣. 退之言性亦好, 亦不知氣質之性耳.【人傑】

66) 亞夫: 賀本에서는 道夫로 되어 있다.

67) 起: 賀本에서는 始로 되어 있다.

緣被他近了, 更自叫上面不應, 便見得那氣麤而理微. 又如父子, 若子不肖, 父亦管他不得. 聖人所以立教, 正是要救這些子."【時擧 ○枅錄云: "問: '天地之性旣善, 則氣稟之性如何不善?' 曰: '理固無不善, 纔賦於氣質, 便有淸濁·偏正·剛柔·緩急之不同. 蓋氣强而理弱, 理管攝他不得. 如父子本是一氣, 子乃父所生, 父賢而子不肖, 父也管他不得. 又如君臣同心一體, 臣乃君所命, 上欲行而下沮格, 上之人亦不能一一去督責得他.'"】

4:65 問: "人之德性本無不備, 而氣質所賦鮮有不偏. 將性對'氣'字看, 性卽是此理. 理無不善者, 因墮在形氣中, 故有不同. 所謂氣質之性者, 是如此否?" 曰: "固是. 但氣稟偏, 則理亦欠闕了." 問: "'德不勝氣, 性命於氣, 德勝其氣, 性命於德.' 所謂勝者, 莫是指人做處否?" 曰: "固是." 又問: "'性命於氣', 是性命都由氣, 則[68]性不能全其本然, 命不能順其自然, '性命於德', 是性命都由德, 則性能全天性, 命能順天理否?" 曰: "固是." 又問: "橫渠論氣質之性, 卻分曉. 明道'生之謂性'一章卻難曉." 曰: "它中間性有兩三說, 須子細看." 問云: "'生之謂性', 它這一句, 且是說稟受處否?" 曰: "是. 性卽氣, 氣卽性, 它這且是袞說, 性便是理, 氣便是氣, 是未分別說. 其實理無氣, 亦無所附." 又問: "'人生氣稟, 理有善惡云云, 善固性也, 然惡亦不可不謂之性也.' 看來'善固性也'固是. 若云'惡亦不可不謂之性', 則此理本善, 因氣而鶻突, 雖是鶻突, 然亦是性也." 曰: "它原頭處都是善, 因氣偏, 這性便偏了. 然此處亦是性. 如人渾身都是惻隱而無羞惡, 都羞惡而無惻隱, 這箇便是惡德. 這箇喚做性耶[69]不是? 如墨子之心本是惻隱, 孟子推其弊, 到得無父處, 這箇便是'惡亦不可不謂之性▲[70].'" 又問: "'生之謂性, 人生而靜以上云云, 便已不是性也.' 看此幾句, 是人物未生以前, 說性不得. '性'字是人物已生, 方著得'性'字. 故才說性, 便是落於氣, 而非性之本體矣." 曰: "它這是合理氣一袞說. 到孟子說性, 便是從中間斡

---

68) 則: 『小分』에서는 원래 氣則으로 되어 있었으나 氣를 붓으로 지웠다.
69) 耶: 『朱子語類』에서는 邪로 되어 있다.
70) ▲: 也

出好底說, 故謂之善.” 又問: “‘所謂〈繼之者善〉者, 猶水流而就下也. 皆水也, 有流而至海’云云.” 曰: “它這是兩箇譬喩. 水之就下處, 它這下更欠言語, 要須爲它作文補這裏, 始得. 它當時只是衮說了. 蓋水之就下, 便是喩性之善. 如孟子所謂‘過顙・在山’, 雖不是順水之性, 然不謂之水不得. 這便是前面‘惡亦不可不謂之性’之說. 到得說水之淸, 卻依舊是譬喩.” 問: “它後面有一句說, ‘水之淸則性善之謂也’, 意卻分曉.” 曰: “固是. 它這一段說得詳了.” 又問: “‘此理天命也.’ 它這處方提起以此理說, 則[71]是純指上面天理而言, 不雜氣說.” 曰: “固是.” 又曰: “理離氣不得, 而今講學用心著力, 卻是用這氣去尋箇道理.”【夔孫】

4:66 先生言氣質之性, 曰: “性譬之水, 本皆淸也. 以淨器盛之, 則淸, 以不淨之器盛之, 則臭, 以汙泥之器盛之, 則濁. 本然之淸, 未嘗不在. 但旣臭濁, 猝難得便淸. 故‘雖愚必明, 雖柔必强’, 也煞用氣力, 然後能至. 某嘗謂「原性」一篇本好, 但言三品處, 欠箇‘氣’字, 欠箇來歷處, 卻成天合下生出三般人相似. 孟子性◇[72], 似也少箇‘氣’字.”【砥 ○伯羽錄云: “大抵孟子說話, 也間或有些子不覩是處. 只被他才高, 當時無人抵得他. 告子口更不曾得開.”】

4:67 性如水, 流於淸渠則淸, 流入汙渠則濁. 氣質之淸者・正者, 得之則全, 人是也, 氣質之濁者・偏者, 得之則昧, 禽獸是也. 氣有淸濁, 則人[73]得其淸者, 禽獸則得其濁者. 人大體本淸, 故異於禽獸, 亦有濁者, 則去禽獸不遠矣.【節】

4:68 有是理而後有是氣, 有是氣則必有是理. 但稟氣之淸者, 爲聖爲賢, 如寶珠在淸冷水中, 稟氣之濁者, 爲愚爲不肖, 如珠在濁水中.

71) 則: 『小分』에서는 得을 則으로 고쳤다.
72) ◇: 善
73) 則人: 賀本에서는 人則으로 되어 있다.

所謂“明明德”者, 是就濁水中揩拭此珠也. 物亦有是理, 又如寶珠落在至汙濁處, 然其所稟亦間有些明處, 就上面便自不昧. 如虎狼之父子, 蜂蟻之君臣, 豺獺之報本, 雎鳩之有別, 曰“仁獸”曰“義獸”是也.【儒用】

4:69 “理在氣中, 如一箇明珠在水裏. 理在淸底氣中, 如珠在那淸底水裏面, 透底都明, 理在濁底氣中, 如珠在那濁底水裏面, 外面更不見光明處.” 問: “物之塞得甚者, 雖有那珠, 如在深泥裏面, 更取不出.” 曰: “也是如此.”【胡泳】

4:70 “敬子謂: ‘性所發時, 無有不善, 雖氣稟至惡者亦然. 但方發之時, 氣一乘之, 則有善有不善耳.’ 僩以爲人心初發, 有善有惡, 所謂‘幾善惡’也. 初發之時本善而流入於惡者, 此固有之. 然亦有氣稟昏愚之極, 而所發皆不善者, 如子越椒之類是也. 且以中人論之, 其所發之不善者, 固亦多矣. 安得謂之無不善邪?” 曰: “不當如此說, 如此說得不是. 此只當以人品賢愚淸濁論. 有合下發得善底, 也有合下發得不善底, 也有發得善而爲物欲所奪, 流入於不善底. 極多般樣. 今有一樣人, 雖無事在這裏坐, 他心裏也只思量要做不好事, 如蛇虺相似, 只欲咬人. 他有甚麼發得善? 明道說水處最好. 皆水也, 有流而至海, 終無所汚, 有流而未遠, 固已漸濁, 有流而甚遠, 方有所濁. 有濁之多者・濁之少者. 只可如此說.”【僩】

4:71 ▲[74]

4:72 問: “季通主張氣質太過.” 曰: “形質也是重. 且如水之氣, 如何似長江大河, 有許多洪流. 金之氣, 如何似一塊鐵恁地硬. 形質也是重. 被此生壞了後, 理終是拗不轉來.” 又曰: “孟子言‘人所以異於禽獸

---

74) ▲: 或問氣稟有淸濁不同. 曰: “氣稟之殊, 其類不一, 非但‘淸濁’二字而已. 今人有聰明, 事事曉者, 其氣淸矣, 而所爲未必皆中於理, 則是其氣不醇也. 有謹厚忠信者, 其氣醇矣, 而所知未必皆達於理, 則是其氣不淸也. 推此求之可見.”

者幾希', 不知人何故與禽獸異." 又言: "'犬之性猶牛之性, 牛之性猶人之性與?' 不知人何故與牛·犬異. 此兩處似欠中間一轉語. 須著說是形氣不同, 故性亦少異, 始得. 恐孟子見得人性同處, 自是分曉直截, 卻於這些子未甚察." 又曰: "了翁[75]云: '氣質之用狹, 道學之功大.' 與季通說正相反. 若論其至, 不可只靠一邊. 如了翁之說, 則何故自古只有許多聖賢? 如季通之說, 則人皆委之於生質, 更不修爲. 須是看人工夫[76]多少如何. 若工夫[77]未到, 則氣質之性不得不重. 若工夫[78]至, 則氣質豈得不聽命於義理? 也須著如此說, 方盡."【閎祖】

4:73 人性雖同, 稟氣不能無偏重. 有得木氣重者, 則惻隱之心常多, 而羞惡·辭遜·是非之心爲其所塞而不發, 有得金氣重者, 則羞惡之心常多, 而惻隱·辭遜·是非之心爲其所塞而不發. 水火亦然. 唯陰陽合德, 五性全備, 然後中正而爲聖人也.【閎祖】

4:74 性有偏者. 如得木氣多者, 仁較多, 金氣多者, 義較多.【揚】

4:75 先生曰: "人有[79]敏於外而內不敏, 又有敏於內而外不敏, 如何?" 曰: "莫是稟氣強弱?" 曰: "不然. 『淮南子』曰: '金水內明, 日火外明.' 氣偏於內, 故內明, 氣偏於外, 則外明."【可學】

4:76 "氣稟所拘, 只通得一路, 極多樣. 或厚於此而薄於彼, 或通於彼而塞於此. 有人能盡通天下利害而不識義理, 或工於百工技藝而不解讀書. 如虎豹只知父子, 蜂蟻只知君臣. 惟人亦然, 或知孝於親而薄於他人. 如明皇友愛諸弟, 長枕大被, 終身不變, 然而爲君則殺其臣,

75) 了翁: 徽州本에서는 이 앞에 陳이 더 있다.
76) 工夫: 成化本·賀本에서는 功夫로 되어 있다.
77) 工夫: 成化本·賀本에서는 功夫로 되어 있다.
78) 工夫: 成化本·賀本에서는 功夫로 되어 있다.
79) 人有: 『小分』에서는 有人을 교정부호로 바로잡았다.

爲父則殺其子, 爲夫則殺其妻, 便是有所通, 有所蔽. 是他性中只通得一路, 故於他處皆礙, 也是氣稟, 也是利害昏了." 又問: "以堯爲父而有丹朱, 以鯀爲父而有禹, 如何?" 曰: "這箇又是二氣・五行交際運行之際有淸濁, 人適逢其會, 所以如此. ◇[80]算命推五星[81]陰陽交際之氣, 當其好者則質美, 逢其惡者則不肖, 又非人之氣所能與也."【僩】

4:77 問: "人有强弱, 由氣有剛柔, 若人有技藝之類, 如何?" 曰: "亦是氣. 如今人看五行, 亦推測得些小." 曰: "如才不足人, 明得理, 可爲否?" 曰: "若明得盡, 豈不可爲? 所謂'克念作聖'是也, 然極難. 若只明得一二, 如何做得?" 曰: "溫公論才德如何?" 曰: "他便專把朴者爲德. 殊不知聰明・果敢・正直・中和, 亦是才, 亦是德."【可學】

4:78 或問: "人稟天地五行之氣, 然父母所生, 與是氣相値而然否?" 曰: "便是這氣須從人身上過來. 今以五行枝幹推算人命, 與夫地理家推擇山林向背, 皆是此理. 然又有異處. 如磁窰中器物, 聞說千百件中, 或有一件紅色大段好者, 此是異稟. 惟人亦然. 瞽・鯀之生舜・禹, 亦猶是也."【人傑】

4:79 問: "臨漳士友錄先生語, 論氣之淸濁處甚詳." 曰: "粗說是如此. 然天地之氣有多少般." 問: "堯・舜生丹・均, 瞽叟生舜事, 恐不全在人, 亦是天地之氣?" 曰: "此類不可曉. 人氣便是天地之氣, 然就人身上透過, 如魚在水, 水入口出腮. 但天地公共之氣, 人不得擅而有之."【德明】

4:80 亞夫曰: "性如日月, 氣濁者如雲霧." 先生以爲然.【節】

---

80) ◇: 如
81) 星: 賀本에서는 行으로 되어 있다.

4:81 人性如一團火, 煨在灰裏, 撥開便明.【椿】

4:82 ▲82)

4:83 問: "人有常言, 某人性如何, 某物性如何, 某物性熱, 某物性冷. 此是兼氣質與所稟之理而言否?" 曰: "然."【僩】

4:84 問指屋柱云: "此理也, 曲直, 性也, 所以爲曲直, 命也. 曲直是說氣稟." 曰: "然."【可學】

4:85 質並氣而言, 則是"形質"之"質", 若生質, 則是"資質"之"質." 復舉了翁「責沈說」, 曰: "他說多是禪. 不知此數句如何恁說得好."【義剛】

4:86 性者, 萬物之原, 而氣稟則有淸濁, 是以有聖愚之異. 命者萬物之所同受, 而陰陽交運, 參差不齊, 是以五福・六極, 値遇不一.【端蒙○以下兼言命.】

4:87 安卿問: "'命'字有專以理言者, 有專以氣言者." 曰: "也都相離不得. 蓋天非氣, 無以命於人, 人非氣, 無以受天所命."【道夫】

4:88 ▲83)

4:89 問: "性分・命分, 何以別?" 曰: "性分是以理言之, 命分是兼氣言之. 命分有多寡厚薄之不同, 若性分則又都一般. 此理, 聖愚賢否皆

82) ▲: 問氣稟云云. 曰: "天理明, 則彼如何著得?"【可學】

83) ▲: 問: "先生說: '命有兩種: 一種是貧富・貴賤・死生・壽夭, 一種是淸濁・偏正・智愚・賢不肖. 一種屬氣, 一種屬理.' 以僩觀之, 兩種皆似屬氣. 蓋智愚・賢不肖・淸濁・偏正, 亦氣之所爲也." 曰: "固然. 性則命之理而已."【僩】

同." ▲[84)]

4:90 ▲[85)]

4:91 問: "'天命謂性'之'命', 與'死生有命'之'命'不同, 何也?" 曰: "'死生有命'之'命'是帶氣言之, 氣便有稟得多少厚薄之不同. '天命謂性'之'命', 是純乎理言之. 然天之所命, 畢竟皆不離乎氣. 但『中庸』此句, 乃是以理言之. 孟子謂'性也, 有命焉', 此'性'是兼氣稟食色言之. '命也, 有性焉', 此'命'是帶氣言之. 性善又是超出氣說[86)]." 【淳】

4:92 問: "子罕言命. 若仁・義・禮・智五常皆是天所命, 如貴賤・死生・壽夭之命有不同, 如何?" 曰: "都是天所命. 稟得精英之氣, 便爲聖爲賢, 便是得理之全, 得理之正. 稟得清明者, 便英爽, 稟得敦厚者, 便溫和, 稟得淸高者, 便貴, 稟得豐厚者, 便[87)]富, 稟得久長者, 便壽, 稟得衰頹薄濁者, 【一本作: "衰落孤單者, 便爲貧爲賤爲夭."】 便爲愚・不肖, 爲貧, 爲賤, 爲夭. 天有那氣生一箇人出來, 便有許多物隨他來." 又曰: "天之所命, 固是均一, 到氣稟處便有不齊. 看其稟得來如何. 稟得厚, 道理也備. 嘗謂命, 譬如朝廷誥勅, 心, 譬如官人一般, 差去做官, 性, 譬如職事一般, 郡守便有郡守職事, 縣令便有縣令職事. 職事只一般, 天生人, 教人許多道理, 便是付人許多職事. 【別本云: "道理只一般."】 氣稟, 譬如俸給. 貴如官高者, 賤如官卑者, 富如俸厚者, 貧如俸薄者, 壽如三兩年一任又再任者, 夭者如不得終任者. 朝廷差

---

84) ▲: 【淳 ○寓錄少異.】

85) ▲: "命"之一字, 如"天命謂性"之"命", 是言所稟之理也. "性也有命焉"之"命", 是言所以稟之分有多寡厚薄之不同也. 【伯羽】

86) 性善又是超出氣說: 徽州本에서는 이 뒤에 『中庸』率性, 率循也, 不是人去循之. 呂說未是. 程子謂通人物而言, 馬則爲馬之性, 又不做牛底性, 牛則爲牛之性, 又不做馬之性. 物物各有箇理, 卽此便是道." 問: "總而言之, 又只是一箇理否?" 曰: "是"가 더 있다.

87) 豐厚者, 便: 『小分』에서는 豐者便厚를 교정부호로 바로잡았다.

人做官, 便有許多物一齊趁趂.【一作"隨".】 後來橫渠云: '形而後有氣質之性, 善反之, 則天地之性存焉, 故氣質之性, 君子有弗性焉.' 如稟得氣清明者, 這道理◇[88]只在裏面, 稟得昏濁者, 這道理也只在裏面, 只被昏濁遮蔽了. 譬之水, 清底裏面纖毫皆見, 渾底便見不得. ▲[89)]【寓 ▲[90)]】

4:93 問: "顏淵不幸短命. 伯牛死, 曰: '命矣夫!' 孔子'得之不得曰有命.' 如此之'命', 與'天命謂性'之'命'無分別否?" 曰: "命之正者出於理, 命之變者出於氣質. 要之, 皆天所付予. 孟子曰: '莫之致而至者, 命也.' 但當自盡其道, 則所值之命, 皆正命也." 因問: "如今數家之學, 如康節之說, 謂皆一定而不可易, 如何?" 曰: "也只是陰陽盛衰消長之理, 大數可見. 然聖賢不曾主此說. 如今人說康節之數, 謂他說一事一物皆有成敗之時, 都說得膚淺了."【木之】

4:94 或問: "'亡之, 命矣夫!' 此'命'是天理本然之命否?" 曰: "此只是氣稟之命. 富貴・死生・禍福・貴賤, 皆稟之氣而不可移易者." 祖道曰: "'不知命, 無以爲君子'與'五十知天命', 兩'命'字如何?" 曰: "'不知命'亦是氣稟之命, '知天命'卻是聖人知其性中四端之所自來. 如人看水一般. 常人但見爲水流, 聖人便知得水之發源處."【祖道】

4:95 ▲[91)]

---

88) ◇: 也『朱子語類』에는 없다. 『朱子語類』에 나타나지 않는 부분을 보충하였다.

89) ▲: 孟子說性善, 他只見得大本處, 未說得氣質之性細碎處. 程子謂: '論性不論氣, 不備, 論氣不論性, 不明, 二之則不是.' 孟子只論性, 不論氣, 便不全備. 論性不論氣, 這性說不盡, 論氣不論性, 性之本領處又不透徹. 荀・揚・韓諸人雖是論性, 其實只說得氣. 荀子只見得不好人底性, 便說做惡. 揚子見半善半惡底人, 便說善惡混. 韓子見天下有許多般人, 所以立爲三品之說. 就三子中, 韓子說又較近. 他以仁・義・禮・智爲性, 以喜怒哀樂爲情, 只是中間過接處少箇'氣'字."

90) ▲:○淳錄自"橫渠"以下同.

91) ▲: 聞一問: '亡之, 命矣夫!' 此'命'字是就氣稟上說?" 曰: "死生壽夭, 固是氣之所

4:96 履之▲[92]問: “得淸明之氣爲聖賢, 昏濁之氣爲愚不肖, 氣之厚者爲富貴, 薄者爲貧賤, 此固然也. 然聖人得天地淸明中和之氣, 宜無所虧欠, 而夫子反貧賤, 何也? 豈時運使然耶[93]? 抑其所稟亦有不足邪?” 曰: “便是稟得來有不足. 他那淸明, 也只管得做聖賢, 卻管不得那富貴. 稟得那高底則貴, 稟得厚底則富, 稟得長底則壽, 貧賤夭者反是. 夫子雖得淸明者以爲聖人, 然稟得那低底[94]・薄底, 所以貧賤. 顏子又不如孔子, 又稟得那短底, 所以又夭.” 又問: “一陰一陽, 宜若停匀, 則賢不肖宜均. 何故君子常少, 而小人常多?” 曰: “自是他那物事駁雜, 如何得齊? 且以撲錢譬之. 純者常少, 不純者常多, 自是他那氣駁雜, 或前或後, 所以拗[95]不能得他恰好[96], 如何得均平? 且以一日言之, 或陰或晴, 或風或雨[97], 或寒或熱, 或淸爽, 或鶻突, 一日之間自有許多變, 便可見矣.” 又問: “雖是駁雜, 然畢竟不過只是一陰一陽二氣而已, 如何會恁地不齊?” 曰: “便是不如此. 若只是兩箇單底陰陽, 則無不齊. 緣是他那物事錯糅[98]萬變, 所以不能得他恰好.” 又問: “如此則天地生聖賢, 又只是偶然, 不是有意矣.” 曰: “天地那裏說我特地要生箇聖賢出來. 也只是氣數到那裏, 恰相湊著, 所以生出聖賢. 及至生出, 則若天之有意焉耳.” 又問: “康節云: ‘陽一而陰二, 所以君子少

稟. 只看孟子說‘性也, 有命焉’處, 便分曉.” 擇之問: “‘不知命’與‘知天命’之‘命’如何?” 曰: “不同. ‘知天命’, 謂知其理之所自來. 譬之於水, 人皆知其爲水, 聖人則知其發源處. 如‘不知命’處, 卻是說死生・壽夭・貧富・貴賤之命也. 然孟子又說當‘順受其正.’ 若一切任其自然, 而‘立乎巖牆之下’, 則又非其正也.” 因言, 上古天地之氣, 其極淸者, 生爲聖人, 君臨天下, 安享富貴, 又皆享上壽. 及至後世, 多反其常. 衰周生一孔子, 終身不遇, 壽止七十有餘. 其稟得淸明者, 多夭折, 暴橫者, 多得志. 舊看史傳, 見盜賊之爲君長者, 欲其速死, 只是不死, 爲其全得壽考之氣也. 【人傑】

92) ▲: 說: “子溫而厲, 威而不猛, 恭而安.” 因
93) 耶: 『朱子語類』에서는 邪로 되어 있다.
94) 低底: 『小分』에서는 底低를 교정부호로 바로잡았다.
95) 拗: 賀本에는 없다.
96) 好: 孝宗刊本・成化本에는 없다.
97) 或風或雨: 『小分』에서는 或雨或風를 교정부호로 바로잡았다.
98) 糅: 孝宗刊本・成化本・賀本에서는 揉로 되어 있다.

而小人多.' 此語是否?" 曰: "也說得來. 自是那物事好底少而惡底多. 且如面前事, 也自是好底事少, 惡底事多. 其理只一般."【僩】

4:97 敬子問自然之數. 曰: "有人稟得氣厚者, 則福厚, 氣薄者, 則福薄. 稟得氣之華美者, ◇[99]富盛, 衰颯者, 則卑賤, 氣長者, ◇[100]壽, 氣短者, 則夭折. 此必然之理." 問: "神仙之說有之乎?" 曰: "誰人說無? 誠有此理. 只是他那工夫大段難做, 除非百事棄下, 辦得那般工夫, 方做得." 又曰: "某見名寺中所畫諸祖師人物, 皆魁偉雄傑, 宜其傑然有立如此. 所以妙喜贊某禪師有曰: '當初若非這箇, 定是做箇渠魁.' 觀之信然. 其氣貌如此, 則世之所謂富貴利達・聲色貨利, 如何籠絡得他住? 他視之亦無足以動其心者." 或問: "若非佛氏收拾去, 能從吾儒之教, 不知如何?" 曰: "他又也未是那'無文王猶興'底, 只是也須做箇特立獨行底人, 所爲必可觀. 若使有聖人收拾去, 可知大段好. 只是當時吾道黑淬淬地[101], 只有些章句詞章之學. 他如龍如虎, 這些藝解都束縛他不住, 必決去無疑. 也煞被他引去了好人, 可畏可畏!"【僩】

4:98 問: "富貴有命, 如後世鄙夫小人, 富堯・舜・三代之世, 如何得富貴?" 曰: "當堯・舜・三代之世不得富貴, 在後世則得富貴, 便是命." 曰: "如此則氣稟不一定." 曰: "以此氣遇此時, 是他命好, 不遇此時, 便是背[102], 所謂'資適逢世'是也. 如長平死者四十萬, 但遇白起, 便如此. 只他相撞著, 便是命."【可學】

4:99 ▲[103]

---

99) ◇: 則
100) ◇: 則
101) 淬地: 『小分』에서는 地淬를 교정부호로 바로잡았다.
102) 背: 賀本에서는 有로 되어 있다.
103) ▲: 問: "前日嘗說鄙夫富貴事. 今云富貴貧賤是前定, 如何?" 曰: "恁地時節, 氣

4:100　人之稟氣, 富貴・貧賤・長短, 皆有定數寓其中. 稟得盛者, 其中有許多物事, 其來無窮. 亦無盛而短者. 若木生於山, 取之, 或貴而爲棟梁, 或賤而爲廁料, 皆其生時所稟氣數如此定了.【揚】

亦自別. 後世氣運漸乖, 如古封建, 畢究是好人在上. 到春秋乃生許多逆賊. 今儒者多歎息封建不行, 然行著亦可慮. 且如天子, 必是天生聖哲爲之. 後世如秦 始皇在上, 乃大無道人, 如漢 高祖, 乃崛起田野, 此豈不是氣運顚倒?" 問: "此是天命否?" 曰: "是."【可學】

『朱子語類』卷第五

「性理二」

「性情心意等名義」

5:1 問: "天與命, 性與理, 四者之別, 天則就其自然者言之, 命則就其流行而賦於物者言之, 性則就其全體而萬物所得以爲生者言之, 理則就其事事物物各有其則者言之. 到得合而言之, 則天卽理也, 命卽性也, 性卽理也, 是如此否?" 曰: "然. 但如今人說, 天非蒼蒼之謂. 據某看來, 亦捨不得這箇蒼蒼底."【賀孫 ○以下論性命.】

5:2 理者, 天之體, 命者, 理之用. 性是人之所受, 情是性之用.【道夫】[1)]

5:3 ▲[2)]

5:4 天所賦爲命, 物所受爲性. 賦者, 命也, 所賦者, 氣也, 受者, 性也, 所受者, 氣也.【寓】

5:5 道卽性, 性卽道, 固只是一物. 然須看因甚喚做性, 因甚喚做道.【淳 ▲[3)]】

---

1) 【道夫】: 徽州本에서는【魯叔】으로 되어 있다.
2) ▲: 命猶誥勅, 性猶職事, 情猶施設, 心則其人也.【賀孫】
3) ▲: ○以下論性.

5:6 性卽理也. 在心喚做性, 在事喚做理.【燾】[4]

5:7 ▲[5]

5:8 性只是此理.【節】

5:9 ▲[6]

5:10 性則純是善底.[7]

5:11 性是天生◇[8]許多道理.[9]

5:12 性是許多理散在處爲性.【同.】

5:13 問: "性旣無形, 復言以理, 理又不可見." 曰: "父子有父子之理, 君臣有君臣之理."【節】

5:14 ▲[10]

5:15 問: "性固是理. 然性之得名, 是就人生稟得言之否?" 曰: "'繼之者, 善, 成之者, 性.' 這箇理在天地間時, 只是善, 無有不善者. 生物得來, 方始名曰'性.' 只是這理, 在天則曰'命', 在人則曰'性.'"【淳】

---

4)【燾】: 徽州本에서는【僩】으로 되어 있다.
5) ▲: 生之理謂性.【節】
6) ▲: 性是合當底.【同】
7) 底: 원래 이 뒤에【同.】이 있었으나 이를 붓으로 지웠다.
8) ◇: 成
9) 理: 원래 이 뒤에【同.】이 있었으나 이를 붓으로 지웠다.
10) ▲: 性是實理, 仁・義・禮・智皆具.【德明】

5:16 鄭問: "先生謂: '性是未發, 善是已發', 何也?" 曰: "纔成箇人影子, 許多道理便都在那人上. 其惻隱, 便是仁之善, 羞惡, 便是義之善. 到動極復靜處, 依舊只是理." 曰: "這善, 也是性中道理, 到此方見否?" 曰: "這須就那地頭看. '繼之者, 善也, 成之者, 性也.' 在天地言, 則善在先, 性在後, 是發出來方生人物. 發出來是善, 生人物便成箇性. 在人言, 則性在先, 善在後." 或舉"孟子道性善." 曰: "此則'性'字重, '善'字輕, 非對言也. 文字須活看. 此且就此說, 彼則就彼說, 不可死看. 牽此合彼, 便處處有礙."【淳】

5:17 性不是卓然一物可見者. 只是窮理・格物, 性自在其中, 不須求, 故聖人罕言性.【德明】

5:18 ▲11)

5:19 聖人只是識得性. 百家紛紛, 只是不識'性'字. 揚子"鶻鶻突突", 荀子又所謂"隔靴爬痒".【揚】

5:20 致道謂: "心爲太極", 林正卿謂: "心具太極", 致道舉以爲問. 先生曰: "這般處極細, 難說. 看來心有動靜, 其體, 則謂之易, 其理, 則謂之道, 其用, 則謂之神." 直卿退而發明曰: "先生道理精熟, 容易說出來, 須至極." 賀孫問: "'其體則謂之易', 體是如何?" 曰: "體不是'體用'之'體', 恰似說'體質'之'體', 猶云'其質則謂之易.' 理卽是性, 這般所在, 當活看. 如'心'字, 各有地頭說. 如孟子云: '仁, 人心也.' 仁便是人心, 這說心是合理說. 如說'顔子其心三月不違仁', 是心爲主而不違乎理. 就地頭看, 始得." 又云: "先生『太極圖解』云: '動靜者, 所乘之機也.' 蔡季通聰明, 看得這般處出, 謂先生下此語最精. 蓋太極是理, 形而上者, 陰陽是氣, 形而下者. 然理無形, 而氣卻有跡. 氣旣有動靜,

11) ▲: 諸儒論性不同, 非是於善惡上不明, 乃'性'字安頓不著.【砥】

則所載之理, 亦安得謂之無動靜?” 又擧『通書』「動靜篇」云: “‘動而無靜, 靜而無動, 物也. 動而無動, 靜而無靜, 神也. 動而無動, 靜而無靜, 非不動不靜也. 物則不通, 神妙萬物.’ 動靜者, 所乘之機也.” 先生因云: “某向來分別得這般所在. 今心力短, 便是這般所在都說不到.” 因云: “向要到雲谷, 自下上山, 半塗大雨, 通身皆濕, 得到地頭, 因思著: ‘天地之塞, 吾其體, 天地之帥, 吾其性.’ 時季通及某人同在那裏. 某因各人解此兩句, 自亦作兩句解. 後來看, 也自說得著, 所以迤邐便作『西銘』等解.” 【賀孫 ○以下論心.】

5:21 心之理是太極, 心之動靜是陰陽. 【振】

5:22 惟心無對. 【方子】

5:23 問: “靈處是心? 抑是性?” 曰: “靈處只是◇[12], 不是性. 性只是理.” 【淳】

5:24 問: “知覺, 是心之靈固如此? 抑氣之爲耶[13]?” 曰: “不專是氣, 是先有知覺之理. 理未知覺, 氣聚成形, 理與氣合, 便能知覺. 譬如這燭火, 是因得這脂膏, 便有許多光燄.” 問: “心之發處是氣否?” 曰: “也只是知覺.” 【淳】

5:25 所知覺者是理. 理不離知覺, 知覺不離理. 【節】

5:26 問: “心是知覺, 性是理. 心與理如何得貫通爲一?” 曰: “不須去貫通[14], 本來貫通.” ◇[15] “理無心, 則無着處.” 【節】

12) ◇: 心
13) 耶: 『朱子語類』에서는 邪로 되어 있다.
14) 不須去貫通: 賀本에서는 不須去著實通으로 되어 있다.
15) ◇: “如何本來貫通?” 曰:

5:27 所覺者, 心之理也, 能覺者, 氣之靈也.【節】

5:28 心者, 氣之精爽.【節】

5:29 心官至靈, 藏往知來.【燾】

5:30 發明'心'字, 曰: "一言▲[16]蔽之, 曰'生'而已. '天地之大德曰生', 人受天地之氣而生, 故此心必仁, 仁則生矣."【力行】

5:31 心須兼廣大流行底意看, 又須兼生意看. 且如程先生言: '仁者, 天地生物之心.' 只天地便廣大, 生物便流行, 生生不窮.【端蒙】

5:32 "心與理一, 不是理在前面爲一物. 理便在心之中, 心包蓄不住, 隨事而發." 因笑云: "說到此, 自好笑. 恰似那藏[17]相似, 除了經函, 裏面點燈, 四方八面皆如此光明粲爛, 但今人亦少能看得如此."【廣】

5:33 問: "心之爲物, 衆理具足. 所發之善, 固出於心. 至所發不善, 皆氣稟物欲之私, 亦出於心否?" 曰: "固非心之本體, 然亦是出於心也." 又問: "此所謂人心否?" 曰: "是." 子升[18]因問: "人心亦兼善惡否?" 曰: "亦兼說."【木之】

5:34 或問: "心有善惡否?" 曰: "心是動底物事, 自然有善惡. 且如惻隱是善也, 見孺子入井而無惻隱之心, 便是惡矣. 離著善, 便是惡. 然心之本體, 未嘗不善, 又卻不可說惡全不是心. 若不是心, 是甚麽做出來? 古人學問便要窮理·知至, 直是下工夫消磨惡去, 善自然漸次可復. 操存是後面事, 不是善惡時事." 問: "明善·擇善如何?" 曰: "能擇,

---

16) ▲: 以
17) 藏: 徽州本에서는 이 앞에 寺中이 더 있다.
18) 升: 徽州本에서는 知로 되어 있다.

方能明. 且如有五件好底物事, 有五件不好底物事, 將來揀擇, 方解理會得好底. 不擇, 如何解明?"【謙】

5:35 ▲[19)]

5:36 問: "形體之動, 與心相關否?" 曰: "豈不相關? 自是心使他動." 曰: "喜怒哀樂未發之前, 形體亦有運動, 耳目亦有視聽, 此是心已發? 抑未發?" 曰: "喜怒哀樂未發, 又是一般. 然視聽行動, 亦是心向那裏. 若形體之行動, 心都不知, 便是心不在. 行動都沒理會了, 說甚未發? 未發不是漠然全不省, 亦常醒在這裏, 不恁地困."【淳】

5:37 問: "惻隱・羞惡・喜怒・哀樂, 固是心之發, 曉然易見處. 如未惻隱・羞惡・喜怒・哀樂之前, 便是寂然而靜時, 然豈得塊然槁木? 其耳目亦必有自然之聞見, 其手足亦必有自然之擧動, 不審此時喚作如何." 曰: "喜怒哀樂未發, 只是這心未發耳. 其手足運動, 自是形體如此."【淳】

5:38 問: "先生前日以揮扇是氣, 節後思之. 心之所思, 耳之所聽, 目之所視, 手之持, 足之履, 似非氣之所能到. 氣之所運, 必有以主之者." 曰: "氣中自有箇靈底物事."【節】

5:39 虛靈自是心之本體, 非我所能虛也. 耳目之視聽, 所以視聽者卽其心也, 豈有形象? 然有耳目以視聽之, 則猶有形象也. 若心之虛靈, 何嘗有物?【人傑】

5:40 問: "五行在人爲五臟. 然心卻具[20)]得五行之理, 以心虛靈之故

---

19) ▲: 心無間於已發未發. 徹頭徹尾都是, 那處截做已發未發. 如放僻邪侈, 此心亦在, 不可謂非心.【淳】

20) 具: 成化本에서는 是로 되어 있다.

否?" 曰: "心屬火, 緣[21]是箇光明發動底物, 所以具得許多道理."【僩】

5:41 問: "人心形而上下如何?" 曰: "如肺肝五臟之心, 卻是實有一物. 若今學者所論操舍存亡之心, 則自是神明不測. 故五臟之心受病, 則可用藥補之, 這箇心, 則非菖蒲・茯苓所可補也." 問: "如此則心之理乃是形而上否?" 曰: "心比性, 則微有跡, 比氣, 則自然又靈."【謨】[22]

5:42 問: "先生嘗言, 心不是這一塊. 某竊謂, 滿體皆心也, 此特其樞紐耳." 曰: "不然, 此非心也, 乃心之神明升降之舍. 人有[23]病心者, 乃其舍不寧也. 凡五臟皆然. 心豈無運用? 須常在軀殼之內. 譬如此建陽知縣, 須常在衙裏. 始管得這一縣也." 某曰: "然則程子言'心要在腔子裏', 謂當在舍之內, 而不當在舍之外耶?" 曰: "不必如此. 若言心不可在脚上, 又不可在手上, 只得在這些子上也."【義剛】

5:43 性猶太極也, 心猶陰陽也. 太極只在陰陽之中, 非能離陰陽也. 然至論太極, 自是太極, 陰陽自是陰陽. 惟性與心亦然, 所謂"一而二, 二而一"也. 韓子以仁・義・禮・智・信言性, 以喜・怒・哀・樂言情, 蓋愈於諸子之言性. 然至分三品, 卻只說得氣, 不曾說得性.【砥 ○以下總論心性.】

5:44 ▲[24]

---

21) 緣: 徽州本에서는 이 뒤에 他가 더 있다.
22) 【謨】: 賀本에서는 【謙】으로 되어 있다.
23) 人有: 『小分』에서는 有人을 교정부호로 바로잡았다.
24) ▲: 問: "天之付與人物者爲命, 人物之受於天者爲性, 主於身者爲心, 有得於天而光明正大者爲明德否?" 曰: "心與性如何分別? 明如何安頓? 受與得又何以異? 人與物與身又何間別? 明德合是心, 合是性?" 曰: "性卻實. 以感應虛明言之, 則心之意亦多." 曰: "此兩箇說著一箇, 則一箇隨到, 元不可相離, 亦自難與分別. 捨心則無以見性, 捨性又無以見心, 故孟子言心性, 每每相隨說. 仁・義・禮・智是性, 又言'惻隱之心・羞惡之心・辭遜・是非之心', 更細思量."【大雅】

5:45 或問心性之別. 曰: "這箇極難說, 且是難爲譬喩. 如伊川以水喩性, 其說本好, 卻使曉不得者生病. 心, 大概似箇官人, 天命, 便是君之命, 性, 便如職事一般. 此亦大概如此, 要自理會得. 如邵子云: "性者, 道之形體." 蓋道只是合當如此, 性則有一箇根苗, 生出君臣之義, 父子之仁. 性雖虛, 都是實理. 心雖是一物, 卻虛, 故能包含萬理. 這箇要人自體察始得."【學蒙 ○方子錄云: "性本是無, 卻是實理. 心似乎有影象, 然其體卻虛."】

5:46 ▲[25]

5:47 性便是心之所有之理, 心便是理之所會之地.【一[26]"心"字, 饒錄作"性." ○升卿】

5:48 性是理, 心是包含該載, 敷施發用底.【夔孫】

5:49 問心之動・性之動. 曰: "動處是心, 動底是性."【寓】

5:50 心以性爲體, 心將性做餡子模樣. 蓋心之所以具是理者, 以有性故也.【蓋卿】

5:51 心有善惡, 性無不善. 若論氣質之性, 亦有不善.【節】

5:52 鄭仲履問: "先生昨說: '性無不善, 心固有不善.' 然本心則元無不善." 曰: "固是本心元無不善, 誰教你而今卻不善了? 今人外面做許多不善, 卻只說我本心之善自在, 如何得?"【蓋卿】

5:53 ▲[27]

25) ▲: 舊嘗以論心・論性處, 皆類聚看. 看熟, 久則自見.【淳】
26) 一: 賀本에서는 下로 되어 있다.

5:54 或問: “人之生, 稟乎天之理以爲性, 其氣淸則爲知覺, 而心又不可以知覺言, 當如何?” 曰: “難說. 以‘天命之謂性’觀之, 則命是性, 天是心, 心有主宰之義. 然不可無分別, 亦不可太說開成兩箇, 當熟玩而默識其主宰之意, 可也.”【高】

5:55 ▲[28]

5:56 性對情言, 心對性情言. 合如此是性, 動處是情, 主宰是心. 大抵心與性, 似一而二, 似二而一, 此處最當體認.【可學】

5:57 有這性, 便發出這情, 因這情, 便見得這性. 因今日有這情, 便見得本來[29]有這性.【方子】

5:58 性不可言. 所以言性善者, 只看他惻隱・辭遜四端之善, 則可以見其性之善, 如見水流之淸, 則知源頭必淸矣. 四端, 情也, 性則理也. 發者, 情也, 其本則性也, 如見影知形之意.【力行】

5:59 ▲[30]

5:60 景紹問心性之別. 曰: “性是心之道理, 心是主宰於身者. 四

27) ▲: 心・性・理, 拈著一箇, 則都貫穿, 惟觀其所指處輕重如何. 如“養心莫善於寡欲, 雖有不存焉者寡矣.” “存”雖指理言, 然心自在其中. “操則存”, 此“存”雖指心言, 然理自在其中.【端蒙】

28) ▲: 說得出, 又名得出, 方是見得分明. 如心・性, 亦難說. 嘗曰: “性者, 心之理, 情者, 性之動, 心者, 性情之主.”【德明】

29) 本來: 『小分』에서는 來本을 교정부호로 바로잡았다.

30) ▲: 在天爲命, 稟於人爲性, 旣發爲情. 此其脈理甚實, 仍更分明易曉. 唯心乃虛明洞徹, 統前後而爲言耳. 據性上說‘寂然不動’處是心, 亦得, 據情上說‘感而遂通’處是心, 亦得. 故孟子說‘盡其心者, 知其性也’, 文義可見. 性則具仁・義・禮・智之端, 實而易察. 知此實理, 則心無不盡, 盡亦只是盡曉得耳. 如云盡曉得此心者, 由知其性也.【大雅】

端[31]便是情, 是心之發見處. 四者之萌皆出於心, 而其所以然者, 則是此性之理所在也." 道夫問: "'滿腔子是惻隱之心', 如何?" 曰: "腔子是人之軀殼. 上蔡[32]見明道, 擧經史[33]不錯一字, 頗以自矜. 明道曰: '賢卻記得許多, 可謂玩物喪志矣?' 上蔡見明道說, 遂滿面發赤, 汗流浹背. 明道曰: '只此便是惻隱之心.' 公要見滿腔子之說, 但以是觀之." 問: "玩物之說, 主甚事?" 曰: "也只是'矜'字."【道夫】

5:61 ▲[34]

5:62 履之問未發之前心性之別. 曰: "心有體用, 未發之前是心之體, 已發之際乃心之用, 如何指定說得? 蓋主宰運用底便是心, 性便是會恁地做底理. 性則一定在這裏, 到主宰運用卻在心. 情只是幾箇路子, 隨這路子恁地做去底, 卻又是心."【道夫】

5:63 或問: "靜是性, 動是情?" 曰: "大抵都主於心. '性'字從'心'從'生', '情'字從'心'從'靑.' 性是有此理. 且如'天命之謂性', 要須天命箇心了, 方是性." 漢卿問[35]: "心如箇藏, 四方八面都恁地光明皎潔, 如佛家所謂'六窓中有一猴', 這邊叫◇[36]應, 那邊叫也應." 曰: "佛家說心處, 儘有好處. 前輩云: '勝於楊・墨.'"【賀孫】

5:64 叔器[37]問: "先生見教, 謂'動處是心, 動底是性.' 竊推此二句只

---

31) 四端: 徽州本에서는 이 앞에 至於가 더 있다.
32) 上蔡: 徽州本에서는 이 앞에 因擧云昔이 더 있다.
33) 史: 徽州本에서는 이 뒤에 成千百言이 더 있다.
34) ▲: 伯豐論性有已發之性, 有未發之性. 曰: "性纔發, 便是情. 情有善惡, 性則全善. 心又是一箇包總性情底. 大抵言性, 便須見得是元受命於天, 其所稟賦自有本根, 非若心可以一概言也. 卻是漢儒解'天命之謂性', 云'木神仁, 金神義'等語, 卻有意思, 非苟言者. 學者要體會親切." 又嘆曰: "若不用明破, 只恁涵養, 自有到處, 亦自省力. 若欲立言示訓, 則須契勘教子細, 庶不悖於古人."【大雅】
35) 漢卿問: 徽州本에서는 補漢卿問으로 되어 있다.
36) ◇: 也

在'底'・'處'兩子[38]上. 如穀種然, 生處便是穀, 生底卻是那裏面些子." 曰: "若以穀譬之, 穀便是心, 那爲粟, 爲菽, 爲禾, 爲稻底, 便是性. 康節所謂'心者, 性之郛郭'是也. 包裹底是心, 發出不同底是性. 心是箇沒思量底, 只會生. 又如喫藥, 喫得會治病是藥力, 或涼, 或寒, 或熱, 便是藥性. 至於喫了有寒證, 有熱證, 便是情."【義剛】

5:65 舊看五峰說, 只將心對性說, 一箇'情'字都無下落. 後來看橫渠'心統性情'之說, 乃知此話大有[39]功, 始尋得箇'情'字著落, 與孟子說一般. 孟子言: "惻隱之心, 仁之端也." 仁, 性也, 惻隱, 情也, 此是情上見得心. 又曰"仁・義・禮・智, 根于[40]心", 此是性上見得心. 蓋心便是包得那性情, 性是體, 情是用. '心'字只一箇字母, 故'性'・'情'字皆從'心'.【僩】

5:66 人多說性方說心, 看來當先說心. 古人制字, 亦先制得'心'字, '性'與'情'皆從'心.' 以人之生言▲[41], 固是先得這道理. 然才生這許多道理, 卻都具在心裏. 且如仁義自是性, 孟子則曰"仁義之心", 惻隱・羞惡自是情, 孟子則◇[42]"惻隱之心, 羞惡之心." 蓋性卽心之理, 情卽性之用. 今先說一箇心, 便教人識得箇情性[43]底總腦, 教人知得箇道理存著處. 若先說性, 卻似性中別有一箇心. 橫渠'心統性情'語極好. 又曰: "合性與知覺有心之名, 則恐不能無病, 便似性外別有一箇知覺了."

5:67 ▲[44]

---

37) 叔器: 徽州本에서는 叔胡로 되어 있다.
38) 子: 『朱子語類』에서는 字 로 되어 있다. 『小分』의 오류이다.
39) 大有: 賀本에서는 有大로 되어 있다.
40) 于: 賀本에서는 於로 되어 있다.
41) ▲: 之
42) ◇: 曰
43) 情性: 『小分』에서는 性情을 교정부호로 바로잡았다.

5:68 問性・情・心・仁. 曰: "橫渠說得最好, 言: '心, 統性情者也.' 孟子言: '惻隱之心, 仁之端, 羞惡之心, 義之端.' 極說得性・情・心好. 性無不善. 心所發爲情, 或有不善. 說不善非是心, 亦不得. 卻是心之本體本無不善, 其流爲不善者, 情之遷於物而然也. 性是理之總名, 仁・義・禮・智, 皆性中一理之名. 惻隱・羞惡・辭遜・是非, 是情之所發之名, 此情之出於性而善者也. 其端所發甚微, 皆從此心出, 故曰: '心, 統性情者也.' 性不是別有一物在心裏. 心具此性情. 心失其主, 卻有時不善. 如'我欲仁, 斯仁至', 我不欲[45]仁, 斯失其仁矣. '回也三月不違仁', 言不違仁, 是心有時乎違仁也. '出入無時, 莫知其鄉.' 存養主一, 使之不失去, 乃善. 大要在致知, 致知在窮理, 理窮自然知至. 要驗學問工夫, 只看所知至與不至, 不是要逐件知過. 因一事研磨一理, 久久自然光明. 如一鏡然, 今日磨些, 明日磨些, 不覺自光. 若一些子光, 工夫又歇, 仍舊一塵鏡, 已光處會昏, 未光處不復光矣. 且如'仁'之一字, 上蔡只說知仁, 孔子便說爲仁. 是要做工夫去爲仁, 豈可道知得便休? 今學問流而爲禪, 上蔡爲之首. 今人自無實學, 見得說這一般好, 也投降, 那一般好, 也投降. 許久南軒在此講學, 諸公全無實得處. 胡亂有一人入潭州城裏說, 人便靡然從之, 此是何道理? 學問只理會箇是與不是, 不要添許多無益說話. 今人爲學, 多是爲名, 又去安排討名, 全不顧義理. 『說苑』載證父者以爲直, 及加刑, 又請代受以爲孝. 孔子曰: '父一也, 而取二名.' 此是宛轉取名之弊. 學問[46]只要

---

44) ▲: 或問心情性. 曰: "孟子說'惻隱之心, 仁之端也'一段, 極分曉. 惻隱・羞惡・是非・辭遜是情之發, 仁・義・禮・智是性之體. 性中只有仁・義・禮・智, 發之爲惻隱・辭遜・是非, 乃性之情也. 如今人說性, 多如佛・老說, 別有一件物事在那裏, 至玄至妙, 一向說開去, 便入虛無寂滅. 吾儒論性卻不然. 程子云: '性卽理也.' 此言極無病. '孟子道性善', 善是性合有底道理. 然亦要子細識得善處, 不可但隨人言語說了. 若子細下工夫, 子細尋究, 自然見得. 如今人全不曾理會, 才見一庸人胡說, 便從他去. 嘗得項平甫書云, 見陳君擧門人說: '儒釋, 只論其是處, 不問其同異.' 遂敬信其說. 此是甚說話? 元來無所有底人, 見人胡說話, 便惑將去. 若果有學, 如何謾得他? 如擧天下說生薑辣, 待我喫得眞箇辣, 方敢信. 胡五峰說性多從東坡・子由們見識說去."【謙】

45) 不欲: 孝宗刊本・成化本・賀本에서는 欲不로 되어 있다.

心裏見得分明, 便從上面做去. 如'殺身成仁', 不是自家計較要成仁方死, 只是見得此事生爲不安, 死爲安, 便自殺身. 旁人見得, 便說能成仁. 此旁人之言, 非我之心要如此, 所謂'經德不回, 非以干祿, 哭死而哀, 非爲生也'. 若有一毫爲人之心, 便不是了. 南軒云: '爲己之學, 無所爲而然', 是也."【謙】

5:69 性・情・心, 惟孟子・橫渠說得好. 仁是性, 惻隱是情, 須從心上[47]發出來. "心, 統性情者也." 性只是合如此底, 只是理, 非有箇物事. 若是有底物事, 則旣有善, 亦必有惡. 惟其無此物, 只是理, 故無不善.【蓋卿】

5:70 伊川'性卽理也', 橫渠'心統性情'二句, 顚撲不破.【砥】

5:71 "性是未動, 情是已動, 心包得已動未動. 蓋心之未動則爲性, 已動則爲情, 所謂'心統性情'也. 欲是情發出來底. 心如水, 性猶水之靜, 情則水之流, 欲則水之波瀾. 但波瀾有好底, 有不好底. 欲之好底, 如'我欲仁'之類, 不好底則一向奔馳出去, 若波濤飜浪, 大段不好底欲則滅卻天理, 如水之壅決, 無所不害. 孟子謂'情可以爲善', 是說那情之正, 從性中流出來者, 元無不好也." 因問: "'可欲之謂善'之'欲', 如何?" 曰: "此不是'情欲'之'欲', 乃是可愛之意."【銖 ▲[48]】

5:72 心, 主宰之謂也. 動靜皆主宰, 非是靜時無所用, 及至動時方有主宰也. 言主宰, 則混然體統自在其中. 心統攝性情, 非儱侗與性情爲一物而不分別也.【端蒙】

5:73 性以理言, 情乃發用處, 心卽管攝性情者也[49]. 故程子曰: "有

46) 學問: 徽州本에서는 이 앞에 大抵가 더 있다.
47) 心上: 『小分』에서는 上心을 교정부호로 바로잡았다.
48) ▲: 明作錄略.

指體而言者, '寂然不動'是也", 此言性也, "有指用而言者, '感而遂通'是也", 此言情也.【端蒙】

5:74 "心統性情", 故言心之體用, 嘗跨過兩頭未發·已發處說. 仁之得名, 只專在未發上. 惻隱便是已發, 卻是相對言之.【端蒙】

5:75 ▲[50)]

5:76 心之全體湛然虛明, 萬理具足, 無一毫私欲之間. 其流行該徧[51)], 貫乎動靜, 而妙用又無不在焉. 故以其未發而全體者言之, 則性也, 以其已發而妙用者言之, 則情也. 然"心統性情", 只就渾淪一物之中, 指其已發·未發而爲言爾, 非是性是一箇地頭, 心是一箇地頭, 情又是一箇地頭, 如此懸隔也.【端蒙】

5:77 問: "人當無事時, 其中虛明不昧, 此是氣自然動處, 便是性." 曰: "虛明不昧, 便是心, 此理具足於中, 無少欠闕, 便是◇[52)], 感物而動, 便是情. 橫渠說得好, '由太虛有天之名, 由氣化有道[53)]之名', 此是總說. '合虛與氣, 有性之名, 合性與知覺, 有心之名', 是就人物上說."【夔孫】

5:78 問心性情之辨. 曰: "程子云: '心譬如穀種, 其中具生之理是性, 陽氣發生處是情.' 推而論之, 物物皆然."【螢】

---

49) 者也: 『小分』에서는 也者를 교정부호로 바로잡았다.

50) ▲: 心者, 主乎性而行乎情. 故"喜怒哀樂未發則謂之中, 發而皆中節則謂之和", 心是做工夫處.【端蒙】

51) 徧: 成化本에서는 遍으로 되어 있다.

52) ◇: 性

53) 有道: 『小分』에서는 道有를 교정부호로 바로잡았다.

5:79 因言，心・性・情之分，自程子・張子合下見得定了，便都不差．如程子諸門人傳得他師見成底說，卻一齊差．卻或曰："程子・張子是他自見得，門人不過只聽得他師見成說底說，所以後來一向差．" 曰："只那聽得，早差了也．"【僩】

5:80 ▲[54]

5:81 心如水，情是動處，愛卽流向去處．【椿】

5:82 問："意是心之運用處，是發處?" 曰："運用是發了．" 問："情亦是發處，何以別?" 曰："情是性之發，情是發出恁地，意是主張要恁地．如愛那物是情，所以去愛那物是意．情如舟車，意如人去使那舟車一般．"【寓 ○以下兼論意．】

5:83 心・意猶有痕跡．如性則全無兆朕，只是許多道理在這裏．【砥】

5:84 問："意是心之所發，又說有心而後有意，則是發處依舊是心主之，到私意盛時，心也隨去．" 曰："固然．"【士毅】[55]

5:85 李夢先問情・意之別．曰："情是會做底，意是去百般計較做底，意因有是情而後用．"【夔孫錄云："因是有情而後用其意" ○義剛】

5:86 問："情・意，如何體認?" 曰："性・情則一．性是不動，情是動處，意則有主向．▲[56]好惡是情，'好好色，惡惡臭'，便是意．"【士毅】

---

54) ▲: 性主"具"字，"有"字．許多道理．昭昭然者屬性，未發理具，已發理應，則屬心，動發則情．所以"存其心"，則"養其性．" 心該備通貫，主宰運用．呂云："未發時心體昭昭．" 程云："有指體而言者，有指用而言者．" 李先生云："心者貫幽明，通有無．"【方】

55)【士毅】: 賀本에는 없다．

5:87 未動而能動者, 理也, 未動而欲動者, 意也.【若海】

5:88 性者, 卽天理也, 萬物稟而受之, 無一理之不具. 心者, 一身之主宰, 意者, 心之所發, 情者, 心之所動, 志者, 心之所之, 比於情・意尤重. 氣者, 卽吾之血氣而充乎體者也, 比於他, 則有形器而較麤者也. 又曰: "舍心無以見性, 舍性無以見心."【椿 ○以下兼論志.】

5:89 "心之所之謂之志, 日之所之謂之時. '志'字從'之'從'心', '旹'字從'之'從'日.' 如日在午時, 在寅時, 制字之義由此. 志是心之所之, 一直去底. 意又是志之經營往來底, 是那志底脚. 凡營爲・謀度・往來, 皆意也. 所以橫渠云: '志公而意私.'" 問: "情比意如何?" 曰: "情又是意底骨子. 志與意都屬情, '情'字較大, '性・情'字皆從'心', 所以說'心統性・情.' 心兼體用而言. 性是心之理, 情是心之用."【僩】

5:90 問意志. 曰: "橫渠云: '以意・志兩字言, 則志公而意私, 志剛而意柔, 志陽而意陰.'"【卓】

5:91 志是公然主張要做底事, 意是私地潛行間發處. 志如伐, 意如侵.【升卿】

5:92 問: "情與才何別?" 曰: "情只是所發之路陌, 才是會恁地去做底. 且如惻隱, 有懇切者, 有不懇切者, 是則才之有不同." 又問: "如此則才與心之用相類?" 曰: "才是心之力, 是有氣力去做底. 心是管攝主宰者, 此心之所以爲大也. 心譬水也, 性, 水之理也. 性所以立乎水之靜, 情所以行乎水之動, 欲則水之流而至於濫也. 才者, 水之氣力所以能流者, 然其流有急有緩, 則是才之不同. 伊川謂'性稟於天, 才稟於氣'是也. 只有性是一定. 情與心與才, 便合著氣了. 心本未嘗不同, 隨

56) ▲: 如

人生得來便別了. 情則可以善, 可以惡." 又曰: "要見得分曉, 但看明道云: '其體則謂之易, 其理則謂之道, 其用則謂之神.' 易, 心也, 道, 性也, 神, 情也. 此天地之心・性・情也."【砥 ○以下兼論才.】

5:93 性者, 心之理, 情者, 心之動. 才便是那情之會恁地者. 情與才絶相近. 但情是遇物而發, 路陌曲折恁地去底, 才是那會如此底. 要之, 千頭萬緒, 皆是從心上來[57].【道夫】

5:94 問: "性之所以無不善, 以其出於天也, 才之所以有善不善, 以其出於氣也. 要之, 性出於◇[58], 氣亦出於天, 何故便至於此?" 曰: "性是形而上者, 氣◇[59]形而下者. 形而上者全是天理, 形而下者只是那查滓. 至於形, 又是查滓至濁者也."【道夫】

5:95 問: "才出於氣, 德出於性?" 曰: "不可. 才也是性中出, 德也是有是氣[60]而後有是德. 人之有才◇[61]出來做得事業, 也是它性中有了, 便出來做得. 但溫厚篤實便是德, 剛明果敢便是才. 只爲他氣之所稟者生到那裏多, 故爲才."【夔孫】

5:96 問: "能爲善, 便是才." 曰: "能爲善而本善者是才. 若云能爲善便是才, 則能爲惡亦是才也."【人傑】

5:97 論才氣, 曰: "氣是敢做底, 才是能做底."【德明】

---

57) 皆是從心上來: 徽州本에서는 이 뒤에 又曰: '仁義禮智是心統性, 惻隱・羞惡・辭遜・是非是心統情'이 더 있다.
58) ◇: 天
59) ◇: 是
60) 是氣: 『小分』에서는 氣是를 교정부호로 바로잡았다.
61) ◇: 者

5:98 問: "'天命之謂性', 充體謂氣, 感觸謂情, 主宰謂心, 立趨向謂志, 有所思謂意, 有所逐謂欲." 答云: "此語或中或◇[62], 皆出臆度. 要之, 未可遽論. 且涵泳玩索, 久之當自有見." 銖嘗見先生云: "名義之語極難下. 如說性, 則有天地之性, 氣質之性. 說仁, 則伊川有專言之仁, 偏言之仁. 此等且要黙識心通." 【人傑】

5:99 問: "知與思, 於人身最緊要." 曰: "然. 二者也只是一事. 知如[63]手相似, 思是交這手去做事也, 思所以用夫知也." 【卓 ○付】

62) ◇: 否
63) 如: 賀本에서는 與로 되어 있다.

『朱子語類』 卷第六

「性理三」

「仁·義·禮·智等名義」

6:1 道者, 兼體·用, 該隱·費而言也.【節 ○以下道理.】

6:2 道是統名[1], 理是細目.【可學】

6:3 道訓路, 大概說人所共由之路. 理各有條理界瓣. 因舉康節云: "夫道也者, 道也. 道無形, 行之則見于[2]事矣. 如'道路'之'道', 坦然使千億萬年行之, 人知其歸者也."【閎祖】

6:4 理是有條瓣逐一路子. 以各有條, 謂之理, 人所共由, 謂之道.【節】

6:5 ◇[3]"道與理如何分?" 曰: "道便是路, 理是那文理." 問: "如木理相似?" 曰: "是." 問: "如此卻似一般?" 曰: "'道'字包得大, 理是'道'字裏面許多理脈." 又曰: "'道'字宏大, '理'字精密."【胡泳】

6:6 問: "萬物粲然, 還同不同?" 曰: "理只是這一箇. 道理則同, 其分不同. 君臣有君臣之理, 父子有父子之理."【節】

---

1) 道是統名: 徽州本에서는 이 앞에 問: 道與理何別? 曰이 더 있다.
2) 于: 賀本에서는 於로 되어 있다.
3) ◇: 問:

6:7 ▲[4]

6:8 ▲[5]

6:9 ▲[6]

6:10 理只是一箇理. 理擧著, 全無欠闕. 且如言著仁, 則都在仁上, 言著誠, 則都在誠上, 言著忠恕, 則都在忠恕上, 言著忠信, 則都在忠信上. 只爲只是這箇道理, 自然血脈貫通.【端蒙】

6:11 理[7]是有條理, 有文路子. 文路子當從那裏去, 自家也從那裏去, 文路子不從那裏去, 自家也不從那裏去. 須尋文路子在何處, 只挨著理了行.【節】

6:12 "理如一把線相似, 有條理, 如這竹籃子相似." 指其上行篾曰: "一條子恁地去." 又別指一條曰: "一條恁地去. 又如竹木之文理相似, 直是一般理, 橫是一般理. 有心, 便存得許多理." ▲[8]

6:13 ▲[9]

6:14 ▲[10]

---

4) ▲: 理者有條理, 仁·義·禮·智皆有之.【節】
5) ▲: 問: "旣是一理, 又謂五常, 何也?" 曰: "謂之一理, 亦可, 五理, 亦可. 以一包之則一, 分之則五." 問分爲五之序. 曰: "渾然不可分."【節】
6) ▲: 只是這箇理, 分做四段, 又分做八段, 又細碎分將去.【四段者, 意其爲仁·義·禮·智. 當時亦因言文路子之說而及此 ○節】
7) 理: 徽州本에서는 이 앞에 節問: 何謂理? 答曰이 더 있다.
8) ▲:【節】*『小分』에서는 원래【節】로 되어 있었으나 이를 붓으로 지웠다.
9) ▲: 季通云: "理有流行, 有對待. 先有流行, 後有對待." 曰: "難說先有後有." 季通學『太極說』, 以爲道理皆然, 且執其說.【人傑】
10) ▲: 先生與人書中曰: "至微之理, 至著之事, 一以貫之."【節】

6:15 理無事, 則無所依附.

6:16 問: "仁與道如何分別?" 曰: "道是統言, 仁是一事. 如'道路'之'道', 千枝百派, 皆有一路去. 故『中庸』分道德曰, 父子・君臣以下爲天下之達◇[11], 智仁勇爲天下之達德. 君有君之道, 臣有臣之道. 德便是箇行道底. 故爲君主於仁, 爲臣主於敬. 仁敬可喚做德, 不可喚做道."【榦 ○以下兼論德.】

6:17 "至德・至道", 道者, 人之所共由, 德者, 己之所獨得. "盛德・至善", 盛德以身之所得而言, 至善以理之極致而言. 誠・忠・孚・信, 一心之謂誠, 盡己之謂忠, 存於中之謂孚, 見於事之謂信.【端蒙】

6:18 存之於中謂理, 得之於心爲德, 發見於行事爲百行[12].【節】

6:19 ▲[13]

6:20 問: "汎[14]觀天地間, '日往月來, 寒往暑來', '四時行, 百物生', 這是道之用流行發見處. 卽此而總言之, 其往來生化, 無一息間斷處, 便是道體否?" 曰: "此體・用說得是. 但'摠[15]'字未當, 摠[16], 便成兼用說了. 只就那骨處便是體. 如水之或流或止, 或激成波浪, 是用, 卽這水骨可流可止, 可激成波浪處, 便是體. 如這身是體, 目視・耳聽・手足運動處, 便是用. 如這手是體, 指之運動提掇處便是用." 淳擧『論語集注』曰: "往者過, 來者續, 無一息之停, 乃道體之本然也[17]." 曰: "卽

---

11) ◇: 道
12) 發見於行事爲百行: 徽州本에서는 이 뒤에 心者統性情而言也가 더 있다.
13) ▲: 德是得於天者, 講學而得之, 得自家本分底物事.【節】
14) 汎: 成化本에서는 泛으로 되어 있다.
15) 摠: 成化本・賀本에서는 總으로 되어 있다.
16) 摠: 成化本・賀本에서는 總으로 되어 있다.
17) 也: 徽州本에서는 處로 되어 있다.

是此意."【淳 ○以下論體·用.】

6:21 問: "前夜說體·用無定所, 是隨處說如此. 若合萬事爲一大體·用, 則如何?" 曰: "體·用也定. 見在底便是體, 後來生底便是用. 此身是體, 動作處便是[18]用. 天是體, '萬物資始'處便是用. 地是體, '萬物資生'處便是用. 就陽言, 則陽是體, 陰是用, 就陰言, 則陰是體, 陽是用."【寓】

6:22 體是這箇道理, 用是他用處. 如耳聽目視, 自然如此, 是理也, 開眼看物, 著耳聽聲, 便是用. 江西人說箇虛空底體, 涉事物便喚做用.【節】

6:23 ▲[19]

6:24 人只是合當做底便是體, 人做處便是用, 譬如此扇子, 有骨, 有柄, 用紙糊, 此則體也, 人搖之, 則用也. 如尺與秤相似, 上有分寸星銖, 則體也, 將去秤量物事, 則用也.【方子】

6:25 ▲[20]

---

18) 是: 成化本에는 없다.

19) ▲: 問: "先生昔曰: '禮是體.' 今乃曰: '禮者, 天理之節文, 人事之儀則.' 似非體而是用." 曰: "公江西有般鄉談, 才見分段子, 便說道是用, 不是體. 如說尺時, 無寸底是體, 有寸底不是體, 便是用, 如秤, 無星底是體, 有星底不是體, 便是用. 且如扇子有柄, 有骨子, 用紙糊, 此便是體, 人搖之, 便是用." 楊至之問體. 曰: "合當底是體."【節】

20) ▲: 問: "去歲聞先生曰: '只是一箇道理, 其分不同.' 所謂分者, 莫只是理一而其用不同? 如君之仁, 臣之敬, 子之孝, 父之慈, 與國人交之信之類是也." 曰: "其體已略不同. 君臣·父子·國人是體, 仁敬慈孝與信是用." 問: "體·用皆異?" 曰: "如這片板, 只是一箇道理, 這一路子恁地去, 那一路子恁地去. 如一所屋, 只是一箇道理, 有廳, 有堂. 如草木, 只是一箇道理, 有桃, 有李. 如這衆人, 只是一箇道理, 有張三, 有李四, 李四不可爲張三, 張三不可爲李四. 如陰陽, 『西銘』言理一分殊, 亦是如此." 又曰: "分得愈見不同, 愈見得理大."【節】

6:26 誠者, 實有此理.【節 ○以下論誠.】

6:27 誠只是實. 又云: "誠是理."【一作"只是理." ○去僞】

6:28 誠, 實理也, 亦誠慤也. 由漢以來, 專以誠慤言誠. 至程子乃以實理言, 後學[21]皆棄誠慤之說不觀. 『中庸』亦有言實理爲誠處, 亦有言誠慤爲誠處. 不可只以實爲誠, 而以誠慤爲非誠也.【砥】

6:29 問性·誠. 曰: "性是實, 誠是虛, 性是理底名, 誠是好處底名. 性, 譬如這扇子相似, 誠, 譬則這扇子做得好." 又曰: "五峰[22]曰: '誠者, 命之道乎! 中者, 性之道乎! 仁者, 心之道乎!' 此語分得輕重虛實處卻好. 某以爲'道'字不若改做'德'字, 更親切. '道'字又較疎."【植】

6:30 先生問諸友: "'誠·敬'二字如何分?" 各擧程子之說以對. 先生曰: "敬是不放肆底意思, 誠是不欺妄底意思."【過 ○以下誠敬.】[23]

6:31 誠只是一箇實, 敬只是一箇畏.【端蒙】

6:32 ▲[24]

6:33 問誠·敬. 曰: "須逐處理會. 誠若是有不欺意處, 只做不欺意會, 敬若是有謹畏意處, 只做謹畏意會. 『中庸』說誠, 作『中庸』看, 『孟子』說誠處, 作『孟子』看. 將來自相發明耳."【夔孫】

---

21) 後學: 徽州本에서는 然而後學又로 되어 있다.
22) 五峰: 徽州本에서는 胡五峰으로 되어 있다.
23) 先生問諸友 … 【以下誠敬.】: 徽州本에서는 "先生嘗問在坐者, 誠敬如何分, 對者未有分曉之說. 先生曰: '誠是不敢忘底意思, 敬是不敢放肆底意思'【過】"로 되어 있다.
24) ▲: 妄誕欺詐爲不誠, 怠惰放肆爲不敬, 此誠敬之別.【榦】

6:34 "謹"字未如敬, 敬又未如誠. 程子曰: "主一之謂敬, 一者之謂誠." 敬尚是著力.【銖 ○以下雜論[25)].】

6:35 問誠・信之別. 曰: "誠是自然底實, 信是人做底實. 故曰: '誠者, 天之道.' 這是聖人之信. 若衆人之信, 只可喚做◇[26)]誠. 誠是自然無妄之謂. 如水只是水, 火只是火, 仁徹底是仁, 義徹底是義."【夔孫】

6:36 ▲[27)]

6:37 ▲[28)]

6:38 '誠'字以心之全體而言, '忠'字以其應事接物而言, 此義理之本名也. 至曾子所言'忠恕', 則是聖人之事, 故其忠與誠, 仁與恕, 得通言之.【如恕本以推己及物得名, 在聖人, 則以己及物矣. ○端蒙】

6:39 問: "仁與誠何別?" 曰: "仁自是仁, 誠自是誠, 何消合理會? 理會這一件, 也看到極處, 理會那一件, 也看到極處, 便都自見得."【淳】

6:40 或問: "誠是體, 仁是用否?" 曰: "理一也, 以其實有, 故謂之誠. 以其體言, 則有仁・義・禮・智之實, 以其用言, 則有惻隱・羞惡・恭敬・是非之實, 故曰: '五常百行非誠, 非也.' 蓋無其實矣, 又安得有是名乎?"【植】

---

25) 雜論: 『小分』에서는 論雜을 교정부호로 바로잡았다.
26) ◇: 信, 未可喚做
27) ▲: 叔器問: "誠與信如何分?" 曰: "誠是箇自然之實, 信是箇人所爲之實. 『中庸』說'誠者, 天之道也', 便是誠. 若'誠之者, 人之道也', 便是信. 信不足以盡誠, 猶愛不足以盡仁. 上是, 下不是."【可學】
28) ▲: 誠者實有之理, 自然如此. 忠信以人言之, 須是人體出來方見.【端蒙】

6:41 或問: "誠是渾然不動, 仁是此理流出否?" 曰: "自性言之, 仁亦未是流出, 但其生動之理包得四者."

6:42 ▲[29]

6:43 問: "仁・義・禮・智・誠・中庸, 不知如何看?" 曰: "仁・義・禮・智, 乃未發之性, 所謂誠. 中庸, 皆已發之理. 人之性本實, 而釋氏以性爲空也."【煇】

6:44 在天只是陰陽五行, 在人得之只是剛柔五常之德.【泳 ○以下五常.】

6:45 大而天地萬物, 小而起居食息, 皆太極陰陽之理也. 又曰: "仁木, 義金, 禮火, 智水, 信土."【祖道】

6:46 或問: "仁・義・禮・智, 性之四德, 又添'信'字, 謂之'五性', 如何?" 曰: "信是誠實此四者, 實有是仁, 實有是義, 禮・智皆然. 如五行之有土, 非土不足以載四者. 又如土於四時各寄王十八日, 或謂王於戊己. 然季夏乃土之本宮, 故尤王. 「月令」載'中央土', 以此[30]."【人傑】

6:47 問: "向蒙戒喩, 說仁意思云: '義禮智信上著不得, 又須見義禮智信上少不得, 方見得仁統五常之意.' 大雅今以樹爲喩, 夫樹之根固有生氣, 然貫徹首尾, 豈可謂幹[31]與枝・花與葉無生氣也?" 曰: "固然.

---

29) ▲: 問: "一與中, 與誠, 浩然之氣, 爲一體事否?" 曰: "一只是不雜, 不可將做一事. 中與誠與浩然之氣, 固是一事, 然其分各別. 誠是實有此理, 中是狀物之體段, 浩然之氣只是爲氣而言."【去僞】

30) 以此: 徽州本에서는 以此故也로 되어 있다.

31) 幹: 『朱子語類』에서는 榦으로 되어 있다.

只如四時. 春爲仁, 有箇生意, 在夏則見其有箇亨通意, 在秋則見其有箇誠實意, 在冬則見其有箇貞固意. 在夏秋冬, 生意何嘗息? 木[32]雖彫零, 生意則常存. 大抵天地間只一理, 隨其到處, 分許多名字出來. 四者於五行各有配, 惟信配土, 以見仁・義・禮・智實有此理, 不是虛說. 又如乾四德, 元最重, 其次貞亦重, 以明終始之義. 非元則無以生, 非貞則無以終, 非終則無以爲始, 不始則不能成終矣. 如此循環無窮, 此所謂'大明終始'也."【大雅】

6:48 ▲[33]

6:49 ▲[34]

6:50 嘗言仁・義・禮・智, 而以手指畫扇中心, 曰: "只是一箇道理, 分爲兩箇." 又橫畫一畫, 曰: "兩箇分爲四箇." 又以手指逐一指所分爲四箇處, 曰: "一箇是仁, 一箇是義, 一箇是禮, 一箇是智, 這四箇便是箇種子. 惻隱・羞惡・恭敬・是非便是種子所生底苗."【節】

6:51 人只是此仁・義・禮・智四種心. 如春・夏・秋・冬, 千頭萬緒, 只是此四種心發出來.【銖】

6:52 吉甫問: "仁・義・禮・智, 立名還有意義否?" 曰: "說仁, 便有慈愛底意思, 說義, 便有剛果底意思. 聲音氣象, 自然如此." 直卿云: "六經中專言仁者, 包四端也, 言仁義而不言禮智者, 仁包禮, 義包智."

32) 木: 『朱子語類』에서는 本으로 되어 있다.

33) ▲: 得此生意以有生, 然後有禮智義信. 以先後言之, 則仁爲先, 以大小言之, 則仁爲大.【閎祖】

34) ▲: 問: "先生以爲一分爲二, 二分爲四, 四分爲八, 又細分將去. 程子說: '性中只有仁・義・禮・智四者而已.' 只分到四便住, 何也?" 曰: "周先生亦止分到五行住. 若要細分, 則如『易』樣分."【節 ○以下仁・義・禮・智.】

【方子 ○節同. 佐同.】

6:53 ▲[35]

6:54 問仁・義・禮・智體用之別. 曰: "自陰陽上看下來, 仁・禮屬陽, 義・智屬陰, 仁・禮是用, 義・智是體. 春夏是陽, 秋冬是陰. 只將仁・義說, 則'春作夏長', 仁也, '秋斂冬藏', 義也. 若將仁・義・禮・智說, 則春, 仁也, 夏, 禮也, 秋, 義也, 冬, 智也. 仁・禮是敷施出來底, 義是肅殺果斷底, 智便是收藏底. 如人肚臟有許多事, 如何見得? 其智愈大, 其藏愈深. 正如『易』中道: '立天之道, 曰陰與陽, 立地之道, 曰柔與剛, 立人之道, 曰仁與義.' 解者多以仁爲柔, 以義爲剛, 非也. 卻是以仁爲剛, 義[36]爲柔. 蓋仁是箇發出來了, 便硬而强, 義便是收斂向裏底, 外面見之便是柔."【僩】

6:55 ▲[37]

6:56 "仁・禮屬陽, 屬健, 義・智[38]屬陰, 屬順." 問: "義則截然有定分, 有收斂底意思, 自是屬陰順. 不知智如何解?" 曰: "智更是截然, 更是收斂. 如知得是, 知得非, 知得便了, 更無作用, 不似仁・義・禮三者有作用. 智只是知得了, 便交付惻隱・羞惡・辭遜三者. 他那箇更收斂得快."【僩】

---

35) ▲: 仁與義是柔軟底, 禮智是堅實底. 仁義是頭, 禮智是尾. 一似說春秋冬夏相似, 仁義【一作"禮".】是陽底一截, 禮智【一作"義智".】是陰底一截.【淵 ○方子錄云: "仁義是發出來嫩底, 禮智是堅硬底."】

36) 義: 『小分』에서는 以義로 되어 있었으나 以를 붓으로 지웠다.

37) ▲: 仁禮屬陽, 義智屬陰. 袁機仲卻說: "義是剛底物, 合屬陽, 仁是柔底物, 合屬陰." 殊不知舒暢發達, 便是那剛底意思, 收斂藏縮, 便是那陰底意思. 他只念得"於仁也柔, 於義也剛"兩句, 便如此說. 殊不知正不如此. 又云: "以氣之呼吸言之, 則呼爲陽, 吸爲陰, 吸便是收斂底意. 「鄉飮酒義」云: '溫厚之氣盛於東南, 此天地之仁氣也, 嚴凝之氣盛於西北, 此天地之義氣也.'"【僩】

38) 智: 成化本・賀本에서는 知로 되어 있다.

6:57 生底意思是仁, 殺底意思是義, 發見會通是禮, 收【一作"深".】藏不測是智.[39)]

6:58 ▲[40)]

6:59 ▲[41)]

6:60 百行皆仁・義・禮・智中出.【節】

6:61 仁・義・禮・智, 性之大目, 皆是形而上者, 豈可分也?【人傑】

6:62 ▲[42)]

6:63 ▲[43)]

6:64 ▲[44)]

6:65 問: "仁是天地之生氣, 義・禮・智又於其中分別. 然其初只是生氣, 故爲全體." 曰: "然." 問: "肅殺之氣, 亦只是生氣?" 曰: "不是二

---

39) 藏不測是智: 『小分』에서는 이 뒤에【節】이 있었으나 이를 붓으로 지웠다.

40) ▲: 仁・義・禮・智, 便是元亨利貞. 若春間不曾發生, 得到夏無緣得長, 秋冬亦無可收藏.【泳】

41) ▲: 問: "元亨利貞有次第, 仁・義・禮・智因發而感, 則無次第." 曰: "發時無次第, 生時有次第."【佐】

42) ▲: 問: "仁得之最先, 蓋言仁具義禮智." 曰: "先有是生理, 三者由此推之."【可學】

43) ▲: 仁, 渾淪言, 則渾淪都是一箇生意, 義禮智都是仁, 對言, 則仁與義禮智一般.【淳】

44) ▲: 鄭問: "仁是生底意, 義禮智則如何?" 曰: "天只是一元之氣. 春生時, 全見是生, 到夏長時, 也只是這底, 到秋來成遂, 也只是這底, 到冬天藏斂, 也只是這底. 仁・義・禮・智割做四段, 一箇便是一箇, 渾淪看, 只是一箇."【淳】

物, 只是斂些. 春・夏・秋・冬, 亦只是一氣."【可學】

6:66 仁與智包得, 義與禮包不得.【方子】

6:67 ▲[45]

6:68 味道問: "仁包義・禮・智, 惻隱包羞惡・辭遜・是非, 元包亨・利・貞, 春包夏・秋・冬. 以五行言之, 不知木如何[46]包得火・金・水?" 曰: "木是生氣. 有生氣, 然後物可得而生. 若無生氣, 則火・金・水皆無自而能生矣. 故木能包此三者. 仁・義・禮・智, 性也. 性無形影可以摸索, 只是有這理耳. 惟情乃可得而見, 惻隱・羞惡・辭遜・是非, ◇[47]也. 故孟子言性曰: '乃若其情, 則可以爲善矣.' 蓋性無形影, 惟情可見. 觀其發處既善, 則知其性之本善必矣."【時學】

6:69 ▲[48]

6:70 ▲[49]

6:71 正淳言: "性之四端, 迭爲賓主, 然仁智其總統也. '恭而無禮則勞', 是以禮爲主也, '君子義以爲質', 是以義爲主也. 蓋四德未嘗相離,

---

45) ▲: 仁所以包三者, 蓋義禮智皆是流動底物, 所以皆從仁上漸漸推出. 仁智・元貞, 是終始之事, 這兩頭卻重. 如坎與震, 是始萬物・終萬物處, 艮則是中間接續處.

46) 不知木如何: 成化本에서는 不如木如是로 되어 있다.

47) ◇: 是

48) ▲: 問: "孟子說仁・義・禮・智, 義在第二, 『太極圖』以義配利, 則在第三." 曰: "禮是陽, 故曰亨. 仁・義・禮・智, 猶言東西南北, 元亨利貞, 猶言東南西北. 一箇是對說, 一箇是從一邊說起."【夔孫】

49) ▲: 四端猶四德. 逐一言之, 則各自爲界限, 分而言之, 則仁義又是一大界限, 故曰: "仁, 人心也, 義, 人路也." 如乾文言既曰"四德", 又曰: "乾元者, 始而亨者也, 利貞者, 性情也."【文蔚】

遇事則迭見層出, 要在人默而識之." 曰: "說得是."【大雅】

6:72 學者疑問中謂: "就四德言之, 仁卻是動, 智卻是靜." 曰: "周子『太極圖』中是如此說." 又曰: "某前日答一朋友書云: '仁體剛而用柔, 義體柔而用剛.'"【人傑】

6:73 ▲[50)]

6:74 ▲[51)]

6:75 '仁'字須兼義・禮・智看, 方看得出. 仁者, 仁之本體, 禮者, 仁之節文, 義者, 仁之斷制, 智[52)]者, 仁之分別. 猶春・夏・秋・冬雖不同, 而同出於春. 春則生意之生也, 夏則生意之長也, 秋則生意之成也[53)], 冬則生意之藏也. 自四而兩, 兩而一, 則統之有宗, 會之有元, 故曰: "五行一陰陽, 陰陽一太極." 又曰: "仁爲四端之首, 而智則能成始而成終, 猶元爲四德之長, 然元不生於元而生於貞. 蓋天地之化, 不翕聚, 則不能發散也. 仁・智交際之間, 乃萬化之機軸. 此理循環不窮, 脗[54)]合無間, 故不貞則無以爲元也." ▲[55)]【銖】

---

50) ▲: 問: "仁・義・禮・智四者皆一理. 擧仁, 則義禮智在其中, 擧義與禮, 則亦然. 如『中庸』言: '舜其大智也歟.' 其下乃云, '好問, 好察邇言, 隱惡而揚善', 謂之仁, 亦可, '執其兩端, 用其中於民', 謂之義, 亦可. 然統言之, 只是發明'智'字. 故知理只是一理, 聖人特於盛處發明之爾." 曰: "理固是一貫. 謂之一理, 則又不必疑其多. 自一理散爲萬事, 則燦然有條而不可亂, 逐事自有一理, 逐物自有一名, 各有攸當, 但當觀當理與不當理耳. 旣當理後, 又何必就上更生疑?"【大雅】

51) ▲: 仁・義・禮・智, 才去尋討他時, 便動了, 便不是本來底. 又曰: "心之所以會做許多, 蓋具得許多道理." 又曰: "何以見得有此四者? 因其惻隱, 知其有仁, 因其羞惡, 知其有義." 又曰: "伊川穀種之說最好." 又曰: "冬飮湯, 是宜飮湯, 夏飮水, 是宜飮水. 冬飮水, 夏飮湯, 便不宜. 人之所以羞惡者, 是觸着這宜, 如兩箇物事樣. 觸着宜便羞惡者, 是獨只是一事."【節 ○末數語疑有脫誤.】

52) 智: 孝宗刊本・成化本・賀本에서는 知로 되어 있다.

53) 也: 『朱子語類』에는 없다. 『考異』에서는 "成下恐有也"라고 되어 있다.

54) 脗: 成化本에서는 吻으로 되어 있다.

6:76 ▲[56)]

6:77 ▲[57)] 大抵人之德性上, 自有此四者意思. 仁, 便是箇溫和底意思, 義, 便是慘烈剛斷底意思, 禮, 便是宣著發揮底意思, 智, 便是◇[58)]收斂無痕跡底意思. 性中有此四者, 聖門卻只以求仁爲急者, 緣仁卻是四者之先. 若常存得溫厚底意思在這裏, 到宣著發揮時, 便自然會宣著發揮, 到剛斷時, 便自然會剛斷, 到收斂時, 便自然會收斂. 若將別箇做主, 便都對副不著了. 此仁之所以包四者也." 問: "仁卽性, 則'性'字可以言仁否?" 曰: "性是統言. 性如人身, 仁是左手, 禮是右手, 義是左脚, 智是右脚." 蜚卿問: "仁包得四者, 謂手能包四支, 可乎?" 曰: "且是譬喩如此. 手固不能包四支, 然人言手足, 亦須先手而後足, 言左右, 亦須先左而後右." ▲[59)] 又曰: "'仁'字如人釀酒. 酒方微發時,

55) ▲: 又曰: "貞而不固, 則非貞. 貞, 如板築之有幹, 不貞則無以爲元." 又曰: "「文言」上四句說天德之自然, 下四句說人事之當然. 元者, 乃衆善之長也, 亨者, 乃嘉之會也.【嘉會, 猶言一齊好也.】 會, 猶齊也, 言萬物至此通暢茂盛, 一齊皆好也. 利者, 義之和處也, 貞者, 乃事之楨幹也. '體仁足以長人', 以仁爲體, 而溫厚慈愛之理由此發出也. 體, 猶所謂'公而以人體之'之體. 嘉會者, 嘉其所會也. 一一以禮文節之, 使之無不中節, 乃嘉其所會也. '利物足以和義', 義者, 事之宜也, 利物, 則合乎事之宜矣. 此句乃翻轉, 義字愈明白, 不利物則非義矣. 貞固以貞爲骨子, 則堅定不可移易."

56) ▲: 問仁. 曰: "將仁・義・禮・智四字求." 又問: "仁是統體底否?" 曰: "且理會義禮智令分明, 其空闕一處便是仁." 又曰: "看公時一般氣象如何, 私時一般氣象如何."【德明】

57) ▲: 蜚卿問: "仁恐是生生不已之意. 人唯爲私意所汨, 故生意不得流行. 克去己私, 則全體大用, 無時不流行矣." 曰: "此是衆人公共說底, 畢竟緊要處不知如何. 今要見'仁'字意思, 須將仁・義・禮・智四者共看, 便見仁字分明. 如何是義, 如何是禮, 如何是智, 如何是仁, 便'仁'字自分明. 若只看仁字, 越看越不出." 曰: "'仁'字恐只是生意, 故其發而爲惻隱, 爲羞惡, 爲辭遜, 爲是非." 曰: "且只得就'惻隱'字上看." 道夫問: "先生嘗說仁字就初處看, 只是乍見孺子入井, 而怵惕惻隱之心蓋有不期然而然, 便是初處否?" 曰: "恁地靠着他不得."

58) ◇: 箇

59) ▲: 直卿問: "此恐如五行之木, 若不是先有箇木, 便亦自生下面四箇不得." 曰: "若無木便無火, 無火便無土, 無土便無金, 無金便無水." 道夫問: "向聞先生語學者: '五行不是相生, 合下有時都有.' 如何?" 曰: "此難說, 若會得底, 便自然不相悖, 喚做一齊有也得, 喚做相生也得. 便雖不是相生, 他氣亦自相灌注. 如人五臟,

帶些溫氣, 便是仁, 到發得極熱時, 便是禮, 到得熟時, 便是義, 到得成酒後, 卻只與水一般, 便是智. 又如一日之間, 早間天氣淸明, 便是仁, 午間極熱時, 便是禮, 晚下漸涼, 便是義, 到夜半全然收斂, 無些形跡時, 便是智. 只如此看, 甚分明."【道夫】

6:78 ▲[60)]

6:79 ▲[61)]

固不曾有先後, 但其灌注時, 自有次序." 久之,

60) ▲: "今日要識得仁之意思是如何. 聖賢說仁處最多, 那邊如彼說, 這邊如此說, 文義各不同. 看得箇意思定了, 將聖賢星散說體看, 處處皆是這意思, 初不相背, 始得. 『集注』說: '愛之理, 心之德.' 愛是惻隱, 惻隱是情, 其理則謂之仁. 心之德, 德又只是愛. 謂之心之德, 卻是愛之本柄. 人之所以爲人, 其理則天地之理, 其氣則天地之氣. 理無跡, 不可見, 故於氣觀之. 要識仁之意思, 是一箇渾然溫和之氣, 其氣則天地陽春之氣, 其理則天地生物之心. 今只就人身己上看有這意思是如何. 纔有這意思, 便自恁地好, 便不恁地乾燥. 將此意看聖賢許多說仁處, 都只是這意. 告顏子以'克己復禮', 克去己私以復於禮, 自然都是這意思. 這不是待人旋安排, 自是合下都有這箇渾全流行物事. 此意思纔無私意間隔, 便自見得人與己一, 物與己一, 公道自流行. 須是如此看. 孔門弟子所問, 都只是問做工夫. 若是仁之體段意思, 也各各自理會得了. 今卻是這箇未曾理會得, 如何說要做工夫? 且如程先生云: '偏言則一事, 專言則包四者.' 上云: '四德之元, 猶五常之仁.' 恰似有一箇小小底仁, 有一箇大大底仁. '偏言則一事', 是小小底仁, 只做得仁之一事, '專言則包四者', 是大大底仁, 又是包得禮義智底. 若如此說, 是有兩樣仁. 不知仁只是一箇, 雖是偏言, 那許多道理也都在裏面, 雖是專言, 那許多道理也都在裏面." 致道云: "如春是生物之時, 已包得夏長・秋成・冬藏意思在." 曰: "春是生物之時, 到夏秋冬, 也只是這氣流注去. 但春則是方始生榮意思, 到夏便是結裏定了, 是這生意到後只漸老了." 賀孫曰: "如溫和之氣, 固是見得仁. 若就包四者意思看, 便自然有節文, 自然得宜, 自然明辨." 曰: "然."【賀孫】

61) ▲: 或問『論語』言仁處. 曰: "理難見, 氣易見. 但就氣上看便見, 如看元亨利貞是也. 元亨利貞也難看, 且看春・夏・秋・冬. 春時盡是溫厚之氣, 仁便是這般氣象. 夏秋冬雖不同, 皆是陽春生育之氣行乎其中. 故'偏言則一事, 專言則包四者.' 如知福州是這箇人, 此偏言也, 及專言之, 爲九州安撫, 亦是這一箇人, 不是兩人也. 故明道謂: '義禮智, 皆仁也. 若見得此理, 則聖人言仁處, 或就人上說, 或就事上說, 皆是這一箇道理.' 正叔云: '滿腔子是惻隱之心.'" 曰: "仁便是惻隱之母." 又曰: "若曉得此理, 便見得'克己復禮', 私欲盡去, 便純是溫和沖粹之氣, 乃天地生物之心. 其餘人所以未仁者, 只是心中未有此氣象. 『論語』但云求仁之方者, 是

6:80 “仁有兩般, 有作爲底, 有自然底. 看來人之生便自然如此, 不待作爲. 如說父子欲其親, 君臣欲其義, 是他自會如此, 不待欲也. 父子自會親, 君臣自會義, 既自會恁地, 便活潑潑地, 便是仁.” 因擧手中扇云: “只如搖扇, 熱時人自會恁地搖, 不是欲佗搖. 孟子說‘乍見孺子入井時, 皆有怵惕惻隱之心’, 最親切. 人心自是會如此, 不是內交・要譽, 方如此. 大凡人心中皆有仁・義・禮・智, 然元只是一物, 發用出來, 自然成四派. 如破梨相似, 破開成四片. 如東對著西, 便有南北相對, 仁對著義, 便有禮・智相對. 以一歲言之, 便有寒暑, 以氣言之, 便有春・夏・秋・冬, 以五行言之, 便有金・木・水・火・土. 且如陰陽之間, 儘有次第. 大寒後, 不成便熱, 須是且做箇春溫, 漸次到熱田地. 大熱後, 不成便寒, 須是且做箇秋凉, 漸次到寒田地. 所以仁・義・禮・智自成四派, 各有界限. 仁流行到那田地時, 義處便成義, 禮・智處便成禮・智. 且如萬物收藏, 何嘗休了, 都有生意在裏面. 如穀種・桃仁・杏仁之類, 種著便生, 不是死物, 所以名之曰‘仁’, 見得都是生意. 如春之生物, 夏是生物之盛, 秋是生意漸漸收斂, 冬是生意收藏.” 又曰: “春夏是行進去, 秋冬是退後去. 正如人呵氣, 呵出時便熱, 吸入時便冷.”【明作】

6:81 ▲[62]

6:82 ▲[63]

其門人必嘗理會得此一箇道理. 今但問其求仁之方, 故夫子隨其人而告之.” 趙致道云: “李先生云: ‘仁是天理之統體.’” 先生曰: “是.”【南升 ○疑與上條同聞.】

62) ▲: 百行萬善, 固是都合着力, 然如何件件去理會得? 百行萬善摠於五常, 五常又摠於仁, 所以孔・孟只教人求仁. 求仁只是“主敬”, “求放心”, 若能如此, 道理便在這裏.【方子 ○拱壽同.】

63) ▲: 學者須是求仁. 所謂求仁者, 不放此心. 聖人亦只教人求仁. 蓋仁・義・禮・智四者, 仁足以包之. 若是存得仁, 自然頭頭做着, 不用逐事安排. 故曰: “苟志於仁矣, 無惡也.” 今看『大學』, 亦要識此意, 所謂“顧諟天之明命”, “無他, 求其放心而已.”【方子 ○拱壽同.】

6:83 問求仁. 曰: "看來'仁'字只是箇渾淪底道理. 如『大學』致知·格物, 所以求仁也, 『中庸』博學·審問·謹[64]思·明辨·力行, 亦所以求仁也." 又問: "諸先生皆令人去認仁, 必要人體認得這仁是甚物事." 曰: "而今別把仁做一物事認, 也不得, 衮說鶻突了, 亦不得."【燾】

6:84 或問: "存得此心, 便是仁." 曰: "且要存得此心, 不爲私欲所勝, 遇事每每著精神照管, 不可隨物流去, 須要緊緊守著. 若常存得此心, 應事接物, 雖不中, 不遠. 思慮紛擾于[65]中, 都是不能存此心. 此心不存, 合視處也不知視, 合聽處也不知聽." 或問: "莫在於敬否?" 曰: "敬非別是一事, 常喚醒此心便是. 人每日只鶻鶻突突過了, 心都不曾收拾得在裏面." 又曰: "仁雖似有剛直意, 畢竟本是箇溫和之物. 但出來發用時有許多般, 須得是非·辭遜·斷制三者, 方成仁之事. 及至事定, 三者各退, 仁仍舊溫和, 緣是佗本性如此. 人但見有是非·節文·斷制, 卻謂都是仁之本意, 則非也. 春本溫和, 故能生物, 所以說仁爲春."【明作】

6:85 或曰: "存得此心, 卽便是仁." 曰: "此句甚好. 但下面說'合於心者爲之, 不合於心者勿爲', 卻又從義上去了, 不干仁事. 今且只以『孟子』'仁, 人心也, 義, 人路也', 便見得仁義之別. 蓋仁是此心之德, 才存得此心, 卽無不仁. 如說'克己復禮', 亦只是要得私欲去後, 此心常存耳, 未說到行處也. 纔說合於心者行之, 便侵過義人路底界分矣. 然義之所以能行, 卻是仁之用處. 學者須是此心常存, 方能審度事理, 而行其所當行也. 此, 孔門之學所以必以求仁爲先. 蓋此是萬理之原, 萬事之本, 且要先識認得, 先存養得, 方有下手立脚處耳."

---

64) 謹: 賀本에서는 愼으로 되어 있다.
65) 于: 賀本에서는 於로 되어 있다.

6:86 ▲[66]

6:87 耳之德聰, 目之德明, 心之德仁, 且將這意去思量體認. ○將愛之理在自家心上自體認思量, 便見得仁. ○仁是箇溫和柔軟底物事. 老子說: "柔弱者, 生之徒, 堅强者, 死之徒." 見得自是. 看石頭上如何種物事出? "藹乎若春陽之溫, 汎乎若醴酒之醇." 此是形容仁底意思. ○當來得於天者只是箇仁, 所以爲心之全體. 卻自仁中分四界子. 一界子上是仁之仁, 一界子是仁之義, 一界子是仁之禮, 一界子是仁之智. 一箇物事, 四脚撐在裏面, 唯仁兼統之. 心裏只有此四物, 萬物萬事皆自此出. ○天之春・夏・秋・冬最分曉. 春生, 夏長, 秋收, 冬藏. 雖分四時, 然生意未嘗不貫, 縱雪霜之慘, 亦是生意. ○以'生'字說仁, 生自是上一節事. 當來天地生我底意, 我而今須要自體認得. ○試自看一箇物堅硬如頑石, 成甚物事? 此便是不仁. ○試自看溫和柔軟時如何, 此所以"孝悌, 爲仁之本." 若如頑石, 更下種不得. 俗說"硬心腸", 可以見. 硬心腸, 如何可以與佗說話? ○惻隱・羞惡・辭遜・是非, 都是兩意. 惻是初頭子, 隱是痛, 羞是羞己之惡, 惡是惡人之惡, 辭在我, 遜在彼, 是非自分明. ○才仁, 便生出禮, 所以仁配春, 禮配夏. 義是裁制, 到得智便了, 所以配秋配冬. ○既認得仁如此分明, 到得做工夫, 須是"克己復禮", "出門如見大賓, 使民如承大祭, 己所不欲, 勿施於人", 方是做工夫處.【先生令思'仁'字. 至第三夜, 方說前三條. 以後八條, 又連三四夜所說. 今依次第, 不敢移動. ○泳】

6:88 ▲[67]

6:89 孔子說仁, 多說體, 孟子說仁, 多說用. 如"克己復禮", "惻隱之心"之類.【閎祖 ○節同.】

---

66) ▲: 夫仁, 亦在乎熟之而已矣.【文蔚】
67) ▲: 仁兼義言者, 是言體, 專言仁者, 是兼體用而言.【節】

6:90 直卿云: "聖賢言仁, 有專指體而言者, 有包體・用而言者." 先生曰: "仁對義・禮・智言之, 則爲體, 專言之, 則兼體・用. 此等處, 須人自看, 如何一一說得? 日日將來看, 久後須會見得."【佐】

6:91 ▲[68)]

6:92 ▲[69)]

6:93 仁在事. 若不於事上看, 如何見仁?【方】

6:94 做一方便事, 也是仁, 不殺一虫, 也是仁, '三月不違', 也是仁.【節】

6:95 ▲[70)]

6:96 熟底是仁, 生底是恕, 自然底是仁, 勉强底是恕, 無計較・無睹當底是仁, 有計較・有睹當底是恕.【道夫】

6:97 公在前, 恕在後, 中間是仁. 公了方能仁, 私便不能仁.【可學】

6:98 仁是愛底道理, 公是仁底道理. 故公則仁, 仁則愛.【端蒙】

6:99 公是仁之方法, 人身是仁之材料.【銖】

6:100 公卻是仁發處. 無公, 則仁行不得.【可學】

---

68) ▲: 周明作問仁. 曰: "聖賢說話, 有說自然道理處, 如'仁, 人心'是也, 有說做工夫處, 如'克己復禮'是也."【雉】
69) ▲: 前輩教人求仁, 只說是淵深溫粹, 義理飽足.【榦】
70) ▲: "仁則固一, 一所以爲仁." 言所以一者是仁也.【方】

6:101 ▲[71]

6:102 或問仁與公之別. 曰: "仁在內, 公在外." 又曰: "惟仁, 然後能公." 又曰: "仁是本有之理, 公是克己工夫極至處, 故惟仁然後能公, 理甚分明. 故程子曰: '公而以人體之', 則是克盡己私之後, 只就自身上看, 便見得仁也."

6:103 公不可謂之仁, 但公而無私便是仁. 敬不可謂之中, 但敬而無失便是中. 【道夫】

6:104 無私以間[72]之則公, 公則仁. 譬如水, 若一些子礙, 便成兩截, 須是打倂了障塞, 便滔滔地去. 【從周 ▲[73]】

6:105 做到私欲淨盡, 天理流行, 便是仁. 【道夫】

6:106 ▲[74]

6:107 ▲[75]

6:108 周明作謂: "私欲去, 則爲仁." 曰: "謂私欲去後, 仁之體見, 則可, 謂私欲去後便爲仁, 則不可. 譬如日月之光, 雲霧蔽◇[76], 固是不見. 若謂雲霧去, 則便指爲日月, 亦不可. 如水亦然. 沙石雜之, 固非

---

71) ▲: 仁, 將"公"字體之. 及乎脫落了"公"字, 其活底是仁. 【季通語. ○方】
72) 間: 賀本에서는 閒으로 되어 있다.
73) ▲: ○拱壽同. *『소분』에서는 붓으로 지웠다.
74) ▲: 余正叔嘗於先生前論仁, 曰: "仁是體道之全." 曰: "只是一箇渾然天理." 【文蔚】
75) ▲: 王景仁問仁. 曰: "無以爲也. 須是試去屏疊了私欲, 然後子細體驗本心之德是甚氣象, 無徒講其文義而已也." 【壯祖】
76) ◇: 之

水之本然. 然沙石去後, 自有所謂水者, 不可便謂無沙無石爲水也."【雉】

6:109 ▲[77)]

6:110 或問: "仁當何訓?" 曰: "不必須用一字訓, 但要曉得大意通透"【閎祖】[78)]

6:111 ▲[79)]

6:112 仁是根, 惻隱是萌芽. 親親・仁民・愛物, 便是推廣到枝葉處.【夔孫】

6:113 仁固有知覺, 喚知覺做仁, 卻不得. ◇[80)]

6:114 以名義言之, 仁自是愛之體, 覺自是知[81)]之用, 本不相同. 但仁包四德. 苟仁矣, 安有不覺者乎?【道夫】

6:115 ▲[82)]

---

77) ▲: 余正叔謂: "無私欲是仁." 曰: "謂之無私欲然後仁, 則可, 謂無私便是仁, 則不可. 蓋惟無私欲而後仁始見, 如無所壅底而後水方行." 方叔曰: "與天地萬物爲一體是仁." 曰: "無私, 是仁之前事, 與天地萬物爲一體, 是仁之後事. 惟無私, 然後仁, 惟仁, 然後與天地萬物爲一體. 要在二者之間識得畢竟仁是甚模樣. 欲曉得仁名義, 須并'義・禮・智'三字看. 欲眞箇見得仁底模樣, 須是從'克己復禮'做工夫去. 今人說仁, 如糖, 皆道是甜, 不曾喫着, 不知甜是甚滋味. 聖人都不說破, 在學者以身體之而已矣."【閎祖】

78)【閎祖】: 『朱子語類』에는 없다.

79) ▲: '仁'字說得廣處, 是全體. 惻隱・慈愛底, 是說他本相.【高】

80) ◇:【閎祖】

81) 知: 『朱子語類』에서는 智로 되어 있다.

82) ▲: 問: "以愛名仁, 是仁之跡, 以覺言仁, 是仁之端. 程子曰: '仁道難名, 惟公近之, 不可便以公爲仁.' 畢竟仁之全體如何識認? '克己復禮, 天下歸仁', 孟子所謂

6:116 ▲[83]

6:117 問: "程門以知覺言仁, 『克齋記』乃不取, 何也?" 曰: "仁離愛不得. 上蔡諸公不把愛做仁, 他見伊川言: '博愛非仁也, 仁是性, 愛是情.' 伊川也不是道愛不是仁. 若當初有人會問, 必說道'愛是仁之情, 仁是愛之性', 如此方分曉. 惜門人只領那意, 便專以知覺言之, 於愛之說, 若將浼焉, 遂蹉過仁地位去說, 將仁更無安頓處. '見孺子匍匐將入井, 皆有怵惕惻隱之心', 這處見得親切. 聖賢言仁, 皆從這處說." 又問: "知覺亦有生意." 曰: "固是. 將知覺說來冷了. 覺在知上卻多, 只些小搭在仁邊. 仁是和底意. 然添一句, 又成一重. 須自看得, 便都理會得."【淳 ▲[84]】

6:118 余景思問仁之與心. 曰: "'仁'字是虛, '心'字是實. 如水之必有冷, '冷'字是虛, '水'字是實. 心之於仁, 亦猶水之冷, 火之熱. 學者須當於此心未發時加涵養之功, 則所謂惻隱·羞惡·辭遜·是非發而必中. 方其未發, 此心之體寂然不動, 無可分別, 且只恁混沌養將去. 若必察其所謂四者之端, 則既思便是已發."【道夫】

6:119 ▲[85]

'萬物皆備於我', 是仁之體否?" 先生曰: "覺, 決不可以言仁, 雖足以知仁, 自屬智了. 愛分明是仁之跡." 浩曰: "惻隱是仁情之動處. 要識仁, 須是兼義·禮·智看. 有箇宜底意思是義, 有箇讓底意思是禮, 有箇別白底意思是智, 有箇愛底意思是仁. 仁是天理, 公是天理. 故伊川謂: '惟公近之.' 又恐人滯着, 隨即曰: '不可便以公爲仁.' '萬物皆備'固是仁, 然仁之得名卻不然."【"浩曰"二字可疑. ○浩】

83) ▲: 問: "先生答湖·湘學者書, 以'愛'字言仁, 如何?" 曰: "緣上蔡說得'覺'字太重, 便相似說禪." 問: "龜山卻推'惻隱'二字." 曰: "龜山言'萬物與我爲一'云云, 說亦太寬." 問: "此還是仁之體否?" 曰: "此不是仁之體, 卻是仁之量. 仁者固能覺, 謂覺爲仁, 不可, 仁者固能與萬物爲一, 謂萬物爲一爲仁, 亦不可. 譬如說屋, 不論屋是木做柱, 竹做壁, 卻只說屋如此大, 容得許多物. 如萬物爲一, 只是說得仁之量."【因擧禪語是說得量邊事云云. ○德明】

84) ▲: ○寓同. *『小分』에서는 원래 있었으나 붓으로 지웠다.

85) ▲: 仁. ○雞雛初生可憐意與之同. ○意思鮮嫩. ○天理著見, 一段意思可愛, 發

6:120 湖南學者說仁, 舊來都是深[86]空說出一片. 頃見王日休解『孟子』云: "麒麟者, 獅子也." 仁本是惻隱溫厚底物事, 卻被他們說得擡[87]虛打險, 瞠眉弩眼, 卻似說麒麟做獅子, 有呑伏百獸之狀, 蓋自'知覺'之說起之.【麒麟不食生肉, 不踐[88]生草, 獅子則百獸聞之而腦裂. ○䕫】

6:121 若說得本源, 則不犯"仁"字. 禪家曹洞有"五位法", 固可笑. 以黑爲正位, 白爲偏位. 若說時, 只是形容箇黑白道理, 更不得犯"黑·白"二字. 皆是要從心中流出, 不犯紙上語.【從周】

6:122 義, 便作"宜"字看.【洽】

6:123 ▲[89]

6:124 義是箇毅然說話, 如利刀著物.【季札】

6:125 ▲[90]

6:126 義如利刀相似, 胸中許多勞勞攘攘, 到此一齊割斷了. 聖賢雖千言萬語, 千頭萬項, 然一透都透. 如孟子言義, 伊川言敬, 都徹上徹下.[91]

出卽皆是. ○切脈同體.【說多不能記, 蓋非言語可喩也】 ○孟子便說箇樣了. 今不消理會樣子, 只如顔子學取. ○孔子敎人仁, 只要自尋得了後自知, 非言可喩. ○只是天理, 當其私欲解剝, 天理自是完備. 只從生意上說仁. ○其全體固是仁, 所謂專言之也. 又從而分, 則亦有仁義分言之仁. 今不可於名言上理會, 只是自到便有知得. ○上蔡所謂"飮食知味"也.【方】

86) 深: 徽州本에서는 架로 되어 있다.

87) 擡: 孝宗刊本에서는 檯로 되어 있다.

88) 踐: 賀本에서는 食으로 되어 있다.

89) ▲: 不可執定, 隨他理去如此, 自家行之便是義.【節】

90) ▲: 義如利刀相似,【人傑錄云: "似一柄快刀相似"】 都割斷了許多牽絆.【祖道】

6:127 ▲[92]

6:128 ▲[93]

6:129 ▲[94]

6:130 仁對義爲體・用. 仁自有仁之體・用, 義又有義之體・用. 【伯羽】

6:131 ▲[95]

6:132 仁義互爲體用・動靜. 仁之體本靜, 而其用則流行不窮, 義之用本動, 而其體則各止其所. 【淳】[96]

6:133 ▲[97]

6:134 以仁屬陽, 以義屬陰. 仁主發動而言, 義主收斂而言. 若揚子云: "於仁也柔, 於義也剛." 又自是一義. 便是這物事不可一定名之, 看他用處如何. 【罃】[98]

---

91) 都徹上徹下: 『小分』에서는 이 뒤에 【祖道】가 있었으나 이를 붓으로 지웠다.

92) ▲: "義"字如一橫劍相似, 凡事物到前, 便兩分去. "君子義以爲質", "義以爲上", "義不食也", "義弗乘也", "精義入神, 以致用也." 是此義十分精熟, 用便見也.

93) ▲: "克己復禮爲仁", 善善惡惡爲義. 【驤】

94) ▲: 仁義, 其體亦有先後. 【節】

95) ▲: 趙致道問: "仁義體用・動靜何如?" 曰: "仁固爲體, 義固爲用. 然仁義各有體用, 各有動靜, 自詳細驗之." 【賀孫】

96) 【淳】: 『小分』에서는 【賀孫・淳】으로 되어 있었으나 賀孫을 붓으로 지웠다. 『朱子語類』에는 없다.

97) ▲: 義之嚴肅, 卽是仁底收斂. 【淳】

98) 【罃】: 徽州本에서는 【罃】이 빠져 있고, 대신 正淳問: "『集注』云: '剛者勇之體, 勇者剛之發', 何也?" 曰: "『春秋傳』云: '使勇而無剛者, 嘗寇而速去之', 勇只是發用於外者" 【榦】이 더 있다.

6:135 問"於仁也柔, 於義也剛." 曰: "仁體剛而用柔, 義體柔而用剛[99]." 銖曰: "此豈所謂'陽根陰, 陰根陽'邪?" 曰: "然."【銖】

6:136 ▲[100]

6:137 "尋常人施恩惠底心, 便發得易, 當刑殺時, 此心便疑. 可見仁屬陽, 屬剛, 義屬陰, 屬柔." 直卿云: "只[101]將'舒斂'二字看, 便見. 喜則舒, 怒則斂."【方子】

6:138 仁義如陰陽, 只是一氣. 陽是正長底氣, 陰是方消底氣, 仁便是方生底義, 義便是收回頭底仁. 要之, 仁未能盡得道體, 道則平鋪地散在裏, 仁固未能盡得. 然仁卻是足以該道之體. 若識得陽, 便識得陰, 識得仁, 便識得義. 識得一箇, 便曉得其餘箇.【道夫】

6:139 問: "義者, 仁之質?" 曰: "義有裁制割斷意, 是把定處, 便發出許多仁來. 如非禮勿視聽言動, 便是把定處, '一日克己復禮, 天下歸仁', 便是流行處."【淳】

6:140 ▲[102]

---

99) 仁體剛而用柔, 義體柔而用剛: 孝宗刊本・成化本・賀本에서는 仁體柔而用剛, 義體剛而用柔로 되어 있다.

100) ▲: 先生答叔重疑問曰: "仁體剛而用柔, 義體柔而用剛." 廣請曰: "自太極之動言之, 則仁爲剛, 而義爲柔, 自一物中陰陽言之, 則仁之用柔, 義之用剛." 曰: "也是如此. 仁便有箇流動發越之意, 然其用則慈柔, 義便有箇商量從宜之義, 然其用則決裂."【廣】

101) 只: 賀本에서는 卽으로 되어 있다.

102) ▲: 問: "孟子以惻隱爲仁之端, 羞惡爲義之端. 周子曰: '愛曰仁, 宜曰義.' 然以其存於心者而言, 則惻隱與愛固爲仁心之發. 然羞惡乃就恥不義上反說, 而非直指義之端也. '宜'字乃是就事物上說. 不知義在心上, 其體段如何." 曰: "義之在心, 乃是決裂果斷者也."【柄】

6:141 天下之物, 未嘗無對. 有陰便有陽, 有仁便有義, 有善便有惡, 有語便有黙, 有動便有靜. 然又卻只是一箇道理. 如人行出去是這脚, 行歸亦是這脚. 譬如口中之氣, 嘘則爲溫, 吸則爲寒耳.【雉】

6:142 ▲[103)]

6:143 ▲[104)]

6:144 禮者, 仁之發, 智者, 義之藏. 且以人之資[105)]質言之, 溫厚者多謙遜, 通曉者多刻剝.【燾】

6:145 問仁・敬. 曰: "上蔡以來, 以敬爲小, 不足言, 須加'仁'字在上. 其實敬不須言仁, 敬則仁在其中矣."【方 ○以下兼論恭敬忠信.】

6:146 恭主容, 敬主事. 有事著心做, 不易其心而爲之, 是敬. 恭形於外, 敬主於中. 自誠身而言, 則恭較緊, 自行事而言, 則敬爲切.【淳】

6:147 初學則不如敬之切, 成德則不如恭之安, 敬是主事. 然專言, 則又如"修己以敬", "敬以直內." 只偏言是主事. 恭是容貌上說.【端蒙】

6:148 問: "'恭敬'二字, 以謂恭在外, 工夫[106)]猶淺, 敬在內, 工夫大段細密." 曰: "二字不可以深淺[107)]. 恭敬, 猶'忠信'兩字." 文蔚曰: "恭卽是敬之[108)]發見." 先生黙然良久, 曰: "本領雖在敬上, 若論那大處,

103) ▲: 禮者, 節文也. 禮數.【節】
104) ▲: 直卿曰: "五常中說知有兩般. 就知識處看, 用着知識者是知, 就理上看, 所以爲是爲非者, 亦知也. 一屬理, 一屬情." 曰: "固是. 道德皆有體有用."【寓】
105) 之資: 『小分』에서는 資之를 교정부호로 바로잡았다.
106) 工夫: 成化本・賀本에서는 功夫로 되어 있다.
107) 深淺: 賀本에서는 深淺論으로 되어 있다.

恭反大如敬[109]. 若不是裏面積盛, 無緣發出來做得恭."【文蔚】[110]

6:149 吉甫問恭敬. 曰: "'恭'字軟, '敬'字硬." 直卿云: "恭似低頭, 敬似擡頭."【至】

6:150 因言"恭敬"二字如忠信, 或云: "敬, 主於中者也, 恭, 發於外者也." 曰: "凡言發於外, 比似主於中者較大. 蓋必充積盛滿, 而後發於外, 則發於外者豈不如主於中者? 然主於中者卻是本, 不可不知."【僩】

6:151 忠信者, 眞實而無虛僞也, 無些欠闕, 無些間斷, 樸實頭做去, 無停住也. 敬者, 收斂而不放縱也.【祖道】

6:152 忠自裏面發出, 信是就事上說. 忠是要盡自家這箇心, 信是要盡自家這箇道理.

---

108) 敬之: 成化本에서는 之敬으로 되어 있다.
109) 恭反大如敬: 成化本에서는 恭反大如在敬으로 되어 있다.
110)【文蔚】: 英祖刊本에서는【又蔚】로 되어 있다.

『朱子語類』 卷第七

「學一」

「小學」

7:1 古者初年入小學, 只是敎之以事, 如禮・樂・射・御・書・數及孝・弟・忠・信之事. 自十六七入大學, 然後敎之以理, 如致知・格物及所以爲忠・信・孝・弟者.【驤】

7:2 古人自入小學時, 已自知許多事了, 至入大學時, 只要做此工夫. 今人全未曾知此. 古人只去心上理會, 至去治天下, 皆自心中流出. 今人只去事上理會.【泳】

7:3 古者小學已自養得小兒子這裏定, 已自是聖賢坯墣[1]了, 但未有聖賢許多知見. 及其長也, 令入大學, 使之格物・致知, 長許多知見.【節】

7:4 古人小學養得小兒子誠敬善端發見了. 然而大學等事, 小兒子不會推將去, 所以又入大學敎之.【璘】

7:5 ▲[2]

7:6 ▲[3]

---

1) 墣: 成化本・賀本에서는 璞으로 되어 있다.
2) ▲: 小學是直理會那事, 大學是窮究那理, 因甚恁地.【寓】

7:7 小學是事[4], 如事君・事父・事兄・處友等事, 只是教他依此規矩做去. 大學是發明此事之理.【銖】

7:8 ▲[5]

7:9 古者, 小學已自暗養成了, 到長來, 已自有聖賢坯墣,[6] 只就上面加光飾. 如今全失了小學工夫, 只得教人且把敬爲主, 收斂身心, 卻方可下工夫. 又曰: "古人小學教之以事, 便自養得他心, 不知不覺自好了. 到得漸長, 漸更歷通達事物, 將無所不能. 今人旣無本領, 只去理會許多閑汨董, 百方措置思索, 反以害心."【賀孫】

7:10 問: "大學與小學, 不是截然爲二. 小學是學其事, 大學是窮其理, 以盡其事否?" 曰: "只是一箇事. 小學是學事親, 學事長, 且直理會那事. 大學是就上面委曲詳究那理, 其所以事親是如何, 所以事長是如何. 古人於小學存養已熟, 根基已深厚, 到大學, 只就上面點化出些精彩. 古人自能食能言, 便已教了, 一歲有一歲工夫. 到二十時, 聖人資質已自有十分.【寓作"三分".】 大學只出治[7]光彩. 今都蹉過, 不能轉去做, 只據而今當地頭立定脚做去, 補塡前日欠闕, 栽種後來合做底.【寓作"根株".】 如二十歲覺悟, 便從二十歲立定脚力做去, 三十歲覺悟, 便從三十歲立定脚力做去. 縱待八九十歲覺悟, 也當據見在[8]箚住硬

3) ▲: 小學者, 學其事, 大學者, 學其小學所學之事之所以.【節】
4) 小學是事: 徽州本에서는 이 앞에 問小學・大學之別, 先生曰이 더 있다.
5) ▲: 古人便都從小學中學了, 所以大來都不費力, 如禮・樂・射・御・書・數, 大綱都學了. 及至長大, 也更不大段學, 便只理會窮理・致知工夫, 而今自小失了, 要補塡, 實是難. 但須莊敬誠實, 立其基本, 逐事逐物, 理會道理. 待此通透, 意誠心正了, 就切身處理會, 旋旋去理會禮・樂・射・御・書・數. 今則無所用乎御. 如禮・樂・射・書・數, 也是合當理會底, 皆是切用. 但不先就切身處理會得道理, 便教考究得些禮文・制度, 又干自家身己甚事?【賀孫】
6) 墣: 成化本・賀本에서는 模로 되어 있고, 孝宗刊本에서는 璞으로 되어 있다.
7) 治: 萬曆本에서는 治으로 되어 있다.
8) 在: 孝宗刊本・成化本・賀本에서는 定으로 되어 있다.

寨做去."【淳 ○寓同.】

7:11 ▲[9)]

7:12 陸子壽言: "古者教小子弟, 自能言能食, 卽有教, 以至灑掃應對之類, 皆有所習, 故長大則易語. 今人自小卽教做對, 稍大卽教作虛誕之文, 皆壞其性質. 某嘗[10)]思欲做一小學規, 使人自小教之便有法, 如此亦須有益." 先生曰: "只做『禪苑淸規』樣做, 亦自好."【大雅】

7:13 天命, 非所以教小兒. 教小兒, 只說箇義理大槩, 只眼前事. 或以灑掃應對之類作段子, 亦可. 每嘗疑「曲禮」"衣毋撥, 足毋蹶, 將上堂, 聲必揚, 將入戶, 視必下"等叶韻處, 皆是古人初教小兒語. 『列女傳』「孟母」又添兩句曰: "將入門, 問孰存."【淳 ▲[11)]】

7:14 教小兒讀『詩』, 不可破章.【道夫】

7:15 先生初令義剛訓二三小子, 見教曰: "授書莫限長短, 但文理斷處便住. 若文勢未斷者, 雖多授數行, 亦不妨. 蓋兒時讀書, 終身改口不得. 嘗見人教兒讀書限長短, 後來長大後, 都念不轉. 如訓詁, 則當依古註[12)]." 問[13)]: "向來承教, 謂小兒子讀書, 未須把近代解說底音訓教之. 卻不知解與他時如何? 若依古註[14)], 恐他不甚曉." 曰: "解時卻

---

9) ▲: 器遠前夜說: "敬當不得小學." 某看來, 小學卻未當得敬. 敬已是包得小學. 敬是徹上徹下工夫. 雖做得聖人田地, 也只放下這敬不得. 如堯・舜, 也終始是一箇敬. 如說"欽明文思", 頌堯之德, 四箇字獨將這箇"敬"做擗初頭. 如說"恭己正南面而已", 如說"篤恭而天下平", 皆是.【賀孫】

10) 嘗: 賀本에서는 當으로 되어 있다.

11) ▲: ○義剛同.

12) 註: 成化本・賀本에서는 注로 되어 있다.

13) 問: 徽州本에서는 이 앞에 至是義剛又가 더 있다.

14) 註: 成化本・賀本에서는 注로 되어 있다.

須正說, 始得. 若大段小底, 又卻只是粗義, 自與古註[15]不相背了."【義剛】

7:16 余正叔嘗言: "今人家不善教子弟." 先生曰: "風俗弄得到這裏, 可哀."【文蔚】

7:17 小童添炭, 撥開火散亂. 先生曰: "可拂殺了, 我不愛人恁地, 此便是燒火不敬. 所以聖人教小兒灑掃應對, 件件要謹. 某外家子姪, 未論其賢否如何, 一出來便齊整, 緣是他家長上元初教誨得如此. 只一人外居, 氣習便不同."【義剛】

7:18 問: "女子亦當有教. 自『孝經』之外, 如『論語』, 只取其面前明白者教之, 何如?" 曰: "亦可. 如曹大家『女戒』·溫公『家範』, 亦好."【義剛】

7:19 後生初學, 且看『小學』之書, 那是做人底樣子.【廣】

7:20 先生下學, 見[16]說『小學』, 曰: "前賢之言, 須是眞箇躬行佩服, 方始有功. 不可只如此說過, 不濟事."【淳】

7:21 ▲[17]

7:22 或問: "某今看『大學』, 如『小學』中有未曉處, 亦要理會." 曰: "相兼看亦不妨. 學者於文爲度數, 不可存終理會不得之心. 須立箇大規模, 都要理會得. 至於其明其暗, 則繫[18]乎人之才如何耳."【人傑】

---

15) 註: 成化本·賀本에서는 注로 되어 있다.
16) 見: 徽州本에서는 親으로 되어 있다.
17) ▲: 和之問『小學』所疑. 曰: "且看古聖人教人之法如何, 而今全無這箇. '天佑下民, 作之君, 作之師', 蓋作之君, 便是作之師也."【時擧】

7:23 問: "『小學』載樂一段, 不知今人能用得否?" 曰: "姑使知之. 古人自小皆[19]以樂敎之, 乃是人執手提誨. 到得大來涵養已成, 稍能自立便可. 今人旣無此, 非志大有所立, 因何得成立?"【可學】

7:24 因論『小學』, 曰: "古者敎必以樂, 後世不復然." 問: "此是作樂使之聽? 或其自作?" 曰: "自作. 若自理會不得, 自作何益? 古者, 國君備樂, 士無故不去琴瑟, 日用之物, 無時不列於前." 問: "鄭人賂晉以女樂, 乃有歌鐘二肆, 何故?" 曰: "所謂'鄭聲', 特其聲異耳, 其器則同. 今之敎坊樂乃胡樂. 此等事, 久則亡. 歐陽公『集古錄』載寇萊公好舞「柘枝」, 有五十曲. 文忠時, 其亡已多, 擧此可見. 舊見升朝官以上, 前導一物, 用水晶爲之, 謂之'主斧', 今亦無之." 某云: "今之籍妓, 莫是女樂之遺否?" 曰: "不知當時女樂如何." 通老問"左手執籥, 右手秉翟." 曰: "所謂'文舞'也." 又問: "古人舞不回旋?" 曰: "旣謂之'舞', 安得不回旋?" 某問: "'漢家周舞', 注云: '此, 舜舞.'" 曰: "遭秦之暴, 古帝王樂盡亡, 惟「韶樂」獨存, 舜舞乃此舞也." 又問通老大學祭孔子樂. 渠云: "亦分堂上堂下, 但無大鐘." 曰: "竟未知今之樂是何樂."【可學】

7:25 元興問: "禮・樂・射・御・書・數. 書, 莫只是字法否?"[20] 曰: "此類有數法: 如'日・月'字, 是象其形也, '江・河'字, 是諧其聲也, '考・老'字, 是假其類也. 如此數法, 若理會得, 則天下之字皆可通矣."【時擧 ○論『小學』書, 餘見本類.】

7:26 「弟子職」一篇, 若不在『管子』中, 亦亡矣. 此或是他存得古人底, 亦未可知. 或是自作, 亦◇[21]可知. 竊疑是他作內政時, 士之子常爲士, 因作此以敎之. 想他平日這樣處都理會來. 然自身又卻在規矩

---

18) 繫: 『朱子語類』에서는 係로 되어 있다.
19) 皆: 成化本에서는 卽으로 되어 있다.
20) 書, 莫只是字法否: 徽州本에서는 其中書是只是字法否로 되어 있다.
21) ◇: 未

準繩之外.【義剛】

7:27 「弟子職」“所受是極”, 云受業去後, 須窮究道理到盡處也. “毋驕恃力”, 如恃氣力欲胡亂打人之類. 蓋自小便敎之以德, 敎之以尙德不尙力之事.【卓】

『朱子語類』 卷第八

「學二」

「總論爲學之方」

8:1 這道體,【饒本作“理”.】 浩浩無窮.

8:2 道體用雖極精微, 聖賢之言則甚明白.【若海】

8:3 聖人之道, 如飢食渴飮.【人傑】

8:4 聖人之道, 有高遠處, 有平實處.【道夫】

8:5 ▲[1]

8:6 ▲[2]

8:7 聖人教人, 大概只是說孝弟忠信日用常行底話. 人能就上面做將去, 則心之放者自收, 性之昏者自著. 如心・性等字, 到子思・孟子方說得詳.【▲[3]儒用】

8:8 聖人教人有定本. 舜“使契爲司徒, 教以人倫. 父子有親, 君臣有

---

1) ▲: 夫道若大路然, 豈難知哉? 人病不由耳.【道夫】
2) ▲: 道未嘗息, 而人自息之. 非道亡也, 幽・厲不由也.【道夫】
3) ▲: 因說象山之學. ○

義, 夫婦有別, 長幼有序, 朋友有信.” 夫子對顔淵曰: “克己復禮爲仁.”, “非禮勿視, 非禮勿聽, 非禮勿言, 非禮勿動.” 皆是定本. 【人傑】

8:9 聖門日用工夫, 甚覺淺近. 然推之理, 無有不包, 無有不貫, 及其充廣, 可與天地同其廣大. 故爲聖, 爲賢, 位天地, 育萬物, 只此一理而已.

8:10 常人之學, 多是偏於一理, 主於一說, 故不見四旁, 以起爭辨. 聖人則中正和平, 無所偏倚. 【人傑】

8:11 聖賢所說工夫, 都只一般, 只是一箇“擇善固執”. 『論語』則說“學而時習之”, 『孟子』則說“明善誠身”, 只是隨他地頭所說不同, 下得字來, 各自精細. 其實工夫只是一般, 須是盡知其所以不同, 方知其所以[4]同也. 【僩】

8:12 ▲[5]

8:13 學者工夫, 但患不得其要. 若是尋究得這箇道理, 自然頭頭有箇著落, 貫通浹洽, 各有條理. 如或不然, 則處處窒礙. 學者常談, 多說持守未得其要, 不知持守甚底. 說擴充, 說體驗, 說涵養, 皆是揀好底言語做箇說話, 必有實得力處方可. 所謂要於本領上理會者, 蓋緣如此. 【謨】

8:14 爲學須先立得箇大腔當了, 卻旋去裏面修治壁落敎綿密. 今人多是未曾知得箇人規模, 先去修治得一間半房, 所以不濟事. 【僩】

4) 以: 『朱子語類』에서는 謂로 되어 있다.
5) ▲: 這箇道理, 各自有地頭, 不可只就一面說. 在這裏時是恁地說, 在那裏時又如彼說, 其賓主彼此之勢各自不同. 【僩】

8:15 識得道理源[6]頭, 便是地盤. 如人要起屋, 須是先築教基址堅牢, 上面方可架屋. 若自無好基址, 空自今日買得多少木去起屋, 少間只起在別人地上, 自家身己自沒頓放處. 【賀孫】

8:16 ▲[7]

8:17 學須先理會那大底. 理會得大底了, 將來那裏面小底自然通透. 今人卻是理會那大底不得, 只去搜尋裏面小小節目. 【植】

8:18 學問須是大進一番, 方始有益. 若能於一處大處攻得破, 見那許多零碎, 只是這一箇道理, 方是快活. 然零碎底非是不當理會, 但大處攻不破, 縱零碎理會得些少, 終不快活. "曾點·漆雕開已見大意.", 只緣他大處看得分曉. 今且道它那大底是甚物事? 天下只有一箇道理, 學只要理會得這一箇道理. 這裏纔通, 則凡天理·人欲·義利·公私·善惡之辨, 莫不皆通.

8:19 或問: "氣質之偏, 何如[8]救得?" 曰: "纔[9]說◇[10]了, 又著一箇物事去救他偏, 越見不平正了, 越討頭不見. 要緊只是看教大底道理分明, 偏處自見得. 如暗室求物, 把火來, 便照見. 若只管去摸索, 費盡心力, 只是摸索不見. 若見得大底道理分明, 有病痛處, 也自會變移不自知, 不消得費力." 【賀孫】

8:20 成己方能成物, 成物在成己之中. 須是如此推出, 方能合義理.

---

6) 源: 成化本·賀本에서는 原으로 되어 있다.
7) ▲: 須就源頭看教大底道理透, 闊開基, 廣開址. 如要造百間屋, 須着有百間屋基, 要造十間屋, 須着有十間屋基. 緣這道理本同, 甲有許多, 乙也有許多, 丙也有許多. 【賀孫】
8) 何如: 『朱子語類』에서는 何如로 되어 있다.
9) 纔: 『朱子語類』에서는 才로 되어 있다.
10) ◇: 偏

聖賢千言萬語, 教人且從近處做去. 如灑掃大廳大廊, 亦只是如灑掃小室模樣, 掃得小處淨[11]潔, 大處亦然. 若有大處開拓不去, 卽是於小處便不曾盡心. 學者貪高慕遠, 不肯從近處做去, 如何理會得大頭項底? 而今也有不曾從裏做得底, 外面也做得好. 此只是才高, 以智力勝將去. 『中庸』說細處, 只是謹獨, 謹言, 謹行, 大處是武王・周公達孝, 經綸天下, 無不載. 小者便是大者之驗. 須是要謹行謹言, 從細處做起, 方能充[12]得如此大. 又曰: "如今爲學甚難, 緣小學無人習得. 如今卻是從頭起. 古人於小學小事中, 便皆存箇大學大事底道理在. 大學只是推將開闊去. 向來小時做底道理存其中, 正似一箇坯素相似." 【明作】

8:21 ▲[13]

8:22 "如今學問未識箇入路, 就他自做, 倒不覺. 惟既識得箇入頭, 卻事事須著理會. 且道世上多多少少事?" 江文卿云: "只先生一言一語, 皆欲爲一世法, 所以須著如此." 曰: "不是說要爲世法. 既識得路頭, 許多事都自是合著如此, 不如此不得. 自是天理合下當然." 【賀孫】

8:23 若不見得入頭處, 緊也不可, 慢也不得. 若識得些路頭, 須是莫斷了. 若斷了, 便不成. 待得再新整頓起來, 費多少力? 如雞抱卵, 看來抱得有甚煖氣, 只被他常常恁地抱得成. 若把湯去湯[14], 便死了, 若抱才住, 便冷了. 然而實是見得入頭處, 也自不解住了, 自要做去, 他

11) 淨: 成化本・賀本에서는 凈으로 되어 있다.

12) 充: 賀本에서는 克으로 되어 있다.

13) ▲: 學者做工夫, 莫說道是要待一箇頓段大項目工夫後方做得, 卽今逐些零碎積累將去. 才等待大項目後方做, 卽今便蹉過了! 學者只今便要做去, 斷以不疑, 鬼神避之. "需者, 事之賊也." 【至】

14) 湯: 賀本에서는 盪으로 되어 있다.

自得些滋味了. 如喫果子相似: 未識滋味時, 喫也得, 不消喫也得, 到識滋味了, 要住, 自住不得.【賀孫】

8:24 "待文王而後興者, 凡民也. 若夫豪傑之士, 雖無文王猶興." 豪傑質美, 生下來便見這道理, 何用費力? 今人至於沈迷而不反, 聖人爲之屢言, 方始肯來, 已是下愚了. 況又不知求之, 則終於爲禽獸而已. 蓋人爲萬物之靈, 自是與物異. 若迷其靈而昏之, 則與禽獸何別?【大雅】

○[15] 孟子曰: "人之所以異於禽獸者幾希." 人物之所以異, 只是爭這些子. 若更不能存得, 則與禽獸無以異矣. 某年十五六時, 讀『中庸』"人一己百, 人十己千"一章, 因見呂與叔解得此段痛快, 讀之未嘗不竦然警厲奮發. 人若有向學之志, 須是如此做工夫方得.【僩】

8:25 學問是自家合做底. 不知學問, 則是欠闕了自家底, 知學問, 則方無所欠闕. 今人把學問來做外面添底事看了.【廣】

8:26 ▲[16]

8:27 "凡人須以聖賢爲己任. 世人多以聖賢爲高, 而自視爲卑, 故不肯進. 抑不知, 使聖賢本自高, 而己別是一樣人, 則早夜孜孜, 別是分外事, 不爲亦可, 爲之亦可. 然聖賢稟性與常人一同. 旣與常人一同, 又安得不以聖賢爲己任? 自開闢以來, 生多少人, 求其盡己者, 千萬人中無一二, 只是滚[17]同枉過一世.『詩』曰: '天生烝民, 有物有則.' 今世學者, 往往有物而不能有其則.『中庸』曰: '尊德性而道問學, 極高明而道中庸.' 此數句乃是徹首徹尾. 人性本善, 只爲嗜慾所迷, 利害所

15) ○:『朱子語類』의 4:41의 일부이다.
16) ▲: 聖賢只是做得人當爲底事盡. 今做到聖賢, 止是恰好, 又不是過外.【祖道】
17) 滚: 成化本·賀本에서는 袞으로 되어 있다.

逐, 一齊昏了. 聖賢能盡其性, 故耳極天下之聰, 目極天下之明, 爲子極孝, 爲臣極其忠." 某問: "明性須以敬爲先?" 曰: "固是. 但敬亦不可混淪說, 須是每事上檢點. 論其大要, 只是不放過耳. 大抵爲己之學, 於他人無一毫干預. 聖賢千言萬語, 只是使人反其固有而復其性耳[18]." 【可學】

8:28 ▲[19]

8:29 世俗之學, 所以與聖賢不同者, 亦不難見. 聖賢直是眞箇去做, 說正心, 直要心正, 說誠意, 直要意誠, 修身齊家, 皆非空言. 今之學者說正心, 但將正心吟詠一餉[20], 說誠意, 又將誠意詠一餉[21], 說修身, 又將聖賢許多說修身處諷誦而已. 或掇拾言語, 綴緝時文. 如此爲學, 卻於自家身上有何交涉? 這裏須用[22]著意理會. 今之朋友, 固有樂聞聖賢之學, 而終不能去世俗之陋者, 無他, 只是志不立爾. 學者大要立志, 纔學, 便要做聖人是也. 【謨】

8:30 學者須是立志. 今人所以悠悠者, 只是把學問不曾做一件事看, 遇事則且胡亂恁地打過了. 此只是志不立. 【雉】

8:31 問: "人氣力怯弱, 於學有妨否?" 曰: "爲學在立志, 不干氣稟强弱事." 又曰: "爲學何用憂惱, 但須令平易寬快去[23]." 寓擧聖門弟子,

18) 耳: 徽州本에서는 이 뒤에 更於此看.이 더 있다.
19) ▲: 學者大要立志. 所謂志者, 不道將這些意氣去蓋他人, 只是直截要學堯·舜. "孟子道性善, 言必稱堯·舜." 此是眞實道理. "世子自楚反, 復見孟子. 孟子曰: '世子疑吾言乎? 夫道一而已矣.'" 這些道理, 更無走作, 只是一箇性善可至堯·舜, 別沒去處了. 下文引成覸·顔子·公明儀所言, 便見得人人皆可爲也. 學者立志, 須教勇猛, 自當有進. 志不足以有爲, 此學者之大病. 【謨】
20) 餉: 賀本에서는 晌으로 되어 있다.
21) 餉: 賀本에서는 晌으로 되어 있다.
22) 用: 賀本에서는 要로 되어 있다.
23) 但須令平易寬快去: 成化本에서는 但於令平易寬快去로 되어 있고 徽州本에서

唯稱顔子好學, 其次方說及曾子, 以此知事大難. 曰: "固是如此. 某看來亦有甚難, 有甚易. 只是堅立著志, 順義理做去, 他無蹺欹也." 【寓】

8:32 英雄之主所以有天下, 只是立得志定, 見得大利害. 如今學者只是立得志定, 講究得義理分明. 【賀孫】

8:33 立志要如飢渴之於飲食. 才有悠悠, 便是志不立. 【祖道】

8:34 爲學須是痛切懇惻做工夫, 使飢忘食, 渴忘飲, 始得. 【砥】

8:35 這箇物事要得不難. 如飢之欲食, 渴之欲飲, 如救火, 如追亡, 似此年歲間, 看得透, 活潑潑地在這裏流轉, 方是. 【僩】

8:36 學者做工夫, 當忘寢食做一上, 使得些入處, 自後方滋味接續. 浮浮沈沈, 半上落下, 不濟得事. 【振】

8:37 "而今緊要且看聖人是如何, 常人是如何, 自家因甚便不似聖人, 因甚便只是常人. 就此理會得透, 自可超凡入聖. 【淳】

8:38 爲學, 須思所以超凡入聖. 如何昨日爲鄉人, 今日便爲聖人? 須是竦拔, 方始有進. ▲[24]

8:39 爲學須覺今是而昨非, 日改月化, 便是長進. 【砥】

8:40 今之學者全不曾發憤. 【升卿】

는 但令放平易去로 되어 있다.

24) ▲: 【砥】 *『小分』에서는 원래 있었으나 이를 붓으로 지워 놓았다.

8:41 爲學不進, 只是不勇.【燾】

8:42 不可倚靠師友.【方子】

8:43 不要等待.【方子】

8:44 今人做工夫, 不肯便下手, 皆是要等待. 如今日早間有事, 午間無事, 則午間便可下手, 午間有事, 晚間便可下手, 卻須要待明日. 今月若尚有數日, 必直待後月, 今年尚有數月, 不做工夫, 必曰, 今年歲月無幾, 直須來年. 如此, 何緣長進?【因康叔臨問致知, 先生曰: "如此說得, 不濟事."[25] ○蓋卿】

8:45 ▲[26]

8:46 學者須是奈煩, 奈辛苦.【方子】

8:47 必須端的自省, 特達自肯, 然後可以用力, 莫如"下學而上達"也.【去僞】

8:48 ▲[27]

8:49 今之學者, 本是困知・勉行底資質, 卻要學他生知・安行底工夫. 便是生知・安行底資質, 亦用下困知・勉行工夫, 況是困知・勉行底資質?【文蔚】

25) 因康叔臨問致知, … 不濟事: 賀本에서는 본문으로 처리되어 있다.

26) ▲: 道不能安坐等其自至, 只待別人理會來, 放自家口裏.【淳】

27) ▲: 凡人便是生知之資, 也須下困學・勉行底工夫, 方得. 蓋道理縝密, 去那裏捉摸. 若不下工夫, 如何會了得?【敬仲】

8:50 大抵爲學雖有聰明之資, 必須做遲鈍工夫, 始得. 旣是遲鈍之資, 卻做聰明底樣工夫, 如何得? 【伯羽】

8:51 今人不肯做工夫. 有是[28]覺得難, 後遂不肯做, 有自知不可爲, 公然遜與他人. 如退產相似, 甘伏批退, 自己不願要. 【蓋卿】

8:52 "爲學勿責無人爲自家剖析出來, 須是自家去裏面講究做工夫, 要自見[29]得." 【道夫】

8:53 小立課程, 大作工夫. 【可學】

8:54 工夫要趲, 期限要寬. 【從周】

8:55 且理會去, 未須計其得. 【德明】

8:56 纔計於得, 則心便二, 頭便低了. 【至】

8:57 嚴立功程, 寬著意思, 久之, 自當有味, 不可求欲速之功. 【道夫】

8:58 自早至暮, 無非是做工夫時節. 【道夫】

8:59 人多言爲事所奪, 有妨講學, 此爲"不能使船嫌溪曲"者也. 遇富貴, 就富貴上做工夫, 遇貧賤, 就貧賤上做工夫. 兵法[30]一言甚佳: "因其勢而利導之"也. 人謂齊人弱, 田單[31]乃因其弱以取勝, 今日三萬竈,

28) 是: 賀本·萬曆本에서는 先으로 되어 있다.
29) 見: 萬曆本에서는 家로 되어 있다.
30) 兵法: 『武經總要』에 "因其勢而利導之"라는 문장이 실려 있다.
31) 田單: 賀本에서는 田忌로 되어 있다. 『考異』에서는 "當作孫臏."이라고 하고 있

明日二萬竈, 後日一萬竈. 又如韓信特地送許多人安於死地, 乃始得勝. 學者若有絲毫氣在, 必須進力. 除非無了此氣, 只口不會說話, 方可休也. 因擧浮屠語曰: "假使鐵輪頂上旋, 定慧圓明終不失."【力行】

8:60 聖賢千言萬語, 無非只說此事. 須是策勵此心, 勇猛奮發, 拔出心肝與他去做. 如兩邊擂起戰鼓, 莫問前頭如何, 只認捲將去. 如此, 方做得工夫. 若半上落下, 半沈半浮, 濟得甚事?【僩】

8:61 一[32]如大片石, 須是和根拔. 今只於石面上薄削, 濟甚事? ▲[33]【可學】

8:62 ▲[34]

8:63 且如項羽救趙, 旣渡, 沈船破釜, 持三日糧[35], 示士必死, 無還心, 故能破秦. 若瞻前顧後, 便做不成.【螢】

8:64 如居燒屋之下, 如坐漏船之中.【可學】

8:65 爲學極要求把篙處著力. 到工夫要斷絶處, 又更增工夫, 著力不放令倒, 方是向進處. 爲學正如撑上水船, 方平穩處, 儘行不妨. 及到灘脊急流之中, 舟人來這上[36]一篙, 不可放緩. 直須著力撑上, 不得一步不緊. 放退一步, 則此船不得上矣.【洽】

다. 『史記』「孫子 · 吳起列傳」에 의하면 田忌가 되어야 한다.

32) 一: 賀本 · 萬曆本에서는 又로 되어 있다.

33) ▲: 作意向學, 不十日五日又懶, 孟子曰: "一日暴之, 十日寒之."

34) ▲: 宗杲云: "如載一車兵器, 逐件取出來弄, 弄了一件又弄一件, 便不是殺人手段. 我只有寸鐵, 便可殺人."【螢】

35) 糧: 孝宗刊本 · 英祖刊本에서는 粮으로 되어 있다.

36) 上: 徽州本에서는 下로 되어 있다.

8:66 學者爲學, 譬如煉丹, 須先[37]將百十斤炭火煅一餉, 方好用微微火養敎成就. 今人未曾將百十斤炭火去煅, 便要將微火養將去, 如何得會成?【恪】

8:67 今語學問, 正如煮物相似, 須爇猛火先煮, 方用微火慢[38]煮. 若一向只用微火, 何由得熟? 欲復自家元來之性, 乃恁地悠悠, 幾時會做得? 大要須先立頭緒. 頭緒旣立, 然後有所持守. 『書』曰: "若藥弗瞑眩, 厥疾弗瘳." 今日學者皆是養病.【可學】

8:68 ▲[39]

8:69 須磨礪精神去理會. 天下事, 非燕安暇豫之可得.【淳】

8:70 萬事須是有精神, 方做得.【振】

8:71 陽氣發處, 金石亦透. 精神一到, 何事不成?【驤】

8:72 凡做事, 須著精神. 這箇物事自是剛, 有鋒刃. 如陽氣發生, 雖金石也透過.【賀孫】

8:73 人氣須是剛, 方做得事. 如天地之氣剛, 故不論甚物事皆透過. 人氣之剛, 其本相亦[40]如此. 若只遇著一重薄物事, 便退轉去, 如何做得事?【從周 ○方子錄云: "天地之氣, 雖至堅如金石, 無所不透, 故人之氣亦至剛, 蓋其本相如此."】

37) 先: 賀本에서는 是로 되어 있다.
38) 慢: 成化本에서는 先으로 되어 있다.
39) ▲: 譬如煎藥: 先猛火煎, 敎百沸大袞, 直至湧坌出來, 然後卻可以慢火養之.【螢】
40) 相亦: 『小分』에서는 亦相을 교정부호로 바로잡았다.

8:74 “學者識得箇脉路正, 便須剛决向前. 若半靑半黃, 非惟無益.” 因擧酒云: “未嘗見有衰底聖賢.”【德明】

8:75 學者不立, 則一齊放倒了.【升卿】

8:76 不帶性氣底人, 爲僧不成, 做道不了.【方】

8:77 ▲[41]

8:78 進取得失之念放輕, 却將聖賢格言處研窮考究. 若悠悠地似做不做, 如捕風捉影, 有甚長進? 今日是這箇人, 明日也是這箇人.【季札】

8:79 學者只是不爲己, 故日間此心安頓在義理上時少, 安頓在閑事上時多, 於義理却生, 於閑事却熟.【方子】

8:80 ▲[42]

8:81 學者須是爲己. 譬如喫飯, 寧可逐些喫, 令飽爲是乎? 寧可鋪攤放門外, 報人道我家有許多飯爲是乎? 近來學者, 多是以自家合做底事報與人知. 又言, 此間學者多好高, 只是將義理略從肚裏過, 却蘇出許多說話. 舊見此間人做婚書, 亦說天命人倫. 男婚女嫁, 自是常[43]事. 蓋有厭卑近之意, 故須將日用常行底事裝荷起來. 如此者, 只是不

41) ▲: 因言, 前輩也多是背處做幾年, 方成.【振】
42) ▲: 今學者要緊且要分別箇路頭, 要緊是爲己爲人之際. 爲己者直拔要理會這箇物事, 欲自家理會得, 不是漫恁地理會, 且恁地理會做好看, 敎人說道自家也曾理會來. 這假饒理會得十分是當, 也都不闕自身己事. 要須先理會這箇路頭. 若分別得了, 方可理會文字.【賀孫】
43) 常: 成化本에서는 當으로 되어 있다.

爲己, 不求益, 只是好名, 圖好看. 亦聊以自誑, 如南越王黃屋左纛, 聊以自娛爾.【方子】

8:82 近世講學不著實, 常有夸底意思. 譬如有飯不將來自喫, 只管鋪攤在門前, 要人知得我家裏有飯. 打疊得此意盡, 方有進.【振】

8:83 今人爲學, 多只是謾且恁地, 不曾貟實肯做.【方子】

8:84 今之學者, 直與古異, 今人只是强探向上去, 古人則逐步步實做將去.【廣】

8:85 ▲[44]

8:86 ▲[45]

8:87 ▲[46]

8:88 入道之門, 是將自家身己入那道理中去. 漸漸相親, 久之與己爲一, 而今人[47]道理在這裏, 自家身在外面, 全不曾相干涉.【僩】

8:89 ▲[48]

---

44) ▲: 只是實去做工夫. 議論多, 轉鬧了.【德明】
45) ▲: 每論諸家學, 及己學, 大指要下學着實.【方】
46) ▲: 爲學須是切實爲己, 則安靜篤實, 承載得許多道理. 若輕揚淺露, 如何探討得道理? 縱使探討得, 說得去, 也承載不住.【銖】
47) 人: 賀本에서는 入으로 되어 있다.
48) ▲: 或問爲學. 曰: "今人將作箇大底事說, 不切己了, 全無益. 一向去前人說中乘虛接渺, 妄取許多枝蔓, 只見遠了, 只見無益於己. 聖賢千言萬語, 儘自多了. 前輩說得分曉了, 如何不切己去理會? 如今看文字, 且要以前賢程先生等所解爲主, 看他所說如何, 聖賢言語如何, 將己來聽命於他, 切己思量體察, 就日用常行中着衣喫飯, 事親從兄, 盡是問學. 若是不切己, 只是說話. 今人只憑一己私意, 瞥見

8:90 或問: “爲學如何做工夫?” 曰: “不過是切己, 便的當. 此事自有大綱, 亦有節目. 常存大綱在我, 至於節目之間, 無非此理. 體認省察, 一毫不可放過. 理明學至, 件件是自家物事, 然亦須各有倫序.” 問: “如何是倫序?” 曰: “不是安排此一件爲先, 此一件爲後, 此一件爲大, 此一件爲小. 隨人所爲, 先其易者, 闕其難者, 將來難者亦自可[49]理會. 且如讀書: 二[50]禮・『春秋』有制度之難明, 本末之難見, 且放下未要理會, 亦得. 如『書』・『詩』, 直是不可不先理會. 又如『詩』之名數, 『書』之「盤誥」, 恐難理會. 且先讀典・謨之書, 雅・頌之詩, 何嘗一言一句不說道理? 何嘗深潛諦玩, 無有滋味? 只是人不曾子細看. 若子細看, 裏面有多少倫序, 須是子細參研方得. 此便是格物窮理. 如遇事亦然, 事中自有一箇平平當當道理, 只是人討不出, 只隨事衮將去, 亦做得, 卻有掣肘不中節處. 亦緣鹵莽了, 所以如此. 聖賢言語, 何曾誤天下後世? 人自學不至耳.”【謙】

8:91 佛家一向撤去許多事, 只理會自身己, 其教雖不是, 其意思卻是要自理會. 所以它那下常有人, 自家這下自無人. 今世儒者, 能守經者, 理會講解而已, 看史傳者, 計較利害而已. 那人直是要理會身己, 從自家身己做去. 不理會自身己, 說甚別人長短? 明道曰: “不立己後, 雖向好事, 猶爲化物. 不得以天下萬物撓己, 己立後, 自能了當得天下萬物.” 只是從程先生後, 不再傳而已衰. 所以某嘗說自家這下無人. 佛家有三門, 曰教, 曰律, 曰禪. 禪家不立文字, 只直截要識心見性. 律本法甚嚴, 毫髮有罪. 如云不許飮酒[51], 纔飮酒[52]便有罪過. 如今小

些子說話, 便立箇主張, 硬要去說, 便要聖賢從我言語路頭去, 如何會有益. 此其病只是要說高說妙, 將來做箇好看底物事做弄. 如人喫飯, 方知滋味, 如不曾喫, 只要攤出在外面與人看, 濟人濟己都不得.”【謙】

49) 自可: 『小分』에서는 可自를 교정부호로 바로잡았다.

50) 二: 孝宗刊本에서는 一로 되어 있고 成化本・賀本에서는 三으로 되어 있다. 『考異』에서는 二, 一誤一.로 되어 있다.

51) 酒: 孝宗刊本・成化本・賀本에서는 水로 되어 있다. 『考異』에서는 酒, 竝一誤水.로 되어 있다.

院號爲律院, 乃不律之尤者也. 教自有三項, 曰天台教, 曰慈恩教, 曰延壽教. 延壽教南方無傳, 有此文字, 無能通者. 其學近禪, 故禪家以此爲得. 天台教專理會講解. 慈恩教亦只是講解. 吾儒家若見得道理透, 就自家身心上理會得本領, 便自兼得禪底, 講說辨訂[53], 便自兼得教底, 動由規矩, 便自兼得律底. 事事是自家合理會. ▲[54]【賀孫】

8:92 不可只把做面前物事看了, 須是向自身上體認教分明. 如道家存想, 有所謂龍虎, 亦是就身上存想.【士毅】

8:93 ▲[55]

8:94 ▲[56]

8:95 須是在己見得只是欠闕, 他人見之卻有長進, 方可.【僩】

8:96 人白睚不得, 要將聖賢道理扶持.【振】

8:97 爲學之道, 須先存得這箇道理, 方可講究事情.

8:98 今人口略依稀說過, 不曾心曉.【淳】

---

52) 酒: 孝宗刊本・成化本・賀本에서는 水로 되어 있다. 『考異』에서는 酒, 竝一誤水.로 되어 있다.

53) 訂: 成化本・賀本에서는 討로 되어 있다.

54) ▲: 顏淵問爲邦. 看他陋巷簞瓢如此, 又卻問爲邦之事, 只是合當理會, 看得是合做底事. 若理會得入頭, 意思一齊都轉, 若不理會得入頭, 少間百事皆差錯. 若差了路頭底亦多端. 有纔出門便錯了路底, 有行過三兩條路了方差底, 有略差了便轉底, 有一向差了煞遠, 終於不轉底.

55) ▲: 爲學須是專一. 吾儒惟專一於道理, 則自有得.【砥】

56) ▲: 旣知道自家患在不專一, 何不便專一去?【逍遙】

8:99 ▲[57]

8:100 有資質甚高者, 一了一切了, 卽不須節節用工. 也有資質中下者, 不能盡了, 卻須節節用工.【振】

8:101 博學, 謂天地萬物之理, 修己治人之方, 皆所當學. 然亦各有次序, 當以其大而急者爲先, 不可雜而無統也.

8:102 今之學者多好說得高, 不喜平. 殊不知這箇只是合當做底事.【節】

8:103 譬如登山, 人多要至高處. 不知自低處不理會, 終無至高處之理.【德明】

8:104 於顯處平易處見得, 則幽微底自在裏許.【德明】

8:105 ▲[58]

8:106 ▲[59]

8:107 學者須是直前做去, 莫起計獲之心. 如今說底, 恰似畫卦影一般. 吉凶未應時, 一場鶻突, 知它是如何. 到應後, 方始知元來是如此.【廣】

8:108 某適來, 因澡浴得一說, 大抵揩背, 須從頭徐徐用手, 則力省, 垢可去. 若於此處揩, 又於彼處揩, 用力雜然, 則終日勞而無功. 學問

57) ▲: 發得早時不費力.【升卿】
58) ▲: 且於切近處加功.【升卿】
59) ▲: 著一些急不得.【方子】

亦如此, 若一番理會不了, 又作一番理會, 終不濟事.【蓋卿】

8:109 學者須是熟. 熟時, 一喚便在目前, 不熟時, 須著旋思索. 到思索得來, 意思已不如初了.【士毅】

8:110 ▲60)

8:111 ▲61)

8:112 須是心廣大似這箇, 方包裹得過, 運動得行.【方子】

8:113 學者立得根脚62)闊, 便好.【升卿】

8:114▲63)

8:115 徹上徹下, 無精粗本末, 只是一理.【賜】

8:116 最怕麤看了, 便易走入不好處去.【士毅】

8:117 學問不只於一事一路上理會.【振】

8:118 ▲64)

8:119 "未有耳目狹而心廣者." 其說甚好.【振】

---

60) ▲: 道理生, 便縛不住.【淳】
61) ▲: 見, 須是見得確定.【淳】
62) 根脚: 『小分』에서는 脚根을 교정부호로 바로잡았다.
63) ▲: 須是有頭有尾, 成箇物事.【方子】
64) ▲: 貫通, 是無所不通.

8:120 帖底謹細做去, 所以能廣.【振】

8:121 大凡學者, 無有徑截一路可以教它了得, 須是博洽, 歷涉多, 方通.【振】

8:122 不可涉其流, 便休.【方子】

8:123 天下更有大江大河, 不可守箇土窟子, 謂水專在是.【力行】

8:124 學者若有本領, 相次千枝萬葉, 都來湊著這裏, 看也須易曉, 讀也須易記.【方子】

8:125 大本不立, 小規不正.【可學】

8:126 刊[65]落枝葉, 栽培根本.【可學】

8:127 大根本流爲小根本.【舉前說. 因先說: "欽夫學大本如此, 則發處不能不受病."[66] ○方】

8:128 學問須嚴密理會, 銖分毫析.【道夫】

8:129 因論爲學, 曰: "愈細密, 愈廣大. 愈謹確, 愈高明."【僩】

8:130 開闊中又著細密, 寬緩中又著謹嚴.【廣】

8:131 如其窄狹, 則當涵泳廣大氣象. 頹惰[67], 則當涵泳振作氣象.

65) 刊: 孝宗刊本・成化本・賀本에서는 刮로 되어 있다. 『考異』에서는 刊, 一誤刮.로 되어 있다.
66) 學前說. … 則發處不能不受病.: 賀本에서는 본문으로 되어 있다.

【方子】

8:132 學者須養教氣宇開闊弘毅.【升卿】

8:133 常使截斷嚴整之時多, 膠膠擾擾之時少, 方好.【德明】

8:134 ▲[68]

8:135 ▲[69]

8:136 體認爲病, 自在卽好.[70]【振】

8:137 ▲[71]

8:138 咬得破時, 正好咀味.【文蔚】

8:139 若只是握得一箇鶻崙底果子, 不知裏面是酸, 是鹹, 是苦, 是澀. 須是與它嚼破, 便見滋味.【螢】

8:140『易』曰: "學以聚之, 問以辨之, 寬以居之, 仁以行之."『語』曰: "執德不弘, 信道不篤, 焉能爲有? 焉能爲亡?" 學問之後, 斷[72]以寬居. 信道篤而又欲執德弘者, 人之爲心不可促迫也. 人心須令著得一善, 又著一善, 善之來無窮, 而吾心受之有餘地, 方好. 若只着得一善, 第

67) 頹惰: 徽州本에서는 如其頹惰로 되어 있다.
68) ▲: 只有一箇界分, 出則便不是.【廣】
69) ▲: 義理難者便不是.【振】
70) 體認爲病, 自在卽好.: 賀本에서는 이 조목에 오류가 있는 것으로 보았다.
71) ▲: 須是玩味.【方子】
72) 斷: 賀本에서는 繼로 되어 있다.

二般來又未便容得, 如此, 無緣心廣而道積也.【洽】

8:141 自家猶不能快[73]自家意, 如何他人卻能盡快[74]我意? 要在虛心以從善.【升卿】

8:142 "虛心順理", 學者當守此四字.【人傑】

8:143 聖人與理爲一, 是恰好. 其它以心處這理, 卻是未熟, 要將此心處理.【可學】

8:144 今人言道理, 說要平易, 不知到那平易處極難. 被那舊習纏繞, 如何便擺脫得去? 譬如作文一般, 那箇新巧者易作, 要平淡便難. 然須還它新巧, 然後造於平淡. 又曰: "自高險處移下平易處, 甚難."【端蒙】

8:145 人之資質有偏, 則有縫罅. 做工夫處, 蓋就偏處做將去. 若資質平底, 則如死水然, 終激作不起. 謹愿底人, 更添些無狀, 便是鄉原. 不可以爲知得些子便了.【燾】

8:146 ▲[75]

8:147 今學者之於大道, 其未及者雖有[76]遲鈍, 卻須終有到時. 唯過之者, 便不肯復回來耳.【必大】

8:148 或人性本好, 不須矯揉. 教人一用此, 極害理. 又有讀書見義

73) 快: 賀本에서는 怏으로 되어 있다.
74) 快: 賀本에서는 怏으로 되어 있다.
75) ▲: 只聞"下學而上達", 不聞"上達而下學."【德明】
76) 有: 賀本에서는 是로 되어 있다.

理, 釋書義理不見, 亦可慮. 【可學】

8:149 學者議論工夫, 當因其人而示以用工之實, 不必費辭. 使人知所適從, 以入於坦易明白之域, 可也. 若泛爲端緒, 使人迫切而自求之, 適恐資學者之病. 【人傑】

8:150 師友之功, 但能示之於始而正之於終爾. 若中間三十分工夫, 自用喫力去做. 旣有以喩之於始, 又自勉之於中, 又其後得人商量是正之, 則所益厚矣. 不爾, 則亦何補於事? 【道夫】

8:151 或論人之資質, 或長於此而短於彼. 曰: "只要長善救失." 或曰: "長善救失, 不特敎者當如此, 人自爲學亦當如此." 曰: "然." 【燾】

8:152 凡言誠實, 都是合當做底事, 不是說道誠實好了方去做, 不誠實不好了方不做. 自是合當誠實. 【僩】

8:153 "言必忠信", 言自合著忠信, 何待安排? 有心去要恁地, 便不是活, 便不能久矣. 若如此, 便是剩了一箇字在信見邊[77]自是著不得. 如事親必於孝, 事長必於弟, 孝弟自是道理合當如此. 何須安一箇"必"字在心頭, 念念要恁地做? 如此, 便自[78]辛苦, 如何得會長久? 又如集義久, 然後浩然之氣自生. 若著一箇意在這裏等待氣生, 便爲害. 今日集得許多, 又等待氣生, 卻是私意了. "必有事焉而勿正", 正, 便是期必也. 爲學者須從窮理上做工夫. 若物格・知至, 則意自誠, 意誠, 則道理合做底事自然行將去, 自無下面許多病痛也. "廓[79]然而大公, 物來而順應."

---

77) 邊: 賀本에서는 在信見邊이 오류가 있는 것으로 보았다. 『朱子語類고문해의』에서도 "見"字未詳이라 하였다.
78) 自: 賀本에서는 是로 되어 있다.
79) 廓: 成化本・賀本에서는 擴로 되어 있다.

8:154 切須去了外慕之心. 【力行】

8:155 有一分心向裏, 得一分力, 有兩分心向裏, 得兩分力. 【文蔚】

8:156 ▲[80]

8:157 看得道理熟後, 只除了這道理是眞實法外, 見世間萬事, 顚倒迷妄, 耽嗜戀著, 無一不是戲劇, 眞不堪著眼也. 又答人書云: "世間萬事, 須臾變滅, 皆不足置胸中, 惟有窮理修身爲究竟法耳." 【僩】

8:158 大凡人只合講明道理而謹守之, 以無愧於天之所與者. 若乃身外榮辱休戚, 當一切聽命而已. 【驤】

8:159 因說索麵, 曰: "今人於飮食動使之物, 日極其精巧. 到得義理, 卻不理會, 漸漸昏蔽了, 都不知." 【廣】

---

80) ▲: 須是要打疊得盡, 方有進. 【從周】

『朱子語類』卷第九

「學三」

「論知行」

9:1 知・行常相須, 如目無足不行, 足無目不見. 論先後, 知爲先, 論輕重, 行爲重.【閎祖】

9:2 論知之與行, 曰: "方其知之而行未及之, 則知尙淺. 旣親歷其域, 則知之益明, 非前日之意味."【公謹】

9:3 聖賢說知, 便說行. 『大學』說"如切如磋, 道學也", 便說"如琢如磨, 自修也." 『中庸』說"學・問・思・辨", 便說"篤行." 顏子說"博我以文", 謂致知・格物, "約我以禮", 謂"克己復禮[1]."【泳】

9:4 致知・力行, 用功不可偏. 偏過一邊, 則一邊受病. 如程子云: "涵養須用敬, 進學則在致知." 分明自作兩脚說, 但只要分先後輕重. 論先後, 當以致知爲先, 論輕重, 當以力行爲重.【端蒙】

9:5 問: "南軒云: '致知・力行互相發.'" 曰: "未須理會相發, 且各項做將去. 若知有未至, 則就知上理會, 行有未至, 則就行上理會, 少間自是互相發. 今人知不得, 便推說我行未到, 行得不是, 便說我知未至, 只管相推, 沒長進." 因說一朋友有書來, 見人說他說得不是, 卻來

---

1) 克己復禮: 徽州本에서는 이 뒤에 克去己私復乎天理, 便是踐履가 더 있다.

說我只是踐履未至, 涵養未熟, 我而今且未須考究, 且理會涵養. “被他截斷, 教人與他說不得, 都只是這箇病.”【胡泳】

9:6 汪德輔問: “須是先知, 然後行?” 曰: “不成未明理, 便都不持守了. 且如曾點與曾子, 便是兩箇樣子. 曾點便是理會得底, 而行有不揜, 曾子便是合下持守, 旋旋明理, 到一唯處.”【德明】

9:7 聖賢千言萬語, 只是要知得, 守得.【節】

9:8 ▲[2)]

9:9 學者以玩索・踐履爲先.【道夫】

9:10 某與一學者言, 操存與窮格, 不解一上做了. 如窮格工夫, 亦須銖積寸累, 工夫到後, 自然貫通. 若操存工夫, 豈便能常操? 其始也, 操得一霎[3)], 旋旋到一食時, 或有走作, 亦無如之何. 能常常警覺, 久久自能常存, 自然光明矣.【人傑】

9:11 操存涵養, 則不可不緊, 進學致知, 則不可不寬.【祖道】

9:12 所謂窮理, 大底也窮, 小底也窮, 少間都成一箇物事. 所謂持守者, 人不能不牽於物欲, 才覺得, 便收將來. 久之, 自然成熟. 非謂截然今日爲始也.【夔孫】

9:13 ▲[4)]

---

2) ▲: 只有兩件事, 理會・踐行.【節】

3) 霎: 賀本에서는 霅으로 되어 있다.

4) ▲: 千言萬語, 說得只是許多事. 大概在自家操守講究, 只是自家存得些在這裏, 便在這裏. 若放去, 便是自家放了.【道夫】

9:14 ▲[5)]

9:15 涵養中自有窮理工夫, 窮其所養之理, 窮理中自有涵養工夫, 養其所窮之理, 兩項都不相離. 纔見成兩處, 便不得.【賀孫】

9:16 擇之問: “且涵養去, 久之自明.” 曰: “亦須窮理. 涵養・窮索, 二者不可廢一, 如車兩輪, 如鳥兩翼. 如溫公, 只恁行將去, 無致知一段.”【德明】

9:17 人之爲學, 如今雨下相似. 雨既下後, 到處濕潤, 其氣易得蒸鬱. 才略晴, 被日頭略照, 又蒸得雨來. 前日亢旱時, 只緣久無雨下, 四面乾枯, 縱有些少, 都滋潤不得, 故更不能蒸鬱得成. 人之於義理, 若見得後, 又有涵養底工夫, 日日在這裏面, 便意思自好, 理義也容易得見, 正如雨蒸鬱得成後底意思. 若是都不去用力者, 日間只恁悠悠, 都不曾有涵養工夫. 設或理會得些小道理, ◇[6)]滋潤他不得, 少間私欲起來, 又間斷去, 正如亢旱不能得雨相似也.【時擧】

9:18 學者工夫, 唯在居敬・窮理二事. 此二事互相發. 能窮理, 則居敬工夫日益進, 能居敬, 則窮理工夫日益密. 譬如人之兩足, 左◇[7)]行, 則右足止, 右◇[8)]行, 則左足止. 又如一物懸空中, 右抑則左昂, 左抑則右昂, 其實只是一事.【廣】

9:19 人須做工夫, 方有疑. 初做工夫時, 欲做此一事, 又礙彼一事, 更[9)]沒理會處. 只如居敬・窮理兩事便相礙. 居敬是箇收斂執持底道

---

5) ▲: 思索義理, 涵養本原.【儒用】
6) ◇: 也
7) ◇: 足
8) ◇: 足
9) 更: 賀本・萬曆本에서는 便으로 되어 있다.

理, 窮理是箇推尋究竟底道理. 只此二者, 便是相妨. 若是熟時, 則自不相礙矣.【廣】

9:20 主敬·窮理, 雖二端, 其實一本.

9:21 持敬是窮理之本, 窮得理明, 又是養心之助.【夔孫】

9:22 ▲[10)]

9:23 持敬·觀理, 如病人相似. 自將息, 固是好, 也要討些藥來服.【泳】

9:24 文字講說得行, 而意味未深者, 正要本原上加功, 須是持敬. 持敬以靜爲主. 此意須要於不做工夫時頻頻體察, 久而自熟. 但是著實自做工夫, 不干別人事. "爲仁由己, 而由人乎哉?" 此語的當, 更看有何病痛. 知有此病, 必去其病, 此便是療之之藥. 如覺言語多, 便用簡默, 意思疎闊, 便加細密, 覺得輕浮淺易, 便須深沈重厚. 程[11)]先生所謂"矯輕警惰", 蓋如此.【謨】

9:25 或問: "致知必須窮理, 持敬則須主一. 然遇事則敬不能持, 持敬則又爲事所惑, 如何"? 曰: "『孟子』云: '操則存, 舍則亡.' 人才一把捉, 心便在這裏. 孟子云'求放心', 已是說得緩了. 心不待求, 只警省處便見. '我欲仁[12)], 斯仁至矣.' '爲仁由己, 而由人乎哉?' 其快如此. 蓋人能知其心不在, 則其心已在了, 更不待尋."【祖道】

---

10) ▲: 學者若不窮理, 又見不得道理. 然去窮理, 不持敬, 又不得. 不持敬, 看道理便都散, 不聚在這裏.【淳】

11) 程: 賀本에서는 張으로 되어 있다.

12) 我欲仁: 徽州本에서는 이 앞에 孔子曰이 더 있다.

9:26 致知・敬・克己, 此三事, 以一家譬之. 敬是守門戶之人, 克己則是拒盜, 致知卻是去推察自家與外來底事. 伊川言: "涵養須用敬, 進學則在致知", 不言克己. 蓋敬勝百邪, 便自有克, 如誠則便不消言閑邪之意. 猶善守門戶, 則與拒盜便是一等事, 不消更言別有拒盜底. 若以涵養對克己言之, 則各作一事亦可. 涵養, 則譬如將息, 克己, 則譬如服藥去病. 蓋將息不到, 然後服藥. 將息到[13], 則自無病, 何消服藥? 能純於敬, 則自無邪僻, 何用克己? 若有邪僻, 只是敬心不純, 只可責敬. 故敬則無己可克, 乃敬之效. 若初學, 則須是工[14]夫都到, 無所不用其極.【端蒙】

9:27 學者喫緊是要理會這一箇心, 那紙上說▲[15], 全然靠不得. 或問: "心之體與天地同其大, 而其用與天地流通"云云. 先生曰: "又不可一向去無形跡處尋, 更宜於日用事物・經書指意, 史傳得失上做工夫. 卽精粗表裏, 融會貫通, 而無一理之不盡矣."

9:28 爲學, 先要知得分曉.【泳 ○以下論知爲先.】

9:29 問致知涵養先後. 曰: "須先致知而後涵養." 問: "伊川言: '未有致知而不在敬.' 如何?" 曰: "此是大綱說. 要窮理, 須是著意. 不著意, 如何會理會得分曉?"【文蔚】

9:30 堯卿問: "窮理・集義孰先?" 曰: "窮理爲先. 然亦不是截然有先後." 曰: "窮是窮在物之理, 集是集處物之義否?" 曰: "是."【淳】

9:31 萬事皆在窮理後. 經不正, 理不明, 著[16]如何地持守, 也只是

---

13) 到: 賀本에는 없다.
14) 工: 成化本・賀本에서는 功으로 되어 있다.
15) ▲: 底
16) 著: 成化本・賀本에서는 看으로 되어 있다.

空.【道夫】

9:32 痛理會一番, 如血戰相似, 然後涵養將去. 因自云: "某如今雖便靜坐, 道理自見得. 未能識得, 涵養箇甚?"【德明】

9:33 有人專要理會躬行, 此亦是孤.【去僞】

9:34 王子充問: "某在湖南, 見一先生只教人踐履." 曰: "義理不明, 如何踐履?" 曰: "它說: '行得便見得.'" 曰: "如人行路, 不見, 便如何行? 今人多教人踐履, 皆是自立標致去教人. 自有一般資質好底人, 便不須窮理・格物・致知. 聖人作箇『大學』, 便使人齊入於聖賢之域. 若講得道理明時, 自是事親不得不孝, 事兄不得不弟, 交朋友不得不信."【榦】

9:35 ▲[17]

9:36 ▲[18]

17) ▲: 而今人只管說治心・修身. 若不見這箇理, 心是如何地治? 身是如何地修? 若如此說, 資質好底便養得成, 只是箇無能底人, 資質不好, 便都執縛不住了. 傅說云: "學於古訓乃有獲. 事不師古, 以克永世, 匪說攸聞." 古訓何消讀他做甚? 蓋聖賢說出, 道理都在裏, 必學乎此, 而後可以有得. 又云: "惟學遜志, 務時敏, 厥修乃來. 允懷於茲, 道積於厥躬. 惟斅學半. 念終始典於學, 厥德修罔覺." 自古未有人說"學"字, 自傅說說起. 他這幾句, 水潑不入, 便是說得密. 若終始典於學, 則其德不知不覺自進也.【夔孫 ○義剛錄云: "人如何不博學得? 若不博學, 說道修身行己, 也猛撞做不得. 『大學』'誠意', 只是說'如好好色, 如惡惡臭.' 及到說修身處時, 已自寬了. 到後面也自無甚事. 其大本只是理會致知・格物. 若是不致知・格物, 便要誠意・正心・修身, 氣質純底, 將來只便成一箇無見識底獃人. 若是意思高廣底, 將來遏不下, 便都顚了, 如劉淳叟之徒. 六經說"學"字, 自傅說方說起來: '王, 人求多聞, 時惟建事. 學于古訓, 乃有獲.' 先生至此, 諷誦'念終始典于學, 厥德修罔覺', 曰: '這數句, 只恁地說, 而其曲折意思甚密. 便是學時自不知不覺, 其德自修, 而今不去講學, 要修身, 身如何地修.'"】

18) ▲: 見, 不可謂之虛見. 見無虛實, 行有虛實. 見只是見, 見了後卻有行, 有不行.

9:37 學者須常存此心, 漸將義理只管去灌溉. 若卒乍未有進, 即且把見成在底道理將去看認. 認來認去, 更莫放著, 便只是自家底. 緣這道理, 不是外來物事, 只是自家本來合有底, 只是常常要點檢. 如人一家中, 合有許多家計, 也須常點認過. 若不如此, 被外人驀然捉將去, 也不知. 又曰: "'溫故而知新', 不是離了故底別有一箇新, 須是常常將故底只管溫習, 自有新意. 一則向時看與如今看, 明晦便不同, 一則上面自有好意思, 一則因這上面卻別生得意思. 伊川云: '某二十以前讀『論語』, 已自解得文義. 到今來讀, 文義只一般, 只是意思別.'"【賀孫】

9:38 學聚・問辨, 明善・擇善, 盡心・知性, 此皆是知, 皆始學之功也.【道夫 ○以下專論知.】

9:39 人爲學, 須是要知箇是處, 千定萬定. 知得這箇徹底, 是, 那箇徹底, 不是, 方是見得徹・見得是, 則這心裏方有所主. 且如人學射, 若志在紅心上, 少間有時只射得那帖上, 志在帖上, 少間有時只射得那垛上, 志在垛上, 少間都射在別處去了.【卓】

9:40 ▲[19]

9:41 ▲[20]

9:42 這箇道理, 與生俱生. 今人只安頓放那空處, 都不理會, 浮生浪

若不見後, 只要硬做, 便所成者窄狹.【螢】

19) ▲: 只爭箇知與不知, 爭箇知得切與不切. 且如人要做好事, 到得見不好事, 也似乎可做. 方要做好事, 又似乎有箇做不好事底心從後面牽轉去, 這只是知不切.【賀孫】

20) ▲: 許多道理, 皆是人身自有底. 雖說道昏, 然又那曾頑然恁地暗. 地都知是善好做, 惡不好做. 只是見得不完全, 見得不的確. 所以說窮理, 便只要理會這些子.【賀孫 ○以下窮理.】

老, 也甚可惜! 要之, 理會出來, 亦不是差異底事. 不知如何理會箇得恁少, 看它自是甘於無知了. 今旣要理會, 也須理會取透, 莫要半靑半黃, 下梢都不濟事. 【道夫】

9:43 人生天地間, 都有許多道理. 不是自家硬把與它, 又不是自家鑿開它肚腸, 白放在裏面. 【賀孫】

9:44 ▲[21)]

9:45 心包萬理, 萬理具于[22)]一心. 不能存得心, 不能窮得理. 不能窮得理, 不能盡得心. 【揚】[23)]

9:46 窮理, 以虛心·靜慮爲本. 【淳】

9:47 ▲[24)]

9:48 ▲[25)]

9:49 而今看道理不見, 不是不知, 只是爲物塞了, 而今麤法, 須是打疊了胸中許多惡雜, 方可. 張子云: "義理有疑, 則濯去舊見, 以來新意." 人多是被那舊見戀不肯舍. 除是大故聰明, 見得不是, 便飜[26)]了. 【蘷孫】

---

21) ▲: 一心具萬理. 能存心, 而後可以窮理. 【季札】
22) 于: 賀本에서는 於로 되어 있다.
23) 【揚】: 孝宗刊本·成化本·賀本에서는 陽으로 되어 있고, 英祖刊本에서는 場으로 되어 있다.
24) ▲: 虛心觀理. 【方子】
25) ▲: 或問: "而今看道理不出, 只是心不虛靜否?" 曰: "也是不曾去看. 會看底, 就看處自虛靜, 這箇互相發." 【義剛】
26) 飜: 『朱子語類』에서는 翻로 되어 있다.

9:50 理不是在面前別爲一物, 卽在吾心. 人須是體察得此物誠實在我, 方可. 譬如修養家所謂鉛汞·龍虎, 皆是我身內之物, 非在外也.【廣】

9:51 "窮理, 如性中有箇仁·義·禮·智, 其發則爲惻隱·羞惡·辭遜·是非. 只是這四者, 任是世間萬事萬物, 皆不出此四者之內." 曹問: "有可一底道理否?" 曰: "見多後, 自然貫." 又曰: "會之於心, 可以一得, 心便能齊. 但心安後, 便是義理."【卓】

9:52 器遠問: "窮事物之理, 還當窮究◇[27]總會處, 如何?" 曰: "不消說總會. 凡是眼前底, 都是事物. 只管恁地逐項窮教到極至處, 漸漸多, 自貫通. 然爲之總會者, 心也."【賀孫】

9:53 凡看道理, 要見得大頭腦處分明. 下面節節, 只是此理散爲萬殊. 如孔子教人, 只是逐件逐事說箇道理, 未嘗說出大頭腦處. 然四面八方合聚湊來, 也自見得箇大頭腦. 若孟子, 便已指出教人. 周子說出太極, 已是太煞分明矣. 且如惻隱之端, 從此推上, 則是此心之仁, 仁卽所謂天德之元, 元卽太極之陽動. 如此節節推上, 亦自見得大總腦處. 若今看得太極處分明, 則必能見得天下許多道理條件皆自此出, 事事物物上皆有箇道理, 元無虧欠也.【銖】

9:54 今之學者自是不知爲學之要. 只要窮得這道理[28], ◇[29]便是天理.[30] 雖聖人不作, 這天理自在天地間. "天高地下, 萬物散殊, 流而不

27) ◇: 箇
28) 理: 孝宗刊本에는 없다.
29) ◇: 理『小分』·孝宗刊本·英祖刊本에만 있고 成化本·賀本에는 없다.
30) 只要窮得這道理, ◇便是天理.: 成化本·賀本에서는 只要窮得這道理, 便是天理. 로 되어 있고 孝宗刊本에서는 "道"와 "理" 사이를 공란으로 처리한 것으로 보아 只要窮得這道, 理便是天理. 로 분석했음을 알 수 있다.

息, 合同而化", 天地間只是這箇道理流行周徧[31]. 不應說道聖人不言, 這道理便不在. 這道理自是長在天地間, 只借聖人來說一遍過. 且如『易』, 只是一箇陰陽之理而已. 伏羲始畫, 只是畫此理, 文王・孔子皆是發明此理. 吉凶悔吝, 亦是從此推出. 及孔子言之, 則曰: "君子居其室, 出其言善, 則千里之外應之, 出其言不善, 則千里之外違之. 言行, 君子之樞機, 樞機之發, 榮辱之主也. 言行, 君子之所以動天地也, 可不謹乎?" 聖人只要人如此. 且如『書』載堯・舜・禹許多事業, 與夫都・俞・吁・咈之言, 無非是至理. 【恪】

9:55 這道理, 若見得到[32], 只是合當如此. 如竹椅相似. 須著有四隻脚, 平平正正, 方可坐. 若少一隻脚, 決定是坐不得. 若不識得時, 只約摸恁地說, 兩隻脚也得, 三隻脚也得, 到坐時, 只是坐不得. 如穿牛鼻, 絡馬首, 這也是天理合當如此. 若絡牛首, 穿馬鼻, 定是不得. 如適來說克己, 伊川只說箇敬. 今人也知道敬, 只是不常如此. 常常如此, 少間自見得是非道理分明. 若心下有些子不安穩, 便不做. 到得更有一項心下習熟底事, 卻各[33]自以爲安, 外來卒未相入底, 卻有[34]不安. 這便著將前聖所說道理, 所做樣子, 看教心下是非分明. 【賀孫】

9:56 人看[35]得義理熟時, 自然好. 【振】

9:57 ▲[36]

9:58 今人口略依稀說過, 不曾心曉. 【淳】

---

31) 徧: 成化本에서는 遍으로 되어 있다.
32) 得到: 『小分』에서는 到得을 교정부호로 바로잡았다.
33) 各: 『朱子語類』에서는 빠져있다.
34) 有: 賀本에서는 又로 되어 있다.
35) 看: 賀本에서는 見으로 되어 있다.
36) ▲: 心熟後, 自然有見理處. 熟則心精微. 不見理, 只緣是心粗. 辭達而已矣. 【去僞】

9:59 ▲[37]

9:60 義理儘無窮, 前人恁地說, 亦未必盡. 須是自把來橫看竪看, 儘入深, 儘有在. 【士毅】

9:61 道理旣知縫罅, 但當窮而又窮, 不可安於小成而遽止也. 【燾】

9:62 今只是要理會道理. 若理會得一分, 便有一分受用, 理會得二分, 便有二分受用. 理會得一寸, 便是一寸, 一尺, 便是一尺. 漸漸理會去, 便多. 【賀孫】

9:63 看得一件是, 未可便以爲是, 且頓放一所, 又窮它語. 相次看得多, 相比竝, 自然透得. 【德明】

9:64 道理無窮. 你要去做, 又做不辦, 極力做得三五件, 又倦了. 蓋是不能包括得許多事. 【人傑】

9:65 太凡義理積得多後, 貫通了, 自然見效. 不是今日理會得一件, 便要做一件用. 譬如富人積財, 積得多了, 自無不如意. 又如人學作文, 亦須廣看多後, 自然成文可觀. 不然, 讀得這一件, 卻將來排湊做, 韓昌黎論爲文, 便也要讀書涵泳[38]多後, 自然好. 柳子厚云 "本之於六經云云"之意, 便是要將這一件做那一件, 便不及韓. 【端蒙】

9:66 只守著一些地, 做得甚事? 須用開闊看去. 天下萬事都無阻礙, 方可. 【從周】

---

37) ▲: 學者理會道理, 當深沈潛思. 【從周】
38) 泳: 孝宗刊本・成化本・賀本에서는 味로 되어 있다.

9:67 大著心胸, 不可因一說相礙. 看教平闊, 四方八面都見.【方子】

9:68 理會道理, 到衆說紛然處, 卻好定著精神看一看.【驤】

9:69 看理到快活田地, 則前路[39]自磊落[40]地去.【淳】

9:70 ▲[41]

9:71 ▲[42]

9:72 今人凡事所以說得恁地支離, 只是見得不透.[43]

9:73 看道理, 須是見得實, 方是有功效處. 若於上面添些玄妙奇特, 便是見它實理未透.【道夫】

9:74 理只要理會透徹, 更不理會文辭, 恐未達而便欲已也.【去僞】

9:75 或問: "如何是反身窮理?" 曰: "反身是著實之謂, 向自家體分上求."【廣】

9:76 今之學者不曾親切見得, 而臆度揣摸爲說, 皆助長之病也. 道理只平看, 意思自見, 不須先立說.【僩】

---

39) 路: 『朱子語類』에서는 頭로 되어 있다.
40) 落: 徽州本에서는 이 뒤에 恁이 더 있다.
41) ▲: 道理有面前底道理. 平易自在說出來底, 便說, 說得出來崎嶇底, 便不好.【節】
42) ▲: 今日且將自家寫得出・說得出底去窮究.【士毅】
43) 透: 『小分』에서는 이 뒤에 원래【士毅■■】가 있었으나 이를 붓으로 지웠다.

9:77 便是看義理難, 又要寬著心, 又要緊著心. 這心不寬, 則不足以見其規模之大, 不緊, 則不足以察其文理【一作"義".】之細密. 若拘滯於文義, 少間又不見它大規模處.

9:78 以聖賢之意觀聖賢之書, 以天下之理觀天下之事. 人多以私見自去窮理, 只是你自家所見, 去聖賢之心尙遠在.【祖道】

9:79 自家旣有此身, 必有主宰. 理會得主宰, 然後隨自家力量窮理格物, 而合做底事不可放過些子. 因引程子言: "如行兵, 當先做活計."【銖】

9:80 ▲[44]

9:81 不可去名上理會. 須求其所以然.【方子】

9:82 "事要知其所以然." 指花斛曰: "此兩箇花斛, 打破一箇, 一箇在. 若只恁地, 是人知得, 說得. 須知所以破・所以不破者如何."【從周】

9:83 思索譬如穿井, 不解便得淸水. 先亦須是濁, 漸漸刮將去, 卻自會淸.【賀孫】

9:84 這箇物事【廣錄作"道理".】密, 分毫間便相爭. 如不曾下工夫, 一時去旋揣摸它, 只是疎闊. 眞箇下工夫見得底人, 說出來自是膠粘. 旋揣摸得, 是亦何補?【士毅】[45]

---

44) ▲: 萬理洞開. ○衆理參會. 如說"思事親"至"不可不知天", 又事親乃能事天之類, 無不互備.【方】

45)【士毅】: 『小分』에서는 원래【士毅 ○廣同.】으로 되어 있었으나 廣同을 붓으로 지웠다.

9:85 只是見不透, 所以千言萬語, 費盡心力, 終不得聖人之意. 『大學』說格物, 都只是要人見得透. 且如"楊氏爲我, 墨氏兼愛", 它欲以此教人, ▲[46]豈知道是不是? 只是見不透. 如釋氏亦設教授徒, 它豈道自不是? 只是不曾見得到, 但知虛, 而不知虛中有理存焉. 此『大學』所以貴窮理也. 【賀孫】

9:86 ▲[47]

9:87 若曰, 須待見得箇道理然後做去, 則"利而行之, 勉强而行之", 工夫皆爲無用矣. 頓悟之說, 非學者所宜盡心也, 聖人所不道. 【人傑】

9:88 務反求者, 以博觀爲外馳, 務博觀者, 以內省爲狹隘, 墮於一偏. 此皆學者之大病也. 【道夫】

---

46) ▲: 他

47) ▲: 知, 只有箇眞與不眞分別. 如說有一項不可言底知, 便是釋氏之悞. 【士毅】

『朱子語類』卷第十

「學四」

「讀書法上」

10:1 讀書乃學者第二事.【方子】

10:2 ▲[1]

10:3 學問, 就自家身己上切要處理會, 方是. 那讀書底已是第二義. 自家身上道理都具, 不曾外面添得來. 然聖人教人, 須要讀這書時, 蓋爲自家雖有這道理, 須是經歷過, 方得. 聖人說底, 是他曾經歷過來.【佐】

10:4 學問, 無賢愚, 無小大, 無貴賤, 自是人合理會底事. 且如聖賢不生, 無許多書冊, 無許多發明, 不成不去理會, 也只當理會. 今有聖賢言語, 有許多文字, 卻不去做. 師友只是發明得. 人若不自向前, 師友如何著得力?【謙】

10:5 爲學之道, 聖賢教人, 說得甚分曉. 大抵學者讀書, 務要窮究. "道問學"是大事. 要識得道理去做人. 大凡看書, 要看了又看, 逐段・逐句・逐字理會, 仍參諸解・傳, 說教通透, 使道理與自家心相肯, 方

---

1) ▲: 讀書已是第二義. 蓋人生道理合下完具, 所以要讀書者, 蓋是未曾經歷見許多. 聖人是經歷見得許多, 所以寫在冊上與人看, 而今讀書, 只是要見得許多道理. 及理會得了, 又皆是自家合下元有底, 不是外面旋添得來.【至】

得. 讀書要自家道理浹洽透徹. 杜元凱云: “優而柔之, 使自求之, 厭而飫之, 使自趨之. 若江海之浸, 膏澤之潤, 渙然冰釋, 怡然理順, 然後爲得也.” 【椿】

10:6 今讀書緊要, 是要看聖人教人做工夫處是如何. 如用藥治病, 須看這病是如何發, 合用何方治之, 方中使何藥材, 何者幾兩, 何者幾分, 如何炮, 如何炙, 如何製, 如何切, 如何煎, 如何喫, 只如此而已. 【淳】

10:7 讀書以觀聖賢之意, 因聖賢之意, 以觀自然之理. 【節】

10:8 ▲[2)]

10:9 聖賢之言, 須常將來眼頭過, 口頭轉, 心頭運. 【方子】

10:10 開卷便有與聖賢不相似處, 豈可不自鞭策? 【祖道】

10:11 聖人言語, 一重又一重, 須入深去看. 若只要皮膚, 便有差錯, 須深沈方有得. 【從周】

10:12 人看文字, 只看得一重, 更不去討他第二重. 【僩】

10:13 讀書, 須是看著他那縫罅處, 方尋得道理透徹. 若不見得縫罅, 無由入得. 看見縫罅時, 脈絡自開. 【植】

10:14 文字大節目痛理會三五處, 後當迎刃而解. 學者所患, 在於輕浮, 不沈著痛快. 【方子】

---

2) ▲: 做好將聖人書讀, 見得他意思如當面說話相似. 【賀孫】

10:15 學者初看文字, 只見得箇渾淪[3]物事. 久久看作三兩片, 以至於十數片, 方是長進. 如庖丁解牛, 目視無全牛是也.【人傑】

10:16 讀書, 須是窮究道理徹底. 如人之食, 嚼得爛, 方可嚥下, 然後有補.【杞】

10:17 看文字, 須逐字看得無去處. 譬如前後門塞定, 更去不得, 方始是.【從周】

10:18 關了門, 閉了戶, 把斷了四路頭, 此正讀書時也.【道夫】

10:19 學者只知觀書, 都不知有四邊, 方始有味.【螢】

10:20 "學者讀書, 須是於無味處當致思焉. 至於群疑并興, 寢食俱廢, 乃能驟進." 因嘆[4]: "驟進二字, 最下得好, 須是如此. 若進得些子, 或進或退, 若存若亡, 不濟事. 如用兵相殺, 爭得些兒小可一二十里地, 也不濟事. 須大殺一番, 方是善勝. 爲學之要, 亦是如此."【賀孫】

10:21 看文字, 須大段著精彩看. 聳起精神, 樹起筋骨, 不要困, 如有刀劍在後一般. 就一段中, 須要透. 擊其首則尾應, 擊其尾則首應, 方始是. 不可按冊子便在, 掩了冊子便忘卻, 看注時便忘了正文, 看正文又忘了注. 須這一段透了, 方看後板.【淳】

10:22 ▲[5]

---

3) 淪: 成化本에서는 崙으로 되어 있다.
4) 嘆: 『朱子語類』에서는 歎으로 되어 있다.
5) ▲: 看文字, 須要入在裏面, 猛滾一番. 要透徹, 方能得脫離. 若只略略地看過, 恐終久不能得脫離, 此心又自不能放下也.【時舉】

10:23 人言讀書當從容玩味, 此乃自怠之一說. 若是讀此書未曉道理, 雖不可急迫, 亦不放下, 猶可也. 若徜徉終日, 謂之從容, 卻無做工夫處. 譬之煎藥, 須是以大火煮袞[6], 然後以慢火養之, 卻不妨.【人傑】

10:24 須是一棒一條痕. 一摑一掌血. 看人文字, 要當如此, 豈可忽略?【螢】

10:25 看文字, 須是如猛將用兵, 直是鏖戰一陣, 如酷吏治獄, 直是推勘到底, 決是不恕他, 方得.【夔孫】

10:26 ▲[7]

10:27 看文字如捉賊, 須知道盜發處, 自一文以上贓罪情節, 都要勘出. 若只描摸箇大綱, 縱使知道此人是賊, 卻不知何處做賊.【賜】

10:28 看文字, 當如高艥大艑, 順風張帆, 一日千里, 方得. 如今只纔離小港, 便著淺了, 濟甚事? 文字不通如此看.【僩】

10:29 讀書看義理, 須是胸次放開, 磊落明快, 恁地去. 第一不可先責效. 纔責效, 便有憂愁底意. 只管如此, 胸中便結聚一餅子不散. 今且放置閑事, 不要閑思量. 只專心去玩味義理, 便會心精, 心精, 便會熟.【淳】

10:30 讀書, 放寬著心, 道理自會出來. 若憂愁迫切, 道理終無緣得出來.

6) 袞: 賀本에서는 滾으로 되어 있다.

7) ▲: 看文字, 正如酷吏之用法深刻, 都沒人情, 直要做到底. 若只恁地等閑看過了, 有甚滋味? 大凡文字有未曉處, 須下死工夫, 直要見得道理是自家底, 方住.【賜】

10:31 ▲[8]

10:32 ▲[9]

10:33 讀書, 須是徧[10]布周滿. 某嘗以爲寧詳毋略, 寧下毋高, 寧拙毋巧, 寧近毋遠.【方子】

10:34 讀書之法, 先要熟讀. 須是正看背看, 左看右看. 看得是了, 未可便說道是, 更須反覆玩味.【時擧】

10:35 少看熟讀, 反覆體驗, 不必想像計獲. 只此三事, 守之有常.【夔孫】

10:36 大凡看文字, 少看熟讀, 一也, 不要鑽研立說, 但要反覆體驗, 二也, 埋頭理會, 不要求效, 三也. 三者, 學者當守此.【人傑】

10:37 書宜少看, 要極熟. 小兒讀書記得, 大人多記不得者, 只爲小兒心專. 一日授一百字, 則只是一百字, 二百字, 則只是二百字. 大人一日或看百板, 不恁精專. 人多看一分之十, 今宜看十分之一. 寬著期限, 緊著課程.【淳】

10:38 讀書, 只逐段逐些子細理會. 小兒讀書所以記得, 是渠不識後

---

8) ▲: 讀書, 須是知貫通處, 東邊西邊, 都觸着這關捩子, 方得. 只認下著頭去做, 莫要思前算後, 自有至處, 而今說已前不曾做得, 又怕遲晚, 又怕做不及, 又怕那箇難, 又怕性格遲鈍, 又怕記不起, 都是閑說. 只認下着頭去做, 莫問遲速, 少間自有至處. 旣是已前不曾做得, 今便用下工夫去補塡. 莫要瞻前顧後, 思量東西, 少間擔閣一生, 不知年歲之老.【僩】

9) ▲: 天下書儘多在. 只恁地讀, 幾時得了. 須大段用着工夫, 無一件是合少得底, 而今只是那一般合看過底文字也未看, 何況其他?【僩】

10) 徧: 成化本에서는 遍으로 되어 있다.

面字, 只專讀一進耳. 今人讀書, 只衮衮讀去. 假饒讀得十遍, 是讀得十遍不曾理會得底書耳. "得寸, 則王之寸也, 得尺, 則王之尺也." 讀書當如此. 【璘】

10:39 讀書, 小作課程, 大施功力. 如會讀得二百字, 只讀得一百字, 却於百字中猛施工夫, 理會子細, 讀誦教熟. 如此, 不會記性人自記得, 無識性人亦理會得. 若泛泛然念多, 只是皆無益耳. 讀書, 不可以兼看未讀者. 却當兼看已讀者. 【璘】

10:40 ▲[11)]

10:41 ▲[12)]

10:42 "讀書不可貪多, 常使自家力量有餘." 正淳云: "欲將諸書循環看." 曰: "不可如此, 須看得一書徹了, 方再看一書. 若雜然竝進, 卻反爲所困. 如射弓, 有五斗力, 且用四斗弓, 便可拽滿, 己力欺得他過. 今學者不忖自己力量去觀書, 恐自家照管他不過." 【螢】

10:43 讀書, 只恁逐段子細看, 積累去, 則一生讀多少書? 若務貪多, 則反不曾讀得. 又曰: "須是緊著工夫, 不可悠悠, 又不須忙. 只常抖擻[13)]得此心惺[14)], 則看愈有力." 【道夫】

10:44 不可都要衮去, 如人一日只喫得三椀[15)]飯, 不可將十數日飯

11) ▲: 讀書不可貪多, 且要精熟. 如今日看得一板, 且看半板, 將那精力來更看前半板, 兩邊如此, 方看得熟. 直須看得古人意思出, 方好. 【洽】

12) ▲: 讀書不要貪多. 向見州郡納稅, 數萬鈔總作一結. 忽錯其數, 更無推尋處. 其後有一某官乃立法, 三二十鈔作一結. 觀此, 則讀書之法可見. 【可學】

13) 擻: 賀本에서는 搜로 되어 있다.

14) 惺: 『朱子語類』에서는 醒으로 되어 있다.

15) 椀: 『朱子語類』에서는 碗으로 되어 있다.

都一齊喫了. 一日只看得幾段, 做得多少工夫, 亦有限, 不可衮去都要了.【淳】

10:45 ▲[16)]

10:46 今人讀書, 看未到這裏, 心已在後面, 纔看到這裏, 便欲舍去了. 如此, 只是不求自家曉解. 須是徘徊顧戀, 如不欲去, 方會認得.【至】

10:47 某最不要人摘撮. 看文字, 須是逐一段・一句理會.【賀孫】

10:48 讀書是格物一事. 今且須逐段子細玩味, 反來覆去, 或一日, 或兩日, 只看一段, 則這一段便是我底. 腳踏這一段了, 又看第二段. 如此逐旋捱[17)]去, 捱[18)]得多後, 卻見頭頭道理都到. 這工夫須用行思坐想, 或將已曉得者再三思省, 卻自有一箇曉悟處出, 不容安排也. 書之句法義理, 雖只是如此解說, 但一次看, 有一次見識. 所以某書, 一番看, 有一番改. 亦有已說定, 一番看, 一番見得穩當, 愈加分曉. 故某說讀書不貴多, 只貴熟爾. 然用工亦須是勇做近前去, 莫思退轉, 始得.【大雅】

10:49 ▲[19)]

16) ▲: 讀書, 只看一箇冊(了)[子], 每日只讀一段, 方始是自家底. 若看此又看彼, 雖從眼邊過得一遍, 終是不熟.【履孫】

17) 捱: 孝宗刊本・英祖刊本・成化本에서는 崖로 되어 있다.

18) 捱: 孝宗刊本・英祖刊本・成化本에서는 崖로 되어 있다.

19) ▲: 讀書, 且就那一段本文意上看, 不必又生枝節. 看一段, 須反覆看來看去, 要十分爛熟, 方見意味, 方快活, 令人都不愛去看別段, 始得. 人多是向前趲去, 不曾向後反覆, 只要去看明日未讀底, 不曾去紬繹前日已讀底. 須玩味反覆, 始得. 用力深, 便見意味長, 意味長, 便受用牢固. 又曰: "不可信口依希略綽說過, 須是心曉."【寓】

10:50 “大凡讀書, 須是熟讀. 熟讀了, 自精熟, 精熟後, 理自見得. 如喫果子一般, 劈頭方咬開, 未見滋味, 便喫了. 須是細嚼敎爛, 則滋味自出, 方始識得這箇是甜是苦是甘是辛, 始爲知味.” 又云: “園夫灌園, 善灌之夫, 隨其蔬[20]果, 株株而灌之. 少間灌溉既足, 則泥水相和, 而物得其潤, 自然生長. 不善灌者, 忙急而治之, 擔一擔[21]之水, 澆滿園之蔬. 人見其治園矣, 而物未嘗沾足也.” 又云: “讀書之道, 用力愈多, 收功愈遠. 先難而後獲, 先事而後得, 皆是此理.” 又云: “讀書之法, 須是用工去看. 先一書費許多工夫, 後則無許多[22]矣. 始初一書費十分工夫, 後一書費八九分, 後則費六七分, 又後則費四五分矣.” 【卓】

10:51 因說“進德居業”“進”字・“居”字曰: “今看文字未熟, 所以鶻突, 都只見成一片黑淬淬地. 須是只管看來看去, 認來認去. 今日看了, 明日又看, 早上看了, 晩間又看, 飯前看了, 飯後又看, 久之, 自見得開, 一箇字都有一箇大縫罅. 今常說見得, 又豈是懸空見得? 亦只是玩味之久, 自見得. 文字只是舊時文字, 只是見得開, 如織錦上用靑絲, 用紅絲, 用白絲. 若見不得, 只是一片皂布.” 【賀孫】

10:52 ▲[23]

10:53 ▲[24]

---

20) 蔬: 英祖刊本에서는 疏로 되어 있다.
21) 擔: 孝宗刊本・成化本에서는 檐으로 되어 있다.
22) 許多: 徽州本에서는 이 뒤에 工夫가 더 있다.
23) ▲: 讀書須是專一. 讀這一句, 且理會這一句, 讀這一章, 且理會這一章. 須是見得此一章徹了, 方可看別章, 未要思量別章別句. 只是平心定氣在這邊看, 亦不可用心思索太過, 少間卻損了精神. 前輩云: “讀書不可不敬.” 敬便精專, 不走了這心.
24) ▲: 其始也, 自謂百事能, 其終也, 一事不能. 【言人讀書不專一, 而貪多廣閱之弊. ○僩】

10:54 泛觀博取, 不若熟讀而精思.【道夫】

10:55 大抵觀書先須熟讀, 使其言皆若出於吾之口, 繼而[25]精思, 使其意皆若出於吾之心, 然後可以有得爾. 然熟讀精思既曉得後, 又須疑不止如此, 庶幾有進. 若以爲止如此矣, 則終不復有進也.

10:56 書須熟讀. 所謂書, 只是一般. 然讀十遍時, 與讀一遍時終別, 讀百遍時, 與讀十遍又自不同也.【履孫】

10:57 爲人自是爲人, 讀書自是讀書. 凡人若讀十遍不會, 則讀二十遍, 又不會, 則讀三十遍至五十遍, 必有見到處. 五十遍暝然不曉, 便是氣質不好. 今人未嘗讀得十遍, 便道不可曉.【力行】

10:58 李敬子說先生教人讀書云: "既識得了, 須更讀百十遍, 使與自家相乳入, 便說得也響. 今學者本文尙且未熟, 如何會有益?"【方子】

10:59 讀書不可記數, 數足, 則止矣.【壽昌】

10:60 "誦數以貫之", 古人讀書, 亦必是記遍數, 所以貫通也. 又曰: "凡讀書, 且從一條正路直去. 四面雖有好看處, 不妨一看, 然非是要緊."【佐】

10:61 溫公[26]答一學者書, 說爲學之法, 擧『荀子』四句云: "誦數以貫之, 思索以通之, 爲其人以處之, 除其害以持養之."『荀子』此說亦好. "誦數"云者, 想是古人誦書亦記遍數. '貫'字訓熟, 如"習貫如自然", 又訓"通", 誦得熟, 方能通曉. 若誦不熟, 亦無可得思索.【廣】

25) 而:『朱子語類』에서는 以로 되어 있다.
26) 溫公: 徽州本에서는 司馬溫公으로 되어 있다.

10:62 山谷「與李幾仲帖」云: "不審諸經·諸史, 何者最熟. 大率學者喜博, 而常病不精. 汎濫百書, 不若精於一也. 有餘力, 然後及諸書, 則涉獵諸篇亦得其精. 蓋以我觀書, 則處處得益, 以書博我, 則釋卷而茫然." 先生深喜之, 以爲有補於學者.【若海】

10:63 讀書, 理會一件, 便要精這一件, 看[27]得不精, 其他文字便亦都草草看了. 一[28]件看得精, 其他亦易看. 山谷「帖」說讀書法甚好.【淳】

10:64 學者貪做工夫, 便看得義理不精. 讀書須是子細, 逐句逐字要見去著[29]. 若用工麤鹵, 不務精思, 只道無可疑處. ▲[30] 理會未到, 不知有疑爾. 大抵爲學老少不同. 年少精力有餘, 須用無書不讀, 無不究竟其義. 若年齒向晚, 却須擇要用功, 讀一書, 便覺後來難得工夫再去理會, 須沈潛玩索, 究極至處, 可也. 蓋天下義理只有一箇是與非而已. 是便是是, 非便是非. 旣有著落, 雖不再讀, 自然道理浹洽, 省記不忘. 譬如飮食, 從容咀嚼, 其味必長, 大嚼大咽, 終不知味也.【謨】

10:65 書只貴讀, 讀多自然曉. 今卽思量得, 寫在紙上底, 也不濟事, 終非我有, 只貴乎讀. 這箇不知如何, 自然心與氣合, 舒暢發越, 自是記得牢. 縱饒熟看過, 心裏思量過, 也不如讀. 讀來讀去, 少間曉不得底, 自然曉得, 已曉得者, 越有滋味. 若是讀不熟, 都沒這般滋味, 而今未說讀得注, 且只熟讀正經, 行住坐臥, 心常在此, 自然曉得. 嘗思之, 讀便是學. 夫子說: "學而不思則罔, 思而不學則殆", 學便是讀. 讀了又思, 思了又讀, 自然有意. 若讀而不思, 又不知其意味, 思而不讀, 縱使曉得, 終是䠞[31]䠞不安. 一似倩得人來守屋相似, 不是自家人, 終

27) 看: 徽州本에서는 이 앞에 這一件이 더 있다.
28) 一: 徽州本에서는 이 앞에 若此가 더 있다.
29) 去著: 賀本에서는 着落으로 되어 있고 萬曆本에서는 去着落으로 되어 있다.
30) ▲: 非無可疑,

不屬自家使喚. 若讀得熟, 而又思得精, 自然心與理一, 永遠不忘. 某舊苦記文字不得, 後來只是讀. 今之記得者, 皆讀之功也. ▲[32)]【僩】

10:66 讀書之法, 讀一遍了, 又思量一遍, ▲[33)] 又讀一遍. 讀誦者, 所以助其思量, 常教此心在上面流轉. 若只是口裏讀, 心裏不思量, 看如何也記不子細. 又云: "今緣文字印本多, 人不著心讀. 漢時諸儒以經相授者, 只是暗誦, 所以記得牢, 故其所引書句, 多有錯字. 如『孟子』所引『詩』·『書』亦多錯, 以其無本, 但記得耳."【僩】

10:67 今人所以讀書苟簡者, 緣書皆有印本多了. 如古人皆用竹簡, 除非大段有力底人方做得. 若一介之士, 如何置? 所以後漢 吳恢欲殺靑以寫『漢書』, 其子吳祐諫曰: "此書若成, 則載之車兩. 昔馬援以薏苡興謗, 王陽以衣囊儌名, 正此謂也." 如黃霸在獄中從夏侯勝受書, 凡再踰冬而後傳. 蓋古人無本, 除非首尾熟背得, 方得. 至於講誦者, 也是都背得, 然後從師受學. 如東坡作『李氏山房藏書記』, 那時書猶自難得. 晁以道嘗欲得『公』·『穀傳』, 遍求無之, 後得一本, 方傳寫得. 今人連寫也自厭煩了, 所以讀書苟簡.【銖】

10:68 講論一篇書, 須是理會得透. 把這一篇書與自家衮作一片, 方是. 去了本子, 都在心中, 皆說得去, 方好.【敬仲】

10:69 ▲[34)]

---

31) 䡊: 孝宗刊本·英祖刊本·成化本에서는 䡊로 되어 있고, 賀本에서는 旎로 되어 있다.

32) ▲: 老蘇只取『孟子』·『論語』·韓子與諸聖人之書, 安坐而讀之者七八年, 後來做出許多文字如此好. 他資質固不可及, 然亦須着如此讀. 只是他讀時, 便只要模寫他言語, 做文章. 若移此心與這樣資質去講究義理, 那裏得來? 是知書只貴熟讀, 別無方法.

33) ▲: 思量一遍,

34) ▲: 莫說道見得了便休, 而今看一千遍, 見得又別, 看一萬遍, 看得又別. 須是無

10:70 放下書册, 都無書之意義在胸中.【升卿】

10:71 歐公言: "作文有三處思量. 枕上, 路上, 厠上." 他只是做文字, 尙如此, 況求道乎? 今人對著册子時, 便思量, 册子不在, 心便不在, 如此, 濟得甚事?【義剛】

10:72 ▲[35]

10:73 看文字, 於理會得了處更能看過, 尤妙.【過】

10:74 看文字須子細. 雖是舊曾看過, 重溫亦須子細. 每日可看三兩段. 不是於那疑處看, 正須於那無疑處看, 蓋工夫都在那上也.【廣】

10:75 聖人言語如千花, 遠望都見好. 須端的眞見好處, 始得. 須著力子細看. 工夫只在子細看上, 別無術.【淳】

10:76 聖人言語, 皆枝枝相對, 葉葉相當, 不知怎生排得恁地齊整. 今人只是心麤, 不子細窮究. 若子細窮究來, 皆字字有著落.【道夫】

10:77 ▲[36]

10:78 ▲[37]

10:79 看文字有兩般病. 有一等性鈍底人, 向來未曾看, 看得生, 卒急看不出, 固是病, 又有一等敏銳底人, 多不肯子細, 易得有忽略之

這册子時, 許多節目次第都恁地歷歷落落, 在自家肚裏, 方好.【方子】

35) ▲: 今之學者, 看了也似不曾看, 不曾看也似看了.【方子】

36) ▲: 某自潭州來, 其他盡不曾說得, 只不住地說得一箇敎人子細讀書.【節】

37) ▲: 讀書不精深, 也只是不曾專一子細.【伯羽】

意, 不可不戒.【賀孫】

10:80 爲學讀書, 須是耐煩細意去理會, 切不可麤心. 若曰何必讀書, 自有箇捷徑法, 便是悞人底深坑也. 未見道理時, 恰如數重物色包裹在裏許, 無緣可以便見得. 須是今日去了一重, 又見得一重, 明日又去了一重, 又見得一重. 去盡皮, 方見肉, 去盡肉, 方見骨, 去盡骨, 方見髓. 使麤心大氣不得.【廣】

10:81 觀書初得味, 卽坐在此處, 不復精研. 故看義理, 則汗漫而不別白, 遇事接物, 則頹然而無精神.【揚】

10:82 ▲[38]

10:83 今人讀書, 看未到這裏, 心已在後面, 才看到這裏, 便欲捨去. 如此, 只是不求自家曉解. 須是徘徊顧戀, 如不欲捨去, 方能體認得. 又曰: "讀書者譬如觀此屋, 若在外面見有此屋, 便謂見了, 卽無緣識得. 須是入去裏面, 逐一看過, 是幾多間架, 幾多窓櫺. 看了一遍, 又重重看過, 一齊記得, 方是."【講筵亦云: "氣象匆匆, 常若有所迫逐"[39] ○方子】

10:84 看書非止看一處便見道理. 如服藥相似, 一服豈能得病便好? 須服了又服, 服多後, 藥力自行.【道夫】

10:85 讀書著意玩味, 方見得義理從文字中迸出.【季札】

10:86 ▲[40]

---

38) ▲: 讀書只要將理會得處, 反覆又看.【夔孫】
39) 講筵亦云: … 常若有所迫逐": 賀本에서는 本文으로 되어 있다.
40) ▲: 讀得通貫後, 義理自出.【方子】

10:87 ▲[41)]

10:88 ▲[42)]

10:89 ▲[43)]

10:90 讀書[44)]不可有欲了底心, 才有此心, 便心只在背後白紙處了, 無益.【揚】

10:91 大抵學者只在是白紙無字處莫看, 有一箇字, 便與佗看一箇. 如此讀書三年, 無長進處, 則如趙州和尙道: "截取老僧頭去."【節】

10:92 人讀書, 如人飮酒相似. 若是愛飮酒人, 一盞了, 又要一盞喫. 若不愛喫, 勉强一盞便休.【泳】

10:93 讀書不可不先立程限. 政如農功, 如農之有畔. 爲學亦然. 今之始學者不知此理, 初時甚銳, 漸漸懶去, 終至[45)]都不理會了. 此只是當初不立程限之故.【廣】

10:94 "曾裘父『詩話』中載東坡敎人讀書小簡, 先生取以示學者, 曰: "讀書要當如是."【按: 裘父『詩話』載東坡「與王郎書」云: "少年爲學者, 每一書皆作數次讀之. 當如入海, 百貨皆有. 人之精力不能兼收盡取, 但得其所欲[46)]求

41) ▲: 讀書, 須看他文勢語脈.【芝】
42) ▲: 看文字, 要便有得.
43) ▲: 看文字, 若便以爲曉得, 則便住了. 須是曉得後, 更思量後面尙有也無. 且如今有人把一篇文字來看, 也未解盡知得他意, 況於義理? 前輩說得恁地, 雖是易曉, 但亦未解便得其意. 須是看了又看, 只管看, 只管有.【義剛】
44) 書: 賀本에서는 者로 되어 있다.
45) 至: 『小分』에서는 知를 至로 고쳤다.
46) 欲: 孝宗刊本·成化本에서는 做로 되어 있고 萬曆本에서는 估로 되어 있다.

者爾. 故願學者每次作一意求之. 如欲求古今興亡治亂, 聖賢作用, 且只作此意求之, 勿生餘念. 又別作一次求事迹文物之類, 亦如之. 佗皆放此. 若學成, 八面受敵, 與[47]涉獵者不可同日而語." ○方子】

10:95 "尹先生門人言尹先生讀書云: '耳順心得, 如誦己言. 工[48]夫到後, 誦聖賢言語, 都一似自己言語.'" 良久, 曰: "佛所謂'心印'是也. 印第一箇了, 印第二箇, 只與第一箇一般. 又印第三箇, 只與第二箇一般. 惟堯・舜・孔・顏方能如此. 堯老, 遜位與舜, 教舜做. 及舜做出來, 只與堯一般, 此所[49]謂眞同也. 孟子曰: '得志行乎中國, 若合符節.' 不是且恁地說."【廣】

10:96 ▲[50]

10:97 近日眞箇讀書人少, 也緣科擧時文之弊也, 纔把書來讀, 便先立箇意思, 要討新奇, 都不理會他本意著實. 纔討得新奇, 便準擬作時

---

47) 與: 賀本에서는 이 뒤에 慕가 더 있다.
48) 工: 賀本・成化本에서는 功으로 되어 있다.
49) 此所: 『小分』에서는 所此를 교정부호로 바로잡았다.
50) ▲: 讀書須教首尾貫穿. 若一番只草草看過, 不濟事. 某記舅氏云: "當『新經』行時, 有一先生教人極有條理. 時既禁了史書, 所讀者止是荀・揚・老・莊・列子等書, 他便將諸書劃定次第. 初入學, 只看一書. 讀了, 理會得都了, 方看第二件. 每件須要貫穿, 從頭到尾, 皆有次第. 既通了許多書, 斯爲必取科第之計: 如刑名度數, 也各理會得些, 天文地理, 也曉得些, 五運六氣, 也曉得些, 如『素問』等書, 也略理會得. 又如讀得『聖製經』, 便須於諸書都曉得些. 『聖製經』者, 乃是諸書節略本, 是昭武一士人作, 將去獻梁師成, 要覓官爵. 及投進, 累月不見消息. 忽然一日, 只見內降一書云: '御製『聖製經』, 令天下皆誦讀.' 方伯謨尚能記此士人姓名." 又云: "是時既禁史學, 更無人敢讀史. 時奉使叔祖教授鄉里, 只就『蒙求』逐事開說本末, 時人已相尊敬, 謂能通古今. 有一士人, 以犯法被黥, 在都中, 因計會在梁師成手裏直書院, 與之打併書冊甚整齊. 師成喜之, 因問其故, 他以情告, 遂與之補官, 令常直書院. 一日, 傳聖駕將幸師成家, 師成遂令此人打併裝疊書冊. 此人以經史次第排, 極可觀. 師成來點檢, 見諸史亦列桌上, 因大駭, 急移下去, 云: '把這般文字將出來做甚麼?' 此非獨不好此, 想只怕人主取去, 看見興衰治亂之端耳."【賀孫】

文使, 下梢弄得熟, 只是這箇將來使. 雖是朝廷甚麽大典禮, 也胡亂信手捏[51]合出來使, 不知一撞百碎. 前輩也是讀書. 某曾見大東萊【呂居仁】之兄, 他於六經·三傳皆通, 親手點注, 並用小圈點. 注所不足者, 並將疏楷書, 用朱點. 無點畫草. 某只見他『禮記』如此, 他經皆如此. 諸呂從來富貴, 雖有官, 多是不赴銓, 亦得安樂讀書. 他家這法度卻是到伯恭打破了. 自後旣弄時文, 少有肯如此讀書者.【賀孫】

10:98 精神長者, 博取之, 所得多. 精神短者, 但以詞義簡易者涵養.

10:99 中年以後之人, 讀書不要多, 只少少玩索, 自見道理.

10:100 千載而下, 讀聖人之書, 只看得他箇影象, 大概路脈如此. 若邊旁四畔, 也未易理會得.【燾】

51) 捏: 孝宗刊本·賀本·成化本에서는 捻으로 되어 있고, 英祖刊本에서는 捏으로 되어 있다.

『朱子語類』卷第十一

「學五」

「讀書法下」

11:1 人之爲學固是欲得之於心, 體之▲[1]身. 但不讀書, 則不知心之所得者何事.【道夫】

11:2 ▲[2]

11:3 人常讀書, 庶幾可以管攝此心, 使之常存. 橫渠有言: "書所以維持此心. 一時放下, 則一時德性有懈." 其何可廢?【蓋卿】

11:4 初學於敬不能無間斷, 只是才覺間斷, 便提起此心. 只是覺處, 便是接續. 某要得人只就讀書上體認義理. 日間常讀書, 則此心不走作, 或只去事物中衮, 則此心易得汨沒. 知得如此, 便就讀書上體認義理, 便可喚轉來.【賀孫】

11:5 本心陷溺之久, 義理浸灌未透, 且宜讀書窮理. 常不間斷, 則物欲之心自不能勝, 而本心之義理自安且固矣.

11:6 須是存心與讀書爲一事, 方得.【方子】

---

1) ▲: 於

2) ▲: 讀書窮理, 當體之於身. 凡平日所講貫窮究者, 不知逐日常見得在心目間否. 不然則隨文逐義, 趕趁期限, 不見悅處, 恐終無益.

11:7 人心不在軀殼裏, 如何讀得聖賢[3]之書? 只是杜撰鑿空說, 元與他不相似.【僩】

11:8 讀書須將心貼在書冊上, 逐句逐字, 各有著落, 方始好商量. 大凡學者須是收拾此心, 令專精[4]純一, 日用動靜間都無馳走散亂, 方始看得文字精審. 如此, 方是有本領.◇[5]

11:9 ▲[6]

11:10 昔陳烈先生苦無記性. 一日, 讀『孟子』"學問之道無他, 求其放心而已矣", 忽悟曰: "我心不曾收得, 如何記得書?" 遂閉門靜坐, 不讀書百餘日, 以收放心, 卻去讀書, 遂一覽無遺.【僩】

11:11 ▲[7]

11:12 心不定, 故見理不得. 今且要讀書, 須先定其心, 使之如止水, 如明鏡. 暗鏡如何照物?【伯羽】

11:13 ▲[8]

11:14 讀書有箇法, 只是刷刮淨了那心後去看. 若不曉得, 又且放下, 待他意思好時, 又將來看, 而今卻說要虛心, 心如何解虛得, 而今

---

3) 賢:『朱子語類』에서는 人으로 되어 있다.【頭註】"賢"作"人."
4) 精:『朱子語類』에서는 靜으로 되어 있다.【頭註】"精", 作"靜."
5) ◇:【祖道】『朱子語類』에는 없다.
6) ▲: 今人看文字, 多是以昏怠去看, 所以不子細. 故學者且於靜處收拾敎意思在裏, 然後虛心去看, 則其義理未有不明者也.【祖道】
7) ▲: 學者讀書, 多緣心不在, 故不見道理. 聖賢言語本自分曉, 只略略加意, 自見得. 若是專心, 豈有不見?【文蔚】
8) ▲: 立志不定, 如何讀書?【芝】

正要將心在那上面.【義剛】

11:15 讀書, 須是要身心都入在這一段裏面, 更不問外面有何事, 方見得一段道理出. 如"博學而篤志, 切問而近思", 如何卻說箇"仁在其中"? 蓋自家能常常存得此心, 莫教走作, 則理自然在其中. 今人卻一邊去看文字, 一邊去思量外事, 只是枉費了工夫. 不如放下了文字, 待打疊教意思靜了, 卻去看[9).]【祖道】

11:16 學者觀書多走作者, 亦恐是根本上工夫未齊整, 只是以紛擾雜亂心去看, 不曾以湛然凝定心去看. 不若先涵養本原, 且將已熟底義理玩味, 待其浹洽, 然後去看書, 便自知. 只是如此. 老蘇自述其學爲文處有云: "取古人之文而讀之, 始覺其出言用意與己大異. 及其久也, 讀之益精, 胸中豁然以明, 若人之言固當然者." 此是他於學文上工夫有見處, 可取以喩今日讀書, 其工夫亦合如此. 又曰: "看得一兩段, 卻且放心胸寬閑, 不可貪多." 又曰: "陸子靜嘗有旁人讀書之說, 亦可且如此."

11:17 凡人看文字, 初看時心尙要走作, 道理尙見得未定, 猶沒奈他何. 到看得定時, 方入規矩, 又只是在印板上面說相似, 都不活. 不活, 則受用不得. 須是玩味反覆, 到得熟後, 方始會活, 方始會動, 方有得受用處. 若只恁生記去, 這道理便死了.【時擧】

11:18 不可終日思量文字, 恐成硬將心去馳逐了. 亦須空閑少頃, 養精神, 又來看.【淳】

11:19 讀書閑暇, 且靜坐, 教他心平氣定, 見得道理漸次分曉.【李札錄云: "庶幾心平氣和, 可以思索義理."】 這箇卻是一身總會處. 且如看『大

9) 去看: 『小分』에서는 看去로 되어 있는 것을 교정부호로 바로잡았다.

學』"在明明德"一句, 須常常提醒在這裏. 他日長進, 亦只在這裏. 人只是一箇心做本, 須存得在這裏, 識得他條理脈絡, 自有貫通處.【賜○季札錄云: "問: '伊川見人靜坐, 如何便嘆[10]其善學?' 曰: '這卻是一箇總要處.'" 又云: "『大學』'在明明德'一句, 當常常提撕. 能如此, 便有進步處. 蓋其原自此發見. 人只一心爲本. 存得此心, 於事物方知有脈絡貫通處."】

11:20 ▲[11]

11:21 學者讀書, 須要斂身正坐, 緩視微吟, 虛心涵泳, 切己省【一作"體".】察. 又云: "讀一句書, 須體察這一句, 我將來甚處用得." 又云: "文字是底固當看, 不是底也當看, 精底固當看, 粗底也當看."【震】

11:22 讀書須是虛心切己. 虛心, 方能得聖賢意, 切己則聖賢之言不爲虛說.

11:23 ▲[12]

11:24 聖人言語, 皆天理自然, 本坦易明白在那裏. 只被人不虛心去看, 只管外面捉摸. 及看不得, 便將自己身上一般意思說出, 把做聖人意思.【淳】

11:25 聖賢言語, 當虛心看, 不可先自立說去撐拄, 便喎斜了. 不讀書者, 固不足論, 讀書者, 病又如此.【淳】

11:26 凡看書, 須虛心看, 不要先立說. 看一段有下落了, 然後又看

---

10) 嘆: 『朱子語類』에서는 歎으로 되어 있다.
11) ▲: 大凡讀書, 且要讀, 不可只管思. 口中讀, 則心中閑, 而義理自出. 某之始學, 亦如是爾, 更無別法.【節】
12) ▲: 看文字須是虛心. 莫先立己意, 少刻多錯了. 又曰: "虛心切己. 虛心則見道理明, 切己, 自然體認得出."【學】

一段. 須如人受詞訟, 聽其說盡, 然後方可決斷.【泳】

11:27 看前人文字, 未得其意, 便容易立說, 殊害事. 蓋旣不得正理, 又枉費心力. 不若虛心靜看, 卽涵養・究索之功, 一擧而兩得之也.【時擧】

11:28 ▲[13)]

11:29 讀書遇難處, 且須虛心搜討意思. 有時有思繹底事, 卻去無思量處得.【敬仲】

11:30 問: "如先生所言, 推求經義, 將來到底, 還別有見處否?" 曰: "若說如釋氏之言有他心通, 則無也. 但只見得合如此爾." 再問: "所說'尋求義理, 仍須虛心觀之', 不知如何是虛心?" 曰: "須退一步思量." 次日, 又問退一步思量之旨. 曰: "從來不曾如此做工夫, 後亦是難說. 今人觀書, 先自立了意後方觀, 盡率古人語言入做自家意思中來. 如此, 只是推廣得自家意思, 如何見得古人意思? 須得退步者, 不要自作意思, 只虛此心將古人語言放前面, 看他意思倒殺向何處去. 如此玩心, 方可得古人意, 有長進處. 且如孟子說『詩』, 要'以意逆志, 是爲得之.' 逆者, 等待之謂也. 如前途等待一人, 未來時且須耐心等待, 將來自有來時候. 他未來, 其心急切, 又要進前尋求, 卻不是'以意逆志', 是以意捉志也. 如此, 只是牽率古人言語, 入做自家意中來, 終無進益."【大雅】

11:31 ▲[14)]

---

13) ▲: 大抵義理, 須是且虛心隨他本文正意看.【必大】

14) ▲: 某嘗見人云: "大凡心不公底人, 讀書不得." 今看來, 是如此. 如解說聖經, 一向都不有自家身己, 全然虛心, 只把他道理自看其是非. 恁地看文字, 猶更自有牽於舊習, 失點檢處. 全然把一己私意去看聖賢之書, 如何看得出?【賀孫】

11:32 或問: “看文字爲衆說雜亂, 如何?” 曰: “且要虛心, 逐一說看去, 看得一說, 卻又看一說. 看來看去, 是非長短, 皆自分明. 譬如人欲知一箇人是好人, 是惡人, 且隨他去看. 隨來隨去, 見他言語動作, 便自知他好惡” 又曰: “只要虛心.” 又云: “濯去舊聞, 以來新見[15].”

11:33 觀書, 當平心以觀之. 大抵看書不可穿鑿, 看從分明處, 不可尋從隱僻處去. 聖賢之言, 多是與人說話. 若是嶢崎, 卻教當時人如何曉. 【節】

11:34 觀書, 須靜著心, 寬著意思, 沈潛反覆, 將久自會曉得去. 【僩用】

11:35 放寬心, 以他說看他說. 以物觀物, 無以己觀物. 【道夫】

11:36 以書觀書, 以物觀物, 不可先立己見.

11:37 讀書, 須要切己體驗. 不可只作文字看, 又不可助長. 【方】

11:38 學者當以聖賢之言反求諸身, 一一體察. 須是曉然無疑, 積日旣久, 當自有見. 但恐用意不精, 或貪多務廣, 或得少爲足, 則無由明耳. 【祖道】

11:39 讀書, 不可只專就紙上求理義, 須反來就自家身上【以手自指.】推究. 秦·漢以後無人說到此, 亦只是一向去書冊上求, 不就自家身上理會. 自家見未到, 聖人先說在那裏. 自家只借他言語來就身上推究, 始得. 【淳】

15) 又曰 … 新見: 【附箋紙】“又曰”止“新見”當刪.

11:40 今人讀書, 多不就切己上體察, 但於紙上看, 文義上說得去便了. 如此, 濟得甚事? "'何必讀書, 然後爲學?' 子曰: '是故惡夫佞者.'" 古人亦須讀書始得. 但古人讀書, 將以求道. 不然, 讀作何用? 今人不去這上理會道理, 皆以涉獵該博爲能, 所以有道學・俗學之別. 因提案上藥囊起, 曰: "如合藥, 便要治病, 終不成合在此看. 如此, 於病何補? 文字浩瀚, 難看, 亦難記. 將已曉得底體在身上, 卻是自家易曉易做底事. 解經已是不得已, 若只就注解上說, 將來何濟? 如畫那人一般, 畫底卻識那人. 別人不識, 須因這畫去求那人, 始得. 今便以畫喚做那人, 不得."【寓】

11:41 ▲[16)]

11:42 ▲[17)]

11:43 讀書之法, 有大本大原處, 有大綱大目處, 又有逐事上理會處, 又其次則解釋文義.【雉】

11:44 ▲[18)]

11:45 或問讀書未知統要. 曰: "統要如何便會知得? 近來學者, 有一種則舍去冊子, 卻欲於一言半句上便要見道理, 又有一種, 則一向汎

---

16) ▲: 或問讀書工夫. 曰: "這事如今似難說. 如世上一等人說道不須就書冊上理會, 此固是不得. 然一向只就書冊上理會, 不曾體認着自家身己, 也不濟事. 如說仁義禮智, 曾認得自家如何是仁? 自家如何是義? 如何是禮? 如何是智? 須是著身己體認得. 如讀'學而時習之', 自家曾如何學? 自家曾如何習? '不亦說乎?', 曾見得如何是說? 須恁地認, 始得. 若只逐段解過去, 解得了便休, 也不濟事. 如世上一等說話, 謂不消得讀書, 不消理會, 別自有箇覺處, 有箇悟處, 這箇是不得. 若只恁地讀書, 只恁地理會, 又何益?"【賀孫】

17) ▲: 學須做自家底看, 便見切己. 今人讀書, 只要科擧用, 已及第, 則爲雜文用, 其高者則爲古文用, 皆做外面看.【淳】

18) ▲: 玩索・窮究, 不可一廢.【升卿】

濫不知歸著處, 此皆非知學者. 須要熟看熟思, 久久之間, 自然見箇道理四停八當, 而所謂'統要者自在其中'矣."【履孫】

11:46 凡看文字, 專看細密處, 而遺卻緩急之間者, 固不可, 專看緩急之間, 而遺卻細密者, 亦不可. 今日之看, 所以爲他日之用. 須思量所以看者何爲? 非只是空就言語上理會得多而已也. 譬如拭桌子, 只拭中心, 亦不可, 但拭四弦, 亦不可. 須是切己用功, 使將來自得之於心, 則視言語誠如糟粕. 然今不可便視爲糟粕也, 但當自期向到彼田地爾.【方子】

11:47 學者有所聞, 須便行, 始得. 若得一書, 須便讀便思便行, 豈可又安排停待而後下手? 且如得一片紙, 便求[19]一片紙上道理行之, 可也.【履孫】

11:48 讀書便是做事. 凡做事, 有是有非, 有得有失. 善處事者, 不過稱量其輕重耳. 讀書而講究其義理, 判別其是非, 臨事卽此理.【可學】

11:49 眞理會得底, 便道眞理會得, 眞理會不得底, 便道眞理會不得. 眞理會得底固不可忘, 眞理會不得底, 須看那處有礙. 須記那緊要處, 常勿忘. 所謂"智者利仁", 方其求時, 心固在此, 不求時, 心亦不[20]在◇[21].【淳】

11:50 學得此事了, 不可自以爲了, 恐怠意生. 如讀得此書, 須終身記之.【壽昌】

---

19) 求: 成化本・賀本에서는 來로 되어 있다.
20) 不: 『朱子語類』에는 없다.
21) ◇: 此

11:51 ▲[22]

11:52 學者理會文義, 只是要先理會難底, 遂至於易者亦不能曉.「學記」曰: "善問者如攻堅木, 先其易者, 後其節目." 所謂"攻瑕則堅者瑕, 攻堅則瑕者堅", 不知道理好處又卻多在平易處.【璘】

11:53 ▲[23]

11:54 凡讀書, 且須從一條正路直去. 四面雖有可觀, 不妨一看, 然非是緊要.【方子】[24]

11:55 看書不由直路, 只管枝蔓, 便於本意不親切.【淳】[25]

11:56 ▲[26]

11:57 看文字, 且逐條看. 各是一事, 不相牽合.

11:58 讀書要周遍平正.【夔孫】

11:59 看文字不可落於偏僻, 須是周匝. 看得四通八達, 無些窒礙, 方有進益. 又云: "某解『語』·『孟』, 訓詁皆存. 學者觀書, 不可只看緊要處, 閑慢處要都周匝. 今說'求放心', 未問其它, 只此便是'博學而篤志, 切問而近思, 仁在其中矣.' '博學而篤志, 切問而近思', 方是讀書,

22) ▲: 讀書推類反求, 固不害爲切己, 但卻又添了一重事. 不若且依文看, 逐處各自見箇道理. 久之自然貫通, 不須如此費力也.

23) ▲: 只看自家底. 不是自家底, 枉了思量.【燾】

24) 且須從一條正路直去 …【方子】:【附箋紙】重出, 當刪.

25) 看書不由直路 …【淳】:【附箋紙】當刪.

26) ▲: 看文字不可相妨, 須各自逐一著地頭看他指意. 若牽窒著, 則件件相礙矣.【端蒙】

卻說'仁在其中', 蓋此便是'求放心'也." 【人傑】

11:60 ▲[27)]

11:61 讀書若有所見, 未必便是, 不可便執著. 且放在一邊, 益更讀書, 以來新見. 若執著一見, 則此心便被此見遮蔽了. 譬如一片淨潔田地, 若上面纔安一物, 便須有遮蔽了處. 聖人七通八達, 事事說到極致處. 學者須是多讀書, 使互相發明, 事事窮到極致處, 所謂"本諸身, 徵諸庶民, 考諸三王而不繆, 建諸天地而不悖, 質諸鬼神而無疑, 百世以俟聖人而不惑." 直到這箇田地, 方是. 『語』云: "執德不弘." 『易』云: "寬以居之." 聖人多說箇廣大寬弘[28)]之意, 學者要須體之. 【廣】

11:62 ▲[29)]

11:63 看文字先有意見, 恐只是私意. 謂如粗厲者觀書, 必以勇果强毅爲主. 柔善者觀書, 必以慈祥寬厚爲主, 書中何所不有? 【人傑】

11:64 凡讀書, 先須曉得他底言詞了, 然後看其說於理當否. 當於理則是, 背於理則非. 今人多是心下先有一箇意思了, 卻將他人說話來說自家底意思, 其有不合者, 則硬穿鑿之使合. 【廣】

11:65 學者不可用己意遷就聖賢之言. 【德明】

---

27) ▲: 看文字, 且依本句, 不要添字. 那裏元有縫罅, 如合子相似. 自家只去抉開, 不是渾淪底物, 硬去鑿, 亦不可先立說, 牽古人意來湊. 且如"逆詐・億不信"與"先覺"之辨. 逆詐, 是那人不曾詐我, 先去揣摩道, 那人必是詐我, 億不信, 是那人未有不信底意, 便道那人必是不信. 先覺, 則分明見得那人已詐我, 不信我. 如高祖知人善任使, 亦是分明見其才耳.

28) 弘: 孝宗刊本・成化本・賀本에서는 洪으로 되어 있다.

29) ▲: 看書, 不可將自己見硬參入去. 須是除了自己所見, 看他冊子上古人意思如何. 如程先生解"直方大", 乃引『孟子』. 雖是程先生言, 畢竟迫切. 【節】

11:66 ▲[30)]

11:67 看人文字, 不可隨聲遷就. 我見得是處, 方可信. 須沈潛玩繹, 方有見處. 不然, 人說沙可做飯, 我也說沙可做飯, 如何可喫?【謙】

11:68 ▲[31)]

11:69 ▲[32)]

11:70 凡看聖賢言語, 不要迫得太緊.【振】

11:71 ▲[33)]

11:72 看文字, 須是退步看, 方可見得. 若一向近前迫看, 反爲所遮蔽, 轉不見矣.【力行】

11:73 學者觀書, 病在只要向前, 不肯退步看. 愈向前, 愈看得不分曉. 不若退步, 卻看得審. 大概病在執著, 不肯放下. 正如聽訟. 心先有主張乙底意思, 便只尋甲底不是, 先有主張甲底意思, 便只見乙底不是. 不若姑置甲乙之說, 徐徐觀之, 方能辨其曲直. 橫渠云: "濯去舊見, 以來新意." 此說甚當. 若不濯去舊見, 何處得新意來? 今學者有二種病, 一是主私意, 一是舊有先入之說, 雖欲擺脫, 亦被他自來相尋.【螢】

30) ▲: 讀書, 如問人事一般. 欲知彼事, 須問彼人. 今卻不問其人, 只以己意料度, 謂必是如此.【揚】

31) ▲: 大凡讀書, 不要般涉. 但溫尋舊底不妨, 不可將新底來攙.【道夫】

32) ▲: 文字不可硬說, 但當習熟, 漸漸分明.

33) ▲: 大凡看文字要急迫不得. 有疑處, 且漸漸思量. 若一下便要理會得, 也無此理.【廣】

11:74 學者不可只管守從前所見, 須除了, 方見新意. 如去了濁水, 然後淸者出焉.【力行】

11:75 ▲[34)]

11:76 某向時與朋友說讀書, 也教他去思索, 求所疑. 近方見得, 讀書只是且恁地虛心就上面熟讀, 久之自有所得, 亦自有疑處. 蓋熟讀後, 自有窒礙, 不通處是自然有疑, 方好較量. 今若先去尋箇疑, 便不得. 又曰: “這般也有時候. 舊日看『論語』, 合下便有疑. 蓋自有一樣事, 被諸先生說成數樣, 所以便著疑. 今卻有『集注』了, 且可傍本看敎心熟. 少間或有說不通處, 自見得疑, 只是今未可先去疑著.”【賀孫】

11:77 看文字, 且自用工夫, 先已切至, 方可擧所疑, 與朋友講論. 假無朋友, 久之自[35)]能自見得. 蓋蓄積多者忽然爆開, 便自然通, 此所謂“何天之衢亨”也. 蓋蓄極則通, 須是蓄之極, 則通.【螢 ○人傑錄云: “讀書須是先看一件了, 然後再看一件. 若是蓄積處多, 忽然爆開來時, 自然所得者大, 『易』所謂‘何天之衢亨’是也.”】

11:78 讀書無疑者, 須敎有疑, 有疑者, 卻要無疑, 到這裏方是長進.【道夫】

11:79 問: “看理多有疑處. 如百氏之言, 或疑其爲非, 又疑其爲是, 當如何斷之?” 曰: “不可强斷, 姑置之, 可也.”【人傑】

11:80 人之病, 只知他人之說可疑, 而不知己說之可疑. 試以詰難他人者以自詰難, 庶幾自見得失.【必大】

---

34) ▲: 到理會不得處, 便當“濯去舊見, 以來新意”, 仍且只就本文看之.【伯羽】
35) 自: 徽州本에서는 亦으로 되어 있다.

11:81 因求講學言論傳之, 答曰: "聖賢之言, 明如日月." 又曰: "人有欲速之病. 舊嘗與一人讀詩集, 每略過題一行. 不看題目, 卻成甚讀詩也? 又嘗見龔實之轎中只著一冊文字看, 此其專靜也. 且云: '尋常出外, 轎中著三四冊書, 看一冊, 厭, 又看一冊, 此是甚功夫也?'"【方】

11:82 因僉出文字, 偶失僉子, 遂不能記, 云: "舊有人老不識字, 然隔年瑣瑣出入, 皆心記口數之, 旣爲寫下, 覆之無差. 蓋其人忠實[36], 又專一無他事, 所以記得. 今學者不能記, 又往往只靠著筆墨文字, 所以愈忘之也."【方】

11:83 ▲[37]

11:84 問讀諸經之法. 曰: "亦無法, 只是虛心平讀去."【淳 ○以下讀諸經法.】

11:85 ▲[38]

11:86 聖人千言萬語, 只是說箇當然之理. 恐人不曉, 又筆之於書. 自書契以來, 二典・三謨・伊尹・武王・箕子・周公・孔・孟都只是如此, 可謂盡矣. 只就文字間求之, 句句皆是. 做得一分, 便是一分工夫, 非茫然不可測也, 但患人不子細求索之耳. 須要思量聖人之言是說箇甚麼, 要將何用. 若只讀過便休, 何必讀?【明作】

---

36) 實: 孝宗刊本・賀本에서는 寔으로 되어 있다.

37) ▲: 先生戲引禪語云: "一僧與人讀碑, 云: '賢讀著, 總是字, 某讀著, 總是禪.' 潙山作一書戒僧家整齊. 有一川僧最𦴯苴, 讀此書, 云: '似都是說我!' 善財五十三處見善知識, 問皆如一, 云: '我已發三藐三菩提心, 而未知如何行菩薩行, 成菩薩道.'"

38) ▲: 學不可躐等, 不可草率, 徒費心力. 須依次序, 如法理會. 一經通熟, 他書亦易看.【閎祖】

11:87 讀六經時, 只如未有六經, 只就自家身上討道理, 其理便易曉.【敬仲】

11:88 讀書只就一直道理看, 剖析自分曉, 不必去偏曲處看. 『易』有箇陰陽, 『詩』有箇邪正, 『書』有箇治亂, 皆是一直路逕, 可見別無嶢崎.【寓】

11:89 人惟有私意, 聖賢所以留千言萬語, 以掃滌人私意, 使人人全得惻隱·羞惡之心. 六經不作, 可也, 裏面著一點私意, 不得.【節】

11:90 許多道理, 孔子恁地說一番, 孟子恁地說一番, 子思又恁地說一番, 都恁地懸空掛在那裏. 自家須自去體認, 始得.【賀孫】

11:91 爲學須是先立大本. 其初甚約, 中間一節甚廣大, 到末梢又約. 『孟子』曰: "博學而詳說之, 將以反說約也." 故必先觀『論』·『孟』·『大學』·『中庸』, 以考聖賢之意, 讀史, 以考存亡治亂之迹, 讀諸子百家, 以見其駁雜之病. 其節目自有次序, 不可踰越. 近日學者, 多喜從約而不於博求之. 不知不求於博, 何以考驗[39]其約? 如某人好約, 今只做得一僧, 了得一身. 又有專於博上求之, 而不反其約, 今日考一制度, 明日又考一制度, 空於用處作工夫, 其病又甚於約而不博者. 要之, 均是無益.【可學】

11:92 學者只是要熟, 工夫純一而已. 讀時熟, 看時熟, 玩味時[40]熟. 如『孟子』·『詩』·『書』, 全在讀時工夫. 『孟子』每章說了, 又自解了. 蓋他直要說得盡方住, 其言一大片, 故後來老蘇亦拖他來做文章說. 須熟讀之, 便得其味. 今觀『詩』, 旣未寫得傳, 且除了「小序」而讀之. 亦

---

39) 驗: 賀本에서는 騐으로 되어 있다.
40) 味時: 『小分』에서는 時味를 교정부호로 바로잡았다.

不要將做好底看, 亦不要將做惡底看, 只認本文語意, 亦須得八九.【螢】

11:93 人做功課若不專一, 東看西看, 則此心先已散漫了, 如何看得道理出? 須是看『論語』, 專只看『論語』, 看『孟子』, 專只看『孟子』. 讀這一章, 更不看後章, 讀這一句, 更不得看後句, 這一字理會未得, 更不得看下字. 如此則專一而功可成. 若所看不一, 汎濫無統, 雖卒歲窮年, 無有透徹之期. 某舊時文字, 只是守此拙法, 以至於今. 思之, 只有此法, 更無他法.【僩】

11:94 ▲[41)]

11:95 人只讀一書不得, 謂其傍出多事. 『禮記』·『左傳』最不可不讀.【揚】

11:96 看經書與看史書不同. 史是皮外物事, 沒緊要, 可以劄記問人. 若是經書有疑, 這箇是切己病痛. 如人負痛在身, 欲斯須[42)]忘去而不可得. 豈可比之看史, 遇有疑則記之紙邪?【僩】

11:97 浩曰: "趙書記云: '自有見後, 只是看六經·『語』·『孟』, 其他史書雜學皆不必看.' 其說謂買金須問賣金人, 雜賣店中那得金銀? 不必問也." 曰: "如此, 卽不見古今成敗, 便是荊公之學. 書那有不可讀

---

41) ▲: "凡讀書, 須有次序. 且如一章三句, 先理會上一句, 待通透. 次理會第二句, 第三句, 待分曉. 然後將全章反覆紬繹玩味. 如未通透, 卻看前輩講解, 更第二番讀過. 須見得身分上有長進處, 方爲有益. 如『語』·『孟』二書, 若便恁地讀過, 只一二日可了. 若要將來做切己事玩味體察, 一日多看得數段, 或一兩段耳." 又云: "看講解, 不可專狗他說, 不求是非, 便道前賢言語皆的當. 如『遺書』中語, 豈無過當失實處, 亦有說不及處." 又云: "初看時便先斷以己意, 前聖之說皆不可入. 此正當今學者之病, 不可不知."【寓】

42) 斯須: 『小分』에서는 須斯를 교정부호로 바로잡았다.

者? 只怕無許多心力讀得. 六經是三代以上之書, 曾經聖人手, 全是天理. 三代以下文字有得失, 然而天理卻在這邊自若也. 要有主, 覷得破, 皆是學."【浩】

11:98 向時有一截學者, 貪多務得, 要讀『周禮』·諸史·本朝典故, 一向盡要理會得許多沒緊要底工夫, 少刻身己都自恁地顚顚倒倒沒頓放處. 如喫物事相似, 將甚麽雜物事, 不是時節, 一頓都喫了, 便被他撑腸拄肚, 沒奈何他.【賀孫】

11:99 ▲[43]

11:100 經旨要子細看上下文義. 名數制度之類, 略知之便得, 不必大段深泥, 以妨學問.【方子】[44]

○[45] 問: "初學當讀何書?" 曰: "六經·『語』·『孟』皆聖賢遺書, 皆當讀, 但初學且須知緩急. 『大學』·『語』·『孟』最是聖賢爲人切要處. 然『語』·『孟』卻是隨事答問, 難見要領. 唯『大學』是曾子述孔子說古人爲學之大方, 門人又傳述以明其旨, 體統都具. 玩味此書, 知得古人爲學所鄕, 讀『語』·『孟』便易入. 後面工夫雖多, 而大體已立矣."【大雅】

11:101 理明後, 便讀申·韓書, 亦有得.【方子 ○以下雜論.】

11:102 諸先生立言有差處,【如橫渠·『知言』[46].】 當知其所以差處,

---

43) ▲: 看經傳有不可曉處, 且要旁通. 待其浹洽, 則當觸類而可通矣.【人傑】
44)【方子】: 『朱子語類』에는 없다.
45) ○: 『朱子語類』의 13:142의 일부이다.
46) 橫渠·『知言』: 橫渠의 『正蒙』과 胡宏의 『知言』을 가리킨다. 賀本에서는 渠 뒤에 闕文이 있는 것으로 보았다.

不宜一切委之, 所以自廣其志, 自進其知也.

11:103 讀書理會道理, 只是將勤苦䁯[47]將去, 不解得不成. "文王猶勤, 而況寡德乎?" 今世上有一般議論, 成就後生懶惰. 如云不敢輕議前輩, 不敢妄立論之類, 皆中怠惰者之意. 前輩固不敢妄議, 然論其行事之是非, 何害? 固不可鑿空立論, 然讀書有疑, 有所見, 自不容不立論. 其不立論者, 只是讀書不到疑處耳. 將『精義』[48]諸家說相比並, 求其是, 便自有合辨處. 【璘】

11:104 因言讀書法, 曰: "且先讀十數過, 已得文義四五分, 然後看解, 又得三二分, 又卻讀正文, 又得一二分. 向時不理會得『孟子』, 以其章長故也, 因如此讀. 元來它章雖長, 意味卻自首末相貫." 又問讀書心多散亂. 曰: "便是心難把捉處. 知得此病者, 亦早少了. 向時舉『中庸』'誠者, 物之終始. 不誠, 無物', 說與直卿云: '且如讀十句書, 上九句有心記得, 心不走作, 則是心在此九句內, 是誠, 是有其物, 故終始得此九句用. 若下一句心不在焉, 便是不誠, 便無物也.'" 【明作 ○以下論看注解.】

11:105 "大凡人讀書, 且當虛心一意, 將正文熟讀, 不可便立見解. 看正文了, 卻著深思熟讀, 便如己說, 如此方是. 今來學者一般是專要作文字用, 一般是要說得新奇, 人說得不如我說得較好, 此學者之大病. 譬如聽人說話一般, 且從它說盡, 不可勦斷它說, 便以己意抄說[49]. 若如此, 全不見得它說是非, 只說得自家底, 終不濟事." 久之, 又曰: "須是將本文熟讀, 字字咀嚼教有味. 若有理會不得處, 深思之, 又不得, 然後卻將注解看, 方有意味. 如人飢而後食, 渴而後飲, 方有味.

47) 䁯: 成化本 · 賀本에서는 捱로 되어 있다.
48) 『精義』: 朱熹의 『論孟精義』를 가리킨다. 후일 개정판을 간행하면서 『語孟集義』로 이름을 바꾸었다.
49) 便以己意抄說: 賀本에서는 便以己意見抄說로 되어 있다.

不飢不渴而强飮食之, 終無益也." 又曰: "某所集注『論語』, 至於訓詁皆子細者, 蓋要人字字與某著意看, 字字思索到, 莫要只作等閑看過了." 又曰: "讀書, 第一莫要先立箇意去看它底, 莫要才領略些大意, 不耐煩, 便休了."【祖道】

11:106 學者觀書, 先須讀得正文, 記得注解, 成誦精熟. 注中訓釋文意・事物・名義, 發明經指, 相穿紐處, 一一認得, 如自己做出來底一般, 方能玩味反覆, 向上有透處. 若不如此, 只是虛設議論, 如學業一般, 非爲己之學也. 曾見有人說『詩』, 問他「關雎」篇, 於其訓詁名物全未曉, 便說: "樂而不淫, 哀而不傷." 某因說與他道: "公而今說『詩』, 只消這八字, 更添'思無邪'三字, 共成十一字, 便是一部『毛詩』了. 其他三百篇, 皆成査[50]滓矣!" 因憶頃年見汪端明說: "沈元用問和靖: '伊川『易傳』, 何處是切要?' 尹云: '〈體用一源, 顯微無間.〉 此是切要處.'" 後舉似李先生, 先生曰: "尹說固好. 然須是看得六十四卦・三百八十四爻都有下落, 方始說得此話. 若學者未曾子細理會, 便與他如此說, 豈不誤他?" 某聞之, 竦然, 始知前日空言無實, 不濟事, 自此讀書益加詳細云.【此一段, 係先生親書示書堂學者.】

11:107 ▲[51]

11:108 凡看文字, 諸家說有異同處, 最可觀. 謂如甲說如此, 且撏扯住甲, 窮盡其詞. 乙說如此, 且撏扯住乙, 窮盡其詞. 兩家之說旣盡, 又參考而窮究之, 必有一眞是者出矣.【學蒙】

11:109 經之有解, 所以通經. 經旣通, 自無事於解, 借經以通乎理

50) 査: 賀本에서는 渣로 되어 있다.

51) ▲: 凡人讀書, 若窮得到道理透處, 心中也替他【饒本作"替地".】快活. 若有疑處, 須是參諸家解熟看. 看得有差互時, 此一段終是不穩在心頭, 不要放過.【敬仲】

耳. 理得, 則無俟乎經. 今意思只滯在此, 則何時得脫然會通也? 且所貴乎簡者, 非謂欲語言之少也, 乃在中與不中爾. 若句句親切, 雖多, 何害? 若不親切, 愈少愈不達矣. 某嘗說: "讀書須細看得意思通融後, 都不見注解, 但見有正經幾箇字在, 方好."【大雅】

11:110 句心.【方子】

11:111 看注解時, 不可遺了緊要字. 蓋解中有極散緩者, 有緩急之間者, 有極緊要者. 某下一字時, 直是稱輕等重, 方敢寫出?【上言句心, 卽此意. ○方子】

11:112 且尋句內意.【方子】

11:113 凡讀書, 須看上下文意是如何, 不可泥著一字. 如揚子"於仁也柔, 於義也剛." 到『易』中, 又將剛來配仁, 柔來配義. 如『論語』"學不厭, 智也. 敎不倦, 仁也." 到『中庸』又謂: "成己, 仁也. 成物, 智也." 此等須是各隨本文意看, 便自不相礙.【淳】

11:114 問: "一般字, 卻有淺深輕重, 如何看?" 曰: "當看上下文."【節】

11:115 讀書, 須從文義上尋, 次則看注解. 今人卻於文義外尋索.【蓋卿】

11:116 傳注, 惟古注不作文, 卻好看. 只隨經句分說, 不離經意, 最好. 疏亦然. 今人解書, 且圖要作文, 又加辨說, 百般生疑. 故其文雖可讀, 而經意殊遠. 程子『易傳』亦成作文, 說了又說. 故今人觀者更不看本經, 只讀『傳』, 亦非所以使人思也.【大雅 ○以下附論解經[52].】

11:117 解經謂之解者, 只要解釋出來. 將聖賢之語解開了, 庶易讀. 【泳】

11:118 聖經字若箇主人, 解者猶若奴僕. 今人不識主人, 且因奴僕通名, 方識得主人, 畢竟不如經字也. 【泳】

11:119 隨文解義. 【方子】

11:120 解經當如破的. 【方子】

11:121 經書有不可解處, 只得闕. 若一向去解, 便有不通而謬處.

11:122 今之談經者, 往往有四者之病. 本卑也, 而抗之使高, 本淺也, 而鑿之使深, 本近也. 而推之使遠, 本明也. 而必使至於晦. 此今日談經之大患也. 【蓋卿】

11:123 後世之解經者有三. 一, 儒者之經. 一, 文人之經, 東坡·陳少南輩是也. 一, 禪者之經, 張子韶輩是也.

11:124 解書, 須先還它成句, 次還它文義. 添無緊要字卻不妨, 添重字不得. 今人所添者, 恰是重字. 【端蒙】

11:125 聖賢說出來底言語, 自有語脈, 安頓得各有所在, 豈似後人胡亂說了也? 須玩索其旨, 所以學不可以不講. 講學固要大綱正, 然其間子細處, 亦不可以不講. 只緣當初講得不子細, 旣不得聖賢之意, 後來胡亂執得一說, 便以爲是, 只胡亂解將去. 【䓪 ○必大錄此下云: "古人似未嘗理會文義. 今觀其說出底言語, 不曾有一字用不當者."】

---

52) 解經: 『小分』에서는 經解를 교정부호로 바로잡았다.

11:126 解經, 若於舊說一向人情它, 改三字不若改兩字, 改兩字不若且改一字, 至於甚不得已乃始改, 這意思終爲害.【升卿】

11:127 凡學者解書, 切不可與它看本. 看本則心死在本子上. 只教它恁地說, 則它心便活, 亦且不解失忘了.【壽昌】

11:128 "學者輕於著書, 皆是氣識淺薄, 使作得如此, 所謂'聖雖學作兮, 所貴者資, 便儇皎厲兮, 去道遠而'. 蓋此理醲厚, 非便儇皎厲不克負荷者所能當. 子夏[53]謂'執德不弘', 人多以寬大訓'弘'字, 大無意味, 如何接連得'焉能爲有? 焉能爲亡?'文義相貫? 蓋'弘'字有深沈重厚之意. 橫渠謂: '義理, 深沈方有造, 非淺易輕浮所可得也.' 此語最佳." 問: "『集注』解所[54], 謂'守所得而心不廣, 則德孤', 如何?" 曰: "孤, 只是孤單. 所得只是這些道理, 別無所有, 故謂之德孤."【謨 ○論著書.】

11:129 編次文字, 須作草簿, 抄記項頭. 如此則免得用心去記它. 『兵法』有云: "車載糗糧兵仗, 以養力也." 編次文字, 用簿抄記, 此亦養心之法.【廣 ○論編次文字.】

11:130 今人讀書未多, 義理未至融會處, 若便去看史書, 考古今治亂, 理會制度・典章, 譬如作陂塘以溉田, 須是陂塘中水已滿, 然後決之, 則可以流注滋殖田中禾稼. 若是陂塘中水方有一勺之多, 遽決之以溉田, 則非徒無益於田, 而一勺之水亦復無有矣. 讀書旣多, 義理已融會, 胸中尺度一一已分明, 而不看史書考治亂, 理會制度・典章, 則是猶陂塘之水已滿, 而不決以溉田. 若是讀書未多, 義理未有融會處, 而汲汲焉以看史爲先務, 是猶決陂塘一勺之水以溉田也, 其涸也可立而待也.【廣 ○以下讀史.】

---

53) 子夏: 賀本에서는 子張으로 되어 있다.
54) 所: 『朱子語類』에서는 此로 되어 있다.

11:131 ▲[55]

11:132 今人只爲不曾讀書, 祇是讀得纔書. 凡讀書, 先讀『語』·『孟』, 然後觀史, 則如明鑑在此, 而妍醜不可逃. 若未讀徹『語』·『孟』·『中庸』·『大學』便去看史, 胸中無一箇權衡, 多爲所惑. 又有一般人都不曾讀書, 便言我已悟得道理, 如此便是惻隱之心, 如此便是羞惡之心, 如此便是是非之心, 渾是一箇私意, 如近時祧廟可見.【杞】

11:133 問讀史之法. 曰: "先讀『史記』及『左氏』, 卻看『西漢』·『東漢』及『三國志』. 次看『通鑑』. 溫公初作編年, 起於威烈王, 後又添至共和後, 又作『稽古錄』, 始自上古. 然共和以上之年, 已不能推矣. 獨邵康節卻推至堯元年, 『皇極經世書』中可見. 編年難得好者. 前日周德華所寄來者亦不好. 溫公於本朝又作『大事記』. 若欲看本朝事, 當看『長編』. 若精力不及, 其次則當看『國紀』. 『國紀』只有『長編』十分之二耳."【時舉】

11:134 史亦不可不看. 看『通鑑』固好, 然須看正史一部, 卻看『通鑑』. 一代帝紀, 更逐件大事立箇綱目, 其間節目疏之于[56]下, 恐可記得.【人傑】

11:135 饒宰問看『通鑑』. 曰: "『通鑑』難看, 不如看『史記』·『漢書』. 『史記』·『漢書』事多貫穿, 紀裏也有, 傳裏也有, 表裏也有, 志裏也有. 『通鑑』是逐年事, 逐年過了, 更無討頭處."【道夫錄云: "更無蹤跡."】饒廷老曰: "『通鑑』歷代具備. 看得大概, 且未免求速耳." 曰: "求速,

55) ▲: 先看『語』·『孟』·『中庸』, 更看一經, 卻看史, 方易看. 先讀『史記』, 『史記』與『左傳』相包. 次看『左傳』, 次看『通鑑』, 有餘力則看全史. 只是看史, 不如今之看史有許多嶢崎. 看治亂如此, 成敗如此, "與治同道罔不興, 與亂同事罔不亡", 知得次第.【節】

56) 于: 賀本에서는 於로 되어 있다.

卻依舊不曾看得. 須用大段有記性者, 方可. 且如東晉以後, 有許多小國夷狄姓名, 頭項最多. 若是看正史後, 卻看『通鑑』, 見它姓名, 卻須[57]知得它是某國人. 某舊讀『通鑑』, 亦是如此. 且草草看正史一上, 然後卻來看它."【芝】

11:136 問: "讀『通鑑』與正史如何?" 曰: "好且看正史, 蓋正史每一事關涉處多, 只如高祖 鴻門一事, 「本紀」與張良・灌嬰諸傳互載, 又卻意思詳盡, 讀之使人心地懽洽, 便記得起. 『通鑑』則一處說便休, 直是如[58]法, 有記性人方看得." 又問: "致堂『管見』, 初得之, 甚喜. 後見『南軒集』中云: '病敗不可言.' 又以爲專爲檜設. 豈有言天下之理而專爲一人者?"[59] 曰: "儘有好處, 但好惡不相掩爾." 曰: "只如頭一章論三晉事, 人多不以爲然. 自今觀之, 只是怕[60]溫公爾." 曰: "誠是怕[61]. 但如周王不分封, 也無箇出場."【道夫】

11:137 讀史當觀大倫理・大機會・大治亂得失.【節】

11:138 凡觀書史, 只有箇是與不是. 觀其是, 求其不是. 觀其不是, 求其是, 然後便見得義理.【壽昌】

11:139 史且如此看讀去, 待知首尾稍熟後, 卻下手理會. 讀書皆然.

11:140 讀史有不可曉處, 劄出待去問人, 便且讀過. 有時讀別處, 撞著有文義與此相關, 便自曉得.【義剛】

---

57) 須:【頭註】須, 一作"便."
58) 如: 賀本에서는 無로 되어 있다.
59) 豈有言天下之理而專爲一人者: 徽州本에서는 이 뒤에 道夫心疑之先生이 더 있다.
60) 怕: 賀本에서는 祖로 되어 있다.
61) 怕: 賀本에서는 祖로 되어 있다.

11:141 問觀[62]史. 曰: "只是以自家義理斷之. 大概自漢以來, 只是私意, 其間有偶合處爾. 只如此看他, 已得大概. 范『唐鑑』亦是此法, 然稍疏. 更看得密如他, 尤好. 然得似也[63], 亦得了."【端蒙】

11:142 讀史亦易見作史者意思, 後面成敗處, 他都說得意思在前面了. 如陳蕃殺宦者, 但讀前面, 許多疏脫都可見了. "甘露"事亦然.【賀孫】

11:143 ▲[64]

11:144 人讀史書, 節目處須要背得, 始得. 如讀『漢書』, 高祖辭沛公處, 義帝遣沛公入關處, 韓信初說漢王處, 與史贊「過秦論」[65]之類, 皆用背得, 方是. 若只是略綽看過, 心下似有似無, 濟得甚事? 讀一件書, 須心心念念只在這書上, 令徹頭徹尾, 讀教精熟, 這說是如何, 那說是如何, 這說同處是如何, 不同處是如何, 安有不長進? 而今人只辦得十日讀書, 下著頭不與閑事, 管取便別. 莫說十日, 只讀得一日, 便有功驗. 人若辦得十來年讀書, 世間甚書讀不了? 今公們[66]自正月至臘月三十日, 管取無一日專心致志在書上." 又云: "人做事, 須是專一. 且如張旭學草書, 見公孫大娘舞劍器而悟. 若不是他專心致志, 如何會悟?"

11:145 楊志之患讀史無記性, 須三五遍方記得, 而後又忘了. 曰:

62) 觀: 賀本에서는 讀으로 되어 있다.
63) 也:『朱子語類』에서는 他로 되어 있다.
64) ▲: 問芝: "『史書』記得熟否? 蘇丞相頌看史, 都在手上輪得. 他那資性直是會記." 芝曰: "亦緣多忘." 曰: "正緣如此, 也須大約記得某年有甚麽事, 某年有甚麽事. 纔記不起, 無緣會得浹洽." 芝云: "正緣是不浹洽." 曰: "合看兩件. 且看一件, 若兩件是四百字, 且二百字, 有何不可?."【芝】
65)「過秦論」: 漢의 賈誼의 저작이다.
66) 們: 孝宗刊本·成化本에서는 門으로 되어 있다.

“只是一遍讀時, 須用功, 作相別計, 止此更不再讀, 便記得. 有一士人, 讀『周禮』疏, 讀第一板訖, 則焚了, 讀第二板, 則又焚了, 便作焚舟計. 若初且草讀一遍, 準擬三四遍讀, 便記不牢.” 又曰: “讀書須是有精力.” 至之曰: “亦須是聰明.” 曰: “雖是聰明, 亦須是靜, 方運得精神. 昔見延平說: ‘羅先生解『春秋』也淺, 不似胡文定. 後來隨人入廣, 在羅浮山住三兩年, 去那裏心靜, 須看得較透.’【淳錄云: “那裏靜, 必做得工夫有長進處. 只是歸來道死, 不及叩之.”】 某初疑解『春秋』, 干心靜甚事, 後來方曉. 蓋靜則心虛, 道理方看得出.” 義剛曰: “前輩也多是在背後處做幾年, 方成.” 曰: “也有不恁地底. 如明道自二十歲及第, 一向出來做官, 自恁地便好了.”【義剛】

『朱子語類』卷第十二

「學六」

「持守」

12:1 自古聖賢皆以心地爲本.【士毅】

12:2 聖賢千言萬語, 只要人不失其本心.【夔孫】

12:3 古人言志帥・心君, 須心有主張, 始得.【升卿】

12:4 心若不存, 一身便無所主宰.【祖道】

12:5 纔出門, 便千岐萬轍, 若不是自家有箇主宰, 如何得是?【道夫】

12:6 心在, 群妄自然退聽.【文蔚】

12:7 ▲[1]

12:8 人只一心. 識得此心, 使無走作, 雖不加防閑, 此心常在.【季札】

---

1) ▲: 人只有箇心, 若不降伏得, 做甚麽人?【一作: "如何做得事成?" ○僩】

12:9 人精神飛揚, 心不在殼子裏面, 便害事.【節】

12:10 未有心不定而能進學者. 人心萬事之主, 走東走西, 如何了得?【砥】

12:11 "只外面有些隙罅, 便走了." 問: "莫是工夫間斷, 心便外馳否?" 曰: "只此[2]心纔向外, 便走了."【端蒙】

12:12 人昏時, 便是不明, 纔知那昏時, 便是明也.【廣】

12:13 人心常炯炯在此, 則四體不待羈束, 而自入規矩. 只爲人心有散緩時, 故立許多規矩來維持之. 但常常提警, 教身入規矩內, 則此心不放逸, 而炯然在矣. 心旣常惺惺, 又以規矩繩檢之, 此內外交相養之道也.【升卿】

12:14 今人心聳然在此, 尙無惰慢之氣, 況心常能惺惺者乎? 故心常惺惺, 自無客慮.【升卿】

12:15 古人瞽史誦詩之類, 是規戒警誨之意, 無時不然. 便被他恁地炒, 自是使人住不著. 大抵學問須是警省. 且如瑞巖和尙每日間常自問: "主人翁惺惺否?" 又自答曰: "惺惺." 今時學者卻不如此.【文蔚】

12:16 人之本心不明, 一如睡人都昏了, 不知有一[3]身. 須是喚醒, 方知. 恰如瞌[4]睡, 强[5]自喚醒, 喚之不已, 終會醒. 某看來, 大要工夫只在喚醒上. 然如此等處, 須是體驗教自分明.【士毅】

---

2) 只此: 『小分』에서는 此只를 교정부호로 바로잡았다.
3) 一: 賀本·萬曆本에서는 此로 되어 있다.
4) 瞌: 孝宗刊本·成化本·賀本에서는 磕로 되어 있다.
5) 强: 『朱子語類』에서는 彊으로 되어 있다.

12:17 ▲[6)]

12:18 “學者工夫只在喚醒上.” 或問: “人放縱時, 自去收斂, 便是喚醒否?” 曰: “放縱只爲昏昧之故. 能喚醒, 則自不昏昧, 不昏昧, 則自不放縱矣.”【廣】

12:19 心只是一箇心, 非是以一箇心治一箇心. 所謂存, 所謂收, 只是喚醒.【廣】

12:20 ▲[7)]

12:21 ▲[8)]

12:22 人不自知其病者, 是未嘗去體察警省也.【升卿】

12:23 只是頻頻提起, 久之自熟.【文蔚】

12:24 學者常用提省此心, 使如日之升, 則群邪自息. 它本自光明廣大, 自家只著些子力去提省照管它, 便了. 不要苦著力, 著力則反不是.【伯羽】

12:25 試定精神看一看, 許多暗昧魍魎各自冰散瓦解. 太祖「日[9)]詩」曰: “未離海底千山黑, 才到天中萬國明!” 日未上時, 黑漫漫地, 才一

6) ▲: 人有此心, 便知有此身. 人昏昧不知有此心, 便如人困睡不知有此身. 人雖困睡, 得人喚覺, 則此身自在. 心亦如此, 方其昏蔽, 得人警覺, 則此心便在這裏.【廣】
7) ▲: 人惟有一心是主, 要常常喚醒.【敬仲】
8) ▲: 須是猛省!【淳】
9) 日: 孝宗刊本·成化本·賀本에서는 月로 되어 있다.

絲線, 路上便明.【伯羽】

12:26 人常須收斂箇身心, 使精神常在這裏. 似擔百十斤擔相似, 須硬著筋骨擔.【賀孫】

12:27 大抵是且收斂得身心在這裏, 便已有八九分了. 卻看道理有窒礙處, 卻於這處理會. 爲學且要專一. 理會這一件, 便只且理會這一件. 若行時, 心便只在行上, 坐時, 心便只在[10]坐上.【賀孫】

12:28 ▲[11]

12:29 學者爲學, 未問眞知與力行, 且要收拾此心, 令有箇頓放處. 若收斂都在義理上安頓, 無許多胡思亂想, 則久久自於物欲上輕, 於義理上重. 須是教義理心重於物欲, 如秤令有低昂, 卽見得義理自端的, 自有欲罷不能之意, 其於物欲, 自無暇及之矣. 苟操舍存亡之間無所主宰, 縱說得, 亦何益?[12]【銖】

12:30 今於日用間空閑時, 收得此心在這裏截然, 這便是"喜怒哀樂未發之中", 便是渾然天理. 事物之來, 隨其是非, 便自見得分曉. 是底, 便是天理, 非底, 便是逆天理. 常常恁地收拾得這心在, 便如執權衡以度物.【賀孫】

10) 在: 成化本에서는 有로 되어 있다.

11) ▲: 學者須常收斂, 不可恁地放蕩. 只看外面如此, 便見裏面意思. 如佛家說, 只於□□都看得見. 才高, 須着實用工, 少間許多才都爲我使, 都濟事. 若不細心用工收斂, 則其才愈高, 而其爲害愈大. 又曰: "昔林艾軒在臨安, 曾見一僧與說話. 此僧出入常頂一笠, 眼視不曾出笠影外. 某所以常道, 他下面有人, 自家上面沒人."【賀孫】

12) 亦何益?: 徽州本에서는 이 뒤에 又曰, 「子張學干祿」一章是教人不以干祿爲意. 蓋言行是所當謹, 非爲欲干祿而然也. 若眞能着實用功, 則惟患言行之有悔尤, 又何暇有干祿之心耶?가 더 있다.

12:31 人若要洗刷舊習都淨了, 卻去理會此道理者, 無是理. 只是收放心, 把持在這裏, 便須有箇眞心發見, 從此便去窮理.【敬仲】

12:32 大槪人只要求箇放心, 日夕常照管令在. 力量旣充, 自然應接從容.【敬仲】

12:33 今說求放心, 說來說去, 卻似釋·老說入定一般. 但彼到此便死了, 吾輩卻要得此心主宰得定, 方賴此做事業, 所以不同也. 如『中庸』說"天命之謂性", 卽此心也, "率性之謂道", 亦此心也, "修道之謂敎", 亦此心也, 以至於"致中和"·"贊化育", 亦只此心也. 致知, 卽心知也, 格物, 卽心格也, 克己, 卽心克也. 非禮勿視聽言動, 勿與不勿, 只爭毫髮地爾. 所以明道說: "聖賢千言萬語, 只是欲人將已放之心收拾入身來, 自能尋向上去." 今且須就心上做得主定, 方驗得聖賢之言有歸著, 自然有契. 如『中庸』所謂"尊德性"·"致廣大"·"極高明", 蓋此心本自如此廣大, 但爲物欲隔塞, 故其廣大有虧, 本自高明, 但爲物欲係累, 故於高明有蔽. 若能常自省察警覺, 則高明廣大者常自若, 非有所增損之也. 其"道問學"·"盡精微"·"道中庸"等工夫, 皆自此做, 儘有商量也. 若此心上工夫, 則不待商量賭當, 卽今見得如此, 則更無閑時. 行時, 坐時, 讀書時, 應事接物時, 皆有著力處. 大抵只要見得, 收之甚易而不難也.【大雅】

12:34 學者須是求放心, 然後識得此性之善. 人性無不善, 只緣自放其心, 遂流於惡. "天命之謂性", 卽天命在人, 便無不善處. 發而中節, 亦是善, 不中節, 便是惡. 人之一性, 完然具足, 二氣五行之所稟賦, 何嘗有不善? 人自不向善上去, 玆其所以爲惡爾. 韓愈論孟子之後不得其傳, 只爲後世學者不去心上理會. 堯·舜相傳, 不過論人心道心, 精一執中而已. 天下只是善惡兩端. 譬如陰陽在天地間, 風和日暖, 萬物發生, 此是善底意思, 及群陰用事, 則萬物彫瘁[13]. 惡之在人亦然.

天地之理固是抑遏陰氣, 勿使常勝. 學者之於善惡, 亦要於兩夾界處攔截分曉, 勿使纖惡間絕善端. 動靜日用, 時加體察, 持養久之, 自然成熟. 【謨】

12:35 ▲[14]

12:36 許多言語, 雖隨處說得有淺深大小, 然而下工夫只一般. 如存其心與持其志, 亦不甚爭. 存其心, 語雖大, 卻寬, 持其志, 語雖小, 卻緊. 只持其志[15], 便收斂, 只持其志, 便內外肅然. 又曰: "持其志, 是心之方漲處便持著." 【賀孫】

12:37 再問存心. 曰: "非是別將事物存心. 【賜錄云: "非是活捉一物來存著."】 孔子曰: '居處恭, 執事敬, 與人忠.' 便是存心之法. 如說話覺得不是, 便莫說, 做事覺得不是, 便莫做, 亦是▲[16]存心之法." 【季札 ○ 賜同.】

12:38 ▲[17]

12:39 ▲[18]

12:40 或問存心. 曰: "存心只是知有此身. 謂如對客, 但知道我此身在此對客." 【方子】

---

13) 瘁: 賀本에서는 悴로 되어 있다.
14) ▲: 求放心, 乃是求這物, 克己, 則是漾着這一物也. 【端蒙】
15) 志: 徽州本에서는 心으로 되어 있다.
16) ▲: 【賜錄作"只此便是."】
17) ▲: 存得此心, 便是要在這裏常常照管. 若不照管, 存養要做甚麼用?
18) ▲: 問存心. 曰: "存心不在紙上寫底, 且體認自家心是何物. 聖賢說得極分曉. 孟子恐後人不識, 又說四端, 於此尤好玩索." 【季札】

12:41 ▲[19]

12:42 ▲[20]

12:43 心存時少, 亡時多. 存養得熟後, 臨事省察不費力.【祖道】

12:44 "平日涵養之功, 臨事持守之力. 涵養・持守之久, 則臨事愈益精明. 平日養得根本, 固善, 若平日不曾養得, 臨事時便做根本工夫, 從這裏積將去. 若要去討平日涵養, 幾時得?" 又曰: "涵養之則, 凡非禮勿視聽言動, 禮儀三百, 威儀三千, 皆是."【僩】

12:45 ▲[21]

12:46 持養之說, 言之則一言可盡, 行之則終身不窮.【榦】

12:47 或言靜中常用存養. 曰: "說得有病. 一動一靜, 無時不養."【僩】

12:48 措[22]取那無事底時節.【因說存養. ○儒用】

12:49 人之一心, 當應事時, 常如無事時, 便好.【人傑】

12:50 平居須是儼然若思.【升卿】

---

19) ▲: 記得時, 存得一霎時, 濟得甚事?【文蔚】
20) ▲: 但操存得在時, 少間他喜怒哀樂, 自有一箇則在.【祖道】
21) ▲: 明底人便明了, 其他須是養. 養, 非是如何椎鑿用工, 只是心虛靜, 久則自明.【士毅】
22) 措: 『朱子語類』에서는 惜으로 되어 있다.【附箋紙】措, 恐惜.

12:51 三國時, 朱然終日欽欽, 如在行陣. 學者持此, 則心長不放矣.【升卿】

12:52 或問: "初學恐有急迫之病?" 曰: "未要如此安排, 只須常恁地執持. 待到急迫時, 又旋理會."【賀孫】

12:53 學者須敬守此心, 不可急迫, 當栽培深厚. 栽, 只如種得一物在此. 但涵養持守之功繼繼不已, 是謂栽培深厚. 如此而優游涵泳於其間, 則浹洽而有以自得矣. 苟急迫求之, 則此心已自躁迫紛亂, 只是私己而已, 終不能優游涵泳以達於道.【端蒙】

12:54 大凡氣俗不必問, 心平則氣自和. 惟心粗一事, 學者之通病. 橫渠云: "顏子未至聖人, 猶是心粗." 一息不存, 卽爲粗病. 要在精思明辨, 使理明義精, 而操存涵養無須臾離, 無毫髮間, 則天理常存, 人欲消去, 其庶幾矣哉!【大雅】

12:55 人能操存此心, 卓然而不亂, 亦自可與入道. 況加之學問探討之功, 豈易量耶?【蓋卿】

12:56 人心本明, 只被事物[23]在上蓋蔽了, 不曾得露頭面, 故燭理難. 且撤[24]了蓋蔽底事, 待它自出來行兩匝看. 它旣喚做心, 自然知得是非善惡.【伯羽】

12:57 或問: "此心未能把得定, 如何?" 曰: "且論是不是, 未須論定不定."【此人曾學禪. ○柄】

23) 事物: 『朱子語類』에서는 物事로 되어 있다.
24) 撤: 成化本·賀本에서는 徹로 되어 있다.

12:58 心須常令有所主. 做一事未了, 不要做別事. 心廣大如天地, 虛明如日月. 要閑, 心卻不閑, 隨物走了, 不要閑, 心卻閑, 有所主. ◇[25]

12:59 ▲[26]

12:60 心得其正, 方能知性之善.【祖道】

12:61 今說性善. 一日之間, 動多少思慮, 萌多少計較, 如何得善?【可學】

12:62 學者工夫, 且去翦截那浮泛底思慮.【文蔚】

12:63 人心無不思慮之理. 若當思而思, 自不當苦苦排抑, 反成不靜. 異端之學, 以性自私, 固爲大病. 然又不察氣質情欲之偏, 率意妄行, 便謂無非至理, 此又[27]害事. 近世儒者之論, 亦有流入此者, 不可不察[28].

12:64 凡學須要先明得一箇心, 然後方可學. 譬如燒火相似, 必先吹發了火, 然後加薪, 則火明矣. 若先加薪而後吹火, 則火滅矣. 如今時人不求諸六經而貪時文是也.【壽昌】

12:65 人亦須是通達萬變, 方能湛然純一.【砥】

12:66 一者, 其心湛然, 只在這裏.【伯羽】

25) ◇:【廣】 成化本・賀本에는 없다.
26) ▲: 人須將那不錯底心去驗他那錯底心. 不錯底是本心, 錯底是失其本心.【廣】
27) 又:『朱子語類』에서는 尤로 되어 있다.
28) 異端之學, … 不可不察:【附箋紙】自"異端之學"至"不可不察", 當移入釋氏.

12:67 ▲[29]

12:68 ▲[30]

12:69 聖人相傳, 只是一箇字. 堯曰: "欽明", 舜曰: "溫恭."·"聖敬日躋."·"君子篤恭而天下平."【節 ○ 以下論敬.】

12:70 堯是初頭出治第一箇聖人. 『尙書』「堯典」是第一篇典籍, 說堯之德, 都未下別字, "欽"是第一箇字. 如今看聖賢千言萬語, 大事小事, 莫不本於敬. 收拾得自家精神在此, 方看得道理盡. 看道理不盡, 只是不曾專一. 或云: "'主一之謂敬.' 敬莫只是主一?" 曰: "主一又是'敬'字注解. 要之, 事無小無大, 常令自家精神思慮盡在此. 遇事時如此, 無事時也如此."【伯羽】

12:71 孔子所謂"克己復禮", 『中庸』所謂"致中和"·"尊德性"·"道問[31]學", 『大學』所謂"明明德", 『書』曰"人心惟危, 道心惟微, 惟精惟一, 允執厥中", 聖賢千言萬語, 只是敎人明天理, 滅人欲. 天理明, 自不消講學. 人性本明, 如寶珠沈溷水中, 明不可見, 去了溷水, 則寶珠依舊自明. 自家若得知是人欲蔽了, 便是明處. 只是這上便緊緊著力主定, 一面格物. 今日格一物, 明日格一物, 正如遊兵攻圍拔守, 人欲自消鑠去. 所以程先生說"敬"字, 只是謂我自有一箇明底物事在這裏. 把箇"敬"字抵敵, 常常存箇敬在這裏, 則人欲自然來不得. 夫子曰: "爲仁由己, 而由人乎哉!" 緊要處正在這裏.【銖】

12:72 聖賢言語, 大約似乎不同, 然未始不貫. 只如夫子言"非禮, 勿視聽言動", "出門如見大賓, 使民如承大祭", "言忠信, 行篤敬", 這是

29) ▲: 把定生死路頭!【方子】
30) ▲: 扶起此心來鬪!【方子】
31) 道問: 『小分』에서는 問道를 교정부호로 바로잡았다.

一副當說話. 到孟子又卻說"求放心"·"存心養性". 『大學』則又有所謂格物·致知·正心·誠意. 至程先生又專一發明一箇"敬"字. 若只恁看, 似乎參錯不齊, 千頭萬緖, 其實只一理. 道夫曰: "泛泛於文字間, 祇覺得異. 實下工, 則貫通之理始見." 曰: "然. 只是就一處下工夫, 則餘者皆兼攝在裏. 聖賢之道, 如一室然, 雖門戶不同, 自一處行來便入得, 但恐不下工夫爾."【道夫】

12:73 因嘆[32]"敬"字工夫之妙, 聖學之所以成始成終者, 皆由此, 故曰: "修己以敬." 下面"安人"·"安百姓", 皆由於此. 只緣子路問不置, 故聖人復以此答之. 要之, 只是箇"修己以敬", 則其事皆了. 或曰: "自秦·漢以來, 諸儒皆不識這'敬'字, 直至程子方說得親切, 學者知所用力." 曰: "程子說得如此親切了, 近世程沙隨猶非之, 以爲聖賢無單獨說'敬'字時, 只是敬親·敬君·敬長, 方著箇'敬'字. 全不成說話. 聖人說'修己以敬', 曰'敬而無失', 曰'聖敬日躋', 何嘗不單獨說來? 若說有君·有親·有長時用敬, 則無君親·無長之時, 將不敬乎? 都不思量, 只是信口胡說."【僩】

12:74 問: "二程專教人持敬, 持敬在主一. 浩熟思之. 若能每事加敬, 則起居語默在規矩之內, 久久精熟, 有'從心所欲, 不踰矩'之理. 顏子請事四者, 亦只是持敬否?" 曰: "學莫要於持敬, 故伊川謂: '敬則無己可克, 省多少事.' 然此事甚大, 亦甚難. 須是造次顚沛必於是, 不可須臾間斷, 如此方有功, 所謂'敏則有功'. 若還今日作, 明日輟, 放下了又收[33]起, 幾時得見效? 修身·齊家·治國·平天下, 都少箇敬不得. 如湯之'聖敬日躋', 文王'小心翼翼'之類皆是. 只是它便與敬爲一. 自家須用持著, 稍緩則忘了, 所以常要惺惺地. 久之成熟, 可知道'從心所欲, 不踰矩.' 顏子止是持敬."【浩】

32) 嘆: 『朱子語類』에서는 歎으로 되어 있다.
33) 收: 孝宗刊本·成化本·賀本에서는 拾으로 되어 있다.

12:75 因說敬, 曰: "聖人言語, 當初未曾關聚. 如說'出門如見大賓, 使民如承大祭'等類, 皆是敬之目. 到程子始關聚說出一箇'敬'來教人. 然敬有甚物? 只如'畏'字相似. 不是塊然兀坐, 耳無聞, 目無見, 全不省事之謂. 只收斂身心, 整齊純一, 不恁地放縱, 便是敬."【浩】

12:76 ▲[34]

12:77 敬, 只是收斂來. 程夫子亦說敬. 孔子說"行篤敬", "敬以直內, 義以方外." 聖賢亦是如此, 只是工夫淺深不同. 聖賢說得好: "人生而靜, 天之性也, 感物而動, 性之欲也." 物至知知, 然後好惡形焉. 好惡無節於內, 知誘於外, 不能反躬, 天理滅矣.【節】

12:78 爲學有大要. 若論看文字, 則逐句看將去. 若論爲學, 則自有箇大要. 所以程子推出一箇"敬"字與學者說, 要且將箇"敬"字收斂箇身心, 放在模匣子裏面, 不走作了, 然後逐事逐物看道理. 嘗愛古人說得"學有緝熙于[35]光明", 此句最好. 蓋心地本自光明, 只被利欲昏了. 今所以爲學者, 要令其光明處轉光明, 所以下"緝熙"字.【緝, 如"緝麻"之"緝", 連緝不已之意. 熙, 則訓"明"字.】 心地光明, 則此事有此理, 此物有此理, 自然見得. 且如人心何嘗不光明? 見它人做得是, 便道是, 做得不是, 便知不是, 何嘗不光明? 然只是才明便昏了. 又有一種人自謂光明, 而事事物物元不曾照見. 似此光明, 亦不濟得事. 今釋氏自謂光明, 然父子則不知其所謂親, 君臣則不知其所謂義. 說它光明, 則是亂道.【雉】

12:79 ▲[36]

---

34) ▲: 程子只教人持敬. 孔子告仲弓亦只是說"如見大賓, 如承大祭." 此心常存得, 便見得仁.【夔孫】
35) 于: 賀本에서는 於로 되어 있다.
36) ▲: 今說此話, 卻似險, 難說. 故周先生只說"一者, 無欲也." 然這話頭高, 卒急難

12:80 “敬”字, 前輩多[37]輕說過了, 唯程子看得重. 人只是要求放心. 何者爲心? 只是箇敬. 人纔敬時, 這心便在身上了.【義剛】

12:81 人之爲學[38], 千頭萬緒, 豈可無本領? 此程先生所以有“持敬”之語. 只是提撕此心, 教它光明, 則於事無不見, 久之自然剛健有力.【驤】

12:82 “而今只是理會箇敬, 一日則有一日之效, 一月則有一月之效.” 因問『或問』中程子·謝·尹所說敬處. 曰: “譬如此屋, 四方皆入得. 若從一方入到這裏, 則那三方入處都在這裏了.”【夔孫】

12:83 程先生所以有功於後學者, 最是“敬”之一字有力. 人之心性, 敬則常存, 不敬則不存. 如釋·老等人, 卻是能持敬. 但是它只知得那上面一截事, 卻沒下面一截事. 覺而今恁地做工夫, 卻是有下面一截, 又怕沒那上面一截. 那上面一截, 卻是箇根本底.【卓】

12:84 今人皆不肯於根本上理會. 如“敬”字, 只是將來說, 更不做將去. 根本不立, 故其它零碎工夫無湊泊處. 明道·延平皆教人靜坐. 看來須是靜坐.【蓋卿】

12:85 “敬”字工夫, 乃聖門第一義, 徹頭徹尾, 不可頃刻間斷.

12:86 “敬”之一字, 眞聖門之綱領, 存養之要法. 一主乎此, 更無內

湊泊. 尋常人如何便得無欲? 故伊川只說箇“敬”字, 教人只就這“敬”字上捱去, 庶幾執捉得定, 有箇下手處. 縱不得, 亦不至失. 要之, 皆只要人於此心上見得分明, 自然有得爾. 然今之言敬者, 乃皆裝點外事, 不知直截於心上求功, 遂覺累墜不快活. 不若眼下於求放心處有功, 則尤省力也. 但此事甚易, 只如此提醒, 莫令昏昧, 一二日便可見效, 且易而省力. 只在念不念之間耳, 何難而不爲?【大雅】

37) 多: 賀本에서는 都로 되어 있다.

38) 人之爲學: 徽州本에서는 今之人爲學으로 되어 있다.

外精粗之間.

12:87 先立乎其大者.【持敬. ○方】

12:88 敬則萬理具存[39].【節】

12:89 仲思問"敬者, 德之聚." 曰: "敬則德聚, 不敬則都散了."【伯羽】

12:90 敬勝百邪.【泳】

12:91 只敬, 則心便一.【賀孫】

12:92 敬, 只是此心自做主宰處.

12:93 人常恭敬, 則心常光明.【道夫】

12:94 敬則天理常明, 自然人欲懲窒消治.【方】

12:95 人能存得敬, 則吾心湛然, 天理粲然, 無一分著力處, 亦無一分不著力處.【方】

12:96 敬是箇扶策人底物事. 人當放肆怠惰時, 才敬, 便扶策得此心起. 常常會恁地, 雖有些放僻邪侈意思, 也退聽.【賀孫】

12:97 敬不是只恁坐地. 擧足動步, 常要此心在這裏.【淳】

---

39) 存:『朱子語類』에서는 在로 되어 있다.

12:98 敬非是塊然兀坐, 耳無所聞, 目無所見, 心無所思, 而後謂之敬. 只是有所畏謹, 不敢放縱. 如此則身心收斂, 如有所畏. 常常如此, 氣象自別. 存得此心, 乃可以爲學.【砥】

12:99 敬不是萬事休置之謂, 只是隨事專一, 謹畏, 不放逸耳.

12:100 敬, 只是一箇"畏"字.【壽】

12:101 ▲[40)]

12:102 "敬, 只是收斂來." 又曰: "敬是始終一事."【節】

12:103 問敬. 曰: "一念不存, 也是間斷, 一事有差, 也是間斷."

12:104 問: "敬何以用工?" 曰: "只是內無妄思, 外無妄動."【柄】

12:105 ▲[41)]

12:106 持敬之說, 不必多言. 但熟味"整齊嚴肅"·"嚴威儼恪"·"動容貌, 整思慮"·"正衣冠, 尊瞻視"此等數語, 而實加工焉, 則所謂"直內", 所謂"主一", 自然不費安排, 而身心肅然, 表裏如一矣.【升卿】

12:107 或問: "持[42)]敬只存之於心, 少寬四體亦無害否?" 曰: "心無不敬, 則四體自然收斂, 不待十分著意安排, 而四體自然舒適. 著意安

---

40) ▲: 敬無許多事.【方】
41) ▲: "心走作不在此, 便是放. 夫人終日之間, 如是者多矣. '博學·審問·愼思·明辨·力行', 皆求之之道也. 須是敬." 問敬. 曰: "不用解說, 只整齊嚴肅便是."【升卿】
42) 持:『朱子語類』에서는 主로 되어 있다.

排, 則難久而生病矣."

12:108 何丞說: "敬不在外, 但存心便是敬." 先生曰: "須動容貌, 整思慮, 則生敬." 已而曰: "各說得一邊."【方】

12:109 "坐如尸, 立如齊", "頭容直, 目容端, 足容重, 手容恭, 口容止, 氣容肅", 皆敬之目也.【升卿】

12:110 ▲[43]

12:111 元思問: "持敬易散漫, 如何?" 曰: "只喚著, 便在此."【可學】

12:112 或問: "持敬患不能久, 當如何下工[44]夫?" 曰: "某舊時亦曾如此思量, 要得一箇直截道理. 元來都無他法, 只是習得熟, 熟則自久."【銖】

12:113 問: "人於誠敬有作輟." 曰: "只是在人, 人須自責. 如'爲仁由己', 作與輟都不干別人事, 須是自家肯做." 又問: "如此時須是勉强?" 曰: "然."【去僞】

12:114 ▲[45]

12:115 "動出時也要整齊, 平時也要整齊." 方問: "乃是敬貫動靜?" 曰: "到頭底人, 言語無不貫動靜者."【方】

---

43) ▲: 今所謂"持敬", 不是將箇"敬"字做箇好物事樣塞放懷裏. 只要胸中常有此意, 而無其名耳.【振】

44) 工: 成化本・賀本에서는 功으로 되어 있다.

45) ▲: 或問: "先持敬, 令此心惺惺了, 方可應接事物, 何如?" 曰: "不然." 伯靜又問: "須是去事物上求." 曰: "亦不然. 若無事物時, 不成須去求箇事物來理會. 且無事物之時, 要你做甚麽?"【賀孫】

12:116 問: "敬通貫動靜而言. 然靜時少, 動時多, 恐易得撓亂." 曰: "如何都靜得? 有事須著應. 人在世間, 未有無事時節. 要無事, 除是死也. 自早至暮, 有許多事. 不成說事多撓亂, 我且去靜坐. 敬不是如此. 若事至前, 而自家卻要主靜, 頑然不應, 便是心都死了. 無事時敬在裏面, 有事時敬在事上. 有事無事, 吾之敬未嘗間斷也. 且如應接賓客, 敬便在應接上, 賓客去後, 敬又在這裏. 若厭苦賓客, ◇[46]爲之心煩, 此卻是自撓亂, 非所謂敬也. 故程子說: '學到專一時方好.' 蓋專一, 則有事無事皆是如此. 程子此段, 這一句是緊要處." 【僩】

12:117 學者當知孔門所指求仁之方, 日用之間, 以敬爲主. 不論感與未感, 平日常是如此涵養, 則善端之發, 自然明著. 少有間斷, 而察識存養, 擴而充之, 皆不難乎爲力矣. 造次顚沛, 無時不習. 此心之全體皆貫乎動靜語默之間, 而無一息之間斷, 其所謂仁乎!

12:118 "敬且定下, 如東西南北各有去處, 此爲根本, 然後可明. 若與萬物並流, 則如眯目播糠[47], 上下四方易位矣. 如伊川說: '聰明睿知, 皆由是出.' 方曰: "敬中有誠立明通道理?" 曰: "然." 【方】

12:119 大率把捉不定, 皆是不仁. 人心湛然虛定者, 仁之本體. 把捉不定者, 私欲奪之, 而動搖紛擾矣. 然則把捉得定, 其惟篤於持敬乎!" 【直卿 ○端蒙】

12:120 ▲[48]

---

46) ◇: 而

47) 眯目播糠: 賀本에서는 播糠眯目으로 되어 있다.

48) ▲: 問: "主敬時私欲全不萌, 此固是仁. 或於物慾中打一覺悟, 是時私慾全無, 天理盡見, 卽此便是仁之全體否?" 曰: "便是不如此. 且如在此靜坐時, 固敬. 應事接物, 能免不差否? 只才被人叫時, 自家便隨他去了. 須於應事接物上不錯, 方是. 這箇便是難." 【僩】

12:121 問: "人如何發其誠敬, 消其欲?" 曰: "此是極處了. 誠只是去了許多僞, 敬只是去了許多怠慢, 欲只是要窒."【去僞】

12:122 誠・敬・寡欲, 不可以次序做工夫. 數者雖則未嘗不弗[49], 然其實各是一件事. 不成道敬則欲自寡, 卻全不去做寡欲底工[50]夫, 則是廢了克己之功也. 但恐一旦發作, 又卻無理會. 譬如平日愼起居, 節飮食, 養得如此了, 固是無病. 但一日意外病[51]作, 豈可不服藥? 敬只是養底工[52]夫. 克己是去病. 須是俱到, 無所不用其極.【端蒙】

12:123 敬如治[53]田而灌漑之功, 克己, 則是去其惡草也.【端蒙】

12:124 ▲[54]

12:125 問: "且如持敬, 豈不欲純一於敬? 然自有不敬之念, 固欲與己相反, 愈制則愈甚. 或謂只自持敬, 雖念慮妄發, 莫管它, 久將自定, 還如此得否?" 曰: "要之, 邪正本不對立, 但恐自家胸中無箇主. 若有主, 邪自不能入." 又問: "不敬之念, 非出於心. 如忿欲之萌, 學者固當自克, 雖聖賢亦無如之何. 至於思慮妄發, 欲制之而不能." 曰: "纔覺恁地, 自家便挈起了, 但莫先去防它. 然此只是自家見理不透, 做主不定, 所以如此. 『大學』曰: '物格而后知至, 知至而后意誠.' 才意誠, 則自然無此病."

12:126 問: "嘗學持敬. 讀書, 心在書, 爲事, 心在事, 如此頗覺有力.

49) 弗: 賀本에서는 串으로 되어 있다.
50) 工: 成化本・賀本에서는 功으로 되어 있다.
51) 病: 成化本에서는 的으로 되어 있다.
52) 工: 成化本・賀本에서는 功으로 되어 있다.
53) 治: 成化本에서는 始로 되어 있다.
54) ▲: 問持敬與克己工夫. 曰: "敬是涵養操持不走作, 克己, 則和根打併了, 教他盡淨." 又問「敬齋箴」. 曰: "此是敬之目, 說有許多地頭去處."【僩】

只是瞑目靜坐時, 支遣思慮不去. 或云: '只瞑目時已是生妄想之端. 讀書心在書, 爲事心在事, 只是收聚得心, 未見敬之體.'" 曰: "靜坐而不能遣思慮, 便是靜坐時不曾敬. 敬只是敬, 更尋甚敬之體? 似此支離, 病痛愈多, 更不曾做得工夫, 只了得安排杜撰也." 【人傑】

12:127 "大凡學者須先理會'敬'字, 敬是立脚去處. 程子謂: '涵養須用敬, 進學則在致知.' 此語最妙." 或問: "持敬易間斷, 如何?" 曰: "常要自省得. 才省得, 便在此." 或以爲此事最難. 曰: "患不省察爾. 覺得間斷, 便已接續, 何難之有? '操則存, 舍則亡', 只在'操・舍'兩字之間. 要之, 只消一箇'操'字. 到緊要處, 全不消許多文字言語. 若此意成熟, 雖'操'字亦不須用. '習矣不察', 人多錯看此一語. 人固有事親孝, 事兄弟, 交朋友亦有信, 而終不識其所以然者, '習矣, 而不察也.' 此'察'字, 非'察物'之'察', 乃識其所以然也. 習是用工夫處, 察是知識處. 今人多於'察'字用功, 反輕了'習'字. 才欲作一事, 卻又分一心去察一心, 胸中擾擾, 轉覺多事. 如張子韶說『論語』謂: '察其事親從兄之心, 靄然如春, 則爲仁. 肅然似秋, 則爲義.' 只要自察其心, 反不知其事親・從兄爲如何也. 故夫子教人, 只說習. 如'克己復禮', 是說習也. 視聽言動, 亦是習. '請事斯語', 亦是習. 孟子恐人不識, 方說出'察'字, 而'察'字最輕, '習'字最重也." 【次日, 陳一之[55]求先生書"涵養須用敬, 進學則在致知"字[56]以爲觀省之益. 曰: "持敬不用判公憑." 終不肯寫. ○謨】[57]

12:128 或問: "一向把捉, 待放下便覺恁衰颯, 不知當如何?" 曰: "這箇也不須只管恁地把捉. 若要去把捉, 又添一箇要把捉底心, 是生許多事. 公若知得放下不好, 便提掇起來, 便是敬." 曰: "靜坐久之, 一念不免發動, 當如何?" 曰: "也須看一念是要做甚麼事. 若是好事, 合當

55) 陳一之: 成化本에서는 陳人之로 되어 있고, 徽州本에서는 陳後之로 되어 있다.
56) 字: 成化本에서는 子로 되어 있다.
57) 【次日, … 終不肯寫. ○謨】: 賀本에서는 본문으로 되어 있다.

做底事, 須去看[58]了. 或此事思量未透, 須著思量教了. 若是不好底事, 便不要做. 自家纔覺得如此, 這敬便在這裏."【賀孫】

12:129 ▲[59]

12:130 敬有死敬, 有活敬. 若只守著主一之敬, 遇事不濟之以義, 辨其是非, 則不活. 若熟後, 敬便有義, 義便有敬. 靜則察其敬與不敬, 動則察其義與不義. 如"出門如見大賓, 使民如承大祭", 不敬時如何? "坐如尸, 立如齊", 不敬時如何? 須敬義夾持, 循環無端, 則內外透徹.【從周】

12:131 涵養須用敬, 處事須是集義.【道夫】

12:132 敬・義只是一事. 如兩脚立定是敬, 才行是義. 合目是敬, 開眼見物便是義.【從周】

12:133 方未有事時, 只得說[60]"敬以直內." 若事物之來, 當辨別一箇是非, 不成只管敬去. 敬・義不是兩事.【德明】

12:134 敬者, 守於此而不易之謂, 義者, 施於彼而合宜之謂.【夔孫】

12:135 敬要回頭看, 義要向前看.【壽昌】

58) 看:『朱子語類』에서는 幹으로 되어 있다.
59) ▲: 敬, 莫把做一件事看, 只是收拾自家精神, 專一在此. 今看來諸公所以不進, 緣是但知說道格物, 卻於自家根骨上煞欠闕, 精神意思都恁地不專一, 所以工夫都恁地不精銳. 未說道有甚底事分自家志慮, 只是觀山玩水, 也煞引出了心, 那得似教他常在裏面好. 如世上一等閑物事, 一切都絶意, 雖似不近人情, 要之, 如此方好.【賀孫】
60) 得說:『小分』에서는 說得을 교정부호로 바로잡았다.

12:136 ▲[61]

12:137 "明道教人靜坐, 李先生亦教人靜坐. 蓋精神不定, 則道理無湊泊處." 又云: "須是靜坐, 方能收斂."【佐 ○以下論靜.】

12:138 靜坐無閑雜思慮, 則養得來便條暢.【淳】

12:139 或問: "疲倦時靜坐少頃, 可否?" 曰: "也不必要似禪和子樣去坐禪方爲靜坐. 但只令放教意思靜[62], 便了."【僩】

12:140 始學工夫, 須是靜坐[63]. 靜坐則本原定, 雖不免逐物, 及收歸來, 也有箇安頓處. 譬如人居家熟了, 便是出外, 到家便安. 如茫茫在外, 不曾下工夫, 便要收斂向裏面, 也無箇著落處.【士毅】

12:141 或問: "不拘靜坐與應事, 皆要專一否?" 曰: "靜坐非是要如坐禪入定, 斷絶思慮. 只收斂此心, 莫令走作閑思慮, 則此心湛然無事, 自然專一. 及其有事, 則隨事而應, 事已, 則復湛然矣. 不要因一事而惹出三件兩件. 如此則雜然無頭項, 何以得它專一? 只觀文王'雝雝在宮, 肅肅在廟, 不顯亦臨, 無射亦保', 便可見敬只是如此. 古人自少小時便做了這工夫, 故方其灑掃時加帚之禮, 至於學『詩』, 學樂舞, 學弦誦, 皆要專一. 且如學射時, 心若不在, 何以能中? 學御時, 心若不在, 何以使得它馬? 書・數皆然. 今旣自小不曾做得, 不奈何, 須著從今做去, 方得. 若不做這工夫, 卻要讀書看義理, 恰似要立屋無基地, 且無安頓屋柱處. 今且說那營營底心會與道理相入否? 會與聖賢之心相契否? 今求此心, 正爲要立箇基地[64], 得此心光明, 有箇存主處, 然後爲

61) ▲: 敬. ○義. 義是其間物來能應, 事至能斷者是.【方】
62) 靜: 賀本에서는 好로 되어 있다.
63) 須是靜坐: 『小分』에서는 須靜是坐를 교정부호로 바로잡았다.
64) 地: 『朱子語類』에서는 址로 되어 있다.

學, 便有歸著不錯. 若心雜然昏亂, 自無頭當, 卻學從那頭去? 又何處是收功處? 故程先生須令就'敬'字上做工夫, 正爲此也."【大雅】

12:142 人也有靜坐無思念底時節, 也有思量道理底時節, 豈可晝爲兩塗, 說靜坐時與讀書時工夫迥然不同? 當靜坐涵養時, 正要體察思繹道理, 只此便是涵養, 不是說喚醒提撕, 將道理去卻那邪思妄念. 只自家思量道理時, 自然邪念不作. "言忠信, 行篤敬", "立則見其參於前, 在輿則見其倚於衡", 只是常常見這忠信篤敬在眼前, 自然邪妄無自而入, 非是要存這忠信篤敬, 去除那不忠不敬底心. 今人之病, 正在於靜坐讀書時二者工夫不一, 所以差.【僩】

12:143 一之問: "存養多用靜否?" 曰: "不必然. 孔子卻都就用處教人做工夫. 今雖說主靜, 然亦非棄事物以求靜. 既爲人, 自然用事君親, 交朋友, 撫妻子, 御僮僕. 不成捐棄了, 只閉門靜坐, 事物之來, 且曰: '候我存養!' 又不可只茫茫隨它事物中走. 二者須有箇思量倒斷始得." 頃之, 復曰: "動時, 靜便在這裏. 動時也有靜, 順理而應, 則雖動亦靜也. 故曰: '知止而後有定, 定而後能靜.' 事物之來, 若不順理而應, 則雖塊然不交於物以求靜, 心亦不能得靜. 惟動時能順理, 則無事時能靜. 靜時能存, 則動時得力. 須是動時也做工夫, 靜時也做工夫, 兩莫相靠, 使工夫無間斷, 始得. 若無間斷, 靜時固靜, 動時心亦不動, 動亦靜也. 若無工夫, 則動時固動, 靜時雖欲求靜, 亦不可得而靜, 靜亦動也. 動·靜, 如船之在水, 潮至則動, 潮退則止, 有事則動, 無事則靜.【此段, 徐居甫錄. 說此次日, 見徐, 云: "事來則動, 事過了靜. 如潮頭高, 船也高, 潮頭下, 船也下."】 雖然, '動靜無端', 亦無截然爲動爲靜之理. 如人之氣, 吸則靜, 噓則動. 又問答之際, 答則動也, 止則靜矣. 凡事皆然. 且如涵養·致知, 亦何所始? 但學者須自截從一處做去. 程子: '爲學, 莫先於致知.' 是知在先. 又曰: '未有致知而不在敬者.' 則敬也在先. 從此推去, 只管恁地."【砥】

12:144 心於未遇事時須是靜, 及至臨事方用,【重道此二字.】 便有氣力. 如當靜時不靜, 思慮散亂, 及至臨事, 已先倦了. 伊川解"靜專"處云: "不專一則不能直遂." 閑時須是收斂定, 做得事便有精神.【螢】

12:145 心要精一. 方靜時, 須湛然在此, 不得困頓, 如鏡樣明, 遇事時方好. 心要收拾得緊. 如顔子"請事斯語", 便直下承當. 及"犯而不校", 卻別.【從周】

12:146 靜便定, 熟便透.【義剛】

12:147 靜爲主, 動爲客. 靜如家舍, 動如道路.【不翕, 則不能直遂.[65] ○僩】

12:148 靜時不思動, 動時不思靜.【文蔚】

12:149 靜中動, 起念時. 動中靜, 是物各付物.【方】

12:150 人身只有箇動・靜. 靜者, 養動之根, 動者, 所以行其靜. 動中有靜, 如"發而皆中節"處, 便是動中之靜.【祖道】

12:151 問: "動・靜兩字, 人日間靜時煞少, 動時常多." 曰: "若聖人動時亦未嘗不靜, 至衆人動時卻是膠擾亂了. 如今人欲爲一事, 未嘗能專此一事, 處之從容不亂. 其思慮之發, 旣欲爲此, 又欲爲彼, 此是動時卻無那靜也."【端蒙】

12:152 "爲人君, 止於仁, 爲人臣, 止於敬." 止於仁・敬者, 靜也, 要止於仁與敬者, 便是動. 只管是一動一靜, 循環無端, 所以謂"動極復

---

65) 不翕, 則不能直遂.: 賀本에서는 오류가 있는 것으로 보았다.

靜, 靜極復動." 如人噓吸. 若噓而不吸, 則須絶, 吸而不噓, 亦必壅滯著不得. 噓者, 所以爲吸之基. "尺蠖之屈, 以求信也, 龍蛇之蟄, 以存身也, 精義入神, 以致用也, 利用安身, 以崇德也." 大凡這箇都是一屈一信・一消一息・一往一來・一闔一闢. 大底有大底闔闢消息, 小底有小底闔闢消息, 皆只是這道理.【砥】

12:153 古人唯如此, 所以其應事敏, 不失機. 今人躁擾, 卻失機. ○今隨事忽忽, 是以動應動, 物交物也. ○以靜應.【兵家亦言.】主靜, 點著便有.【方】

12:154 因看"心, 生道也", 云: "不可以湖南之偏而廢此意. 但當於安靜深固中涵養出來.【此以靜應動, 湖南以動應動.】 動靜相涵." ○應物. 物與我心中之理本是一物, 兩無少欠, 但要我應之爾.【方謂"沖漠無朕"一章通此.】 物心共此理. 定是靜, 應者是動. ○『通書』云: "無欲, 則靜虛動直. 靜虛則明, 明則通,【動也.】 動直則公, 公則溥." 其致公平,【靜也.】 不可無應者. 動處亦是仁, 定者是義. 亦是各正性命, 所謂貞也. 如木開花結實, 實成脫離, 則又是本來一性命, 元無少欠. 方云: "人自是一箇天地. 木實不能自知, 而物則如此. 人靈, 能知之者矣."【方】

12:155 吳公濟云: "逐日應接事物之中, 須得一時辰寧靜, 以養衛精神. 要使事愈繁而心愈暇, 彼不足而我有餘." 其言雖出於異說, 然試之亦略有驗, 豈周夫子所謂"主[66]靜"者邪?【道夫】

12:156 ▲[67]

---

66) 主: 成化本에서는 王으로 되어 있다.
67) ▲: 被異端說虛靜了後, 直使今學者忙得更不敢睡.【方】

12:157 問: "心存時也有邪處." 曰: "如何?" 泳曰: "有人心・道心. 如佛氏所謂'作用是性', 也常常心存." 曰: "人心是箇無揀擇底心, 道心是箇有揀擇底心. 佛氏也不可謂之邪, 只是箇無揀擇底心. 到心存時, 已無大段不是處了."【胡泳】

12:158 要得坐忘, 便是坐馳.【道夫】

12:159 靜坐久時, 昏困不能思, 起去, 又鬧了, 不暇思.【德明】

12:160 與好諧戲者處, 卽自覺言語多, 爲所引也.【方】

『朱子語類』卷第十三

「學七」

「力行」

13:1 學之之博, 未若知之之要, 知之之要, 未若行之之實.【祖道 ○ 以下踐行.】

13:2 善在那裏, 自家卻去行它. 行之久, 則與自家爲一, 爲一則得之在我. 未能行, 善自善, 我自我.【節】

13:3 人言匹夫無可行, 便是亂說. 凡日用之間, 動止語默, 皆是行處. 且須於行處警省, 須是戰戰兢兢, 方可. 若悠悠泛泛[1]地過, 則又不可.【升卿】

13:4 若不用躬行, 只是說得便了, 則七十子之從孔子, 只用兩日說便盡, 何用許多年隨著孔子不去? 不然則孔門諸子皆是閿[2]無能底人矣. 恐不然也. 古人只是日夜皇皇汲汲, 去理會這箇身心. 到得做事業時, 只隨自家分量以應之. 如由之果, 賜之達, 冉求之藝, 只此便可以從政, 不用它求. 若是大底功業, 便用大聖賢做, 小底功業, 便用小底賢人做. 各隨它分量做出來, 如何强得?【僩】

1) 泛泛: 成化本・賀本에서는 汎汎으로 되어 있다.
2) 閿: 徽州本・賀本에서는 獃로 되어 있다.

13:5 ▲[3)]

13:6 人於道理不能行, 只是在我之道理有未盡耳. 不當咎其不可行, 當反而求盡其道.【璘】

13:7 爲學就其偏處著工夫, 亦是. 其平正道理自在. 若一向矯枉過直, 又成偏去. 如人偏於柔, 自可見. 只就這裏用工, 須存平正底道理. 雖要致知, 然不可恃. 『書』曰: '知之非艱, 行之惟艱.' 工夫全在行上.【振】

13:8 問: "大抵學便要踐履, 如何?" 曰: "固然是[4)]. 『易』云: "學以聚之, 問以辨之." 旣探討得是當, 又且放頓寬大田地, 待觸類自然有會合處. 故曰: '寬以居之.' 何嘗便[5)]說'仁以行之'?"【謨】

13:9 某此間講說時少, 踐履時多, 事事都用你自去理會, 自去體察, 自去涵養. 書用你自去讀, 道理用你自去究索. 某只是做得箇引路底人, 做得箇證明底人, 有疑難處同商量而已.【僩】

13:10 書冊中說義理, 只說得一面. 今人之所謂"踐履"者, 只做得箇皮革[6)]. 如居屋室中, 只在門戶邊立地, 不曾深入到後面一截.【人傑】

13:11 ▲[7)]

13:12 人所以易得流轉, 立不定者, 只是脚跟不點地.【點, 平聲. ○

3) ▲: 這箇事, 說只消兩日說了, 只是工夫難.
4) 固然是: 徽州本에서는 不可로 되어 있다.
5) 何嘗便: 徽州本에서는 且未可로 되어 있다.
6) 革: 孝宗刊本・成化本・賀本에서는 草로 되어 있다.
7) ▲: 放教脚下實.【文蔚】

僩】

13:13 問學如登塔, 逐一層登將去. 上面一層, 雖不問人, 亦自見得. 若不去實踏過, 卻懸空妄想, 便和最下底層不曾理會得.【升卿】

13:14 學者如行路一般, 要去此處, 只直去此處, 更不可去路上左過右過, 相將一齊到不得.【壽昌】

13:15 有箇天理, 便有箇人欲. 蓋緣這箇天理須有箇安頓處, 才安頓得不恰好, 便有人欲出來.【夔孫 ○以下理欲・義利・是非之辨.】

13:16 "天理人欲分數有多少. 天理本多, 人欲便也是天理裏面做出來. 雖是人欲, 人欲中自有天理." 問: "莫是本來全是天理否?" 曰: "人生都是天理, 人欲卻是後來沒巴鼻生底[8]."【榦】

13:17 人之一心, 天理存則人欲亡, 人欲勝則天理滅, 未有天理人欲夾雜者. 學者須要於此體認省察之.【椿】

13:18 大抵人能於天理人欲界分上立得腳住, 則儘長進在.【祖道】

13:19 天理人欲之分, 只爭些子, 故周先生只管說"幾"字, 然辨之又不可不早, 故橫渠每說"豫"字.【大雅】

13:20 ▲[9]

13:21 ▲[10]

---

8) 人欲卻是後來沒巴鼻生底: 徽州本에서는 이 뒤에 持養之說, 言之則一言可盡, 行之則終身不窮이 더 있다.

9) ▲: 天理人欲, 幾微之間.【燾】

13:22 問: "飮食之間, 孰爲天理? 孰爲人欲?" 曰: "飮食者, 天理也, 要求美味, 人欲也."【節】

13:23 有天理自然之安, 無人欲陷溺之危.【燾】

13:24 不爲物欲所昏[11], 則渾然天理矣.【道夫】

13:25 天理人欲, 無硬定底界, 此是兩界分上工夫. 這邊工夫多, 那邊不到占過來. 若這邊工夫少, 那邊必侵過來.【燾】

13:26 人只有箇天理人欲, 此勝則彼退, 彼勝則此退, 無中立不進退之理. 凡人不進便退也. 譬如劉・項相拒於滎陽・成皐間, 彼進得一步, 則此退一步, 此進一步, 則彼退一步. 初學◇[12]則要牢箚定脚與它捱, 捱得一毫去, 則逐旋捱將去. 此心莫退, 終須有勝時. 勝時甚氣象?【祖道 ▲[13]】

13:27 人只是此一心. 今日是, 明日非, 不是將不是底換了是底. 今日不好, 明日好, 不是將好底換了不好底. 只此一心, 但看天理私欲之消長如何爾. 以至千載之前, 千載之後, 與天地相爲終始[14], 只此一心. 讀書亦不須牽連引證以爲工. 如此纏繞, 皆只是爲人, 若實爲己, 則須是將己心驗之. 見得聖賢說底與今日此心無異, 便是工夫.【大雅】

---

10) ▲: 或問: "先生言天理人欲, 如硯子, 上面是天理, 下一面是人欲." 曰: "天理人欲常相對."【節】

11) 昏: 賀本에서는 昬으로 되어 있다.

12) ◇: 者 *賀本에는 없다.

13) ▲:○儒用略.

14) 終始: 『朱子語類』에서는 始終으로 되어 있다.

13:28 學者須是革盡人欲, 復盡天理, 方始是學. 今去讀書, 要去看取句語相似不相似, 便方始是讀書. 讀書須要有志, 志不立, 便衰, 而今只是分別人欲與天理, 此長, 彼必短, 此短, 彼必長.【壽昌】

13:29 ▲[15]

13:30 凡一事便有兩端. 是底卽天理之公, 非底乃人欲之私. 須事事與剖判極處, 卽克治擴充工夫隨事著見. 然人之氣稟有偏, 所見亦往往不同. 如氣稟剛底人, 則見剛處多, 而處事必失之太剛, 柔底人則見柔處多, 而處事必失之太柔. 須先就氣稟偏處克治.【閎祖】

13:31 義理身心所自有, 失而不知所以復之. 富貴身外之物, 求之唯[16]恐不得. 縱使得之, 於身心無分毫之益, 況不可必得乎? 若義理, 求則得之. 能不喪其所有, 可以爲聖爲賢, 利害甚明. 人心之公, 每爲私欲所蔽, 所以更放不下. 但常常以此兩端體察, 若見得時, 自須猛省, 急擺脫出來.【閎祖】

13:32 徐子融問: "水火, 明知其可畏, 自然畏之, 不待勉强. 若是人欲, 只緣有愛之之意, 雖知之而不能不好之, 奈何?" 曰: "此亦未能眞知而已." 又問: "眞知者, 還當眞知人欲是不好物事否?" 曰: "如'克·伐·怨·欲', 卻不是要去就'克·伐·怨·欲'上面要知得到, 只是自就道理這邊看得透, 則那許多不待除而自去. 若實是看得大底道理, 要去求[17]勝做甚麽? 要去矜夸它人做甚麽? '求仁而得仁, 又何怨?' 怨箇甚麽? 耳目口鼻四肢之欲, 惟分是安, 欲箇甚麽? 見得大處分明, 這許多小小病痛, 都如冰消凍解, 無有痕跡矣."【賀孫】

---

15) ▲: 未知學問, 此心渾爲人欲. 旣知學問, 則天理自然發見, 而人欲漸漸消去者, 固是好矣. 然克得一層, 又有一層. 大者固不可有, 而纖微尤要密察.【謨】
16) 唯: 賀本에서는 惟로 되어 있다.
17) 去求: 『小分』에서는 求去를 교정부호로 바로잡았다.

13:33 “今人日中所爲, 皆苟而已. 其實只將講學做一件好事, 求異於人. 然其設心, 依舊只是爲利, 其視不講者, 又何以大相遠? 天下只是‘善惡’兩言而已. 於二者始分之中, 須著意看教分明. 及其流出去, 則善者一向善, 但有淺深爾. 如水淸泠, 便有極淸處, 有稍淸處. 惡者一向惡, 惡亦有淺深. 如水渾濁, 亦有極渾處, 有稍渾處.” 問: “此善惡分處, 只是天理之公, 人欲之私耳.” 曰: “此卻是已有說後, 方有此名. 只執此爲說, 不濟事. 要須驗之此心, 眞知得如何是天理, 如何是人欲. 幾微間極索理會. 此心常常要惺覺, 莫令頃[18]刻悠悠憒憒.” ▲[19] 【大雅】

13:34 學無淺深, 並要辨[20]義理[21]. 【祖道】

13:35 看道理, 須要就那箇大處看. 須要前面開闊, 不要就那壁角裏去, 而今須要天理人欲, 義利公私, 分別得明白. 將自家日用底與它勘驗, 須漸漸有見處. 若不去那大壇場上行, 理會得一句透, 只是一句, 道理小了. 【義剛】

13:36 人貴剖判, 心下令其分明, 善理明之, 惡念去之. 若義利, 若善惡, 若是非, 毋使混殽不別於其心. 譬如處一家之事, 取善舍惡, 又如處一國之事, 取得舍失, 處天下之事, 進賢退不肖. 蓄疑而不決者, 其終不成. 【洽】

---

18) 頃: 賀本에서는 須로 되어 있다.

19) ▲: 大雅云: “此只是持敬爲要.” 曰: “敬不是閉眼默坐便爲敬, 須是隨事致敬, 要有行程去處. 如今且未論齊家・治國・平天下, 只截自格物・致知・誠意・正心・修身爲說, 此行程也. 方其當格物時, 便敬以格之, 當誠意時, 便敬以誠之, 以至正心・修身以後, 節節常要惺覺執持, 令此心常在, 方是能持敬. 今之言持敬者, 只是說敬, 非是持敬. 若此心常在軀殼中爲主, 便須常如烈火在身, 有不可犯之色. 事物之來, 便成兩畔去, 又何至如是纏繞?”

20) 辨: 成化本에서는 辯으로 되어 있다.

21) 理: 『朱子語類』에서는 利로 되어 있다.

13:37 或問義利之別. 曰: "只是爲己爲人之分. 纔爲己, 這許多便自做一邊去. 義也是爲己, 天理也是爲己. 若爲人, 那許多便自做一邊去."

13:38 須於日用間, 令所謂義了然明白. 或言心安處便是義. 亦有人安其所不當安, 豈可以安爲義也?【升卿】

13:39 義利之辨, 初時尙相對在. 若少間主義功深後, 那利如何著得? 如小小竊盜, 不勞而卻矣.【祖道】

13:40 事無小大[22], 皆有義利. 今做好底事了, 其間更包得有多少利私在, 所謂"以善爲之, 而不知其道", 皆是也.【祖道】

13:41 才卿問: "應事接物別義利, 如何得不錯?" 曰: "先做切己工夫. 喩之以物, 且須先做了坏[23]子. 坏[24]子旣成, 便只就這坏[25]子上理會. 不然, 只是懸空說『易』." 器之問: "義利之分, 臨事如何辨?" 曰: "此須是工夫到, 義理精, 方曉然. 未能至此, 且據[26]眼前占取義一邊, 放令分數多, 占得過. 這下來, 縱錯亦少."【大雅】

13:42 才有欲順適底意思, 卽是利.【祖道】

13:43 仁義根於人心之[27]固有, 利心生於物我之相形.【燾】

---

22) 小大: 賀本에서는 大小로 되어 있다.
23) 坏: 孝宗刊本·成化本에서는 不로 되어 있고 賀本·萬曆本에서는 本으로 되어 있다.
24) 坏: 孝宗刊本·成化本에서는 不로 되어 있고 賀本·萬曆本에서는 本으로 되어 있다.
25) 坏: 孝宗刊本·成化本에서는 不로 되어 있고 賀本·萬曆本에서는 本으로 되어 있다.
26) 據: 『小分』에서는 去를 據로 바로잡았다.

13:44 人只有一箇公私, 天下只有一箇邪正.【敬仲】

13:45 將天下正大底道理去處置事, 便公, 以自家私意去處之, 便私.【僩】

13:46 且以眼前言, 虛實眞僞是非處, 且要剔脫分明.【祖道】

13:47 "只是理會箇是與不是, 便了." 又曰: "是, 便是理."【節】

13:48 凡事只去看箇是非. 假如今日做得一件事, 自心安而無疑, 便是是處, 一事自不信, 便是非處.【壽昌】

13:49 閑居無事, 且試自思之. 其行事有於所當是而非, 當非而是, 當好而惡, 當惡而好, 自察而知之, 亦是工夫.【士毅】

13:50 講學固不可無, 須是更去自己分上做工夫. 若只管說, 不過一兩日都說盡了. 只是工夫難. 且如人雖知此事不是, 不可爲, 忽然無事又自起此念. 又如臨事時, 雖知其不義, 不要做, 又卻不知不覺自去做了, 是如何? 又如好事, 初心本自要做, 又卻終不肯做, 是如何? 蓋人心本善, 方其見善欲爲之時, 此是眞心發見之端. 然纔發, 便被氣稟物欲隨卽蔽錮之, 不教它發. 此須自去體察存養, 看得此最是一件大工夫.【廣】

13:51 學者工夫只求一箇是. 天下之理, 不過是與非兩端而已. 從其是則爲善, 徇其非則爲惡. 事親須是孝, 不然則非事親之道, 事君須是忠, 不然則非事君之道. 凡事皆用審箇是非, 擇其是而行之. 聖人教人, 諄諄不已, 只是發明此理. "十五志學", 所志只在此, "三十而立",

---

27) 心之: 『小分』에서는 之心을 교정부호로 바로잡았다.

所立只在此, "四十而不惑", 又不是別有一般道理, 只是見得明, 行得到. 爲賢爲聖, 皆只在此. 聖人恐人未悟, 故如此說, 又如彼說, 這裏既說, 那裏又說, 學者可不知所擇哉? 今讀書而不能盡知其理, 只是心麤意廣. 凡解釋文義, 須是虛心玩索. 聖人言語, 義理該貫, 如絲髮相通, 若只恁大綱看過, 何緣見得精微出來? 所以失聖人之意也.【謨】

13:52 所謂道, 不須別去尋討, 只是這箇道理. 非是別有一箇道, 被我忽然看見, 攫拏得來, 方是見道. 只是如日用底道理, 恁地是, 恁地不是. 事事理會得箇是處, 便是道也. 近時釋氏便有箇忽然見道底說話. 道又不是一件甚物, 可摸[28]得入手.【螢】

13:53 學, 大抵只是分別箇善惡而去就之爾.【道夫】

13:54 論陰陽, 則有陰必有陽, 論善惡, 則一毫著不得.【節】

13:55 學者要學得不偏, 如所謂"無過不及"之類, 只要講明學問. 如善惡兩端, 便要分別理會得善惡分明後, 只從中道上行, 何緣有差. 子思言中而謂之中庸者, 庸只訓常. 日用常行, 事事要中, 所以謂"中庸不可能."【謨】

13:56 凡事莫非心之所爲, 雖放僻邪侈, 亦是此心. 善惡但如反覆手, 翻一轉便是惡. 只安頓不著, 亦便是不善.【道夫】

13:57 人未說爲善, 先須疾惡. 能疾惡, 然後能爲善. 今人見不好事, 都只恁不管它. "民之秉彜, 好是懿德", 不知這秉彜之良心做那裏去, 也是可怪.【與立】

---

28) 摸:【頭註】摸, 作模.

13:58 有問好惡. 曰: "好惡是情, 好善惡惡是性. 性中當好善, 當惡惡. 泛然好惡, 乃是私也."【謙】

13:59 聖人之於天地, 猶子之於父母.【以下係人倫.】

13:60 佛經云: "佛爲一大事因緣出現於世." 聖人亦是爲這一大事出來. 這箇道理, 雖人所固有, 若非聖人, 如何得如此光明盛大? 你不曉得底, 我說在這裏, 教你曉得. 你不曾[29]做底, 我▲[30]下樣子在此, 與你做. 只是要扶持這箇道理, 教它常立在世間, 上拄天, 下拄地, 常如此端正. 才一日無人維持, 便傾倒了. 少間脚拄天, 頭拄地, 顚倒錯亂, 便都壞了. 所以說: "天佑下民, 作之君, 作之師, 惟其克相上帝, 寵綏四方." 天只生得你, 付得這道理. 你做與不做, 卻在你. 做得好, 也由你, 做得不好, 也由你. 所以又爲之立君師以作成之, 旣撫養你, 又教導你, 使無一夫不遂其性. 如堯·舜之時, 眞箇是"寵綏四方." 只是世間不好底人, 不定疊底事, 才遇堯·舜, 都安帖平定了. 所以謂之"克相上帝", 蓋助上帝之不及也. 自秦·漢以來, 講學不明. 世之人君, 固有因其才智做得功業, 然無人知明德·新民之事. 君道間有得其一二, 而師道則絶無矣.【卓 ○僩同.】

13:61 ▲[31]

29) 曾: 『朱子語類』에서는 會로 되어 있다.

30) ▲: 做

31) ▲: 問: "聖人'兼三才而兩之.'" 曰: "前日正與學者言, 佛經云: '我佛爲一大事因緣出現於世.' 聖人亦是爲一大事出現於世. 上至天, 下至地, 中間是人. 塞於兩間者, 無非此理. 須是聖人出來, 左提右挈, 原始要終, 無非欲人有以全此理, 而不失其本然之性. '天佑下民, 作之君, 作之師', 只是爲此道理. 所以作箇君師以輔相裁成, 左右民, 使各全其秉彝之良, 而不失其本然之善而已. 故聖人以其先得諸身者與民共之, 只是爲這一箇道理. 如老·佛窺見這箇道理. 莊子'神鬼神帝, 生天生地', 釋氏所謂'能爲萬象主, 不逐四時凋', 他也窺見這箇道理. 只是他說得驚天動地. 聖人之學, 則其作用處與他全不同. 聖人之學, 則至虛而實實, 至無而實有, 有此物則有此理.【僩錄此下云: "須一一與它盡得."】 佛氏則只見得如此便

13:62 道者, 古今共由之理, 如父之慈, 子之孝, 君仁, 臣忠, 是一箇公共底道理. 德, 便是得此道於身, 則爲君必仁・爲臣必忠之類, 皆是自有得於己, 方解恁地. 堯所以修此道而成堯之德, 舜所以修此道而成舜之德, 自天地以先, 羲・黃以降, 都卽是這一箇道理, 亘古今未常有異, 只是代代有一箇人出來做主. 做主, 便卽是得此道理於己, 不是堯自是一箇道理, 舜又是一箇道理, 文王・周公・孔子又別是一箇道理. 老子說: "失道而後德[32]." 它都不識, 分做兩箇物事, 便將道做一箇空無底物事看. 吾儒說只是一箇物事. 以其古今公共是這一箇, 不著人身上說, 謂之道. 德, 卽是全得此道於己. 它說: "失道而後德, 失德而後仁, 失仁而後義." 若離了仁義, 便是無道理了, 又更如何是道?【賀孫】

13:63 聖人萬善皆備, 有一毫之失, 此不足爲聖人. 常人終日爲不善, 偶有一毫之善, 此善心生也. 聖人要求備, 故大舜無一毫釐不是, 此所以爲聖人. 不然, 又安足謂之舜哉?【壽昌】

13:64 ▲[33]

13:65 天下之理, 至虛之中, 有至實者存, 至無之中, 有至有者存. 夫理者, 寓於至有之中, 而不可以目擊而指數也. 然而擧天下之事, 莫不有理. 且臣之事君, 便有忠之理, 子之事父, 便有孝之理, 目之視, 便有明之理, 耳之聽, 便有聰之理, 貌之動, 便有恭之理, 言之發, 便有忠之理. 只是常常恁地省察, 則理不難知也.【壯祖】

休了, 所以不同." 又問: "'輔相裁成', 若以學者言之, 日用處也有這樣處否?" 曰: "有之. 如饑則食, 渴則飮, 寒則裘, 鑿井而飮, 耕田而食, 作爲耒耜網罟之類, 皆輔相左右民事."【卓 ○僩同.】

32) 失道而後德:【頭註】『考異』失, 一作先. 下同.

33) ▲: 聖人不知己是聖人.【振】

13:66 ▲[34)]

13:67 ▲[35)]

13:68 問: "父母之於子, 有無窮怜[36)]愛, 欲其聰明, 欲其成立. 此謂之誠心耶[37)]?" 曰: "父母愛其子, 正也, 愛之無窮, 而必欲其如何, 則邪矣. 此天理人欲之間, 正當審[38)]決."

13:69 葉誠之問: "人不幸處繼母異兄弟不相容, 當如何?" 曰: "從古來自有這樣子. 公看舜如何. 後來此樣事多有. 只是'爲人子止於孝.'" 【賀孫】

13:70 "君臣之際, 權不可略重, 纔重則無君. 且如漢末, 天下唯知有曹氏而已, 魏末, 唯知有司馬氏而已. 魯當莊·僖之際, 也得箇季友整理一番. 其後季氏遂執其權, 歷三四世, 魯君之勢全無了, 但有一季氏而已." 賀孫問: "也是合下君臣之間, 其識慮不遠?" 曰: "然. 所以聖人垂戒, 謂: '臣弑君, 子弑父, 非一夕一朝之故, 其所由來者漸矣. 由辨之不早辨也.' 這箇事體, 初間只爭些小, 到後來全然只有一邊. 聖人所以'一日二日萬幾', 常常戒謹恐懼. 『詩』稱文王之盛, 於後便云: '殷之未喪師, 克配上帝. 宜鑒於殷, 峻命不易!' 此處甚多." 【賀孫】

13:71 用之問: "忠, 只是實心, 人倫日用皆當用之, 何獨只於事君上說'忠'字?" 曰: "父子·兄弟·夫婦, 皆是天理自然, 人皆莫不自知愛

34) ▲: 學者實下功夫, 須是日日爲之, 就事親·從兄·接物·處事理會取. 其有未能, 益加勉行. 如此之久, 則日化而不自知, 遂只如常事做將去. 【端蒙】

35) ▲: "父子欲其親"云云, 曰: "非是欲其如此. 蓋有父子, 則便自然有親, 有君臣, 則便自然有敬." 因指坐門搖扇者曰: "人熱, 自會搖扇, 不是欲其搖扇也." 【雉】

36) 怜: 成化本·賀本에서는 憐으로 되어 있다.

37) 耶: 『朱子語類』에서는 邪로 되어 있다.

38) 審: 『小分』에서는 深을 審으로 바로잡았다.

敬. 君臣雖亦是天理, 然是義合. 世之人便自易得苟且, 故須於此說'忠', 卻是就不足處說. 如莊子說: '命也, 義也, 天下之大戒.' 看這說, 君臣自是有不得已意思."【賀孫】

13:72 問: "君臣・父子, 同是天倫, 愛君之心, 終不如愛父, 何也?" 曰: "離畔也只是庶民, 賢人君子便不如此. 韓退之云: '臣罪當誅兮, 天王聖明!' 此語, 何故程子道是好? 文王豈不知紂之無道, 卻如此說? 是非欺誑衆人, 直是有說. 須是有轉語, 方說得文王心出. 看來臣子無說君父不是底道理, 此便見得是君臣之義處. 莊子云: '天下之大戒二, 命也, 義也. 子之於父, 無適而非命也, 臣之於君, 無適而非義也, 無所逃於天地之間.' 舊嘗題跋一文字, 曾引此語, 以爲莊子此說, 乃楊氏無君之說. 似它這意思, 便是沒奈何了, 方恁地有義, 卻不知此是自然有底道理." 又曰: "'臣之視君如寇讎', 孟子說得來怪差, 卻是那時說得. 如云'三月無君則弔'等語, 似是逐旋去尋箇君, 與今世不同, 而今卻是只有進退, 無有去之之理, 只得退去. 又有一種退不得底人, 如貴戚之卿是也. 賈生「弔屈原文」云: '歷九州而相其君兮, 何必懷此都也?' 又爲懷王傅, 王墜馬死, 誼自傷傅王無狀, 悲泣而死. 張文潛有詩譏之. 當時誼何不去? 直是去不得. 看得誼當初年少, 也只是胡說."【賜】

13:73 臣子無愛身自佚之理.【升卿】

13:74 問: "妻有七出, 此卻是正當道理, 非權也." 曰: "然."【卓】

13:75 蜚卿問: "安卿問目, 以孝弟推說君臣等事, 不須如此得否?" 曰: "惟有此理, 固當有此事. 如人入於水則死, 而魚生於水, 此皆天然合當如此底道理." 問: "朋友之義, 自天子至于[39]庶人, 皆須友以成, 而安卿只說以類聚, 莫未該朋友之義否?" 曰: "此亦只說本來自是如

39) 于: 『朱子語類』에서는 於로 되어 있다.

此. 自天子至于[40]庶人, 未有不須友以成, 乃是後來事, 說朋友功效如此. 人自與人同類相求, 牛羊亦各以類相從. 朋友乃彝倫之一. 今人不知有朋友之義者, 只緣但知有四箇要緊, 而不知朋友亦不可闕."【賀孫】

13:76 朋友之於人倫, 所關至重.【驤】

13:77 問: "與朋友交, 後知其不善, 欲絶, 則傷恩, 不與之絶, 則又似'匿怨而友其人.'" 曰: "此非匿怨之謂也. 心有怨於人, 而外與之交, 則爲匿怨. 若朋友之不善, 情意自是當疏, 但疏之以漸. 若無大故, 則不必峻絶之, 所謂'親者毋失其爲親, 故者毋失其爲故'者也."【淳】

13:78 問: "人倫不及師, 何也?" 曰: "師之義, 卽朋友, 而分則與君父等. 朋友多而師少, 以其多者言之." 又問: "服中不及師, 何也?" 曰: "正是難處. 若論其服, 則當與君父等, 故『禮』謂'若喪父而無服', 又曰: '平居則絰.'"【卓】

13:79 李問人倫不及師. 曰: "師與朋友同類, 而勢分等於君父, 唯其所在而致死焉." 曾云: "如在君旁, 則爲君死, 在父旁, 則爲父死." 曰: "也是如此. 如在君, 雖父有罪, 不能爲父死."【賀孫】

13:80 教導後進, 須是嚴毅. 然亦須有以興起開發之, 方得. 只恁嚴, 徒拘束之, 亦不濟事.【道夫】

13:81 某嘗言, 今教導之法, 皆失眞, 無一箇人曉得. 說道理底, 盡說錯了, 說從別處去. 做文章底, 也只學做那不好底文章, 做詩底, 也不識好詩, 以至說禪底, 也不是它元來佛祖底禪, 修養者, 也非老·莊

40) 于: 賀本에서는 於로 되어 있다.

之道, 無有是者.【僩】

13:82 古人上下之分雖嚴, 然待臣僕如子弟, 待子弟如臣僕. 伯玉之使, 孔子與之坐. 陶淵明籃輿, 用其子與門人. 子路之負米, 子貢之埋狗[41], 夫子之釣弋, 有若之三踊於魯大夫之庭, 冉有用干[42]卻齊以入其軍, 而樊須雖少能用命也. 古之人執干戈衛社稷, 躬耕稼, 與陶漁之事, 皆是也. 後世驕侈日甚, 反以臣子之職爲恥. 此風日變, 不可復也. 士君子知此, 爲學者言之, 以漸率其子弟, 庶幾可少變乎!【人傑】

13:83 耳目口鼻之在人, 尙各有攸司, 況人在天地間, 自農商工賈等而上之, 不知其幾? 皆[43]其所當盡者. 小大雖異, 界限截然. 本分當爲者, 一事有闕, 便廢天職. "居處恭, 執事敬, 與人忠." 推是心以盡其職者, 無以易諸公之論. 但必知夫所處之職, 乃天職之自然, 而非出於人爲, 則各司其職以辦其事者, 不出於勉强不得已之意矣.【大雅 ○以下雜論處心立事[44].】

13:84 有是理, 方有這物事. 如草木有箇種子, 方生出草木. 如人有此心去做這事, 方始成這事. 若無此心, 如何會成這事?【夔孫】

13:85 ▲[45]

13:86 或說事多. 曰: "世事無時是了. 且揀大段無甚緊要底事, 不要做, 又逐旋就小者又揀出無緊要底, 不要做. 先去其粗, 卻去其精, 磨

41) 狗: 孝宗刊本・成化本・賀本에서는 馬로 되어 있다.
42) 干: 賀本에서는 矛로 되어 있다.
43) 皆: 孝宗刊本・成化本에서는 階로 되어 있다. 이 경우에는 不知其幾階? 其所當盡者로 분석된다.
44) 處心立事: 賀本에서는 立心處事로 되어 있다.
45) ▲: 事無非學.【文蔚】

去一重, 又磨一重. 天下事都是如此. 且如『中庸』說: '戒愼乎其所不睹, 恐懼乎其所不聞.' 先且就睹處與聞處做了, 然後就不睹不聞處用工, 方能細密, 而今人每每跳過一重做事, 睹處與聞處元不曾有工夫, 卻便去不睹不聞處做, 可知是做不成, 下梢一齊擔閣. 且如屋漏暗室中工夫, 如何便做得? 須從'十目所視, 十手所指'處做起, 方得." 【明作】

13:87 且須立箇麤底根脚, 卻正好著細處工夫. 今人於無義理底言語儘說了, 無義理底事儘做了. 是於麤底根脚猶未立, 卻求深微. 縱理會得, 干己甚事? 【升卿】

13:88 ▲[46]

13:89 聖賢勸人做底, 必是人有欠闕處, 戒人莫爲底, 必是自家占得一分在其間. 【祖道】

13:90 要做好事底心是實, 要做不好事底心是虛. 被那虛底在裏夾雜, 便將實底一齊打壞了. 【賀孫】

13:91 ▲[47]

13:92 這一邊道理熟, 那[48]一邊俗見之類自破.

---

46) ▲: 多是要求濟事, 而不知自身己不立, 事決不能成. 人自心若一毫私意未盡, 皆足以敗事. 如上有一點黑, 下便有一撲黑, 上有一毫差, 下便有尋丈差. 今若見得十分透徹, 待下梢遇事轉移, 也只做得五六分. 若今便只就第四五著理會, 下梢如何? 【賀孫】

47) ▲: 須是信得及. 這件物事好笑, 不信, 便了不得. 【士毅】

48) 這一邊道理熟, 那: 종이를 덧대어 보사한 부분이다. 덧댄 종이 밑에서는 這一邊道熟, 那로 되어 있는 것이 확인된다.

13:93 常先難而後易, 不然則難將至矣. 如樂毅用兵, 始常懼難, 乃心謹畏, 不敢忽易, 故戰則雖大國堅城, 無不破者. 及至勝, 則自驕膽大, 而恃兵强, 因去攻二城, 亦攻不下.【壽昌】

13:94 ▲[49]

13:95 今人多是安於所不安. 做些事, 明知是[50]不好, 只說恁地也不妨, 正所謂"月攘一雞, 以待來年"者也.【賀孫】

13:96 作事若顧利害, 其終未有不陷於害者.【可學】

13:97 無所爲於前, 無所冀於後.【壽昌】[51]

13:98 古人臨事所以要回互時, 是一般國家大事, 係死生存亡之際, 有不可直情徑行處, 便要權其輕重而行之. 今則事事用此, 一向回互. 至於"枉尋直尺而利, 亦可爲歟"? 是甚意思?【璘】

13:99 問: "學者講明義理之外, 亦須理會時政. 凡事當一一講明, 使先有一定之說, 庶它日臨事, 不至牆面." 曰: "學者若得胸中義理明, 從此去量度事物, 自然泛應曲當. 人若有堯·舜許多聰明, 自做得堯·舜許多事業. 若要一一理會, 則事變無窮, 難以逆料, 隨機應變, 不可預定. 今世文人才士, 開口便說國家利害, 把筆便述時政得失, 終濟得甚事? 只是講明義理以淑人心, 使世間識義理之人多, 則何患政治之不舉耶?"【枘】

---

49) ▲: 今人未有所見時, 直情做去, 都不見得. 一有所見, 始覺所爲多有可寒心處.【砥】

50) 是: 賀本에서는 事로 되어 있다.

51)【壽昌】: 成化本에서는【壽】로 되어 있고 賀本에서는【燾】로 되어 있다.

13:100 因論人好習古今治亂典故等學, 曰: "亦何必苦苦於此用心? 古今治亂, 不過進君子, 退小人, 愛人利物之類, 今人都看巧去了." 【揚】

13:101 某看人也須是剛, 雖則是偏, 然較之柔不同. 『易』以陽剛爲君子, 陰柔爲小人. 若是柔弱不剛之質, 少間都不會振奮, 只會困倒了. 【賀孫】

13:102 天下事亦要得危言者, 亦要得寬緩者, 皆不可少. 隨其人所見, 看其人議論. 如狄 梁公辭雖緩, 意甚懇切. 如中邊皆緩, 則不可"翕受敷施, 九德咸事." 聖人便如此做. 【去僞】

13:103 今人大抵皆先自立一箇意見. 若其性寬大, 便只管一向見得一箇寬大底路, 若性嚴毅底人, 便只管見得一箇廉介底路, 更不平其心. 看事物, 自有合寬大處, 合嚴毅處. 【賀孫】

13:104 ▲[52)]

13:105 李問: "世間有一種人, 慈惠溫厚, 而於義不足, 作事無斷制, 是如何?" 曰: "人生得多般樣, 這箇便全是氣稟. 如唐 明皇爲人, 它於父子・夫婦・君臣分上, 極忍無狀, 然終始於兄弟之情不衰. 這只緣寧王讓它位, 所以如此. 寧王見它有功, 自度不可居儲嗣, 遂力讓它. 緣這一節感動得它, 所以終始恩重不衰." 胡兄說: "它見它兄讓它, 所以如此友重." 曰: "不是如此, 自是它裏面有這箇道理, 得它兄感動發出來, 得一箇物事承接得在耳. 若其中元無此道理, 如何會感動得來?

52) "人最不可曉: 有人奉身儉嗇之甚, 充其操'上食槁壤, 下飲黃泉'底, 卻只愛官職, 有人奉身淸苦而好色. 他只緣私欲不能克, 臨事只見這箇重, 都不見別箇了." 或云: "似此等人, 分數勝已下底." 曰: "不得如此說. 才有病, 便不好, 更不可以分數論. 它只愛官職, 便弑父與君也敢." 【夔孫】

人之氣稟極多般樣, 或有餘於此, 不足於彼. 這箇不干道理事, 皆氣稟所爲也."

13:106 古人尊貴, 奉之者愈備, 則其養德也愈善. 後之奉養備者, 賊之而已矣.【方】

13:107 容貌辭氣, 乃德之符也.【燾】

13:108 血氣之怒不可有, 義理之怒不可無.【燾】

13:109 爲氣血所使者, 只是客氣. 惟於性理說話涵泳, 自然臨事有別處.【季札】

13:110 須是慈祥和厚爲本. 如勇決剛果, 雖不可無, 然用之有處所.【因論仁及此. ○德明】

13:111 周旋回護底議論最害事.【升卿】

13:112 事至於過當, 便是僞.【楊丞·通老云: "陸子靜門人某人, 常裹頭巾洗面." 先生因言此. ○燾】

13:113 學常要親細務, 莫令心麤. 江西人大抵用心麤.【祖道】

13:114 ▲[53)]

13:115 ▲[54)]

---

53) ▲: 向到臨安, 或云建本誤, 宜用浙本. 後來觀之, 不如用建本.【謂浙俗好作長厚. ○可學】

54) ▲: 避俗, 只是見不透.【方】

13:116 問: "避嫌是否?" 曰: "合避豈可不避? 如'瓜田不納履, 李下不整冠', 豈可不避? 如'君不與同姓同車, 與異姓同車不同服', 皆是合避處." 又問: "世有刑人不娶, 如上世不賢, 而子孫賢, 則如何?" 曰: "'犂牛之子騂且角, 雖欲勿用, 山川其舍諸?' 所謂'不娶'者, 是世世爲惡不能改者, 非指一世而言. 如'喪父長子, 不娶'一句, 卻可疑. 若然則無父之女不復嫁, 此不可曉."【義剛】

13:117 叔蒙問: "程子說: '避嫌之事, 賢者且不爲, 況聖人乎?' 若是有一項合委曲而不可以直遂者, 這不可以爲避嫌." 曰: "自是道理合如此. 如避嫌者, 卻是又怕人道如何, 這卻是私意. 如十起與不起, 便是私, 這便是避嫌. 只是它見得這意思, 已是大段做工夫, 大段會省察了. 又如人遺之千里馬, 雖不受, 後來薦人未嘗忘之, 後亦竟不薦. 不薦自是好, 然於心終不忘, 便是喫它取奉意思不過, 這便是私意. 又如如今立朝, 明知這箇是好人, 當薦舉之, 卻緣平日與自家有恩意往來, 不是說親戚, 親戚自是礙法, 但以相熟, 遂避嫌不舉它. 又如有某人平日與自家有怨, 到得當官, 彼卻有事當治, 卻怕人說道因前怨治它, 遂休了. 如此等, 皆蹉過多了."【賀孫】

13:118 因說人心不可狹小, 其待人接物, 胸中不可先分厚薄, 有所別異, 曰: "惟君子爲能'通天下之志', 放令規模寬闊, 使人人各得盡其情, 多少快活?"【大雅】

13:119 問: "待人接物, 隨其情之厚薄輕重, 而爲酬酢邪[55]? 一切不問而待之以厚耶[56][57]?" 曰: "知所以處心持己之道, 則所以接人待物,

55) 而爲酬酢邪: 徽州本에서는 이 뒤에 則世人之態多非忠厚, 恐久之淪於流俗而不自覺이 더 있다.
56) 耶: 『朱子語類』에서는 邪로 되어 있다.
57) 一切不問而待之以厚邪: 徽州本에서는 이 뒤에 則又恐近於愚而遇而流爲兼愛가 더 있다.

自有準則."【人傑】

13:120 事有不當耐者, 豈可全學耐事?【升卿】

13:121 學耐事, 其弊至於苟賤不廉.【升卿】

13:122 "學者須要有廉隅牆壁, 便可擔負得大事去. 如子路世間病痛都沒了, 親於其身爲不善, 直是不入, 此大者立也." 問: "子路此箇病何以終在?" 曰: "當時也須大段去做工夫來, 只打疊不能得盡. 冉求比子路大爭."【升卿】

13:123 恥, 有當忍者, 有不當忍者.【升卿】

13:124 "人須是有廉恥. 孟子曰: '恥之於人大矣!' 恥便是羞惡之心. 人有恥, 則能有所不爲. 今有一樣人不能安貧, 其氣銷屈, 以至立脚不住, 不知廉恥, 亦何所不至?" 因擧呂舍人詩云: "逢人卽有求, 所以百事非." 因[58]言今人只見曾子唯一貫之旨, 遂得道統之傳. 此雖固然, 但曾子平日是箇剛毅有力量·壁立千仞底人, 觀其所謂"士不可以不弘毅"·"可以託六尺之孤, 可以寄百里之命, 臨大節而不可奪"·"晉·楚之富不可及也, 彼以其富, 我以吾仁, 彼以其爵, 我以吾義, 吾何慊乎哉?"底言語, 可見. 雖是做工夫處比顏子覺麤, 然緣它資質剛毅, 先自把捉得定, 故得卒傳夫子之道. 後來有子思·孟子, 其傳亦永遠. 又如『論語』必先說: "富與貴, 是人之所欲也, 不以其道得之, 不處也, 貧與賤, 是人之所惡也, 不以其道得之, 不去也." 然後說: "君子去仁, 惡乎成名?" 必先教取舍之際界限分明, 然後可做工夫. 不然則立脚不定, 安能有進? 又云: "學者不於富貴貧賤上立定, 則是入門便差了也."【廣】

58) 因: 賀本에서는 人으로 되어 있다.

13:125 人之所以戚戚於貧賤, 汲汲於富貴, 只緣不見這箇道理. 若見得這箇道理, 貧賤不能損得, 富貴不曾添得, 只要知這道理.

13:126 ▲[59]

13:127 學者當常以"志士不忘在溝壑"爲念, 則道義重, 而計較死生之心輕矣. 況衣食至微末事, 不得未必死, 亦何用犯義犯分, 役心役志, 營營以求之耶? 某觀今人因不能咬菜根而至於違其本心者衆矣, 可不戒哉?【大雅】

13:128 困厄有輕重, 力量有小大. 若能一日十二辰點檢自己, 念慮動作都[60]是合宜, 仰不愧, 俯不怍, 如此而不幸塡溝壑, 喪軀殞命, 有不暇恤, 只得成就一箇是處. 如此則方寸之間全是天理, 雖遇大困厄, 有致命遂志而已, 亦不知有人之是非向背, 惟其是而已.【大雅】

13:129 因說貧, 曰: "朋友若以錢相惠, 不害道理者可受. 分明說: '其交也以道, 其接也以禮, 斯孔子受之.' 若以不法事相委, 卻以錢相惠, 此則斷然不可."【明作】

13:130 ▲[61]

13:131 ▲[62]

13:132 以小惠相濡沫, 覺見氣象不好.【方】

---

59) ▲: 若沮人之輕富貴者, 下梢便愈更卑下, 一齊衰了.【升卿】
60) 都: 孝宗刊本·成化本에서는 睹로 되어 있다.
61) ▲: 味道問: "死生是大關節處. 須是日用間雖小事亦不放過, 一一如此用工夫, 當死之時, 方打得透." 曰: "然."
62) ▲: 貪生畏死, 一至於此.【可學】

13:133 某人立說: “不須作同異. 見人作事, 皆入一分.” 先生曰: “不曾參得此無礙禪. 天下事, 安可必同? 安可必異? 且如爲子須孝, 爲臣須忠, 我又如何異於人? 若是不好事, 又安可必同? 只是有理在.”【可學】

13:134 作事先要成, 所以常匆匆.【方】

13:135 每常令兒子們作事, 只是說箇大綱與它, 以爲那小小處置處也易曉, 不須說也得. 後來做得有不滿人意處, 未有不由那些子說不要區處處起.【義剛】

13:136 問: “見有吾輩臨終, 多以不能終養與卒學爲恨. 若大段以爲恨, 也是不順理否?” 曰: “也是如此.” 因言: “‘悔’字難說. 既不可常存在胸中以爲悔, 又不可不悔. 若只說不悔, 則今番做錯且休, 明番做錯又休, 不成說話.” 問: “如何是著中底道理?” 曰: “不得不悔, 但不可留滯. 既做錯此事, 它時更遇此事, 或與此事相類, 便須懲戒, 不可再做錯了.”【胡泳】

13:137 輕重是非它人, 最學者大病. 是是它是, 非是它非, 於我何所預? 且管自家.【可學】

13:138 品藻人物, 須先看它大規模, 然後看它好處與不好處, 好處多與少, 不好處多與少. 又看某長某短, 某有某無, 所長所有底是緊要與不緊要, 所短所無底是緊要與不緊要. 如此互將來品藻, 方定得它分數優劣.【燾】

13:139 今來專去理會時文, 少間身己全做不是, 這是一項人. 又有一項人, 不理會時文, 去理會道理, 少間所做底事, 卻與所學不相關.

又有依本分, 就所見定是要躬行, 也不須去講學. 這箇少間只是做得會差, 亦不至大狼狽. 只是如今如這般人, 已是大段好了.【賀孫 ○以下論科學之學.】

13:140 義理人心之所同然, 人去講求, 卻易爲力. 學業乃分外事, 倒是難做. 可惜學業壞了多少人!【賀孫】

13:141 士人先要分別科學與讀書兩件, 孰重孰輕[63]. 若讀書上有七分志, 科學上有三分, 猶自可, 若科學七分, 讀書三分, 將來必被它勝卻, 況此志全是科學? 所以到老全使不著, 蓋不關爲己也. 聖人教人, 只是爲己.【泳】

13:142 或以不安科學之業請教. 曰: "'道二, 仁與不仁而已.' 二者不能兩立. 知其所不安, 則反其所不安, 以就吾安爾. 聖賢千言萬語, 只是教人做人而已. 前日科學之習, 蓋未嘗不談孝弟忠信, 但用之非爾. 若學而反之於身, 見於日用, 則安矣." ▲[64]【大雅】

13:143 專做時文底人, 它說底都是聖賢說話. 且如說廉, 它且會說得好, 說義, 它也會說得好. 待它身做處, 只自不廉, 只自不義, 緣它將許多話只是就紙上說. 廉是題目上合說廉, 義是題目上合說義, 都不關自家身己些子事.【賀孫】

13:144 告或人曰: "看今人心下自成兩樣. 如何卻專向功名利祿底心去, 卻全背了這箇心, 不向道理邊來[65]? 公今赴科學是幾年? 公文字

---

63) 孰重孰輕: 『朱子語類』에서는 孰輕孰重으로 되어 있다.

64) ▲: 又問: "初學當讀何書?" 曰: "六經·『語』·『孟』皆聖賢遺書, 皆當讀, 但初學且須知緩急. 『大學』·『語』·『孟』最是聖賢爲人切要處. 然『語』·『孟』卻是隨事答問, 難見要領. 唯『大學』是曾子述孔子說古人爲學之大方, 門人又傳述以明其旨, 體統都具. 玩味此書, 知得古人爲學所鄉, 讀『語』·『孟』便易入. 後面工夫雖多, 而大體已立矣."

想不爲不精. 以公之專一理會做時文, 宜若一擧便中高科, 登顯仕都了. 到今又卻不得, 亦可自見得失不可必如此. 若只管沒溺在裏面, 都出頭不得, 下梢只管衰塌[66]. 若將這箇自在一邊, 須要去理會道理是要緊, 待去取功名, 卻未必不得. 孟子曰: '自暴者不可與有言也, 自棄者不可與有爲也. 言非禮義, 謂之自暴也.' 非禮義, 是專道禮義是不好. 世上有這般人, 惡人做好事, 只道人做許多模樣是如何. 這是它自恁地麤暴了, 這箇更不通與它說. 到得自棄底, 也自道義理是好, 也聽人說, 也受人說, 只是我做不得. 任你如何, 只是我做不得. 這箇是自棄, 終不可與有爲. 故伊川說: '自暴者, 拒之以不信, 自棄者, 絶之以不爲.' 拒之以不信, 只是說道沒這道理, 絶之以不爲, 是知有道理, 自割斷了, 不肯做. 自暴者, 有强悍意, 自棄者, 有懦弱意."【今按: 自暴謂粗暴. 及再問, 所答不然. ○賀孫】

13:145 ▲[67]

13:146 專一做擧業工夫, 不待不得後枉了氣力, 便使能竭力去做, 又得到狀元時, 亦自輸卻這邊工夫了. 人於此事, 從來只是强勉, 不能捨命去做, 正似今人强勉來學義理. 然某平生窮理, 惟不敢自以爲是.【伯羽】

13:147 "若欲學俗儒作文字, 縱攫取大魁", 因撫所坐倚[68]曰: "已自輸了一著."【力行】

---

65) 來: 만력본에서는 求로 되어 있다.
66) 塌: 孝宗刊本·成化本에서는 榻으로 되어 있다.
67) ▲: 語或人曰: "公且道不去讀書, 專去讀些時文, 下梢是要做甚麽人? 赴試屢試不得, 到老只恁地衰颯了, 沈浮鄕曲間. 若因時文做得一箇官, 只是恁地鹵莽, 都不說著要爲國爲民興利除害, 盡心奉職. 心心念念, 只要做得向上去, 便逐人背後鑽刺, 求擧覓薦, 無所不至."【賀孫】
68) 倚: 成化本·賀本에서는 椅로 되어 있다.

13:148 或謂科擧害人. 曰: "此特一事耳. 若自家工夫到後, 那邊自輕." 【自修】

13:149 士人亦有略知向者. 然那下重, 掉不得, 如何知此下事? 如今凝神靜慮, 積日累月如此, 尙只今日見得一件, 明日見得一件, 未有廓然貫通處. 況彼千頭萬緖, 支離其心, 未嘗一日用其力於此者耶? 【方】

13:150 說修身應擧重輕之序, 因謂: "今有恣爲不忠不孝, 冒廉恥, 犯條貫, 非獨它自身不把作差異事, 有司也不把作差異事, 到得鄕曲鄰里也不把作差異事. 不知風俗如何壞到這裏, 可畏! 某都爲之寒心." 【賀孫】

13:151 不赴科擧, 也是匹似閑事. 如今人纔說不赴擧, 便把做掀天底大事. 某看來, 才著心去理會道理, 少間於那邊便自沒要緊[69]. 不知是如何, 看許多富貴榮達都自輕了. 如郭子儀二十四考中書, 做許大功名, 也只是如此. 【賀孫】

13:152 科擧累人不淺, 人多爲此所奪. 但有父母在, 仰事俯育, 不得不資於此, 故不可不勉爾. 其實甚奪人志. 【道夫】

13:153 問科擧之業妨功. 曰: "程先生有言: '不恐[70]妨功, 惟恐奪志.' 若一月之間著十日事擧業, 亦有二十日修學. 若被它移了志, 則更無醫處矣." 【大雅】

13:154 以科擧爲爲親, 而不爲爲己之學, 只是無志. 以擧業爲妨實

69) 要緊: 賀本에서는 緊要로 되어 있다.
70) 不恐: 『小分』에서는 恐不를 교정부호로 바로잡았다.

學, 不知曾妨飮食否, 只是無志也.【方】

13:155 或以科學作館廢學自咎者. 曰: "不然, 只是志不立, 不曾做工夫爾. 孔子曰: '不怨天, 不尤人.' 自是不當怨尤, 要你做甚耶? 伊川曰: '學者爲氣所勝, 習所奪, 只可責志', 正爲此也. 若志立, 則無處無工夫, 而何貧賤患難與夫夷狄之間哉?"【伯羽】

13:156 舉業亦不害爲學. 前輩何嘗不應舉? 只緣今人把心不定, 所以有害. 才以得失爲心, 理會文字, 意思都別了.【閎祖】

13:157 嘗論科舉云: "非是科舉累人, 自是人累科舉. 若高見遠識之士, 讀聖賢之書, 據吾所見而爲文以應之, 得失利害置之度外, 雖日日應舉, 亦不累也. 居今之世, 使孔子復生, 也不免應舉, 然豈能累孔子耶? 自有天資不累於物, 不須多用力以治之者. 某[71]於科舉, 自小便見得輕, 初亦非有所見而輕之也. 正如人天資有不好啖酒者, 見酒自惡, 非知酒之爲害如何也. 又人有天資不好色者, 亦非是有見如何, 自是它天資上看見那物事無緊要. 若此者, 省得工夫去治此一項. 今或未能如此, 須用力勝治方可."【伯羽】

13:158 宜之云: "許叔重太貪作科舉文字." 曰: "旣是家貧親老, 未免應舉, 亦當好與它做舉業. 舉業做不妨, 只是先以得失橫置胸中, 卻害道."【可學】

13:159 父母責望, 不可不應舉. 如遇試則入去, 據己見寫了出來.【節】

13:160 或問科舉之學. 曰: "做舉業不妨, 只是把它格式, 檃栝[72]自

71) 某: 孝宗刊本에서는 其로 되어 있고 成化本에서는 甚으로 되어 있다.

家道理, 都無那追逐時好・回避・忌諱底意思, 便好."【學蒙】

13:161 ▲[73)]

13:162 南安 黃謙, 父命之入郡學習擧業, 而徑來見先生. 先生曰: "旣是父要公習擧業, 何不入郡學? 日則習擧業, 夜則看此書, 自不相妨, 如此則兩全. 硬要咈父之命, 如此則兩敗, 父子相夷矣, 何以學爲? 讀書是讀甚底? 擧業亦有何相妨? 一旬便做五日修擧業, 亦有五日得暇及此. 若說踐履涵養, 擧業儘無相妨. 只是精神昏了. 不得講究思索義理, 然也怎奈之何?"【淳】

13:163 向來做時文, 只麤疏恁地直說去, 意思自周足, 且是有氣魄. 近日時文屈曲纖巧, 少刻墮在裏面, 只見意氣都衰塌了. 也是敎化衰, 風俗壞到這裏, 是怎生?【賀孫】

13:164 今人皆不能修身. 方其爲士, 則役役求仕, 旣仕, 則復患祿之不加. 趨走奔馳, 無一日閑. 何如山林布衣之士, 道義足於身? 道義旣足於身, 則何物能嬰之哉?【壽昌 ○以下論仕.】

13:165 "諸葛武侯未遇先主, 只得退藏, 一向休了, 也沒奈何. 孔子弟子不免事季氏, 亦事勢不得不然, 捨此則無以自活. 如今世之科擧亦然. 如顏・閔之徒自把得住, 自是好, 不可以一律看. 人之出處最可畏. 如漢・晉之末, 漢末之所事者, 止有箇曹氏, 魏[74)]末之所事者, 止有箇司馬氏, 皆逆賊耳." 直卿問: "子路之事輒, 與樂正子從子敖相似." 曰: "不然, 從子敖更無說[75)]."【賀孫】

---

72) 栝: 『朱子語類』에서는 括으로 되어 있다.
73) ▲: 譚兄問作時文. 曰: "略用體式, 而檃括以至理."【節】
74) 魏: 孝宗刊本・成化本・賀本에서는 晉으로 되어 있다.
75) 從子敖更無說: 徽州本에서는 이 뒤에 王猛事苻堅煞有事節, 苻堅之兄乃其謀殺

13:166 當官勿避事, 亦勿侵事.【升卿】

13:167 ▲[76]

13:168 名義不正, 則事不可行. 無可爲者, 有去而已. 然使聖人當之, 又不知如何[77], 恐於義未精也.【方】

13:169 三哥問: "汀寇姜大老捉四巡檢以去, 人當此時如何?" 曰: "'事君則致其身', 委質爲◇[78], 身非我有矣. 有道理殺得它時, 卽殺之. 如被它拘一處, 都不問, 亦須問它: '朝廷差我來, 你拘我何爲?' 如全無用智力處, 只是死. 孟子言捨生而取義, 只看義如何, 當死便須死. 古人當此, 卽是尋常, 今人看著是大事."【揚】

之가 더 있다.

76) ▲: 人須辨得去.【托身於人仕宦. ○升卿】

77) 如何: 賀本에서는 何如로 되어 있다.

78) ◇: 臣

『朱子語類』卷第十四

「『大學』一」

「綱領」

14:1 學問須以『大學』爲先[1], 次『論語』, 次『孟子』, 次『中庸』. 『中庸』工夫密, 規模大. 【德明】

14:2 讀書, 且從易曉易解處去讀. 如『大學』·『中庸』·『語』·『孟』四書, 道理粲然. ▲[2] 若理會得此四書, 何書不可讀? 何理不可究? 何事不可處? 【蓋卿】

14:3 某要人先讀『大學』, 以定其規模, 次讀『論語』, 以立其根本, 次讀『孟子』, 以觀其發越, 次讀『中庸』, 以求古人之微妙處. 『大學』一篇有等級次第, 總作一處, 易曉, 宜先看. 『論語』卻實, 但言語散見, 初看亦難. 『孟子』[3]有感激興發人心處. 『中庸』亦難讀, 看三書後, 方宜讀之. 【寓】

14:4 ▲[4] 句句字字,[5] 涵泳切己, 看得透徹, 一生受用不盡. 只怕人不下工, 雖多讀古人書, 無益. 書只是明得道理, 卻要人做出書中所說

---

1) 學問須以『大學』爲先: 徽州本에서는 이 앞에 先生問: "看『大學』如何?" 因言: 이 더 있다.
2) ▲: 人只是不去看.
3) 孟子: 賀本에서는 子가 없다.
4) ▲: 先看『大學』, 次『語』·『孟』, 次『中庸』. 果然下工夫,
5) 句句字字: 【附箋紙】先看『大學』【附箋紙】"句"上有数語, 恐□刪.

聖賢工夫來. 若果看此數書, 他書可一見而決矣.[6)]【謙】

14:5 『論』·『孟』·『中庸』, 待『大學』通貫[7)]浹洽, 無可得看後方看, 乃佳. 道學不明, 元來不是上面欠卻工夫, 乃是下面元無根脚. 若信得及, 脚踏實地, 如此做去, 良心自然不放, 踐履自然純熟. 非但讀書一事也.

14:6 "▲[8)] 『大學』是箇大坯模. ▲[9)]譬如買田契, 『論語』如田畝闊狹去處, 逐段子耕將去." 或曰: "亦在乎熟之而已[10)]." 曰: "然."【去僞 ○ 人傑同.】

14:7 ▲[11)] "先讀『大學』, 可見古人爲學首末次第. 且就實處理會▲[12)], 不消得專去無形影處理會."【淳】

14:8 ▲[13)] 此書前後相因, 互相發明, 讀之可見, 不比他書. 他書非一時所言, 非一人所記. ▲[14)]◇[15)]

14:9 今且須熟究『大學』作間架, 卻以他書塡補去. 如此看得一兩書, 便自[16)]占得分數多, 後卻易爲力. 聖賢之言難精. 難者旣精, 則後面粗者卻易曉.【大雅】

---

6) 若果看此數書, 他書可一見而決矣.:【附箋紙】"若果"以下, 恐刪爲宜.
7) 通貫: 賀本에서는 貫通으로 되어 있다.【附箋紙】貫通
8) ▲: 人之爲學, 先讀『大學』, 次讀『論語』.
9) ▲: 『大學』
10) 亦在乎熟之而已: 徽州本에서는 亦在乎熟耕而去로 되어 있다.
11) ▲: 問: "欲專看一書, 以何爲先?" 曰:
12) ▲: 卻好
13) ▲: 可將『大學』用數月工夫看去.
14) ▲: 惟此書首尾具備, 易以推尋也.
15) ◇:【力行】
16) 自: 賀本에서는 是로 되어 있다.

14:10 ▲[17] “『大學』是脩身治人底規模▲[18].”◇[19]

14:11 ▲[20] “譬如[21]人起屋, 是畫一箇大地盤在這裏. 理會得這箇了, 他日若有材料, 卻依此起將去, 只此一箇道理. 明此以南面, 堯之爲君也, 明此以北面, 舜之爲臣也.”

14:12 『大學』一書, 如行程相似. 自某處到某處幾里, 自某處到某處幾里. 識得行程, 須便行始得. ▲[22]◇[23]

14:13 ▲[24]今日[25]行得到何處, ◇[26] 方可漸到那田地. 若只把在手裏翻來覆去, 欲望之燕, 之越, 豈有是理? 【自修】

14:14 『大學』是一箇腔子, 而今卻要去填教實著. 如他說格物, 自家須[27]是去格物後, 填教實著, 如他說誠意, 自家須是去誠意後, 亦填教實著. 【節】

14:15 『大學』重處都在前面. 後面工夫漸漸輕了, 只是揩磨在. 【士毅 ○廣錄云: “後面其失亦[28]漸輕, 只[29]是下揩磨底工夫在.”】

---

17) ▲: 亞夫問『大學』大意. 曰:
18) ▲: . 如人起屋相似, 須先打箇地盤. 地盤旣成, 則可擧而行之矣
19) ◇: 【時擧】
20) ▲: 或問: “『大學』之書, 卽是聖人做天下根本?” 曰: “此
21) 譬如: 【附箋紙】 印本“譬如”上有問辭.
22) ▲: 若只讀得空殼子, 亦無益也.
23) ◇: 【履孫】
24) ▲: 『大學』如一部行程曆, 皆有節次. 今人看了, 須是行去.
25) 今日: 【附箋紙】 “今日”上有数轉略, 存之如何?
26) ◇: 明日行得到何處,
27) 須: 賀本에는 없다.
28) 亦: 賀本에는 없다.
29) 只: 賀本에서는 亦으로 되어 있다.

14:16 看『大學』前面初起許多, 且見安排在這裏. 如今食次冊相似, 都且如此呈說後, 方是可喫處. 初間也要識許多模樣.【賀孫】

14:17『大學』一字不胡亂下, ▲30)古人見得這道理熟. 信口所說, 便都是這裏.【淳】

14:18 『大學』總說了, 又逐段更說許多道理. 聖賢怕有些子照管不到, 節節覺察將去, 到這裏有恁地病, 到那裏有恁地病.【節】

14:19 明德, 如八31)窓32)玲瓏, 致知格物, 各從其所明處去. 今人不曾做得小學工夫, 一旦學『大學』, 是以無下手處. 今且當自持敬始, 使端確33)純一靜專, 然後能致知格物.【椿】

14:20 ▲34)只將『大學』一日去讀一遍, 看他如何是大人之學, 如何是小學, 如何是"明明德", 如何是"新民", 如何是"止於至善." 日日如是讀, 月來日去35), 自見所謂"溫故而知新". ◇36) 日日看得新, 方得. 卻不是道理解新, 但自家這箇意思長長地新.【義剛】

14:21 ▲37)"人心有明處, 於其間得一二分, 卽節節推上去." ▲38) "小學涵養此性, 大學則所以實其理也. 忠信孝弟之類, 須於小學中出. 然正心・誠意之類, 小學如何知得? 須其有識後, 以此實之. 大抵『大學』

---

30) ▲: 亦是
31) 八: 『小分』에서는 人을 八로 바로잡았다.
32) 窓: 成化本・賀本에서는 窗으로 되어 있다.
33) 確: 賀本에서는 慤으로 되어 있다.
34) ▲: 而今無法. 嘗欲作一說, 教人
35) 月來日去: 賀本에서는 月去日來로 되어 있다.
36) ◇: 須是知新,
37) ▲: 才仲問『大學』. 曰:
38) ▲: 又問: "小學・大學如何?" 曰:

一節一節恢廓展布將去, 然必到於此而後進. 既到而不進, 固不可, 未到而求進, 亦不可. 且如國既治, 又卻絜矩, 則又欲其四方皆準之也▲39)."◇40)

14:22 ▲41) 先通『大學』, 立定綱領, 其他經皆雜說在裏許. 通得『大學』了, 去看他經, 方見得此是格物・致知事, 此是正心・誠意事, 此是脩身事, 此是齊家・治國・平天下事.

14:23 問: "▲42)正心・誠意・致知・格物, 皆是脩身內事." 曰: "此四者成就那脩身. 脩身推出, 做許多事."【椿】

14:24 ▲43) 『大學』中所說, 不過"爲人君, 止於仁, 爲人臣, 止於敬"之類. 古人小學時都曾理會來. 不成小學全不曾知得. 然而雖是"止於仁, 止於敬", 其間卻有多少事. 如仁必有所以爲仁者, 敬必有所以爲敬者, 故又來『大學』致知・格物上窮究教盡. ▲44)◇45)

14:25 人多教踐履, 皆是自立標置去教人. 自有一般資質好底人, 便不須窮理・格物・致知. 此聖人作今『大學』, 便要使人齊入於聖人之域.【榦】

14:26 ▲46)

39) ▲: . 此一卷書甚分明, 不是滾作一塊物事
40) ◇:【可學】
41) ▲: 『大學』是爲學綱目.
42) ▲: 『大學』一書, 皆以修身爲本.
43) ▲: 致知・格物,
44) ▲: 如入書院, 只到書院門裏, 亦是到來, 亦喚做格物・致知得. 然卻不曾到書院築底處, 終不是物格・知至.
45) ◇:【螢】
46) ▲: 『大學』所載, 只是箇題目如此. 要須自用工夫做將去.【賀孫】

14:27『大學』▲[47], 先要理會得箇道理. 若不理會得, 見聖賢[48]許多言語都是硬將人制縛, 剩許多工夫. 若見得了, 見得許多道理, 都是天生自然鐵定底道理, 更移易分毫不得. ▲[49]◇[50]

14:28 ▲[51]

14:29 讀『大學』, 且逐段崖[52]. 看這段時, 似得無後面底. 看第二段, 卻思量前段, 令文意聯屬, 卻不妨.【榦】

14:30 看『大學』, 固是著逐句看去. 也須先統讀傳文教熟, 方好從頭子[53]細看. 若全不識傳文大意, 便看前頭[54]亦難.【賀孫】

14:31 或問讀『大學』. 曰: "讀後去, 須更溫前面, 不可只恁地茫茫看▲[55]."【賀孫】

14:32 讀『大學』, 初間也只如此讀, 後來也◇[56]只是初間讀得, 似不與自家相關, 後來看熟, 見許多說話須著如此做, 不如此做自不得.

---

47) ▲: 教人
48) 賢: 賀本에서는 人으로 되어 있다. 『考異』에서는 賢, 一作人.으로 되어 있다.【附箋紙】唐本, "賢", 作"人."
49) ▲: 而今讀『大學』, 須是句句就自家身上看過. 少間自理會得, 不待解說. 如『語』·『孟』·『六經』, 亦須就自家身上看, 便如自家與人對說一般, 如何不長進? 聖賢便可得而至也.
50) ◇:【賀孫】
51) ▲: 今人都是爲人而學. 某所以教諸公讀『大學』, 且看古人爲學是如何, 是理會甚事. 諸公願爲古人之學乎, 願爲今人之學乎?【敬仲】
52) 崖: 賀本에서는 捱로 되어 있다.
53) 子: 賀本에서는 仔로 되어 있다.
54) 前頭: 『小分』에서는 頭前을 교정부호로 바로잡았다.
55) ▲: . 須'溫故而知新.' 須是溫故, 方能知新. 若不溫故, 便要求知新, 則新不可得而知, 亦不可得而求矣
56) ◇: 只如此讀.

【賀孫】

14:33 ▲[57)]

14:34 ▲[58)]

14:35 問賀孫: "讀『大學』如何?" 曰: "稍通, 方要讀『論語』." 曰: "且未要讀『論語』. 『大學』稍通, 正好著心精讀. 前日讀時, 見得前未見得後面, 見得後未接得前面. 今識得大綱統體, 正好熟看. 如喫果實相似, 初只恁地硬咬嚼. 待嚼來嚼去, 得滋味, 如何便住卻? 讀此書功深, 則用博. 昔和靖見伊川, 半年方得『大學』·『西銘』看. 今人半年要讀多少書, 某且要人讀此, 是如何? 緣此書卻不多, 而規模周備. 凡讀書, 初一項須著十分工夫了, 第二項只費得九分工夫, 第三項便只費六七分工夫. 少刻讀漸多, 自貫通他書, 自不著得多工夫."【賀孫】

14:36 諸生看『大學』未曉, 而輒欲看『論語』者, 責之曰: "公如喫飯一般, 未曾有顆粒到口, 如何又要喫這般, 喫那般? 這都是不曾好生去讀書. 某嘗謂人看文字曉不得, 只是未曾著心. 文字▲[59)]只是恁地略綽將過, 這心元不曾伏殺在這裏. 看他只自恁地豹跳, 不肯在這裏理會, 又自思量做別處去. 這事未了, 又要別[60)]尋一事做, 這如何要理會得?▲[61)]"◇[62)]

---

57) ▲: 謂任道弟讀『大學』, 云: "須逐段讀敎透, 默自記得, 使心口相應. 古時無多書, 人只是專心暗誦. 且以竹簡寫之, 尋常人如何辦得竹簡如此多. 所以人皆暗誦而後已. 伏生亦只是口授『尙書』二十餘篇. 黃霸就獄, 夏侯勝受『尙書』於獄中, 又豈得本子. 只被他讀得透徹. 後來著述, 諸公皆以名聞. 漢之經學所以有用."【賀孫】

58) ▲: 或問『大學』. 曰: "大概是如此. 只是更要熟讀, 熟時, 滋味自別. 且如喫果子, 生時將來喫, 也是喫這果子, 熟時將來喫, 也是喫這果子, 只是滋味別."【胡泳】

59) ▲: 在眼前, 他心不曾著上面,

60) 別: 賀本에는 없다.

61) ▲: 今之學者看文字, 且須壓這心在文字上. 逐字看了, 又逐句看, 逐句看了, 又

14:37 ▲63) "某所成『章句』·『或問』之書, 已是傷多了. ▲64) 此一書之間, 要緊只在'格物'兩字, 認得這裏着65), 則許多說自是閑了. 初看須用這本子, 認得要害處, 本子自無可用. 某說十句在裏面, 看得了, 只做一句說了方好. ▲66) 看這一書, 又自與看『語』·『孟』不同. 『語』·『孟』中只一項事是一箇道理. 如孟子說仁義處, 只就仁義上說道理, 孔子答顏淵以'克己復禮', 只就'克己復禮'上說道理. 若『大學』, 卻只統說. 論其功用之極, 至於平天下. 然天下所以平, 卻先須治國, 國之所以治, 卻先須齊家, 家之所以齊, 卻先須脩身, 身之所以脩, 卻先須正心, 心之所以正, 卻先須誠意, 意之所以誠, 卻先須致知, 知之所以至, 卻先須格物. 本領全只在這兩字上. 又須知如何是格物. 許多道理, 自家從來合有, 不合有. 定是合有, 定是人人都有. 人之心便具許多道理. 見之於身, 便見身上有許多道理. 行之於家, 便是一家之中有許多道理. 施之於國, 便是一國之中有許多道理. 施之於天下, 便是天下有許多道理. '格物'兩字, 只是指箇路頭▲67)."◇68)

14:38 ▲69)『大學』, 只說箇做工夫之節目, ▲70)做工夫全在自家身已71)上, 卻不在文字上. ▲72) 說窮理, 只就自家身上求之, 都無別物

逐段看, 未有曉不得者.

62) ◇:【賀孫】

63) ▲: 子淵說『大學』. 曰: "公看文字, 不似味道只就本子上看, 看來看去, 久之浹洽, 自應有得. 公便要去上面生意, 只討頭不見."

64) ▲: 當初只怕人曉不得, 故說許多. 今人看, 反曉不得.

65) 着: 『考異』에서는 著, 一作看.으로 되어 있다.【附箋紙】唐本, "着", 作"看."【挾書】看

66) ▲: 某『或問』中已說多了, 卻不說到這般處.

67) ▲: , 須是自去格那物始得. 只就紙上說千千萬萬, 不濟事

68) ◇:【賀孫】

69) ▲: 答林子淵說『大學』, 曰: "聖人之書, 做一樣看不得. 有只說一箇下工夫規模, 有首尾只說道理. 如『中庸』之書, 劈初頭便說'天命之謂性.' 若是這般書, 全著得思量義理. 如

70) ▲: 自不消得大段思量, 纔看過, 便自曉得. 只是

71) 已: 成化本·賀本에서는 心으로 되어 있다.

事. 只有箇仁義禮智, ▲[73] 日用之間如何離得這四箇? 如信者, 只是有此四者, 故謂之信. 信, 實也, 實是有此. 論其體, 則實是有仁義禮智, 論其用, 則實是有惻隱・羞惡・恭敬・是非, 更假僞不得. 試看天下豈有假做得仁, 假做得義, 假做得禮, 假做得智? 所以說信者, 以言其實有而非僞也. 更自一身推之於家, 實是有父子, 有夫婦, 有兄弟. 推之天地之間, 實是有君有[74]臣, 有朋友. 都不是待後人旋安排, 是合下元有此. 又如一身之中, 裏面有五臟六腑, 外面有耳目口鼻四肢, 這是人人都◇[75]此. 存之爲仁義禮智, 發出來爲惻隱・羞惡・恭敬・是非. 人人◇[76]有此. 以至父子・兄弟・夫婦・朋友・君臣, 亦莫不皆然. 至於物, 亦莫不然. 但其拘於形, 拘於氣而不變. 然亦就他一角子有發見處. 看他也自有父子之親. 有牝牡, 便是有夫婦. 有大小, 便是有兄弟. 就他同類中各有群衆, 便是◇[77]朋友. 亦有主腦, 便是有君臣. 只緣本來都是天地所生, 共這根蔕, 所以大率多同. 聖賢出來撫臨萬物, 各因其性而導之. 如昆蟲草木, 未嘗不順其性, 如取之以時, 用之有節. 當春生時'不殀夭, 不覆巢, 不殺胎. 草木零落, 然後入山林. 獺祭魚, 然後虞人入澤梁, 豺祭獸, 然後田獵.' 所以能使萬物各得其所者, 惟是先知得天地本來生生之意." 【賀孫】

14:39 ▲[78]"聖賢說話,[79] ▲[80]坦然若大路然. 緣後來人說得崎嶇, 所以聖賢意思難見." 【賀孫】

---

72) ▲: 文字已不著得思量.
73) ▲: 看如何千變萬化, 也離這四箇不得. 公且自看,
74) 有: 賀本에는 없다. 『考異』에서는 一無有.로 되어 있다.
75) ◇: 如
76) ◇: 都
77) ◇: 有
78) ▲: 問『大學』. 曰: "看
79) 聖賢說話: 【附箋紙】 "ㄱ說話", ㄱ緊要, 刪之.
80) ▲: 所謂

14:40 聖賢形之於言, 所以發其意. 後人多因言而失其意, 又因注解而失其主. ◇[81] 且先求其意, 有不可曉, 然後以注通之. 如看『大學』, 先看前後經亦自分明, 然後看傳. 【可學】

14:41 『大學』諸傳, ◇[82]解經處, 有只引經傳贊揚處. 其意只是提起一事, 使人讀著常惺惺地. 【道夫】

14:42 伊川舊日教人先看『大學』, 那時未有解說, 想也看得鶻突, 而今有[83]注解, 覺大段分曉了, 只在子細去看. 【賀孫】

14:43 "▲[84]先讀本文, 念得, 次將『章句』來解本文, 又將『或問』來參『章句』. 須逐一令記得, 反覆尋究, 待他浹洽. 既逐段曉得, 將來統看溫尋過, ▲[85] 須是靠他這心, 若一向靠寫底, 如何得?" ▲[86]◇[87]

14:44[88] ▲[89]『大學』一書[90], 有正經, 有注解, 有『或問』. 看來看去, 不用『或問』, 只看注解, 便了. 久之, 又只看正經, 便了. 又久之, 自有一部『大學』在我胸中, 而正經亦不用矣. 然不用某許多工夫, 亦看某底不出, 不用聖賢許多工夫, 亦看聖賢底不出. 【大雅】

14:45 或問: "『大學解』已定否?" 曰: "據某而今自謂穩矣. 只恐數年

81) ◇: 凡觀書,
82) ◇: 有
83) 有: 賀本에서는 看으로 되어 있다. 『考異』에서는 有, 一作"看." 으로 되어 있다.
84) ▲: 看『大學』, 且逐章理會. 須
85) ▲: 這方始是.
86) ▲: 又曰: "只要熟, 不要貪多."
87) ◇: 【道夫】
88) 14:44: 『小分』에서는 원래 14:43에 이어져 있었으나 뒤에 ○을 가필하여 별도의 항목으로 분리했다.
89) ▲: 聖人不令人懸空窮理, 須要格物者, 是要人就那上見得道理破, 便實. 只如
90) 一書: 【附箋紙】"一書"以下, 爲各條.

後又見不穩, ▲91)本文未詳者, 某於『或問』▲92)詳之. ▲93)皆是辨諸家說, 恐94)未必是. 有疑處, 皆以'蓋'言之." 【淳】

14:46 『大學▲95)』次序96)得皆明白易曉, 不必『或問』. 但致知・格物與誠意較難理會, 不得不明◇97)之耳. 【人傑】

14:47 子淵問『大學或問』. 曰: "且從頭逐句理會, 到不通處, 卻看『章句』. 『或問』乃注脚之注脚▲98)."◇99)

14:48 "▲100)熟讀『大學』正文了, 又子細看『章句』. 『或問』未要看, 俟有疑處, 方可去看." ▲101) "某解書不合太多. 又先準備學者, 爲他設疑說了. ▲102) 所以致得學者看得容易了. 聖人云: '不憤不啓, 不悱不發. 擧一隅不以三隅反, 則不復也.' 須是教他疑三朝五日了, 方始與說他, 便通透. 更與從前所疑慮, 也會因此觸發, 工夫都在許多思慮不透處, 而今卻是看見成解底, 都無疑了. ▲103) "解文字, 下字最難. 某解書所以未定, 常常更改者, 只爲無那恰好底字子104). 把來看, 又

---

91) ▲: 這箇不由自家." 問『中庸解』. 曰: "此書難看. 『大學』
92) ▲: 則
93) ▲: 此書在『章句』, 其『或問』中
94) 恐: 賀本에서는 理로 되어 있다. 『考異』에서는 恐, 一作理.로 되어 있다. 【附箋紙】 □本, "恐"作"理."
95) ▲: 章句
96) 序: 賀本에서는 第로 되어 있다.
97) ◇: 辨
98) ▲: , 亦不必深理會
99) ◇: 【賀孫】
100) ▲: 學者且去
101) ▲: 又曰:
102) ▲: 他未曾疑到這上, 先與說了,
103) ▲: 吾儒與老・莊學皆無傳, 惟有釋氏常有人. 蓋他一切辦得不說, 都待別人自去敲磕, 自有箇通透處. 只是吾儒又無這不說底, 若如此, 少間差異了." 又曰:吾儒與老・莊學皆無傳, 惟有釋氏常有人. 蓋他一切辦得不說, 都待別人自去敲磕, 自有箇通透處. 只是吾儒又無這不說底, 若如此, 少間差異了." 又曰:

見不穩當, 又著改幾字. 所以橫渠說命辭爲難."【賀孫】

14:49 某作『或問』, 恐人有疑, 所以設此, 要他通曉, 而今學者未有疑, 卻反被這箇生出疑.【賀孫】

14:50 或問朱敬之[105]: "有異聞乎?" 曰: "平常只是在外面聽朋友問答, 或時裏面亦只說某病痛處得." 一日, 教看『大學』, 曰: "我平生精力盡在此書. 先須通此, 方可讀書."【賀孫】

14:51 某於『大學』用工甚多. 溫公作『通鑑』, 言: "臣平生精力, 盡在此書." 某於『大學』亦然. 『論』·『孟』·『中庸』, 卻不費力.【友仁】

14:52 ▲[106]一日只看二三段時, 便有許多脩處. 若一向看去, 便少. 不是少, 只是看得草草.

14:53 某解注書, 不引後面說來證前說, ◇[107]去證後說. 蓋學者方看此, 有未曉處, 又引他處, 只見難曉. 『大學』都是如此.【僩】

14:54 說『大學啓蒙』畢, 因言: "某一生只看得這兩件文字透, 見得前賢所未到處. 若使天假之年, 庶幾將許多書逐件看得恁地, 煞有工夫."【賀孫】

○[108] "看『大學』, 先將經文看教貫通. 如看『或問』, 須全段相參酌,

---

104) 子: 【頭註】"子", 作"纔." 英祖刊本에서는 纔으로 되어 있다. 『考異』에서는 纔, 一作"子."로 되어 있다.
105) 朱敬之: 『小分』에서는 故로 되어 있던 것을 敬으로 고쳤다.
106) ▲: 『大學』
107) ◇: 卻引前說
108) ○: 14:83의 일부이다.

看敎他貫通, 如看了隻手, 將起便有五指頭, 始得. 今看『或問』, 只逐些子看, 都不貫通, 如何得?" 【子蒙】

「序」

14:55 ▲[109]問: "▲[110]'旣與之以仁義禮知[111]之性, 又有氣質之稟.' 所謂氣質, 便是剛柔・强弱・明快・遲鈍等否?" 曰: "然." 又云: "氣, 是那初稟底, 質, 是成這模樣了底. 如金之鑛[112], 木之萌芽相似." ▲[113] "只是一箇陰陽五行之氣, 袞[114]在天地中, 精英者爲人, 渣滓者爲物, 精英之中又精英者, 爲聖爲賢. 精英之中渣滓者, 爲愚爲不肖." 【恪】

14:56 ▲[115]才生得[116]一箇恁地底人, 定是爲億兆之君師, 便是天命之也. 他旣有許多氣魄才德, 決不但已, 必統御億兆之衆, 人亦自是歸他. 如三代已前聖人都是如此. 及至孔子, 方不然. 然雖不爲帝王, 也閑他不得, 也做出許多事來, 以敎天下後世, 是亦天命也." 【僩】

14:57 問: "▲[117] 天如何命之?" 曰: "只人心歸之, 便是命." 問: "孔子如何不得命?" 曰: "『中庸』云: '大德必得其位', 孔子卻不得. 氣數之差至此極, 故不能反." 【可學】

---

109) ▲: 亞夫
110) ▲: 「大學序」云:
111) 知: 英祖刊本・賀本에서는 智로 되어 있다. 【附箋紙】□本, "知", 作"智."
112) 鑛: 成化本에서는 礦으로 되어 있다.
113) ▲: 又云:
114) 袞: 賀本에서는 滾으로 되어 있다. 【附箋紙】□本, "袞"從"氵."
115) ▲: 問: "'一有聰明睿智能盡其性者, 則天必命之以爲億兆之君師', 何處見得天命處?" 曰: "此也如何知得. 只是
116) 才生得: 【附箋紙】"才生得"上有数轉畧, 存之如何?
117) ▲: '天必命之以爲億兆之君師',

14:58 ▲[118]"天只[119]生得許多人物, 與你許多道理. 然天卻自做不得, 所以必[120]得聖人爲之脩道立教, 以教化百姓, 所謂'裁成天地之道, 輔相天地之宜'是也. 蓋天做不得底, 卻須聖人爲他做也."【僩】

14:59 問: "'各俛焉以盡其力.' 下此'俛'字◇[121]者, 乃是刺著頭, 只管做將去底意思."【友仁】

14:60 ▲[122]"須先[123]識得外面一箇規模如此大了, 而內做工夫以實之. 所謂規模之大, 凡人▲[124]當以'明明德, 新民, 止於至善'及'明明德於天下'爲事, 不成只要獨善其身便了. ▲[125] 所謂'志伊尹之所志, 學顔子之所學也'. 所以『大學』第二句便說'在新民'."【僩】

14:61 明德・新民, 便是節目. 止於至善, 便是[126]規模之大.【道夫】

14:62 仁甫問: "釋氏之學, 何以說爲'高過於『大學』而無用?'" 曰: "吾儒更著讀書, 逐一就事物上理會道理. 他便都掃了這箇, 他便恁地空空寂寂, 恁地便道事都了. ▲[127]若將些子事付之, 便都沒奈何." ▲[128] "古人志道, 據德而游於藝, ◇[129] 數尤爲最末事. 若而今行經界, 則算法亦甚有用▲[130]."◇[131]

---

118) ▲: 問"繼天立極." 曰:
119) 天只: 【附箋紙】□本, "天只"上有"繼天立極曰"六字.
120) 必: 賀本에서는 生으로 되어 있다. 【附箋紙】"必", 唐本作"立."
121) ◇: 何謂?" 曰: "'俛'字
122) ▲: 問: "外有以極其規模之大, 內有以盡其節目之詳." 曰: "這个
123) 須先: 【附箋紙】"須□"□有数語. "凡人"下□□□字二字.
124) ▲: 爲學, 便
125) ▲: 須是志於天下,
126) 是: 英祖刊本에서는 見으로 되어 있다. 『考異』에서는 見, 一作是.로 되어 있다.
127) ▲: 只是無用. 德行道藝, 藝是一个至末事, 然亦皆有用. 釋氏
128) ▲: 又曰:
129) ◇: 禮樂射御書數,

「經上」

14:63『大學』首三句說一箇體統, 用力處卻在致知・格物.【端蒙】

14:64 天之賦於人物者謂之命, 人與物受之者謂之性, 主於一身者謂之心, 有得於天而光明正大者謂之明德.【敬仲 ○以下明明德.】

14:65 或問[132]: "明德便是仁義禮智之性否?" 曰: "便是."

14:66 ▲[133] "這箇道理在心裏光明照徹, 無一毫不明."

14:67 明德是指全體之妙, 下面許多節目, 皆是靠明德做去.

14:68 "明明德", 明只是提撕也.【士毅】

14:69 ▲[134]

14:70 "明明德"乃是爲己工夫. 那箇事不是分內事? 明德在人, 非是從外面請入來底.【蓋卿】

14:71 爲學只"在明明德"一句. 君子存之, 存此而已. 小人去之, 去此而已. 一念竦然, 自覺其非, 便是明之之端.【儒用】

---

130) ▲: 若時文整篇整卷, 要作何用耶! 徒然壞了許多士子精神.
131) ◇:【賀孫】
132) 或問:【附箋紙】"或問"及"這箇"二条, 當合爲一段. 否則"這箇"上依印本, 當添数語.
133) ▲: 或問: "所謂仁義禮智是性, 明德是主於心而言?" 曰:
134) ▲: 學者須是爲己. 聖人敎人, 只在『大學』第一句"明明德"上. 以此立心, 則如今端己斂容, 亦爲己也. 讀書窮理, 亦爲己也. 做得一件事是實, 亦爲己也. 聖人敎人持敬, 只是須著從這裏說起. 其實若知爲己後, 即自然著敬.【方子】

14:72 ▲[135]"明明德"一句, 當常常提撕. 能如此, 便有進步處. 蓋其原自此發見. 人只一心爲本. 存得此心, 於事物方知有脈絡貫通處.【季札[136]】

14:73 ▲[137]見得這物事光明燦爛, 常在目前, 始得. ▲[138] 正如人跌落大水, 浩無津涯, 須是勇猛奮起這身, 要得出來, 始得, 而今都只汎汎聽他流[139]將去.

14:74 或以"明明德"譬之磨鏡. 曰: "鏡猶磨而後明. 若人之明德, 則未嘗不明. 雖其[140]昏蔽之極, 而其善端[141]之發, 終不可絶. 但當於其所發之端, 而接續光明之, 令其不昧, 則其全體大用可以盡明. 且如人知己德之不明而欲明之. 只這知其不明而欲明之者, 便是明德, 就這裏便明將去."【僩】

14:75 ▲[142]人自云, 天之所與我, 未嘗昏. 只知道不昏, 便不昏矣.【僩】

14:76 ▲[143] 只見一點明, 便於此明去. 正如人醉醒, 初間少醒, 至於大醒, 亦只是一醒. 學者貴復其初, 至於已到地位, 則不著箇[144]"復"字.【可學】

---

135) ▲: 『大學』在
136) 季札: 徽州本에서는 이 뒤에 "明德"是指全體之妙, 下面許多節目, 皆是靠'明德'做去.라는 小註가 있다.
137) ▲: "在明明德", 須是自家
138) ▲: 如今都不曾見得. 須是勇猛著起精神, 拔出心肝與它看, 始得.
139) 流: 『小分』에서는 了를 流로 바로잡았다.
140) 其: 『小分』에서는 是를 其로 바로잡았다.
141) 端: 『小分』에서는 斷을 端으로 바로잡았다.
142) ▲: "明明德", 如
143) ▲: "明明德", 是明此明德,
144) 箇: 『小分』에서는 蓋를 箇로 바로잡았다.

14:77 ▲[145] "人皆有箇明處, ▲[146] 只就明處漸明將去. 然須致知·格物, 方有進步處▲[147]."◇[148]

14:78 明德未嘗息, 時時發見於日用之間. 如見非義而羞惡, 見孺子入井而惻隱, 見尊賢而恭敬, 見善事而歎慕, 皆明德之發見也. ▲[149] ◇[150]

14:79 明德, ▲[151]得之於己, 至明而不昧者也. 如父子則有親, 君臣則有義, 夫婦則有別, 長幼則有序, 朋友則有信, 初未嘗差也. ▲[152] ◇[153]

14:80 ▲[154] 德內[155]便有此仁義禮智四者. 只被外物汨沒了不明, 便都壞了. 所以『大學』之道, 必先明此明德. 若能學, 則能知覺此明德, 常自存得, ▲[156] 推而事父孝, 事君忠, 推而齊家·治國·平天下, 皆只此理. ▲[157] 若理會得這一句, 便可迎刃而解.【椿】

14:81 明德, 也且就切近易見處理會, 也且慢慢自見得. 如何一日便都要識得? 如出必是告, 反必是面, 昏定晨省, 必是昏定晨省, 這易見.

---

145) ▲: 問"明明德." 曰:
146) ▲: 但爲物欲所蔽, 剔撥去了.
147) ▲: , 識得本來是甚麽物
148) ◇:【季札】
149) ▲: 如此推之, 極多. 但當因其所發而推廣之.
150) ◇:【僩】
151) ▲: 謂
152) ▲: 苟或差焉, 則其所得者昏, 而非固有之明矣.
153) ◇:【履孫】
154) ▲: 人本來皆具此明德,
155) 德內:【附箋紙】"德內"上有"人本來皆□□明德"八字.
156) ▲: 便去刮剔, 不爲物欲所蔽.
157) ▲:『大學』一書,

"徐行後長者, 謂之弟, 疾行先長者, 謂之不弟", 這也易見, 有甚不◇[158]明. 如"九族旣睦", 是堯一家之明德, "百姓昭明", 是堯一國之明德, "黎民於變時雍", 是堯天下之明德. ▲[159]◇[160]

14:82 ▲[161] "明德是自家心中具許多道理在這裏. 本是箇明底物事, 初無暗昧, 人得之, 則爲德. 如惻隱・羞惡・辭遜[162]・是非, 皆[163]從自家心裏出來, 觸著那物, ▲[164] 何嘗不明. 緣爲物欲所蔽, 故其明易昏. ▲[165] "人心[166]惟定則明. 所謂定者, 非是定於這裏, 全不脩習, 待他自明. 惟是定後, 卻好去學. 看來看去, 久後自然徹." ▲[167]惻隱・羞惡・辭遜・是非等, 此是心中元有此等物. 發而爲惻隱, 這便是仁, 發而爲羞惡, 這便是義, 發而爲辭遜・是非, 便是禮・智. 看來這箇亦不是甚昧, 但恐於義理差互處有似是而非者, 未能分別耳. 且如冬溫夏凊爲孝, 人能冬溫夏凊, 這便是孝. 至如子從父之令, 本似孝, 孔子卻以爲不孝. 與其得罪於鄉閭, 不若且諫父之過, 使不陷於不義, 這處方是孝. 恐似此處, 未能大故分別得出, 方昧. 且如齊宣王見牛之觳觫, 便有不忍之心, ▲[168]便見惻隱處, ▲[169] 及到'興甲兵, 危士臣'處, 便欲快意爲之. 是見不精確, 不能推愛牛之心而愛百姓. ▲[170]

---

158) ◇: 分
159) ▲: 如"博弈好飮酒, 不顧父母之養", 是不孝, 到能昏定晨省, 冬溫夏凊, 可以爲孝. 然而"從父之令", 今看孔子說, 卻是不孝. 須是知父之命當從, 也有不可從處. 蓋"與其得罪於鄉黨州閭, 甯熟諫." "諭父母於道", 方是孝.
160) ◇: 【賀孫】
161) ▲: 曾興宗問: "如何是'明明德'?" 曰:
162) 遜: 賀本에서는 讓으로 되어 있다. 【附箋紙】唐本, "遜", 作"讓."
163) 皆: 賀本에서는 是로 되어 있다.
164) ▲: 便是那个物出來,
165) ▲: 如鏡本明, 被外物點汙, 則不明了. 少間磨起, 則其明又能照物." 又云:
166) 人心: 【附箋紙】□□上依印本□"又云"字.
167) ▲: 又有人問: "自覺胸中甚昧." 曰: "這明德亦不甚昧. 如適來說
168) ▲: 欲以羊易之. 這
169) ▲: 只是見不完全.
170) ▲: 只是心中所見所好如此, 且恁地做去.

又如胡侍郎『讀史管見』, 其爲文字與所見處甚好, 到他自做處全相反. ▲171) 卻似是兩人做事◇172), 前日所見是一人, 今日所行又是一人. 是見不眞確, 致得如此."【卓】

14:83 ▲173)問: "'明明德', 是於靜中本心發見▲174)175)否?" 曰: "不特是靜, 雖動中亦發見. 孟子將孺子將入井處來明這道理. ▲176) 能於此發端處推明, 便是明. 蓋人心至靈, 有什麽事不知, 有什麽事不曉, 有什麽道理不具在這裏. 何緣有不明? 爲是氣稟之偏, 又爲物欲所亂. 如目之於色, 耳之於聲, 口之於味, 鼻之於臭, 四肢之於安佚, 所以不明. 然而其德本是至明▲177)必有時發見. ▲178)至惡之人, 亦時乎有善念之發. 學者便當因其明處下工夫, 一向明將去. 致知・格物, 皆是事也. 且如今人做得一件事不是, 有時都不知, 便是昏處, 然有時知得不是, 這箇便是明處. ▲179)◇180)

14:84 或問"明明德"云云. 曰: "不消如此說, 他那註181)得自分曉了. 只要你實去體察, 行之於身. ▲182)眞箇明得這明德是怎生地明, 是如

171) ▲: 不知是如何,
172) ◇: 一般
173) ▲: 或
174) ▲: , 學者因其發見處從而窮究之
175) 發見:【附箋紙】"發見"下, 依印本加"□□從而窮究之"□字.
176) ▲: 蓋赤子入井, 人所共見,
177) ▲: 物事, 終是遮不得,物事, 終是遮不得,
178) ▲: 便教
179) ▲: 孟子發明赤子入井. 蓋赤子入井出於倉猝, 人都主張不得, 見之者莫不有怵惕惻隱之心." 又曰: "人心莫不有知, 所以不知者, 但氣稟有偏, 故知之有不能盡. 所謂致知者, 只是教他展開使盡." 又曰: "看『大學』, 先將經文看教貫通. 如看『或問』, 須全段相參酌, 看教他貫通, 如看了隻手, 將起便有五指頭, 始得. 今看『或問』, 只逐些子看, 都不貫通, 如何得."
180) ◇:【子蒙】
181) 註: 成化本・賀本에서는 注로 되어 있다.
182) ▲: 須是

何了得它虛靈不昧. 須是眞箇不昧, 具得衆理, 應得萬事. ▲183) "如格物・致知・誠意・正心・脩身五者, 皆'明明德'事. 格物・致知, 便是要知得分明, 誠意・正心・脩身, 便是要行得分明. 若是格物・致知有所未盡, 便是知得這明德未分明, 意未盡誠, 便是這德有所未明, 心有不正, 則德有所未明, 身有不脩, 則德有所未明. ▲184) 問: "所謂明德, 工夫也只在讀書上?" 曰: "固是◇185)讀書上. 然亦不專是讀書, 事上也要理會. 書之所載者, 固要逐件理會. 也有書所不載, 而事上合當理會者, 也有古所未有底事, 而今之所有當理會者極多端." 【僩 ○燾錄別出.】

14:85 ▲186) "但要識得這明德是甚物事, 便切身做工夫, 去其氣稟物欲之蔽. 能存得自家箇虛靈不昧之心, 足以具衆理, 可以應萬事, 便是明得自家明德了. ▲187) 蓋所謂明德者, 只是一箇光明底物事. 如人與我一把火, 將此火照物, 則無不燭. 自家若滅息著, 便是暗了明德, 能吹得著時, 又是明其明德. 所謂明之者, 致知・格物・誠意・正心・脩身, 皆明之之事, 五者不可闕一. 若闕一, 則德有所不明. 蓋致知・格物, 是要知得分明, 誠意・正心・脩身, 是要行得分明. 然旣明其明德, 又要功夫無間斷, 使無時而不明, 方得. 若知有一之不盡, 物有一之未窮, 意有頃刻之不誠, 心有頃刻之不正, 身有頃刻之不脩, 則明德又暗了▲188)."◇189)

---

183) ▲: 只恁地說, 不濟得事." 又曰:

184) ▲: 須是意不可有頃刻之不誠, 心不可有頃刻之不正, 身不可有頃刻之不修, 這明德方常明."

185) ◇: 在

186) ▲: 問: "或謂'虛靈不昧', 是精靈底物事, '具衆理', 是精靈中有許多條理, '應萬事', 是那條理發見出來底." 曰: "不消如此解說."

187) ▲: 若只是解說'虛靈不昧'是如何, '具衆理'是如何, '應萬事'又是如何, 卻濟得甚事?" 又問: "明之之功, 莫須讀書爲要否?" 曰: "固是要讀書. 然書上有底, 便可就書理會, 若書上無底, 便著就事上理會, 若古時無底, 便著就而今理會.

188) ▲: . 惟知無不盡, 物無不格, 意無不誠, 心無不正, 身無不修, 卽是盡明明德之功夫也

14:86 問: "▲190)『注』言: '其體虛靈而不昧, 其用鑒照而不遺.' 此二句是說心? 說德?" 曰: "心·德皆在其中, 更子細看." 又問: "德是心中之理否?" 曰: "便是心中許多道理, 光明鑒照, 毫髮不差."【寓 ○按:『注』是舊本.】

14:87 ▲191) 禪家則但以虛靈不昧者爲性, 而無以具衆理以下之事.【僩】

14:88 ▲192) "人固有193)理會得處, 如孝於親, 友於弟. 如水之必寒, 火之必熱, 不可謂他不知. ▲194)須去致極其知, 因那理會得底, 推之於理會不得底, 自淺以至深, 自近以至遠." ▲195)【廣】

14:89 ▲196) "此明德是天之予我者, 莫令汙穢, 當常常有以明之."【驤】

14:90 ▲197)

14:91 ▲198)聖人說這三句, ▲199) 到下面方說平天下至格物八者,

---

189) ◇:【燾】
190) ▲:『大學』
191) ▲: "明德者, 人之所得乎天, 而虛靈不昧, 以具衆理而應萬事者也."
192) ▲: 問: "'學者當因其所發而遂明之', 是如何?" 曰:
193) 人固有:【附箋紙】印本"人固有"上有問辭.
194) ▲: 但
195) ▲: 又曰: "因其已知之理而益窮之, 以求至乎其極."
196) ▲: 問: "'『大學』之道, 在明明德.' 此'明德', 莫是'天生德於予'之'德'?" 曰: "莫如此問, 只理會明德是我身上甚麽物事. 某若理會不得, 便應公'是"天生德於予"之"德"', 公便兩下都理會不得. 且只就身上理會, 莫又引一句來問. 如此, 只是紙上去討." 又曰:
197) ▲: 問: "'明明德'意思, 以平旦驗之, 亦見得於天者未嘗不明." 曰: "不要如此看. 且就明德上說, 如何又引別意思證? 讀書最不要如此." 賀孫遂就明德上推說. 曰: "須是更仔細, 將心體驗. 不然, 皆是閑說."【賀孫】

▲[200] 就此八者理會得透徹, 明德・新民都在這裏. ▲[201] 【夔孫[202]】

14:92 明德, 謂本有此明德也. "孩提之童, 無不知愛其親. 及其長也, 無不知敬其兄." 其良知・良能, 本自有之. ▲[203][204] 【德明 ▲[205][206]】

14:93 ▲[207] "不是自家德未明, 便都不管著別人, 又不是硬要去新他. 若大段新民, 須是德十分明, 方能如此. 若小小效驗, ▲[208]自家這裏如此, 他人便自親[209]感. '一家仁, 一國興仁, 一家讓, 一國興讓', 自是如此." 【子蒙】

14:94 ▲[210] "雖說是明己德, 新民德, 然其意自可參見. '明明德於天下', 自新以新其民, 可知." 【寓】

---

198) ▲: 傳敬子說"明明德." 曰: "大綱也是如此. 只是說得恁地孤單, 也不得. 且去子細看.

199) ▲: 也且大概恁地說,

200) ▲: 便是明德新民底工夫.

201) ▲: 而今且去子細看, 都未要把自家言語意思去攙他底. 公說胸中有箇分曉底, 少間捉摸不著, 私意便從這裏生, 便去穿鑿, 而今且去熟看那解, 看得細字分曉了, 便曉得大字, 便與道理相近. 道理在那無字處自然見得, 而今且說格物這箇事理, 當初甚處得來? 如今如何安頓它? 逐一只是虛心去看萬物之理, 看日用常行之理, 看聖賢所言之理."

202) 夔孫: 賀本에서는 夔으로 되어 있다.

203) ▲: 只爲私欲所蔽, 故暗而不明. 所謂"明明德"者, 求所以明之也. 譬如鏡焉, 本是箇明底物, 緣爲塵昏, 故不能照, 須是磨去塵垢, 然後鏡復明也. "在新民", 明德而後能新民.

204) 明德, 謂本有此明德也. … 其良知・良能, 本自有之.: 【附箋紙】□□德明錄也. 當□印本添脩.

205) ▲: ○以下"明德・新民."

206) 德明: 【附箋紙】以下"明德・新民."

207) ▲: 或問: "明德新民, 還須自家德十分明後, 方可去新民?" 曰:

208) ▲: 自是

209) 親: 英祖刊本・成化本・賀本에서는 觀으로 되어 있다. 『考異』에서는 觀, 一作親.으로 되어 있다. 【附箋紙】唐本, "親", 作"觀." 【挾書】觀

210) ▲: 問: "明德新民, 在我有以新之. 至民之明其明德, 卻又在它?" 曰:

14:95 蜚卿問: "新民, 莫是'脩道之謂敎', 有以新之否?" 曰: "'道之以德', 是'明明德', '齊之以禮', 是以禮新民, 也是'脩道之謂敎'. 有禮樂·法度·政刑, 使之去舊汙也."【驤】

14:96 至善, 只是十分是處.【賀孫. ○以下止至善.】

14:97 至善, 猶今人言極好.【方子】

14:98 ▲[211]道理十分盡頭, 無一毫不盡, 故曰至善.【僩】

14:99 至善是極好處. 且如孝, 冬溫夏凊, 昬[212]定晨省, 雖然是孝底事, 然須是能'聽於無聲, 視於無形', 方始是盡得所謂孝.【履孫】

14:100 至善是箇最好處. 若十件事做得九件是, 一件不盡, 亦不是至善.【震】

14:101 說一箇"止"字, 又說一箇"至"字, 直是要到那極至處而後止. 故曰: '君子無所不用其極'也.【德明】

14:102 善, 須是至善始得. 如『通書』"純粹至善"亦是.【泳】

14:103 ▲[213] "未至[214]其地, 則求其至, 旣至其地, 則不當遷動而之它也."【德明】

14:104 問: "'止於至善', 向承敎, 以爲君止於仁, 臣止於敬, 各止其

---

211) ▲: 凡曰善者, 固是好. 然方是好事, 未是極好處. 必到極處, 便是
212) 昬: 『朱子語類』에서는 昏으로 되어 있다.
213) ▲: 問: "'必至於是而不遷', 如何?" 曰:
214) 未至: 【附箋紙】"未至"上, 依印本添入問辭.

所而行其所止之道. 知此而能定. 今日先生語竇文卿, 又云: '〈坐如尸〉, 坐時止也, 〈立如齊〉, 立時止也.' 豈以自君臣父子推之於萬事, 無不各有其止?" 曰: "固然. '定公問[215]君使臣, 臣事君. 子曰: 〈君使臣以禮, 臣事君以忠〉.' 君與臣, 是所止之處, 禮與忠, 是其所止之善. 又如'視思明, 聽思聰, 色思溫, 貌思恭'之屬, 無不皆然."【德明】

14:105 問至善. 先生云: "事理當然之極也." "恐與伊川說'艮其止, 止其所也'之義一同. 謂有物必有則, 如父止於慈, 子止於孝, 君止於仁, 臣止於敬, 萬物庶事莫不各得[216]其所. 得其所則安, 失其所則悖. 所謂'止其所'者, 卽止於至善之地也." 曰: "只是要如此."【卓】

14:106 ▲[217] "我之所得以生者, 有許多道理在裏, 其光明處, 乃所謂明德也. '明明德'者, 是直指全體之妙. 下面許多節目, 皆是靠明德做去." 又問: "旣曰明德, 又曰至善, 何也?" 曰: "明得一分, 便有一分. 明得十分, 便有十分. 明得二十分, 乃是極至處也." 又曰: "明德是下手做, 至善是行到極處." 又曰: "至善雖不外乎明德, 然明德亦有略略明者, 須是止於那極至處."【銖. ○以下明德止至善】

14:107 ▲[218] 良心便是明德, 止是事事各有箇止處. 如"坐如尸, 立如齊", 坐立上須得如此, 方止得. 又如"視思明"以下, 皆"止於至善"之意. 『大學』須自格物入, 格物從敬入最好. 只敬, 便能格物. 敬是箇瑩徹底物事. 今人卻塊坐了, 相似昏倦, 要須提撕看[219]. 提撕便敬, 昏倦便是肆, 肆便不敬.[220]【德明[221]】[222]

215) 問: 徽州本에서는 이 뒤에 孔子가 더 있다.
216) 得: 賀本에서는 有로 되어 있다.
217) ▲: 或問: "何謂明德?" 曰:
218) ▲: 『大學』只前面三句是綱領. 如"孩提之童, 無不知愛其親, 及其長也, 無不知敬其兄", 此良心也.
219) 看: 賀本에서는 著로 되어 있다. 『考異』에서는 看, 一作著.로 되어 있다.
220) 肆便不敬: 徽州本에서는 이 뒤에 存心養性以事天, 存養是事, 心性是天. 地本

14:108 ▲[223] "至善是明德中有此極至處. 如君止於仁, 臣止於敬, 父止於慈, 子止於孝, 與國人交止於信, 此所謂'在止於至善'. 只是又當知如何而爲止於仁, 如何而止於敬, 如何而止於慈孝, 與國人交之信. 這裏便用究竟一箇下工夫處." 景紹曰: "止, 莫是止於此而不過否?" 曰: "固是. 過與不及, 皆不濟事. 但仁敬慈孝, 誰能到得這裏? 聞有不及者矣, 未聞有過於此者也. 如舜之命契, 不過是欲使'父子有親, 君臣有義, 夫婦有別, 長幼有序, 朋友有信', ▲[224]聖賢千言萬語, 只是欲明此而已. 這箇道理, 本是天之所以與我者, 不爲聖賢而有餘, 不爲愚不肖而不足. 但其間節目, 須當講學以明之, 此所以讀聖賢之書, 須當知他下工夫處. 今人只据他說一兩字, 便認以爲聖賢之所以爲聖賢者止此而已, 都不窮究著實, 殊不濟事. ▲[225]【道夫】

14:109 "明明德"是知, "止於至善"是守. 夫子曰: "知及之, 仁能守之." 聖賢未嘗不爲兩頭底說話. 如『中庸』所謂"擇善固執", 擇善, 便是理會知之事, 固執便是理會守之事. 至『書』論堯之德, 便說'欽明', 舜便說'濬哲文明, 溫恭允塞.' 欽, 是欽敬以自守, 明, 是其德之聰明. '濬哲文明', 便有知底道理, '溫恭允塞', 便有守底道理.【此條所錄恐有誤. ○道夫】[226]

此又作一條.】 君子所過者化, 所存者神. 存是存主, 過是經歷聖道. 綏之斯來, 動之斯和, 才過更化. 橫渠說卻是兩截.가 더 있다.

221) 德明: 徽州本에서는 從周로 되어 있다.

222) 良心便是明德, … 肆便不敬.【德明】:【附箋紙】此条之意, 已累見於上, 無所緊要, 當刪.

223) ▲: 問: "明德・至善, 莫是一个否?" 曰:

224) ▲: 只是此五者. 至於後來

225) ▲: 且如『論語』相似. 讀'學而時習之', 須求其所謂學者如何? 如何謂之時習? 既時習, 如何便能說? '有朋自遠方來', 朋友因甚而來自遠方? 我又何自而樂? 須著一一與他考究. 似此用工, 初間雖覺得生受費力, 久後讀書甚易爲工, 卻亦濟事."

226) "明明德"是知, … 便有守底道理.【此條所錄恐有誤. ○道夫】【附箋紙】此条寧刪之如何?

14:110 ▲[227]"'善'[228]字輕, '至'字重."【節 ○以下新民止至善.】

14:111 問: "新民止於至善, 只是要民脩身行己, 應事接物, 無不曲當?" 曰: "雖不可使知之, 亦當使由之, 不出規矩準繩之外."【節】

14:112 "止於至善", 是包"在明明德, 在新民." 己也要止於至善, 人也要止於至善. 蓋天下只是一箇道理, 在他雖不能, 在我之所以望他者, 則不可不如是也.【道夫 ○以下明德・新民・至善.】

14:113 明德・新民, 二者皆要至於極處. 明德, 不是只略略地明德便了. 新民, 不是只略略地新得便休. 須是要止於極至處.[229]【賀孫】

14:114 ▲[230]"明德中也有至善, 新民中也有至善, 皆要到那極處. 至善, 隨處皆有. 脩身中也有至善, 必要到那盡處, 齊家中也有至善, 亦要到那盡處. 至善, 只是以其極言. 不特是理會到極處, 亦要做到極處. 如'爲人君, 止於仁', 固是一箇仁, 然仁亦多般, 須是隨處看. ▲[231]若不理會, 只管執一, 便成一邊去. 如'爲人臣, 止於敬', 敬亦有多少般, 不可只道擎跽曲拳便是敬. 如盡忠不欺, 陳善閉邪, 納君無過之地, 皆是敬, 皆當理會. 若只執一, 亦成一邊去, 安得謂之至善? 至善只是些子恰好處. 韓文公謂'軻之死不得其傳.' 自秦・漢以來豈無人? 亦只是無那至善, 見不到十分極好處, 做亦不做到十分極處."【淳 ○寓同.】

227) ▲: 問: "新民如何止於至善?" 曰: "事事皆有至善處." 又曰:

228) 善:【附箋紙】"善"字上, 依印本添入, 如何?

229) 須是要止於極至處: 徽州本에서는 이 뒤에 "知止而後有定, 如行路一般. 若知得是從那一路去, 則心中自是定, 更無疑惑. 既無疑惑, 則心便靜. 心既靜, 則貼貼底, 便是安. 既安, 則自然此心專一, 事至物來, 思慮自無不通透. 若心未能靜安, 則總是胡思亂想, 如何是能慮?"가 더 있다.

230) ▲: 問: "至善, 不是明德外別有所謂善, 只就明德中到極處便是否?" 曰: "是."

231) ▲: 如這事合當如此, 是仁, 那一事又合當如彼, 亦是仁.

14:115 明德, 是我得之於天, 而方寸中光明底物事. 統而言之, 仁義禮智. 以其發見而言之, 如惻隱・羞惡之類, 以其見於實用言之, 如事親・從兄是也. 如此等德, 本不待自家明之. 但從來爲氣稟所拘, 物欲所蔽, 一向昏昧[232], 更不光明, 而今卻在挑剔揩磨出來, 以復向來得之於天者, 此便是"明明德." 我旣是明得箇明德, 見他人爲氣稟物欲所昬[233], 自家豈不惻然欲有以新之, 使之亦如我挑剔揩磨, 以革其向來氣稟物欲之昬[234]而復其得之於天者? 此便是"新民." 然明德・新民, 初非是人力私意所爲, 本自有一箇當然之則, 過之不可, 不及亦不可. 且以孝言之, 孝是明德, 然亦自有箇[235]當然之則. 不及則固不是, 若是過其則, 必有刲股之事. 須是要到當然之則田地而不遷, 此方是"止於至善". 【泳】

14:116 ▲[236]

14:117 "明德新民, 皆當止於極好處. 止之爲言, 未到此便住, 不可謂止. 到得此而不能守, 亦不可言止. ▲[237]問: "明明德是自己事, 可以做得到極好處. 若新民則在人, 如何得他到極好處?" 曰: "且教自家先明得盡, 然後漸民以仁, 摩民以義. 如孟子所謂'勞之, 來之, 匡之, 直之, 輔之, 翼之, 又從而振德之'. 如此變化他, 自然解到極好處." 【銖】

14:118 ▲[238] "若是新民而未止於至善, 亦是自家有所未到. 若使聖

---

232) 一向昏昧: 徽州本에서는 이 앞에 而此等德이 더 있다.
233) 昬: 『朱子語類』에서는 昏으로 되어 있다.
234) 昬: 『朱子語類』에서는 昏으로 되어 있다.
235) 箇: 『朱子語類』에는 없다.
236) ▲: 明德・新民, 皆當止於至善. 不及於止, 則是未當止而止. 當止而不止, 則是過其所止. 能止而不久, 則是失其所止. 【僩】
237) ▲: 止者, 止於是而不遷之意." 或
238) ▲: 或問: "明德可以止於至善, 新民如何得他止於至善?" 曰:

人在上, 便自有箇處置." 又問: "夫子非不明德, 其歷諸國, 豈不欲春秋之民皆止於至善? 到他不從, 聖人也無可奈何." 曰: "若使聖人得位, 則必須綏來動和." 又云: "此是說理, 理必須是如此. 且如'致中和, 天地位, 萬物育.' 然堯有九年之水, 想有多少不育之物. 大德必得名位祿[239]壽, 也豈箇箇如此? 只是理必如此."【胡泳】

14:119 明明德, 便要如湯之日新, 新民, 便要如文王之"周雖舊邦, 其命維新." 各求止於至善之地而後止也.【德明】

14:120 欲新民, 而不止於至善, 是"不以堯之所以治民者治民"也. 明明德, 是欲去長安, 止於至善, 是只[240]到長安也.【拱壽】

○[241] 明明德便包得格物・致知・誠意・正心・脩身五箇. 新民便包得齊家・治國・平天下三箇. 自暗室屋漏處做得去, 到得無所不周, 無所不遍, 都是這道理. 自一心之微, 以至於四方之遠, 天下之大, 也都只是這箇.【義剛】

14:121 劉源問"知止而後有定." 曰: "此一節, 只是說大概效驗如此. '在明明德, 在新民, 在止於至善', 卻是做工夫處."【雉 ○以下知止有定.】

14:122 "在止於至善."至者, 天理人心之極致. 蓋其本於天理, 驗於人心, 卽事卽物而無所不在. 吾能各知其所[242]止, 則事事物物莫不各有定理, 而分位・界限爲不差矣.【端蒙】

239) 祿: 孝宗刊本・成化本에서는 福으로 되어 있다. 『考異』에서는 祿, 一作福.으로 되어 있다.
240) 只: 成化本・賀本에서는 已로 되어 있다. 『考異』에서는 只, 一作已.로 되어 있다.【附箋紙】唐本, "只", 作"已."
241) 『朱子語類』의 65:36의 일부이다.
242) 所: 賀本에는 없다.

14:123 須是灼然知得物理當止之處, 心自會定.【砥】

14:124 問: "'知止而後有定', 須是物格·知至以後, 方能如此. 若未能物格·知至, 只得且隨所知分量而守之否?" 曰: "物格·知至也無頓斷. 都知到盡處了, 方能知止有定. 只這一事上知得盡, 則此一事便知得當止處. ▲[243] 如人行路, 今日行得這一條路, 則此一條路便知得熟了, 便有定了. 其它路皆要如此知得分明. 所以聖人之教, 只要人只管理會將去." ▲[244] 只怕人等待. ▲[245] 所以說: '需者, 事之下[246]也.'" 又曰: "'需者, 事之賊也.'" ▲[247]【僩】

14:125 "知止而後有定", 須是事事物物都理會得盡, 而後有定. 若只理會得一事一物, 明日別有一件, 便理會不得. ▲[248]須是理會得五六分以上, 方見得這邊重, 那邊輕, 後面便也易了, 而今未理會到半截以上, 所以費力. 須是逐一理會, 少間多了, 漸會貫通, 兩箇合做一箇, 少間又七八箇合做一箇, 便都一齊通透了. 伊川說"貫通"字最妙. 若不是它自曾[249]如此, 如何說出這字?【賀孫】

14:126 "知止而後有定", 必謂有定, 不謂能定, 故知是物有定說.【振】

---

243) ▲: 無緣便要盡底都曉得了, 方知止有定. 不成知未到盡頭, 只恁地鶻突獃在這裏, 不知个做工夫處! 這箇各隨人淺深. 固是要知到盡處方好, 只是未能如此, 且隨你知得者, 只管定去.

244) ▲: 又曰: "這道理無它,

245) ▲: 事到面前, 便理會得去做, 無有不得者. 只怕等待,

246) 下: 英祖刊本·賀本에서는 賊으로 되어 있다. 『考異』에서는 賊, 一作下.로 되어 있다.

247) ▲: 若是等待, 終誤事去." 又曰: "事事要理會. 便是人說一句話, 也要思量他怎生如此說, 做一篇沒緊要文字, 也須思量他怎生如此做."

248) ▲: 這箇道理

249) 曾: 賀本에서는 會로 되어 있다.

14:127 未知止, 固用做▲[250], 但費把捉. 已知止, 則爲力也易. 【僩】

14:128 定亦自有淺深. 如學者思慮凝定, 亦是定, 如道理都見得徹, 各止其所, 亦是定. 只此地位已高. 【端蒙】

14:129 問"定而後能靜." 曰: "定, 是見得事事物物上千頭百緒皆有定理. 靜, 只就自家一箇心上說." 【賀孫 ○以下定靜.】

14:130 定以理言, 故曰有. 靜以心言, 故曰能. 【義剛】

14:131 定是理, 靜在心. 旣定於理, 心便會靜. 若不定於理, 則此心只是東去西走. 【泳】

14:132 問: "『章句』云: '外物不能搖, 故靜.' 舊說又有'異端不能惑'之語.[251] 竊謂將二句參看, 尤見得靜意." 曰: "此皆外來意. 凡立說須寬, 方流轉, 不得局定." 【德明】

14:133 ▲[252]

14:134 ▲[253] "安, 只是無臲卼之意. 才不紛擾, 便安." 問: "▲[254]靜與安無分別." 曰: "二字自有淺深." 【德明 ○以下靜安】

---

250) ▲: 工夫

251) 舊說又有'異端不能惑'之語.: 徽州本에서는 이 뒤에 今本無之.가 더 있다.

252) ▲: 問: "『大學』之靜與伊川'靜中有動'之'靜', 同否?" 曰: "未須如此說. 如此等處, 未到那裏, 不要理會. 少頃都打亂了, 和理會得處, 也理會不得去." 【士毅】

253) ▲: 問"靜而後能安." 曰:

254) ▲: 如此, 則

14:135 問: "'安, 謂所處而安.' 莫是把捉得定時, 處事自不爲事物所移否?" 曰: "這箇本是一意. 但靜是就心上說, 安是就身上說, 而今人心▲[255]不靜時, 雖有意去安頓那物事, 自是不安. 若是心靜, 方解去區處, 方解穩當."【義剛】

14:136 既靜, 則外物自然無以動其心, 既安, 則所處而皆當. 看扛[256]做那裏去, 都移易他不得.【道夫】

14:137 問: "'靜而后[257]能安', 是在貧賤, 在患難皆安否?" 曰: "此心若不靜, 這裏坐也坐不得, 那裏坐也坐不得."[258]【寓】

14:138 能安者, 以地位言之也. 在此則此安, 在彼則彼安. 在富貴亦安, 在貧賤亦安.【節】

14:139 問: "▲[259]'定・靜・安', 終未深瑩." 曰: "知止, 只是識得一箇去處. 既已識得, 卽心中便定, 更不他求. 如求之彼, 又求之此, 卽是未定. '定而後能靜, 靜而後能安', 亦相去不遠, 但有深淺耳. 與『中庸』動・變・化相類, 皆不甚相遠." 問: "先生於此段詞義, 望加詳數語, 使學者易曉." 曰: "此處亦未是緊切處, 其他亦無可說."【德明 ○定・靜・安】

14:140 定・靜・安頗相似. 定, 謂所止各有定理, 靜, 謂遇物來能不動, 安, 謂隨所寓而安, 安[260]蓋深於靜也.【去僞】

---

255) ▲: 才
256) 扛: 英祖刊本・賀本에서는 打로 되어 있다. 『考異』에서는 打, 一作扛.으로 되어 있다.【附箋紙】唐本, "扛", 作"打."
257) 后: 賀本에서는 後로 되어 있다.
258) 那裏坐也坐不得: 徽州本에서는 이 뒤에 問: "到能得處學之工夫盡否?" 曰: "在己之功亦備矣, 又要明明德於天下, 不止是要了自家一身."이 더 있다.
259) ▲: 知止章中所謂

14:141 ▲[261]定是心中知"爲人君止於仁, 爲人臣止於敬." 心下有箇定理, 便▲[262]無膠擾, 自然是靜. 如此則隨所處而安.【螢】

14:142 ▲[263] 如行路一般. 若知得▲[264]從那一路去, 則心中自是定, 更無疑惑. 旣無疑惑, 則心便靜. 心旣靜, 便貼貼地, 便是安. 旣安, 則自然此心專一, 事至物來, 思慮自無不通透. 若心未能靜安, 則總是胡思亂想, 如何是能慮?【賀孫 ○知止・定・靜・安・慮.】

14:143 定, 對動而言. 初知所止, 是動底方定, 方不走作, 如水之初定. 靜則定得來久, 物不能撓, 處山林亦靜, 處廛市亦靜. 安則靜者廣, 無所適而不安. 靜固安, 動亦安, 看處甚事皆安然不撓. 安然後能慮. 今人心中搖漾不定疊, 還能處得事否? 慮者, 思之精審也. 人之處事, 於叢冗急遽之際而不錯亂者, 非安不能. 聖人言雖不多, 推出來便有許多說話, 在人細看之耳.【僩】

14:144 ▲[265] "先是自家心安了, 有些事來, 方始思量區處得當. 今人先是自家這裏鶻突了, 到事來都區處不下. 旣欲爲此, 又欲若彼, 旣欲爲東, 又欲向西, 便是不能慮. 然這也從知止說下來. 若知其所止, 自然如此, ▲[266] 若知所止, 如火之必熱, 如水之必深, 如食之必飽, 飮之必醉. 若知所止, 便見事事決定是如此, 決定著做到如此地位, ▲[267] 便自住不得. 如說'事父母能竭其力, 事君能致其身', 人多會說得. 只是不曾見得決定著竭其力處, 決定著致其身處. ▲[268] 若不見得決定

---

260) 安: 賀本에는 없다.
261) ▲: 定・靜・安三字大略相類. 然
262) ▲: 別
263) ▲: 知止而後有定,
264) ▲: 是
265) ▲: 問"安而後能慮." 曰:
266) ▲: 這卻不消得工夫.
267) ▲: 欠闕些子,

著致其身, 則在內親近, 必不能推忠竭誠, 有犯無隱, 在外任使, 必不能展布四體, 有殞無二. '無求生以害仁, 有殺身以成仁.' ▲[269)]【賀孫 ○知止・安・慮.】

14:145 李德之問: "'安而後能慮.' 旣首言知止矣, 如何於此復說能慮?" 曰: "旣知此理, 更須是審思而行. 且如知孝於事親, 須思所以爲事親之道." ▲[270)]【蓋卿】

14:146 ▲[271)]問: "▲[272)]『或問』[273)]中卻兼下'極深研幾'字, 覺未穩." 曰: "當時下得也未子[274)]細. 要之, 只著得'研幾'字."【木之】

14:147 ▲[275)] "若知至了, 及臨時不能慮, 則安頓得不恰好. 且如知得事親當孝, ▲[276)] 及至事親時不思慮, 則孝或不行, 而非孝者反露矣."【學蒙 ○安・慮】

14:148 ▲[277)] "若不知此, 則自家先已紛擾, 安能慮?"【德明】

14:149 能安者, 隨所處而安, 無所擇地而安. 能慮, 是見於應事處▲[278)].【節】

---

268) ▲: 若決定見得著如此, 看如何也須要到竭其力處, 須要到致其身處. 且如事君,

269) ▲: 這若不是見得到, 如何會恁地?"

270) ▲: 又問: "'知至而後意誠', 如何知旣盡後, 意便能實?" 先生指燈臺而言: "如以燈照物, 照見處所見便實, 照不見處便有私意, 非眞實." 又問: "持敬・居敬如何?" 曰: "且如此做將去, 不須先安排下樣子, 後卻旋求來合."

271) ▲: 子升

272) ▲: 知止與能慮, 先生昨以比『易』中深與幾.

273) "問: "▲『或問』":【附箋紙】"問: 『或問』"之上有数語.

274) 子: 賀本에서는 仔로 되어 있다.

275) ▲: 李約之問"安而後能慮." 曰:

276) ▲: 也知得恁地是孝.

277) ▲: 問"安而後能慮." 曰:

278) ▲: 能慮

14:150 慮, 是思之重復詳審者. 【方子】

14:151 慮, 是硏幾. 【閎祖】

14:152 問: "到能得處, 學之工夫盡否?" 曰: "在己之功亦備矣. 又要'明明德於天下', 知[279]止是要了自家一身." 【淳 ○得】

14:153 ▲[280] 上云"止於至善"矣, 此又提起來說. 言能知止, 則有所定, 有所定, 則知其理之確然如是. 一定, 則不可移易, 任是千動萬動, 也動搖他不得. 旣定, 則能靜, 靜, 則能安, 安, 則能慮, 慮, 則能得其所止之實矣. 【卓 ○知止至能得.】

14:154 ▲[281]要緊在能字. 蓋滔滔而去, 自然如此▲[282]. 【履孫】

14:155 ▲[283]

14:156 問: "據知止, 已是思慮了, 何故靜・安下復有箇'慮'字? 旣靜・安了, 復何所慮?" 曰: "知止, 只是先知得事理如此, 便有定. 能靜能安, 及到事至物來, 乃能慮. '能'字自有意思. 謂知之審而后能慮, 慮之審而后能得." 【賜】

14:157 或問定靜安慮四節. 曰: "物格・知止[284], 則天下事事物物皆

---

279) 知: 『朱子語類』에서는 不로 되어 있다.
280) ▲: 因說知止至能得,
281) ▲: 知止至能得, 蓋才知所止, 則志有定向. 才定, 則自能靜, 靜, 則自能安, 安, 則自能慮, 慮, 則自能得.
282) ▲: 者. 慮, 謂會思量事. 凡思天下之事, 莫不各得其當, 是也
283) ▲: 知止, 只是先知得事理如此, 便有定. 能靜, 能安, 及到事來, 乃能慮. 能字自有道理. 是事至物來之際, 思之審, 處之當, 斯得之矣. 【夔孫】
284) 止: 『朱子語類』에서는 至로 되어 있다.

知有箇定理. 定者, 如寒之必衣, 飢之必食, 更不用商量. 所見旣定, 則心不動搖走作, 所以能靜. 旣靜, 則隨所處而安. 看安頓在甚處, 如處富貴・貧賤・患難, 無往而不安. 靜者, 主心而言, 安者, 主身與事而言▲[285]."【胡泳】[286]

14:158 琮曰: "上面已自知止, 今慮而得者, 依舊是知底意思"云云. 先生曰: "只上面是方知, 下面是實得耳." 問: "如此, 何用更過定・靜・安三箇節目?" 曰: "不如此, 不實得." 曰: "如此, 上面知止處, 其實未有知也. 通此五句, 纔[287]做得'致知在格物'一句." 曰: "今人之學, 卻是敏底不如鈍底. 鈍底循循而進, 終有得處. 敏底只是從頭呼揚將去, 只務自家一時痛快, 終不見實理."【琮】

14:159 ▲[288] "知止, 是知箇慈, 知箇孝. 到得時, 方是得箇慈, 得箇孝底道理. 慮, 是▲[289]箇如何是慈, 如何是孝." ▲[290] "慮是思之周密處."【芝】

14:160 ▲[291] "不知止, 則不能得所止之地. 如'定・靜・安'數字, 恰如今年二十一歲, 來年二十二歲, 自是節次如此來, 自不可遏. 如'在

---

285) ▲: . 若人所見未定, 則心何緣得靜? 心若不靜, 則旣要如彼, 又要如此, 身何緣得安? 能慮, 則是前面所知之事到得, 會行得去. 如平時知得爲子當孝, 爲臣當忠, 到事親事君時, 則能思慮其曲折精微而得所止矣

286) 或問定靜安慮四節. … 安者, 主身與事而言."【胡泳】:【附箋紙】□条"身與事而言"下□語, 恐當節略存之, □四節, 而此條不言"慮"故也.

287) 纔: 賀本에서는 才로 되어 있다.

288) ▲: 問: "定, 卽心有所向, 不至走作, 便靜. 靜, 便可以慮, 何必待安?" 曰: "安主事而言, 不安便不能思. 譬如靜坐, 有件事來撓, 思便不得專一. 定・靜・安都相似. 未到安處, 思量未得."

289) ▲: 慮

290) ▲: 又問: "至於安時, 無勉强意思否?" 曰: "在貧賤也安, 在富貴也安, 在這裏也安, 在那裏也安. 今人有在這裏不安了, 在那裏也不會安. 心下無理會, 如何會去思慮?" 問: "『章句』中'慮謂思無不審', 莫是思之熟否?" 曰:

291) ▲: 王子周問知止至能得. 曰: "這數句, 只是要曉得知止."

明明德, 在新民, 在止於至善'這三句, ▲292)緊要只是'在止於至善', 而不說知止, 則無下工夫處."【震】

14:161 ▲293)問: "知止, 得止, 莫稍有差別否?" ▲294) "知止, 如射者之於的, 得止, 是已中其的." ▲295)問: "慮與格物致知不相干." 曰: "致知, 便是要知父止於慈, 子止於孝之類. 慮, 便是審其如何而爲孝, 如何而爲慈. ▲296) 子蒙言: "開欲以'明德'之'明'爲如人之失其所有, 而一旦復得, 以喩之. 至'慮'字, 則說不得." 曰: "知止而有定, 便如人撞著所失, 而不用終日營營以求之. 定而靜, 便如人既不用求其所失, 自爾寧297)靜. 靜而安, 便如人既知某物在甚處, 某物在甚處, 心下帖298)然無復不安. 安而慮, 便如自家金物都自在這裏, 及人來問自家討甚金物, 自家也須將上手審一審, 然後與之. 慮而得, 則秤299)停輕重, 皆相當矣." ▲300) 【道夫】

14:162 ▲301)"不先知得這道理, 到臨事時便脚忙手亂, 豈能慮而有得?"▲302) 【砥▲303)】

292) ▲: 卻

293) ▲: 游子蒙

294) ▲: 曰: "然."

295) ▲: 問: "定・靜・安矣, 如之何而復有慮?" 曰: "慮是事物之來, 略審一審." 劉淮・叔通

296) ▲: 至言仁則當如堯, 言孝則當如舜, 言敬則當如文王, 這方是得止."

297) 寧: 賀本에서는 甯으로 되어 있다.

298) 帖: 孝宗刊本・成化本에서는 怗으로 되어 있고 賀本에서는 恬으로 되어 있다. 『考異』에서는 帖, 一作恬.으로 되어 있다.

299) 秤: 賀本에서는 稱으로 되어 있다.

300) ▲: 或又問: "何故知止而定・靜・安了, 又復言慮?" 曰: "且如'可以予, 可以無予. 可以取, 可以無取. 可以死, 可以無死', 這上面有幾許商量在."

301) ▲: 問"知止而後有定." 曰: "須是灼然知得物理當止之處, 心自會定." 又問: "上既言知止了, 何更待慮而後能得?" 曰: "知止是知事事物物各有其理. 到慮而後能得處, 便是得所以處事之理. 知止, 如人之射, 必欲中的, 終不成要射做東去, 又要射做西去. 慮而後能得, 便是射而中的矣. 且如人早間知得這事理如此, 到晚間心裏定了, 便會處置得這事. 若是

14:163 ▲[304]問: “▲[305]『注』謂‘知之, 則志有定向.’ 『或問』謂‘能知所止, 則方寸之間, 事事物物皆有定理矣.’ 語似不同▲[306].” 曰: “也只一般.” 【木之】

14:164 ▲[307]

14:165 人本有此理, 但爲氣稟物欲所蔽. 若不格物・致知, 事至物來, 七顚八倒. 若知止, 則有定, 能慮, 得其所止. 【節】

14:166 ▲[308]

14:167 ▲[309]問: “知止至能得, 其間有工夫否?” 曰: “有次序, 無工夫. ▲[310] 【銖】

---

302) ▲: 問: “未格物以前, 如何致力?” 曰: “古人這處, 已自有小學了.”

303) ▲: ○寓同.

304) ▲: 子升問知止・能慮之別. 曰: “知止, 是知事物所當止之理. 到得臨事, 又須硏幾審處, 方能得所止. 如『易』所謂‘惟深也故能通天下之志’, 此似知止. ‘惟幾也故能成天下之務’, 此便是能慮. 聖人言語自有不約而同處.” 木之說: “如此則知止是先講明工夫, 能慮是臨事審處之功.” 曰: “固是.” 再

305) ▲: ‘知止而后有定’,

306) ▲: , 何也?

307) ▲: 知止, 只是知有這箇道理, 也須是得其所止方是. 若要得其所止, 直是能慮方得. 能慮卻是緊要. 知止, 如知爲子而必孝, 知爲臣而必忠. 能得, 是身親爲忠孝之事. 若徒知這箇道理, 至於事親之際, 爲私欲所汨, 不能盡其孝. 事君之際, 爲利祿所汨, 不能盡其忠, 這便不是能得矣. 能慮, 是見得此事合當如此, 便如此做. 【道夫】

308) ▲: 問知止至能得. 曰: “眞箇是知得到至善處, 便會到能得地位. 中間自是效驗次第如此. 學者工夫卻在‘明明德, 新民, 止於至善’上. 如何要去明明德, 如何要去新民, 如何要得止於至善, 正當理會. 知止・能得, 這處卻未甚要緊. 聖人但說箇知止・能得樣子在這裏.” 【寓】

309) ▲: 陳子安

310) ▲: 才知止, 自然相因而見. 只知止處, 便是工夫.” 又問: “至善須是明德否?” 曰: “至善雖不外乎明德, 然明德亦有略略明者. 須是止那極至處.”

14:168 眞知所止, 則必得所止, ▲[311] 其間亦有少過度處. 健步勇往, 勢所[312]必至, 然移步亦須略有漸次也.

14:169 林子淵問知止至能得. 曰: "知與行, 工夫須著並到. 知之愈明, 則行之愈篤, 行之愈篤, 則知之益明. 二者皆不可偏廢. 如人兩足相先後行, 便會漸漸行得到. 若一邊軟了, 便一步也進不得. 然又須先知得, 方行得. 所以『大學』先說致知, 『中庸』說知先於仁・勇, 而孔子先說'知及之.' 然學問・謹[313]思・明辨・力行, 皆不可闕一."【賀孫】

14:170 ▲[314]

14:171 ▲[315]

14:172 知止至能得, 譬如喫飯, 只管喫去, 自會飽.【德明】

14:173 ▲[316] "如人飲酒, 終日只是喫酒. 但酒力到時, 一杯[317]深如一杯[318]."【僩用】[319]

---

311) ▲: 雖若無甚間隔,

312) 所: 『朱子語類』에서는 雖로 되어 있다.

313) 謹: 賀本에서는 愼으로 되어 있다.

314) ▲: 問"知止能得"一段. 曰: "只是這箇物事, 滋長得頭面自各別. 今未要理會許多次第, 且要先理會箇知止. 待將來熟時, 便自見得." 先生論看文字, 只要虛心濯去舊聞, 以來新見.【時學】

315) ▲: 黃去私問知止至能得. 曰: "工夫全在知止. 若能知止, 則自能如此."【人傑】

316) ▲: 問知止至能得. 曰:

317) 杯: 英祖刊本・成化本・賀本에서는 杯로 되어 있다. 『考異』에서는 杯, 一作杯, 下同.으로 되어 있다.

318) 杯: 英祖刊本・成化本・賀本에서는 杯로 되어 있다.

319) "如人飲酒 … 一杯深如一杯."【僩用】:【附箋紙】□兩"杯"字, 皆作"杯", □似不緊, 刪之如何?

14:174 知止至能得, 是說知至・意誠中間事.【閎祖】

14:175 『大學章句』說靜處, 若兼動, 卽便到"得"地位, 所以細分.【方】

14:176 問: "知與得如何分別?" 曰: "知只是方知, 得便是在手." ▲320) "知在外, 得便在我."【士毅 ○知・得】

320) ▲: 問: "得莫是行所知了時?" 曰: "也是如此." 又曰: "只是分箇知與得."

『朱子語類』卷第十五

「大學二」

「經下」

15:1 ▲[1] "眼前凡所應接底都是物. 事事都有箇極至之理, 便要知得到. 若知不到, 便都沒分明, 若知得到, 便決定着[2]恁地做, 更無第二着・第三着. 止緣人見道理不破, 便恁地苟簡, 且恁地做▲,[3] 都不做得第一義." ▲[4]問: "如何是第一義?" 曰: "如'爲人君止於仁, 爲人臣止於敬, 爲人子止於孝'之類, 決定着恁地, 不恁地便不得. 又如在朝, 須着進君子, 退小人, 這是第一義. 有功決定着[5]賞, 有罪決定着誅. 更無小人可用之理, 更無包含小人之理. 惟見得不破, 便道小人不可去, 也有可用之理. 這都是第二義・第三義, 如何會好? 若事事窮得盡道理, 事事占得第一義, 做甚麽樣[6]剛方正大? 且如爲學, 決定是要做聖賢, 這是第一義, 便漸漸有進步處. 若便道自家做不得, 且隨分依稀做些子, 這是見不破. 所以說道: '不以舜之所以事堯事君, 賊其君者也, 不以堯之所以治民治民, 賊其民者也.' 謂吾身不能者, 自賊者也."【賀孫 ○卓錄云: "曹兄問格物窮理, 須是事事物物上理會?" 曰: "也須是如此, 但窮理上須是見得十分徹底, 窮到極處, 須是見得第一着, 方是, 不可只到第三第四着便休了. 若窮不得, 只道我未窮得到底, 只得如此, 這是自恕之言, 亦非善窮理也.

---

1) ▲: 器遠問: "致知者, 推致事物之理. 還當就甚麽樣事推致其理?" 曰:
2) 決定着: 賀本에서는 著定으로 되어 있다.
3) ▲: 也得
4) ▲: 曹
5) 定着: 【附箋紙】"定着", 唐本乙.
6) 樣: 賀本에는 없다.

且如事君, 便須是'進思盡忠, 退[7]思補過', 道合則從, 不合則去. 也有義不可得而去者, 不可不知." 又云: "如'不以舜之所以事堯事君, 賊其君者也, 不以堯之所以治民治民, 賊其民者也', 這皆是極處." 以下致知.】

15:2 致知所以求爲眞知. 眞知, 是要徹骨都見[8]得透.【道夫】

15:3 問: "致知莫只是致察否?" 曰: "如讀書而求其義, 處事而求其當, 接物存心察其是非・邪正, 皆是也."【寓】

15:4 ▲[9] "致知乃本心之知. 如一面鏡子, 本全體通明, 只被昏翳了, 而今逐旋磨去, 使四邊皆照見, 其明無所不到."【蓋卿】

15:5 致知有甚了期?【方】

15:6 致知工夫, 亦只是且據所已知者, 玩索推廣將去. 具於心者, 本無不足也.

15:7 格物者, 格, 盡也, 須▲[10]窮盡事物之理. 若是窮得三兩分, 便未是格物. 須窮盡得到十分, 方是格物.【賀孫 ○以下格物, 兼論窮理.】

15:8 ▲[11] "須是四方八面去格."【可學】

15:9 ▲[12] 格, 猶至也, 如'舜格于文祖'之'格', 是至于文祖處.【芝】

---

7) 退: 成化本에서는 遐로 되어 있다.
8) 見: 『小分』에서는 是를 見으로 바로잡았다.
9) ▲: 因鄭仲履之問而言曰:
10) ▲: 是
11) ▲: 居甫問: "格物工夫, 覺見不周給." 曰:
12) ▲: 格物.

15:10 ▲[13] 也[14]有事至時格底, 也[15]有事未至時格底."【芝】

15:11 ▲[16] 如言性, 則當推其如何謂之性, 如言心, 則當推其如何謂之心, 只此便是格物.【祗】

15:12 ▲[17] 如讀經看史, 應接事物, 理會箇是處, 皆是格物. 只是常教此心存, 莫教他閑沒勾當處. ▲[18]如今不去學問時, 此心頓放那處?【賀孫】

15:13 ▲[19] 須是從切己處理會去. 待自家者已定疊, 然后漸漸推去, 這便是能格物.【道夫】

15:14 "格物"二字[20]最好. 物, 謂事物也. 須窮極事物之理到盡處, 便有一箇是, 一箇非, 是底便行, 非底便不行. 凡自家身心上, 皆須體驗得一箇是非. 若講論文字, 應接事物, 各各體驗, 漸漸推廣, 地步自然寬闊. 如曾子三省, 只管如此體驗去.【德明】

15:15 文振問[21]: "物者, 理之所在, 人所必有而不能無者, ◇[22]爲切?" 曰: "君臣・父子・兄弟・夫婦・朋友, 皆人所不能無者. 但學者須要窮格得盡. 事父母, 則當盡其孝, 處兄弟, 則當盡其友. 如此之類, 須是要見得盡. 若有一毫[23]不盡, 便是窮格不至也."【人傑】

---

13) ▲: 問: "格物, 還是事未至時格, 事旣至然後格?" 曰: "格, 是到那般所在.
14) 也:【附箋紙】 兩"也"字刪.
15) 也:【附箋紙】 兩"也"字刪.
16) ▲: 格物者,
17) ▲: 窮理格物,
18) ▲: 公且道
19) ▲: 格物,
20) 字:『小分』에서는 處를 字로 바로잡았다.
21) 文振問: 徽州本에서는 이 앞에 鄭이 더 있다.
22) ◇: 何者

15:16 格物, 莫先於五品.【方子】

15:17 格物, 是窮得▲[24]爲人君, 便當止於仁, 爲人臣, 便當止於敬. 又更▲[25]窮究得爲人君, 如何要止於仁, 爲人臣, 如何要止於敬, 乃是.【銖】

15:18 格物者, 格其孝, 當考『論語』中許多論孝, 格其忠, 必'將順其美, 匡救其惡', 不幸而伏[26]節死義. 古人愛物, 而伐木亦有時, 無一些子不到處, 無一物不被其澤. 蓋緣是格物得盡, 所以如此.【節】

15:19 ▲[27] 爲子豈不知是要孝? 爲臣豈不知是要忠? ▲[28] 然須當眞見得子決定是合當孝, 臣決定是合當忠, 決定如此做, 始得.【寓】

15:20 ▲[29]晨起開目時, 便有四件在這裏, 不用外尋, 仁・義・禮・智是也. 如才方開門時, 便有四人在門裏.【僩】

15:21 ▲[30] "人之[31]所以爲人, 只是這四件, 須自認取意思是如何. 所謂惻隱者, 是甚麽意思? 且如赤子入井, 一井如彼深峻, 入者必死, 而赤子將入焉. 自家見之, 此心還是如何? 有一事不善, 在自家身上做出, 這裏定是可羞, 在別人做出, 這裏定是惡他. 利之所不當得, 或雖當得, 而吾心有所未安, 便自[32]謙遜辭避, 不敢當之. 以至等閑禮數,

23) 毫: 成化本에서는 豪로 되어 있다.
24) ▲: 這事當如此, 那事當如彼. 如
25) ▲: 上一著, 便要
26) 伏: 賀本에서는 仗으로 되어 있다.
27) ▲: 格物, 須眞見得決定是如此.
28) ▲: 人皆知得是如此.
29) ▲: 如今說格物, 只
30) ▲: 子淵說: "格物, 先從身上格去. 如仁・義・禮・智, 發而爲惻隱・羞惡・辭遜・是非, 須從身上體察, 常常守得在這裏, 始得." 曰:
31) 人之:【附箋紙】印本"人之"上有二行, 當節略存之.

人之施於己者, 或過其分, 便要辭將去, 遜與別人, 定是如此. 事事物物上各有箇是, 有箇非, 是底自家心裏定道是, 非底自家心裏定道非. 就事物上看, 是底定是是, 非底定是非. 到得所以是之, ▲[33]非之, 卻只在自家. 此四者, 人人有之, 同得於天▲[34], 不待問別人假借. 堯・舜之所以爲堯・舜, 也只是這四箇, 桀・紂本來亦有這四箇. 如今若認得這四箇分曉, 方可以理會別道理. 只是孝有多少樣, 有如此爲孝, 如此而爲不孝, 忠固是忠, 有如此爲忠, 又有如此而不喚做忠, 一一都着斟酌理會過."【賀孫】

15:22 ▲[35] "如何一頓便要格得▲[36]? 且要見得大綱, 且看箇大胚模▲[37], 方就裏面旋旋做◇[38]. 如樹, 初間且先斫倒▲[39], 逐旋去皮, 方始出細. 若難曉易曉底, 一齊都要理會得, 也不解恁地. 但不失了大綱, ▲[40] 以事之詳略言, 理會一件又一件[41], 以理之淺深言, 理會一重又一重. 只管理會, 須有極盡時. '博學之, 審[42]問之, 謹[43]思之, 明辨之', 成四節次第▲[44]."【寓】

15:23 ▲[45] "遇事接物之間, 各須一一去理會始得. 不成▲[46]精底去

---

32) 自: 賀本에서는 要로 되어 있다.
33) ▲: 所以
34) ▲: 者
35) ▲: 問: "格物最難. 日用間應事處, 平直者卻易見. 如交錯疑似處, 要如此則彼礙, 要如彼則此礙, 不審何以窮之?" 曰:
36) ▲: 恁地
37) ▲: 是恁地
38) ◇: 細
39) ▲: 在這裏
40) ▲: 理會一重了, 裏面又見一重, 一重了, 又見一重.
41) 又一件: 책의 서각(書脚)에 씌어 있어서 후대의 보사(補寫)일 가능성도 있다.
42) 審: 『小分』에서는 尋을 審으로 바로잡았다.
43) 謹: 賀本에서는 愼으로 되어 있다.
44) ▲: , 恁地方是
45) ▲: 或問: "格物是學者始入道處, 當如何著力?" 曰:

理會, 粗底又放過了, 大底去理會, 小底又不問了. 如此, 終是有欠[47]闕. 俱[48]隨事遇物, 皆一一去窮極, 自然分明." ▲[49]問: "世間有一種小有才底人, 於事物上亦能考究得子[50]細, 如何卻無益於己?" 曰: "他理會底, 聖人亦理會, 但他理會底意思不是. ▲[51] 但[52]欲人說, '他人理會不得者, 我理會得, 他人不能者, 我能之', 卻不切己也." 又曰: "文·武之道, 未墜於地, 在人. 賢者識其大者, 不賢者識其小者, 莫不有文·武之道焉.' 聖人何事不理會, 但是與人自不同."【祖道】

15:24 ▲[53]只且▲[54]事物上格去. 如讀書, 便就文字上格, 聽人說話, 便就說話上格, 接物, 便就接物上格. 精粗大小, 都要格它. 久後會通, 粗底便是精, 小底便是大, 這便是理之一本處, 而今只管要從發見處理會. 且如見赤子入井, 便有怵惕·惻隱之心, 這箇便是發了, 更如何理會. 若須待▲[55]發了, 方理會它, 一年都能理會得多少? 聖賢不是教人去黑淬淬裏守着, 而今且大着心胸, 大開着門, 端心[56]正坐以觀事物之來, 便格他."【夔孫】

15:25 世間之物, 無不有理, ▲[57] 古人自幼便識其具. 且如事親事君之禮,[58] 鐘鼓鏗鏘之節, 進退揖遜之儀, 皆目熟其事, 躬親其禮. 及

---

46) ▲: 是
47) 欠: 『小分』에서는 久를 欠으로 바로잡았다.【附箋紙】"久", 恐"欠"訛.
48) 俱: 『朱子語類』에서는 但으로 되어 있다.
49) ▲: 又
50) 子: 賀本에서는 仔로 되어 있다.
51) ▲: 彼所爲者,
52) 但: 賀本에서는 他로 되어 있다.
53) ▲: 傳問: "而今格物, 不知可以就吾心之發見理會得否?" 曰: "公依舊是要安排, 而今
54) ▲: 就
55) ▲: 它自然
56) 心: 『朱子語類』에서는 身으로 되어 있다.
57) ▲: 皆須格過.
58) 事親事君: 賀本에서는 事君事親으로 되어 있다.

其長也, 不過只是窮此理, 因而漸及於天地・鬼神・日月・陰陽・草木・鳥獸之理, 所以用工也易. 今人皆無此等禮數▲[59], 只靠先聖遺經自去推究, 所以要人格物主敬, 便將此心去體會古人道理, 循而行之. 如事親孝, 自家旣知所以孝, 便將此孝心依古禮而行之. 事君敬, 便將此敬心依聖經所說之禮而行之. ▲[60] 自然浹洽貫通. 如『論語』一書, 當時門人弟子[61]記聖人言行, 動容周旋, 揖遜進退, 至爲纖悉. 如「鄕黨」一篇, 可見當時此等禮數皆在. 至孟子時, 則漸已放棄. 如『孟子』一書, 其說已寬, 亦有但論其大理而已. 【僩】

15:26 ▲[62] 且自一念之微, 以至事事物物, 若靜若動, 凡居處・飮食・言語, 無不是事, 無不各有箇天理人欲. 須是逐一驗過, 雖在靜處坐, 亦須驗箇敬・肆. 敬便是天理, 肆便是人欲. 如居處, 便須驗得恭與不恭, 執事, 便須驗得敬與不敬. 有一般人專要就寂然不動上理會, 及其應事, 卻七顚八倒, 到了, 又牽動他寂然底. 又有人專要理會事, 卻於根本上全無工夫. 須是徹上徹下, 表裏洞徹. 如居仁, 便自能由義, 由義, 便是居仁. "敬以直內", 便能"義以方外", ◇[63], 便是"敬以直內."【德明】

15:27 ▲[64] 才有些發見處, 便從此挨將去, 漸漸開明. 只如[65]一箇事, 我才發心▲[66]要做▲[67], 只此便是發見開明處▲[68], 便從此做將

---

59) ▲: 可以講習
60) ▲: 一一須要窮過,
61) 弟子: 『小分』에서는 子弟를 교정부호로 바로잡았다.
62) ▲: 問寶從周: "曾看'格物'一段否?" 因言, 聖人只說"格物"二字, 便是要人就事物上理會.
63) ◇: 能"義以方外"
64) ▲: 才仲問: "格物, 是小學已有開明處了, 便從大學做將去, 推致其極." 曰: "人也不解無箇發明處.
65) 如: 『小分』에서는 有를 如로 바로잡았다.
66) ▲: 道, '我
67) ▲: 此事'

去. 五代時, 有一將官, 年大而不識字[69]. 旣貴, 遂令人於每件物事上書一名字帖之, 渠子細看, 久之, 漸漸認得幾箇字. 從此推將去, 遂識字."【璘】

15:28 問: "格物, 則恐有外馳之病?" 曰: "若合做, 則雖治國平天下之事, 亦是己事. '周公思兼三王, 以施四事. 其有不合者, 仰而思之, 夜以繼日, 幸而得之, 坐以待旦.' 不成也說道外馳." 又問: "若如此則恐有身在此, 而心不在此, '視而不見, 聽而不聞, 食而不知其味', 有此等患." 曰: "合用他處, 也着用." 又問: "如此則不當論內外, 但當論合爲與不合爲." 先生頷之.【節】

15:29 若格物, ◇[70]雖不能盡知, 而事至物來, 大者增些子, 小者減些子, 雖不中, 不遠矣.【節】

15:30 問: "▲[71]未到得貫通, 亦未害否?" 曰: "這是甚說話? ▲[72]學者所以學, 便須是到聖賢地位, 不到不肯休, ▲[73] 用工做向前去, 但見前路茫茫地白, 莫問程道[74], 少間自能到. 如何先立▲[75]箇不解做得便休底規模▲[76]? 且下手要做十分, 到了只做得五六分, 下手做五六分, 到了只做得三四分, 下手做三四分, 便無了. 且諸公自家裏來到建陽, 直到建陽方休. 未到建陽, 半路歸去, 便是不到建陽. 聖賢所爲, 必不如此. ▲[77]◇[78]

---

68) ▲: 了
69) 字: 成化本에서는 家로 되어 있다.
70) ◇: 則 成化本에서는 而로 되어 있다.
71) ▲: 格物工夫
72) ▲: 而今
73) ▲: 方是. 但
74) 道: 『朱子語類』에서는 途로 되어 있다.
75) ▲: 一
76) ▲: 放這裏了, 如何做事
77) ▲: 如所謂'君子鄕道而行, 半途而廢. 忘身之老也, 不知年數之不足也, 俛焉日有

15:31 人多把這道理作一箇懸空底物. 『大學』不說窮理, 只說箇格物, 便是要人就事物上理會, 如此方見得實體. 所謂實體, 非就事物上見不得. 且如作舟以行◇[79], 作車以行陸. 今試以衆人之力共推一舟於陸, 必不能行, 方見得舟果不能以行陸也, 此之謂實體.【德明】

15:32 問: "道之不明, 蓋是後人舍事跡[80]以求道." 曰: "所以古人只道格物. 有物便有理, 若無事親事君底事, 何處得忠孝?"【節】

15:33 "窮理"二字不若格物之爲切, 便就事物上窮格. 如漢人多推秦之所以失, 漢之所以得, 故得失易見. 然彼亦無那格底意思. 若格之而極其至, 則秦猶有餘失, 漢亦當有餘得也." ▲[81]◇[82]

15:34 格物, 不說窮理, 卻言格物. 蓋言理, 則無可捉摸, 物有時而離, 言物, 則理自在, 自是離不得. 釋氏只說見性, 下梢尋得一箇空洞無稽底性, 亦由他說, 於事上更動不得.【賀孫】

15:35 ▲[83]人合下便有此明德. 雖爲物欲掩蔽, 然這些明底道理未嘗泯絶. 須從明處漸漸推將去, 窮到是處, 吾心亦自有準則. 窮理之初, 如攻堅物, 必尋其罅隙可入之處, 乃從而擊之, 則用力爲不難矣. 孟子論四端, 便各自有箇柄靶, 仁・義・禮・智皆有頭緒可尋. 卽其

孳孳, 斃而後已!' 又曰: '舜爲法於天下, 可傳於後世, 我由未免爲鄕人也, 是則可憂也. 憂之如何? 如舜而已矣.'"

78) ◇:【卓】

79) ◇: 水

80) 跡: 孝宗刊本・英祖刊本・成化本에서는 迹으로 되어 있다.

81) ▲: 又云: "格, 謂至也, 所謂實行到那地頭. 如南劍人往建寧, 須到得郡廳上, 方是至, 若只到建陽境上, 卽不謂之至也."

82) ◇:【德明】

83) ▲: 所謂窮理者, 事事物物, 各自有箇事物底道理, 窮之須要周盡. 若見得一邊, 不見一邊, 便不該通. 窮之未得, 更須款曲推明. 蓋天理在人, 終有明處. "大學之道, 在明明德", 謂

所發之端, 而求其可見之體, 莫非可窮之理也.【謨】

15:36 ▲[84]一物便有一理. 窮得到後, 遇事觸物皆撞着這道理. 事君便遇忠, 事親便遇孝, 居處便恭, 執事便敬, 與人便忠, 以至參前倚衡, 無往而不見這箇道理. 若窮不至, 則所見不眞, 外面雖爲善, 而內實爲惡, 是兩箇人做事了. 外面爲善是一箇人, 裏面又有一箇人說是[85]: "我不好." 如今須勝得那一箇不好底人去方是. 豈有學聖人之書, 爲市井之行, 這箇窮得箇甚道理? 而今[86]說格物窮理, 須是見得箇道理親切了, 未解便能脫然去其舊習. 其始且見得箇道理如此, 那事不是, 亦不敢爲, 其次, 見得分曉, 則不肯爲, 又[87]其次, 見得親切, 則不爲之, 而舊習都忘之矣.【子蒙】

15:37 不是要格▲[88]物來長我聰明見識了, 方去理會, 自是不得不理會.【僩】[89]

15:38 ▲[90] 學者欲見下工夫處, 但看『孟子』便得. 如說仁・義・禮・智, 便窮到惻隱・羞惡・辭讓[91]・是非之心, 說好貨好色好勇, 便窮到太王・公劉・文・武, 說古今之樂, 便窮到與民同樂處, 說性, 便格到纖毫未動處. 這便見得他孟子胸中無一毫私意蔽窒得他[92], 故其知識包宇宙, 大無不該, 細無不燭.【道夫】

---

84) ▲: 格物窮理, 有
85) 是: 賀本에서는 道로 되어 있다.
86) 道理? 而今: 『小分』에서는 道? 而理今을 교정부호로 바로잡았다.
87) 則不肯爲, 又其次: 『小分』에서는 則不肯, 又爲其次를 교정부호로 바로잡았다.
88) ▲: 那
89)【僩】: 『朱子語類』에는 없다.
90) ▲: 『大學』說一"格物"在裏, 卻不言其所格者如何.
91) 讓: 賀本에서는 遜으로 되어 있다.
92) 他: 賀本에서는 也로 되어 있다.

15:39 ▲[93] 理有正, 有權. 今學者且須理會正. 如娶妻必告父母, 學者所當守. 至於不告而娶, 自是不是, 到此處別理會. 如事君匡救其惡, 是正理. 伊川說'納約自牖', 又是一等. 今於此一段未分明, 卻先爲彼引走. 如孔子說'危行言遜[94]', 當春秋時亦自如此. 今不理會正當處, 纔見聖人書中有此語, ▲[95] 駸駸必至於行遜[96]矣. 此等風俗, 浙江甚盛, 殊可慮."【可學】

15:40 ▲[97]事事物物上便有大本. 不知大本, 是不曾窮得也. 若只說大本, 便是釋・老之學."【德明】

15:41 致知・格物, 只是一箇.【道夫 ○以下致知・格物】

15:42 "致知・格物, 一胯底事." 先生擧左右指來比竝.【泳】

15:43 格物是逐物格將去, 致知則是推得漸廣.【賜】

15:44 ▲[98] "格物是物物上窮其至理, 致知是吾心無所不知. 格物是零細說, 致知是全體說."【時擧】

15:45 ▲[99] "物莫不有理, 人莫不有知. 如孩提之童, 知愛其親, 及其長也, 知敬其兄, 以至於飢則知求食, 渴則知求飮, 是莫不有知也. 但所知者止於大略, 而不能推致其知以至於極耳. 致之爲義, 如以手

93) ▲: 居甫問: "格物窮理, 但理自有可以彼此者." 曰: "不必如此看.
94) 遜: 『朱子語類』에서는 孫으로 되어 있다.
95) ▲: 便要守定不移,
96) 遜: 『朱子語類』에서는 孫으로 되어 있다.
97) ▲: 問: "格物之義, 固要就一事一物上窮格. 然如呂氏・楊氏所發明大本處, 學者亦須兼考." 曰: "識得, 即
98) ▲: 劉伯問格物・致知. 曰:
99) ▲: 張仁叟問致知・格物. 曰:

推送去之義. 凡經傳中云致者, 其義皆如此."【時學】

15:46 ▲[100] "'▲[101] 莫不知愛其親, ▲[102] 莫不知敬其兄.' ▲[103]不能極盡其知者, 人欲害之也. 故學者必須先克人欲以致其知, 則無不明矣. '致'字, 如推開去. 比[104]如暗室中見些子明處, 便尋從此明處去. 忽然出到外面, 見得大少[105]大明. ▲[106] "知在我, 理在物."【祖道】

15:47 ▲[107]如一穴之光, ▲[108]喚做光, 然逐旋開劃得大, 則其光愈大. 物皆有理, 人亦◇[109]其理, 如當慈孝之類, ▲[110]物格於彼, 則知盡於此▲[111]." ▲[112] "知得此理盡, 則此箇意便實. 若有知未透處, 這裏面便黑了."【人傑】

15:48 ▲[113]

---

100) ▲: 問: "知如何致? 物如何格?" 曰:
101) ▲: 孩提之童,
102) ▲: 及其長也,
103) ▲: 人皆有是知, 而
104) 比: 『朱子語類』에서는 譬로 되어 있다.
105) 少: 『朱子語類』에서는 小로 되어 있다.
106) ▲: 人之致知, 亦如此也. 格物是'爲人君止於仁, 爲人臣止於敬'之類. 事事物物, 各有箇至極之處. 所謂'止'者, 卽至極之處也. 然須是極盡其理, 方是可止之地. 若得八分, 猶有二分未盡, 也不是. 須是極盡, 方得." 又曰:
107) ▲: 黃去私問致知・格物. 曰: "'致'字有推出之意, 前輩用'致'字多如此. 人誰無知? 爲子知孝, 爲父知慈. 只是知不盡, 須是要知得透底. 且
108) ▲: 也
109) ◇: 知
110) ▲: 只是格不盡. 但
111) ▲: 矣
112) ▲: 又云:
113) ▲: 劉圻父說格物・致知. 曰: "他所以下'格'字・'致'字者, 皆是爲自家元有是物, 但爲他物所蔽耳, 而今便要從那知處推開去, 是因其所已知而推之, 以至於無所不知也."【義剛】

15:49 ▲[114] "人箇箇有知, ▲[115] 但不能推而致之耳. ▲[116] "致知·格物, 只是一事, 非是今日格物, 明日又致知. 格物, 以理言也, 致知, 以心言也."【恪】

15:50 ▲[117]今人也有推極其知者, 卻只泛泛然竭其心思, 都不就事物上窮究. 如此則終無所止." ▲[118]◇[119]

15:51 ▲[120]要緊在求其放心. 若收拾得此心存在, 已自看得七八分了. 如此則本領處是非善惡, 已自分曉. 惟是到那變處▲[121]便用子細研究. 若那分曉底道理卻不難見, 只是學者見不親切, 故信不及, 如漆雕開所謂"吾斯之未能信". 若見得親切, 自然信得及. 看得『大學』了, 閑時把史傳來看, 見得古人所以處事變◇[122], 儘有短長.【賀孫】

15:52 人之一心, 本自光明. ▲[123] 便將這箇做本領, 然後去格物·致知. 如『大學』中條目, 便是材料. 聖人教人, 將許多材料來脩治[124]【平】[125]此心, 令常常光明耳.【按: "脩治"字疑.】▲[126] 且如我兩眼光

114) ▲: 郭叔雲問: "爲學之初, 在乎格物. 物物有理, 第恐氣稟昏愚, 不能格至其理." 曰:
115) ▲: 不成都無知,
116) ▲: 格物理至徹底處." 又云:
117) ▲: 問: "致知, 是欲於事理無所不知, 格物, 是格其所以然之故. 此意通否?" 曰: "不須如此說. 只是推極我所知, 須要就那事物上理會. 致知, 是自我而言, 格物, 是就物而言. 若不格物, 何緣得知? 而
118) ▲: 義剛曰: "只是說所以致知, 必在格物." 曰: "正是如此. 若是極其所知去推究那事物, 則我方能有所知."
119) ◇: 【義剛】
120) ▲: 致知·格物, 固是合下工夫, 到後亦離這意思不得. 學者
121) ▲: 方難處, 到那裏
122) ◇: 處
123) ▲: 常提撕他起, 莫爲物欲所蔽,
124) 脩治: 徽州本에서는 脩持로 되어 있다.
125) 平: 賀本에서는 본문으로 되어 있고 徽州本에는 없다.
126) ▲: 伊川云: "我使他思時便思", 如此方好. 倘臨事不醒, 只爭一晌時, 便爲他引

噡, 又白日裏在大路上行, 如何會別被[127]人引去草中? 只是我自昏睡, 或暗地裏行, 便被別人胡亂引去耳. 但只要自家常醒得他做主宰, 出乎萬物之上, 物來便應. 易理會底, 便理會得, 難理會底, 思量久之也理會得. ▲[128]◇[129]

15:53 ▲[130] 孟子所謂四端, ▲[131]在人心, 發見於外. ▲[132] 須是見得分明, 則知可致. 今有此心而不能致, 臨事則昏惑, 有事則膠擾, 百種病根皆自此生." ▲[133]問: "凡日用之間作事接人, 皆是格物窮理?" 曰: "亦須知得要本. 若不知得, 只是作事, 只是接人, 何處爲窮理?"

15:54 ▲[134] 格物不獨是仁・孝・慈・敬・信五者, 此只是大約◇[135]耳. 且如說父子, 須更有母在, 更有夫婦在. 凡萬物▲[136]之理皆要窮. 但窮到底, 無復餘蘊, 方是格物. 【大雅】

15:55 致知・格物, 便是"志於道." "據於德", 卻是討得箇匡格子. 【義剛】

15:56 格物・致知, 是極粗底事, "天命之謂性", 是極精底事. 但致知・格物, 便是那"天命之謂性"底事. 下等事, 便是上等工夫. 【義剛】

去.

127) 別被: 英祖刊本・賀本・徽州本에서는 被別로 되어 있다.

128) ▲: 若難理會底便理會不得, 是此心尙昏未明, 便用提醒他.

129) ◇: 【驤】

130) ▲: 問"致知在格物." 曰: "知者, 吾自有此知. 此心虛明廣大, 無所不知, 要當極其至耳. 今學者豈無一斑半點, 只是爲利欲所昏, 不曾致其知.

131) ▲: 此四者

132) ▲: 吾友還曾平日的見其有此心,

133) ▲: 又

134) ▲: 致知分數多. 如博學・審問・愼思・明辨, 四者皆致知, 只力行一件是行. 言致, 言格, 是要見得到盡處. 若理有未格處, 是於知之之體尙有未盡.

135) ◇: 說

136) ▲: 萬事

15:57 曹又問致知・格物. 曰: "此心愛物, 是我之仁, 此心要愛物, 是我之義, 若能分別此事之是, 此事之非, 是我之智, 若能別尊卑上下之分, 是我之禮. 以至於萬物萬事, 皆不出此四箇道理. 其實只是一箇心, 一箇根柢出來抽枝長葉."【卓】

15:58 蔣端夫問: "'致知在格物', 胸中有見, 然後於理無不見." 曰: "胸中如何便有所見? 譬如嬰兒學行, 今日學步, 明日又步, 積習旣久, 方能行. 天地萬物莫不有理. 手有手之理, 足有足之理, 手足若不舉行, 安能盡其理? ▲137)◇138)

15:59 ▲139) 一物有十分道理, 若只見三二分, 便是見不盡. 須是推來推去, 要見盡十分, 方是格物. 旣見盡十分, 便是知至140)."【震】

15:60 ▲141)

15:61 若不格物・致知, 那箇誠意・正心, 方是捺在這裏, 不是自然. 若是格物・致知, 便自然不用强捺.

15:62 ▲142)

---

137) ▲: 格物者, 欲究極其物之理, 使無不盡, 然後我之知無所不至. 物理卽道理, 天下初無二理."

138) ◇: 【震】

139) ▲: 問: "知至・意誠, 求知之道, 必須存神索至, 不思則不得誠. 是否?" 曰: "致知・格物, 亦何消如此說. 所謂格物, 只是眼前處置事物, 酌其輕重, 究極其當處, 便是, 亦安用存神索至? 只如吾胸中所見,

140) 至: 成化本・賀本에서는 止로 되어 있다.

141) ▲: 或問: "致知須要誠. 旣是誠了, 如何又說誠意? 致知上本無'誠'字, 如何强安排'誠'字在上面說?" "爲學之始, 須在致知. 不致其知, 如何知得? 欲致其知, 須是格物. 格物云者, 要窮到九分九釐以上, 方是格."【謙】

142) ▲: 元昭問: "致知・格物, 只作窮理說?" 曰: "不是只作窮理說. 格物, 所以窮理." 又問: "格物是格物與人. 知物與人之異, 然後可作工夫." 曰: "若作致知在格物論, 只是胡說! 旣知人與物異後, 待作甚合殺. 格物, 是格盡此物. 如有一

15:63 ▲[143)]

15:64 ▲[144)]

15:65 上而無極・太極, 下而至於一草・一木・一昆蟲之微, 亦各有理. 一書不讀, 則闕了一書道理, 一事不窮, 則闕了一事道理, 一物不格, 則闕了一物道理. 須着逐一件與他理會過. ◇[145)]

15:66 叔文問: "格物莫須用合內外否?" 曰: "▲[146)] 物格後, 他內外自然合. 蓋天下之事, 皆謂之物, 而物之所在, 莫不有理. ▲[147)] 【道夫 ▲[148)]】

15:67 問: "格物須合內外始得?" 曰: "他內外未嘗不合. 自家知得物之理如此, 則因其理之自然而應之, 便見合內外之理. 目前事事物物,

---

物, 凡十瓣, 已知五瓣, 尙有五瓣未知, 是爲不盡. 如一鏡焉, 一半明, 一半暗, 是一半不盡. 格盡物理, 則知盡. 如元昭所云, 物格・知至當如何說?" 子上問: "向見先生「答江德功書」如此說." 曰: "渠如何說, 已忘卻." 子上云: "渠作接物." 曰: "又更錯."

143) ▲: 陳問: "『大學』次序, 在聖人言之, 合下便都能如此, 還亦須從致知格物做起? 但他義理昭明, 做得來恐易." 曰: "也如此學. 只是聖人合下體段已具, 義理都曉得, 略略恁地勘驗一過. 其實大本處都盡了, 不用學, 只是學那沒緊要底. 如『中庸』言: '及其至也, 雖聖人有所不知不能焉.' 人多以至爲道之精妙處. 若是道之精妙處有所不知不能, 便與庸人無異, 何足以爲聖人? 這至, 只是道之盡處, 所不知不能, 是沒緊要底事. 他大本大根元無欠闕, 只是古今事變, 禮樂制度, 便也須學." 寅.

144) ▲: 子善問物格. 曰: "物格是要得外面無不盡, 裏面亦淸徹無不盡, 方是不走作." 【恪 ○以下物格】

145) ◇: 【道夫】

146) ▲: 不須恁地說.

147) ▲: 且如草木禽獸, 雖是至微至賤, 亦皆有理. 如所謂'仲夏斬陽木, 仲冬斬陰木', 自家知得這箇道理, 處之而各得其當便是. 且如鳥獸之情, 莫不好生而惡殺, 自家知得是恁地, 便須'見其生, 不忍見其死, 聞其聲, 不忍食其肉', 方是. 要之, 今且自近以及遠, 由粗以至精."

148) ▲: ○寓錄別出.

皆有至理. 如一草一木, 一禽一獸, 皆有理. 草木春生秋殺, 好生惡死. '仲夏斬陽木, 仲冬斬陰木', 皆是順陰陽道理.【砥錄作"皆是自然底道理."】自家知得萬物均氣同體, '見生, 不忍見死, 聞聲, 不忍食肉', 非其時不伐一木, 不殺一獸, '不殺胎, 不殀夭, 不覆巢', 此便是合內外之理."【寓 ○砥錄略.】

○[149]『大學』所以說格物, 卻不說窮理. 蓋說窮理, 則似[150]懸空無捉模[151]處. 只說格物, 則只就那形而下之器上, 便尋那形而上之道, 便見得這个元不相離, 所以只說格物.

15:68 "知至, 謂天下事物之理知無不到之謂. 若知一而不知二, 知大而不知細, 知高遠而不知幽深, 皆非知之至也. 要須四至八到, 無所不知, 乃謂至耳." 因指燈曰: "亦如燈燭在此, 而光照[152]一室之內, 未嘗有一些不到也."【履孫 ○以下知至.】

15:69 知至, 謂如親其所親, 長其所長, 而不能推之天下, 則是不能盡之於外, 欲親其所親, 欲長其所長, 而自家裏面有所不到, 則是不能盡之於內. 須是其外無不周, 內無不具, 方是知至.【履孫】

15:70 ▲[153]

15:71 知止, 就事上說, 知至, 就心上說, 舉其重而言.【閎祖】

15:72 問: "'致知'之'致', '知至'之'至', 有何分別?" 曰: "上一'致'字, 是

149) ○:『朱子語類』62:72의 일부이다.
150) 似: 賀本에서는 以로 되어 있다.
151) 模:『朱子語類』에서는 摸로 되어 있다.
152) 照:『小分』에서는 燭을 照로 바로잡았다.
153) ▲: 子升問: "知止便是知至否?" 曰: "知止就事上說, 知至就心上說. 知止, 知事之所當止, 知至, 則心之知識無不盡."【木之】

推致, 方爲也. 下一'至'字, 是已至."【先着"至"字, 旁着"人"字, 爲"致." 是人從旁推至. ○節】

15:73 格物只是就事上理會, 知至, 便是此心透徹.【廣】

15:74 格物便是下手處, 知至是知得也.【德明】

15:75 致知未至, 譬如一箇鐵片, 亦割得物事, 只是不如磨得芒刃十分利了, 一鍤便破. 若知得切了, 事事物物至面▲[154], 莫不迎刃而解.【賀孫】

15:76 未知得至時, 一似捕龍蛇, 捉虎豹相似. 到知得至了, 卻恁地平平做將去, 然節次自有許多工夫. 到後來絜矩, 雖是自家所爲, 皆足以興起斯民. 又須是以天下之心審自家之心, 以自家之心審天下之心, 使之上下四面都平均齊一而後可.【賀孫】

15:77 ▲[155]

15:78 ▲[156]

15:79 問: "定·靜·安·慮·得與知至·意誠·心正是兩事, 只要行之有先後. 據先生解安·定·慮·得與知至似一般, 如何?" 曰: "前面只是大綱▲[157], 後面卻是學者用力處."【去僞】

---

154) ▲: 前

155) ▲: 鄭仲履問: "某觀『大學』知至, 見得是乾知道理." 曰: "何用說乾知? 只理會自家知底無不盡, 便了."【蓋卿】

156) ▲: 知至, 如『易』所謂極深, '惟深也, 故能通天下之志', 這一句略相似. 能慮, 便是研幾, 如所謂'惟幾也, 故能成天下之務', 這一句卻相似.【夔孫】

157) ▲: 且如此說

15:80 致知, 不是知那人不知底道理, 只是人面前底. 且如義利兩件, ◇[158]雖看義當爲然, 而卻又說未做也無害, 見得利不可做, 卻又說做也無害, 這便是物未格, 知未至. 今日見得義當爲, 決爲之, 利不可做, 決定▲[159]不做, 心下自肯自信得及, 這便是物格, 便是知得至了. 此等說話, 爲無恁地言語, 冊子上寫不得. 似恁地說出, 卻較見分曉.【植 ○以下物格·知止[160].】

15:81 ▲[161]

15:82 守約問[162]: "物格·知至, 到曾子悟忠恕於一唯處, 方是知得至否?" 曰: "亦是如此. 只是就小處一事一物上理會得到, 亦是知至."【賀孫】

15:83 或問: "'物格而后知至'一句, 或謂物格而知便至. 如此則與下文'而后'之例不同." 曰: "看他文勢, 只合與下文一般說. 但且謂之物格, 則不害其爲一事一物在. 到知, 則雖萬物亦只是一箇知. 故必理無不窮, 然後知方可盡. 今『或問』中卻少了他這意思."

15:84 "『大學』物格·知至處, 便是凡聖之關. 物未格, 知未至, 如何殺也是凡人. 須是物格·知至, 方能循循不已, 而入於聖賢之域, 縱有敏鈍遲速之不同, 頭勢也都自向那邊去了. 今物未格, 知未至, 雖是要過那邊去, 頭勢只在這邊. 如門之有限, 猶未過得在." 問: "伊川云'非樂不足以語君子', 便是物未格, 知未至, 未過得關否?" 曰: "然. 某嘗

---

158) ◇: 昨日
159) ▲: 是
160) 止: 『朱子語類』에서는 至로 되어 있다.
161) ▲: 問: "格物·窮理之初, 事事物物也要見到那裏了?" 曰: "固是要見到那裏. 然也約摸是見得, 直到物格·知至, 那時方信得及."【寓】
162) 守約: 徽州本에서는 李守約으로 되어 있다.

謂: 物格・知至後, 雖有不善, 亦是白地上黑點, 物未格, 知未至, 縱有善, 也只是黑地上白點."【伯羽 ○以下論格物・致知・誠意是學者之關.】

15:85　格物是夢覺關.【格得來是覺, 格不得只是夢.】 誠意是善惡關.【誠得來是善, 誠不得只是惡.】 過得此二關, 上面工夫卻一節易如一節了. 到得平天下處, 尙有些工夫. 只爲天下闊, 須着如此點檢." 又曰: "誠意是轉關處." 又曰: "誠意是人鬼關."【誠得來是人, 誠不得是鬼. ○夔孫】

15:86　▲163)致知・誠意以上工夫較省, 逐旋開去, 至於治國・平天下地步愈闊, 卻須要照顧得到.【人傑】

15:87　▲164)

15:88　"『大學』所謂'知至・意誠'者, 必須知至, 然后能誠其意也. 今之學者只說操存, 而不知講明義理, 則此心憒憒, 何事於操存也? 某嘗謂誠意一節, 正是聖凡分別關隘▲165). 若能誠意, 則是透得此關, 透此關后, 滔滔然自在去爲君子. 不然則崎嶇反側, 不免爲小人之歸也." "致知所以先於誠意者如何?" 曰: "致知者, 須是知得盡, 尤要親切. 尋常只將'知至'之'至'作'盡'字說, 近來看得合作'切至'之'至.' 知之者切, 然後貫通得誠意底意思, 如程先生所謂'眞知'者是也."【謨】

15:89　論誠意, 曰: "過此一關, 方是人, 不是賊." 又曰: "過此一關, 方會進166)."【一本云: "過得此關, 道理方牢固." ○方子】

---

163) ▲: 致知・誠意, 是學者兩箇關. 致知乃夢與覺之關, 誠意乃惡與善之關. 透得致知之關則覺, 不然則夢, 透得誠意之關則善, 不然則惡.

164) ▲: 知至・意誠, 是凡聖界分關隘. 未過此關, 雖有小善, 猶是黑中之白, 已過此關, 雖有小過, 亦是白中之黑. 過得此關, 正好著力進步也.【道夫】

165) ▲: 去處

15:90 ▲167) “意誠只是要情願做工夫, 若非情願, 亦強不得. 未過此一關, 猶有七分是小人.”【蓋卿】

15:91 ▲168) “意不誠底是私過, 心不正底是公過.”【方子】

15:92 深自省察以致其知, 痛加剪落以誠其意.【升卿 ○致知・誠意.】

15:93 知與意皆出於心. 知是知覺處, 意是發念處.【閎祖】

15:94 致知, 無毫釐之不盡. 守其所止, 無須臾之或離. 致知, 如一事只知得三分, 這三分知得者是眞實, 那七分不知者是虛僞. 爲善, 須十分知善之可好, 若知得九分, 而一分未盡, 只此一分未盡, 便是鶻突苟且之根. 少間說便爲惡也不妨, 便是意不誠. 所以貴致知, 窮到極處謂之‘致.’ 或得於小而失於大, 或得於始而失於終, 或得於此而失於彼, 或得於己而失於人, 極有深淺. 惟致知, 則無一事之不盡, 無一物之不知. 以心驗之, 以身體之, 逐一理會過, 方堅實.【僩】

15:95 說爲學次第, 曰: “本末精粗, 雖有先後, 然一齊用做去. ▲169) 不成說自家物未格, 知未至, 且未要誠意, 須待格了, 知了, 卻去誠意. ▲170)說大綱171)自然底次序是如此. 拈着底, 須是逐一旋旋做將去始得. 常說田子方說文侯聽樂處, 亦有病. 不成只去明官, 不去明音, 亦須略去理會始得. 不能明音, 又安能明官? 或以宮爲商, 以角爲徵, 自家緣何知得? 且如‘籩豆之事, 則有司存’, 非謂都不用理會▲172), 但比

166) 進: 『小分』에서는 知를 進으로 바로잡았다.
167) ▲: 鍾唐傑問意誠. 曰:
168) ▲: 意誠・心正, 過得此關, 義理方穩. 不然, 七分是小人在. 又曰:
169) ▲: 且如致知・格物而後誠意,
170) ▲: 安有此理? 聖人亦只
171) 說大綱: 【附箋紙】印本“說大綱”上有“安有此理? 聖人亦只”八字.
172) ▲: 籩豆

似容貌・顔色・辭氣爲差緩爾[173]. 又如官名, 在孔子有甚緊要處? 聖人一聽得郯子會, 便要去學. 蓋聖人之學, 本末精粗, 無一不備, 但不可輕本而重末耳[174]. 今人閑[175]坐過了多少日子, 凡事都不肯去理會. 且如儀禮一節, 自家立朝不曉得禮, 臨事有多少利害?"【雉】

15:96 ▲[176] "源頭只在致知. 知至之後, 如從上面[177]放水來, 已自迅流湍決, 只[178]是臨時又要略略撥剔, 莫令壅滯爾."【銖】

15:97 ▲[179] 致其知者, 自裏面看出, 推到無窮盡處, 自外面看入來, 推到無去處, 方始得了, 意方可誠. 致知・格物是原[180]頭上工夫. 看來知至便自心正, 不用'誠意'兩字也得. 然無此又不得, 譬如過水相似, 無橋則過不得. 意有未誠, 也須着力. 不應道知已至, 不用力."

15:98 知若至, 則意無不誠. 若知之至, 欲着此物亦留不住, 東西南北中央皆着不得. 若是不誠之人, 亦不肯盡去, 亦要留些子在.【泳 ○知至・意誠.】

15:99 問: "知至到意誠之間, 意自不聯屬. 須是別識得天理人欲分明, 盡去人欲, 全是天理, 方誠." 曰: "▲[181]格物精熟, 方到此. 居常無事, 天理實然, 有纖毫[182]私欲, 便能識破他, 自來點檢慣了. 譬有賊

173) 爾: 賀本에서는 耳로 되어 있다.
174) 耳: 賀本에서는 也로 되어 있다.
175) 閑: 英祖刊本・賀本에서는 閒으로 되어 있다.
176) ▲: 吳仁甫問: "誠意在致知・格物後, 如何?" 曰:
177) 上面: 賀本에서는 面上으로 되어 있으며 순서가 바뀐 것일 수도 있다는 註가 있다.
178) 只: 賀本에서는 以로 되어 있다.
179) ▲: 問: "誠意莫只是意之所發, 制之於初否?" 曰: "若說制, 便不得. 須是先致知・格物, 方始得. 人莫不有知, 但不能致其知耳.
180) 原: 賀本에서는 源으로 되어 있다.
181) ▲: 固是. 這事不易言. 須是

來, 便識得, 便捉得他. 不曾用工底, 與賊同眠同食也不知."【大雅】

15:100 ▲183)

15:101 "▲184) 知苟未至, 雖欲誠意, 固不得其門而入矣. 惟其胸中了然, 知得路逕如此, 知善之當好, 惡之當惡, 然後自然意不得不誠, 心不得不正." 因指燭曰: "如點一條蠟燭在中間, 光明洞達, 無處不照, 雖欲將不好物事來, 亦沒安頓處, 自然着它不得. 若是知未至, 譬如一盞燈, 用罩子蓋住, 則光之所及者固可見, 光之所不及處則皆黑暗無所見, 雖有不好物▲185)安頓在後面, 固不得而知也.【炎錄云: "知旣至, 則意可誠. 如燈在中間, 纔照不及處, 便有賊潛藏在彼, 不可知. 若四方八面都光明了, 他便無着身處."】 所以貴格物, ▲186) 問: "物未格時, 意亦當誠." 曰: "▲187) 自始至終, 意常要誠. 如人適楚, 當南其轅. 豈可謂吾未能到楚, 且北其轅? 但知未至時, 雖欲誠意, 其道無由. 如人夜行, 雖知路從此去, 但黑暗, 行不得. 所以要得致知. 知至則道理坦然明白, 安而行之. 今人知未至者, 也知道善之當好, 惡之當惡. 然臨事不如此者, 只是實未曾見得. 若實見得, 自然行處無差."【僩】

15:102 欲知知之眞不眞, 意之誠不誠, 只看做不做如何. ▲188)◇189)

---

182) 毫: 成化本에서는 豪로 되어 있다.

183) ▲: 周震亨問知至·意誠, 云: "有知其如此, 而行又不如此者, 是如何?" 曰: "此只是知之未至." 問: "必待行之皆是, 而後驗其知至歟?" 曰: "不必如此說, 而今說與公是知之未至, 公不信, 且去就格物·窮理上做工夫. 窮來窮去, 末後自家眞箇見得此理是善與是惡, 自心甘意肯不去做, 此方是意誠. 若猶有一毫疑貳底心, 便是知未至, 意未誠, 久後依舊去做. 然學者未能便得會恁地, 須且致其知, 工夫積累, 方會知至."

184) ▲: '知至而后意誠', 須是眞知了, 方能誠意.

185) ▲: 事

186) ▲: 如佛·老之學, 它非無長處, 但它只知得一路. 其知之所以及者, 則路逕甚明, 無有差錯, 其知所不及處, 則皆顚倒錯亂, 無有是處, 緣無格物工夫也."

187) ▲: 固然. 豈可說物未能格, 意便不用誠?

188) ▲: 眞箇如此做底, 便是知至·意誠.

15:103 問"知至而后意誠." 曰: "知則知其是非. 到意誠實, 則無不是, 無有非, 無一毫[190]錯, 此已是七八分人. 然又不是今日知至, 意亂發不妨, 待明日方誠. 如言孔子'七十而從心', 不成未七十心皆不可從. 只是說次第如此. 白居易詩云: '行年三十九, 歲暮日斜時. 孟子心不動, 吾今◇[191]庶幾.' 詩人玩弄至此." 【可學 ○璘錄別出.】

15:104 ▲[192] 不是方其致知, 則脫空妄語, 猖狂妄行, 及到誠意方始旋收拾也. 孔子'三十而立', 亦豈三十歲正月初一日乃立乎? ▲[193] 【璘】

15:105 學者到知至意誠, 便如高祖之關中, 光武之河內. 【芝】

15:106 問"'知止[194]而后意誠', 故天下之理, 反求諸身, 實有於此. 似從外去討得來"云云[195]. 曰: "'仁・義・禮・智, 非由外鑠我也, 我固有之也, 弗思耳矣.'" 【厲聲言"弗思"二字.】 又笑曰: "某常說, 人有兩箇兒子, 一箇在家, 一箇在外去幹家事. 其父卻說道在家底是自家兒子, 在外底不是." 【節】

15:107 ▲[196] "克己之功, 乃是知至以後事. '惟聖罔念作狂, 惟狂克

---

189) ◇: 【道夫】
190) 毫: 成化本에서는 豪로 되어 있다.
191) ◇: 其
192) ▲: 舜功問: "致知・誠意是如何先後?" 曰: "此是當初一發同時做底工夫, 及到成時, 知至而后意誠耳.
193) ▲: 白樂天有詩: "吾年三十九, 歲暮日斜時. 孟子心不動, 吾今其庶幾.' 此詩人滑稽耳!"
194) 止: 『朱子語類』에서는 至로 되어 있다.
195) 云云: 徽州本에서는 先生問節曰: "如何是外, 如何是內?" 答曰: "致知格物是去外討, 然後方有諸己, 是去外討得入來." 曰: "是先有此理後, 自家不知? 是知得後, 方有此理?" 節無以答.으로 되어 있다.
196) ▲: 或問: "知至以後, 善惡既判, 何由意有未誠處?" 曰:

念作聖.’ 一念纔放下, 便是失其正. 自古無放心底聖賢, 然一念之微, 所當深謹, 纔說知止[197]後不用誠意, 便不是. ‘人心惟危, 道心惟微’, 毫[198]釐間不可不子細理會. 纔說太快, 便失卻此項工[199]夫也.”【銖】[200]

15:108 問椿: “知極其至, 有時意又不誠, 是如何?” 椿無對. ▲[201] 一日, 稟云: “是知之未極其至.” 先生曰: “是則是. 今有二人: 一人知得這是善, 這是惡, 又有一人眞知得這是善當爲, 惡不可爲. 然後一人心中, 如何見得他是眞知處?” 椿亦無以應. 先生笑曰: “且放下此一段, 緩緩尋思, 自有超然見到處.”【椿】

15:109 誠意, 方能保護得那心之全體.【以下誠意.】

15:110 問“實其心之所發, 欲其一於理而無所雜.” 曰: “只爲一, 便誠, 二, 便雜. ‘如惡惡臭, 如好好色’, 一故也. ‘小人閑[202]居爲不善,【止】 着其善’, 二故也. ▲[203] 二者, 爲是眞底物事, 卻着些假攙放裏, 便成詐僞. 如這一盞茶, 一味是茶, 便是眞. 才有些別底滋味, 便是有物夾雜了, 便是二.”【夔孫】

15:111 意誠後, 推盪得查[204]滓靈利, 心盡是義理.【閎祖 ○以下意誠.】

197) 止: 『朱子語類』에서는 至로 되어 있다.
198) 毫: 成化本에서는 豪로 되어 있다.
199) 工: 成化本・賀本에서는 功으로 되어 있다.
200) 【銖】: 賀本에서는 【錄】으로 되어 있다.
201) ▲: 曰: “且去這裏子細窮究.”
202) 閑: 『朱子語類』에서는 閒으로 되어 있다.
203) ▲: 只要看這些便分曉.
204) 查: 賀本에서는 渣로 되어 있다.

15:112 意誠, 如蒸餅, 外面是白麵, 透裏是白麵. 意不誠, 如▲[205]外面雖白, 裏面卻只是麤麵一般.【閎祖】

15:113 "心, 言其統體, 意, 是就其中發處. 正心, 如戒懼不睹不聞, 誠意, 如謹獨[206]." 又曰: "由小而大. 意小心大."【閎祖 ○正心・誠意.】

15:114 ▲[207]問: "意旣誠矣, 心安有不正?" 曰: "誠只是實. 雖是意誠, 然心之所發有不中節處, 依舊未是正. ▲[208] 大要只在致知格物上. ▲[209] 自脩身以往, 只是如破竹然, 逐節自分明去. 今人見得似難, 其實卻易. 人入德處, 全在致知・格物. 譬如適臨安府, 路頭一正, 着起草鞋, 便會到. 未須問所過州縣◇[210], 那箇在後, ◇[211]是繁盛, 那箇是荒索. 工夫全在致知・格物上."【謙 ○論格物・致知・誠意・正心以下[212].】

15:115 問: "心, 本也. 意, 特心之所發耳. 今▲[213] 先誠其意, 似倒說了." 曰: "心無形影, 敎人如何撐柱[214]. 須是從心之所發處下手, 先須去了許多惡根. 如人家裏有賊, 先去了賊, 方得家中寧. 如人種田, 不先去了草, 如何下種. 須去了自欺之意, 意誠則心正. ▲[215] 下面一

205) ▲: 蒸餅
206) 謹獨: 賀本에서는 愼獨으로 되어 있다.
207) ▲: 康叔臨
208) ▲: 亦不必如此致疑,
209) ▲: 如物格・知至上鹵莽, 雖見得似小, 其病卻大.
210) ◇: 那箇在前
211) ◇: 那箇
212) ○論格物 … 正心以下: 賀本에서는 以下論格物・致知・誠意・正心으로 되어 있다.
213) ▲: 欲正其心,
214) 柱: 『朱子語類』에서는 拄로 되어 있다.
215) ▲: 誠意最是一段中緊要工夫,

節輕一節." ▲216) "致知, 知之始, 誠意, 行之始."【夔孫】

15:116 ▲217) "小底卻會牽動了大底. 心之所以不正, 只是私意牽去. 意纔218)實, 心便自正. 聖賢下語, 一字是一字, 不似今人作文字, 用這箇字也得, 改做那一字也得."

15:117 ▲219)

15:118 致知・誠意兩節若打得透時, 已自是箇好人. 其它事一節大如一節, 病敗一節小如一節.【自脩】

15:119 ▲220) 意既誠, 則好樂自不足以動其心, 故心正.【恪】221)

15:120 格物・致知・正心・誠意, 不可著纖毫私意在其中.【椿錄云: "便不是矣."】 致知・格物, 十事▲222)九事通透, 一事未通透, 不妨, 一事只格得九分, 一分不透, 最不可. 凡事不可着箇"且"字. "且"字, 其病甚多.

15:121 格物・致知・誠意・正心, 雖是有許多節次, 然其進之遲速, 則又隨人資質敏鈍.【履孫】

---

216) ▲: 或云: "致知・格物也緊要." 曰:
217) ▲: 或問: "意者, 心之所發, 如何先誠其意?" 曰:
218) 纔: 賀本에서는 才로 되어 있다.
219) ▲: 格物者, 知之始也, 誠意者, 行之始也. 意誠則心正, 自此去, 一節易似一節.【拱壽】
220) ▲: 格物者, 窮事事物物之理, 致知者, 知事事物物之理. 無所不知, 知其不善之必不可爲, 故意誠.
221)【恪】: 成化本・賀本에서는 格으로 되어 있다.
222) ▲: 格得

15:122 大學於格物・誠意, 都煅煉成了, 到得正心・脩身處, 只是行將去, 都易了.【夔孫】

15:123 ▲[223] 知與意皆從心出來. 知則主於別識, 意則主於營爲. 知近性, 近體, 意近情, 近用.【端蒙】

15:124 ▲[224] "若論淺深▲[225], 則誠意工夫較深, 正心工夫較淺, 若以小大看, 則誠意較緊細, 而正心・修身地位又較大, 又較施展."【賀孫】

15:125 誠意・正心・脩身, 意是指已發處看, 心是指體看. 意是動, 心又是該動靜. 身對心而言, 則心正是內. ▲[226]身脩[227], 是內外都盡. 若不各自做一節工[228]夫, 不成說我意已誠矣, 心將自正, 則恐懼・好樂・忿懥引將去, 又卻邪了. 不成說心正矣, 身不用管, 則外面更不顧, 而遂心跡有異矣. 須是"無所不用其極."【端蒙】

15:126 或問: "意者, ▲[229]聽命於心者也. ▲[230] 先誠其意', 意乃在心之先矣." 曰: "'心'字猝[231]難模[232]索. 心譬如水, 水之體本澄湛, 卻爲風濤不停, 故水亦搖動. 必須風濤既息, 然後水之體▲[233]靜. 人之無狀汙穢, 皆在意之不誠. 必須去此, 然後能正其心. 及心既正後, 所

223) ▲: 致知・誠意・正心,
224) ▲: 敬之問誠意・正心・修身. 曰:
225) ▲: 意思
226) ▲: 能如此
227) 身脩: 賀本에서는 修身으로 되어 있다.
228) 工: 成化本・賀本에서는 功으로 되어 있다.
229) ▲: 乃
230) ▲: 今曰'欲正其心,
231) 猝: 『朱子語類』에서는 卒로 되어 있다.
232) 模: 『朱子語類』에서는 摸로 되어 있다.
233) ▲: 得

謂好惡哀矜, 與脩身・齊家中所說者, 皆是合有底事. 但當時時省察其固滯偏勝之私耳."【僩 ○壯祖錄疑同聞別出.】

15:127 問: "▲[234] 意發於心, 則意當聽命於心. 今曰'意誠而后心正', 則是意反爲心之管束矣, 何也?" 曰: "心之本體何嘗不正? 所以不得其正者, 蓋由邪惡之念勃勃而興, 有以動其心也. 譬之水▲[235], 本自瑩[236]淨寧息, 蓋因波濤洶[237]湧, 水遂爲其所激而動也. ▲[238]大學次序, 誠意最要. 學者苟於此一節分別得善惡・是非・取舍[239]分明, 則自此以後, 凡有忿懥・好樂・親愛・畏敬等類, 皆是好事. 大學之道, 始不可勝用矣."【壯祖】

15:128 問: "心如何正?" 曰: "只是去其害心者."【端蒙】

15:129 ▲[240] "今人多是不能去致知處着力, 此心多爲物欲所陷了. 惟聖人能提出此心, 使之光明, 外來底物欲皆不足以動我, 內中發出底又不陷了[241]."【祖道】

15:130 心纔不正, 其終必至於敗國亡身[242].【僩】

---

234) ▲: 心者, 身之主, 意者, 心之發.
235) ▲: 焉
236) 瑩: 成化本에서는 瑩으로 되어 있다.
237) 洶: 成化本에서는 汹으로 되어 있다.
238) ▲: 更是
239) 是非・取舍: 賀本에서는 取舍・是非로 되어 있다.
240) ▲: 或問正心修身. 曰:
241) 內中發出底又不陷了: 徽州本에서는 이 뒤에 問: "劉子云天地之中, 程子云天然自有之中, 此中字同否?" 曰: "天地之中是未發之中, 天然自有之中是時中." 曰: "然則天地之中是指道體, 天然自有之中是指事物之理." 曰: "然." 이 더 있다.
242) 身: 『朱子語類』에서는 家로 되어 있다.

15:131 "▲[243] 一說能誠其意, 而心自正, 一說意誠矣, 而心不可不正. 問: "脩身齊◇[244]亦然否?" 曰: "此是交會處, 不可不看." 又曰: "誠意以敬爲先."【泳】

15:132 ▲[245] "正心是就心上說, 脩身是就應事接物上說. 那事不自心做出來. 如脩身, 如絜矩, 都是心做出來. 但正心, 卻是萌芽上理會. 若脩身與絜矩等事, 卻[246]▲[247]就地頭上理會."

15:133 毅然問: "'家齊, 而后國治, 天下平.' 如堯有丹朱, 舜有瞽瞍, 周公有管・蔡, 卻能平治, 何也?" 曰: "堯不以天下與丹朱而與舜, 舜能使瞽瞍不格姦, 周公能致辟于管・蔡, 使不爲亂, 便是措置得好了. 然此皆聖人之變處. 想今人家不解有那瞽瞍之父, 丹朱之子, 管・蔡之兄, 都不須如此思量, 且去理會那常處."【淳】

15:134 "壹是", 一切也. 『漢書』「平帝紀」"一切", 顔師古注: "猶如以刀切物, 取其整齊."【泳】

15:135 ▲[248] "脩身[249]是對天下國家◇[250]是末. 凡前面許多事, 便是理會修身. '其所厚者薄, 所薄者厚', 又是以家對國說."【螢】

15:136 ▲[251]

243) ▲: 誠意正心"章,
244) ◇: 家
245) ▲: 或問: "正心・修身, 莫有淺深否?" 曰:
246) 卻: 賀本에서는 都로 되어 있다.
247) ▲: 是各
248) ▲: 李從之問: "'壹是皆以修身爲本', 何故只言修身?" 曰:
249) 修身:【附箋紙】 印本"問: '壹是皆以脩身爲本', 何故只言脩身?"云云.
250) ◇: 說. 脩身是本, 天下國家
251) ▲: 問: "『大學解』: '所厚, 謂家.' 若誠意正心, 亦可謂之厚否?" 曰: "不可. 此只言先後緩急. 所施則有厚薄."【節】

15:137 ▲[252] "若論了得時, 只消'明明德'一句便了, 不用下面許多. 聖人爲學者難曉, 故推說許多節目. 今且以明德・新民互言之, 則明明德者, 所以自新也, 新民者, 所以使人各明其明德也. 然則雖有彼此之間, 其爲欲明之德, 則彼此無不同也. 譬之明德卻是材料, 格物・致知・誠意・正心・脩身, 卻是下工夫以明其◇[253]德耳. 於格物・致知・誠意・正心・脩身之際, 要得常見一箇明德隱然流行於[254]五者之間, 方分明. 明德如明珠, 常自光明, 但要時加拂拭耳. 若爲物欲所蔽, 卽是珠爲泥涴, 然光明之性依舊自在."【大雅 ○以下總論綱領・條目.】

15:138 ▲[255]明明德, ▲[256]新民, ▲[257]止於至善", ▲[258]是大綱, 做工[259]夫全在此三句內. 下面知止五句是說效驗▲[260]. 上面是服藥, 下面是說藥之效驗. 正如說服到幾日效如此, 又服到幾日效又如此. 看來不須說效亦得, ▲[261]三句. 後面又分析開八件. 致知至脩身五件, 是明明德事, 齊家至平天下三件, 是新民事. 至善只是做得恰好. 後面傳又立八件, 詳細剖[262]析八件意思. ▲[263]問: "▲[264]表裏精粗▲[265]"

---

252) ▲: 問: "『大學』之書, 不過明德・新民二者而已. 其自致知・格物以至平天下, 乃推廣二者, 爲之條目以發其意, 而傳意則又以發明其條目者. 要之, 不過此心之體不可不明, 而致知・格物・誠意・正心, 乃其明之之工夫耳." 曰:

253) ◇: 明

254) 於: 賀本에서는 于으로 되어 있다.

255) ▲: 『大學』"在

256) ▲: 在

257) ▲: 在

258) ▲: 此三箇

259) 工: 成化本에서는 功으로 되어 있다.

260) ▲: 如此

261) ▲: 服到日子滿時, 自然有效. 但聖人須要說到這田地, 教人知"明明德"

262) 剖: 『小分』에서는 部를 剖로 바로잡았다.

263) ▲: 大抵閑時喫緊去理會, 須要把做一件事看, 橫在胸中, 不要放下. 若理會得透徹, 到臨事時, 一一有用處, 而今人多是閑時不喫緊理會, 及到臨事時, 又不肯下心推究道理, 只說且放過一次亦不妨. 只是安于淺陋, 所以不能長進, 終於無成. 大抵是不曾立得志, 枉過日子. 且如知止, 只是閑時窮究得道理分曉, 臨事時方得其所止. 若閑時不曾知得, 臨事如何了得. 事親固是用孝, 也須閑時理會曰: "▲266) 粗是大綱, 精是裏面曲折處." ▲267) "外面事要推闡, 故齊家而后治國, 平天下, 裏面事要切己, 故脩身·正心, 必先誠意. 致知愈細密." ▲268)問眞知. 曰: "曾被虎傷者, 便知得是可畏. 未曾被虎傷底, 須逐旋思量箇被傷底道理, 見得與被傷者一般, 方是." 【明作】

15:139 格物·致知, 是求知其所止, 誠意·正心·脩身·齊家·治國·平天下, 是求得其所止. 物格·知至, 是知所止, 意誠·心正·身脩·家齊·國治·天下平, 是得其所止. 『大學』中大抵虛字多. 如所謂"欲"·"其"·"而后", 皆虛字, "明明德·新民·止於至善", "致知·格物·誠意·正心·脩身·齊家·治國·平天下", 是實字. 今當就其緊要實處着工夫. ▲269) 【道夫】

15:140 自"欲明明德於天下"至"先致其知", 皆是隔一節, 所以言欲如此者, 必先如此. ▲270)在格物", ▲271)所以致知, 物才格, 則知已至, 故云在, ▲272) 【閎祖】

15:141 ▲273)便欲人就外面欄274)截得緊, 見得道理分明, 方可正得

如何爲孝, 見得分曉, 及到事親時, 方合得這道理. 事君亦然. 以至凡事都如此. 又問: "知止, 是萬事萬物皆知得所止, 或只指一事而言?" 曰: "此徹上徹下, 知得一事, 亦可謂之知止." 又問: "上達天理, 便是事物當然之則至善處否?" 曰: "只是合禮處, 便是天理. 所以聖人敎人致知·格物, 亦只要人理會得此道理." 又

264) ▲: 『大學』
265) ▲: 如何?
266) ▲: 自是如此.
267) ▲: 又曰:
268) ▲: 又
269) ▲: 如何是致知·格物以至于治國·平天下, 皆有節目, 須要一一窮究著實, 方是.
270) ▲: "致知
271) ▲: 知與物至切近, 正相照在. 格物
272) ▲: 更無次第也.
273) ▲: 『大學』"明明德於天下"以上, 皆有等級. 到致知格物處, 便較親切了, 故文勢

心, 誠得意. 不然則聖人告顏子, 如何不道非禮勿思, 卻只道勿視聽言動? 如何又先道"居處恭, 執事敬"而後"與人忠"? ▲[275)]◇[276)]

15:142 ▲[277)]

15:143 ▲[278)]

15:144 ▲[279)]合下便說'古之欲明明德於天下', 便是就這大規模上說起. 只是細推他節目緊要處, 則須在致知・格物・誠意迤邐做將去" ▲[280)]◇[281)]

15:145 ▲[282)]致知以至平天下, 許多事雖是節次如此, 須要一齊理

不同, 不曰"致知者先格其物", 只曰"致知在格物"也. "意誠而后心正", 不說是意誠了便心正, 但無詐僞便是誠. 心不在焉, 便不正. 或謂但正心, 不須致知・格物, 便可以修身・齊家, 卻恐不然. 聖人敎人窮理, 只道是人在善惡中, 不能分別得, 故善或以爲惡, 惡或以爲善, 善可以不爲不妨, 惡可以爲亦不妨. 聖人

274) 欄: 英祖刊本・成化本・賀本에서는 攔으로 되어 있다.

275) ▲: "敬"字要體得親切, 似得箇"畏"字. 【銖記先生嘗因諸生問敬宜何訓, 曰: "是不得而訓也. 惟'畏'庶幾近之." 銖云: "以'畏'訓'敬', 平淡中有滋味." 曰: "然."】

276) ◇: 【榦】

277) ▲: "欲明明德於天下者先治其國, 【至】 致知在格物." "欲"與"先"字, 謂如欲如此, 必先如此, 是言工夫節次. 若"致知在格物", 則致知便在格物上. 看來"欲"與"先"字, 差慢得些子, "在"字又緊得些子. 【履孫】

278) ▲: 『大學』言'物格而后知至, 【止】 天下平.' 聖人說得寬, 不說道能此卽能彼, 亦不說道能此而後可學彼. 只是如此寬說, 後面逐段節節更說, 只待人自看得如何. 【振】

279) ▲: 蔡元思問: "『大學』八者條目, 若必待行得一節了, 旋進一節, 則沒世窮年, 亦做不徹. 看來日用之間, 須是隨其所在而致力. 遇著物來面前, 便用格, 知之所至, 便用致, 意之發, 便用誠, 心之動, 便用正, 身之應接, 便用修, 家便用齊, 國便用治, 方得." 曰: "固是. 他

280) ▲: 云云. 又曰: "有國家者, 不成說家未齊, 未能治國, 且待我去齊得家了, 卻來治國, 家未齊者, 不成說身未修, 且待我修身了, 卻來齊家. 無此理. 但細推其次序, 須著如此做. 若隨其所遇, 合當做處, 則一齊做始得."

281) ◇: 【僩】

282) ▲: 『大學』自

會. ▲[283]如"在下位不獲乎上"數句, 意思亦是如此. 若未獲乎上, 更不去治民, 且一向去信朋友, 若未信朋友時, 且一向去說[284]親, 掉了朋友不管. 須是多端理會, 方得許多節次. ▲[285] 又如喜怒上做工夫, 固是, 然亦須事事照管, 不可專於喜怒. 如▲[286]「損」卦"懲忿窒慾",「益」卦 "見善則遷, 有過則改", 似此說話甚多. 聖人卻去四頭八面說來, 須是逐一理會. 身上許多病痛, 都要防閑. 【明作】

15:146 問: "知至了意便誠? 抑是方可做誠意工夫?" 曰: "也不能恁地說得. 這箇也在人. 一般人自便能如此. 一般人自當循序做. 但知至了, 意誠便易. ▲[287]◇[288]

15:147 說『大學』次序, 曰: "致知・格物, 是窮此理, 誠意・正心・脩身, 是體此理, 齊家・治國・平天下, 只是推此理. 要做三節看." 【雉】

15:148 『大學』一篇卻是有兩箇大節目. 物格・知至是一箇, 誠意・脩身是一箇. 纔[289]過此二關了[290], 則便可直行將去. 【泳】

---

283) ▲: 不是說物格後方去致知, 意誠後方去正心. 若如此說, 則是當意未誠, 心未正時有家也不去齊, 如何得? 且

284) 說: 賀本에서는 悅로 되어 있다.

285) ▲: 聖人亦是略分箇先後與人知, 不是做一件淨盡無餘, 方做一件. 若如此做, 何時得成?

286) ▲:『易』

287) ▲: 且如這一件事知得不當如此做, 末梢又卻如此做, 便是知得也未至. 若知得至時, 便決不如此. 如人既知烏喙之不可食, 水火之不可蹈, 豈肯更試去食烏喙, 蹈水火? 若是知得未至時, 意決不能誠." 問: "知未至之前, 所謂慎獨, 亦不可忽否?" 曰: "也不能恁地說得. 規模合下皆當齊做. 然這裏只是說學之次序如此, 說得來快, 無恁地勞攘, 且當循此次序. 初間'欲明明德於天下'時, 規模便要恁地了. 既有恁地規模, 當有次序工夫, 既有次序工夫, 自然有次序功效. '物格, 而后知至, 知至, 而后意誠, 意誠, 而后心正, 心正, 而后身修, 身修, 而后家齊, 家齊, 而后國治, 國治, 而后天下平.' 只是就這規模恁地廣開去, 如破竹相似, 逐節恁地去."

288) ◇: 【寓】

15:149 物格・知至, 是一截事, 意誠・心正・身脩, 是一截事, 家齊・國治・天下平, 又是一截事. 自知至交誠意, 又是一箇過接關了[291], 自脩身交齊家, 又是一箇過接關了[292]. 【賀孫】

15:150 自格物至脩身, 自淺以及深, 自齊家至平天下, 自內以及外. 【敬仲】

15:151 或問: "格物・致知, 到貫通處, 方能分別取舍. 初間亦未嘗不如此, 但較生澁勉强否?" 曰: "格物時是窮盡事物之理, 這方是區處理會. 到得知至時, 卻已自有箇主宰, 會去分別取舍. 初間或只見得表, 不見得裏, 只見得粗, 不見得精. 到知至時, 方知得到, 能知得到, 方會意誠, 可者必爲, 不可者決不肯爲. 到心正, 則胸中無些子私蔽. 洞然光明正大, 截然有主而不亂, 此身便◇[293]齊, 國便治, 而天下可平." 【賀孫】

15:152 格物・致知, 比治國・平天下, 其事似小. 然打不透, 則病痛卻大, 無進步處. 治國・平天下, 規模雖大, 然這裏縱有未盡處, 病痛卻小. 格物・致知, 如"知及之", 正心・誠意, 如"仁能守之." 到得"動之不以禮"處, 只是小小未盡善. 【蓋卿 ○方子錄云: "格物・誠意, 其事似乎小. 然若打不透, 卻是大病痛. 治國・平天下, 規模雖大, ▲[294]若有未到處, 其病卻小, 蓋前面大本領已自正了. 學者若做到物格・知至處, 此是七[295]分以上底人."】

---

289) 纔: 賀本에서는 才로 되어 있다.
290) 了: 『小分』에서는 子를 了로 바로잡았다. 孝宗刊本에서는 子로 되어 있다. 『考異』에서는 "了, 一作子."라고 되어 있다.
291) 了: 『朱子語類』에서는 子로 되어 있다.
292) 了: 『朱子語類』에서는 子로 되어 있다.
293) ◇: 修, 家便
294) ▲: 然
295) 七: 賀本에서는 十으로 되어 있다.

15:153 問: “看來『大學』自格物至平天下, 凡八事, 而心是在當中, 擔[296]着兩下者. 前面格物・致知・誠意, 是理會箇心, 後面身脩・家齊・國治・天下平, 是心之功用.” 曰: “據[297]他本經, 去身脩[298]上截斷. 然身亦是心主之.”【士毅】

15:154 自明明德至於治國・平天下, 如九層寶塔, 自下至上, 只是一箇塔心. 四面雖有許多層, 其實只是一箇心. 明德・正心・誠意・修身, 以至治國・平天下, 雖有許多節次, 其實只是一理. 須逐一從前面看來, 看後面, 又推前面去. 故曰“知至而后意誠, 意誠而后心正”也.【子蒙】

15:155 ▲[299]

15:156 問: “‘古之欲明明德於天下’, 至‘致知在格物’, 向疑其似於爲人. 今觀之, 大不然. 蓋大人, 以天下爲度者也. 天下苟有一夫不被其澤, 則於吾心爲有慊, 而吾身於是八者有一毫[300]不盡, 則亦何以明明德於天下耶? 夫如是, 則凡其所爲, 雖若爲人, 其實則亦爲己而已.” 先生曰: “爲其職分之所當爲也.”【道夫】

---

296) 擔: 孝宗刊本・成化本에서는 檐으로 되어 있다.

297) 據: 『小分』에서는 去를 據로 고쳤다.

298) 身脩: 『朱子語類』에서는 修身으로 되어 있다. 『小分』에서는 교정부호가 나타나리라 예상되는 부분이 닳아서 그 흔적을 확인할 수 없다.

299) 問: “‘古之欲明明德於天下者’, 至‘致知在格物’, 詳其文勢, 似皆是有爲而後爲者.” 曰: “皆是合當爲者. 經文旣自明德說至新民, 止於至善, 下文又卻反覆明辨, 以見正人者必先正己. 孟子曰: ‘天下之本在國, 國之本在家, 家之本在身.’ 亦是此意.”【道夫】

300) 毫: 成化本에서는 豪로 되어 있다.

圖

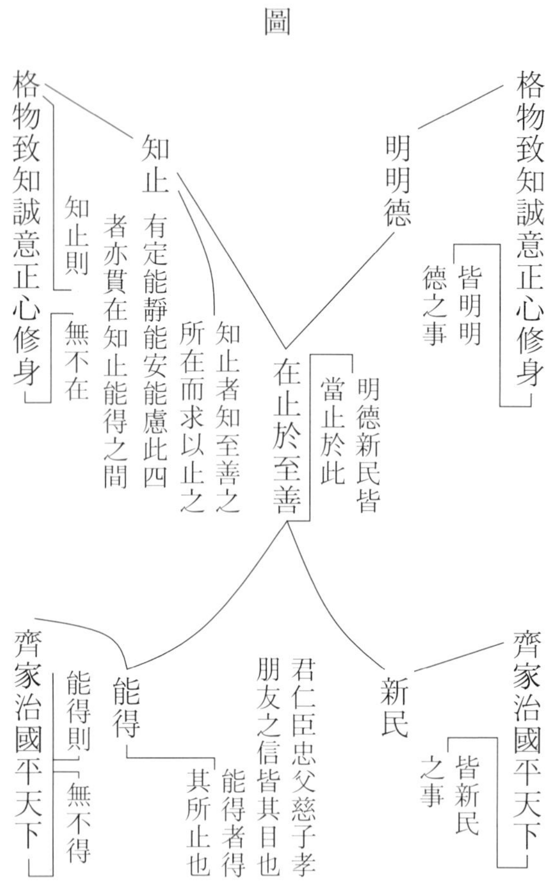
格物致知誠意正心修身
明明德
皆明明德之事
格物致知誠意正心修身
知止
知止則
無不在
有定能靜能安能慮此四者亦貫在知止能得之間
知止者知至善之所在而求以止之
在止於至善
明德新民皆當止於此
齊家治國平天下
新民
皆新民之事
君仁臣忠父慈子孝朋友之信皆其目也
能得者得其所止也
能得
齊家治國平天下
能得則
無不得

『朱子語類』卷第十六

「大學三」

「傳一章釋明明德」

16:1 問"克明德." 曰: "德之明與不明, 只在人之克與不克耳. 克, 只是眞箇會明其明德."【節】

16:2 問明德・明命. 曰: "便是天之所命謂性者. 人皆有此明德, ▲[1]."【螢】

16:3 自人受之, 喚做"明德", 自天言之, 喚做"明命." 今人多鶻鶻突突, 一似無這箇明命. 若常見其在前, 則凜凜然不敢放肆, 見許多道理都在眼前. ▲[2] "這箇道理, 未見得時, 若無頭無面, 如何下工夫? 才[3]剔撥得有些通透處, 便須急急躡蹤趲鄉前去. ▲[4]."【賀孫】

16:4 "顧諟天之明命", 諟, 是詳審顧諟, 見得子細.【僩】

---

1) ▲: 但爲物欲之所昏蔽, 故暗塞爾.

2) ▲: 又曰: "人之明德, 即天之明命. 雖則是形骸間隔, 然人之所以能視聽言動, 非天而何?" 問"苟日新, 日日新." 曰:

3) 都:【頭註】才以添.

4) ▲: 又曰: "'周雖舊邦, 其命維新.' 文王能使天下無一民不新其德, 即此便是天命之新." 又云: "天視自我民視, 天聽自我民聽." 或問: "此若有不同, 如何?" 曰: "天豈曾有耳目以視聽? 只是自我民之視聽, 便是天之視聽. 如帝命文王, 豈天諄諄然命之? 只是文王要恁地, 便是理合恁地, 便是帝命之也." 又曰: "若一件事, 民人皆以爲是, 便是天以爲是, 若人民皆歸往之, 便是天命之也." 又曰: "此處甚微, 故其理難看

16:5 ▲[5] 只是照管得那本明底物事在.【燾】

16:6 ▲[6]

16:7 ▲[7]

16:8 ▲[8] 古註[9]云: "常目在之." 說得極好. 非謂有一物常在目前可見, 也只是長存此心, 知得有這道理光明不昧. 方其靜坐未接物也, 此理固湛然淸明, 及其遇事而應接也, 此理亦隨處發見. 只要人常提撕省察, 念念不忘, 存養久之, 則是理愈明, 雖欲忘之而不可得矣. ▲[10]又曰: "千書萬書, 只是教人求放心. 聖賢教人[11], 其要處皆一. 苟通◇[12]一處, 則觸處皆通矣."【僩】

16:9 ▲[13]

---

5) ▲: "顧諟天之明命",

6) ▲: "顧諟天之明命", 便是常見這物事, 不教昏著. 今看『大學』, 亦要識此意. 所謂"顧諟天之明命", "無他, 求其放心而已."【方子 ○佐同.】

7) ▲: 先生問: "'顧諟天之明命', 如何看?" 答云: "天之明命, 是天之所以命我, 而我之所以爲德者也. 然天之所以與我者, 雖曰至善, 苟不能常提撕省察, 使大用全體昭晰無遺, 則人欲益滋, 天理益昏, 而無以有諸已矣." 曰: "此便是至善. 但今人無事時, 又卻恁昏昏地, 至有事時, 則又隨事逐物而去, 都無一個主宰. 這須是常加省察, 真如見一箇物事在裏, 不要昏濁了他, 則無事時自然凝定, 有事時隨理而處, 無有不當."【道夫】

8) ▲: "顧諟天之明命",

9) 註: 成化本에서는 注로 되어 있다.

10) ▲: 孟子曰: "學問之道無他, 求其放心而已矣." 所謂求放心, 只常存此心便是. 存養旣久, 自然信向. 決知堯·舜之可爲, 聖賢之可學, 如菽粟之必飽, 布帛之必煖, 自然不爲外物所勝. 若是若存若亡, 如何會信, 如何能必行.

11) 聖賢敎人: 『小分』에서는 聖人敎賢을 교정부호로 바로잡았다.

12) ◇: 得

13) ▲: 問: "'顧諟天之明命', 言'常目在之', 如何?" 曰: "顧諟, 是看此也. 目在, 是如目存之, 常知得有此理, 不是親眼看. '立則見其參於前, 在輿則見其倚於衡', 便是這模樣. 只要常常提撕在這裏, 莫使他昏昧了. 子常見得孝, 父常見得慈, 與國人交, 常見得信."【寓】

16:10 問: "▲[14] 天命至微, 恐不可目在之[15], 想只是顧其發見處." 曰: "只是見得長長地在面前模樣. '立則見其參於前, 在輿則見其倚於衡.' 豈是有物可見?"【義剛】

16:11 ▲[16] "如一件物在此, 惟恐人偸去, 兩眼常常覷在此相似."【友仁】

16:12 ▲[17]

16:13 因說"天之明命", 曰: "這箇物事, 卽是氣, 便有許多道理在裏. 人物之生, 都是先有這箇物事, 便是天當初分付底. 旣有這物事, 方始具是形以生, 便有皮包裹在裏. ▲[18] 如草木之生, 亦是有箇生意了, 便會生出芽蘖, 芽蘖出來, 便有皮包裹著, ▲[19]." 又曰: "各正性[20]命, 保合太和, 聖人於「乾卦」發此兩句, 最好. 人之所以爲人, 物之所以爲物, 都是正箇性命. 保合得箇和氣性命, 便是當初合下分付底. 保合, 便是有箇皮殼包裹在裏. 如人以刀破其腹, 此箇物事便散, 卻便死."【夔孫】

16:14 而今人會說話行動, 凡百皆是天之明命. "人心惟危, 道心惟微", 也是天之明命.【夔孫】

---

14) ▲: 顧, 謂'常目在之.'

15) 在之: 『小分』에서는 之在를 교정부호로 바로잡았다.

16) ▲: 問"常目在"之意. 先生以手指曰:

17) ▲: 問: "如何目在之?" 曰: "常在視瞻之間, 蓋言存之而不忘."【寓】

18) ▲: 若有這箇, 無這皮殼, 亦無所包裹.

19) ▲: 而今儒者只是理會這箇, 要得順性命之理. 佛·老也只是理會這箇物事. 老氏便要常把住這氣, 不肯與他散, 便會長生久視. 長生久視也未見得, 只是做得到, 也便未會死. 佛氏也只是見箇物事, 便放得下, 所以死生禍福都不動. 只是他去作弄了

20) 正性: 『小分』에서는 性正을 교정부호로 바로잡았다.

「傳二章釋新民」

16:15 “苟日新”一句是爲學入頭處, ▲21) 且要理會“苟”字. 苟能日新如此, 則下面兩句工夫方能接續做去, 而今學者只管要日新, 卻不去“苟”字上面著工夫. ▲22) 【泳】

16:16 苟, 誠也. 要緊在此一字. 【賀孫】

16:17 ▲23)

16:18 ▲24)

16:19 ▲25)

16:20 “‘苟日新’, 新是對舊染之汙而言. ‘日日新, 又日新’, 只是要常常如此, 無間斷也. 新與舊, 非是去外面討來26). 昨日之舊, 乃是今日之新.” ▲27) 蓋天之所以與我, 便是明命, 我之所得以爲性◇28), 便是明德. 命與德皆以明爲言, 是這箇物本自光明, 顯然在裏, 我卻去昏蔽了他, 須用日新. 說得來29), ▲30) .” 【道夫】

---

21) ▲: 而今爲學,
22) ▲: “苟日新”, 苟者, 誠也.
23) ▲: “苟日新.” 須是眞箇日新, 方可“日日新, 又日新.” 【泳】
24) ▲: 舊來看『大學』“日新”處, 以爲重在後兩句, 今看得重在前一句. “苟”字多訓“誠”字. 【璘】
25) ▲: “苟”字訓誠, 古訓釋皆如此. 乍見覺差異. 人誠能有日新之功, 則須日有進益. 若暫能日新, 不能接續, 則前日所新者, 卻間斷衰頹了, 所以不能“日日新, 又日新”也. 【人傑】
26) 外面討來: 『小分』에서는 外討來面을 교정부호로 바로잡았다.
27) ▲: 道夫云: “這正如『孟子』‘操存舍亡’, 說存與亡, 非是有兩物.” 曰: “然. 只是在一念間爾. 如‘顧諟天之明命’, 上下文都說明德, 這裏卻說明命.
28) ◇: 者

16:21 ▲[31]「盤銘」取沐浴之義. 蓋爲早間盥濯才了, 晚下垢汙又生, 所以常要日新. 【德明】

16:22 徐仁父問: "湯之「盤銘」曰: '日日新', 繼以'作新民.' 日新是明德事, 而今屬之'作新民'之上. 意者[32], 申言新民必本於在我之自新也." 曰: "然. ▲[33]." 【賀孫】

16:23 "鼓之舞之"之謂作, 如擊鼓然, 自然使人跳舞踴躍. 然民之所以感動者, 由其本有此理. 上之人旣有以自明其明德, 時時提撕警策, 則下之人觀瞻感發, 各有以興起其同然之善心, 而不能已耳. 【僩】

16:24 "周雖舊邦, 其命維新." 自新新民, 而至於天命之改易[34], 可謂極矣. 必如是而後爲"止於至善"也. 【僩】

16:25 ▲[35]

「傳三章釋止於至善」

16:26 "緡蠻黃鳥, 止于丘隅." 物亦各尋箇善處止, "可以人而不如鳥

---

29) 說得來: 徽州本에서는 이 앞에 恁地가 더 있다.

30) ▲: 又只是箇存心. 所以明道云: "聖賢千言萬語, 只是欲人將已放之心約之使反覆入身來, 自能尋向上去, 下學而上達也

31) ▲: 湯"日日新." 『書』云: "終始惟一, 時乃日新." 這箇道理須是常接續不已, 方是日新, 才有間斷, 便不可.

32) '作新民'之上. 意者: 『小分』에서는 '作新民'之意. 上者를 교정부호로 바로잡았다.

33) ▲: 莊子言: '語道而非其序, 則非道矣.' 橫渠云: '如『中庸』文字, 直須句句理會過, 使其言互相發.' 今讀『大學』, 亦然. 某年十七八時, 讀『中庸』·『大學』, 每早起須誦十遍. 今『大學』可且熟讀

34) 改易: 徽州本에서는 新으로 되어 있다.

35) ▲: "其命維新", 是新民之極, 和天命也新. 【大雅】

乎!"【德明】

16:27 ▲[36] "緝熙"是工夫, "敬止"是功效收殺處.【寓】

16:28 或言: "『大學』以知止爲要." 曰: "如君便要止於仁, 臣便要止於敬[37], 子便止於孝, 父便止於慈. 若不知得, 何緣到得那地位? ▲[38]這便是至善處." ▲[39]問: "至善是無過不及▲[40]否?" 曰: "只是這夾界上些子. 如君止於仁, 若依違牽制, 懦而無斷, 便是過, ▲[41]不是仁. 臣能陳善閉邪, 便是敬, 若有所畏懼, □[42]不敢匡[43]君之失, 便是過, ▲[44]不是敬."【道夫】

16:29 問: "至善, ▲[45] 就萬物中細論之, 則其類如何?" 曰: "只恰好底便是. '坐如尸', 便是坐恰好底, '立如齊', 便是立恰好底."【淳 ○寓同.】

16:30 ▲[46] "大倫有五, 此言其三, 蓋不止此. '究其精微之蘊', 是就三者裏面窮究其蘊, '推類以通其餘', 是就外面推廣, 如夫婦・兄弟之類."【淳 ▲[47]】

---

36) ▲: "於緝熙敬止",
37) 臣便要止於敬: 『小分』에서는 臣便止於敬要을 교정부호로 바로잡았다.
38) ▲: 只
39) ▲: 道夫
40) ▲: 恰好處
41) ▲: 便
42) □: 賀本에서는 而로 되어 있다. 『小分』에서는 而를 지워 놓았다.
43) 匡: 賀本에서는 正으로 되어 있다. 『小分』에서는 본문의 글자를 직접 匡으로 고치려다 지우고 본문 옆에 匡을 새로 적었는데, 교정 전의 글자는 "正"일 가능성이 높다.
44) ▲: 便
45) ▲: 如君之仁・臣之敬・父之慈・子之孝者, 固如此.
46) ▲: 周問: "注云: '究其精微之蘊, 而又推類以通其餘.' 何也?" 曰:
47) ▲: ○謨錄云: "須是就君仁臣敬・子孝父慈與國人信上推究精微, 各有不盡之理.

16:31 問: "'如切如磋者, 道學也, 如琢如磨者, 自修也.' 此是詩人美武公之本旨耶?姑借其詞以發學問自修之義耶?" 曰: "武公[48]大段是有學問底人. 「抑」之一詩, 義理精密. 詩中如此者甚不易得." 【僩用】

16:32 ▲[49]

16:33 ▲[50]

16:34 「傳」之三章, 緊要只是"如切如磋, 如琢如磨." 如切, 可謂善矣, 又須當磋之, 方是至善. 如琢, 可謂善矣, 又須當磨之, 方是至善. 一章主意, 只是說所以"止於至善"工夫, ▲[51] 【賀孫】

16:35 ▲[52]

16:36 骨・角, 卻易開解, 玉・石, 儘著得磨揩工夫. 【賀孫】

16:37 瑟, 矜莊貌, 僩, 武貌, 恂慄, 嚴毅貌. 古人直是如此嚴整, 然後有那威儀烜赫著見. 【德明】

16:38 問: "解瑟爲嚴密, 是就心言? ▲[53]" 曰: "是▲[54]." 問: "心如

此章雖人倫大目, 亦只舉得三件. 必須就此上推廣所以事上當如何, 所以待下又如何. 尊卑大小之間, 處之各要如此."

48) 武公: 徽州本에서는 衛 武公으로 되어 있다.

49) ▲: "至善"一章, 工夫都在"切磋琢磨"上. 【泳】

50) ▲: 旣切而復磋之, 旣琢而復磨之, 方止於至善. 不然, 雖善, 非至也. 【節】

51) ▲: 爲下"不可諠兮"之語拖帶說. 到"道盛德至善, 民不能忘", 又因此語一向引去. 大概是反覆嗟詠, 其味深長. 他經引『詩』, 或未甚切, 只『大學』引得極細密.

52) ▲: 魏元壽問切磋琢磨之說. 曰: "恰似剝了一重, 又有一重. 學者做工夫, 消磨舊習, 幾時便去教盡? 須是只管磨礱, 教十分淨潔. 最怕如今於眼前道理略理會得些, 便自以爲足, 便不著力向上去, 這如何會到至善田地?" 【賀孫】

53) ▲: 抑就行言?

何是密處?" 曰: "只是不粗疏, 恁地縝密."【寓】[55]

16:39 "僩, ▲[56]." 能剛强卓立, 不如此怠惰闒颯.【僩】

16:40 ▲[57] 人而懷戰懼之心, 則必齊莊嚴肅, 又烏可犯?"【壯祖】

16:41 問: "恂慄, 何以知爲戰懼?" 曰: "莊子云: '木處, 則恂慄危懼.'"【廣】

16:42 ▲[58]

16:43 "民之不能忘也", 只是一時不忘, 亦不是至善. 又曰: "'瑟兮僩兮, 赫兮喧兮'者, 有所主於中, 而不能發於外, 亦不是至善, 務飾於外, 而無主於中, 亦不是至善."【銖】

16:44 ▲[59]

16:45 ▲[60] "如孔子仰文・武之德, 是'賢其賢', 成・康以後, 思其恩而保其基緒, 便是'親其親.'"【木之】

---

54) ▲: 就心言
55) 問: "解瑟爲嚴密, … 恁地縝密." :【附箋紙】當刪
56) ▲: 武毅之貌
57) ▲: 問: "瑟者, 武毅之貌, 恂慄, 戰懼之貌. 不知人當戰懼之時, 果有武毅之意否?" 曰:
58) ▲: 大率切而不磋, 亦未到至善處, 琢而不磨, 亦未到至善處. "瑟兮僩兮", 則誠敬存於中矣. 未至於"赫兮喧兮", 威儀輝光著見於外, 亦未爲至善. 此四句是此段緊切處, 專是說至善. 蓋不如此, 則雖善矣, 未得爲至善也. 至於"民之不能忘", 若非十分至善, 何以使民久而不能忘? 古人言語精密有條理如此.【銖】
59) ▲: 問"前王不忘"云云. 曰: "前王遠矣, 盛德至善, 後人不能忘之. '君子賢其賢', 如堯・舜・文・武之德, 後世尊仰之, 豈非賢其所賢乎? '親其親', 如周 后稷之德, 子孫宗之, 以爲先祖先父之所自出, 豈非親其所親乎?"【寓】
60) ▲: 問"君子賢其賢而親其親." 曰:

16:46 ▲[61] “此章前三節是說止字, 中一節說至善, 後面‘烈文’一節, 又是詠嘆[62]此至善之意.” 【銖】

「傳四章釋本末」

16:47 問“聽訟, 吾猶人也, 必也使無訟乎!” 曰: “固是以修身爲本, ▲[63] 若如公言, 則當云‘聽訟, 吾過人遠矣, 故無情者不敢盡其辭’, 始得. 聖人固不會錯斷了事. 只是它所以無訟者, 卻不在於善聽訟, 在於意誠・心正, 自然有以薰炙漸染, 大服民志, 故自無訟之可聽耳. 如成人有其兄死而不爲衰者, 聞子皐將至, 遂爲衰. 子皐何嘗聽訟? 自有以感動人處耳.” 【僩】

16:48 使他無訟, 在我之事, 本也. 恁地看, 此所以聽訟爲末. 【泳】

16:49 “無情者不得盡其辭”, 便是說那無訟之由. 然惟先有以服其心志, 所以能使之不得盡其虛誕之辭. 【義剛】

16:50 “大畏民志”者, 大有以畏服斯民自欺之志. 【卓】

「傳五章釋格物致知」

16:51 劉圻父說: “‘人心之靈, 莫不有知, 而天下之物, 莫不有理.’ 恐

---

61) ▲: 或問“至善”章. 曰:

62) 嘆: 『朱子語類』에서는 歎으로 되어 있다.

63) ▲: 只是公別底言語多走作. 如云: ‘凡人聽訟, 以曲爲直, 以直爲曲, 所以人得以盡其無實之辭. 聖人理無不明, 明無不燭, 所以人不敢.’ 如此, 卻是聖人善聽訟, 所以人不敢盡其無實之辭, 正與經意相反. 聖人正是說聽訟我也無異於人, 當使其無訟之可聽, 方得.

明明德便是性.” 曰: “▲64) 心與性自有分別. 靈底是心, 實底是性. 靈便是那知覺底. 如向父母則有那孝出來, 向君則有那忠出來, 這便是性. 如知道事親要孝, 事君要忠, 這便是心. 張子曰: ‘心, 統性情者也.’ 此說得最精密.” 次日, 圻父復說過. 先生曰: “性便是那理, 心便是盛貯該載・敷施發用底.” 問: “表裏精粗無不到.” 曰: “表便是外面理會得底, 裏便是就自家身上至親至切・至隱至密・貼骨貼肉處. ▲65) 【義剛 ○子寰同.】

16:52 問: “‘因其已知之理推而致之66), 以求至乎其極’, 是因定省之孝以至於色難養志, 因事君之忠以至於陳善閉邪之類否?” 曰: “此只說得外面底, 須是表裏皆如此. 若是做得大者而小者未盡, 亦不可, 做得小者而大者未盡, 尤不可. 須是無分毫67)欠闕, 方是. ▲68) 【人傑】

16:53 ▲69)問: “▲70)經文‘物格, 而后知至’, 卻是知至在後. 今乃云‘因其已知而益窮之’, 則又在格物前.” 曰: “知先71)自有72). 才73)要去理會, 便是這些知萌露. 若懵然全不向着, 便是知之端未會74)通. 才75)思

64) ▲: 不是如此.

65) ▲: 今人處事多是自說道: ‘且恁地也不妨.’ 這箇便不是. 這便只是理會不曾到那貼底處. 若是知得那貼底時, 自是決然不肯恁地了.”

66) 因其已知之理推而致之: 徽州本에서는 이 앞에 先生所補格物章이 더 있다.

67) 毫; 成化本에서는 豪로 되어 있다.

68) ▲: 且如陸子靜說‘良知良能, 四端根心’, 只是他弄這物事. 其他有合理會者, 渠理會不得, 卻禁人理會. 鵝湖之會, 渠作詩云: ‘易簡工夫終久大.’ 彼所謂‘易簡’者, 苟簡容易爾, 全看得不子細. ‘乾以易知’者, 乾是至健之物, 至健者, 要做便做, 直是易, 坤是至順之物, 順理而爲, 無所不能, 故曰簡. 此言造化之理. 至於‘可久則賢人之德’, 可久者, 日新而不已, ‘可大則賢人之業’, 可大者, 富有而無疆. 易簡有幾多事在, 豈容易苟簡之云乎?”

69) ▲: 任道弟

70) ▲: ‘致知’章, 前說窮理處云: ‘因其已知之理而益窮之.’ 且

71) 先: 【頭註】先作“元.”

72) 有: 孝宗刊本에서는 亦으로 되어 있다.

73) 才: 孝宗刊本・成化本에서는 纔로 되어 있다.

74) 會: 『朱子語類』에서는 曾으로 되어 있다.

量著, 便這箇骨子透出來. 且如做些事錯, 才[76]知道錯, 便是向好門路, 卻不是方始去理會箇知. ▲[77]須著因其端而推致之, 使四方八面, 千頭萬緒, 無有些不知, 無有毫[78]髮窒礙. 孟子所謂'知皆擴[79]而充之, 若火之始然, 泉之始達.' ▲[80] 便是'致'字意思."【賀孫】

16:54 致知, 則理在物, 而推吾之知以知之也, 知至, 則理在物, 而吾心之知已得其極也. ▲[81]【賀孫】

16:55 ▲[82] 有一種人只就皮殼上做工夫, 卻於理之所以然者全無是處. 又有一種人思慮向裏去, 又嫌眼前道理粗, 於事物上都不理會. 此乃談玄說妙之病, 其流必入於異端."【銖】

16:56 ▲[83] "表者, 人物之所共由, 裏者, 吾心之所獨得. 表者, 如父慈子孝, 雖九夷八蠻, 也出這道理不得. 裏者, 乃是至隱至微, 至親至切, 切要處." ▲[84]子思云: "語大, 天下莫能載, 語小, 天下莫能破." 又說"裏"字云: "'莫見乎隱, 莫顯乎微.' 此箇道理, 不惟一日間離不得, 雖一時間亦離不得, 以至終食之頃亦離不得."【夔孫】

---

75) 才: 孝宗刊本・成化本에서는 纔로 되어 있다.
76) 才: 孝宗刊本・成化本에서는 纔로 되어 있다.
77) ▲: 只是如今
78) 毫: 成化本에서는 豪로 되어 있다.
79) 擴: 成化本에서는 廣으로 되어 있다.
80) ▲: '擴而充之',
81) ▲: 或問: "'理之表裏精粗無不盡, 而吾心之分別取舍無不切.' 既有箇定理, 如何又有表裏精粗?" 曰: "理固自有表裏精粗, 人見得亦自有高低淺深. 有人只理會得下面許多, 都不見得上面一截, 這喚做知得表, 知得粗. 又有人合下便看得大體, 都不就中間細下工夫, 這喚做知得裏, 知得精. 二者都是偏, 故『大學』必欲格物・致知. 到物格・知至, 則表裏精粗無不盡."
82) ▲: 問表裏精粗. 曰: "須是表裏精粗無不到.
83) ▲: 問表裏. 曰:
84) ▲: 因學

16:57 ▲[85] '博我以文', 是要四方八面都見得周匝無遺, 是之謂表. 至於'約我以禮', 又要逼向身己上來, 無[86]一毫之不盡, 是之謂裏." ▲[87]【木之】

16:58 問精粗. 曰: "如管仲之仁, 亦謂之仁, 此是粗處. 至精處, 則顏子三月之後或違之. 又如'充無欲害人之心, 則仁不可勝用, 充無欲穿窬之心, 則義不可勝用.' 害人與穿窬固爲不仁不義, 此是粗底. 然其實一念不當, 則爲不仁不義處."【夔孫】

16:59 ▲[88]問『大學』「補亡」"心之分別取舍[89]無不切." 曰: "只是理徹了, 見善, 端的如不及, 見不善, 端的如探湯. 好善, 便端的'如好好色', 惡不善, 便端的'如惡惡臭.' 此下須連接誠意看. 此未是誠意, 是醞釀誠意來."【淳 ▲[90]】

16:60 ▲[91]問"吾之所知無不切." 曰: "某向說得較寬, 又覺不切, 今說較切, 又少些寬舒意, 所以又說道'表裏精粗[92]無不盡'也. 自見得'切'字, 卻約向裏面."【賀孫】

16:61 ▲[93] "體用元不相離. 如人行坐, 坐則此身全坐, 便是體, 行則此體全行, 便是用."【道夫】

---

85) ▲: 傅問表裏之說. 曰: "所說'博我以文, 約我以禮', 便是.
86) 來, 無: 『小分』에서는 無, 來로 되어 있던 것을 교정부호로 바로잡았다.
87) ▲: 子升云: "自古學問亦不過此二端." 曰: "是. 但須見得通透."
88) ▲: 周
89) 舍: 成化本에서는 捨로 되어 있다.
90) ▲: ○謨錄云: "此只是連著誠意說. 知之者切, 則見善眞如不及, 見不善眞如探湯, 而無纖毫不實故爾."
91) ▲: 李
92) 精粗: 『小分』에서는 粗精를 교정부호로 바로잡았다.
93) ▲: 安卿問"全體大用." 曰:

16:62 問: "'格物'章補文處不入敬意, 何也?" 曰: "敬已就小學處做了. 此處只據本章直說, 不必雜在這裏, 壓重了, 不淨潔."【寓】

16:63 問: "所補'致知'章, 何不效其文體?" 曰: "亦曾效而爲之, 竟不能成. 劉原父卻會效古人爲文, 其集中有數篇論, 全似『禮記』."【必大】

「傳六章釋誠意」

16:64 "誠其意", 只是實其意. 只作一箇虛字看, 如"正"字之類.【端蒙】

16:65 說許多病痛, 都在"誠意"章, 一齊要除[94]了. 下面有些小▲[95]病痛, 亦輕可. ▲[96]【泳】

16:66 問: "誠意是如何?" 曰: "心只是有一帶路, 更不著得兩箇物事. 如今人要做好事, ▲[97] 只爲他有箇爲惡底意思在裏面牽繫. 要▲[98]做好事底心是實, 要做不好事底心是虛. 被那虛底▲[99]夾雜, 便將實底一齊打壞了."【賀孫】

16:67 ▲[100] 君子小人之分, 卻在'誠其意'處. 誠於爲善, 便是君子, 不誠底, 便是小人, 更無別說."【琮】

---

94) 要除: 孝宗刊本・成化本에서는 格物로 되어 있다. 考異에서는 一作格物로 되어 있다.
95) ▲: 爲
96) ▲: 若不除去, 恐因此滋蔓, 則病痛自若.
97) ▲: 都自無力. 其所以無力是如何?
98) ▲: 去
99) ▲: 在裏面
100) ▲: 詣學升堂云云, 敎授請講說大義. 曰: "大綱要緊只是前面三兩章.

16:68 ▲[101]問: "物格・知至了, 如何到誠意又說'*毋*自欺也'? *毋*者, 禁止之辭?" 曰: "物旣格, 知旣至, 到這裏方可著手下工夫. 不是物格・知至了, 下面許多一齊掃了. ▲[102]." 【賀孫 ○自欺.】

16:69 ▲[103] "此繼於物格・知至之後, 故特言所謂'誠其意者, *毋*自欺也'. 若知之已至, 則意無不實. 惟是知之有毫[104]末未盡, 必至於自欺. 且如做一事當如此, 決定只著如此做, 而▲[105] 若知之未至, 則當做處便夾帶這不當做底意在. ▲[106] 這便是不實, 便都做不成." 【賀孫[107]】

16:70 問: "知不至與自欺者如何分?" 曰: "'小人閒[108]居爲不善, 無所不至. 見君子而後厭然, 揜其不善, 而著其善.' 只爲是知不至耳." 問: "當其知不至時, 亦自不知其至於此. 然其勢必至於自欺." 曰: "勢必至此." ▲[109] 問: "要之二者, 其病源只是欠了格物工夫." 曰: "然." 【道夫】

16:71 ▲[110] "自欺是▲[111]半知半不知底人. 知道善我所當爲, 卻又十不[112]分去爲善, 知道惡不可作, 卻又是自家所愛, 舍他不得, 這便

101) ▲: 器遠
102) ▲: 若如此, 卻不消說下面許多. 看下面許多, 節節有工夫
103) ▲: 亞夫問: "'欲正其心者, 先誠其意.' 此章當說所以誠意工夫當如何?" 曰:
104) 毫: 成化本에서는 豪로 되어 있다.
105) ▲: 不可以如彼.
106) ▲: 當如此做, 又被那要如彼底心牽惹,
107) 賀孫: 徽州本에서는 이 뒤에 誠意章, 皆在兩個自字上用功.이라는 小註가 더 있다.
108) 閒: 成化本에서는 間으로 되어 있다.
109) ▲: 頃之, 復曰: "不識不知者卻與此又別. 論他箇, 又卻只是見錯, 故以不善爲善, 而不自知耳. 其與知不至而自欺者, 固是'五十步笑百步', 然卻又別."
110) ▲: 問劉棟: "看『大學』自欺之說如何?" 曰: "不知義理, 卻道我知義理, 是自欺." 先生曰:
111) ▲: 箇

是自欺. 不知不識, 只喚做[113], 不知不識卻不喚做'自欺.'" 【道夫】

16:72 ▲[114]問"誠其意者毋自欺." 曰: "譬如一塊物, 外面是銀, 裏面是鐵, 便是自欺. 須是表裏如一, 便是不自欺. 然所以不自欺, 須是見得分曉. 譬如今人見烏喙之不可食, 知水火之不可蹈, 則自不食不蹈. 如寒之欲衣, 飢之欲食, 則自是不能已. ▲[115]果見得分曉, ▲[116] 則此意自實矣." 【祖道】

16:73 ▲[117]

16:74 ▲[118] 只是自家知得善好, 要爲善, 然心中卻覺得微有些沒緊要底意思, 便是自欺, 便是虛僞不實矣. 正如金, 已是眞金了, 只是鍛鍊[119]得微不熟, ▲[120]有些渣[121]滓去不盡, 顏色或白, 或青, 或黃, 便不是十分精金矣. 顏子"有不善未嘗不知", 便是知之至, "知之未嘗復行", 便是意之實. ▲[122]顏子地位, 豈有不善? 所謂不善, 只是微有差失, ▲[123] 便是知不至處." 【僩】

---

112) 十不: 『小分』에서는 不十를 교정부호를 이용하여 十不로 바로잡았으나 『朱子語類』에서는 不十으로 되어 있다.
113) 做: 賀本에서는 欺로 되어 있다.
114) ▲: 或
115) ▲: 今人
116) ▲: 如烏喙之不可食, 水火之不可蹈, 見善如飢之欲食, 寒之欲衣,
117) ▲: 自欺, 非是心有所慊. 外面雖爲善事, 其中卻實不然, 乃自欺也. 譬如一塊銅, 外面以金裹之, 便不是眞金. 【人傑】
118) ▲: "所謂誠其意者, 毋自欺也." 注云: "心之所發, 陽善陰惡, 則其好善惡惡, 皆爲自欺, 而意不誠矣", 而今說自欺, 未說到與人說時, 方謂之自欺.
119) 鍊: 孝宗刊本 · 英祖刊本 · 成化本에서는 煉으로 되어 있다.
120) ▲: 微
121) 渣: 孝宗刊本 · 英祖刊本 · 成化本에서는 查로 되어 있다.
122) ▲: 又曰: "如
123) ▲: 便能知之, 才知之, 便更不萌作. 只是那微有差失,

16:75 ▲[124] 但當致知. 分別善惡了, 然後致其謹[125]獨之功, 而力割去物欲之雜, ▲[126]后意可得其誠也.【壯祖】

16:76 只今有一毫[127]不快于[128]心, 便是自欺也.【道夫】

16:77 看如今未識道理人, 說出道理, 便恁地包藏隱伏, 他元不曾見來. 這亦是自欺, 亦是不實. 想他當時發出來, 心下必不安穩.【賀孫】

16:78 ▲[129]◇[130] "▲[131]誠意, 看來有三樣. 一則內全無好善惡惡之實, 而專[132]事掩覆於外者, 此不誠之尤也. 一則雖知好善惡惡之爲是, 而隱微之際, 又苟且以自瞞底. 一則知有未至, 隨意應事, 而自不覺陷於自欺底." 曰: "這箇不用恁地分, 只是一路, 都是自欺, 但有深淺之不同耳."【燾】

16:79 ▲[133]因論以"假託"換"掩覆"字云: "'假託'字又似重了, ▲[134] 又▲[135]論誠與不誠, 不特見之於外, 只裏面一念之發, 便有誠僞之分. ▲[136]"【燾】

---

124) ▲: 所謂自欺者, 非爲此人本不欲爲善去惡. 但此意隨發, 常有一念在內阻隔住, 不放教表裏如一, 便是自欺.
125) 謹: 賀本에서는 愼으로 되어 있다.
126) ▲: 而
127) 毫: 成化本에서는 豪로 되어 있다.
128) 于: 賀本에서는 於로 되어 있다. 『小分』에서는 於를 于로 바로잡았다.
129) ▲: 國秀
130) ◇: 問:
131) ▲: 『大學』
132) 專: 『小分』에서는 事를 專으로 바로잡았다.
133) ▲: 次早云: "夜來國秀說自欺有三樣底, 後來思之, 是有這三樣意思. 然卻不是三路, 只是一路, 有淺深之不同." 又
134) ▲: '掩覆'字又似輕, 不能得通上下底字.
135) ▲: 因
136) ▲: 譬如一粒粟, 外面些皮子好, 裏面那些子不好. 如某所謂'其好善也, 陰有不

16:80 人固有終身爲善而自欺者[137]. ▲[138] 須是要打疊得盡. 蓋意誠而後心可正. 過得這一關後, 方可進.【拱壽】

16:81 ▲[139] "人之爲善, 須是十分眞實▲[140], 方是自慊. 若有六七分爲善, 又有兩三分爲惡底意思在裏面相牽, 便不是自慊. 須是'如惡惡臭, ▲[141]好好色', 方是."【卓 ○自慊.】

16:82 ▲[142]

16:83 "'自慊'之'慊', 大意與『孟子』'行有不慊'相類. 子細思之, 亦微有不同: 『孟子』慊訓滿足意多, 『大學』訓快意多. 橫渠云: '有外之心,【蜀錄作"自慊".】 不足以合天心.' 初看亦只一般. 然橫渠亦是訓足底意思多, 『大學』訓快意多." ▲[143]【賀孫】

16:84 ▲[144]

好者以拒於內, 其惡惡也, 陰有不惡者以挽其中', 蓋好惡未形時, 已有那些子不好・不惡底藏在裏面了.

137) 人固有終身爲善而自欺者:【附箋紙】此下, 當依本文, 書小註.

138) ▲: 不特外面有, 心中欲爲善, 而常有箇不肯底意思, 便是自欺也. *賀本을 제외한 『朱子語類』의 다른 판본에서는 小註로 되어 있다.

139) ▲: 問"自慊." 曰:

140) ▲: 爲善

141) ▲: 如

142) ▲: "如惡惡臭, 如好好色, 此之謂自慊." 慊者, 無不足也. 如有心爲善, 更別有一分心在主張他事, 卽是橫渠所謂"有外之心, 不可以合天心"也.【祖道】

143) ▲: 問: "『大學』說'自慊', 且說合做處便做, 無牽滯於己私, 且只是快底意, 少間方始心下充滿. 孟子謂'行有不慊', 只說行有不滿足, 則便餒耳." 曰: "固是. 夜來說此極子細. 若不理會得誠意意思親切, 也說不到此. 今看來, 誠意'如惡惡臭, 如好好色', 只是苦切定要如此, 不如此自不得."

144) ▲: 字有同一義而二用者. "慊"字, 訓足也, "吾何慊乎哉?", 謂心中不以彼之富貴而懷不足也, "行有不慊於心", 謂義須充足於中, 不然則餒也. 如"忍"之一字, 自容忍而爲善者言之, 則爲忍去忿慾之氣, 自殘忍而爲惡者言之, 則爲忍了惻隱之心. "慊"字一從"口", 如胡・孫兩"嗛", 皆本虛字, 看懷藏何物於內耳. 如"銜"字或

16:85 "誠意"章皆在兩箇"自"字上用功.【人傑 ○自欺·自慊.】

16:86 問: "'毋自欺'是誠意, '自慊'是意誠否? '小人閒[145]居'以下, 是形容自欺之情狀, '心廣體胖'是形容自慊之意否?" 曰: "然. 後段各發明前說. 但此處是箇牢關. 今能致知, 知至而意誠矣. 驗以日用間誠意, 十分爲善矣. 有一分不好底意思潛發以間於其間, 此意一發, 便由斜徑以長, 這箇卻是實, 前面善意卻是虛矣. ▲[146] 如薦好人是善意, 有些要人德之之意, 隨後生來, 治惡人是好意, 有些狼疾之意隨後來, 前面好意都成虛了. 如「姤」卦上五爻皆陽[147], 下面只一陰生, 五陽便立不住了. 荀子亦言: '心臥則夢, 偸則自行, 使之則謀.'【見「解蔽篇」.】彼言'偸'者, 便是說那不好底意. 若曰'使之則謀'者, 則在人使之如何耳. 謀善謀惡, 都由人, 只是那偸底可惡, 故須致知, 要得早辨而豫戒之耳."【大雅】

16:87 ▲[148] "譬如作蒸餅, 一以極白好麵自裏包出, 內外更無少異, 所謂'自慊'也. 一以不好麵做心, 卻以白麵作皮, 務要欺人. 然外之白麵雖好而易窮, 內之不好者終不可揜, 則乃所爲'自欺'也."【壯祖】

16:88 問: "'誠▲[149]意▲[150]自欺▲[151]改註[152]云: '▲[153]心之所發若在於善, ▲[154] '若'字之義如何?" 曰: "'若'字只是外面做得來一似都善,

---

爲銜恨, 或爲銜恩, 亦同此義.【銖】

145) 閒: 成化本에서는 間으로 되어 있다.

146) ▲: 如見孺子入井, 救之是好意, 其間有些要譽底意思以雜之.

147) 陽: 『小分』의 본문 글자 자체는 湯에 더 가깝다. 소분의 이 부분의 필사자의 서체에서는 "氵"과 "阝"의 필체의 차이가 두드러지지 않는다.

148) ▲: 或問"自慊"·"自欺"之辨. 曰:

149) ▲: 其

150) ▲: 者, 毋

151) ▲: 也.' 近

152) 註: 『朱子語類』에서는 注로 되어 있다.

153) ▲: 自欺者,

其實中心有些不愛, 此便是自欺. 前日得孫敬甫書, 他說‘自慊’字, 似差了. 其意以爲, 好善‘如好[155]好色’, 惡◇[156]‘如惡惡臭’, 如此了然後自慊. 看經文, 語意不是如此. ▲[157] 是合下好惡時便是要自慊了, 非是做得善了, 方能自慊也. 自慊正與自欺相對, 不差毫髮. 所謂‘誠其意’, 便是要‘毋自欺’, 非至誠其意了, 方能不自欺也. 所謂不自欺而慊者, 只是要自快足我之志願, 不是要爲他人也. ▲[158].” 又曰: “自慊則一, 自欺則二. 自慊者, 外面如此, 中心也是如此, 表裏一般. 自欺者, 外面如此做, 中心其實有些子不願, 外面且要人道好. 只此便是二心, 誠僞之所由分也.”【僩】

16:89 ▲[159]‘欲誠其意者, 先致其知.’ 知若未至, 何由得如此? 蓋到物格・知至後, 已是意誠[160]八九分了. 只是更就上面省察, 如用兵禦寇, 寇雖已盡翦除了, 猶恐林谷草莽間有小小隱伏者, 或能間出爲害, 更當搜過始得.”【銖】

16:90 ▲[161] “知之不至, 則不能謹[162]獨, 亦不肯謹[163]獨. 惟知至者見得實是實非, 灼然如此, 則必戰懼以終之. 此所謂‘能謹[164]獨’也. 如顏子‘請事斯語’・曾子‘戰戰兢兢’・‘終身而後已[165]’, 彼豈知之不至? 然

---

154) ▲: 而實則未能, 不善也.’
155) 如好: 『小分』에서는 好如를 교정부호로 바로잡았다.
156) ◇: 惡
157) ▲: ‘此之謂自慊’, 謂‘如好好色, 惡惡臭’, 只此便是自慊.
158) ▲: 誠與不誠, 自慊與自欺, 只爭這些子毫髮之間耳
159) ▲: 問“誠意”章. 曰: “過此關, 方得道理牢固.” 或云: “須無一毫自欺, 方能自慊. 必十分自慊, 方能不自欺, 故君子必愼獨.” 曰: “固是. 然
160) 意誠: 孝宗刊本・成化本에서는 誠意로 되어 있다.
161) ▲: 問: “‘知至而後意誠’, 則知至之後, 無所用力, 意自誠矣. 傳猶有愼獨之說, 何也?” 曰:
162) 謹: 賀本에서는 愼으로 되어 있다.
163) 謹: 賀本에서는 愼으로 되어 있다.
164) 謹: 賀本에서는 愼으로 되어 있다.
165) 後已: 『小分』에서는 已後를 교정부호로 바로잡았다.

必如此, 方能意誠. 蓋無放心底聖賢, '惟聖罔念作狂.' ▲[166]少不謹懼, 則已墮於意欲之私矣. 此聖人教人徹上徹下, 不出一'敬'字也. 蓋'知至而後意[167]誠', 則知至而[168]後, 意已誠矣. 猶恐隱微之間有所不實, 又必提掇而謹之, 使無毫髮妄馳, 則表裏隱[169]顯無一不實, 而自快慊也."【銖 ○謹[170]獨.】

16:91 ▲[171]"知至後, 意固自然誠. 但其間雖無大段自欺不誠處, 然亦有照管不著所在, 所以貴於謹[172]其獨. 至於有所未誠, ▲[173]是知之未眞. 若到這裏更加工夫, 則自然無一毫[174]之不誠矣."【道夫】

16:92 ▲[175]先窮得理, ▲[176]知得到了, 更須於細微處用工夫. 若不眞知得到, 都恁地鶻鶻突突, 雖十目視, 十手指, 衆所共知之處, 亦自七顚八倒了, 更如何地謹[177]獨?"【賀孫】

16:93 ▲[178]

---

166) ▲: 一毫
167) 後意: 『小分』에서는 意後를 교정부호로 바로잡았다.
168) 而: 賀本에서는 之로 되어 있다.
169) 隱: 자형 자체는 濦에 가까우나 『小分』의 필사자의 필체를 고려하여 隱으로 판정하였다. 『朱子語類』에서는 隱으로 되어 있다.
170) 謹: 賀本에서는 愼으로 되어 있다.
171) ▲: 問: "或言, 知至後, 煞要著力做工夫. 竊意致知是著力做工夫處. 到知至, 則雖不能無工夫, 然亦無大段著工夫處." 曰: "雖不用大段著工夫, 但恐其間不能無照管不及處, 故須著防閑之, 所以說'君子愼其獨也.'" 行夫問: "先生常言知旣至後, 又可以驗自家之意誠不誠." 先生久之曰:
172) 謹: 賀本에서는 愼으로 되어 있다.
173) ▲: 依舊
174) 毫: 成化本에서는 豪로 되어 있다.
175) ▲: 光祖問: "物格・知至, 則意無不誠, 而又有愼獨之說. 莫是當誠意時, 自當更用工夫否?" 曰: "這是
176) ▲: 先
177) 謹: 賀本에서는 愼으로 되어 있다.
178) ▲: "知至而後意誠", 已有八分. 恐有照管不到, 故曰愼獨.【節】

16:94 ▲[179]

16:95 ▲[180]上云“必愼其獨”者, ▲[181] 欲其察於隱微之間, 必吾所發之意, 好善必“如好好色”, 惡惡必“如惡惡臭”, 皆以實而無不自慊也. 下言“小人閒居爲不善”, 而繼以“誠於中, 形於外, 故君子必愼其獨”者, 欲其察於隱微之間, 必吾所發之意, 由中及外, 表裏如一, 皆以實而無少自欺也.【銖】

16:96 誠意者, ▲[182] 皆是眞情. 旣是眞情, 則發見於外者, 亦皆可見. 如種麻則生麻, 種穀則生穀, 此謂“誠於中, 形於外.” 又恐於獨之時有不到處, 故必謹[183]獨.【節】

16:97 ▲[184]

16:98 或問: “在謹[185]獨, 只是欲無間.” 先生應.【節】

16:99 ▲[186] “知不到田地, 心下自有一物與他相爭鬪, 故不會肯謹[187]獨.”【銖】

---

179) ▲: 致知者, 誠意之本也, 愼獨者, 誠意之助也. 致知, 則意已誠七八分了, 只是猶恐隱微獨處尙有些子未誠實處, 故其要在愼獨.【銖】
180) ▲: “誠意”章
181) ▲: 欲其自慊也, 下云“必愼其獨”者, 防其自欺也. 蓋上言“如惡惡臭, 如好好色, 此之謂自慊, 故君子必愼其獨”者,
182) ▲: 好善“如好好色”, 惡惡“如惡惡臭”,
183) 謹: 賀本에서는 愼으로 되어 있다.
184) ▲: 或說愼獨. 曰: “公自是看錯了. ‘如惡惡臭, 如好好色, 此之謂自慊’, 已是實理了. 下面‘故君子必愼其獨’, 是別擧起一句致戒, 又是一段工夫. 至下一段, 又是反說小人之事以致戒. 君子亦豈可謂全無所爲? 且如著衣喫飯, 也是爲飢寒. 『大學』看來雖只恁地滔滔地說去, 然段段致戒, 如一下水船相似, 也要柂, 要楫.”【夔孫】
185) 謹: 賀本에서는 愼으로 되어 있다.
186) ▲: 問誠意章句所謂“必致其知, 方肯愼獨, 方能愼獨”. 曰:

16:100 ▲[188] "自欺只是於理上虧欠不足, 便胡亂且欺謾過去. 如有得九分義理, 雜了一分私意, 九分好善・惡惡, 一分不好・不惡, 便是自欺. 到得厭然揜著之時, 又其甚者. 原其所以自欺, ▲[189] 不曾見得道理精至處, 所以向來說'表裏精粗[190]'字. 如知'爲人子止於孝', 這是表, 到得知所以必著孝是如何, 所以爲孝當如何, 這便是裏. 見得到這般處, ▲[191]方肯決然用力於孝. 人須是掃[192]去氣稟私欲, 使胸次虛靈洞徹."【木之 ○論揜其不善以下[193].】

16:101 ▲[194]在靜處非是此心要馳騖, 但把捉他不住. 此已是兩般意思. 至如見君子而後厭然詐善時, 已是第二番罪過了."【祖道】

16:102 ▲[195]

16:103 ▲[196]『大學』一書, 豈在看他言語, 正欲驗之於心如何? '如好好色, 如惡惡臭', 試驗之吾心, 好善・惡惡, 果能如此乎? 閑[197]居爲不善, 見君子則掩其不善而著其善, 是果有此乎? 一有不至, 則勇猛奮躍不已, 必有長進處. 今不知爲此, 則書自書, 我自我, 何益之有?【大雅】

187) 謹: 賀本에서는 愼으로 되어 있다.
188) ▲: 問: "自欺與'厭然揜其不善而著其善'之類, 有分別否?" 曰:
189) ▲: 又是知不至,
190) 精粗: 『小分』에서는 粗精를 교정부호로 바로잡았다.
191) ▲: 方知決定是著孝, 方可以用力於孝, 又
192) 掃: 賀本에서는 埽로 되어 있다.
193) 論揜其不善以下: 賀本에서는 以下論揜其不善으로 되어 있다.
194) ▲: 問意誠. 曰: 表裏如一便是. 但所以要得表裏如一, 卻難. 今人當獨處時, 此心非是不誠, 只是不柰何他. 今人
195) ▲: 誠意, 只是表裏如一. 若外面白, 裏面黑, 便非誠意. 今人須於靜坐時見得表裏有不如一, 方是有工夫. 如小人見君子則掩其不善, 已是第二番過失.【人傑】
196) ▲: 此一箇心, 須每日提撕, 令常惺覺. 頃刻放寬, 便隨物流轉, 無復收拾. 如今
197) 閑: 『朱子語類』에서는 閒으로 되어 있다.

16:104 ▲[198]

16:105 "誠於中, 形於外", 『大學』和"惡"字說, 此"誠"只是"實"字也. 惡者卻是無了天理本然者, 但實有其惡而已. 【方】

16:106 凡惡惡之不實, 爲善之不勇, 外然而中實不然, 或有所爲而爲之, 或始勤而終怠, ▲[199] 皆不實而自欺之患也. 所謂"誠其意"者, 表裏內外, 徹底皆如此, 無纖毫[200]絲髮苟且爲人之弊. 如飢之必欲食, 渴之必欲飮, 皆自以求飽足於己而已, 非爲他人而食飮也. 又如一盆水, 徹底皆淸瀅[201], 無一毫[202]砂石之雜. 如此則其好善也必誠好之, 惡惡也必誠惡之, 而無一毫[203]强勉自欺之雜. 所以說自慊, 但自滿足而已, 豈有待於外哉? 是故君子謹[204]其獨, 非特顯明之處是如此, 雖至微至隱, 人所不知之地, 亦常[205]謹[206]之. ▲[207] 方謂之"誠其意." ▲[208] 孟子所謂"見孺子入井時, 怵惕惻隱, ▲[209]" 然卻心中有內交要

198) ▲: 問: "'誠於中, 形於外', 是實有惡於中, 便形見於外. 然誠者, 眞實無妄, 安得有惡? 有惡, 不幾於妄乎?" 曰: "此便是惡底眞實無妄, 善便虛了. 誠只是實, 而善惡不同. 實有一分惡, 便虛了一分善, 實有二分惡, 便虛了二分善." 【淳】
199) ▲: 或九分爲善, 尙有一分苟且之心,
200) 毫: 成化本에서는 豪로 되어 있다.
201) 瀅: 『朱子語類』에서는 瑩으로 되어 있다.
202) 毫: 成化本에서는 豪로 되어 있다.
203) 毫: 成化本에서는 豪로 되어 있다.
204) 謹: 賀本에서는 愼으로 되어 있다.
205) 常: 『小分』에서는 當을 常으로 고쳤다.
206) 謹: 賀本에서는 愼으로 되어 있다.
207) ▲: 小處如此, 大處亦如此, 顯明處如此, 隱微處亦如此. 表裏內外, 精粗隱顯, 無不愼之,
208) ▲: 孟子曰: "人能充無欲害人之心, 而仁不可勝用也." 夫無欲害人之心, 人皆有之. 閑時皆知惻隱, 及到臨事有利害時, 此心便不見了. 且如一堆金寶, 有人曰: "先爭得者, 與之." 自家此心便欲爭奪推倒那人, 定要得了方休. 又如人皆知穿窬之不可爲, 雖稍有識者, 亦不肯爲. 及至顚冥於富貴而不知恥, 或無義而受萬鍾之祿, 便是到利害時有時而昏. 所謂誠意者, 須是隱微顯明, 小大表裏, 都一致方得.
209) ▲: 非惡其聲而然, 非爲內交要譽而然.

譬之心, 卻向人說: "我實是惻隱・羞惡." 所謂爲惡於隱微之中, 而詐善於顯明之地, 是所謂"自欺以欺人"也. 然人210)豈可欺哉? "人之視己, 如見其肺肝▲211)", ▲212) "誠於中, 形於外", 那箇形色氣貌之見於外者自別, 決不能欺人, 祇自欺而已. 這樣底, ▲213) 外面一副當雖214)好, 然裏面卻踏空, 永不足以爲善, 永不濟事, 更莫說誠意・正心・修身. 至於治國・平天下, 越沒干涉矣. 【僩 ○以下全章之旨.】

16:107 問: "'誠意'章'自欺'注, 今改本恐不如舊注好." 曰: "何也?" 曰: "今注云: '心之所發, 陽善陰惡, 則其好善惡惡皆爲自欺, 而意不誠矣.' 恐◇215)讀▲216)者不曉. 又此句, 『或問』中已言之, 卻不如舊注云: '人莫不知善之當爲, 然知之不切, 則其心之所發, 必有陰在於惡而陽爲善以自欺者. 故欲誠其意者無他, 亦曰禁止乎此而已矣.' 此言明白而易曉." 曰: "不然. 本經正文只說: '所謂誠其意者, 毋自欺也.' 初不曾引致知兼說. 今若引致知在中間, 則相牽不了, 卻非解經之法. ▲217) 所謂'心之所發, 陽善陰惡', 乃是見理不實, 不知不覺地陷於自欺, 非是陰有心於爲惡, 而詐爲善以自欺也. ▲218) 須是鑄私錢, 假官會, ▲219) 大故是無狀小人, 此豈自欺之謂邪?▲220) 此處工夫極細, 未便

210) 人: 孝宗刊本・英祖刊本・成化本에서는 又로 되어 있다.
211) ▲: 然
212) ▲: 則欺人者適所以自欺而已.
213) ▲: 永無緣做得好人, 爲其無爲善之地也.
214) 當雖: 『小分』에서는 雖當을 교정부호로 바로잡았다.
215) ◇: 初 成化本에서는 "初"가 있으나 賀本에서는 "初"가 없다.
216) ▲: 書 『小分』에서는 書 또는 舊로 보이는 글자가 본문에 있었으나 이를 붓으로 지웠다.
217) ▲: 又況經文'誠其意者, 毋自欺也', 這說話極細. 蓋言爲善之意稍有不實, 照管少有不到處, 便爲自欺. 未便說到心之所發, 必有陰在於惡, 而陽爲善以自欺處. 若如此則大故無狀, 有意於惡, 非經文之本意也.
218) ▲: 如公之言,
219) ▲: 方爲自欺,
220) ▲: 【又曰: "所謂'毋自欺'者, 正當於幾微毫釐處做工夫. 只幾微之間少有不實, 便爲自欺. 豈待如此狼當, 至於陰在爲惡, 而陽爲善, 而後謂之自欺邪? 此處語

說到那粗處. 所以前後學者多說差了, 蓋爲賺[221]連下文'小人閑[222]居爲不善'一段看了, 所以差也." ▲[223]問: "▲[224]無待於自欺, 而意無不誠▲[225].' ▲[226]." 曰: "旣能禁止其心之所發, 皆有善而無惡, 實知其理之當然, 使無待於自欺, 非勉强禁止而猶有時而發也. ▲[227] 如人腹痛, 畢竟是腹中有些冷積, 須用藥驅除去這冷積, 則其痛自止. 不先除去▲[228], 而但欲痛之自止, 豈有此理?"【僩】

16:108 敬子問: "'所謂誠其意者, *毋*自欺也', 注▲[229] 某意欲改作'外爲善, 而中實容其不善之雜', 如何? 蓋所謂不善之雜, ▲[230] 是知得了, 又容著在這裏, 此之謂自欺." 曰: "不是知得了容著在這裏, 是不柰他何了, 不能不自欺. ▲[231] 恰如淡底金, 不可不謂之金, 只是欠了分數. ▲[232]【僩】

意極細, 不可草草看."】

221) 賺: 賀本에서는 牽으로 되어 있다.

222) 閑: 孝宗刊本・英祖刊本・賀本에서는 閒으로 되어 있고, 成化本에서는 間으로 되어 있다.

223) ▲: 又

224) ▲: 今改注下文云, '則

225) ▲: 也

226) ▲: 據經文方說'*毋*自欺.' *毋*者, 禁止之辭. 若說無待於自欺, 恐語意太快, 未易到此

227) ▲: 若好善惡惡之意有一毫之未實, 則其發於外也必不能掩. 旣是打疊得盡, 實於爲善, 便無待於自欺矣.

228) ▲: 冷積

229) ▲: 云: '外爲善, 而中實未能免於不善之雜.'

230) ▲: 非是不知,

231) ▲: 公合下認錯了, 只管說箇'容'字, 不是如此. '容'字又是第二節, 緣不柰他何, 所以容在這裏. 此一段文意, 公不曾識得它源頭在, 只要硬去捺他, 所以錯了.【大概以爲有纖毫不善之雜, 便是自欺.】 自欺, 只是自欠了分數,

232) ▲: "如爲善, 有八分欲爲, 有兩分不爲, 此便是自欺, 是自欠了這分數." 或云: "如此則自欺卻是自欠." 曰: "公且去看.【又曰: "自欺非是要如此, 是不柰它何底."】 荀子曰: '心臥則夢, 偸則自行, 使之則謀.' 某自十六七讀時, 便曉得此意. 蓋偸心是不知不覺自走去底, 不由自家使底, 倒要自家去捉它. '使之則謀', 這卻是好底心, 由自家使底." 李云: "某每常多是去捉他, 如在此坐, 心忽散亂, 又用去捉它." 曰: "公又說錯了. 公心粗, 都看這說話不出. 所以說格物・致知

16:109 ▲[233] 敬子之言自是, 但傷雜耳. 某之言, 卻即說得那箇自欺之根. 自欺卻是敬子'容'字之意. '容'字卻說得是, 蓋知其爲不善之雜, 而又蓋庇以爲之, 此方是自欺. 謂如人有一石米, 卻只有九斗, 欠了一斗, 此欠者便是自欺之根[234], 自家卻自蓋庇了, 嚇人說是一石, 此便是自欺. 謂如人爲善, 他心下也自知有箇不滿處, 他卻不說是他有不滿處, 卻遮蓋了, 硬說我做得是, 這便是自欺. 卻將那虛假之善, 來蓋覆這眞實之惡. 某之說卻說高了, 移了這位次了, 所以人難曉. 大率人難曉處, 不是道理有錯處時, 便是語言有病, 不是語言有病時, 便是移了這步位了. 今若只恁地說時, 便與那'小人閑[235]居爲不善'處, 都說得貼了."【僩】

16:110 ▲[236] 人之毋自欺時, 便要'如好好色, 如惡惡臭'樣方得." ▲[237]【僩】

而後意誠, 裏面也要知得透徹, 外面也要知得透徹, 便自是無那箇物事. 譬如果子爛熟後, 皮核自脫落離去, 不用人去咬得了. 如公之說, 這裏面一重不曾透徹在. 只是認得箇容著, 硬遏捺將去, 不知得源頭工夫在. '所謂誠其意者, 毋自欺也', 此是聖人言語之最精處, 如箇尖銳底物事. 如公所說, 只似箇椿頭子, 都粗了. 公只是硬要去强捺, 如水恁地滾出來, 卻硬要將泥去塞它, 如何塞得住?" 又引『中庸』論誠處, 而曰: "一則誠, 雜則僞. 只是一箇心, 便是誠, 才有兩箇心, 便是自欺. 好善'如好好色', 惡惡'如惡惡臭', 他徹底只是這一箇心, 所以謂之自慊. 若才有些子間雜, 便是兩箇心, 便是自欺. 如自家欲爲善, 後面又有箇人在這裏拗你莫去爲善, 欲惡惡, 又似有箇人在這裏拗你莫要惡惡, 此便是自欺.【因引『近思錄』"如有兩人焉, 欲爲善"云云一段, 正是此意.】 如人說十句話, 九句實, 一句脫空, 那九句實底被這一句脫空底都壞了. 如十分金, 徹底好方謂之眞金, 若有三分銀, 便和那七分底也壞了." 又曰: "佛家看此亦甚精, 被他分析得項數多, 如云有十二因緣, 只是一心之發, 便被他推尋得許多, 察得來極精微. 又有所謂'流注想', 他最怕這箇. 所以潙山禪師云: '某參禪幾年了, 至今不曾斷得這流注想.' 此即荀子所謂'偸則自行'之心也."

233) ▲: 次早, 又曰: "昨夜思量,

234) 欺之根: 『小分』에서는 根之欺를 교정부호로 바로잡았다.

235) 閑: 孝宗刊本・成化本에서는 間으로 되어 있고 英祖刊本・賀本에서는 閒으로 되어 있다.

236) ▲: 次日, 又曰: "夜來說得也未盡. 夜來歸去又思, 看來'如好好色, 如惡惡臭'一段, 便是連那'毋自欺'也說. 言

16:111 看"誠意"章有三節: 兩"必謹[238]其獨", 一"必誠其意." "十目所視, 十手所指", 言"小人閒[239]居爲不善", 其不善形於外者不可揜如此. "德潤身, 心廣體胖", 言君子謹[240]獨之至, 其善之形於外者證驗如此. 【銖】

16:112 問"十目所視, 十手所指." 曰: "此承上文'人之視己, 如見其肺肝'底意. 不可道是人不知, 人曉然共見如此." 【淳 ○"十目所視"以下.】

16:113 ▲[241] 蓋人雖不知, 而我已自知, 自是甚可皇恐了, 其與十目十手所視所指, 何以異哉? '富潤屋'以下, 卻是說意誠之驗如此." 【時學】

16:114 ▲[242] 心本是闊大底物事, 只是因愧怍了, 便卑狹, 便被他隔礙了. 只見得一邊, 所以體不能常舒泰. 【僩】

16:115 ▲[243] "只看得'心廣體胖'一句甚好." ▲[244]

---

237) ▲: "若好善不'如好好色', 惡惡不'如惡惡臭', 此便是自欺. 毋自欺者, 謂如爲善, 若有些子不善而自欺時, 便當斬根去之, 眞箇是'如惡惡臭', 始得. 如'小人閒居爲不善'底一段, 便是自欺底, 只是反說. '閒居爲不善', 便是惡惡不'如惡惡臭', '見君子而後厭然, 揜其不善而著其善', 便是好善不'如好好色.' 若只如此看, 此一篇文義都貼實平易, 坦然無許多屈曲. 某舊說忒說闊了・高了・深了. 然又自有一樣人如舊說者, 欲節去之又可惜. 但終非本文之意耳."

238) 謹: 賀本에서는 愼으로 되어 있다.

239) 閒: 孝宗刊本・英祖刊本・成化本에서는 間으로 되어 있다.

240) 謹: 賀本에서는 愼으로 되어 있다.

241) ▲: 魏元壽問"十目所視"止"心廣體胖"處. 曰: "'十目所視, 十手所指', 不是怕人見.

242) ▲: '心廣體胖',

243) ▲: 伊川問尹氏: "讀『大學』如何?" 對曰:

244) ▲: 又問如何, 尹氏但長吟"心廣體胖"一句. 尹氏必不會嚇人, 須是它自見得. 今人讀書, 都不識這樣意思.

16:116 問: "尹和靖云: '〈心廣體胖〉只是樂.' 伊川云: '這裏著〈樂〉字不得.' 如何?" 曰: "是不勝其樂."【德明】

16:117 ▲[245] "無愧怍, 是無物欲之蔽, 所以能廣大." 指前面燈云: "且如此燈, 後面被一片物遮了, 便不見一半了, 更從此一邊用物遮了, 便全不見此屋了, 如何得廣大?"【夔孫】

16:118 ▲[246]

16:119 ▲[247] "上面關著致知・格物, 下面關著四五項上. 須是致知. 能致其知, 知之旣至, 方可以誠得意. 到得意誠, 便是過得箇大關, 方始照管得箇身心. 若意不誠, 便自欺, 便是小人, 過得這箇關, 便是君子." 又云: "意誠, 便全然在天理◇[248]行. 意未誠以前, 尙汨在人欲裏."【賀孫】

16:120 ▲[249]

16:121 讀"誠意"一章, 炎謂: "過此一關, 終是省事." 曰: "前面事更多. 自齊家以下至治國, 則其事已多, 自治國至平天下, 則其事愈多, 只是源頭要從這裏做去." ▲[250]【炎】

---

245) ▲: 問"心廣體胖." 曰:

246) ▲: 問: "'誠意'章結注云'此『大學』一篇之樞要.'" 曰: "此自知至處便到誠意, 兩頭截定箇界分在這裏, 此便是箇君子小人分路頭處. 從這裏去, 便是君子, 從那裏去, 便是小人. 這處立得脚, 方是在天理上行. 後面節目未是處, 卻旋旋理會."【寓】

247) ▲: 居甫問: "'誠意'章結句云: '此『大學』之樞要.' 樞要說誠意, 是說致知?" 曰:

248) ◇: 上

249) ▲: 因說誠意章, 曰: "若如舊說, 是使初學者無所用其力也. 『中庸』所謂明辨, 誠意章而今方始辨得分明."【夔孫】

250) ▲: 又曰: "看下章, 須通上章看, 可見."

「傳七章釋正心修身」

16:122 或問: "'正心'章說忿懥等語, 恐通不得'誠意'章?" 曰: "這道理是一落索. 才[251]說這一章, 便通上章與下章. 如說正心・誠意, 便須通格物・致知說."

16:123 ▲[252]"格物"・"誠意"章, 都是鍊成了, 到得正心・修身處, 都易了.【夔孫】

16:124 ▲[253]

16:125 ▲[254] 這幾句連了又斷, 斷了又連, 雖若不相粘綴, 中間又自相貫. 譬如一竿竹, 雖只是一竿, 然其間又自有許多節. 意未誠, 則全體是私意, 更理會甚正心? 然意雖誠了, 又不可不正其心[255]. 意之誠不誠, 直是有公私之辨, 君子小人之分. 意若不誠, 則雖外面爲善, 其意實不然, 如何更問他心之正不正? 意旣誠了, 而其心或有所偏倚, 則不得其正, 故方可做那正心底工夫."【廣】

16:126 ▲[256] "心是大底, 意是小的[257]. 心要恁地做, 卻被意從後面牽將去. ▲[258]且如心要孝, 又有不孝底意思牽了. ▲[259]."【恪】

---

251) 才: 孝宗刊本・成化本에서는 纔로 되어 있다.

252) ▲: 『大學』於

253) ▲: 問: "先生近改'正心'一章, 方包括得盡. 舊來說作意或未誠, 則有是四者之累, 卻只說從誠意去." 曰: "這事連而卻斷, 斷而復連. 意有善惡之殊, 意或不誠, 則可以爲惡. 心有得失之異, 心有不正, 則爲物所動, 卻未必爲惡. 然未有不能格物・致知而能誠意者, 亦未有不能誠意而能正心者."【人傑】

254) ▲: 或問"正心"・"誠意"章. 先生令他說. 曰: "意誠則心正." 曰: "不然.

255) 其心: 『小分』에서는 心其를 교정부호로 바로잡았다.

256) ▲: 亞夫問致知・誠意. 曰:

257) 的: 孝宗刊本・英祖刊本・成化本에서는 底로 되어 있다.

16:127 ▲[260] "到得正心時節, 已是煞好◇[261]. 只是就好裏面又有許多◇[262]. 要緊最是誠意時節, 正是分別善惡, 最要著力, 所以重複說道'必謹[263]其獨.' 若打得這關過, 已是煞好了. 到正心, 又怕於好上要偏去. 如水相似, 那時節已是淘去了濁, 十分淸了, 又怕於淸裏面有波浪動蕩處."【賀孫】

16:128 ▲[264]

16:129 意旣誠矣, 後面忿懥・恐懼・好樂・憂患・親愛・賤惡, 只是安頓不著在. 便是"苟志於仁矣, 無惡也."【泳】

16:130 ▲[265] "豈容有意未誠之先, 且放他喜怒憂懼不得其正, 不要管它, 直要意誠後心卻自正, 如此則意終不誠矣. 所以伊川說: '未能誠意, 且用執持.'"【大雅】

16:131 誠意, 是眞實好善惡惡, 無夾雜. 又曰: "意不誠, 是私意上錯了, 心不正, 是公道上錯了." 又曰: "好樂之類, 是合有底, 只是不可留

---

258) ▲: 且如心愛做箇好事, 又被一箇意道不須恁地做也得.

259) ▲: 所謂誠意者, 譬如飢時便喫飯, 飽時便休, 自是實要如此. 到飽後, 又被人請去, 也且胡亂與他喫些子, 便是不誠. 須是誠, 則自然表裏如一, 非是爲人而做, 求以自快乎己耳. 如飢之必食, 渴之必飮, 無一毫不實之意. 這箇知至・意誠, 是萬善之根. 有大底地盤, 方立得脚住. 若無這箇, 都靠不得. 心無好樂, 又有箇不無好樂底在後, 心無忿懥, 又有箇不無忿懥底在後. 知至後, 自然無

260) ▲: 敬之問: "誠意・正心, 誠意是去除得裏面許多私意, 正心是去除得外面許多私意. 誠意是檢察於隱微之際, 正心是體驗於事物之間." 曰:

261) ◇: 了

262) ◇: 偏 본문에서는 빠져 있던 것을 頭註로 보충하였다.

263) 謹: 賀本에서는 愼으로 되어 있다.

264) ▲: 問: "意旣誠, 而有憂患之類, 何也?" 曰: "誠意是無惡. 憂患・忿懥之類卻不是惡. 但有之, 則是有所動."【節】

265) ▲: 問: "心體本正, 發而爲意之私, 然後有不正. 今欲正心, 且須誠意否? 未能誠意, 且須操存否?" 曰:

滯而不消化. 無留滯[266), 則此心便虛."【節[267)】

16:132 ▲[268)

16:133 心有喜怒憂樂, 則不得其正, 非謂全欲無此, 此乃情之所不能無. 但發而中節, 則是, 發不中節, 則有偏而不得其正矣.【端蒙】

16:134 ▲[269)

16:135 四者人所不能無也, 但不可爲所動. 若順應將去, 何"不得其正"之有? 如顏子"不遷怒", 可怒在物, 顏子未嘗爲血氣【所動, 而】[270) 移於人也, 則豈怒而心有不正哉?【端蒙】

16:136 ▲[271)卻不是將此心去正那心. 但存得此心在這裏, 所謂忿懥·恐懼·好樂·憂患自來不得.【賀孫】

16:137 ▲[272)

16:138 ▲[273) 看"有所"二字. "有所憂患", 憂患是合當有, 若因此一

266) 無留滯: 徽州本에서는 이 앞에 好樂之類가 더 있다.
267) 節: 徽州本에서는 이 뒤에 ○池本注云: "此一段爲『大學』釋誠意二章發."이 더 있다.
268) ▲: 問: "忿懥·恐懼·憂患·好樂, 皆不可有否?" 曰: "四者豈得皆無? 但要得其正耳, 如『中庸』所謂'喜怒哀樂發而中節'者也."【去僞】
269) ▲: 好·樂·憂·懼四者, 人之所不能無也, 但要所好所樂皆中理. 合當喜, 不得不喜, 合當怒, 不得不怒.【節】
270)【所動, 而】:【頭註】小三字而大書. 『朱子語類』에서는 본문으로 되어 있다.
271) ▲: 正心
272) ▲: 問: "忿懥·恐懼·好樂·憂患, 皆以'有所'爲言, 則是此心之正不存, 而是四者得以爲主於內." 曰: "四者人不能無, 只是不要它留而不去. 如所謂'有所', 則是被他爲主於內, 心反爲它動也."【道夫】
273) ▲: 『大學』七章,

事而常留在胸中，便是有."有所忿懥"，因人之有罪而撻之，才撻了，其心便平，是不有，若此心常又[274]不平，便是有．恐懼・好樂亦然．【泳】

16:139 ▲[275]

16:140 ▲[276]

16:141 ▲[277]

16:142 ▲[278]如事之可喜者，固須與之喜，然別遇一事，又將此意待之，便不得其正．蓋心無物，然後能應物．如一量稱稱物，固自得其平．若先自添著些物在上，而以之稱物，則輕重悉差矣．心不可有一物，亦猶是也."【螢】

16:143 "四者心之所有，但不可使之有所私爾．才[279]有所私，便不能化，梗在胸中．且如忿懥・恐懼，有當然者．若定要他無，直是用[280]死方得，但不可先有此心耳．今人多是才忿懥，雖有可喜之事亦所不喜，

274) 又: 賀本에서는 常으로 되어 있다.

275) ▲: "心有所忿懥，則不得其正." 忿懥已自粗了．有事當怒，如何不怒．只是事過，便當豁然，便得其正．若只管忿怒滯留在這裏，如何得心正．"心有所好樂，則不得其正." 如一箇好物色到面前，真箇是好，也須道是好，或留在這裏．若將去了，或是不當得他底，或偶然不得他底，便休，不可只管念念著他．【賀孫】

276) ▲: 問: "伊川云: '忿懥・恐懼・好樂・憂患，人所不能無者，但不以動其心.' 既謂之忿懥・憂患，如何不牽動他心?" 曰: "事有當怒當憂者，但過了則休，不可常留在心．顏子未嘗不怒，但不遷耳." 因擧樓中: "果怒在此，不可遷之於彼."【德明】

277) ▲: 心不可有一物．喜怒哀樂固欲得其正，然過後須平了．且如人有喜心，若以此應物，便是不得其正．【人傑】

278) ▲: 看「心有所喜怒說」，曰: "喜怒哀樂固欲中節，然事過後便須平了．謂

279) 才: 孝宗刊本・英祖刊本・成化本에서는 纔로 되어 있다.

280) 用: 賀本에서는 至로 되어 있다.

才喜[281]), 雖有當怒之事亦不復怒, 便是蹉過事理了, 便'視而不見, 聽而不聞, 食而不知其味'了. 蓋這物事才[282])私, 便不去, 只管在胸中推盪, 終不消釋. ▲[283])如一事, 若係公衆, 便心下不大段管, 若係私己, 便只管橫在胸中, 念念不忘. 只此便是公私之辨."【道夫】

16:144 ▲[284])

16:145 ▲[285]) "心在這[286])一事, 不可又夾帶那一事. 若自家喜這一項事了, 更有一事來, 便須放了前一項, 只平心就後一項理會, 不可又夾帶前喜之◇[287])心在這裏. 有件喜事, 不可因怒心來, 忘了所當喜處, 有件怒事, 不可因喜事來, 便忘了怒. 且如人合當行大門出, 卻又有些回避底心夾帶在裏面, 卻要行便門出. 雖然行向大門出, 念念只有箇行便門底心在這裏, 少刻或自拗向便門去. 學者到這裏, 須是便打殺那要向便門底心, 心如何不會端正? 這般所在, 多是因事見得分明. 前

---

281) 今人多是才忿懥, … 才喜:【頭註】二"才"作"纔."

282) 才:【頭註】"才"作"纔."

283) ▲: 設使此心如太虛然, 則應接萬務, 各止其所, 而我無所與, 則便視而見, 聽而聞, 食而眞知其味矣. 看此一段, 只是要人不可先有此心耳. 譬如衡之爲器, 本所以平物也, 今若先有一物在上, 則又如何稱?" 頃之, 復曰: "要之, 這源頭卻在那致知上. 知至而意誠, 則'如好好色, 如惡惡臭', 好者端的是好, 惡者端的是惡. 某常云, 此處是學者一箇關. 過得此關, 方始是實." 又曰: "某常謂此一節甚異. 若知不至, 則方說惡不可作, 又有一箇心以爲爲之亦無害, 以爲善不可不爲, 又有一箇心以爲不爲亦無緊要. 譬如草木, 從下面生出一箇芽子, 這便是不能純一, 這便是知不至之所爲." 或問公私之別. 曰: "今小譬之, 譬

284) ▲: "忿懥・好樂・恐懼・憂患, 這四者皆人之所有, 不能無. 然有不得其正者, 只是應物之時不可夾帶私心. 如有一項事可喜, 自家正喜, 驀見一可怒底事來, 是當怒底事, 卻以這喜心處之, 和那怒底事也喜了, 便是不得其正. 可怒事亦然. 惟誠其意, 眞箇如鑑之空, 如衡之平, 妍媸高下, 隨物定形, 而我無與焉, 這便是正心." 因說: "前在漳州, 見屬官議一事, 數日不決, 卻是有所挾. 後忽然看破了, 道: '這箇事不可如此.' 一向判一二百字, 盡皆得這意思. 此是因事上見這心親切."【賀孫錄別出.】

285) ▲: 先之問: "心有所好樂, 則不得其正." 曰:

286) 在這: 『小分』에서는 這在를 교정부호로 바로잡았다.

287) ◇: 之

在漳州, 有一公事, 合恁地直截斷. 緣中間情有牽制, 被它撓數日. 忽然思量透[288], 便斷了, 集同官看, 覺當時此心甚正. 要知此正是正心處."【賀孫】

16:146 敬之問: "▲[289] '人之心要當不容一物.'" 曰: "▲[290] 才[291]說不容一物, 卻又似一向全無相似. 只是這許多好樂・恐懼・忿懥・憂患, 只要從無處發出, 不可先有在心下. 看來非獨是這幾項如此, 凡是先安排要恁地, 便不得. 如人立心要恁地嚴毅把捉, 少間只管見這意思, 到不消恁地處也恁地, 便拘逼了. 有人立心要恁地慈祥寬厚, 少間只管見這意思, 到不消恁地處也恁地, 便流入於姑息苟且. 如有心於好名, 遇著近名底事, 便愈好之, 如有心於爲利, 遇著近利底事, 便貪欲."【賀孫】

16:147 人心如一箇鏡, 先未有一箇影象, 有事物來, 方始照見妍醜. 若先有一箇影象在裏, 如何照得? 人心本是湛然虛明, 事物之來, 隨感而應, 自然見得高下輕重. 事過便當依前恁地虛, 方得. ▲[292]【賀孫】

16:148 ▲[293] 這心未有物之時, 先有箇主張說道: '我要如何處事.' 才[294]遇著事, 便以是心處之, 便是不正. 且如今人說: '我做官, 要抑强扶弱.' 及遇著當强底事, 也去抑他, 這便也是不正."【卓】

---

288) 忽然思量透: 『小分』에서는 忽思量然透를 교정부호로 바로잡았다.

289) ▲: '正心'章云:

290) ▲: 這說便是難.

291) 才: 【頭註】"才"作"纔."

292) ▲: 若事未來, 先有一箇忿懥・好樂・恐懼・憂患之心在這裏, 及忿懥・好樂・恐懼・憂患之事到來, 又以這心相與滾合, 便失其正. 事了, 又只苦留在這裏, 如何得正?

293) ▲: 葉兄又問"忿懥"章. 曰: "這心之正, 卻如稱一般. 未有物時, 稱無不平. 才把一物在上面, 便不平了. 如鏡中先有一人在裏面了, 別一箇來, 便照不得.

294) 才: 【頭註】"才"作"纔."

16:149 喜・怒・憂・懼, 都是人合有底. 只是喜所當喜, 怒所當怒, 便得其正. 若欲無這喜・怒・憂・懼, 而後可以爲道, 則無是理. 小人便只是隨這喜・怒・憂・懼去, 所以不好了.【義剛】

16:150 ▲[295] "只是上下有不恰好處, 便是偏."【可學】

16:151 ▲[296]

16:152 ▲[297]忿懥乃戾氣, 豈可有也?" 曰: "忿又重於怒心. 然此處須看文勢大意. 但此心先有忿懥時, 這下面便不得其正. ▲[298]【淳 ○寓錄略】.

16:153 ▲[299]

16:154 今不是就靜中動將去, 卻是就第二重動上動將去, 如忿懥・好樂之類.【德明】

16:155 ▲[300] "這下是說心不正不可以修身, 與下章'身不修, 不可以

295) ▲: 問"忿懥"章. 曰:

296) ▲: 問忿懥. 曰: "是怒之甚者." 又問: "忿懥比恐懼・憂患・好樂三者, 覺得忿懥又類過於怒者." 曰: "其實也一般. 古人旣如此說, 也不須如此去尋討."【履孫】

297) ▲: 問: "喜・怒・憂・懼, 人心所不能無. 如

298) ▲: 如鏡有人形在裏面, 第二人來便照不得. 如稱子釘盤星上加一錢, 則稱一錢物便成兩錢重了. 心若先有怒時, 更有當怒底事來, 便成兩分怒了, 有當喜底事來, 又減卻半分喜了. 先有好樂, 也如此, 先有憂患, 也如此. 若把忿懥做可疑, 則下面憂患・好樂等皆可疑." 問: "八章謂: '五者有當然之則.' 如敖惰之心, 則豈可有也?" 曰: "此處亦當看文勢大意. 敖惰, 只是一般人所爲得人厭棄, 不起人敬畏之心. 若把敖惰做不當有, 則親愛・敬畏等也不當有."

299) ▲: 劉圻父說"正心"章, 謂: "不能存之, 則四者之來, 反動其心." 曰: "是當初說時添了此一節. 若據經文, 但是說四者之來, 便撞翻了這坐子耳." 又曰: "只爭箇動不動." 又曰: "若當初有此一節時, 傳文須便說在那裏了. 他今只恁地說, 便是無此意. 卻是某於解處, 說絮著這些子."【義剛】

齊家'意同, 故云: '莫知其子之惡, 莫知其苗之碩.' 視聽是就身上說. 心不可有一物, 外面醻[301]酢萬變, 都只是隨其分限應去, 都不關自家心事. 才[302]係於物, 心便爲其所動. 其所以係於物者有三, 或是事未來, 而自家先有這箇期待底心, 或事已應去了, 又卻長留在胸中不能忘, 或正應事之時, 意有偏重, ▲[303] 這都是爲物所係縛. 旣爲物所係縛, 便是有這箇物事, 到別事來到面前, 應之便差了, 這如何會得其正? 聖人之心, 瑩然虛明, 無纖毫[304]形跡. 一看事物之來, 若小若大, 四方八面, 莫不隨物隨應, 此心元不曾有這箇物事. 且如敬以事君之時, 此心極其敬. 當時更有親在面前, 也須敬其親. 終不成說敬君但只敬君, 親便不須管得. 事事都如此. ▲[305]" 【賀孫】

16:156 ▲[306]

16:157 ▲[307]

16:158 ▲[308]問: '視之不見, 聽之不聞處, 此是收拾知覺底心? 收拾義理底心?' ▲[309]曰: '知覺在, 義理便在, 只是有深淺[310].'" 【學蒙】

---

300) ▲: 敬之問"心有所好樂, 則不得其正"章, 云: "心不可有一毫偏倚. 才有一毫偏倚, 便是私意, 便浸淫不已, 私意反大似身己, 所以'視而不見, 聽而不聞, 食而不知其味.'" 曰:

301) 醻: 孝宗刊本・英祖刊本・成化本에서는 酬로 되어 있다.

302) 才: 【頭註】"才"作"纔."

303) ▲: 便只見那邊重,

304) 毫: 成化本에서는 豪로 되어 있다.

305) ▲: 聖人心體廣大虛明, 物物無遺.

306) ▲: 正叔見先生, 言明心・定心等說, 因言: "心不在焉, 則視而不見, 聽而不聞, 食而不知其味." 曰: "這箇, 三歲孩兒也道得, 八十翁翁行不得." 【伯羽】

307) ▲: 黃丈云: "舊嘗問: '〈視而不見, 聽而不聞〉, 只是說知覺之心, 卻不及義理之心.' 先生曰: '才知覺, 義理便在此, 才昏, 便不見了.'" 【方子 ○學蒙錄別出.】

308) ▲: 直卿云: "舊嘗

309) ▲: 先生

310) 深淺: 『小分』에서는 淺深을 교정부호로 바로잡았다.

16:159 ▲311)某夜間看文字, 要思量改甚處, 到上床時擦脚心, 都忘了數. 天明擦時, 便記得. 蓋是早間未有一事上心, 所以記312)得. 孟子說: "平旦之氣, 其好惡與人相近者幾希." 幾希, 不遠也. 言人都具得此, 但平日不曾養得, 猶於夜間歇得許多時不接於事, 天明方惺, 便恁地虛明光靜. 然亦只是些子發出來, 少間又被物欲梏亡了. ▲313)【賀孫】

16:160 ▲314)

16:161 ▲315) "心, 全德也. 欠了些箇, 德便不全, 故不得其正." 又曰: "心包體用而言." ▲316) "欲爲這事是意, 能爲這事是情."【子蒙】

「傳八章釋修身齊家」

16:162 ▲317)親愛・畏敬・哀矜・敖惰・賤惡亦有所不可無者. 但▲318)五者皆無所偏, 斯足以爲身之修也.【人傑】

16:163 ▲319)問: "畏敬如何?" 曰: "如家人有嚴君焉, 吾之所當畏敬者也. 然當不義則爭之, 若過於畏敬而從其令, 則陷於偏矣. 若夫賤惡

311) ▲: 夜來說: "心有喜怒不得其正." 如
312) 以記: 『小分』에서는 記以를 교정부호로 바로잡았다.
313) ▲: 孟子說得話極齊整當對. 如這處, 他一向說後去, 被後人來就幾希字下注開了, 便覺意不連.
314) ▲: 問: "'誠意・正心'二段, 只是存養否?" 曰: "然."【寓】
315) ▲: 說"心不得其正"章, 曰:
316) ▲: 又問: "意與情如何?" 曰:
317) ▲: 忿懥・恐懼・好樂・憂患皆不能無, 而
318) ▲: 此心不爲四者所動, 乃得其正, 而
319) ▲: 或問: "'正心'章說忿懥・恐懼・好樂・憂患, '修身'章說親愛・賤惡・畏敬・哀矜・敖惰, 如何?" 曰: "是心卓然立乎此數者之外, 則平正而不偏辟, 自外來者必不能以動其中, 自內出者必不至於溺於彼." 或

者固當賤惡, 然或有長處, 亦當知之, 下文所謂'好而知其惡, 惡而知其美者, 天下鮮矣'. 此是指點人偏處, 最切當."【人傑】

16:164 心須卓立在八九者之外,【謂忿懥之類.】 而勿陷於八九者之中, 方得其正. 聖人之心, 周流應變而不窮, 只爲在內而外物入不得, 及其出而應接, 又不陷於彼.【夔孫】

16:165 ▲[320)]

16:166 ▲[321)] "正心是就心上說, 修身是就應事接物上說. 那事不從心上做出來. 如修身, 如絜矩, 都是心做得出. 但正心是萌芽上理會. 若修身及絜矩等事, 卻是各就地頭上理會."【恪】

16:167 ▲[322)] "忿懥等是心與物接時事, 親愛等是身與物接時事."【廣】

16:168 ▲[323)] 今看此段大概差錯處, 皆未在人欲上. 這箇皆是人合有底事, 皆恁地差錯了. 況加之以放辟邪侈, 分明是官街上錯了路?【賀孫】

16:169 ▲[324)] "修身以後, 大概說向接物待人去, 又與只說心處不同. 要之, 根本之理則一, 但一節說闊, 一節去."【木之】

---

320) ▲: 問: "七章・八章頗似一意, 如何?" 曰: "忿懥之類, 心上理會, 親愛之類, 事上理會. 心上理會者, 是見於念慮之偏, 事上理會者, 是見於事爲之失."【去僞】

321) ▲: 正卿問: "「大學傳」正心・修身, 莫有深淺否?" 曰:

322) ▲: 問: "'正心'章既說忿懥四者, '修身'章又說'之其所親愛'之類, 如何?" 曰:

323) ▲: 正心・修身,

324) ▲: 子升問: "'修身・齊家'章所謂'親愛・畏敬'以下, 說凡接人皆如此, 不特是一家之人否?" 曰: "固是." 問: "如何修身卻專指待人而言?" 曰:

16:170 ▲[325] 人, 謂衆人, 之, 猶於也. 之其, 亦如於其人, 卽其所向處.【泳】

16:171 ▲[326]"之", 猶往也.【銖】

16:172 ▲[327]

16:173 ▲[328]'之其所敖惰而譬焉', 敖惰非美事, 如何譬得? 故今只作僻字說, 便通. 況此篇自有僻字, 如'辟則爲天下僇矣'之類是也?"【大雅】

16:174　親愛・賤惡・畏敬・哀矜・敖惰各自有當然之則, 只不可偏. 如人飢而食, 只合當食, 食纔過些子, 便是偏, 渴而飮, 飮才過些子, 便是偏. 如愛其人之善, 若愛之過, 則不知其惡, 便是因其所重而陷於所偏, 惡惡亦然. 下面說: "人莫知其子之惡, 莫知其苗之碩." 上面許多偏病不除, 必至於此.【泳】

16:175 ▲[329]

16:176 ▲[330] "人情自有偏處, 所親愛莫如父母, 至於父母有當幾諫

325) ▲: 第八章:
326) ▲: "之其所親愛"之
327) ▲: 問: "『大學』, 譬音改僻, 如何?" 曰: "只緣人心有此偏僻." 問: "似此, 恐於'修身在正其心'處相類否?" 曰: "略相似."【寓】
328) ▲: 問: "古注, 辟作譬, 似窒礙不通." 曰: "公亦疑及此. 某正以他說
329) ▲: "人之其所親愛而僻焉", 如父子是當主於愛, 然父有不義, 子不可以不爭, 如爲人父雖是止於慈, 若一向僻將去, 則子有不肖, 亦不知責而敎焉, 不可. "人之其所賤惡而僻焉", 人固自有一種可厭者, 然猶未至於可賤惡處, 或尙可敎, 若一向僻將去, 便賤惡他, 也不得. "人之其所畏敬而僻焉", 如事君固是畏敬, 然"說大人則藐之", 又不甚畏敬. 孟子此語雖稍粗, 然古人正救其惡, 與"陳善閉邪", "責難於君", 也只管畏敬不得.【賀孫】

處, 豈可以親愛而忘匡[331]救? 所敬畏莫如君父, 至於當直言正諫, 豈可專持敬畏而不敢言? 所敖惰處, 如見那人非其心之所喜, 自懶與之言, 卽是忽之之意." 問: "敖惰[332]·惡德也, 豈君子宜有?" 曰: "讀書不可泥, 且當看其大意. 縱此語未穩, 亦一兩字失耳. 讀書專留意小處, 失其本領所在, 最不可." 【寓】

16:177 ▲[333] "敖惰, 謂如孔子之不見孺悲, 孟子不與王驩[334]言. 哀矜, 謂如有一般大姦大惡, 方欲治之, 被他哀鳴懇告, 卻便恕之." ▲[335] "這便是哀矜之不得其正處." 【道夫】

16:178 ▲[336] "親者則親愛之, 賢者則畏敬之, 不率者則賤惡之, 無告者則哀矜之. 有一般人, 非賢非親, 未見其爲不率, 又不至於無告, 則是泛然沒緊要底人, 見之豈不敖惰? 雖聖賢亦有此心, 然▲[337]他? 一向敖惰, 便是辟了[338]. ▲[339] 又安知其無善之可愛敬? 所謂敖惰者, 只是闊略過去." 【高】

16:179 ▲[340]如路中撞見如此等人, 是不足親愛畏敬者, 不成強與之

---

330) ▲: 問: "'齊家'段, 辟作'僻.'" 曰:
331) 匡: 成化本·賀本에서는 正으로 되어 있다. 『小分』에서는 원래 다른 글자로 적혀 있다가 匡으로 고쳐졌다.
332) 惰: 成化本에서는 隋로 되어 있다.
333) ▲: 問: "『章句』曰: '人於五者本有當然之則.' 然敖之與惰, 則氣習之所爲, 實爲惡德. 至若哀矜之形, 正良心苗裔, 偏於哀矜不失爲仁德之厚, 又何以爲'身不修, 而不可以齊其家'者乎?" 曰:
334) 王驩: 成化本에서는 王歡으로 되어 있다. 王驩이 맞다.
335) ▲: 道夫云: "這只是言流爲姑息之意." 曰:
336) ▲: 或問"之其所敖惰而辟焉." 曰:
337) ▲: 亦豈可一向敖惰
338) 然▲他? 一向敖惰, 便是辟了: 『小分』에서의 편집에 따르면 然他一向敖惰, 便是辟了.이다.
339) ▲: 畏敬·親愛·賤惡·哀矜莫不皆然. 故下文曰: '愛而知其惡, 惡而知其美.' 如所敖惰之人,

相揖, 而致其親愛畏敬. 敖惰是人之所不能無者." ▲341) "此如明鑑之懸, 姸者自姸, 醜者自醜, 隨所來而應之. 不成醜者至前, 須要換作姸者. 又敖惰是輕, 賤惡是重. 旣得賤惡, 如何卻不得敖惰? 然聖人猶戒其僻, 則又須點檢, 不可有過當處."【履孫】

16:180 ▲342) "有一般人, 上未至於可親愛, 下未至於可賤惡, 只是所爲也無甚好處, 令人懶去接他, 是謂敖惰. 此敖惰, 不是惡德."【淳▲343)】

16:181 ▲344)

16:182 ▲345)

16:183 ▲346) "敖便是惰, 敖了便惰. 敖了都不管它, 便是惰."【義剛】

16:184 ▲347) "某嘗說, 如有人問『易』不當爲卜筮書, 『詩』不當去「小序」, 不當叶韻, 及348)『大學』敖惰處, 皆在所不答."【僩】

16:185 ▲349)問: "'之其所親愛·哀矜·畏敬而辟焉', 莫是君子用心

---

340) ▲: 問敖惰. 曰: "大抵是一種沒要緊底, 半上落下底人. 且
341) ▲: 又問: "'敖惰'二字, 恐非好事." 曰:
342) ▲: 蔡問"敖惰"之說. 曰:
343) ▲: ○文蔚錄云: "非如常人傲忽惰慢, 只是使人見得他懶些."
344) ▲: 或問: "敖惰是凶德, 而曰'有當然之則', 何也?" 曰: "古人用字不如此. 敖惰, 未至可賤可惡, 但見那一等沒緊要底人, 自是恁地. 然一向去敖惰他, 也不可如此."
345) 問: "君子亦有敖惰於人者乎?" 曰: "人自有苟賤可厭棄者."【德明】
346) ▲: 問敖惰. 曰:
347) ▲: 因學者問『大學』"敖惰"處, 而曰:
348) 及: 成化本에서는 反으로 되어 있다.

過於厚否?” 曰: “此可將來‘觀過知仁’處說, ▲[350] 蓋不必論近厚・近薄. 大抵一切事, 只是才過便不得. ‘觀過知仁’乃是因此, 是[351]其用心之厚, 故可知其仁, 然過則終亦未是也. ▲[352].” 【時學】

16:186 ▲[353]

16:187 ▲[354]兩章相接處好看, 如所謂“修身在正其心”者. 且如心不得其正, 則“視而不見, 聽而不聞, 食而不知其味.” ▲[355]於親愛・敖惰五者有所僻焉, 則身亦不可得而修矣. 嘗謂修身更多少事不說, 卻說此五者, 何謂? 子細看來, 身之所以不修者, 無不是被這四五箇壞. ▲[356] 【子蒙】

16:188 ▲[357]

---

349) ▲: 或

350) ▲: 不可將來此說.

351) 是: 孝宗刊本・英祖刊本・賀本에서는 見으로 되어 있다. 【頭註】是作見.

352) ▲: 大凡讀書, 須要先識認本文是說箇甚麽. 須全做不曾識他相似, 虛心認他字字分明. 復看數過, 自然會熟, 見得分明. 譬如與人乍相見, 其初只識其面目, 再見則可以知其姓氏・鄕貫, 又再見則可以知其性行如何. 只恁地識認, 久後便一見理會得. 今學者讀書, 亦且未要便懸空去思他. 『中庸』云‘博學之, 審問之’, 方言‘愼思之.’ 若未學未問, 便去思他, 是空勞心耳!” 又云: “切須記得‘識認’兩字

353) ▲: 問: “『大學』釋‘修身・齊家’章, 不言修身, 何也?” 曰: “好而不知其惡, 惡而不知其美, 是以好爲惡, 以曲爲直, 可謂之修身乎?” 【節】

354) ▲: 『大學』最是

355) ▲: 若視而見, 聽而聞, 食而知味, 則心得其正矣. 然

356) ▲: 又云: “意有不誠時, 則私意爲主, 是主人自爲賊了. 到引惹得外底人來, 四方八面無關防處, 所以要得先誠其意.”

357) ▲: “‘欲修其身者, 先正其心, 欲正其心者, 先誠其意, 欲誠其意者, 先致其知, 致知在格物.’ 五者, 其實則相串, 而以做工夫言之, 則各自爲一事. 故‘物格而後知至, 知至而後意誠, 意誠而後心正, 心正而後身修.’ 著‘而’字, 則是先爲此, 而後能爲彼也. 蓋逐一節自有一節功夫, 非是儱侗言知至了意便自誠, 意誠了心便自正, 身便自修, 中間更不著功夫. 然但只是上面一截功夫到了, 則下面功夫亦不費力耳.” 先生曰: “亦有天資高底人, 只頭正了, 便都正去. 若夾雜多底, 也不能如此.” 【端蒙】

16:189 ▲358) "『大學』所以有許多節次, 正欲學者逐節用功359). 非如一無節之竹, 使人才360)能格物, 則便到平天下也. 夫人蓋有意誠而心未正者, 蓋於忿懥・恐懼等事, 誠不可不隨◇361)人而節制也. 至於齊家以下, 皆是教人節節省察用功. 故經序但言: 心正者必自誠意而來, 修身者必自正心而來. 非謂意旣誠而心無事乎正, 心旣正而身無事乎修也. 且以『大學』之首章便教人'明明德', 又爲格物以下事目, 皆爲明明德之事也, 而平天下, 方且言先謹362)乎德等事, 亦可見矣." 【壯祖】

16:190363) ▲364)如"正心"章, 已說盡了. 至"修身"章又從頭說起, 至"齊家治國"章又依前說教他365), 何也? 蓋要366)節節去照管. 不成卻367)說自家在這裏, 心正・身修了, 便都只聽其自治368). 【夔孫】

16:191 ▲369)

---

358) ▲: 問: "'正心修身'章後注, 云'此亦當通上章推之, 蓋意或不誠, 則無能實用其力以正其心者'云云." 曰:
359) 功: 成化本・賀本에서는 工으로 되어 있다.
360) 才: 【頭註】"才"作"纔."
361) ◇: 事而排遣也. 蓋有心正而身未修者, 故於好惡之間, 誠不可不隨
362) 謹: 孝宗刊本에서는 愼으로 되어 있다.
363) 16:190: 이 항목은 원래 『小分』에서는 16:189에 이어져 한 항목으로 편집되어 있었으나 ○를 가필하여 다시 별도의 항목으로 나누었다. 【頭註】如下示別行
364) ▲: 『大學』
365) 至"齊家治國"章又依前說教他: 徽州本에서는 이 뒤에 【池本有治它是三字.】가 더 있다.
366) 蓋要: 徽州本에서는 이 뒤에 【池本作蓋是要得.】이 더 있다.
367) 卻: 徽州本에서는 이 뒤에 【池本作只字.】가 더 있다.
368) 聽其自治: 徽州本에서는 이 뒤에 【池本作聽它自治了.】가 더 있다.
369) ▲: 說『大學』"誠意"章, 曰: "如今人雖欲爲善, 又被一箇不欲爲善之意來妨了, 雖欲去惡, 又被一箇尙欲爲惡之意來妨了. 蓋其知之不切, 故爲善不是他心肯意肯, 去惡亦不是他心肯意肯. 這箇便是自欺, 便是不誠. 意才不誠, 則心下便有許多忿懥・恐懼・憂患・好樂而心便不正. 心旣不正, 則凡有愛惡等事, 莫不倚於一偏. 如此, 如何要家齊・國治・天下平? 惟是知得切, 則好善必如好好色, 惡惡必如惡惡臭. 是非爲人而然, 蓋胸中實欲如此, 而後心滿意愜." 【賀孫】

「傳九章釋家齊國治」

16:192 ▲[370]問: "'齊家'一段, 是推將去時較切近否?" 曰: "此是言一家事, 然而自此推將去, 天下國家皆只如此." ▲[371)]【祖道】

16:193 ▲[372)] "孝以事親, 而使一家之人皆孝, 弟以事長, 而使一家之人皆弟, 慈以使衆, 而使一家之人皆慈, 是乃成教於國者也."【人傑】

16:194 ▲[373)]

16:195 ▲[374)] 此道理皆是我家裏做成了, 天下人看著自能如此, 不是我推之於國.【泳】

16:196 ▲[375)]並言孝・弟・慈三者, 而下言「康誥」, 以釋'使衆'一句, 不及孝弟, 何也?" 曰: "孝弟二者, 雖人所固有, 然守而不失者亦鮮. 唯有保赤子一事, 罕有失之者. 故聖賢於此, 特發明夫人之所易曉者以示訓, 正與孟子言見赤子入井之意同."【壯祖】

16:197 ▲[376)]

---

370) ▲: 或

371) ▲: 又問: "所畏敬在家中, 則如何?" 曰: "一家之中, 尊者可畏敬, 但是有不當處, 亦合有幾諫時. 不可道畏敬之, 便不可說著. 若如此惟知畏敬, 卻是辟也."

372) ▲: 或問"不出家而成教於國." 曰:

373) ▲: 李德之問: "'不出家而成教於國', 不待推也." 曰: "不必言不待推. 玩其文義, 亦未嘗有此意. 只是身修於家, 雖未嘗出, 而教自成於國爾."【蓋卿】

374) ▲: "孝者所以事君, 弟者所以事長, 慈者所以使衆."

375) ▲: 劉潛夫問: "'家齊'章

376) ▲: "心誠求之"者, 求赤子之所欲也. 於民, 亦當求其有不能自達. 此是推其慈幼之心, 以使衆也.【節】

16:198 問"治國在齊其家." 曰: "且只說動化爲功, 未說到推上. 後章方全是說推. '如保赤子'一節, 只是說'慈者所以使衆'一句. 保赤子, 慈於家也, '如保赤子', 慈於國也. 保赤子是慈, '如保赤子'是使衆." ▲[377] "這箇慈, 是人人自然有底. 慈於家, 便能慈於國, ▲[378]." 【寓】

16:199 "一家仁"以上, 是推其家以治國, "一家仁"以下, 是人自化之也. 【節】

16:200 問: "九章本言治國, 何以曰'堯・舜率天下以仁而民從之', 都是說▲[379]天下之事也? 至言'君子有諸己而後求諸人, 無諸己而後非諸人', 又似說修身, 如何?" 曰: "聖人之言, 簡暢周盡. 修身是齊家之本, 齊家又[380]治國之本. 如言'一家仁, 一國興仁, 一家讓, 一國興讓'之類, 自是相關, 豈可截然不相入也?" 【謨 ○去僞同】.

16:201 問"有諸己而後求諸人". 曰: "只從頭讀來, 便見得分曉. 這箇只是'躬自厚而薄責於人', '攻其惡, 無攻人之惡.'" 【卓】

16:202 ▲[381] "這是言己之爲法於人處." 【道夫】

16:203 ▲[382] "此是退一步說[383], 猶言'溫故知新而[384]可以爲人師', 以明未能如此, 則不可如此, 非謂溫故知新, 便要求爲人師也. ▲[385]

---

377) ▲: 直卿云:
378) ▲: 故言: '一家仁, 一國興仁, 一家讓, 一國興讓'
379) ▲: 治
380) 又: 賀本에서는 是로 되어 있다.
381) ▲: 問: "'有諸己而後求諸人', 雖曰推己以及人, 是亦示人以反己之道." 曰:
382) ▲: 吳仁甫問"有諸己而後求諸人, 無諸己而後非諸人." 曰:
383) 此是退一步說: 徽州本에서는 이 뒤에 【池本有語意二字.】가 더 있다.
384) 知新而: 『小分』에서는 而知新을 교정부호로 바로잡았다.
385) ▲: 【池本"不可"下云: "爲人師耳. 若曰'有諸己而後求諸人', 以明無諸己不可求諸人也, '無諸己而後非諸人', 以明有諸己卽不可非諸人也."】

然此意正爲治國者言. 大凡治國禁人爲惡, 而欲[386]人爲善, 便求諸人, 非諸人. 然須是在己有善無惡, 方可求人・非人也." ▲[387) 【銖】

16:204 "有諸己而後求諸人[388)], 無諸己而後非諸人", 是責人之恕, 絜矩與"己所不欲, 勿施於人", 是愛人之恕. 又曰: "推己及物之謂恕. 聖人則不待推, 而發用於外者皆恕也. '己所不欲, 勿施於人', 則就愛人上說. 聖人之恕, 則不專在愛人上見, 如絜矩之類是也."【高】

16:205 問: "'所藏乎身不恕'處, '恕'字還只就接物上說, 如何?" 曰: "是就接物上見得. 忠只是實心, 直是眞實不僞. 到應接事[389)]物, 也只是推這箇心去. 直是忠, 方能恕. 若不忠, 便無本領了, 更把甚麽去及物? 程子說: '〈維天之命, 於穆不已〉, 忠也, 便是實理流行. 〈乾道變化, 各正性命〉, 恕也, 便是實理及物.'" 守約問: "恁地說, 又與'夫子之道, 忠恕而已矣'之'忠恕'相似." 曰: "只是一箇忠恕, 豈有二樣[390)]? 聖人與常人忠恕也不甚相遠." ▲[391)]【賀孫】

16:206 ▲[392)] '治國'章乃責人之恕, '平天下'章乃愛人之恕. '齊家'一

386) 欲: 徽州本에서는 이 뒤에【池本作勸字.】가 더 있다.

387) ▲: 或問: "范忠宣'以恕己之心恕人', 此語固有病. 但上文先言'以責人之心責己', 則連下句亦未害." 曰: "上句自好, 下句自不好. 蓋才說恕己, 便已不是. 若橫渠云: '以愛己之心愛人, 則盡仁, 以責人之心責己, 則盡道.' 語便不同. 蓋'恕己'與'愛己'字不同. 大凡知道者出言自別. 近觀聖賢言語與後世人言語自不同, 此學者所以貴於知道也."

388) 後求諸人:『小分』에서는 求諸人後를 교정부호로 바로잡았다.

389) 接事:『小分』에서는 事接를 교정부호로 바로잡았다.

390) 樣: 賀本에서는 分으로 되어 있다.『小分』은 다른 글자(불명)로 되어 있던 것을 樣으로 고쳤다.

391) ▲: 又曰: "盡己, 不是說盡吾身之實理, 自盡便是實理.【此處切恐有脫誤.】若有些子未盡處, 便是不實. 如欲爲孝, 雖有七分孝, 只中間有三分未盡, 固是不實. 雖有九分孝,【一作弟.】只略略有一分未盡, 亦是不實."

392) ▲: 李德之問: "'齊家'・'治國'・'平天下'三章, 看來似皆是恕之功用." 曰: "如'治國'・'平天下'兩章是此意.

章, 但說人之偏處."【蓋卿】

16:207 ▲[393]

16:208 ▲[394] "'一家仁, 一國興仁, 一家讓, 一國興讓.' 自家禮讓有以感之, 故民亦如此興起. 自家好爭利, 卻責民間禮讓, 如何得他應? 東坡策別[395]'敦教化'中一段, 說得也好, 雖說得粗, 道理卻是如此[396]. 【"敦教化"云"欲民之知信, 莫若務實其言, 欲民之知義, 莫若務去◇[397]貪"云云.】 看道理不要玄妙, 只就粗處說得出便是. 如今官司不會制民之產, 民自去買田, 又取他牙稅錢. 古者群飲者殺. 今置官誘民飲酒, 惟恐其不來, 如何得民興於善?"【淳】

16:209 問: "▲[398]父子兄弟足法, 而後人法之.' 然堯・舜不能化其子, 而周公則上見疑於君, 下不能和[399]其兄弟, 是如何?" 曰: "聖人是論其常, 堯・舜是處其變[400]. 看他'烝烝乂, 不格姦', 至於'瞽瞍底豫', 便是他有以處那變處. 且▲[401]他當時▲[402], 不將天下與兒子, 卻傳與賢, 便是他處得那兒子好. 若堯當時把天下與丹朱, 舜把天下與商均, 則天下如何解安? 他那兒子如何解寧貼? 如周公被管・蔡恁地, 他若不去致辟于商, 則周如何不擾亂? ▲[403]今且去理會常倫, 而今如何便

---

393) ▲: 仁甫問"治國在齊其家." 曰: "這箇道理, 卻急迫不得. 待到他日數足處, 自然通透. 這箇物事, 只是看得熟, 自然有條理. 上面說'不出家而成教於國', 此下便說其所以教者如此, 這三者便是教之目. 後面卻是說須是躬行, 方會化得人. 此一段只此兩截如此."【賀孫】
394) ▲: 因講"禮讓爲國", 曰:
395) 別: 賀本에서는 制로 되어 있다.
396) 是如此: 『小分』에서는 如此是를 교정부호로 바로잡았다.
397) ◇: 其
398) ▲: 齊家・治國之道, 斷然'是
399) 和: 『小分』에서는 化를 和로 바로잡았다.
400) 其變: 『小分』에서는 變其를 교정부호로 바로잡았다.
401) ▲: 如
402) ▲: 被那兒子恁地, 他處得好

解有箇父如瞽瞍, 有箇兄弟如管·蔡. 未論到那變處."【賀孫】

「傳十章釋治國平天下」

16:210 ▲[404] "物格·知至後, 其理雖明, 到得後來齊家·治國[405]·平天下, 逐件事又自有許多節次, 須逐件又徐徐做將去. 如人行路, 行到一處了, 又行一處. 先來固是知其所往了, 到各處又自各有許多行步. 若到一處而止不進, 則不可, 未到一處而欲踰越頓進一處, 亦不可."【璘】

16:211 ▲[406]

16:212 ▲[407]

16:213 ▲[408]老老·長長·恤孤方是就自家身上切近處說, 所謂家齊也. 民興孝·興弟·不倍此方是就民之感發興起處, 說治國而國治之事也. 緣爲上行下效, 捷於影響, 可以見人心之所同者如此. '是以君子必有絜矩之道也', 此一句方是引起絜矩事. 下面方解說絜矩, 而結之云: '此之謂絜矩之道.' 蓋人心感發之同如此, 所以君子須用推絜

---

403) ▲: 他後來盡死做這一著時, 也是不得已著恁地. 但是而

404) ▲: 或問: "『大學』既格物·致知了, 又卻逐件各有許多工夫在." 曰:

405) 齊家·治國: 『小分』에서는 齊國·治家를 교정부호로 바로잡았다.

406) ▲: 味道問"平天下在治其國." 曰: "此節見得上行而下效, 又見得上下雖殊而心則一."【道夫】

407) ▲: 問"平天下在治其國"章. 曰: "此三句見上行下效, 理之必然, 又以見人心之所同. '是以君子有絜矩之道', 所以以己之心度人之心, 使皆得以自盡其興起之善心. 若不絜矩, 則雖躬行於上, 使彼有是興起之善心, 而不可得遂, 亦徒然也." 又曰: "因何恁地上行下效? 蓋人心之同然. 所以絜矩之道: 我要恁地, 也使彼有是心者亦得恁地. 全章大意, 只反覆說絜矩. 如專利於上, 急征橫斂, 民不得以自養, 我這裏雖能興起其善心, 濟甚事? 若此類, 皆是不能絜矩."【賀孫】

408) ▲: 才卿問: "'上老老而民興孝', 恐便是連那老衆人之老說?" 曰: "不然. 此

矩之心以平天下, 此幾多分曉? ▲409) 所謂'文王之民無凍餒之老者', 此皆是絜矩已後事, 如何將做老老說得?"【僩】

16:214 ▲410) "是以"二字, 是結上文, 猶言君子爲是之故, 所以有絜矩之道. 旣恁地了, 卻須處置敎他得所, 使之各有以遂其興起之心始得. ◇411)

16:215 ▲412) 矩者, 心也, 我心之所欲, 卽他人之所欲也. 我欲孝弟而慈, 必欲他人皆如我之孝弟而慈. "不使一夫之不獲"者, 無一夫不得此理也. 只我能如此, 而他人不能如此, 則是不平矣.【人傑】

16:216 ▲413)

16:217 ▲414)

16:218 ▲415) "上之人老老・長長・恤孤, 則下之人興孝・興弟・不倍, 此是說上行下效. 到絜矩處, 是就政事上言. 若但興起其善心, 而不有以使之得遂其心, 則雖能興起, 終亦徒然. 如政煩賦重, 不得以養

---

409) ▲: 若如才卿說, 則此便是絜矩, 何用下面更絮說許多? 才卿不合誤曉老老・長長爲絜矩, 所以差也.

410) ▲: 老老興孝, 長長興弟, 恤孤不倍, 這三句是說上行下效底道理. "是以君子有絜矩之道", 這卻是說到政事上.

411) ◇: 【人傑】『朱子語類』에는 없다.

412) ▲: 所謂絜矩者,

413) ▲: 問: "絜矩之道, 語脈貫穿如何? 久思未通." "上面說人心之所同者旣如此, 是以君子見人之心與己之心同, 故必以己度人之心, 使皆得其平. 下面方說所以絜矩如此."【賀孫】

414) ▲: 問: "'上老老而民興孝', 下面接'是以君子有絜矩之道也', 似不相續, 如何?" 曰: "這箇便是相續. 絜矩是四面均平底道理, 敎他各得老其老, 各得長其長, 各得幼其幼. 不成自家老其老, 敎他不得老其老, 長其長, 敎他不得長其長, 幼其幼, 敎他不得幼其幼, 便不得."【寓】

415) ▲: 仁甫問絜矩. 曰:

其父母, 又安得以遂其善心? 須是推己之心以及於彼, 使之'仰足以事父母, 俯足以育妻子', 方得. 如『詩』裏說大夫行役無期度, 不得以養其父母. 到得使下, 也須教他內外無怨, 始得. 如「東山」·「出車」·「杕杜」諸詩說行役, 多是序其室家之情, 亦欲使凡在上者有所感動." 又曰: "這處正如齊 宣王愛牛處一般. 見牛之觳觫, 則不忍之心已形於此. 若其以釁鍾爲不可廢而復殺之, 則自家不忍之心又只是空. 所以以羊易之, 則已形之良心不至於窒塞, 而未見之羊, 殺之亦無害, 是乃仁術也. 術, 是做得巧處謂之術." 又曰: "'己欲立而立人, 己欲達而達人', 是兩摺說, 只以己對人而言. 若絜矩, 上之人所以待己, 己又所以待人, 是三摺說, ▲[416]." 【賀孫】

16:219 ▲[417] "知在前面, 這處是推. '老老而民興孝, 長長而民興弟, 恤孤而民不倍', 這處便已知民之好惡與己之好惡相似. '是以君子有絜矩之道', 便推將去, 緊要在'毋以'字上." ▲[418] 又曰: "爲國, 絜矩之大者又在於財用, 所以後面只管說財. ▲[419]" 【賀孫】

16:220 "上老老而民興孝", 是化, 絜矩▲[420], 是處置功用處. 【振】

16:221 ▲[421]

16:222 "平天下, 謂均平也. '所惡於上, 毋以使下, 所惡於下, 毋以

---

416) ▲: 如『中庸』'所求乎子以事父, 未能也, 所求乎臣以事君, 未能也', 一類意." 又曰: "晁錯言'人情莫不欲壽, 三王能生之而不傷'云云, 漢詔云云, '孝心闕焉', 皆此意"

417) ▲: 問: "絜矩一條, 此是上下四方度量, 而知民之好惡否?" 曰:

418) ▲: 又曰: "興, 謂興起其善心, 遂, 謂成遂其事."

419) ▲: 如今茶鹽之禁, 乃是人生日用之常, 卻反禁之, 這箇都是不能絜矩.

420) ▲: 處

421) ▲: 問絜矩之道. 曰: "能使人興起者, 聖人之心也, 能遂其人之興起者, 聖人之政事也." 【廣】

事上.' 此與『中庸』所謂'所求乎臣, 以事君未能'者同意. 但『中庸』是言其所好者, 此言其所惡者也." 問: "前後左右何指?" 曰: "譬如交代官相似. 前官之待我者旣不善, 吾毋以前官所以待我者待後官[422]也. 左右, 如東鄰西鄰. 以鄰國爲壑, 是所惡於左而以交於右也. 俗語所謂'將心比心', 如此則各得其平矣." 問: "『章句』中所謂'絜矩之道, 是使之各得盡其心而無不平也', 如何?" 曰: "此是推本'上老老而民興孝, 上長長而民興弟, 上恤孤而民不倍.' 須是留他[423]地位, 使人各得自盡其孝弟不倍之心. 如'八十者其家不從政, 廢疾非人不養者, 一子不從政', 是使其各得自盡也. 又如生聚蓄息, 無令父子兄弟離散之類."【德明】

16:223 "所惡於上"·"所惡於下"·"所惡於前"·"所惡於後"·"所惡於右"·"所惡於左", 此數[424]句, 皆是就人身切近處說.【如上文"老老·長長·恤孤"之意.】 至於"毋以使下"·"毋以事上"·"毋以先後"·"毋以從前"·"毋以交於左"·"毋[425]以交於右", 方是推以及物之事.【僩】

16:224 ▲[426] "只把'上下'·'前後'·'左右'等句[427]看, 便見. 絜, 度[428]也. 不是眞把那矩去量度, 只是自家心裏暗度那箇長那箇短. 所謂度長絜大, 上下前後左右, 都只一樣. 心無彼己之異, 只是將那頭折轉來比這頭. 在我之上者使我如此, 而我惡之, 則知在我下者心亦似我如此, 故更不將所責上底人之心來待下人. 如此則自家在中央, 上面也占許多地步, 下面也占許多地步, 便均平正方. 若將所責上底人之心來待下, 便上面長, 下面短, 不方了. 下之事我如此, 而我惡之, 則知在我之上者心亦似[429]我如此. 若將所責下底人之心更去事上, 便又下

422) 官: 孝宗刊本·成化本에서는 政으로 되어 있다.
423) 他:【頭註】他作"那."
424) 數: 成化本에서는 是로 되어 있다.
425) 毋: 成化本에서는 右로 되어 있다.
426) ▲: 問絜矩. 曰:
427) 句:【頭註】度.
428) 度: 『小分』에서는 矩를 度로 바로잡았다.

面長, 上面短了. 左右前後皆然. 待前底心, 便折轉來待後, 待左底心, 便折轉來待右, 如此便方. 每事皆如此, 則無所不平矣."【寓】

16:225 "▲[430] 如以諸侯言之, 上有天子, 下有大夫. 天子擾我, 使我不得行其孝弟[431], 我亦當察此, 不可有以擾其大夫, 使大夫不得行其孝弟[432]. ▲[433]"【節】

16:226 ▲[434] 如左邊有一人侵我地界, 是他不是了, 我又不可▲[435]學他, 侵了右邊人底界. 前人行擁住我, 我行不得, 我又不可學他擁了後人, 後人趕逐我不了, 又不可學他去趕前人. 上下亦然." 椿云: "此一人卻是中立也." 曰: "是."【椿】

16:227 ▲[436] 如自家好安樂, 便思他人亦欲安樂, 當使無'老稚轉乎溝壑, 壯者散而之四方'之患. '制其田里, 教之樹畜', 皆自此以推之.【閎祖】

16:228 ▲[437] "非是言上下之分欲使之均平. 蓋事親事長, 當使之均平, 上下皆得行. 上之人得事其親, 下之人也得以事其親, 上之人得長其長, 下之人◇[438]得以事其長[439]."【節】

---

429) 似: 成化本에서는 旣로 되어 있다.
430) ▲: 所謂絜矩者,
431) 弟: 孝宗刊本・英祖刊本・成化本에서는 悌로 되어 있다.
432) 弟: 孝宗刊本・英祖刊本・成化本에서는 悌로 되어 있다.
433) ▲: 且如自家有一丈地, 左家有一丈地, 右家有一丈地. 左家侵著我五尺地, 是不矩, 我必去訟他取我五尺. 我若侵著右家五尺地, 亦是不矩, 合當還右家. 只是我也方, 上也方, 下也方, 左也方, 右也方, 前也方, 後也方, 不相侵越. 如'伐冰之家, 不畜牛羊.'" 亞夫云: "務使上下四方一齊方, 不侵過他人地步." 曰: "然."
434) ▲: 或問絜矩. 曰: "譬之,
435) ▲: 去
436) ▲: 絜矩,
437) ▲: 問: "論上下四旁, 長短廣狹, 彼此如一, 而無不方. 在矩則可以如此. 在人則有天子・諸侯・大夫・士・庶人之分, 何以使之均平?" 曰:

16:229 ▲440)

16:230 恕, 亦◇441)絜矩之意442). 【振】

16:231 ▲443)問: "絜矩之道, 是廣其仁之用否?" 曰: "此乃求仁工夫, 此處正要著力. 若仁者, 則是擧而措之, 不待絜矩, 而自無不平者矣." ▲444) 【銖】

16:232 ▲445)問: "'我不欲人加諸我, 吾亦欲無加諸人', 與絜矩同否?" 曰: "然. 但子貢所問, 是對彼我說, 只是兩人, 絜矩則是三人爾." ▲446) 【僩】

16:233 ▲447)

---

438) ◇: (也) 下之人 아래에 가필 표시만 있고 상단이나 옆에 也자가 쓰여있지 않다.

439) 下之人◇得以事其長: 徽州本에서는 이 뒤에 如慈福皇后, 每至生日, 上壽非常. 天下之人豈能此? 但各隨其分, 得盡其事親事長之意.가 더 있다.

440) ▲: 問: "'絜矩'六節, 如'所惡於上, 無以使下', 及左右前後, 常指三處, 上是一人, 下是一人, 我居其中. 故解云: '如不欲上之無禮於我, 則我亦不以無禮使其下.' 其下五節意皆類此." 先生曰: "見曾子之傳發明'恕'字, 上下四旁, 無不該也." 【過】

441) ◇: 是

442) 意: 『小分』에서는 道를 意로 바로잡았다.

443) ▲: 陶安國

444) ▲: 銖曰: "仁者則'己欲立而立人, 己欲達而達人', 不待推矣. 若絜矩, 正恕者之事也." 先生頷之.

445) ▲: 德元

446) ▲: 後世不復知絜矩之義, 惟務竭民財以自豐利, 自一孔以上, 官皆取之, 故上愈富而下愈貧. 夫以四海而奉一人, 不爲不厚矣. 使在上者常有厚民之心而推與共之, 猶慮有不獲者, 況皆不恤, 而惟自豐殖, 則民安得不困極乎? 『易』'損上益下'曰「益」, '損下益上'曰「損」. 所以然者, 蓋邦本厚則邦寧而君安, 乃所以益也. 否則反是.

447) ▲: 李丈問: "盡得絜矩, 是仁之道, 恕之道?" 曰: "未可說到那裏. 且理會絜矩是如何." 問: "此是'我不欲人之加諸我, 吾亦欲無加諸人'意否?" 曰: "此是兩人, 須

16:234 ▲448) 非是外面別有箇道理, 只是前面正心・修身, 推而措之, 又不是他機巧・變詐・權謀之說.【賀孫】

16:235 ▲449)

16:236 "君子先愼乎德"一條, 德便是"明德"之"德." 自家若意誠・心正・身修450)・家齊了, 則天下之人安得不歸於我? 如湯・武之東征西怨, 則自然有人有土.【賀孫】

16:237 ▲451)問"爭鬪其民而施以劫奪之敎." 曰: "民本不是◇452)如此. 惟上之人以德爲外, 而急於貨財, 暴征橫斂, 民便效尤, 相攘相奪, 則是上敎得他如此."【賀孫】

16:238 ▲453)

16:239 斷斷者是絜矩, 娼454)疾者是不能. "唯仁人放流之", 是大能絜矩底人, "見賢而不能擧, 擧而不能先", 是稍能絜矩, "好人之所惡"者, 是大不能絜矩.【節】

把三人看, 便見. 人莫不有在我之上者, 莫不有在我之下者. 如親在我之上, 子孫在我之下. 我欲子孫孝於我, 而我卻不能孝於親, 我欲親慈於我, 而我卻不能慈於子孫, 便是一畔長, 一畔短, 不是絜矩."【寓】

448) ▲: 絜矩,

449) ▲: 絜矩之說, 不在前數章, 卻在治國・平天下之後. 到這裏, 也是節次成了, 方用得.【道夫】

450) 修: 成化本에서는 竝으로 되어 있다.

451) ▲: 或

452) ◇: 要

453) ▲: 或問"爭民施奪." 曰: "是爭取於民, 而施之以劫奪之敎也. '娼疾以惡之', 是徇其好惡之私."【節】

454) 娼: 成化本에서는 媢으로 되어 있다.

16:240 ▲455)

16:241 "君子有大道, 必忠信以得之, 驕泰以失之." "平天下"一章, 其事如此廣闊. 然緊要處只在這些子, 其粗說不過如此. 若細說, 則如"操則存"・"克己復禮"等語, 皆是也.【僩】

16:242 ▲456)初▲457)言得衆・失衆, 再言善・不善, 意已切矣. 終之以忠信・驕泰, 分明是就心上說出得失之由, 以決之. 忠信乃天理之所以存, 驕泰乃天理之所以亡."【寓】

16:243 問"仁者以財發身." 曰: "不是特地散財以取名, 買教人來奉己. 只是不私其有, 則人自歸之而身自尊. 只是言其散財之效如此."【賀孫】

16:244 ▲458) 不仁者只管多聚財, 不管身之危亡也.【卓】

16:245 ▲459)問: "'未有上好仁而下不好義.' ▲460)" 曰: "這只是一箇. 在上便喚做仁, 在下便喚做義, 在父便謂之慈, 在子便謂之孝." ▲461)【道夫】

16:246 "雖有善者", 善, 如而今說會底.【閎祖】

455) ▲: "學而不能先", 先是早底意思, 不能速用之意.【泳】
456) ▲: 趙唐卿問: "十章三言得失, 而『章句』云: '至此而天理存亡之機決矣', 何也?" 曰: "他
457) ▲: 且
458) ▲: "仁者以財發身", 但是財散民聚, 而身自尊, 不在於財.
459) ▲: 蜚卿
460) ▲: 如何上仁而下便義?
461) ▲: 直卿云: "也如'孝慈則忠.'" 曰: "然."

16:247 "國不以利爲利." 如秦發閭左之戍, 也是利, 墮名城, 殺豪傑, 銷鋒鏑, 北築長城, 皆是自要他利. 利不必專指財利. 所以孟子從頭截斷, 只說仁義. 說到"未有仁而遺其親, 未有義而後其君", 這裏利卻在裏面. 所以說義之所安, 卽利之所在. 蓋惟義之安, 則自無不[462]利矣. 【泳】

16:248 問: "末章說財處太多." 曰: "後世只此一事不能與民同."【可學】

16:249 ▲[463]"齊家·治國", 旣已言化, 平天下只言措置之理. 絜, 度也, 矩, 所以爲方也. 方者, 如用曲尺爲方者也. 何謂"是以君子有絜矩之道"? 上面人旣自有孝弟, 下面民亦有孝弟, 只要使之自遂其孝弟之心於其下, 便是絜矩. 若拂其良心, 重賦橫斂以取之, 使他不得自遂其心, 便是不方. 左右前後皆然. 言是以者, 須是如此. 後面說民之父母, 所好所惡, 皆是要與民同利之一事[464]. 且如食祿之家, 又畜雞豚牛羊, 卻是與民爭利, 便是不絜矩. 所以道"以義爲利"者, "義以方外"也.【泳】

16:250 ▲[465] "如桑弘羊聚許多財, 以奉武帝之好. 若是絜矩底人, 必思許多財物, 必是侵過著民底, 滿得[466]我好, 民必惡. 言財用者, 蓋如自家在一鄕之間, 卻專其利, 便是侵過著他底, 便是不絜矩. 言媢疾彥聖者, 蓋有善人, 則合當拳[467]之, 使之各得其所. 今則不擧他, 便失其所, 是侵善人之分, 便是不絜矩. 此特言其好惡·財用之類, 當絜矩. 事事亦當絜矩."【節】

---

462) 無不: 『小分』에서는 不無를 교정부호로 바로잡았다.
463) ▲: 第九章·十章
464) 事: 孝宗刊本·成化本에서는 字로 되어 있다.
465) ▲: 問: "絜矩以好惡·財用·媢疾彥聖爲言, 何也?" 曰:
466) 得: 賀本에서는 著로 되어 있다.
467) 拳: 『朱子語類』에서는 擧로 되어 있다.

16:251 問: "自致知至於平天下, 其道至備, 其節目至詳至悉, 而反覆於終篇者, 乃在於財利之說. 得非義利之辨, 其事尤難, 而至善之止, 於此尤不可不謹歟? 不然則極天命・人心之向背, 以明好惡從違之得失, 其丁寧之意, 何其至深且切耶?" 曰: "此章大概是專從絜矩上來. 蓋財者, 人之所同好也, 而我欲專其利, 則民有不得其所好者矣. 大抵有國有家所以生起禍亂, 皆是從這裏來." 道夫云: "古注, 絜音, 戶結反, ▲468)結也." 曰: "作'結'字解, 亦自得. 蓋『荀子』・『莊子』注云: '絜, 圍束也.' 是將一物圍束以爲之則也." 又曰: "某十二三歲時, 見范丈所言如此. 他甚自喜, 以爲先儒所未嘗到也."【道夫】

16:252 ▲469) 所以生養人者, 所以殘害人者, 亦只是這箇. 且如今官司皆不是絜矩. 自家要賣酒, 便教人不得賣酒, 自家要榷鹽, 便教人不得賣鹽. 但事勢相迫, 行之已久, 人不爲怪, 其實理不如此."【學蒙】

16:253 ▲470) "寧過於予民, 不可過於取民. 且如居一鄉, 若屑屑與民爭利, 便是傷廉. 若饒潤人些子, 不害其爲厚. 孟子言: '可以取, 可以無取, 取傷廉, 可以與, 可以無與, 與傷惠.' 他主意只是在'取傷廉'上, 且將那'與傷惠'來相對說. 其實與之過厚些子, 不害其爲厚, 若才471)過取, 便傷廉, 便不好. 過與, 畢472)竟當下是◇473)意思. 與了, 再看之, 方見得是傷惠, 與傷廉不同. 所以'子華使於齊, 冉子與之粟五秉', 聖人雖說他不是, 然亦不大故責他. 只是才474)過取, 便深惡之,

468) ▲: 云
469) ▲: 或問: "絜矩之義, 如何只說財利?" 曰: "必竟人爲這箇較多.
470) ▲: 因論"治國平天下"章財用處, 曰: "財者, 人之所好, 自是不可獨占, 須推與民共之. 未論爲天下, 且以作一縣言之: '若寬其賦斂, 無征誅之擾, 民便歡喜愛戴, 若賦斂稍急, 又有科敷之擾, 民便生怨, 決然如此.'" 又曰:
471) 才: 【頭註】"才"作"纔."
472) 畢: 成化本・孝宗刊本・英祖刊本에서는 必로 되어 있다. 『考異』에서는 必, 恐畢.로 되어 있다.
473) ◇: 好
474) 才: 【頭註】"才"作"纔."

如冉求爲之聚斂而欲攻之, 是也."【僩】

16:254 問: "'平天下'章言財用特詳, 當是民生日用最要緊事耳." 曰: "然. 『孟子』首先所言, 其原出此." ▲475) "要之, 始終本末只一理. 但平天下是一件最大底事, 所以推廣說許多. 如明德·新民·至善之理極精微. 至治國·平天下, 只就人情上區處, 又極平易, 蓋至於平而已耳. 後世非無有志於天下國家之人, 卻只就末處布置, 於本原上全不理會." ▲476)【木之】

16:255 人治一家一國, 尙且有照管不到處, 況天下之大? 所以反反覆覆說. 不是大著箇心去理會, 如何照管得?【泳】

475) ▲: 子升問此章所言反覆最詳之意. 曰:

476) ▲: 因言: "莊子, 不知他何所傳授, 卻自見得道體. 蓋自孟子之後, 荀卿諸公皆不能及. 如說: '語道而非其序, 非道也.' 此等議論甚好. 度亦須承接得孔門之徒, 源流有自. 後來佛氏之敎有說得好處, 皆出於莊子. 但其知不至, 無細密工夫, 少間都說得流了, 所謂'賢者過之'也. 今人亦須自理會敎自家本領通貫, 卻去看他此等議論, 自見得高下分曉. 若一向不理會得他底破, 少間卻有見識低似他處." 因說"曾點之徒, 氣象正如此." 又問: "『論語集注』說曾點是'雖堯·舜事業亦優爲之.' 莫只是堯·舜事業亦不足以芥蔕其心否?" 曰: "堯·舜事業也只是這箇道理." 又問: "他之所爲, 必不中節." 曰: "本領處同了, 只是無細密工夫."

『朱子語類』 卷第十七

「『大學』四或問上」

「經一章」

「或問吾子以爲大人之學一段」

17:1 問友仁: "看『大學或問』如何[1]?" 曰: "粗曉其義[2]." 曰: "如何是'收其放心, 養其德性'?" ◇[3]"放心者, 或心起邪思, 意有妄念, 耳聽邪言, 目觀亂色, 口談不道之言, 至於手足動之不以禮, 皆是放也. 收者, 便於邪思妄念處截斷不續, 至於耳目言動皆然, 此乃謂之收. 既能收其放心, 德性自然養得. 不是收放心之外, 又養箇德性也." 曰: "看得也好."【友仁】

17:2 問: "▲[4]'以〈七年之病, 求三年之艾〉[5], 非百倍其功, 不足以致之.' ▲[6] 曰: "失時而後學, 必著如此趲補得前許多欠闕處. '人一能之, 己百之, 人十能之, 己千之.' 若不如是, 悠悠度日, 一日不做得一日工夫, 只見沒長進, 如何要塡補前面?"【賀孫】

---

1) 看『大學或問』如何: 徽州本에서는 公近日看『大學或問』如何로 되어 있다.
2) 粗曉其義: 徽州本에서는 이 뒤에 但恐未然. 先生擧一二處令友仁說. 先生이 더 있다.
3) ◇: 曰:
4) ▲: 『或問』:
5) 〈七年之病, 求三年之艾〉: 『孟子』「離婁上」: 今之欲王者, 猶七年之病求三年之艾也.
6) ▲: 人於已失學後, 須如此勉强奮勵方得."

17:3 持敬以補小學之闕. 小學且是拘檢住身心, 到後來'克己復禮', 又是一段事.【德明】

17:4 問: "『大學』首云明德, 而不曾說主敬, 莫是已具於小學?" 曰: "固然. 自小學不傳, 伊川卻是帶補一'敬'字."【可學】

17:5 "敬"字是徹頭徹尾工夫. 自格物・致知至治國・平天下, 皆不外此.【人傑】

17:6 ▲7)整齊嚴肅便是敬, 散亂不收斂便是不敬. 四句只行著, 皆是敬."【燾】

17:7 ▲8)

17:8 ▲9) 若是敬時, 自然'主一無適', 自然'整齊嚴肅', 自然'常惺惺', '其心收斂不容一物.' 但程子'整齊嚴肅'與謝氏・尹氏之說又更分曉."【履孫】

17:9 ▲10)

17:10 ▲11) 且自看整齊嚴肅時如何這裏便敬. 常惺惺也便是敬. 收

---

7) ▲: 問『或問』說敬處. 曰: "四句不須分析, 只做一句看." 次日, 又曰: "夜來說敬, 不須只管解說, 但

8) ▲: 或問: "『大學』論敬所引諸說有內外之分." 曰: "不必分內外, 都只一般, 只恁行著都是敬."【僩】

9) ▲: 問: "敬, 諸先生之說各不同. 然總而行之, 常令此心常存, 是否?" 曰: "其實只一般.

10) ▲: 或問: "先生說敬處, 舉伊川'主一'與'整齊嚴肅'之說與謝氏'常惺惺'之說. 就其中看, 謝氏尤切當." 曰: "如某所見, 伊川說得切當. 且如整齊嚴肅, 此心便存, 便能惺惺. 若無整齊嚴肅, 卻要惺惺, 恐無捉摸, 不能常惺惺矣."【人傑】

11) ▲: 問: "或問舉伊川及謝氏・尹氏之說, 只是一意說敬." 曰: '主一無適', 又說箇

斂此心, 不容一物, 也便是敬. ▲12) 試自體察看, 便見. 只是要敎心下常如此." 因說到放心: "如惻隱・羞惡・是非・辭遜是正心, 才差去, 便是放. 若整齊・嚴肅, 便有惻隱・羞惡・是非・辭遜. 某看來, 四海九州, 無遠無近, 人人心都是◇13)無一箇不放. 如小兒子才有智識, 此心便放了, 這裏便要講學存養."【賀孫】

17:11 ▲14)如『大學』・『論語』・『孟子』・『中庸』都說敬, 『詩』也, 『書』也, 『禮』也, 亦都說敬. 各就那事上說得改頭換面. 要之, 只是箇敬." 又曰: "或人問: '出門・使民時是敬, 未出門・使民時是如何?' 伊川答: '此儼若思時15)也.' 要知這兩句只是箇'毋不敬.' ▲16)"【賀孫】

17:12 ▲17) 整齊嚴肅雖非敬, 然所以爲敬也. 嚴威儼恪, 亦是如此."【燾】

17:13 問: "上蔡說: '敬者, 常惺惺法也.' 此說極精切." 曰: "不如程子整齊嚴肅之說爲好. 蓋人能如此, 其心卽在此, 便惺惺. 未有外面整齊嚴肅, 而內不惺惺者. 如人一時間外面整齊嚴肅, 便一時惺惺, 一時放寬了, 便昏怠也." 祖道曰: "此箇是氣. 須是氣淸明時, 便整齊嚴肅. 昏時便放過了, 如何捉得定?" 曰: "'志者, 氣之帥也.' 此只當責志. 孟子曰: '持其志, 毋暴其氣.' 若能持其志, 氣自淸明." ▲18) "程子曰: '學

'整齊嚴肅', '整齊嚴肅', 亦只是'主一無適'意.

12) ▲: 此事最易見.

13) ◇: 放心, 也

14) ▲: 光祖問: "'主一無適'與'整齊嚴肅'不同否?" 曰: "如何有兩樣? 只是箇敬. 極而至於堯・舜, 也只常常是箇敬. 若語言不同, 自是那時就那事說, 自應如此. 且

15) 思時: 『小分』에서는 時思를 교정부호로 바로잡았다.

16) ▲: 又須要問未出門・使民時是如何. 這又何用問, 這自可見. 如未出門・使民時是這箇敬, 當出門・使民時也只是這箇敬. 到得出門・使民了, 也只是如此. 『論語』如此樣儘有, 最不可如此看.

17) ▲: 或問"整齊嚴肅"與"嚴威儼恪"之別. 曰: "只一般.

18) ▲: 或曰:

者爲習所奪, 氣所勝, 只可責志.' ▲19) "涉於人爲, 便是私. 但學者不如此, 如何著力? 此程子所以下面便放20)一句云'不如此不得'也."【祖道】

17:14 ▲21) 大抵敬有二, 有未發, 有已發, 所謂'毋不敬'・'事思敬'是也." ▲22) "雖是有二, 然但一本, 只是見於動靜有異, 學者須要常流通無間. ▲23)問: "南軒說敬, 常云: '義已森然於其中.'" 曰: "渠好如此說, 如仁智動靜之類皆然."【可學】

17:15 ▲24) "惺惺, 乃心不昏昧之謂, 只此便是敬. 今人說敬, 卻只以'整齊嚴肅'言之, 此固是敬. 然心若昏昧, 燭理不明, 雖强把捉, 豈得爲敬?" ▲25) "孟子是明理合義, 告子只是硬把捉."【砥】

17:16 ▲26) "其喚醒此心則同, 而其爲道則異. 吾儒喚醒此心, 欲他照管許多道理, 佛氏則空喚醒在此, 無所作爲, 其異處在此."【僩】

17:17 ▲27) "這心都不著一物, 便收斂. 他上文云: '今人入神祠, 當那時直是更不著得些子事, 只有箇恭敬.' 此最親切. 今人若能專一此心, 便收斂緊密, 都無些子空罅. 若這事思量未了, 又走做那邊去, 心

19) ▲: 又曰: '只這箇也是私, 學者不恁地不得.' 此說如何?" 曰:
20) 放: 孝宗刊本・英祖刊本・成化本에서는 救로 되어 있다.【頭註】"放"作"救."
21) ▲: 因看『涪陵記善錄』, 問: "和靖說敬, 就整齊嚴肅上做, 上蔡卻云'是惺惺法', 二者如何?" 厚之云: "先由和靖之說, 方到上蔡地位." 曰: "各有法門: 和靖是持守, 上蔡卻不要如此, 常要喚得醒. 要之, 和靖底是上蔡底. 橫渠曰: '『易』曰: 〈敬以直內〉.' 伊川云: '主一.' 卻與和靖同.
22) ▲: 曰:
23) ▲: 又如和靖之說固好, 但不知集義, 又卻欠工夫." 曰: "亦是渠才氣去不得, 只得如此. 大抵有體無用, 便不渾全." 又
24) ▲: 問謝氏惺惺之說. 曰:
25) ▲: 又問孟子・告子不動心. 曰:
26) ▲: 或問: "謝氏常惺惺之說, 佛氏亦有此語." 曰:
27) ▲: 問: "和靖說: '其心收斂, 不容一物.'" 曰:

便成兩路."【賀孫】

17:18 ▲[28] "心主這一事, 不爲他事所[29]亂, 便是不容一物也." 問: "此只是說靜時氣像[30]否?" 曰: "然." 又問: "只靜時主敬, 便是'必有事'否?" 曰: "然."【僩】

「此篇所謂"在明明德"一段」

17:19 ▲[31]健順, 只是那陰陽之性."【義剛】

17:20 問"健順仁義禮智之性." 曰: "此承上文陰陽五行而言. 健, 陽也, 順, 陰也, 四者, 五行也. 分而言之: 仁禮屬陽, 義智屬陰." 問: "'立天之道, 曰陰與陽, 立地之道, 曰柔與剛, 立人之道, 曰仁與義.' 仁何以屬陰?" 曰: "仁何嘗屬陰? 袁機仲正來爭辨. 他引'君子於仁也柔, 於義也剛'爲證. 殊不知論仁之定體, 則自屬陽. 至於論君子之學, 則又各自就地頭說, 如何拘文牽引得? 今只觀天地之化, 草木發生, 自是條暢洞達, 無所窒礙, 此便是陽剛之氣. 如云: '采薇采薇, 薇亦陽止.' '薇亦剛止.' 蓋薇之生也, 挺直而上, 此處皆可見." 問: "禮屬陽. 至「樂記」, 則又以禮屬陰, 樂屬陽." 曰: "固是. 若對樂說, 則自是如此. 蓋禮是箇限定裁節, 粲然有文底物事, 樂是和動底物事, 自當如此分. 如云'禮主其減[32], 樂主其盈'之類, 推之可見."【僩】

17:21 ▲[33] 問: "禮智是束斂底意思, 故屬陰否?" 曰: "然." ▲[34] "義

28) ▲: 問尹氏"其心收斂不容一物"之說. 曰:
29) 所: 成化本에서는 空格으로 되어 있고 孝宗刊本・英祖刊本・徽州本에서는 攙으로 되어 있다.【頭註】"所"作"攙."
30) 像: 『朱子語類』에서는 象으로 되어 있다.
31) ▲: 問: "『或問』說'仁義禮智之性', 添'健順'字, 如何?" 曰: "此
32) 其減: 『小分』에서는 減其를 교정부호로 바로잡았다.

猶略有作爲, 智一知便了, 愈是束斂. 孟子曰: '是非之心, 智也.' 纔知得是而愛, 非而惡, 便交過仁義去了."【胡泳】

17:22 ▲[35] "健是稟得那陽之氣, 順是稟得那陰之氣, 五常是稟得五行之理. 人物皆稟得健順五常之性. 且如狗子, 會咬人底, 便是稟得那健底性, 不咬人底, 是稟得那順底性. 又如草木, 直底硬底, 是稟得剛底, 軟底弱底, 是稟得那順底."【僩】

17:23 ▲[36]問』'氣之正且通者爲人, 氣之偏且塞者爲物', 如何?" 曰: "物之生, 必因氣之聚而後有形, 得其淸者爲人, 得其濁者爲物. 假如大鑪鎔鐵, 其好者在一處, 其渣滓又在一處." ▲[37] 理者, 如一寶珠. 在聖賢, 則如置在淸水中, 其輝光自然發見, 在愚不肖者, 如置在濁水中, 須是澄去泥沙, 則光方可見. ▲[38] 此所以須要克治也. 至如萬物亦有此理. 天何嘗不將此理與他. 只爲氣昏塞, 如置寶珠於濁泥中, 不復可見. 然物類中亦有知君臣母子, 知祭, 知時者, 亦是其中有一線明處. 然而不能如人者, 只爲他不能克治耳. 且蚤・虱亦有知, 如飢則噬人之類◇[39]也."【祖道】

17:24 問: "▲[40]有人聰明通曉, 是稟其氣之淸者矣, 然卻所爲過差, 或流而爲小人之歸者, 又有爲人賢, 而不甚聰明通曉, 是如何?" 曰: "『或問』中固已言之, 所謂'又有智愚賢不肖之殊'是也. 蓋其所賦之質,

---

33) ▲: 問: "健順在四端何屬?" 曰: "仁與禮屬陽, 義與智屬陰." 問: "『小學』'詩・書・禮・樂以造士', 注云: '禮, 陰也.'" 曰: "此以文明言, 彼以節制言."
34) ▲: 或問: "智未見束斂處." 曰:
35) ▲: 問陰陽五行健順五常之性. 曰:
36) ▲: 問: "『或
37) ▲: 又問: "氣則有淸濁, 而理則一同, 如何?" 曰: "固是如此.
38) ▲: 今人所以不見理, 合澄去泥沙,
39) ◇: 是
40) ▲: 『或問』云: '於其正且通者之中, 又或不能無淸濁之異, 故其所賦之質, 又有智愚賢不肖之殊.' 世間

便有此四樣. 聰明曉事者, 智也而或不賢, 便是稟賦中欠了淸和溫恭之德. 又有人極溫和而不甚曉事, 便是賢而不知. 爲學便是要克化, 敎此等氣質令恰好耳."【僩】

17:25 ▲[41]問: "「序」引參天地事, 如何?" 曰: "初言人之所以異於禽獸者, ▲[42]須是見己之所以參化育者. ▲[43] 但學者須先知其如此, 方可以下手. 今學者多言待發見處下手, 此已遲卻. 纔思要得善時, 便是善."【可學】

17:26 問: "▲[44]'自其有生之初'以下是一節, ▲[45]又轉一節, 下又轉入一節▲[46] 曰: "初間說人人同得之理, 次又說人人同受之氣. 然其間卻有撞著不好底氣以生者, 這便被他拘滯了, 要變化卻難. ▲[47] 又加以應接事物, 逐逐於利欲, ▲[48]本來明德只管昏塞了. 故『大學』必敎人如此用工, 到後來卻會復得初頭渾全底道理."【賀孫】

17:27 ▲[49]問: "'介然之頃, 一有覺焉, 則其本體已洞然矣.' 須是就這些覺處, 便致知充擴將去." 曰: "然. ▲[50] 如擊石之火, 只是些子, 纔引著, 便可以燎原. 若必欲等大覺了, 方去格物・致知, 如何等得這般時節? ▲[51] 那箇覺, 是物格知至了, 大徹悟. 到恁地時, 事都了. 若

---

41) ▲: 舜功
42) ▲: 至下
43) ▲: 又問: "此是到處, 如何?" 曰: "到, 大有地步在.
44) ▲: 『或問』
45) ▲: '顧人心稟受之初, 又必皆有以得乎陰陽五行之氣'以下是一節, '苟於是焉而不値其淸明純粹之會', 這
46) ▲: 物欲去, 是否?"
47) ▲: 問: "如何是不好底氣?" 曰: "天地之氣, 有淸有濁. 若値得晦暗昏濁底氣, 這便稟受得不好了. 旣是如此,
48) ▲: 故 *『小分』에서는 가필로 故를 적었으나 이를 붓으로 지웠다.
49) ▲: 林安卿
50) ▲: 昨日固已言之.
51) ▲:【林先引『或問』中"至於久而後有覺"之語爲比, 先生因及此.】

是介然之覺, 一日之間, 其發也無時無數, 只要◇[52]識認得操持充養將去." 又問: "'眞知'之'知'與'久而後有覺'之'覺'字, 同否?" 曰: "大略也相似, 只是各自所指不同. 眞知是知得眞箇如此, 不只是聽得人說, 便喚做知. 覺, 則是忽然心中[53]自有所覺悟, 曉得道理◇[54]如◇[55]. 人只有兩般心[56]. 一箇是是底心, 一箇是不是底心. ▲[57] 只這知得不是底心▲[58], 便是是底心. ▲[59] 知得不是底心便是主, 那不是底心便是客. 便將這箇做主去治那箇客, 便常守定▲[60], 莫要放失, 更那別討箇心來喚做是底心! 如非禮勿視聽言動, 只才知得這箇是非禮底心, 此便是禮底心, 便莫要視. 如人瞌睡▲[61]時, 固無所覺. 莫教纔醒, 便抖擻起精神, 莫要更教他睡, 此便是醒. 不是已醒了, 更別去討箇醒, 說如何得他不睡. 程子所謂'以心使心', 便是▲[62] "孟子▲[63]說人[64]之心▲[65], 欲人易曉. 若論此心發見, 無時而不發見, 不特見孺子之時爲然也. 若必待見孺子入井之時, 怵惕·惻隱之發而後用功, 則終身無緣有此等時節也." ▲[66] 齊王之良心, 想得也常有發見時. ▲[67] 不曾識

52) ◇: 人
53) 心中: 『小分』에서는 中心을 교정부호로 바로잡았다.
54) ◇: 是
55) ◇: 此
56) 人只有兩般心 … 所以孟子因而以此推廣之也: 【附箋紙】自"人只"止"之也"當刪.
57) ▲: 只是才知得這是箇不是底心,
58) ▲: 底心
59) ▲: 便將這知得不是底心去治那不是底心.
60) ▲: 這箇知得不是底心做主
61) ▲: , 方其睡
62) ▲: 如此. 人多疑是兩箇心, 不知只是將這知得不是底心去治那不是底心而已." 元思云: "上蔡所謂'人須是識其眞心', 方乍見孺子入井之時, 其怵惕·惻隱之心, 乃眞心也." 曰:
63) ▲: 亦是只討譬喩, 就這親切處
64) 人: 『朱子語類』에서는 仁으로 되어 있다.
65) ▲: 是如此
66) ▲: 元思云: "舊見五峰「答彪居仁書」, 說齊王易牛之心云云, 先生辨之, 正是此意." 曰: "然.
67) ▲: 只是常時發見時,

得, 都放過了. 偶然愛牛之心, 有言語說出, 所以孟子因而以此推廣之也." ▲68) 【僩】

17:28 ▲69)'明德'乃是人本有之物, 只爲氣稟與物欲所蔽而昏. 今學問進修, 便如磨鏡相似. ▲70) 曰: "▲71) 但此理不比磨鏡之法." ▲72) 略擡身, 露開兩手, 如閃出之狀, 曰: "忽然閃出這光明來, 不待磨而後現, 但人不自察耳. ▲73) 【友仁】

17:29 ▲74) "大抵至善只是極好處, 十分端正恰好, 無一毫不是處, 無一毫不到處. 且如事君, 必當如舜之所以事堯, 而後喚做敬, 治民, 必當如堯之所以治民, 而後喚做仁. 不獨如此, 凡事皆有箇極好處. 今人75), 多是理會得半截, 便道了. ▲76)不理會到十分, 少刻便沒理會那箇是白, 那箇是皂, 那箇是酸, 那箇是鹹. 故『大學』必使人從致知直截要理會透, 方做得. 不要恁地半間半界, 含含胡胡77). 某與人商量一件事, 須是要徹底教盡. 若有些子未盡處, 如何住得. 若有事到◇78), 未

---

68) ▲: 又問: "自非物欲昏蔽之極, 未有不醒覺者." 曰: "便是物欲昏蔽之極, 也無時不醒覺. 只是醒覺了, 自放過去, 不曾存得耳."

69) ▲: 友仁說"明明德": "此

70) ▲: 鏡本明, 被塵垢昏之, 用磨擦之工, 其明始現. 及其現也, 乃本然之明耳."

71) ▲: 公說甚善.

72) ▲: 先生

73) ▲: 如孺子將入於井, 不拘君子小人, 皆有怵惕・惻隱之心, 便可見." 友仁云: "『或問』中說'是以雖其昏蔽之極, 而介然之頃, 一有覺焉, 則卽此空隙之中而其本體已洞然', 便是這箇道理." 先生頷之, 曰: "於大原處不差, 正好進修."

74) ▲: 問: "『或問』: '所以明而新之者, 非可以私意苟且爲也.' 私意是說著不得人爲, 苟且是說至善." 曰: "才苟且, 如何會到極處?" 賀孫學程子義理精微之極. 曰:

75) 今人: 『小分』에서는 今之人으로 되어 있었으나 之를 붓으로 지웠다. 孝宗刊本・英祖刊本・成化本에서는 빈칸 없이 今人으로 되어 있고 賀本에서는 今之人으로 되어 있다.

76) ▲: 待人看來, 喚做好也得, 喚做不好也得. 自家本不曾識得到, 少刻也會入於老, 也會入於佛, 也會入於申・韓之刑名. 止緣初間

77) 胡胡: 『小分』에서는 糊糊를 胡胡로 고쳤다. 孝宗刊本・成化本・賀本에서는 糊糊로 되어 있다.

是處, 須著極力辨別教是. 且看孟子, 那箇事恁地含胡[79]放過? 有一字不是, 直爭到底. 這是他見得十分極至, 十分透徹, 如何不說得?" 【賀孫】

17:30 ▲[80]

17:31 ▲[81]問: "以其義理精微之極, 有不可得而名者, 故姑以至善目之." 曰: "此▲[82]程先生說. 至善, 便如今人說極是. ▲[83] "孝莫大於尊親, 其次能養. 直是到這裏, 方喚做極是處, 方喚做至善處." 【賀孫】

17:32 ▲[84] 自謂能明其德而不屑乎新民者, 如佛・老便是, 不務明其明德, 而以政教法度爲足以新民者, 如管仲之徒便是, 略知明德新民, 而不求止於至善者, 如前日所論王通便是[85]. ▲[86] 看他於己分上亦甚修飭, 其論爲治本末, 亦有條理, 甚有志於斯世. 只是規模淺狹,

---

78) ◇: 手

79) 胡: 『小分』에서는 糊를 胡로 고쳤다. 孝宗刊本・成化本・賀本에서는 糊로 되어 있다.

80) ▲: 問: "『或問』說明德處云: '所以應乎事物之間, 莫不各有當然之則.' 其說至善處, 又云: '所以見於日用之間者, 莫不各有本然一定之則.' 二處相類, 何以別?" 曰: "都一般. 至善只是明德極盡處, 至纖至悉, 無所不盡." 【淳】

81) ▲: 仁甫

82) ▲: 是

83) ▲: 且如說孝: 孟子說'博弈好飲酒, 不顧父母之養', 此是不孝. 到得會奉養其親, 也似煞强得這箇, 又須著如曾子之養志, 而後爲能養. 這又似好了, 又當如所謂'先意承志, 諭父母於道, 不遺父母惡名', 使國人稱願道'幸哉, 有子如此!', 方好." 又云:

84) ▲: 郭德元問: "或問: '有不務明其明德, 而徒以政教法度爲足以新民者, 又有自謂足以明其明德, 而不屑乎新民者, 又有略知二者之當務, 而不求止於至善之所在者.' 此三者, 求之古今人物, 是有甚人相似?" 曰: "如此等類甚多.

85) 是: 徽州本에서는 이 뒤에 如此. 先生前此數日作王通論其間有此語.가 더 있다.

86) ▲: 【卓錄云: "又有略知二者之當務, 顧乃安於小成, 因於近利, 而不求止於至善之所在者, 如前日所論王通之事是也."】

不曾就本原◇[87]著功, 便做不徹. 須是無所不用其極, 方▲[88]是. ▲[89]古之聖賢▲[90] 明明德, 便欲無一毫私欲, 新民, 便欲人於事事物物上皆是當. ▲[91] 【文蔚】[92]

17:33 問: "明德而不能推之以新民, 可謂是自私." 曰: "德既明, 自然是著[93]新民. ▲[94] 此箇道理, 人人有之, 不是自家可專獨之物. 既是明得此理, 須當推以及人, 使各明其德. 豈可說我自會了, 我自樂之, 不與人共?" 因說, 曾有學佛者王天順, 與陸子靜辨論云: "我這佛法, 和耳目鼻口髓腦, 皆不愛惜. 要度天下人, 各成佛法, 豈得是自私?" 先生笑曰: "待度得天下人各成佛法, 卻是教得他各各自私. 陸子靜從初亦學佛, 嘗言: '儒・佛差處是義利之間.' 某應曰: '此猶是第二著, 只它根本處便不是. 當初釋迦爲太子時, 出遊, 見生老病死苦, 遂厭惡之, 入雪山修行. 從上一念, 便一切作空看, 惟恐割棄之不猛, 屛除之不盡. 吾儒卻不然. 蓋見得無一物不具此理, 無一理可違於物. 佛說萬理俱空, 吾儒說萬理俱實. 從此一差, 方有公私・義利之不同.' 今學佛者云'識心見性', 不知是識何心, 是見何性." 【德明】[95]

---

87) ◇: 上
88) ▲: 始
89) ▲: 看
90) ▲: 別無用心, 只這兩者是喫緊處:
91) ▲: 正如佛家說, '爲此一大事因緣出見於世', 此亦是聖人一大事也. 千言萬語, 只是說這箇道理. 若還一日不扶持, 便倒了. 聖人只是常欲扶持這箇道理, 教他撑天柱地."
92) 【文蔚】: 徽州本에서는 이 뒤에 【卓錄同. ○又問: "秦・漢以下無一人之講學明理, 所以無善治." 曰: "然." 因泛論歷代以及本朝太宗・眞宗之朝, 可以有爲而不爲. 太宗每日看『太平廣記』數卷. 若能推此心去講學, 那裏得來, 不過篤字作詩, 君臣之間以此度日而已. 眞宗東封西祀, 糜費巨萬, 討不曾做得一事. 仁宗有意於爲治, 不肯安於小成. 要做極治之事, 只是資質慈仁, 卻不甚通曉用人, 驟進驟退, 終不曾做得一事, 然百姓戴之如父母. 契丹初陵中國, 後來卻服仁宗之德, 也是慈仁之孝, 緣它至誠惻怛, 故能動人如此.】가 더 있다.
93) 著: 『小分』에서는 能을 著로 고쳤다. 賀本・萬曆本에서는 能으로 되어 있다.
94) ▲: 然亦有一種人不如此, 此便是釋・老之學.
95) 問 … 是見何性: 【附箋紙】此條當節入於"佛."

「知止而後有定以下一段」

17:34 問: "能知所止, 則方寸之間, 事事物物皆有定理矣." 曰: "定·靜·安三項若相似, 說出來煞不同. 有定, 是就事理上說, 言知得到時, 見事物上各各有箇合當底道理. 靜, 只就心上說. ▲[96] 如'能得'上面帶箇'慮'字, '能慮'上面帶箇'安'字, '能安'上面帶箇'靜'字, '能靜'上面帶箇'定'字, '有定'上面帶箇'知止'字, 意思都接續. 旣見得事物有定理, 而此心恁地寧靜了, ▲[97]. 在這裏也安, 在那邊也安, 在富貴也安, 在貧賤也安, 在患難也安. 不見事理底人, 有一件事, 如此區處不得, ▲[98] 這如何會有定? 才不定, 則心下便營營皇皇, ▲[99] 只是不安." 【賀孫】

17:35 "能慮則隨事觀理, 極深研幾." 曰: "到這處又更須審一審. '慮'字看來更重似'思'字. 聖人下得言語恁地鎭重, 恁地重三疊四, 不若今人只說一下便了, 此聖人所以爲聖人." 【賀孫】

17:36 ▲[100]問: "'知止是始, 能得是終.' 『或問』言: '非有等級之相懸.' 何也?" 曰: "也不是無等級, 中間許多只是小階級, 無那大階級. 如志學至從心, 中間許多便是大階級, 步卻闊. 知止至能得, 只如志學至立相似, 立至不惑相似. 定·靜·安, 皆相類, 只是中間細分別恁地." ▲[101] 【寓】

---

96) ▲: 問: "'無所擇於地而安', 莫是'素富貴, 行乎富貴, 素貧賤, 行乎貧賤'否?" 曰: "這段須看意思接續處.

97) ▲: 看處在那裏.

98) ▲: 恁地區處又不得,

99) ▲: 心下才恁地, 又安頓在那裏得? 看在何處,

100) ▲: 安卿

101) ▲: 問: "到能得處是學之大成? 抑後面更有工夫?" 曰: "在己已盡了, 更要去齊家, 治國, 平天下, 亦只是自此推去."

「古之欲明明◇[102]於天下一段」

17:37 問: "▲[103]'自誠意以至於平天下, 所以求得夫至善而止之', 是能得已包齊家治國說了. ▲[104]何故又云: '能得後, 更要去齊家, 治國, 平天下'?" 曰: "以修身言之, 都已盡了. 但以明明德言之, 在己無所不盡, 萬物之理亦無所不盡. 如至誠惟能盡性, 只盡性▲[105]萬物之理都無不盡了. 故盡其性, 便盡人之性, 盡人之性, 便盡物之性."【寓】

17:38 ▲[106]'明明德於天下', 只是且說箇規模如此. 學者須是有如此規模, 卻是自家本來合如此, 不如此便是欠了他底. 且如伊尹思匹夫不被其澤, 如己推而納之溝中, 伊尹也只大概要恁地, 又如何使得無一人不被其澤? 又如說'比屋可封', 也須有一家半家不恁地者. 只是見得自家規模自當如此, 不如此不得. 到得做不去處, 卻無可奈何. 規模自是著恁地, 工夫便卻用寸寸進. 若無規模次第, 只管去細碎處走, 便入世之計功謀利處去, 若有規模而又無細密工夫, 又只是一箇空規模. 外極規模之大, 內推至於事事物物處, 莫不盡其工夫, 此所以爲聖賢之學[107]."【道夫】

17:39 問[108]▲[109]"心之神明, 妙衆理而宰萬物." 曰: "神是恁地精彩,

---

102) ◇: 德
103) ▲: 『或問』
104) ▲: 前晩
105) ▲: 時
106) ▲: 蜚卿言: "『或問』云: '人皆有以明其明德, 則各誠其意, 各正其心, 各修其身, 各親其親, 各長其長, 而天下無不平矣.' 明德之功果能若是, 不亦善乎? 然以堯·舜之聖, 閨門之內, 或未盡化, 況謂天下之大, 能服堯·舜之化而各明其德乎?" 曰: "『大學』
107) 學: 『小分』에서는 學乎로 되어 있었으나 乎를 붓으로 지웠다.
108) 問: 孝宗刊本·英祖刊本·成化本에는 없다.
109) ▲: 『或問』

明是恁地光明." ▲110) "心無事時, 都不見, 到得應事接物, 便在這裏, 應事了, 又不見恁地神出鬼沒." 又曰: "理是定在這裏, 心便是運用這理111)底, 須是知得到. 知若不到, 欲爲善也未肯便與你爲善, 欲不爲惡, 也未肯便不與你爲惡. 知得到了, 直是如飢渴之於飮食, 而今不讀書◇112), 也須收斂身心教在這裏, 乃程夫子所謂敬也. '整齊嚴肅', 雖只是恁地, 須是下工夫, 方見得."【賀孫】

17:40 ▲113) "大凡道理皆是我自有◇114)物, 非從外得. 所謂知者, 【或錄此下云: "便只是理, 才知得."】 便只是知得我底道理, 非是以我之知去知彼道理也. 道理固本有, 用知, 方發得出來. 若無知, 道理何從而見?【或錄云: "才知得底, 便是自家先有之道理也. 只是無知, 則道無安頓處. 故須知, 然後道理有所湊泊也. 如夏熱冬寒, 君仁臣敬, 非知, 如何知得?"】 所以謂之'妙衆理', 猶言能運用衆理也. '運用'字有病, 故只下得'妙'字." 【或錄云: "蓋知得此理也."】 ▲115) 知如116)手, 思是使那手去做事, 思所以用夫知也."【僩】

17:41 ▲117) "無所知覺, 則不足以宰制萬物. 要宰制他, 也須是知覺."【道夫】

17:42 ▲118) "'妙'字便稍精彩, 但只是不甚穩當, '具'字便平穩."【履

110) ▲: 又曰:
111) 理: 『小分』에서는 裏를 理로 고쳤다.
112) ◇: 時
113) ▲: 德元問: "何謂'妙衆理'?" 曰:
114) ◇: 之
115) ▲: 又問: "知與思, 於身最切緊." 曰: "然. 二者只是一事.
116) 如: 『小分』에서는 與를 如로 고쳤다.【頭註】如
117) ▲: 問: "知如何宰物?" 曰:
118) ▲: 或問: "'宰萬物', 是'主宰'之'宰', '宰制'之'宰'?" 曰: "主便是宰, 宰便是制." 又問: "『孟子集注』言: '心者, 具衆理而應萬事.' 此言'妙衆理而宰萬物', 如何?" 曰: 【附箋紙】"問: '心者, 具衆理, 應萬事.' 此言'妙衆理', 如何? 曰'妙'字"云云, 此

孫】

17:43 ▲[119] "所以然之故, 卽是更上面一層. 如君之所以仁, 蓋君是箇主腦, 人民土地皆屬它管, 它自是用仁愛. 試不仁愛看, 便行不得. 非是說爲君了, 不得已用仁愛[120], 自是理合如此. 試以一家論之: 爲家長者便用愛一家之人[121], 惜一家之物, 自是理合如此, 若天使之然. 每常思量著, 極好笑, 自那原頭來便如此了. 又如父之所以慈, 子之所以孝, 蓋父子本同一氣, 只是一人之身, 分成兩箇, 其恩愛相屬, 自有不期然而然者. 其它大倫皆然, 皆天理使之如此, 豈容强爲哉? 且以仁言之: 只天地生這物時便有箇仁, 它只知生而已. 從他原頭下來, 自然有箇春夏秋冬, 金木水火土.【初有陰陽, 有陰陽, 便有此四者.】 故賦於人物, 便有仁義禮智之性[122]. 仁屬春, 屬木. 且看春間天地發生, 藹然和氣, 如草木萌芽, 初間僅一鍼許, 少間漸漸生長, 以至枝葉花實, 變化萬狀, 便可見他生生之意. 非仁愛, 何以如此? 緣他本原處有箇仁愛溫和之理如此, 所以發之於用, 自然慈祥惻隱. 孟子說▲[123], 惻隱又與慈仁不同, 惻隱是傷痛之切. 蓋仁, 本只有慈愛, 緣見孺子入井, 所以傷痛之切. 義屬金, 是天地自然有◇[124]清峻剛烈之氣. 所以人稟得, 自然有裁制, 便自然有羞惡之心. 禮智皆然. 蓋自本原而已然, 非旋安排教如此也. 昔龜山問一學者: '當見孺子入井時, 其心怵惕・惻隱, 何故如此?' 學者曰: '自然如此.' 龜山曰: '豈可只說自然如此了便休? 須是知其所自來, 則仁不遠矣.' 龜山此語極好. 又或人問龜山曰: '〈以先知覺後知〉, 知・覺如何分?' 龜山曰: '知是知此事, 覺是覺此理.' 且如知得君之仁, 臣之敬, 子之孝, 父之慈, 是知此事也, 又知得君之所

十八字當添書於"妙"上.

119) ▲: 郭兄問"莫不有以知夫所以然之故, 與其所當然之則." 曰:

120) 不得已用仁愛: 徽州本에서는 이 뒤에 行之가 더 있다.

121) 之人: 『小分』에서는 人之를 교정부호로 바로잡았다.

122) 便有仁義禮智之性: 徽州本에서는 이 뒤에 自它原頭處, 便如此了.가 더 있다.

123) ▲: '惻隱之端'

124) ◇: 箇

以仁, 臣之所以敬, 父之所以慈, 子之所以孝, 是覺此理也."【僩】

17:44 ▲[125)]

「治國平天下者諸侯之事一段」

17:45 問: "南軒謂: '爲己者, 無所爲而然也.'" 曰: "只是見得天下事皆我所合當爲而爲之, 非有所因而爲之. 然所謂'天下之事皆我之所當爲'者, 只恁地强信不得. 須是學到那田地, 經歷磨鍊多後, 方信得過."【道夫】

17:46 ▲[126)] "這須要自看, 逐日之間, 小事大事, 只是道我合當做, 便如此做, 這便是無所爲. 且如讀書, 只道自家合當如此讀, 合當如此理會身己. 才說要人知, 便是有所爲. 如世上人才讀書, 便安排這箇好做時文, 此又爲人之甚者."【賀孫】

17:47 "▲[127)] 如甲兵·錢穀·籩豆·有司, 到當自家理會便理會, 不是爲別人了理會. 如割股·廬墓, 一則是不忍其親之病, 一則是不忍其親之死, 這都是爲己. 若因要人知了▲[128)], 便是爲人." 器遠問: "子房以家世相韓故, 從少年結士, 欲爲韓報仇, 這是有所爲否?" 曰: "他當初只一心欲爲國報仇. 只見這是箇臣子合當做底事, 不是爲別人, 不是要人知."【賀孫】

17:48 ▲[129)] 且如'哭死而哀, 非爲生者.' 今人弔人之喪, 若以爲亡者

---

125) ▲: 或問"格物"章本有"所以然之故." 曰: "後來看得, 且要見得'所當然'是要切處. 若果見得不容已處, 則自可默會矣."

126) ▲: 問爲己. 曰:

127) ▲: '爲己者, 無所爲而然.' 無所爲, 只是見得自家合當做, 不是要人道好.

128) ▲: 去恁地

平日與吾善厚, 眞箇可悼, 哭之發於中心, 此固出於自然者. 又有一般人欲亡者家人知我如此而哭者, 便不是, 這便是爲人. 又如人做一件善事, 是自家自肯去做, 非待人教自家做, 方勉强做, 此便不是爲人也." ▲[130)]【道夫】

「傳一章」

「然則其曰克明德一段」

17:49 問: "'克明德', '克, 能也.' 『或問』中卻作能'致其克之之功', 又似'克治'之'克', 如何?" 曰: "此'克'字雖訓'能'字, 然'克'字重▲[131)]是他人不能, 而文王獨能[132)]之. 若只作'能明德', 語意便都弱了. 凡字有訓義一般, 而聲響頓異, ▲[133)] 如云'克宅厥心', '克明俊德'之類, 可見."【僩】

「顧諟天之明命一段」

17:50 問: "'全體大用, 無時不發見於日用之間.' 如何是體? 如何是

---

129) ▲: 行夫問"爲己者, 無所爲而然." 曰: "有所爲者, 是爲人也. 這須是見得天下之事實是己所當爲, 非吾性分之外所能有, 然後爲之, 而無爲人之弊耳.

130) ▲: 道夫曰: "先生所說錢穀·甲兵·割股·廬墓, 已甚分明, 在人所見如何爾." 又問: "割股一事如何?" 曰: "割股固自不是. 若是誠心爲之, 不求人知, 亦庶幾." "今有以此要譽者." 因擧一事爲問. 先生詢究, 駭愕者久之, 乃始正色直辭曰: "只是自家過計了. 設使後來如何, 自家也未到得如此, 天下事惟其直而已. 試問鄕鄰, 自家平日是甚麽樣人. 官司推究亦自可見." 行夫曰: "亦著下獄使錢, 得箇費力去." 曰: "世上那解免得全不霑濕? 如先所說, 是不安於義理之慮. 若安於義理之慮, 但見義理之當爲, 便恁滴水滴凍做去, 都無後來許多事."

131) ▲: 於'能'字. '能'字無力, '克'字有力. 便見得

132) 獨能: 『小分』에서는 能獨을 교정부호로 바로잡았다.

133) ▲: 便見得有力無力之分, 如'克'之與'能'是也.

用?" 曰: "體與用不相離. 且如身是體, 要起行去, 便是用. '赤子匍匐將入井, 皆有怵惕惻隱之心', 只此一端, 體・用便可見[134]. 如喜怒哀樂是用, 所以喜[135]怒哀樂是體." 【▲[136] ○寓】

17:51 問: "▲[137] '常目在之, ▲[138]所見者果何物耶?" 曰: "此豈有物可見? 但▲[139]凡人不知省察, 常行日用, 每與是德相忘, 亦不自知其有是也. 今所謂顧諟者, 只是心裏常常存著此理在. 一出言, ▲[140] 一行事, ▲[141]必有當然之則, 不可失也. ▲[142] 初豈實有一物可▲[143]見其形象耶?" 【壯祖】

17:52 問: "▲[144]'〈成性存存〉, 道義出矣', 何如?" 曰: "▲[145]天之所命, ▲[146] 我▲[147]得之於己, ▲[148] 只是一箇道理. 人只要存得這些在這裏. 才存得在這裏, 則事君必會忠, 事親必會孝, 見孺子◇[149], 則怵惕之心便發, 見穿窬之類, 則羞惡之心便發, 合恭敬處, 便自然會恭敬, 合辭遜[150]處, 便自然會辭遜. 須要常存得此心, 則便見得此性發

---

134) 體・用便可見: 徽州本에서는 이 뒤에 體與用不相離, 如這是體, 起來運行便是用이 더 있다.
135) 喜: 徽州本에서는 이 앞에 能이 더 있다.
136) ▲: 淳錄云: "所以能喜怒者, 便是體."
137) ▲: 『或問』:
138) ▲: 眞若見其"參於前, 倚於衡"也, 則"成性存存", 而道義出矣.' 不知
139) ▲: 是
140) ▲: 則言必有當然之則, 不可失也,
141) ▲: 則事
142) ▲: 不過如此耳,
143) ▲: 以
144) ▲: 引
145) ▲: 自
146) ▲: 謂之明命,
147) ▲: 這裏
148) ▲: 謂之明德,
149) ◇: 入井 *賀本에는 없다.
150) 辭遜: 『小分』에서는 遜辭를 교정부호로 바로잡았다.

出底都是道理. 若不存得這些, 待做出, 那箇會合道理."【賀孫】

「是三者固皆自明之事一段」

17:53 問: "▲151) '天▲152)未始不爲人, 而人▲153)未始不爲天', 何也?" 曰: "只是言人之性本無不善, 而其日用之間莫不有當然之則. ▲154) 所謂天理也. 人若每事做得是, 則便合天理. 天人本▲155)一理156). 若理會得此意, 則天何嘗大? 人何嘗小也?"【壯祖】

17:54 ▲157) "天卽人, 人卽天. 人之始生, 得於天也, 旣生此人, 則天又在人▲158). 凡語言動作視聽, 皆天也. ▲159) 是常要看敎光明燦爛, 照在目前."【僩】

「傳二章」

「或問盤之有銘一段」

17:55 德元問: "湯之「盤銘」, 見於何書?" 曰: "只見於『大學』." 又曰: "成湯工夫全▲160)在'敬'字上. 看來, 大段是▲161)修飭底人, 故當時人

151) ▲: '顧諟'一句, 『或問』復以爲見
152) ▲: 之
153) ▲: 之
154) ▲: 則,
155) ▲: 只
156) 天人本▲一理: 『小分』에서는 天理本一人을 교정부호로 바로잡았다. 『朱子語類』에서는 天人本只一理로 되어 있다.
157) ▲: 問"天未始不爲人, 而人未始不爲天." 曰:
158) ▲: 矣
159) ▲: 只今說話, 天便在這裏. 顧諟,

說他做工夫處▲162), 便說'檢身若不及.'" ▲163)"'以義制事, 以禮制心', '不邇聲色, 不殖貨利'等語, 可見日新之功." ▲164)某於『或問』中所以▲165)詳載者, 非道人不知, 亦欲學者經心耳."【文蔚】

17:56 問: "『丹書』166)曰: '敬勝怠者吉, 怠勝敬者滅, 義勝欲者從, 欲勝義者凶.' '從'字意如何?" 曰: "從, 順也. 敬便豎起, 怠便放倒. 以理從事, 是義, 不以理從事, 便是欲. 這處敬與義, 是箇體・用, 亦由167)「坤」卦說敬・義."【寓】168)

「傳三章」

「復引淇澳之詩一段」

17:57 ▲169)

---

160) ▲: 是
161) ▲: 一箇
162) ▲: 亦說得大段地著. 如禹'克勤于邦, 克儉于家'之類, 卻是大綱說. 到湯
163) ▲: 文蔚云:
164) ▲: 曰: "固是.
165) ▲: 特地
166) 『丹書』: 萬曆本・徽州本에서는 『周書』로 되어 있다. *『丹書』: 『大戴禮記』「武王踐阼篇」에 周 武王이 황제와 전욱의 道를 묻는 말에 여상(呂尚)이 『丹書』에 있다고 인용하였다. 붉은 새가 물고 온 책이라고 전한다.
167) 由: 賀本에서는 猶로 되어 있다.
168)【寓】: 徽州本에서는 이 앞에 云: 因擧賊仁者謂之賊, 賊義者謂之殘, 問在坐如何說. 王云: 賊仁是害心之理, 賊義是於所行處傷其理. 曰: 如此說便是告子義在外了. 義在內, 非在外. 義是度事之宜, 是心度之. 然此處何以別. 蓋賊仁之罪重, 殘義之罪輕. 仁義都是心之天理, 仁是根本. 賊仁則大倫大法虧滅了, 便是殺人底人一般. 義就一節一事不合宜便傷義, 似手足上傷損一般, 所傷者小猶可補가 더 있다.
169) ▲: "'瑟兮僩兮者, 恂慄也.' '僩'字, 舊訓寬大. 某看經子所載, 或從'忄'・或從'扌'之不同, 然皆云有武毅之貌, 所以某注中直以武毅言之." 道夫云: "如此注, 則方

17:58 問: "切磋琢磨, 是學者事, 而'盛德至善', ▲[170]乃指聖人言之, 何也?" 曰: "▲[171] 此是連上文'文王於緝熙敬止'說. 然聖人也不是揷手掉臂做到那處, 也須學始得, 如孔子所謂'德之不修, 學之不講, 聞義不能徙, 不善不能改, 是吾憂也'. 此有甚緊要? 聖人卻憂者, 何故? 惟其憂之, 所以爲聖人. 所謂'生而知之者', 便只是知得此而已. 故曰: '惟聖罔念作狂, 惟狂克念作聖.'"【淳 ○寓同.】

17:59 "▲[172] 既學而猶慮其未至, 則復講習討論以求之, 猶治骨角者, 既切而復磋之. 切得一箇樸在這裏, 似亦可矣, 又磋之使至於滑澤, 這是治骨角者之至善也. 既修而猶慮其未至, 則又省察克治以終之, 猶治玉石者, 既琢而復磨之. 琢, 是琢得一箇樸在這裏, 似亦得矣, 又磨之使至於精細, 這是治玉石之至善也. 取此而喩君子之於至善, 既格物以求知所止矣, 又且用力以求得其所止焉. ▲[173]【道夫】

17:60 "'如切如磋', 道學也", 卻以爲始條理之事, "'如琢如磨', 自修也", 卻以爲終條理之事, 皆是要工夫精密. 道學是起頭處, 自修是成就處. 中間工夫, 既講求又復講求, 既克治又復克治. 此所謂"已精而求其益精, 已密而求其益密"也.【謨】

17:61 ▲[174]

與'瑟'字及下文恂慄之說相合." 曰: "且如'恂'字, 鄭氏讀爲'峻.' 某始者言, 此只是'恂恂如也'之'恂', 何必如此? 及讀『莊子』, 見所謂'木處則惴慄恂懼', 然後知鄭氏之音爲當. 如此等處, 某於『或問』中不及載也. 要之, 如這般處, 須是讀得書多, 然後方見得."【道夫】

170) ▲: 『或問』

171) ▲: 後面說得來大, 非聖人不能.

172) ▲: '如切如磋者, 道學也, 如琢如磨者, 自修也.'

173) ▲: 正心・誠意, 便是道學・自修. '瑟兮僩兮, 赫兮喧兮', 到這裏, 睟面盎背, 發見於外, 便是道學・自修之驗也." 道夫云: "所以『或問』中有始終條理之別也, 良爲此爾." 曰: "然."

174) ▲: 周問: "切磋是始條理, 琢磨是終條理. 終條理較密否?" 曰: "始終條理都要

17:62 問: “琢磨後, 更有瑟僩赫喧, 何故爲終條理之事?” 曰: “那不是做工夫處, 是成就了氣象恁地. ‘穆穆文王’, 亦是氣象也.” 【寓】

密, 講貫而益講貫, 修飭而益修飭.” 【淳】

『朱子語類』卷第十八

「『大學』五或問下」

「傳五章」

「獨其所謂"格物致知"◇[1]一段」

18:1 ▲[2] "'能致其知, 則思自然明, 至於久而後有覺', 是積累之多, 自有箇覺悟時節. '勉强學問', 所以致其知也. '聞見博而智益明', 則其效著矣. '學而無覺, 則亦何以學爲也哉?' 此程子曉人至切處."【道夫】

18:2 ▲[3] "旣知則自然行得, 不待勉强. 卻是'知'字◇[4]重."【可學】

18:3 伊川云"知非一槪, 其爲淺深有甚相絶者"▲[5] "此語說得極分明. 至論知之淺深, 則從前未有人說到此."【道夫】[6]

18:4 ▲[7] 致知, 是推致到極處, 窮究徹底, 眞見得決定如此. 程子說

---

1) ◇: 者

2) ▲: 先生爲道夫讀『格物說』, 擧『遺書』"或問學何爲而可以有覺"一段, 曰:

3) ▲: 問: "致知下面更有節次. 程子說知處, 只就知上說, 如何?" 曰:

4) ◇: 上

5) ▲: 云云. 曰:

6) 【道夫】: 徽州本에서는 이 앞에 而程子發之. 且虎能傷人, 人所共知而懼之. 有見於色者, 以其知之深於衆人也. 學者之於道, 能如此人之於虎, 眞有以知之, 則自有不容已者矣가 더 있다.

7) ▲: 知, 便要知得極.

虎傷人之譬, 甚好. 如這一箇物, 四陲四角皆知得盡, 前頭[8]更無去處, 外面更無去處, 方始是格到那物極處.【淳】

18:5 "人各有箇知識, 須是推致而極其至. 不然, 半上落下, 終不濟事. ▲[9]." ▲[10] 若明得盡, 私意自然留不得. 若半青半黃, 未能透徹, 便是尙有渣滓, 非所謂眞知也." ▲[11] 今人行到五分, 便是它只知得五分, 見識只識到那地位. 譬諸穿窬, 稍是箇人, 便不肯做, 蓋眞知穿窬之不善也. ▲[12]."【德明】

18:6 "致知, 是推極吾之知識無不切至", "切"字亦未精, 只是一箇"盡"字底道理. 見得盡, 方是眞實. 如言喫酒解醉, 喫飯解飽, ▲[13]人. 須是喫酒, 方見得解醉人, 喫飯, 方見得解飽人. 不曾喫底, 見人說道是解醉解飽, 他也道是解醉解飽, 只是見得不親切. ▲[14]【卓】

18:7 ▲[15]"物理無窮, 故他說得來亦自多端. 如讀書以講明道義, 則是理存於書, 如論古今人物以別其是非邪正, 則是理存於古今人物, 如應接事物而審處其當否, 則是理存於應接事物. 所存旣非一物能專, 則所格亦非一端而盡. ▲[16]【道夫】

---

8) 前頭: 『小分』에서는 頭前를 교정부호로 바로잡았다.
9) ▲: 須是眞知
10) ▲: 問: "固有人明得此理, 而涵養未[illegible], 卻爲私意所奪." 曰: "只爲明得不盡.
11) ▲: 問: "須是涵養到心體無不盡處[illegible]方善. 不然知之雖至, 行之終恐不盡也." 曰: "只爲知不至.
12) ▲: 虎傷事亦然
13) ▲: 毒藥解殺
14) ▲: 見得親切時, 須是如[illegible]所謂曾經虎傷者一般.
15) ▲: 問"進修之術何[illegible]云云. 曰:
[illegible]格而萬理通, 雖顏子亦未至此. 但當今日格一件, 明日又格一件, 積習旣多, 然後脫然有箇貫通處.' 此一項尤有意味. 向非其人善問, 則亦何以得之哉?"

18:8 ▲[17] 天下豈有一理通便解萬理皆通? 也須積累將去. 如顔子高明, 不過聞一知十, 亦是大段聰明了. 學問卻有漸, 無急迫之理. 有人嘗說, 學問只用窮究一箇大處, 則其他皆通. ▲[18] 豈有此理? 爲此說者, 將謂是天理, 不知▲[19]是人欲."【明作】

18:9 叔文問: "正心・誠意, 莫須操存否?" 曰: "也須見得後, 方始操得. 不然, 只恁空守, 亦不濟事. 蓋謹守則在此, 一合眼則便走了. 須是格物. 蓋物格則理明, 理明則誠一而心自正矣. 不然則戢戢而生, 如何守得他住." ▲[20] "程子謂: '今日格一件, 明日又格一件, 積習既多, 然後脫然有貫通處.' 某嘗謂[21], 他此語便是眞實做工夫來. 他也不說格一件後便會通, 也不說盡格得天下物理後方始通. 只云: '積習既多, 然後脫然有箇貫通處.'" ▲[22]【道夫】

18:10 ▲[23] "如讀書, 今日看一段, 明日看一段. 又如今日理會一事, 明日理會一事, 積習多後, 自然通貫."【德明 ○德功云: "釋氏說斫樹木, 今日斫, 明日斫, 到樹倒時, 只一斫便了."】

18:11 ▲[24] "人日用間▲[25]. 若體察當格之物, 一日之間[26]儘有之."【寓】

---

17) ▲: 問: "'一理通則萬理通', 其說如何?" 曰: "伊川嘗云: '雖顔子亦未到此.'
18) ▲: 如某正不敢如此說, 須是逐旋做將去. 不成只用窮究一箇, 其他更不用管, 便都理會得.
19) ▲: 卻
20) ▲: 曰: "格物最是難事, 如何盡格得?" 曰:
21) 嘗謂: 『小分』에서는 謂嘗을 교정부호로 바로잡았다.
22) ▲: 又曰: "今卻不用慮其他, 只是箇'知至而後意誠', 這一轉較難."
23) ▲: 問: "伊川說: '今日格一件, 明日格一件.' 工夫如何?" 曰:
24) ▲: 問: "伊川云: '今日格得一件, 明日格得一件.' 莫太執著否?" 曰:
25) ▲: 自是不察耳
26) 間: 成化本에서는 問으로 되어 있다.

18:12 窮理者，因其所已知而及其所未知，因其所已達而及其所未達. 人之良知，本所固有. 然不能窮理者，只是足於已知已達，而不能窮其未知未達，故見得一截，不曾又見得一截，此其所以於理未精也. 然仍須工夫日日增加. 今日旣格得一物，明日又格得一物，工夫更不住地做. 如左脚進得一步，右脚又進一步，右脚進得一步，左脚又進，接續不已，自然貫通.【洽】

18:13 ▲[27]

18:14 問:"陸先生不取伊川格物之說. 若以爲隨事討論，則精神易弊，不若但求之心，心明則無所不照，其說亦似省力." 曰:"不去隨事討論後，聽他胡做，話便信口說，脚便信步行，冥冥地去，都不管他." 義剛曰:"平時明知此事不是，臨時卻做錯了，隨卽又悔. 此▲[28]精神短後，照燭不逮." 曰:"只是斷制不下. ▲[29]"所以格物，便是要閒時理

27) ▲: 黃毅然問:"程子說'今日格一件，明日格一件'，而先生說要隨事理會. 恐精力短，如何?" 曰:"也須用理會. 不成精力短後，話便信口開，行便信脚步，冥冥地去，都不管他." 又問:"無事時見得是如此，臨事又做錯了，如何?" 曰:"只是斷置不分明. 所以格物便要閒時理會，不是要臨時理會. 閒時看得道理分曉，則事來時斷置自易. 格物只是理會未理會得底，不是從頭都要理會. 如水火，人自是知其不可蹈，何曾有錯去蹈水火? 格物只是理會當蹈水火與不當蹈水火，臨事時斷置敎分曉. 程子所謂'今日格一件，明日格一件'，亦是如此. 且如看文字，聖賢說話粹，無可疑者. 若後世諸儒之言，喚做都不是，也不得，有好底，有不好底，好底裏面也有不好處，不好底裏面也有好處，有這一事說得是，那一件說得不是，有這一句說得是，那一句說得不是，都要恁地分別. 如臨事，亦要如此理會那箇是，那箇不是. 若道理明時，自分曉. 有一般說，漢·唐來都是，有一般說，漢·唐來都不是，恁地也不得. 且如董仲舒·賈誼說話，何曾有都不是底? 何曾有都是底? 須是要見得他那箇議論是，那箇議論不是. 如此，方喚做格物. 如今將一箇物事來，是與不是見得不定，便是自家這裏道理不通透. 若道理明，則這樣處自通透."【淳 ○黃自錄詳，別出.】

28) ▲: 畢竟是

29) ▲: 且如有一人牽你出去街上行，不成不管後，只聽他牽去. 須是知道那裏不可去，我不要隨他去." 義剛曰:"事卒然在面前，卒然斷制不下，這須是精神强，始得." 曰:

會, 不是要臨時理會. 如水火, 人知其不可蹈, ▲30) 何曾▲31)錯去蹈水火▲32)? 若▲33)平時看得分明▲34), 卒然到面前, 須解斷制. ▲35)【義剛】

18:15 "積習旣多, 自當脫然有貫通處", 乃是零零碎碎湊合將來, 不知不覺, 自然醒悟. 其始固須用力, 及其得之也, 又卻不假用力. 此箇事不可欲速, "欲速則不達", 須是慢慢做去.【人傑】

18:16 ▲36)

18:17 行夫問: "明道言致知云: '夫人一身之中以至萬物之理, 理會得多, 自然有箇覺悟處.'" 曰: "一身之中是仁・義・禮・智, 惻隱・羞惡・辭遜・是非, 與▲37)視聽言動, 皆所當理會. 至若萬物之榮悴38) 與夫動植大小39), 這底是可以如何使, 那底是可以如何用, 車之可以

30) ▲: 自是不去蹈,
31) ▲: 有人
32) ▲: 來
33) ▲: 是
34) ▲: 時
35) ▲: 若理會不得時, 也須臨事時與盡心理會. 十分斷制不下, 則亦無奈何. 然亦豈可道曉不得後, 但聽他? 如今有十人, 須看他那箇好, 那箇不好. 好人也有做得不是, 不好人也有做得是底. 如有五件事, 看他處得那件是, 那件不是. 處得是, 又有曲折處, 而今人讀書, 全一例說好底, 固不是. 但取聖人書, 而以爲後世底皆不足信, 也不是. 如聖人之言, 自是純粹. 但後世人也有說得是底, 如漢 仲舒之徒. 說得是底還他是. 然也有不是處, 也自可見. 須是如此去窮, 方是. 但所謂格物, 也是格未曉底, 已自曉底又何用格? 如伊川所謂'今日格一件, 明日格一件', 也是說那難理會底."
36) ▲: 問: "自一身之中以至萬物之理, 理會得多, 自當豁然有箇覺處." 曰: "此一段, 尤其切要, 學者所當深究." 道夫曰: "自一身以至萬物之理, 則所謂'由中而外, 自近而遠, 秩然有序而不迫切'者." 曰: "然. 到得豁然處, 是非人力勉强而至者也." 【道夫】
37) ▲: 夫耳目手足
38) 悴: 成化本에서는 猝로 되어 있다.
39) 大小: 『朱子語類』에서는 小大로 되어 있다.

行陸, 舟之可以行水, 皆所當理會." 又問: "天地之[40]所以高深, 鬼神之所以幽顯." 曰: "公且說, 天是如[41]何獨[42]高? 蓋天只是氣, 非獨是高. ▲[43]今人在地上, ▲[44]只見如此高. 要之, 他連那地下亦是天. 天只管轉來旋去, 天大了, 故旋[45]得許多渣滓在中間. ▲[46] 地恁地大, ▲[47]只是▲[48]渣滓, 故厚而深. 鬼神之幽顯, ▲[49]是以鬼爲幽, 以神爲顯. 鬼者, 陰也, 神者, 陽也. 氣之屈者謂之鬼, 氣之只管恁地來者謂之神. '洋洋然如在其上', '焄蒿悽愴, 此百物之精也, 神之著也', 這便是那發生之精神. 神者是生底, 以至長大, 故見其顯, 便是氣之伸者. 今人謂人之死爲鬼, 是死後收斂, 無形無跡, 不可理會, 便是那氣之屈底." 道夫問: "橫渠所謂'二氣之良能', 良能便是那會屈伸底否?" 曰: "然."【道夫】

18:18 明道云: "窮理者, 非謂必盡窮天下之理, 又非謂止窮得一理便到. 但積累多後, 自當脫然有悟處." ▲[50] "今人務博者卻要盡窮天下之理, 務約者又謂'反身而誠', 則天下之物無不在我者, 皆不是. 如一百件事, 理會得五六十件了, 這三四十件雖未理會, 也大概是如此. 向來某在某處, 有訟田者, 契數十本, 中間一段作僞. 自崇寧·政和間, 至今不決. 將正契及公案藏匿, 皆不可考. 某只索四畔衆契比驗, 前後所斷情僞更不能逃者. 窮理亦只是如此."【淳】

---

40) 地之: 『小分』에서는 之地를 교정부호로 바로잡았다.
41) 是如: 『小分』에서는 如是를 교정부호로 바로잡았다.
42) 獨: 孝宗刊本·成化本에서는 後로 되어 있다.
43) ▲: 只
44) ▲: 便
45) 旋: 【頭註】"旋"作"包."
46) ▲: 世間無一箇物事恁地大. 故
47) ▲: 地
48) ▲: 氣之
49) ▲: 自今觀之, 他
50) ▲: 又曰: "自一身之中以至萬物之理, 理會得多, 自當豁然有箇覺處."

18:19 ▲[51)]

18:20 ▲[52)]問: "格物當窮究萬物之理令歸一, 如何?" 曰: "事事物物各自有理, 如何硬要捏合得? 只是才遇一事, 卽就一事究竟其理, 少間多了, 自然會貫通. 如一案有許多器用, 逐一理會▲[53)]便自見得▲[54)]案上合有底物事. 若是要看一件曉未得, 又去看一樣, 看那箇未了, 又看一樣, 到後一齊都曉不得. 如人讀書, 初未理會得, 卻不去究心理會. 問他『易』▲[55)]與『書』甚處相類. 問他『書』▲[56)]與『詩』甚處相類. 一齊都沒理會. ▲[57)]【賀孫】

18:21 問: "知至若論極盡處, 則聖賢亦未可謂之知至. 如孔子不能證夏・商之禮, 孟子未學諸侯喪禮, 與未詳周室班爵之制之類否?" 曰: "然. 如何要一切知得? ▲[58)] 然理會得已◇[59)]多. 萬一有插生一件差異底事來, 也都識得他破. 只是貫通, 便不知底亦通將去. 某舊來亦如此疑, 後來看程子說▲[60)] 方理會得."【僩】

18:22 ▲[61)] 如十事已窮得八九, 則其一二雖未窮得, 將來湊會, 都自見得. 又如四旁已窮得, 中央雖未窮得, 畢竟▲[62)]將來貫通, 自能見

51) ▲: 問: "窮理者非謂必盡窮天下之理, 又非謂止窮得一理便到, 但積累多後, 自當脫然有悟處." 曰: "程先生言語氣象自活, 與衆人不同."【道夫】

52) ▲: 器遠

53) ▲: 得, 少間

54) ▲: 都是

55) ▲: 如何, 便說中間說話

56) ▲: 如何, 便云

57) ▲: 所以程子說: '所謂窮理者, 非欲盡窮天下之理, 又非是止窮得一理便到. 但積累多後, 自當脫然有悟處.' 此語最親切."

58) ▲: 然知至只是到脫然貫通處, 雖未能事事知得,

59) ◇: 極

60) ▲: '格物非謂欲盡窮天下之物, 又非謂只窮得一理便到, 但積累多後自脫然有悟處.'

61) ▲: 問程子格物之說. 曰: "須合而觀之, 所謂'不必盡窮天下之物'者,

得. ▲[63] 若以爲一草一木亦皆有理, 今日又一一窮這草木是如何, 明日又一一窮這草木是如何, 則不勝其繁矣. 蓋當時也只是逐人告之如此."【夔孫】

18:23 問: "程子言: ▲[64] 但於一事[65]上窮盡, 其他可以類推.' ▲[66] 如何?" 曰: "旣是教類推, 不是窮盡一事便了. 且如孝, 盡得箇孝底道理, 故忠可移於君, 又須▲[67]盡得忠. 以至▲[68]兄弟・夫婦・朋友, 從此推之無不盡窮, 始得. 且如炭, 又有白底, 又有黑底. 只窮得黑, 不窮得白, 亦不得. ▲[69]【夔孫】

18:24 問: "伊川▲[70]云: '若一事上窮不得, 且別窮一事.' 竊謂致之爲言, 推[71]而致[72]之以至於盡也. 於窮不得處正當努力, 豈可遷延逃避▲[73]邪? ▲[74] 曰: "這是言隨人之量, 非曰遷延逃避也. 蓋於此處旣理會不得, 若專一守在這裏, 卻轉昏了. 須著別窮一事, 又或可以因此

62) ▲: 是在中間了,
63) ▲: 程子謂'但積累多後, 自當脫然有悟處', 此語最好.
64) ▲: '今日格一件, 明日格一件, 積習旣久, 自當脫然有貫通處.' 又言: '格物非謂盡窮天下之理,
65) 於一事: 『小分』에서는 一事於를 교정부호로 바로잡았다.
66) ▲: 二說
67) ▲: 去
68) ▲: 於
69) ▲: 且如水雖是冷而濕者, 然亦有許多樣, 只認冷濕一件也不是格. 但如今下手, 且須從近處做去. 若幽奧紛拏, 卻留向後面做. 所以先要讀書, 理會道理. 蓋先學得在這裏, 到臨時應事接物, 撞著便有用處. 且如火爐, 理會得一角了, 又須都理會得三角, 又須都理會得上下四邊, 方是物格. 若一處不通, 便非物格也." 又曰: "格物不可只理會文義, 須實下工夫格將去, 始得."
70) ▲: 論致知處
71) 推: 成化本에서는 雅로 되어 있다.
72) 致: 孝宗刊本・英祖刊本・成化本에서는 至로 되어 있다.
73) ▲: , 別窮一事
74) ▲: 至於所謂'但得一道而入, 則可以類推而通其餘矣.' 夫專心致志, 猶慮其未能盡知, 況敢望以其易而通其難者乎?"

而明彼也."【道夫】

18:25 問: "程子▲[75]說, 與『中庸』'弗得弗措'相發明否?" 曰: "看來有一樣底, 若'弗得弗措', 一向思量這箇, 少間便會擔閣了. 若謂窮一事不得, 便掉了別窮一事, 又輕忽了, 也不得. 程子爲見學者有恁地底, 不得已說此話."【夔孫】

18:26 仁甫問: "伊川說▲[76], 與延平[77]之說如何?" 曰: "這說自有一項難窮底事, 如造化・禮樂・度數等▲[78]卒急難曉, 只得且放住. 且如所說『春秋』書'元年春王正月', 這如何要窮曉得? 若使孔子復生, 也便未易理會在. 須是且就合理會易[79]所在理會. 延平說, 是窮理之要. 若平常遇事, 這一件理會未透, 又理會第二件, 第二件理會未得, 又理會第三件, 恁地終身不長進[80]."【賀孫】

18:27 陶安國問: "'千蹊萬徑, 皆可適國.' 國, 恐是譬理之一源處. 不知從一事上便可窮得到一源處否?" 曰: "也未解便如此, 只要以類而推. 理固是一理, 然其間曲折甚多, 須是把這箇做樣子, 卻從這裏推去, 始得. 且如事親, 固當盡其事之之道, 若得於親時是如何, 不得於親時又當如何. 以此而推之於事君, 則知得於君時是如何, 不得於君時又當如何. 推以事長, 亦是如此. 自此推去, 莫不皆然."【時舉】

18:28 ▲[81] "萬物皆有此理, 理皆同出一原. 但所居之位不同, 則其理之用不一. 如爲君須仁, 爲臣須敬, 爲子須孝, 爲父須慈. 物物各具

---

75) ▲: '若一事上窮不得, 且別窮一事'之
76) ▲: '若一事窮不得, 須別窮一事'
77) 延平: 徽州本에서는 이 뒤에 李先生이 더 있다.
78) ▲: 事, 是
79) 易: 賀本에서는 底로 되어 있다.
80) 長進: 『小分』에서는 進長을 교정부호로 바로잡았다.
81) ▲: 德元問: "萬物各具一理, 而萬理同出一原." 曰:

此理, 而物物各異其用, 然莫非一理之流行也. ▲[82]◇[83]

18:29 ▲[84] "近而一身之中, 遠而八荒之外, 微而一草一木之衆, 莫不各具此理. 如[85]此四人在坐, 各有這箇道理, 某不用假借於公, 公不用求於某, 仲思與廷秀亦不用自相假借. 然雖各自有一箇理, 又卻同出於一箇理[86]爾. 如排數器水相似, 這盂也是這樣水, 那盂也是這樣水, 各各滿足, 不待求假於外. 然打破放裏, 卻也只是箇水. 此所以可推而無不通也. 所以謂格得多後自能貫通者, 只爲是一理. ▲[87]【道夫】

18:30 ▲[88] "一箇一般道理, 只是一箇道理. 恰如天上下雨. 大窩窟便有大窩窟水, 小窩窟便有小窩窟水, 木上◇[89]有木上水, 草上便有草上水. 隨處各別, 只是一般水."【胡泳】

18:31 ▲[90]"物必有理, 皆所當窮"云云. 曰: "此處是緊切. 學者須當知夫天如何而能高, 地如何而能厚, 鬼神如何而爲幽顯, 山岳如何而能融結, 這方是格物."【道夫】

18:32 問: "'觀物察己, 還因見物反求諸己.' 此說亦是. 程子非之, 何

---

82) ▲: 聖人所以'窮理盡性而至於命', 凡世間所有之物, 莫不窮極其理, 所以處置得物物各得其所, 無一事一物不得其宜. 除是無此物, 方無此理, 旣有此物, 聖人無有不盡其理者. 所謂'惟至誠贊天地之化育, 則可與天地參者也.'"

83) ◇: 【僩】

84) ▲: 行夫問: "萬物各具一理, 而萬理同出一源, 此所以可推而無不通也." 曰:

85) 理. 如: 『小分』에서는 如理를 교정부호로 바로잡았다.

86) 箇理: 『小分』에서는 理箇를 교정부호로 바로잡았다.

87) ▲: 釋氏云: '一月普現一切水, 一切水月一月攝.' 這是那釋氏也窺見得這些道理. 濂溪『通書』只是說這一事."

88) ▲: 或問: '萬物各具一理, 萬理同出一原." 曰:

89) ◇: 便

90) ▲: 又問

也?" 曰: "這理是天下公共之理, 人人都一般, 初無物我之分. 不可道我是一般道理, 人又是一般道理. 將來相比, 如赤子入井, 皆有怵惕. 知得人有此心, 便知自家亦有此心, 更不消比並自知."【寓】

18:33 格物·致知, 彼我相對而言耳. 格物所以致知. 於這一物上窮得一分之理, 卽我之知亦知得一分, 於物之理窮二分, 卽我之知亦知得二分, 於物之理窮得愈多, 則我之知愈廣. 其實只是一理, "才明彼, 卽曉此." 所以『大學』說"致知在格物", 又不說"欲致其知者在格◇[91]物." 蓋致知便在格物中, 非格之外別有致處也. 又曰: "格物之理, 所以致我之知."【僩】

18:34 ▲[92] "天地之所以高厚, 一物之所以然▲[93]." 只是擧其至大與其至細者, 言學者之窮理, 無一物而在所遺也. ▲[94]【端蒙】

18:35 問"致知之要當知至善之所在"云云. 曰: "天下之理, 偪塞滿前, 耳之所聞, 目之所見, 無非物也, 若之何而窮之哉? 須當察之於心, 使此心之理旣明, 然後於物之所在從而察之, 則不至於汎濫矣."【道夫】

18:36 ▲[95]

18:37 ▲[96]

---

91) ◇: 其

92) ▲: 程子云:

93) ▲: , 學者皆當理會

94) ▲: 至於言"講明經義, 論古今人物及應接事物", 則上所言亦在其中矣. 但天地高厚, 則資次未到這裏, 亦未易知爾.

95) ▲: 周問: "程子謂'一草一木, 皆所當窮.' 又謂'恐如大軍遊騎, 出太遠而無所歸.' 何也?" 曰: "便是此等語說得好, 平正, 不向一邊去."【淳】

96) ▲: 問: "程子謂'如大軍遊騎無所歸', 莫只是要切己看否?" 曰: "只要從近去."【士毅】

18:38 ▲[97)]

18:39 ▲[98)]

18:40 “『或問』格物▲[99)]太煩.” 曰: “若只此聯纏說, 濟得自家甚事. 某最怕人如此. 人心是箇神明不測物事, ▲[100)]合是如何理會? 這耳目鼻口手足, 合是如何安頓? 如父子君臣夫婦朋友, 合是如何區處? 就切近處, 且逐旋理會. 程先生謂: ‘一艸[101)]一木亦皆有理, 不可不察.’ 又曰: ‘徒欲汎然觀萬物之理, 恐如大軍之遊騎, 出太遠而無所歸.’ 又曰: ‘格物莫若察之於身, 其得尤切.’ 莫急於教人, 然且就身上理會. 凡纖悉細大, 固著逐一理會. 然更看自家力量了得底如何.”【寓】

18:41 ▲[102)]

18:42 ▲[103)] “前旣說當察物理, 不可專在性情, 此又言莫若得之於身爲尤切, 皆是互相發處.”【道夫】

---

97) ▲: 且窮實理, 令有切己工夫. 若只泛窮天下萬物之理, 不務切己, 卽是『遺書』所謂“遊騎無所歸”矣.【德明】

98) ▲: 問: “格物, 莫是天下之事皆當理會, 然後方可?” 曰: “不必如此. 聖人正怕人如此. 聖人云: ‘吾少也賤, 故多能鄙事.’ 又云: ‘君子多乎哉? 不多也.’ 又云: ‘多聞, 擇其善者而從之, 多見而識之, 知之次也.’ 聖人恐人走作這心無所歸著. 故程子云: ‘如大軍之遊騎, 出太遠而無所歸也.’”【卓】

99) ▲: 問得

100) ▲: 今

101) 艸: 『朱子語類』에서는 草로 되어 있다.

102) ▲: 問: “格物雖是格天下萬物之理, 天地之高深, 鬼神之幽顯, 微而至於一草一木之間, 物物皆格, 然後可也, 然而用工之始, 伊川所謂‘莫若察之吾身者爲急.’ 不知一身之中, 當如何用力, 莫亦隨事而致察否?” 曰: “次第亦是如此. 但如今且從頭做將去. 若初學, 又如何便去討天地高深・鬼神幽顯得? 且如人說一件事, 明日得工夫時, 也便去做了. 逐一件理會去, 久之自然貫通. 但除了不是當閒底物事, 皆當格也.” 又曰: “物旣格, 則知自至.”【履孫】

103) ▲: 問“格物莫若察之於身, 其得之尤切.” 曰:

18:43 問“▲[104]立誠意以格之.” 曰: “▲[105] 只是朴實下工夫[106], 與經文‘誠意’之說不同.”【道夫】

18:44 ▲[107]

18:45 ▲[108]

18:46 誠意不立, 如何能格物? 所謂立誠意者, 只是要著實下工夫, 不要若存若亡. 遇一物, 須是眞箇卽此一物究極得箇道理了, 方可言格. 若‘物格而后知至, 知至而后意誠’,『大學』蓋言其所止之序, 其始則必在於立誠.【佐】

18:47 問: “『中庸』言自明而誠, 今先生教人以誠格物, 何故?” 曰: “誠只是一箇誠, 只爭箇緩頰[109].”【去僞】

18:48 ▲[110]

18:49 ▲[111] 致知, 是主善而師之也, 敬, 是克一而協之也.【伯羽】

18:50 敬則心存, 心存, 則理具於此而得失可驗, 故曰: “未有致知而不在敬者.”【道夫】

---

104) ▲: 格物窮理, 但
105) ▲: 立誠意,
106) 下工夫: 『小分』에서는 工夫下를 교정부호로 바로잡았다.
107) ▲: 問“立誠意以格之.” 曰: “此‘誠’字說較淺, 未說到深處, 只是確定【徐錄作“堅確”.】其志, 樸實去做工夫, 如胡氏‘立志以定其本’, 便是此意.”【淳 ○寓同.】
108) ▲: 李德之問“立誠意以格之”. 曰: “這箇誠意, 只是要著實用力, 所以下‘立’字.”【蓋卿】
109) 頰: 成化本에서는 頓으로 되어 있다.
110) ▲: 問“入道莫如敬, 未有致知而不在敬者.” 曰: “敬則此心惺惺.”【道夫】
111) ▲: 伊川謂: “學莫先於致知, 未有致知而不在敬者.”

18:51 ▲[112]亦須格物, 不使一毫私欲得以爲之蔽, 然後胸次方得虛明. 只一箇持敬, 也易得做病. 若只持敬, 不時時提撕著, 亦易以昏困. 須是提撕, 才見有私欲底意思來, 便屛去. 且謹守著, 到得復來, 又屛去. 時時提撕, 私意當自[113]去也."【德明】

18:52 ▲[114]

18:53 問: "春間所論致知格物, 便見得一箇是非, 工夫有依據. 秋間卻以爲太迫切, 何也?" 曰: "看來亦有病, 侵過了正心·誠意地步多. 只是一'敬'字好. 伊川只說敬, 又所論格物·致知, 多是讀書講學, 不專如春間所論偏在一邊. 今若只理會正心·誠意, 【他[115]錄作"四端情性[116]".】. 卻有局促之病, 只說致知·格物, 【他[117]錄作"讀書講學", 一作"博窮衆理".】 又卻似汎濫. 古人語言自是周浹. 兼[118]今日學者所謂格物, 卻無一箇端緖, 只似尋物去格. 如齊 宣王因見牛而發不忍之心, 此蓋端緖也, 便就此擴充, 直到無一物不被其澤, 方是. 致與格, 只是推致窮格到盡處. 凡人各有箇見識, 不可謂他全不知. 如'孩提之童, 無不知愛其親, 及其長也, 無不知敬其兄', 以至善惡是非之際, 亦甚分曉. 但不推致充廣, 故其見識終只如此. 須是因此端緖從而窮格之. 未見端倪發見之時, 且得恭敬涵養, 有箇端倪發見, 直是窮格去. 亦不是鑿空尋事物去格也." 又曰: "涵養於未發見之先, 窮格於已發見之後."

---

112) ▲: 問: "程子云: '未有致知而不在敬者.' 蓋敬則胸次虛明, 然後能格物而判其是非." 曰: "雖是如此, 然

113) 當自: 賀本에서는 自當으로 되어 있다. 『小分』에서는 自當을 교정부호로 바로잡았다.

114) ▲: 問: "春間幸聞格物之論, 謂事至物來, 便格取一箇是非, 覺有下手處." 曰: "春間說得亦太迫切. 只是伊川說得好." 問: "如何迫切?" 曰: "取效太速, 相次易生出病. 伊川教人只說敬, 敬則便自見得一箇是非."【德明】

115) 他: 『朱子語類』에서는 池로 되어 있다.

116) 情性: 『小分』에서는 性情을 교정부호로 바로잡았다.

117) 他: 『朱子語類』에서는 池로 되어 있다.

118) 兼: 賀本에서는 若으로 되어 있다.

【德明】

18:54 ▲[119)]

18:55 ▲[120)]

18:56 問: "程先生所說, 格物之要, ▲[121)]以誠敬爲主. 胡氏說致知·格物, 又要'立志以定其本', 如何?" 曰: "此程先生誠[122)]得爲人切處. 古人由小便學來如, '視無誑', ▲[123)]'洒埽·應對·進退', 皆是少年從小學, 教他都是誠敬. 今人小學都不曾去學, 卻欲便從大學做去. 且如今格一物, 若自家不誠不敬,【誠是不欺不妄, 敬是無怠慢放蕩.】 纔格不到, 便棄了, 又如何了得? 工夫如何成得?" 又云: "程先生▲[124)]'主一之謂敬.' 此理又深." 又說: "今人所作所爲, 皆緣是不去立志. 若志不立, 又如何去學, 又如何去致知·格物中做得事. 立志之說甚好. 非止爲讀書說, 一切之事皆要立志."【椿】

18:57 ▲[125)]

18:58 ▲[126)]問: "▲[127)] 涵養▲[128)]在致知之先?" 曰: "涵養是合下在

---

119) ▲: 問: "格物, 敬爲主, 如何?" 曰: "敬者, 徹上徹下工夫."【祖道】

120) ▲: 問: "格物, 或問論之已詳. 不必分大小先後, 但是以敬爲本後, 遇在面前底便格否?" 曰: "是. 但也須是從近處格將去."【義剛】

121) ▲: 在

122) 誠: 『朱子語類』에서는 說로 되어 있다.

123) ▲: 如

124) ▲: 云:

125) ▲: 問"涵養須用敬, 進學則在致知." 曰: "二者偏廢不得. 致知須用涵養, 涵養必用致知."【道夫】

126) ▲: 任道弟

127) ▲: 『或問』,

128) ▲: 又

先. 古人從小以敬涵養, 父兄▲[129]漸敎之讀書, 識義理. 今若說待涵養了方去理會致知, 也無期限. 須是兩下用工, 也▲[130] 因言"此心至靈, 細入毫芒纖芥之間, 便知便覺, 六合之大, 莫不在此. 又如古初去今是幾千萬年, 若此念才[131]發, 便到那裏, 下面[132]方來又不知是幾千萬年, 若此念才發, 便▲[133]到那裏. 這箇神明不測, ▲[134]人莫不有此心, ▲[135]但知有利欲, 被利欲將這箇心包了. ▲[136]【賀孫 ▲[137]】

18:59 ▲[138] 事到面前, 須與他分別去. 到得無事, 又且持敬. 看自家這裏敬與不敬如何, 若是不敬底意思來, 便與屛徹去. 久之, 私欲自留不得. 且要切己做工夫. ▲[139]如今一坐之頃, 便有許多語話, 豈不是動? 才不語話, 便是靜. 一動一靜, 循環無已, 便就此窮格, 無有空闕時, 不可作二事看. 某向時亦曾說, 未有事時且涵養, 到得有事卻將此去應物, 卻成兩截事. 今只如此◇[140]格物, 便只是◇[141]事. 且如'言忠信, 行篤敬', 只見得言行合如此, 下一句'蠻貊之邦行矣', 便未須理

---

129) ▲: 漸
130) ▲: 著涵養, 也著致知. 伊川多說敬, 敬則此心不放, 事事皆從此做去."
131) 才: 【頭註】 二'才'皆作'纔.'
132) 面: 成化本에서는 而로 되어 있다.
133) ▲: 也
134) ▲: 至虛至靈, 是甚次第? 然
135) ▲: 多是
136) ▲: 起居動作, 只是有甚可喜物事, 有甚可好物事, 一念才動, 便是這箇物事."
137) ▲: 廣錄云: "或問存養·致知先後. 曰: '程先生謂: "存養須是敬, 進學則在致知." 又曰: "未有致知而不在敬者." 蓋古人才生下兒子, 便有存養他底道理. 父兄漸漸敎他讀書, 識義理. 今人先欠了此一段, 故學者先須存養. 然存養便當去窮理. 若說道, 俟我存養得, 卻去窮理, 則無期矣. 因言人心至靈, 雖千萬里之遠, 千百世之上, 一念才發, 便到那裏. 神妙如此, 卻不去養他, 自旦至暮, 只管展轉於利欲中, 都不知覺.'"
138) ▲: 問竇: "看格物之義如何?" 曰: "須先涵養淸明, 然後能格物." 曰: "亦不必專執此說.
139) ▲: 且
140) ◇: 一 *『朱子語類』에는 없다.
141) ◇: 一

會. 及其久也, 只見得合如此言, 合如此行, 亦不知其爲忠信篤敬如何, 而忠信篤敬自在裏許, 方好."【德明 ○從周錄云: "先生問: '如何理會致知・格物?' 曰: '涵養主一之義, 使心地虛明, 物來當自知未然之理.' 曰: '恁地則兩截了.'"】

18:60 ▲[142)]

18:61 行夫問"致知在乎所養, 養知莫過於寡欲." 曰: "二者自是箇兩頭說話, 本若無相干. 但得其道, 則交相爲養, 失其道, 則交相爲害."【道夫】

18:62 ▲[143)]

18:63 ▲[144)] 致知者, 推致其知識而至於盡也. 將致知者, 必先有以養其知. 有以養之, 則所見益明, 所得益固. 欲養其知者, 惟寡欲而已矣. 欲寡, 則無紛擾之雜[145)], 而知益明矣, 無變遷之患, 而得益固矣.【直卿 ○端蒙】

18:64 ▲[146)]

18:65 問: "暢潛道記一篇, 多有不是處, 如說格物數段. 如云'思欲格

---

142) ▲: 又問"致知在乎所養, 養知莫過於寡欲." 道夫云: "'養知莫過於寡欲', 此句最爲緊切." 曰: "便是這話難說, 又須是格物方得. 若一向靠著寡欲, 又不得."【道夫】

143) ▲: 楊子順問: "'養知莫過於寡欲', 是旣知後, 便如此養否?" 曰: "此不分先後. 未知之前, 若不養之, 此知如何發得. 旣知之後, 若不養, 則又差了."【淳 ○寓同.】

144) ▲: "致知在乎所養, 養知莫過於寡欲"二句.

145) 雜: 成化本에는 없다.

146) ▲: 『遺書』「晁氏客語」卷中, 張思叔記程先生語云"思欲格物, 則固已近道"一段甚好, 當收入近思錄.【僩】

物, 則固已近道', 言皆緩慢." 曰: "它不合作文章, 意思亦是, 只是走作." 又問: "如云'可以意得, 不可以言傳', 此乃學佛之過. 下一段云'因物有遷'數語, 似得之." 曰: "然." 先生擧一段云: "極好."【記夜氣.】又問: "它把致知爲本, 亦未是." 曰: "他便把終始本末作一事了."【可學】

18:66 ▲[147)]

18:67 ▲[148)]

18:68 ▲[149)]

18:69 ▲[150)]

18:70 "致知"一章, 此是『大學』最初下手[151)]處. 若理會得透徹, 後面便容易. 故程子此處說得節目最多, 皆是因人之資質▲[152)]. 雖若不同, 其實一也. 見▲[153)]敏者, 太去理會外事, 則敎之▲[154)]去父慈・子孝處

147) ▲: 問: "看「致知說」如何?" 曰: "程子說得確實平易, 讀著意味愈長." 先生曰: "且是敎人有下手處."【道夫】

148) ▲: 問『大學』致知・格物之方. 曰: "程子與門人言亦不同. 或告之讀書窮理, 或告之就事物上體察."【炎】

149) ▲: 先生旣爲道夫讀程子「致知說」, 復曰: "'格物'一章, 正『大學』之頭首, 宜熟復, 將程先生說更逐段硏究. 大抵程先生說與其門人說, 大體不同. 不知當時諸公身親聞之, 卻因甚恁地差了."【道夫】

150) ▲: 問: "兩日看何書?" 對: "看『或問』'致知'一段, 猶未了." 曰: "此是最初下手處, 理會得此一章分明, 後面便容易. 程子於此段節目甚多, 皆是因人資質說, 故有說向外處, 有說向內處. 要知學者用功, 六分內面, 四分外面便好, 一半已難, 若六分外面, 則尤不可. 今有一等人甚明, 且於道理亦分曉, 卻只恁地者, 只是向外做工夫."【士毅 ○ 廣錄詳.】

151) 下手: 『小分』에서는 手下를 교정부호로 바로잡았다.

152) ▲: 耳

153) ▲: 人之

154) ▲: 使

理會, ▲155) 若是人專▲156)去裏面理會, 則敎之▲157)一草一木, 亦皆有理." 要之, 內事外事, 皆是自己合當理會底, 但須是六七分去裏面理會, 三四分去外面理會方可. 若是工夫中半時, 已自不可. 況在外工夫多, 在內工夫少耶? 此尤不可也.【廣】

18:71 ▲158)問程子致知·格物之說不同. 曰: "當時答問, 各就其人而言之. 今須是合就許多不同處, 來看作一意爲佳. ▲159) 聖賢於難處之事, 只以數語盡其曲折, 後人皆不能易者, 以其於此理素明故也." 又云: "所謂格物者, 常人於此理, 或能知一二分, 卽其一二分之所知者推之, 直要推到十分, 窮得來無去處, 方是格物."【人傑】

18:72 ▲160) 如初間說知覺及誠敬, 固不可不勉. 然'天下之理, 必先知之而後有以行之', 這許多說不可不格物·致知. 中間說物物當格, 及反之吾身之說, 卻是指出格物箇地頭如此." 又云: "此項兼兩意, 又見節次格處. 自'立誠意以格之'以下, 卻是做工夫合如此." 又云: "用誠敬涵養爲格物致知之本."【賀孫】

18:73 ▲161) 須存得此心, 卻逐節子思索, 自然有箇覺處, 如諺所謂'冷灰裏豆爆.'"【季札】

---

155) ▲: 曰: "若不務此, 而徒欲汎然以觀萬物之理, 則吾恐其如大軍之遊騎, 出太遠而無所歸."

156) ▲: 只

157) ▲: 以"求之情性, 固切於身, 然

158) ▲: 或

159) ▲: 且如旣言'不必盡窮天下之物', 又云'一草一木亦皆有理.' 今若於一草一木上理會, 有甚了期. 但其間有'積習多後自當脫然有貫通處'者爲切當耳. 今以十事言之, 若理會得七八件, 則那兩三件觸類可通. 若四旁都理會得, 則中間所未通者, 其道理亦是如此. 蓋長短大小, 自有準則. 如忽然遇一件事來時, 必知某事合如此, 某事合如彼, 則此方來之事亦有可見者矣.

160) ▲: 問: "伊川說格物·致知許多項, 當如何看?" 曰: "說得已自分曉.

161) ▲: 問: "程子謂致知節目如何?" 曰: "如此理會也未可.

18:74 ▲[162] "外物亦是物. 格物當從伊川之說, 不可易. 洒埽應對中, 要見得精義入神處, 如何分內外?"【浩】

18:75 先生問[163]: "公讀『大學』了, 如何是'致知·格物'?" 說不當意. ▲[164] '格物'一章, 前面說許多, 便是藥料. 它自有箇炮爁炙煿道理, 這藥方可合, 若不識箇炮爁炙煿道理, 如何合得藥? 藥方亦爲無用[165]." 次日稟云: "夜來蒙擧藥方爲喩, 退而深思, 因悟致知·格物之旨. 『或問』首敍程夫子之說, 中間條陳始末, 反覆甚備, 末後又擧延平之敎. 千言萬語, 只是欲學者此心常在道理上窮究. 若此心不在道理上窮究, 則心自心, 理自理, 邈然更不相干. 所謂道理者, 卽程夫子與先生已說了. ▲[166] 先生『或問』中間一段'求之文字, 索之講論, 考之事爲, 察之念慮'等事, 皆是也. 旣是如此窮究, 則仁之愛, 義之宜, 禮之理, 智之通, 皆在此矣. 推而及於身之所用, 則聽聰, 視明, 貌恭, 言從. 又至於身之所接, 則父[167]子之親, 君臣之義, 夫婦之別, 長幼之序, 朋友之信, 以至天之所以高, 地之所以厚, 鬼神之所以幽顯, 又至草木鳥獸, 一事一物, 莫不皆有一定之理. 今日明日積累旣多, 則胸中自然貫通. 如此則心卽理, 理卽心, 動容周旋, 無不中理矣. 先生所謂'衆理之精粗無不到'者, 詣其極而無餘之謂也, '吾心之光明照察無不周'者, 全體大用無不明, 隨所詣而無不盡之謂. 『書』之所謂睿, 董子之所謂明, 伊川之所謂說虎者之眞知, 皆是. 此謂格物, 此謂知之至也." 先生曰: "是如此."【泳】

---

162) ▲: 問: "二程說格物, 謂當從物物上格之, 窮極物理之謂也. 或謂格物不當從外物上留意, 特在吾一身之內, 是'有物必有則'之謂, 如何?" 曰:
163) 先生問: 徽州本에서는 侍坐, 先生問으로 되어 있다.
164) ▲: 先生曰: "看文字, 須看他緊要處. 且如大段落, 自有箇緊要處, 正要人看. 如作一篇詩, 亦自有箇緊要處.
165) 藥方亦爲無用: 徽州本에서는 이 뒤에 且將此意歸安下處思量來, 早來說이 더 있다.
166) ▲: 試問如何是窮究?
167) 父: 『小分』에서는 夫를 父로 고쳤다.【頭註】父

18:76 ▲168)

「然則吾子之意亦可得而悉聞一段」

18:77 問: "天道流行, 發育萬物, 人物之生, 莫不得其所以生者以爲一身之主, 是此性隨所生處便在否?" 曰: "一物各具一太極." 問: "此生之道, 其實也是仁義禮智信?" 曰: "只是一箇道理, 界破看, 以一歲言之, 有春夏秋冬, 以乾言之, 有元亨利貞, 以一月言之, 有晦朔弦望, 以一日言之, 有旦晝暮夜."【節】

18:78 ▲169)

18:79 ▲170) "某之意, 只是說欲致其知者, 須先存得此心. 此心旣存, 卻看這箇道理是如何. 又推之於身, 又推之於物, 只管一層展開一層, 又見得許多道理." ▲171) "如'足容重, 手容恭, 目容端, 口容止, 聲容靜, 頭容直, 氣容肅, 立容德, 色容莊', 這便是一身之則所當然者. 曲禮三百, 威儀三千, 皆是人所合當做而不得不然者, 非是聖人安排這物事約束人. 如「洪範」亦曰'貌曰恭, 言曰從, 視曰明, 聽曰聰, 思曰睿', 以至於'睿作聖.' 夫子亦謂'君子有九思', 此皆人之所不可已者."【道夫】

---

168) ▲: 蜚卿問: "誠敬寡欲以立其本, 如何?" 曰: "但將不誠處看, 便見得誠, 將不敬處看, 便見得敬, 將多欲來看, 便見得寡欲."【道夫】

169) ▲: 問: "『或問』中謂'口鼻耳目四肢之用', 是如何?" 曰: "'貌曰恭, 言曰從', 視明, 聽聰." 又問: "'君臣・父子・夫婦・長幼・朋友之常', 如何?" 曰: "事君忠, 事親孝."【節】

170) ▲: 問由中而外, 自近而遠. 曰:

171) ▲: 又曰:

18:80 ▲[172)]

18:81 ▲[173)]

18:82 德元問: "▲[174)]秉彝▲[175)]降衷一段, 其名雖異, 要之皆是一理." 曰: "誠是一理, 豈可無分別? ▲[176)] '衷'字, 看來只是箇無過不及, 恰好底道理[177)]. 天之生人物, 箇箇有一副當恰好・無過不及底道理降與你. 與程子所謂天然自有之中, 劉子所謂民受天地之中相似, 與『詩』所謂秉彝, 張子所謂萬物之一原又不同. 須各曉其名字訓義之所以異, 方見其所謂同.【一云: "若說降衷便是秉彝, 則不可. 若說便是萬物一原, 則又不可. 萬物一原, 自說萬物皆出此也. 若統論道理, 固是一般, 聖賢何故說許多名字?"】 衷, 只是中, 今人言折衷【去聲】者, 以中爲準則而取正也. '天生烝民, 有物有則', '則'字卻似'衷'字. 天之生此物, 必有箇當然之則, 故民執之以爲常道, 所以無不好此懿德. 物物有則, ▲[178)]他裏面好處. 如一爐火, 四人四面同向此火, 火固只一般, 然四面各不同. 若說我只認曉得這是一堆火便了, 這便不得, 他裏面玲瓏好處無由見. 如'降衷于下民', 這緊要▲[179)]在'降'字上. 故自天而言, 則謂之降衷, 自

---

172) ▲: 問"上帝降衷." 曰"衷, 只是中也." 又曰: "是恰好處. 如折衷, 是折兩者之半而取中之義."【卓】

173) ▲: 陶安國問: "'降衷'之'衷'與'受中'之'中', 二字義如何?" 曰: "『左氏』云: '始終而衷舉之.' 又曰: '衷甲以見.' 看此'衷'字義, 本是'衷甲以見'之義, 爲其在裏而當中也. 然'中'字大概因過不及而立名, 如'六藝折衷於夫子', 蓋是折兩頭而取其中之義. 後人以衷爲善, 卻說得未親切."【銖】

174) ▲: 『詩』所謂

175) ▲: , 『書』所謂

176) ▲: 且如何謂之降衷?" 曰: "衷是善也." 曰: "若然, 何不言降善而言降衷?

177) 恰好底道理: 徽州本에서는 이 앞에 之中是个가 더 있다.

178) ▲: 蓋君有君之則, 臣有臣之則: '爲人君, 止於仁', 君之則也, '爲人臣, 止於敬', 臣之則也. 如耳有耳之則, 目有目之則: '視遠惟明', 目之則也, '聽德惟聰', 耳之則也. '從作乂', 言之則也, '恭作肅', 貌之則也. 四肢百骸, 萬物萬事, 莫不各有當然之則, 子細推之, 皆可見." 又曰: "凡看道理, 須是細心看他名義分位之不同. 通天下固同此一理, 然聖賢所說有許多般樣, 須是一一通曉分別得出, 始得. 若只儱侗說了, 盡不見

人受此衷而言, 則謂之性. ▲180) 緣各據他來處與所受處而言也. ▲181) 劉用之曰: "'衷'字是兼心說, 如云衷誠, 丹衷是也, 言天與我以是心也." 曰: "恁地說不得. 心・性固只一理, 然自有合而言處, 又有析而言處. 須知其所以析, 又知其所以合, 乃可. 然謂性便是心, 則不可, 謂心便是性, 亦不可. 孟子曰: '盡其心, 知其性', 又曰: '存其心, 養其性.' 聖賢說話自有分別, 何嘗如此儱侗不分曉? 固有儱侗一統說時, 然名義各自不同. 心・性之別, 如以碗盛水, 水須碗乃能盛, 然謂碗便是水, 則不可. 後來橫渠說得極精, 云: '心統性・情者也.' 如'降衷'之'衷'同是此理. 然此字但可施於天之所降而言, 不可施於人之所受而言也."【僩 ○池錄作二段.】

18:83 ▲182)

18:84 ▲183)問: "▲184)天地之中, 卽周子所謂太極否?" 曰: "只一般, 但名不同. ▲185) 極不是中, 極之爲物, 只是在中. 如這燭臺, 中央簪處便是極. 從這裏比到那裏, 也恰好, 不曾加些, 從那裏比到這裏, 也洽186)好, 不曾減些."【寓】

---

179) ▲: 字卻
180) ▲: 如云'天所賦爲命, 物所受爲性', 命, 便是那'降'字, 至物所受, 則謂之性, 而不謂之衷. 所以不同,
181) ▲: '惟皇上帝降衷于下民', 此據天之所與物者而言. '若有常性', 是據民之所受者而言. '克綏厥猷', 猷卽道, 道者性之發用處, 能安其道者惟后也. 如'天命之謂性, 率性之謂道, 修道之謂教'三句, 亦是如此. 古人說得道理如此縝密, 處處皆合. 今人心粗, 如何看得出. 佛氏云: '如來爲一大事因緣故出現於世.' 某嘗說, 古之諸聖人亦是爲此一大事也. 前聖後聖, 心心一符, 如印記相合, 無纖毫不似處."
182) ▲: 天降衷者, 衷降此. 以降言, 爲命, 以受言, 爲性.【節】
183) ▲: 陳
184) ▲: 劉子所謂
185) ▲: 中, 只是恰好處. 上帝降衷, 亦是恰好處.
186) 洽: 『朱子語類』에서는 恰으로 되어 있다.

18:85 ▲187)

18:86 ▲188) “天地之中, 是未發之中, 天然自有之中, 是時中.” ▲189)【閎祖】

18:87 問: “以其理之一, 故於物無不能知, 以其稟之異, 故於理或不能知.” 曰: “氣稟之偏者, 自不求所以知. 若或有這心要求, 便卽在這裏. 緣本來箇仁義禮智, 人人同有, 只被氣稟物欲遮了. 然這箇理未嘗亡, 才求便得.” 又曰: “這箇便是難說. 喚做難, 又不得, 喚做易, 又不得. ▲190) 自堯·舜·禹·湯·文·武·周·孔以後, 如何更無一箇人與相似? 喚做難, 又才知覺, 這箇理又便在這裏. 這箇便須是要子細講究, 須端的知得, 做將去自容易. 若不知得, 雖然恁地把捉在這裏, 今夜捉住, 明朝又不見了, 明朝捉住, 後日又不見了. 若知得到, 許多蔽翳都沒了. 如氣稟物欲一齊打破, 便日日朝朝, 只恁地穩穩做到聖人地位.”【賀孫】

18:88 問“▲191) 知有未至, 是氣稟·私欲所累.” 曰: “是被這兩箇阻障了, 所以知識不明, 見得道理不分曉. 聖人所以將格物·致知教學者, 只是要教你理會得這箇道理, 便不錯. 一事上皆有一箇理. 當處事時, 便思量體認得分明. 久而思得熟, 只見理而不見事了. 如讀聖人言語, 讀時研窮子細, 認得這言語中有一箇道理在裏面分明. 久而思得熟, 只見理而不見聖人言語. 不然, 只是冥行, 都顚倒錯亂了. ▲192)

187) ▲: 問: “天地之中與程子天然自有之中, 是一意否?” 曰: “只是一意, 蓋指大本之中也. 此處『中庸』說得甚分明, 他日自考之.”【銖】

188) ▲: 問: “天地之中, 天然自有之中, 同否?” 曰:

189) ▲: 曰: “然則天地之中是指道體, 天然自有之中是指事物之理?” 曰: “然.”

190) ▲: 喚做易時, 如何

191) ▲: 『或問』中云,

192) ▲: 且如漢 高帝做事, 亦有合理處, 如寬仁大度, 約法三章, 豈不是合理處甚多. 有功諸將, 嫚罵待他, 都無禮數, 所以今日一人叛, 明日一人叛, 以至以愛惡易

"氣稟物欲亦自相連著. 且如人稟得性急, 於事上所欲必急, 擧此一端, 可以類推." 又曰: "氣稟・物欲生來便有, 要無不得, 只逐旋自去理會消磨. 大要只是觀得理分明, 便勝得他."【明作】

18:89 問: "'▲193)考之事爲之著, ▲194)察之念慮之微.' ▲195)如何?" 曰: "固是都相關, 然也有做在外底, 也有念慮方動底. 念慮方動, 便須辨别那箇是正, 那箇是不正. 這只就始末上大約如此說." 問: "只就著與微上看?" 曰: "有箇顯, 有箇微." ▲196) "只是眼前切近起居飮食, 君臣・父子・兄弟・夫婦・朋友處, 便是這道理. 只就近處行到熟處, 見得自高. ▲197) 聖人便只說'下學上達', 卽這箇便是道理, 别更那有道理. 只是這箇熟處, 自見精微." 又曰: "'堯・舜之道, 孝弟而已矣.' 亦只是就近處做得熟, 便是堯・舜. 聖人與庸凡之分, 只是箇熟與不熟. 庖丁解牛, 莫不中節. 古之善書者亦造神妙."【賀孫】

18:90 問: "▲198) '天地鬼神之變, 鳥獸草木之宜, 莫不有以見其所當

太子. 如此全錯, 更無些子道理, 前後恰似兩人, 此只是不曾眞箇見得道理合如此做. 中理底, 是他天資高明, 偶然合得, 不中理處多, 亦無足怪. 只此一端, 推了古今靑史人物, 都只是如此. 所以聖人敎學者理會道理, 要他眞箇見得了, 方能做得件件合道理. 今日格一件, 明日格一件. 遇事時, 把捉敎心定, 子細體認, 逐旋捱將去, 不要放過. 積累功夫, 日久自然見這道理分曉, 便處事不錯, 此與偶合者天淵不同." 問去私欲・氣稟之累. 曰: "只得逐旋戰退去. 若要合下便做一次排遣, 無此理, 亦不濟得事. 須是當事時子細思量, 認得道理分明, 自然勝得他. 次第這邊分明了, 那邊自然容著他不得. 如今只窮理爲上." 又問: "客氣暴怒, 害事爲多, 不知是物欲耶? 氣稟耶?" 曰:

193) ▲: 或

194) ▲: 或

195) ▲: 看來關於事爲者, 不外乎念慮, 而入於念慮者, 往往皆是事爲. 此分爲二項, 意

196) ▲: 問: "所藉以爲從事之實者, 初不外乎人生日用之近, 其所以爲精微要妙不可測度者, 則在乎眞積力久, 黙識心通之中. 是乃夫子所謂'下學而上達'者." 曰:

197) ▲: 有人說, 只且據眼前這近處行, 便是了, 這便成苟簡卑下. 又有人說, 掉了這箇, 上面自有一箇道理, 亦不是, 下梢只是謾人.

198) ▲: 『或問』云:

然而不容已.' ▲[199] 是如何?" 曰: "春生了便秋殺, 他住不得. 陰極了, 陽便生. 如人在背後, 只管來 相趲, 如何住得[200]?"【淳 ○寓錄云: "春生秋殺, 陽開陰閉, 趲來趲去, 自住不得."】

18:91 ▲[201]

18:92 今人未嘗看見"當然而不容已"者, 只是就上較量一箇好惡爾. 如眞見得這底是我合當爲, 則自有所不可已者矣. 如爲臣而必忠, 非是謾說如此, ▲[202] 蓋爲子不可以不孝也.【道夫】

18:93 ▲[203]

18:94 ▲[204] 凡事固有'所當然而不容已'者, 然又當求其所以然者, 何故? 其所以然者, 理也. 理如此, 固[205]不可易. 又如人見赤子入井, 皆有怵惕・惻隱之心, 此其事'所當然而不容已'者也. 然其所以如此者, 何故? 必有箇道理之不可易者. 今之學者但止見一邊. 如▲[206]見

---

199) ▲: 所謂'不容已',

200) 如何住得: 徽州本에서는 이 뒤에 楊至之學"逝者如斯夫, 不舍晝夜"說. 曰: 此句在吾輩作如何使? 明道謂此見聖人純亦不已, 乃天德也. 有天德便可語王道, 其要只在謹獨. 獨與這裏何相關, 只是少有不謹, 便斷了가 더 있다.

201) ▲: 或問: "理之不容已者如何?" 曰: "理之所當爲者, 自不容已. 孟子最發明此處. 如曰: '孩提之童, 無不知愛其親, 及其長也, 無不知敬其兄." 自是有住不得處."【人傑】

202) ▲: 蓋爲臣不可以不忠, 爲子而必孝, 亦非是謾說如此,

203) ▲: 問: "『或問』, 物有當然之則, 亦必有所以然之故, 如何?" 曰: "如事親當孝, 事兄當弟之類, 便是當然之則. 然事親如何卻須要孝, 從兄如何卻須要弟, 此卽所以然之故. 如程子云: '天所以高, 地所以厚.' 若只言天之高, 地之厚, 則不是論其所以然矣."【謨】

204) ▲:『或問』: "莫不有以見其所當然而不容已, 與其所以然而不可易者." 先生問: "每常如何看?" 廣曰: "'所以然而不可易者', 是指理而言, '所當然而不容已'者, 是指人心而言." 曰: "下句只是指事而言

205) 固: 孝宗刊本・英祖刊本・成化本에서는 故로 되어 있다.【頭註】"固"作"故."

206) ▲: 去

人, 只見得他冠冕衣裳, 卻元不會[207]識得那人. 且如爲忠, 爲孝, 爲仁, 爲義, 但只據眼前理會得箇皮膚便休, 都不曾理會得那徹心徹髓處. 以至於天地間造化, 固是陽長則生, 陰消則死, 然其所以然者是如何? 又如天下萬事, 一事各有一理, 須是一一理會敎徹. 不成只說道: '天, 吾知其高而已, 地, 吾知其深而已, 萬物萬事, 吾知其爲萬物萬事而已!' 明道詩云: '道通天地有形外, 思入風雲變態中.' 觀他此語, 須知有極至之理, 非冊子上所能載者." 廣曰: "大至於陰陽造化, 皆是'所當然而不容已'者. 所謂太極, 則是'所以然而不可易者.'" 曰: "固是. 人須是自向裏入深去理會. 此箇道理, ▲[208]到深處, ▲[209] 又卻不與禪相似, 方是. 今之不爲禪學者, 只是未會[210]到那深處, 才到那深處, 定走入禪去也. 譬如人在淮·河上立, 不知不覺走入番界去▲[211]如程門高弟游氏, 則分明是投番了. 雖上蔡·龜山▲[212]只在淮·河上游游漾漾, ▲[213] 時時去他那下探頭探腦, ▲[214]須疑它那下有箇好處在. 大凡爲學, 須是四方八面都理會敎通曉, 仍更理會向裏來. 譬如喫菓子一般. 先去其皮殼, 然後食其肉, 又更和那中間核子都咬破, 始得. 若不咬破, 又恐裏頭別有多滋味在. ▲[215] 『大學』之道, 所以在致知·格物. 格物, 謂於事物之理各極其至, 窮到盡頭. ▲[216]今人於外面天地造化之理都理會得, 而中間核子未破, 則所理會得者亦未必皆是, 終有未極其至處." 因擧五峰之言, 曰: "'身親格之以精其知', 雖於'致'字得向裏之意, 然卻恐遺了外面許多事. 如某, 便不敢如此說. 須是內外

---

207) 會: 『朱子語類』에서는 曾으로 되어 있다.
208) ▲: 才理會
209) ▲: 又易得似禪. 須是理會到深處,
210) 會: 『朱子語類』에서는 曾으로 되어 있다.
211) ▲: 定也. 只
212) ▲: 也
213) ▲: 終看他未破,
214) ▲: 心下也
215) ▲: 若是不去其皮殼, 固不可, 若只去其皮殼了, 不管裏面核子, 亦不可, 恁地則無緣到得極至處.
216) ▲: 若是裏面核子未破, 便是未極其至也. 如

本末, 隱顯精粗, 一一周遍[217], 方是儒者之學."【廣】

18:95 ▲[218]

18:96 ▲[219]從已理會得處推將去. 如此, 便不隔越. 若遠去尋討, 則不切於己.【格物[220]. ○必大】

18:97 問: "▲[221] 理雖散在萬物, 而其用之微妙, 實不外乎一人之心.' 不知用是心之用否?" 曰: "理必有用, 何必又說是心之用? 夫心之體具乎是理, 而理則無所不該, 而無一物不在, 然其用實不外乎人心. 蓋理雖在物, 而用實在心也." 又云: "理遍[222]在天地萬物之間, 而心則管之, 心旣管之, 則其用實不外乎此心矣. 然則理之體在物, 而其用在心也." ▲[223] "此是以身爲主, 以物爲客, 故如此說. 要之, 理在物與在吾身, 只一般."【燾】

18:98 "▲[224] '萬物生於天地之間, 不能一日而相無, 而亦不可相無也.' 如何?" 曰: "萬物生於天地, 人如何少得它, 亦如何使它無得? 意只是如此."【道夫】[225]

---

217) 遍: 賀本에서는 徧으로 되어 있다.
218) 問: "'格物'章『或問』中如何說表裏精粗?" 曰: "窮理須窮究得盡. 得其皮膚, 是表也, 見得深奧, 是裏也. 知其粗不曉其精, 皆不可謂之格. 故云: '表裏精粗, 無所不盡.'"【過】
219) ▲: 問以類而推之說. 曰: "是
220) 格物: 賀本에는 없다.
221) ▲: 『或問』云: '心雖主乎一身, 而其體之虛靈, 足以管乎天下之理,
222) 遍: 賀本에서는 徧으로 되어 있다.
223) ▲: 次早, 先生云:
224) ▲: 『或問』云:
225)【道夫】: 孝宗刊本·成化本에서는【舊去】로 되어 있고, 賀本에서는【舊夫】로 되어 있다.

「近世大儒有爲格物致知之說一段」

18:99 ▲[226] "格, 猶扞也, 禦也, 能扞禦外物, 而後能知至道."【溫公】 "必窮物之理同出於一爲格物."【呂與叔】 '窮理只是尋箇是處.'【上蔡】 "天下之物不可勝窮, 然皆備於我而非從外得."【龜山】 "'今日格一件, 明日格一件', 爲非程子之言."【和靖】 "物物致察, 宛轉歸己."【胡文定】 "卽事卽物, 不厭不棄, 而身親格之."【五峰[227]】

18:100 呂與叔謂: "凡物皆出於一, 又格箇甚麼?" 固是出於一, 只緣散了, 千岐萬徑. 今日窮理, 所以要收拾歸於一.【泳】

18:101 ▲[228]說許多一了, 理自無可得窮, 說甚格物?【泳】

18:102 ▲[229] 窮理蓋是合下工夫, 恕則在窮理之後. ▲[230]【賀孫】

18:103 上蔡說: "窮理只尋箇是處, 以恕爲本." 窮理自是我不曉這道理, 所以要窮, 如何說得"恕"字? 他▲[231]說"恕"字, 大概▲[232]是▲[233]要推我之心以窮理, 便礙理了. 龜山說"反身而誠", 卻大段好. 須是反身, 乃見得道理分明. 如孝如弟, 須見得孝弟, 我元有在這裏. ▲[234]他又▲[235]說: "萬物皆備於我, 不須外面求." 此卻錯了. "身親格之",

226) ▲: 『或問』中近世大儒格物致知之說曰:
227) 峰: 『小分』에서는 熢을 峰으로 고쳤다.
228) ▲: 呂與叔
229) ▲: "窮理是尋箇是處, 然必以恕爲本." 但恕乃求仁之方. 試看窮理如何著得"恕"字?
230) ▲: 胡文定載顯道語云: "恕則窮理之要." 某理會, 安頓此語不得.
231) ▲: 當初
232) ▲: 只
233) ▲: 說
234) ▲: 若能反身, 爭多少事.

說▲236)"親"字急迫. 自是自家格, 不成倩人格.【賜】

18:104 ▲237) 謝子尋箇是處之說甚好, 與呂與叔"必窮萬物之理同出於一爲格物, 知萬物同出乎238)一理爲知至", 其所見大段不同. 但尋箇是處者, 須是於其一二分是處, 直窮到十分是處, 方可.【人傑】

18:105 ▲239) 大抵和靖爲人淳, 故他不聽得而出於衆人之錄者, 皆以爲非伊川之言. ▲240)【恪】

18:106 ▲241)

18:107 ▲242) 胡文定卻言: "物物致察, 宛轉歸己. 見雲雷, 知經綸, 見山下出泉, 知果行之類." 惟伊川言"不可只窮一理, 亦不能徧窮天下萬物之理." 某謂, 須有先後緩急, 久之亦要窮盡. 如『正蒙』, 是盡窮萬物之理.【德明】

18:108 ▲243)文定▲244)說, 這是隔陌多少? 記得一僧徒作一文, 有此一語.【泳】

---

235) ▲: 卻
236) ▲: 得
237) ▲: 以"今日格一件, 明日格一件"爲非伊川之言者, 和靖也. 和靖且是深信程子者. 想是此等說話不曾聞得, 或是其心不以爲然, 故於此說有所不領會耳.
238) 乎: 『小分』에서는 於를 乎로 고쳤다.
239) ▲: 張元德問以"今日格一件, 明日格一件"爲非程子之言者. 曰: "此和靖之說也.
240) ▲: 且如伊川論『春秋』之傳爲案, 經爲斷, 它亦以爲伊川無此言. 且以此兩句卽'以傳考經之事跡, 以經別傳之眞僞'之意, 非伊川之言而何?"
241) ▲: "今日格一件, 明日格一件", 乃楊遵道所錄, 不應龜山不知.【泳】
242) ▲: 龜山說: "'只'反身而誠', 便天地萬物之理在我."
243) ▲: 胡
244) ▲: 宛轉歸己之

18:109 ▲[245)]

18:110 ▲[246)]“文定▲[247)]只求之於外. 如所謂‘察天行以自强, 察地勢以厚德’, 只因其物之如是而求之耳. 初不知天如何而健[248)], 地如何而順也.” ▲[249)] “若宛轉之說, 則是理本非己有, 乃强委曲牽合, 使入來爾. ▲[250)] 【道夫】

18:111 ▲[251)]

18:112 ▲[252)]

18:113 五峰說“立志以定其本, 居敬以持其志. 志立乎事物之表, 敬行乎事物之內, 而知乃可精”者, ▲[253)] 此語極好, 而曰“而知乃可精”, 便有局促[254)]氣像[255)]. 他便要推[256)]這裏便精其知. 殊不知致知之道不

---

245) ▲: 問: “觀物察己, 其說如何?” 曰: “其意謂‘察天行以自强, 察地勢以厚德.’ 如此, 只是一死法.” 【子蒙】

246) ▲: 問: “物物致察與物物而格何別?” 曰:

247) ▲: 所謂物物致察,

248) 健: 『小分』에서는 高를 健으로 고쳤다.

249) ▲: 道夫曰: “所謂宛轉歸己, 此等言語似失之巧.” 曰:

250) ▲: 許多說, 只有上蔡所謂‘窮理只是尋箇是處’爲得之.” 道夫曰: “龜山‘反身而誠’之說, 只是摸空說了.” 曰: “都無一箇著實處.” 道夫曰: “卻似甚快.” 曰: “若果如此, 則聖賢都易做了.” 又問: “他旣如此說, 其下工夫時亦須有箇窒礙.” 曰: “也無做處. 如龜山於天下事極明得, 如言治道與官府政事, 至纖至細處, 亦曉得. 到這裏卻恁說, 次第他把來做兩截看了.”

251) ▲: 『知言』要“身親格之.” 【天下萬事, 如何盡得?】 龜山“‘反身而誠’, 則萬物在我矣.” 【太快.】 伊川云: “非是一理上窮得, 亦非是盡要窮. 窮之久, 當有覺處.” 【此乃是. ○方】

252) ▲: 格物以身, 伊川有此一說. 然大都說非一. 五峰旣出於一偏而守之, 亦必有一切之效, 然不曾熟看伊川之意也. 【方】

253) ▲: 這段語本說得極精. 然卻有病者, 只說得向裏來, 不曾說得外面, 所以語意頗傷急迫. 蓋致知本是廣大, 須用說得表裏內外周徧兼該方得. 其曰“志立乎事物之表, 敬行乎事物之內”,

254) 促: 孝宗刊本・英祖刊本・成化本에서는 蹙으로 되어 있다.

如此急迫, 須是寬其程限, 大其度量, 久久自然通貫. 他言語只說得裏面一邊極精, 遺了外面一邊, 所以其規模之大不如程子. ▲[257]【僩】

18:114 ▲[258]"人之爲事, 必先立志以爲本, 志不立則不能爲得事. 雖能立志, 苟不能居敬以持之, 此心亦汎然而無主, 悠悠終日, 亦只是虛言. 立志必須高出事物之表, 而居敬則常存於事物之中, 令此敬與事物皆不相違. 言也須敬, 動也須敬, 坐也須敬, 頃刻去他不得[259]."【卓】

18:115 ▲[260]凡事須當立志, 不可謂今日做些子, 明日便休. ▲[261]便要卓然在這事物之上. 看是甚麽, 都不能奪得▲[262]【道夫】

18:116 ▲[263]

18:117 問: "▲[264]舊解致知, 欲人明心之全體, 新改本▲[265]只說理,

---

255) 像: 『朱子語類』에서는 象으로 되어 있다.

256) 推: 『朱子語類』에서는 就로 되어 있다.

257) ▲: 且看程子所說: "今日格一件, 明日格一件, 積久自然貫通." 此言該內外, 寬緩不迫, 有涵泳從容之意, 所謂"語小天下莫能破, 語大天下莫能載"也.

258) ▲: 黃問"立志以定其本, 居敬以持其志." 曰:

259) 頃刻去他不得: 徽州本에서는 이 앞에 此心之敬이 더 있다.

260) ▲: 問: "'立志以定其本', 莫是言學便以道爲志, 言人便以聖爲志之意否?" 曰: "固是. 但

261) ▲: 又問"敬行乎事物之內." 曰: "這箇便是細密處, 事事要這些子在. '志立乎事物之表', 立志

262) ▲: 他, 又不恁地細細碎碎, 這便是'志立乎事物之表.' 所以今江西諸公多說甚大志, 開口便要說聖說賢, 說天說地, 傲睨萬物, 目視霄漢, 更不肯下人." 問: "如此則'居敬以持其志'都無了." 曰: "豈復有此? 據他才說甚敬, 便壞了那箇." 又曰: "五峰說得這數句甚好, 但只不是正格物時工夫, 卻是格物已前事, 而今卻須恁地."

263) ▲: 伊川只云: "漸漸格去, 積累多自有貫通處." 說得常寬. 五峰之說雖多, 然似乎責效太速, 所以『傳』言其急迫.【璘】

264) ▲: 先生

何也?” 曰: “理卽是此心之理, 檢束此心, 使無紛擾之病, 卽此理存也. 苟惟不然, 豈得爲理哉?” ▲266) 問: “思量義理, 易得有苦切意思, 如何?” 曰: “古人格物・致知, ▲267) 若只以狹心求之, 易得如此. 若能高立著心, 不牽惹世俗一般滋味, 以此去看義理, 但見有好意思▲268) 雖草木亦有理存焉. 一草一木, 豈不可以格? 如麻麥稻粱, 甚時種, 甚時收, 地之肥, 地之磽, 厚薄不同, 此宜植某物, 亦皆有理.” 問: “致知自粗而推至於精, 自近而推至於遠. 不知所推之事, 如世間甚事?” 曰: “自‘無穿窬之心’, 推之至於‘以不言餂’之類, 自‘無欲害人之心’, 推之擧天下皆在所愛. 至如一飯以奉親, 至於保四海, 通神明, 皆此心也.” 【寓】

18:118 ▲269) 程子格物幾處, ▲270) 說更不可易. 某當初▲271) 如呂, 如謝, 如楊・尹272)諸公說, ▲273)段段錄出, ▲274) 句句▲275)比對, 逐字稱停過, 方見得程子說攧撲不破. 諸▲276)說, 挨著便成粉碎了.” ▲277) 【寓】

---

265) ▲: 卻削去,

266) ▲: 問: “先生說格物, 引五峰『復齋記』曰‘格之之道, 必立志以定其本, 居敬以持其志’云云, 以爲不免有急迫意思, 何也?” 曰: “五峰只說立志居敬, 至於格物, 卻不說. 其言語自是深險, 而無顯然明白氣象, 非急迫而何?”

267) ▲: 何曾敎人如此. 若看得滋味, 自是歡喜, 要住不得.

268) ▲: 了.” 問: “所謂‘一草一木亦皆有理’, 不知當如何格?” 曰: “此推而言之,

269) ▲: 先生問: “『大學』看得如何?” 曰: “大綱只是明明德, 而著力在格物上.” 曰: “著力處大段在這裏, 更熟看, 要見血脈相貫穿.

270) ▲: 更子細玩味,

271) ▲: 亦未曉得.

272) 楊・尹: 『小分』에서는 尹・楊을 교정부호로 바로잡았다. 孝宗刊本에서는 揚・尹으로 되어 있고 賀本에서는 尹・楊으로 되어 있다.

273) ▲: 都見好. 後來都

274) ▲: 排在那裏,

275) ▲: 將來

276) ▲: 公

277) ▲: 問: “胡氏說, 何謂太迫?” 曰: “說得來局蹙, 不恁地寬舒, 如將繩索絣在這裏一般, 也只看道理未熟. 如程子說, 便寬舒. 他說‘立志以定其本’, 是始者立箇根

18:119 格物須是到處求. "博學之, 審問之, 愼思之, 明辨之", 皆格物之謂也. 若只求諸己, 亦恐見有錯處, 不可執一. 伊川說得甚詳. 或讀書, 或處事, 或看古人行事, 或求諸己, 或卽人事. 復曰: "於人事上推測, 自有至當處." ▲[278]【浩】

18:120 ▲[279]程子▲[280]諸門人說得便差, ▲[281]不曾精曉得程子之說▲[282]. 亦緣當時諸公所聞於程子▲[283]語意不全, 或只聞一時之語, 或只聞得一邊, 所以其說多差. 後來▲[284]集諸家語錄, 湊起衆說, 此段工夫方始渾全, 則當時▲[285]親炙者未爲全幸, 生于[286]先生之後者未爲不幸. ▲[287]【僩】

18:121 ▲[288]

18:122 問: "延平謂: '爲學之初, 且當常存此心, 勿爲他事所勝. 凡

基. '居敬以持其志, 志立乎事物之表, 敬行乎事物之內, 而知乃可精.' 知未到精處, 方是可精, 此是說格物以前底事. 後面所說, 又是格物以後底事. 中間正好用工曲折處, 都不曾說, 便是局蹙了."

278) ▲: 如楊・謝・游・尹諸公, 非不見伊川, 畢竟說得不曾透, 不知如何. 今人多說傳聞不如親見. 看得如此時, 又卻傳聞未必不如親見. 蓋當時一問一對, 只說得一件話, 而今卻鬭合平日對問講論作一處, 所以分明好看.

279) ▲: 這箇道理, 自孔・孟旣沒, 便無人理會得. 只有韓文公曾說來, 又只說到正心・誠意, 而遺了格物・致知. 及至程子, 始推廣其說, 工夫精密, 無復遺憾. 然

280) ▲: 旣沒,

281) ▲: 都說從別處去, 與致知・格物都不相干, 只

282) ▲: 耳. 只有五峰說得精, 其病猶如此

283) ▲: 者

284) ▲: 卻是

285) ▲: 門人

286) 于: 『小分』에서는 於를 于로 고쳤다. 賀本에서는 於로 되어 있다.

287) ▲: 蓋得見諸家記錄全書, 得以詳考, 所以其法畢備. 又曰: "格物・致知, 其次上蔡說得稍好."

288) ▲: 諸公致知・格物之說, 皆失了伊川意, 此正是入門款. 於此旣差, 則他可知矣. 【螢】

遇一事, 卽當且就此事反復推尋以究其極. 待此一事融釋脫落, 然後別窮一事, 久之自當有灑然處.' 與伊川▲289)之語不同, 如何?" 曰: "這話不如伊川說'今日明日'▲290) 這說是敎人若遇一事, 卽▲291)就上理會敎爛熟▲292), 自然分解. 久之自當有洒然處, 自是見得快活. 某常說道, 天下事無他, 只是箇熟與不293)熟. 若只一時恁地約摸得, 都不與自家相干, 久後皆忘卻. 只如借得人家事一般, 少間被人取將去, 又濟自家甚事?"【賀孫 ○卓同.】

18:123 ▲294) "程子之言▲295)窮一事未透, 又便別窮一事, 亦不得. 彼謂有甚不通者, 不得已而如此耳. 不可便執此說, 容易改換卻, 致工夫不專一也."【壯祖】

18:124 ▲296)

「傳六章」

18:125 因說自欺·欺人, 曰: "欺人亦是▲297)自欺之甚者. ▲298)

---

289) ▲: '今日格一件, 明日格一件'
290) ▲: 恁地急.【卓錄但云: "伊川說得較快."】
291) ▲: 且
292) ▲: 離析, 不待擘開
293) 與不: 『小分』에서는 不與를 교정부호로 바로잡았다.
294) ▲: 李堯卿問: "延平言窮理工夫, 先生以爲不若伊川規模之大, 條理之密. 莫是延平敎人窮此一事, 必待其融釋脫落, 然後別窮一事, 設若此事未窮, 遂爲此事所拘, 不若程子'若窮此事未得且別窮'之言爲大否?" 曰:
295) ▲: 誠善.
296) ▲: 廷老問: "李先生以爲爲學之初, 凡遇一事, 當且就此事反覆推尋以究其理. 此說如何?" 曰: "爲學之初, 只得如此. 且如楊之爲我, 墨氏之兼愛, 顔子居陋巷, 禹·稷之三過其門而不入. 禹·稷則似乎墨氏之兼愛, 顔子當天下如此壞亂時節, 卻自簞瓢陋巷, 則似乎楊氏之爲我. 然也須知道聖賢也有處與他相似, 其實卻不如此, 中間有多少商量. 擧此一端, 卽便可見."【道夫】
297) ▲: 自欺, 此又是

【僩】[299)]

18:126 問: "『或問』'誠意'章末, 舊引程子自慊之說, 今何除之?" 曰: "此言說得亦過."【淳】

18:127 先之問: "'誠意'章『或問』云: '孟子所論浩然之氣, 其原蓋出於此.' 何也?" 曰: "人只是慊快充足, 仰不愧, 俯不怍, 則其氣自直, 便自日長, 以至於充塞天地. 雖是刀鋸在前, 鼎鑊在後, 也不怕."【賀孫】

「傳七章」

18:128 ▲[300)]問: "『或問』云: '此心之體, 寂然不動, 如鏡之空, 如衡之平, 何不得其正之有?' 此是言其體之正. 又: '心之應物, 皆出於至公, 而無不正矣.' 此又是言其用之正. 所謂心正者, 是兼體・用言之否?" 曰: "不可. 只道體正, 應物未必便正[301)]. 此心之體, 如衡之平. 所謂正, 又在那下. 衡平在這裏, 隨物而應, 無不正." 又云: "'如衡之平'下, 少幾箇字: '感物而發無不正.'"【寓】

18:129 問: "正心必先誠意, 而▲[302)]有云: '必先持志・守氣以正其心.' 何也?" 曰: "此只是就心上說. 思慮不放肆, 便是持志, 動作不放

298) ▲: 便敎盡大地只有自家一人, 也只是自欺, 如此者多矣. 到得那欺人時, 大故郎當. 若論自欺細處. 且如爲善, 自家也知得是合當爲, 也勉强去做, 只是心裏又有些便不消如此做也不妨底意思, 如不爲不善, 心裏也知得不當爲而不爲, 雖是不爲, 然心中也又有些便爲也不妨底意思. 此便是自欺, 便是好善不'如好好色', 惡惡不'如惡惡臭.' 便做九分九釐九毫要爲善, 只那一毫不要爲底, 便是自欺, 便是意不實矣. 『或問』中說得極分曉."

299) 【僩】: 【挾書】僩 *挾書로 본문의 불분명한 글자를 정확히 보였다.

300) ▲: 陳

301) 正: 萬曆本・徽州本에서는 不正으로 되어 있다.

302) ▲: 『或問』

肆, 便是守氣. 守氣是'無暴其氣', 只是不放肆." 【寓】

18:130 ▲303)問: "▲304)'意旣誠矣, 而心猶有動▲305) 曰: "意雖已誠, 而此心持守之不固, 是以有動. 到這裏, 猶自三分是小人, 正要做工夫. 且意未誠時, 譬猶人之犯私罪也, 意旣誠而心猶動, 譬猶人之犯公罪也, 亦甚有間矣." 【蓋卿】

18:131 ▲306)

18:132 ▲307) "不誠是虛僞無實之人, 更理會甚正? 正如水渾, 分甚清濁. 不虛僞無實, 是箇好人了, 這裏方擇得正不正做事. 如水淸了, 只是308)微動. 故忿懥四者, 已是好人底事. 事至不免爲氣動, 則不免差了." 因擧『左氏傳』云: "'正曲爲直, 正直爲正.' 曲是體段不直, 旣爲整直, 只消安排敎端正, 故云正直." 【士毅 ○過錄云: "先生因子洪問意誠矣, 而心猶有動之意, 而曰: '如"正直爲正, 正曲爲直"兩句, "正曲爲直", 如出成界方, 已直矣, "正直爲正", 則如安頓界方, 得是當處.'"】

「傳九章」

18:133 問: "赤子之心是已發. 『▲309)或問』云'人之初生, 固純一而

---

303) ▲: 鍾唐傑
304) ▲: 『或問』云:
305) ▲: 焉, 然後可以責其不正而復乎正.' 意之旣誠, 何爲心猶有動?"
306) ▲: "『或問』'意旣誠矣, 而心猶有動焉, 然後可以責其不正而復乎正', 是如何?" 曰: "若是意未誠時, 只是一箇虛僞無實之人, 更問甚心之正與不正? 唯是意已誠實, 然後方可見得忿懥・恐懼・好樂・憂患有偏重處, 卽便隨而正之也." 【廣】
307) ▲: 問"意旣誠矣"一段. 曰:
308) 只是: 『小分』에서는 是只를 교정부호로 바로잡았다.
309) ▲: 大學

未發', 何也?" 曰: "赤子之心雖是已發, 然也有未發時. 如飢便啼, 渴便叫, 恁地而已, 不似大人恁地勞攘. 赤子之心亦涵兩頭意. 程子向來只指一邊言之." ▲[310]

18:134 問: "仁讓言家, 貪戾言人, 『或問』以爲'善必積而後[311]成, 惡雖小而可懼', 發明此意, 深足以警人當爲善而去惡矣. 然所引『書』云: '德罔小, 不德罔大', 則疑下一句正合本文, 而上一句不或反乎?" 曰: "'▲[312]惟德罔小', ▲[313]言其不可小也[314]. ▲[315]." 【壯祖】

18:135 或問: "先吏部說: '有諸己而後求諸人, 無諸己而後非諸人.'" 曰: "這是說尋常人, 若自家有諸己, 又何必求諸人? 無諸己, 又何必非諸人? 如孔子說'躬自厚而薄責於人', '攻其惡, 毋攻人之惡.' 至於『大學』之說, 是有天下國家者, 勢不可以不責他. 然又須自家有諸己, 然後可以求人之善, 無諸己, 然後可以非人之惡." 【賀孫】

18:136 范公[316]"恕己之心恕人"這一句自好. 只是聖賢[317]說恕, 不曾如是倒說了. 不若橫渠說"以責人之心責己, 愛己之心愛人[318]", 則是見他人不善, 我亦當無是不善, 我有是善, 亦要他人有是善. 推此計度之心, 此乃恕也. 於己, 不當下"恕"字. 【泳】

18:137 ▲[319]

---

310) ▲: 【寓】
311) 後: 『朱子語類』에서는 后로 되어 있다.
312) ▲: 爾
313) ▲: 正
314) 小也: 『小分』에서는 也小를 교정부호로 바로잡았다.
315) ▲: 則庶乎'萬邦惟慶.' 正與『大學』相合
316) 范公: 徽州本에서는 范忠宣公으로 되어 있다.
317) 賢: 賀本에서는 人으로 되어 있다. 『小分』에서는 人을 賢으로 고쳤다.
318) 愛己之心愛人: 『小分』에서는 愛人之心愛己를 교정부호로 바로잡았다.
319) ▲: 范公"以恕己之心恕人", 此句未善. 若曰"以愛己之心愛人", 方無病. 蓋恕是

18:138 ▲[320] 近世名卿謂, '以恕己之心恕人', 是不忠之恕, 如何?" 曰: "這便是自家本領不正[321]. 古人便先自本領上正了, 卻從此推出去. 如'己欲立', 也不是阿附得立, 到得立人處, 便也不要由阿附而立, '己欲達', 也不是邪枉得達, 到得達人處, 便也不◇[322]由邪枉而達. 今人卻是自家先自不正當了, 阿附權勢, 討得些官職富貴去做了, 便見別人阿附討得富貴底, 便欲以所以恕己者而恕之. 卻不知'恕'之一字, 只可說出去, 不可說入來, 只可以接物, 不可以處己. 蓋自家身上元著不得箇'恕'字, 只'恕己'兩字便不是了." 問: "今人言情恕, 恕以待人, 是否?" 曰: "似如此說處, 也未見他邪正之所在. 若說道自家不合去穿窬, 切望情恕, 這卻著[323]不得. 若說道偶忙不及寫書, 切望情恕, 這卻無害, 蓋自家有忙底時節."【榦】

18:139 ▲[324]

「傳十章」

18:140 問: "『或問』以所占之地言之, 則隨所在如此否?" 曰: "上下也如此, 前後也如此, 左右也如此. ▲[325] 如'並坐不橫肱', 恐妨礙左邊人, 又妨礙右邊人. 如此則左右俱不相妨, 此便是以左之心交於右, 以右之心交於左. 如'戶開亦開, 戶闔亦闔, 有後入者, 闔而勿遂.' 前人之開, 所以待後之來, 自家亦當依他恁地開, 前人之闔, 恐後人有妨所議[326], 自家亦當依他恁地闔, 此是不以後來而變乎前之意. 如後面更

箇推出去底, 今收入來做恕己, 便成忽略了.【道夫】

320) ▲: 蜚卿問: "『大學或問』,

321) 本領不正: 『小分』에서는 不正本領을 교정부호로 바로잡았다.

322) ◇: 要

323) 著: 萬曆本에서는 看으로 되어 있다.

324) ▲: 問: "『大學或問』以近世名卿'恕'字之說爲不然矣, 而復錄其語於『小學』者, 何也?" 曰: "『小學』所取寬. 若欲修潤其語, 當曰'以愛己之心愛人', 可也."【必大】

325) ▲: 古人小處亦可見:

有人來, 則吾不當盡闔了門, 此又是不以先入而拒乎後之意. 如此則前後處得都好, 便是以前之心先於後, 以後之心從於前." ▲[327) 【淳 ○ 寓同.】

326) 議: 『小分』에서는 儀를 議로 고쳤다.
327) ▲: 問: "凡事事物物皆要如此否?" 曰: "是. 如我事親, 便也要使人皆得事親, 我敬長慈幼, 便也要使人皆得敬長慈幼. 此章上面說: '上老老而民興孝, 上長長而民興弟, 上恤孤而民不倍.' 是民之感化如此, 可見天下人人心都一般. 君子旣知人都有此心, 所以有絜矩之道, 要人人都得盡其心. 若我之事其親, 備四海九州之美味, 卻使民之父母凍餓, 藜藿糟糠不給, 我之敬長慈幼, 卻使天下之人兄弟妻子離散, 便不是絜矩. 『中庸』一段所求乎子之事我如此, 而我之事父卻未能如此, 所求乎臣之事我如此, 而我之事君卻未能如此, 及所求乎弟, 所求乎朋友, 亦是此意. 上下左右前後及中央做七箇人看, 便自分曉."

『朱子語類』 卷第十九

「『論語』一」

「『語』·『孟』綱領」

19:1 『語』·『孟』工夫少, 得效多, 六經工夫多, 得效少.【大雅 ○以下六經·四子.】

19:2 『語』·『孟』用三二年工夫看, 亦須兼看『大學』及『書』·『詩』, 所謂“興於詩.” 諸經諸史, 大抵皆不可不讀.【德明】

19:3 某『論語集注』已改[1], 公讀令『大學』十分熟了, 卻▲[2]看. 『論語』·『孟子』都是『大學』中肉菜, 先後淺深, 參差互見. 若不把『大學』做箇匡網了[3], 卒亦未易看得.【賀孫】

19:4 或云: “『論語』不如『中庸』.” 曰: “只是一理, 若看得透, 方知無異. 『論語』是每日零碎問. 譬如大海也是水, 一勺也是水. 所說千[4]言萬語, 皆是一理. 須是透得, 則推之其它, 道理皆通.” 又曰: “聖賢所說只一般, 只是一箇‘擇善固執之.’ 『論語』則說‘學而時習之’, 『孟子』則說‘明善誠身’, 下得字各自精細, 眞實工夫只一般. 須是知其所以不同, 方知其所謂同也, 而今須是窮究得一物事透徹方知. 如入箇門, 方知

---

1) 某『論語集注』已改: 徽州本에서는 이 뒤에 寫出方寫一兩面이 더 있다.
2) ▲: 取去
3) 網了: 賀本에서는 殼子로 되어 있다.
4) 千: 成化本에서는 十으로 되어 있다.

門裏房舍間架. 若不親入其門戶, 在外遙望, ▲[5] 則門裏事如何知得."【僩】[6]

19:5 『論語』只說仁, 『中庸』只說智. 聖人拈起來底便說, 不可以例求.【泳】

19:6 『論語』易曉[7], 『孟子』有難曉處. 『語』·『孟』·『中庸』·『大學』是熟飯, 看其它經, 是打禾爲飯.【節】

19:7 古書多至後面便不分曉. 『語』·『孟』亦然.【節】

19:8 夫子教人, 零零星星, 說來說去, 合來合去, 合成一箇大物事.【節 ○以下孔·孟教人.】 19:9[8] ▲[9]孔門教人, 亦自有等. 聖人▲[10], 何不都教他做顔·曾底事業? 而子貢·子路之徒所以止然[11]子貢·子路者, 是其才止於此. 且如"克己復禮", 雖止是教顔子▲[12], 然所以教他

---

5) ▲: 說我皆知得,
6)【僩】: 徽州本에서는 이 뒤에【按此條與池本異, 乃士毅舊所傳. 黃卓錄同而略.】이 더 있다.
7)『論語』易曉: 徽州本에서는 이 앞에 다음과 같은 내용이 별도의 항목으로 더 들어 있다. 讀書. 凡讀書須有次序. 且如一章之句, 先理會上句, 待通透, 次理會第二第三句, 皆分曉, 然後將全章反覆細繹玩味. 未通透, 卻看前輩講解, 更第二番讀過. 須見得自家身分上有長進處, 方始有益. 如『語』·『孟』二書, 若欲便恁地讀過, 只二日可了. 若要將來做切己事, 玩味體察, 一日多有數段耳, 少一兩段耳. 看講解不可專徇它說, 不求是否, 便道前賢言語皆的當, 與『遺書』中語, 豈無一二過當處? 亦時有說不及處, 亦不可初看時便先斷以己意, 前賢之說皆不可入. 此正當今學者之病. 某要人先讀『大學』以定其規模, 次讀『論語』以立其根本, 次讀『孟子』以觀其發越處, 次讀『中庸』以求聖人之微妙處. 『大學』一篇有等級次第, 總作一處易曉, 宜先看. 『論語』卻實, 但言語散見, 初看亦難. 『孟子』有感激興發人心處. 『中庸』卻難讀, 須看三書後, 方宜讀之.【禹】
8) 19:9: 『小分』에서는 19:8에 이어져 한 항목으로 편집되어 있다.
9) ▲: 且如
10) ▲: 教人
11) 然: 『朱子語類』에서는 於로 되어 있다.【頭註】於

人, 亦未嘗不是“克己復禮”底道理.【卓】

19:10 孔門教人甚寬, 今日理會些子, 明日又理會些子, 久則自貫通. 如耕荒田, 今日耕些子, 明日又耕些子, 久則自周匝. 雖有不到處, 亦不出這理.【節】

19:11 問: “孔子教人就事上做工夫, 孟子教人就心上做工夫, 何故不同?” 曰: “聖賢教人, 立箇門戶, 各自不同.”【節】

19:12 孟子教人多言理義大體, 孔子則就切實做工夫處教人.【端蒙】

19:13 孔子教人只從中間起, 使人便做工夫去, 久則自能知向上底道理, 所謂“下學上達”也. 孟子始終都舉, 先要人識心性着落, 卻下工[13]夫做去.【端蒙】

19:14 『論語』不說心, 只說實事.【節錄作: “只就事實上說.”】 孟子說心, 後來遂有求心之病.【方子】

19:15 孟子所謂集義, 只是一箇“是”字, 孔子所謂思無邪, 只是一箇“正”字. 不是便非, 不正便邪. 聖賢教人, 只是求箇是底道理.【夔孫】

19:16 孔子教人極直截, 孟子較費力. 孟子必要擴充[14]. 孔子教人, 合下便有下手處. 問: “孔子何故不令人擴充[15]?” 曰: “‘居處恭, 執事敬’, 非充廣而何?”【節】

---

12) ▲: 如此說
13) 工: 成化本 · 賀本에서는 功으로 되어 있다.
14) 擴充: 成化本 · 賀本에서는 充廣으로 되어 있다.
15) 擴充: 成化本 · 賀本에서는 充廣으로 되어 있다.

19:17 孔子教人, 只言: "居處恭, 執事敬, 與人忠", 含畜得意思在其中, 使人自求之. 到孟子便指出了性善, 早不似聖人了.【祖道】

19:18 孔子只說"忠信篤敬", 孟子便發出"性善", 直是漏洩.【德明】

19:19 孟子言存心・養性, 便說得虛. 至孔子教人"居處恭, 執事敬, 與人忠"等語, 則就實行處做工[16]夫. 如此則存心・養性自在.【端蒙】

19:20 孔子之言, 多▲[17]是汎說做工夫, 如"居處恭, 執事敬", "言忠信, 行篤敬"之類, 未說此是要[18]理會甚麽物. 待學者自做得工夫透徹, 卻就其中見得體段是如此. 至孟子, 則恐人不理會得, 又趲進一着說, 如"惻隱之心"與"學問之道, 求放心"之類, 說得漸漸親切. 今人將孔・孟之言都只恁地草率看過了.【雉】

19:21 問: "『論語』一書未嘗說一'心'字. 至孟子, 只管拈'人心'字說來說去. 曰'推是心', 曰'求放心', 曰'盡心', 曰'赤子之心', 曰'存心.' 莫是孔門學者自知理會箇心, 故不待聖人苦口, 到孟子時, 世變旣遠, 人才漸漸不如古, 故孟子極力與言, 要他從箇本原處理會否?" 曰: "孔門雖不曾說心, 然答弟子問仁處, 非理會心而何? 仁卽心也, 但當時不說箇'心'字耳. 此處當自思之, 亦未是大疑處."【彬】[19]

19:22 ▲[20]問: "『論語』之言, 無所不包, 而其所以示人者, 莫非操存涵養之要, 七篇之指, 無所不究, 而其所以示人者, 類多體驗充廣之端." 曰: "孔子體面大, 不用恁地說, 道理自在裏面. 孟子多是就發見

16) 工: 成化本・賀本에서는 功으로 되어 있다.
17) ▲: 且
18) 要: 徽州本에서는 이 뒤에 你가 더 있다.
19)【彬】: 『朱子語類』에서는【枅】로 되어 있다.
20) ▲: 蜚卿

處盡說與人, 終不似夫子立得根本住. 所以程子謂‘其才高, 學之無可依據.’ 要之, 夫子所說包得孟子, 孟子所言卻出不得聖人疆域. 且如夫子都不說出, 但教人恁地去做, 則仁便在其中. 如言‘居處恭, 執事敬, 與人忠’, 果能此, 則心便在. 到孟子則不然, 曰: ‘惻隱之心, 仁之端也. 今人乍見孺子將入井, 皆有怵[21]惕・惻隱之心.’ 都教人就事上推究.” ▲[22]問: “如孟子所謂‘求[23]放心’, ‘集義所生’, 莫是立根本處否?” 曰: “他有恁地處, 終是說得來寬.” 曰: “他莫是以其所以做工夫者告人否?” 曰: “固是. 也是他所見如此. 自後世觀之, 孔・顏便是漢 文帝之躬修玄默, 而其效至於幾致刑措. 孟子便如唐 太宗, 天下之事無所不爲, 極力做去, 而其效亦幾致刑措.”【道夫 ○端蒙錄一條, 疑同聞. 見『集注』「讀『語』・『孟』法」.】

19:23 看文字, 且須看其平易正當處. 孔・孟教人, 句句是樸實頭. “人能充無受爾汝之實”, “實”字將作“心”字看. 須是我心中有不受爾汝之實處, 如仁義是也.【祖道】

19:24 孟子比孔子時說得高. 然“孟子道性善, 言必稱堯・舜”, 又見孟子說得實.【因論南軒奏議有過當處.[24] ○方子】

19:25 ▲[25]問: “孟子說‘仁’字, 義甚分明, 孔子都不曾分曉說, ▲[26]” 曰: “孔子未嘗不說, 只是公自不會看耳. 譬如今沙糖, 孟子但說糖味甜耳. 孔子雖不如此說, 卻只將那糖與人喫. 人若肯喫, 則其味之甜, 自不待說而知也.”【廣】

---

21) 怵: 成化本에서는 怵으로 되어 있다.
22) ▲: 道夫
23) 求: 成化本에서는 永으로 되어 있다.
24) 因論南軒奏議有過當處.: 賀本에서는 본문으로 되어 있다.
25) ▲: 或
26) ▲: 是如何?

19:26 聖人說話, 磨稜合縫, 盛水不漏. 如云"一言喪邦", "以直報怨", 自是細密. 孟子說得便麤, 如云"今樂猶古樂", "大王[27]好色", "公劉好貨"之類. 橫渠說: "孟子比聖人自是麤. 顏子所以未到聖人處, 亦只是心麤."【夔孫】

19:27 『孟子』要熟讀[28], 『論語』卻費思索. 『孟子』熟讀易見, 蓋緣▲[29]它有許多答問發揚.【賀孫 ○讀『語』·『孟』.】

19:28 看『孟子』[30], 與『論語』不同, 『論語』要冷看, 『孟子』要熟讀. 『論語』逐文逐意各是一義, 故用子細靜觀. 『孟子』成大段, 首尾通貫, 熟讀文義自[31]見, 不可逐一句一字上理會也.【雉】

19:29 沈浸專一於『論』·『孟』, 必待其自得.

19:30 讀『論語』, 如無『孟子』, 讀前一段, 如無後一段. 不然, 方讀此, 又思彼, 擾擾於中. 這般人不惟無得於書, 胸中如此, 做事全做不得.

19:31 大凡看▲[32]書, ▲[33] 不須雜以別說相似者. 次第亂了, 和此▲[34]亦曉不得.【振】

---

27) 大王: 賀本에서는 太王으로 되어 있다.
28) 孟子要熟讀: 徽州本에서는 이 앞에 별도의 항목으로 다음의 내용이 더 있다. 鄧子禮問: "孟子恁地, 而公孫·萬章之徒皆無所得." 曰: "它只是逐孟子, 上上下下, 不曾自去理會." 又曰: "孔子於門人恁地提撕警覺, 尚有多少病痛."【賀孫】
29) ▲: 是
30) 看孟子: 徽州本에서는 이 앞에 周問『孟子』. 先生曰이 더 있다.
31) 自: 成化本에서는 目으로 되어 있다.
32) ▲: 經
33) ▲: 看『論語』, 如無孟子, 看上章, 如無下章, 看'學而時習之'未得, 不須看'有朋自遠方來.' 且專精此一句, 得之而後已. 又如方理會此一句未得,
34) ▲: 一句

19:32 人有言[35], 理會得『論語』, 便是孔子, 理會得七篇, 便是孟子. 子細看[36], 亦是如此. 蓋『論語』中言語, 眞能窮究極其纖悉, 無不透徹, 如從孔子肚裏穿過, 孔子肝肺盡知了, 豈不是孔子? 七篇中言語, 眞能窮究透徹無一不盡, 如從孟子肚裏穿過, 孟子肝肺盡知了, 豈不是孟子? 【淳】

19:33 講習孔·孟書. 孔·孟往矣, 口不[37]能言. 須以此心比孔·孟之心, 將孔·孟心作自己心. 要須自家說時, 孔·孟點頭道是, 方得. 不可謂孔·孟不會說話, 一向任己見說將去. 若如此說孟子時, 不成說孟子, 只是說"王子"也. 又若更不逐事細看, 但以一箇字包括, 此又不可. 此名"包子", 又不是孟子也. 【力行】

19:34 『論語』多門弟子所集, 故言語時有長長短短不類處. 『孟子』, 疑自著之書, 故首尾文字一體, 無些子瑕疵. 不是自下手, 安得如此好? 若是門弟子集, 則其人亦甚高, 不可謂"軻死不傳."

19:35 ▲[38] 曾子聞得底話, 顔子未必與聞, 顔子聞得底話, 子貢[39]未必與聞. 今卻合在『論語』一書, 後世學者豈不幸事? 但患自家不去用心. 【儒用 ○讀『論語』.】

19:36 問[40]: "『論語』近讀得如何? 昨日所讀底, 今日再讀, 見得如何?" 榦曰: "尚看未熟." 曰: "這也使急不得, 也不可慢. 所謂急不得者, 功效不可急, 所謂不可慢者, 工夫不可慢." 【榦】

---

35) 人有言: 徽州本에서는 有人言으로 되어 있다.
36) 子細看: 徽州本에서는 初不以爲然, 子細看來로 되어 있다.
37) 不: 賀本에서는 下로 되어 있다.
38) ▲: 孔門問答,
39) 貢: 成化本에서는 責으로 되어 있다.
40) 問: 徽州本에서는 先生問으로 되어 있다.

19:37 問叔器: "『論語』讀多少?" 曰: "兩日只雜看." 曰: "恁地如何會長進? 看此一書, 且須專此一書. 便待此邊冷如氷, 那邊熱如火, 亦不可捨此而觀彼."【淳】

19:38 ▲[41)]

19:39 『論語』難讀. 日只可看一二段, ▲[42)]

19:40 ▲[43)] 擇之云: "嘗作課程, 看『論語』日不得過一段." 曰: "明者可讀兩段, 或三段. 如此, 亦所以治躁心. 近日學者病在好高, 讀『論語』, 未問學而時習, 便說一貫, 『孟子』, 未言梁王問利, 便說盡心, 『易』, 未看六十四卦, 便先讀「繫辭」."【德明】

19:41 ▲[44)]

19:42 『論語』一日只看一段, 大故明白底, 則看兩段. 須是專一, 自早至夜, 雖不讀, 亦當涵泳常在胸次, 如有一件事未了相似, 到晚卻把來商量. 但一日積一段, 日日如此, 年歲間自是裏面通貫, 道理分明.【榦】

19:43 問: "看『論語』了未?" 廣云: "已看一遍了." 曰: "太快. 若如此

---

41) ▲: 問林恭甫: "看『論語』至何處?" 曰: "至述而." 曰: "莫要恁地快, 這箇使急不得. 須是緩緩理會, 須是逐一章去搜索. 候這一章透徹後, 卻理會第二章, 久後通貫, 卻事事會看. 如喫飯樣, 喫了一口, 又喫一口, 喫得滋味後, 方解生精血. 若只恁地吞下去, 則不濟事."【義剛】

42) ▲: 不可只道理會文義得了便了. 須是子細玩味, 以身體之, 見前後晦明生熟不同, 方是切實.【賀孫】

43) ▲: 論讀書之法.

44) ▲: 人讀書, 不得攙前去, 下梢必無所得. 如理會『論語』, 只得理會『論語』, 不得存心在『孟子』. 如理會「里仁」一篇, 且逐章相挨理會了, 然後從「公冶長」理會去, 如此便是.【去僞】

看, ▲[45] 不見得它深長底意味. 所謂深長意味, 又也[46]別無說話, 只是涵泳久之自見得."【廣】

19:44 『論語』, 愈看愈見[47]滋味出. ▲[48] 凡看文字, 須看古人下字意思▲[49]如前輩作文, 一篇中, 須看它用意在那裏. 擧杜子美詩云: "更覺良工用心苦." 一般人看畫, 只見得是畫一般, 識底人看, 便見得它精神妙處, 知得它用心苦也.【寓】

19:45 ▲[50] "聖人教人, 只是箇『論語』. 漢・魏諸儒只是訓詁, 『論語』須是玩味. 今人讀書傷快, 須是熟方得." 曰: "『論語』莫也須揀箇緊要底看否?" 曰: "不可. 須從頭看, 無精無粗, 無淺無深, 且都玩味得熟, 道理自然出." 曰: "讀書未見得切, 須見之行事方切." 曰: "不然. 且如『論語』, 第一便教人學, 便是孝弟[51]求仁, 便戒人巧言令色, 便三省, 也可謂甚切."【榦】

19:46 莫云『論語』中有緊要底, 有汎說底, 且要着力緊要底, 便是揀別. 若如此, 則『孟子』一部, 可刪者多矣. ▲[52] 蓋道體[53]至廣至大, 故有說得易處, 說得難處, 說得大處, 說得小處. 若不盡見, 必定有窒礙處. 若謂只"言忠信, 行篤敬"便可, 則自漢・唐以來, 豈是無此等人, 因甚道統之傳卻不曾得? 亦可見矣.【螢】

---

45) ▲: 只是理會文義,
46) 也: 賀本・萬曆本에서는 他로 되어 있다.
47) 見: 徽州本에서는 見得으로 되어 있다.
48) ▲: 若欲草草去看, 儘說得通, 恐未能有益.
49) ▲: 是如何. 且
50) ▲: 王子充問學. 曰:
51) 弟: 成化本에서는 第로 되어 있다.
52) ▲: 聖賢言語, 粗說細說, 皆著理會教透徹.
53) 體: 賀本에서는 理로 되어 있다.

19:47 先生問: "『論語』如何看?" 淳曰: "見得聖人言行, 極天理之實而無一毫之妄. 學者之用工, 尤當極其實而不容有一毫之妄." 曰: "大綱也是如此. 然就裏面詳細處, 須要十分透徹, 無一不盡."【淳】

19:48 ▲[54] "聖人說話, 開口見心, 必不只說半截, 藏着半截. 學者觀書, 且就本文上看取正意, 不須立說別生枝蔓. 唯能認得聖人句中之意, 乃善."【必大】

19:49 聖人之言, 雖是平說, 自然周徧, 亭亭當當, 都有許多四方八面, 不少了些子意思. 若門人弟子之言, 便有不能無偏處. 如夫子言"文質彬彬", 自然停當恰好. 子貢"文猶質也, 質猶文也", 便說得偏. 夫子言"行有餘力, 則以學文", 自然有先後輕重, 而子夏"雖曰未學, 吾必謂之學", 便有廢學之弊.【端蒙】

19:50 ▲[55]爲學, 也是難. 若不從文字上做工夫, 又茫然不知下手處, 若是字字而求, 句句而論, 不於身心上著切體認, 則又無所益. 且如說"我欲仁, 斯仁至矣", 何故孔門許多弟子, 聖人竟不曾以仁許之? 雖以顏子之賢, 而尚不違於三月之後, 聖人乃曰"我欲斯至." 盍亦於日用體驗, 我若欲仁, 其心如何? 仁之至不至, 其意又如何? 又如說非禮勿視聽言動, 盍亦每事省察[56]何者爲非禮, 而吾又何以能勿視勿聽? 若每日如此讀書, 庶幾看得道理自我心而得, 不爲徒言也.【壯祖】

19:51 ▲[57] "『孟子』說得段段痛切, 如檢死人相似, 必有箇致命痕. 『孟子』段段有箇致命處, 看得這般處出, 方有精神. 須看其說與我如何, 與今人如何, 須得其切處. ▲[58]【揚 ○讀『孟子』.】 19:52[59] "'學問

54) ▲: 或講『論語』, 因曰:
55) ▲: 人之
56) 察: 徽州本에서는 이 뒤에 何者爲禮가 더 있다.
57) ▲: 德先問『孟子』. 曰:

之道無它, 求其放心而已.' 又曰: '有是四端於我者, 知皆擴而充之.' 孟子說得最好. 人之二[60]心, 在外者又要收八[61]來, 在內者又要推出去. 『孟子』一部書皆是此意." 又以手作推之狀, 曰: "推, 須是用力如此." 又曰: "立天之道, 曰陰與陽, 立地之道, 曰柔與剛, 立人之道, 曰仁與義." 又曰: "世間只有箇闔闢內外, 人須自體察取."【祖道 ○人傑錄云: "▲[62]一收一放, 一闔一闢, 道理森然." ▲[63]】

19:53 讀『孟子』, 非惟看它義理, 熟讀之, 便曉作文之法. 首尾照應, 血脈通貫, 語意反覆, 明白峻潔, 無一字閑. 人若能如此作文, 便是第一等文章.【僩】

19:54 『孟子』[64]之書, 明白親切, 無甚可疑者. 只要▲[65]熟讀, 須教它在吾肚中先千百轉, 便自然純熟. 某初看時, 要逐句去看它, 便覺得意思淺迫. 至後來放寬看, 卻有條理. 然此書不特是義理精明, 又且是甚次第文章. 某因讀, 亦知作文之法.【植】[66]

19:55 『孟子』, 全讀方見得意思貫. 某因讀『孟子』, 見得古人作文法, 亦有似今人間架.【淳】

---

58) ▲: 今一切看得都困了."

59) 19:52 : 『小分』에서는 19:51에 이어져 한 항목으로 편집되어 있다.

60) 二: 英祖刊本・成化本・賀本에서는 一로 되어 있다.

61) 八: 『朱子語類』에서는 入으로 되어 있다.【附箋紙】"要收八來"之"八"字, 乃入字之誤.

62) ▲: 心在外者, 要收向裏, 心在內者, 卻推出去. 『孟子』云, 學問求放心, 四端擴而充之. 一部『孟子』皆是此意. 大抵

63) ▲: 賜錄云: "因說仁義, 曰: '只有『孟子』說得好. 如曰: "學問之道無他, 求其放心而已." 此是從外面收入裏來. 如曰: "人之有是四端, 知皆擴而充之." 又要從裏面發出去. 凡此出入往來, 皆由箇心.' 又曰: '所謂"立天之道, 曰陰與陽, 立地之道, 曰柔與剛, 立人之道, 曰仁與義", 都是恁地.'"

64) 『孟子』: 徽州本에서는 이 앞에 先生告學者云이 더 있다.

65) ▲: 日日

66) 【植】: 成化本에서는【椬】으로 되어 있다.

19:56 "『孟子』文章妙不可言." 文蔚曰: "他每段自有一二句綱領, 其後只是解此一二句." 曰: "此猶是淺者, 其他自有妙處. 惟老蘇文深得其妙."【文蔚】

19:57 『孟子』之文, 恐一篇是一人作. 又疑孟子親作, 不然, 何其妙也? 豈有如是人出孟子之門, 而沒世不聞耶?【方】

19:58 『集注』且須熟讀, 記得.【方子 ○『集注』】

19:59 語吳仁父曰: "某『語・孟集注』, 添一字不得, 減一字不得, 公子細看." 又曰: "不多一箇字, 不少一箇字."【節】

19:60 『論語集注』[67)]如秤[68)]上稱來無異, 不高些, 不低些. 自是學者不肯用工看. 如看得透, 存養熟, 可謂甚生氣質.【友仁】

19:61 "某於『論』・『孟』, 四十餘年理會, 中間逐字稱等, 不敎偏些子. 學者將注處, 宜子細看." 又曰: "解說聖賢之言, 要義理相接去, 如水相接去, 則水流不礙." ▲[69)]

19:62 讀書別無法, 只管看, 便是法. 正如𪘨[70)]人相似, 捱來捱去[71)]. 自家都未要先立意見, 且虛心只管▲[72)]. 看來看去, 自然曉得. 某那『集注』都詳備, 只是要人看無一字閑. 那箇無緊要閑底字, 越要看. 自家意裏說是閑字, 那箇正是緊要字. 上蔡云"人不可無根", 便是難. 所

---

67) 『論語集注』: 徽州本에서는 『論孟集注』로 되어 있다.
68) 秤: 賀本에서는 稱으로 되어 있다.
69) ▲: 後又云: "『中庸解』每番看過, 不甚有疑. 『大學』則一面看, 一面疑, 未甚愜意, 所以改削不已."【過】
70) 𪘨: 徽州本에서는 挨로 되어 있다.
71) 捱來捱去: 徽州本에서는 挨來挨去自然曉得로 되어 있다.
72) ▲: 看

謂根者, 只管看, 便是根, 不是外面別討箇根來.【僩】

19:63 ▲[73)]

19:64 問: "『集注』引前輩之說, 而增損改易本文, 其意如何?" 曰: "其說有病, 不欲更就下面安注脚." 又問: "解文義處, 或用'者'字, 或用'謂'字, 或用'猶'字, 或直言, 其輕重之意如何?" 曰: "直言, 直訓如此. 猶者, 猶是如此." 又問"者"·"謂"如何. 曰: "是恁地."【節】

19:65 『集注』中有兩說相似而少異者, 亦要相資. 有說全別者, 是未定也.【淳】

19:66 或問: "『集注』有兩存者, 何者爲長?" 曰: "使某見得長底時, 豈復存其短底? 只爲是二說皆通, 故幷存之. 然必有一說合得聖人之本意, 但不可知爾." 復曰: "大率兩說, 前一說勝."【拱壽】

19:67 問: "『語解』胡氏爲誰?" 曰: "胡明仲也. 向見張欽夫殊不取其說, 某以爲不然. 他雖有未至處, 若是說得是者, 豈可廢?"【廣】

19:68 『集注』中曾氏是文淸公, 黃氏是黃祖舜, 晁氏是晁以道, 李氏是李光祖.【廣】

19:69 程先生『經解』, 理在解語內. 某集注『論語』, 只是發明其辭, 使人玩味經文, 理皆在經文內. 『易傳』不看本文, 亦是自成一書. 杜預『左傳解』, 不看經文, 亦自成一書. 鄭『箋』不識經大旨, 故多隨句解.

---

73) ▲: 前輩解說, 恐後學難曉, 故『集注』盡撮其要, 已說盡了, 不須更去注脚外又添一段說話. 只把這箇熟看, 自然曉得, 莫枉費心去外面思量.

19:70 『論語集注』蓋某十年前本, 爲朋友間傳去, 鄉人遂不告而刊. 及知覺, 則已分裂四出, 而不可收矣. 其間多所未穩, 然[74]誤看讀. 要之, 聖賢言語, 正大明白, 本不須恁地傳注. 正所謂"記其一而遺其百, 得其粗而遺其精"者也.【道夫】

19:71 或述『孟子集注』意義以問. 曰: "大概如此, 只是要熟, 須是日日認過." 述『大學』以問. 曰: "也只如此, ▲[75] 讀新底了, 反轉看舊底, 教十分熟後, 自別有意思." 又曰: "如雞伏卵, 只管日日伏, 自會成."【賀孫】

19:72 初解『孟子』時, 見自不明. 隨著前輩說, 反不自明, 不得其要者多矣.【方】

19:73 『集注』乃『集義』之精髓.【道夫 ○『集注』·『集義』】

19:74 問: "『孟子』比『論語』卻易看, 但其間數段極難曉." 曰: "只「盡心篇」語簡了, 便難理會. 且如'養氣'一章, 被它說長了, 極分曉, 只是人不熟讀." 問: "『論語』浩博, 須作年歲間讀, 然中間切要處先理會, 如何?" 曰: "某近來作『論語略解』, 以『精義』太詳, 說得沒緊要處, 多似空費工夫, 故作此書, 而今看得, 若不看『精義』, 只看『略解』, 終是不浹洽." 因舉五峰舊見龜山, 問爲學之方. 龜山曰: "且看『論語』." 五峰問: "『論語』中何者爲要?" 龜山不對. 久之, 曰: "熟讀." 先生因曰: "如今且只得挨將去."【榦】

19:75 諸朋友若先看『集義』, 恐未易分別得, 又費工夫. 不如看『集注』, 又恐太易了. 這事難說. 不奈何, 且須看『集注』教熟了, 可更看

74) 然: 『朱子語類』에서는 煞로 되어 있다.【頭註】煞
75) ▲: 只是要日日認過.

『集義』. 『集義』多有好處, 某卻不編出者, 這處卻好商量, 卻好子細看所以去取之意如何. 須是看得『集義』, 方始無疑. 某舊日只恐『集義』中有未曉得義理, 費盡心力, 看來看去, 近日方始都無疑了.【賀孫】

19:76 ▲[76] "便是許多緊要底言語, 都不曾說得出. 且說『精義』是許多言語[77], 而『集注』能有幾何言語? 一字是一字. 其間有一字當百十字底, 公[78]都把做等閑看了. 聖人言語本自明白, 不須解說. 只爲學者看不見, 所以做出注解與學者省一半力. 若注解上更看不出, 卻如何看得聖人意出?" 又曰: "凡看文字, 端坐熟讀, 久久[79]於正文[80]邊自有細字注脚[81]迸出來[82], 方是自家見得親切[83]. 若只於外面捉摸箇影子說, 終不濟事. 聖人言語只熟讀玩味, 道理自不難見. 若果曾著心, 而看他道理不出, 則聖賢爲欺我矣. 如老蘇輩, 只讀『孟』·『韓』二子, 便翻繹得許多文章出來. ▲[84]

19:77 ▲[85]

19:78 因論『集注論語』[86], 曰: "於學者難說. 看衆人所說七縱八横,

---

76) ▲: 因說"吾與回言"一章, 曰:
77) 且說『精義』是許多言語: 徽州本에서는 林賜錄是作有라는 설명이 붙어 있다.
78) 公:【附箋紙】"字底分都"之分字, 乃公字之誤. *『小分』에서는 分을 公으로 고쳤음을 부전지의 내용을 통해 알 수 있다.
79) 久久: 徽州本에서는 久之로 되어 있다.
80) 正文: 徽州本에서는 文字로 되어 있다.
81) 注脚: 徽州本에는 없다.
82) 久久於正文邊自有細字注脚迸出來: 徽州本에서는 林賜錄此句, 作久久於正文中自迸出小字注脚來라는 설명이 붙어 있다.
83) 方是自家見得親切: 徽州本에서는 親切이 없고 所附林賜錄無"自家"·"親切"四字.라는 설명이 붙어 있다.
84) ▲: 且如攻城, 四面牢壯, 若攻得一面破時, 這城子已是自家底了, 不待更攻得那三面, 方入得去. 初學固是要看『大學』·『論』·『孟』. 若讀得『大學』一書透徹, 其他書都不費力, 觸處便見." 喟然歎者久之, 曰: "自有這箇道理, 說與人不信."
85) ▲: 問: "近看『論語精義』, 不知讀之當有何法?" 曰: "別無方法, 但虛心熟讀而審擇之耳."【人傑 ○『集義』】

如相戰之類, 於其中分別得甚妙. 然精神短者, 又難教如此. 只教看『集義』[87], 又皆平易了, 興起人不得."【振】

19:79 ▲[88]

19:80 問: "『精義』有說得高遠處▲[89]." 曰: "也須都子細看, 取予卻在自家. 若以爲高遠而略之, 便鹵莽了."【榦】

19:81 ▲[90] 今有一般學者, 見人恁麼說, 不窮究它說是如何, 也去立一說來攙說, 何益於事? 只贏得一箇理會不得爾.【廣】

19:82 ▲[91]『論語精義』, 且只將諸說相比並看, 自然比得正道理出來. 如識高者, 初見一條, 便能判其是非. 如未能, 且細看, 如看按款相似. 雖未能便斷得他按, 然已是經心盡知其情矣. 只管如此, 將來粗急之心亦磨礱得細密了. 橫渠云: "文欲密察, 心欲洪放." 若不痛做工夫, 終是難入.【德明】

19:83 看『精義』, 須寬着心, 不可看殺了. 二先生說, 自有相關透處, 如伊川云: "有主則實." 又云: "有主則虛." 如孟子云: "生於其心, 害於其政, 發於其政, 害於其事." 又云: "作於其心, 害於其事, 作於其事, 害於其政." 自當隨文・隨時・隨事看, 各有通徹處.【德明】

---

86) 『集注論語』: 賀本에서는 『集義論語』로 되어 있다.

87) 『集義』: 賀本에서는 『集注』로 되어 있다.

88) ▲: 問: "要看『精義』, 不知如何看?" 曰: "只是逐段子細玩味. 公記得書否? 若記不得, 亦玩味不得. 橫渠云: '讀書須是成誦.'" 又曰: "某近看學者須是專一. 譬如服藥, 須是專服一藥, 方見有效."【榦】

89) ▲: , 不知如何看

90) ▲: 讀書, 且須熟讀玩味, 不必立說, 且理會古人說教通透. 如『語・孟集義』中所載諸先生語, 須是熟讀, 一一記放心下, 時時將來玩味, 久久自然理會得.

91) ▲: 讀書, 須痛下工夫, 須要細看. 心粗性急, 終不濟事. 如看

19:84 讀『論語』, 須將『精義』看. 先看一段, 次看第二段, ▲[92]比較孰得孰失, 孰是孰非. 又將第三段比較如前. 又總一章之說而盡比較之. 其間須有一說合聖人之意, 或有兩說, 有三說, 有四五說▲[93], 又就其中比較疏密. 如此, 便是格物. 及看得此一章透徹, 則知便至. 或自未有見識, 只得就這裏挨. 一章之中, 程子之說多是, 門人之說多非. 然初看時, 不可先萌此心, 門人所說亦多有好處. 蜚卿曰: "只將程子之說爲主, 如何?" 曰: "不可, 只得以理爲主, 然後看它底. 看得一章直是透徹了, 然後看第二章, 亦如此法. 若看得三四篇, 此心便熟, 數篇之後, 迎刃而解矣. 某嘗苦口與學者說得口破, 少有依某去着力做工夫者. ▲[94]

19:85 ▲[95]如『精義』中, 惟程先生說得確當. 至其門人, 非惟不盡得夫子之意, 雖程子之意, 亦多失之. 今讀『語』·『孟』, 不可便道『精義』都不是, ▲[96] 須借它做階梯去尋求, 將來自見道理. 知得它是非, 方是自己所得處. 如張無垢文字淺近, 卻易見也. 問: "如何辨得似是而非?" 曰: "『遺書』所謂義理栽培者, 是也. 如此用工, 久之自能辨得." 【德明】[97]

19:86 『論語』中, 程先生及和靖說, 只於本文添一兩字, 甚平淡, 然意味深長, ▲[98] 【淳】

---

92) ▲: 將兩段
93) ▲: 皆是
94) ▲: 且如'格物·致知'之章, 程子與門人之說, 某初讀之, 皆不敢疑. 後來編出細看, 見得程子諸說雖不同, 意未嘗不貫. 其門人之說, 與先生蓋有大不同者矣." 【驤】
95) ▲: 讀書考義理, 似是而非者難辨. 且
96) ▲: 都廢了.
97) 【德明】: 徽州本에서는 이 앞에 【『遺書』第二卷云: 學者識得仁體, 實有諸己. 要義理栽培, 如求經義, 皆栽培之意.】가 더 있다.
98) ▲: 須當子細看. 要見得它意味, 方好.

19:87 問: "『精義』中, 尹氏說多與二程同, ▲[99]" 曰: "二程說得已明, 尹氏只說出." 問: "謝氏之說多華掞." 曰: "胡侍郎嘗教人看謝氏『論語』, 以其文字上多有發越處." 【敬仲】

19:88 先生問: "尋常『精義』, 自二程外, 孰得?" 曰: "自二程外, 諸說恐不相上下." 又問蜚卿. 答曰: "▲[100] 惟龜山勝." 曰: "龜山好引證, 未說本意, 且將別說折過. 人若看它本說未分明, 併連所引失之. 此亦是一病." 又問仲思. 答曰: "▲[101]惟和靖之說爲簡當." 曰: "以某觀之, 卻是和靖說得的當. 雖其言短淺, 時說不盡, 然卻得這意思." 頃之, 復曰: "此亦大綱偶然說到此, 不可以爲定也." 【驤】[102]

19:89 明道說道理, 一看便好, 愈看而愈好. 伊川猶不無難明處, 然愈看亦愈好. 上蔡過高, 多說人行不得底說話. 楊氏援引十件, 也要做十件引上來. 范氏一箇寬大氣象, 然說得走作, 便不可曉. 【端蒙】

19:90 上蔡『論語解』, 言語極多. 看得透時, 它只有一兩字是緊要. 【賜】

19:91 問: "謝氏說多過, 不如楊氏說最實." 曰: "尹氏語言最實, 亦多是處. 但看文字, 亦不可如此先懷權斷於胸中. 如謝氏說, 十分有九分過處, 其間亦有一分說得恰好處, 豈可先立定說? ▲[103]問: "理如何玩?" 曰: "今當以小說明之. 一人欲學相氣色, 其師與五色線一弗[104], 令入暗室中認之. 云: '辨得此五色出, 方能相氣色.' 看聖人意旨, 亦要

---

99) ▲: 何也?

100) ▲: 自二程外,

101) ▲: 據某, 恐自二程外,

102) 【驤】: 賀本에는 없다.

103) ▲: 今且須虛心玩理." 大雅

104) 弗: 英祖刊本 · 成化本 · 賀本에서는 串으로 되어 있다.

如此精專, 方得之. 到自得處, 不從說來, 雖人言亦不信. 蓋開導雖假人言, 得處須是自得, 人則無如之何也. 孔子言語簡, 若欲得之, 亦非用許多工夫不得. 孟子之言多, 若欲得之, 亦合用許多工夫. 孔子言簡, 故意廣無失. 孟子言多意長, 前呼後喚, 事理俱明, 亦無失. 若他人語多, 則有失. 某今接士大夫, 答問多, 轉覺辭多無益."【大雅】

19:92 原父『論語解』, 緊要處只是莊・老.【必大 ○諸家解.】

19:93 先生問: "曾文清有『論語解』, 曾見否?" 曰: "嘗見之, 其言語簡." 曰: "其中極有好處, 亦有先儒道不到處. 某不及識之, 想是一精確人, 故解書言多簡." 某曰: "聞之, 文清每日早, 必正衣冠, 讀『論語』一篇." 曰: "此所謂'學而時習之', 與今日學者◇[105]『論語』不同."【可學】

19:94 建安 吳才老作『論語十說』, 世以爲定夫作者, 非也. 其功淺, 其害亦淺. 又爲『論語考異』, 其功漸深, 而有深害矣. 至爲『語解』, 卽以己意測度聖人, 謂聖人爲多詐輕薄人矣. 徐蕆爲刊其書越州以行.【方】

19:95 學者解『論語』, 多是硬說. 須習熟, 然後有箇入頭處.【季札】

19:96『孟子疏』, 乃邵武士人假作. 蔡季通識其人. 當孔穎達時, 未尙『孟子』, 只尙『論語』・『孝經』爾. 其書全不似疏樣, 不曾解出名物制度, 只繞纏趙岐之說耳.【璘】

19:97 問伊川說"讀書當觀聖人所以作經之意, 與聖人所以用心"一條. 曰: "此條, ▲[106] 最爲親切. 今人不會讀書▲[107] 只緣不曾求聖人

105) ◇: 讀【附箋紙】"今日學者"下有"讀"字簡脫.

之意, 纔拈得些小, 便把自意硬入放裏面, 胡說亂說. 故教它就聖人意上求▲108)." 問: "'易其氣'▲109)" 曰: "只是放教寬慢. 人110)人多要硬把捉教住, 如有箇難理會處, 便要刻書111)百端討出來, 枉費心力. 少刻只說得自底, 那裏見聖人意?" 又曰: "固是要思索, 思索那曾恁地?" 又擧"闕其疑"一句, 歎美之.【賀孫 ○『集注』「讀論孟法」.】

19:98 先生嘗擧程子讀『論』·『孟』切己之說, 且如"學而時習之", 切己看時, 曾時習與否? 句句如此求之, 則有益矣. 余正甫云: "看『中庸』·『大學』, 只得其綱而無目, 如衣服只有領子." 過當時不曾應. 後欲問: "謂之綱者, 以其目而得名, 謂之領者, 以其衣而得名. 若無目, 則不得謂之綱矣. 故先生編『禮』, 欲以「中庸」·「大學」·「學記」等篇置之卷端爲『禮本』." 正甫未之從.【過】

19:99 問: "孔子言語句句是自然, 孟子言語句句是事實." 曰: "孔子言語一似沒緊112)要說出來, 自是包含無限道理, 無些滲漏. 如云'道之以政, 齊之以刑, 道之以德, 齊之以禮113)'數句, 孔子初不曾着氣力, 只似沒緊要說出來, 自是委曲詳盡, 說盡道理, 更走它底不得. 若孟子便用着氣力, 依文按本, 據事實說無限言語, ▲114) 此所以爲聖賢之別▲115). 孟子說話, 初間定用兩句說起箇頭, 下面便分開兩段說去, 正如而今人做文字相似."【僩】

---

106) ▲: 程先生說讀書,
107) ▲: 是如何?
108) ▲: , 看如何
109) ▲: 是如何?
110) 人: 『朱子語類』에서는 今으로 되어 있다.
111) 書: 『朱子語類』에서는 畫으로 되어 있다.
112) 沒: 【附箋紙】"一似文緊要"之文字, 乃"沒"字之誤. *『小分』에서는 원래 文자로 되어 있던 것을 고쳤음을 부전지의 내용을 통해서 알 수 있다.
113) 禮: 成化本에서는 理로 되어 있다.
114) ▲: 方說得出.
115) ▲: 也

19:100 『論語』之書, 無非操存·涵養之要, 七篇之書, 莫非體驗·擴充之端. 蓋孔子大槪使人優游饜飫, 涵泳諷味, 孟子大槪是要人撮[116]索力討, 反己自求. 故伊川曰: "孔子句句是自然, 孟子句句是事實", 亦此意也. 如『論語』所言"居處恭, 執事敬, 與人忠", "出門如見大賓, 使民如承大祭", "非禮勿視聽言動"之類, 皆是存養底意思. 孟子言性善, 存心, 養性, 孺子入井之心, 四端之發, 若火始然, 泉始達之類, 皆是要體認得這心性下落, 擴而充之. 於此等類語玩味, 便自可見.【端蒙】

19:101 問: "齊 景公欲封孔子以尼谿之田, 晏嬰不可. 楚 昭王欲封孔子以書社之地, 子西不可. 使無晏嬰·子西, 則夫子還受之乎[117]?" 曰: "旣仕其國, 則須有采地. 受之, 可也."【人傑 ○『集注』「序說」】

19:102 楚 昭王招孔子, 孔子過陳·蔡被圍. 昭王之招無此事. 鄒·魯間陋儒尊孔子之意如此. 設使◇[118]昭王招, 陳·蔡乃其下風耳, 豈敢圍? 張無垢所謂者, 非.

116) 撮: 『朱子語類』에서는 探으로 되어 있다.
117) 乎: 成化本에서는 子로 되어 있고 徽州本에서는 否로 되어 있다.
118) ◇: 是【附箋紙】☐有"是"字.

『朱子語類』 卷第二十

「『論語』二」

「「學而」篇上」

▲[1]

20:1 今讀『論語』, 且熟讀「學而」一篇, 若明得一篇, 其餘自然易曉. 【壽昌】

20:2 「學而」篇皆是先言自脩, 而後親師友. "有朋自遠方來", 在"時習"之後, "而親仁", 在"入則孝, 出則弟"之後, "就有道而正焉", 在"食無求飽, 居無求安"之後, "毋友不如己者", 在"不重則不威"之後. 今人都不去自脩, 只是專靠師友說話. 【璘】

20:3 入道之門, 是將自家身己入那道理中去, 漸漸相親, 久之與己爲一, 而今人道理在這裏, 自家身在外面, 全不曾相干涉. 【僩】

「學而時習之章」[2]

20:4 劉問"學而時習之." 曰: "今且理會箇'學', ▲[3]甚底, 然後理會

---

1) ▲: 賀本에서는 제목으로 「學而時習之章」이 있다.
2) 「學而時習之章」: 賀本에서는 20:1의 앞에 나타난다.
3) ▲: 是學箇

'習'字·'時'字. 蓋人只有一箇心[4], 天下之理皆聚於此, 此是主張自家一身者. 若心不在, 那裏得理來? 惟學之久, 則心與理一, 而周流汎[5]應, 無不曲當矣. 且說爲學有多少事, 孟子只說'學問之道, 求其放心而已矣.' 蓋爲學之事雖多有頭項, 而爲學之道, 則只在求放心而已. 心若不在, 更有甚事?"【雉[6] ○學習.】

20:5 書也只是熟讀, 常記在心頭, 便得. 雖孔子敎人, 也只是"學而時習之." 若不去時習, 則人都不奈你何. 這[7]是孔門弟子編集, 把這箇作第一件. 若能時習, 將次自曉得. 十分難曉底, 也解曉得.【義剛】

20:6 或謂[8]: "'學而時習', 不是『詩』·『書』·禮樂." "固不是『詩』·『書』·禮樂, 然無『詩』·『書』·禮樂, 亦不得. 聖人之學與俗學不同, 亦只爭這些子. 聖賢敎人讀書, 只要知所以爲學之道. 俗學讀書, 便只是讀書, 更不理會爲學之道是如何."【淳】

20:7 問: 注云[9]: '學之爲言, 效也.' '效'字所包甚廣." 曰: "是如此[10]. 博學, 謹[11]思, 審問, 明辨, 篤行, 皆學效之事也."【驤[12] ○容錄云: "人凡有可效處, 皆當效之"[13].】

---

4) 有一箇心: 賀本에서는 有箇心으로 되어 있다.
5) 汎: 賀本에서는 泛으로 되어 있다.
6) 雉:【附箋紙】小字"雉"下"學"字, 不書.
7) 這: 賀本에서는 只로 되어 있다.
8) 謂: 賀本에서는 問으로 되어 있다.
9) 問: 注云: 徽州本에서는 先生問: "驟看『論語』, 有所疑否?" 曰: "某看讀所注學而時習之"로 되어 있다.
10) 是如此: 徽州本에서는 是 앞에 效字所包甚廣也가 더 있다.
11) 謹: 賀本에서는 愼으로 되어 있다.
12) 驤: 徽州本에서는 道夫로 되어 있다.
13) 容錄云: "人凡有可效處, 皆當效之": 徽州本에서는 별도의 항목으로 다음과 같이 되어 있다. 容問: "『集注』謂: 學也者, 效於人以明善, 而人之立志, 便當效聖人否?." 曰: "未便說到聖人, 人凡有可效處皆效之."【容】

20:8 吳知先問'學習'二字. 曰: "'學', 是未理會▲[14]時[15], 便去學, '習', 是已學了[16], 又去重學. 非是學得了, 頓放在一處, 卻又去習也.[17] 只是一件事.[18] '如鳥數飛', 只是飛了又飛[19], 所謂'鷹乃學習'是也[20]." 先生因言[21]: "此等處[22], 添入『集注』中更好[23]."【銖】

20:9 '未知未能而求知求能'之謂學, '已知已能而行之不已'之謂習.【義剛】[24]

20:10 讀書·講論·修飭, 皆要時習.【銖】

20:11 "學而時習之", 雖是講學·力行平說, 然看他文意, 講學意思終較多. 觀"則[25]以學文", "雖曰未學", 則可見.【伯羽】

20:12 或問"學而時習之." 曰: "學是學別人, 行是自家行. 習是行未熟, 須在此習行之也."【履】

20:13 問: "時習, 是溫尋其義理? 抑習其所行?" 曰: "此句所包廣. 只

---

14) ▲: 得
15) 時: 徽州本에서는 時 뒤에 底道理가 더 있다.
16) 是已學了: 徽州本에서는 了 뒤에 底가 더 있다.
17) 非是學得了, 頓放在一處, 卻又去習也.: 徽州本에는 없다.
18) 只是一件事.: 徽州本에서는 一 앞에 這가 더 있다.
19) 只是飛了又飛: 徽州本에서는 只是 앞에 習이 더 있다.
20) 所謂'鷹乃學習'是也: 徽州本에서는 銖曰: 鷹乃學習, 正是此義. 로 되어 있다.
21) 先生因言: 徽州本에서는 先生曰: 然只爲目昏, 看文字不得. 으로 되어 있다.
22) 此等處: 徽州本에서는 此 앞에 如가 더 있다.
23) 添入『集注』中更好: 徽州本에서는 好 뒤에 다음의 내용이 더 있다. 但今不暇理會也. 且如曾子三省處看來, 是當下便省, 省得還有不是處便改. 不是事過後方始省, 省了卻又休也. 只是合下省得便與他理會耳.
24)【義剛】:【附箋紙】"美剛"之美字, "義"字之誤. *『小分』에서는 분명히 義剛으로 되어 있다. 교정이 이루어졌음을 알 수 있다.
25) 則: 成化本에서는 測으로 되어 있다.

是學做此一件事, 便須習此一件事. 且如學'克己復禮', 便須朝朝暮暮習這'克己復禮.' 學, 效也, 是效其人. 未能孔子, 便效孔子, 未能周公, 便效周公. 巫·醫亦然."【淳】

20:14 學習, 須是只管在心, 常常習. 若習得專一, 定是脫然通解.【賀孫】

20:15 且如今日說這一段文字了, 明日又思之, 一番思了, 又第二·第三番思之, 便是時習. 今學者才說了便休.【學蒙】

20:16 問: "如何是時習?" 曰: "如寫一箇'上'字, 寫了一箇, 又寫一箇, 又寫一箇." 當時先生亦逐一書此"上"字[26]於掌中.【節】

20:17 國秀問: "格物·致知是學, 誠意·正心是習, 學是知, 習是行否?" 曰: "伊川云: '時復紬[27]繹, 浹洽於中, 則說也.' 這未說到行. 知, 自有知底學, 自有知底習, 行, 自有行底學, 自有行底習. 如小兒寫字, 知得字合恁地寫, 這是學, 便須將心思量安排, 這是習. 待將筆去寫成幾箇字, 這是行底學, 今日寫一紙, 明日寫一紙, 又明日寫一紙, 這是行底習. 人於知上不習, 便要▲[28]行, 如何得? 人於知上不習, 非獨是知得不分曉, 終不能有諸已."【賀孫】

20:18 問: "程子▲[29]云'時復思繹', 是就知上習, '所學在我', 是就行上習否?" 曰: "是如此."【柄】

20:19 "浹洽"二字, 宜子細看. 凡於聖賢言語思量透徹, 乃有所得.

---

26) 字: 賀本에는 없다.
27) 紬: 英祖刊本·賀本·萬曆本에서는 思로 되어 있다.
28) ▲: 去
29) ▲: 二說: 一

譬之浸物於水. 水若未入, 只是外面稍濕, 裏面依前乾燥. 必浸之久, 則透內皆濕. 程子言"時復思繹, 浹洽於中, 則說", 極有深意.【先生令諸生同講"學而時習之, 不亦說乎?", "須以近者譬得分曉乃可. 如小子初授讀書, 是學也. 令讀百數十遍[30], 是時習也. 旣熟, 則不須[31]煩惱, 覆不得[32], 此便是說也. 書字亦然. 『或問』中云: '學是未知而求知底工夫, 習是未能而求能底工夫.' 以此推之, 意可得矣." 『雜說』載魏帝"三三橫, 兩兩縱, 誰能辨之賜金鑑[33]"之令. 答者云: "吳人沒水自云工, 屠兒割肉與稱同, 伎兒擲繩在虛空[34]." 蓋有此類三句[35]. 陳思王見三人答後, 卻云: "臣解得是'習'字." 亦善謔矣. 皆說習熟之意. 先生◇[36]之. ○過】

20:20 ▲[37] 若伊川之說, 則專在思索而無力行之功, 如上蔡之說, 則專於力行而廢講究之義, 似皆偏了.【道夫】

20:21 問: "程云: ▲[38] 時復思繹, 浹洽於中, 則說也.' ▲[39]只就義理處說. 後添入上蔡'坐如尸'一段, 此又就躬行處說, 然後盡時習之意." 曰: "某備兩說, 某意可見. 兩段者各只說得一邊, 尋繹義理與居處皆當習, 可也." ▲[40]問: ▲[41] 如何是數飛之義?" 曰: "此是『說文』'習'字從'羽.' 「月令」'鷹乃學習', 只是飛來飛去也."【寓】

---

30) 百數十遍:【附箋紙】小字"百数七遍"之七字, 乃"十"字之誤.
31) 須: 『朱子語類』에는 없다.
32) 覆不得: 英祖刊本・賀本에서는 覆背得으로 되어 있다.
33) 鑑: 『朱子語類』에서는 鐘으로 되어 있다.
34) 屠兒割肉與稱同, 伎兒擲繩在虛空:【附箋紙】"割肉與□同", 疑稱字. "□兒擲繩", 疑跛字. "善纔"之纔字, 疑謔字. "習熟"之下有"意"字.
35) 蓋有此類三句: 賀本에서는 蓋有類三句로 되어 있다.
36) ◇: 然
37) ▲: "學而時習之",
38) ▲: '習, 重習也.
39) ▲: 看來
40) ▲: 後又
41) ▲: '習, 鳥數飛也',

20:22 問: "▲[42] 伊川說'習'字, 就思上說, 范氏・游氏說, 都就行上說.『集注』多用思意, 而附謝氏'坐如尸, 立如齊'一段, 爲習於行. ▲[43] 不思而行, 則未必中道, 思得慣熟了, 卻行無不當者." 曰: "伊川意是說習於思. 天下事若不先思, 如何會行得? 說習於行者, 亦不是外於思. 思與行亦不可分說."【賀孫】

20:23 ▲[44] 學時▲[45]知得"坐如尸, 立如齊." ▲[46]做時, 坐常▲[47]如尸, 立常▲[48]如齊, 此是習之事也.【卓】

20:24 上蔡▲[49] 只是儱侗說成一箇物, 恁地習. 以見立言最難. 某[50]謂, 須坐常常照管教如尸, 方始是習, 立常常照管教如齊, 方始是習. 逐件中各有一箇習, 若恁散說, 便寬了.【淳】

20:25 ▲[51]謝氏▲[52]只將這兩句來儱侗說了. 不知這兩句裏面尚有多少事, 逐件各有箇習在. ▲[53]【義剛】

20:26 方叔弟問: "平居時習, 而習中每覺有愧, 何也?" 曰: "如此, 只是工夫不接續也. 要習, 須常令工夫接續則得." 又問尋求古人意思. 曰: "某嘗謂學者須是信, 又須不信. 久之, 卻自尋得箇可信底道理, 則

---

42) ▲: '學而時習之',
43) ▲: 據賀孫看,
44) ▲: "坐如尸, 立如齊."
45) ▲: 是
46) ▲: 及
47) ▲: 是
48) ▲: 是
49) ▲: 謂: "'坐如尸', 坐時習, '立如齊', 立時習."
50) 某: 成化本에서는 其로 되어 있다.
51) ▲: "坐如尸, 立如齊", 謝氏說得也疏率. 這箇須是說坐時常如尸, 立時常如齊, 便是. 今
52) ▲: 卻
53) ▲: 立言便也是難.

是眞信也."【大雅】

20:27 ▲[54] 須是自己時習, 然後知心裏說處.【祖道 ○說.】

20:28 或問"不亦說乎?". 曰: "不但只是學道有說處. 今人學寫字, 初間寫不好, 到後來一旦寫得好時, 豈不歡喜? 又如人習射, 初間都射不中, 到後來射得中時, 豈不歡喜? 大抵學到說時, 已是進一進了. 只說後, 便自住不得. 且如人過險處, 過不得, 得人扶持將過. 纔過得險處了, 見一條平坦路, 便自歡喜行將去矣."【時擧】

20:29 問: "『集注』謂[55]'中心喜悅, 其進自不能已.'" 曰: "▲[56] 今人所以或作或輟者, 只緣是不曾到說處. 若到說處, 自住不得. ▲[57]夫子只用說'學而時習'一句[58], 下面事自節節可見."【明作】

20:30 問: "'有朋自遠方來[59]', 莫是爲學之驗否?" ▲[60] "不必以驗言. 大抵朋友遠來, 能相信從, 吾旣與他共知得這箇道理, 自是樂也." ▲[61] 問: "說與樂如何?" 曰: "說是自家心裏喜說, ▲[62] 樂則發散於外▲[63]." 【謨 ○◇[64]遠方來[65].】

54) ▲: "學而時習之",
55) 『集注』謂: 徽州本에서는 集 앞에 不亦說乎가 더 있다.
56) ▲: 所以欲諸公將文字熟讀, 方始經心, 方始謂之習. 習是常常去習.
57) ▲: 看來
58) 一口:【附箋紙】未詳.
59) 有朋自遠方來: 徽州本에서는 來 뒤에 不亦說乎가 더 있다.
60) ▲: 曰:
61) ▲: 或
62) ▲: 人卻不知,
63) ▲: 也
64) ◇: 朋自
65) 遠方來: 『小分』에서는 원래 遠方朋自來로 되어 있었으나 朋自를 붓으로 지웠다.【附箋紙】小字"遠方朋自來", 錯書.

20:31 ▲[66]'信從者衆, 足以驗己之有得.' 然已旣有得, 何待人之信從, 始爲可樂. 須知己之有得, 亦欲他人之皆得. 然信從者但一二, 亦未能愜吾之意. 至於信之從之者衆, 則豈不可樂?" 又曰: "此段工夫專在時習上做. 時習而至於說, 則自不能已, 後面工夫節節自有來."【人傑】

20:32 問: "▲[67]是樂其善之可以及人乎? 是樂其信從者衆乎?" 曰: "樂其信從者衆也. 大抵私小底[68]人或有所見, 則不肯告人, 持以自多. 君子存心廣大, 己有所得, 足以及人. 若己能之, 以敎諸人, 而人不能, 是多少可悶? 今旣信從者自遠而至, 其衆如是, 安得不樂?" ▲[69] "緊要在'學而時習之', 到說處自不能已. 今人學而不能久, 只是不到可說處. 到學而不能自已, 則久久自有此理."【祖道】

20:33 ▲[70] "須是自家有這善, 方可及人, ▲[71] 看聖人所言, 多少寬大氣象? 常人褊迫, 但聞得些善言, 寫得些文字, 便自寶藏之, 以爲己物, 皆他人所不得知者, 成甚模樣? 今不必說朋來遠方是以善及人. 如自家寫得片文隻字而歸, 人有求者, 須當告之, 此便是以善及人處. 只是待他求方可告之, 不可登門而告之. 若登門而告之, 是往敎也, 便不可如此."【卓】

20:34 ▲[72]如傳得師友些好說話好文字, 歸與朋友, 亦喚做及人. 如有好說話, 得好文字, 緊緊藏在籠篋中, 如何得及人."【容】

---

66) ▲: 鄭齊卿問"以善及人而信從者衆, 故可樂." 曰: "舊嘗有
67) ▲: '以善及人而信從者衆',
68) 底: 『小分』에서는 柢를 底로 고쳤다.
69) ▲: 又云:
70) ▲: 問"以善及人而信從者衆." 曰:
71) ▲: 無這善, 如何及得人?
72) ▲: 問: "'以善及人而信從者衆.' 語初學, 將自謀不暇, 何以及得人?" 曰: "謂

20:35 ▲[73]

20:36 ▲[74] 若楊氏云: "與共講學"之類, ▲[75]不是. 我旣自未有善可及人, 方資人相共講學, 安得"有朋自遠方來"?【璘】

20:37 ▲[76]問"非樂不足以語君子." 曰: "惟樂後, 方能進這一步. 不樂, 則何以爲君子?" ▲[77] "要知▲[78]所學者在我, 故說. ▲[79] 若果能悅, 則樂與不慍, 自可以次而進矣."【時擧】[80]

20:38 ▲[81]

20:39 "說是感於外而發於中[82], 樂則充於中而溢於外."【道夫】

---

73) ▲: 或問: "'有朋自遠方來', 程先生云: '推己之善以及人.' 有舜善與人同底意." 曰: "不必如此思量推廣添將去, 且就此上看. 此中學問, 大率病根在此, 不特近時爲然. 自彪德美來已如此, 蓋三十餘年矣. 向來記得與他說『中庸』鬼神之事, 也須要說此非功用之鬼神, 乃妙用之鬼神, 袞纏說去, 更無了期. 只是向高乘虛接渺說了. 此正如看屋, 不向屋裏看其間架如何, 好惡如何, 堂奧如何, 只在外略一綽過, 便說更有一箇好屋在, 又說上面更有一重好屋在. 又如喫飯, 不喫在肚裏, 卻向上家討一碗來比, 下家討一碗來比, 濟得甚事? 且如讀書, 直是將一般書子細沈潛去理會. 有一看而不曉者, 有再看而不曉者, 其中亦有再看而可曉者. 看得來多, 不可曉者自可曉. 果是不曉致疑, 方問人. 今來所問, 皆是不曾子細看書, 又不曾從頭至尾看, 只是中間接起一句一字來備禮發問. 此皆是應故事來問底, 於己何益? 將來何用? 此最學者大病."【謙】
74) ▲: 程氏云: "以善及人而信從者衆, 故樂." 此說是.
75) ▲: 皆
76) ▲: 吳仁父
77) ▲: 時擧云: "說在己, 樂有與衆共之之意." 曰:
78) ▲: 只要
79) ▲: 人只爭這一句.
80)【時擧】: 徽州本에서는 擧 뒤에【按: 董銖錄同.】이 더 있다.
81) ▲: "說在心, 樂主發散在外." 說是中心自喜說, 樂便是說之發於外者.【僩 ○說樂.】
82) 說是感於外而發於中: 徽州本에서는 說 앞에 問"說在心, 樂主發散在外." 曰: 이 더 있다.

20:40 “人不知而不慍, 不亦君子乎?” 自是不相干涉, 要他知做甚? 自家爲學之初, 便是不要人知了, 至此而後眞能不要人知爾. 若煆錬[83] 未能得十分如此成熟, 心裏固有時被它動. 及到這裏, 方眞箇能人不我知而不慍也.【僩 ○人不知不慍.】

20:41 ▲[84] 爲善乃是自己當然事, 於人何與? 譬如喫飯, 乃是要得自家飽. 我旣在家中喫飯了, 何必問外人知與不知? 蓋與人初不相干也.【拱壽】[85]

20:42 ▲[86] “今有一善, 便欲人知, 不知, 則便有不樂之意. 不特此也, 人有善而人或不知之, 初不干己事, 而亦爲之不平, 況其不知己乎? 此▲[87]不知不慍, 所以爲難.”【時學】

20:43 尹氏云: “學在己, 知不知在人, 何慍之有?” 此等句極好. 君子之心如一泓淸水, 更不起些微波.【人傑】

20:44 ▲[88]“人之待己, 平平恁地過, 亦不覺. 若被人做箇全不足比數底人看待, 心下便不甘, 便是慍. 慍非忿怒之謂.”【賀孫】

20:45 ▲[89] “樂公而慍私. 君子有公共之樂, 無私己之怨.”【時學 ○樂・不慍.】

---

83) 錬: 賀本에서는 煉으로 되어 있다.
84) ▲: “人不知而不慍.”
85)【拱壽】: 徽州本에서는【壽仁】으로 되어 있다.
86) ▲: 問“人不知而不慍.” 曰:
87) ▲: 則
88) ▲: 問: “學者稍知爲己, 則人之知不知, 自不相干, 而『集注』何以言‘不知不慍者逆而難’?” 曰:
89) ▲: 或問“不亦樂乎”與“人不知而不慍.” 曰:

20:46 有朋自遠方來而樂者, 天下之公也, 人不知而慍者, 一己之私也. ▲[90] 樂・慍在物不在己, 至公而不私也.【銖】

20:47 "『或問』謂朋來講習之樂爲樂." 曰: "不似伊川說得大. 蓋此箇道理天下所公共, 我獨曉之, 而人曉不得, 也自悶人. 若'有朋自遠方來', 則信向者衆, 故可樂. 若以講習爲樂, 則此方有資於彼而後樂, 則其爲樂也小矣. 這箇地位大故是高了. '人不知而不慍', 說得容易, 只到那地位自是難. 不慍, 不是大故怒, 但心裏略有些不平底意思便是慍了. 此非得之深, 養之厚者, 不[91]能如此."【夔孫 ○義剛錄同, 見訓揚.】

20:48 聖賢言語平鋪地說在裏[92]. 如夫子說"學而時習之", 自家是學何事, 便須著時習. ▲[93]之果能說否? "有朋自遠方來", 果能樂不樂? 今人之學, 所以求人知之. 不見知, 果能不慍否?【道夫 ○總論.】

20:49 問: "▲[94]到熟後, 自然說否?" 曰: "見得漸漸分曉, 行得漸漸熟, 便說." 又問: "'人不知而不慍', 此是所得深後, 外物不足爲輕重. 學到此方始是成否?" 曰: "此事極難. 慍, 非勃然而怒之謂, 只有些小不快活處便是." 正叔曰[95]: "上蔡言, 此一章是成德事." 曰: "習亦未是成德事. 到'人不知而不慍'處, 方是成德."【文蔚】

20:50 吳子常問"學而時習"一章. 曰: "學只是要一箇習, 習到熟後, 自然喜說不能自已. 今人學[96]所以便住了, 只是不曾習熟, 不見得好.

---

90) ▲: 以善及人而信從者衆, 則樂, 人不己知, 則不慍.
91) 不: 孝宗刊本・英祖刊本・成化本에서는 何로 되어 있다.
92) 裏: 賀本에서는 那裏로 되어 있다.
93) ▲: 習
94) ▲: '學而時習之, 不亦說乎?'
95) 正叔曰: 徽州本에서는 正 앞에 余가 더 있다.
96) 今人學:【附箋紙】"今入學"之入字, 似是"人"字之誤.

此一句卻係切己用功處, 下句卽因人矣." ▲97) 善, 不是自家獨有, 人皆有之. 我習而自得, 未能及人, 雖說未樂."【銖】

20:51 黃問: "「學而」首章是始・中・終之序否?" 曰: "此章▲98)裏面有許多意思曲折, 如何只要將三字來包了? 若然則只消此三字, 更不用許多話. 向日君擧在三山請某人學中講說此, 謂第一節是心與理一, 第二節是己與人一, 第三節是人與天一, 以爲奇論. 可謂作怪."【淳 ○ 黃錄詳, 別出.】

20:52 ▲99)

20:53 問: "橫渠解'學而時習之'云: '潛心於學, 忽忽爲他慮引去者, 此氣也.' 震看得▲100), 必是意不誠, 心不定, 便如此. 橫渠卻以爲氣, 如何?" 曰: "人誰不要此心定. 到不定時, 也不奈何得. 如人擔一重擔, 盡力擔到前面, 忽擔不去. 緣何如此? 只爲力量不足. 心之不定, 只是合下無工夫." 曰: "所以不曾下得工夫, 病痛在何處?" 曰: "須是有所

97) ▲: 又曰: "'以善及人而信從者衆.'

98) ▲: 須看. 如何是'學而時習之', 便'不亦說乎'? 如何是'有朋自遠方來', 便'不亦樂乎'? 如何是'人不知而不慍', 便'不亦君子乎'?

99) ▲: 問: "「學而」首章, 把作始・中・終之序看時, 如何?" 曰: "道理也是恁地, 然也不消恁地說, 而今且去看'學而時習之'是如何, '有朋自遠方來'是如何. 若把始・中・終三箇字括了時便是了, 更讀箇甚麽? 公有一病, 好去求奇. 如適間說文子, 只是他有這一長, 故謚之以'文', 未見其他不好處. 今公卻恁地去看. 這一箇字, 如何解包得許多意思? 大概江西人好拗・人說臭, 他須要說香. 如告子不如孟子, 若只恁地說時, 便人與我一般. 我須道, 告子强似孟子. 王介甫嘗作一篇『兵論』, 在書院中硯下, 是時他已參政. 劉貢父見之, 値客直入書院, 見其文. 遂言庶官見執政, 不應直入其書院, 且出. 少頃廳上相見, 問劉近作, 劉遂將適間之文意換了言語答它. 王大不樂, 退而碎其紙. 蓋有兩箇道此, 則是我說不奇, 故如此." 因言福州嘗有姓林者, 解"學而時習"是心與理爲一, "有朋自遠方來"是己與人爲一, "人不知而不慍"是人與天爲一. 君擧大奇之, 這有甚好處? 要是它們科擧之習未除, 故說得如此.【義剛】

100) ▲: 爲他慮所引

養." 曰: "所謂養者, '以直養'否?" 曰: "未到'以直養'處, 且'持其志, 無暴其氣', 可也. 若我不放縱此氣, 自然心定." 震又云: "其初用力把捉此心時, 未免難, 不知用力久後自然熟否?" 曰: "心是把捉人底, 人如何去把捉得他? 只是以義理養之, 久而自熟."【震 ○諸說.】

20:54 "范說云: '習在己而有得於內, 朋友在人而有得於外.' 恐此語未穩." 先生問: "如何?" 卓云: "得雖在人, 而得之者在我, 又安有內外之別?" 曰: "此說大段不是, 正與告子義外之說一般."【卓】

20:55 再見, 因呈所撰『論語精義備說』. 觀二章畢, 卽曰: "大抵看聖賢語言, 不須作課程. 但平心定氣熟看, 將來自有得處. 今看老兄此書, 只是挼成文字, 元不求自得. 且如'學而時習'一章, 諸家說各有長處, 亦有短處. 如云'〈鷹乃學習〉之謂', 與'時復思繹浹洽於中, 則說矣', 此程說最是的當處. 如云'以善及人而信從者衆, 故可樂', 此程說, 正得夫子意. 如云'學在己, 知不知在人', 尹子之言, 當矣. 如游說'宜其令聞廣譽施其身, 而人乃不知焉. 是有命, 〈不知命, 無以爲君子.〉' 此最是語病. 果如此說, 則是君子爲▲101)所不知, 退而安之於命, 付之無可奈何, 卻如何見得眞不慍處出來? 且聖人之意儘有高遠處, 轉窮究, 轉有深義. 今作就此書, 則遂不復看『精義』矣. 自此隔下了, 見識止如此, 上面一截道理更不復見矣. ▲102)

---

101) ▲: 人

102) ▲: 大抵看聖賢語言, 須徐徐俟之, 待其可疑而後疑之. 如庖丁解牛, 他只尋罅隙處, 游刃以往, 而衆理自解, 芒刃亦不鈍. 今一看文字, 便就上百端生事, 謂之起疑. 且解牛而用斧鑿, 鑿開成痕, 所以刃屢鈍. 如此, 如何見得聖賢本意? 且前輩講求非不熟, 初學須是自處於無能, 遵稟他前輩說話, 漸見實處. 今一看未見意趣, 便爭手奪脚, 近前爭說一分. 以某觀之, 今之作文者, 但口不敢說耳, 其意直是謂聖賢說有未至, 他要說出聖賢一頭地. 曾不知於自己本無所益. 鄕令老兄虛心平氣看聖人語言, 不意今如此支離. 大抵中年以後爲學, 且須愛惜精神. 如某在官所, 亦不敢屑屑留情細務者, 正恐耗了精神, 忽有大事來, 則無以待之."【大雅】

20:56 ▲[103)]問: "▲[104)]把'習'字作'行'字說, ▲[105)]" 曰: "▲[106)]古人說'學'字・'習'字, 大意只是講習, 亦不必須是行." 榦問: "謝氏・游氏說'習'字, 似分曉." 曰: "據正文意, 只是講習. 游・謝說乃推廣'習'字, 畢竟也在裏面[107)]. 游氏◇[108)]得雖好, 取正文便較迂曲些." 問: "伊川▲[109)]作'說在心', 范氏作'說自外至', 似相反." 曰: "這在人自忖度." 榦曰: "旣是'思繹浹洽於中', 則說必是在內." 曰: "范氏這一句較疎[110)]. 說自是在心, 說便如暗歡喜相似. 樂便是箇發越通暢底氣象." 問: "范氏下面'樂由中出'與伊川'發散[111)]在外'之說卻同." 曰: "然." 問: "范氏以'不亦說乎'作'比於說[112)], 猶未正夫說', ◇[113)]" 曰: "不必如此說." 問: "范氏・游氏皆以'人不知而不慍, ▲[114)]' 作'不知命, 無以爲君子說[115)].' ▲[116)]" 曰: "此也是小可事, 也未說到命處. ▲[117)]" 問: "謝氏'知我者希'之說▲[118)]?" 曰: "此, 老子語也. 亦不必如此說."【榦】

20:57 蕭定夫說: "胡致堂云: '學者, 何? 仁也.'" 曰: "'學'字本是無定底字, 若止云仁, 則漸入無形體去了. ▲[119)] 每事皆當學, 便實. 如上

---

103) ▲: 問"學而"一章. 曰: "看『精義』, 須看諸先生說'學'字, 誰說得好, '時習'字, 誰說得好, '說'字, 誰說得好. 須恁地看." 林擴之
104) ▲: 多
105) ▲: 如何?
106) ▲: 看
107) 面:【附箋紙】"裏面游氏"下有"說"字.
108) ◇: 說
109) ▲: 解'不亦說'
110) 踈: 成化本・賀本에서는 疏로 되어 있다.
111) 散: 徽州本에서는 越로 되어 있다.
112) 作'比於說:【附箋紙】"作比於說猶"下有"未"字.
113) ◇: 如何?
114) ▲: 不亦君子乎?,
115) 說: 賀本에서는 乎로 되어 있다.
116) ▲: 如何?
117) ▲: 爲學之意, 本不欲人知. '學在己, 知不知在人, 何慍之有?'
118) ▲: 如何
119) ▲: 所謂'學'者,

蔡所謂'〈坐如尸〉, 坐時習也, 〈立如齊〉, 立時習也', 以此推之, 方是學. ▲[120]

20:58 "致堂謂'學, 所以求仁也.' 仁是無頭面底, 若將'實[121]'字來解求仁, 則可, 若以求仁解'學'字, 又沒理會了." 直卿云: "若如此說, 一部『論語』, 只將'求仁'二字說便了▲[122]

「有子曰其爲人也孝弟章」

20:59 ▲[123] "有子言語似有些重復[124]處, 然是其誠實踐履之言, 細咀嚼之, 益有味."【振】

20:60 因說陸先生每對人說, 有子非後學急務, 又云, 以其說不合有節目, 多不直截. 某因謂: "是比聖人言語較緊. 且如孝弟之人, 豈尙解犯上, 又更作亂?" 曰: "人之品不同, 亦自有孝弟之人解犯上者, 自古亦有作亂者. 聖賢言語寬平, 不須[125]如此急迫看."【振】

20:61 陸伯振云: "象山以有子之說爲未然. 仁, 乃孝弟之本也. 有子說: '君子務本, 本立而道生.' 起頭說得重, 卻得. '孝弟也者, 其爲仁之本與', 卻說得輕了." ▲[126]曰: "上兩句汎[127]說, 下兩句卻說行仁當自

---

120) ▲: 某到此, 見學者都無南軒鄉來所說一字, 幾乎斷絶了. 蓋緣學者都好高, 說空, 說悟." 定夫又云: "南軒云: '致堂之說未的確.'" 曰: "便是南軒主胡五峰而抑致堂. 某以爲不必如此, 致堂亦自有好處. 凡事, 好中有不好, 不好中又有好. 沙中有金, 玉中有石, 要自家辨得始得."【震】

121) 實: 賀本에서는 學으로 되어 있다.

122) ▲: 也." 先生又曰: "南軒只說五峰說底是, 致堂說底皆不是, 安可如此? 致堂多有說得好處, 或有文定・五峰說不到處."【蓋卿】

123) ▲: 問有子言孝悌處. 先生謂:

124) 復: 孝宗刊本・英祖刊本・成化本에서는 複으로 되어 있다.

125) 須: 孝宗刊本・成化本에서는 消로 되어 있다.

126) ▲: 先生

孝弟始. 所以程子云: '謂孝弟爲行仁之本, 則可, 謂是仁之本, 則不可.' ▲128) 聖賢言仁不同. 此是說'爲仁', 若'巧言令色, 鮮矣, 仁', 卻是近裏說." 因言有子說數段話, 都說得反覆曲折, 惟"盍徹"一段說得直截耳. 想是一箇重厚和易底人, 當時弟子皆服之, 所以夫子沒後, "欲以所事夫子者事之"也. 【人傑】

20:62 ▲129)資質好底人, 其心和順柔遜, 必不好犯上, 仁便從此生. 鮮, 是少, 對下文"未之有也", ▲130) 若"巧言令色, 鮮矣, 仁", 鮮字則是絶無. "君子務本, 本立而道生", 此兩句泛說▲131) 下文卻言"孝弟也者", 方是應上文也, 故『集注』著箇"大凡"也. 【明作】

20:63 或說: "世間孝弟底人, 發於他事, 無不和順." 曰: "固是. 人若不孝弟, 便是這道理中間斷了, 下面更生不去, 承接不來, 所以說'孝弟, 仁之本.'" 李敬子曰: "世間又有一種孝慈人, 卻無剛斷." 曰: "人有幾多般, 此屬氣稟. ▲132)

20:64 問: "干犯在上之人, 如'疾行先長者'之類?" 曰: "然. 干犯便是那小底亂, 到得'作亂', 則爲爭鬪悖逆之事矣." 問: "人子之諫父母, 或貽父母之怒, 此不爲干犯否?" 曰: "此是孝裏面事, 安得爲犯? 然諫時133)又自'下氣怡色柔聲以諫', 亦非淩犯也." 又問: ▲134) 如'事君有

127) 汎: 成化本에서는 泛으로 되어 있다.
128) ▲: 所謂'親親而仁民'也.
129) ▲: "其爲人也孝弟", 此說
130) ▲: 上下文勢如此.
131) ▲: 凡事是如此, 與上下不相干.
132) ▲: 如唐明皇爲人, 於父子・夫婦・君臣分上煞無狀, 卻終始愛兄弟不衰, 只緣寧王讓他位, 所以如此. 這一節感動, 終始友愛不衰. 或謂明皇因寧王而後能如此, 這也是他裏面有這道理, 方始感發得出來. 若其中元無此理, 如何會感發得?" 【僩】
133) 時: 賀本에는 없다.
134) ▲: "諫爭於君,

犯無隱', 如'勿欺也, 而犯之', 此'犯'字如何?" 曰: "此'犯'字又說得輕. 如君有不是, 須直與他說, 此之謂'犯.' 然[135]人臣之諫君, 亦有箇宛轉底道理. 若暴揚其惡, 言語不遜, 叫喚狂悖, 此便是干犯矣, 故曰: '人臣之事君當熟諫.'"【僩】

20:65 ▲[136]少有拂意便是犯, 不必至陵犯處乃爲犯也. 若作亂, 謂之'未之有也', 絶無可知."【寓】[137]

20:66 "犯上者鮮矣", 是對那"未之有"而言, 故有淺深. 若"鮮矣, 仁", 則是專言. 這非只是少, 直是無了, 但聖人言得慢耳.【義剛】

20:67 ▲[138]

20:68 ▲[139]本是說孝弟[140], 上面'務本', 是且引來. 上面且泛言, 下面是收入來說." 曰: "君臣·父子·夫婦·兄弟, 皆是本否[141]?" 曰: "孝弟較親切. '事[142]親孝, 故忠可移於君, 事兄弟, 故順可移於長', 便是本."【寓】[143]

20:69 問: "合當說'本立而末生', 有子何故卻說'▲[144]道生'?" 曰: "本

135) 然: 賀本에서는 但으로 되어 있다.
136) ▲: 問: "有犯上者, 已自不好, 又何至於'作亂'? 可見其益遠孝弟之所爲." 曰: "只言其無此事. 論來犯上, 乃是
137)【寓】: 徽州本에서는 이 뒤에【按劉一之錄同.】이 더 있다.
138) ▲: "犯上者鮮矣"之"鮮", 與"鮮矣, 仁"之"鮮"不同. "鮮矣, 仁"是絶無了. "好犯上者鮮", 則猶有在, 下面"未之有也", 方是都無.【僩】
139) ▲: 問: "'君子務本', 注云: '凡事專用力於根本.' 如此則'孝弟, 爲仁之本', 乃是舉其一端而言?" 曰: "否.
140) 本是說孝弟: 徽州本에서는 本 앞에 文意가 더 있다.
141) 君臣·父子·夫婦·兄弟·皆, 是本否: 徽州本에서는 君 앞에 如가 더 있다.
142) 事: 賀本에서는 於로 되어 있다.
143)【寓】: 徽州本에서는【淳】으로 되어 있다.
144) ▲: 本立而

立則道隨事而生, 如'事親孝, 故忠可移於君, 事兄弟, 故順可移於長.'" 【節】

20:70 ▲[145] 如人能孝能弟, 漸漸和於一家, 以至親戚, 以至故舊, 漸漸通透."【賀孫】

20:71 孝弟固具[146]於仁. 以其先發, 故是行仁之本.【可學 ○以下孝弟仁之本.】

20:72 ▲[147]其爲人孝弟, 則必須柔恭, 柔恭, 則必無犯上作亂之事. ▲[148] 然不成如此便止, 故曰: '本立而道生, 孝弟也者, 其爲仁之本歟!' 蓋能孝弟▲[149], 便須從此推去, 故能愛人利物也." 昔人有問: "孝弟, 爲仁之本, 不知義禮智之本." 先生答曰: "只孝弟是行仁之本, 義禮智之本皆在此. 使其事親從兄得宜者, 行義之本也, 事親從兄有節文者, 行禮之本也, 知事親從兄之所以然者, 智之本也. '不愛其親而愛他人者, 謂之悖德, 不敬其親而敬他人者, 謂之悖禮.' 舍孝悌[150]則無以本之矣."【璘 ○可學錄別出.】

20:73 ▲[151] 務者, 朝夕爲此, 且把這一箇作一把頭處."【可學】

20:74 ▲[152] "這箇仁, 是愛底意思. 行愛自孝弟始." 又曰: "親親·

145) ▲: 問"本立道生." 曰: "此甚分明.
146) 具: 徽州本에서는 見으로 되어 있다.
147) ▲: 子上說: "孝弟, 仁之本, 是良心." 曰: "不須如此說, 只平穩就事上觀. 有子言
148) ▲: 是以君子專致力於其本.
149) ▲: 了
150) 悌: 『朱子語類』에서는 弟로 되어 있다.
151) ▲: 問: "孝弟是良心之發見, 因其良心之發見, 爲仁甚易." 曰: "此說固好, 但無執著. 觀此文意, 只是云其爲人孝弟, 則和遜溫柔, 必能齊家, 則推之可以仁民.
152) ▲: 或問"孝弟, 爲仁之本." 曰:

仁民·愛物, 三者是爲仁之事. 親親是第一件事, 故'孝弟也者, 其爲仁之本歟[153]!'" 又曰: "知得事親不可不孝, 事長不可不弟, 是爲義之本, 知事親事長之節文, 爲禮之本, 知事親事長, 爲智之本." 張仁叟問: "義亦可爲心之德?" 曰: "義不可爲心之德. 仁是專德, 便是難說, 某也只說到這裏." 又曰: "行仁之事." 又曰: "此'仁'字是偏言底, 不是專言底." 又曰: "此仁, 是仁[154]之一事."【節】

20:75 ▲[155]

20:76 ▲[156]孝弟是合當底事, 不是要仁民愛物方從孝弟做去." 可學云: "如草木之有本根, 方始枝葉繁茂." 曰: "固是. 但有本根, 則枝葉自然繁茂. 不是要得枝葉繁茂, 方始去培植[157]本根."【南升】

20:77 陳敬之說▲[158] 三四日不分明. 先生▲[159]作一圖示之. 中寫"仁"字, 外一重寫"孝弟"字, 又外一重寫"仁民愛物"字. 謂行此仁道, 先自孝弟始, 親親長長, 而後次第推去, 非若兼愛之無分別也.【過】

20:78 ▲[160] "此▲[161]如'發政施仁'之'仁'同, 非'克己復禮爲仁'之'仁', 故伊川謂之'行仁.' ▲[162] 然也只是這一箇道理. '爲仁之本', 就事上說,

---

153) 歟: 賀本에서는 與로 되어 있다.
154) 仁: 徽州本에서는 心으로 되어 있다.
155) ▲: 胡兄說: "嘗見世間孝弟底人, 少間發出來, 於他事無不和順, 慈愛處自有次第道理." 曰: "固是. 人若不孝弟, 便是這箇道理中間跌斷了, 下面生不去, 承接不來了, 所以說'孝弟也者, 其爲仁之本歟!'"
156) ▲: 問: "'孝弟, 爲仁之本', 是事父母兄旣盡道, 乃立得箇根本, 則推而仁民愛物, 方行得有條理." 曰: "固是. 但
157) 植: 成化本에서는 埴으로 되어 있다.
158) ▲: "孝弟, 爲仁之本"一章,
159) ▲: 只令子細看, 全未與說. 數日後, 方
160) ▲: 問"孝弟, 爲仁之本." 曰:
161) ▲: 是推行仁道,
162) ▲: 學者之爲仁, 只一念相應便是仁.

'克己復禮', 就心上說." 又論"本"字云: "此▲163)是『大學』'其本亂而末治者否矣'意思. 理一而分殊, 雖貴乎一視同仁, 然不自親始, 也不得."【伯羽】

20:79 問: "▲164)人亦有孝弟底而不盡仁, ▲165) 莫是志不立?" 曰: "亦其端本不究, 所謂'由之而不知, 習矣而不察.' 彼不知孝弟便是仁, 卻把孝弟作一般善人, 且如此過, 卻昏了." 又問: "▲166)'仁是本, 孝弟是用', ▲167)" 曰: "仁是理, 孝弟是事. 有是仁, 後有是孝弟."【可學】

20:80 直卿說▲168) "孔門以求仁爲先, 學者須是先理會得一箇'心'字. ▲169) 自堯・舜以來, 便▲170)說'人心道心'. 『集注』所謂'心之德, 愛之理', 須理會得是箇甚底物, 學問方始有安頓處." 先生曰: "仁義禮智, 自天之生人, 便有此四件, 如火爐便有四角, 天便有四時, 地便有四方, 日便有晝夜昏旦. 天下道理千枝萬葉, 千條萬緒, 都是這四者做出來. 四者之用, 便自各有許多般樣. 且如仁主於愛, 便有愛親, 愛故舊, 愛朋友底許多般道理. 義主於敬, 如貴貴, 則自敬君而下, 以至'與上大夫・下大夫言'許多般, 如尊賢, 便有'師之者, 友之者'許多般. 禮智亦然. 但是愛親愛兄是行仁之本. 仁便是本了, 上面更無本. 如水之流, 必過第一池, 然後過第二池, 第三池. 未有不先過第一池, 而能及第二第三者. 仁便是水之原, 而孝弟便是第一池. 不惟仁如此, 而爲義禮智亦必以此爲本也."【夔孫】

163) ▲: 便只
164) ▲: 孝弟, 仁之本. 今
165) ▲: 何故?
166) ▲: 伊川言
167) ▲: 所謂用, 莫是孝弟之心油然而生, 發見於外?
168) ▲: "孝弟, 爲仁之本", 云:
169) ▲: 上古聖賢,
170) ▲: 是

20:81 仁如水之源, 孝弟是水流底第一坎, 仁民是第二坎, 愛物則第[171]三坎也.【銖】

20:82 問: "▲[172] 便是'物有本末, 事有終始, 知所先後'之意?" 曰: "然."【過】

20:83 問: "▲[173]此是專言之仁? 偏言之仁?" 曰: "此方是偏言之仁, 然二者亦都相關. 說著偏言底, 專言底便在裏面, 說專言底, 則偏言底便在裏面. 雖是相關, 又要看得界限分明. 如此章所言, 只是從愛上說. 如云'惻隱之心, 仁之端', 正是此類. 至於說'克己復禮爲仁', '仁者, 其言也訒', '居處恭, 執事敬, 與人忠', '仁, 人心也', 此是說專言之仁, 又自不同. ▲[174] 孟子曰: '仁之實, 事親是也.' 此便是都相關說, 又要人自看得界限分明."【僩】

20:84 ▲[175] "孟子曰: '仁之實, 事親是也, 義之實, 從兄是也, 智之實, 知斯二者弗去是也, 禮之實, 節文斯二者是也, 樂之實, 樂斯二者是也.' ▲[176] 豈特孝弟爲仁之本? 四端皆本於孝弟而後見也. ▲[177]."【祖道】

20:85 問: "▲[178]孝弟皆由於仁矣. 孟子卻說, '▲[179] 義之實, 從兄是也', 卻以弟屬義, ▲[180]" 曰: "孝於父母, 更無商量."【僩】

---

171) 第: 賀本에는 없다.
172) ▲: '孝弟, 爲仁之本',
173) ▲: '孝弟, 爲仁之本',
174) ▲: 然雖說專言之仁, 所謂偏言之仁亦在裏面.
175) ▲: 問"孝弟, 爲仁之本." 曰: "論仁, 則仁是孝弟之本, 行仁, 則當自孝弟始." 又云:
176) ▲: 以此觀之,
177) ▲: 然四端又在學者子細省察
178) ▲: 有子以'孝弟, 爲仁之本', 是
179) ▲: 仁之實, 事親是也,

20:86 "仁者, 愛之理", ▲181) 猶言生之性, 愛則是理之見於用者也. 蓋仁, 性也, 性只是理而已. 愛是情, 情則發於用. 性者指其未發, 故曰"仁者, 愛之理." 情卽已發, 故曰"愛者, 仁之用." 【端蒙 ○『集注』○愛之理.】

20:87 ▲182) 仁之愛, 如糖之甜, 醋之酸, 愛是那滋味. 【方子】

20:88 仁是根, 愛是苗, 不可便喚苗做根. 然而這箇苗, 卻定是從那根上來. 【佐】

20:89 仁是未發, 愛是已發. 【節】

20:90 仁父問"仁者, 愛之理." 曰: "這一句, 只將心性情看, 便分明. 一身之中, 渾然自有箇主宰者, 心也. 有仁義禮智, 則是性, 發爲惻隱·羞惡·辭遜·是非, 則是情. ▲183) 問韓愈"博愛之謂仁." 曰: "是指情爲性了." 問: "周子說'愛曰仁', 與博愛之說如何?" 曰: "'愛曰仁', 猶曰'惻隱之心, 仁之端也', 是就愛處指出仁. 若'博愛之謂仁'之謂, 便是把博愛做仁了, 終不同." 問: "張無垢說: '仁者, 覺也.'" 曰: "覺是智, 以覺爲仁, 則是以智爲仁. 覺也是仁裏面物事, 只是便把做仁不得." 【賀孫】

20:91 ▲184) "仁自是箇和柔底物事. 譬如物之初生, 自較和柔, 及至夏間長茂, 方始稍堅硬, 秋則收結成實, 冬則斂藏. 然四時生氣無不該貫. 如程子說生意處, 非▲185)以生意爲仁, 只是說生物皆能發動, 死

180) ▲: 何也?
181) ▲: 只是愛之道理,
182) ▲: "仁者, 愛之理", 理是根, 愛是苗.
183) ▲: 惻隱, 愛也, 仁之端也. 仁是體, 愛是用." 又曰: "'愛之理', 愛自仁出也, 然亦不可離了愛去說仁."
184) ▲: 說"仁者, 愛之理", 曰:

物則都不能. 譬如穀種, 蒸殺則不能生也." ▲[186] "仁與禮, 自是有箇發生底意思, 義與智, 自是有箇收斂底意思."【雉】

20:92 "愛之理"能包四德, 如孟子言四端, 首言"不忍人之心", 便是▲[187]能包四端也.【伯羽】

20:93 ▲[188] 仁卻無形影, 既發後, 方喚做愛, 愛卻有形影. 未發而言仁, 可以包義禮智, 既發而言惻隱, 可以包恭敬・辭遜・是非. ▲[189]

20:94 問: "先生前日以'爲仁之本'之'仁'是偏言底, 是愛之理. 以節觀之[190], 似是仁之事, 非愛之理." 曰: "親親・仁民・愛物, 是做這愛之理." 又問: "節常以'專言則包四者'推之, 於體上推不去, 於用上則推得去. 如無春, 則無夏・秋・冬. 至於體, 則有時合下齊有, 卻如何包得四者?" 曰: "便是難說." 又曰: "用是恁地時, 體亦是恁地." 問: "直卿已前說: '仁義禮智皆是仁, 仁是仁中之[191]切要底.' ▲[192]" 曰: "全謂之仁亦可. 只是偏言底是仁之本位."【節】

20:95 問: "▲[193] 義禮智亦可爲心之德否?" 曰: "皆是心之德, 只是仁專此心之德."【淳 ○心之德.】

---

185) ▲: 是說
186) ▲: 又曰: "以穀種譬之, 一粒穀, 春則發生, 夏則成苗, 秋則結實, 冬則收藏, 生意依舊包在裏面. 每箇穀子裏, 有一箇生意藏在裏面, 種而後生也. 仁義禮智亦然." 又曰:
187) ▲: 不忍人之心
188) ▲: 仁是愛之理, 愛是仁之用. 未發時, 只喚做仁,
189) ▲: 四端者, 端如萌芽相似, 惻隱方是從仁裏面發出來底端. 程子曰: "因其惻隱, 知其有仁." 因其外面發出來底, 便知是性在裏面.【植】
190) 以節觀之: 徽州本에서는 節 뒤에 愚見이 더 있다.
191) 之: 徽州本에서는 至로 되어 있다.
192) ▲: 此說如何?
193) ▲: '仁者, 心之德',

20:96 知覺便是心之德.【端蒙】

20:97 ▲[194]

20:98 ▲[195]

20:99 ▲[196] "心之德", 德▲[197]只是愛. 謂之心之德, 却是愛之本根[198].【賀孫】

20:100 "心之德"是統言, "愛之理"是就仁義禮智上分說. 如義便是宜之理, 禮便是別之理, 智便是知之理. 但理會得愛之理, 便理會得心之德. ▲[199]

20:101 ▲[200]

20:102 ▲[201] 戴[202]云: "'仁者, 仁此者也, 義者, 宜此者也, 禮者, 履此者也, 智者, 知此者也.' 只是以孝弟爲主. 仁・義・禮・智, 只是行此孝弟也." ▲[203]曰: "某尋常▲[204]說, 仁爲孝弟之本, 義・禮・智亦然. 義只是知事親如此孝, 事長如此弟, 禮亦是有事親事長之禮, 智[205]

---

194) ▲: 仁只是愛底道理, 此所以爲"心之德."【泳 ○愛之理, 心之德.】
195) ▲: 問"心之德, 愛之理." 曰: "愛是箇動物事, 理是箇靜物事."【賀孫】
196) ▲: 愛是惻隱. 惻隱是情, 其理則謂之仁.
197) ▲: 又
198) 根: 孝宗刊本・英祖刊本・成化本에서는 柄으로 되어 있다.
199) ▲: 又曰: "愛雖是情, 愛之理是仁也. 仁者, 愛之理, 愛者, 仁之事. 仁者, 愛之體, 愛者, 仁之用."【道夫】
200) ▲: "心之德", 是兼四端言之. "愛之理", 只是就仁體段說. 其發爲愛, 其理則仁也. 仁兼四端者, 都是這些生意流行.【賀孫】
201) ▲: "其爲人也孝弟"章, "心之德, 愛之理."
202) 戴: 徽州本에서는 『戴禮記』로 되어 있다.
203) ▲: 先生
204) ▲: 與朋友

只是知得孝弟之道如此. 然仁爲心之德, 則全得三者而有之." ▲[206]言'心之德', 如程先生'專言則包四者'▲[207]. '愛之理', 如所謂'偏言則一事'者也." 又云: "仁之所以包四者, 只是感動處便見. 有感而動▲[208], 皆自仁中發出來. 仁如水之流, 及流而成大池·小池·方池·圓池, 池雖不同, 皆由水而爲之也." 【卓】

20:103 ▲[209]

20:104 以"心之德"而專言之, 則未發是體, 已發是用. 以"愛之理"而偏言▲[210], 則仁便是體, 惻隱是用. 【端蒙】

20:105 ▲[211]

20:106 ▲[212]問[213]: "▲[214], 如克己等類, '愛'字恐未足以盡之." 曰:

---

205) 智: 成化本·賀本에서는 知로 되어 있다.
206) ▲: 又云: "此
207) ▲: 是也
208) ▲: 時
209) ▲: "愛之理", 是"偏言則一事", "心之德", 是"專言則包四者." 故合而言之, 則四者皆心之德, 而仁爲之主, 分而言之, 則仁是愛之理, 義是宜之理, 禮是恭敬·辭遜之理, 知是分別是非之理也. 【時學】
210) ▲: 之
211) ▲: 問: "'仁者, 心之德, 愛之理.' 聖賢所言, 又或不同, 如何?" 曰: "聖賢言仁, 有就'心之德'說者, 如'巧言令色, 鮮矣, 仁'之類. 有就'愛之理'說者, 如'孝弟, 爲仁之本'之類." 【過】
212) ▲: 楊
213) 問: 徽州本에서는 "安卿問仁包四者, 就初意上看? 就生意上看? 曰: '統是個生意. 四時雖異, 生意則同. 劈頭是春生, 到夏張旺, 是張旺那生底, 秋來成遂, 是成遂那生底, 冬來堅實, 亦只堅實成那生底. 草木未華實, 去摧折他, 便割斷了生意, 便死了, 如何會到成實? 如穀有兩分未熟, 只成七八分穀. 仁義禮智都只是生意, 當惻隱而不惻隱, 便無生意, 便死了. 羞惡固是個義, 當羞惡而無羞惡, 這生意亦死了. 以至當辭遜而失其辭遜, 是非而失其是非, 心便死了, 全無那活底意思.'" 楊問: 으로 되어 있다.
214) ▲: '仁者, 愛之理.' 看孔門答問仁多矣

“必著許多, 所以全得那愛, 所以能愛. 如‘克己復禮’, 如‘居處恭, 執事敬’, 這處豈便是仁? 所以喚醒那仁. 這裏須醒覺, 若私欲昏蔽, 這裏便死了, 沒這仁了.” 又問: “‘心之德’, 義禮智皆在否?” 曰: “皆是. 但仁專一[215]‘心之德’, 所統又大.” ▲[216]問: “‘心之德’, 以專言, ‘愛之理’, 以偏言.” 曰: “▲[217] 嘗粗譬之, 仁, 恰似今福州太守兼帶福建路安撫使. 以安撫使言之, 則統一路州軍, 以太守言之, 泉州太守・漳州太守, 都是一般太守, 但福州較大耳. 然太守卽是這安撫使, 隨地施用而見.” 【寓】

20:107 ▲[218] 明道▲[219]言義・禮・智, 皆仁也. 今且粗譬喩, 福州知州, 便是福建路安撫使, 更無一箇小底做知州, 大底做安撫也. 今學者須是先自講明得一箇仁, 若理會得後, 在心術上看也是此理, 在事物上看也是此理. 若不先見得此仁, 則心術上言仁與事物上言▲[220], 判然不同了.” ▲[221]

20:108 “‘仁者, 愛之理’, 是將仁來分作四段看. 仁便是‘愛之理’, 至於愛人愛物, 皆是此理. 義便是宜之理, 禮便是恭敬之理, 智便是分別是非之理. 理不可見, 因其愛與宜, 恭敬與是非, 而知有仁義禮智之理在

---

215) 一: 賀本에서는 言으로 되어 있다.

216) ▲: 安卿

217) ▲: 固是. ‘愛之理’, 卽是‘心之德’, 不是‘心之德’了, 又別有箇‘愛之理.’ 偏言・專言, 亦不是兩箇仁. 小處也只在大裏面.” 淳錄云: “仁只是一箇仁, 不是有一箇大底仁, 其中又有一箇小底仁.

218) ▲: 或問“仁者, 心之德, 愛之理.” 曰: “‘愛之理’, 便是‘心之德.’ 公且就氣上看. 如春夏秋冬, 須看他四時界限, 又卻看春如何包得三時. 四時之氣, 溫涼寒熱, 涼與寒旣不能生物, 夏氣又熱, 亦非生物之時. 惟春氣溫厚, 乃見天地生物之心. 到夏是生氣之長, 秋是生氣之斂, 冬是生氣之藏. 若春無生物之意, 後面三時都無了. 此仁所以包得義禮智也,

219) ▲: 所以

220) ▲: 仁

221) ▲: 又言: “學者‘克己復禮’上做工夫, 到私欲盡後, 便粹然是天地生物之心, 須常要有那溫厚底意思方好.” 【時擧】

其中, 乃所謂'心之德', 乃是仁能包四者, 便是流行處, 所謂'保合大[222]和'是也. 仁是箇生理, 若是不仁, 便死了. 人未嘗不仁, 只是爲私欲所昏, 才'克己復禮', 仁依舊在." ▲[223]

20:109 ▲[224]問: "仁有生意, ▲[225]" 曰: "只此生意. 心是活物, 必有此心, 乃能知▲[226]辭遜・羞惡・是非? 且如春之生物也, 至於夏之長, 則是生者長, 秋之遂, 亦是生者遂, 冬之成, 亦是生者成也. 百穀▲[227]若斬斷其根, 則生者喪矣, ▲[228] 若生者不喪, 須及▲[229] 收而藏之, 生者似息矣, 只明年種之, ▲[230]復▲[231]生. 諸子問仁不同, 而今曰'愛之理'云者, '克己復禮', 亦只要存得此愛, 非以'克己復禮'是仁. '友其士之仁者, 事其大夫之賢者', 亦只是要見得此愛. 其餘皆然."【力行】

20:110 ▲[232]譬如一箇物有四面. 一面青, 一面赤[233], 一面白, 一面黑. 青屬東方, 則仁也, 赤[234]屬南方, 禮也, 白屬西方, 義也, 黑屬北

---

222) 大: 賀本에서는 太로 되어 있다.

223) ▲: 直卿曰: "私欲不是別有箇私欲, 只心之偏處便是." 汪正甫問: "三仕三已不爲仁, 管仲又卻稱仁, 是如何?" 曰: "三仕三已是獨自底, 管仲出來, 畢竟是做得仁之功. 且如一箇人坐亡立化, 有一箇人仗節死義. 畢竟還仗節死義底是. 坐亡立化, 濟得甚事?" 晏亞夫問"殺身成仁, 求生害仁." 曰: "求生, 畢竟是心不安. 理當死, 卽得殺身, 身雖死, 而理卽在." 亞夫云: "要將言仁處類聚看." 曰: "若如此, 便是趕縛得急, 卻不好. 只依次序看, 若理會得一段了, 相似忘卻, 忽又理會一段, 覺見得意思轉好."【南升】

224) ▲: 或問"仁者, 心之德." 曰: "義禮智, 皆心之所有, 仁則渾然. 分而言之, 仁主乎愛, 合而言之, 包是三者." 或

225) ▲: 如何?

226) ▲: 辭遜, 必有此心, 乃能知羞惡, 必有此心, 乃能知是非. 此心不生, 又烏能

227) ▲: 之熟, 方及七八分,

228) ▲: 其穀亦只得七八分,

229) ▲: 十分.

230) ▲: 又

231) ▲: 有

232) ▲: 問"愛之理, 心之德." 曰: "理便是性. 緣裏面有這愛之理, 所以發出來無不愛. 程子曰: '心如穀種, 其生之性, 乃仁也.' 生之性, 便是'愛之理'也. 嘗

233) 赤: 成化本・賀本에서는 紅으로 되어 있다.

方, 智也. 然這箇物生時, 卻從東方▲[235]生起. 故寅卯辰屬東方, 便是這仁, 萬物得這生氣方生. 及至巳午未, 南方, 萬物盛大, ▲[236] 及申酉戌, 西方, 則物又只▲[237]生滿了, ▲[238] 又至亥子丑, 北方, 生氣都收藏. 然▲[239]又在裏面發動了, 故聖人說'復見天地之心', 可見生氣之不息也. 所以仁貫四端, 只如此看便見."【僩】

20:111 ▲[240] 謨▲[241]曰: "一性稟於天, 而萬善皆具, 仁義禮智, 所以分統萬善而合爲一性者也. 方'寂然不動', 此理完然, 是爲性之本體. 及因事感發[242]而見於中節之時, 則一事所形, 一理隨著. 一理之當, 一善之所由得. 仁固性也, 而見於事親從兄之際, 莫非仁之發也. 有子謂: '孝弟, 行仁之本.' 說者於是以愛言仁, 而愛不足以盡之, 以心喩仁, 而心實宰之. 必曰'仁者, 愛之理', 然後仁之體明, 曰'仁者, 心之德', 然後仁之用顯. 學者識是'愛之理', 而後可以全此'心之德.' ▲[243]" 曰: "大意固如此, 然說得未明. ▲[244] 曰: "莫是不合分體・用言之否?" 曰: "然. ▲[245]所謂'心之德'者, 卽程先生穀種之說, 所謂'愛之理'者, 則

---

234) 赤: 『朱子語類』에서는 紅으로 되어 있다.
235) ▲: 左邊
236) ▲: 便是這生氣已充滿.
237) ▲: 有許多限量,
238) ▲: 更生不去, 故生氣到此自是收斂. 若更生去, 則無收殺了.
239) ▲: 雖是收斂, 早是
240) ▲: 問: "渾然無私, 便是'愛之理', 行仁而有得於己, 便是'心之德'否?" 曰: "如此解釋文義, 亦可, 但恐本領上未透徹爾." 少頃, 問濂溪中正仁義之說. 先生遽曰: "義理才覺有疑, 便劄定脚步, 且與究竟到底. 謂如說仁, 便要見得仁是甚物. 如義, 如智, 如禮, 亦然. 識得道理一一分曉, 了然如在目中, 則自然浹洽融會, 形之言語自別. 若只仿像測度, 才說不通, 便走作向別處去, 是終不能貫通矣. 且如'仁'字有多少好商量處, 且子細玩索."
241) ▲: 退而講
242) 及因事感發:【附箋紙】"及固事感發"之固字, 乃"因"字之誤.
243) ▲: 如何?
244) ▲: 只看文字意脈不接續處, 便是見得未親切."
245) ▲: 只是一箇心, 便自具了仁之體・用. 喜怒哀樂未發處是體, 發於惻隱處, 便卻是情." 因擧天地萬物同體之意極問其理. 曰: "須是近裏著身推究, 未干天地萬

正謂仁是未發之愛, 愛是已發之仁爾. ▲246) 若於此處認得'仁'字, 即不妨與天地萬物同體. ▲247) 孔門之教▲248)未曾正定說出. 蓋此理直是難言, 若立下一箇定說, 便該括不盡. 且只於自家身分上體究, 久之自然通達. ▲249) 大抵於仁上見得盡. 須知發於剛果處亦是仁, 發於辭遜·是非亦是仁, ▲250)猶觀山所謂'橫看成嶺, 直看成峰', 若自家見他不盡, 初謂只是一嶺, 及少時又見一峰出來, 便是未曾盡見全山, 到底無定據也. ▲251) 【此▲252)兼載書中之語. ○謨】

20:112 ▲253) 謨曰: "平居持養, 只克去己私, 便是本心之德, 流行發見, 無非愛而已." 曰: "此語近之. 正如▲254)溝渠, 初爲物所壅蔽, 才疏導得通, 則水自流行. '克己復禮', 便是疏導意思, 流行處, 便是仁." 【謨】

20:113 ▲255)

物事也. 須知

246) ▲: 只以此意推之, 不須外邊添入道理.

247) ▲: 若不會得, 便將天地萬物同體爲仁, 卻轉無交涉矣.

248) ▲: 說許多仁, 卻

249) ▲: 程先生曰: '四德之元, 猶五常之仁, 偏言則一事, 專言則包四者.' 須是統看仁如何卻包得數者, 又卻分看義禮智信如何亦謂之仁.

250) ▲: 且款曲硏究, 識盡全體. 正

251) ▲: 此是學者緊切用功處, 宜加意焉."

252) ▲: 一條, 中間初未看得分明, 後復以書請問, 故發明緊切處

253) ▲: 問: "'愛之理'實具於心, '心之德'發而爲愛否?" 曰: "解釋文義則可, 實下功夫當如何?" 曰: "據其已發之愛, 則知其爲'心之德', 指其未發之仁, 則知其爲'愛之理.'" 曰: "某記少時與人講論此等道理, 見得未眞, 又不敢斷定, 觸處間又自爲疑惑, 皆是臆度所致, 至今思之, 可笑. 須是就自己實做工夫處, 分明見得這箇道理, 意味自別. 如'克己復禮'則如何爲仁? '居處恭, 執事敬', 與'出門如見大賓'之類, 亦然. '克己復禮'本非仁, 卻須從'克己復禮'中尋究仁在何處, 親切貼身體驗出來, 不須向外處求."

254) ▲: 疏導

255) ▲: 先生嘗曰: "'仁者, 心之德, 愛之理.' 『論』·『孟』中有專就'心之德'上說者, 如'克己復禮', '承祭·見賓', 與答樊遲'居處恭', '仁, 人心也'之類. 有就'愛之理'上說者, 如'孝弟, 爲仁之本', 與'愛人', '惻隱之心'之類." 過續與朋友講此, 因曰:

20:114 "孝弟, 爲仁之本"注中, 程子所說三段, 須要看得分曉. 仁就性上說, 孝弟就事上說."【僩 ○『集注』程子說.】

20:115 孝弟如何謂之順德? 且如義之羞惡, ▲[256]則有違逆處. 惟孝弟則皆是順.【義剛】

20:116 伊川說: "爲仁以孝弟爲本, 論性則以仁爲孝弟之本." ▲[257]最切, 須子細看, 方知得是解經密察處. 非若今人▲[258]只見於我意不合, 便胡罵古人也.【銖】

20:117 ▲[259] 所載"程子▲[260]"兩段, 分曉可觀. ▲[261] 如『語錄』所載, "盡得孝弟便是仁", 此一段最難曉, 不知何故如此說[262].【明作】

20:118 ▲[263] 道理都自仁裏發出, 首先是發出爲愛. 愛莫切於愛親,

"就人心之德說者, 有是'心之德.'" 陳廉夫云: "如此轉語方得." 先生嘗說: "如有所譽者, 其有所試矣." 蔡季通曰: "如'雍也可使南面', 是也." 先生極然之. 楊至之嘗疑先生"君子而時中"解處, 恐不必說"而又"字, 先生曰: "只是未理會此意." 過曰: "正如程子『易傳』云'正不必中, 中重於正'之意." 曰: "固是. 旣君子, 又須時中, 彼旣小人矣, 又無忌憚." 先生語輔漢卿曰: "所看文字, 於理會得底更去看, 又好."【過】

256) ▲: 羞惡

257) ▲: 此言

258) ▲: 自看得不子細,

259) ▲: 仁是性, 孝弟是用. 用便是情, 情是發出來底. 論性, 則以仁爲孝弟之本, 論行仁, 則孝弟爲仁之本. 如親親, 仁民, 愛物, 皆是行仁底事, 但須先從孝弟做起, 舍此便不是本.

260) ▲: 曰

261) ▲: 『語錄』所載他說, 卻未須看.

262) 不知何故如此說: 徽州本에서는 說 뒤에 별도의 항목으로 다음 내용이 더 있다. 人有此心, 以其有是德也. 此心不在, 便不是仁. 巧言令色, 此雖未是大段姦惡底人, 然心已務外, 只求人悅, 便到惡處亦不難. 程子謂: "知巧言令色之非仁, 則知仁矣." 此說極盡. 若能反觀此心, 才收拾得不走作務外, 便自可見. 此與前章, 程子曰: "兩條若理會得, 則『論語』一書凡說仁處皆可通矣." 『論語』首章載時習, 便列兩章, 說仁次之, 其意深矣.

其次便到弟其兄, 又其次便到事君以及於他, 皆從這裏出. 如水相似, 愛是箇源頭, 漸漸流出."【賀孫】

20:119 問: "孝根原是從仁來. 仁者, 愛也. 愛莫大於愛親, 於是乎有孝之名. 旣曰孝, 則又當知其所以孝. 子之身得之於父母, '父母全而生之, 子全而歸之', 故孝不特是承順[264]養志爲孝, 又當保其所受之身體, 全其所受之德性, 無忝乎父母所生, 始得. 所以'爲人子止於孝.'" 曰: "凡論道理, 須是論到極處." 以手指心曰: "本只是一箇仁, 愛念動出來便是孝. ▲[265]

20:120 ▲[266]

20:121 ▲[267]

20:122 問: "▲[268] 或人之問: '由孝弟可以至仁', 是仁在孝弟之中, 程子謂'行仁自孝弟始', 是仁在孝弟之外." 曰: "如何看此不子細? 程先生所答, 煞分曉. 據或人之問, 仁不在孝弟之中, 乃在孝弟之外. 如此

263) ▲: "'爲仁以孝弟爲本', 卽所謂'親親而仁民, 仁民而愛物.' '論性則以仁爲孝弟之本.' '孩提之童, 無不知愛其親, 及其長也, 無不知敬其兄', 是皆發於心德之自然, 故'論性以仁爲孝弟之本.' '爲仁以孝弟爲本', 這箇'仁'字, 是指其周徧及物者言之. '以仁爲孝弟之本', 這箇'仁'字, 是指其本體發動處言之否?" 曰: "是.

264) 順: 成化本에서는 須로 되어 있다.

265) ▲: 程子謂: '爲仁以孝弟爲本, 論性則以仁爲孝弟之本. 仁是性, 孝弟是用. 性中只有箇仁義禮智, 曷嘗有孝弟來.' 譬如一粒粟, 生出爲苗. 仁是粟, 孝弟是苗, 便是仁爲孝弟之本. 又如木有根, 有榦, 有枝葉, 親親是根, 仁民是榦, 愛物是枝葉, 便是行仁以孝弟爲本."【淳】

266) ▲: "'由孝弟可以至仁'一段, 是劉安節記, 最全備." 問: "把孝弟喚做仁之本, 卻是把枝葉做本根." 曰: "然."【賀孫】

267) ▲: "由孝弟可以至仁", 則是孝弟在仁之外也. 孝弟是仁之一事也. 如仁之發用三段, 孝弟是第一段也. 仁是箇全體, 孝弟卻是用. 凡愛處皆屬仁. 愛之發, 必先自親親始. "親親而仁民, 仁民而愛物", 是行仁之事也.

268) ▲: '孝弟, 爲仁之本.'

建陽去, 方行到信州. 程子正說在孝弟之中, 只一箇物事. 如公所說程子之意, 孝弟與仁卻是兩箇物事, 豈有此理?" 直卿曰: "正是倒看卻." 曰: "孝弟不是仁, 更把甚麽做仁[269]? 前日戲與趙子欽說, 須畫一箇圈子, 就中更畫大小次第作圈. 中間圈子寫一'性'字, 自第二圈以下[270], 分界作四去, 各寫'仁義禮智'四字. '仁'之下寫'惻隱', '惻隱'下寫'事親', '事親'下寫'仁民', '仁民'下寫'愛物.' '義'下寫'羞惡', '羞惡'下寫'從兄', '從兄'下寫'尊賢', '尊賢'下寫'貴貴.' 於'禮'下寫'辭遜', '辭遜'下寫'節文.' '智'下寫'是非', '是非'下寫'辨別.'" 直卿又謂: "但將仁作仁愛看, 便可見. 程子說'仁主於愛', 此語最切." 曰: "要從裏面說出來. 仁是性, ▲[271] 孝弟, 仁之用, 以至仁民愛物, 只是這箇仁. '行仁自孝弟始', 便是從裏面行將去, 這只是一箇物事. 今人看道理, 多要說做裏面去, 不要說從外面來, 不可曉. 深處還他深, 淺處還他淺."【寓】

20:123 ▲[272]仁自事親・從兄, ▲[273]行起, 非是[274]便能以仁遍[275]天下. 只見孺子入井, 這裏便有惻隱欲救之心, 只恁地做將去. 故曰"安土敦乎仁, 故能愛", 只是就這裏當愛者便愛.【蓋卿】 [276]

---

269) 更把甚麽做仁: 徽州本에서는 仁 뒤에 因遍問坐間云云. 先生曰이 더 있다.
270) 下: 成化本에서는 不로 되어 있다.
271) ▲: 發出來是情, 便是孝弟.
272) ▲: "行仁自孝弟始." 蓋
273) ▲: 以至親親・仁民, 仁民・愛物, 無非仁. 然初自事親・從兄
274) 非是: 『小分』에서는 是非를 교정부호로 바로잡았다.
275) 遍: 賀本에서는 徧으로 되어 있다.
276) 20:123 ▲仁自事親・從兄, …【蓋卿】: 徽州本에서는 이 뒤에 다음과 같은 내용의 별도의 두 항목이 더 있다. 1) 陸伯振云: "象山以有子之說爲未然. 仁乃孝弟之本也, 有子說'君子務本, 本立而道生', 起頭說得重, 卻得'孝弟也者, 其爲仁之本與?'卻說得輕了." 先生曰 "上兩句泛說, 下兩句泛說, 下兩句卻說行仁當自孝弟始. 所以程子云'謂孝弟爲行仁之本則不可, 所謂親親而仁民也.' 聖賢言仁不同, 此是說爲仁. 若巧言令色, 鮮矣, 仁, 卻是近裏說. 因言: "有子說數段話, 都說得反覆曲折, 惟盍徹一段說得直截耳. 想是一個重厚和易底人, 當時弟子皆服之, 所以夫子沒後欲以所事夫子者事之也. 「檀弓」篇恐是子游弟子所記, 其中多說子游之知禮.【人傑】 2) 仁是本, 孝弟是用, 本不可得而測度.【節】

20:124 ▲[277]節: ▲[278] 曰: "所以當愛底是仁." 曰: "不是." 曰: "仁是孝弟之母子, 有仁方發得孝弟出來, 無仁則何處得孝弟?" 先生應. 次日問曰: "先生以節言所以當愛底, 不是, 未達." 曰: "'當'字不是." ▲[279] "未說著愛在. 他會愛, 如目能視, 雖瞑目不動, 他卻能視. 仁非愛, 他卻能愛." 又曰: "愛非仁, 愛之理是仁, 心非仁, 心之德是仁." 【節】

20:125 擧程子說云: "'性中只有箇仁義禮智, 何嘗有孝弟來?' 說得甚險. 自未知者觀之, 其說亦異矣. 然百行各有所屬, 孝弟是屬於仁者也." ▲[280] 仁便有箇動而善之意. 如動而有禮, 凡其辭遜皆禮也, 然動而禮之善者, 則仁也. ▲[281]義, ▲[282]智, 莫不皆然. 又如慈愛・恭敬・果毅・知覺之屬, 則又四者之小界分也. 譬如'普天之下, 莫非王土', 固也. 然王畿之內是王者所居, 大而諸路, 王畿之所轄也, 小而州縣市鎭, 又諸路之所轄也. 若王者而居州鎭, 亦是王土, 然非其所居矣." 又云: "智亦可以包四者, 知之在先故也." 【人傑】

20:126 ▲[283] 自古聖賢相傳, 只是理會一箇心, 心只是一箇性. 性只是有箇仁義禮智, 都無許多般樣, 見於事, 自有許多般樣.

277) ▲: 問

278) ▲: "如何仁是性, 孝弟是用?"

279) ▲: 又曰:

280) ▲: 因問仁包四者之義. 曰: "仁是箇生底意思, 如四時之有春. 彼其長於夏, 遂於秋, 成於冬, 雖各具氣候, 然春生之氣皆通貫於其中.

281) ▲: 曰

282) ▲: 曰

283) ▲: 孝弟便是仁. 仁是理之在心, 孝弟是心之見於事. "性中只有箇仁義禮智, 曷嘗有孝弟?" 見於愛親, 便喚做孝, 見於事兄, 便喚做弟. 如"親親而仁民, 仁民而愛物", 都是仁. 性中何嘗有許多般, 只有箇仁. 自親親至於愛物, 乃是行仁之事, 非是行仁之本也. 故仁是孝弟之本. 推之, 則義爲羞惡之本, 禮爲恭敬之本, 智爲是非之本.

20:127 仁是理之在心者，孝弟▲[284]此心之發見者．孝弟卽仁之屬，但方其未發，則此心所存只是有愛之理而已，未有所謂孝弟名[285]件，故程子曰："何曾有孝弟來?"【必大】

20:128 問:"明道曰:'孝弟有不中理，或至犯上.'旣曰孝弟，如何又有不中理?"曰:"且如父有爭子，一不中理，則不能承意，遂至於犯上."問:"明道曰'孝弟本其所以生，乃爲仁之本'，▲[286]"曰:"此是不忘其所由生底意，故下文便接'孰不爲事? 事親，事之本'來說．其他'愛'字，皆推向外去，此箇'愛'字，便推向裏來．玩味此語儘好."問:"或人問伊川曰:'〈孝弟，爲仁之本〉，此是由孝弟可以至仁否?'伊川曰:'非也.'不知如何."曰:"仁不可言至．仁者，義理之言，不是地位之言，地位則可以言至．又不是孝弟在這裏，仁在那裏，便由孝弟以至仁，無此理．如所謂'何事於仁? 必也，聖乎!'，聖，卻是地位之言．程先生便只說道:'盡得仁，斯盡得孝弟，盡得孝弟，便是仁.'又曰:'孝弟，仁之一事.'"問:"曰仁是義理之言，蓋以仁是自家元本有底否?"曰:"固是．但行之亦有次序，所以莫先於孝弟."問:"伊川曰:'仁是性也.'仁便是性否?"曰:"'仁，性也.''仁，人心也.'皆如所謂「乾」卦相似．卦便[287]有「乾」·「坤」之類，性與心便有仁義禮智，卻不是把性與心便作仁看．性，其理，情，其用．心者，兼性情而言，兼性情而言者，包括乎性情也．孝弟者，性之用也．惻隱·羞惡·辭遜[288]·是非，皆情也."問:"伊川何以謂'仁是性'? 孟子何以謂'仁，人心'?"曰:"要就人身上說得親切，莫如就'心'字說．心者，兼體·用而言．程子曰:'仁是性，惻隱是情.'若孟子，便只說心．程子是分別體·用而言，孟子是兼體·用而言."問:"伊川曰'仁主乎愛'，愛便是仁否?"曰:"'仁主乎愛'者，仁發出來便做那

284) ▲: 是
285) 名: 賀本에서는 各으로 되어 있다.
286) ▲: 如何?
287) 便: 賀本에서는 自로 되어 있다.
288) 遜: 賀本에서는 讓으로 되어 있다.

慈愛底事. 某嘗說'仁主乎愛', 仁須用'愛'字說, 被諸友四面攻道不是. 呂伯恭亦云: '說得來太易了.' 愛與惻隱, 本是仁底事. 仁本不難見, 緣諸儒說得來淺近了, 故二先生便說道[289], 仁不是如此說. 後人又卻說得來高遠沒理會了." ▲[290] 如'孝弟, 爲仁之本', 便只是主一事, 主愛而言. 如'巧言令色, 鮮矣, 仁', '汎[291]愛衆, 而親仁', 皆偏言也. 如'克己復禮爲仁', 卻是專言. 纔有私欲, 則義禮智都是私, 愛也是私愛. 譬如一路數州, 必有一帥, 自一路而言, 便是一帥, 自一州而言, 只是一州之事. 然而帥府之屬縣, 便較易治. 若要治屬郡之縣, 卻隔一手了. 故仁只主愛而言." 又曰: "仁義禮智先[292]把來看, 便見得仁. 譬如四人分作四處住, 看了三箇, 則那一箇定是仁. 不看那三箇, 只去求一箇, 如何討得着?" 又曰: "'仁主乎愛', 如燈有光. 若把光做燈, 又不得. 謝氏說曰[293]: '若不知仁, 則只知"克己復禮"而已.' 豈有知'克己復禮'而不知仁者? ▲[294] 問: "知覺是仁否?" 曰: "仁然後有知覺." 問: "知覺可以求仁否?" 曰: "不可." 問: "謝氏▲[295]'試察吾事親從兄▲[296]時, 此心如之何, 知此心則知仁', ▲[297]" 曰: "便是這些話心煩人, ▲[298] 問: "謝氏曰: '人心之不僞者, 莫如事親・從兄.' 如何?" 曰: "人心本無僞, 如何只道事親從兄▲[299]?" 曰: "恐只以孝弟是人之誠心否?" 曰: "也不然.

289) 故二先生便說道: 徽州本에서는 二 뒤에 程이 더 있다.

290) ▲: 又曰: "天之生物, 便有春夏秋冬, 陰陽剛柔, 元亨利貞. 以氣言, 則春夏秋冬, 以德言, 則元亨利貞. 在人則爲仁義禮智, 是箇坯樸裏便有這底. 天下未嘗有性外之物. 仁則爲慈愛之類, 義則爲剛斷之類, 禮則爲謙遜, 智則爲明辨, 信便是眞箇有仁義禮智, 不是假, 謂之信." 問: "如何不道'鮮矣, 義・禮・智', 只道'鮮矣, 仁'?" 曰: "程先生『易傳』說: '四德之元, 猶五常之仁, 專言則包四者, 偏言之則主一事.' 如'仁者必有勇', 便義也在裏面, '知覺, 謂之仁', 便智也在裏面.

291) 汎: 成化本에서는 泛으로 되어 있다.

292) 先: 『朱子語類』에서는 共으로 되어 있다.

293) 謝氏說曰: 萬曆本・徽州本에서는 謝氏曰說로 되어 있다.

294) ▲: 謝氏這話都不甚穩."

295) ▲: 曰

296) ▲: 之

297) ▲: 何也?

298) ▲: 二先生卻不如此說."

人心那箇是不誠底? ▲[300] 如四端不言信, 蓋四端皆是誠實底." 問: "四肢痿痺爲不仁, 莫把四肢喩萬物否?" 曰: "不特喩萬物, 他有數處說, 有喩萬物底, 有只是頃刻不相應, 便是不仁. 如病風人一肢不仁, 兩肢不仁, 爲其不省悟也. 似此等語, 被上蔡說, 便似忒過了. 他專把省察做事. 省察固是好, 如'三省吾身', 只是自省, 看這事合恁地, 不合恁地, 卻不似上蔡諸公說道去那上面察探. 要見這道理, 道理自在那裏, 何用如此等候察探他? 且如上蔡說仁, 曰: '試察吾事親・從兄時, 此心如之何?' 便都似剩了. 仁者便有所知覺, 不仁者便無所知覺, 恁地卻說得. ▲[301] '仁'字最難言, 故孔子罕言仁. 仁自在那裏, 夫子卻不曾說, 只是敎人非禮勿視聽言動與'居處恭, 執事敬, 與人忠', 便是說得仁前面話, '仁者, 其言也訒', '仁者先難而後獲', '仁者樂山'之類, 便是說得仁後面話. 只是這中間便着理會仁之體. ▲[302] 知覺自是智之事, 在四德是'貞'字, 而知[303]所以近乎仁者, 便是四端循環處. 若無這智, 便起這仁不得." ▲[304]

20:129 或疑上蔡"孝弟, 非仁也"一句. 先生曰: "孝弟滿體是仁. 內自一念之微, 以至萬物各得其所, 皆仁也. 孝弟是其和合做底事. 若說孝弟非仁, 不知何從得來. 上蔡之意, 蓋謂別有一物是仁. 如此則是性外有物也." 或曰: "'知此心, 則知仁矣.' 此語好." 曰: "聖門只說爲仁, 不

---

299) ▲: 是不僞
300) ▲: 皆是誠.
301) ▲: 若曰'心有知覺之謂仁', 卻不得.
302) ▲: 仁義禮智, 只把元亨利貞, 春夏秋冬看, 便見.
303) 知: 賀本에서는 智로 되어 있다.
304) ▲: 問: "先生作「克己齋銘」有曰: '求之於機警危迫之際.' 想正爲此設." 曰: "後來也改卻, 不欲說到那裏. 然而他說仁, 說知覺, 分明是說禪." 又曰: "如湖南五峰多說'人要識心.' 心自是箇識底, 卻又把甚底去識此心? 且如人眼自是見物, 卻如何見得眼? 故學者只要去其物欲之蔽, 此心便明. 如人用藥以治眼, 然後眼明. 他而今便把孟子愛牛入井做主說. 卻不知孟子他此說, 蓋爲有那一般極愚昧底人, 便著恁地向他說道是心本如此, 不曾把做主說. 諸公於此, 便要等候探知這心, 卻恐不如此." 【榦 ○『集義』.】

說知仁.【或錄云"上蔡說仁, 只從知覺上說, 不就爲仁處說. 聖人分明說'克己復禮爲仁', 不曾說知覺底意. 上蔡一變"云云. 蓋卿錄云"孔門只說爲仁, 上蔡卻說知仁. 只要見得此心, 便以爲仁. 上蔡一轉"云云.】 上蔡一變而爲張子韶. 上蔡所不敢衝突者, 張子韶出來, 盡衝突了.【蓋卿錄云: "子韶一轉而爲陸子靜."】 近年陸子靜又衝突出張子韶之上."【蓋卿錄云: "子韶所不敢衝突者, 子靜盡衝突." ○方子】

20:130 問: "'孝弟是行仁之本', 則上面'生'字恐著不得否?" 曰: "亦是仁民愛物, 都從親親上生去. 孝弟也是仁, 仁民愛物也是仁. 只孝弟是初頭事, 從這裏做起." 問: "'爲仁', 只是推行仁愛以及物, 不是去做那仁否?" 曰: "只是推行仁愛以及物, 不是就這上求仁. 如謝氏說'就良心生來', 便是求仁. 程子說, 初看未曉, 似悶人, 看熟了, 眞攧撲不破."【淳】

20:131 問"孝弟, 爲仁之本." 曰: "上蔡謂: '事親・從兄時, 可以知得仁.' 是大不然. 蓋爲仁, 便是要做這一件事, 從孝弟上做將去. 若[305]曰'就事親從兄上知得仁', 卻是只借孝弟來, 要知箇仁而已, 不是要爲仁也. 上蔡之病, 患在以覺爲仁. 但以覺爲仁, 只將針來刺股上, 才覺得痛, 亦可謂之仁矣. 此大不然也."【時舉】

「巧言令色鮮矣仁章」

20:132▲[306] "只心在外, 便是不仁也.【祖道錄云: "他自使去了此心在外, 如何得仁."】 不是別更有仁.【雉】

20:133 ▲[307] 只爭一箇爲己・爲人. 且如"動容貌, 正顏色", 是合當

305) 若: 賀本에는 없다.
306) ▲: 或問"巧言令色, 鮮矣, 仁!" 曰:
307) ▲: "巧言令色, 鮮矣, 仁!"

如此, 何害於事? 若做這模樣務以悅人, 則不可.[308]

20:134 或以巧言爲言不誠. 曰: "據某所見, 巧言卽所謂花言巧語. 如今世擧子弄筆端做文字者, 便是. 看做這般模樣時, 其心還在腔子裏否?"【文蔚】

20:135 問: "▲[309]『記』言'辭欲巧'[310], 『詩』言'令儀令色'者,▲[311]" 曰: "看文字不當如此. 言'辭欲巧', 非是要人機巧, 蓋欲其辭之委曲耳. 如『語』言: '夫子爲衛君乎?' 答曰: '吾將問之.' 入曰: '伯夷·叔齊, 何人也?'之類是也. 詩人所謂令色者[312], 仲山甫之正道, 自然如此, 非是做作恁地. 何不看取上文[313]'仲山甫之德, 令儀令色.' 此德之形於外者如此, ▲[314]."【去僞】[315]

20:136 問: "▲[316]是詐僞否?" 曰: "諸家之說, 都無詐僞意思. 但馳心於外, 便是不仁. 若至誠巧令, 尤遠於仁矣."【人傑】

20:137 ▲[317] 聖人說得直截. 專言鮮, 則絶無可知, 是辭不迫切, 有含容之意. 若云"鮮矣, 仁"者, 猶有些在, 則失聖人之意矣.【人傑】

---

308) 若做這模樣務以悅人, 則不可.: 徽州本에서는 若이 但으로 되어 있고, 可 뒤에 小注로 僩이 더 있다.
309) ▲: '巧言令色, 鮮矣, 仁!'
310) 『記』言'辭欲巧': 『禮記』「表記」: 子曰: "君子不以色親人. 情疏而貌親, 在小人則穿窬之盜也?" 子曰: "情欲信, 辭欲巧."
311) ▲: 何也?
312) 詩人所謂令色者: 徽州本에서는 詩人 앞에 詩言令色與此不同.이 더 있다.
313) 何不看取上文: 徽州本에서는 이 뒤에 上文云이 더 있다.
314) ▲: 與'鮮矣, 仁'者不干事
315)【去僞】: 徽州本에서는【祖道 ○按: 周謨錄同.】으로 되어 있다.
316) ▲: 巧言令色
317) ▲: "巧言令色, 鮮矣, 仁!"

20:138 ▲[318]『集注』以爲絶無仁, 恐未至絶無處否?" 曰: "人多解作尙有些箇仁, 便粘滯, 咬不斷了. 子細看, 巧言令色, 心皆逐物於外, 大體是無仁了. 縱有些箇仁, 亦成甚麽? 所以程子以巧言令色爲非仁. '絶無'二字, 便是述程子之意."【淳】

20:139 問: "▲[319]'絶無', 何也[320]?" 曰: "只是心在時, 便是仁. 若巧言令色之人, 一向逐外, 則心便不在, 安得謂之仁? '顔子三月不違仁', 也只是心在. 伊川云: '知巧言令色之非仁, 則知仁矣.' 謂之非仁, 則絶無可知."【南升】

20:140 ▲[321] "'鮮'字若對上面說, 如'不好犯上而好作亂者鮮', 這便是少. 若只單說, 便是無了. 巧言令色, 又去那裏討仁?"【道夫】

20:141 人有此心, 以其有是德也. 此心不在, 便不是仁. 巧言令色, 此雖未是大段姦惡底人, 然心已務外, 只求人悅, 便到惡處亦不難. 程子曰: "知巧言令色之非仁, 則知仁矣." 此說極盡. 若能反觀此心, 才收拾得不走作務外, 便自可. 與前章"程子曰"兩條若理會得, 則『論語』一書, 凡論仁處皆可通矣. 『論語』首章載時習, 便列兩章說仁次之, 其意深矣.【明作】

20:142 問: "▲[322] 諸先生▲[323]何說爲正?" 曰: "便是這一章都生

---

318) ▲: 問: "'鮮矣, 仁',

319) ▲: '鮮矣, 仁', 先生云

320) 問: "▲'絶無', 何也: 徽州本에서는 다음과 같이 되어 있다. 早時南升在先生樓下, 與直卿對坐商量『論語』. 見先生出來, 卽著凉衫, 揖先生令坐喫湯. 某云: "看『論語』中有未通處, 欲先如直卿商議." 先生云: "也好." 續云: "公若不向說某無緣知公不理會得甚處, 公何不發問?." 某對以細碎處又不敢問. 先生曰: "但說不妨." 某卽云: "恰與直卿商量巧言令色鮮矣, 仁, 鮮字先生云絶無, 未曉此意."

321) ▲: 問: "'鮮矣, 仁', 程子卻說非仁, 何也?" 曰:

322) ▲: '鮮矣, 仁'章,

323) ▲: 說都似迂曲, 不知

受[324]. 惟楊氏後說近之, 然不似程說好, ▲[325]." 問: "游氏說'誠'字, 如何?" 曰: "他卻◇[326]成'巧言令色[327], 鮮矣, 誠', 不是'鮮矣, 仁.' 說仁, 須到那仁處, 便安排一箇'仁'字▲[328]敎恰[329]好, 只消一字, 亦得. 不然則三四字亦得. 又須把前後說來相參, 子細玩味, 看道理貫通與不貫通, 便見得. 與[330]『洙泗言仁』一書, 卻只總來恁地看, 卻不如逐段看了來相參, 自然見得." 先生因問曰: "曾理會得伊川曰'論性則仁爲孝弟之本'否?" 榦曰: "有這性, 便有這仁. 仁發出來, 方做孝弟." 曰: "但把這底看'巧言令色, 鮮矣, 仁', 便見得. 且如巧言令色人, 盡是私欲, 許多有底, 便都不見了. 私欲[331]之害, 豈特是仁? 和義禮智都不見了." 問: "何以不曰'鮮矣, 義・禮・智', 而只曰'鮮矣, 仁'?" 曰: "程先生曰: '五常之仁, 如四德之元. 偏言之, 則主一事, 專言之, 則包四者.'" 先生又曰: "仁與不仁, 只就向外向裏看, 便見得. 且如這事合恁地方中理, 必可以求仁, 亦不至於害仁. 如只要人知得恁地, 便是向外." 問: "謝氏說如何?" 曰: "謝氏此一段如亂絲, 須逐一剔撥得言語異同, '巧令[332]'字如何不同, 又須見得有箇揔[333]會處. 且如'辭欲巧', 便與'遜以出之'一般. '逞顏色'與仲山甫之'令儀令色', 都是自然合如此, 不是旋做底. '惡訐以爲直', 也是箇巧言令色底意思. 巧言令色, 便要人道好, 他便要人道直. '色厲而內荏', 又是令色之尤者也." 【榦】

324) 生受: 徽州本에서는 主愛로 되어 있다.
325) ▲: 更子細玩味
326) ◇: 說
327) 他卻說成'巧言令色: 【附箋紙】"他却成巧言令色"之成字, 乃"說"字之誤.
328) ▲: 安頓放
329) 恰: 賀本에서는 卻으로 되어 있다.
330) 與: 『朱子語類』에서는 如로 되어 있다.
331) 欲: 成化本・賀本에서는 慾으로 되어 있다.
332) 令: 賀本에서는 言으로 되어 있다.
333) 揔: 成化本・賀本에서는 總으로 되어 있다.

『朱子語類』卷第二十一

「『論語』三」

「「學而」篇中」

「曾子曰吾日三省吾身章」

21:1 ▲[1]問: "'爲人謀而不忠'三句, 不知是此三事最緊要? 或是偶於此照管不到?" 曰: "豈不是緊要? 若爲人謀而不忠, 旣受人之託, 若不盡心與他理會, 則不惟欺人, 乃是自欺. 且說道爲人謀而不忠後, 這裏是幾多病痛? 此便是謹[2]獨底道理." 【蓋卿】

21:2 ▲[3]問: "曾子只以此三者自省, ▲[4]" 曰: "蓋是來到這裏打不過." 又問忠信. 曰: "忠, 以心言, 信, 以事言. 青是青, 黃是黃, 這便是信. 未有忠而不信, 信而不忠, 故明道曰: '忠信, 內外也.' 這內外二字極好." 【節】

21:3 問▲[5]三省[6]. 曰: "此▲[7]自是切己底事. 爲人處▲[8] 一才不忠,

---

1) ▲: 周伯壽
2) 謹: 成化本·賀本에서는 愼으로 되어 있다.
3) ▲: 伯壽
4) ▲: 如何?
5) ▲: 曾子
6) 三省: 徽州本에서는 省 뒤에 忠信如何가 더 있다.
7) ▲: 三省
8) ▲: 如何不要忠?

便是欺矣. 到信, 卻[9]就事上去看, 謂如一件事如此, 爲人子細斟酌利害, 直似己事, 至誠理會, 此便是忠. 如這事我看得如此, 與他說亦是如此, ▲[10]此便是信. 程先生云: '循物無違之謂信.' 極好. 不須做體·用說."【謙】

21:4 蜚卿言: "▲[11] 大倫之目, 自爲人謀·交朋友之外, 得無猶在所省乎?" 曰: "曾子也不是截然不省別底, ▲[12] 特此三事較急耳. ▲[13] 曾子三省, 只是他這些未熟. 如今人記書, 熟底非全不記, 但未熟底比▲[14]這箇較用着心力照管. 這也是他打不過處." ▲[15] "爲人謀而忠, 也自是難底事. 大凡人爲己謀, 便盡, 爲人謀, 便未必盡." 直卿因擧先生舊說云: "人在山路避人, 必須立己於路後, 讓人於路前, 此爲人謀之不忠也. 如此等處, 蹉過多少?"【道夫】

21:5 ▲[16] "此是他自見得身分上有欠闕處, ▲[17] 故將三者省之. 若今人欠闕處多, ▲[18]不曾自知得."【恪】[19]

21:6 曾子三省, ▲[20]是當下便省得, 才有不是處, 便改. 不是事過後方始去改, 省了卻又休也. ▲[21]【銖】

---

9) 卻: 賀本에서는 只로 되어 있다.
10) ▲: 只
11) ▲: 曾子三省, 固無非忠信學習之事. 然人之一身,
12) ▲: 只是見得此三事上, 實有纖毫未到處. 其他處固不可不自省,
13) ▲: 大凡看文字, 須看取平, 莫有些小偏重處. 然也用時候到.
14) ▲: 似
15) ▲: 又云:
16) ▲: 問曾子三省. 曰:
17) ▲:【或錄云: "他自覺猶於此欠闕."】
18) ▲: 卻
19)【恪】: 徽州本에서는 이 뒤에 按: 李季札錄同.이 더 있다.
20) ▲: 看來
21) ▲: 只是合下省得, 便與它改.

21:7 三省固非聖人之事, 然是曾子晚年進德工夫, 蓋微有這些子查[22]滓去未盡耳. 在學者則當隨事省察, 非但此三者而已.【鎬】

21:8 問: "三省忠信, 是聞一貫之後? 抑未聞之前?" 曰: "不見得. 然未一貫前也要得忠信, 旣一貫後也要忠信. 此是徹頭徹尾底."【淳】

21:9 爲人謀時, 竭盡自己之心, 這箇便是忠. 問: "如此則忠只是箇待人底道理?" 曰: "且如自家事親有不盡處, 亦是不忠."【節 ○爲人謀不忠.】

21:10 ▲[23] 爲他人謀一件事, 須盡自家伎倆與他思量, 便盡己之心. 不得鹵莽滅裂, ▲[24] 如烏喙是殺人之藥, 須向他道是殺人, 不得說道有毒. 如火, 須向他道會焚灼人, 不得說道只是熱. ▲[25]【泳】

21:11 問: "爲人謀有二意. 一是爲人謀那事, 一是這件事爲[26]己謀則如此, 爲人謀則如彼." 曰: "只是一箇爲人謀, 那裏有兩箇? 文勢只說爲人謀, 何須更將爲己來合揷此項看? 爲人謀不忠, 如何便有罪過? 曾子便知人於爲己謀, 定是忠, 便[27]不必說. 只爲人謀易得不忠. 爲人謀如爲己謀, 便是忠, 不如爲己謀, 便是不忠. 如前面有虎狼, 不堪去, 說與人不須去, 便是忠. 若道去也得, 不去也得, 便是不忠. ▲[28]【寓】[29]

---

22) 查: 成化本・賀本에서는 渣로 되어 있다.
23) ▲: "爲人謀而不忠乎?"
24) ▲: 姑爲它謀.
25) ▲: 如今人爲己謀必盡, 爲他人謀不曾著心, 謾爾如此, 便是不忠.
26) 爲: 『小分』에서는 爲자 아래로 밑줄이 그어져 있다.
27) 便: 孝宗刊本・英祖刊本・成化本에서는 更으로 되어 있다.
28) ▲: 文勢如此, 何必拗轉枝蔓? 看文字自理會一直路去. 豈不知有千蹊萬徑, 不如且只就一直路去, 久久自然通透? 如『精義』諸老先生說, 非不好, 只是說得忒寬, 易使人向別處去. 某所以做箇『集注』, 便要人只恁地思量文義. 曉得了, 只管玩味, 便見聖人意思出來."

21:12 “爲人謀而不忠”, 謀是主一事說. “朋友交而不信”, 是泛說. ▲30)【夔孫 ▲31)】

21:13 ▲32) “人之本心, 固是不要不忠信. 但才見是別人事, 便自不如己事切了. 若是計較利害, 猶只是因利害上起, 這箇病猶是輕. 猶33)是未計較利害時, 已自有私意, 這箇病卻最重. 往往是才有這箇軀殼了, 便自私了, 佛氏所謂流注想者▲34)不知不覺, 流射做那裏去. 但其端甚微, 直是要省察.”【時擧. ○寓錄同, 別出.】

21:14 ▲35) “未消說計較, 只是爲別人做事, 自不着意, 這箇病根最甚36)於計較. 伊川云: ‘人才有形, 便有彼己, 所以難與道合.’ ▲37) 才有形, 便有此事, ▲38).”【寓】39)

21:15▲40) 人以事相謀, 須是子細量度, 善則令做, 不善則勿令做, 方是盡己. 若胡亂應去, 便是不忠. 或謂人非欲不忠於人, 緣計較利之所在, 才要自家利, 少間便成不忠於人.” 曰: “未說到利處. 大率人情處自己事時甚着緊, 把他人便全不相干, 大段緩了, 所以爲不忠. ▲41).”【明作】

---

29)【寓】: 徽州本에서는【寓 ○按: 陳淳錄同.】으로 되어 있다.

30) ▲: 人自爲謀, 必盡其心, 到得爲他人謀, 便不子細, 致悞他事, 便是不忠. 若爲人謀事一似爲己, 爲盡心.

31) ▲: ○爲人謀不忠, 與朋友交不信.

32) ▲: 問“爲人謀而不忠, 與朋友交”云云. 曰:

33) 猶: 『朱子語類』에서는 惟로 되어 있다.

34) ▲: 是也. 所謂流注者, 便是

35) ▲: 子善問云云. 曰:

36) 甚: 『朱子語類』에서는 深으로 되어 있다.

37) ▲: 釋氏所謂流注想, 如水流注下去.

38) ▲: 這處須用省察

39)【寓】: 徽州本에서는【時擧 ○按: 徐寓錄同.】으로 되어 있다.

40) ▲: “‘爲人謀而不忠乎?’

41) ▲: 人須是去卻此心, 方可

21:16 問: "▲42)未爲人謀, 未交朋友▲43)時, 所謂忠信, 便如何做工夫?" 曰: "程子謂'舜〈鷄44)鳴而起, 孳孳爲善〉, 若未接物時, 如何爲善? 只是主於敬.' 此亦只是存養此心在這裏, 照管勿差失, 【寓錄作"令勿偏倚".】 便是'戒謹45)乎其所不覩, 恐懼乎其所不聞', '不動而敬, 不言而信'處." 【淳 ○寓錄略.】

21:17 ▲46) 凡事要實47), 用自家實底心與之交. 有便道有, 無便道無. 【泳 ○與朋友交.】

21:18 忠信, 實理也. 【道夫 ○忠信.】

21:19 ▲48)忠信以理言, 只是一箇實理, 以人言之, 則是忠信. 蓋不因人做出來, 不見得這道理. 【端蒙】

21:20 信者, 忠之驗. 忠只是盡己. 因見於事而爲49)信, ▲50) 【端蒙】

21:21 ▲51)

21:22 忠信只是一事, 而相爲內外始終本末. 有於己爲忠, 見於物爲信. 做一事說, 也得, 做兩字52)說, 也得. 【僩】

---

42) ▲: 爲人謀, 交朋友, 是應接事物之時. 若
43) ▲: 之
44) 鷄: 孝宗刊本・英祖刊本・成化本에서는 雞로 되어 있다.
45) 謹: 賀本에서는 愼으로 되어 있다.
46) ▲: "與朋友交而不信乎?"
47) 實: 賀本에서는 當으로 되어 있다.
48) ▲: 忠信, 以人言之. 蓋
49) 爲: 賀本에는 없다.
50) ▲: 又見得忠如此.
51) ▲: 忠信只是一事. 但是發於心而自盡, 則爲忠, 驗於理而不違, 則爲信. 忠是信之本, 信是忠之發. 【義剛】

21:23 問: "曾子忠信, 卻於外面理會?" 曰: "此是'修辭立其誠'之意." 曰: "莫是內面工夫已到?" 曰: "內外只是一理. 事雖見於外, 而心實在內. 告子義外, 便錯了."【可學】

21:24 ▲[53] "忠則只是盡己, 與事上忠同體. 信不過是一箇'實'字意思, 但說處不同. 若只將做有諸己說, 未是."【祖道】

21:25 信是言行相顧之謂.【道夫】

21:26 ▲[54]問"盡己之謂忠." 曰: "'盡己'字本是'忠'字之註[55]脚. 今又要討'盡己'注脚, 如此是隔幾重? 何不試思, 自家爲人謀時, 己曾盡不曾? 便須見得盡己底意思也."【閎祖 ○盡己之謂忠.】

21:27 問: "▲[56]盡己之甚麽?" 曰: "盡己之心." ▲[57] "今人好說'且恁地', 便是不忠."【節】

21:28 ▲[58] "盡時須是十分盡得, 方是盡. 若七分盡得, 三分未盡, 也不是忠." ▲[59]問: "忠是人心實理. 於事父謂之孝, 處朋友謂之信, 獨於事君謂之忠, 何也?" 曰: "父子·兄弟·朋友, 皆是分義相親. 至於事君, 則分際甚嚴, 人每若有不得已之意, 非有出於忠[60]心之誠者, 故聖人以事君盡忠言之." 又問: "忠與誠如何?" 曰: "忠與誠, 皆是實

---

52) 字: 英祖刊本·賀本에서는 事로 되어 있다.
53) ▲: 問"忠信"二字. 曰:
54) ▲: 林子武
55) 註: 『朱子語類』에서는 注로 되어 있다.
56) ▲: '盡己之謂忠', 不知
57) ▲: 又曰:
58) ▲: 問"盡己之謂忠." 曰:
59) ▲: 又
60) 忠: 徽州本에서는 中으로 되어 있다.

理. 一心之謂誠, 盡心之謂忠. 誠是心之本主, 忠又誠之用處. 用者, 只是心中微見得用."【卓】

21:29 問: "▲[61] 此是學者之忠, 聖人莫便是此忠▲[62]?" 曰: "固是. 學者是學聖人而未至者, 聖人是爲學而極至者. 只是一箇自然, 一箇勉强爾. 惟自然, 故久而不變, 惟勉强, 故有時而放失." 因擧程子說: "孟子若做孔子事, 儘做得, 只是未能如聖人." 龜山言: "孔子似知州, 孟子似通判權州." 此喩甚好. 通判權州, 也做得, 只是不久長.【壯祖】

21:30 ▲[63]問: "學者盡己之忠, 如何比得聖人至誠不息?" 曰: "只是這一箇物, 但有精粗. 衆人有衆人底忠, 學者有學者底忠, 賢者有賢者底忠, 聖人有聖人底忠. 衆人只是朴[64]實頭不欺瞞人, 亦謂之忠." 直卿云: "'己'字便是'至誠'字, '盡'字便是'不息'字. '至誠'便是'維天之命', '不息'便是'於穆不已.'"【學蒙】

21:31 ▲[65] 以實之謂信." 以, 用也.【泳 ▲[66]】

21:32 ▲[67] 循物無違, 譬如香爐只喚做香爐, 桌只喚做桌, 便着實不背了. 若以香爐爲桌, 桌爲香爐, 便是背了它, 便是不着實."【恪】

---

61) ▲: 盡己之忠,

62) ▲: 否

63) ▲: 或

64) 朴: 成化本에서는 樸으로 되어 있다.

65) ▲: 未有忠而不信, 未有信而不忠者. "盡己之謂忠,

66) ▲: 盡己謂忠, 以實爲信.

67) ▲: 文振問"盡己之謂忠, 以實之謂信." 曰: "忠信只是一理. 自中心發出來便是忠, 著實便是信. 謂與人說話時, 說到底. 見得恁地了, 若說一半不肯說盡, 便是不忠. 有這事說這事, 無這事便說無, 便是信. 只是一箇理, 自其發於心謂之忠, 驗於事謂之信." 又, 文振說: "'發己自盡爲忠, 循物無違爲信.' 發己自盡, 便是盡己.

21:33 ▲[68] 問"忠信爲傳習之本." 曰: "人若不忠信, 更無可得說, 習箇甚麽?"【僩】

21:34 ▲[69]問: "'維天之命, 於穆不已, 忠也', 與盡己之忠▲[70]?" 曰: "不同. 曾子答門人一貫之問, 借此義以形容之耳."【人傑】

21:35 問: "▲[71] 信旣是實, 先生▲[72]又說▲[73]忠是實心, 不知如何分別." 曰: "忠是就心上說, 信是指事上說. 如今人▲[74]問火之性是如何, 向他說熱, 便是忠. 火性是熱, 便是信. 心之所發旣實, 則見於事上皆是實. 若中心不實, 則見於事上便不實, 所謂'不誠無物.' ▲[75]"【賀孫】

21:36 ▲[76] "忠信, 內外也." 『集注』上除此一句, 甚害事?【方子 ○ 『集注』諸事.】

21:37 ▲[77] 『集注』說亦有病, 如[78]省察已做底事. 曾子省察, 只當

---

68) ▲: 問"盡己之謂忠." 曰: "盡己只是盡自家之心, 不要有一毫不盡. 如爲人謀一事, 須直與它說這事合做與否. 若不合做, 則直與說這事決然不可爲. 不可說道, 這事恐也不可做, 或做也不妨. 此便是不盡忠. 信卽是忠之見於事者. 所以說'忠信, 內外也', 只是一物. 未有忠而不信者, 亦未有信而不出於忠者. 只是忠則專就發己處說, 信則說得來周遍, 事上都要如此."

69) ▲: 林正卿問"盡己之謂忠, 以實之謂信." 曰: "自中心而發出者, 忠也, 施於物而無不實者, 信也. 且如甲謂之甲, 乙謂之乙, 信也, 以甲爲乙, 則非信矣. 與'發己自盡, 循物無違'之義同." 又

70) ▲: 如何

71) ▲: '盡己之謂忠, 以實之謂信.'

72) ▲: 前

73) ▲: 道

74) ▲: 要做一件事, 是忠, 做出在外, 是信. 如今人

75) ▲: 若心不實, 發出來更有甚麽物事?

76) ▲: 忠就心上看, 信就事上看.

77) ▲: 某一日看曾子三省處,

78) 如: 成化本에서는 知로 되어 있다.

下便省察, 俯視拱手而曰: "爲人謀而不忠乎?"【節】

21:38 問: "『集注』▲79)又以忠信爲本. ▲80) 曰: "▲81)此一篇, 如▲82)'則以學文', '就有道而正焉'之類, 都是先說一箇根本, 而後說講學."【燾】83)

21:39 伯豐擧程先生曰: "人道惟在忠信, '不誠無物.' 誠便是忠信否?" 曰: "固是." ▲84) "大抵▲85)許多話, 皆是以忠信爲本之意. 若無忠信, 便不是人, 如何講學?"【恪】

21:40 ▲86)

21:41 問: "尹氏謂: '曾子守約, 故動必求諸身.' 莫也須博學而後守之以約否?" 曰: "'參也魯.' 其爲人質實, 心不大段在外, 故雖所學之博, 而所守依舊自約."【道夫】

21:42 曾子之學, 大率力行之意多. 守約, 是於樸實頭省氣力處用功.【方子 ○佐同.】

21:43 問: "'諸子之學, 愈遠而失眞', 莫是言語上做工夫, 不如曾子用心於內, 所以差否?" 曰: "只爲不曾識得聖人言語. 若識得聖人言語,

---

79) ▲: 云, 三句
80) ▲: 竊謂傳習以忠信爲本, 少間亦自堅固."
81) ▲: 然. 但
82) ▲: 說
83) 【燾】: 賀本에서는【壽】로 되어 있다.
84) ▲: 至之問: "『集注』說: '三者之序, 又以忠信爲傳習之本.'" 曰:
85) ▲: 前面
86) ▲: 問: "集注'三者之序, 又以忠信爲本.' 人若不誠實, 便傳也傳箇甚底?" 言未畢, 先生繼云: "習也習箇甚底?"【南升】

便曉得天下道理, 曉得理, 便能切己用工如曾子也."【明作】

21:44 問: "伊川謂'曾子三省, 忠信而已.' 不知此說盡得一章意否?" "伊川之意, 似以'傳不習'爲不習而傳與人, 是亦[87]不忠信者." ▲[88] 莫倒了語意否?" 曰: "然. 但以上文例推之, 也▲[89] 大抵「學而」篇數章, 皆是以忠信爲本, 而後濟之以學."【道夫 ○『集義』[90]】

21:45 ▲[91]發於己者旣忠, 則見於物者便信, 一事而有兩端之義也."【僩】

21:46 ▲[92] 循物無違, 如這桌子, 黃底便道是黃, 黑者便道是黑, 這便是無違. 程子曰: '一心之謂誠, 盡心之謂忠, 存於中者之謂孚, 見於事者之謂信.'"【卓】

21:47 ▲[93]己之誠, 不是盡己之理, 與『孟子』盡心不同. ▲[94]發己自盡者言之, 則名爲忠, 而無不信矣, 自循物無違者言之, 則名爲信, 而無不出於忠矣."【淳】

---

87) 是亦: 賀本에서는 亦是로 되어 있다.
88) ▲: 問: "如此說,
89) ▲: 卻恁地. 要之, 亦不須如此說.
90)『集義』: 賀本에서는 『集注』로 되어 있다.
91) ▲: 或問"發己自盡爲忠, 循物無違謂信." 曰: "忠信只是一事, 只是就這一物上見有兩端. 如人問自家這件事是否, 此事本是, 則答之以是, 則是發己自盡, 此之謂忠. 其事本是, 自家答之以是, 則是循物無違, 是之謂信. 不忠不信者, 反是. 只是
92) ▲: 問: "'發己自盡爲忠, 循物無違爲信.' 如何循物無違?" 曰: "只是依物而實言之. 忠信只是一箇道理. 發於己者自然竭盡, 便是忠, 見諸言者以實, 便是信.
93) ▲: 問"發己自盡爲忠." 曰: "發己是從這己上發生出來. 盡是盡
94) ▲: 如十分話, 對人只說七分, 便是不盡." 問"循物無違謂信." 曰: "'盡己之謂忠, 以實之謂信', 此語已都包了. 如盞便喚做盞, 楪便喚做楪. 若將楪喚做盞, 便違背了. 忠是體, 信是用. 自

21:48 問: "'發己自盡▲95)', 何以不言反己?" 曰: "若言反己, 是全不見用處, 如何接得下句來? ▲96) 循體事物而無所乖違, 是之謂信. ▲97) 伊川往往見此說尙晦, 故更云: '盡己之謂忠, 以實之謂信.' 便是穩當分明."【大雅】

21:49 問: "何謂'發己自盡'98)?" 曰: "▲99)如某今病得七分, 對人說只道三兩100)分, 這便是發於己101)者不能盡." "何謂'循物無違'?" 曰: "正如▲102)說病相似. 他本只是七分, 或添作十分, 或減作五分, 這便不是循物, 便是有違. 要之, 兩箇只是一理. ▲103) 伊川『語解』有一處云: '一心之謂誠, 盡心之謂忠, 存於中之謂孚, 見於事之謂信.' 被他稱停得也不多半箇字, 也不少半箇字. ▲104) 居父曰: "'盡己之謂忠', 今有人不可以盡告, 則又當如何?" 曰: "聖人到這裏, 又卻有義. 且如有人對自家說那人, 那人復自來問自家, 儻其人凶惡, 若盡己告之, 必至殺人, 夫豈可哉? 到這裏, 又卻是一箇道理. 所以聖人道'信近於義, 言可復也.' 蓋信不近義, 則不可以復."【道夫 ○寓錄別出.】

21:50 ▲105)問: "▲106)'發己自盡'?" ▲107) 先生因足疾, 擧足言曰:

95) ▲: 爲忠

96) ▲: 推發此心, 便無餘蘊, 便是忠處, 恕自在其中. 如今俗語云'逢人只說三分話', 只此便是不忠.

97) ▲: 後來

98) 何謂'發己自盡': 徽州本에서는 何 앞에 다음의 글이 더 있다. 明道謂發己自盡爲忠, 循物無違爲信, 表裏之謂也.

99) ▲: 且

100) 三兩: 賀本에서는 兩三으로 되어 있다.

101) 於己: 『小分』에서는 己於를 교정부호로 바로잡았다.

102) ▲: 恰方

103) ▲: 忠是有諸內, 信是形諸外. 忠則必信, 信則必是曾忠, 【池本作: "不信必是不曾忠."】 所以謂'表裏之謂'也." 問: "伊川謂'盡己之謂忠, 以實之謂信. 忠信, 內外也', 只是這意." 曰: "然. 明道之語, 周於事物之理, 便恁地圓轉, 伊川之語嚴, 故截然方正. 大抵字義到二程說得方釋然. 只如'忠信'二字, 先儒何嘗說得到此?

104) ▲: 如他平時不喜人說文章, 如「易傳序」之類, 固是說道理. 如其他小小記文之類, 今取而讀之, 也不多一箇字, 也不少一箇字."

"足有四分痛, 便說四分痛, 與人說三分, 便不是▲108)自盡." 又問"循物無違." 曰: "亦譬之足. 實是病足, 行不得, 便說行不得, 行得, 便說行得. 此謂循其物而無違." ▲109)問: "▲110)世間一等人, 不可與露心腹處, 只得隱護其語, 如此亦爲忠信之權乎?" 曰: "聖人到這處, 卻有箇義存焉. 有可說與不可說, 又當權其輕重. 如不當說而說, 那人好殺, 便與說這人當殺, 須便去殺他始得. '信近於義, 言可復也.' 信不近義, 豈所謂信?"▲111)

21:51 ▲112)

21:52 ▲113)

21:53 ▲114)

---

105) ▲: 仲思
106) ▲: 如何是
107) ▲: 曰: "發於己而自盡其實."
108) ▲: 發己
109) ▲: 楊學伊川言"盡己之謂忠, 以實之謂信." 曰: "伊川之說, 簡潔明通, 較又發越也." 寓因
110) ▲: 忠信實有是事, 故實有是言, 則謂之忠信. 今
111) ▲: 因說: "伊川講解, 一字不苟. 如『論語』中一項有四說, 極的當. '一心之謂誠, 盡心之謂忠, 存於中之謂孚, 見於事之謂信.' 直是不可移易. 如忠恕處, 前輩說甚多, 惟程先生甚分曉." 因問: "『集注』說忠恕, 謂'盡己之謂忠, 推己之謂恕', 此借學者之事以明之. 在聖人則'至誠無息', 而萬物各得其所也. 如此則忠恕卻有兩用, 不知如何?" 曰: "皆只是這一箇. 學者是這箇忠恕, 聖人亦只是這箇忠恕, 天地亦只是這箇忠恕. 但聖人熟, 學者生. 聖人自胸中流出, 學者須著勉強. 然看此'忠恕'二字, 本爲學者做工夫處說. 子思所謂'違道不遠', 正謂此也. 曾子懼門人不知夫子之道, 故學學者之事以明之, 是卽此之淺近, 而明彼之高深也." 【寓】
112) ▲: "循物無違", 卽是"以實", 但說得較詳. 【閎祖】
113) ▲: "循物無違爲信." 循此事物, 不違其實. 【銖】
114) ▲: "循物無違謂信." 物之大曰大, 小曰小, 此之謂循物無違. 物之大曰小, 小曰大, 此之謂違於物. 【僩】

21:54 ▲115) 信主言而言, 蓋對忠而說. 在己無不盡之心爲忠, 在人無不實之言爲信."【木之】

21:55 ▲116)問: "'循物▲117)', 物是性中之物否?" 曰: "那箇是性外之物? 凡言物, 皆是面前物. 今人要高似聖人了, 便嫌聖人說眼前物爲太卑, 須要擡起了說. 如所謂'有物有則'之'物', 亦只是這眼前物. 語言, 物也, 而信, 乃則也. 君臣, 物也, 仁與忠, 乃則也."【學蒙】

21:56 ▲118) 問: "有說'信'字, 又不說'忠'字, 如何?" 曰: "便兼表裏而言." 問: "有說'忠'字而不說'信'字, 如何?" 曰: "信非忠不能, 忠則必信矣." 又曰: "且如這事, 自家見得十分, 只向人說三分, 不說那七分, 便是不信. 如何是循物無違? 有人問今日在甚處來, 便合向他說在大中寺來. ▲119)曾子言信, 便就交際上說." 問: "范氏以不忠作'有我與人', 以不信作'誠意不至', 游氏以忠爲'操心', 以信爲'立行', 楊氏以不忠作'違仁', 以不信作'違道', 三說皆推廣, 非正意." 先生曰: "三說不同, 然'操心・立行'底較得. '誠意不至, 有我與人'底寬, '違道・違人120)'底疏." 問"傳不習乎?." 曰: "傳人以己所未嘗習之事. 然有兩說."【榦】

21:57 謝先生解『論語』有過處. 如曾子"爲人謀而不忠", 只說"爲人謀", 而上蔡更說"平居靜慮所以處人", 使學者用工不專. 故說『論語』・『孟子』, 惟明道・伊川之言無弊. 和靖雖差低, 而卻無前弊. 『易』

115) ▲: 問"循物無違謂信." 曰: "物便是事物.
116) ▲: 或
117) ▲: 無違謂信
118) ▲: 問: "明道・伊川以忠信爲表裏內外, 何也?" 曰: "'盡己之謂忠', 見於事而爲信, 將彼己看, 亦得. 發於我而自盡者, 忠也. 他人見得, 便是信." 問: "莫只是一事否?" 曰: "只是一箇道理."
119) ▲: 故程先生曰: '一心之謂誠, 盡心之謂忠, 存於中之謂孚, 見於事之謂信.'" 問: "伊川曰'以實之謂信', 何也?" 曰: "此就事而言. 故
120) 人: 英祖刊本・賀本에서는 仁으로 되어 있다.

曰: "學以聚之, 問以卞[121]之, 寬以居之, 仁以行之." 子張曰: "執德不弘, 信道不篤." 學聚問卞[122]矣, 而繼之以寬居, 信道篤矣, 而先之以執德弘. 人心不可促迫, 須令着得一善, 又着得一善. 善之來無窮, 而吾心受之有餘地, 方好. 若着一般, 第二般來便未着得, 如此則無緣心廣而道積也.【洽】

21:58 問: "曾子用心於內, 工夫已到, 又恐爲人謀而未忠, 朋友交而不信, 傳而未習, 日加省察, 求欲以盡乎人也." 先生細思少定, 曰: "如何分內外得? 游氏之說正如此. 爲人謀不忠, 便是己有未盡處, 去那裏分作內外? 果如此, 則'多學而識之者歟'!"【容】

21:59 盡己之謂忠, 盡物之謂信, 只是一理. ▲[123]【端蒙】

21:60 問: "▲[124] 盡物只是'循物無違'意否?" 曰: "是."【淳】

「道千乘之國章」

21:61 ▲[125] 道, 治也. 作開導, 無義理. "道之以政", 方可訓開導.【人傑】

21:62 因說"千乘之國"疏云"方三百一十六里, 有畸零, 算不徹." 曰: "此等只要理會過, 識得古人制度大意. 如至微細, ▲[126]不必大段費力也."【閎祖】

---

121) 卞:『朱子語類』에서는 辨으로 되어 있다.
122) 卞:『朱子語類』에서는 辨으로 되어 있다.
123) ▲: 但忠是盡己, 信卻是於人無所不盡. 猶曰: "忠信, 內外也."
124) ▲: '盡物之謂信',
125) ▲: "道千乘之國."
126) ▲: 亦

21:63 問: "'敬事而信', 疑此敬是小心畏謹之謂, 非'主一無適'之謂." 曰: "遇事臨深履薄而爲之, 不敢輕, 不敢慢, 乃是'主一無適.'"【伯羽】

21:64 "敬事而信", 是"節用愛人, 使民以時"之本. 敬又是信之本. 【閎祖】

21:65 ▲[127) "這五句, 自是五▲[128)事. 只當逐句看. 是合當有底, 無底, 合當做底, 不當做底. 不消如做時文, 要着兩句來包說." 又問: "程先生云: '聖人之言, 兼通上下.' 恐是聖人便見得道理始終[129), 故發言自是該貫. 衆人緣不見得, 所以說得一頭, 又遺了一頭." 曰: "這箇也不干見事. 但衆人說得, 自是不及聖人說話. ▲[130) 便是大賢說話, 也自▲[131)不及聖人. ▲[132)這五事, 衆人豈不見得? 但說時▲[133)自是別有關竅, 決不及聖人也."【燾】[134)

21:66 ▲[135) "龜山說此處[136)極好看. 今若治國不本此五者, 則君臣上下漠然無干涉, 何以爲國?" 又問: "須是先有此五者, 方可議及禮樂刑政." 曰: "且要▲[137)看古人治國之勢要. 此五者極好看. 若每章翻來覆去, 看得分明, 若看十章, 敢道便有長進."【南升 ○賀孫錄別出. ○『集注』】

---

127) ▲: 問"道千乘之國"一章. 曰:
128) ▲: 句
129) 始終: 『小分』에서는 終始를 교정부호로 바로잡았다.
130) ▲: 聖人說得自別.
131) ▲: 是
132) ▲: 蓋聖人說得來, 自是與人別. 若衆人非無見. 如
133) ▲: 定
134) 【燾】: 賀本에는 없다.
135) ▲: 問"道千乘之國"章. 曰:
136) 龜山說此處: 徽州本에서는 龜山 앞에 五者皆要如何只說兩件因云楊이 더 있다.
137) ▲: 就此五者, 反覆推尋,

21:67 ▲138) 古聖王所以必如此者, 蓋有是五者, 而後上之意接於下, 下之情方始得親於上. 上下相關, 方可以爲治. 若無此五者, 則君抗然於上, 而民蓋不知所向. ▲139) 【賀孫】

21:68 問: "▲140) 楊氏云: '未及爲政▲141).'" 曰: "然此亦是政事. 如'敬事而信', 便是敬那政事也. 節用有節用之政事, 愛人有愛人之政事, 使民有使民之政事. 這一段, 是那做底. 子細思了, 若無敬, 看甚事做不142)成? 不敬, 則不信, 不信, 則不能'節用愛人', 不'節用愛人', 則不能'使民以時'矣. 所以都在那敬字143)上. 若不敬, 則雖欲信不可得. 如出一令, 發一號, 自家把不當事忘了, 便是不信. 然又敬須信144), 若徒能敬, 而號令施於民者無信, 則爲徒敬矣. 不信固不能節用, 然徒信而不能節用, 亦不濟事. 不節用固不能愛人, 然徒能節用而不愛人, 則此財爲誰守邪? 不愛人固不能'使民以時', 然徒能愛人, 而不能'使民以時', 雖有愛人之心, 而人不被其惠矣. 要之, 根本工夫都在'敬'字. 若能敬, 則下面許多事方照管得到. 自古聖賢, 自堯·舜以來便說這箇'敬'字. 孔子曰: '修己以敬.' 此是最緊處145)." 【僩】

21:69 ▲146) "聖人言語, 自是有倫序, 不應胡亂說去. 敬了, 方會信, 信了, 方會節用, 節用了, 方會愛人, 愛人了, 方會'使民以時.' 又敬了, 須是信, 信了, 須是節用, 節用了, 須是愛人, 愛人, 須是'使民以時.' 如後面'弟子入則孝, 出則弟, 謹而信'之類, 皆似此有次第." ▲147)問:

---

138) ▲: 文振說"道千乘之國." 曰: "龜山最說得好. 須看此五者是要緊.
139) ▲: 有此五者, 方始得上下交接."
140) ▲: '道千乘之國',
141) ▲: 也
142) 不: 英祖刊本·賀本에서는 得으로 되어 있다.
143) 字: 賀本에서는 事로 되어 있다.
144) 然又敬須信: 賀本에서는 然敬又須信으로 되어 있다.
145) 此是最緊處: 賀本에서는 此是最要緊處로 되어 있다.
146) ▲: 子升問: "『集注』云: '五者相因, 各有次序.'" 曰:
147) ▲: 又

“「學而」一篇, 多是務本之意. 獨此章言及爲政, ▲148)” 曰: “此便是爲政之本. 如‘尊五美, 屛四惡’, ‘行夏之時, 乘殷之輅, 服周之冕’之類, 無此基本, 如何做去?”【木之】

21:70 ▲149)問: “如何信了方能節用?” 曰: “無信, 如何做事? 如朝更夕改, 雖商鞅之徒亦不可爲政. 要之下面三事, 須以敬信爲主.” 木之云: “▲150) 凡事都着信, 不止與節用相繫屬.” 曰: “固是.”【木之】

21:71 ▲151) “始初須是敬, 方能信, 能敬信, 方眞箇▲152)節用▲153)愛人, ▲154)‘使民以時.’ 然世固有能敬於己而失信於人者, 故敬了又用155)信, 亦有能信於人而自縱奢侈者, 故信了又用節用, 亦有自儉嗇而不能推愛他人者, 故節用了又用愛人, 愛人了, 又用‘使民以時’, 使民不以時, 卻是徒然也.”【明作】

21:72 ▲156)須是事事敬, 方會信. 纔信, 便當定如此, 若恁地慢忽, 便沒十157)成. 今日恁地, 明日不恁地, 到要節用, 今日儉, 明日奢, 便不是節用. 不會節用, 便急征重歛, 如何得愛民? 旣無愛民之心, 如何自會“使民以時”? 這是相因之說. 又一說: 雖則是158)敬, 又須着信於民, 只恁地守箇敬不得. 雖是信, 又須着務節儉. 雖會節儉, 又須着有愛民之心, 終不成自儉嗇而愛不及民, 如隋 文帝之所爲. 雖則是愛民,

---

148) ▲: 是如何?
149) ▲: 子升
150) ▲: 如此,
151) ▲: 問“五事反覆相因, 各有次第.” 曰:
152) ▲: 是
153) ▲: , 眞箇節用, 方是愛人, 能眞箇
154) ▲: 方能
155) 用: 賀本에서는 有로 되어 있다.
156) ▲: “道千乘之國”, 五者相因, 這只消從上順說. 人
157) 十: 英祖刊本・賀本에서는 有로 되어 있다.
158) 是: 賀本에는 없다.

又須着課農業, 不奪其時.【賀孫】

21:73 ▲159)問: "楊氏謂'未及爲政', ▲160) 曰: "孟子說'不違農時', 只言王道之始, 未大段是政事在."【銖 ○時擧同.】

21:74 問: "'敬事而信'章, ▲161) 曰: "▲162) 有一般人敬而不能信, 有一般人能節用, 只是吝嗇, 卻不能愛人. 故能敬, 便自然信, 而敬又不可以不信. 聖人言語, 自上說下來, 也恁地, 自下說上去, 也恁地. 聖人言語都如此." 曰: "信與節用, 有何相關?" 曰: "信是的確. 若不的確, 有時節用163), 有時又不節."【淳】

21:75 ▲164)從上說下, 固是一般意思, 從下說上, 又是一般意思. ▲165) 與'君子不重則不威'一章, 都用恁地看."【賀孫】

「弟子入則孝章」

---

159) ▲: 吳伯遊問"道千乘之國"三句, 反覆相因, 各有次第. 曰: "不敬於事, 沒理沒會, 雖有號令, 何以取信於人? 無信, 則朝儉暮奢, 焉能節用? 不節用, 則傷財害民, 焉能愛人? 若不愛人, 則不能'使民以時.'" 又說: "旣敬了, 須用信, 或有敬而不能信者.【時擧錄作: "世固有能敬於己而或不信於民者."】 信又用節用, 有能示信於人而自縱欲奢侈者. 節用又用愛人, 有愛惜官物【時擧錄作: "有自鄙吝慳儉."】 而不能施惠於百姓者. 愛人, 又用'使民以時', 使不以時, 亦徒愛耳." 又

160) ▲: 今觀'使民以時', 又似爲政."

161) ▲: 五者相承, 各有次序. 是能如此而後能如彼? 抑旣如此, 更要如彼耶?"

162) ▲: 能恁地敬, 便自然信. 下句又是轉說. 節用了, 更須當愛人, 愛人了, 更當'使民以時.'

163) 用: 『朱子語類』에는 없다.

164) ▲: 陳希眞問: "須先敬了, 方可以信, 先節用了, 方可以愛人, 又須是'使民以時.' 是如此否?" 曰: "這般處

165) ▲: 如敬事而信, 固是有人凡事要誠信, 然未免有不敬處, 便是不實. 有人卻知節用, 然不知愛民, 則徒然鄙吝於己, 本不爲民. 有人知所以愛人, 卻不知勿奪其時. 這般處,

21:76 問: "▲[166]行有餘暇, 便當學六藝之文. 要知得事父兄如何而爲孝弟, 言行如何而能謹信." 語尙未終, 先生曰: "▲[167]說得支離了. 聖人本意重處在上面, 言弟子之職須當如此. 下面言餘力則學文. 大凡看文字, 須認[168]聖人語脈, 不可分毫走作. 若說支離, 將來又生出病[169]." 【南升】

21:77 ▲[170] "人自是當愛人, 無憎嫌人底道理." ▲[171]問: "人之賢不肖, 自家心中自須有箇辨別. 但交接之際, 不可不汎[172]愛爾." 曰: "他下面便說'而親仁'了. 仁者自當親, 其它自當泛愛. 蓋仁[173]是箇生底物事. 旣是生底物, 便具生之理, 生之理發出便是愛. 纔是交接之際, 便須自有箇恭敬, 自有箇意思, 【他[174]本作"恩[175]意".】 如何漠然無情, 不相親屬▲[176]! 聖人說出話, 兩頭都平. 若只說汎[177]愛, 又流於兼愛矣." 【僩】

21:78 問: "而親仁." 曰: "此▲[178]是學文▲[179]本領. 蓋不親仁, 則本末是非, 何從而知▲[180]?" 【燾】

---

166) ▲: '弟子入則孝'一章, 力
167) ▲: 下面
168) 認: 成化本에서는 思로 되어 있다.
169) 將來又生出病: 徽州本에서는 病 뒤에 先生又云今日一日只消看治國一章已多了가 더 있다.
170) ▲: 問: "泛愛衆." 曰:
171) ▲: 又
172) 汎: 成化本에서는 泛으로 되어 있다.
173) 仁: 賀本에서는 人이 되어야 한다고 보았다.
174) 他: 『朱子語類』에서는 池로 되어 있다.
175) 恩: 成化本·賀本에서는 思로 되어 있다.
176) ▲: 得
177) 汎: 成化本에서는 泛으로 되어 있다.
178) ▲: 亦
179) ▲: 之
180) ▲: 之

21:79 問: "▲[181] 莫是入孝出弟之理, 行之綽綽然有餘裕否?" 曰: "誰敢便道行之有餘裕? 如'汎[182]愛衆, 而親仁', 何曾便時時有衆之可愛, 便有仁者於此, 得以時時親之. 居常無事, 則學文講義[183]. 至事與吾接, 則又出而應之. ▲[184) 【寓】

21:80 ▲[185] "此論▲[186], 先本後末. 今人只是先去學文. 又且驗平日果能孝弟・恭謹・誠信・愛衆・親仁乎? 如此了, 方學文. 此▲[187]又以孝弟爲本. 不孝, 則不能弟. 不孝而能弟, 弟亦何用? 不孝不弟, 縱行謹言信, 愛衆親仁, 亦何用?" 【銖】

21:81 ▲[188]問: "▲[189]'博學於文, 約之以禮', 文又在先, ▲[190]" 曰: "'博學於文', 也不說道未有'行有餘力'以上許多事. 須是先有許多了, 方可以學文. 且如世上有人入不孝, 出不弟, 執事不謹, 出言不信, 於衆又無愛, 於仁又不能親, 道要去學文, 實是要去學不得." 【賀孫】

21:82 "'汎[191]愛', 不是人人去愛他. 如群居不將▲[192]相擾害底事去聒噪他, 及自占便宜之類是也. 無弟子之職[193]以爲本, 學得文, 濟甚事? 此言雖近, 眞箇行得, 亦自大段好. 文是『詩』・『書』・六藝之文.

---

181) ▲: '行有餘力', 所謂有餘,
182) 汎: 成化本에서는 泛으로 되어 있다.
183) 義: 徽州本에서는 藝로 되어 있다.
184) ▲: 入孝出弟, 亦是當孝當弟之時. 行謹言信, 亦是如此. 他時有餘力, 自當學文."
185) ▲: 問: "則以學文." 曰:
186) ▲: 本末
187) ▲: 五句,
188) ▲: 歐陽希遜
189) ▲: '行有餘力, 則以學文', 學文在後,
190) ▲: 如何?
191) 汎: 成化本에서는 泛으로 되어 있다.
192) ▲: 一等
193) 職: 【附箋紙】□板職一字.

『詩』·『書』是大概『詩』·『書』, 六藝是禮·樂·射·御·書·數. 古人小學便有此等, 今皆無之, 所以難." 問: "▲[194] 六藝如何考究得成法?" 曰: "小學中, 一事具得這事之理. 禮樂, 如知所以爲禮樂者如此, 從此上推將去, 如何不可考成法? 緣今人都無此學, 所以無考究處. 然今『詩』·『書』中可考, 或前言往行亦可考. 如前輩有可法者, 都是. 人須是知得古人之法, 方做不錯. 若不學文, 任意自做, 安得不錯? 只是不可先學文耳. 子夏矯枉過正, 放重一邊, 又忒重了, 不似此章聖人說得兩無欠闕. 如棘子成矯當時文[195]弊, 說得質太重. 子貢又矯棘子成之弊, 卻道'文猶質也, 質猶文也', 都偏了. 惟聖人之心和平, 所謂高下小大皆宜, 左右前後不相悖, 說得如此盡."【明作 ○『集注』.】

21:83 問: "▲[196]五件條目, 皆▲[197]天理人倫之極致, 能力行, 則必能識事理之當然矣. 如『集注』之說, 則是學文又在力行之先." 曰: "若不學文, 則無以知事理之當否. 如爲孝爲弟亦有不當處. 孝於事親, 然事父之敬, 與事母之愛便別了."【卓】[198]

21:84 不學文, 則事事做不得.【節】

21:85 胡氏解"則以學文", 謂古者有業文之家. 今觀「微子之命」·「蔡仲之命」·『左傳』中數處誥命, 大抵文意相類. 及以「閟宮」[199]·「殷武」[200]末章觀之, 誠恐古人作文, 亦須有箇格樣遞相祖述.【必大】

194) ▲: 『集注』: '力行而不學文, 則無以考聖賢之成法, 識事理之當然.'
195) 文: 賀本에서는 之로 되어 있다.
196) ▲: 『集注』云: '力行而不學文, 則無以識事理之當然.' 且上
197) ▲: 是
198) 【卓】: 賀本에서는【車】로 되어 있다.
199) 閟宮: 『詩經·魯頌·閟宮』
200) 「殷武」: 『詩經·商頌·殷武』

「賢賢易色章」

21:86 問: "'賢賢易色'有兩說." 曰: "只變易顏色亦得, 但覺說得太淺. 斯須之間, 人誰不能? 未知他果有誠敬之心否. 須從好色之說, 便見得賢賢之誠處."【明作】

21:87 問: "變易顏色[201], 莫是待臨時易色未善?" 曰: "亦不必如此說. 只是下面'致其身·竭其力'太重, 變易顏色太輕耳."【可學】

21:88 ▲[202] "變易顏色, 有僞爲之者. 不若從上蔡說, 易其好色之心, 方見其誠也."【德明】[203]

21:89 ▲[204] "'吾未見好德如好色者', '去讒遠色, 賤貨而貴德, 所以勸賢也', 已分明說了."【僩用】

21:90 "事父母能竭其力", 凡事當盡力爲之, 不可挨推, 只做七八分, 留兩三分.【淳】

21:91 ▲[205] "致身, 一如送這身與他, 便看他將來如何使."【時舉】

21:92 ▲[206] 『集注』謂"不有其身", 是不爲己之私計也.【明作】

---

201) 變易顏色: 徽州本에서는 이 부분 대신 다음의 내용이 있다. 賢賢易色, 或以爲變易顏色, 或以爲易其好色之心, 二者如何?

202) ▲: 敬之問: "'賢賢易色'有二說." 曰:

203)【德明】: 『小分』에서는【明德】을 교정부호로 바로잡았다.

204) ▲: 問: "賢賢易色." 曰:

205) ▲: 或問"事君致其身." 曰:

206) ▲: "事君能致其身",

21:93 ▲[207] "資質好底, 也會恁地. 問學也只是理會許多事."【時學】

21:94 ▲[208] "此還是已學邪? 蓋人固是資稟自好, 不待學而自能盡此數條者. 然使其爲學, 則亦不過學此數者耳. 故曰, 人雖以爲未學, 而吾必以爲已學也."【時學】

21:95 問: "'賢賢易色'章.[209] ▲[210] 曰: "必竟是曾學未學?" 曰: "先生所謂'非其生質之美, 必其務學之至.'" 曰[211]: "看得是." 曰: "今日本欲看'君子不重不威'一章[212], 又見稍長, 不敢貪多." 曰: "慢看不妨, 只要常反覆玩味聖人旨要, 尋見着落處[213]." 又云: "近覺多病, 恐來日無多, 欲得朋友勇猛近前, 也要相傳. 某之心, 便是公之心一般."【南升】

21:96 子夏之言, 不免有弊. 蓋孔子上章但是平說, 子夏此章皆是說到誠處, 說得重了. 然今有這樣人, 若不是他學問來, 又不是天資高, 安能如此? 但子夏說得太麤了, 故謂其"辭氣抑揚太過"也.【夔孫】

21:97 ▲[214]

---

207) ▲: 袁子節問"賢賢易色"章. 曰:

208) ▲: 漢臣說"雖曰未學, 吾必謂之學矣." 先生曰:

209) 問: "'賢賢易色'章.: 徽州本에서는 이 부분이 빠져 있고 다음의 글이 더 있다. 先生南坐, 某問: "賢賢易色是眞個有好賢之心. 事父母能竭其力以供子職, 事君知有君而不知有身, 與朋友交無一不盡情實."

210) ▲: 爲學之道, 只要就人倫上做得是當. 今旣能如此, 雖或以爲未學, 我必以爲已學."

211) 曰: 徽州本에서는 이 앞에 少頃, 先生云: "文振今日更看甚處?." 某 가 더 있다.

212) 今日本欲看'君子不重不威'一章: 徽州本에서는 今日 뒤에 只看這一章, 更玩味楊龜山所說治國一章이 더 있다.

213) 尋見着落處: 孝宗刊本·英祖刊本·成化本에서는 尋見落著處로 되어 있다.

214) ▲: "雖曰未學." 世間也有資稟高, 會做許多事底. 但子夏此兩句被他說殺了, 所以吳氏謂其言之有弊.【明作】

21:98 "'易色', ▲[215] 若作變易顏色, 恐裏面欠了字多. 這也只是敬賢之誠." ▲[216] 問: "伊川曰'學求如是而已', 如何?" 曰: "這卻和'學'字說在裏面. 子夏本言, 卻作不須學底意思. 吳才老以子夏此言, 與子路'何必讀書'之說同, ▲[217]其弊皆至於廢學. 若'行有餘力, 則以學文, 就有道而正焉, 可謂好學'之類, 方爲聖人之言. 此說卻好. ▲[218) 【榦】

21:99 ▲[219]此話說得激, 有矯枉過直意思. 聖人便不如此, 且看"行有餘力, 則以學文", 是多少渾成? 他意只欲反本, ▲[220] 如棘子成說: "君子質而已矣, 何以文爲?"▲[221]全是有激之論. 子貢說: "文猶質也, 質猶文也." 這也有病. 質與文似不同. "一言可以喪邦, ▲[222]" 聖人便說"言不可若是其幾." 如"唯其言而莫予違也", 又說, 如其善而莫之違, 固是好, 如不善而莫之違, 不幾乎一言而喪邦? 如"禮, 與其奢也寧儉, 喪, 與其易也寧戚", 雖都是偏, 就其間論之, 便須說奢與易有輕重. 聖人說話, 都自恁地平. 向伯恭見此說, 甚以爲看得出. 【賀孫】

21:100 ▲[223]

21:101 ▲[224]竭力等事, 比上面出孝入弟[225]之類較重, 所以子夏謂'吾必謂之學矣.'" 【義剛】

---

215) ▲: 須作'好德如好色'說.
216) ▲: 問: "此四事, 莫是箇處得極至, 只得如此否?" 曰: "這地位儘高."
217) ▲: 其意固善, 然
218) ▲: 子夏既說殺了, 雖是上面說務本, 終不如聖人之言也."
219) ▲: "吾必謂之學矣", 子夏
220) ▲: 故說得如此激.
221) ▲: 這便
222) ▲: 有諸?
223) ▲: 林一之問"賢賢易色"章. 曰: "他是重其所重, 輕其所輕, 固爲激切之辭, 覺得那一邊偏重. 聖人言語便平, 如曰: '禮, 與其奢也, 寧儉, 喪, 與其易也, 寧戚.' 不說禮只專是儉, 喪只專是戚也." 【砥】
224) ▲: 義剛說"賢賢易色"一章. 先生接『集注』所言云: "此不若上章. 但
225) 出孝入弟: 英祖刊本 · 賀本에서는 入孝出弟로 되어 있다.

21:102 ▲226) "聖人之言, 由本及末, 先後有序. ▲227)平正, 無儉228)絶之意. 子夏則其言傾側而不平正, 儉229)絶而不和易, 狹隘而不廣大, 故未免有弊. 然子夏之意欲人務本, 不可謂之不是. 但以夫子之言比之, 則見其偏▲230)."【人傑】

「君子不重則不威章」

21:103 ▲231) 旣曰君子, 何以不重不威? 此是大槪說君子之道如此. "主忠信"是誠實無僞, 樸實頭. "主"字最重, 凡事靠他做主. 程子曰: "不誠無物." 謂如去水南, 卻說去水北. 實不曾去水北, 便無這去水北一事.【明作】

21:104 輕最害事. 飛揚浮躁, 所學安能堅固. 故"學則不固", 與不重不威, 只一套事.【祗】

21:105 ▲232) 忠以心言, 信以事言. ▲233)【振】

21:106 ▲234) 人若不忠信, 如木之無本, 水之無源235), 更有甚底? 一身都空了. ▲236)此四者, 皆是身修237)之要. 就其中'主忠信', 又是最

226) ▲: 或問夫子言"則以學文", 子夏言"吾必謂之學矣"兩章. 曰:
227) ▲: 其言
228) 儉: 『朱子語類』에서는 險으로 되어 있다.
229) 儉: 『朱子語類』에서는 險으로 되어 있다.
230) ▲: 之若此也
231) ▲: "君子不重則不威."
232) ▲: "主忠信",
233) ▲: 以實之謂信.
234) ▲: "主忠信." 人道惟在忠信, "不誠無物."
235) 源: 成化本・賀本에서는 原으로 되어 있다.
236) ▲: 今當反看自身, 能盡己之心, 能不違於物乎? 若未盡己之心而不違於物, 則

要. 若不'主忠信', 便'正衣冠, 尊瞻視', 只是色莊, 爲學亦是且謾爲學, 取朋友未必[238]盡情[239], 改過亦未必眞能改過. 故爲人須是"主忠信." 「學而」一篇, 再三言之.【南升】

21:107 問: "▲[240]'不誠▲[241]無物', ▲[242]" 曰: "實有此理, 便實有此事. 且如今向人說, 我在東, 卻走西去那一邊, 便成妄誕了." 問: "伊川曰'忠信者, 以人言之, 要之則實理', ▲[243]" 曰: "▲[244] 如'誠者, 天之道', 則只是箇實理, 如'惟天下之至誠', 便是以人言之."【榦】

21:108 ▲[245] "心無形影, 惟誠時方有這物事. 今人做事, 若初間有誠意, 到半截後意思懶散, 謾做將去, 便只是前半截有物, 後半截無了. ▲[246]到九分, 這一分無誠意, 便是這一分無物."【時擧】

21:109 ▲[247] "凡應干[248]事物之來, 皆當盡吾誠心以應之, 方始是有這箇物事. ▲[249] 如讀書, ▲[250]心不在此, 便是沒這書."【賀孫】

21:110 "人道惟在忠信, 不誠無物." 物, 只是眼前事物, 都喚做物.

是不忠信. 凡百處事接物, 皆是不誠實, 且謾爲之. 如
237) 身修: 英祖刊本・賀本에서는 修身으로 되어 있다.
238) 必: 賀本에서는 便으로 되어 있다.
239) 情: 賀本에서는 誠으로 되어 있다.
240) ▲: 明道曰
241) ▲: 則
242) ▲: 如何?
243) ▲: 何也?
244) ▲: 以人言之, 則爲忠信, 不以人言之, 則只是箇實理.
245) ▲: 問『集注』"不誠無物"一節. 曰:
246) ▲: 若做
247) ▲: 問"人道惟在忠信, 不誠無物." 曰:
248) 干: 英祖刊本・賀本에서는 接으로 되어 있다.
249) ▲: 且幹一件事, 自家心不在這上, 這一事便不成, 便是沒了這事.
250) ▲: 自家

若誠實, 方有這物. 若口裏說莊敬, 肚裏自慢忽, 口裏說誠實, 肚裏自狡僞, 則所接事物還似無一般. 須是實見得是, 實見得非, 截定而不可易, 方有這物. 且如欲爲善, 又有箇爲惡意思, 欲爲是, 又有爲非意思, 這只是不實, 如何會有物?【賀孫】

21:111 問"人道惟在忠信, 不誠無物." 曰: "說道恁地, 又不曾眞箇恁地, 便是'不誠無物.' 說道爲善, 又不曾爲得善, 說道惡惡, 又不曾不爲惡, 便是無此物. ▲251) '忠信所以進德', 是有這骨子, 然後能進德. 如顏子'三月不違仁', 只未違以前便有始末, 才失照管處, 便無物矣, 又須到再接續處, 方有終始. 惟天地聖人未嘗有一息間斷. '維天之命, 於穆不已', 何嘗間斷? 間斷, 造化便死了. 故天生箇人, 便是箇人, 生出箇物, 便是箇物, 且不曾生箇假底人物來." ▲252)問: "如陰陽舛錯, 雨暘失時, 亦可謂之誠乎?" 曰: "只是乖錯, 不是假底, 依舊是實在. 人只是不要外面有, 裏面無. 且如讀書十遍, 初四遍心在, 後六遍心不在, 只是口▲253)讀過, 便只第一遍至第四遍是始是終. 第六遍後, 便只似不曾讀一般, 便是254)無物也." 又問: "'吾不與祭, 如不祭', 是'不誠無物'否?" 曰: "然."【伯羽 ▲255)】

21:112 "無友不如己者", 與勝己者處也.【人傑】

251) ▲: '誠者, 物之終始, 不誠無物.' 如人做事, 只至誠處, 便有始有末, 才間斷處, 以後便皆無物.

252) ▲: 仲思

253) ▲: 頭

254) 是: 賀本에는 없다.

255) ▲: ○道夫一云: "蜚卿問'人道惟在忠信, 不誠無物.' 曰: '說道爲善, 又不曾爲得善, 說道惡惡, 又不曾去惡, 便是無物. 如人做事, 只至誠處, 便有始有末, 才間斷處, 便無物. 天地造化, 聖人德業, 未嘗有一息之間. "維天之命, 於穆不已", 曷嘗間斷? 有些間斷, 則造化便死了. 故生出一箇人, 便是一箇人, 生出一箇物, 便是一箇物, 更無些假.' 道夫問: '陰陽舛錯, 雨暘不時, 亦可謂之誠否?' 曰: '雖恁地, 亦只是舛錯, 不是假, 依舊是實在. 人則不要外面有, 裏面無.'"

21:113 問: "▲256)不與不勝己友, 則他人勝己者亦不與之友." 曰: "不然. 人自是要得臨深以爲高."【榦】

21:114 ▲257) 人交朋友, 須求有益. 若不如我者, 豈能有益? 仍是朋友才不如我時, 便無敬畏之意, 而生狎侮之心. 如此則無益."【義剛】

21:115 友不如己者, 自是人一箇病. 周恭叔看得太過了. 上焉者, 吾師之, 下焉者, 若是好人, 吾教之, 中焉者, 勝己則友之, 不及者亦不拒也, 但不親之耳. 若便佞者, 須卻之方可.【璘】

21:116 問: "▲258) 今欲擇勝己者與之爲友, 則彼必以我爲不及, 而不肯與我友矣. 雖欲友之, 安得而友之?" 曰: "無者, 禁止之辭. 我但不可去尋求不如己者, 及其來也, 又焉得而卻之? 推此, 則勝己者亦自可見."【道夫】

21:117 ▲259) 且如人學作文, 須是與勝己者商量, 然後有所發明. 若只與不如己者商量, 則好者彼或不知, 不是彼或不識. 我又只見其不勝己, 渾無激厲260)之意, 豈不爲害?" ▲261) "若不勝者來求於我, 則不當拒之▲262). 聖人此言, 但教人求友之法耳."【壯祖】

21:118 問: "'無友不如己者', 伊川以爲同志, 何如?" 曰: "此求之過. 大凡師則求其賢於己者, 友則求其勝者, 至於不肖者, 則當絶之. 聖人此言, 非謂必求其勝己者. 今人取友, 見其勝己者則多遠之, 而不及己

---

256) ▲: '無友不如己', 作
257) ▲: 問: "'無友不如己者'與'勝己'字如何?" 曰: "勝己, 便是如己之意.
258) ▲: 『集注』謂'友以輔仁, 不如己, 則有損而無益.'
259) ▲: 趙兄問"無友不如己者." 曰: "凡人取友, 須是求勝己者, 始有益.
260) 厲: 英祖刊本・賀本에서는 勵로 되어 있다.
261) ▲: 趙曰: "然則有不勝我者, 終不可與處乎?" 曰:
262) ▲: 也

則好親之. 此言乃所以救學者之病."【可學】

21:119 ▲[263]不如我者, 他又求來我底[264], ▲[265]便是'童蒙求我, 匪我求童蒙'也. 前輩說這一句, 多是被不如己者不與爲友底意思礙卻, 便說差了. 其實本不相背."【時學】

21:120 ▲[266] "程子所謂'知其不善, 則速改以從善', 曲折專在[267]'速改'字上着力. 若今日不改, 是壞了兩日事, 明日不改, 是壞了四日事. 今人只是憚難, 過了日子."【銖 ○時學錄▲[268], 若今日過愈深, 則善愈微. 若從今日便改, 則善可自此而積."】

21:121 今爲學約而易操者, 莫如敬, 敬則凡病皆可去. 如"不重則不威"章, 敬是總腦, 不渾在散句裏, 必敬而後能不輕. 如"主忠信", 亦先因敬, 不敬則誕謾而已, 何以主之? "毋友不如己", 亦然. 重亦不難見, 如人言語簡重, 擧動詳緩, 則厚重可知. 言語輕率, 聽得便說, 說則無能得了. 擧動輕肆, 飛揚淺露, 其人輕易可知.【伯羽】

---

263) ▲: 問"無友不如己者." 曰: "這是我去求勝己者爲友. 若
264) 他又求來我底: 孝宗刊本・英祖刊本・成化本에서는 他又求來我로 되어 있고 賀本에서는 他又來求我로 되어 있다.
265) ▲: 這
266) ▲: 吳知先問"過則勿憚改." 曰:
267) 在: 賀本에서는 以로 되어 있다.
268) ▲: 云: "最要在'速'字上著力. 凡有過

『朱子語類』卷第二十二

「『論語』四」

「「學而」篇下」

「愼終追遠章」

22:1 ▲[1] 伊川云: "不止爲喪祭." 推之是如此, 但本意只是爲喪祭.[2]

22:2[3] ▲[4]問: "伊川謂: '不止喪祭.'▲[5]" 曰: "▲[6] 恐曾子當初只是說喪祭. 推此意, 則每事都要存這些子." 【雉】

22:3 "謹[7]終追遠", 專主喪祭而言. 若看得喪祭事重時, 亦自不易. 只就喪祭上推, 亦是多少事. 或說天下事皆要謹[8]終追遠, 亦得. 【明作】

22:4 胡叔器問: "'追遠', 是親否?" 曰: "言追, 則不是親了." 包顯道問: "遠祖時人不解更有追念之意, 想只是親." 曰: "只江南來不如此.

---

1) ▲: "愼終追遠",
2) 祭: 徽州本에서는 小註로 【賡】이 더 있다.
3) 22:2 : 成化本에서는 22:1과 이어져 하나의 항목으로 편집되어 있다.
4) ▲: 王
5) ▲: 此說如何?
6) ▲: 指事而言,
7) 謹: 英祖刊本·賀本에서는 愼으로 되어 있다.
8) 謹: 英祖刊本·賀本에서는 愼으로 되어 있다.

湖北人上墳, 不問遠祖也哭, 這卻好. 人之一身, 推其所自, 則必有本, 便是遠祖, 畢竟我是它血脈. 若念及此, 則自不能無追感之情. 且如今老人不能得見箇孫子, 今若便見十世孫時, 也惜, 畢竟是自家骨肉. 人只得[9]不思量到這裏, 所以追感之誠不至也."【義剛】

22:5 陳仲亨說"民德歸厚." 先生問: "如何謂厚是有餘之意?" 陳未達. 曰: "謂如此已自得了, 更添些子. 恰似著衣, 如此已暖了, 更加一件, 是之謂厚. 厚對薄而言. 若我未厚, 民自是趨從薄處去."【義剛】

22:6 問: "程子云: '推而至于[10]天下之事, 皆能愼其終, 不忘於遠.' 如何?" 曰: "事事皆要如此. 謹[11]終, 則末梢須[12]是理會敎盡, ▲[13] 遠是人易忘. 且如今追封人及祖父等事, 這是久遠恩澤. 人多是據眼前有功者有賞, 而無久而不忘底意思. 這般事若能追念起來, 在己之德旣厚, 而民心亦有所興起."【賀孫】

「夫子至於是邦章[14]」

22:7 ▲[15]問"▲[16]溫・良・恭・儉・讓." 曰: "此子貢擧夫子可親之一節, 溫之一事耳. 若論全體, 須如'子溫而厲, 威而不猛, 恭而安.'"【德明】

22:8 問[17]: "溫是恁地溫和深厚, 良是恁地簡易正直, 恭是端嚴恭敬,

---

9) 得: 英祖刊本・賀本에서는 是로 되어 있다.
10) 于: 賀本에서는 於로 되어 있다.
11) 謹: 賀本에서는 愼으로 되어 있다.
12) 須: 賀本에서는 雖로 되어 있다.
13) ▲: 不忘於遠.
14) 夫子至於是邦章: 徽州本에서는 夫子溫良恭儉讓章으로 되어 있다.
15) ▲: 敬子
16) ▲: 夫子

儉是省約有節, 讓是謙遜自卑[18]." 曰: "'良'字說未是. 良卽是良善, 猶今言善人. 所謂易, 乃樂易·坦易之'易.' 直, 如世人所謂白直之'直', 無姦詐險詖底心, 如所謂開口見心是也. 此章亦須見得聖人不求人, 而人自求之意."【南升】

22:9 ▲[19] "良, 如今人言無嶢崎爲良善, 無險阻密蔽." ▲[20]【節】

22:10 ▲[21]

22:11 ▲[22]

22:12 ▲[23]問: "良何以爲易直?" 曰: "只是平易·白直而已." 因擧『韓詩外傳』有一段與「樂記」相似. 但"易直子諒之心生矣"處, 改"子諒"二字爲"慈良", 此卻分明也.【時擧】

22:13 ▲[24]人之初心. 慈愛良善, 便是'元者, 善之長.' 孟子說'惻隱之心', '人皆有不忍人之心', 皆是這般心. 聖人敎人, 先要求此心, 正爲萬善之總處."【寓】

---

17) 問: 徽州本에서는 이 뒤에 此一章須於溫良恭儉讓五者觀聖人德盛禮恭處가 더 있다.

18) 讓是謙遜自卑: 徽州本에서는 이 뒤에 聖人盛德充溢於中, 而輝光著見於外如此. 當時諸侯雖汨沒於利欲之中, 而秉彝好德之良心未嘗不在, 一見夫子德容如此, 故皆問之以國政.이 더 있다.

19) ▲: 或問: "良何以訓'易直'?" 曰:

20) ▲: 又曰: "易, 平易, 和易, 直, 無屈曲."

21) ▲: 李問: "良如何訓'易直'?" 曰: "良善之人, 自然易直而無險詐, 猶俗言白直也."【雉】

22) ▲: 問"良, 易直"之義. 曰: "平易坦直, 無許多艱深纖巧也."【銖】

23) ▲: 亞夫

24) ▲: 問: "'良, 易直也.' 如何?" 曰: "此心不傾險, 不粗戾, 自是平易簡直. 「樂記」言'易直子諒之心', 昔人改'子諒'作'慈良', 看來'良'字卻是

22:14 ▲[25] "儉只是用處儉, 如[26]衣冠・服飾・用度之類." 【寓】

22:15 儉, ▲[27] 非謂儉約之謂. 只是不放肆, 常收斂之意. 【明作】

22:16 聖人之德無不備, 非是只有此五者. 但是此五者, 皆有從厚[28]謙退不自聖底意思, 故人皆親信而樂告之也. 【夔孫】

22:17 伯游問"溫良恭儉讓"一章. 曰: "最要看得此五字. '溫'是如何氣象? '良'是如何氣象? '恭・儉・讓'又是如何? 深體之於我, 則見得聖人有不求人而人自卽之底意思. 今人卻無非是求. 自請學以往, 並是求人. 雖做宰相地位, 也是恁地. 縱不肯明求, 也須暗地結托. 蓋以求人爲常, 而不知其爲非也. 「學而」一篇, 多是先以此敎人. 如'人不知而不慍', 如'巧言令色', 如'不患人之不己知'皆是. 雖『中庸』亦多此意, 如'衣錦尙絅', 皆是. 且要理會那不求底道理." 【時擧】

22:18 龜山解夫子"溫・良・恭・儉・讓", 有"暴慢・侈泰"等語. 正淳以爲暴慢侈泰誠所當戒, 而先生以爲其流至於爲人, 似不然之. 曰: "暴慢侈泰, 固所當戒, 但不當於此言. 龜山說話, 常有些畏罪福[29]底意思在. 不知聖人'溫・良・恭・儉・讓', 是自然常[30]如此, 非欲爲是以求聞政也." 【賀孫】

「父在觀其志章」

25) ▲: 問: "儉就那處看?" 曰:
26) 如: 賀本에서는 爲로 되어 있다.
27) ▲: 謂節制,
28) 厚: 賀本에서는 後로 되어 있다.
29) 福: 賀本에서는 禍로 되어 있다.
30) 常: 徽州本에서는 當으로 되어 있다.

22:19 論"父在觀其志", 曰: "此一句已有處變意思, 必有爲而言." 【節】

22:20 ▲[31]

22:21 觀志・觀行, 只是大概. 須是無改, 方見得孝. 若大段悖理處, 又自當改, 此特言其常耳. 【明作】

22:22 ▲[32] "父在時, 使父賢而子不肖, 雖欲爲不肖之事, 猶以父在而不敢爲, 然雖無甚不肖之行, 而其志可知矣. 使子賢而父不肖, 雖欲爲善事, 而父有所不從, 時有勉强而從父之爲者. 此雖未見其善行, 而要其志之所存, 則亦不害其爲賢矣. 至於父沒, 則己自得爲, 於是其行之善惡, 可▲[33]見矣. 父在時, 子非無行也, 而其所主在志, 父沒時, 子非無志也, 其所主在行. 故子曰云云也." 【時擧】

22:23 問: "此章上二句見守身之行, 下一句見愛親之心." 曰: "也不必做兩截說, 只是折轉說. 上二句觀人之大概, 下一句就'觀其行'細看其用心之厚薄如何. 行雖善矣, 父道可以未改, 而輕率改之, 亦未善也." 【伯羽】

22:24 ▲[34] 道, 猶事也. 言道者, 尊父之詞. 【人傑】[35]

22:25 ▲[36] "是有可改而未十分急者, 只得且存之. ▲[37] 父沒, ▲[38]

---

31) ▲: "父在觀其志, 沒觀其行", 孝子之志行也. 【人傑】
32) ▲: 邵漢臣說"父在觀其志"一章. 曰:
33) ▲: 於此而
34) ▲: "三年無改於父之道, 可謂孝矣."
35) 【人傑】: 徽州本에서는 【人傑 ○按: 李儒用錄同.】으로 되어 있다.
36) ▲: 或問"三年無改." 曰:
37) ▲: 父在則子不得專, 而其志卻可知.

子雖得專, 而其不改之意又可見. 此所謂孝."【祖道】

22:26 "三年無改", 謂是半上半下底事, 在所當改者. 但不可忽遽急改之, 若有死其親之心, 有揚其親之過之意. 待三年然後徐改之, 便不覺[39]. 若是大故不好底事, 則不在此限耳.【夔孫】

22:27 才[40]說"▲[41]無父[42]", 便是這事有未是處了. ▲[43] 便須用改, 何待三年? 孝子之心, 自有所不忍爾[44]. 若大段害人底事, 須便改, 始得. ▲[45]【僩】

22:28 問: "▲[46] 只就孝子心上看. ▲[47]." 曰: "大概是如此. 但其父若有聖賢之道, 雖百世不可改. 此又就事上看." 直卿云: "游氏所謂'在所當改而可以未改處', 亦好看."【南升 ○游氏說.】

22:29 "游氏曰[48]: '〈三年無改〉, 亦謂在所當改, 而可以未改者爾.' 謂此事當改[49], 但三年之間, 孝子之心有所未忍改耳. 向時南軒卻改作'可以改而可以未改耳.' 某與說[50], 若如此說, 則雖終身不改可也. 此章之意則云, 此事必當改, 但可以未改耳. 三年過則必當改也." 僩

38) ▲: 則
39) 便不覺: 徽州本에서는 使不覺으로 되어 있다.
40) 才: 英祖刊本에서는 不로 되어 있다.
41) ▲: 三年
42) 父: 『朱子語類』에서는 改로 되어 있다.
43) ▲: 若父之道已是, 何用說無改? 終身行之可也. 事旣非是,
44) 爾: 賀本에서는 耳로 되어 있다.
45) ▲: 若事非是而無甚妨害, 則三年過了方改了."
46) ▲: '三年無改於父之道',
47) ▲: 孝子之心, 三年之間只思念其父, 有不忍改之心
48) 游氏曰: 徽州本에서는 父在觀其志一段, 尹氏曰로 되어 있다.
49) 謂此事當改: 徽州本에서는 謂 앞에 此가 더 있다.
50) 某與說: 徽州本에서는 某與之說로 되어 있다.

問[51]: "若父有大段不是底事, 妨國害政者, 只得便改, 豈可必待三年?" 曰: "若有大段不是, 須是便改." 或曰: "'孟莊子之孝也, 其他可能也, 其不改父之臣與父之政, 是難能也.' 與此同否?" 曰: "不同. 此章是言父之所行有不善, 而子不忍改, 乃見其孝. 若莊子之父獻子, 自是箇賢者, 其所施之政, 所用之臣, 皆是. 莊子能不改之, 此其所以爲難." 問: "若然則何足以爲難?" 曰: "子孫不能守父之業而輕改之者, 多矣. 莊子乃能守之, 非難能而何? 先儒以爲莊子之賢不及獻子, 疑其不能守父之政, 不能用父之臣, 而莊子乃能不改, 此其所以爲難能也. 此說得之." 【僩】

22:30 ▲[52]正是說得謹密處. 聖◇[53]▲[54] 若▲[55]如盜跖之所爲, 則不得不改. 若其事雖不善, 無甚緊要, 亦姑守之以待三年. 若遽改之, 是忘其親也. 某舊日朋友亦看此處不透. 與南軒說, 他卻改作"可以改而可以未改"者. 此語與"在所當改者"大爭. "在所當改", 正是這樣事若不改, 則不當於理, 若要改, 則亦未爲急. 故遲之▲[56]. 【子蒙】

22:31 ▲[57]此章必有爲而發, 然無所考. ▲[58] 【義剛】

22:32 ▲[59]

---

51) 僩問: 徽州本에서는 先生前一夜說此僩嘗問으로 되어 있다.
52) ▲: 游氏謂"在所當改而可以未改者", 此
53) ◇: 人之意【附箋紙】"聖"下似有"人之意"三字, 方通, 恐或落漏否.
54) ▲: 亦正如此. 若以可改而未改, 則三年之後, 四年改之, 其意如何? 旣合於道, 雖終身守之, 可也, 奚止三年?
55) ▲: 不合於道,
56) ▲: 者, 以孝子之心不忍也
57) ▲: "三年無改", 游氏此解極好. 向時欽夫改作"可以改, 可以未改", 卻不是. 但
58) ▲: 又曰: "死其親而暴其過, 孝子所不忍爲."
59) ▲: 諸說, 唯游氏說得好. "在所當改而可以未改", 此說極穩. 此正指在所當改, 可以未改處. 深味之, 孝子之心可見. 【銖】

22:33 ▲60) 自新法之行, 諸公務爲緣飾, 文致一詞, 將此一句辨論無限, 而卒莫之合也."【寓】

22:34 ▲61) "觀其文意, 便是父在時, 其子志行已自有與父不同者. ▲62)

22:35 ▲63) "聖人之言, 未有若此曲折者. 疑當說時亦有事在▲64) "尹氏說得孝子之心, 未說得事. 若如其說, 則孔子何必更說'三年無改'? 必若游氏說, 則說得聖人語意出."【銖】

22:36 ▲65)尹氏說得心, 於事上未盡. 游氏於事理上說得好, 故並載之, 使互相發.【拱壽】66)

22:37 "三年無改於父之道", 諸先生之說有過者,【謂要改.】 有不及者67),【謂不改.】 有至當者, 須要將去辨別, 豈可不讀書?【振】

「禮之用和爲貴章」

22:38 ▲68)要知得禮合如此, 所以行之則和緩而不迫. 蓋69)聖人制

60) ▲: 問: "或說不改事父之道, 又說不改父存所行之道, 二說奚擇?" 先生反而問之: "欲從何說?" 曰: "不改父在所行之道, 恐是." 曰: "然. 遂舉游氏'可以改而未改者.' 所謂三年, 云不必改者. 此說卻切當. 若說道不可改, 雖終身守之, 可也. 豈止三年乎? 此爲在所當改, 而可以遲遲三年者也.
61) ▲: 或問"父在, 觀其志, 父沒, 觀其行." 曰:
62) ▲: 然於此三年之間, 必能不改父道, 乃見其孝. 不然, 所行雖善, 亦未得爲孝. 此必有爲而言. 然緊要在看游氏・尹氏兩節意."【銖】
63) ▲: 戴智老問: "近見先生說此章, 疑聖人有爲而發." 曰:
64) ▲: 所當改而可以未改者, 故聖人言此." 又云:
65) ▲: "三年無改",
66) 【拱壽】: 徽州本에서는【壽仁】으로 되어 있다.
67) 者: 賀本에는 없다.

禮, 無一節是强人, 皆是合如此. 且如孔子與上大夫言時, 自然誾誾, 與下大夫言時, 自然侃侃. ▲70)須知道與上大夫言合用誾誾, 與下大夫言合用侃侃, 便自然和. 嘗謂呂與叔說得數句好, 云: '自斬至緦71), 衣服異等, 九族之情無所憾, 自王72)公至皂隸, 儀章異制, 上下之分莫敢爭. 皆出於性之所有, 循而行之, 無不中節也.' 此言禮之出於自然, 無一節强人. 須要知得此理, 則自然和." 黃有開因擧先生舊說云: "且如父坐子立, 君尊臣卑, 多少是嚴? 若見得父合坐, 子合立, 君合尊, 臣合卑, 則無不安矣." 曰: "然."【雉】

22:39 直卿云73): "▲74)子事父母之禮亦嚴矣. 然下氣怡色, 則和可知也. ▲75)臣之事君, 禮亦嚴矣. 然一爵而言言, 二爵而油油, 君在踧踖, 與與, 則和可知也." 曰: "如此則和與禮成二物矣. 須是見得禮便是和, 乃可. 如'入公門, 鞠躬如也, 如不容', 可謂至嚴矣. 然而自肯甘心爲之, 而無厭倦之意者, 乃所以爲和也. 至嚴之中, 便是至和處, 不可分做兩截去看."【道夫】

22:40 ▲76)

68) ▲: 先生問學者: "今人行禮, 多只是嚴, 如何得他和?" 答者皆不契. 曰: "只是
69) 蓋: 『小分』에서는 善을 蓋로 고쳤다.【附箋紙】"和緩而不迫"下"善", 疑是蓋字.
70) ▲: 在學者
71) 緦: 徽州本에서는 이 뒤에 麻가 더 있다.
72) 王: 徽州本에는 없다.
73) 云: 『朱子語類』에서는 言으로 되어 있다.
74) ▲: '禮之用, 和爲貴.' 今觀「內則」一篇, 則 *「內則」은 『禮記』「內則」을 말한다.
75) ▲: 觀「玉藻」·「鄕黨」所載, 則
76) ▲: 伯游問"禮之用, 和爲貴", 云: "禮之體雖截然而嚴, 然自然有箇撙節恭敬底道理, 故其用從容和緩, 所以爲貴. 苟徒知和而專一用和, 必至於流蕩而失禮之本體. 今人行事, 莫是用先王禮之體, 而後雍容和緩以行之否?" 曰: "說固是恁地, 卻如何做功夫?" 伯游云: "順理而行." 先生又遍問坐上諸友. 叔重曰: "知得是當然之理, 自甘心行之, 便自不拘迫." 時擧云: "其初須持敬. 持之久則漸熟, 熟處便和." 曰: "要須是窮理始得. 見得這道理合用恁地, 便自不得不恁地. 如賓主百拜而酒三行, 固是用恁地, 如'入公門, 鞠躬如也, 屛氣似不息. 過位, 踧踖如也.' 苟不知以臣事君合用如此, 終是不解和. 且如今人被些子燈花落手, 便說痛. 到灼艾

22:41 ▲[77] 先生令坐中各說所見. 銖曰: "頃以先生所敎思之. 禮者, 天理節文之自然, 人之所當行者. 人若知得是合當行底, 自甘心行之, 便自不拘迫. 不拘迫, 所以和, 非是外面討一箇和來添也." 曰: "人須是窮理, 見得這箇道理合當用恁地, 我自不得不恁地. 如賓主百拜而酒三行, 因甚用恁地? 如入公門鞠躬, 在位踧踖, 父坐子立, 苟不知以臣事君, 以子事父, 合用如[78]此, 終是不解和. 譬之今人被些子燈花落手, 便須說痛. 到灼艾時, 因甚不以爲苦? 緣他知得自家病合用灼艾, 出於情願, 自不以爲痛也." 銖因問: "如此則這和亦是自然之和. 若所謂'知和而和', 卻是有心於和否?" 曰: "'知和而和', 離卻禮了. '禮之用和', 是禮中之和. '知和而和', 是放敎和些. 纔放敎和, 便是離卻禮了." 【銖】

22:42 ▲[79] "禮中自有和. 須是知得當如此, 則行之自然和. 到和處方爲美." 因擧龜山與薛宗博說逐日會職事茶事. 其人云: "禮起聖人之僞. 今日會茶, 莫不消得如此?" 龜山曰: "旣是不消得, 因何又卻會茶?" 其人曰: "只爲心中打不過." 龜山曰: "只此打不過處, 便是禮, 非聖人之僞. '禮之用, 和爲貴.' 只爲不如此, 則心有不安, 故行之自和耳." 【銖】

22:43 ▲[80] "禮如此之嚴, 分明是分毫不可犯, 卻何處有箇和? 須知道吾心安處便是和. 如'入公門, 鞠躬如也', 須是如此, 吾心方安. 不如此, 便不安, 才不安, 便是不和也. 以此見得禮中本來有箇和, 不是外面物事也." ▲[81]問: "'知和而和'▲[82]" 曰: "▲[83] 卻是一向去求和, 便

時, 因甚不以爲痛? 只緣知道自家病合當灼艾, 出於情願, 自不以爲痛也. 若要放敎和, 卻便是'知和而和'矣." 【時擧 ○銖錄別出.】

77) ▲: 吳問"禮之用, 和爲貴."

78) 如: 賀本에서는 爲로 되어 있다.

79) ▲: 問"禮之用, 和爲貴." 曰:

80) ▲: 問"禮之用, 和爲貴." 曰:

81) ▲: 又

是離了禮. 且如端坐不如箕踞, 徐行後長者不如疾行先長者, 到這裏更有甚禮, 可知是不可行也."【時學】

22:44 "禮之用, 和爲◇[84]." 見君父自然用嚴敬, 皆是人情願, 非由抑勒矯拂, 是人心固有之同[85]然者, 不待安排, 便是和. 才出勉强, 便不是和[86]. 聖人品節裁限, 使事事合於中正, 這箇當在這裏, 那箇當在那裏, 更不得過. 才過, 便不是禮. 若和而知限節, 便是禮.【明作】

22:45 ▲[87]和是自家合有底, 發見出來, 無非自然.【賀孫】

22:46 ▲[88]不做作而順於自然, 便是和. ▲[89] 不是別討箇和來, 只就嚴敬之中順理而安泰者便是也. ▲[90]樂亦止[91]是如此看."【祖道】

22:47 ▲[92]

22:48 ▲[93] 因擧"禮主於減, 樂主於盈"一節, 問"禮樂"二字相離不得. 曰: "也須看得各自爲一物, 又非判然二物." 又曰: "天下之事, 嚴而不和者卻少, 和而不節之以禮者常多."【謙之】

---

82) ▲: 是如何?
83) ▲: '知和而和',
84) ◇: 貴
85) 同: 徽州本에서는 固로 되어 있다.
86) 便不是和: 『小分』에서는 是便不和를 교정부호로 바로잡았다.
87) ▲: "禮之用, 和爲貴."
88) ▲: 或問"禮之用, 和爲貴." 曰: "禮是嚴敬之意. 但
89) ▲: 和者,
90) ▲: 禮
91) 止: 賀本에서는 只로 되어 있다.
92) ▲: 或問: "'禮之用, 和爲貴.' 君臣父子之間, 可謂嚴矣. 若不和, 則情不通." 曰: "不必如此說. 且以人之持敬, 若拘迫, 則不和, 不和, 便非自然之理."【人傑】
93) ▲: 問: "'禮之用, 和爲貴', 莫是禮之中便有一箇和? 莫是在用處?" 曰: "禮雖主於嚴, 其用則和."

22:49 ▲[94]問: "和便是樂否?" 曰: "也是禮中之樂, 未便是樂. 樂中亦有禮, 如天子八佾, 諸侯六, 大夫四, 士二, 又是樂中之禮."

22:50 禮之和處, 便是禮之樂, 樂有節處, 便是樂之禮. 【僩】

22:51 問: "禮以全體言, 何故用和?" 曰: "如此則不消得樂." 【振】

22:52 ▲[95] 合於禮, 便是樂. 故『通書』云: "陰陽理而後和." 故禮先於[96]樂後[97]. 【卓】

22:53 問: "▲[98] '知和而和', 是和在禮外?" 曰: "▲[99] 都忘卻禮耳." 【銖】

22:54 有禮而不和, 則尙是存得那本之體在. 若只管和, 則併本都忘了. 就這兩意說, 又自有輕重. 【義剛】

22:55 ▲[100] 不是有禮後, 更添箇從容不迫. 若離了禮說從容不迫, 便是自恣." 【義剛 ○『集注』】

22:56 ▲[101] 才著意嚴敬, 卽拘迫而不安, 要放寬些, 又流蕩而無節.

---

94) ▲: 邵問"禮之用, 和爲貴." 曰: "如人入神廟, 自然肅敬, 不是强爲之. 禮之用, 自然有和意." 又

95) ▲: "小大由之", 言小事大事皆是箇禮樂.

96) 於: 『朱子語類』에서는 而로 되어 있다.

97) 陰陽理而後和." 故禮先於樂後: 徽州本에서는 陰陽和而有禮禮先而樂後로 되어 있다.

98) ▲: '禮之用, 和爲貴', 是和在禮中,

99) ▲: 只爲它'知和而和',

100) ▲:周舜功問: "'從容不迫', 如何謂之和?" 曰: "只是說行得自然如此, 無那牽强底意思, 便是從容不迫. 那禮中自然箇從容不迫,

101) ▲: "禮主於敬, 而其用以和爲貴. 然如何得他敬而和? 著意做不得.

須是眞箇識得禮之自然處, 則事事物物上都有自然之節文, 雖欲不如此, 不可得也. ▲102)

22:57 ▲103) "只是立心要從容不迫不得. 才立心要從容不迫, 少間便都放倒了. 且如聖人'恭而安', 聖人只知道合著恭, 自然不待勉強而安. 才說要安排箇安, 便添了一箇."【賀孫】

22:58 ▲104)而今但存取這心, 這心是箇道之本領. ▲105) 存得這心, 便有箇五六分道理了. 若更時時拈掇起來, 便有箇七八分底道理."【卓】

22:59 ▲106)須先是嚴敬, 方有和. 若直是盡得敬, 不會不和. ▲107) 諸公在此坐, 都恁地收斂, 這便是和. 若退去自放肆, 或乖爭, 便是不和. 『通書』說: '禮, 理也, 樂, 和也. 陰陽理而後和. 君君臣臣, 父父子子, 兄兄弟弟, 夫夫婦婦, 萬物各得其理然後和, 故禮先108)而樂◇109).' 說得最好. 『易』說: '利者, 義之和.' 利只在義之和. 義本是箇割截裁制之物, 惟施得宜, 則和, 此所以爲利. 從前人說這一句都錯. 如東坡說道110): '利所以爲義之和.' 他把義做箇慘殺之物看了, 卻道得

---

102) ▲: 故雖嚴而未嘗不和, 雖和而未嘗不嚴也." 又曰: "和便有樂底意思, 故和是樂之本."【闓祖】

103) ▲: 問: "『集注』云云, 上一截將'從容不迫'說'禮之用, 和爲貴', 甚分明. 但將'從容不迫'就下一截體驗, 覺得未通. 如「鄕黨」一書, 也只是從容不迫, 如何卻會不行? 若會從容不迫, 必不會無節." 曰:

104) ▲: 問: "'知和而和', 是從容不迫." 曰: "從容不迫雖是和, 然其流遂至於縱而無節." 又曰: "學者

105) ▲: 這心若在, 這義理便在.

106) ▲: 仁甫問: "『集注』載程子禮樂之說, 何如?" 曰: "也

107) ▲: 臣子入朝, 自然極其恭敬, 也自和. 這不待勉強如此, 是他情願如此, 便自和. 君君臣臣, 父父子子, 兄兄弟弟, 夫婦朋友各得其位, 自然和. 若君失其所以爲君, 臣失其所以爲臣, 如何會和? 如

108) 禮先: 【附箋紙】"禮先而樂"下有"後"字.

109) ◇: 後

110) 道: 成化本에서는 這로 되어 있다.

利方和. 利是「乾」卦一德, 如何這一句卻去說義? 兼他全不識義, 如他處說亦然." 又曰: "'有所不行', 只連下面說方通. 如曰有所不行者, '知和而和, 不以禮節之, 亦不可行也.' 如『易』裏說: '其唯聖人乎! 知進退存亡而不失其正者, 其唯[111]聖人乎!'" 【賀孫】

22:60 問: "『集注』云: '和者, 心以爲安, 而行之不迫.' 後又引程子云'恭而安, 別而和'二句. 竊謂行而不迫, 只說得'恭而安', 卻未有'別而和'底意思." 曰: "是如此. 後來『集注』卻去了程說." 【柄】

22:61 問: "伊川曰: '別而和[112].' '別'字如何?" 曰: "分雖嚴, 而情卻通. 如'知和而和', 執辭不完, 卻疑記錄有差." 【螢 ○『集義』】

22:62 問: "上蔡謂'禮樂之道, 異用而同體.' 還是同出於情性之正? 還是同出於敬?" 曰: "禮主敬, 敬則和, 這便是他同體處." 【道夫】

22:63 問: "'禮樂之道, 異用同體', 如何?" 曰: "禮主於敬, 樂主於和, 此異用也, 皆本之於一心, 是同體也. 然敬與和, 亦只一事. 【砥錄云: "卻只是一事, 都從這裏發出, 則其體同矣."】 敬則和, 和則自然敬." ▲[113] 問: "敬固能和, 和如何能敬?" 曰: "和是碎底敬, 敬是合聚底和. 蓋發出來無不中節, 便是和處. 【砥錄云: "發出來和, 無不中節, 便是處處敬."】 敬與和, 猶'小德川流, 大德敦化.'" 【伯羽 ○砥少異. ○淳錄云: "問: '先生常云: "敬是合聚底和, 和是碎底敬." 是以敬對和而言否?' 曰: '然. 敬只是一箇敬, 無二箇敬, 二便不敬矣. 和便事事都要和, 這裏也恰好, 那裏也恰好[114], 這處也中節, 那處也中節. 若一處不和, 便不是和矣. 敬是"喜怒哀樂未發之中", 和是"發而皆中節之和." 才敬, 便自然和. 如敬, 在這裏坐, 便自有箇氤氳磅礴氣象[115].'" ▲[116]】

111) 唯: 孝宗刊本・英祖刊本・成化本에서는 惟로 되어 있다.
112) 別而和: 徽州本에서는 恭而安別而和爲可貴로 되어 있다.
113) ▲: 仲思
114) 那裏也恰好: 賀本에는 없다.
115) 氣象: 賀本에서는 象也로 되어 있다.

22:64 問: "禮樂同體, 是敬與和同出於一理否?" 曰: "敬與和同出於一心." 曰: "謂一理, 如何?" 曰: "理亦說得. 然言心, 卻親切. 敬與和, 皆是心做." 曰: "和是在事否?" 曰: "和亦不是在事, 在心而見於事." 【淳】

22:65 ▲[117]問: "上蔡云: '禮樂異用而同體', 是心爲體, 敬和爲用. 『集注』又云: '敬爲體, 和爲用', 其不同, 何也?" 曰: "自心而言, 則心爲體, 敬和爲用, 以敬對和而言, 則敬爲體, 和爲用. 大抵體用無盡時, 只管恁地移將去. 如自南而視北, 則北爲北, 南爲南, 移向北立, 則北中又自有南北. 體用無定, 這處體用在這裏, 那處體用在那裏. 這道理儘無窮, 四方八面無不是, 千頭萬緒相貫串." 以指旋, 曰: "分明一層了, 又一層, 橫說也如此, 豎說也如此. 飜[118]來覆去說, 都如此. ▲[119]

22:66 問[120]: "禮樂之用, 相反相成." 曰: "且如而今對面端嚴而坐, 這便是禮, 合於禮, 便是和. 如君臣之間, 君尊臣卑, 其分甚嚴. 若以勢觀之, 自是不和. 然其實卻是甘心爲之, 皆合於禮, 而理自和矣. 且天子之舞八佾, 諸侯六[121], 大夫四[122], 皆是當如此. ▲[123] 此便是和. 若諸侯僭天子, 大夫僭諸侯, 此便是失禮, ▲[124]便不和. 『易』言: '利者, 義之和也.' 若以理言之, 義自是箇斷制底氣象, 有凜然不可犯處,

---

116) ▲: 寓錄云: "'敬只是一箇敬, 分不得. 才有兩箇, 便不敬矣. 和則處處皆和, 是事事中節. 若這處中節, 那處不中節, 便非和矣.' 又曰: '凡恰好處皆是和. 但敬存於此, 則氤氳磅礴, 自然而和.'"

117) ▲: 童

118) 飜: 成化本·賀本에서는 翻으로 되어 있다.

119) ▲: 如以兩儀言, 則太極是太極, 兩儀是用, 以四象言, 則兩儀是太極, 四象是用, 以八卦言, 則四象又是太極, 八卦又是用." 【淳 ○道夫錄少異.】

120) 問: 徽州本에서는 問謝先生云으로 되어 있다.

121) 六: 徽州本에서는 이 뒤에 佾이 더 있다.

122) 四: 徽州本에서는 이 뒤에 佾이 더 있다.

123) ▲: 若天子舞天子之舞, 諸侯舞諸侯之舞, 大夫舞大夫之舞,

124) ▲: 失禮

似不和矣, 其實卻和. 若臣而僭君, 子而犯父, 不安其分, 便是不義, 不義則不和矣. 孟子云'未有仁而遺其親者也, 未有義而後其君者也', 卽是這意思, 只是箇依本分. 若依得本分時, 你得你底, 我得我底, 則自然和而有別. 若'上下交征利', 則上下相攘相奪, 便是不義不和, 而切於求利矣. 老蘇作「利者義之和論」, 卻把利別做一箇物來和義, 都不是了. 他於理無所見, 只是胡亂恁地說去."【卓】

22:67 ▲[125] "和▲[126]未可便說樂, 然亦有樂底意思[127]."

「信近於義章」

22:68 問"信近於義, 言可復也." 曰: "如今人與人要約, 當於未言之前, 先度其事之合義與不合義. 合義則言, 不合義則不言. 言之, 則其言必可踐而行之矣. 今不先度其事, 且鶻突恁地說了, 到明日卻說這事不義, 我不做, 則是言之不可踐也. 言而不踐, 則是不信, 踐其所言, 又是不義, 是不先度之故[128]."【卓】

22:69 凡言, 須先度是非可否. 果近於義而後言, 則其言可踐. 恐不近於義, 其言將不可復也.【德明】

---

125) ▲: 問: "諸先生以和爲樂, 未知是否." 曰:

126) ▲: 似

127) 然亦有樂底意思: 徽州本에서는 이 뒤에 다음의 내용이 더 있다. 璘近讀『論語』'禮之用, 和爲貴', 觀諸家解多以和爲樂. 璘思之, 和固是樂, 然便以和爲樂, 恐未穩當, 須於禮中自求所謂和乃可. 因問之長上. 或設喩以見告曰: "所謂禮者, 猶天尊地卑而乾坤定, 卑高以陳, 而貴賤位截然甚嚴也. 及其用, 則天道下濟而光明, 地道卑而上行, 此豈非和乎?." 某當時聽之甚以爲然矣. 已而思之, 亦恐只是影說過, 畢竟禮中之和不可見. 望先生有以教之. 如「曲禮」所陳禮之條目甚祥, 不知何者爲和乎? 先生曰: "和固不可便指爲樂, 然乃樂之所由生, 所設喩亦甚當. 如「曲禮」之目皆禮也, 然皆理義所宜, 人情所安, 行之而上下親疏各得其所, 豈非和乎?."

128) 是不先度之故: 徽州本에서는 是 앞에 如此則이 더 있다.

22:70 ▲[129] “前輩說, 都是說後來事. 如說出話了後, 看是義與不義, 方理會復與不復. 若是恁地, 更不消說也得. 某看來, 是要人謹於未發, 皆是未交際之先.”【賀孫】

22:71 問: “▲[130] 何謂近?” 曰: “近只是合, 古人下字寬. 今且就近上說, 雖未盡合義, 亦已近義了, 雖未盡合禮, 亦已近禮了.”【寓 ○以下信·恭.】

22:72 吳問“信近於義.” 曰: “與人要約不是當, 不問行得行不得, 次第踐其言, 則害於義, 不踐其言, 則害於信. 須是合下要約時便審令近義. 致恭亦然. 若不中節, 不失之過, 則失之不及, 皆是取辱.” 潘子善因曰: “‘近’字說得寬.” 曰: “聖賢之言不迫切.”【銖】

22:73 ▲[131] “近亦是對遠而言. 遠於義, 則言不可復, 遠於禮, 則必不能遠恥辱.”

22:74 ▲[132]近於義, 近於禮, 亦好. ▲[133]便合其宜, 中其節, 更好.”【廣】

22:75 問: “如何得‘約信而合其宜’?” 曰: “只是不妄發.” 曰: “萬一料事不過, 則如之何?” 曰: “這卻無可奈何, 卻是自家理不明爾.” 問: “‘致恭而中其節’, 則能遠恥辱. 這恥辱, 是在人? 在己?” 曰: “兼有在裏. 且如見尊長而拜, 禮也, 我卻不拜. 被詰問, 則無以答, 這便是爲人所恥

129) ▲: 問“言可復也.” 曰:

130) ▲: ‘信近義, 恭近禮’,

131) ▲: 或問: “‘信近於義’, 莫便是合義? ‘恭近於禮’, 莫便是中禮?” 先生曰:

132) ▲: 或問: “『集注』云: ‘約信而合其宜, 致恭而中其節.’ 合其宜, 便是義, 中其節, 便是禮. 如何是‘近義·近禮’?” 曰: “此亦大綱說, 如‘巧言令色, 鮮矣, 仁’之意. 然只得

133) ▲: 是

辱. 有一般人不當拜而拜之, 便是諂諛, 這則可恥可辱者在我矣."【道夫】

22:76 "因不失其親", 親如"親仁"之"親."【人傑 ○以下因親可宗.】

22:77 因, 如今人云倚靠人之意. "宗"卽是"主"字, 如"主讎由[134]"之"主."【必大】

22:78 因, 如"因徐辟"之"因." ▲[135] 猶傍也. 親又較厚. 宗則▲[136]又較重. 問注"因仍苟且." 曰: "因仍與苟且一樣字. 因仍, 猶因循, 苟且, 是且[137]恁地做. 一般人初間不謹擇, 便與他交. 下梢他有氣勢, 便道是我來宗他, 豈不被他累? 孔子當時若不揀擇[138], 去主癰疽, 便被壞了."【寓】[139]

22:79 ▲[140]羈旅之臣, 所至必有主. 須於其初審其所可親者, 從而主之, 可也.【賀孫】

22:80 ▲[141] 如夫子於衛主顔讎由, 則可親之人. 若主癰疽與寺人瘠環, 便是不可親之人. 此是教人接人底道理也.【時擧】

22:81 "因▲[142]親, ▲[143]宗▲[144]", 三字有淺深輕重. 因, 乃泛言, 親,

134) 讎由: 孝宗刊本·英祖刊本·成化本에서는 顔讎由로 되어 있다.
135) ▲: 因,
136) ▲: 宗主之,
137) 且: 賀本에서는 事로 되어 있다.
138) 揀擇: 賀本에서는 擇揀으로 되어 있다.
139)【寓】: 徽州本에서는 寓 뒤에 淳錄同.이 더 있다.
140) ▲: 所依不失其所可親之人, 亦可宗而主之矣. 主, 猶"主顔讎由"之"主." 蓋當時
141) ▲: 宗, 主也, 所宗者可以久而宗主之.
142) ▲: 不失其
143) ▲: 亦可

則近之矣, 宗, 則尊之也. 如孔子於衛, 或舍於寺人瘠環之家, 然謂之親, 則不可.【可學】

22:82 ▲145)如此人不可親, 而吾乃親之. 若此人他日得志, 援我以進, 則是我失其所主矣. 陳了翁曾受蔡卞之薦, 後來擺脫不得, 乃是失其所親者也."【人傑】

22:83 ▲146) "與人交際, 當謹之於始. 若其人下來不可宗主, 則今日莫要親他. 若今日苟且過了, 與之相親, 則下來所宗, 非其可宗者矣."【時學】

22:84 ▲147)

22:85 ▲148) "如今初間與好人相親, 後來受他薦擧辟差, 便是着宗他. 此是前不失親, 後亦可宗也."【賀孫】

22:86 ▲149) "'因'字最輕, 偶然依倚他, 此時便須物色其人賢與不賢, 後去亦可宗主. 如韓文公「與崔群書」所論交往, 或其人後不入於善, 而於己已厚, 雖欲悔之, 亦不可處相似."【枅】

22:87 ▲150) 如所親者不善, 安知它異日不能薦擧我, 超擢我, 便着

144) ▲: 也
145) ▲: 問"亦可宗也." 曰: "我所親之人, 將來便可爲吾之宗主. 主, 如'主顔讎由'之'主.' 且
146) ▲: 漢臣說"因不失其親." 曰:
147) ▲: "因"字輕, "宗"字重. 初間若不子細, 胡亂與之相依, 下梢卻是宗他了. 且如做官, 與箇至不好底人往來, 下梢忽然爲他所薦擧, 便是宗他.【賀孫】
148) ▲: 正淳問"亦可宗也." 曰:
149) ▲: 問"因不失其親." 曰:
150) ▲: 問"因不失其親." 曰: "而今與人同官, 也是相親. 將來或用它薦擧, 因它超擢, 便著宗主它.

宗主它, ▲151)便是失其所可宗者. '信近義, 恭近禮, 因不失其親', 此三句是▲152)目下事. '言可復, 遠恥辱, 亦可宗', 是將來底事."【銖 ○全章.】

22:88 此一節, 須作兩截看, 上面▲153) 是接物與人之初, 下數句卻是久而無弊之效. 但當初▲154), 便須著思量到無弊處也.【時擧】

22:89 ▲155)

22:90 ▲156) 問: "▲157)致敬於人, 須是合當加禮之人." 曰: "不是加禮. ▲158)問: "『集注』'▲159)言行交際'▲160) 曰: "大綱▲161), 皆交際也. ▲162)【南升】

22:91 ▲163) "恭近於禮", 且如合當在堂上拜, 卻下堂拜, 被人非笑,

---

151) ▲: 這箇
152) ▲: 今
153) ▲: "恭近於禮, 信近於義, 因不失其親",
154) ▲: 合下
155) ▲: 問"信近於義"一段. 曰: "未說著不必信, 只是信合於宜. 且如一人相約爲事, 已許之, 少間卻不行, 是不合義, 不可踐矣. 恭, 凡致敬皆恭也. 禮則辨其異. 若與上大夫接, 而用下大夫之恭, 是不及也, 與下大夫接, 而用上大夫之恭, 是過也. 過與不及, 必取辱矣."【可學】
156) ▲: 問"信近於義"一章. 曰: "約信事甚多. 今與人約做一件事, 須是合當做底事, 方可與之約, 則所約之言方可行. 如不可約之事, 則休與之約, 謂其不可行也."
157) ▲: '恭近於禮', 謂
158) ▲: 如致敬於人, 當拜於堂上, 乃拜於堂下, 當揖, 卻拜, 皆是不中節, 適以自取辱." 問: "'因不失其親', 謂依賴於人, 須是得箇正當可親近之人, 而後可以宗主." 曰: "也是如此, 更子細推去." 又
159) ▲: 人之
160) ▲: 一段, 恐言是約信, 行是致敬, 交際是依人."
161) ▲: 如此說
162) ▲: '言可復', 便是行."
163) ▲: 此一章, 皆是言謹始之意. 只如初與人約, 便用思量他日行得, 方可諾之. 若輕諾之, 他日言不可復, 便害信也.【必大錄云: "若不看義之可行, 便與他約, 次

固是辱, 合當堂下拜, 卻在堂上拜, 被人斥罵, 亦是辱. ▲164) 大率有子說底言語奧澁難曉, 裏面儘有滋味, ▲165) 【明作】

22:92 ▲166)問: "'因不失其親', 『集注』舊連上句義禮, 後本卻不如此." 曰: "後來看得信與義, 恭與禮, 因與親, 各各是一事, 有此兩項." ▲167) 【雉】

22:93 古人文字皆叶韻. 如"信近於義, 言可復也, 恭近於禮, 遠恥辱也, 因不失其親, 亦可宗也." 宗, 叶音族. 【淳】

22:94 楊允叔問: "伊川言: '信非義, 近於義者, 以其言可復也. 恭非禮, 近於禮者, 以其遠恥辱也. 信恭因不失近於義禮, 亦可宗敬也.' 此說如何?" 曰: "某看不當如此說. 聖人言語不恁地連纏. ▲168) 問: "橫渠說: '君子寧言之不顧, 不規規於非義之信, 寧身被困辱, 不徇人以失禮之恭, 寧孤立無助, 不失親於可賤之人.' 尹和靖書以自警, 今墨蹟可見. 不知此說如何?" 曰: "伊川說得太遠, 橫渠說較近傍." 【寓 ○『集義』】

第行不得, 便成脫空."】

164) ▲: 因失其親, 且如此人不好, 初去親他時, 似不害, 將來主之, 便錯了. 須是揀擇見得是好, 方可親他. 且如趨事上位, 其人或不可親, 旣去親了他, 一日, 或以擧狀與我, 我受了, 便用主之非其人, 雖悔何及?

165) ▲: 須用子細玩味.

166) ▲: 王

167) ▲: 李問"恭近於禮." 曰: "非止諂媚於人是取辱之道. 若恭不及禮, 亦能取辱. 且如見人有合納拜者, 卻止一揖, 有合不拜者, 反拜他, 皆不近禮. 不合拜, 固是取辱. 若合拜而不拜, 被他責我不拜, 豈不是取辱?" 先生因言, 『論語』中有子說數章, 文勢皆奧澁, 難爲人解.

168) ▲: 要去致敬那人, 合當拜, 卻自長揖, 則爲不及於禮. 禮數不至, 人必怒之, 豈不爲辱? 合當與那人相揖, 卻去拜, 則是過於禮. 禮數過當, 被人不答, 豈不爲恥? 所依者, 須是得其可親之人方可. 如一般不好人來薦我, 是爲失其所親. 須是合下知得此人是如何, 於其初謹之, 可也. 若失其可親之人而宗之, 將來必生悔吝."

22:95 ▲[169] 問: "橫渠▲[170]卻似倒看了文義矣. 重在下▲[171]" 曰: "此便是先儒舊底說. 它爲惑箇'也'字, 故然. 如某解底'也'字, 便只是箇'矣'字." ▲[172]雖似, 倒猶有一截工夫. 程先生說底, 某便曉未得." 直卿云: "他猶可也, 中一句最難說." 曰: "他有說不倒時." ▲[173]問: "謝氏說, 末云: '欲免此, 惟學而已, 故人貴乎明善.' 此雖無謹始慮終之意, 然大段意好否?" 首肯之, 曰: "然. 人固貴乎學, 但學是平昔當如此, 此是說事之發處當審也."【伯羽】

22:96 ▲[174] 問: "'大人言不必信', ▲[175]" 曰: "此大人之事. 大人不拘小節, 變通不拘. 且如大人不是合下便道, 我言須是不信, 只是到那箇有不必信處, 須着如此. ▲[176]【榦】

「君子食無求飽章」

22:97 "食無求飽, 居無求安." 須是見得自家心裏常有一箇合當著緊底道理, 此類自不暇及. 若說道要在此地著緊, 都不濟事.

---

169) ▲: "'信近於義'章, 疑上三句是工夫. 言如能近義, 則有可復言之理否?" 曰: "然. 人說話固要信, 然不近義時, 其勢不可踐, 踐卻便反害於信矣."

170) ▲: 云: '寧言之不顧, 不規規於非義之信, 寧身被恥辱, 不徇人以非禮之恭, 寧孤立無助, 不失親於可賤之人.' 此

171) ▲: 句相似, 如何?

172) ▲: 又問: "程先生所解是於文義不合乎, 是道理未必然乎?" 曰: "也是一說. 但如此說, 都無緊要了. 如橫渠說底

173) ▲: 伯羽又

174) ▲: 問: "程先生說如何?" 曰: "'信近於義', 以'言可復', 他意思要說'也'字出, 恐不必如此說." "范氏說如何?" 曰: "范說不甚好. '恭近於禮', 恭合下便要近禮, '信近於義', 信合下便要近義, 故其言可復, 恥辱可遠. 信只似與人相約, 莫要待得言不可復時, 欲徇前言便失義, 不徇便失信. 只是低頭唱喏時, 便看近禮與不近禮."

175) ▲: 又如何?

176) ▲: 學者只要合下信便近義, 恭便近禮."

22:98 ▲[177]“言易得多, 故不敢盡, 行底易得不足, 故須敏.” ▲[178]“行常苦於不足, 言常苦於有餘.”【謙之】[179]

22:99 問: “▲[180] 先生嘗▲[181]曰: ‘此須是反覆看.’ ▲[182]” 曰: “若只不求安飽, 而不謹言敏行, 有甚意思? 若只謹言敏行, 而不就正於有道, 則未免有差. 若工夫不到, 則雖就有道, 亦無可取正者. 聖人之言, 周備無欠闕類如此. 『中庸』‘尊德性, 道問學’數語, 亦此意.”【廣】

22:100 ▲[183]求飽求安, 是其存心處, 敏行謹言, 是其用工處. ▲[184]“有許多工夫, 不能就有道以正其是非, 也不得. ▲[185].”【明作】

22:101 ▲[186] 這裏面折一句不得.【義剛】

22:102 ▲[187] 若先無本領, 就正箇甚. 然但知自做工夫, 而不就正於有道, 未必自家見得便是. 反覆兩邊看, 方盡. 大抵看文字, 皆當如此.【閎祖】

22:103 ▲[188] 禪家云: “三家村[189]也有叢林.” 須是自去做工夫得七

---

177) ▲: 問: “‘敏於事而愼於言’, 先生謂‘不敢盡其所有餘’, 如何?” 曰:
178) ▲: 又曰:
179)【謙之】: 徽州本에서는【希遜 ○按: 楊至之錄同.】으로 되어 있다.
180) ▲: ‘食無求飽’一章,
181) ▲: 語學者
182) ▲: 其意如何?
183) ▲: 事難行, 故要敏, 言易出, 故要謹. 就有道而正其言行之是非. 蓋
184) ▲: 須是正, 方得. 又曰:
185) ▲: 若無許多工夫, 雖欲正, 亦徒然.” 又曰: “‘敏於事’, 是合當做底事, 須便要做了
186) ▲: “食無求飽, 居無求安”, 而不敏於事, 不謹於言, 也未是好學. 若不能恁地, 則“就有道而正焉”, 又是正箇甚麼. 但能敏事謹言, 而不就有道而正, 也不得.
187) ▲: “就有道而正焉.”
188) ▲: “就有道而正焉”, 須是上面做得許多工夫. 旣有根本, 方可就正於有道.【或

八分了, 方來從師有質正. 當此時, 一兩句便可剖判. 今來此逐旋學, 也難." 又云: "能久從師去也好."【南升】190)

22:104 問: "'▲191) 只是正上面言與事否?" 曰: "不是說上句. 大概言每用取正於有道之人. 若是說上句'居無求安, 食無求飽', 敏事謹言, 皆自當如此, 又何用取正邪192)?"【雉】

「貧而無諂章」

22:105 富無驕, 貧無諂, 隨分量皆可着力. 如不向此上立得定, 是入門便差了.【士毅】

22:106 ▲193)問: "▲194)人必當如此." 曰: "不是說必着如此. 但人且要就自身己上省察, 若有諂與驕之病, 且就這裏克治."【賀孫】

22:107 問"富而好禮." 曰: "只是不奢侈. 凡事好循理, 不恁地勉强. 好, 有樂意, 便全不見那驕底意思. 有人亦合禮, 只是勉强如此, 不是好."【淳】

22:108 曾光祖云: "▲195) 須是先能如此, 方可以到那樂與好禮田地." 曰: "不特此章如此, ▲196) 如適來說'食無求飽'樣, 也是恁地."【義剛】

錄云: "學者須先有根本, 方有可正也."】

189) 材: 英祖刊本・成化本・賀本에서는 村으로 되어 있다. 考異에서는 村, 一誤作材로 되어 있다.

190)【南升】: 徽州本에서는 升 뒤에 小注로 植・時擧皆略同.이 더 있다.

191) ▲: 就有道而正焉',

192) 邪: 『朱子語類』에서는 耶로 되어 있다.

193) ▲: 希眞

194) ▲: '貧而無諂'一章, 大意謂

195) ▲: '貧而無諂, 富而無驕',

22:109 ▲[197] "貧而諂, 富而驕, 最不好. 添一'無'字, 恰遮蓋得過. 樂與好禮, 乃於此上加功." 【可學】

22:110 問: "'貧而樂', 如顏子非樂於簞瓢, 自有樂否?" 曰: "也不消說得高. 大概是貧則易諂, 富則易驕. 無諂無驕, 是知得驕諂不好而不爲之耳. 樂, 是他自樂了, 不自知其爲貧也. 好禮, 是他所好者禮而已, 亦不自知其爲富也." 曰: "然則二者相去甚遠乎?" 曰: "也在人做到處如何. 樂與好禮, 亦自有[198]淺深. 也消得將心如此看, 且知得是爭一截. 學之不可已也如此." 【伯羽】

22:111 ▲[199] 此無次序. 只看資質與學之所至如何. 資質美者, 便自能"貧而樂, 富而好禮." 如未及此, 卻須無諂而後能樂, 能無驕而後能好禮也. 【謨】

22:112 ▲[200] "看文字要脫灑, 不要黏滯. 自無諂無驕者言之, 須更樂與好禮, 方爲精極. 不可道樂與好禮, 須要從無諂無驕上做去. 蓋有人資質合下便在樂與好禮地位, 不可更回來做無諂無驕底工夫. 孔子意做兩人說, 謂一般人無諂無驕, 不若那一般人樂與好禮, 較勝他. 子貢意做一人說, 謂無諂無驕, 不若更樂與好禮." 【淳】

22:113 ▲[201] 問: "『集注』說'學者不可忽下而趨高', 卻似有先後不可

196) ▲: 皆是恁地.

197) ▲: 可學云: "無諂・無驕, 尙有貧富之心, 至樂・好禮, 則忘之矣." 曰:

198) 自有: 賀本에서는 自로 되어 있다.

199) ▲: "貧而無諂, 富而無驕", 與"貧而樂, 富而好禮",

200) ▲: 童問: "'貧而無諂, 富而無驕, 未若貧而樂, 富而好禮', 是學要造其精極否?" 曰:

201) ▲: 楊問"貧而無諂"一段. 曰: "此是兩節, 不可如此說. 世間自有一般資質高底人, 合下便能'貧而樂, 富而好禮.' 他已在'貧而樂, 富而好禮'地位了, 終不成又教他去學無諂無驕."

躐等之意." 曰: "自與學者言之是如此. 今人未能無諂無驕, 卻便要[202] '貧而樂, 富而好禮', 如何得. 聖人此語, 正似說兩人▲[203]. 猶言這人'貧而無諂, 富而無驕', 固是好. 然不似那一人'貧而樂, 富而好禮', 更勝得他. 子貢卻盡得無諂無驕底了, 聖人更進得他'貧而樂, 富而好禮'地位."【寓 ○上條疑同聞. 『集注』非今本.】

22:114 問: "▲[204] 伊川諸說, 大抵謂其貨殖非若後人之豐財, 但此心未忘耳. 今『集注』謂其先貧後富, 則是亦嘗如後世之生產作業矣." 曰: "怕是如此. 聖人旣說貨殖, 須是有些如此. 看來子貢初年也是把貧與富煞當事了."【賀孫】

22:115 ▲[205] "後面子貢學『詩』之意, 不是專以此爲'貧而樂, 富而好禮'底工夫. 蓋見得一切事皆合如[206]此, 不可安於小成而不自勉也."【時學】[207]

22:116 ▲[208] 『集注』謂"超乎貧富之外"者, 蓋若爲貧而樂與富而好禮, 便是不能超貧富了. 樂, 自不知貧, 好禮, 自不知富.【明作】

22:117 ▲[209]問: "子貢云: '如切如磋, 如琢如磨.' 若只是說夫子樂與好禮之意, 又何以謂之'告往知來'?" 曰: "他說意思闊, 非止說貧富, 故云'告往知來.'"【賀孫】

---

202) 要: 孝宗刊本·英祖刊本·成化本에서는 要到로 되어 있고, 賀本에서는 到로 되어 있다.
203) ▲: 一般
204) ▲: 子貢問貧無諂, 富無驕.
205) ▲: 吳仁父問此章. 曰:
206) 如: 賀本에서는 爲로 되어 있다.
207) 【時學】: 徽州本에서는 學 뒤에 小注로 銖錄同.이 더 있다.
208) ▲: 不切, 則磋無所施, 不琢, 則磨無所措. 切與琢是無諂無驕, 磋與磨是樂與好禮.
209) ▲: 叔蒙

22:118 問: "'知來', 指何者而言?" 曰: "子貢於此煞是用工夫了, 聖人更進他上面一節, 以見義理不止於此. 然亦不止就貧富上說, 講學皆如此, 天下道理更闊在." 【寓】

22:119 ▲[210]直卿云: "若謂無諂無驕爲如切如琢, 樂與好禮爲如磋如磨, 則下文'告往知來'一句便說不得, 切磋琢磨兩句, 說得來也無精采. 只此小小文義間要用理會. 子貢言▲[211]無驕, 孔子但云僅可而已, 未若樂與好禮, 子貢便知義理無窮. 人須就學問上做工夫, 不可少有得而遽止. 『詩』所謂'如切如磋, 如琢如磨', 治之已精而益求其精者, 其此之謂乎! 故子曰: '賜也可與言『詩』, 告諸往而知來.' 告其所已言者, 謂處貧富之道, 而知其所未言者, 謂學問之功." 【南升 ○倪錄別出.】

22:120 ▲[212] "'貧而無諂, 富而無驕', 比他樂與好禮者, 別人便說不足道, 聖人只云'可也.' 蓋'可也'時便也得了, ▲[213]比樂與好禮者分明爭一等. 諂者必不能好禮. 若於諂與驕中求樂與好禮, 此如適越北其轅, 反行求及前人, 無可至之理. 『集注』中所謂'義理無窮'者, 不是說無諂無驕至樂與好禮處便是義理無窮, 自是說切磋琢磨處精而益精爾." 【倪】

22:121 ▲[214] "聖門學者工夫確實縝密, 逐步挨去, 下學上達. 如子貢之無諂無驕, 是他實做到這裏, 便只見得這裏. 聖人知其已是實了得這事, 方進它一步. 它方始道上面更有箇樂與好禮, 便豁然曉得義

210) ▲: 問"貧而無諂"章. 曰: "公只管纏某'義理無窮'一句. 子貢問無諂無驕, 夫子以爲僅可, 然未若樂與好禮. 此其深淺高下, 亦自分明. 子貢便說切磋琢磨, 方是知義理之無窮也."

211) ▲: 無諂

212) ▲: 文振問"貧而無諂"一章. 曰:

213) ▲: 只是

214) ▲: 陶安國問"貧而無諂"章. 曰:

理無窮. 學問不可少得而遽已也, 聖門爲學工夫皆如此. 子路衣敝縕袍而不恥, 孔子稱其'不忮不求.' 它實到此地[215]位, 但便以此自喜, 故孔子曰: '是道也, 何足以臧?' 它方知道尙有功夫在. 此正與子貢'無諂無驕'一章相似. 今之學者先知得甚高, 但着實行處全然欠闕了. 且如樂與好禮, 今人皆知道是强得無諂無驕, 便貪要說它. 卻不知無諂無驕功夫自未實進得, 卻恐從這處做病痛. 程門諸公不能盡聞伊川之說, 然卻據它所聞各做工夫. 今語錄悉備, 向上道理知得明, 皆說得去, 只是就身分上切實工夫大欠了."【銖】

22:122 ▲[216]問: "『集注』云: '學者固不可安於小成, 而不求造道之極致, 亦不可騖於虛遠, 而不察切己之實病▲[217].'" 曰: "固是要進. 然有第一步, 方可進第二步."【燾】

22:123 ▲[218] "無諂無驕, 此就富貴[219]裏用功耳. 樂與好禮, 則大不干事. 至此, 蓋富亦樂, 貧亦好禮, 而言貧樂富好禮者, 但且因貧富上而擧其重者耳. 明道曰: '〈貧而樂〉, 非〈富而好禮〉不能, 〈富而好禮〉, 非〈貧而樂〉不能.'"【伯羽 ○『集注』】

「不患人之不己知章」

22:124 ▲[220]問: "▲[221] 如何知得他人?" 曰: "見得道理明, 自然知人. 自家不識得道理破, 如何知得他人賢否?"【時擧】

---

215) 地: 賀本에는 없다.
216) ▲: 或
217) ▲: 也
218) ▲: 仲思問樂與好禮. 曰:
219) 富貴: 賀本에서는 貧富로 되어 있다.
220) ▲: 漢臣
221) ▲: '患不知人也.'

22:125 仁父問: "此條已[222]知己與知人對說, 須是先從裏面做出." "知人卻是裏面做出. 若自家不能知得人, 便是自家不知得道理."【賀孫】

22:126 問: "知人是隆師親友?" 曰: "小事皆然. 然學做工夫, 到知人地位已甚高."【可學】

22:127 問"不患人之不己知"章. 曰: "自家德行充於中, 不待人之知, 若自家不知人, 這箇便是不知道. 不知則所見不明, 不能明人之賢否, 所謂'不知言, 無以知人也.' 知言, 如'詖辭知其所蔽, 淫辭知其所陷, 邪辭知其所離, 遁辭知其所窮.' 若能知言, 他纔開口, 自家便知得他心裏事, 這便是知人. 若宰相不能知人, 則用捨之際, 不能進賢而退不肖. 若學者不能知人, 則處朋友之際, 豈能擇乎?" ▲[223] "『論語』上如此言者有三. '不病人之不己知, 病其不能也', '不患莫己知, 求爲可知也.' 聖人之言雖若同, 而其意皆別. '病其不能'者, 言病我有所不能於道. '求爲可知'者, 當自求可知之實, 然後人自知之. 雖然如此, 亦不是爲昭灼之行, 以蘄人之必知."【卓】

22:128 "不患人之不己知, 患不知人也." 今人都倒做了工夫.

222) 已: 成化本에서는 曰로 되어 있고, 英祖刊本・賀本에서는 以로 되어 있다.
223) ▲: 又曰:

『朱子語類』 卷第二十三

「『論語』五」

「爲政篇上」

「爲政以德章」

23:1 問: "'爲政以德', 莫是以其德爲政否?" 曰: "不必泥這'以'字. '爲政以德', 只如爲政有德相似." 【節】

23:2 ▲[1]問"爲政以德"云云[2]. 曰: "人之有德[3], 發之於政, 如水便是箇濕底物事, 火便是箇熱底物事. 有是德, 便有是政." 【植】

23:3 德與政非兩事. 只是以德爲本, 則能使民歸. 若是"所令反其所好", 則民不從. 【義剛】

23:4 ▲[4]問: "'爲政以德', 莫是以身率之?" 曰: "不是强去率他. 須知道未爲政前先有是德. 若道'以身率之', 此語便麤了." 【時擧 ○鄭錄云: "德是得之於我者. 更思此意."】

---

1) ▲: 亞夫

2) 問"爲政以德"云云: 徽州本에서는 問: 『集注』: "行道有得於身之謂德", 如布衣之士有此德, 只發而爲行, 在上之人有此德, 便發之於政, 更不待又去政上鋪排也로 되어 있다.

3) 人之有德: 徽州本에서는 이 앞에 固是가 더 들어 있다.

4) ▲: 文振

23:5 ▲[5] 不是欲以德去爲政, 亦不是塊然全無所作爲, 但德修於己而人自感化. 然感化不在政事上, 卻在德上. 蓋政者, 所以正人之不正, 豈無所作爲. 但人所以歸往, 乃以其德耳. 故不待作爲, 而天下歸之, 如衆星之拱北極也."【銖】

23:6 ▲[6] 非是不用刑罰號令, 但以德先之耳. 以德先之, 則政皆是德. 上蔡說: "辰非是北辰, 乃天之北極. 天如水車, 北辰乃軸處. 水車動, 而軸未嘗動." 上蔡所云乃北斗. 北斗同衆星一日一周天, 安得謂之居其所!【可學】

23:7 ▲[7] "此全在'德'字. '德'字從'心'者, 以其得之於心也. 如爲孝, 是心中得這箇孝, 爲仁, 是心中得這箇仁. 若只是外面恁地, 中心不如此, 便不是得[8]. 凡『六經』言'德'字之意, 皆如此, 故曰'忠信, 所以進德也.' 忠信者, 謂實得於心, 方爲德也. '爲政以德'者, 不是把德去爲政, 是自家有這德, 人自歸仰, 如衆星拱北辰. 北辰者, 天之樞紐.【乃是天中央安樞處. 天動而樞不動, 不動者, 正樞星位.】 樞有五星. 其前一明者太子. 其二最明者曰帝座, 乃太一之當[9]居也. 其後一箇分外開得些子而不甚明者, 極星也, 惟此一處不動. 衆星於北辰, 亦是自然環向, 非有意於共之也."【子蒙】

23:8 問:▲[10] 不言'極', 而言'辰', 何義?" 曰: "辰是大星." 又云: "星之界分, 亦謂之辰, 如十二辰是十二箇界分. 極星亦微轉, 只是不離其

5) ▲: 或問"爲政以德." 曰: "'爲政以德',
6) ▲: "爲政以德", : 徽州本에서는 이 앞에 問: "'爲政以德', 謂爲政卽以吾所以自明其明德者乃是. 以身率之, 故不用作爲, 而天下自然歸向." 曰: "以身率之, 此句說得粗了. 德是得之於我者. 更思此意"가 더 들어 있다.
7) ▲: 衆問"爲政以德"章. 曰:
8) 得: 成化本·賀本·徽州本에서는 德으로 되어 있다.
9) 當: 『朱子語類』에서는 常으로 되어 있다.
10) ▲: "'北辰, 北極也.'

所, 不是星全不動, 是箇傘腦上一位子不離其所." 因擧『晉志』云: "北極五星. 天運無窮, 三光迭耀, 而極星不移." "故曰: '居其所而衆星共之.'" 【銖 ○論北辰.】

23:9 ▲[11] "北辰是那中間無星處, 這些子不動, 是天之樞紐. 北辰無星, 緣是人要取此爲極, 不可無箇記認, 故就其傍取一小星謂之極星. 這是天之樞紐, 如那門笋子樣. 又似箇輪藏心, 藏在外面動, 這裏面心都不動." ▲[12]問: "極星動不動?" 曰: "極星也動. 只是它近那辰後, 雖動而不覺. 如那射糖盤子樣, 那北辰便是中心樁子. 極星便是近樁底點子, 雖也隨那盤子轉, 卻近那樁子, 轉得不覺. 今人以管去窺那極星, 見其動來動去, 只在管裏面, 不動出去. 向來人說北極便是北辰, 皆只說北極不動. 至本朝人方去推得是北極只在[13]北辰頭邊, 而極星依舊動. 又一說, 那空無星處皆謂之辰. 康節說日月星辰自是四件, 辰是一件. 天上分爲十二段, 卽十二辰. 辰, 天壤也. 此說[14]是每一辰各有幾度, 謂如日月宿於角幾度, 卽所宿處是辰也, 故曰, 日月所會之處爲辰." ▲[15] "南極在地下中處, 南北極相對. ▲[16]問: "如說'南極見, 老人壽', 則是南極也解見[17]." 曰: "南極不見. 是南邊自有一老人星, 南極高時, 解浮得起來." 【義剛】

23:10 問: "▲[18]『集注』以爲'北極之中星, 天之樞也.' 上蔡以爲'天之機也. 以其居中, 故謂之〈北極〉. 以其周建於十二辰之舍, 故謂之〈北

11) ▲: 安卿問北辰. 曰:
12) ▲: 義剛
13) 在: 賀本에서는 是로 되어 있다.
14) 說: 徽州本에서는 이 뒤에 也가 더 들어 있다.
15) ▲: 又曰: "天轉, 也非東而西, 也非循環磨轉, 卻是側轉." 義剛言: "樓上渾儀可見." 曰: "是." 直卿擧鄭司農五表日景之說. 曰: "其說不是, 不如鄭康成之說." 又曰:
16) ▲: 天雖轉, 極卻在中不動." 義剛
17) 見: 徽州本에서는 이 뒤에 時가 더 들어 있다.
18) ▲: 北辰是甚星?

辰〉.' 不知是否?" 曰: "以上蔡之明敏, 於此處卻不深考. 北辰, 卽北極也. 以其居中不動而言, 是天之樞軸. 天形如鷄[19]子旋轉, 極如一物, 橫亘居中, 兩頭抨[20]定. 一頭在北上, 是爲北極, 居中不動, 衆星環向也. 一頭在南, 是爲南極, 在地下, 人不可見." 因擧先生「感興詩」云: "感此南北極, 樞軸遙相當." "卽是北極否?" 曰: "然." 又問: "太一有常居, 太一是甚星[21]?" 曰: "此在『史記』中, 說太一星是帝坐[22], 卽北極也. 以星神[23]位言之, 謂之太一, 以其所居之處言之, 謂之北極. 太一如人主, 極如帝都也." "『詩』云: '三辰環侍傍.' 三辰謂何?" 曰: "此以日・月・星言也."【寓】

23:11 問: "謝氏云: '以其居中, 故謂之北極.' 先生云非是, 何也?" 曰: "所謂以其所建周於十二辰者, 自是北斗. 『史記』載北極有五星, 太一常居中, 是極星也. 辰非星, 只是星中間界分. 其極星亦微動, 惟辰不動, 乃天之中, 猶磨之心也. 沈存中謂始以管窺, 其極星不入管, 後旋大其管, 方見極星在管絃上轉[24]."【一之】

23:12 ▲[25]

23:13 問: "『集注』云: '德者, 行道而有得於身也.' 後改'身'作'心', 如何?" 曰: "凡人作好事, 若只做得一件兩件, 亦只是勉强, 非是有得. 所謂'得'者, 謂其行之熟, 而心安於此也. 如此去爲政, 自是人服. 譬如今有一箇好人在說話, 聽者自是信服. 所謂無爲, 非是盡廢了許多簿書

19) 鷄: 『朱子語類』에서는 雞로 되어 있다.
20) 抨: 賀本에서는 稱으로 되어 있다.
21) 甚星: 賀本에서는 星否로 되어 있다.
22) 坐: 『朱子語類』에서는 座로 되어 있다.
23) 神: 賀本에서는 辰으로 되어 있다.
24) 轉: 徽州本에서는 이 뒤에 是極星不動也가 더 들어 있다.
25) ▲: 子上問北極. 曰: "北極自是北極, 居中不動者, 『史記』「天官書」可見. 謝顯道所說者乃北斗. 北斗固運轉也."【璘】

之類. 但是我有是德而彼自服, 不待去用力敎他來服耳."【義剛 ○『集注』】

23:14 ▲[26] "古人製字皆不苟. 如德字中間從心, 便是曉此理."【僩】

23:15 ▲[27] 安卿曰: "'得於心而不失', 可包得'▲[28]得於身.'" 曰: "如此較牢固, 眞箇是得而不走[29]失了."【義剛】

23:16 ▲[30] "以身率人, 自是不勞力. 禮樂刑政, 固不能廢. 只是本分做去, 不以智術籠絡天下, 所以無爲."【明作】

23:17 問: "'爲政以德', 如何無爲?" 曰: "聖人合做處, ▲[31], 如何不做得. 只是不生事擾民, 但爲德而民自歸之. 非是說行此德, 便要民歸我. 如齊桓・晉文做此事, 便要民如此, 如大蒐以示禮, 伐原以示信之類. ▲[32]【僩】

23:18 ▲[33] 如舜做許多事, 豈是無事. 但民心歸向處, 只在德上, 卻不在事上. 許多事都從德上出. 若無德而徒去事上理會, 勞其心志, 只是不服. '爲政以德', 一似燈相似, 油多, 便燈自明."【恪 ○賀[34]孫錄▲[35]以德則自然感化, 不見其有爲之迹耳[36].'"】

---

26) ▲: "行道而有得於身", "身"當改作"心." 諸經注皆如此. 又曰:
27) ▲: 舊說: "德者, 行道而有得於身." 今作"得於心而不失." 諸書未及改, 此是通例.
28) ▲: 行道而有
29) 走: 賀本에는 없다.
30) ▲: 問"無爲而天下歸之." 曰:
31) ▲: 也只得做
32) ▲: 但聖人行德於上, 而民自歸之, 非有心欲民之服也."
33) ▲: 子善問: "'〈爲政以德〉, 然後無爲.' 聖人豈是全無所爲邪?" 曰: "聖人不是全無一事.
34) 賀: 徽州本에서는 이 앞에 按葉이 더 들어 있다.
35) ▲: 云: "子善問'〈爲政以德〉然後無爲.' 曰: '此不是全然不爲. 但

23:19 問[37]▲[38]: "'爲政以德, 然後無爲', 是如何?" 漢臣對: "德者, 有道於身之謂, 自然人自感化." 曰: "看此語, 程先生說得也未盡. 只說無爲, 還當無爲而治, 無爲而不治? 這合着得'政者正也, 子帥以正, 則莫敢不正', 而天下歸之, 卻方與'譬北辰居其所而衆星共之'相似[39]." 邵因擧『集注』中所備錄者. 曰: "下面有許多話, 卻亦自分曉."【賀孫】

23:20 問: "'爲政以德', 老子言無爲之意, 莫是如此否?" 曰: "不必老子之言無爲. 孔子嘗言: '無爲而治者, 其舜也與! 夫何爲哉? 恭己正南面而已矣.' 老子所謂無爲, 便是全不事事. 聖人所謂無爲者, 未嘗不爲, 依舊是'恭己正南面而已矣', 是'己正而物正', '篤恭而天下平'也. 後世天下不治者, 皆是不能篤恭盡敬. 若能盡其恭敬, 則視必明, 聽必聰, 而天下之治[40], 豈有不理!"【卓 ○賀孫錄云: "老子所謂無爲, 只是簡忽. 聖人所謂無爲, 卻是付之當然之理. 如曰: '▲[41]其舜也與! ▲[42] 這是甚麼樣本領! 豈可與老氏同日而語!"】

「詩三百章」

23:21 若是常人言, 只道一箇"思無邪"便了, 便略了那"『詩』三百." 聖人須是從『詩』三百逐一▲[43]理會了, 然後理會"思無邪", 此所謂下學而上達也. 今人止務上達, 自要免得下學. 如說道"灑掃應對進退"便

---

36) 耳: 徽州本에서는 이 뒤에 當時一時同聞而錄有詳略이 더 들어 있다.
37) 問: 徽州本에서는 이 앞에 先生이 더 들어 있다
38) ▲: 邵漢臣: 徽州本에서는 이 뒤에 公看『論語』無所疑. 如云"爲政以德", 程先生謂가 더 들어 있다.
39) 卻方與'譬北辰居其所而衆星共之'相似: 徽州本에서는 譬 뒤에 如가 더 들어 있고, 共이 拱으로 되어 있다.
40) 治: 賀本에서는 事로 되어 있다.
41) ▲: 無爲而治者,
42) ▲: 夫何爲哉? 恭己正南面而已.'
43) ▲: 篇

有天道, 都不去做那“灑掃應對進退”之事. ▲[44] 那裏面曲折去處, 都鶻突無理會了. 這箇須是去做, 到得熟了, 自然貫通. 到這裏方是一貫. 古人由之而不知, 今人不由而但求知, 不習而但求察.【賀孫】

23:22 ▲[45] “三百篇詩, 只是要得人‘思無邪.’ ‘思無邪’三字代得三百篇之意.”【賀孫】

23:23 ▲[46] 若只就事上無邪, 未見得實如何? 惟是“思無邪”, 方得. 思在人最深, 思主心上.【佐】

23:24 ▲[47] “此『詩』之立教如此, 可以感發人之善心, 可以懲創人之逸志.”【祖道】

23:25 ▲[48] “若言作詩者‘思無邪’, 則其間有邪底多. 蓋『詩』之功用, 能使人無邪也.”【植】

23:26 ▲[49] “非言作詩之人‘思無邪’也. 蓋謂三百篇之詩, 所美者皆可以爲法, 而所刺者皆可以爲戒, 讀之者‘思無邪’耳. ▲[50] 只是要正人心. 統而言之, 三百篇只是一箇‘思無邪’, 析而言之, 則一篇之中自有一箇‘思無邪.’”【道夫】

23:27 ▲[51] 若以爲作詩者“思無邪”, 則「桑中」·「溱洧」之詩, 果無邪

44) ▲: 到得灑掃, 則不安於灑掃, 進退, 則不安於進退, 應對, 則不安於應對.
45) ▲: 居父問“思無邪.” 曰:
46) ▲: “思無邪”一句, 便當得三百篇之義了. 三百篇之義, 大概只要使人“思無邪.”
47) ▲: 或問“思無邪.” 曰:
48) ▲: 問“思無邪.” 曰:
49) ▲: 徐問“思無邪.” 曰:
50) ▲: 作之者非一人, 安能‘思無邪’乎?
51) ▲: “思無邪”, 乃是要使讀『詩』人“思無邪”耳. 讀三百篇詩, 善爲可法, 惡爲可戒,

耶? 某『詩傳』去「小序」, 以爲此漢儒所作. 如「桑中」·「溱洧」之類, 皆是淫奔之人所作, 非詩人作此以譏刺其人也. 聖人存之, 以見風俗如此不好. 至於做出此詩來, 使讀者有所愧恥而以爲戒耳. 呂伯恭以爲"放鄭聲"矣, 則其詩必不存. 某以爲放是放其聲, 不用之郊廟賓客耳, 其詩則固存也. 如『周禮』有官以掌四夷之樂, 蓋不以爲用, 亦存之而已. 伯恭以爲三百篇皆正詩, 皆好人所作. 某以爲, 正聲乃正「雅」也. 至於「國風」, 逐國風俗不同, 當是周之樂師存列國之「風」耳, 非皆正詩也. 如「二南」固正矣, 鄭·衛詩分明是有"鄭·衛"字, 安得謂之正乎! 鄭漁仲『詩辨』: "「將仲子」只是淫奔之詩, 非刺仲子之詩也." 某自幼便知其說之是. 然太史公謂三百篇詩, 聖人刪之, 使皆可弦歌. 伯恭泥此, 以爲皆好. 蓋太史之評自未必是, 何必泥乎!【璘】

23:28 或曰: "先儒以三百篇之義皆'思無邪.'" 先生笑曰: "如呂伯恭之說, 亦是如此. 『讀詩記序說』一大段主張箇詩, 說三百篇之詩都如此. 看來只是說得[52]箇'可以怨', 言詩人之情寬緩不迫, 優柔溫厚而已. 只用他這一說, 便瞎卻一部詩眼矣!"【僩】

23:29 ▲[53] "詩之意不一, 求其切於大體者, 惟'思無邪'足以當之, 非是謂作者皆無邪心也. 爲此說者, 乃主張「小序」之過. 詩三百篇, 大抵好事足以勸, 惡事足以戒. 如『春秋』中好事至少, 惡事至多. 此等詩, 鄭漁仲十得其七八. 如「將仲子」詩只是淫奔, 艾軒亦見得. 向與伯恭論此, 如「桑中」等詩, 若以爲刺, 則是抉人之陰私而形之於詩, 賢人豈宜爲此? 伯恭云: '只是直說.' 答▲[54]云: '伯恭如見人有此事, 肯作詩直說否? 伯恭平日作詩亦不然.' 伯恭曰: '聖人〈放鄭聲〉, 又卻取之, 如何?' 曰: '放者, 放其樂耳, 取者, 取其詩以爲戒. 今所謂鄭·衛樂,

---

故使人"思無邪"也.

52) 得: 賀本에는 없다

53) ▲: 問: "如先生說, '思無邪'一句卻如何說?" 曰:

54) ▲: 之

乃詩之所載.' 伯恭云: '此皆是雅樂.' 曰: '「雅」則「大雅」·「小雅」, 「風」則「國風」, 不可紊亂. 言語之間, 亦自可見. 且如「淸廟」等詩, 是甚力量! 鄭·衛風如今歌曲, 此等詩, 豈可陳於朝廷宗廟! 此皆司馬遷之過, 伯恭多引此爲辨. 嘗語之云: '司馬遷何足證!' 子約近亦以書問'止乎禮義.' 答之云: '『詩』有止乎禮義者, 亦有不止乎禮義者.'" 【可學】

23:30 ▲[55]止乎禮義? 怕當時大約說許多中格詩, 卻不指許多淫亂底說. ▲[56]其它便就一事上各見其意. ▲[57] 問: "'直指全體'▲[58]?" 曰: "只是[59]說'思無邪'一語, 直截見得『詩』敎之本意, 是全備得許多零碎底意." ▲[60] 某看『詩』, 要人只將『詩』正文讀, 自見其意. 今人都緣這『序』, 少間只要說得『序』通, 卻將『詩』意來合『序』說, 卻不要說敎『詩』通[61]. 呂子約▲[62]說道: '近看『詩』有所得.' 待取來看, 都[63]只是說得『序』通. ▲[64]

---

55) ▲: 問: "'思無邪', 子細思之, 只是要讀『詩』者思無邪." 曰: "舊人說似不通. 中間如許多淫亂之風, 如何要'思無邪'得! 如'止乎禮義', 中間許多不正詩, 如何會

56) ▲: 某看來, 『詩』三百篇, 其說好底, 也要敎人'思無邪', 說不好底, 也要敎人'思無邪.' 只是

57) ▲: 然事事有此意, 但是'思無邪'一句方盡得許多意."

58) ▲: 是如何

59) 是: 賀本에는 없다

60) ▲: 又曰: "聖人言『詩』之敎, 只要得人'思無邪.' 其它篇篇是這意思, 惟是此一句包說得盡.

61) 通: 徽州本에서는 이 뒤에 人多是如此看이 더 들어 있다.

62) ▲: 一番

63) 都: 賀本에서는 卻으로 되어 있다.

64) ▲: 某意間非獨將『序』下文去了, 首句甚麽也亦去了. 且如「漢廣」詩下面幾句猶似說得通, 上一句說'德廣所及'也, 是說甚麽! 又如說'「賓之初筵」, 衛武公刺時也.' 「韓詩」說是衛武公自悔之詩. 看來只是武公自悔. 『國語』說武公年九十, 猶箴警於國曰: '群臣無以我老耄而舍我, 必朝夕端恪以交戒我!' 看這意思, 只是悔過之詩. 如「抑」之詩, 『序』謂'衛武公刺厲王, 亦以自警也.' 後來又考見武公時厲王已死, 又爲之說是追刺. 凡『詩』說美惡, 是要那人知, 如何追刺? 以意度之, 只是自警. 他要篇篇有美刺, 故如此說, 又說道'亦以自警.' 兼是說正「雅」·變「雅」, 看變「雅」中亦自煞有好詩, 不消分變「雅」亦得. 如「楚茨」·「信南山」·「甫田」·「大田」諸篇, 不待看『序』, 自見得是祭祀及稼穡田政分明. 到『序』說出來, 便道是'傷

23:31 ▲[65] 直卿曰: "『詩』之善惡, 如藥之參苓・巴豆, 而'思無邪'乃藥之單方, 足以當是藥之善惡者也." 曰: "然." 道夫曰: "如此, 則施之六經可也, 何必『詩』?" 曰: "它經不必言." 又曰: "『詩』恰如『春秋』. 『春秋』皆亂世之事, 而聖人一切財[66]之以天理."【道夫 ○『集注』】

23:32 ▲[67]

23:33 ▲[68] "人言夫子刪詩, 看來只是採得許多詩, 夫子不曾刪去, 往往只是刊定而已. 聖人當來刊定, 好底詩, 便要吟詠, 興發人之善心, 不好底詩, 便要起人羞惡之心, 皆要人'思無邪.' ▲[69]

23:34 問所謂"其言微婉, 各因一事而發." 曰: "一事, 如淫奔之詩, 只刺淫奔之事, 如暴虐之詩, 只刺暴虐之事. '思無邪', 卻凡事無所不

今思古', 陳古刺今, 那裏見得! 如「卷阿」是說召康公戒成王, 如何便到後面「民勞」・「板蕩」刺厲王. 中間一截是幾時, 卻無一事係美刺! 只緣他須要有美有刺, 美便是成・康時君, 刺只是幽・厲, 所以其說皆有可疑." 問: "怕是聖人刪定, 故中間一截無存者." 曰: "怕不曾刪得許多. 如太史公說古詩三千篇, 孔子刪定三百, 怕不曾刪得如此多."【賀孫】

65) ▲: 問: "『集注』以爲'凡言善者, 足以感發人之善心, 言惡者, 足以懲創人之逸志.' 而諸家乃專主作詩者而言, 何也?" 曰: "『詩』有善有惡, 頭面最多, 而惟'思無邪'一句足以該之. 上至於聖人, 下至於淫奔之事, 聖人皆存之者, 所以欲使讀者知所懲勸. 其言'思無邪'者, 以其有邪也."

66) 財: 賀本에서는 裁로 되어 있다.

67) ▲: 問: "夫子言三百篇詩, 可以興善而懲惡, 其用皆要使人'思無邪'而已云云." 曰: "便是三百篇之詩, 不皆出於情性之正. 如「關雎」・「二南」詩, 「四牡」・「鹿鳴」詩, 「文王」・「大明」詩, 是出於情性之正. 「桑中」・「鶉之奔奔」等詩豈是出於情性之正! 人言夫子刪詩, 看來只是採得許多詩, 往往只是刊定. 聖人當來刊定, 好底詩, 便吟詠, 興發人之善心, 不好底詩, 便要起人羞惡之心." 又曰: "『詩』三百篇, 雖「桑中」・「鶉奔」等詩, 亦要使人'思無邪', 一句可以當得三百篇之義. 猶云三百篇詩雖各因事而發, 其用歸於使人'思無邪', 然未若'思無邪'一句說得直截分明."【南升 ○時擧錄別出.】

68) ▲: 文振問"思無邪." 曰:

69) ▲: 蓋'思無邪'是「魯頌」中一語, 聖人卻言三百篇詩惟「魯頌」中一言足以盡之."【時擧】

包也.” 又曰: “陳少南要廢「魯頌」, 忒煞輕率. 它作『序』, 卻引‘思無邪’之說. 若廢了「魯頌」, 卻沒這一句.” 【寓】

23:35 ▲[70] “‘夏之日, 冬之夜, 百歲之後, 居[71]于其居. 冬之夜, 夏之日, 百歲之後, 歸于其室.’ 此亦[72]無邪思也. ‘出其東門, 有女如雲, 雖則如雲, 匪我思存, 縞衣綦巾, 聊樂我員.’ 此亦無邪思也. 爲子而賦「凱風」, 亦無邪思也, 爲臣而賦「北門」, 亦無邪思也, 但不曾說破爾. 惟‘思無邪’一句便分明說破.” 或曰: “如淫奔之詩如何?” 曰: “淫奔之詩固邪矣. 然反之, 則非邪也. ▲[73] 【廣】

23:36 程子曰: “思無邪, 誠也.” 誠是實, 心之所思, 皆實也. 【明作 ○ 程子說.】

23:37 問: “▲[74] 非獨是行無邪, 直是思無邪, 方是誠.” 曰: “公且未要說到這裏. 且就『詩』三百, 如何‘一言以蔽之曰思無邪’? 『集注』說: ‘要使人得性情[75]之正.’ 情性是貼思, 正是貼無邪. 此如做時文相似, 只恁地貼, 方分曉. 若好善惡惡皆出於正, 便會無邪. 若果是正, 自無虛僞, 自無邪. 若有時, 也自入不得.” 【賀孫】

23:38 ▲[76] “不但是行要無邪, 思也要無邪. 誠者, 合內外之道, 便是表裏如一, 內實如此, 外也實如此. 故程子曰: ‘思無邪, 誠也.’” 【時舉】

---

70) ▲: 或問: “‘思無邪’如何是‘直指全體’?” 曰: “『詩』三百篇, 皆無邪思, 然但逐事無邪爾, 唯此一言舉全體言之.” 因曰:
71) 居: 英祖刊本·賀本에서는 歸로 되어 있다.
72) 亦: 賀本에는 없다.
73) ▲: 故某說: ‘其善者可以感發人之善心, 惡者可以懲創人之逸志.’”
74) ▲: ‘思無邪, 誠也.’
75) 性情: 英祖刊本·賀本에서는 情性으로 되어 있다.
76) ▲: 問“思無邪.” 曰:

23:39 ▲[77] 大抵學者思常要無邪, 況視聽言動乎? 誠是表裏都恁地實. ▲[78]

23:40 ▲[79] "思無邪, 誠也." 每常▲[80]泛看過. 子細思量, 極有義理. 蓋行無邪, 未是誠, 思無邪, 乃可爲誠也. 【賀孫】

23:41 問: "▲[81] 所思皆無邪, 則便是實理." 曰: "下'實理'字不得, 只得下'實心'字. 言無邪, 也未見得是實, 行無邪, 也未見得是實. 惟'思無邪', 則見得透底是實." 【義剛】

23:42 ▲[82] "思在言與行之先. 思無邪, 則所言所行, 皆無邪矣. 惟其表裏皆然, 故謂之誠. 若外爲善, 而所思有不善, 則不誠矣. 爲善而不終, 今日爲之而明日廢, 則不誠矣. 中間微有些核子消化不盡, 則亦不誠矣." 又曰: "伊川'誠也'之說, 也麤." 【胡泳 ○僩錄別世[83].】

23:43 因言"思無邪"與"意誠", 曰: "有此種, 則此物方生, 無此種, 生箇甚麽. 所謂'種'者, 實然也. 如水之必濕, 火之必燒, 自是住不得. ▲[84] 【僩】

23:44 ▲[85] "人聲音笑貌或有似誠者, 然心有不然, 則不可謂之誠.

---

77) ▲: "思無邪, 誠也", 不專說『詩』.
78) ▲: 又曰: "不獨行處要如此, 思處亦要如此. 表裏如此, 方是誠."
79) ▲: 伊川曰:
80) ▲: 只
81) ▲: '思無邪, 誠也.': 徽州本에서는 이 뒤에 如何看對曰이 더 들어 있다.
82) ▲: 問"程子曰: '思無邪, 誠也.'" 曰:
83) 世: 成化本・賀本에서는 出로 되어 있다.
84) ▲: '思無邪', 表裏皆誠也. 若外爲善, 而所思有不善, 則不誠矣. 爲善而不終, 今日爲之, 而明日廢忘, 則不誠矣. 中間微有些核子消化不破, 則不誠矣." 又曰: "'思無邪'有兩般. 伊川'誠也'之說, 也粗."
85) ▲: 問"思無邪, 誠也." 曰:

至於所思皆無邪, 安得不謂之誠!"【夔孫】

23:45 ▲[86)]

23:46 ▲[87)] "伊川不是不會說, 卻將一'誠'字解了. 且如今人固有言無邪者, 亦有事無邪者, 然未知其心如何. 惟'思無邪', 則是其心誠實矣." ▲[88)]

23:47 ▲[89)]

23:48 ▲[90)] "誠是在思上發出. 詩人之思, 皆情性也. 情性本出於正, 豈有假僞得來底! 思, 便是情性, 無邪, 便是正. 以此觀之,『詩』三百篇皆出於情性之正."【卓】

23:49 ▲[91)] 讀『詩』者, 只要得'思無邪'耳. ▲[92)] '毋不敬',『禮』之所以爲教, '思無邪',『詩』之所以爲教."【寓 ○范氏說.】

23:50 ▲[93)] 問: "聖人六經皆可爲戒, 何獨『詩』也?" 曰: "固是如此.

---

86) ▲: 因潘子善問"『詩』三百"章, 遂語諸生: "伊川解'思無邪'一句, 如何只著一箇'誠也'? 伊川非是不會說, 只著此二字, 不可不深思. 大凡看文字, 這般所在, 須教看得出. '思無邪, 誠也', 是表裏皆無邪, 徹底無毫髮之不正. 世人固有修飾於外, 而其中未必能純正. 惟至於思亦無邪, 斯可謂之誠."【賀孫】

87) ▲: 義剛說"思無邪",『集注』云"誠也"之意. 先生曰:

88) ▲: 又曰: "『詩』之所言, 皆'思無邪'也. 如「關雎」便是說'樂而不淫, 哀而不傷',「葛覃」便是說節儉等事, 皆歸於'思無邪'也. 然此特是就其一事而言, 未足以括盡一詩之意. 惟'思無邪'一語, 足以蓋盡三百篇之義, 蓋如以一物蓋盡衆物之意."【義剛】

89) ▲: 林問"思無邪." 曰: "人之踐履處, 可以無過失. 若思慮亦至於無邪, 則是徹底誠實, 安得不謂之誠!"【人傑】

90) ▲: 李兄問: "'思無邪', 伊川說作'誠', 是否?" 曰:

91) ▲: 問"思無邪." 曰: "只此一言, 當盡得三百篇之義.

92) ▲: 看得透, 每篇各是一箇'思無邪', 總三百篇亦只是一箇'思無邪.'

然『詩』中因情而起, 則有思. 欲其思出於正, 故獨指'思無邪'以示教焉." 問: "『詩』說'思無邪', 與「曲禮」說'*毋*不敬', 意同否?" 曰: "'*毋*不敬', 是用功處, 所謂'正心・誠意'也. '思無邪', 思至此自然無邪, 功深力到處, 所謂'心正・意誠'也. 若學者當求無邪思, 而於正心・意誠[94]處着力. 然不先致知, 則正心・誠意之功何所施, 所謂敬者, 何處頓放. 今人但守一箇'敬'字, 全不去擇義, 所以應事接物處皆顚倒了. 『中庸』'博學之, 審問之, 謹[95]思之, 明辨之, 篤行之', 『孟子』'博學而詳說之, 將以反說約也', 顏子'博我以文, 約我以禮', 從上聖賢敎人, 未有不先自致知始." 【寓】

23:51 "思無邪", 不必說是詩人之思及讀『詩』[96]之思. 大凡人思皆當無邪. 如"*毋*不敬", 不必說是說禮者及看『禮記』者當如此. 大凡人皆當"*毋*不敬." 【人傑】 ▲[97]

23:52 ▲[98]'*毋*不敬', 是正心・誠意之事, ▲[99]'思無邪', 是心正・意誠之事. ▲[100] 若自無不敬, 則亦心正・意誠之事矣." 又曰: "孔子曰: '博學於文, 約之以禮.' 顏子曰: '博我以文, 約我以禮.' 孟子曰: '博學而詳說之, 將以反說約也.' 今若祇守著兩句, 如何做得? 須是讀了三百篇有所興起感發, 然後可謂之'思無邪', 眞箇'坐如尸, 立如齊', 而後

---

93) ▲: 問"思無邪." 曰: "前輩多就詩人上說'思無邪', '發乎情, 止乎禮義.' 某疑不然. 不知敎詩人如何得'思無邪.' 如文王之詩, 稱頌盛德盛美處, 皆吾所當法, 如言邪僻失道之人, 皆吾所當戒, 是使讀『詩』者求無邪思. 分而言之, 三百篇各是一箇'思無邪', 合三百篇而言, 總是一箇'思無邪.'"

94) 意誠: 『朱子語類』에서는 誠意로 되어 있다

95) 謹: 英祖刊本·賀本에서는 愼으로 되어 있다.

96) 『詩』: 徽州本에서는 이 뒤에 者가 더 들어 있다.

97) ▲: 【去僞錄云: "此一句出處, 止是說爲孔子見得此一句皆當三百篇之義, 故擧以爲說." 餘同.】

98) ▲: 楊士訓・尹叔問"思無邪", "*毋*不敬." 曰: "『禮』言

99) ▲: 『詩』言

100) ▲: 蓋*毋*者, 禁止之辭.

可以言'毋不敬.'" 【道夫】

23:53 ▲[101] "'思無邪'有辨別, '毋不敬'卻是渾然好底意思. ▲[102] 敬如有箇宅舍. 講學如遊騎, 不可便相離遠去. 須是於知處求行, 行處求知, ▲[103]." 【謨】

23:54 ▲[104] "毋不敬"是渾然底, 思是已萌, 此處只爭些. 【可學】

23:55 ▲[105]

23:56 ▲[106]大段好詩者, 大夫作, 那一等不好詩, 只是閭巷小人作. ▲[107] 【明作】

23:57 問: "周氏說'思無邪', 皆無心而思. 無心, 恐無緣有思." 曰: "不成三代直道而行, 人皆無心而思! 此是從引'三代直道'便誤認了." 【螢】

---

101) ▲: 問: "'思無邪', '毋不敬', 是一意否?" 曰:

102) ▲: 大凡持敬, 程子所謂

103) ▲: 斯可矣

104) ▲: "毋不敬", "思無邪."

105) ▲: 上蔡說"思無邪"一條, 未甚親切. 東萊『詩記』編在擗初頭. 看它意, 只說得箇"『詩』可以怨"底意, 如何說"思無邪"! 【賀孫 ○『集義』】

106) ▲: "思無邪", 如正「風」·「雅」·「頌」等詩, 可以起人善心. 如變「風」等詩, 極有不好者, 可以使人知戒懼不敢做.

107) ▲: 前輩多說是作詩之思, 不是如此. 其間多有淫奔不好底詩, 不成也是無邪思. 上蔡舉數詩, 只說得箇"可以怨"一句, 意思狹甚. 若要盡得"可以興"以下數句, 須是"思無邪"一語甚闊. 呂伯恭做『讀詩記』首載謝氏一段說話, 這一部詩便被此壞盡意思. 夫"善者可以感發得人之善心, 惡者可以懲創得人之逸志." 今使人讀好底詩, 固是知勸, 若讀不好底詩, 便悚然戒懼, 知得此心本不欲如此者, 是此心之失. 所以讀『詩』者, 使人心無邪也, 此是『詩』之功用如此.

「道之以政章」

23:58 問"道之以政." 曰: "聖人▲[108]只爲當時專用政刑治民, 不用德禮, 所以有此言. 謂政刑但使之遠罪而已, 若是格其非心, 非德禮不可. 聖人爲天下, 何曾廢刑政來!"【恪】

23:59 "道之以德", 是躬行其實, 以爲民先. 如必自盡其孝, 而後可以教民孝, 自盡其弟, 而後可以教民弟, ▲[109]. "宜其家人, 而後可以教國人, 宜兄宜弟, 而後可以教國人."【賀孫】

23:60 ▲[110] "'道之以德', 是有[111]以感人之善心, 若不着禮以爲之規矩, 如何齊得▲[112] 使賢者知所止, 不肖者有所跂及." 問"格"字. 曰: "是合格・及格之'格', 使▲[113]之合法度而已."【祖道】

23:61 ▲[114] "纔說禮, 便自有箇中制. 賢者可以俯而就之, 不肖者便可企而及之."【炎】

23:62 ▲[115] 人之氣質有淺深厚薄之不同, 故感者不能齊一, 必有禮以齊之. 如「周官」一書, 何者非禮. 以至歲時屬民讀法之屬, 無不備具者, 正所以齊民也. 齊之不從, 則刑不可廢. 若只'道之以德', 而無禮以約之, 則儱統無收殺去. 格者, 至於善也. 如'格于文祖', '格于上下', 與夫'格物'▲[116], 儲宰云: "此是堯・舜地位." 曰: "古人有'得百里之地而

108) ▲: 之意,
109) ▲: 如此類
110) ▲: 或問"齊之以禮." 曰:
111) 有: 賀本에는 없다.
112) ▲: 它. 須以禮齊之,
113) ▲: 人
114) ▲: 讀"道之以德, 齊之以禮", 曰:
115) ▲: 問"道之以德, 齊之以禮." 曰: "這'德'字只是適來說底'德', 以身率人.

君之', 便能如此. 明道便是有此氣象."【子蒙】

23:63 ▲[117]

23:64 問: "'道之以德', 猶可致力. '齊之以禮', 州縣如何做得?" 曰: "便是如今都蕩然無此家具了, 便也難得相應. 古人▲[118], 比有長, 閭有師, 便眞箇能行禮以帥之. 民都是教了底人, 故▲[119]可以流通. 如一大圳水, 分數小圳去, 無不流通. 後世有聖賢作, 必不肯只恁休. 須法古, 從底做起, 始得."【木[120]之】

23:65 先之以法制禁令, 是合下有猜疑關防之意, 故民不從. 又卻"齊之以刑", 民不見德而畏威, 但圖目[121]前苟免於刑, 而爲惡之心未嘗不在. 先之以明德, 則有固有之心者, 必觀感而化. 然稟有厚薄, 感有深淺[122], 又"齊之以禮", 使之有規矩準繩之可守, 則民恥於不善, 而有以至於善.【南升 ○論全章.】

23:66 ▲[123] 此謂庶民耳. 若所謂士者, "行己有恥", 不待上之命也.【鎬】

23:67 問▲[124] "近見一朋友讀『道德功術策』, 前一篇說得不是, 盡

116) ▲: 格者, 皆至也."
117) ▲: 問"道之以德, 齊之以禮." 曰: "資質好底便化, 不好底須立箇制度, 教人在裏面, 件件是禮. 後世專用'以刑.' 然不用刑, 亦無此理. 但聖人先以德禮, 到合用處, 亦不容已. '有恥且格', 只將'格'字做至字看, 至是眞箇有到處. 如'王假有廟', '格于上帝'之'格.' 如遷善遠罪, 眞箇是遠罪, 有勉强做底便是不至."【季札】
118) ▲: 比・閭之法
119) ▲: 教人
120) 木: 賀本에서는 一로 되어 있다.
121) 目: 『소분』에서는 司를 目으로 고쳤다.
122) 深淺: 賀本에서는 淺深으로 되어 있다.
123) ▲: "道之以政, 齊之以刑, 民免而無恥, 道之以德, 齊之以禮, 有恥且格",

說術作不好. 後一篇卻說得是." 曰: "有道德, 則功術乃道德之功, 道德之術, 無道德, 則功術方不好. 某嘗見一宰相說'上甚有愛人之心, 不合被近日諸公愛把恢復來說了.' 某應之曰: '公說得便不是. 公何不曰: 〈愛人乃所以爲恢復, 恢復非愛人不能?〉'" 榦因問: "政刑德禮四者如何說?" 曰: "此正[125]與道德功術一般. 有德禮, 則政刑在其中. 不可專道政刑做不好[126]底, 但不專用政刑." 【榦】

23:68 "'道之以德'者, 是自身上做出去, 使之知所向慕. '齊之以禮'者, 是使之知其冠婚喪祭之儀, 尊卑小大之別, 教化[127]知所趨. 既知德禮之善, 則有恥而格於善. 若道齊之以刑政, 則不能化其心, 而但使之少革. 到得政刑少弛, 依舊又不知恥矣." 問: "刑政莫只是伯者之事?" 曰: "專用政刑, 則是伯者之爲矣." 【卓】

23:69 ▲[128] 雖是感之以德, 自有不肯信向底, 亦有太過底, 故齊一之以禮. 禮是▲[129]吉·凶·軍·賓·嘉, 須令一齊如此. 所以[130]"賢者俯而就, 不肖者企而及", ▲[131], 若不盡從, 便以刑罰齊之. 『集注』後面餘意, 是說聖人謂不可專恃刑政, 然有德禮而無刑政, 又做不得. 聖人說話無一字無意味. 如只說"道之以德, 齊之以禮", 便不是了. 【明作 ○『集注』】

23:70 "道之以德, ▲[132]", 觀感得深而厚者, 固好. 若淺而薄者, 須

---

124) ▲: "道之以政, 齊之以刑, 道之以德, 齊之以禮." 曰:
125) 正: 賀本에서는 政으로 되어 있다.
126) 好: 賀本에서는 得으로 되어 있다.
127) 化: 英祖刊本·賀本에서는 人으로 되어 있다.
128) ▲: "道之以德." 『集注』云"淺深厚薄之不一", 謂其間資稟信向不齊如此,
129) ▲: 五禮, 所謂
130) 以: 賀本에서는 謂로 되어 있다.
131) ▲: 正如"齊之以刑"亦然. 先立箇法制如此
132) ▲: 齊之以禮

有禮以齊之, 則民將視吾之禮, 必恥於不善而至於善矣.【人傑】

23:71 問: "'道之以政, 齊之以刑.' 范氏說'則民無所不至', 語亦過否?" 曰: "若只靠政刑去治民, 則民是會無所不至." 又問: "呂氏說云: '▲[133]能使懦者畏, 不能使強者革, ▲[134] 曰: "這說亦是偏了. 若專政刑, 不獨是弱者怕, 强者也會怕. 到得有德禮時, 非獨使强者革, 弱者也會革." ▲[135] 問: "威·文亦須有德禮, 如『左傳』所云." 曰: "他只是借德禮之名出做事, 如大蒐以示之禮, 伐原以示之信, 出定襄王以示之義. 他那曾有躬行德禮之實! 這正是有所爲而爲之也. 聖人是見得自家合着恁地躬行, 那待臨時去做些. 又如漢 高祖爲義帝發喪, 那曾出於誠心! 只是因董公說, 分明借這些欺天下. 看它來意也只要項羽殺了它, 卻一意與項羽做頭底."【賀孫 ○『集義』】

「吾十有五而志于學章」

23:72 ▲[136] "且莫說聖人, 只於已分上說如何是'志學', 如何是'立', 如何是'不惑', 如何是'知天命', 如何是'耳順', 如何是'從心所欲, 不踰矩', 且理會這幾箇字教分曉. 某所以逐句下只解其字義, 直至後面, 方說聖人分上事. 今且說如何是'志學'?" 曰: "心有所之謂之志, 志學, 則其心專一向這箇道理上去." 曰: "說文義, 大概也只如此說, 然更有意思在. 世間千歧萬路, 聖人爲甚不向別路去, 只向這一路來? 志是心之深處, 故醫家謂志屬腎. 如今學者誰不爲學, 只是不可謂之'志於學.' 如果能'志於學', 則自住不得. '學而時習之', 到得說後, 自然一步趲一步去. 如人當寒月, 自然向有火處去, 暑月, 自然向有風處去. 事君,

133) ▲: 政刑
134) ▲: 此之謂失其本心.' 亦怕未如此."
135) ▲: 因仁父問侯氏云"刑政霸者之事", 曰: "專用刑政, 只是霸者事."
136) ▲: 或問"十五志學"章, 曰"聖人是生知安行"云云. 曰:

便從敬上去, 事親, 便從孝上去. 雖中間有難行處, 亦不憚其難, 直做教徹." 廣曰: "人不志學有兩種: 一是全未有知了, 不肯爲學者, 一是雖已知得, 又卻說道'但得本莫愁末'了, 遂不肯學者." 曰: "後一種, 古無此, 只是近年方有之. 卻是有兩種: 一種是全未有知者, 一種是雖知得了後, 卻若存若亡, 不肯至誠去做者. 然知之而不肯爲, 亦只是未嘗知之耳." 又曰: "如人要向箇所在去, 便是志, 到得那所在了, 方始能立, 立得牢了, 方能向上去."【廣學】[137)]

23:73 問聖人十年工夫. 曰: "不須理會這箇, 且理會'志於學.' 能志學, 許多科級須著還我."【季札】

23:74 ▲[138)] '志'字最要緊, 直須結裹在從心不踰矩上. 然又須循乎聖人爲學之序, 方可."【炎】

23:75 ▲[139)] "志是要求箇道, 猶是兩件物事. 到立時, 便是脚下已踏著了也."【時舉】

23:76 ▲[140)]問: "'三十而立, 無所事志', 何也?" 曰: "志方是趨向恁地, 去求討未得. 到此則志盡矣, 無用志了."【淳】

23:77 ▲[141)]

23:78 問: "立是心有定守, 而物不能搖動否?" 曰: "是."

---

137)【廣學】: 『朱子語類』에서는【廣】으로 되어 있다.【附箋紙】"學", 一本無.
138) ▲: "吾十有五"章. 曰: "看
139) ▲: 問志學與立. 曰:
140) ▲: 周
141) ▲: 漢臣問: "立者, 立於斯道也?" 曰: "立, 只是外物動搖不得."【賀孫】

23:79 問: "孔子'三十而立', 似與孟子'四十不動心'同, 如何?" 曰: "'四十而不惑', 卻相似."【壯祖】

23:80 "▲[142]不惑", 於事上不惑. "▲[143]知天命", 知所從來.【德明】

23:81 ▲[144]問"▲[145]不惑, ▲[146]知天命." 曰: "此兩句亦相離不得. 不惑, 是隨事物上見這道理合是如此, 知天命, 是知這道理所以然. 如父子之親, 須知其所以親, 只緣元是一箇人. 凡事事物物上, 須是見它本原一線來處, 便是天命."【時舉】

23:82 問: "'▲[147]不惑', 是於事物當然之理, 如君之仁, 臣之敬, 父之慈, 子之孝之類, 皆曉之而不疑. '▲[148]知天命', 是天道流行, 賦與萬物, 在人則所受之性, 所謂仁義禮智, 渾然無不該之全體, 知者, 知之而無不盡." 曰: "須是見得自家曾不惑, 曾知天命否, 方是切己." 又云: "天命處, 未消說在人之性. 且說是付與萬物, 乃是事物所以當然之故. 如父之慈, 子之孝, 須知父子只是一箇人, 慈孝是天之所以與我者."【南升】

23:83 問: ▲[149] 豈有聖[150]人既能不惑於事物矣, 又至於十年之久, 然後知其理之當然?" 曰: "今且據聖人之言如此, 且如此去看, 不可恁地較遲速遠近. 若做工夫未到那貫通處, 如何得聖人次第. 如伊川說,

142) ▲: 四十而
143) ▲: 五十而
144) ▲: 文振
145) ▲: 四十
146) ▲: 五十
147) ▲: 四十而
148) ▲: 五十
149) ▲: "先生教某不惑與知命處, 不惑是謂不惑於事物, 知命謂知其理之當然, 如『或問』所謂'理之當然而不容已者.' 某覺見,
150) 聖: 賀本에서는 至로 되어 있다.

虎傷人, 須是眞見得似那虎傷底, 方是."【卓】

23:84 問: "▲151)『集注』▲152)事物所以當然之故▲153)" 曰: "如孝親悌長, 此當然之事. 推其所以然處, 因甚如此? 學者未便會知此理. 聖人學力到此, 此理洞然. 它人用力久, 亦須會到."【寓】

23:85 辛問: "▲154) 何謂天命?" 先生不答. 又問. 先生厲辭曰: "某未到知天命處, 如何知得天命!"【淳】

23:86 十五志于學, 三十守得定, 四十見得精詳無疑, 五十知天命. 天命是這許多柄子, 天命是源頭來處. 又曰: "因甚恁地知得來處?"【節】

23:87 問: "'▲155)耳順', 在人之最末, 何也?" 曰: "聽最是人所不着力. 所聞皆是道理, 無一事不是, 可見其義精仁熟如此."【一之】

23:88 問: "'▲156)不惑', ▲157)知天命'▲158)?" 曰: "如門前有一溪, 其先知得159)溪中有水, 其後知得水源頭發源處. 如'天命之謂性, 率性之謂道.' 四十時是見得那'率性之謂道', 五十時是見得160)'天命之謂性.' 到六十時, 是見得那道理爛熟後, 不待思量, 過耳便曉."【義剛】

---

151) ▲: '五十知天命',
152) ▲: 云: '天命, 卽天道也,
153) ▲: 也.' 如何是'所以當然之故'?
154) ▲: '五十知天命',
155) ▲: 六十而
156) ▲: 四十而
157) ▲: 是知其然, '五十
158) ▲: 是其所以然. 如此說得否
159) 知得: 賀本에서는 得知로 되어 있다.
160) 得: 賀本에서는 他로 되어 있다.

23:89 ▲161) "聖人此語, 固是爲學者立法. 然當初必亦是有這般意思, 聖人自覺見自有進處, 故如此說. 聖人自說心中事, 而今也不可知, 只做得不可知待之." ▲162) 問: "伊川謂'知天命而未至命, 從心方至命.' 此說如何?" 曰: "亦是. ▲163)

23:90 ▲164)志學時, 便是知了, 只是箇小底知, 不惑, 知天命, 耳順, 卻是箇大底知. 立, 便是從心不踰矩底根子, 從心不踰矩, 便是立底事, 只是到這裏熟, 卻是箇大底立."【文蔚】

23:91 晏165)問"志于學"章. 曰: "就志學上, 便討箇立底意思來, 就立上, 便討箇不惑底意思來. ▲166) 立比不惑時, ▲167)尙是箇持守底意思, 不惑便是事理不惑了. 然不惑方是事理不惑, 到知天命, 又是天之所以命我者無不知也. 須看那過接處, 過得甚巧."【植】

23:92 ▲168)聖人三十時, 這志又169)交卸了." ▲170)問: "此章, 聖人自是言一生工夫效驗次第如此, 不似『大學』格物・誠意・正心・修身, 是隨處就實做工夫處否?" 曰: "是. 聖人將許多鋪攤在七十歲內, 看來合下已自耳順, 不踰矩了."【寓】

---

161) ▲: 問: "聖人生知安行, 所謂志學至從心等道理, 自幼合下皆已完具"云云. 曰:
162) ▲: 曰: "立, 是大綱處把得定否?" 曰: "立, 是事物侵奪它不得, 須子細看志是如何, 立是如何."
163) ▲: 這知天命是從不惑來. 不惑, 是見道理恁地灼然, 知天命, 是知箇源頭來處恁地徹."【淳 ○總論全章.】
164) ▲: 問: "志學, 便是一箇骨子. 後來許多節目, 只就這上進工夫. '從心所欲不踰矩', 自從容中道也." 曰: "固是.
165) 晏: 成化本・賀本에서는 晏으로 되어 있다.
166) ▲: 人自志學之後, 十五年工夫方能有立.
167) ▲: 立
168) ▲: 叔蒙問: "看來此章要緊在志上." 曰: "固是. 到
169) 又: 賀本에서는 久로 되어 있다.
170) ▲: 又問"五十知天命." 曰: "初來是知事物合著如此, 到知命, 卻是和箇原來都知了." 器之

23:93 ▲[171] 十五志于學, 此學自是徹始徹終. 到四十不惑, 已自有耳順・從心不踰矩意思, 但久而益熟. 年止七十, 若更加數十歲, 也只是這箇, 終不然到七十便畫住了!【賀孫】

23:94 志學, 至從心所欲不踰矩, 只是一理. 先自人事做, 做來做去, 就上自長. 如事父孝, 事君忠, 初時也只忠孝, 後來便知所以孝, 所以忠, 移動不得. 四十不惑, 是於人事間不惑. 五十, 知皆自天命來. 伊川說"▲[172] 知是知此事, 覺是覺此理", 亦此意. 如行之而著, 習矣而察, 聖賢所說皆有兩節, 不可躐等.【從周】

23:95 ▲[173]問: "▲[174] 知・行如何分?" 曰: "志學亦是要行, 而以知爲重, 三十而立亦是本於知, 而以行爲重. 志學是知之始, 不惑與知天命・耳順是知之至, '三十而立'是行之始, '從心所欲不踰矩'是行之至. 如此分看."【銖】

23:96 "志于學, 是一面學, 一面力行. 至'三十而立', 則行之效也. 學與不惑, 知天命, 耳順相似. 立與從心不踰矩相似." ▲[175]問: "'四十而不惑', 何更待'五十而知天命'?" 曰: "知天命, 是知得微妙, 而非常人之所可測度矣. 耳順, 則凡耳聞者, 便皆是道理, 而無凝滯. 伊川云: '知天命, 則猶思而得. 到耳順, 則不思而得也.'"【僩】

23:97 ▲[176]問: "▲[177]『集注』云: '立, 守之固也.' 然恐未有▲[178]不

171) ▲: 聖人亦大約將平生爲學進德處分許多段說.
172) ▲: '以先知覺後知, 以先覺覺後覺',
173) ▲: 吳仁父
174) ▲: '十五志于學'章,
175) ▲: 又
176) ▲: 或
177) ▲: '三十而立, 四十而不惑',
178) ▲: 未

惑而能守者." 曰: "此[179]有三節: 自志學至於立, 是知所向, ▲[180]大綱把捉得定, 守之事也. 不惑是就把捉裏面理會得明, 知之事也, ▲[181]自'不惑'至'耳順', 是知之極也, 不踰矩是不待守而自固者, 守之極也."【伯羽】

23:98 問"十五志于學"章. 曰: "志學與不惑・知天命・耳順是一類. 立與從心所欲是一類. 志學一類, 是說知底意思, 立與從欲一類, 是說到底地位." 問: "未能盡知事物之當然, 何以能立?" 曰: "如栽木, 立時已自根脚著土, 漸漸地生將去." 問: "未知事物之所以然, 何以能不疑?" 曰: "知事物之當然者, 只是某事知得是如此, 某事知得是如此. 到知其所以然, 則又上面見得一截." ▲[182] 問耳順. 曰: "程子謂'知天命爲思而得, 耳順爲不思而得.' 耳順時所聞皆不消思量, 不消擬議, 皆盡見得." 又問: "聞無道理之言, 亦順否?" 曰: "如何得都有道理? 無道理底, 也見他是那裏背馳, 那裏欠闕. 那一邊道理是如何, 一見便一落索都見了."【胡泳】

23:99 "'吾十有五, 而志于學.' 古人於十五以前, 皆少習父兄之敎, 已從事小學之中以習幼儀, 舞象舞勺, 無所不習. 到此時節, 他便自會發心去做, 自去尋這道理. 志者, 言心之念只在此上, 步步恁地做, 爲之不厭. '三十而立'者, 便自卓然有立, 不爲他物移動, 任是說虛, 說空, 說功, 說利, 便都搖動他不得, 以至'富貴不能淫, 貧賤不能移, 威武不能屈.' '四十而不惑', 於事物當然更無所疑. '五十知天命', 則窮理盡性, 而知極其至矣. 立時則未免有所把捉, 不惑則事至無疑, 勢如破竹, 迎刃而解矣. 不惑者, 見事也, 知天命者, 見理也. ▲[183]問: "不惑

---

179) 此: 賀本에서는 自로 되어 있다.
180) ▲: 而
181) ▲: 於此則能進.
182) ▲: 又曰: "這箇說得都精."
183) ▲: 伊川云: '先知先覺, 知是知此事, 覺是覺此理.'" 又

者, 是知其然, 知天命者, 是知其所以然?" 曰: "是如此. 如父之慈, 子之孝, 不惑者知其如此而爲之. 知天命者, 謂因甚敎我恁地, 不恁地不得是如何, 似覺得皆天命天理." 又曰: "志學是知, 立與不惑是行, 知天命·耳順是知, 從心所欲又是行. 下面知得小, 上面知得較大, 下面行得小, 上面又行得較大."【子蒙】

23:100 ▲[184)]

23:101 ▲[185)]

23:102 ▲[186)]不惑, 謂識得這箇道理, 合東便東, 合西便西了. 然於中[187)]知天命, ▲[188)] 上蔡云'知性之所自出, 理之所自來', 最好."【璘】

23:103 問: "'七十從心'▲[189)]?" 曰: "聖人生知, ▲[190)]此處亦非全如

184) ▲: 劉潛夫問: "'從心所欲, 不踰矩', 莫是聖人極處否?" 曰: "不須如此說. 但當思聖人十五志學, 所志者何事, 三十而立, 所立者何事, 四十而不惑, 不惑之意如何, 五十知天命, 知得了是如何, 六十耳順, 如何是耳順. 每每如此省察, 體之於身, 庶幾有益. 且說如今學者, 逐一便能檢防省察, 猶患所欲之越乎規矩也. 今聖人但從心所欲, 自不踰矩, 是甚次第!"又曰: "志學方是大略見得如此, 到不惑時, 則是於應事時件件不惑. 然此數者, 皆聖人之立, 聖人之不惑. 學者便當取吾之所以用功處, 眞切體認, 庶幾有益."【壯祖】

185) ▲: "十五志學"一章, 全在志于學上, 當思自家是志於學與否? 學是學箇甚? 如此存心念念不放, 自然有所得也. 三十而立, 謂把捉得定, 世間事物皆搖動我不得, 如富貴·威武·貧賤是也. 不惑, 謂識得這箇道理, 合東便東, 合西便西, 了然於中. 知天命, 便是不惑到至處, 是知其所以然, 如事親必孝, 事君必忠之類. 耳順, 是"不思而得", 如臨事迎刃而解, 自然中節, 不待思索. 所欲不踰矩, 是"不勉而中."【季札】

186) ▲: 問"耳順." 曰: "到得此時, 是於道理爛熟了, 聞人言語, 更不用思量得, 才聞言便曉, 只是道理爛熟耳. '志學'字最有力, 須是志念常在於學, 方得. 立, 則是能立於道理也, 然事至猶有時而惑在.

187) 不惑謂識得這箇道理, … 然於中: 賀本에서는 則知事物當然之理矣. 然此事此物當然之理, 必有所從來로 되어 있다.

188) ▲: 是知其所從來也.

189) ▲: 一節, 畢竟是如何

是, 亦非全無實, 但須自覺有生熟之分."【可學】

23:104 ▲191) "聖人也略有箇規模與人同. 如志學, 也是衆人知學時. 及其立與不惑, 也有箇迹相似. 若必指定謂聖人必恁地, 固不得, 若說聖人全無事乎學, 只脫空說, 也不得. 但聖人便自有聖人底事."【道夫】

23:105 ▲192) "這一章若把做學者功夫等級分明, 則聖人也只是如此. 但聖人出於自然, 做得來較易."【燾】

23:106 ▲193)問: "自志學・而立194), 至從心所欲, 自致知・誠意195), 至治國・平天下, 二者次第等級各不同, 何也?" 曰: "『論語』所云, 乃進學之次第, 『大學』所云, 乃論學之規模."【柄】

23:107 ▲196)志學與立, 猶易理會, 至耳順以後事, 便去測度了.【士毅】

23:108 ▲197)知天命, ▲198)如"命有德, 討有罪", 皆是天理合如此. 耳▲199) 胡氏'不失本心'一段極好, ▲200). 聖人千言萬語, 只是要人收

190) ▲: 理固已明, 亦必待十五而志于學. 但
191) ▲: 蜚卿問"十五志于學"一段. 曰:
192) ▲: 問"十五志學"章. 曰:
193) ▲: 或
194) 自志學・而立: 徽州本에서는 『論語』自志學・而立으로 되어 있다.
195) 自致知・誠意: 徽州本에서는 『大學』自致知・誠意로 되어 있다.
196) ▲: 所謂以類而推, 只是要近去不要遠了. 如學者且只是做學者事. 所謂
197) ▲: "三十而立", 是心自定了, 事物不能動搖, 然猶是守住. 至不惑, 則見得事自如此, 更不用守. 至
198) ▲: 則又深一節. 如"父子有親, 君臣有義", 固是合當親, 合當義. 更知得天初命我時, 便有箇親, 有箇義在. 又
199) ▲: 順, 則又是上面一齊曉得, 無所不通矣. 又問: "'四十不惑', 是知之明, '五十知天命', 是知極其精, '六十耳順', 是知之之至." 曰: "不惑是事上知, 知天命是

拾得箇本心, 不要失了. 日用間着力屛去私欲, 扶持此心出來. 理是此心之所當知, 事是此心之所當爲, 不要埋沒了他, 可惜! 只如修身・齊家・治國・平天下, 至大至公, 皆要此心爲之." ▲[201) 【明作▲[202)]】

23:109 問: "聖人凡謙詞, ▲[203)]亦有意於爲謙, 抑▲[204)]?" 曰: "聖人▲[205)]意思不恁地自滿." 淳擧東萊說: "聖人無謙. 本無限量, 不曾滿." 曰: "此說也略有些意思, 然都把聖人做絶無此, 也不得. 聖人常有此般心在. 如'勞而不伐, 有功而不德', 分明是有功有勞, 卻不曾伐." 【淳】

23:110 ▲[206)] "橫渠用做實說, 伊川用做假設說. 聖人不到得十年方一進, 亦不解懸空說▲[207)] 聖人▲[208)]自恁地實做將去. 他底志學, 異乎衆人之志學, 他底立, 異乎衆人底立, 他底不惑, 異乎衆人之不惑." 【植 ○『集義[209)]』】

23:111 問: "'▲[210)]志于學', 至'▲[211)]不踰矩', 程子云'窮理盡性以至於命', 如何?" 曰: "這事遠, 離[212)]說. 某嘗解『孟子』'瞽瞍底豫而天下

理上知, 耳順是事理皆通, 入耳無不順. 今學者致知, 儘有次第節目.

200) ▲: 儘用子細玩味

201) ▲: 又云: "人心皆自有許多道理, 不待逐旋安排入來. 【銖錄此下云: "但人有以陷溺其心, 於是此理不明."】 聖人立許多節目, 只要人剔刮得自家心裏許多道理出來而已."

202) ▲: ○銖同. 『集注』

203) ▲: 是聖人

204) ▲: 平時自不見其能, 只是人見其爲謙耳

205) ▲: 也是那

206) ▲: 問"十五志于學." 曰:

207) ▲: 這一段. 大概

208) ▲: 元是箇聖人了, 它

209) 義: 賀本에서는 注로 되어 있다.

210) ▲: 十五

211) ▲: 七十從心所欲,

之爲父子者定', 曰: '知此者爲盡心, 能此者爲盡性.'" ▲213)問: "所學者便是格物▲214)平天下底事, 而立至不踰矩, 便是進學節次否?" 曰: "然." 問: "橫渠說'五十窮理盡性, 至天之命, 六十盡人物之性', 如何?" 曰: "據'五十而知天命', 則只是知得盡性而已." ▲215) 問: "'四十不動心', 恐只是'三十而立', 未到不惑處?" 曰: "這便是不惑・知言處. 可見孟子是義精理明, 天下之物不足以動其心, 不是强把捉得定." 問: "橫渠說'不踰矩'如何?" 曰: "不知他引夢周公如何. 是它自立一說, 竟理會不得." 問: "范公說'從心所以養血氣', 如何?" 曰: "更沒理會."【榦】

23:112 問"▲216)知天命." 曰: "▲217)『太極圖』便是這箇物事. 箕子爲武王陳「洪範」, 先言五行, 次言五事. 蓋在天則爲五行, 在人則爲五事. 知之者, 須是知得箇模樣形體如何. 某舊見李先生云: '且靜坐體認作何形象.'" ▲218) 且如四端雖固有, 孟子亦言'思則得之, 不思則不得也.'" ▲219) "此箇道理, 大則包括乾坤, 提挈造化, 細則入毫釐絲忽裏去, 無遠不周, 無微不到, 但須是見得箇周到底是何物."【夔孫】

---

212) 離: 『朱子語類』에서는 難으로 되어 있다.

213) ▲: 問: "窮理, 莫是自志學時便只是這箇道理, 到耳順時便是工夫到處?" 曰: "窮理只自十五至四十不惑時, 已自不大段要窮了. '三十而立'之時, 便是箇鋪模定了, 不惑時便是見得理明也. 知天命時, 又知得理之所自出, 耳順時, 見得理熟, '從心所欲不踰矩'時, 又是爛熟也."

214) ▲: 至

215) ▲: 又問: "盡性, 恐是盡己之性, 然後盡人物之性否?" 曰: "只是一箇性, 不須如此看." 又曰: "自聖人言之, 窮理盡性至命, 合下便恁地. 自學者言之, 且如讀書也是窮理, 如何便說到盡性・至命處! 『易』中是說聖人事. 『論語』'知天命', 且說知得如此, 未說到行得盡處. 如『孟子』說'盡心・知性・知天', 這便是說知, '存心・養性', 至'所以立命', 這便是說盡性・至命. 要說知天命分曉, 只把『孟子』'盡心・知性'說."

216) ▲: 五十

217) ▲: 上蔡云: '理之所自來, 性之所自出.' 此語自是. 子貢謂夫子性與天道, 性便是自家底, 天道便是上面一節. 這箇物事, 上面有箇腦子, 下面便有許多物事, 徹底如此.

218) ▲: 問: "體認莫用思否?" 曰: "固是.

219) ▲: 又曰:

「孟懿子問孝至子夏問孝章」220)

23:113 問“無違.” 曰: “未見得聖人之意在. 且說不以禮蓋亦多端: 有苟且以事親而違禮, 有以僭事親而違禮. 自有箇道理, 不可違越. ▲221)【銖】

23:114 ▲222)“無違”, 此亦通上下而言. 三家僭禮, ▲223). 不當爲而爲, 固爲不孝, 若當爲而不爲, 亦不孝也. 詳味“無違”一語, 一齊都包在裏. ▲224)【明作】

23:115 ▲225)

23:116 ▲226) “只是合得做底. 諸侯以諸侯之禮事其親, 大夫以大夫之禮事其親, 便是合得做底. 然此句也在人看如何. 孔子當初是就三家僭禮說, 較精彩, 在三家身上又切. 當初卻▲227)有胡氏說底意思. 就今論之, 有一般人因陋就簡, 不能以禮事其親, 又有一般人牽於私意, 卻不合禮.”【淳】

23:117 ▲228)聖人說得本闊, 人人可用, ▲229). 然就孟懿子身上看

---

220) 「孟懿子問孝至子夏問孝章」: 徽州本에서는 「孟懿子問孝章」으로 되어 있다. 그리고 뒤에 오는 문장들은 「孟武伯問孝章」, 「子游問孝章」, 「子夏問孝章」으로 구분되어 있다.

221) ▲: 聖人雖所以告懿子者意在三家僭禮, 然語意渾全, 又若不專爲三家發也.”

222) ▲: 子曰

223) ▲: 自犯違了

224) ▲: 『集注』所謂“語意渾然者, 所以爲聖人之言.”

225) ▲: 問“孟懿子問孝”云云. 曰: “聖人之言, 皆是人所通行得底, 不比它人說時, 只就一人面上說得, 其餘人皆做不得. 所謂生事葬祭, 須一於禮, 此是人人皆當如此. 然其間亦是警孟氏, 不可不知.”【南升】

226) ▲: 問: “‘生事以禮’章, 胡氏謂‘爲其所得爲’, 是如何?” 曰:

227) ▲: 未

時, 亦有些意思▲230) 至龜山又卻只說那不及禮者, 皆是倚於偏, 此最釋經之大病." ▲231) "今人於冠婚喪祭一切苟簡徇俗, 都不知所謂禮▲232)如何責得他違與不違. ▲233)

23:118 ▲234)問: "'父母唯其疾之憂', 注二說, 前一說未安." 曰: "他是問孝. 如此, 可以爲孝矣."【賀孫 ○以下武伯問孝.】

23:119 "父母唯其疾之憂", 前說爲佳. 後說只說得一截, 蓋只管得不義235), 不曾照管得疾了.【明作】

23:120 問: "『集注』▲236)新237)說▲238)?" 曰: "舊說似不說背面, 卻說背後一句▲239) 全用上添一句. 新說雖用下添一句, 然常得父母之心

---

228) ▲: "生事葬祭之必以禮,
229) ▲: 不特爲三家僭禮而設
230) ▲: 如此. 故某於末後亦說及之, 非專爲此而發也.
231) ▲: 因言:
232) ▲: 者, 又
233) ▲: 古禮固難行, 然近世一二公所定之禮, 及朝廷『五禮新書』之類, 人家儻能相與講習, 時擧而行之, 不爲無補." 又云: "『周禮』忒煞繁細, 亦自難行. 今所編『禮書』, 只欲使人知之而已. 觀孔子欲從先進, 與寧儉寧戚之意, 往往得時位, 必不盡循『周禮』. 必須參酌古人, 別制爲禮以行之. 所以告顔子者亦可見. 世固有人硬欲行古禮者, 然後世情文不相稱." 廣因言『書儀』中冠禮最簡易, 可行. 曰: "不獨『書儀』, 古冠禮亦自簡易. 頃年見欽夫刊行所編禮, 止有婚・喪・祭三禮, 因問之. 曰: '冠禮覺難行.' 某云: '豈可以難行故闕之! 兼四禮中冠禮最易行, 又是自家事, 由己而已. 若婚禮, 便關涉兩家, 自家要行, 它家又不要行, 便自掣肘. 又爲喪祭之禮, 皆繁細之甚. 且如人遭喪, 方哀苦中, 那得工夫去講行許多禮數. 祭禮亦然, 行時且是用人多. 昨見某人硬自去行, 自家固曉得, 而所用執事之人皆不曾講習. 觀之者笑, 且莫管, 至於執事者亦皆忍笑不得. 似恁行禮, 濟得甚事! 此皆是情文不相稱處, 不如不行之爲愈.'"【廣】
234) ▲: 叔蒙
235) 蓋只管得不義: 徽州本에서는 蓋只照管得不義로 되어 있다.
236) ▲: 中
237) 新: 賀本에서는 舊로 되어 있다.
238) ▲: 意旨如何
239) ▲: 相似,

如此, 便也自不爲不孝. 故雖添句, 已不多添."【一之】

23:121 問: "'色難.' 此是承順父母之色, 或是自己和顔順色以致愛於親爲難?" 曰: "人子胸中纔有些不愛於親之意, 便有不順氣象, 此所以爲愛親之色爲難."【寓 ○以下子夏問孝.】

23:122 問: "'曾'字, 或訓則, 或訓嘗, 何也? 又『詩』中'憯'字訓曾, 不知一音耶, 二音耶?" 曰: "除了人姓, 皆當音在增反. 凡字義云'某之爲言, 某也'者, 則是音義皆略相近. 嘗與則, 意亦略同."【廣】

23:123 ▲[240]問: "▲[241]〈無違〉', 『集注』云: '▲[242]告衆人者也.' 若看答孟武子[243]·子游語, 亦可謂之告衆人." 曰: "▲[244]聖人雖是告衆人意思, 若就孟懿子身上看, 自是大段切. 雖是專就一人身上說, 若於衆人身上看, 亦未嘗無益."【賀孫 ○『集注』總論四章.】

23:124 ▲[245]問: "武伯多可憂之事, ▲[246]?" 曰: "觀聖人恁地說, 則知其人之如此矣."【廣】

23:125 ▲[247] 其他只是就道理上說▲[248]. 卻是這句分外於身心上指出, 若能知愛其身, 必知所以愛其父母."【賀孫】

---

240) ▲: 叔蒙
241) ▲: '孟懿子問孝, 子曰
242) ▲: 此爲懿子發者,
243) 子: 賀本에서는 伯으로 되어 있다.
244) ▲: '無違'意思闊. 若其它所告, 卻就其人所患意思多. 然
245) ▲: 或
246) ▲: 如何見得
247) ▲: 或問: "'父母唯其疾之憂', 何故以告武伯?" 曰: "這許多所答, 也是當時那許多人各有那般病痛, 故隨而救之." 又曰: "其它所答, 固是皆切於學者. 看此句較切,
248) ▲: 如此

23:126 問: "'子夏▲[249]直義', ▲[250]?" 曰: "觀子夏所謂'可者與之, 不可者拒之', 孟子亦曰'▲[251] 北宮黝似子夏', 則子夏是箇持身謹・規矩嚴底人." 【廣】

23:127 問: "▲[252] 直義, 莫是說其資之剛方否?" 曰: "只是於事親時無甚回互處." 【義剛】

23:128 孟懿子・孟武伯・子游・子夏問孝, 聖人答之皆切其所短. 故當時聽之者▲[253] 皆切於其身, 今人將數段只作一串文義看了.

23:129 問: "孔子答問孝, 四章雖不同, 意則一." 曰: "如何?" 曰: "彼之問孝, 皆有意乎事親者. 孔子各欲其於情性上覺察, 不使之偏勝[254], 則其孝皆平正而無病矣." 曰: "如此看, 恰好." 【過】

23:130 ▲[255]敬, ▲[256]是把當事, 聽無聲, 視無形. 色難, 是大段恭順, 積得厚, 方能形見, 所以爲難, 勉强不得. 此二者是因子游・子夏之所短而進之. 能養・服勞, 只是外面工夫, 遮得人耳目所及者. 如今人和養與服勞都無了, 且得如此, 然後就上面更進將去. 大率學者且要儘從小處做起. 正如起屋, 未須理會架屋, 且先立箇基趾定, 方得. 【明作】

23:131 問: "'色難'有數說, ▲[257]?" 曰: "從楊氏'愉色婉容'較好. 如以

249) ▲: 能
250) ▲: 如何見它直義處
251) ▲: 孟施舍似曾子,
252) ▲: '子夏能直義, 而或少溫潤之色',
253) ▲: 止一二句,
254) 勝: 徽州本에서는 失로 되어 있다.
255) ▲: "不敬, 何以別乎?"
256) ▲: 大概

爲承順顔色, 則就本文上又添得字來多了. 然而楊氏說文學處, 又說遠了. ▲[258] 但是誠敬不足耳. 孔門之所謂文學, 又非今日文學[259]之比. 但子游爲人則愛有餘而敬不足, 子夏則敬有餘而愛不足, 故告之不同." 問: "如何見得二子如此?" 曰: "且如灑掃應對, 子游便忽略了, 子夏便只就這上做工夫." 又曰: "謝氏說此章甚差."【榦】

23:132 問: "子游見處高明, 而工夫則疏, 子夏較謹守法度, 依本子做." "觀答爲政・問孝之語可見. 惟高明而疏, 故必用敬, 惟依本做, 故必用有愛心. 又觀二人'灑掃應對'之論, 與子夏'博學篤志'之論, 亦可見."【伯羽】

23:133 問: ▲[260]自今觀之, 奉養而無狎恩恃愛之失, 主敬而無嚴恭儼恪之偏, 儘是難." 曰: "旣知二失, 則中間須自有箇處之之理. 愛而不敬, 非眞愛也, 敬而不愛, 非眞敬也. 敬非嚴恭儼恪之謂, 以此爲敬, 則誤矣. 只把做件事, 小心畏謹, 便是敬."【道去[261] ○▲[262]

23:134 問告子游・子夏云云. 曰: "須當體察能養與服勞如何, 不足爲孝敬時模樣如何. 只說得, 不濟事."【南升】

23:135 子夏之病, 乃子游之藥, 子游之病, 乃子夏之藥. 若以色難告子游, 以敬告子夏, 則以水濟水, 以火濟火. 故聖人藥各中其病.【方】[263]

---

257) ▲: 不知孰是
258) ▲: 如此章本文說處, 也不道是文太多,
259) 學: 賀本에서는 章으로 되어 있다.
260) ▲: "夫子答子游·子夏問孝, 意雖不同, 然
261) 去: 英祖刊本・成化本・賀本에서는 夫로 되어 있다.
262) ▲: 伯羽錄云: "敬, 只是把做事, 小心畏謹, 不敢慢道."】
263)【方】: 徽州本에서는【壽仁】으로 되어 있다.

『朱子語類』 卷第二十四

「『論語』六」

「爲政篇下」

「吾與回言章」

24:1 『論語』所載顏子語, 止有喟然之嘆[1]與"問仁"兩章而已. 而夫子曰"吾與回言終日", 不知是說甚麼, 惜乎其不傳也!【廣】

24:2 ▲[2]問: "顏子'終日不違, 如愚', 謂顏子心與聖人契." 曰: "此是前輩已自說了, 畢竟要見顏子因甚與聖人契." 問者無言. 文蔚曰: "孔子博他以文, 約他以禮, 他於天下之理無所不明, 所以於聖人之言無所不契." 曰: "孔子未博文約禮之前, 又如何?" 文蔚曰: "顏子已具聖人體段." 曰: "何處是他具聖人體段?" 文蔚無答. 曰: "顏子乃生知之次, 比之聖人已是九分九釐, 所爭處只爭一釐. 孔子只點他這些, 便與他相湊, 他所以深領其言而不再問也."【文蔚】

24:3 問: "顏子不違與孔子耳順相近否?" 曰: "那地位大段高. 不違, 是顏子與孔子說話都曉得, 耳順, 是無所不通."【淳】

24:4 ▲[3]問: "顏子省其私, 不必指燕私, 只是他自作用處." 曰: "便

---

1) 嘆: 賀本에서는 歎으로 되어 있다.
2) ▲: 或

是這意思. 但恐沒著落, 卻如何省? 只是說燕私, 庶幾有箇着處, 方有可省處. 私不專在無人獨處之地, 或有人相對坐, 心意默所趨向, 亦是私. 如'謹[4]獨'之'獨', 亦非特在幽隱▲[5]處. 只他人所不知, 雖在衆中, 便是獨也. '察其所安', 安便是箇私處."【僩】

24:5 問: "'亦足以發', 是顏子於燕私之際, 將聖人之言發見於行事否?" 曰: "固是. 雖未盡見於行事, 其理亦當有發見處. 然燕私之際, 尤見顏子踐履之實處."【僩】

24:6 ▲[6] "夫子與言之時, 只似一箇獃底. 退而省其私之所爲[7], 亦足以發明其意▲[8], 又[9]似不獃. 如'克己復禮', 他便知得'克己復禮', 如'博我以文, 約我以禮', 他皆知之, 便是足以發處."【卓】

24:7 ▲[10]

24:8 ▲[11]夫子告以非禮勿視聽言動, 顏子受之, 不復更問如何是禮與非禮. 但是退而省察顏子之所爲, 則直是視聽言動無非禮也, 此則足以發夫子之言也."【壯祖】

24:9 先生令看顏子"亦足以發", 於何處見之, ▲[12] 或云: "見得親切

---

3) ▲: 李從之
4) 謹: 賀本에서는 愼으로 되어 있다.
5) ▲: 人所不見
6) ▲: 問顏子如愚. 曰:
7) 退而省其私之所爲: 徽州本에서는 이 앞에 到得이 더 들어 있다.
8) ▲: 義
9) 又: 賀本에는 없다.
10) ▲: "不違如愚", 不須說了. "亦足以發", 是聽得夫子說話, 便能發明於日用躬行之間, 此夫子退而省察顏子之私如此. 且如說非禮勿視聽言動, 顏子便眞箇不於非禮上視聽言動. 『集注』謂"坦然由之而無疑", 是他眞箇見得, 眞箇便去做.【明作】
11) ▲: 問: "'亦足以發', 莫是所以發明夫子所言之旨否?" 曰: "然. 且如

處, 於'非禮勿視聽言動'一章可見." 曰: "大概是如此." 良久, 云: "於睟面・盎背皆見之." 因擧程先生之言曰: "'〈出門如見大賓, 使民如承大祭〉, 充之則睟面・盎背', 此之謂也."【燾】

24:10 ▲[13)]

24:11 ▲[14)] 恰如今人說與人做一器用: 方與他說▲[15)]尺寸高低形製, 他聽之全然似不曉底. 及明日做得來, 卻與昨日所說▲[16)], 更無分毫[17)]不似[18)]."【祖道】

24:12 "亦足以發", 謂其能發己之言. 若"不悱不發", 是以此而發彼也. "引而不發", 是引弓而不發矢也. 用字各有不同.【人傑】

24:13 如子貢・子夏, 是曉了, 較不甚問辨. 若他人, 則三番四番說都曉不得. 獨夫子與顏子說時, 他卻恁地曉得. 這處便當思量, 它因甚麽解恁地? 且如這一件物事, 我曾見來, 他也曾見來. 及我說這物事, 則他便曉得. 若其他人不曾見, 則雖說與他, 他也不曉.【義剛】

24:14 問"▲[19)]深潛淳粹." 曰: "'深潛', 是深厚不淺露. 恁地時, 意思

12) ▲: 是甚麽意思.

13) ▲: "退而省其私, 亦足以發", 這些子便難看. 且如顏子甚麽處足以見"退而省其私亦足以發"? 如今著一箇人, 甚麽處足以發? 甚麽處便不足以發?【義剛】

14) ▲: 問: "'亦足以發', 是顏子退有所省發否?" 曰: "不然. 『集注』已說得分明了. 蓋與之言, 顏子都無可否, 似箇愚者. 及退而觀其所行, 皆夫子與之言者, 一一做得出來不差, 豈不是足以發明得夫子之道. 其語勢只如此.

15) ▲: 箇

16) ▲: 底

17) 毫: 成化本·徽州本에서는 豪로 되어 있다.

18) 似: 徽州本에서는 이 뒤에 祖道曰: "初意止謂顏子聽夫子之說, 默默如不曉諭者, 退而思省, 則其胸中釋然有個開發處. 又足見其得一善則拳拳服膺也." 先生曰: "說得雖好, 然卻不是如此看."이 더 들어 있다.

19) ▲: 顏子

常藏在裏面."【壽[20] ○『集注』】

24:15 問: "'▲[21]深潛淳粹', 此只是指天資而言否?" 曰: "是."【義剛】

24:16 問: "▲[22]李先生▲[23]所謂'默識心融, 觸處洞然, 自有條理', 便見得[24]顔子問[25]夫子之言, 自原本至於條目, 一一理會得, 所以與夫子意不相背. '及退省其私, 卽見其日用語默動靜之間, 皆足以發明夫子之道, 坦然由之而不疑', 便見得顔子不惟理會得夫子言語, ▲[26]便行將去, 更無窒礙." 曰: "'亦足以發'一句, 最好看. 若麤說時, 便是行將去, ▲[27]."【南升】

24:17 問: ▲[28] '體段'二字, 莫只是言箇模樣否?" 曰: "然." ▲[29] "顔子去聖人不爭多, 止隔一膜, 所謂'於吾言無所不說.' 其所以不及聖人者, 只是須待聖人之言觸其機, 乃能通曉爾." 又問: "所以如此者, 莫只是渣滓化未盡否?" 曰: "聖人所至處, 顔子都見得, 只是未到. '仰之彌高, 鑽之彌堅, 瞻之在前, 忽然[30]在後.' 這便是[31]顔子不及聖人處. 這便見得未達一間處. 且如於道理上才着緊, 又蹉過, 才放緩, 又不及. 又如聖人平日只是理會一箇大經大法, 又卻有時而應變達權, 才去應變達權處▲[32], 又卻不曾離了大經大法. 可仕而仕, 學他仕時, 又

20) 壽: 英祖刊本·賀本에서는 燾로 되어 있다.
21) ▲: 顔子
22) ▲: 『集注』載
23) ▲: 之說甚分明. 但
24) 得: 賀本에는 없다.
25) 問: 『朱子語類』에서는 聞으로 되어 있다.
26) ▲: 及退
27) ▲: 然須是子細看'亦足以發'一句
28) ▲: "李先生謂顔子'聖人體段已具.'
29) ▲: 又問: "惟其具聖人模樣了, 故能聞聖人之言, 默識心融否?" 曰:
30) 然: 賀本에서는 焉으로 되어 있다.
31) 是: 賀本에는 없다.
32) ▲: 看他

卻有時而止, ◇[33]而止, 學他止時, 又卻有時而仕. '無可無不可', 學他不可, 又卻有時而可, 學他可, 又卻有時而不可. 終不似聖人事事做到恰好處." 又問: "程子說: '孟子, 雖未敢便道他是聖人, 然學已到聖處.' 莫便是指此意而言否?" 曰: "顏子去聖人尤近." ▲[34] 【廣】

24:18 問: "▲[35] '心融', 恐是功深力到處, 見得道理熟了, 故言入於心, 隨卽融化, 更無渣滓. 故其發見於日用之間, 自然[36]和順, 所以能發明聖人之道, 非生將道理體貼力行之也. ▲[37]" 曰: "固是功夫至到, 亦是天資高, 顏子自是鄰於生知者也." 【一之】

24:19 仲愚問: "'默識心融', 如何?" 曰: "說箇'融'字最好, 如消融相似. ▲[38], 如雪在陽中. 若不融, 一句只是[39]一句在肚裏, 如何發得出來. 如人喫物事, 若不消, 只生在肚裏, 如何能滋益體膚. 須是融化, 查[40]滓便下去, 精英便充於體膚, 故能肥潤. ▲[41]

---

33) ◇: 可止

34) ▲: 或云: "某於'克己復禮'·'動容貌'兩章, 卻理會得. 若是仰高鑽堅, 瞻前忽後, 終是未透." 曰: "此兩章止說得一邊, 是約禮底事, 到顏子便說出兩脚來. 聖人之教學者, 不過博文約禮兩事爾. 博文, 是'道問學'之事, 於天下事物之理, 皆欲知之, 約禮, 是'尊德性'之事, 於吾心固有之理, 無一息而不存. 今見於『論語』者, 雖只有'問仁'·'問爲邦'兩章, 然觀夫子之言有曰: '吾與回言終日.' 想見凡天下之事無不講究來. 自視聽言動之際, 人倫日用當然之理, 以至夏之時, 商之輅, 周之冕, 舜之樂, 歷代之典章文物, 一一都理會得了. 故於此擧其大綱以語之, 而顏子便能領略得去. 若元不曾講究, 則於此必疑問矣. 蓋聖人循循善誘人, 才趲到那有滋味處, 自然住不得. 故曰'欲罷不能, 旣竭吾才, 如有所立卓爾'! 卓爾, 是聖人之大本立於此以酬酢萬變處. 顏子亦見得此甚分明, 只是未能到此爾. 又卻趲逼他不得, 他亦大段用力不得. 『易』曰: '精義入神, 以致用也, 利用安身, 以崇德也. 過此以往, 未之或知也. 窮神知化, 德之盛也.' 只是這一箇德, 非於崇德之外, 別有箇德之盛也. 做來做去, 做到徹處, 便是."

35) ▲: '不違如愚'章.

36) 自然: 賀本에서는 從容으로 되어 있다.

37) ▲: 是否?

38) ▲: 融

39) 一句只是: 賀本에는 없다.

40) 查: 賀本에서는 渣로 되어 있다.

24:20 ▲[42]問: ▲[43]伊川有'天理昭著'語, ▲[44]." 曰: "▲[45]謂'天理昭著', 便是聖人所說底道理, 顏子便會一一與做. 且如對人言語, 他曉不得, 或曉得不分明, 少間只恁地悠悠漫漫. 雖然恁地說, 自將這言語無落著了. 到得顏子, 聖人與說一句, 他便去做那一句, 聖人與說兩句, 他便去做那兩句."【賀孫 ○以下諸說.】

24:21 ▲[46] "私者, 他人所不知, 而回之所自知者, 夫子能察之. 如心之所安, 燕居獨處之所爲, 見識之所獨見, 皆是也." ▲[47] "'私'字儘闊. ▲[48]與『中庸』'愼獨'之'獨'同. ▲[49] 如'克己復禮', 夫子告之矣. 退而察之, 則見其果然'克己復禮.'" ▲[50] "范氏說'私'字, 作與門人言, 恐不是. 謝氏以不違作'聲聞相通, 雖以耳聽, 而實以神受', 又較深. 只是'無所不說', 便是不違."【榦】

「視其所以章」

24:22 ▲[51] "此不惟可以觀人, 亦當以此自考."【時擧 ○義剛錄云: "觀人固是如此, 觀己亦當如此."】

---

41) ▲: 如孔子告曾子'一貫'之語, 他人聞之, 只是箇'一貫', 曾子聞之, 便能融化, 故發'忠恕而已'出來." 又問: "是曾子平昔工夫至此乎?" 曰: "也是他資質自別."【一之】

42) ▲: 器之

43) ▲: "'亦足以發',

44) ▲: 與先生所說不同

45) ▲: 便只是這箇. 夫子所言, 他別會發明而行之. 伊川所

46) ▲: 問"退而省其私." 曰:

47) ▲: 又曰:

48) ▲: '私'

49) ▲: 大意只是初間與回言, 一似箇不通曉底人相似. 退而觀其所獨爲, 又足以發明夫子所說之道. 且

50) ▲: 因說:

51) ▲: 文振問"視其所以"一章. 曰:

24:23 ▲[52] "於樂處, 便是誠實爲善. '如好好色, 如惡惡臭', 不是勉強做來. 若以此觀人, 亦須以此自觀. 看自家爲善, 果是爲己, 果是爲樂否?" ▲[53]

24:24 ▲[54]如讀書▲[55], 豈不是好事. 然▲[56]有爲己而讀[57]者, 有爲名而讀者, 有爲利而讀者, ▲[58]. 其爲己而讀者, 固善矣. 然或有出於勉彊[59]者, 故又觀其所樂.【端蒙】

24:25 問: ▲[60] 前一句是兼善惡而言, 後兩句是專言善. ▲[61]有一樣人, 所爲雖不善, 然其意之所發, 卻不是要做不善, 而心終亦不安於不善. 這樣人[62]是如何?" 曰: "這箇也自有, 於'觀過知人[63]'可見."【壽[64]】

---

52) ▲: 問: "'視其所以'一章, '所以'是大綱目. 看這一箇人是爲善底人, 是爲惡底人. 若是爲善底人, 又須觀其意之所從來. 若是本意以爲己事所當爲, 無所爲而爲之, 乃爲己. 若以爲可以求知於人而爲之, 則是其所從來處已不善了. 若是所從來處旣善, 又須察其中心樂與不樂. 若是中心樂爲善, 自無厭倦之意, 而有日進之益. 若是中心所樂不在是, 便或作或輟, 未免於僞. 以是察人, 是節節看到心術隱微處, 最是難事. 亦必在己者能知言窮理, 使心通乎道, 而能精別是非, 然後察人如聖人也." 曰:

53) ▲: 先生又云: "看文字, 須學文振每逐章挨近前去. 文振此兩三夜說話, 大故精細. 看『論語』方到一篇, 便如此." 直卿云: "先生說, 文振資質好."【南升】

54) ▲: 所以, 是所爲, 所由, 是如此做, 所安, 是所樂. 譬

55) ▲: 是所爲

56) ▲: 其去如此做, 又然多般:

57) 讀: 賀本에서는 讀書로 되어 있다.

58) ▲: 須觀其所由從如何

59) 彊: 賀本에서는 强으로 되어 있다.

60) ▲: "'視其所以, 觀其所由, 察其所安'三句,

61) ▲: 尋常

62) 這樣人: 孝宗刊本・英祖刊本・成化本에서는 似這般樣人으로 되어 있고, 賀本에서는 是這般樣人으로 되어 있다.

63) 人: 『朱子語類』에서는 仁으로 되어 있다.

64) 壽: 英祖刊本・成化本・賀本에서는 燾로 되어 있다.

24:26 ▲65)如淘米: 其糠與沙, 其始也固淘去之矣. 再三淘之, 恐有未盡去之沙秕耳."【人傑】

24:27 問▲66)人亦有做得不是底事, 心卻不安, ▲67)?" 曰: "此是良心終是微, 私欲終是盛, 微底須被他盛底勝將去. 微底但有端倪, 無力爭得出, 正如孟子說'非無萌櫱之生'一段意. 當良心與私欲交戰時, 須是▲68)大段着力與他戰, 不可輸與他. 只是殺賊一般, 一次殺不退, 只管殺, 殺數次時, 須被殺退了. 私欲一次勝他不得, 但▲69)立定脚根, 只管硬地自行從好路去. 待得熟時, 私欲70)自住不得." 因擧濂溪說: "'果而確, 無難焉.' 須是果敢勝得▲71), 方確然守得這道理不遷變." 問: "有何道理可助這箇果?" 曰: "別無道理▲72), 只是自著力戰退他."【明作】

24:28 ▲73)問: "觀人之法, ▲74)到此卻是無遺." 先生微笑曰: "孟子觀人之法, 又自簡徑. 如曰'胸中正, 則眸子瞭焉, 胸中不正, 則眸子眊焉'便是."【炎】

24:29 ▲75)

---

65) ▲: 李仲實問: "'視其所以'者, 善者爲君子, 惡者爲小人. 知其小人, 不必論也. 所由・所安, 亦以觀察君子之爲善者否?" 曰: "譬
66) ▲: "察其所安"云: "今
67) ▲: 又是如何
68) ▲: 在我
69) ▲: 敎眞箇知得他不好了,
70) 欲: 賀本에서는 意로 되어 있다.
71) ▲: 私欲
72) ▲: 助得
73) ▲: "視其所以"一章. 炎
74) ▲: 論
75) ▲: 問: "'觀其所由', 謂'意之所從來', 何也?" 曰: "只是看他意思來處如何. 如讀書, 固是好. 然他意思來處, 亦有是爲利者. '視其所以', 以, 用也, 爲也. 爲義爲君子, 爲利爲小人, 方是且粗看. 如有一般人, 只安常守分, 不恁求利, 然有時意思亦是

24:30 問[76]: "'觀其所由',『集注』兩說, ▲[77]?" 曰: "▲[78] 後說不如前說. 蓋'行其所爲'只是就上面細看過, 不如'意之所從來'是就他心術上看. 所安,『集注』下得'樂'字不穩. 安, 大率是他平日存主習熟處. 他本心愛如此, 雖所由偶然不如此, 終是勉强, 必竟所樂不在此, 次第依舊又從熟處去. 如平日愛踞[79]傲, 勉强教他恭敬, 一時之間亦能恭敬. 次第依舊自踞[80]傲了, 心方安. 呂氏一說謂: '所由, 是看他已前所爲事, 所安, 是察他已後所爲事.' 亦通. 所謂'知言・窮理', 蓋知言亦是窮理之一事, 然蓋互擧也." ▲[81]"知人亦是窮理之一端. 且如'因不失其親', 須知人方得."【明作】

24:31 問: "▲[82]'意之所從來', ▲[83]?" 曰: "如齊 桓伐楚, 固義也. 然其意所從來, 乃因怒蔡姬而伐蔡, 蔡潰, 遂伐楚. 此則所爲雖是, 而所由未是也."【銖】

24:32 察人之所安, 尤難. 故必如聖人之知言・窮理, 方能之.【廣】

24:33 問: "▲[84]聖人於人之善惡如見肺肝, 當不待如此着力?" 曰: "這也爲常人說, 聖人固不▲[85]如此. 然聖人觀人, 也着恁地詳細. 如

求利. '察其所安', 又看他心所安穩處. 一節深一節."【淳 ○『集注』】

76) 問: 徽州本에서는 이 앞에 問: "'視其所以'至'人焉廋哉',『集注』云: '以爲也爲善者爲君子, 爲惡者爲小人.' 若然, 則下二句爲君子設. 若小人旣已爲惡, 更何用觀察也?" 先生曰: "然, 此如淘米, 已是米了, 更須淘他, 恐怕有沙."【僴用. 按萬人傑錄同】이 더 들어 있다.

77) ▲: 如何

78) ▲: '意之所從來', 如讀書是好, 須看所讀何書. '行其所爲', 或强勉有所爲.

79) 踞: 賀本에서는 倨로 되어 있다.

80) 踞: 賀本에서는 倨로 되어 있다.

81) ▲: 又云:

82) ▲: '觀其所由',『集注』言

83) ▲: 如何

84) ▲: '視其所以, 觀其所由, 察其所安.' 若

85) ▲: 用得

今人說一種長厚說話, 便道聖人不恁地, 只略略看便了. 這箇若不見敎徹底善惡分明, 如何取舍. 且如今從學, 也有誠心來底, 也有爲利來底. 又如今人讀書, 也有誠心去讀底, 也有爲利讀底. 其初也卻好, 漸漸自見得他心下不恁地, 這須着知. ▲[86]又如委託人事, 若是小小事要付託人, 尙可以隨其所長, 交付與他. 若是要成一件大事, 如何不見得這人了, 方付與! 如所謂'可以託六尺之孤, 可以寄百里之命, 臨大節而不可奪', 若不直[87]見這人是恁地, 如何▲[88]託得他!" 問: "伊川云: '〈視其所以〉, 是觀人之大概. 若〈所由·所安〉, ▲[89]只兼善惡說.' 今『集注』只▲[90]向不好邊去, 恐似無過中求有過, 非聖人意." 曰: "這只是平心恁地看, 看得十分是如此. 若要長厚, 便恁地包含. 其初欲恕人, 而終於自恕, 少間漸漸將自己都沒理會了, 都不知. 若能於待人嚴, 到得於自身己也會嚴." 問: "觀人之道, 也有自善而入於惡, 亦有事雖惡而心所存本好." 曰: "這箇也自可見. 須是如此看, 方見好底鐵定是好人, 不好◇[91]人. ▲[92] 若不因公問, 某也不說到底[93]裏. 初間才看, 善惡便曉然. 到觀其所由有不善, 這又勝得當下便不是底. 到察其所安有不善, 這又勝前二項人. 不是到這裏便做不好人▲[94], 只是不是▲[95]心肯意肯, 必不會有終."【今按: 此轉語方答得上所疑『集注』分明. ○賀孫】

24:34 "所以, 只是箇大槪. 所由, 便看他所從之道, 如爲義, 爲利. 又也看他所由處有是有非. 至所安處, 便是心之所以安, 方定得. 且如

86) ▲: 且如要從師, 須看得那人果是如何.
87) 直: 賀本에서는 眞으로 되어 있다.
88) ▲: 這事
89) ▲: 也
90) ▲: 解
91) ◇: 底鐵定是不好
92) ▲: 讀書不可不仔細.
93) 底: 『朱子語類』에서는 這로 되어 있다.
94) ▲: 看他
95) ▲: 他

看得如此, 又須著自反, 看自家所以・所由・所安如何, 只是一箇道理. 呂氏以所以作今所自處, 所由作昔所經由, 所安作卒所歸宿, 卻成前後事, 非是一時. 觀人不必如此說." ▲96)且如作士人, 作商賈, 此是'所以.' 至如讀書爲利時, 又也不好. 如孝與忠, 若還孝而至於陷父于不義, 忠而至於阿諛順旨, 其所以忠與孝則同, 而其97)所由之道則別." 問▲98): "如小人爲利, 便是不好了. 又更'觀其所由'做甚?" 曰: "爲利固是爲利, 畢竟便有一節話. 若還看得只是這人了, 更不須看."【榦 ○『集義』】

「溫故而知新章」

24:35 溫故, 只是時習.【廣】

24:36 ▲99)謂溫故書而知新義.【振】

24:37 溫故方能知新, 不溫故100)而求新知, 則亦不可得而求矣.【厲101)】

24:38 ▲102)就溫故中見得這道理愈精, 勝似舊時所看."【銖】

24:39 ▲103) 味其語意, 乃爲溫故而不知新者設. ▲104) 溫得105)又要

96) ▲: 又問"觀其所由." 曰: "'視其所以'者, 只是觀人之凡日. 所由者, 便看他如何地做.
97) 其: 『朱子語類』에는 없다.
98) ▲: 曰
99) ▲: "溫故知新",
100) 故: 賀本에는 없다.
101) 厲: 『朱子語類』에서는 礪로 되어 있다.
102) ▲: 問"溫故知新." 曰: "是
103) ▲: "溫故而知新",

知新. 惟溫故而不知新, 故不足以爲人師▲[106]. 這語意在知新上.【義剛】

24:40 問: "溫故, 聞見之在外者, 知新, 義理之得於己者. 若溫故而不知新, 則徒聞見而已. 惟知新, 則是在我之義理, 因溫故而有以自得之, 其應無窮, 故可以爲師乎?" 曰: "然." 又問: "不離溫故之中而知新, 其亦'下學上達'之理乎?" 曰: "亦是漸漸上達之意."【一之】

24:41 ▲[107] "道理卽這一箇道理.『論』·『孟』所載是這▲[108]箇道理, 六經所載也是這箇道理. 但理會得了, 時時溫習, 覺滋味深長, 自有新得. '溫'字對'冷'字, 如一杯羹在此冷了, 將去溫來又好."【南升】

24:42 "溫故而知新", 此處知新是重.『中庸』"溫故而知新"乃是溫故重. 聖人言語自有意思, 一箇這頭重, 一箇那頭重. 又曰: "溫故而不知新, 一句只是一句了."【夔孫】

24:43 ▲[109]故中這[110]道理時習得熟, 漸漸發得出來. 且如一理, 看幾箇人來問. 就此一理上, 一人與說一箇理, 都是自家就此理上推究出來, 所以其應無窮. 且如記問之學, 記得一事, 更推第二事不去, 記得九事, 便說十事不出, 所以不足爲人師.【明作 ○『集注』】

24:44 "記問之學, 不足爲人師", 只緣這箇死殺了. 若知新, 則"引而伸之, 觸類而長之", 則常活不死殺矣. 如記問之學, 記得十件, 只是十

104) ▲: 不溫故固是間斷了. 若果無所得, 雖溫故亦不足以爲人師, 所以
105) 得: 賀本에서는 故로 되어 있다.
106) ▲: 也
107) ▲: 問"溫故知新." 曰:
108) ▲: 一
109) ▲: "溫故知新", 不是易底新者, 只是
110) 這:『朱子語類』에서는 底로 되어 있다.

件, 記得百件, 只是百件. ▲111)【僩】

24:45 ▲112)所引「學記」, ▲113) 只是記得▲114)硬本子, 更不解去裏面搜尋得道理.【義剛】

24:46 ▲115)

24:47 ▲116) "此只是一件事, 卻117)有兩箇義理. 如溫故而不能知新, 諸先生把'日知其所亡'做知新, 似倒說了. '日知其所亡', 乃溫故以前事. 日知其所未有, 如今日方做事業相似, 便方始. '月無忘其所能', 乃溫故也. 旣溫▲118)而知新. 謝氏▲119)又說得高遠了." 先生曰: "程先生說'可以爲師', 作只此一句可師, ▲120) 此一句, 只說是人若不能溫故知新, 便不可爲人師. ▲121) 呂氏說師尙多聞, 只是泥孟子之語. 孟子初間也且恁地說, 呂氏便把來作引證不得. 大率聖人之言語闊, 被他把做恁地說, 也無礙理處."【榦 ○『集義』】

24:48 ▲122)這一句說師, 亦只說平常恁地師, 卻不說是孔子▲123)

---

111) ▲: 知新, 則時復溫習舊聞以知新意, 所以常活.
112) ▲: 溫故則能知新. 如
113) ▲: 則是溫故而不知新,
114) ▲: 箇
115) ▲: "溫故而知新"是活底, 故可以爲人師. 記問之學只是死底, 故不足以爲人師.【振】
116) ▲: "溫故而知新, 可以爲師矣." 先生曰:
117) 卻: 賀本에서는 都로 되어 있다.
118) ▲: 故
119) ▲: 說'溫故知新',
120) ▲: 不如便把做爲師之'師.' 看
121) ▲: 守舊而不知新義, 便不活, 不足以應學者之求. 若'溫故而知新', 則從此儘推得去.
122) ▲: 仁父問: "'溫故而知新, 可以爲師矣.' 伊川謂'此一言可師, 此一事可師', 竊有未喩." 曰: "伊川見得亦差了. 這一句正對'記問之學不足爲人師'一句. 若溫習舊這主意, 只爲世上有不溫故知新而便欲爲人師, 故發此一句, 卻不是說如此便可以爲師. 言如此方可以爲師, 以證人不如此而遽欲爲師者. 伊川卻只認這意, 一向要去分解. ▲[124] 伊川恁地工夫, 也自有這般處. 聖人語言極精密, 無些子偏重, 亦無些子罅漏. ▲[125]

「君子不器章」

24:49 "君子不器", 是不拘於一, 所謂"體無不具." 人心元[126]有這許多道理充足, 若慣熟時, 自然看要如何, 無不周遍. 子貢瑚璉, 只是廟中可用, 移去別處便用不得. 如原憲只是一箇喫菜根底人, 邦有道, 出來也做一事不得, 邦無道, 也不能撥亂反正. 夷淸, 惠和, 亦只做得一件事. 【明作】

24:50 ▲[127]問: "▲[128]如孔門德行之外, 乃爲器否?" 曰: "若偏於德行, 而其用不周, 亦是器. 君子者, 才德出衆之名. 德者, 體也, 才者, 用也. 君子之人, 亦具聖人之體用, 【夔孫錄▲[129] 次於聖人者也."】 但其體不如聖人之大, 而其用不如聖人之妙耳." 【人傑】[130]

聞, 則義理日通, 無有窮已. 若記問之學, 雖是記得多, 雖是讀得多, 雖是聞得多, 雖是千卷萬卷, 只是千卷萬卷, 未有不窮. 然而

123) ▲: 這般師. 兼是

124) ▲: 以此知讀書儘著仔細,

125) ▲: 如說: '一言而喪邦, 有諸?' 曰: '唯其言而莫之違.' 只消如此說亦得, 便須說道: '如不善而莫之違也, 不幾乎一言而喪邦乎!' '或曰: 〈以德報怨, 何如?〉' 看來也似好. 聖人便問他: '何以報德? 以直報怨, 以德報德.' 若以直報怨, 只是依直報之, 恰如無怨相似. 且如人有些侵我處, 若是我不是, 便休了. 若是他不是, 與他理會教是便了." 賀孫問: "'以德報怨', 非獨說道無以報德, 只是以德報怨, 也自不得." 曰: "然. 如此只是僞, 只是不誠." 【賀孫】

126) 元: 賀本에서는 原으로 되어 있다.

127) ▲: 或

128) ▲: '君子不器',

129) ▲: 云: "體無不備, 用無不周,

130) 【人傑】: 徽州本에서는 【南升 ○李需用錄同而少異, 今附云: "問: '君子不器,

24:51 "君子不器", 事事有些, 非若一善一行之可名也. 賢人則器, 獲此而失彼, 長於此, 又短於彼. 賢人不及君子, 君子不及聖人.【壽昌】

24:52 ▲131) "人心至靈, 均具萬理, 是以無所往而不知. ▲132)仁義禮智之性, 苟以學力充之, 則無所施而不通, 謂之不器可也. 至於人之才具, 分明是各局於氣稟, 有能有不能." ▲133)問: "如何勉强得?" 曰: "君子者, 成德之名也. 所貴乎君子者, 有以化其氣稟之性耳. 不然, 何足以言君子. 『中庸』言'雖愚必明, 雖柔必强'處, 正是此意."【壯祖】

24:53 問: "君子所以不器者, 緣是就格物・致知上做工夫, 看得道理周偏134)精切, 及廓然貫通, 有以盡其心之全體, 故施之於用, 無所不宜, 非特一才一藝而已." 曰: "也是如此, 但說得着力了. 成德之士, 自是不器."【南升】

24:54 ▲135) 有一般對小人而言底君子, 便是小底君子. 至如'聖人吾不得而見之, 得見君子斯可矣', 便說大底君子, 便是聖人之次者." 問: "不器, 是那箇君子?" 曰: "此是成德全才之君子, 不可一偏看▲136)." 問: "侯氏擧'君子不可小知而可大受', 如何?" 曰: "'不可小知', 便是不可以一偏看他, 他卻擔負得遠大底. 小人時便也有一才一藝可取, 故可小知." 問: "子貢, '女器也', 喚做不是君子, 得否?" 曰: "子貢也是箇

且以孔門四科論之, 徐德行一科, 則其他未勉皆局於器矣.' 先生曰: '便德行也只是器. 伊川先生曰: 〈君子才德出衆之名亞於聖人者也. 但體不若聖人之大, 用不若聖人之妙耳〉'"】로 되어 있다.

131) ▲: 問"君子不器"之旨. 曰:

132) ▲: 然而

133) ▲: 又

134) 偏: 『朱子語類』에서는 遍으로 되어 있다.

135) ▲: "'君子不器', 君子是何等人?" 曰: "此通上下而言.

136) ▲: 他

偏底, 可貴而不可賤, 宜於宗廟朝廷而不可退處, 此子貢之偏處." 問: "謝氏學淸・和・任, 也只是器否?" 曰: "這是他成就得偏, 卻不是器. 他本成就得來大. 如'得百里之地而君之'一段, 他自是大, ▲137)." 問: "諸先生多擧'形而上・形而下', 如何說?" 曰: "可見底是器, 不可見底是道. 理是道, 物是器." 因指面前火爐曰: "此是器, 然而可以向火, 所以爲人用, 便是道." ▲138)

24:55 ▲139)伊尹・伯夷・柳下惠皆能一天下, 則器固大矣. 自一才一藝者觀之, 亦不可謂之器矣. 然自孔子可仕・可止觀之, 則彼止在一邊, 亦器也, 孟子誠不肯學他底了."【一之】

「子貢問君子章」

24:56 ▲140) "此爲子貢而發. 其實'有德者必有言', 若有此德, 其言自足以發明之, 無有說不出之理. 夫子只云'欲訥於言而敏於行', '敏於事而謹141)於言', 未嘗說無事於言."【人傑】

24:57 問: "▲142) 苟能行矣, 何事於言?" 曰: "只爲子貢多言, 故告之如此. 若道只要 ▲143)行得, 說都不得, 亦不是道理. 聖人只說'敏於事

137) ▲: 只是成就得來偏

138) 問: "謝氏以爲'顔閔有聖人之一體, 未必優於子夏子游子張, 然而具體也.' 旣謂之具體, 又說不如三子, 何也?" 曰: "他意只道是顔子便都無許多事, 如古人說無所長, '旣無所短, 安有所長'底意. 他把來驅駕作文字, 便語中有病." 因問"具體而微." 曰: "五峰說得牽强, 看來只是比似孔子較小. 今看顔子比孔子, 眞箇小."【榦 ○『集義』】

139) ▲: 問: "范氏・謝氏說如何?" 曰: "天下道理皆看得透, 無一理之不知, 無一事之不明, 何器之有? 如范氏說, 也說得去, 然不消如此. 謝氏說得意思也好. 推其極, 乃大底不器.

140) ▲: 問"先行其言而後從之." 曰:

141) 謹: 賀本에서는 愼으로 되어 있다.

142) ▲: '先行其言而後從之',

而謹144)於言', '敏於行145)▲146)訥於言', '言顧行, 行顧言', 何嘗敎人不言!" 【夔孫】

24:58 ▲147)問: ▲148) 莫須將'先行'作一句否?" 曰: "程子如此, 卻未敢以爲然, 恐'其言而後從之', 不成一句. 若云'而後其言從之', 方得. 不若以'先行其言'作一句, '而後從之'作一句. 大意只說先行其所言, 而後言其所行. ▲149)

24:59 問: "▲150)人識得箇道理了, 可以說出來, 卻不要只做言語說過, 須是▲151)見得自家所得底道理步步着實, 然後說出來, 卻不是杜撰意度. 須還自家自本至末, 皆說得有着實處." 曰: "此一章說得好." 【南升】

「君子周而不比章」

24:60 ▲152) "外面相似, 而裏面大差了. 如驕泰·和同, 亦然. 故幾微之間, 不可不辨." 【幹】

24:61 周是無不愛, 比是私也. ▲153) 【植】

---

143) ▲: 自家
144) 謹: 賀本에서는 愼으로 되어 있다.
145) 敏於行: 【附箋紙】"敏於行"下有"而"字.
146) ▲: 而
147) ▲: 徐仁甫
148) ▲: "'先行其言而後從之',
149) ▲: 讀書須是看出處主意如何. 此是子貢問君子, 孔子爲子貢多言, 故以'先行其言而後從之'答之, 蓋爲子貢發也."
150) ▲: '先行其言', 謂
151) ▲: 合下便行將去. '而後從之'者, 及行將去,
152) ▲: 問: "周與比, 莫也相似否?" 曰:

24:62 ▲[154] 周是偏[155], 人前背後都如此, 心都一般, 不偏滯在一箇. 如"老者安之, 朋友信之, 少者懷之", 亦是周偏[156]. 忠信爲周. 如這一箇人合當如何待, 那箇人又合如何待, 自家只看理, 無輕重厚薄, 便是周偏[157]. 周是公底比, 比是私底周. 周是無所不比也. 如爲臣則忠, 爲子卻不能孝, 便是偏比不周徧, ▲[158] 【按忠信爲周, 他錄別有定說. ○淳】

24:63 ▲[159]君子意思自然廣大. 小人與人相親時, 便生計較, 與我善底做一般, 不與我善底做一般. 周與比相去不遠, 要須分別得大相遠處. 某『集注』中曾說此意."【君子與人相親, 也有輕重, 有厚薄, 但意思自是公. ○南升】

24:64 ▲[160] "周者, 大而遍之謂, 比便小, 所謂兩兩相比. 君子之於人, 無一人使之不得其所, 這便是周, 小人之於人, 但見同於己者與之, 不同於己者惡之, 這便是比. 君子之於人, 非是全無惡人處, 但好善惡惡, 皆出於公. 用一善人於國, 則一國享其治, 用一善人於天下, 則天下享其治, 於一邑之中去一惡人, 則一邑獲其安, 於一鄉之中去一惡人, 則一鄉受其安, 豈不是周! 小人之心, 一切反是." 又云: "歐陽「朋黨論」說周 武以三千爲大朋, 商 紂億兆之人離心離德." 又▲[161] 『易』[162]中▲[163]以'比'字爲美, 如'九五顯比', 取'王用三驅, 失前禽'之

153) ▲: 相比, 或二人相比也是.
154) ▲: "君子周而不比",
155) 偏: 『朱子語類』에서는 遍으로 되어 있다.
156) 偏: 孝宗刊本·英祖刊本·成化本·徽州本에서는 徧으로 되어 있고, 賀本에서는 遍으로 되어 있다.
157) 偏: 孝宗刊本·英祖刊本·成化本·徽州本에서는 徧으로 되어 있고, 賀本에서는 遍으로 되어 있다.
158) ▲: 只知有君而不知有親.
159) ▲: 問"比周." 曰: "君子小人, 卽是公私之間. 皆是與人親厚, 但
160) ▲: 問"周而不比." 曰:
161) ▲: 云: "'比周'二字, 於
162) 『易』: 『小分』에서는 多를 『易』으로 고쳤다.

義, 皆美也. 如'頑嚚不友, 相與比周', 又卻是不好."【卓】

24:65 ▲[164] 周則無所不愛. 爲諸侯則愛一國, 爲天子則愛天下, 隨其親疏厚薄, 無不是此愛. ▲[165]比, 則只是揀擇. 或以利, 或以勢, 一等合親底, 他卻自有愛憎, 所以有不周處. 又云: "『集注』謂'普徧', 是泛愛之意 ▲[166] 24:66 ▲[167]如一鄉之中, 有箇惡人, 我這裏若可除去, 便須除去, 卻得這一鄉都安, 此'君子周而不比'也. 至如小人於惡人, 則喜其與己合, 必須親愛之, 到得無惡之人, 每與己異, 必思傷害之, 此小人之'比而不周'也. 武三思嘗言: '如何是善人? 如何是惡人? 與予合者是善人, 與予不合者是惡人.'"【賀孫】

24:67 ▲[168]"周固是好, 然而有一種人, ▲[169]無不周旋之. 使所周之人皆善, 固是好. 萬一有箇不好底人, 自家周旋他去, 這人會去作無窮之害. 此無他, 只是要人之同己, 所以爲害. 君子則不然, 當親則親, ▲[170]疏則疏而已."【夔孫】

24:68 ▲[171]

24:69 問: "注▲[172] 何謂毫釐之差?" 曰: "君子也是如此親愛, 小人

163) ▲: 所言, 又
164) ▲: 比之與周, 皆親厚之意.
165) ▲: 若
166) ▲: '偏黨', 非特勢利. 大概君子心公而大, 所以周普. 小人心狹而常私, 便親厚也只親厚得一箇."【明作】
167) ▲: 問"比周." 曰: "且
168) ▲: 問"比周." 曰:
169) ▲: 是人
170) ▲: 當
171) ▲: 問: "注, 周言'普遍', 豈'汎愛衆而親仁'之意歟?" 曰: "亦是如此. 大抵君子立心, 自是周遍, 好惡愛憎, 一本於公. 小人惟偏比阿黨而已."【寓 ○『集注』】
172) ▲: 云: '君子小人所以分, 則在公私之際, 毫釐之差耳.'

也是如此親愛, 君子公, 小人私."【節】

24:70 問: "注▲[173]審其取舍之幾.' 當在思慮方萌之初, 與人交際之始, 於此審決之否?" 曰: "致察於思慮, 固是, 但事上亦須照管.「動箴」曰: '哲人知幾, 誠之於思, 志士勵行, 守之於爲.' 須着隨處照管, 不應道這裏失了, 後面更不去照管. 覺得思慮失了, 便着去事上看, 便舍彼取此. 須着如此, 方得."【恪】

24:71 ▲[174]問: "'忠信爲周, 阿黨爲比', ▲[175]?" 曰: "忠信爲周, 只緣『左傳』'周爰咨詢'指作忠信, 後人遂將來妄解, 最無道理. 且如▲[176]「比」卦言: '比, 吉也. 比, 輔也. 原筮元永貞, 無咎.' 則比都是好. 大抵比於君子則爲善, 比於小人則爲惡, 須是看聖人說處本意如何. ▲[177]【『集義』[178]】

24:72 ▲[179]

「學而不思章」

24:73 問: ▲[180] 此'學'字似主於行而言, ▲[181] 曰: "▲[182]也不是行."

---

173) ▲: 云: '欲學者察乎兩間, 而
174) ▲: 徐問"比周." 曰: "只是公私. 周則遍及天下, 比則昵於親愛之間." 又
175) ▲: 如何
176) ▲: 『易』
177) ▲: 據此'周而不比, 比而不周', 只是公私."
178) 『集義』: 徽州本에서는【辛】으로 되어 있다.
179) ▲: 問: "范氏說'忠信爲周', 恐未說到此." 曰: "忠信, 所以周也. 若面前背後不誠實, 則不周矣. 周是公底比, 無所不比也. 比是私底周, 周一邊, 背了一邊. 周則意思卻照管得到. 極其至, 爲臣則忠, 爲子則孝, 是亦周也."【一之】
180) ▲: "『論語』言'學'字多不同: '學而不思則罔',
181) ▲: '博學於文', 此'學'字似主於知而言."

▲[183] "學只是效, 未能如此, 便去效做." ▲[184] 如未識得這一箇理, 便去講究, 要識得, 也是學, 未識得這一箇書, 便去讀, 也是學, 未曉得這一件事, 去問人如何做, 便也是學. 問人, 便是依這本子做去, 不問人, 便不依本子, 只鶻突杜撰做去. 學是身去做, 思只是黙坐來思." ▲[185] "思, 只是思所學底事. 學而不思, 便都罔了." 問: "'思而不學', 何以危殆?" 曰: "硬將來拗縛捉住在這裏, 便是危殆. 只是杜撰恁地, 不恁自然, 便不安穩."【淳】

24:74 學與思[186], 須相連. 才學這事, 須便思量這事合如何. "學"字甚大, ▲[187]效他聖賢做事.【南升】

24:75 學, 是學其事, 如讀書便是學, 須緩緩精思其中義理方得明.【明作】[188]

○[189] 且如做此事是學, 然須思此事道理是如何, 只恁下頭做, 不思這事道理, 則昧而無得. 若只空思索, 卻又不傍所做事上體察, 則心終是不安穩. 須是事與思互相發明.【明作】

24:76 ▲[190]

182) ▲: '學而不思則罔', 此'學'
183) ▲: 問: "'學'字義如何?" 曰:
184) ▲: 問: "恐行意較多否?" 曰: "只是未能如此, 便去學做.
185) ▲: 問: "學是學其事, 思是思其理否?" 曰:
186) 學與思: 徽州本에서는 이 앞에 問: "'學而不思則罔, 思而不學則殆', 言人學聖賢之所爲, 須是反諸心而思之. 蓋聖賢之所爲只是推行這一箇道理, 若不將吾所學者精思其所以然, 只是外面是得聖賢粗迹, 吾之心中依舊昏晦而無得, 旣精思義理之所以然, 又須將聖賢之所以處己接物個樣子時時習熟躬行, 要見得事理透徹分明, 然后泰然行將去. 若但知其理, 不去事上學得熟, 遽欲行之, 必危殆而不安." 先生云: "大綱是如此. 但中明說事迹處似開了"가 더 들어 있다.
187) ▲: 學
188) 明.【明作】:『朱子語類』에는 없다.
189) ○:『朱子語類』24:75를『小分』에서는 별도의 항목으로 나누었다.

24:77 "學而不思", 如讀書不思道理是如何, "思而不學", 如徒苦思索, 不依樣子做.【植】

24:78 ▲[191]

24:79 ▲[192] "'思'與'學'字相對說. 學這事, 便思這事. 人說這事合恁地做, 自家不曾思量這道理是合如何, 則罔然而已. 罔, 似今人說'罔兩.' 既思得這事, 若不去做這事, 便不熟, 則臬元[193]不安. 如人學射, 雖習得弓箭裏許多模樣, 若不曾思量這箇是合如何, 也不得. 既思得許多模樣是合如何, 卻不曾置得一張弓, 一隻箭, 向埰邊去射, 也如何得!"【『集注』】.

24:80 ▲[194]問: "▲[195]〈博學・審問・謹[196]思・明辨・力行〉, 五者廢一非學', 何也?" 曰: "凡'學'字便兼'行'字意思. 如講明義理, 學也, 效人做事, 亦學也. 孔子步亦步, 趨亦趨, 是效其所爲. 才效其所爲, 便有行意."【銖】

24:81 ▲[197]問: "▲[198] 學與行, 是學之始終, 問・思・辨, 是思之始終." 曰: "然."【賀孫】

24:82 問: "▲[199] 注: '身不親歷.' 所謂親歷, 豈講求義理與躬行處均

---

190) ▲: 學不止是讀書, 凡做事皆是學. 且如學做一事, 須是更經思量方得. 然只管思量而不學, 則自家心必不安穩, 便是殆也.
191) ▲: "思而不學則殆." 雖用心思量, 不曾就事上習熟, 畢竟生硬, 不會妥帖.【銖】
192) ▲: 問: "'不求諸心, 則昏而無得, 不習其事, 則危而不安.' 如何?" 曰:
193) 元: 英祖刊本·成化本·賀本에서는 兀로 되어 있다.
194) ▲: 或
195) ▲: '學而不思'章引程子
196) 謹: 賀本에서는 愼으로 되어 있다.
197) ▲: 叔蒙
198) ▲: 『集注』卻舉『中庸』學問思辨與行之語. 據某看,

爲親歷乎?” 曰: “講求義理, 又似乎思, 但就見定事上學去.” 話間因語及某人, 曰: “此正思而不學之人, 只一向尋空去. 凡事須學, 方能進步.” 【『集註』非定本. ○寓】

24:83 問: “諸先生說, 有外意者, 有說偏傍者, 也須看否?” 曰: “也要見得他礙處.” ▲200)問: “楊氏說‘思則〈敬以直內, 義以方外〉’, ▲201)?” 曰: “敬自是存養底事, 義自是推行底事. 且說思與學, 也未須說存養・推行處. 若把推行作學, 便不是. 『中庸』裏面博學・力行自是兩件. 今人說學, 便都說到行處去. 且如讀書, 看這一句理會不得, 便須熟讀, 此便是學. 然‘學而不思’, 便是按古本也無得處. 若徒然閉目靜思而不學, 又也徒勞心, 不穩當, 然後推到行處.” 問: “‘罔’字作欺罔無實之‘罔’, 如何?” 曰: “▲202) 罔, 是昏昧底意.” 問: “‘思而不學則殆’, 只是尹氏‘勞而無所安’底意否?” 曰: “是. 勞, 便是其心勞, 不安, 便是於義理不安.” 問: “謝氏‘窮大而失其所居’, 如何?” 曰: “只是不安.” 【幹 ○『集義』】

「攻乎異端章」

24:84 ▲203)“攻者, 是講習之謂, 非攻擊204)之攻. 這處須看他如何是異端, 如何是正道. 異端不是天生出來. 天下只是這一箇道理, 緣人心不正, 則流於邪說. 習於彼, 必害於此, 旣入於邪, 必害於正. 異端不止是楊・墨・佛・老, 這箇是異端之大者.”

---

199) ▲: ‘思而不學則殆’,
200) ▲: 因
201) ▲: 如何
202) ▲: 不必如此說.
203) ▲: 或問“攻乎異端.” 曰:
204) 攻擊: 『小分』에서는 擊攻을 교정부호로 바로잡았다.

24:85 問: "'攻'字, 若作攻擊, 也如何便有害?" 曰: "便是. 聖人若說攻擊異端則有害, 便也須便[205]有說話在, 不肯只恁地說遂休了. 若從攻擊, 則呂氏之說近之, 不如只作攻治之'攻', 較穩." 【榦】

24:86 凡言異端不必攻者, 皆是爲異端游說反間. 孟子謂: "能言距楊・墨者, 聖人之徒也." 不必便能距楊・墨, 但能說◇[206]楊・墨, 亦是聖人之徒. 【淳】

24:87 ▲[207] "不惟說不可專治, 便略去理會他也不得. 若是自家學有定止, 去看他病痛, 卻得. 也是自家眼目高, 方得. 若是凭地, 則也奈他不何. 如後來士大夫, 末年皆流入佛氏者. 緣是把自家底做淺底看, 便沒意思了, 所以流入他空寂玄妙之說去." 【燾 ○『集注』】

24:88 問: "▲[208]'佛氏之言近理, 所以害甚▲[209]?" 曰: "楊・墨只是硬恁地做. 佛氏最有精微動得人處, 本朝許多極好人無不陷焉." 【如李文靖・王文正・謝上蔡・楊龜山・游先生諸人. ○賀孫】[210]

24:89 問: "『集注』何以言佛而不言老?" 曰: "老便只是楊氏. 人嘗以孟子當時只闢楊・墨, 不闢老, 不知闢楊便是闢老. 如後世有隱遯長往而不來者, 皆是老之流. 他本不是學老, 只是自執所見, 與此相似." 【淳】

---

205) 便: 『朱子語類』에서는 更으로 되어 있다.
206) ◇: 距
207) ▲: 問: "『集注』云: '攻, 專治之也.' 若爲學, 便當專治之. 異端, 則不可專治也." 曰:
208) ▲: 程子曰:
209) ▲: 於楊・墨.' 看來爲我疑於義, 兼愛疑於仁, 其禍已不勝言. 佛氏如何又卻甚焉
210) 【如李文靖・王文正・謝上蔡・楊龜山・游先生諸人. ○賀孫】: 賀本에서는 如李文靖・王文正・謝上蔡・楊龜山・游先生諸人. 【○賀孫】으로 되어 있다.

24:90 ▲[211] "楊·墨爲我·兼愛, 做出來也淡而不能惑人. 只爲釋氏最能惑人. 初見他說出來自有道理, 從他說愈深, 愈是害人[212]."

24:91 ▲[213]

24:92 呂氏曰: "君子反經而已矣, 經正斯無邪慝. 今惡乎異端, 而以力攻之, 適足以自蔽而已." 說得甚好, 但添得意思多了, 不敢保是聖人之意. 聖人之意, 分明只是以力攻之. 理會他底未得, 枉費力[214], 便將己業都荒了. 【淳 ○『集義』[215]】

「由誨女知之章」

24:93 問: "▲[216] 子路不應, 有以不知爲知之病." 曰: "子路粗暴, 見事便自說是曉會得. 如'正名'一節, 便以爲迂, 故和那不知[217]處也不知耳." 【銖】

24:94 ▲[218] "子路氣象粗疏, 不能隨事精察, 或有不合於己, 雖於夫子亦艴然, 如'子之迂也'之類, 故夫子告之以此." 【雉】

---

211) ▲: 味道問: "只說釋氏, 不說楊·墨, 如何?" 曰:

212) 愈是害人: 徽州本에서는 이 뒤에 【辛】이 더 들어 있다.

213) ▲: "攻乎異端"章. 曰: "楊氏爲我, '拔一毛而利天下不爲', 墨氏兼愛, 至不知有父. 如此等事, 世人見他無道理, 自不去學他. 只如墨者夷之厚葬, 自打不過, 緣無道理, 自是行不得. 若佛氏則近理, 所以惑人. 此事難說, 觀其書可見." 【明作】

214) 枉費力: 徽州本에서는 枉費了心力으로 되어 있다.

215)『集義』: 賀本에서는『集注』로 되어 있다.

216) ▲: '知之爲知之'章,

217) 和那不知: 【附箋紙】"和那不知"之"不"字, 『論語』小註作"箇"字, 恐是以此爲小註, 此節下如何?

218) ▲: 問"知之爲知之." 曰:

24:95 ▲[219]伊川▲[220]說得盡, ▲[221]'知之爲知之, 不知爲不知', 則無自欺之蔽, 其知固自明矣. 若不說求其知一著, 則是使人安於其所不知也. 故▲[222]又說出此意, 其說方完, 上不失於自欺, 下不失於自勉."【廣】

24:96 ▲[223]

「子張學干祿章」

24:97 ▲[224] "'多聞·多見'二字, 人多輕說過了, 將以爲偶然多聞多見耳. 殊不知此正是合用功處, 聖人所以爲'好古敏以求之.'" 又曰: "'多聞, 擇其善者而從之, 多見而識之', 皆欲求其多也. 不然, 則聞見孤寡, 不足以爲學矣."【時舉】

24:98 多聞·闕疑·謹言, 三件事.【節】

24:99 多聞·多見, 自不是淺陋迫狹人, 又更闕疑, 又更謹[225]其餘.【方】

24:100 聞見亦是互相發明, ▲[226] 聞固是主於言, 見固是主於行, 然

---

219) ▲: 或問"誨汝知之乎"章. 曰: "惟
220) ▲: 便
221) ▲: 別人只說得一邊.
222) ▲: 程子
223) ▲: 徐問: "上蔡之說如何?" 曰: "上蔡說未是, 其說求爲過高. 要之, 聖人之言, 只是說緊切底事. 只爲今人知之以爲知, 將那不知者亦說是知, 終至於知與不知都無界限了. 若人能於其知者以爲知, 於不知者以爲不知, 而不强以爲知, 此便是知了. 只爲子路性勇, 怕他把不知者亦說是知, 故爲他說如此."
224) ▲: 戴智老說"干祿"章. 曰:
225) 謹: 賀本에서는 愼으로 되어 있다.

亦有聞而行者, 見而言者, 不可泥而看也.【時學】

24:101 ▲[227]"聞, 是聞人之言, 見, 是見人之行. 聞, 亦屬自家言處, 見, 亦屬自家做處. 聞見當闕其疑殆, 而又勿易言易行之." 問: "聞見因書得之, 則又何別?" 曰: "見古人說底話, 是聞, 見古人做底事而欲學之, 是見, 如舜之孝是也. 然就'克己復禮'論之, 則看孔子所言是聞, 只自家欲循此而爲仁, 便是見. ▲[228] 問: "此答干祿之語, 意類'好色'之對乎?" 曰: "不干事. 孔子不敎他干, 但云得祿之道在其中, 正是欲抹殺了他'干'字. 若'太王好貨·好色'等語, 便欲比之孔子, 便做病了, 便見聖賢之分處."【一之】

24:102 或問: "謹[229]其餘, 只是指無疑·無殆處否?" 曰: "固是."【義剛】

24:103 ▲[230]"若不多聞, 也無緣見得疑, 若不多見, 也無緣見得殆. 江西諸人纔聞得一說, 便把做了, 看有甚麽話更入不得, 亦如何有疑殆. 到他說此一章, 卻云, 子張平日專務多聞多見, 故夫子告以闕疑, 是不欲其多聞多見, 此是甚說話! 且如一件事, 一人如此說, 自家▲[231]見未得. 二人如此說, 自家也見未得[232]. 須是大家都說出來, 這裏方見得果是如何. 這裏方可以將衆多之說相磨擦, 這裏方見得疑殆分明."【賀孫】

24:104 或問"尤自外至, 悔自內出." 曰: "出言或至傷人, 故多尤, 行

226) ▲: 如"學干祿"章言"多聞闕疑, 愼言其餘, 多見闕殆, 愼行其餘."
227) ▲: 問"干祿"章"聞見"字義. 曰:
228) ▲: 此非本文大義, 然必欲區別聞見則然."
229) 謹: 賀本에서는 愼으로 되어 있다.
230) ▲: 林叔恭問: "多聞如何闕疑, 多見如何闕殆?" 曰:
231) ▲: 也
232) 二人如此說, 自家也見未得: 賀本에는 없다.

有不至, 已必先覺, 故多悔. 然此亦以其多少言之耳. 言而多尤, 豈不自悔! 行而多悔, 亦必至於傷人矣."【廣】

24:105 ▲[233] 敎人不以干祿爲意. 蓋言行所當謹, 非爲欲干祿而然也. 若眞能着實用功, 則惟患言行之有悔尤, 何暇有干祿之心耶!【銖】

24:106 ▲[234] "此是三截事: 若人少聞寡見, 則不能參考得是處, 故聞見須要多. 若聞見已多而不能闕疑殆, 則胡亂把不是底也將來做是了. 旣闕其疑殆, 而又未能謹[235]其餘, 則必有尤悔." 又問: "尤・悔如何分? 尤莫是見尤於人否?" 曰: "是. 大凡言不謹, 則必見尤於人, 人旣有尤, 自家安得無悔! 行不謹, 則已必有悔, 已旣有悔, 則人安得不見尤! 此只是各將較重處對說." 又問: "'祿在其中', 只此便可以得祿否?" 曰: "雖不求祿, 若能無悔尤, 此自有得祿道理. 若曰'耕也餒在其中矣.' 耕本求飽, 豈是求餒! 然耕卻有水旱凶荒之虞, 則有時而餒. 學本爲道, 豈是求祿! 然學旣寡尤悔, 則自可以得祿. 如言'直在其中矣.' '父爲子隱, 子爲父隱', 本不是直. 然父子之道, 卻要如此, 乃是直. 凡言'在其中▲[236]'者, 道理皆如此." 又問: "聖人不敎人求祿, 又曰'祿在其中', 如何?" 曰: "聖人敎人只是敎人先謹言行, 卻把他那祿不做大事看. 須是體量得輕重, 始得."

24:107 ▲[237] 大概是令他自理會身己上事, 不要先萌利祿之心. ▲[238]

---

233) ▲: "子張學干祿"一章, 是
234) ▲: 徐問"學干祿"章. 曰:
235) 謹: 賀本에서는 愼으로 되어 있다.
236) ▲: 矣
237) ▲: 子張學干祿, 夫子答之者: 聞主言, 見主事, 尤是"罪自外至", 悔是"理自內出." 凡事不要到悔時, 悔時已錯了. "祿在其中", 凡言在其中, 皆是不求而自至之意. 父子相隱, 本非直, 而"直在其中." 如耕, 本要飽, 然有水旱之變, 便有"餒在其中." 學, 本是要立身, 不是要干祿, 然言行能謹, 人自見知, 便有得祿之道.
238) ▲: 又云:

"若人見得道理分明, 便不爲利祿動."【明作】

24:108 問: "▲[239] 便是修其天爵而人爵自至[240]." 曰: "修天爵而人爵自至, 說得重了. 此意重處[241], 只在言行. ▲[242]

24:109 ▲[243] 祿固人之所欲, 但要去干, 卻不得. 子張恁地時, 已不是正底心了. 夫子卻掉開答他, 不教他如何地干, 也不教他莫干, 但言"祿在其中." ▲[244]◇[245]其在己而已. 然而德行旣修, 名聲旣顯, 則人自然來求, 祿不待干而自得. 如"未有仁而遺其親, 未有義而後其君", 這豈是要計較他不遺不後後, 方爲仁義. 但是爲仁義時, ▲[246]自恁地. 這雖是不曾說利, 然便[247]天下人皆不遺不後, 利孰大焉! 大抵計功之心, 也是害事. 所謂"仁者先難而後獲", 才[248]有計功之心, 便都不濟事.【義剛】

24:110 ▲[249]便是交[250]人不要去求. 如程先生說'使定其心而不爲利

239) ▲: 子張在聖門, 忽然學干祿. 聖人但告之以謹其言行,

240) 便是修其天爵而人爵自至: 徽州本에서는 若能修其天爵而人爵自至으로 되어 있고, 이 앞에 其問工夫有許多節次. 始也須用博學, 就其中又須闕其聞見之疑殆者, 擇其可言可行者, 旣得其要約處, 又須謹愼不可輕發. 須是將前言往行精要處, 做自家底涵養純熟後卻發出來, 自然一一中理, 然外不得罪於人, 內自不悔於心. 若是工夫未到此, 方汲汲自修之不暇, 何暇外慕?가 더 들어 있다.

241) 此意重處: 徽州本에서는 此章重處로 되어 있다.

242) ▲: 若言行能謹, 便自帶得祿來. 時學錄作: "聖人之心, 只教他謹言行, 因帶祿說." 凡言在其中者, 皆不求或作"期." 而自至之辭. 如耕, 本是求飽, 卻言'餒在其中', 父子相爲隱, 直卻在其中. 又爲前面也說得深了, 聖人本意在謹言行. 又不可徒謹, 須用得學, 又須闕其疑而未信, 殆而未安者. 便將其餘信而安者做一處, 謹言而謹行之, 謂其察得可言與可行也."【南升 ○時學錄小異.】

243) ▲: "子張學干祿."

244) ▲: 凡言在其中者, 皆是求此而得彼之義. 如"耕也, 餒在其中"之類, 皆是君子

245) ◇: 求

246) ▲: 便

247) 便: 萬曆本・賀本에서는 使로 되어 있다.

248) 才: 『朱子語類』에서는 纔로 되어 있다.

祿所動'是也. 『論語』凡言在其中, 皆是與那事相背. ▲[251]如▲[252] '切問近思', 本只是講學, 不是求仁底事, 然做得精, 則仁亦在其中. 【如"居處恭, 執事敬, 與人忠", 皆是切己去做, 方是求仁底事.】[253] 此皆是教人只從這一路做去, 且莫管那一邊. 然做得這一邊, 則那一邊自在其中也." ▲[254]

「哀公問何爲則民服章」

24:111 陳仲蔚說"何爲則民服"及"使民敬忠以勸"二章. 先生曰: "前章據本文, 夫子只恁地說, 未有貴窮理之意. 當時哀公擧措之權不在己, 問了只恁休了. 他若會問時, 夫子尙須有說." 【義剛】

24:112 ▲[255]"是便是直, 非便是枉." 【燾】

24:113 ▲[256] "若不居敬, 如何窮理. 不窮理, 如何識人爲擧直錯枉之本." ▲[257] "人最要見得是與不是, 方有下手處. 如今人都不見得是非, 分別不出." ▲[258] "須是居敬·窮理, 自做工夫, 【銖錄云: "此是自修

249) ▲: 問"學干祿"章. 曰: "這也是一說, 然
250) 交: 英祖刊本·賀本에서는 敎로 되어 있다.
251) ▲: 且
252) ▲: '父爲子隱, 子爲父隱', 本不干直事, 然直卻在其中. 耕, 本是得食, 然有水旱凶荒, 則有'餒在其中.'
253) 【如"居處恭, 執事敬, 與人忠", 皆是切己去做, 方是求仁底事.】: 賀本에서는 본문으로 되어 있다.
254) ▲: 又曰: "惟是那'君子謀道不謀食. 學也, 祿在其中, 耕也, 餒在其中'一章說得最反覆周全. 如云'君子謀道不謀食', 是將一句統說了, 中央又分兩脚說: '學也, 祿在其中, 耕也, 餒在其中.' 又似敎人謀道以求食底意思. 下面卻說'憂道不憂貧', 便和根斬了." 【燾】
255) ▲: 或問"擧直錯諸枉." 曰:
256) ▲: "'擧直錯枉', 『集注』謂'大居敬而貴窮理.'" 曰:
257) ▲: 又曰:

工夫."】 方能照得人破. 若心不在焉, 則視之而不見, 聽之而不聞, 以枉爲直, 以直爲枉矣!"【明作. ○銖同.】 24:114[259] 問: "哀公▲[260]要得人畏服他. 聖人卻告之以進賢退不肖, 乃是治國之大本, 而人心自服者. 蓋好賢而惡不肖, 乃人之正性, 若擧措[261]得宜, 則人心豈有不服. 謝氏又謂'若無道以照之, 則以直爲枉, 以枉爲直, 此君子大居敬而貴窮理', 此又極本原而言. 若人君無知人之明, 則枉直交錯, 而擧措[262]未必得宜矣." 曰: "說得分明."

「季康子問使民敬忠以勸章」

24:115 ▲[263] "'莊', 只是一箇字, 上能端莊, 則下便尊敬. 至於孝慈, 則是兩事, 孝是以躬率之, 慈是以恩結之, 如此, 人方忠於己. '擧善而敎不能', 若善者擧之, 不善者便去之, 誅之, 罰之, 則民不解便勸. 惟是擧其善者, 而敎其不能者, 所以皆勸. 便是文字難看, 如這樣處, 當初只是大槪看了便休, 而今思之, 方知『集注』說得未盡."【義剛】

24:116 問: "'孝慈▲[264] 何以能使之忠也?" 曰: "孝以率之, 慈以結之, 所以使之忠也." 問: "孝慈主父子而言, 可乎?" 曰: "如此, 安能便使之忠也! 此'慈'字兼內外而言. 若『大學』「齊家」章孝慈, 乃主父子而言也."

24:117 孝於親, 是做箇樣子, 慈於衆, 則推此意以及人. 兼此二者,

258) ▲: 又曰:
259) 24:114: 『小分』에서는 24:113에 이어져 한 항목으로 편집되어 있다.
260) ▲: 問'何爲則民服', 往往只是
261) 措: 英祖刊本・成化本・賀本에서는 錯으로 되어 있다.
262) 措: 英祖刊本・成化本・賀本에서는 錯으로 되어 있다.
263) ▲: 問"使民敬忠以勸." 曰:
264) ▲: 則忠',

方能使民忠於己. 若徒孝於親, 而不能推及於衆, 若徒慈於衆, 而無孝親底樣子, 都不得.【明作】

24:118 ▲[265] 擧善於前, 而敎不能於後, 則是誘引之使趨於善也, 是以勸.【夔孫】

24:119 問: "康子▲[266]要使民能如此. 聖人但告之以己所當爲, 而民自應者[267]. 方其端莊孝慈, 擧善敎不能, 不是要民如此而後爲. 做得自己工夫, 則民不期然而然者." 曰: "也是如此."

「或謂子奚不爲政章」

24:120 ▲[268]孝然後友, 友然後政, 其序如此.【振】

24:121 問: "'施於有政', 是使一家人皆孝友否?" 曰: "'刑于寡妻, 至于兄弟, 以御于家邦', 是也. 政, 一家之事也, 固不止▲[269]使之皆孝友耳. 然孝友爲之本也."【一之】

24:122 "推廣此心, 以爲一家之政", 便是齊家. 緣下面有一箇"是亦爲政", 故不是國政. ▲[270]"在我者孝, 則人皆知孝, 在我者弟, 則人皆知弟, 其政豈不行於一家."【明作】

---

265) ▲: 孝是以身率之, 慈是以恩結之. 善者固可擧, 若不能者遽刑之, 罰之, 則彼何由勸.

266) ▲: 之意, 必

267) 而民自應者: 徽州本에서는 이 뒤에 在我者容貌端莊以臨其民, 則民自敬於我, 在我者孝於親慈於衆, 則民必忠於我. 善者我則擧之, 不善者我則敎之, 則民自有所勸而樂於爲善이 더 들어 있다.

268) ▲: "惟孝友于兄弟", 謂

269) ▲: 是

270) ▲: 又云:

24:123 ▲[271] "此全在'推'字上, 言'擧斯心加諸彼.' 今人只爲不能善推其所爲耳. 范『唐鑑』言唐 明皇能友愛兄弟, 而殺其三子, 正以其不能推此心耳."【銖】

24:124 問: "此[272]夫子難以不仕之意告或人, 故托以告之. 然使夫子得時得位, 其爲政之本, 也只就人倫上做將去." 曰: "▲[273]看得好, ▲[274]."【南升】

「人而無信章」

24:125 ▲[275] "人而無眞實誠心, 則所言皆妄, 今日所言要往東, 明日走在西去, 這便是言不可行."【卓】

24:126 問: "先生▲[276]不及無信之所以不可行, 何也?" 曰: "人若[277]無信, 則語言無實, 何處行得. 處家則不可行於家, 處鄕黨則不可行於鄕黨." 曰: "此與'言不忠信, 雖州里行乎哉'之意同." 曰: "然."【廣】

「子張問十世可知章」

271) ▲: 問: "'惟孝友于兄弟', 可以'施於有政.'" 曰:
272) 此: 徽州本에서는 이 앞에 或人問夫子何故不仕, 夫子告以『書』所以謂孝友於兄弟, 施於有政. 蓋謂人若能孝於親, 友於兄弟, 推此心以爲一家之政, 則是亦爲政矣, 何必在位而後爲政이 더 들어 있다.
273) ▲: 文振看文義
274) ▲: 更宜涵泳
275) ▲: 問"人而無信, 不知其可也." 曰:
276) ▲: 但謂'車無此二者則不可以行, 人而無信, 亦猶是也', 而
277) 人若: 賀本에서는 若人으로 되어 있다.

24:127 ▲[278] "此所謂'不易也', '變易也.' 三綱・五常, 亘古亘今不可易. 至於變易之時與其人, 雖不可知, 而其勢必變易, 可知也. 蓋有餘必損, 不及必益, 雖百世之遠可知也. 猶寒極生煖, 煖甚生寒, 雖不可知, 其勢必如此, 可知也."【銖】

24:128 所因之禮, 是天做底, 萬世不可易, 所損益之禮, 是人做底, 故隨時更變.【燾】

24:129 所因, 謂大體, 所損益, 謂文爲制度, 那大體▲[279]雖如秦之絶滅先王禮法, 然依舊有君臣, 有父子, 有夫婦, 依舊廢這箇不得.【義剛】

24:130 ▲[280] 忠, 只是樸實頭白直做將去, 質, 則漸有形質制度, 而未及於文采, 文, 則就制度上事事加文采. 然亦天下之勢自有此三者, 非聖人欲尙忠, 尙質, 尙文也. 夏不得不忠, 商不得不質, 周不得不文. 彼時亦無此名字, 後人見得如此, 故命此名.【僩 ○以下『集注』.】

24:131 ▲[281] "忠, 只是渾然誠確. 質與文對. 質便自有文了, 但文未盛, 比之文, 則此箇質耳."【銖】

24:132 或問: "忠與質如何分?" 先生喜其善問, 答云: "質朴則未有文, 忠則渾然無質可言矣."【過】

24:133 ▲[282] "此如人家初做得箇家計成, 人雖有許多動用, ▲[283]直

---

278) ▲: 周問: "三代所因者不易, 而所損益可知, 如何?" 曰:
279) ▲: 是變不得底.
280) ▲: 忠・質・文.
281) ▲: 問: "忠與質如何分?" 曰:
282) ▲: 或問忠與質異處. 曰:
283) ▲: 其誠意

是質實. 到做得家計成, 次第便有動用器使. 其初務純朴, 不甚浮華. 及其漸久, 用度日侈, 駸駸然日趨於文而不容自已, 其勢然也."【子蒙】

24:134 ▲[284]問三統. 曰: "諸儒之說爲無據. ▲[285]只是當天地肇判之初, 天始開, 當子位, 故以子爲天正, 其次地始闢, 當丑位, 故以丑爲地正, 惟人最後方生, 當寅位, 故以寅爲人正. 卽邵康節十二會之說. 當寅位, 則有所謂開物, 當戌位, 則有所謂閉物. 閉物, 便是天地之間都無了. 看他說, 便須天地翻轉數十萬年."[286]

24:135 ▲[287] "子是一陽初動時, 故謂之天統, 丑是二陽, 故謂之地統, 寅是三陽, 故謂之人統." 因擧康節元・會・運・世之說: 十二萬九千六百年爲一元, 一元有十二會, 一萬八百年爲一會, 一會有三十運, 三百六十年爲一運, 一運有十二世. 以小推大, 以大推小, 箇箇一般, 謂歲・月・日・時皆相配合也. 如第一會第二會時尙未生人物, 想得地也未硬在. 第三會謂之開物, 人物方生, 此時屬寅. 到得戌時, 謂之閉物, 乃人消物盡之時也. 大率是半明半晦, 有五六萬年好, 有五六萬年不好, 如晝夜相似. 到得一元盡時, 天地又是一番開闢. 問: "先生詩云: '前推更無始, 後際那有終!' 如何?" 曰: "惟其終而復始, 所以無窮也."【燾】

24:136 問: "子・丑・寅之建正▲[288]?" 曰: "此是三陽之月. 若秦用亥爲正, 直是無謂. 大抵三代更易, 須着如此改易一番." 又問: "忠・質・文, 本漢儒之論. 今伊川亦用其說, ▲[289]?" 曰: "亦有此理. ▲[290]

284) ▲: 行夫
285) ▲: 某看
286) 便須天地翻轉數十萬年.": 徽州本에서는 이 뒤에 【賀孫】이 더 들어 있다.
287) ▲: 問天統・地統・人統之別. 曰:
288) ▲: 如何

問: "五運之說, 不知取相生·相克?" 曰: "取相生." 又問: "漢承秦運之說亦有理. 如三代已前事, 經書所不載者甚多." 又[291]水德之後, 而以火德繼之, ▲[292]曰: "或謂秦是閏位. 然事亦有適然相符合者. 如我太祖以歸德軍節度卽位, 卽是商丘之地, 此火德之符也, 事與高祖赤帝子一般."【去僞】[293]

24:137 ▲[294] 有人主出來, 也只因這箇勢, 自住不得, 到這裏方看做是如何. 惟是聖人能順得這勢, 盡得這道理. 以下人不能識得損益之宜, 便錯了, 壞了, 也自是立不得. 因只是因這箇, 損益也是損益這箇."【寓 ○以下總論.】

24:138 ▲[295] "綱常千萬年磨滅不得. 只是盛衰消長之勢, 自不可已, 盛了又衰, 衰了又盛, ▲[296]. 聖人出來, 亦只是就這上損其餘, 益其不足. 聖人做得來自是恰好, 不到有悔憾處. 三代以下做來不恰好, 定有悔憾. 雖做得不盡善, 要亦是損益前人底. 雖是人謀, 要是[297]大勢不得不出此. 但這綱常自要壞滅不得, 世間自是有父子, 有上下. 羔羊跪乳, 便有父子, 螻蟻統屬, 便有君臣, 或居先, 或居後, 便有兄弟, 犬馬牛羊成群連隊, 便有朋友. 始皇爲父, 胡亥爲子, 扶蘇爲兄, 胡亥爲弟, 這箇也泯滅不得." 器之問: "三代損益, 如衣服·器用·制度, 損益卻不妨. 如正朔, 是天時之常, 卻要改, 如何?" 曰: "一番新民觀聽, 合如

---

289) ▲: 如何
290) ▲: 忠是忠樸, 君臣之間一味忠樸而已. 才說質, 便與文對矣." 又問"五運"之說. 曰: "本起於五行. 萬物離不得五行, 五運之說亦有理. 於三代已前事, 經事所不載者甚多." 又
291) 運之說亦有理. 如三代已前事, 經書所不載者甚多." 又: 『朱子語類』에는 없다.
292) ▲: 是如何?" 先生
293)【去僞】: 徽州本에서는【祖道 ○謨同.】으로 되어 있다.
294) ▲: 器之說損益. 曰: "勢自是如此.
295) ▲: 叔蒙問十世所因損益. 曰:
296) ▲: 其勢如此
297) 要是: 賀本에서는 然으로 되어 있다.

此. 如新知縣到任, 便變易號令一番, 住持入院, 改換行者名次, 相似."【寓】

24:139 此一章"因"字最重. 所謂損益者, 亦是要扶持箇三綱・五常而已. 如秦之繼周, 雖損益有所不當, 然三綱・五常終變不得. 君臣依舊是君臣, 父子依舊是父子, 只是安頓得不好爾. 聖人所謂可知者, 亦只是知其相因者也. 如四時之運, 春後必當是夏, 夏後必當是秋, 其間雖寒暑不能無繆戾, 然四時之運終改不得也. 康節詩云"千世萬世, 中原有人", 正與此意合.【時擧】

24:140 ▲298) 諸先生說得"損益"字, 不知更有箇"因"字▲299). 程先生也只滚說將去. ▲300) 馬氏注: "所因, 謂三綱・五常, 損益, 謂質・文三統." 此說極好.【榦】

24:141 ▲301)

24:142 ▲302) 三綱・五常地位占得大了, 便是損益亦不多. 至秦欲尊君, 便至不可仰望, 抑臣, 便至十分卑屈. 此段重在'因'字, 損益只些子."【南升】

24:143 ▲303)問: "夫子繼周而作, 則忠・質損益之宜如何?" 曰: "孔

298) ▲: 這一段,
299) ▲: 不曾說"因"字最重.
300) ▲: 三代之禮, 大概都相因了. 所損也只損得這些箇, 所益也只益得這些箇, 此所以"百世可知"也. 且如秦最是不善繼周, 酷虐無比. 然而所因之禮, 如三綱・五常, 竟滅不得.
301) ▲: "繼周百世可知." 秦繼周者也, 安得爲可知. 然君臣父子夫婦依舊在, 只是不能盡其道爾.【淳】
302) ▲: 問"十世可知." 曰: "三綱・五常, 雖衰亂大無道之世, 亦都在. 且如繼周者秦, 是大無道之世. 畢竟是始皇爲君, 李斯等爲臣, 始皇爲父, 胡亥爲子.
303) ▲: 致道

子有作, 則併將前代忠・質而爲之損益, 卻不似商只損益得夏, 周只損益得二代." 又問: "孔子監前代而損益之, 及其終也, 能無弊否?" 曰: "惡能無弊!"【賀孫】

24:144 ▲[304] "聖人便措置一一中理. 如周末文極盛, 故秦興必降殺了. ▲[305]恁地柔弱, 故秦必變爲強戾, 周恁地纖悉周緻, 故秦興, 一向簡易無情, 直情徑行, 皆事勢之必變. 但秦變得過了. 秦旣恁地暴虐, 漢興, 定是寬大. 故云: '獨沛公素寬大長者.' 秦旣鑒封建之弊, 改爲郡縣, 雖其宗族, 一齊削弱. 至漢, 遂大封同姓, 莫不過制. 賈誼已慮其害, 晁錯遂削一番, 主父偃遂以誼之說施之武帝諸侯王, 只管削弱. 自武帝以下, 直至魏末, 無非剗削宗室, 至此可謂極矣. 晉武起, 盡用宗室, 皆是因其事勢, 不得不然." ▲[306] "本朝監五代[307], 藩鎭兵也收了, 賞罰刑政, 一切都收了. 然州郡一齊困弱, 靖康之禍, 寇盜所過, 莫不潰散, 亦是失斟酌所致. 又如熙・寧[308]變法, 亦是當苟且惰弛之餘, 勢有不容已者, 但變之自不中道."【賀孫】

24:145 先生謂"▲[309] 諸公看繼周者是秦, 果如夫子之言否?" 皆對以爲秦不能繼周, 故所因所革皆不可考. 曰: "若說秦不能繼周, 則夫子之言不是始得. 夫子分明說'百世可知.' 看秦將先王之法一切掃除了, 然而所謂三綱・五常, 這箇不曾泯滅得. 如尊君卑臣, 損周室君弱臣強之弊, 這自是有君臣之禮. 如立法說父子兄弟同室內息者皆有禁之類, 這自是有父子兄弟夫婦之禮, 天地之常經. 自商繼夏, 周繼商, 秦繼周以後, 皆變這箇不得. 秦之所謂損益, 亦見得周末許多煩文縟禮

304) ▲: 問: "其所闕者宜益, 其所多者宜損, 固事勢之必然. 但聖人於此處得恰好, 其他人則損益過差了." 曰:

305) ▲: 周

306) ▲: 賀孫問: "本朝大勢是如何?" 曰:

307) 本朝監五代: 徽州本에서는 이 뒤에 藩鎭之弊遂盡削이 더 들어 있다.

308) 寧: 賀本에서는 甯으로 되어 있다.

309) ▲: '繼周百世可知',

如此, 故直要損其太過, 益其欠處, 只是損益得太甚. 然亦是事勢合到這裏, 要做箇直截世界, 做箇沒人情底所爲. 你才犯我法, 便死, 更不有許多勞勞攘攘. 如議親, 議賢, 議能, 議功之類, 皆不消如此, 只是白直做去, 他亦只爲苟簡自便計. 到得漢興, 雖未盡變亡秦之政, 如高·文之寬仁恭儉, 皆是因秦之苛刻驕侈而損益其意也. 大綱恁地寬厚, 到後便易得廢弛, 便有强臣簒奪之禍. 故光武起來, 又損益前後[310]之制, 事權歸上, 而激厲士大夫以廉恥."【賀孫】

「非其鬼而祭之章」

24:146 ▲[311] 上得以兼乎下, 下不得以兼乎上▲[312] 庶人而祭五祀, 大夫而祭山川, 諸侯而祭天地, 此所謂"非其鬼"也.【僩】

24:147 ▲[313]如今人祭甚麽廟神, 都是非其鬼." 問: "如用僧尼道士之屬, 都是非其鬼." 曰: "亦是." 問: "祭旁親遠族不當祭, 若[314]無後者則如之何?" 曰: "這若無人祭, 只得爲他祭. 自古無後者合當祭於宗子之家, 今何處討宗子. 看古禮今無存者, 要一一行之也難."【賀孫】

24:148 問: ▲[315]人家所當祭者, 只是祖先否?" 曰: "然." 又問: "土地山川之神, 人家在所不當祭否?" 曰: "山川之神, 季氏祭之尚以爲僭, 況士庶乎? 如土地之神, 人家卻可祭之. 『禮』云: '庶人立一祀, 或立戶, 或立竈.' 戶竈亦可祭也." 又問: "中霤之義如何?" 曰: "古人穴居,

---

310) 前後: 徽州本에서는 前漢으로 되어 있다.
311) ▲: "非其鬼而祭之", 如天子祭天地, 諸侯祭山川, 大夫祭五祀, 庶人祭其先,
312) ▲: 也.
313) ▲: 問: "'非其鬼而祭之', 如諸侯僭天子, 大夫僭諸侯之類. 又如士庶祭其旁親遠族, 亦是非其鬼否?" 曰: "是. 又
314) 若: 徽州本에서는 者로 되어 있다.
315) ▲: "'非其鬼而祭之.' 尋常

當土室中開一竅取明, 故謂之中霤. 而今人以中堂名曰中霤者, 所以存古之義也." 又云: "中霤亦土地之神之類. 五祀皆室神也."【燾】

24:149 問: "'見義不爲無勇', 莫是連上章[316]意否?" 曰: "不須連上句[317]. 自說凡事見得是義, 便着做, 不獨說祭祀也."【賀孫】

24:150 ▲[318]問: "▲[319] 這亦不爲無所見, 但爲之不力, 所以爲無勇也." 曰: "固是見得是義而爲之不力, 然也是先時見得未分明. 若已見得分明, 則行之自有力. 這般處着兩下並看: 就'見義不爲'上看, 固見得知之而不能爲, 若從源頭上看下來, 乃是知之未至, 所以爲之不力."【賀孫 ○恪錄別出.】

24:151 ▲[320] 若論本原上看, 則只是知未至. 若知至, 則當做底事, 自然做將去."【恪】

---

316) 章: 賀本에서는 句로 되어 있다.
317) 不須連上句: 徽州本에서는 不須連上으로 되어 있다.
318) ▲: 子善
319) ▲: '見義不爲無勇',
320) ▲: 子善問"見義不爲無勇也." 曰: "此直說眼前事, 若見得合做底事, 且須勇決行之.

『朱子語類』 卷第二十五

「『論語』七」

「八佾篇」

「孔子謂季氏章」

25:1 季氏八佾, 止是多添人數, 未有明文, 故夫子就其事責之. 若三家「雍」徹, 則分明歌天子之詩, 故夫子引其詩以曉之.【人傑】

25:2 ▲[1] "季氏初心, 也須知其爲不安. 然見這八佾人數熱鬧, 便自忍而用之. 這便是遏絶天理, 失其初心也."【時擧】[2]

25:3 ▲[3]問[4]『集注』[5]兩說▲[6]. 曰: "▲[7]後說之意, 亦自當存, 蓋只此便是天理發處. 聖人言語, 固是旨意歸一. 後人看得有未端的處, 大率意義長者錄在前, 有當知而未甚穩者錄在後. ▲[8]

---

1) ▲: 問: "是可忍也, 孰不可忍也!"曰:
2) 【時擧】: 賀本에는 없다.
3) ▲: 子升
4) 問: 徽州本에서는 이 뒤에 季氏舞八佾章이 더 들어 있다.
5) 『集注』: 徽州本에서는 이 뒤에 中이 더 들어 있다.
6) ▲: 不同
7) ▲: 如今亦未見聖人之言端的是如何. 如
8) ▲: 如'放於利而行多怨', 或者又說求利而不得, 則自多怨天尤人. 此意亦自是. 但以意旨觀之, 人怨之說爲分曉, 故只從一說."【木之】

25:4 ▲[9]問: "▲[10] 後說恐未安. 聖人氣象似不如此暴露." 曰: "▲[11] 趙子欽亦疑此, ▲[12] 但聖人亦自有大段叵耐人處. 如孔子作『春秋』, ▲[13]大段叵耐, 忍不得處." 【賀孫】

25:5 問: "▲[14] 范氏▲[15] 莫是有不容忍之意否?" 曰: "只大概如此說, 不是有此意." 【時擧】

「三家者以雍徹章」

25:6 ▲[16] 問: "是成王賜周公?" 曰: "便是成王賜周公, 也是成王不是. 若武王賜之, 也是武王不是. 公道是成王賜, 便不敢道不是了[17]. 「雍」詩自是成王[18]之樂, 餘人自是用他不得. 武王[19]已自用不得了, 何況更用之於他人!" 【卓】

25:7 問: "▲[20]'成王之賜, 伯禽之受, 皆非▲[21].'" 曰: "使魯不曾用天子之禮樂, 則三家亦無緣見此等禮樂而用之." 【時擧】

25:8 問: "范氏以成王賜魯以天子禮樂, 惟用以祀周公於太廟, 非使

---

9) ▲: 居父
10) ▲: '是可忍也',
11) ▲: 前日見
12) ▲: 亦是.
13) ▲: 是
14) ▲: '是可忍也',
15) ▲: 謂季氏'罪不容誅',
16) ▲: 問"三家者以雍徹." 曰: "這箇自是不當用, 更無可疑."
17) 便不敢道不是了: 徽州本에서는 便是不敢道不是了로 되어 있다.
18) 成王: 英祖刊本·賀本에서는 武王이라고 되어 있다.
19) 武王: 英祖刊本·賀本에서는 成王이라고 되어 있다.
20) ▲: 「雍」徹, 程子謂
21) ▲: 也

魯君亦得以用之也. 不如伊川斷然便道成王不當賜, 伯禽不當受." 曰: "然. 范先生說書, 大抵言語寬, 所以至此."【榦】

25:9 "居是邦不非其大夫", 只是不議其過惡. 若大夫有不善, 合當諫正者, 亦不可但已. 孔子謂季氏八佾與三家「雍」徹之事, 又卻不然.【人傑】

「人而不仁如禮何章」

25:10 ▲22) "如禮樂何, 謂其不奈禮樂何也. '心中斯須不和不樂, 而鄙詐之心入之, 外貌斯須不莊不敬, 而慢易之心入之.' 既不和樂, 不莊敬, 如何行得禮樂!【儒用錄云: "不莊不敬, 不和不樂, 便是不仁. ▲23)】譬如不善操舟, 必不奈一舟何, 不善乘馬, 必不奈一馬何." ▲24)問: "禮樂是玉帛鐘鼓之文否?" 曰: "看其文勢, 卻是說玉帛鐘鼓之禮樂也."【人傑 ▲25).】

25:11 "人既不仁, 自是與那禮樂不相管攝. 禮樂雖是好底事, 心既不在, 自是呼喚他不來, 他亦不爲吾用矣. 心既不仁, ▲26) 如人身體痲木, 都不醒了, 自是與禮樂不相干事. 所以孟子說: '學問之道無他, 求其放心而已矣.' 只是一箇求放心, 更無別工夫." ▲27)

---

22) ▲: 或問: "人而不仁, 如禮何! 人而不仁, 如樂何!" 曰:

23) ▲: 暴慢鄙詐, 則無如禮樂何矣."

24) ▲: 又

25) ▲: ○ 儒用同

26) ▲: 便是都不醒了.

27) ▲: 或曰: "初求放心時, 須是執持在此, 不可令他放." 曰: "也不用擒捉他, 只是要常在這裏." 或曰: "只是常常省察照管得在, 便得, 不可用心去把持擒捉他." 曰: "然. 只知得不在, 才省悟, 便在這裏." 或曰: "某人只恁擒制這心, 少間倒生出病痛, 心氣不定." 曰: "不是如此. 只是要照管常在此, 便得."

25:12 問: "禮者, 天理之節文, 樂者, 天理之和樂. 仁者, 人心之天理. 人心若存得這天理, 便與禮樂湊合得著, 若無這天理, 便與禮樂湊合不着." 曰: "固是. 若人而不仁, 空有那周旋百拜, 鏗鏘鼓舞, 許多撈[28]攘, 當不得那禮樂."【燾】

25:13 ▲[29]

25:14 ▲[30]今莫說"八佾"·"「雍」徹", 是無如禮樂何. 便教季氏用四佾以祭, 也無如禮樂何, 緣是他不仁了.【夔孫】

25:15 ▲[31]問: ▲[32] 是無惻隱之心, ▲[33]." 曰: "此仁是指全體而言, 不是指惻隱."【可學】

25:16 ▲[34]問: "'人而不仁', 與'不能以禮讓爲國', ▲[35] 意同否?" 曰: "'人而不仁', 是以仁對禮樂言. '不以禮讓', 是以禮之實對禮之文言. 能以遜讓爲先, 則人心感服, 自無乖爭陵犯之風."【恪】

25:17 ▲[36] "禮是恭敬底物事, 爾心中自不恭敬, 外面空做許多般模樣, 樂是和樂底物事, 爾心中自不和樂, 外面强做和樂, 也不得. 心裏不恁地, 外面强做, 終是有差失. 縱饒▲[37]無[38]差失, 也只表裏不相

---

28) 撈: 賀本에서는 勞로 되어 있다.
29) ▲: "人而不仁", 則其心已不是, 其心旣不是, 便用之於禮樂, 也則是虛文, 決然是不能爲. 心旣不正, 雖有鐘鼓玉帛, 亦何所用!【卓】
30) ▲: "人而不仁, 如禮何"! 而
31) ▲: 蜚卿
32) ▲: "'人而不仁, 如禮何'!
33) ▲: 則禮樂皆爲虛文
34) ▲: 希眞
35) ▲: 皆曰'如禮何'!
36) ▲: 或問: "『集注』云'禮樂不爲之用', 如何?" 曰:
37) ▲: 做得

應, 也不是禮樂."【『集注』】

25:18 ▲[39] 譬如無狀之人去讀『語』·『孟』·六經. 『語』·『孟』·六經自是『語』·『孟』·六經, 與他卽無干涉, 又安得爲之用!"【時學】

25:19 ▲[40] "'其如禮樂何哉', 是奈他不下, 禮樂不爲之用也, 是不爲我使, 我使他不得. ▲[41] 又曰: "觀天子之禮於魯·宋. 宋是二王後, 有天子之禮. 當時諸侯皆不識天子之禮, 皆於魯·宋觀之."【節】

25:20 "仁者, 天下之正理." 只是汎說, 不是以此說仁體. 若曰"義者, 天下之正理, 也得."【義剛】

25:21 問"仁者, 天下之正理." 曰: "說得▲[42]太寬. 須是說仁是本心之全德, 便有箇天理在. 若天理不在, 人欲橫肆, 如何得序而和!"【時學】

25:22 程子說▲[43] 固好, 但少疏, 不見得仁. 仁者, 本心之全德. 人若本然天理之良心存而不失, 則所作爲自有序而和. ▲[44]【銖】

25:23 問"仁者, 天下之正理"[45]. 曰: "▲[46] 如義, 亦可謂天下之正理,

---

38) 無: 賀本에서는 不로 되어 있다.

39) ▲: "『集注』云'禮樂不爲用', 是如何?" 曰: "不仁之人, 渾是一團私意, 自不柰那禮樂何. 禮樂須是中和溫厚底人, 便行得. 若不仁之人, 與禮樂自不相關了.

40) ▲: 或問"人而不仁"注下數語. 曰:

41) ▲: 雖玉帛交錯, 不足以爲禮, 雖鐘鼓鏗鏘, 不足以爲樂. 雖有禮而非禮, 雖有樂而非樂." 因言"季氏, 當初成王不賜, 伯禽不受, 則後人雖欲僭, 亦無樣子, 他也做不成."

42) ▲: 自好, 只是

43) ▲: "仁者, 天下之正理",

44) ▲: 若此心一放, 只是人欲私心做得出來, 安得有序, 安得有和!

45) 問"仁者, 天下之正理": 徽州本에서는 節問: "程子曰'仁者, 天下之正理', 如何答?"

禮, 亦可謂天下之正理." ▲47)

25:24 問: "▲48) 不仁之人, 心德旣亡, 方寸之中, 絶無天理. 平日運量酬酢, 盡是非僻淫邪之氣, ▲49)此等人, 雖周旋於玉帛交錯之間, 鐘鼓鏗鏘之際, 其於禮樂判爲二物, 如猿狙衣周公之服▲50) 伊川所謂▲51)所謂正理, 卽心之德也. 若天理不亡, 則見得禮樂本意, 皆是天理中發出來, 自然有序而和. 若是胸中不有正理, 雖周旋於禮樂之間, 但見▲52)無序與不和, ▲53)." 曰: "只是如此."【南升】

25:25 問: "▲54) 據李氏之說, 則指在外之禮樂言之, 如玉帛鐘鼓之類. 程先生所謂'無序而不和', 卻是主在內者言之, ▲55)?" 曰: "兩說只是一意. 緣在我者無序而不和, 故在外之禮樂亦不爲我用." 又問: "仁義禮智, 皆正理也, 而程子獨以仁爲天下之正理, ▲56)" 曰: "▲57)程子

으로 되어 있다.

46) ▲: 此說太寬.

47) ▲: 又問: "仁是合知覺與理而爲之與, 捨知覺而爲之與?" 曰: "仁自是知覺." 又問: "知覺是仁中之一件否?" 久之, 曰: "生底是仁." 又曰: "仁義禮智是四箇根子, 惻隱·羞惡·恭敬·是非是根上所發底苗." 又曰: "生是元, 長是亨, 收斂是利, 藏是貞, 只是一氣. 理無形, 故就氣上看理, 也是恁地." 次日, 又曰: "仁是根, 愛是苗." 又曰: "古人言仁, 多以慈詳愷悌. 易則曰: '安土敦乎仁, 故能愛.' 何嘗以知覺爲仁!"又曰: "程子曰'仁是理', 此說太寬. 如曰'偏言則一事, 專言則包四者', 此說卻是緊要底." 問: "仁如何包四者?" 曰: "易便說得好: '元者, 善之長.' 義禮知莫非善, 這箇卻是善之長." 又曰: "義禮知無仁, 則死矣, 何處更討義禮知來?" 又曰: "如一間屋分爲四段, 仁是中間緊要一段. 孟子言'仁人心, 義人路', 後不言義者, 包義在其中. 如'克己復禮爲仁', 亦是恁地."【節】

48) ▲: 仁者, 心之德也.

49) ▲: 無復本心之正. 如

50) ▲: 一般, 其如禮樂何!

51) ▲: '仁者, 天下之正理. 失正理, 則無序而不和.'

52) ▲: 得私意擾擾, 所謂升降揖遜, 鏗鏘節奏, 爲何等物! 不是禮樂

53) ▲: 是他自見得無序與不和, 而禮樂之理自在也

54) ▲: '人而不仁, 如禮樂何'!

55) ▲: 如何

56) ▲: 如何?

▲58)且恁寬說." 曰: "是59)以其專言者言之否?" 曰: "也是如此."【廣】

25:26 問: "『集注』▲60)游氏則言心, 程氏主理, 李氏謂'待人而後行.'" ▲61) 曰62): "仲思以爲如何?" 曰63): "此正'苟非其人, 道不虛行'之意. 蓋心具是理, 而所以存是心者, 則在乎人也." 曰: "恁地看, 則得之."【道夫】

25:27 問: "呂氏曰: '禮樂之情, 皆出於仁.' 此語似好." 曰: "大概也只是如此." ▲64)

○65) 今須將聖賢言仁處, 就自家身上思量, 久之自見. 『記』曰: '兩君相見, 揖讓而入門, 入門而縣興, 揖讓而陞66)堂, 陞67)堂而樂闋. 下管象武, 夏籥序興, 陳其薦俎, 序其禮樂, 備其百官, 如此而後君子知仁焉.' 又曰: '賓入大門而奏「肆夏」, 示易以敬也. 卒爵而樂闋, 孔子屢嘆68)之.'" 道夫曰: "如此, 則是合正理而不紊其序, 便是仁." 曰: "恁地精69), 終是血脈不貫, 且反復熟看."【道夫】

---

57) ▲: 便是
58) ▲: 之說有太寬處, 此只是
59) 是: 徽州本에서는 이 앞에 莫이 더 들어 있다.
60) ▲: 擧三說: 若
61) ▲: 曰: "所疑者何?" 曰: "今觀前二說, 與後說不相似."
62) 是以其專言者言之否: 徽州本에서는 이 앞에 先生顧道夫가 더 들어 있다.
63) 曰: 徽州本에서는 道夫曰로 되어 있다.
64) ▲: 問: "游氏曰: '人而不仁, 則人心亡矣, 如何?" 曰: "此說好." 問: "曾見先生說'仁者, 心之德.' 義禮智皆心之德否?" 曰: "都是. 只仁是箇大底." 問: "謝氏曰: '未能顚沛造次由於是, 故如禮何! 未能不憂, 故如樂何!' 似說得寬." 曰: "他只似做時文用故事, 也不必恁地." 問: "程先生尹先生皆以仁爲正理, 如何是正理?" 曰: "只是正當底道理."【榦 ○『集義』】
65) ○: 『朱子語類』의 81:161의 일부이다.
66) 陞: 賀本에서는 升으로 되어 있다.
67) 陞: 賀本에서는 升으로 되어 있다.
68) 嘆: 賀本에서는 歎으로 되어 있다.
69) 精: 成化本·徽州本·賀本에서는 猜로 되어 있다.

「林放問禮之本章」

25:28 問: ▲[70] 如何是禮之全體?" 曰: "兼文質本末言之." 曰: "後面只以質爲禮之本, 如何又說文質皆備?" 曰: "有質則有文, 有本則有末. 徒文而無質, 如何行得? 譬如樹木, 必有本根, 則自然有枝葉華實. 若無本根, 則雖有枝葉華實, 隨卽萎落矣."【廣】

25:29 ▲[71]問: "'▲[72]問禮之本', 而▲[73]幷以喪告之, 何也?" 曰: "喪亦是禮. 奢底是禮之吉者, 喪是禮之凶者[74]."【節】

25:30 ▲[75] "問禮不過吉凶二者而已. 上句泛以吉禮而言, 下句專指凶禮而言. ▲[76]儉戚亦只是禮之本而已. 及其用也, 有當文時, 不可一向以儉戚爲是, 故曰: '品節斯, 斯之謂禮', 蓋自有箇得中恰好處."【淳】[77]

25:31 ▲[78]冠昏[79]祭祀, 皆是禮, 故皆可謂'與其奢也寧儉.' 惟喪禮獨不可, 故言'與其易也寧戚.' ▲[80] 喪者, 人情之所不得已. 若習治其禮有可觀, 則是樂於喪, 而非哀戚之情也, 故『禮』云: '喪事欲其縱縱爾[81].'"【卓】

---

70) ▲: "'林放問禮'章, 先生謂'得其本, 則禮之全體無不在其中',
71) ▲: 林聞一
72) ▲: 林放
73) ▲: 孔子
74) 者: 徽州本에서는 이 뒤에 冠婚喪祭皆是禮가 더 들어 있다.
75) ▲: 辛適正問: "'林放問禮之本', 何故只以喪禮答之?" 曰:
76) ▲: 然此章大意不在此, 須看問答本意. 孔子只是答他問禮之本, 然
77) 【淳】: 賀本에서는【僩】으로 되어 있다.
78) ▲: 問"喪與其易也, 寧戚." 曰: "其他
79) 昏: 賀本에서는 婚으로 되어 있다.
80) ▲: 易者, 治也, 言治喪禮至於習熟也.
81) 爾: 徽州本에서는 이 뒤에 吉事欲其提提爾가 더 들어 있다.

25:32 ▲[82] “古人做物滑淨, 無些礙處, 便是易. 在禮, 只是太滑熟了. 生固無誠實, 人纔太滑熟, 亦便少誠實.” ▲[83] 文飾都是後來事. 喪初頭只是戚, 禮初頭只是儉. 當初亦未有那儉, 儉是對後來奢而言之, 蓋追說耳. 如堯土堦[84]三尺, 當初只是恁地, 不是爲儉, 後來人稱爲儉爾[85]. 東坡說忠・質・文, 謂當初亦未有那質, 只因後來文, 便稱爲質. 孔子曰: ‘從先進.’ 周雖尙文, 初頭尙自有些質在.” 曰: “三綱・五常亦禮之本否?” 曰: “初頭亦只有箇意耳. 如君臣亦只是箇誠敬而已, 未有許多事.” 【淳】

25:33 ▲[86] 儉戚是根, 有這根然後枝葉自發出來.” ▲[87]

○[88] 問: “戚是此心自然發出底, 儉又不類.” 曰: “儉亦不是故意儉, 元初且只有汙樽抔飮之類.” ▲[89]問: “先生舊說, 儉戚且是近本.” 曰: “對奢・易言之, 且得說▲[90]是本. 若論禮之本, 則又在儉・戚之前. 未用如此說▲[91].” 【時舉】

25:34 ▲[92]

25:35 問: “▲[93] 儉・質[94]是由中.” 曰: “▲[95] 天下事, 那一件不由

---

82) ▲: 問: “‘喪與其易也寧戚’, 注易爲治, 何也?” 曰:
83) ▲: 曰: “夫子何故只以儉戚答禮之本?” 曰: “初頭只是如此, 未有後來許多文飾,
84) 堦: 賀本에서는 階로 되어 있다.
85) 爾: 賀本에서는 耳로 되어 있다.
86) ▲: 問“禮之本.” 曰: “初間只有箇儉戚, 未有那文.
87) ▲: 又
88) ○: 『朱子語類』의 25:33을 『小分』에서는 별도의 항목으로 나누었다.
89) ▲: 毅父
90) ▲: 儉・戚
91) ▲: 得
92) ▲: 奢・易過於文, 儉・戚則不及而質. 與其過也, 寧不及, 不及底可添得. 【夔孫】
93) ▲: ‘林放問禮之本’一章, 某看來, 奢・易是務飾於外,

心做. 但儉・質[96]底發未盡在, 奢・易底發過去了, 然都由心發. 譬之於花, ▲[97]儉・質[98]底▲[99]猶花之未全開, 奢・易底▲[100]猶花之離披者. 且如人之居喪, 其初豈無些哀心, 外面裝點得來過當, 便埋沒了那哀心. 人之行禮, 其初豈無些恭敬之心, 亦緣他裝點得來過當, 便埋沒了那恭敬之心. 而今人初以書相與, 莫不有恭敬之心. 後來▲[101]得禮數重復, 使人厭煩, 那恭敬之心便埋沒了." ▲[102] "易, 只是習得來熟, 似歡喜去做, 做得來手輕足快, 都無那惻怛不忍底意思." 因擧「檀弓」"喪事欲其縱縱耳[103]"與「曲禮」"喪事先遠日", 皆是存惻怛不忘之意也. 【燾】

25:36 ▲[104] "林放若問禮之大體, 便包得闊. 今但問本, 似未爲大. 然當時習於繁文, ▲[105] 更不知有那實處. 故放問, 而夫子大之, 想是此問大段契夫子之心. 蓋有那本時, 文便在了. 若有那文而無本, 則豈得爲禮! ▲[106] 如楊氏'汙罇[107]抔飮'之說, 他是就儉說, 卻不甚親切. 至於'喪不可以徑行直情'一句, 大覺文意顚倒. 後面云'則其本戚而已', 卻似與前面無收殺. 此須是說居喪先要戚, 然卻不可無衰麻哭踊之數

---

94) 質: 英祖刊本・賀本에서는 戚으로 되어 있다.
95) ▲: 也如此說不得.
96) 質: 英祖刊本・賀本에서는 戚으로 되어 있다.
97) ▲: 只是一箇花心, 卻有開而未全開底, 有開而將離披底. 那
98) 質: 英祖刊本・賀本에서는 戚으로 되어 있다.
99) ▲: 便
100) ▲: 便
101) ▲: 行
102) ▲: 或問: "'易'字, 『集注』引孟子'易其田疇'之'易', 是習熟而平易之意否?" 曰:
103) 耳: 賀本에서는 爾로 되어 있다.
104) ▲: 胡叔器說"林放問禮之本"一章. 曰:
105) ▲: 人但指此爲禮,
106) ▲: '易其田疇'之說, 蓋由范氏'喪易而文'之語推之. 治田者須是經犂經耙, 治得窒礙, 方可言熟也. 若居喪習熟於禮文, 行得皆無窒礙, 則哀戚必不能盡, 故曰'不若戚而不文之愈也.'
107) 罇: 賀本에서는 樽으로 되어 있다.

以爲之節, 如此說, 方得. 今卻說得衰麻哭踊似是先底, 卻覺語意不完. ▲108) 卻是范氏'儉者, 物之質, 戚者, 心之誠'二語好." 又曰: "人只習得那文飾處時, 自是▲109)忘了那朴實頭處, 如'巧言令色鮮矣仁'之類."【義剛】

25:37 楊氏謂禮始諸飮食燔炙. 言禮之初, 本在飮食. 然其用未具, 但以火熾石, 其石旣熱, 卻以肉鋪其上, 熟而食之, 安有鼎俎籩豆也! 然方其爲鼎俎之始, 亦有文章, 雕鏤煩而質滅矣, 故云"與奢寧儉." 又云: "楊說'喪不可直情而徑行.' 此一語, 稍傷那哀戚之意. 其意當如上面'始諸飮食'之語, 謂喪主於哀戚, 爲之哭泣擗踊, 所以節之, 其本則戚而已."【楊氏語多如此, 所以取彼處亦少. ○子蒙】

25:38 ▲110)

25:39 ▲111)

「夷狄之有君章」

25:40 問: "▲112) 程氏注似專責在下者陷無君之罪, 尹113)氏注似專

108) ▲: 龜山說話多如此, 不知如何.

109) ▲: 易

110) ▲: 問: "'林放問禮之本.' 夫禮貴得中, 奢・易則過於文, 儉・戚則不及而質, 皆未爲合禮. 然質乃禮之本, 過於文則去本已遠. 且禮之始, 本諸飮食, '汙樽而抔飮, 蕢桴而土鼓', 豈不是儉. 今若一向奢而文, 則去本已遠, 故寧儉而質. 喪主於哀戚, 故立衰麻哭踊之數以節之. 今若一向治其禮文, 而無哀戚之意, 則去本已遠, 故寧戚而質, 乃禮之本." 曰: "也只是如此."【南升】

111) ▲: 問: "易, 乃慢易, 如何范氏以爲'喪易而文'?" 曰: "易也近文. '易'字訓治, 不是慢易・簡易之'易.' 若是慢易・簡易, 聖人便直道不好了, 知何更下得'與其'字, 只此可見."【榦】

112) ▲: '夷狄之有君'一章,

113) 尹: 賀本에서는 君으로 되어 있다.

責在上者不能盡爲君之道▲114)" 曰: "只是一意. 皆是說上下僭亂, 不能盡君臣之道, 如無君也." 【義剛】

25:41 ▲115)

25:42 問: "范氏·呂氏皆以爲夷狄有君而無禮義, 不如諸夏之無君而有禮義, 恐未當." 曰: "不知他如何恁地說. 且如聖人恁地說時, 便有甚好處! 不成中國無君恰好!" 問: "亡, 莫只是有無君之心否?" 曰: "然." 【榦】

「季氏旅於泰山章」

25:43 ▲116) "天子祭天地, 諸侯祭其國之山川, 只緣是他屬我, 故我祭得他. 若不屬我, 則氣便不與之相感, 如何祭得他." 因擧太子申生"秦將祀予"事. 【時擧】

25:44 問"曾謂泰山, 不如林放乎"! 曰: "聖人也不▲117)是故意爲季氏說. 只是據事說, 季氏聞之自當止." 【時擧】 118)

「君子無所爭章」

25:45 ▲119)射有勝負, 是相爭之地, 而猶若此, 是不爭也. 語勢是如

114) ▲: , 何如?
115) ▲: "夷狄之有君, 不如諸夏無君且勝之者." 此說無意義. 【振】
116) ▲: 問"季氏旅於泰山"一段. 曰:
117) ▲: 曾
118) 【時擧】: 賀本에는 없고, 徽州本에서는 이 뒤에 【事見僖公十一年狐突云云.】이 더 들어 있다.
119) ▲: 問"君子無所爭"章. 曰: "'君子無所爭', 必於射見之. 言

此."【南升】

25:46 "其爭也君子", 言爭得來也君子.【銖】

25:47 問: "▲[120] 只是橫渠說, 爭爲辭遜底否?" 曰: "然. 畢竟是爲君子之爭, 不爲小人之爭."【榦】

「巧笑倩兮章」

25:48 "素以爲絢", 不知是何詩. 若以爲今「碩人」詩, 則章句全. 且此一句最有理, 亦不應刪去. 因說"古人繪事, 未必有今人花巧. 如'雲'字・'雷'字, 見『筆談』."【螢 ○去僞同.】

25:49 問[121]: "伊川云'美質待禮以成德, 猶素待繪以成絢', 卻似有質須待禮, 有素須待絢." 曰: "不然. 此質卻重."【螢】

25:50 ▲[122]人有好底姿容材質, 又有口輔之美, 盼倩之佳, 所以表其質也. 此見素以爲質, 而絢以文之也. "起予"之義者, 謂孔子言繪事後素之時, 未思量到禮後乎處, 而子夏首以爲言, 正所以啓發夫子之意. 非謂夫子不能, 而子夏能之以教夫子也.【子蒙】

25:51 因論"起予者商", "回非助我"等處, 云: "聖人豈必待二子之言, 而後有所起[123]發耶! 然聖人胸中雖包藏許多道理, 若無人叩擊, 則終是無以[124]發揮於外. 一番說起, 則一番精神也."【柄】

---

120) ▲: '其爭也君子',
121) 問: 徽州本에서는 이 뒤에 素以爲絢諸說不同이 더 들어 있다.
122) ▲: "素以爲絢", 言
123) 起: 賀本에서는 啓로 되어 있다.

「夏禮吾能言之章」

25:52 問: "'夏禮吾能言之', 所謂禮, 是說制度文章, 不是說三綱·五常, ▲125)否?" 曰: "這也只是說三綱·五常." 問: "'吾能言之', 是言甚事?" 曰: "聖人也只說得大綱, 須是有所證, 方端的.'是126)則吾欲證之.' 證之, 須是杞·宋文獻足, 方可證. 然又須是聖人, 方能取之以證其言. 古禮今不復存. 如『周禮』, 自是紀載許多事. 當時別自有箇禮書, 如云'宗伯掌邦禮', 這分明自有禮書·樂書, 今亦不可見." 【賀孫】

25:53 問"文·獻." 曰: "只是典籍·賢人. 若以獻作法度, 卻要用這'憲'字." 問: "'徵'字訓'成'字如何?" 曰: "也有二義. 如此, 只是證成之, 故魏徵字'玄成.'" 又曰: "這一段, 『中庸』說得好, 說道'有宋存焉', 便見得杞又都無了. 如今『春秋傳』中, 宋猶有些商禮在." 【榦】

25:54 ▲127)問: ▲128)是時文獻不足, 孔子何從知得?" 曰: "聖人自是生知聰明, 無所不通. 然亦是當時'賢者識其大, 不賢者識其小.' 孔子廣詢博問, 所以知得. 杞國最小, 所以文獻不足. 觀『春秋』所書, 杞初稱侯, 已而稱伯, 已而稱子. 蓋其土地極小, 財賦不多, 故寧甘心自降爲子·男之國, 而其朝覲貢賦, 率以子·男之禮從事. 聖人因其實書之, 非貶之也." 【僩】

25:55 ▲129)

---

124) 無以: 賀本에서는 無로 되어 있다.
125) ▲: 如前答子張所問者
126) 是: 賀本에서는 足으로 되어 있다.
127) ▲: 或
128) ▲: "孔子能言夏·殷之禮而無其證.
129) ▲: 問: "'夏禮吾能言之'章, 以『中庸』參看, 殷猶可考, 夏之文獻不足尤甚." 曰: "杞國最小, 所以文獻不足. 觀『春秋』所書, 初稱侯, 已而稱伯, 已而稱子, 蓋其朝覲貢賦之屬, 率以子·男之禮從事. 聖人因其實而書之, 非貶之也. 如滕國亦

「禘自既灌而往者章」

25:56 禘, 只祭始祖及所自出之帝. 祫, 乃合群廟皆在. 當以趙匡之說爲正.【從周 ○方子錄云"所自出之帝無廟."】

25:57 "程先生說: '禘, 是禘其始祖之所自出, 併群廟之主皆祭之. 祫, 則止自始祖而下, 合群廟之主皆祭之.' 所謂禘之說, 恐不然. 故『論語集解』中止取趙伯循之說." 廣云[130]: "觀'禘祫'兩字之義亦可見." 曰: "禘, 只是王者旣立始祖之廟, 又請他那始祖之尊長來相熱樂相似."【廣】

25:58 ▲[131]問: ▲[132]『集注』有兩意." 曰: "這其實也只說旣灌而往不足觀. 若'不王不禘', 而今自着恁地說將來. 其實這一句只說灌以後不足觀." ▲[133] 25:59 ▲[134] 諸家多云, 魯躋僖公, 昭[135]穆不順, 故聖

小, 隱十一年來朝書侯, 桓二年來朝書子. 解者以爲桓公弑君之賊, 滕不合朝之, 故貶稱子. 某嘗疑之, 以爲自此以後一向書子, 使聖人實惡其黨惡來朝之罪, 則當止貶其一身. 其子孫何罪, 一例貶之, 豈所謂'惡惡止其身'耶! 後來因沙隨云: '滕國至小, 其朝覲貢賦, 不足以附諸侯之大國, 故甘心自降爲子. 子孫一向微弱, 故終春秋之世, 常稱子, 聖人因其實而書之耳.' 故鄭子産嘗爭貢賦之次, 曰: '昔天子班貢, 輕重以列. 鄭伯, 男也, 而使從公·侯之貢, 懼弗給也, 敢以爲請.' 即其事也. 春秋之世, 朝覲往來, 其禮極繁. 大國務呑幷, 猶可以辦. 小國侵削之餘, 何從而辦之. 其自降爲子, 而一切從省者, 亦何足怪! 若謂聖人貶人, 則當時大國滅典禮, 叛君父, 務呑幷者, 常書公, 書侯. 不貶此, 而獨責備於不能自存之小國, 何聖人畏强陵弱, 尊大抑小, 其心不公之甚! 故今解春秋者, 某不敢信, 正以此耳."【胡泳】

130) 廣云: 徽州本에서는 謂主者旣立始祖之廟, 又推始祖所自出之帝, 祀之於始祖之廟, 而以始祖配之也.라고 되어 있다.

131) ▲: 仁父

132) ▲: "'禘自既灌而往者, 吾不欲觀之.'

133) ▲: 又云: '觀, 盥而不薦, 有孚顒若, 下觀而化也.' 這盥, 自與灌不同. 灌, 是以秬鬯之酒灌地以降神. 這盥, 只是洗手. 凡祭祀數數盥手, 一拜則掌拊地, 便又著洗. 伊川云: '人君正其表儀, 以爲下民之觀, 當莊嚴如始盥之初, 勿使誠意少散如旣薦之後.' 某看觀卦意思, 不是如此. 觀義自說聖人至德出治, 天下自然而

人不欲觀. ▲136)?" 曰: "禘是於始祖之廟推所自出之帝, 設虛位以祀之, 而以始祖配, 卽不曾序昭穆. 故周禘帝嚳, 以后稷配之. 王者有禘有祫, 諸侯有祫而無禘, 此魯所以▲137)失禮也."【時擧】

25:60 問: "呂氏以未盥之前, 誠意交於神明, 旣灌而後, 特人事耳. ▲138)?" 曰: "▲139) 聖人制禮, 要終始皆盡誠, 不必如此說."【榦】

25:61 ▲140)問: "知其說者之於天下者141)也, 其如示諸斯乎!"曰: "此尙明得, 何況其他! 此尙感得, 何況其他!"【節】

25:62 ▲142) "禘是祭之甚遠甚大者. 若其他四時之祭及祫祭, 祭止於太祖. 若禘, 又祭其祖之所自出, 如祭后稷, 又推后稷上一代祭之, 周人禘嚳是也. '禮, 不王不禘.' 禘者, 祭其祖之所自出, 而以祖配之. 蓋無廟而祭於祖廟, 所以難以答或人. 固是魯禘非禮, 然事體大, 自是難說. 若主祭者須是極其誠意, 方可感格."【賀孫】

25:63 問: "▲143)祭祀之事, 以吾身而交於鬼神, 最是大事. 惟仁則不死其親, 惟孝則篤於愛親. 又加之誠敬以聚集吾之精神, 精神旣聚, 所謂'祖考精神, 便是吾之精神', 豈有不來格者!144)" 曰: "看得文字皆

化, 更不待用力, 而下莫不觀感而化, 故取義於盥. 意謂積誠之至, 但是盥滌而不待乎薦享, 有孚已自顒若, 故曰'下觀而化也.'" 蔡季通因云: "'盥而不薦, 有孚顒若', 言其理也, '下觀而化', 述其德也."【賀孫】

134) ▲: 問: "禘之說,

135) 昭: 徽州本에서는 이 앞에 於閔公之上이 더 들어 있다.

136) ▲: 如何

137) ▲: 爲

138) ▲: 如何

139) ▲: 便是有這一說, 道是灌以前可觀, 以後不必觀.

140) ▲: 李公晦

141) 者: 賀本에는 없다.

142) ▲: 器之問: "禘之說, 治天下如指諸掌, 恐是至誠感動之意." 曰:

143) ▲: '或問禘之說', 『集注』所謂'非仁孝誠敬之至, 不足以與此', 何也? 蓋

好."【南升】[145]

25:64 禘是追遠之中又追遠, 報本之中又報本. 蓋人於近親曾奉養他底, 則誠易感格, 如思其居處言笑, 此尚易感. 若太遠者, 自非極其至誠不足以格之, 所以難下語答他. 此等處, ▲[146] 在『論語』中爲大節目. 又曰: "聖人制祭祀之意深遠, 非常人所能知. 自祖宗以來, 千數百年, 元是這一氣相傳. 德厚者流光[147], 德薄者流卑. 但法有止處, 所以天子只得七廟, 諸侯五, 大夫三. 此是法當如此. 然聖人之心猶不滿, 故又推始祖自出之帝, 以始祖配之. 然已自無廟, 只是祔於始祖之廟. 然又惟天子得如此, 諸侯以下不與焉. 故近者易感, 遠者難格. 若薄俗麤淺之人, 他誠意如何得到這裏! 不是大段見得義理分明底, 如何推得聖人報本反始之意如此深遠! 非是將這事去推那事. 只是知得此說, 則其人見得義理儘高, 以之觀他事, 自然沛然, 所以治天下不難也."【明作】

25:65 ▲[148]

25:66 問: "'知禘[149]之說, 則理無不明', ▲[150]?" 曰: "幽明只是一理. 若是於那渺茫幽深之間知得這道理, 則天下之理皆可推而明之矣."【恪】

---

144) 者: 徽州本에서는 이 뒤에 故曰: 知此說者, 則理無不明, 誠無不格, 其治天下不難矣가 더 들어 있다.

145)【南升】: 徽州本에서는【賀孫】으로 되어 있다.

146) ▲: 極要理會,

147) 光: 徽州本에서는 尊으로 되어 있다.

148) ▲: 叔共問禘之說. 曰: "尋常祭祀, 猶有捉摸. 到禘時, 則甚渺茫. 蓋推始祖之所自出者, 而祭之於始祖之廟, 以始祖配之, 其所禘者無廟無主, 便見聖人追遠報本之意, 無有窮已. 若非誠敬之至, 何以及此! 故'知禘之說, 則誠無不格', 此聖人所以難言也."【時擧】

149) 知: 徽州本에서는 이 앞에 或問禘之說章. 先生謂가 더 들어 있다.

150) ▲: 如何

25:67 ▲151)

25:68 ▲152)如郊天祀地, 猶有天地之顯然者, 不敢不盡其心. 至祭其始祖, 已自大段闊遠, 難盡其感格之道. 今又推其始祖之所自出而祀之, 苟非察理之精微, 誠意之極至, 安能與於此哉! 故知153)此, 則於治天下不難也."【木之】

25:69 ▲154)

25:70 ▲155)"天地陰陽生死晝夜鬼神, 只是一理. 若明祭祀鬼神之理, 則治天下之理, 不外於此. '七日戒, 三日齋156), 必見其所祭者', 故'郊焉則天神格, 廟焉則人鬼享.' 此可謂至微而難通者. 若能如此, 到得治天下, 以上感下, 以一人感萬民, 亦初無難者. 這鬼神生死之理, 卻怕157)上蔡見得. 看他說'吾之精神, 卽祖考之精神', 說得有道理. 如說'非其鬼而祭之'一段, 亦說得好."【賀孫】

---

151) ▲: 問: "'知禘之說, 則理無不明, 誠無不格, 治天下不爲難矣.' 先王報本反始之意, 雖莫深於禘, 如何纔知其說, 便能於理無所不明?" 曰: "此是理之至大者. 蓋人推至始祖, 則已極矣. 今又推始祖所自出之帝而祀焉, 則其理可謂窮深極遠矣. 非仁孝誠敬之至, 何以及此! 能知此, 則自然理無不明, 誠無不格, 於治天下眞不爲難矣."【廣】

152) ▲: 子升問禘之說. 曰: "禘之意最深長. 如祖考與自家身心未相遼絶, 祭祀之理, 亦自易理會. 至

153) 知: 賀本에서는 如로 되어 있다.

154) ▲: 問"'知禘之說, 則理無不明, 誠無不格, 而天下不難治.' 此只是說聖人窮盡物理, 而無一念之不實, 雖至幽至遠之神, 猶能感通, 則其治天下自是明且易否?" 曰: "此是說禘與他祭不同, 當看那'禘'字." 義剛言: "禘是祭始祖所自出之帝. 蓋遠而易忘, 人情所不追念者, 而乃能感而通之, 非仁孝誠敬之至, 孰能與此!"曰: "然."【義剛】

155) ▲: 仁父問: "'知禘之說, 則理無不明, 誠無不格, 治天下不難.' 如何?" 曰:

156) 齋: 『朱子語類』에서는 齊로 되어 있다.

157) 怕: 英祖刊本·賀本에서는 惟로 되어 있다.

25:71 ▲158)問: "以魯人僭, 故孔子不說否?" 曰: "也未必是如此. 不知, 只是不敢知." 或曰: "只是知得報本否?" 曰: "亦不專是如此. 『中庸』'明乎禘嘗之義, 治國其如示諸掌', 亦如此說. 蓋禘是箇大祭, 那裏有君臣之義, 有父子之親, 知得則大處是了, 便也自易." 曰159): "恐此只是旣知得報本, 又知得名分, 又知得誠意否?" 曰: "是. 此處游氏說得好. 「祭統」中說'祭有十倫', 亦甚好. 子細看, 方知得不是空言."【淳】

25:72 ▲160)

25:73 問: "魯之郊·禘, 自成王之賜, 伯禽之受不是了, 後世子孫合如何而改?" 曰: "時王之命, 如何敢改!" 曰: "恐不可自改, 則當請命於天王而改之否?" 先生首肯, 曰: "是."【淳】

「祭如在章」

25:74 問: "▲161) 人子固是盡誠以祭, 不知眞可使祖宗感格否?" 曰: "▲162) 只是一箇根苗▲163). 如樹已枯朽, 邊傍新根, 卽接續這正氣來."【寓】

25:75 ▲164)

---

158) ▲: 問: "知禘之說, 何故治天下便易?" 曰: "禘, 諸公說得也多頭項, 而今也見不得, 『集注』中且依約如此說." 或

159) 曰: 徽州本에서는 이 앞에 淳이 더 들어 있다.

160) ▲: 或問"禘之說." 曰: "謝氏云'全得自家精神, 便是祖考精神', 此說好. 苟能全得自家精神, 則'郊焉而天神格, 廟焉而人鬼享.'"【子蒙】

161) ▲: '祭如在',

162) ▲: 上蔡言: '自家精神, 卽祖考精神.' 這裏盡其誠敬, 祖宗之氣便在這裏,

163) ▲: 來

164) ▲: 或問"祭如在, 祭神如神在." 曰: "祭先主於孝, 祭神主於敬. 雖孝敬不同, 而如在之心則一. 聖人萬一有故而不得與祭, 雖使人代, 若其人自能極其恭敬, 固

25:76 ▲165) “祭先如在, 祭外神亦如神在. 愛敬雖不同, 而如在之誠則一. 吾不與祭, 而他人攝之, 雖極其誠敬, 而我不得親致其如在之誠, 此心終是闕然.” 【僩】

25:77 ▲166)

25:78 問: “▲167)“范氏▲168)‘有其誠則有其神, 無其誠則無其神’, ▲169) 曰: “誠者, 實也. 有誠則凡事都有, 無誠則凡事都無. 如祭祀有誠意, 則幽明便交, 無誠意, 便都不相接了.” 曰170): “如非所當祭而▲171). 若有是誠心, 還亦有神否?” 曰: “▲172)此處▲173)以當祭者而言. 若非所當祭底, 便待有誠意, 然這箇都已錯了.” 【淳】

25:79 問: “范氏云: ▲174) 恐是自家心裏以爲有便有, 以爲無便無.” 曰: “▲175) 如此卻是私意了. 這箇乃是自家欠了他底, 蓋是自家空在

無不可, 然我這裏自欠少了, 故如不祭.” 【時擧】

165) ▲: 正甫問“祭如在, 祭神如神在.” 曰:

166) ▲: “祭如在, 祭神如神在.” 此是弟子平時見孔子祭祖先及祭外神之時, 致其孝敬以交鬼神也. 孔子當祭祖先之時, 孝心純篤, 雖死者已遠, 因時追思, 若聲容可接, 得以竭盡其孝心以祀之也. 祭外神, 謂山林溪谷之神能興雲雨者, 此孔子在官時也. 雖神明若有若亡, 聖人但盡其誠敬, 儼然如神明之來格, 得以與之接也. “吾不與祭, 如不祭”, 孔子自謂當祭之時, 或有故而使人攝之, 禮雖不廢, 然不得自盡其誠敬, 終是不滿於心也. 范氏所謂“有其誠則有其神, 無其誠則無其神.” 蓋神明不可見, 惟是此心盡其誠敬, 專一在於所祭之神, 便見得“洋洋然如在其上, 如在其左右.” 然則神之有無, 皆在於此心之誠與不誠, 不必求之恍忽之間也. 【南升】

167) ▲: ‘祭神如神在’, 何神也?” 曰: “如天地・山川・社稷・五祀之類.” 曰:

168) ▲: 謂

169) ▲: 只是心誠則能體得鬼神出否?”

170) 曰: 徽州本에서는 問으로 되어 있다.

171) ▲: 祭, 則爲無是理矣

172) ▲: 神之有無也不可必, 然

173) ▲: 是

174) ▲: ‘有其誠則有其神, 無其誠則無其神.’

175) ▲: 若只據自家以爲有便有, 無便無,

這裏祭, 誠意卻不達於彼, 便如不曾祭相似." 【燾】

25:80 ▲176)問▲177): 虛空中無非氣. ▲178) 子孫盡其誠敬, 則祖考即應▲179). 還是虛空之氣▲180), 還是▲181)吾身之氣?" 曰: "只是自家之氣, 蓋祖考之氣與己連續." 【賀孫】

「與其媚於奧章」

25:81 "▲182) 緊要是'媚'字不好. ▲183) 他見夫子當時事君盡禮, 便道夫子媚奧. 故夫子都不答他, 只道▲184) 獲罪於天, 則無所禱也185). 何爲媚奧? 亦何爲媚竈! 逆理而動, 便獲罪於天." 問: "此兩句, 恐是時人有此語186), 故問曰: '何謂也?' "曰: "恐是如此." 【榦】

25:82 王孫賈庸俗之人, 見孔子在衛, 將謂有求仕之意, 欲孔子附己, ▲187) 彼亦須聞有孔子之聖, 但其氣習卑陋, 自謂有權可以引援得孔子也. "子曰'不然'"者, 謂媚奧與媚竈皆非也. 天下只有一箇正當道理. 循理而行, 便是天. 若稍違戾於理, 便是得罪於天, ▲188)言違道以干進, ▲189)得罪於至尊至大者, 可畏之甚, 豈媚時君與媚權臣所得而免

176) ▲: 子善
177) ▲: 鬼神: "范氏解'祭如在'云: '有其誠則有其神, 無其誠則無其神.'
178) ▲: 死者旣不可得而求矣,
179) ▲: 其誠
180) ▲: 自應吾之誠
181) ▲: 氣只是
182) ▲: 王孫賈之意, 欲夫子媚己.
183) ▲: 如夫子事君盡禮, 也何嘗是媚!
184) ▲: 是不如此,
185) 無所禱也: 『朱子語類』에서는 無所禱로 되어 있다.
186) 有此語: 賀本에서는 有語로 되어 있다.
187) ▲: 故有媚奧與媚竈之言.
188) ▲: 更無所禱告而得免其罪也. 猶

乎! 此是遜辭以拒▲190), 亦使之得聞天下有正理也.【南升】

25:83 ▲191)問: "▲192)『集注』▲193): '天卽理也.' 此指獲罪於蒼蒼之天耶, 抑得罪於此理也?" 曰: "天之所以爲天者, 理而已. 天非有此道理, 不能爲天, 故蒼蒼者卽此道理之天, 故曰: '其體卽謂之天, 其主宰卽謂之帝.' 如'父子有親, 君臣有義', 雖是理如此, 亦須是上面有箇道理教如此始得. 但非如道家說, 眞有箇'三淸大帝'着衣服如此坐耳!"【銖】

25:84 問: ▲194) 人若順理而行, 則心平氣和, 而自然安裕. 若悖理傷道, 非必有所謂天禍人刑, 而其胸次錯亂, 乖氣充積, 此卽是獲罪於天否?" 曰: "固是如此, 也不消說道心氣和平. 這也只見有爲惡幸免者, 故有此說. 然也不必說道有無人禍天刑. 卽是纔逆理, 便自獲罪於天."【賀孫】

25:85[195] ▲196)問竈陘. 曰: "想是竈門外平正可頓柴處."【義剛】

25:86 問"五祀皆設主而祭於所, 然後迎尸而祭於奧." 曰: "譬如祭竈,

---

189) ▲: 乃是
190) ▲: 王孫賈
191) ▲: 周
192) ▲: '獲罪於天',
193) ▲: 曰
194) ▲: "『注』云: '天卽理也. 逆理, 則獲罪於天矣.'
195) 25:85: 徽州本에서는 이 항목과 25:86의 問"五祀皆設主가 없고, 因說"與其媚於奧, 寧媚於竈", 問: "祭五祀皆有尸, 祀竈則以誰爲尸?" 先生曰: "今亦無可攷者, 但如墓祭則以冢人爲尸, 以此推之, 則祀竈之尸必是膳夫之類, 祀門之尸必是閽人之類. 又如祀山川則是虞衡之類." 問尸之坐立, 曰: "夏立尸, 商坐尸, 周旅酬之尸. 后稷之尸不旅酬." 問祭妣之尸, 曰: "婦人不立尸, 卻有明文." 又曰: "古者以先王衣服藏之廟中, 臨祭則出以衣尸. 如后稷之衣, 到周時恐已不在亦不可曉."【元秉】이라고 되어 있다.
196) ▲: 或

初設主於竈陘. 陘非可做好安排, 故又祭於奧以成禮. ▲[197] 但亦有不可曉者. 若被人▲[198]問以何人爲尸, 便曉不得. 五祀各有主, 未祭及祭畢, 不知於何處藏, 是無所考也."【賀孫】

「周監於二代章」

25:87 周公制成周一代之典, 乃是[199]夏・商之禮而損益之. 故三代之禮, 其實則一, 但至周而文爲大備, ▲[200]【南升】

25:88 夫子得志, 大概從周處多.【道夫】

25:89 ▲[201]法令自略而日入於詳, 詳者, 以其弊之多也, 旣詳則不可復略. 今法令明備, 猶多姦宄, 豈可更略. 略則姦宄愈滋矣!"【僩】

「子入太廟章」

25:90 ▲[202]"雖是有司之事, 孔子亦須理會. 但其器物須有人家無者, 故見不得. 今入宗廟方及見之, 亦須問方得."【南升】

25:91 ▲[203] 知底更審問, 方見聖人不自足處.【賀孫】

---

197) ▲: 凡五祀皆然.
198) ▲: 問第二句, 便曉未得.
199) 是: 賀本에서는 祝로 되어 있다.
200) ▲: 故孔子美其文而從之.
201) ▲: 問"吾從周." 曰: "孔子爲政, 自是從周處多. 蓋
202) ▲: 問"子入太廟, 每事問." 曰:
203) ▲: "子入太廟, 每事問."

25:92 ▲[204] 宗廟朝廷重事, 自用謹, 雖知亦問." 曰: "是當然. 必有差失處. 每常思量, 行事所以錯處, 多是有忽之之心. 且如使人做一事, 丁寧諄復, 其中已有意以爲易曉而忽之不囑者. 少間事之差處, 都由那忽處生."【僩】

「射不主皮章」

25:93 說"射不主皮"章, 曰: "夫子亦非▲[205]惡貫革▲[206]. 但是當時皆習於此, 故言古人之道耳. 如古人亦只是禮射不主皮, 若武射, 依舊要貫革. 若不貫革, 何益."【義剛】

25:94 ▲[207]'弧矢之利, 以威天下', 豈不願射得深中. 如'不失其馳, 舍矢如破', '發彼小豝, 殪此大兕'之類, 皆是要得透, 豈▲[208]但欲略中而已. 蓋鄉射之時是習禮容. ▲[209]習禮容之人, 未必皆勇敢之夫. 若以貫革爲貴, 則失所以習禮之意. ▲[210]若有人體直心正, 持了弓矢又審固, ▲[211] 其禮容自可取, 豈可必責其貫革哉! 此所以謂'爲力不同科'也."【時舉】

25:95 或問"射不主皮, 爲力不同科[212]." 先生擧『易』"弧矢之利, 以威天下", 又擧『詩』"舍矢如破", 曰: "射之本意, 也是要得貫革. 只是大射之禮主於觀德, 卻不全是裸股肱決射御底人. ▲[213]."【僩 ○植同.】

---

204) ▲: "'子入太廟, 每事問.'
205) ▲: 是
206) ▲: 之射
207) ▲: 或問: "'射不主皮', 是絶不取於貫革?" 曰: "先王設射, 謂
208) ▲: 固以不主皮爲貴, 而
209) ▲: 然
210) ▲: 故謂
211) ▲: 若射不貫革,
212) 科: 徽州本에서는 이 뒤에 正甫之意大段全說貫革底不是가 더 들어 있다.

25:96 ▲214) 武王克商, 散軍郊射, 而貫革之射息. 則是前此用兵之時, 須用貫革之射, ▲215)

25:97 問: "明道說: '此與爲力而射者不同科.' 伊川曰: '功力非一端, 苟有可取, 不必同科.' 此二說, 都就本文上添了字多, 方解得, 恐未穩." 曰: "便是如此, ▲216) 又問: "明道曰'射不專以中爲善', 如何?" 曰: "他也只是一時間恁地說, 被人寫放冊上, 便有礙. 如'內志正, 外體直', 只要箇中. 不要中, 要甚底!" 問: "'主皮'如何說?" 曰: "'皮'字, 看來只做箇'貫革'字, 主, 便是主於貫革." 因問: "古人射要如何用?" 曰: "其初也只是修武備, 聖人文之以禮樂."【榦】

「子貢欲去告朔之餼羊章」

25:98 ▲217)人只是屑屑惜那小費, 聖人之心卻將那小費不當事, 所惜者是禮, 他所存者大. 更看得這般意思出, 方有益, 自家意思方寬展, 方有箇活動長進處."【僩】

25:99 ▲218)問: "▲219)注▲220): '特羊.'" 曰: "乃專特之'特', ▲221) '▲222)牲'·'用特', 皆是特用一牛, 非指特爲牛也."【賀孫】

---

213) ▲: 只要'內志正, 外體直', 取其中, 不專取其力耳

214) ▲: 古人用之戰鬪, 須用貫革之射. 若用之於禮樂, 則觀德而已.

215) ▲: 今則不復用矣. 又曰: "郭先生云: '弓弩之制, 被神宗改得不好.' 高宗亦嘗如此說." 又曰: "郭先生謂古人射法易學, 今人射法難學, 渠須理會得. 郭先生論弓弩及馬甚精."【南升】

216) ▲: 這處自是甚分明."

217) ▲: 或問『論語』數段. 曰: "依文解義, 只消如此說, 只是更要看他聖人大底意思. 且如適間公說'愛禮存羊'一段, 須見得聖人意思大. 常

218) ▲: 居父

219) ▲: '餼羊',

220) ▲: 云

221) ▲: 非牛也.

「事君盡禮章」

25:100 如"拜下禮也, 今拜乎上", 而孔子必拜乎下, 此孔子盡禮處. 【銖】

「君使臣以禮章」

25:101 或說: "▲223) '君使臣不以禮, 則臣可以事君而不忠乎! 君使臣不以禮, 臣則有去而已矣. 事之不以忠, 非人臣之所宜爲也.'" 先生曰: "此說甚好, 然▲224)尹氏▲225) 亦有警君之意, 亦不專主人臣而言▲226). 如孟子言: '君之視臣如犬馬, 則臣之視君227)如寇讎!' 此豈孟子教人臣如此哉! 正以警其君之不以禮遇臣下爾. 爲君當知爲君之道, 不可不使臣以禮, 爲臣當盡爲臣之道, 不可不事君以忠. 君臣上下兩盡其道, 天下其有不治者哉! 乃知聖人之言, 本末兩盡." 【去僞】228)

25:102 問: "尹氏▲229)恐▲230)說泛然之臣. 若任重之臣, 恐不當如此▲231)." 曰: "▲232) 道理亦是如此. 自是人主不善遇之, 則下面人不盡心. 如孟子所謂'君之視臣如手足, 則臣視君如腹心', ▲233)問: "孟子

---

222) ▲: 特
223) ▲: '君使臣以禮, 臣事君以忠.' 講者有以先儒謂'君使臣以禮, 則臣事君以忠'爲非者. 其言曰:
224) ▲: 只說得一邊.
225) ▲: 謂'君使臣以禮, 則臣事君以忠',
226) ▲: 也
227) 臣之視君: 『朱子語類』에서는 臣視君으로 되어 있다.
228) 【去僞】: 徽州本에서는 【祖道 ○謨錄同】으로 되어 있다.
229) ▲: 謂'君使臣以禮, 則臣事君以忠', 此
230) ▲: 只是
231) ▲: 說
232) ▲: 就人君而言, 則如此說. 但

此章, 前輩皆謂有主角, ▲234)" 安卿言: "孟子恐只是爲戰國人君而設." 曰: "也是理當如此. 自人臣言, 固是不可不忠. 但人君亦豈可不使臣以禮! 若只以爲臣下當忠, 而不及人主, 則無道之君聞之, 將謂人臣自是當忠, 我雖無禮亦得. 如此, 則在上者得肆其無禮. 後人好避形跡, 多不肯分明說. 卻不知使上不盡禮, 而致君臣不以善終, 卻是賊其君者也. 若使君能盡禮, 則君臣剗地長久."【義剛】

「關雎樂而不淫章」

25:103 問: "▲235)不淫, ▲236)不傷', 於『詩』何以見之?" 曰: "憂止於'輾轉反側', 若憂愁哭泣, 則傷矣, 樂止於鐘鼓·琴瑟, 若沉湎淫泆, 則淫矣."【僩 ○又云: "是詩人得性情之正也."】

25:104 ▲237) "此言作詩之人樂不淫·哀不傷▲238) 問: "此詩是何人作?" 曰: "恐是宮中人作. 蓋宮中人思得淑女以配君子, 未得則哀, 既得則樂. ▲239)哀, 而亦止於'輾轉反側', 則哀不過其則, 當樂而樂, 而亦止於鐘鼓·琴瑟, 則樂不過其則, 此其情性之正也."【銖】

25:105 問: "▲240) 詩人情性如此, 抑詩之詞意如此?" 曰: "是有那情性, 方有那詞氣聲音."【淳】

---

233) ▲: 道理是如此." 義剛因
234) ▲: 如何?
235) ▲: '「關雎」樂而
236) ▲: 哀而
237) ▲: 問"「關雎」樂而不淫, 哀而不傷." 曰:
238) ▲: 也." 因
239) ▲: 然當哀而
240) ▲: '「關雎」樂而不淫, 哀而不傷', 是

25:106 問: “▲[241]情性之正▲[242]須是‘玩其辭, 審其音’, 而後知之.” 曰: “只玩其辭, 便見得. 若審其音, 也難. 「關雎」是樂之卒章, 故曰‘「關雎」之亂.’ 亂者, 樂之卒章也. 故『楚辭』有‘亂曰’, 是也. 前面須更有, 但今不可考耳.”【南升 ○『集注』】

25:107 問: “‘審其音’, 如何?” 曰: “辭氣音節亦得其正. 如人傳嵇康作『廣陵散操』, 當魏末晉初, 其怒晉欲奪魏, 慢了商弦, 令與宮弦相似.【宮爲君, 商爲臣.】[243] 是臣陵君之象. 其聲憤怒躁急, 如人鬧相似, 便可見音節也.”【銖】

25:108 講▲[244]不淫, ▲[245]不傷”, 有引明道之說爲證者: “‘哀窈窕, 思賢才, 而無傷善之心焉.’ 此言‘無傷善’, 與所謂‘哀而不傷’者, 如何?” 講者云: “爲其相似, 故明道擧以爲證否?” 曰: “不然. 無傷善, 與哀而不傷兩般. ‘樂而不淫, 哀而不傷’, 是言哀樂中節. 謂不傷爲‘無傷善之心’, 則非矣.”【謨】

「哀公問社於宰我章」[246]

25:109 問: “▲[247]以木造主, 還▲[248]以樹爲主?” 曰: “看古人意思, 只以樹爲社主, 使神依焉, 如今人說神樹之類.” 問: “不知『周禮』載‘社主’是如何?” 曰: “古人多用主命, 如出行大事, 則用絹帛就廟社請神以

241) ▲: 「關雎」之詩, 得
242) ▲: 如此. 學者
243)【宮爲君, 商爲臣.】: 賀本에서는 본문으로 되어 있다.
244) ▲: 「關雎」“樂而
245) ▲: 哀而
246) 「哀公問社於宰我章」: 賀本에서는 「哀公於宰我章」으로 되어 있다.
247) ▲: ‘古者各樹其所宜之木以爲社.’ 不知
248) ▲: 便

往, 如今魂[249]帛之類. 社只是壇. 若有造主, 何所藏之! 古者惟喪國之社屋之."【賀孫】

25:110 ▲[250]問[251]: "有以'使民戰栗'爲哀公之言者." 曰: "諸家多如此說, ▲[252] 卻[253]只是宰我之辭. 上有一'曰'字者, 宰我解'周人以栗'之義, 故加一'曰'字以發其辭耳. '子聞之曰: 〈成事不說, 遂事不諫, 既往不咎〉.' 蓋云'駟不及舌', 言豈可以輕發耶! 言出宰我之口, 入哀公之耳矣, 豈可更諫而追之哉!"【去僞】[254]

25:111 問: "▲[255] 三句有別否?" 曰: "亦有輕重. 然社也無說話. 便待宰我當初答得好, 也無說話. 況'使民戰栗'之語, 下面又將啓許多事耶!"【淳】

25:112 問: "宰我所言, 尚未見於事, 如何不可救?" 曰: "此只責他易其言, 未問其見於事與未見於事. 所謂'駟不及舌', '斯言之玷, 不可爲也!' 蓋欲使謹於言耳."【木之】

「管仲之器小哉章」

25:113 ▲[256] "緣他器小, 所以做出來事皆如此."【燾】

---

249) 魂: 徽州本에서는 이 뒤에 說이 더 들어 있다.
250) ▲: 或
251) 問: 徽州本에서는 或問"哀公問社"一節, 講者로 되어 있다.
252) ▲: 卻恐未然,
253) 卻: 『朱子語類』에서는 恐으로 되어 있다.
254) 【去僞】: 賀本·萬曆本에는 없고, 徽州本에서는 【祖道】로 되어 있다.
255) ▲: '成事不說, 遂事不諫, 既往不咎',
256) ▲: 問管仲小器. 曰:

25:114 ▲[257] 義剛言: “使仲器局宏闊, 須知我所謂[258]‘功烈如彼其卑’, 豈肯侈然自肆, 至於奢僭如此!” 曰: “也不說道功烈卑時不當如此. 便是功大, 亦不可如此.” 【義剛】

25:115 ▲[259] 陶兄云: “須是如孟子言‘居天下之廣居, 立天下之正位, 行天下之大道’, 方是大器.” 曰: “是.” 【子蒙】

25:116 “‘管氏有三歸’, 不是一娶三姓女. 若此, 卻是僭. 此一段意, 只擧管仲奢處, 以形容他不儉. 下段所說, ▲[260] 便是僭. 竊恐不可做三娶說.” 【明作】

25:117 問: “▲[261] 『集注』▲[262]: ‘度量褊淺, 規模卑狹.’” 曰: “度量褊淺, 是他容受不去了. 容受不去, 則富貴能淫之, 貧賤能移之, 威武能屈之矣. 規模, 是就他施設處說.” 【僩 ○『集注』】

25:118 ▲[263]問: “‘度量褊淺, 規模卑狹’, 只是一意否?” 曰: “某當時下此兩句, 便是有意.” 因令[264]坐間朋友各說其意. 叔重云: “‘度量褊淺’, 言容納不得也. 管仲志於功利, 功利粗成, 心已滿足, 此便器小處. 蓋不是從反身修德上做來, 故規模卑狹, 奢而犯禮, 器小可知. ▲[265]. 時擧云: “管仲以正天下正諸侯爲莫大之功, 卻不知有‘行一不義, 殺一不辜’底事, 更大於此. 此所以爲小也.” 先生曰: “必兼某上面

257) ▲: 或說“管仲器小”章.
258) 謂: 『朱子語類』에서는 爲로 되어 있다.
259) ▲: “管仲器小.”
260) ▲: 乃形容他不知禮處,
261) ▲: ‘管仲之器小哉?’
262) ▲: 云
263) ▲: 林聞一
264) 令: 賀本에서는 會로 되어 있다.
265) ▲: 器大, 則自知禮矣”

兩句, 方見得它器小. 蓋奢而犯禮, 便是它裏面着不得, 見此些小功業, 便以爲驚天動地, 所以肆然犯禮無所忌也. 亦緣他只在功利上走, 所以施設不過如此. 才做到此, 便不覺自足矣. 古人論王・伯, 以爲王者兼有天下, 伯者能率諸侯. 此以位論, 固是如此. 然使其正天下, 正諸侯, 皆出於至公, 而無一毫之私心, 則雖在下位, 何害其爲王道. 惟其'摟諸侯以伐諸侯', 假仁義以爲之, 欲其功盡歸於己, 故四方貢賦皆歸於其國, 天下但知有伯而不復知有天子. 此其所以爲功利之心, 而非出於至公也. 在學者身上論之, 凡日用常行應事接物之際, 才有一毫利心, 便非王道, 便是伯者之習, 此不可不省察也." 或云: "王・伯之分, 固是如此. 然邵康節多說'皇・王・帝・伯之道', 不知皇・帝與王又有何異同? 是時使之然耶?" 曰: "此亦是其德有厚有薄. 皇與帝終是自然. 然黃帝亦曾用兵戰鬬, 亦不是全然無所作爲也." 【時學】

25:119 問: "'管仲之器小哉!' 器, 莫只是以資質言之否?" 曰: "然." "若以學問充滿之, 則小須可大?" 曰: "固是." 曰: "先生謂其'度量褊淺, 規模卑狹', 此二句盡得器小之意[266]否?" 曰: "前日亦要改'度量'作'識量', 蓋才說度量, 便只去寬大處看了. 人只緣見識小, 故器量小. 後又思量, 亦不須改. 度量是言其資質, 規模是言其所爲. ▲[267]欲去後面添說所以如此者, 只緣不知學以充之之意. 管仲只緣器量小, 故才做得他這些功業, 便包括不住, 遂至於奢與犯禮. 奢與犯禮, 便是那器小底影子. ▲[268] 看有甚功業, 處之如無. 胡文定『春秋傳』卻只以執轅濤塗[269]一事爲器小, 此太拘泥." ▲[270] "管仲▲[271]伐楚, 只去問他'包茅'・'昭王[272]不返'二事, 便見他得如此休. 據楚當時, 憑陵中夏, 僭號稱

266) 意: 『朱子語類』에서는 義로 되어 있다.
267) ▲: 惟其器小, 故所爲亦展拓不開. 只
268) ▲: 若是器大者, 自然不至如此.
269) 轅濤塗: 賀本에서는 轅濤로 되어 있다.
270) ▲: 因言:
271) ▲: 相桓公以
272) 昭王: 徽州本에서는 이 뒤에 南巡이 더 들어 있다.

王, 其罪大矣! 如何不理會? 蓋才說着此事, 楚決不肯服, 便事勢住不得. 故只尋此年代久遠已冷底罪過及些小不供貢事去問, 想它見無大利害, 決不深較. 只要他稍稍退[273]聽, 便收殺了. 此亦是器小之故. 才是器小, 自然無大功業."【廣】

25:120 問: "▲[274]當時之人, 只見管仲有九合之功, 將謂它大處大故[275]. 孔子卻見它一生全無本領, 只用私意小智做出來, 僅能以功利自強其國, 若是王佐之才, 必不如此, 故謂之'器小.' 蓋奢與僭, 便是器小之人方肯做. 然亦只是器小底[276]兩件事看得來. 孔子'器小'兩字, 是包括管仲一生, 自本至末, 是箇褊淺卑狹底人." 曰: "管仲固是用私意小智做出來. 今爲管仲思量, 看當做如何方得?" 某云[277]: "須如孟子告齊·梁之君, 若不可, 則休." 曰: "是時周室猶未衰, 此最是難事, 合爲它思量." 直卿云: "胡文定公云: '當上告天王, 下告方伯.' 是時天王又做不起. 威公[278]係是方伯了, 也做不得. 是時楚強大, 幾無周室. 若非威公[279]出來, 也可慮. 但管仲須相威公[280]伐楚了, 卻令威公[281]入相于周, 輔助天子." 曰: "是時有毛·韓諸公皆爲天子三公, 豈肯便信得威公[282]過, 便放威公[283]入來." 又云: "若率諸侯以朝王, 如何?" 曰: "也恐諸公未肯放威公[284]率許多諸侯入周來. 此事思量是難事, 又也難說."【南升】

---

273) 退: 賀本에서는 追로 되어 있다.
274) ▲: '管仲之器小哉!' 此是孔子說管仲胸中所蘊及其所施設處, 將'器小'二字斷盡了. 蓋
275) 處大故: 徽州本에서는 故大了로 되어 있다.
276) 人, 一: 『小分』에서는 一人을 교정부호로 바로잡았다.
277) 某云: 徽州本에서는 公으로 되어 있다.
278) 威公: 成化本·賀本에서는 桓公으로 되어 있다.
279) 威公: 成化本·賀本에서는 桓公으로 되어 있다.
280) 威公: 成化本·賀本에서는 桓公으로 되어 있다.
281) 威公: 成化本·賀本에서는 桓公으로 되어 있다.
282) 威公: 成化本·賀本에서는 桓公으로 되어 있다.
283) 威公: 成化本·賀本에서는 桓公으로 되어 있다.
284) 威公: 成化本·賀本에서는 桓公으로 되어 있다.

25:121 問: “規矩如何爲大器?” 曰: “這一箇物事方, 只是這一箇物事方, 不能令其他底方. 如規可以令天下物事圓, 矩可以令天下物事方. 把這一箇矩看, 要甚麽皆可以方, 非大器而何!”【節】

25:122 蕭景昭擧楊氏曰: “道學不明, 而王・伯之略混爲一塗, ▲[285] 曰: “恐‘混爲一塗’之下, 少些曲折. 蓋當時人但見有箇管仲, 更不敢擬議他, 故疑器小之爲儉, 又疑不儉之爲知禮.”【時擧】

25:123 ▲[286]上蔡說得來太小, 如曰: ‘則其得君而專政, 夫豈以天下爲心哉, 不過濟耳目之欲而已.’ 管仲▲[287] 若如此, 又豈能‘九合諸侯, 一匡天下’! 大凡自正心・誠意, 以及乎[288]天下, 則其本領便大. 今人只隨資稟去做. 管仲資稟極高, 故見得天下利害都明白, 所以做得許多事. 自劉漢而下, 高祖・太宗亦▲[289] 都是自智謀功力中做來, 不是自聖賢門戶來, 不是自自家心地義理理[290]中流出. 使高祖・太宗當湯・武, 固自不得, 若當桓・文, 向[291]未可知.” 問: “使二君與桓・文同時, 還在其上, 還出其下?” 曰: “桓公精密, 做工夫多年. 若文公只是六年,【一作“疏淺.”】 已自甚快. 但管仲作內政, 盡從脚底做出, 所以獨盛於諸侯. ▲[292] 問: “謝氏卻言子雲之說不然.” 曰: “他緣是快, 只認得量淺底意思, 便說將去: ‘無所往而不利, 無所適而不通, 無所爲而不

---

285) ▲: 故聞管仲之器小, 則疑其爲儉, 以不儉告之, 則又疑其知禮.” 先生

286) ▲: 問管仲小器. 曰: “只爲他本領淺, 只做得‘九合諸侯・一匡天下’之功. 揚雄說得極好: “大器其猶規矩準繩, 無施不可.” 管仲器小, 只做得這一件事. 及三歸反坫等事, 用處皆小.

287) ▲: 又豈止如此.

288) 乎: 賀本에서는 平으로 되어 있다.

289) ▲: 是如此,

290) 理理: 英祖刊本·賀本에서는 理로 되어 있다.

291) 向: 『朱子語類』에서는 尙으로 되어 있다.

292) ▲: 漢高從初起至入秦, 只是擄掠將去, 與項羽何異. 但寬大, 不甚殺人耳. 秦以苛虐亡, 故高祖不得不寬大, 隋以拒諫失國, 故太宗不得不聽人言. 皆是他天資高, 見得利害分明, 稍不如此, 則天下便叛而去之. 如太宗從諫, 甚不得已, 然當時只有這一處服得人.” 又曰: “漢・唐與齊晉之時不同. 漢・唐甚倉猝.” 又

成, 無所受而不可. 以之爲己, 則順而祥, 以之爲人, 則愛而公, 以之爲心, 則和而平, 以之爲天下國家, 無所處而不當.' '富貴不能淫, 貧賤不能移, 威武不能屈', 要之, 大器卽此便是. 如上蔡, 只認得箇'富貴不能淫.'" 【讓二[293] ○『集義』】

「子語魯太師樂章」

25:124 問: "'始[294]作翕如也', 謂樂之初作, 五聲六律, 合同而奏, 故曰翕如[295]. ▲[296]聲音發揚出來, 淸濁高下, 相濟而和[297]. 旣是淸濁高下相濟而和了, 就中又各有條理, 皦然而明, 不相侵奪[298]. 旣有倫理, 故其聲相連續, 而遂終其奏. 言自始至終, 皆有[299]條理如此." 曰: "此亦是據夫子所說如此. 古樂旣亡, 無可考處. 但是五聲・六律翕然同奏了, 其聲音又純然而和, 更無一聲參差. 若有一聲參差, 便不成樂. 且如一宮只得七聲. 若黃鐘一宮, 合得姑洗等七聲. 或少一聲也不得, 多[300]一聲也不得." 【南升】

「儀封人請見章」

25:125 問: "古人相見, 皆有將命之詞. 而『論語』獨載儀封人之說, 及出, 便說'二三子何患於喪乎'! 是他如何便見得?" 曰: "▲[301] 這也見

---

293) 讓二: 『朱子語類』에서는 驤으로 되어 있다.
294) 始: 徽州本에서는 이 앞에 子語魯太師樂者, 緣是時禮樂廢壞, 雖有太師之官, 只是具位, 樂之音與義皆不能知, 故孔子呼而敎之가 더 들어 있다.
295) 如: 徽州本에서는 이 뒤에 言一齊奏作也從之純如가 더 들어 있다.
296) ▲: 從者, 放也. 言
297) 和: 徽州本에서는 이 뒤에 皦如也가 더 들어 있다.
298) 奪: 徽州本에서는 이 뒤에 繹如也以成이 더 들어 있다.
299) 皆有: 賀本에서는 皆로 되어 있다.
300) 多: 徽州本에서는 이 앞에 或이 더 들어 있다.

得儀封人高處. 據他謂'君子之至於斯, 吾未嘗不得見.' 他大段見得好人多, 所以一見之頃, 便見得聖人出. 大抵當周之末, 尚多有賢人君子在, 故人得而見之." 至之云: "到孟子時, 事體又別. 如公都子・告子・萬章之徒而[302]不知孟子, 況其他乎!" 曰: "然."【道夫】

25:126 問: "儀封人亦是據理而言. 若其得位失位, 則非所及知也." 曰: "儀封人與夫子說話, 皆不可考. 但此人辭氣最好, 必是箇賢有德之人. 一見夫子, 其觀感之間, 必有所見, 故爲此言. 前輩謂'作者七人', 以儀封人處其一, 以此."【南升】

「子謂韶盡美矣章」

25:127 問: "「韶」盡美盡善, 「武」盡美未盡善, 是樂之聲容都盡美, 而事之實有盡善・未盡善否?" 曰: "不可如此分說, 便是就樂中見之. 蓋有這德, 然後做得這樂出來, ▲[303] 故於「韶」之樂, 便見得舜之德是如此, 於「武」之樂, 便見得武王之德是如此. 都只是一統底事."【壽】

25:128 ▲[304] "德有淺深. 舜性之, 武王反之, 自是有淺深. 又舜以揖遜, 武以征伐, 雖是順天應人, 自是有不盡善處. 今若要强說舜・武同道, 也不得, 必欲美舜而貶武, 也不得." ▲[305] "舜・武不同, 正如孟子言伯夷・伊尹之於孔子不同. 至謂'得百里之地而君之, 皆能以朝諸侯, 有天下, 行一不義, 殺一不辜, 而得天下不爲, 是則同也.' 舜・武同異正如此. 故武之德雖比舜自有深淺, 而治功亦不多爭. 韶・武之樂正

301) ▲: 某嘗謂這裏儘好看. 如何'從者見之'後, 便見得夫子恁地?
302) 而: 英祖刊本・賀本에서는 尙으로 되어 있다.
303) ▲: 若無這德, 卻如何做得這樂出來!
304) ▲: 或問「韶」・「武」美善. 曰:
305) ▲: 又曰:

是聖人一箇影子, 要得因此以觀其心. ▲306) 【道夫】

25:129 ▲307)『禮記』所說武王之舞: '始而北出', 周在南, 商在北, 此便做箇向北意思, '再成而滅商', 須做箇伐商意思, '三成而南', 又做箇轉歸南意思, '四成而南國是疆, 五成而分周公左, 召公右', 又□308)六十四箇做兩處. 看此舞, 可想見樂音須是剛, 不似「韶」純然而和. ▲309) 問: "堯・舜處湯・武之時, 肯如湯・武所爲否?" 曰: "聖德益盛, 使之自服耳. 然到得不服, 若征伐也免不得, 亦如征有苗等事, 又如黃帝大段用兵. 但古人用兵, 與後世不同. 古人只趲將退, 便是赢, 那曾做後世樣殺人, 或十五萬, 或四十萬, ▲310)

25:130 ▲311) "後世所謂文・武之舞, 亦是就「韶」·「武」舞變出來. 「韶」舞不過是象那'地平天成, 六府三事允治', 天下恁地和平底意思. 「武」舞不過象當時伐商底意思. 觀此二箇意思, 自是有優劣. 但若論其時, 則當時聚一團惡人爲天下害, 不能消散, 武王只得去伐. 若使文王待得到武王時, 他那舊習又不消散, 文王也只得伐. 舜到這裏, 也着伐. 但恐舜文德盛, 其徒或自相叛以歸之, 亦未可知. 但武王之時只得如此做. '堯・舜性之也, 湯・武身之也.' 性, 是自有底, 身, 是從身上做得來, 其實只是稟資略有些子不相似處耳." 【恪】312)

25:131 "「韶」313)與「武」, 今皆不可考. 但『書』所謂'正德利用厚生惟

306) ▲: 大凡道理須寬心看, 使各自開去. 打疊了心胸, 安頓許多道理在裏面, 高者還他高, 下者還他下, 大者還他大, 小者還他小, 都歷歷落落, 是多少快活!"

307) ▲: 叔蒙問「韶」盡美盡善, 「武」盡美未盡善. 曰: "意思自不同. 觀

308) □: 『朱子語類』에서는 分으로 되어 있다.

309) ▲: 武須有些威武意思." 又

310) ▲: 某從來不信. 謂之多殺人, 信有之. 然指定數四十萬, 必無此理. 只如今安頓四十萬人, 亦自大段著地位. 四十萬人也須會走, 也須爭死, 如何掘箇窟去埋得許多!" 【賀孫】

311) ▲: 子善問"「韶」盡美矣"一章. 曰:

312) 【恪】: 徽州本에서는 【時擧】로 되어 있다.

和, 九功惟敘, 九敘惟歌, 戒之用休, 勸之以「九歌」.' 此便是作「韶」樂之本也. 所謂'「九德」之歌, 「九韶」之樂', 是也. 看得此歌, 本是下之人作歌, 不知當時如何取之以爲樂, 卻以此勸在下之人. 武王之武, ▲314) 氣象便不恁地和. 「韶」樂只是和而已. ▲315) "樂聲▲316)易得亡失. 如唐 太宗「破陣樂」, 今已不可考矣."【南升】

25:132 問: "『集注』: ▲317)美之實?" 曰: "據『書』中說「韶」樂云: '德惟善政, 政在養民, 水火金木土穀惟修, 正德利用厚生惟和. 九功惟敘, 九敘惟歌.' 此是「韶樂」九章. 看他意思是如何? ▲318) 所謂'「武」始而北出, 再成而滅商, 三成而南, 四成而南國是疆, 五成而分周公左, 召公右, 六成而復綴以崇', 與夫'總干而山立, 武王之事也, 發揚蹈厲, 太公之志也', 其意思與「韶」自是不同."【廣 ○『集注』】

25:133 ▲319)

25:134 問"善者美之實." 曰: "實是美之所以然處. 且如織出絹與布, 雖皆好, 然布終不若絹好." 問: "'性之・反之', 似此精微處, 樂中如何

---

313) 韶: 徽州本에서는 이 앞에 問: "孔子稱舜之「韶」・武王之「武」, 皆謂之盡美者, 言其聲音之盛也. 蓋王者功盛作樂, 舜紹堯以致治, 武王伐紂以救民, 其功皆盛, 故其聲樂亦然. 故皆謂之盡美. 然就其盡美之中而求其美之實, 則有不同者. 蓋樂以象德, 舜之德性之, 而又以揖遜得天下, 不惟聲音之盛, 而其所以播於聲音者又盡善也. 武王之德反之, 又以征伐得天下, 猶如湯之有慚德焉, 乃聖人之不幸, 而非其所欲爲者, 故其樂之盛雖與舜同, 而其所以盛之實, 則與舜異, 故曰未盡善." 先生云이 더 들어 있다.

314) ▲: 看「樂記」便見得, 蓋是象伐紂之事. 其所謂北出者, 乃是自南而北伐紂也, 看得樂

315) ▲: 故「武」所以未盡善." 又云:

316) ▲: 也

317) ▲: '美者, 聲容之盛, 善者, 美之實.' 如何是

318) ▲: 到得「武樂」,

319) ▲: "善者, 美之實." 實, 只是事, 是武王之事不稱也. 舜之德性之, 武王反之, 是他身上事, 與揖遜征伐不相干. 但舜處武王時畢竟又別.【明作】

見得?" 曰: "正是樂上見. 只是自家不識他樂, 所以見不得."【僩】

25:135 ▲[320] "美是言功, 善只說[321]德. ▲[322] 是武王身上事, 不干征伐事." 曰: "是就武王反之處看否?" 曰: "是." 謝教, 曰: "必[323]竟揖遜與征伐也自是不同, 征伐是箇不得已." 曰: "亦在其中, 然不專就此說." 淳曰: "旣征伐底是了, 何故又有不得已意?" 曰: "征伐底固是, 必[324]竟莫如此也好. 所以孔子再三誦文王至德, 其意亦可見矣. ▲[325]【淳】

25:136 ▲[326] "或說武王之心與舜一般, 只是所行處與心相反, ▲[327] 曰: "聖人固無兩心, 烏有心如此而所行相反者! 且如堯之末年, 水土之害如此, 得舜承當了, 天下遂極治. 紂之時, 天下大亂, 得武王仗仁義, 誅殘賊, 天下遂大治. 以二聖人之功業論之, 皆可謂盡美矣. 然其美之實有盡・未盡者, 只是舜較細, 武王較麄些. 然亦非聖人實要如此, 只是所遇之時不同耳."【僩】

25:137 ▲[328]舜是生知之聖, 其德盛, 人自歸之, 不必征伐耳. 不然, 事到頭, 也住不得. 如文王亦然. 且如'殷始咎周, 周人乘黎. 祖伊恐, 奔告于受.' 這事勢便自是住不得. 若曰'奔告于受', 則商之忠臣義士, 何嘗一日忘周. 自是紂昏迷爾." ▲[329]問: "吳氏『裨[330]傳』謂『書序』是

---

320) ▲: 問"善者美之實." 曰:

321) 只說: 『朱子語類』에서는 是言으로 되어 있다.

322) ▲: 如舜"九功惟敘, 九敘惟歌", 與武王仗大義以救民, 此其功都一般, 不爭多. 只是德處, 武王便不同." 曰: "'未盡善', 亦是征伐處未滿意否?" 曰: "善只說德,

323) 必: 賀本에서는 畢로 되어 있다.

324) 必: 賀本에서는 畢로 되어 있다.

325) ▲: 樂便是聖人影子, 這處'未盡善', 便是那裏有未滿處."

326) ▲: 或問「韶」・「武」善美之別. 曰: "只就世俗論之, 美如人生得好, 善則其中有德行耳. 以樂論之, 其聲音節奏與功德相稱, 可謂美矣, 善則是那美之實." 又問:

327) ▲: 所以有'盡善・未盡善'之別."

328) ▲: 問: "征伐固武王之不幸. 使舜當之, 不知如何?" 曰: "只看

後人傅會, 不足信." 曰: "亦不必『序』, 只經文謂'祖伊恐, 奔告于王曰: 〈天子, 天旣訖我殷命!〉則是已交手爭競了. 紂固無道, 然亦是武王事勢不相安, 住不得了. 仲虺告成湯曰: '肇我邦于有夏, 若苗之有秀[331], 若粟之有秕, 小大戰戰, 罔不懼于非辜.' 則仲虺分明言事勢不容住, 我不誅彼, 則彼將圖我矣. 後人多曲爲之說以諱之. 要之, 自是避不得."【道夫】

25:138 ▲[332]問: "'盡善・盡美', 說揖遜・征誅足矣, 何以說'性之・反之'▲[333]?" 曰: "也要尋他本身上來, 自是不同. 使舜當武王時, 畢竟更强似「大武」, 使武王當舜時, 必不及「韶樂」好."【銖】

25:139 ▲[334]"舜之德如此, 又撞着好時節, 武王德不及舜, 又撞着不好時節."【銖】

25:140 ▲[335] "堯・舜且做堯・舜看, 湯・武且做湯・武看. 看得其心分明, 自見得."【可學】

25:141 湯・武之征伐, 只知一意惻怛救民而已, 不知其他.【僩】

25:142 ▲[336] "若不見得他'性之・反之'▲[337] 又豈所謂'聞其樂而知

---

329) ▲: 道夫
330) 禆: 英祖刊本·賀本에서는 稗로 되어 있다.
331) 秀: 『朱子語類』에서는 莠로 되어 있다.
332) ▲: 或
333) ▲: 處
334) ▲: 問: "'子謂『韶』盡美矣'章, 引程氏曰: '堯·舜·湯·武, 其揆一也. 征伐非其所欲, 所遇之時然耳.' 使舜遇湯·武之時, 不知如何?" 曰: "只怕舜德盛, 人自歸之. 若是大段負固, 不得已, 也須征伐, 如伐苗是也." 又問: "'舜性之, 湯武反之', 地位亦自不同." 曰:
335) ▲: 問: "堯・舜在湯・武時, 還做湯・武事否?" 曰:
336) ▲: 問"「武」未盡善." 曰:

其德'乎! 舜與武王固不待論[338]. ▲[339]且論湯・武, ▲[340]其反之至與未至, 雖非後學所敢議, 然雖細[341]讀其書, 恐亦不待聞樂而知之也." ▲[342] "以『書』觀之, 湯必[343]竟反之工夫極細密, 但以仲氏稱湯處觀之, 如'以禮制心, 以義制事'等語, 又自謂'有慚德', 覺見不是, 往往自此益去加功. 如武王大故疏, 其數紂之罪, 辭氣暴厲. 如湯, 便都不如此."【賜】

25:143 或問"武未盡善"▲[344]. 先生以所答示諸友云: "看得如何?" 皆未有所答. 次問祖道. 答曰: "看來湯・武也自別. 如湯自放桀歸來, 猶做工夫, 如'從諫弗咈', '改過不吝', '昧爽丕顯, 旁求俊彦', 刻盤銘, 修人紀, 如此之類, 不敢少縱. 武王自伐紂歸來, 建國分土, 散財發粟之後, 便只垂拱了. 又如西旅之獒費了太保許多氣力, 以此見武王做工夫不及成湯甚遠. 先生所謂'觀『詩』・『書』可見'者, 愚竊以爲如此." 先生笑曰: "然. 某之意正如此."【祖道】

25:144 問: "范氏以爲德不同, 謝氏以爲時不同, 游氏以爲事不同. 三者孰是?" 曰: "畢竟都有些子, 如何得同? ▲[345]【榦 ○『集義』】

○[346] 一[347]如孔子謂'「韶」盡美矣, 又盡善也, 「武」盡美矣, 未盡善也', 分明是武王不及舜. 文王'三分天下有其二, 以服事殷', 武王勝殷

337) ▲: 不同處,
338) 舜與武王固不待論: 徽州本에서는 或曰: 舜與武王固不待論으로 되어 있다.
339) ▲: 今
340) ▲: 則
341) 雖細: 賀本에서는 旣嘗으로 되어 있다.
342) ▲: 請問. 曰:
343) 必: 賀本에서는 畢로 되어 있다.
344) ▲: 一段
345) ▲: 楊氏曰: '武之武, 非聖人之所欲.' 橫渠亦曰: '征伐豈其所欲!' 此說好."
346) ○: 『朱子語類』 58:34의 일부이다.
347) 一: 『朱子語類』에서는 且로 되어 있다.

殺紂, 分明是不及文王. 泰伯'三以天下讓, 其可謂至德也矣'! 分明太王有翦商之志, 是太王不及泰伯. 蓋天下有萬世不易之常理, 又有權一時之變者. 如'君君, 臣臣, 父父, 子子', 此常理也, 有不得已處, 卽是變也. 然畢竟還那常理底是. 今卻要以變來壓着那常底說, 少間只見說不行, 說不通了. 若是以常人云[348]比聖賢, 則說是與不是不得, 若以聖賢比聖賢, 則自有是與不是處, 須與他分箇優劣. 今若隱避回互不說, 亦不可." 又云: "如'可與立, 可與權', 若能'可與立'時, 固是好. 然有不得已處, 只得用權. 蓋用權是聖人不得已處, 那裏是聖人要如此!" 又問: "堯·舜揖遜雖是盛德, 亦是不得已否?" 曰: "然."【燾】[349]

「居上不寬章」

25:145 子升問"居上不寬." 曰: "'寬'字難識. 蓋有政教法度, 而行之以寬耳, 非廢弛之謂也. 如'敬敷五教, 在寬', 蓋寬行於五教之中也."【木之】

25:146 ▲[350]句末▲[351]三字是本. 有其本, 方可就其本上看他得失厚薄. 若無其本, 更看箇甚麽?【明作】

25:147 ▲[352]其本旣亡, 則雖有條教法令之施, 威儀進退之節, 擗踊哭泣之數, 皆無足觀▲[353] 如醋, 須是酸, 方就他酸之中, 看那箇釅,

348) 云: 賀本에서는 去로 되어 있다.
349)【燾】: 賀本에는 없다.
350) ▲: "居上不寬"三句,
351) ▲: 這
352) ▲: "居上而不寬, 爲禮而不敬, 臨喪而不哀", 更無可據以爲觀者矣. 蓋寬也, 敬也, 哀也, 所謂本也.
353) ▲: 者. 若能寬, 能敬, 能哀了, 卻就它這寬·敬·哀中去考量他所行之是否. 若不寬, 不敬, 不哀, 則縱其他有是處, 皆不在論量之限矣.

那箇淡. 若只似水相似, 更論量箇甚麽, 無可說矣.【僩】

25:148 ▲[354]但看'可以觀之'字, 便自見得'觀'字去著."【燾】

25:149 ▲[355]寬便有過不及, 哀便有淺深, 敬便有至不至. 須有[356]這箇物事, 方始就這上見得他得失. ▲[357]【恪】

25:150 ▲[358] "居上緊要在寬, 爲禮緊要在敬, 臨喪緊要在哀. 三者俱無, 則▲[359]將甚底看他, ▲[360]【銖】 ▲[361]

354) ▲: 問"居上不寬"一章. 曰: "才無那寬敬哀三者, 便是無可觀了, 把什麽去觀他! 惟有三者, 方可觀其至與不至, 盡與不盡, 行此三者之得失也.

355) ▲: 希眞問"吾何以觀之哉"章. 曰: "如

356) ▲: 上面

357) ▲: 若無這箇物事, 卻把甚麽觀得他!"

358) ▲: 葉問"吾何以觀之哉." 曰:

359) ▲: 居上・爲禮・臨喪, 卻似不曾一般, 將以何者觀之哉! 言

360) ▲: 它都無了."

361) ▲:【去僞錄云: "居上只要觀它寬, 爲禮只要觀它敬, 臨喪只要觀它哀. 今皆無之, 無可觀矣!"】

『朱子語類』卷第二十六

「『論語』八」

「里仁篇上」

「里仁爲美章」

26:1 ▲[1]問: "「里仁」一篇, 自首至'觀過斯知仁矣', 都是說仁. '里仁爲美', 是指言仁厚之俗, '觀過斯知仁', 是指言慈愛底仁. 其他則皆就心德上說." 曰: "雖是如此, 然統體便都只是那箇仁. 如里有仁厚之俗, 便那一里之人這心不大故走作, 所以有仁厚之俗. '觀過斯知仁', 便也是這心."【僩】

26:2 問: "'里仁爲美', 『論語』·『孟子』注不同, ▲[2]?" 曰: "『論語』本文之意, 只是擇居. 『孟子』引來證擇術, ▲[3]是一般意思. 言里以仁者爲美, 人之擇術, 豈可不謹. 然亦不爭多." 問: "美, 是里之美? 抑仁[4]之美?" 曰: "如云俗美一般. 如今有箇鄉村人淳厚, 便是那鄉村好, 有箇鄉村人不仁·無廉·無恥者多, 便是那鄉村不好. 這章也無甚奧義, 只是擇居而已. 然'里仁'字也差異."【淳】

---

1) ▲: 或
2) ▲: 如何
3) ▲: 又
4) 仁: 賀本에서는 人으로 되어 있다.

26:3 問: "▲5), 孟子引用, 自要說下文'安宅.' 謝氏說: '『論語』本意不是如此.'" 曰: "▲6)這般說話, 也要認得本旨是了. ▲7)如孟子說, 也無害, 如謝氏, 也無害." 【賀孫】

26:4 問: "▲8)謝氏引孟子擇術爲證, ▲9)?" 曰: "聖人本語不是說擇術. 古人居必擇鄕, 遊必就士, 是合着事." ▲10)問: "今人數世居此土, 豈宜以他鄕俗美而遽遷邪?" 曰: "古人'危邦不入, 亂邦不居.' 近而言之, 若一鄕之人皆爲盜賊, 吾豈可不知所避! 聖人言語說得平正, 必欲求奇說令高遠如何! ▲11)." 【寓】

「不仁者不可以久處約章」

26:5 問: "▲12) 此四句都相屬. 知者則知天理之爲是而必循之, 知人欲之爲非而必去之, 所以能處約處樂, 而不至於濫與淫." 曰: "如此說時, 便是硬去做, 都不見利仁底意思. 如安仁者, 他便是仁了, ▲13)利仁者, 是眞箇見得這仁愛這一箇物事好了, 猶甘於芻豢而不甘於粗糲. 若只是聞人說這箇是好, 自家也髣髴14)見得是, 如此, 卻如何得如'芻豢之悅我口', 如何得利仁底意, 便只是硬去做了." 【燾】

---

5) ▲: '里仁爲美'
6) ▲: 若
7) ▲: 若
8) ▲: 此章
9) ▲: 如何
10) ▲: 劉
11) ▲: 今人說文字, 眼前淺近底, 他自要說深, 在外底, 他要說向裏, 本是說他事, 又要引從身上來, 本是說身上事, 又要引從心裏來, 皆不可
12) ▲: '不仁者不可以久處約, 不可以長處樂. 仁者安仁, 知者利仁'.
13) ▲: 更不用說. 如所謂
14) 髴: 賀本에서는 佛로 되어 있다.

26:6 問: "旣是'失其本心', 則便解濫淫, 而必以久言之, 何故?" 曰: "也有時下未肯恁地做底, 聖人說話穩. 而今說道他不仁, 則約便濫, 樂便淫, 也有不便恁地底."【義剛 ○賀孫錄云: "亦有乍能勉强一時者."】

26:7 ▲[15] "仁者心便是仁, 早是多了一'安'字. '知者▲[16], 未能無私意, 只是知得私意不是着脚所在, 又知得無私意處是好, 所以在這裏千方百計要克去箇私意, 這便是利仁."【時擧[17]】

26:8 ▲[18] "安仁者不知有仁, 如帶之忘腰, 屨之忘足. 利仁者是見仁爲一物, 就之則利, 去之則害."【壯祖】

26:9 ▲[19]問: "所謂利仁者, 莫是南軒所謂'有所爲而爲者'否?" 曰: "'有所爲而爲'不是好底心, 與利仁不同. '仁者安仁', 恰似如今要做一事, 信采[20]做將去, 自是合道理, 更不待逐旋安排. 如孟子說: '動容周旋中禮者, 盛德之至也. 哭死而哀, 非爲生者也, 經德不回, 非以干祿也, 言語必信, 非以正行也.' 這只順道理合做處便做, ▲[21]. 待得'君子行法以俟命而已', 便與上不同." ▲[22]. 【賀孫】

26:10 仁者溫淳篤厚, 義理自然具足, 不待思而爲之, 而所爲自帖帖地皆是義理, 所謂仁也. 知者知有是非, 而取於義理, 以求其是而去其非, 所謂知也. 【升卿】

---

15) ▲: 至之問"仁者安仁." 曰:
16) ▲: 利仁'
17) 時擧: 徽州本에서는 이 뒤에 僩錄同.이 더 들어 있다.
18) ▲: 劉潛夫問"安仁" · "利仁"之別. 曰:
19) ▲: 晞遜
20) 采: 成化本·賀本·萬曆本에서는 手로 되어 있다.
21) ▲: 更不待安排布置
22) ▲: 又云: "有爲而爲之, 正是說'五霸假之也'之類"

26:11 ▲[23]問: "而今做工夫, 且須利仁." 曰: "唯聖人自誠而明, 合下便自安仁. 若自明而誠, 須是利仁."【銖】

26:12 仁·知雖一, 然世間人品所得, 自有不同: 顏子·曾子, 得仁之深者也, 子夏·子貢, 得知之深者也. 如程門之尹氏則仁勝, 上蔡則知勝.【升卿】

26:13 ▲[24]問"▲[25]心無精粗內外遠近之間." 曰: "若有, 便成兩段. 此句爲'仁者安仁'設."【節 ○『集義』】

26:14 ▲[26]: "仁者洞然只是一箇心, 所以無內外精粗遠近之間. 然須看自家有間底心是如何, 然後看無間底心是如何." ▲[27]問: "'無內外之間', ▲[28]?" 曰: "表裏如一." 又問: "如何是'遠近精粗之間'?" 曰: "他當初若更添'高下·顯微·古今'這樣字, 也只是一理." ▲[29]: "纔有私意, 便間斷了. 所以要'克己復禮', 便是要克盡私意. 蓋仁者洞然只是這一箇心. 如一椀[30]清水, 纔入些泥, 有清處, 有濁處." 又問: "上蔡解此段, 只是論'仁者安仁, 知者利仁', 先解這一段, 方連上面說." 曰: "看他文義, 須是包上面說, 方得相貫.[31] ▲[32].

26:15 問: "▲[33]遠近精粗之間, ▲[34]?" 曰: "亦只是內外意思. ▲[35],

23) ▲: 蕭景昭
24) ▲: 或
25) ▲: 仁者
26) ▲: 或問: "'仁者心無內外遠近精粗之間', 如何?" 曰
27) ▲: 又
28) ▲: 是如何
29) ▲: 又問: "纔有些箇攙絶間斷, 便不得." 曰
30) 椀: 成化本·賀本에서는 碗으로 되어 있다.
31) 又問: "上蔡解此段, … 方得相貫. : 成化本에서는 별도의 항목으로 되어 있고, 孝宗刊本에서는 두 줄 이상 띄어져 있다.
32) ▲: 然'仁者安仁, 知者利仁', 又須著自去看"

這段分別說極通透. 上蔡尋常說有過當處, 此卻他人說不到." 先生再三誦"安仁則一, 利仁則二"之句, 以爲解中未有及此者, 因歎云: "此公見識直是高. 利仁, 貪利爲之, 未要做遠底, 且就近底做, 未要做精底, 且就粗底做." 問: "'安仁者非顏・閔以上不知此味', 便是聖人▲[36]事乎?" 曰: "是. 須知'非顏・閔以上不知此味', 到顏・閔地位知得此味, 猶未到安處也."【寓】

26:16 問: "▲ 性之未動, 旣皆至理所存, 情之旣發, 無非至理所著. 利仁固是審於旣發, 莫更著謹於未發否?" 曰: "若未發時, 自著不得工夫. 未發之時, 自堯・舜至於塗人, 一也." 問: "原憲'克・伐・怨・欲不行', 是他許多不好物事都已發了, 只白地壅遏得住, 所以非獨不得爲仁, 亦非求仁之事." 曰: "是如此."【賀孫】

26:17 問: "▲[37] 顏・閔似未至安仁?" 曰: "亦見此意思."【可學】

「惟仁者能好人能惡人章」

26:18 ▲[38]: "程子只着箇'公正'二字解, 某恐人不理會▲[39], 故以'無私心'解'公'字, '好惡當於理'解'正'字. 有人好惡當於理, 而未必無私心, 有人無私心, 而好惡又未必皆當於理. 惟仁者旣無私心, 而好惡又皆當於理也."【時學】

---

33) ▲: 不能無
34) ▲: 如何
35) ▲: '吾心渾然一理, 無內外遠近精粗'
36) ▲: 之
37) ▲: 上蔡云: '安仁, 非顏・閔以上做不得.'
38) ▲: 蕭景昭說此章. 先生云: "注中引程子所謂'得其公正', 是如何?" 答云: "只是好惡當理, 便是公正." 先生曰
39) ▲: 得

26:19 ▲40): "今人多連看'公正'二字, 其實公自是公, 正自是正, ▲41). 公是心裏公, 正是好惡▲42)當理. 苟公而不正, 則其好惡必不能皆當乎理, 正而不公, 則切切然於事物之間求其是, 而心卻不公. 此兩字不可少一."【僩】

26:20 ▲43)問: "仁者動靜皆合正理, 心44)有定則, 凡可好可惡者, 皆湊在這則子上, 所以'能好人, 能惡人.'" 曰: "然. ▲45) 惟公然後能正, 公是箇廣大無私意, 正是箇無所偏主處."【賀孫】

26:21 問: "▲46) 好善而惡惡, 天下之同情. 若稍有些子私心, 則好惡之情發出來便失其正. 惟仁者心中渾是正理, 見人之善者則好之, 見不善者則惡之. 或好或惡, 皆因人之有善惡, 而吾心廓然大公, 絕無私係, 故見得善惡十分分明, 而好惡無不當理, 故謂之'能好能惡.'" 曰: "程子之言約而盡. 公者, 心之平也, 正者, 理之得也. 一言之中, 體用備矣."【南升】

「苟志於仁章」

26:22 問: "▲47)有志於仁, 雖有趨向已正, 而心念未必純善而無過差. 纔有過差, 便卽是惡, 豈得言無?" 曰: "▲48)雖有過差, 不謂之惡. 惟其不志於仁, 是以至於有惡. 此'志'字, 不可草草看."【人傑】

---

40) ▲: 問"唯仁者能好人, 能惡人", 程子所謂"得其公正是也." 曰
41) ▲: 這兩箇字相少不得
42) ▲: 得來
43) ▲: 居父
44) 心: 賀本에서는 必로 되어 있다.
45) ▲: 程子所以說'得其公正是也'.
46) ▲: '惟仁者能好人, 能惡人.'
47) ▲: '苟志於仁矣, 無惡也.' 竊謂學者
48) ▲: 志於仁, 則

26:23 先生問▲[49]: "'苟志於仁矣, 無惡也', 與'士志於道, 而恥惡衣惡食者, 未足與議也', ▲[50]. 其志則一, 而其病不同, 如何?" 諸友言不合. 曰: "仁是最切身底道理. 志於仁, 大段是親切做工夫底, 所以必無惡. 志於道, 則說得來闊. 凡人有志於學, 皆志於道也. 若志得來泛泛不切, 則未必無恥惡衣惡食之事. 又恥惡衣食, 亦有數樣. 今人不能甘麄糲之衣食, ▲[51]也喫著得, 只是怕人笑, 羞不如人而已, 所以不足與議." 【僩】

26:24 "▲[52], 方志仁時, 便無惡. 若間斷不志仁時, 惡又生." 或云: "過非心所欲爲, 惡則心所欲." 曰: "惡是誠中形外, 過是偶然過差." 【明興】[53]

26:25 ▲[54]

「富與貴章」[55]

26:26 ▲[56]問: "富貴不處, 是安於義, 貧賤不去, 是安於命." 曰: "此語固是. 但須知如何此是安義, 彼是安命. 蓋吾何求哉? 求安於義理而已. 不當富貴而得富貴, 則害義理, 故不處. 不當貧賤而得貧賤, 則

49) ▲: 學者
50) ▲: 前面說志於仁則能無惡, 此段說志於道而猶有此病
51) ▲: 又是一樣. 若恥惡衣惡食者, 則是
52) ▲: '苟志於仁矣'
53) 【明興】: 英祖刊本에서는 【時學】로 되어 있고, 賀本에서는 【明作】으로 되어 있다.
54) ▲: 楊氏云: "苟志於仁矣, 未必無過擧也, 然而爲惡則無矣." 先生問學者: "過與惡, 如何分別?" 曰: "過非心所欲爲, 惡是心所欲爲." 曰: "惡是誠於中, 形諸外, 所以異也." 【銖】
55) 「富與貴章」: 徽州本에서는 「富與貴是人之所欲章」으로 되어 있다.
56) ▲: 或

自家義理已無愧, 居之何害! 富貴人所同欲, 若不子細, 便錯了. 貧賤人所同惡, 自家旣無愧義理, 若更去其中分疏我不當貧賤, 便不是. 張子韶說'審富貴而安貧賤', 極好."【學蒙】

26:27 "審富貴而安貧賤"者, 言不以其道得富貴, 須是審. 苟不以其道, 決是不可受他底. 不以其道得貧賤, 卻要安. 蓋我雖是不當貧賤, 然當安之, 不可於上面計較云, "我不當得貧賤", 有汲汲求去之心, 譬如人作折本經紀相似.【銖】

26:28 問: "君子當得富貴[57]. 所謂不當得而得者, 乃人君不能用其言, 徒欲富貴其身[58]." 曰: "富貴不以道得之, 不但說人君不用其言, 只富貴其身. ▲[59]. 凡是富貴貧賤有不當得而得者, 皆不處不去. 如'孔子主我, 衛卿可得'之類, 亦是不當得之富貴. 須且平說, 不要執定一事. 又終食・造次・顚沛, 一句密似一句, 雖[60]至傾覆流離之際, 亦不違仁也."【南升】

26:29 ▲[61], 若曰是諂曲以求之, 此又是最下等人. ▲[62]設有自到我面前者, 吾知其有一毫不是處, 也不可處. 譬如秀才赴試, 有一人先得試官題目將出來賣, 只要三兩貫錢, 便可買得, 人定是皆去買. 推[63]到

57) 貴: 徽州本에서는 이 뒤에 以利澤生人者也가 더 들어 있다.
58) 身: 徽州本에서는 이 뒤에 君子寧辭去而不居也. 所謂不當得貧賤而貧賤者, 以君子抱負大有爲之志, 而反不得位以行之, 亦安時處順, 不汲汲於勢位以求行其志也. 君子之所以不汲汲於富貴, 戚戚於貧賤者, 蓋胸中天理素明, 惟知存養此理, 無敢違去. 達則行此理於天下, 窮則藏此理於吾身. 如或貪富貴而厭貧賤, 則是違去此理而無君子之實矣, 何以號爲君子乎? "君子無終食之間違仁"以下, 又言君子不但富貴貧賤取舍之間不違去其仁, 蓋無時無處而違仁也. "無終食之間違仁", 是無時而不仁也. "造次""顚沛必於是", 無處而不仁也. 蓋緣取舍之分明, 富貴貧賤不足以動其心, 故能存養得純熟, 良心常在如此가 더 들어 있다.
59) ▲: 如此說, 卻說定了
60) 雖: 賀本에서는 須로 되어 있다.
61) ▲: 文振問"富與貴"一章. 曰: "'富與貴, 不以其道得之'
62) ▲: 所謂得之者, 便

這裏見得破, 方是有學力. 聖人言語, 豈可以言語解過一遍便休了! 須是實體於身, 灼然行得, 方是讀書."【時擧】

26:30 問: "貧賤, 如何是不當得而得之?" 曰: "小人放僻邪侈, 自當得貧賤. 君子履仁行義, 疑不當得貧賤, 然卻得貧賤, 這也只得安而受之, 不可說我不當得貧賤, 而必欲求脫去也. 今人大率於利, 雖不當得, 亦泯默受之[64], 有害, 則必以爲不當得, 而求去之矣. 君子則於富貴之來, 須是審而處之, 於貧賤, 則不問當得與不當得, 但當安而受之, 不求去也." 問: "此二節語, 猶云'怨有不讎[65], 而德無不報'之意否?" 曰: "然. ▲[66]."【僩】

26:31 ▲[67]

26:32 ▲[68]"去"只音去聲. 如"孟子去齊"之"去", 我元有而自離去之也. 若作上聲, 則是除卻.【賀孫】 ▲[69]

26:33 ▲[70] 某曰: "學者須是從富貴貧賤處判斷得下, 方有用工處." 先生喜曰: "這裏看得分曉, 須要做下面工夫. 若做得下面工夫, 看上面事愈覺分曉." 又問: "'惡不仁者', 直是如此峻潔!"曰: "只緣是不要一點不仁底事著在身上." 又曰: "如此看得, 方是."【炎】

---

63) 推: 英祖刊本·成化本·賀本에서는 惟로 되어 있다.
64) 亦泯默受之: 徽州本에서는 亦泯此理受之로 되어 있다.
65) 怨有不讎: 徽州本에서는 恐有言無不讎로 되어 있다.
66) ▲: 蓋於富貴則有所不處, 於貧賤則必受之而不辭也
67) ▲: 問: "'不以其道得之不去也', '去'字或讀作上聲, 可否?" 曰: "自家離去之'去', 去聲讀, 除去之'去', 上聲讀. 此章只是去聲."【義剛】
68) ▲: "君子去仁"之
69) ▲:【明作錄云: "是除卻了, 非也."】
70) ▲: "富與貴, 貧與賤"一章

26:34 ▲71)如不處・不去, 若是資質好底, 所見稍明, 便於這裏也能見得, 只是未必到無終食不違底意思. 不處・不去, 乃是立脚處好了, 細密工夫方下得. 若上面無立脚處了, 其他可見.【一作: "下面工夫, 無緣可見."】 聖人之意, 不獨是敎人於富貴貧賤處做工夫, 須是到終食不違, 顚沛造次都用工, 方可."【恪】

26:35 ▲72)問: "▲73). 苟且, 莫只就人情上說否?" 曰: "苟且是時暫處, 苟可以坐, 苟可以立, 令此心常存, 非如大賓大祭時也." 問: "曾子易簀, 莫是苟且時否?" 曰: "此正是顚沛之時. 那時已不可扶持, 要如此坐, 也不能得."【寓】

26:36 ▲74)問: "▲75), 聖人敎人, 要得分別取舍到箇眞切處, 便隨道理做去. 有一般昏弱之人, 都只是人欲上行, 便是不識痛癢底人." ▲76)曰: "聖人這處恰似說得疏. 學問工夫儘多, 聖人去富貴貧賤上做工夫. 不是處富貴貧賤時節, 又如何做工夫? 終不成閑過了這處! 聖人且立箇大界限, 先要人分別得箇路頭. '君子去仁', 便是不成箇君子. 看聖人說得來似疏, 下面便說到細密處. 須是先說箇麄, 後面方到細處. 若不是就麄處用功77), 便要恁地細密, 也不得. 須知節節有工夫, 剝了▲78)一重, 去了一節又一節." 敬之云: "此章說此三句, 可謂緊切. 雖然, 只說存養, 未說仁處, 要是敎人自體認看." ▲79)這處, 正是說築底處, 正是好著力處, 卻如此輕說過了! 衆人是這箇心, 聖人也只是這

71) ▲: 子善問此章. 曰: "且
72) ▲: 先生因寓看里仁篇, 云: "前面幾段更好熟看, 令意脈接續." 因
73) ▲: 造次是'急遽苟且之時'
74) ▲: 敬之
75) ▲: 富貴貧賤
76) ▲: 先生
77) 功: 賀本에서는 工으로 되어 있다.
78) ▲: 一重又
79) ▲: 先生笑曰: "公又如此. 所見這裏未是極處, 更要去言外說道理, 如何得. 聖人

箇心, 存得心在這裏, 道理便在這裏. 從古聖賢, 只是要理會這箇物事. 保養得這箇在, 那事不從這裏做出!"【寓】

26:37 "富與貴, 貧與賤", 方是就至麤處說. 後面"無終食之間違仁", 與"造次・顚沛必於是", 方說得來細密. 然先不立得這箇至麤底根脚, 則後面許多細密工夫更無安頓處, ▲80). 若見利則趨, 見便則奪, 這麤上不曾立得定, 更說箇甚麽! 正如"貧而無諂, 富而無驕", 與"貧而樂, 富而好禮"相似. 若未能無諂無驕, 如何說得樂與好禮! 卻是先就麤處說上細上去.【僩】

26:38 "富貴貧賤, 不處不去, ▲81)是箇君子皮殼, 裏面更多有事在. 然先會做這事, 方始能不去其仁. 既把得定, 然後存養之功自此漸漸加密.【夔孫錄此下云: "然必先'然82)終食違仁', 然後'造次・顚沛必於是.'"】 如孟子言'善・利之間', 須從'間'字上看. 但孟子之言勇決, 孔子之言詳緩, 學者須就這上着力. 今學者▲83), 才略略有些利害, 便一齊放倒了! 某嘗向朋友說, 須是就這上立得脚住, 方是離得泥水. 若不如此, 則是在泥裏行, 才要出, 又墮在泥裏去. 縱說得道理, 也沒安頓處. 如『大學』所謂'誠其意者, 毋自欺也.' 毋自欺有多少事, 他卻只就'小人閒居爲不善, 見君子而後厭然, 揜其不善而著其善'處說. 爲甚先要去了這箇? 蓋不切, 則磋無所施, 不琢, 則磨無所措矣." 又曰: "'審富貴', 是義, '安貧賤', 是命."【賜】

26:39 ▲84)不處, ▲85)不去, 是說處這事. "君子去仁, 惡乎成名", 是

80) ▲: 人更無可得說. 須是先能於富貴不處, 貧賤不去, 立得這箇粗底根脚了, 方可說上至細處去
81) ▲: 此一節, 且說箇粗底, 方
82) 然: 賀本에서는 無로 되어 있다.
83) ▲: 都不濟事
84) ▲: 不以道得富貴
85) ▲: 不以道得貧賤

主宰處. 終食・造次・顚沛, 是操存處. 李先生說得好. 【端蒙】[86)]

26:40 ▲[87)]孔子言此, 便是自平居時說到那造次・顚沛之際. 如孟子說義重於生處, 卻又說急處有打得過時, 如閒居時卻有照管不到處, 或失之." 【燾】

26:41 ▲[88)]問造次之義. 曰: "杜預謂, '草[89)]次之期, 言草草不成禮也', ▲[90)]. 『左傳』謂, '過信爲次', 亦只是苟且不爲久計之意." 【義剛】

26:42 ▲[91)]問: "注云: '取舍之分明, 然後存養之功密, 存養之功密, 則取舍之分益明.' ▲[92)]" 曰: "此言內外大小皆當理會. 外若不謹細行, 則內何以爲田地根本. 內雖有田地根本, 而外行不謹, 則亦爲之搖奪. 如世間固有小廉曲謹, 而臨大節無可取者, 亦有外面界辨分明, 而內守不固者." 【可學】

26:43 問: "明道云: '不以其道得之富貴, 如患得之.' 文義如何?" 曰: "'如患得之', 是患不得之, 將此'得'字解上'得'字." 【必大 ○『集義』】

「我未見好仁者章」

26:44 ▲[93)]: "固是好仁能惡不仁. 然有一般天資寬厚溫和底人, 好

86) 【端蒙】: 賀本에서는 【端】으로 되어 있다.
87) ▲: 問"富與貴是人之所欲也"一章. 曰: "如
88) ▲: 周李卿
89) 草: 賀本·萬曆本에서는 造로 되어 있다.
90) ▲: 便是此意
91) ▲: 蜚卿
92) ▲: 如何?
93) ▲: 問: "好仁卽便會惡不仁, 惡不仁便會好仁, 今並言如何?" 曰

仁之意較多, 惡▲[94]仁之意較少, 一般天資剛毅奮發底人, 惡▲[95]仁之意較多, 好仁之意較少. '好仁者, 無以尙之. 惡不仁者[96], 不使不仁者加乎其身.' 這個便是好惡樣子." 問: "此處以成德而言, 便是顔子'得一善拳拳服膺', 曾子'任重而道遠'與啓手足處, 是這地位否?" 曰: "然." 【寓】[97]

26:45 好仁者, 自是那一等天資純粹底人, 亦其眞知仁之可好而實好之, 故視天下之物無以尙乎此. 惡不仁者, 又是那一等天資耿介底人, 亦其眞知不仁之可惡而實惡之, 故凡不仁之事, 不使毫髮加諸己. 若好仁而有以尙之, 這便不是眞好, 惡不仁而未免有所不當爲, 這便不是眞惡. 然好仁者於不仁非不惡, 終是好底意思多, 惡不仁者於仁非不好, 終是惡底意思重. 好仁, 非顔·曾未易言. 惡不仁, 恐伯夷·叔齊方始當得.

26:46 ▲[98]惡不仁者到得'不使不仁加乎其身', 便亦是仁了. 二者以資稟言之, 其寬弘靜重者, 便是好仁底人, 其剛毅特立者, 便是惡不仁底人." ▲[99], 皆利仁者之事." 時擧曰: "'蓋有之矣, 我未之見也', 是言未見用力底人, 還是未見用力而力不足之人?" 曰: "▲[100], 聖人只是言其用力者之難得. 用力之[101]好者固未之見, 到資稟昏弱欲進而不能者, 亦未之見, 可見用力者難得也." 【時擧】[102]

---

94) ▲: 不
95) ▲: 不
96) 者: 『朱子語類』에는 없다.
97) 【寓】: 賀本에는 없다.
98) ▲: 問此一章. 曰: "好仁者與惡不仁者雖略有輕重, 然
99) ▲: 時擧曰: "利仁者卽是好仁者否?" 曰: "好仁, 惡不仁
100) ▲: 此意
101) 之: 賀本에서는 於로 되어 있다.
102) 【時擧】: 賀本에는 없다.

26:47 問: "▲103), 是有優劣否?" 曰: "略有之. ▲104), 然而皆可謂之成德. 橫渠言'好仁・惡不仁, 只是一人', 說得亦好, 但▲105). 聖人言兩'者'字, 必竟是言兩人也."

26:48 ▲106) 好仁, 則於仁與禮上多些, 惡不仁, 則於義與智上多些. 好仁, 只知有仁, 而不見那不仁來害他, 惡不仁, 是曾得知這病痛, 惟恐來害他. 略與'安行・强行'相似. 好仁, 是康强底人, 平生未嘗病, 亦不知有病痛, 惡不仁, 是曾被病害, 知得病源, 惟恐病來侵着. 惡不仁終是兩件, 好仁卻渾淪了. 學者未能好仁, 且從惡不仁上做將去, 庶幾堅實."【僩】

26:49 問: "好仁者如顏子, 惡不仁者似孟子否?" 曰: "▲107)本無優劣, ▲108), 然好仁而未至, 卻不及那惡不仁之切▲109). 蓋惡不仁底眞是壁立千仞, 滴水滴凍, 做得事成!"【僩】

26:50 "▲110)此二等, ▲111)亦無大優劣. ▲112) ◇113)仁者惻隱之心較多, 惡不仁者羞惡之心較多. ▲114)此等人, 不是▲115)略略恁地好仁

---

103) ▲: 好仁・惡不仁

104) ▲: 好仁者, 自有一般人資質較寬和溫厚, 惡不仁者, 自是有一般人資稟較剛果決裂

105) ▲: 不合

106) ▲: 問: "好仁・惡不仁, 有輕重否?" 曰: "也微有些輕重. 好仁, 是他資質寬厚和重, 惡不仁, 是剛毅方正.

107) ▲: 好仁者與惡不仁者

108) ▲: 只是他兩箇資質如此. 好仁底人, 是箇溫柔寬厚底資質, 只見得好仁處好, 不甚嫌那不仁底, 他只見得好仁路上熟. 惡不仁者, 便是箇剛勁峭直底資質, 心裏眞箇是惡那不仁底事. 好仁底較强些子

109) ▲: 底

110) ▲: 好仁・惡不仁, 只是利仁事, 卻有

111) ▲: 然

112) ▲: 只是好仁者是資性渾厚底, 惡不仁者是資性剛毅底,

113) ◇: 好

・惡不仁底." ▲116)"伯夷是惡不仁底, 柳下惠是好仁底也▲117)." 【夔孫】

26:51 ▲118)畢竟好仁者終是較119)得便宜, 緣他只低着頭自去做了. 惡不仁者卻露些圭角芒刃, 得人嫌在. 如顔子・明道是好仁, 孟子・伊川是惡不仁, 康節近於好仁, 橫渠是惡不仁." 【燾】

26:52 問: "▲120)是一樣人否?" 曰: "把做一樣說也得, 把做兩樣看也得. ▲121): "此數段, 皆是緊要處, 須是把做箇題目, 只管去尋始得. 尋來尋去, 將久自解有悟. 如喫物事, 味味皆好, 卻須知道那一般最好, 其所以好是如何, 方是." 【義剛】

26:53 "▲122) 此與"如好好色, 如惡惡臭", 皆是自己上事. 非是專言好他123)人之仁, 惡他人之不仁也. 【端蒙】

26:54 "▲124) 旣是好仁, ▲125)其他無以加此. ▲126), 又卻好財・好

---

114) ▲: 聖人之意, 謂我未見好仁・惡不仁者." 又從而自解之曰: "我意所謂好仁者, 須是'無以尙之', 所謂惡不仁者, 須是'不使不仁者加乎其身.' 是好之篤, 惡之切, 如

115) ▲: 說那

116) ▲: 又曰:

117) ▲: 無大故優劣

118) ▲: 因論"好仁・惡不仁", 曰: "此亦以資質而言. 蓋有一等人, 只知好仁, 更不管惡不仁事, 一等人專是惡不仁意思多, 然其'不使不仁者加乎其身', 則所爲必無不仁矣. 然

119) 較: 成化本에서는 校로 되어 있다.

120) ▲: 好仁・惡不仁, 莫只

121) ▲: 也有那好仁底人, 也有那惡不仁底人. 如伯夷便是惡不仁底, 柳下惠便是好仁底." 因言

122) ▲: 好仁者無以尙之", 言好之深, 而莫有能變易之者. "惡不仁者不使加乎其身", 言惡之篤, 而不使不仁之事加於己.

123) 他: 賀本에는 없다.

124) ▲: '好仁者無以尙之', 只是將無以加之來說, 此與'惡不仁'一段相對.

色, ▲127), 便是不曾好仁. ▲128)只是好仁一件, 方可謂之好仁, ▲129)惡不仁, 本不是仁. 只'不使不仁者加乎其身', 便是仁了."【蘷】 26:55130) ▲131) 26:56132) 好仁者便高了惡不仁者. 如見白黑相似, 吾好白者, 只取白者, 彼黑者便自從133)一邊去. 如好白而不取白, 只管地去疾黑者, ▲134)亦淺矣. 孔子言仁處, 皆是用力處.

26:57 問: "有能一日用其力於仁▲135)?" 曰: "此心散漫放肆, 打一聳動時, 便在這裏, 能使得多136)少力! 雖云用力, 卻不大故用力."【佐】

26:58 ▲137): "須是立志爲先, 這氣便隨他. 敬義夾持, 上達天德." 問: "'▲138)用其力', 將志氣合說如何?" 曰: "▲139)氣較多, 志亦在上面了. '志之所至, 氣必至焉.' ▲140)如大將一般, 指揮一出, 三軍皆隨. 只怕志不立, 若能立志, 氣自由我使. '夫志, 氣之帥也, 氣, 體之充也.' 人出來恁地萎萎衰衰, 恁地柔弱, 亦只是志不立. 志立自是奮發敢爲, 這氣便生. 志在這裏, 氣便在這裏." 因舉手而言曰: "心在這手上, 手

125) ▲: 便知得
126) ▲: 若是說我好仁
127) ▲: 物皆有好
128) ▲: 若果是好仁, 便須天下之物皆無以過之. 亦有解作無一物可以易其所好者. 蓋
129) ▲: 所以言'我未見好仁者.'" 徐元震問: "惡不仁如何?" 曰: "只謂
130) 26:55: 『小分』에서는 26:54에 이어져 한 항목으로 편집되어 있다.
131) ▲: 好仁者與惡不仁者便別. 如好仁者, 則眞能好之. 惡不仁者知不仁之可惡, 而不知好仁, 故別.【壽昌】
132) 26:56: 『小分』에서는 26:54에 이어져 한 항목으로 편집되어 있다.
133) 自從: 『小分』에서는 從自를 교정부호로 바로잡았다.
134) ▲: 則
135) ▲: 矣乎
136) 得多: 『小分』에서는 多得을 교정부호로 바로잡았다.
137) ▲: 問: "好仁・惡不仁, 雖不可得, 果能一旦奮然用力, 不患力之不足." 曰
138) ▲: 一日
139) ▲: 用力說
140) ▲: 這志

便暖, 在這脚上, 脚便暖. 志與氣自是相隨. 若眞箇要求仁, 豈患力不足! 聖人又說道, 亦有一般曾用力而力不足之人, 可見昏弱之甚. 如這般人也直是少." ▲141)問: "這章, 聖人前面說箇向上底, 中閒說箇能用力而無不足底, 又說到有用力而力不足底, 有許多次第, 所以深警學者否?" 曰: "也不是深警學者. 但言成德之事已不可見, 而用力於仁者亦無之."【寓】

26:59 ▲142)問: 143)"好仁惡不仁者, 是眞知得分明, 此身常在天理上. 下面說有能一日用力及力不足者, 皆是正當分別天理人欲處着工夫." 又說: "里仁前面所說, 都是且教人涵養, 別須更有下工夫處." 曰: "工夫只是這箇. ▲144)."【賀孫】

26:60 問: "▲145)是利仁事否?" 曰: "然." 問: "上蔡謂: '智者謂之有所見則可, 有所得則未可.' 如此, 則是二者乃方用功底人, 聖人何以爲未之見?" 曰: "所謂未有得者, 當已見得仁如此好了, 貪心篤好, 必求其至. 便喚做有所得, 未可." 問: "『集注』▲146)云: '皆成德之事, ▲147).' 若說未有得, 如何又謂之成德?" 曰: "若眞是好仁・惡不仁底人, 已是大段好了, 只是未喚做得仁." 問: "這雖說是成德, 莫亦未是十全否?" 曰: "雖未是十全, 須已及六七分了."【賀孫 ○『集注』】

26:61 問: "『集注』云: '是成德之事.' ▲148)?" 曰: "固是. 便是利仁之

---

141) ▲: 敬之
142) ▲: 敬之
143) ▲: '好仁・惡不仁', 至'我未之見也', 此不出兩端:
144) ▲: 若能於此涵養, 是甚次第! 今看世上萬法萬事, 都只是這一箇心." 又曰: "今夜說許多話最要緊. 所謂講學者, 講此而已, 所謂學者, 學此而已
145) ▲: 『集注』云: '好仁者, 眞知仁之可好, 故擧天下之物無以加之. 惡不仁者, 眞知不仁之可惡, 故其所以爲仁者必能絶去不仁之事, 而不使少有及於吾身.' 此亦只
146) ▲: 於'好仁・惡不仁'
147) ▲: 所以難得而見
148) ▲: 如何

事." 問: "這處地位, 便是在安仁之次, 而利仁之熟也." 曰: "到這裏是熟, 又未說到安仁. ▲149)." 【寓】

26:62 問: "▲150) 旣曰用力, 亦安有昏弱欲進而不能者?" 曰: "有這般人, 其初用力非不切至, 到中間自是欲進不能. 夫子所謂'力不足者, 中道而廢', 正說此等人. 冉求力可做, 卻不自去着力耳. 間或有曾用力而力不足底人, 這般人亦是難得. 某舊只說得'有能一日用其力'一句, 後知某未穩, 大段費思量, 一似蟻鑽珠模樣. 鑽來鑽去, 語脈卻是如此, 方見得兩箇'未見'字不相礙." 【寓】

26:63 問: "▲151), 亦有始立之志不足以帥久縱之氣者." ▲152): "也是志不足." 問: "養得志完全時, 只在持守否?" 曰: "持守體察, 講學考索, ▲153)." 問: "須有一箇本領?" 曰: "貫通處只是敬." ▲154)

26:64 ▲155) 好仁'如好好色', 更無以尙之者, 此誠於好仁者也. ▲156), 惡不仁'如惡惡臭', 唯恐惡臭之及吾身, ▲157)眞箇惡他▲158).

149) ▲: 安仁又別
150) ▲: 『集注』前後說不同: 前說能用力於仁, 未見其力有不足者. 後說有用力而力不足者.
151) ▲: 『集注』云: '志之所至, 氣必至焉.' 以泳觀之
152) ▲: 曰
153) ▲: 凡聖人所說底, 皆著去做
154) ▲: 問: "南軒云: '敬字貫通動靜, 而以靜爲本.'" 曰: "那是就那主靜上說. 閑時若靜坐些小, 也不妨." 因擧明道敎上蔡且靜坐, 彼時卻在扶溝縣學中. 明道言: "某只是聽某說話, 更不去行." 上蔡對以"無可行處." 明道敎他且靜坐. "若是在家有父母合當奉養, 有事務合當應接, 不成只管靜坐休!" 【胡泳】
155) ▲: 一日, 諸生講『論語』至此章, 有引范氏之言者曰: "惡不仁者, 不若好仁者之爲美也." 又援呂氏之說, 以爲惡不仁者劣於好仁者. "蓋謂孔子以'好仁無以尙之', 故以惡不仁者之爲劣也." 曰: "惡不仁者, 亦不易得. 但其人嚴厲可畏, 不如好仁者之和易也. 正不須將好仁・惡不仁分優劣. 聖人謂'好仁者無以尙之', 非以好仁者爲不可過也. 謂人之
156) ▲: 其曰'惡不仁者, 其爲仁矣, 不使不仁加乎其身'者
157) ▲: 其

非是且如此惡他, 後又卻不惡他也."【去僞[159] ○『集義』】

「人之過也章」

26:65 "黨[160], 類也, 偏也. 君子過於厚, 小人過於薄, 觀此則仁與不仁可知. 君子過於厚, 厚雖有未是處, 終是仁人." 或問: "過莫是失否?" 曰: "亦是失也."【去僞】[161]

26:66 ▲[162]: "此是就人有過失處觀之. 謂如一人有過失, 或做錯了事, 便觀其是過於厚, 是過於薄. 過於厚底, 雖是不是, 然可恕, 亦是仁者之類. 過於薄底, 便不得, 便是不仁了. 知仁, 只是知其仁與不仁而已."【燾】

26:67 非是專要在過上看仁, 蓋就過上亦可以知仁.【炎】

26:68 ▲[163], 此"仁"字, 是指慈愛而言.【淳】

26:69 問: "'里仁'數章說仁, 自有淺深輕重." 曰: "固是. 如'觀過知仁'之'仁', 只是就仁愛上說. 故程先生・尹先生皆只將'厚・薄', '愛・忍'字說, ▲[164]. 如'里仁爲美', 卻是那全底."【義剛】

26:70 ▲[165]: "先儒說得仁來大了. 學者只管逐句愛說深, 不知此'仁'

158) ▲: 如此
159) 去僞: 徽州本에서는 祖道 ○人傑・謀並同.으로 되어 있다.
160) 黨: 徽州本에서는 이 앞에 問: 各於其黨, 觀過斯知仁矣. 曰이 더 들어 있다.
161) 【去僞】: 徽州本에서는 【祖道 ○謀錄同.】으로 되어 있다.
162) ▲: 問"觀過知仁"一章. 曰
163) ▲: "觀過斯知仁"
164) ▲: 便見只是慈愛底仁

字說較淺, 不是'仁者安仁'之'仁.' 如有好底人無私意而過, 只是理會事錯了, 便也見得仁在. 不好底人有私意, 便無過, 也不敢保他有仁. 如『禮記』謂'仁者之過易辭.' 仁者之過, 只是理會事錯了, 無甚蹺蹊[166], 故易說. 不仁之過是有私意, 故難說. 此亦是觀過知仁意."【淳】

26:71 ▲[167]. 湖南諸公以知覺做仁, 說得來張大可畏! 某嘗見人解'麒麟之於走獸'云: '麒麟, 獅子也.' 某嘗以爲似湖南諸公言仁. 且麒麟是不踐生草, 不食生物, 多少仁厚! 他卻喚做獅子, 卻是可畏. 但看聖人將'仁'字與'義'字相同說[168], 便見."【南升】

26:72 ▲[169] 若於此而欲求仁之體, 則失聖人本意矣. 『禮記』"與仁同過"之言[170], 說得太巧, 失於迫切.【人傑】

26:73 性之[171]問此章. 曰: "所謂君子過於厚與愛者, 雖然是過, 然亦是從那仁中來, 血脈未至斷絶. 若小人之過於薄與忍, 則與仁之血脈已是斷絶, ▲[172]"【時舉】

26:74 ▲[173]: "厚與愛, 畢竟是仁上發來, 其苗脈可見."【南升】

---

165) ▲: 問"觀過知仁." 曰
166) 蹺蹊: 賀本에서는 蹊蹺로 되어 있다.
167) ▲: 或問: "'觀過斯知仁', 這'仁'字說得較輕." 曰: "也只是此理. 所以伊川云: '君子常失於厚, 過於愛.' '厚'字'愛'字便見得仁
168) 但看聖人將'仁'字與'義'字相同說: 徽州本에서는 但看聖人將'仁'字與'義'字'禮'字相同說로 되어 있다.
169) ▲: 聖人之言寬舒, 無所偏失. 如云"觀過斯知仁", 猶曰觀人之過, 足知夫仁之所存也.
170) 言: 賀本에서는 意로 되어 있다.
171) 性之: 徽州本에서는 植으로 되어 있다.
172) ▲: 其謂之仁, 可乎?
173) ▲: 問: "過於厚與愛, 雖未爲中理, 然就其厚與愛處看得來, 便見得是君子本心之德發出來." 曰

26:75 此段也只是論仁. 若論義, 則當云, 君子過於公, 小人過於私, 君子過於廉, 小人過於貪, 君子過於嚴, 小人過於縱, 觀過斯知義矣, 方得. 這般想是因人而發, 專指仁愛而言也.【僩】

26:76 問: "▲[174], 此與'禮, 與其奢也, 寧儉', 同意." 曰: "近之."【人傑】

26:77 ▲[175]問: "伊川此說, 與諸家之說如何?" 曰: "伊川之說最善. ▲[176] 又問: "南軒謂: '小人失於薄, 傷於忍, 豈人之情也哉! 其所陷溺可知矣.' 此云陷溺, 如何?" 曰: "他要人自觀, 故下'陷溺'二字. 知所陷溺, 則知其非[177]仁矣." 問: "南軒作『韋齋記』, 以黨爲偏, 云: '偏者, 過之所由生也. 觀者, 用力之妙也. 覺吾之偏在是, 從而觀之, 則仁可識矣.' 此說如何?" 曰: "此說本[178]平易, 只被後來人說得別了."【去僞】[179]

26:78 問: "▲[180]南軒▲[181]作『韋齋記』, 其間說'觀過知仁'一段, 以所觀在己. 及『洙泗言仁論』, 又以所觀在人. 不知二說先生孰取." 曰: "觀人底是. 『記』曰: '與仁同功, 其仁未可知也, 與仁同過, 然後其仁可知也.' 卽是此意." 又問: "不知此語還是孔子說否?" 曰: "固不可知, 只是有此理." 曰: "以琮觀之, 不如觀己底穩貼." 曰: "此禪話也." 曰: "琮不識禪話, 但據己見思量, 若所觀在人, 謂君子常過於厚, 小人常

---

174) ▲: 伊川謂: '人之過也各於其類, 君子常失於厚, 小人常失於薄, 君子過於愛, 小人傷於忍.' 愚謂
175) ▲: 或
176) ▲: 以君子之道觀君子, 則君子常過於愛, 失之厚, 以小人之道觀小人, 則小人常過於忍, 失於薄. 如此觀人之過, 則人之仁與不仁可知矣."
177) 其非: 『小分』에서는 非其를 교정부호로 바로잡았다.
178) 說本: 『小分』에서는 本說을 교정부호로 바로잡았다.
179) 【去僞】: 徽州本에서는【祖道】로 되어 있다.
180) ▲: 昨與劉公度看
181) ▲: 爲先生

過於薄, 小人於其黨類亦有過於厚處, ▲[182]君子小人之過, 於厚薄上分別[183]不開. 故謂不如只作觀己說, 較靜辨[184]." 曰: "有'觀'字, 有'過'字, 有'知'字, 不知那箇是仁?" 或謂: "觀, 便是仁事在那裏." 曰: "如琮鄙見, '觀'字・'過'字・'知'字皆不是仁. '仁'字政與'過'字相對. 過則不仁, 仁則不過. 蓋黨是己私, 仁是天理. 識得過底是己私, 便識得不過底是天理." 曰: "如此, 則卻常留箇過與己私在傍邊做甚?" 琮曰: "此是聖人言知仁處, 未是言爲仁處." 曰: "此是禪學下等說話, 禪門高底也自不肯如此說. 一部『論語』何嘗只說知仁! 便須有下手處. 請自思量別處說仁, 還有只言知仁底意思否?"【琮】

「朝聞道章」

26:79 ▲[185]: "道只是眼前分明底道理."【賀孫】

26:80 ▲[186]: "所謂聞道, 亦不止知得一理, 須是知得多有箇透徹處. 至此, 雖便死也不妨. 明道所謂'非誠有所得, 豈以夕死爲可乎!' 須是實知有所得, 方可."【寓】

26:81 "道只是事物當然之理, 只是尋箇是處. 大者易曉. 於細微曲折, 人須自辨認取. 若見得道理分曉, 生固好, 死亦不妨. 不然, 生也不濟事, 死也枉死." ▲[187]: "所謂聞者, 通凡聖而言, 不專謂聖賢, 然大率是爲未聞道者設. 且如昨日不曾聞, 今日聞之, 便是. 程子所謂'人知而信者爲難, 非誠有所得, 豈以夕死爲可乎!' 知後須要得, 得後

---

182) ▲: 恐
183) 別: 『小分』에서는 明○을 교정부호로 바로잡았다.
184) 辨: 賀本에서는 辦으로 되어 있다.
185) ▲: 問: "'朝聞道', 道是如何?" 曰
186) ▲: 問: "朝聞道而可夕死, 莫須是知得此理之全體, 便可以了足一生之事乎?" 曰
187) ▲: 又云

方信得篤. '夕可死[188]矣', 只是說便死也不妨, 非謂必死也."【明作】

26:82 問: "『集注』云: '道者, 事物當然之理.' 然嘗思道之大者[189], 莫過乎君臣父子夫婦朋友之倫, 而其有親, 有義, 有別, 有信, 學者苟致[190]一日之知, 則孰不聞焉. 而卽使之死, 則亦覺未甚濟得事. 然而所謂道者, 果何處眞切至當處? 又何以使人聞得而遂死亦無憾?" 曰: "道誠不外乎日用常行[191]之間. 但公說未甚濟事者, 第恐知之或未眞耳. 若是知得眞實, 必能信之篤, 守之固. 幸而未死, 則可以充其所知, 爲聖, 爲賢. 萬一卽死, 則亦不至昏昧過了一生, 如禽獸然, 是以爲人必以聞道爲貴也." 曰: "所謂聞者, 莫是大而天地, 微而草木, 幽而鬼神, 顯而人事, 無不知否?" 曰: "亦不必如此, 大要知得爲人底道理則可矣. 其多與少, 又在人學力也." 曰: "▲[192], 聖人非欲人聞道而必死, 但深言道之不可不聞耳. 若將此二句來反之曰: '若人一生而不聞道, 雖長生亦何爲!' 便自明白." 曰: "然. 若人而聞道, 則生也不虛, 死也不虛. 若不聞道, 則生也枉了! 死也枉了!"【壯祖】

26:83 ▲[193]: "物格·知至, 則自然理會得這箇道理[194], 觸處皆是這箇道理, 無不理會得. 生亦是這一箇道理, 死亦是這一箇道理."【㝢】

26:84 問: "'夕死可矣', ▲[195]." 曰: "死亦是道理."【南升】

---

188) 可死: 賀本에서는 死可로 되어 있다.
189) 然嘗思道之大者: 徽州本에서는 이 앞에 果爾, 則道非一杳杳冥冥昏默底物, 使人聞之則超脫解悟, 如佛氏之說也.가 더 들어 있다.
190) 致: 賀本에서는 至로 되어 있다.
191) 常行: 『小分』에서는 行常을 교정부호로 바로잡았다.
192) ▲: 看得此章
193) ▲: 問: "'朝聞道', 如何便'夕死可矣'?" 曰
194) 道理: 『小分』에서는 理道를 교정부호로 바로잡았다.
195) ▲: 雖死亦安, 無有遺恨

26:85 ▲196) 此聞是知得到, 信得及, 方是聞▲197), 故雖死可也. 若以聽人之說爲聞道, 若▲198)此便死, 亦可謂枉死了!【燾】

26:86 ▲199) 問: "▲200)旣聞而非久卽死, 莫多有不及事之悔否?" 曰: "猶愈於不聞."【胡泳】

26:87 ▲201): "所謂夕死可者, 特擧其大者而言耳. 蓋苟得聞道, 則事無大小202), 皆可處得, 富貴貧賤, 無所往而不可. 故雖死, 亦有死之道也."【此說與『集注』少異, 讀者詳之. ○時擧】

26:88 ▲203): "'朝聞道', 則生得是, 死便也死得是. 若不聞道, 則生得不是, 死便也恁地. 若在生仰不愧, 俯不怍, 無纖毫不合道理處, 則死如何不會是!"【賀孫 ○『集義』】

26:89 ▲204) 二先生之說, 初無甚異. 蓋道205)卻206)是事物當然之理, 見得破, 卽隨生隨死, 皆有所處. 生固所欲, 死亦無害.

26:90 ▲207): "伊川說'實理', ▲208)不可曉▲209). 云'實見得是, 實見

---

196) ▲: "朝聞道, 夕死可矣."
197) ▲: 道
198) ▲: 如
199) ▲: 問"朝聞道, 夕死可矣." 曰: "若是聞道, 則生也得箇好生, 死也得箇好死."
200) ▲: 朝夕固甚言其近. 然
201) ▲: 問"朝聞道, 夕死可矣." 曰
202) 大小: 『朱子語類』에서는 小大로 되어 있다.
203) ▲: 守約問: "伊川解'朝聞道, 夕死可矣', '死得是也', 不知如何?" 曰
204) ▲: "朝聞道, 夕死可矣."
205) 蓋道: 【附箋紙】"盖道"下一圈亦誤.
206) 卻: 『小分』에서는 ○卻을 교정부호로 바로잡았다.
207) ▲: 先生顧安卿曰
208) ▲: 有
209) ▲: 處

得非', 恐是記者之誤, '見'字上必有漏落. 理自是理, 見自是見. 蓋物物有那實理, 人須是實見得." 義剛曰: "理在物, 見在我." 曰: "是如此."【義剛 ○淳錄云: "實理與實見又[210]同. 蓋有那實理, 人須是見得. 見得恁地確定, 便是實見. 若不實見得, 又都閑了."】

26:91 ▲[211]問: "聞道, 自是聞道, 也無間於死生." 曰: "如何是無間於死生?" 曰: "若聞道, 生也得, 死也得." 曰: "若聞道而死, 方是死得是. 死是[212], 則在生也都是. 若不聞道, 在生也做不是, 到死也不是. 吾儒只是要理會這道理, 生也是這理, 死也只是這理. 佛家卻說被這理勞攘, 百端費力, 要埽除這理, 教無了. 一生被這理撓, 一生被這心撓." 問: "伊川說此一段, 及呂氏說'動容周旋中禮, 盛德之至', '君子行法俟命', 是此意否?" 曰: "這是兩項. '動容周旋中禮', 這是聖人事, 聞道自不足以言之. 自與道爲一了, 自無可得聞. '行法以俟命', 是見得了, 立定恁地做." 問: "伊川云: '得之於心, 是爲有得, 不待勉强. 學者須當勉强.' ▲[213]?" 曰: "這兩項又與上別. 這不待勉强, 又不是不勉而中, 從容中道. 只是見得通透, 做得順, 便如所謂樂循理底意思." 問: "曾子易簀, 當時若差了這一着, 喚做聞道不聞道?" 曰: "不論易簀與不易簀, 只論他平日是聞道與不聞道. 平日已是聞道, 那時萬一有照管不到, 也無奈何." 聞[214]: "若果已聞道, 到那時也不到會放過." 曰: "那時是正終大事. 旣見▲[215], 自然不放過."【賀孫】

「士志於道章」

---

210) 又: 英祖刊本・成化本・賀本에서는 不로 되어 있다.

211) ▲: 賀孫

212) 死是: 成化本·徽州本에서는 死得是로 되어 있다.

213) ▲: 是如何

214) 聞: 『朱子語類』에서는 問으로 되어 있다.

215) ▲: 得

26:92 問: "'▲216)恥惡衣惡食.' 旣是志道, 如何尙如此?" 曰: "固有這般半上半落底人, ▲217)志得不力. 只是名爲志道, 及外物來誘, 則又變遷218)了, 這箇最不濟事."【義剛】

26:93 衆朋友共說"士志於道"以下六章畢, 先生曰: "此數章如尹和靖·程子所注, 只於本文添一兩字. 看着似平淡, 子細去窮究, 其味甚長."【義剛】

「君子之於天下也章」

26:94 ▲219): "義是吾心所處之宜者. 見事合恁地處, 則隨而應之, 更無所執也."【時擧】

26:95 ▲220), 非是我去與義相親, 義自是與比.【謨】

26:96 ▲221)問: "▲222), 是我這裏所主者在義." 曰: "▲223), 只看義理合如何▲224)當富貴便富貴, ▲225)當貧賤便貧賤, 當生則生, 當死則死, ▲226)."【賀孫】

26:97 "南軒說'▲227) 適, 是有所必, 莫, 是無所主', 便見得不安. 程

216) ▲: 志於道, 而
217) ▲: 其所謂志, 也是
218) 變遷: 賀本에서는 遷變으로 되어 있다.
219) ▲: 文矩問"君子之於天下也"一章. 曰
220) ▲: "義之與比"
221) ▲: 敬之
222) ▲: '義之與比'
223) ▲: 自不消添語言, 只是無適無莫, 看義理合如何. '處物爲義'
224) ▲: 區處他. 義
225) ▲: 義
226) ▲: 只看義理合如何

氏謂'無所往, 無所不往, 且要義之與比處', 便安了." 曰: "古人訓釋▲[228], 無用'適'字爲'往'字者. 此'適'字, 當如'吾誰適從'之'適', 音的, 是端的之意. 言無所定, 亦無所不定爾. 欽夫云[229]'◇[230]儒無適·無莫, 釋氏有適·有莫', 此亦可通."【大雅】

26:98 問: "▲[231] 須是見得分明, ▲[232]毫髮不差, 然後得是當." 曰: "義卽宜也, 但須處得合宜, 故曰'處物爲義.'"【南升】

26:99 :▲[233]問: ▲[234]: "'無可無不可', 皆是無所容心. 但聖人是有箇義, 佛·老是聽其自然▲[235]否?" 曰: "聖人也不說道◇[236]不可, 但看義如何耳. 佛·老皆不睹是, 我要道可便是可, 我要道不可便是不可, 只由在我說得."【義剛】

「君子懷德章」

26:100 "懷刑", 只是"惡不善", 不使不善之事加乎一身.【南升】

26:101 ▲[237]思刑法而必不犯之, 如懼法之云爾.【端蒙】

---

227) ▲: "無適無莫",
228) ▲: 字義
229) 欽夫云: 徽州本에서는 張欽夫云으로 되어 있다.
230) ◇: 吾
231) ▲: 上蔡所謂'於無可·無不可之間, 有義存焉, 則君子之心果有所倚乎'? 凡事皆有一箇合宜底道理,
232) ▲: 雖
233) ▲: 先生
234) ▲: "謝氏謂'君子之心果有所倚乎'? 如何看?" 義剛云: "只是隨事物去量度, 不是倚於義." 曰: "只是把心去看是與不是." 義剛因問
235) ▲: 是恁地
236) ◇: 可, 也不說道
237) ▲: "君子懷刑", 言

26:102 "▲[238], 如『禮記』所謂'畏法令', 又如'肅政教'之[239]類, 皆是." 或謂: "如'問國之大禁而後敢入', 是否?" 曰: "不必如此說. 只此'懷刑'一句, 亦可爲善. 如違條礙貫底事不做, 亦大段好了."【明作】

26:103 問: "所貴乎君子者, 正以其無所待於外而自修也. 刑者, 先王所以防小人, 君子何必以是爲心哉?" 先生默然良久曰: "無慕於外而自爲善, 無畏於外而自不爲非, 此聖人▲[240]事▲[241] 自聖人以降, 亦豈不假於外以自修飭. 所以能'見不善如探湯', '不使不仁者加乎其身', 皆爲其知有所畏也. 某因思『集注』言: '君子小人趨向不同, 公私之間而已.' 只是小人之事莫非利己之事, 私也. 君子所懷在德, 則不失其善. 至於刑, 則初不以先王治人之具而有所憎疾也, 亦可借而自修省耳. 只是一箇公心. 且如伊川卻做感應之理解, 此一章文義雖亦可通, 然『論語』上言君子小人, 皆是對擧而並言, 此必不然也." 先生又言: "如漢擧孝廉, 必曰'順鄕里, 肅政教'▲[242]之云, 是亦懷刑之意也." 某因思得此所謂君子者, 非所謂成德之人也. 若成德之人, 則誠不待於懷刑也. 但言如此則可以爲君子, 如此則爲小人, 未知是否.【壯祖】

26:104 "此是君子小人相對說着[243], 尹子之說得之. 若一串說底, 便添兩固[244]'則'字, '惠'字下又著添字." ▲[245]問"懷刑." 曰: "只是君子心常存法. 大抵君子便思量苦底, 小人便思量甜底. 又有一說, '懷刑'作恤刑, '懷德'作施德. 要之, 不如好善而惡不仁者是."【螢】

---

238) ▲: '君子懷刑'
239) 教'之: 『小分』에서는 之教를 교정부호로 바로잡았다.
240) ▲: 之
241) ▲: 也. 若
242) ▲: '肅政教'
243) 着: 賀本에서는 看으로 되어 있다.
244) 固: 英祖刊本·賀本에서는 箇로 되어 있고, 成化本에서는 個로 되어 있다.
245) ▲: 又

「放於利而行章」[246]

26:105 ▲[247] 只是要便宜底人. 凡事只認自家有便宜處做, 便不恤他人, 所以多怨.【南升】

26:106 放於義而行, 只據道理做去, 亦安能盡無怨於人. 但識道理者須道是: "雖有怨者, 如何恤得他!" 若放於利, 則悖理徇私, 其取怨之多, 必矣.【閎祖】

26:107 ▲[248] 義剛云: "此非斷斷然爲利. 但是依放那利行, 是外不爲利, 而內實有爲利底意思." 曰: "才是放時, 便是爲利了, 豈有兩樣. 若是外不爲利而內實爲利, 則其[249]爲利尤甚於斷斷然爲利者."【義剛】

26:108 ▲[250]問: "青苗亦自便民, 何故人怨?" 曰: "青苗便是要利息, 所以人怨."【明作】

「能以禮讓爲國章」

26:109 讓, 是那禮之實處. 苟徒跪拜俯伏而以是爲禮, 何足取信於人. 讓者, 譬如凡事寧就自家身上扶出些子辭尊居卑・辭多受少底意思, 方是禮之實.【賜】

26:110 "不能以禮讓爲國", 是徒能進退可觀, 容止可度, 及到緊要

---

246)「放於利而行章」: 徽州本에서는「放於利而行多怨章」으로 되어 있다.
247) ▲: "放於利而行多怨",
248) ▲: 或說"放於利而行."
249) 其: 賀本에서는 是로 되어 있다.
250) ▲: "放利多怨." 或

處, 卻不能讓. 雖有這繁文末節處, 亦無用, 亦不得謂之禮.【僩】

26:111 ▲[251]玉帛交錯, 固是禮之文, 而擎跽曲拳, 升降俛仰, 也只是禮之文, 皆可以僞爲. 惟是辭讓方是禮之實, 這卻僞不得. 旣有是實, 自然是感動得人心. 若以好爭之心, 而徒欲行禮文之末以動人, 如何感化得他!" 問: "'如禮何'一句, 從來諸先生都說得費力. 今說'讓是禮之實', 則此句尤分明." 曰: "前輩於這般處也自闊略. 才被說得定了, 便只是是也."【賀孫】

26:112 問: "▲[252]如禮何!' 諸家解▲[253]做如國何▲[254]." 曰: "▲[255]如諸家▲[256]說, 則便當復[257]作'如國何.' 大率先王之爲禮讓, 正要朴實頭用. 若不能以此爲國, 則是禮爲虛文爾, 其如禮何!"【謨】

26:113 問: "禮者, 自吾心恭敬, 至於事爲之節文, 兼本末而言也. '讓者, 禮之實', 所爲恭敬辭遜之心是也. 君子欲治其國, 亦須是自家盡得恭敬辭遜之心, 方能以禮爲國. 所謂'一家讓, 一國興讓', 則爲國何難之有! 不能盡恭敬辭遜之心, 則是無實矣. 雖有禮之節文, 亦不能行, 況爲國乎!" 曰: "且不柰禮之節文何, 何以爲國!"【南升】

26:114 義剛說"禮讓爲國"一章, 添"不信仁賢, 咈百姓從己之欲"等語. 曰: "此於聖賢本意不親切. '一家讓, 一國興讓.' 此只是說我能如此禮遜, 則下面人自是興起, 更相遜讓. 如此, 則爲國何難之有! 未說

---

251) ▲: 問: "'讓者, 禮之實也.' 莫是辭讓之端發於本心之誠然, 故曰'讓是禮之實'?" 曰: "是. 若
252) ▲: '不能以禮讓爲國,
253) ▲: 義, 卻是解
254) ▲: 了
255) ▲: 是如此.
256) ▲: 所
257) 復: 『朱子語類』에서는 改로 되어 있다.

到那'一人貪戾, 一國作亂'處在. 如東坡說'敦敎化'中一段, 亦自好. 其說雖麤[258], 道理卻是恁地. 而今人好玄妙, 剗地說得無形無影, 卻不如只麤[259]說, 較强." 良久, 歎息言: "今日不能制民之産, 已自不是. 民自去買田, 又更收牙稅, 是甚說話! 古人禁人聚飮, 今卻張官置吏, 惟恐人不來飮. 如此, 卻何以責人廉[260]遜!"【義剛】

「不患無位章」

26:115 "不患無位, 患所以立", 猶云不怕無官做, 但怕有官不會做. 若有致君澤民之具, 達則行之, 無位非所患也.【南升】

26:116 "不患莫己知, 求爲可知也." "▲[261], 只是敎人不求知, 但盡其在我之實而已. 看聖人語意了, 又看今人用心, 也有務要人知者. 只是看這語意差, 便要如此. 所謂求爲可知, 只是盡其可知之實, 非是要做些事, 便要夸張以期人知, ▲[262]

258) 麤: 賀本에서는 粗로 되어 있다.
259) 麤: 賀本에서는 粗로 되어 있다.
260) 廉: 『朱子語類』에서는 謙으로 되어 있다.
261) ▲: 不患人之不己知, 患不知人也." 這箇須看聖人所說底語意
262) ▲: 這須看語意. 如'居易以俟命', 也只敎人依道理平平做將去, 看命如何. 卻不是說關門絶事, 百樣都不管, 安坐以待這命.【賀孫】

『朱子語類』 卷第二十七

「『論語』九」

「里仁篇下」

「子曰參乎章」

27:1 ▲[1], 此是『論語』中第一章. 若看未透, 且看後面去, 卻時時將此章來提省, 不要忘卻, 久當自明矣."【時舉】

27:2 ▲[2] 夫子三千門人, 一旦惟呼曾子一人而告以此, 必是他人承當未得. 今自家卻要便去理會這處, 是自處於孔門二千九百九十九人頭上, 如何而可!"【道夫】

27:3 "一以貫之", 猶言以一心應萬事. "忠恕"是一貫底注脚, 一是忠, 貫是恕底事.【拱壽】[3]

27:4 一是一心, 貫是萬事. 看有甚事來, 聖人只是這箇心.【從周】

27:5 ▲[4]: "如一條索, 曾子都將錢十十數了成百, 只是未串耳. 若他

---

1) ▲: 問"一以貫之." 曰: "且要沈潛理會

2) ▲: 問"一貫." 曰: "恁地汎看不濟事, 須從頭子細, 章章理會.

3) 【拱壽】: 徽州本에서는 【壽仁】으로 되어 있다.

4) ▲: 或問"一貫." 曰

人則零亂錢一堆, 未經數, 便把一條索與之, 亦無由▲[5]串得."【銖】

27:6 ▲[6]: "須是要本領是. 本領若是, 事事發出來皆是, 本領若不是, 事事皆不是也."【時擧】

27:7 ▲[7] '一'只是▲[8]二三四之'一.' 一只是一箇道理."【胡泳】

27:8 一是忠, 貫是恕.【道夫】

27:9 一者[9], 忠也, 以貫之者, 恕也. 體一而用殊.【人傑】

27:10 ▲[10] 只是一箇一, 分着便各有一箇一. "老者安之", 是這箇一, "少者懷之", 亦是這箇一, "朋友信之", 亦是這箇一, 莫非忠也. 恕則自忠而出, 所以貫之者也.【謨】

27:11 ▲[11] 忠只是一箇眞實. ▲[12]心下道理, 直是眞實. 事事物物接於吾前, 便只把這箇眞實應副將去. ▲[13], 合小便小, 合大便[14]大, 合厚便厚, 合薄便薄, 合輕便輕, 合重便重, 一一都隨他面分應副將去, 無一事一物不當這道理.【賀孫】

---

5) ▲: 得
6) ▲: 問"一貫"之說. 曰
7) ▲: 或問"一以貫之", 以萬物得一以生爲說. 曰: "不是如此.
8) ▲: 一
9) 一者: 徽州本에서는 이 앞에 忠恕一以貫之가 더 들어 있다.
10) ▲: 忠恕一貫. 忠在一上, 恕則貫乎萬物之間.
11) ▲: 忠是一, 恕是貫.
12) ▲: 自家
13) ▲: 自家若有一毫虛僞, 事物之來, 要去措置他, 便都不實, 便都不合道理. 若自家眞實, 事物之來
14) 大便: 『小分』에서는 大合便을 교정부호로 바로잡았다.

27:12 道夫▲[15]謂: "夫子之道如太極, 天下之事如物之有萬. 物雖有萬, 而所謂太極者則一, 太極雖一, 而所謂物之萬者未嘗虧也. 至於曾子以忠恕形容一貫之妙, 亦如今人以性命言太極也. ▲[16]" 曰: "太極便是一, 到得生兩儀時, 這太極便在兩儀中, 生四象時, 這太極便在四象中, 生八卦時, 這太極便在八卦中."【道夫】

27:13 ▲[17] 只是借"忠恕"字貼出一貫底道理. ▲[18]

27:14 ▲[19]: "'忠'字在聖人是誠, '恕'字在聖人是仁. 但說誠與仁, 則說開了. 惟'忠恕'二字相粘, 相連續, 少一箇不得."【燾】

27:15 ▲[20] 問: "明道以'天地變化, 草木蕃', 爲充擴得去底氣象, 此是借天地之恕以形容聖人之恕否?" 曰: "是. '維天之命, 於穆不已.' 一元之氣流行不息處, 便是忠."【淳】

27:16 主於內爲忠, 見於外爲恕. 忠是無一毫自欺處, 恕是"稱物平施"處.【德明】

27:17 忠因恕見, 恕由忠出.【閎祖】

---

15) ▲: 竊
16) ▲: 不知是否?
17) ▲: "忠恕而已矣", 不是正忠恕,
18) ▲: 人多說人己物我, 都是不曾理會. 聖人又幾曾須以己度人! 自然厚薄輕重, 無不適當. "忠恕違道不遠", 乃是正名・正位.【閎祖】
19) ▲: 問"忠恕而已矣." 曰: "此只是借學者之事言之. 若論此正底名字, 使不得這'忠恕'字." 又云
20) ▲: "盡己爲忠, 推己爲恕. 忠恕本是學者事, 曾子特借來形容夫子一貫道理. 今且粗解之, 忠便是一, 恕便是貫. 有這忠了, 便做出許多恕來. 聖人極誠無妄, 便是忠." 問: "聖人之忠卽是誠否?" 曰: "是." "聖人之恕卽是仁否?" 曰: "是." 問: "在學者言之, 則忠近誠, 恕近仁." 曰: "如此, 則已理會得好了. 若『中庸』所說, 便正是學者忠恕, '道不遠人'者是也. '忠恕違道不遠, 施諸己而不願, 亦勿施於人', 只是取諸己而已."

27:18 說忠恕. 先生以手向自己是忠, 卻翻此手向外是恕.【泳】

27:19 ▲[21]一箇忠, 做出百千萬箇恕來.【閎祖】

27:20 ▲[22]

27:21 ▲[23]

27:22 忠是體, 恕是用, ▲[24]. 如口是體, 說出話便是用. 不可將口做一箇物事, 說話底又做一箇物事.【淳】

27:23 忠是本根, 恕是枝葉. ▲[25], 枝葉卽是本根. ▲[26]【可學】

27:24 在聖人, 本不消言忠恕.【廣】

27:25 聖人是不犯手脚底忠恕, 學者是着工夫底忠恕, ▲[27]【閎祖】

27:26 天地是無心底忠恕, 聖人是無爲底忠恕, 學者是求做底忠恕.【僩】

27:27 論恕, 云: "若聖人, 只是流出來, 不待推."【節】

---

21) ▲: 忠只是
22) ▲: 忠恕只是一件事, 不可作兩箇看.【端蒙】
23) ▲: 忠・恕只是體・用, 便是一箇物事, 猶形影, 要除一箇除不得. 若未曉, 且看過去, 卻時復潛玩. 忠與恕不可相離一步.【道夫】
24) ▲: 只是一箇物事
25) ▲: 非是別有枝葉, 乃是本根中發出枝葉
26) ▲: 曾子爲於此事皆明白, 但未知聖人是總處發出, 故夫子語之.
27) ▲: 不可謂聖人非忠恕也.

27:28 聖人之恕與學者▲[28)], 只爭自然與勉强. ▲[29)], 其至則一也. 【端蒙】

27:29 "夫子▲[30)]忠恕", ▲[31)]自心而言▲[32)], "爲人謀而不忠", 此忠主事而言也. 自心言者, 言一心之統體, 主事言者, 主於事而已. 【端蒙】

27:30 問: "曾子何必待孔子提醒?" 曰: "他只見得一事一理, 不知只是一理." 曰: "使孔子不提之, 久還自知否?" 曰: "知." 【可學 ○總論.】

27:31 曾子已前是一物格, 一知至. 到忠恕時, 是無一物不格, 無一知不至. ▲[33)] 【方子】

27:32 曾子一貫, ▲[34)] 如一庫散錢, 得一條索穿了. 【方子】

27:33 ▲[35)]: "曾子先於孔子之教者, 日用之常, 禮文之細, 莫不學來, 惟未知其本出於一貫耳, 故聞一語而悟. 其他人於用處未曾用許多工夫, 豈可遽與語此乎!" 大雅云: "觀曾子問一篇, 許多變禮皆理會過, ▲[36)] 想見用工多." 【大雅】

27:34 問: "▲[37)] 一箇本貫許多末." 先生問: "如何是末?" 曰: "孝弟忠信, 居處有禮, 此是末." 曰: "今人只得許多名字, 其實不曉. 如孝弟

---

28) ▲: 異者
29) ▲: 聖人卻是自然擴充得去, 不費力. 學者須要勉强擴充
30) ▲: 之道
31) ▲: 此忠
32) ▲: 之
33) ▲: 聖人分上著"忠恕"字不得. 曾子借此爲說.
34) ▲: 是他逐事一做得到. 及聞夫子之言, 乃知只是這一片實心所爲.
35) ▲: 問: "曾子於孔子一貫之道, 言下便悟, 先來是未曉也." 曰
36) ▲: 直如此細密,
37) ▲: '一以貫之', 只是其用不同, 其體則一.

忠信, 只知得這殼子, 其實不曉也▲[38]. 須是逐件零碎理會. 如一箇桶, 須是先將木來做成片子, 卻將一箇箍來箍斂. 若無片子, 便把一箇箍去箍斂, 全然盛水不得. 曾子零碎處盡曉得▲[39] 貫, 如散錢, 一, 是索子. 曾子盡曉得許多散錢, 只是無這索子, 夫子便把這索子與他. 今人錢也不識是甚麼錢, 有幾箇孔." 良久, 曰: "公沒一文錢, 只有一條索子." 又曰: "不愁不理會得'一', 只愁不理會得'貫.' 理會'貫'不得便言'一'時, 天資高者流爲佛・老, 低者只成一團鶻突物事▲[40]復問: "已前聞先生言, 借學者之事以明之, 甚疑'忠恕'對'一以貫之'不過. 今日忽然看得來對得極過. '一以貫之', 卽'忠恕', '忠恕'卽'一以貫之.' ▲[41]學者亦有'一以貫之.' 夫子固是'一以貫之', 學者能盡己而又推此以及物, 亦是'一以貫之.' 所以不同者, 非是事體不同. 夫子以天, 學者用力." 曰: "學者無'一以貫之.' 夫子之道似【此處疑有闕誤.】 學者只是這箇忠推出來. '乾道變化', 如一株樹, 開一樹花, 生一樹子, 裏面便自然有一箇生意." ▲[42]. 【節】

27:35 周公謹問: "在內爲忠[43], 在外爲恕. 忠卽體, 恕卽用." 曰: "忠恕是如此. 夫子曰: '吾道一以貫之.' 何故曾子曰: '忠恕而已矣?'"曰[44]: "是曾子曉得一貫之道, 故以忠恕名之." 先生曰: "且去一貫上看忠恕, 公是以忠恕解一貫." 曰[45]: "一貫只是一理, 其體在心, 事父卽爲孝, 事君卽爲敬, 交友朋[46]卽爲信, 此只是一貫." 曰: "大概亦是. ▲[47] 治

---

38) ▲: 只是一箇空底物事

39) ▲: 了, 夫子便告之曰: '參乎! 吾道一以貫之.' 他便應之曰: '唯!'

40) ▲: 在這裏." 又曰: "孔門許多人, 夫子獨告曾子. 是如何? 惟曾子盡曉得許多道理, 但未知其體之一." 節

41) ▲: 如忠是盡己, 推出去爲恕, 也只是一箇物事. 推出去做許多, 卽'一以貫之.' 節於此中又見得

42) ▲: 又曰: "忠者天道, 恕者人道. 天道是體, 人道是用. '動以天'之'天', 只是自然"

43) 在內爲忠: 徽州本에서는 이 앞에 盡己之謂忠, 推己之謂恕. 忠是竭盡中心無一毫不盡, 恕是卽推中心之所欲以與人, 所不欲不以與人이 더 들어 있다.

44) 曰: 徽州本에서는 이 앞에 公謹이 더 들어 있다.

45) 曰: 徽州本에서는 이 앞에 公謹이 더 들어 있다.

國・平天下有許多條目, 夫子何故只說'吾道一以貫之'?" 公謹次日復問: "'吾道一以貫之.' 聖人之道, 見於日用之間, 精粗小大, 千條萬[48]目, 未始能同, 然其通貫則一. 如一氣之周乎天地之間, 萬物散殊雖或不同, 而◇[49]始離乎氣之一." ▲[50]: "夫子▲[51]見他曉得, 所以告他." 曰: "是也. 所以告曾子▲[52], 無他, 只緣他曉得千條萬目. 他人連箇千條萬目尚自曉不得, 如何識得一貫. 如穿錢, 一條索穿得, 方可謂之'一貫.' 如君之於仁, 臣[53]之於忠, 父之於慈, 子之於孝, 朋友之於信, 皆不離於此." 問: "門人, 是夫子之門人否?" 曰: "是也. 夫子說一貫時, 未有忠恕, 及曾子說忠恕時, ◇[54]有體・用, 是後人推出來. ▲[55]復問: "莫是曾子守約, 故能如此?" 曰: "不然. 卻是曾子件件曾做來, 所以知. 若不曾躬行踐履, 如何識得." ▲[56]復問: "是他用心於內, 所以如此?" 曰: "只是朴實頭去做了. 夫子告人, 不是見他不曾識, 所以告他. 曾子只是曾經歷得多, 所以告他, 子貢是識得多, 所以告他. 忠如瓶中之水, 恕如瓶中瀉在盞中之水. 忠是洞然明白, 無有不盡. 恕是知得爲君, 推其仁以待下, 爲臣, 推其敬以事君." 【泳】

27:36 ▲[57]問: "一貫如何卻是忠恕?" 曰: "忠者[58], 誠實不欺之名. 聖人將此放頓在萬物上, 故名之曰恕. ▲[59]問: "曾子能守約, 故孔子

46) 友朋: 『朱子語類』에서는 朋友로 되어 있다.
47) ▲: 公更去子細玩味,
48) 條萬: 『小分』에서는 萬條를 교정부호로 바로잡았다.
49) ◇: 未
50) ▲: 曰: "別又看得甚意思出?" 曰
51) ▲: 之告曾子, 直是
52) ▲: 時
53) 仁, 臣: 『小分』에서는 臣仁을 교정부호로 바로잡았다.
54) ◇: 未
55) ▲: 忠恕是大本, 所以爲一貫." 公謹
56) ▲: 公謹
57) ▲: 或
58) 忠者: 『小分』에서는 者忠을 교정부호로 바로잡았다.
59) ▲: 一猶言忠, 貫猶言恕. 若子思忠恕, 則又降此一等. 子思之忠恕, 必待'施諸己

以一貫語之." 曰: "非也. 曾子又何曾守約來! 且莫看他別事, 只如『禮記』「曾子問」一篇, 他甚底事不曾理會來! ▲[60] 只緣孟子論三[61]子養勇, 將曾子比北宮黝與孟施舍, 則曾子爲守約[62]者爾. 後世不悟, 卻道曾子之學專一守約, 別不理會他事. 如此, 則成甚學也! 曾子學力到聖人地位, 故孔子以一貫語之. ▲[63]." 【去僞】[64]

27:37 ▲[65]: "不要先將忠恕說, 且看一貫底意思. 如堯之'克明俊德, 黎民於變時雍', 夫子'立之斯立, 動之斯和', 這須從裏面發出來, 方會如此. 曾子工夫已到, 如事親從兄, 如忠信講習, 千條萬緒, 一身親歷之. 聖人一點他便醒, 元來只從一箇心中流出來. 如▲[66]守約之說, 只是曾子篤實, 每事必反諸身, 所謂孝, 所謂禮, 必窮到底. 若只守箇約, 卻沒貫處. ▲[67]一貫, 是無作爲底, 忠恕, 是有作爲底. ▲[68]曾子從實處做, 一直透上去, 子貢雖是知得, 較似滯在知識上." 【寓】

27:38 ▲[69]: "曾子▲[70]見聖人[71]許多實行, 一一做工夫得到, 聖人度得如此, 遂告以吾只是從這心上流出, 只此一心之理, 盡貫衆理." 【賀

而不願', 而後'勿施諸人', 此所謂'違道不遠.' 若聖人則不待'施諸己而不願', 而後'勿施諸人'也." 或

60) ▲: 卻道他守約, 則不可.
61) 三: 英祖刊本・賀本에서는 二로 되어 있다.
62) 守約: 『小分』에서는 約守를 교정부호로 바로잡았다.
63) ▲: 不可道爲他只能守約, 故與語此也
64) 【去僞】: 徽州本에서는【祖道・人傑錄同.】으로 되어 있다.
65) ▲: 問忠恕一貫. 曰
66) ▲: 夜來
67) ▲: 忠恕本未是說一貫, 緣聖人告以一貫之說, 故曾子借此二字以明之. 忠恕是學者事, 如欲子之孝於我, 必當先孝於親, 欲弟之弟於我, 必當先敬其兄, 如欲人不慢於我, 須先不慢於人, 欲人不欺我, 須先不欺於人. 聖人
68) ▲: 將箇有作爲底, 明箇無作爲底." 又曰: "曾子是事實上做出, 子貢是就識上見得. 看來
69) ▲: 敬之問"一貫." 曰: "一貫未好便將忠恕壓在上說." 因及器之夜來所問, 云
70) ▲: 正不是守約. 這處只
71) 聖人: 賀本에서는 曾子로 되어 있다.

孫】

27:39 "▲[72] 聖人之心渾然一理. 蓋他心裏盡包這萬理, 所以散出於萬物萬事, 無不各當其理." ▲[73]問: "'忠者天道, 恕者人道.' 蓋忠是未感而存諸中者, 所以謂之'天道', 恕是已感而見諸事物, 所以謂之'人道.'" 曰: "然." ▲[74]曰: "恐不可以忠爲未感." 曰: "恁地說也不妨. 忠是不分破底, 恕是分破出來底, 仍舊只是這一箇. 如一椀水, 分作十盞, 這十盞水依舊只是這一椀水." ▲[75] 聖人▲[76]將實事教人. 如格物·致知以至掃洒[77]應對, 無非是[78]就實地上拈出教人." 【僩】

27:40 ▲[79]: "聖人之應事接物, 不是各自有箇道理. 曾子見得似是各有箇道理, 故夫子告之如此. 但一貫道理難言, 故將忠恕來推明. 大要是說在己在物皆如此, 便見得聖人之道只是一." ▲[80] 聖人是就[81]天理上做, 學者也是就天理上做. 聖人也只是這一理, 學者也只是這一理, 不成是有兩箇天理! 但聖人底是箇渾淪底物事, 發出來便皆好. 學者是要逐一件去推, 然也是要全得這天理. 如一椀水, 聖人是全得

---

72) ▲: 曾子答門人說忠恕, 只是解'一以貫之', 看本文可見. 忠便貫恕, 恕便是那忠裏面流出來底.
73) ▲: 履之
74) ▲: 或
75) ▲: 又曰: "這事難. 如今學者只是想像籠罩得是如此, 也想像得箇萬殊之所以一本, 一本之所以萬殊. 如一源之水, 流出爲萬派, 一根之木, 生爲許多枝葉. 然只是想像得箇意思如此, 其實不曾見得. 如'曾點浴沂'一段, 他卻是眞箇見得這道理. 而今學者只是想像得這一般意思, 知底又不實去做. 及至事上做得細微緊密, 盛水不漏底, 又不曾見得那大本.
76) ▲: 教人, 都是教人實做,
77) 掃洒: 孝宗刊本·英祖刊本·賀本에서는 洒掃로 되어 있고, 成化本에서는 灑掃로 되어 있다.
78) 是: 賀本에는 없다.
79) ▲: 義剛說"忠恕"一章畢, 先生良久曰
80) ▲: 胡叔器因問: "聖人是就理之體發來, 學者是就用上做工夫否?" 曰: "不要恁地說, 只是一般.
81) 就: 賀本에는 없다.

水之用, 學者是取一盞喫了, 又取一盞喫, 其實都只是水. ▲[82] 問: "若把作體・用說, 恐成兩截." 曰: "體・用, [83]只是一物. 不成說香匙是火箸之體, 火箸是香匙之用! 如人渾身便是體, 口裏說話便是用. 不成說話底是箇物事, 渾身又是一箇物事! 萬殊便是這一本, 一本便是那萬殊."【義剛 ○淳略.】

27:41 ▲[84]問"理一分殊." 曰: "聖人未嘗言理一, 多只言分殊. 蓋能於分殊中事事物物, 頭頭項項, 理會得其當然, 然後方知理本一貫. 不知萬殊各有一理, 而徒言理一, 不知理一在何處. 聖人千言萬語教人, 學者終身從事, 只是理會這箇. 要得事事物物, 頭頭件件, 各知其所當然, 而得其所當然, 只此便是理一矣. 如顏子穎悟, '聞一知十', 固不甚費力. 曾子之魯, 逐件逐事一一根究着落到底. ▲[85] 若▲[86]元不曾理會得萬殊之理, 則所謂一貫者, 貫箇什麽! 蓋曾子知萬事各有一理, 而未知萬理本乎一理, 故聖人指以語之. 曾子是以言下有得, 發出'忠恕'二字, 太煞分明. 且如'禮儀三百, 威儀三千', 是許多事, 要理會做甚麽? 如「曾子問」一篇問禮之曲折如此, 便是理會得川流處, 方見得敦化處耳. 孔子於鄉黨, 從容乎此者也, 學者戒謹[87]恐懼而謹[88]獨, 所以存省乎此者也. 格物者, 窮究乎此者也, 致知者, 眞知乎此者也. 能如此着實用功, 卽如此着實到那田地, 而理一之理, 自森然其中, 一一皆實, 不是[89]虛頭說矣."【銖】

---

82) ▲: 忠便是就心上做底, 恕便是推出來底, 如那盡底, 也只一般. 但是聖人不待於推, 而學者尙要推耳." 義剛因

83) ▲: 便

84) ▲: 或

85) ▲: 孔子見他用功如此, 故告以'吾道一以貫之.'

86) ▲: 曾子

87) 謹: 賀本에서는 愼으로 되어 있다.

88) 謹: 賀本에서는 愼으로 되어 있다.

89) 是: 賀本에는 없다.

27:42 ▲[90]: "顏子大段聰明, 於聖人地位未達一間, 祇爭些子耳. 其於聖人之言無所不曉, 所以聖人道: '回也, 非助我者, 於吾言無所不說.' 曾子遲鈍, 直是辛苦而後得之, 故聞一貫之說, 忽然猛省, 謂這箇物事, 元來只是恁地. 如人尋一箇物事不見, 終歲勤動, 一旦忽然撞著, 遂至驚駭. 到顏子, 只是平鋪地便見, 沒恁地差異."【道夫】

27:43 顏子聰明, 事事了了. 子貢聰明, 工夫粗, 故有闕處. 曾子魯, 卻肯逐一用工捱去. 捱得這一件去, 便這一件是他底, 又捱一件去. 捱來推去, 事事曉得, 被孔子一下喚醒▲[91], 便曉得一貫之語是實說也. 『大學』致知·格物等說, 便是這工夫, 非虛謾也.【大雅】

27:44 子貢尋常自知識而入道,【人傑錄作: "自敏入道."】 故夫子警之曰▲[92], 吾之多識, 不過一理爾. 曾子尋常自踐履入, 事親孝, 則眞箇行此孝, 爲人謀, 則眞箇忠, 朋友交, 則眞箇信. 故夫子警之曰, 汝平日之所行者, 皆一理耳. 惟曾子領略於片言之下, 故▲[93]"忠恕而已矣." 以吾夫子之道無出於此也. 我之所得者忠, 誠卽此理, 安頓在事物上則爲恕. 無忠則無恕, 蓋本末·體用也.【去僞 ○以下兼論"子貢"章.】 27:45[94] 夫子於子貢見其地位, 故發之. 曾子已能行, 故只云: "吾道一以貫之." 子貢未能行, 故云: "賜, 汝以予爲多學而識之?"【可學】

27:46 所謂一貫者, 會萬殊於一貫. 如曾子是於聖人一言一行上一一踐履, 都子細理會過了, 不是默然而得之. ▲[95] 聖人知曾子許多道

90) ▲: 蜚卿問顏·曾之學. 曰
91) ▲: 云: "吾道一以貫之", 他便醒得. 蓋他平日事理, 每每被他看破, 事事到頭做
92) ▲: : "汝以予爲多學而識之者歟?" 對曰: "然. 非與?" 曰: "非也, 予一以貫之." 蓋言
93) ▲: 曰:
94) 27:45: 『小分』에서는 27:44에 이어져 한 항목으로 편집되어 있다.
95) ▲: 觀曾子問中問喪禮之變, 曲折無不詳盡, 便可見曾子當時功夫是一一理會過

理都理會得, 便以一貫語之, 教它知許多道理卻只是一箇道理. 曾子▲96)豁然知此是一箇道理, 遂應曰: "唯!"及至門人問之, 便云: "忠恕而已矣." 忠是大本, 恕是達道. 忠者, 一理也, 恕便是條貫, 萬殊皆自此出來. 雖萬殊, 卻只一理, 所謂貫也. 子貢平日是於前言往行上着工夫, 於見識上做得亦到. 夫子恐其亦以聖人爲"多學而識之", 故問之. 子貢方以爲疑, 夫子遂以一貫告之. 子貢聞此別無語, 亦未見得子貢理會得, 理會不得. 自今觀之, 夫子只以一貫語此二人, 亦須是它承當得, 想亦不肯說與領會不得底人. 曾子是踐履篤實上做到, 子貢是博聞强識上做到. 夫子舍二人之外, 別不曾◇97), 不似今人動便說一貫也. 所謂一者, 對萬而言. 今卻不可去一上尋, 須是去萬上理會. 若只見夫子語一貫, 便將許多合做底事都不做, 只理會一, 不知卻貫箇甚底!【螢】

27:47 "▲98)問: "告子貢'一以貫之'章, 『集注』云: '彼以行言, 此以知言.' ▲99)" 曰: "看上下語脈是如此. 夫子告曾子, 曾子只說: '夫子之道, 忠恕而已矣.' 這就行上說. 夫子告子貢乃云: '汝以予爲多學而識之者與?' 這是只就知上說." 賀孫因擧「『大學或問』」云: "心之爲物, 實主於身. 其體, 則有仁義禮智信之性, 其用, 則有惻隱・羞惡・恭敬・是非之情. 渾然在中, 隨感而應. 以至身之所具, 身之所接, 皆有當然之則而自不容已, 所謂理也, 元有一貫意思." 曰: "然. 施之君臣, 則君臣義, 施之父子, 則父子親, 施之兄弟, 則兄弟和, 施之夫婦, 則夫婦別, 都只由這箇心. 如今最要先理會此心." 又云: "『通書』一處說'陰陽五行, 化生萬物, 五殊二實, 二本則一', 亦此意." 又云: "如千部文字,

---

來.

96) ▲: 到此, 亦是它踐履處都理會過了, 一旦

97) ◇: 說

98) ▲: '忠恕', '一以貫之.' 曾子假'忠恕'二字, 以發明一貫之理. 蓋曾子平日無所不學. 看『禮記』諸書, 曾子那事不理會來! 但未知所以一, 故夫子於此告之, 而曾子洞然曉之而無疑." 賀孫

99) ▲: 是就二子所到上說, 如何?

萬部文字, 字字如此好, 面面如此好, 人道是聖賢逐一寫得如此. 聖人告之曰, 不如此. 我只是一箇印板印將去, 千部萬部雖多, 只是一箇印板.” 又云: “且看『論語』, 如鄉黨等處, 待人接物, 千頭萬狀, 是多少般! 聖人只是這一箇道理做出去. 明道說忠恕, 當時最錄◇[100]好.” 【賀孫】

27:48 ▲[101]

27:49 問: “曾子▲[102], 以行言, 子貢▲[103], 以知言, ▲[104]?” 曰: “曾子發出忠恕, 是就行事上說. 孔子告子貢, 初頭說‘多學而識之’, 便是就知上說. 曾子是就源頭上面流下來, 子貢是就下面推上去[105].” 問: “曾子未聞一貫之前, 已知得忠恕未?” 曰: “他只是見得聖人千頭萬緒都好, 不知都是這一心做來. 及聖人告之, 方知得都是從這一箇大本中流出. 如木千枝萬葉都好, 都是這根上生氣流注去貫也.” ▲[106]問: “枝葉便是恕否?” 曰: “枝葉不是恕. 生氣流注貫枝葉底是恕. 信是枝

---

100) ◇: 得

101) ▲: 曾子一貫忠恕, 是他於事物上各當其理. 日用之間, 這箇事見得一道理, 那箇事又見得一道理, 只是未曾湊合得. 聖人知其用力已到, 故以一貫語之.” 問: “曾子於零碎曲折處都盡得, 只欠箇‘一以貫之’否?” 曰: “亦未都盡得. 但是大概已得, 久則將自到耳.” 問: “‘君子之道費而隱’, 曾子於費處已盡得, 夫子以隱處點之否?” 曰: “然.” 問: “曾子篤實, 行處已盡. 聖人以一貫語之, 曾子便會, 曰: ‘忠恕而已矣.’ 子貢明敏, 只是知得. 聖人以一貫語之, 子貢尚未領略, 曰: ‘然. 非與?’ 是有疑意.” 曰: “子貢乃是聖人就知識學問語之, 曾子, 就行上語之, 語脈各不同. 須是見得夫子曰‘吾道一以貫之’意思, 先就多上看, 然後方可說一貫. 此段‘恕’字卻好看, 方泝流以遡其源. 學者寧事事先了得, 未了得‘一’字, 卻不妨. 莫只懸空說箇‘一’字作大罩了, 逐事事都未曾理會, 卻不濟事. 所以程子道: ‘〈下學而上達〉, 方是實.’” 又云: “如人做塔, 先從下面大處做起, 到末梢自然合尖. 若從尖處做, 如何得!” 【僩】

102) ▲: 一貫

103) ▲: 一貫

104) ▲: 何也

105) 上去: 『小分』에서는 去上을 교정부호로 바로잡았다.

106) ▲: 林

葉受生氣底, 恕是夾界半路來往底. 信是定底, 就那地頭說. 發出忠底心, 便是信底言. 無忠, 便無信了."【淳 ○謨錄云: "▲107) 恕猶氣之貫注枝葉, 若論信, 則又如花之必成108)實處. 忠信・忠恕皆是體用. 恕如行將去, 信如到處所. 循物無違, 則是凡事皆實. 譬如水也, 夫子, 自源而下者也,『中庸』所謂忠恕, 泝流而上者也."】

27:50 ▲109)曾子平日於事上都積累做得來▲110). 夫子才點他, 便透. 如孟子所謂'有如時雨化之者', 是到這裏恰好着得一陣雨, 便發生滋榮, 無所凝滯. 子貢卻是資質敏悟, 能曉得, 聖人多愛與他說話, 所以亦告之." ▲111)問: "尹氏云: '此可見二子所學之淺深.'" 曰: "曾子▲112)與門人之言, 便有箇結纜殺頭, 亦見他符驗處. 子貢多是說過曉得了便休, 更沒收殺. ▲113) 如'子如不言'處, 也沒收殺." 或曰: "他言性與天道處, 卻是他有得處否?" 曰: "然."【燾】

○114) ▲115)問: "曾子於零碎曲折處都盡得▲116)否?" 曰: "亦未都盡得. 但▲117)於費處已盡得, 夫子以隱處點之否?" 曰: "然." 問: "曾子篤實, 行處已盡. 聖人以一貫語之, 曾子便會, 曰: '忠恕而已矣.' 是大概已得, 久則將自到耳." 問: "'君子之道費而隱', 曾子118)▲119)子貢明敏,

---

107) ▲: 曾子一貫, 以行言, 子貢一貫, 以知言. 曾子言夫子忠恕, 只是就事上看. 夫子問子貢'多學而識之', 便是知上說. 曾子見夫子所爲千頭萬緒, 一一皆好. 譬如一樹, 枝葉花實皆可愛, 而其實則忠信根本,

108) 成: 賀本에서는 誠으로 되어 있다.

109) ▲: 或問夫子告曾子以"吾道一以貫之", 與告子貢"予一以貫之"之說. 曰: "曾子是以行言, 子貢是以知言. 蓋

110) ▲: 已周密, 皆精察力行過了, 只是未透

111) ▲: 又

112) ▲: 如他

113) ▲: 大率子貢緣他曉得, 聖人多與他說話, 但都沒收殺.

114) ○:『朱子語類』의 27:48의 일부이다.

115) ▲: 曾子一貫忠恕, 是他於事物上各當其理. 日用之間, 這箇事見得一道理, 那箇事又見得一道理, 只是未曾湊合得. 聖人知其用力已到, 故以一貫語之."

116) ▲: 只欠箇'一以貫之'

117) ▲: 是大概已得, 久則將自到耳." 問: "'君子之道費而隱', 曾子

只是知得. 聖人以一貫語之, 子貢尙未領略, 曰: '然. 非與?' 是有疑意." 曰: "子貢乃是聖人就知識學問語之, 曾子, 就行上語之, ▲120)脈各不同. ▲121) 學者寧事事先了得, 未了得'一'字, 卻不妨. 莫只懸空說箇'一'字作大罩了, ▲122) 所以程子道: '〈下學而上達〉, 方是實.'" 又云: "如人做塔, 先從下面大處做起, 到末梢自然合尖. 若從尖處做, 如何得!"【僩】

27:51 今有一種學者, 愛說某自某月某日有一箇悟處後, 便覺不同. 及問他如何地悟, 又卻不說. 便是曾子傳夫子一貫之道, 也須可說, 也須有箇來歷, 因做甚麼工夫, 聞甚麼說話, 方能如此. 今若云都不可說, 只是截自某123)月某124)日爲始, 已前都不是, 已後都是, 則無此理. 已前也有是時, 已後也有不是時. 盡125)人心存亡之决, 只在一息之間, 此心常存▲126)皆是, 此心才亡便不是. 聖賢敎人, 亦只據眼前便着實做將去. 孟子猶自說箇存心・養性. 若孔子則亦不說此樣話, 但云"學而時習之", "入則孝, 出則弟, 謹而信, 汎愛衆而親仁", "君子食無求飽, 居無求安, 敏於事, 謹127)於言, 就有道而正焉." 顔淵問仁, 則曰: "非禮勿視, 非禮勿聽, 非禮勿言, 非禮勿動." 仲弓問仁, 則曰: "出門如見大賓, 使民如承大祭. 己所不欲, 勿施於人." 司馬牛問仁, 則曰: "仁者其言也訒." 據此一語, 是司馬牛己分上欠闕底. 若使他從此着實做將

---

118) 是大概已得, 久則將自到耳." 問: "'君子之道費而隱', 曾子: 『朱子語類』에서는 앞 구절의 亦未都盡得. 但 뒤에 나온다.
119) ▲: 於費處已盡得, 夫子以隱處點之否?" 曰: "然." 問: "曾子篤實, 行處已盡. 聖人以一貫語之, 曾子便會, 曰: '忠恕而已矣.'
120) ▲: 語
121) ▲: 須是見得夫子曰'吾道一以貫之'意思, 先就多上看, 然後方可說一貫. 此段'恕'字卻好看, 方泝流以遡其源.
122) ▲: 逐事事都未曾理會, 卻不濟事.
123) 某: 『朱子語類』에서는 甚으로 되어 있다.
124) 某: 『朱子語類』에서는 甚으로 되어 있다.
125) 盡: 『朱子語類』에서는 蓋으로 되어 있다.
126) ▲: 則
127) 謹: 賀本에서는 愼으로 되어 있다.

去, 做得徹時, 亦自到他顏·冉地位. 但學者初做時, 固不能無間斷. 做來做去, 做到徹處, 自然純熟, 自然光明. 如人喫飯相似, 今日也恁地喫, 明日也恁地喫. 一刻便有一刻工夫, 一時便有一時工夫, 一日便有一日工夫. 豈有截自某日爲始, 前段都不是, 後段都是底道理! 又如曾子未聞一貫之說時, 亦豈全無是處. 他也須知得"爲人臣, 止於敬, 爲人子, 止於孝, 爲人父, 止於慈, 與國人交, 止於信." 如何是敬, 如何是孝, 如何是慈, 如何是信, 件件都實理會得了, 然後件件實做將去. 零零碎碎, 煞着了工夫, 也細[128]摸得箇影了, 只是爭些小在. 及聞一貫之說, 他便於言下將那實心來承當得, 體認得平日許多工夫, 許多樣事, 千頭萬緒, 皆是此箇實心做將出來. 恰[129]如人有一屋錢散放在地上, 當下將一條索子都穿貫了. 而今人元無一文錢, 卻也要學他去穿, 這下穿一穿, 又穿不着, 那下穿一穿, 又穿不着, 似恁爲學, 成得箇甚麼邊事! 如今誰不解說"一以貫之"! 但不及曾子者, 蓋曾子是箇實底"一以貫之", 如今人說者, 只是箇虛底"一以貫之"耳. "誠者物之終始, 不誠無物." 孔子曰: "言忠信, 行篤敬, 雖蠻貊之邦行矣, 言不忠信, 行不篤敬, 雖州里行乎哉! 立則見其參於前也, 在輿則見其倚於衡也, 夫然後行." 只此是學, 只爭箇做得徹與不徹耳. 孟子曰: "服堯之服, 誦堯之言, 行堯之行, 是堯而已矣, 服桀之服, 誦桀之言, 行桀之行, 是桀而已矣." 【廣】

27:52 ▲[130]曾子卻是已有這本領, 便能承當. 今江西學者實不曾有得這本領, 不知是貫箇甚麼! 嘗譬之, 一便如一條索, 那貫底物事, 便如許多散錢. ▲[131] 若陸氏之學, 只是要尋這一條索, 卻不知道都無可

128) 細: 徽州本에서는 約으로 되어 있다.
129) 恰: 賀本에서는 卻으로 되어 있다.
130) ▲: 江西學者偏要說甚自得, 說甚一貫. 看他意思, 只是揀一箇儱侗底說話, 將來籠罩, 其實理會這箇道理不得. 且如曾子日用間做了多少工夫, 孔子亦是見他於事事物物上理會得這許多道理了, 卻恐未知一底道理在, 遂來這裏提醒他. 然
131) ▲: 須是積得這許多散錢了, 卻將那一條索來一串穿, 這便是一貫.

得穿. 且其爲說, ▲132)不肯教人讀書, 只恁地摸索悟處. 譬如前面有一箇關, 纔跳得過這一箇關, 便是了. 此煞壞學者. 某老矣, 日月無多. 方侍133)不說破來, 又恐後人錯以某之學亦與他相似. 今不柰何, 苦口說破. 某道他斷然是異端! 斷然是曲學! 斷然非聖人之道! 但學者稍肯低心向平實處下工夫, 那病痛亦不難見.

27:53 ▲134) 直卿問: "'一以貫之', 是有至一以貫之." 曰: "一, 只是一箇道理, 不用說至一."

27:54 問: "『集注』云: '聖人之心, 渾然一理, 泛應曲當, 用各不同.' 此恐是聖人之心昭明融液, 無絲毫間斷, 隨事逐物, 泛應曲酬, 只是自然流出來. 曾子謂之忠恕, 雖是借此以曉學者, 然旣能忠, 則心無欺曲, ▲135)叉路, 卽此推將去, 便是一. 而已136)至於自然而盡137), 則卽聖人之所謂一矣." 曰: "如此則全在'忠'字上, 這段正好在'恕'字上看. 聖人之意, 正謂曾子每事已自做得是. 但事君, 只知是事君底道理, 事父, 只知是事父底道理, 事長, 只知是事長▲138)道理, 未知其相貫通. 故孔子說, 我每日之間, 大事小事, 皆只是一箇道理. 而今卻不識言意, 都倒說了. 且理會事事都要是. 若事都是, 不理會得那一, 不妨. 若事未是, 先去理會那◇139), 不濟事. 如做塔, 且從那低處・闊處做

132) ▲: 喫緊是
133) 侍: 『朱子語類』에서는 待로 되어 있다.
134) ▲: "'吾道一以貫之', 譬如聚得散錢已多, 將一條索來一串穿了. 所謂一貫, 須是聚箇散錢多, 然後這索亦易得. 若不積得許多錢, 空有一條索, 把甚麼來穿! 吾儒且要去積錢. 若江西學者都無一錢, 只有一條索, 不知把甚麼來穿." 又曰: "一, 只是一箇道理貫了." 或問: "忠恕, 曾子以前曾理會得否?" 曰: "曾子於忠恕自是理會得了, 便將理會得底來解聖人之意, 其實借來."
135) ▲: 無
136) 而已: 『朱子語類』에서는 已而로 되어 있다.
137) 盡: 賀本에서는 然으로 되어 있다.
138) ▲: 底
139) ◇: 一

起, 少間自到合尖處. 若只要從頭上做起, 卻無着工夫處. ‘下學而上達’, 下學方是實.” ▲140) 又問: “‘自此之外, 更無餘法, 亦無待於推▲141)” 曰: “聖人之忠恕自別, 不可將做尋常‘忠恕’字看.” ▲142) 要之, 天地是一箇無心底忠恕, 聖人是一箇無爲底忠恕, 學者是一箇着力底忠恕. 學者之忠恕, 方正定是忠恕. 且如不欺誑, 不妄誕, 是忠, 天地何嘗說我不可欺誑, 不可妄誕來! 如‘己所不欲, 勿施於人’是恕, 天地何嘗說我要得性命之正, 然後使那萬物各正性命來! 聖人雖有心, 也自是不欺誑, 不妄誕, 我所不欲底事, 也自是不去做. 故程子曰: ‘天地無心而成化, 聖人有心而無爲.’ 即是此意.” 問: “程子言: ‘忠者天道, 恕者人道.’ 不是『中庸』所謂天道・人道否?” 曰: “不是. 大本便是天道, 達道便是人道. ▲143) 今看那一段, 不須字字去解, 亦不須言外求意, ▲144). 今如此說, 倒鈍滯了. 所以聖人不胡亂說, 只說與曾子・子貢二人曉得底. 其他如‘吾欲無言’之類, 略拈起些小來說, 都只是輕輕地說過, 說了便休. 若只管說來說去, 便自拖泥帶水.” 【胡泳145) ○ 以下『集注』.】

27:55 問“曾子未知其體之一.” 曰: “曾子偶未見得, 但見一箇事是一箇理, 不曾融會貫通. 然曾子於九分九毫九釐146)上都見得了, 卽爭這些子, 故夫子告之. 而今人卻是因夫子之說, 又因後人說得分曉, 只是望見一貫影像, 便說體說用, 卻不去下工夫. 而今只得逐件理會, 所以要格物・致知.” 【夔孫】

---

140) ▲: 先生又云: “聖人與曾子說一貫處, 是說行, 與子貢說一貫處, 只說學問, 看‘多學而識之’一句可見.”

141) ▲: 矣.’ 推, 只是推己之‘推’否? ‘更無餘法’, 是一理之外更無其他否?

142) ▲: 問: “才說‘恕’字, 必須是推. 若不須推, 便是仁了.” 曰: “聖人本不可說是忠恕, 曾子假借來說.

143) ▲: 這箇不可去泥定解他. 如子思說‘鳶飛戾天, 魚躍于淵’相似, 只輕輕地傍邊傍說將去. 要之, ‘至誠無息’一句, 已自剩了.

144) ▲: 自然裏面有許多道理

145) 胡泳: 賀本에서는 胡亟으로 되어 있다.

146) 九毫九釐: 賀本에서는 九釐九毫로 되어 있다.

27:56 先生問▲147)如何是'曾子但未知體之一處'?" 或云: "正如萬象森然者, 是曾子隨事精察力行處. 至於一元之氣所以爲造化之妙者, 是曾子未知體之一處." 曰: "何故曾子旣能隨事精察, 卻不曉所以一處?" 答云: "曾子但能行其粗而未造其精." 曰: "不然. 聖人所以發用流行處, 皆此一理, 豈有精粗. 政如水相似, 田中也是此水, 池中也是此水, 海中也是此水. 不成說海水是精, 他處水是粗, 豈有此理! 緣他▲148)但149)見聖人之用不同, 而不知實皆此理流行之妙. 且如事君忠是此理, 事親孝也是此理, 交朋友也是此理, 以至精粗小大之事, 皆此一理貫通之. 聖人恐曾子以爲許多般樣, 故告之▲150): '吾道一以貫之.' 曾子眞積力久, 工夫至倒151), 遂能契之深而應之速. 云'而已矣'者, 竭盡無餘之詞. 所以『集注』說'自此之外, 固無餘法', ▲152) 聖人只是箇忠, 只是箇恕, ▲153) 學者則須推之, 聖人▲154)只是▲155)至誠不息, 萬物各得其所而已. 這一箇道理, 從頭貫將去. 如一源之水, 流出爲千條萬派, 不可謂下流者不是此一源之水156). 人只是一箇心. 如事父孝, 也是這一心, 事君忠, 事長弟, 也只是這一心, 老者安, 少者懷, 朋友信, 皆是此一心. 精粗本末, 以一貫之, 更無餘法. 但聖人則皆自然流行出來, 學者則▲157)便用推將去, 聖人則動以天, 賢人則動以人耳." 又問: "盡己之忠, 聖人同此忠否?" 曰: "固是. 學者與聖人所爭, 只是這些箇自然與勉强耳. 聖人所行, 皆是自然堅牢. 學者亦有時做得如聖人處,

---

147) ▲: 坐間學者云: "'吾道一以貫之',
148) ▲: 見聖人用處, 皆能隨事精察力行. 不過
149) 他但: 『小分』에서는 但他를 교정부호로 바로잡았다.
150) ▲: 曰
151) 倒: 『朱子語類』에서는 到로 되어 있다.
152) ▲: 便是那竭盡無餘之謂.
153) ▲: 更無餘法.
154) ▲: 則不消如此,
155) ▲: 箇
156) 不可謂下流者不是此一源之水: 徽州本에서는 所謂下流者無不是此一源之水也로 되어 있다.
157) ▲: 須是'施諸己而不願, 而後勿施於人',

但不堅牢, 又會失卻. 程子說: '孟子爲孔子事業儘得, 只是難得似聖人. 如剪綵爲花固相似, 只是無造▲158)功.' 龜山云: '孔子似知州, 孟子似通判權州.' 譬得好." 又問: "先生▲159)謂借學者盡己推己之目. 如程子說▲160)則又自有聖人之忠恕161)." 曰: "這裏便自要理會得. 若曉得某說, 則曉程子之說矣." ▲162) 【明作 ○壯祖錄▲163) 學者須每事推去. 但爲之既熟, 則久之日164)能見聖人不待推之意, 而"忠恕"二字卽不足言也."】

27:57 問: "'曾子未知其體之一165).' ▲166)" 曰: "是他偶然未知. 曾子於九分九釐上皆透徹了, 獨此一釐未透. ▲167)." 又問"曾子168)借學者盡己推己之目▲169) 譬如一枝天然底花. 爲人不識, 故作一枝假底花出來形容, 欲人識得箇模樣." ▲170): "此章一項說▲171)聖人, 一項說

158) ▲: 化
159) ▲: 解忠恕,
160) ▲: 忠恕一以貫之,
161) 則又自有聖人之忠恕: 徽州本에서는 則又自是聖人之忠恕如何로 되어 있다.
162) ▲: 又云: "忠是一, 恕是所以貫之. 『中庸』說'忠恕違道不遠', 是'下學上達'之義, 卽學者所推之忠恕, 聖人則不待推. 然學者但能盡己以推之於人, 推之既熟, 久之自能見聖人不待推之意, 而'忠恕'二字有不足言也."
163) ▲: 云: "問一貫之旨. 先生曰: '何故曾子能每事精察而力行, 卻未知其體之一?' 趙兄曰: '曾子但見粗處, 未見精處.' 先生曰: '若說〈精粗〉二字, 便壞了一貫之理. 譬之水在大江中, 固是此水, 流爲池沼, 亦只是此水, 流爲溝壑, 亦只是此水. 若曰池沼溝壑別是水之粗, 而大江中乃是水之精者, 其可哉! 夫子之道, 施之事父則爲孝, 事君則爲忠, 交朋則爲信. 曾子見其事事曲當如此, 遂疑有許多般樣, 而未知天下只是一箇大道理, 雖於事上有千般百緒, 只共是這一箇大道理. 曾子之所未達者, 尙有此耳. 一是忠, 所貫者恕. 忠是一箇實心, 萬法萬事皆自此出. 聖人只有這兩端, 外此更無餘事. 但聖人不待推,
164) 日: 『朱子語類』에서는 自로 되어 있다.
165) 曾子未知其體之一: 徽州本에서는 『集注』云: 曾子於其用處蓋已隨事精察而力行之, 但未知其體之一爾로 되어 있다.
166) ▲: 用自體出, 體用不相離. 於其用處既已精察, 何故未知其體之一?
167) ▲: 今人只指箇見成底'體用'字來說, 卻元不曾下得工夫
168) 曾子: 徽州本에서는 이 뒤에 有見於此而難言之故가 더 들어 있다.
169) ▲: 而明之, 欲人之易曉." 曰: "這箇道理,
170) ▲: 又曰
171) ▲: 天命, 一項說

學者, 只是一箇道理." ▲[172] "聖人是自然底忠恕, 學者是使[173]然底忠恕."【儒相】[174]▲[175]

27:58 問: "▲[176]其體之一', ▲[177]?" 曰: "參也以魯得之, 他逐件▲[178]理會. ▲[179] 其初見一事只是一事, 百件事是百件事. 得夫子一點醒, 百件事只是一件事, 許多般樣, 只一心流出. 曾子至此, 方信得是一箇道理." 問: "▲[180] 後學如何便曉得一貫?" 曰: "後人只是想象[181]說, 正如矮人看戲一般, 見前面人笑, 他也笑. 他雖眼不曾見, 想必是好笑, 便隨他笑." ▲[182]【寓】

---

172) ▲: 又曰:

173) 使: 賀本에서는 勉으로 되어 있다.

174)【儒相】: 英祖刊本・賀本에서는【儒用】으로 되어 있고, 徽本州에서는【元秉】으로 되어 있다.

175) ▲:【祖道錄云: "或問: '曾子一唯處如何?' 曰: '曾子平日用功得九分九釐九毫都見得了, 只爭這些子. 一聞夫子警省之, 便透徹了也.' 又問: '未唯之前如何?' 曰: '未唯之前, 見一事上是一箇理, 及唯之後, 千萬箇理只是一箇理.' 又問: '〈以己及物〉, 〈推己及物〉, 如何?' 曰: '在聖人都謂之仁, 在學者只是忠恕而已. 〈己欲立而立人, 己欲達而達人〉, 則是聖人之仁, 〈能近取譬〉, 便是學者之恕. 一箇是天然底道理, 一箇是人爲底道理. 曾子以天然底難說, 只得把人爲底說與他, 教他自此做得到盡處, 便是天然底. 所以如此說者, 要使當時問者曉得. 譬如將做底花去比生成底花, 自有優劣. 要之, 這一項說天命, 一項說聖人, 一項說學者, 其至只是一箇道理也. 欲爲逐一字說, 如何是聖人底, 如何是學者底, 一向訓解未免有牴牾. 學者須是自體認始得.' 或曰: '然則〈忠恕〉字如何看?' 曰: '如此等字, 難爲一一分說, 且去子細看得此樣四五箇字透徹, 看他落在何界分, 將輕重參較, 久久自見. 今只說與, 終不濟事. 且如看地盤一般, 識得甲庚丙壬戊子逐字挨將去, 永不差誤.' 久之, 又曰: '要好時, 將此樣十數箇字排在面前, 前賢所說, 逐一細看, 敎心通意會, 便有所得也.'" 賜錄云: "問忠恕. 曰: '解此處大段用力, 一箇是天然底, 一箇是人爲底. 譬如假花來形容生花一般, 爲是生花難說, 故把假花形容, 引他意思出來. 然此段說天命, 一項說聖人, 一項說學者. 要之, 只是一箇道理.'"】

176) ▲: '一貫', 注言: '蓋已隨事精察而力行之, 但未知其體之一耳.' '未知

177) ▲: 亦是前所說乎

178) ▲: 去

179) ▲: 曾子問喪禮, 到人情委曲處, 無不講究.

180) ▲: 自後學言之, 便道已知此事一理. 今曾子用許多積累工夫, 方始見得是一貫,

181) 象: 英祖刊本·賀本에서는 像으로 되어 있다.

27:59 ▲[183]: "這不是說一貫便是忠恕, 忠恕自是那一貫底注脚. 只是曾子怕人曉那一貫不得, 後將這言語來形容, 不是說聖人是忠恕. ▲[184]【義剛】

27:60 "而今不是一本處難認, 是萬殊處難認, 如何就萬殊上見得皆有恰好處." ▲[185]【卓】

27:61 ▲[186]

27:62 問"恕[187]心爲恕." 曰: "如比[188]也比自家心推將去. ▲[189]." 【道夫】

27:63 ▲[190]問: "'恕'字, 古人所說▲[191]如'己所不欲, 勿施於人', 便與『大學』之'絜矩', 程子所謂'推己', 都相似. ▲[192]程子所引'乾道變化, 各正性命', 及『大學』▲[193]'有諸己而後求諸人', ▲[194]兼通不得, ▲[195]?"

---

182) ▲: 又曰: "曾點所見不同, 方當侍坐之時, 見三子言志, 想見有些下視他幾箇, 作而言曰: '異乎三子者之撰.' 看其意, 有鳳凰翔于千仞底氣象! 莊子中說孟子反于琴張喪側, 或琴或歌, 點亦只是此輩流. 渠若不得聖人爲之依歸, 須一向流入莊老去!"

183) ▲: 叔器問聖人之忠恕與學者之忠恕. 曰

184) ▲: 今若曉得一貫, 便曉得忠恕, 曉得忠恕, 便曉得一貫. 今且說那渾全道理便是忠, 那隨事逐物串斂來底便是恕. 今若要做那忠恕去湊成聖人忠恕, 做那忠恕去湊成一貫, 皆不是. 某分明說, 此只是曾子借此以推明之."

185) ▲: 又云: "到這裏只見得一本萬殊, 不見其他."

186) ▲: "中心爲忠, 如心爲恕", 此語見『周禮』疏. 【銖】

187) 恕: 『朱子語類』에서는 如로 되어 있다.

188) 比: 賀本에서는 此로 되어 있다.

189) ▲: 仁之與恕, 只爭些子. 自然底是仁, 比而推之便是恕

190) ▲: 蜚卿

191) ▲: 有不同處.

192) ▲: 如

193) ▲: 中說

194) ▲: 卻

曰: “也只是一般. 但對副處別, ▲[196] 某當初似此類, 都逐項寫出, 一字▲[197]看. 少間紙上底通, 心中底亦脫然. 且如‘乾道變化, 各正性命’, 各正性命底, 便如乾道變化底, 所以爲恕.” ▲[198]問: “▲[199]‘如心爲恕’, ▲[200]?” 曰: “萬物之心, 便如天地之心, 天下之心, 便如聖人之心. 天地之生萬物, 一箇物裏面便有一箇天地之心. 聖人於天下, 一箇人裏面便有一箇聖人之心. ▲[201] 如▲[202] ‘不廢困窮, 不虐無告’, 自非大無道之君, 孰肯廢虐之者! 然心力用不到那上, 便是▲[203]且會無一處不到.” 又問: “‘以己及物, 仁也, 推己及物, 恕也.’ 上句是聖人之恕, 下句是賢者之恕否?” 曰: “上箇是聖人之恕, 下箇是[204]賢者之仁. 聖人之恕, 便是衆人之仁, 衆人之仁, 便是聖人之恕.”【道夫】

27:64 ▲[205]問[206]“以己”“推己”▲[207] 曰: “▲[208] 以己, 是自然流出, 如孔子‘老者安之, 朋友信之, 少者懷之.’ 推己, 便有折轉意, 如‘己欲立而立人, 己欲達而達人.’” 寓因問: “‘推[209]廣得去, 則天地變化, 草木蕃, 推廣不去, 天地閉, 賢人隱’, 如何?” 曰: “亦只推己以及物. 推得去, 則物我貫通, 自有箇生生無窮底意思, 便有‘天地變化, 草木蕃’氣

---

195) ▲: 如何
196) ▲: 子細看便可見. 今人只是不曾子細看.
197) ▲: 對一字
198) ▲: 直卿
199) ▲: 程子言
200) ▲: 如心之義如何
201) ▲: 聖人之心自然無所不到, 此便是‘乾道變化, 各正性命’, 聖人之忠恕也.
202) ▲: ‘己所不欲, 勿施於人’, 便是推己之心做到那物上, 賢者之忠恕也. 這事便是難. 且如古人云
203) ▲: 自家廢虐之. 須是聖人, 方
204) 是: 『朱子語類』에는 없다.
205) ▲: 楊
206) 問: 徽州本에서는 이 뒤에 忠恕, 明道言: 以己及物, 仁也, 推己及物, 恕也가 더 들어 있다.
207) ▲: 之辨. 先生反問: “如何?” 曰: “以己, 是自然底意思, 推己, 是反思底意思.”
208) ▲: 然.
209) 推: 徽州本에서는 이 앞에 忠恕程子以가 더 들어 있다.

象. 天地只是這樣道理. 若推不去, 物我隔絶, 欲利於己, 不利於人, 欲己之富, 欲人之貧, 欲己之壽, 欲人之夭. 似這氣象, 全然閉塞隔絶了, 便似'天地閉, 賢人隱.'"【寓】

27:65 ▲[210]

27:66 ▲[211]問"以己及物"'以'字之義. 曰: "▲[212] 如[213]未飢[214], 未見得天下之人飢[215], 未寒, 未見得天下之人寒. 因我之飢[216]寒, 便見得天下之飢[217]寒, 自然恁地去及他, 便是以己及物. 如賢人以下, 知得我旣是要如此, 想人亦要如此, 而今不可不敎他如此, 三反五折, 便是推己及物, 只是爭箇自然與不自然."【義剛】

27:67 ▲[218] 如喫飯▲[219], 以己及物▲[220], 便是我要喫, 自是敎別人也喫, 不待思量. 推己及物▲[221], 便是我喫飯, 思量道別人也合當喫, 方始與人喫.【義剛】

---

210) ▲: 問"以己""推己"之辯. 曰: "以己, 是自然, 推己, 是著力. '己欲立而立人, 己欲達而達人', 是以己及人也. '近取諸身', 譬之他人, 自家欲立, 知得人亦欲立, 方去扶持他使立, 自家欲達, 知得人亦欲達, 方去扶持他使達, 是推己及人也."【淳】

211) ▲: 胡

212) ▲: '以己及物', 是大賢以上聖人之事. 聖人是因我這裏有那意思, 便去及人.

213) 如: 徽州本에서는 이 앞에 亦自不妨이 더 들어 있다.

214) 飢: 英祖刊本·成化本·賀本에서는 饑로 되어 있다.

215) 飢: 英祖刊本·成化本·賀本 饑로 되어 있다.

216) 飢: 英祖刊本·成化本·賀本에서는 饑로 되어 있다.

217) 飢: 英祖刊本·成化本·賀本에서는 饑로 되어 있다.

218) ▲: "以己及物", 是自然及物, 己欲立, 便立人, 己欲達, 便達人. 推己及物, 則是要逐一去推出. 如我欲恁地, 便去推與人也合恁地, 方始有以及之.

219) ▲: 相似

220) ▲: 底

221) ▲: 底

27:68 ▲[222)]

27:69 ▲[223)]

27:70 ▲[224)]

27:71 問: "▲[225)] '忠者天道, 恕者人道.' ▲[226)]?" 曰: "忠是自然, 恕隨事應接, 略假人爲, ▲[227)]." 【壯祖】

27:72 "▲[228)] 夫子言'一貫', 曾子言'忠恕', 子思言'小德川流, 大▲[229)]敦化', 張[230)]言'理一分殊', 只是一箇." 【卓】

27:73 問[231)]: "▲[232)] 自其渾然一本言之, 則謂之天道, 自其與物接者言之[233)], 則謂之人道▲[234)]." 曰: "然. 此與'誠者天之道, 誠之者人之道', 語意自不同." 【閎祖】

---

222) ▲: 恕之得名, 只是推己, 故程先生只云: "推己之謂恕." 曾子言: "夫子之道忠恕." 此就聖人說, 卻只是自然, 不待勉强而推之, 其字釋卻一般. 【端蒙】
223) ▲: "以己及物, 仁也, '一以貫之'是也, 推己及物, 恕也, '違道不遠'是也", 蓋是明道之說. 第一句只是懸空說一句. "違道不遠", 只粘著推己及物說. 【夔孫】
224) ▲: 問: "程子謂: '以己及物, 仁也, 推己及物, 恕也, "違道不遠"是也.' '以己及物仁也', 與'違道不遠'不相關, 莫只是以此分別仁・恕否?" 曰: "自是不相關. 只是以此形容仁・恕之定名." 【子蒙】
225) ▲: 明道言:
226) ▲: 何也
227) ▲: 所以有天人之辯
228) ▲: '忠者天道, 恕者人道', 此'天'是與'人'對之'天.' 若'動以天也'之'天', 卽是理之自然." 又曰: "聖賢之言,
229) ▲: 德
230) 張: 『朱子語類』에서는 張子로 되어 있다. 【附箋紙】 "張"下疑有"子"字.
231) 問: 徽州本에서는 이 뒤에 明道所謂가 더 들어 있다.
232) ▲: 天道・人道, 初非以優劣言.
233) 言之: 『小分』에서는 之言을 교정부호로 바로잡았다.
234) ▲: 耳

27:74 ▲[235]

27:75 ▲[236]

27:76 ▲[237]明道▲[238]結云: "所以與'違道不遠'異者, 動以天爾." 若曰: "『中庸』之言, 則動以人爾."【端蒙】

27:77 ▲[239]

27:78 ▲[240] 只▲[241]看他上下文, ▲[242]如▲[243]"施諸己而不願, 亦勿施諸人", 勿者, 禁止之辭, 豈非學者之事. 『論語』▲[244], 分明先有箇"夫子之道"字, 豈非聖人之事.【端蒙】

27:79 ▲[245]

---

235) ▲: "一貫・忠恕." 先生曰: "此是曾子平日用工, 於逐事逐物上, 都理會過了, 但未知一貫爾, 故夫子喚醒他." "忠者天道, 恕者人道. 忠者無妄, 恕者所以行乎忠也." 先生顧曰: "'恕者所以行乎忠也'一句好看." 又曰: "便與『中庸』'大德敦化, 小德川流'相似."【炎】

236) ▲: 忠者, 盡己之心, 無少僞妄. 以其必於此而本焉, 故曰"道之體." 恕者, 推己及物, 各得所欲. 以其必由是而之焉, 故曰"道之用."【端蒙】

237) ▲: "忠恕"一段,

238) ▲: 解得極分明. 其曰: "以己及物, 仁也, 推己及物, 恕也, '忠恕違道不遠'是也." 分明自作一截說. 下面"忠恕一貫之"以下, 卻是言聖人之忠恕. 故

239) ▲: "忠恕違道不遠", 此乃掠下教人之意, "下學而上達"也. "盡己之謂忠, 推己及物之謂恕." 忠恕二字之義, 只當如此說. 曾子說夫子之道, 而以忠恕爲言, 乃是借此二字綻出一貫. 一貫乃聖人公共道理, 盡己推己不足以言之. 緣一貫之道, 難說與學者, 故以忠恕曉之.【賀孫】

240) ▲: "忠恕違道不遠"與"夫子之道忠恕",

241) ▲: 消

242) ▲: 便自可見.

243) ▲: 『中庸』

244) ▲: 之言

245) ▲: "忠恕違道不遠", 正是說忠恕. "一以貫之"之忠恕, 卻是升一等說.【高】

27:80 ▲[246)]

27:81 ▲[247)]

27:82 ▲[248)]

27:83 ▲[249)]: "夫子只說'吾道一以貫之', 曾子說此二[250)]句, 正是下箇注脚, 如何卻橫將忠恕入來解說'一貫'字? 程子解此又如何?" 曰: "'以己及物爲仁, 推己及物爲恕', 又卻繼之曰: '此與〈違道不遠〉異者, 動以天爾.' 如此, 卻是剩了'以己及物'一句, 如何?" 謨曰: "莫是合忠恕而言, 便是仁否?" 先生稱善. 謨曰: "只於『集注』解第二節處得之. 如曰'聖人至誠無息, 而萬物各得其所', 便是合忠恕是仁底意思." 曰: "合忠恕, 正是仁. 若使曾子便將仁解一貫字, 卻失了體用, 不得謂之一貫爾. 要如此講'貫', 方盡."【謨】

---

246) ▲: 一是忠, 貫是恕. 譬如一泓水, 聖人自然流出, 灌溉百物, 其他人須是推出來灌溉. 此一貫所以爲天. 至子思忠恕, 只是人, 所以說"違道不遠." "盡己之謂忠, 推己之謂恕." 才是他人, 便須是如此.【泳】

247) ▲: 問: "到得忠恕, 已是道, 如何又云'違道不遠'?" 曰: "仁是道, 忠恕正是學者著力下工夫處. '施諸己而不願, 亦勿施於人', 子思之說, 正爲下工夫. '夫子之道, 忠恕而已矣', 卻不是恁地. 曾子只是借這箇說'維天之命, 於穆不已.' '乾道變化, 各正性命', 便是天之忠恕, '純亦不已', '萬物各得其所', 便是聖人之忠恕, '施諸己而不願, 亦勿施於人', 便是學者之忠恕."【賀孫】

248) ▲: 曾子忠恕, 與子思忠恕不同. 曾子忠恕是天, 子思忠恕尙是人在.【泳】

249) ▲: 問: "'忠恕而已矣'與'違道不遠'·'己所不欲'等處不同, 而程先生解釋各有異意, 如何?" 曰: "先理會'忠恕而已'一句. 如明道說'動以天'之類, 只是言聖人不待勉強, 有箇自然底意思. 如'己所不欲, 勿施於人', '施諸己而不願, 亦勿施諸人', 看箇'勿'字, 便是禁止之辭. 故明道曰: '以己及物, 仁也, 推己及物, 恕也.' 正是如此分別." 或曰: "南軒解此云: '聖人全乎此, 天之道也, 曾子稱夫子忠恕是矣. 賢者求盡夫此, 人之道也, 子思稱忠恕是矣.'" 曰: "此亦說得好. 諸友卻如何看?" 謨曰: "『集注』等書所謂'盡己爲忠', 道之體也, '推己爲恕', 道之用也. 忠爲恕體, 是以分殊而理未嘗不一, 恕爲忠用, 是以理一而分未嘗不殊. 此固甚明矣." 曰

250) 二: 『朱子語類』에서는 一로 되어 있다.

27:84 ▲[251]聖人▲[252]忠恕, 只說得'誠'與'仁'▲[253]. 聖人渾然天理, ▲[254] 大雅云云[255]: "程先生說: '忠恕形容一貫之理, 在他人言則未必盡, 在曾子言之, 必是盡.'" 曰: "此說得最好. 然'一'字多在忠上? 多在恕上?" 大雅云: "多在忠上." 曰: "然. 程子說得甚分明, ▲[256] 後來多被學者將元說折開分布▲[257], 故意散亂不全, 難看." 【大雅】

27:85 ▲[258] 恕是推以[259]及物, 使各得其所處. '盡物之謂信.'" 【人傑】

27:86 ▲[260]: "忠卽是實理. 忠則一理, 恕則萬殊. 如'維天之命, 於穆不已', 亦只以這實理流行, 發生萬物. 牛得之爲牛, 馬得之而爲馬, 草木得之而爲草木." 【卓】

27:87 ▲[261]

---

251) ▲: 問『論語』·『中庸』言忠恕不同之意. 曰: "盡己之謂忠, 推己之謂恕. 『中庸』言'忠恕違道不遠', 是也. 此是學者事, 然忠恕功用到底只如此. 曾子取此以明聖人一貫之理耳. 文蔚錄云: "曾子借學者以形容聖人." 若

252) ▲: 之

253) ▲: 字

254) ▲: 則不待推, 自然從此中流出也. '盡'字與'推'字, 聖人盡不用得. 若學者則須推. 故明道云: '以己及物, 仁也, 推己及物, 恕也, "違道不遠"是也.' 自是兩端. 伊川說『中庸』, 則只說是'下學上達', 又說是'子思掠下教人.' 明道說『論語』, 則曰: '"一以貫之", 大本達道也, 與"違道不遠"異者, 動以天耳.' 伊川曰: '"維天之命, 於穆不已", 忠也, "乾道變化, 各正性命", 恕也.' 此規模又別."

255) 云: 『朱子語類』에는 없다.

256) ▲: 復將元說成段看.

257) ▲: 在他處

258) ▲: 問"'維天之命, 於穆不已', 忠也, '乾道變化, 各正性命', 恕也." 曰: "'恕'字正在兩隔界頭. 只看程子說'盡己之謂忠, 推己之謂恕', 便分明.

259) 以: 賀本에서는 己로 되어 있다.

260) ▲: 劉問"忠恕." 曰

261) ▲: "'維天之命, 於穆不已', 不其忠乎!" 此是不待盡而忠也. "'乾道變化, 各正性命', 不其恕乎!" 此是不待推而恕也. 【廣】

27:88 忠貫恕, 恕貫萬事. "'維天之命, 於穆不已[262]', 不其忠乎!" 是不忠之忠. "'乾道變化, 各正性命', 不其恕乎!" 是不恕之恕. 天地何嘗道此是忠, 此是恕? 人以是名其忠與恕. 故聖人無忠恕, ▲[263). 【士毅】

27:89 ▲[264) "維天之命, 於穆不已", "乾道變化, 各正性命", 此天地無心之忠恕. 夫子之道一貫, 乃聖人無爲之忠恕. 盡己・推己, 乃學者着力之忠恕. 固是一箇道理, 在三者自有三樣. 且如天地何嘗以不欺不妄爲忠. 其化生萬物, 何嘗以此爲恕. 聖人亦何嘗以在己[265)之無欺無妄爲忠. 若汎應曲當, 亦何嘗以此爲恕. 但是自然如此. 故程子曰: "天地無心而成化, 聖人有心而無爲." 此語極是親切. 若曉得曾子意思, 雖卽[266)是"忠恕"二字, 而發明一貫之旨昭然. ▲[267) 忠恕名義, 自合依子思'忠恕違道不遠'▲[268) 曾子所說, 卻是移上一階, 說聖人之忠恕. 到程子又移上一階, 說天地之忠恕. 其實只一箇忠恕, ▲[269)." 【僩】

27:90 ▲[270): "'乾道變化, 各正性命', 正相夾界半路上說. 程子謂'盡己之謂忠, 推己之謂恕', 又謂'盡物之謂信.' 如'乾道變化', 便是盡己處, '各正性命', 是推以及物處. 至於推到物上, 使物物各得其所處, 方是盡物, 便是信." 問: "侯師聖云'草木蕃'與'各正性命'如何?" 曰: "尋常數家, 便說'草木蕃'是'草木暢茂', '天造草昧'之意, 故指來說'恕'字不甚

---

262) 維天之命, 於穆不已: 徽州本에서는 天地變化草木蕃으로 되어 있다.
263) ▲: 所謂"己所不欲, 勿施於人", 乃學者之事
264) ▲: 曾子所言, 只是一箇道理, 但假借此以示門人. 如程子所言,
265) 在己: 『小分』에서는 己在를 교정부호로 바로잡았다.
266) 卽: 賀本에서는 則으로 되어 있다.
267) ▲: 但此語難說, 須自意會. 若只管說來說去, 便拖泥帶水. 又云: "夜來說忠恕, 論著
268) ▲: 是也.
269) ▲: 須自看教有許多等級分明
270) ▲: 正淳問: "伊川云: '"乾道變化, 各正性命", 恕也.' '乾道變化', 猶是說上體事, 至'各正性命', 方是恕否?" 曰

着. '各正性命', 說推己及物. 然當時只是且[271]指此兩句來說."【㽦】

27:91 ▲[272]問[273]: "'充擴得去, 則天地變化, 草木蕃, 充廣[274]不去, 則天地閉, 賢人隱', ▲[275]?" 曰: "只管充廣[276]將去, 則萬物只管各得其分. 只就[277]'己所不欲勿施於人'上面廣[278]充將去, 若充之於一家, 則一家得其所, 充之於一國, 則一國得其所. 無施而不得其所, 便是'天地變化, 草木蕃[279].' 若充廣[280]不去, 則這裏出門便行不得, 便窒塞了, 如何更施諸人! 此便是'天地閉, 賢人隱'底道理."【卓 ○賀孫▲[281]同. ○以下『集義』.】

27:92 ▲[282]問: "▲[283] 草木蕃▲[284], 賢人隱.' 是氣象▲[285]實如此?" 曰: "似恁地恕, 只是推得去. 推不去底人, 只要理會自己, 不管別人, 別人底事, 便說不關我事. 今如此人, 便爲州爲縣, 亦只理會自己, 百姓盡不管他, 直是推不去." 又問: "'恕'字恁地闊?" 曰: "所以道: '一言而可以終身行之者, 其恕乎!'" ▲[286]: "也須是忠. 無忠, 把甚麽推出來!"【節】

---

271) 且: 『朱子語類』에는 없다.
272) ▲: 徐仁父
273) 問: 徽州本에서는 이 뒤에 明道云이 더 들어 있다.
274) 廣: 英祖刊本·賀本에서는 擴으로 되어 있다.
275) ▲: 如何
276) 廣: 英祖刊本·賀本에서는 擴으로 되어 있다.
277) 只就: 『小分』에서는 就只를 교정부호로 바로잡았다.
278) 廣: 英祖刊本·賀本에서는 擴으로 되어 있다.
279) 蕃: 賀本에서는 番으로 되어 있다.
280) 廣: 英祖刊本·賀本에서는 擴으로 되어 있다.
281) ▲: 錄
282) ▲: 吳仁父
283) ▲: '充擴得去, 則天地變化,
284) ▲: 充擴不去, 則天地閉
285) ▲: 如此, 是
286) ▲: 又曰

27:93 “天地變化”是忠, 忠則一, “草木蕃”是恕, 恕則萬狀. “天地閉, 賢人隱”, 是理當如此, 非如人之不恕是有吝意. 恕如春, 不恕如冬. 【節】

27:94 “草木蕃”, 如說“草木暢茂.”【人傑】

27:95 “一, 譬如元氣, 八萬四千毛孔無不通貫, 是恕也.” 又曰: “‘一以貫之’, 只是萬事一理. 伊川謂: ‘言仁義亦得, 蓋仁是統體, 義是分別.’ 某謂言禮樂亦得, ‘樂統同, 禮辨[287]異.’” 言畢, 復抗聲而誦曰: “天高地下, 萬物散殊, 而禮制行矣, 流而不息, 合同而[288]化, 而樂興焉.”【道夫】

27:96 忠恕是工夫, 公平則是忠恕之效, 所以謂“其致則公平.” 致, 極至也.【道夫】

27:97 ▲[289]

27:98 問: “‘盡物之謂恕[290]’與‘推己之謂恕’, ▲[291]?” 曰: “方流出, 未可謂之盡.” 曰: “▲[292], 是物實得此理, 故曰‘盡物’?” 曰: “然.”【可學】

27:99 問: “侯氏云‘盡物之謂恕’, 程子不以爲然, ▲[293]?” 曰: “‘恕’字上着‘盡’字不得. 恕之得名, 只是推己. 盡物, 卻是於物無所不盡, 意思

287) 辨: 賀本에서는 辯으로 되어 있다.
288) 而: 『小分』에서는 而而를 교정부호로 바로잡았다.
289) ▲: 問: “‘吾道一以貫’, 伊川云: ‘多在忠上.’ 看得來都在忠上, 貫之卻是恕.” 曰: “雖是恕, 卻是忠流出貫之.”【可學】
290) 盡物之謂恕: 徽州本에서는 盡己之謂忠으로 되어 있다.
291) ▲: 如何推己只是忠中流出
292) ▲: ‘盡物之謂信’
293) ▲: 何也

自別."【端蒙】

27:100 ▲[294]: "將孔子說做一樣看, 將曾子說做一樣看, 將程子說又做一樣看." ▲[295]: "聖人之恕無徹[296]迹[297]. 學者則做這一件是當了, 又把這樣子去做那一件, 又把這樣子去做十件·百件·千件, 都把這樣子去做, 便是推. 到下稍[298]都是這箇樣子, 便只是一箇物." 或問: "先生與范直閣論忠恕, 還與『集注』同否?" 曰: "此是三十歲以前書, 大概也是, 然說得不似, 而今看得又較別."【義剛】[299]

27:101 ▲[300]至道云: "如所謂'堯·舜之道孝弟'否?" 曰: "亦是. 但孝弟是平說. ▲忠恕[301], 如說'小德川流, 大德敦化'一般, 自有交關妙處. 當時門弟想亦未曉得, 惟孔子與曾子曉得. 自後千餘年, 更無人曉得, 惟二程說得如此分明. 其門人更不曉得, 惟侯氏·謝氏曉得. 某向來只推[302]見二程之說, 卻與胡籍溪·范直閣說, 二人皆不以▲[303]然. 及後來見侯氏說得元來如此分明, 但諸人不曾子細看爾." 直卿云: "▲[304]只是借言爾. 猶云'亹亹文王', 文王自是'純亦不已', '亹亹'不足以言之. 然'亹亹', 便有'純亦不已'意思." ▲[305]【南升】

---

294) ▲: 衆朋友再說"忠恕"章畢, 先生曰
295) ▲: 又曰
296) 徹: 『朱子語類』에서는 轍로 되어 있다.
297) 迹: 賀本에서는 跡으로 되어 있다.
298) 稍: 英祖刊本·賀本에서는 梢로 되어 있다.
299) 【義剛】: 賀本에는 없다.
300) ▲: 亞夫問"忠恕而已矣." 曰: "此曾子借學者忠恕以明一貫之妙. 蓋一貫自是難說得分明, 惟曾子將忠恕形容得極好. 學者忠恕, 便待推, 方得. 才推, 便有比較之意. 聖人更不待推, 但'老者安之, 少者懷之, 朋友信之', 便是. 聖人地位, 如一泓水在此, 自然分流四出. 借學者忠恕以形容一貫, 猶所謂借粗以形容細." 趙
301) ▲: 曾子說
302) 推: 賀本에서는 惟로 되어 있다.
303) ▲: 爲
304) ▲: 聖人之忠是天之天, 聖人之恕是天之人. 忠恕只是學者事, 不足以言聖人,
305) ▲: 又云: "忠猶木根, 恕猶枝葉條榦."

27:102 "▲306) 聖人與天爲一, 渾然只有道理, 自然應去, 不待盡己方爲忠, 不待推己方爲恕, 不待安排, 不待忖度, 不待覩307)當. 如水源滔滔流出, 分而爲支派, 任其自然, 不待布置入那溝, 入這瀆. ▲308)曾子怕人曉不得▲309), 故借忠恕而言. 某初年看不破, 後得侯氏所收程先生語, 方曉得." ▲310)此千五百年無人曉得. 待得二程先生出, 方得明白. 前前後後許多人說, 今看來都一似說夢." 子善云: "初曉'忠者天道, 恕者人道'不得. 後略曉得, 因以二句解之云: '天道是自然之理具, 人道是自然之理行.'" 直卿云: "就聖人身上說, 忠者天之天, 恕者天之人, 就學者身上說, 忠者人之天, 恕者人之人." 曰: "要之, 只是箇'小德川流, 大德敦化'意思." 【賀孫 ○疑與上條同聞.】

27:103 ▲311)問: "▲312) 卻似說箇'中和'一般." 曰: "和是已中節了, 恕是方施出處. 且如忠恕如何是一貫?" 曰: "無間斷, 便是▲313)." 曰: "無物, 如何見得無間斷? 蓋忠則一, 纔推出去便貫了, ▲314) 【大雅】

27:104 ▲315) 心便是忠, 應於事者便是恕. 龜山之說不然. 某舊時▲316), 都說道: "龜山便是明道說." 某深以爲不然, 更無路得分疏. 後

---

306) ▲: 忠恕一貫.
307) 覩: 賀本에서는 睹로 되어 있다.
308) ▲: 故云
309) ▲: 一貫
310) ▲: 又云: "自孔子告曾子, 曾子說下在
311) ▲: 方叔
312) ▲: 忠恕一理,
313) ▲: 一貫
314) ▲: 此忠恕所以爲一以貫之, 蓋是孔子分上事. 如'老者安之, 少者懷之, 朋友信之', 此孔子之忠恕, 餘人不得與焉. 忠恕一也, 然亦有分數. 若『中庸』所謂忠恕, 只是'施諸己而不願, 亦勿施於人', 此則是賢人君子之所當力者. 程子觀之亦精矣, 然程門如尹氏輩, 亦多理會不曾到此. 若非劉質夫・謝上蔡・侯師聖之徒記得如此分曉, 則切要處都黑了."
315) ▲: 忠便是一, 恕便是貫. 自一身言之,
316) ▲: 與諸公商量此段

來把程先生說自看來看去, 乃大分明. 以此知聽說話難. 須是心同意契, 纔說, 便領略得. 龜山說得恁地差來[317], 不是他後來說得差, 是他當初與程先生對面說時, 領略不得這意思. ▲[318] 程先生那一段是劉質夫記, 想他▲[319]領略得. 兼此段, 可笑. 舊時語錄元自分而爲兩, 自"'以己及物'至'違▲[320]不遠'是也"爲一段, 自"吾道一以貫之"爲一段. 若只據上文, 是看他意不出. 然而後云"此與'違道不遠'異者, 動以天爾", 自說得分明, 正與[321]"'違道不遠'是也"相應. 更一段說某事, 亦散而爲三.【賀孫】

27:105 明道解"忠恕"章, 初本分爲兩段. 後在籍溪家見, 卻只是一段, 遂合之, 其義極完備. 此語是劉質夫所記, 無一字錯, 可見質夫之學. 其他諸先生如楊・尹拘於『中庸』之說, 也自看明道說不曾破. 謝氏【一作"侯."】卻近之, 然亦有見未盡處.【端蒙】

27:106 二程之門解此章者, 惟上蔡深得二先生之旨. 其次則侯師聖. ▲[322]

27:107 問: "忠雖已發, 而未及接物. 侯氏釋'維天之命, 於穆不已', 乃云: '春生冬藏, 歲歲如此, 不誤萬物, 是忠.' ▲[323]" 曰: "▲[324] 天不[325]春生冬藏, 其理未嘗間斷. ▲[326] 各正性命是那一草一木各得其

---

317) 來: 徽州本에서는 了로 되어 있다.
318) ▲: 如今諸公聽某說話, 若不領略得, 茫然聽之, 只是徒然.
319) ▲: 須是
320) ▲: 道
321) 與: 賀本에서는 以로 되어 있다.
322) ▲: 其餘雖游・楊・尹皆說不透. 忠恕是足以貫道, 忠故一, 恕故貫也.【洽】
323) ▲: 如何?
324) ▲: 天之春生冬藏時, 合有箇心. 公且道天未春生冬藏時, 有箇心在那裏? 這箇是天之生物之心, 無停無息,
325) 天不: 『朱子語類』에는 없다.
326) ▲: 到那萬物各得其所時, 便是物物如此. '乾道變化, 各正性命.'

理, 變化是箇渾全底."【義剛】

27:108 ▲[327]: "今但以人觀天, 以天觀人, 便可見. 在天便是命, 在人便是忠. 要之, 便是至誠不息." ▲[328]: "若諸家所言, 卻是曾子自不識其所謂'一貫', 夫子之道, 卻是二以分之, 不是'一以貫之.'"【道夫】

27:109 "▲[329] 今人都祖張無垢說, 合人己爲一貫. 這自是聖人說這道理如此, 如何要合人己說得! 如所謂'汝以予爲多學而識之者與'? 曰: '非也, 予一以貫之.' 這箇又如何要將人己說得!◇[330]▲[331], 纔於半中央接得些小意思[332], 便道只是恁地." ▲[333]"陳叔向也自說一樣道理. 某嘗說, ▲[334]他自立箇說, 說道我▲[335]所見如此, 也不妨. 只是▲[336]他說出一樣, 卻將聖賢語言[337]硬折入他窩窟裏面. 據他說底, 聖[338]賢意思全不如此."【賀孫】

27:110 因有援引比類說忠恕者, 曰: "今日浙中之學, 正坐此弊, 多強將名義此[339]類牽合而說. 要之, 學者須是將許多名義如忠恕・仁義・孝弟之類, 各分析區處, 如經緯相似, 使一一有箇着落. 將來這箇道理熟, 自有箇[340]合處. 譬如▲[341]舉南康而言, 皆是南康人, 也卻須去

327) ▲: 問"'維天之命, 於穆不已', 不其忠乎!"曰
328) ▲: 因論『集義』諸家忠恕之說, 曰
329) ▲: '吾道一以貫之',
330) ◇: 多是看聖賢文字
331) ▲: 不曾子細
332) 如所謂 … 纔於半中央接得些小意思:【附箋紙】"所謂汝"以下, 當書"以予爲多學而識之", 至"要將人己說得!" 此□又當書"多是看聖賢文字", 至"纔於半中央."
333) ▲: 又說及
334) ▲: 這樣說話, 得
335) ▲: 自
336) ▲: 被
337) 語言: 賀本에서는 言語로 되어 있다.
338) 聖: 賀本에서는 先으로 되어 있다.
339) 此: 英祖刊本·賀本에서는 比로 되어 있다.

其間識得某人爲誰, 某人在甚處, 然後謂之識南康人也."【去僞】

27:111 問: "或云, 忠恕只是無私己[342], 不責人." 曰: "此說可怪. 自有六經以來, 不曾說不責人是恕! ▲[343] 不成只取我好, 別人不好, 更不管他! ▲[344] 如子弟▲[345]合責則須責之, 豈可只說我是恕便了. 『論語』只說'躬自厚而薄責於人', 謂之薄者, 如言不以己之所能, 必人之如己, 隨材責任耳, 何至舉而弃之!"【大雅】

「君子喩於義章」

27:112 ▲[346]: "小人之心, 只曉會得那利害, 君子之心, 只曉會得那義理. 見義理底, 不見得利害, 見利害底, 不見得義理."【卓】

27:113 ▲[347] 小人則只計較利害, 如此則利, 如此則害. 君子則更不顧利害, 只看天理當如何. "宜"字與"利"字不同, ▲[348])!【僩】

27:114 ▲[349] "義利, 只是箇頭尾. 君子之於事[350], 見得是合如此處, 處得其宜, 則自無不利矣, 但只是理會箇義, 卻不曾理會下面一截利.

340) 箇: 賀本에는 없다.
341) ▲: 大概
342) 己: 徽州本에서는 心으로 되어 있다.
343) ▲: 若『中庸』, 也只是說'施諸己而不願, 亦勿施於人'而已, 何嘗說不責人!
344) ▲: 於理合管,
345) ▲: 不才, 係吾所管者,
346) ▲: 問"喩於義"章. 曰
347) ▲: "君子喩於義, 小人喩於利." 君子只知得箇當做與不當做, 當做處便是合當如此.
348) ▲: 子細看
349) ▲: 文振問此章. 曰:
350) 於事: 『小分』에서는 事於를 교정부호로 바로잡았다.

小人卻見得下面一截利, 卻不理會事之所宜宜[351]. 往往兩件事都有利, 但那一件事之利稍重得分毫, 便去做那一件. 君子之於義, 見得委曲透徹, 故自樂爲. 小人之於利, 亦是於曲折纖悉間都理會得, 故亦深好之也."【時擧 ○南升錄見下[352].】

27:115 問: "▲[353] 義者, 天理之所宜, 凡事只看道理之所宜爲, 不顧己私. 利者, 人情之所欲得, 凡事只任私意, 但取其便於己則爲之, 不復顧道理◇[354]未消說得如此重. 義利猶頭尾然. 義者, 宜也. 君子見得這事合當如此, ▲[355]那事合當如彼, 但裁處其宜而爲之, 則何不利之有. ▲[356]君子之心虛明洞徹, 見得義分明. 小人只管計較▲[357], 雖絲毫底利, 也自理會▲[358]."【南升】

27:116 ▲[359] 只是一事上. 君子▲[360]只見得是義, 小人只見得是利. 且如有白金遺道中, 君子過之, 曰: "此它人物, 不可妄取." 小人過之, 則便以爲利而取之矣.【賀孫】

27:117 "喩義喩利, 不是氣稟如此. 君子存得此心, 自然喩義. 小人陷溺此心, 故所知者只是利. 若說氣稟定了, 則君子小人皆由生定, 學

351) 宜: 『朱子語類』에는 없다.
352) 下: 賀本에서는 存으로 되어 있다.
353) ▲: '君子喩於義.'
354) ◇: 如何." 曰: "義利也
徽州本에서는 如何 뒤에 者, 皆利也. 君子胸中曉得義理分明, 故每事灼然, 見得義之所在, 所以爲義之從. 小人只是理會己私, 故每每見得便於己底事亦甚分曉가 더 들어 있다.
355) ▲: 卻
356) ▲: 君子只理會義, 下一截利處更不理會. 小人只理會下一截利, 更不理會上一截義. 蓋是
357) ▲: 利
358) ▲: 得
359) ▲: "君子喩於義, 小人喩於利",
360) ▲: 於此一事

力不可變化. ▲361) 又云: "'父母之年, 不可不知, 一則以喜, 一則以懼.' 正如喩義喩利, 皆是一事上有兩段. 只此一物, 君子就上面自喩得義, 小人只是喩得利了. 父母之年, 孝子之心旣喜其壽, 又懼其衰. 君子小人, 只共此一物上面有取有362)不取." 【明作】

27:118 ▲363) 只是▲364)一事上. 君子只見得是義, 小人只見得是利. 如伯夷見飴, 曰: "可以養老." 盜跖見之, 曰: "可以沃戶樞." 蓋小人於利, ▲365)見這一物, 便思量▲366)一物事用他, 計較精密, 更有非君子所能知者. 緣是他氣稟中自元有許多鏖糟惡濁底物, 所以纔見那物事便出來應他. 這一箇穿孔, 便對那箇穿孔. 君子之於義, 亦是如此. 或曰: "伊川云: '惟其深喩, 是以篤好.' 若作'惟其篤好, 是以深喩', 也得." 曰: "陸子靜說便是如此." 【僩】

27:119 ▲367)如今做官, 須是恁地廉勤. ▲368)君子▲369)只是道做官合着如此. ▲370)小人▲371)只道如此做, 可以得人說好, 可以求知於人. 昨有李某, 當壽皇登極之初, 上一書, 極說道學恁地不好. 那時某人在要路, 故以此說投之, 卽得超升上州教官. 前日某方赴召到行在, 忽又上一書, 極稱道學之美. 他便道某有甚勢◇372)要373), 以此相投,

---

361) ▲: 且如有金在地, 君子便思量不當得, 小人便認取去."
362) 有: 賀本에는 없다.
363) ▲: 喩義喩利,
364) ▲: 這
365) ▲: 他
366) ▲: 做
367) ▲: 居父問"君子喩於義, 小人喩於利." 曰: "這只就眼前看. 且
368) ▲: 自
369) ▲: 爲之,
370) ▲: 自
371) ▲: 爲之, 他
372) ◇: 便
373) ◇要: 『朱子語類』에서는 要便으로 되어 있다.

極美[374)]!"【賀孫】

27:120 問: "『集注』謂'義者, 天理之所宜.' 仁[375)]說又謂'義者, 宜之理.' ▲[376)]" ▲[377)] 理之宜, 都一般, 但做文恁地變. 只如冷底水, 熱底水, 水冷底, 水熱底一般."【淳】

○[378)] 固[379)]舉子靜說話多反伊川. 如"君子喩於義, 小人喩於利", 解云: "'惟其深喩, 是以篤好.' 渠卻云'好而後喩', 此語亦無害, 終不如伊川."

「見賢思齊焉章」

27:121 ▲[380)] 見人之善, 而尋己之善, 見人之惡, 而尋己之惡. 如此, 方是有益.

「事父母幾諫章」

27:122 ▲[381)] "幾, 微也, 只是漸漸細密諫, 不恁峻暴, 硬要闌截. 內則'下氣・怡色・柔聲以諫', 便是解此意."【淳】

27:123 問: "'幾, 微也.' 微, 還是見微而諫, 還是'下氣・怡色・柔聲'

---

374) 美: 『朱子語類』에서는 好笑로 되어 있다.
375) 仁: 賀本에서는 一로 되어 있다.
376) ▲: 意有異否?
377) ▲: 曰: "只宜處便是義. 宜之理,
378) ○: 『朱子語類』의 78:222의 일부이다.
379) 固: 賀本에서는 因으로 되어 있다.
380) ▲: "見賢思齊焉, 見不賢而內自省也."
381) ▲: 問"幾諫." 曰:

以諫?" 曰: "▲382) 只▲383)做'下氣・怡色▲384) 且如今人做事, 亦自驀地做出來, 那裏去討幾微處. 若要做見幾而諫, 除非就本文添一兩字始得."【賀孫】

27:124 ▲385) 不違, 是主那諫上說. 敬, 已是順了, 又須委曲作道理以諫, 不違去了那幾諫之意也.【僩】

27:125 問: "『集注』▲386) 寧熟諫', 將來說'勞而不怨.' 『禮記』說'勞'字, 似作勞力說, ▲387)" 曰: "說388)了又諫, 被撻至於流血, 可謂勞矣. 所謂'▲389) 父母惡之, 勞而不怨.' 勞. 只是一般勞."【寓】

27:126 問: "▲390) 微諫▲391)見得孝子深愛其親, 雖當諫過之時, 亦不敢伸己之直, 而辭色皆婉順也. '見志不從, 又敬不違', 才見父母心中不從所諫, 便又起敬起孝, 使父母歡悅, 不待父母有難從之辭色, 而後起敬起孝也. 若或父母堅不從所諫, 甚至怒而撻之流血, 可謂勞苦, 亦不敢疾怨, 愈當起敬起孝. 此聖人教天下之爲人子者, 不惟平時有愉色・婉容, 雖遇諫過之時, 亦當如此, 甚至勞而不怨, 乃是深愛其親也." 曰: "推得也好." ▲392) "'又敬不違'者, 上不違微諫之意, 切恐唐突以觸父母之怒, 下不違欲諫之心, 務欲置父母於無過之地. 其心心念念只在於此. 若見父母之不從, 恐觸其怒, 遂止而不諫者, 非也, 欲必

382) ▲: 幾微,
383) ▲: 得
384) ▲: ・柔聲以諫.'
385) ▲: "又敬不違",
386) ▲: 擧內則'與其得罪於鄕黨州閭,
387) ▲: 如何?
388) 說: 賀本에서는 諫으로 되어 있다.
389) ▲: 父母愛之, 喜而不忘,
390) ▲: '幾, 微也.'
391) ▲: 者, 下氣・怡色・柔聲以諫也.
392) ▲: 又云:

諫, 遂至觸其怒, 亦非也."【南升】

27:127 問: "自'幾諫'章至'喜懼'章, 見得事親之孝四端具焉. 但覺得仁愛之意分外重, 所以'孝弟爲仁之本', '立愛自親始.'" 曰: "是如此. 惟是初發先是愛, 故較切. ▲393)告子見得不全, ▲394)只把仁做中出, ▲395)把義做外▲396)看了."【賀孫】

27:128 問: "謝氏說'幾諫'397), 曰'以敬孝易, 以愛孝難', 恐未安." 曰: "聖人答人問孝, 多就人資質言之. 在子夏則少於愛, 在子游則少於敬, 不當遂斷難易也. 如謝氏所引兩句, 乃是莊子之說. 此與阮籍居喪飮酒食肉, 及至慟哭嘔血, 意思一般. 蔑棄禮法, 專事情愛故也."【人傑○『集義』】

「父母在章」

27:129 ▲398) "爲人子, 須是以父母之心爲心. 父母愛子之心未嘗少置, 人子愛親之心亦當跬步不忘. 若是遠遊, 不惟父母思念之切, 人子去親庭旣遠, 溫凊定省之禮, 自此間闊, 所以不遠遊. 如或有事勢須當遊, 亦必有定所. 欲親知己之所在而無憂, 召己, 則必至而無失."

「父母之年章」

393) ▲: 所以
394) ▲: 便
395) ▲: 便一向
396) ▲: 來
397) ▲: 章
398) ▲: 問"父母在, 不遠遊, 遊必有方." 曰:

27:130 "一則以喜, 一則以懼", 只是這一事上. 旣喜其壽, 只這壽上又懼其來日之無多. 注中引"旣喜其壽, 又懼其衰", 微差些. 如此, 卻是兩事矣. 【僩】

「古者言之不出章」

27:131 ▲399) 此章緊要在"恥"字上. 若是無恥底人, 未曾做得一分, 便說十分矣. 【僩】

27:132 人之所以易其言者, 以其不知空言無實之可恥也. 若恥, 則自是力於行, 而言之出也不敢易矣. 這箇只在恥上. 【僩】

27:133 『集注』引范氏說最好. 只緣輕易說了, 便把那行不當事. 非踐履到底, 烏能言及此! 【明作】

「以約失之章」

27:134 ▲400) "約"字是實字. 若"約之于中", "約之于禮", 則"約"字輕. 【明作】

27:135 問: "▲401) 凡人須要檢束, 令入規矩準繩, 便有所據守, 方少過失. 或▲402)侈然自肆, 未有不差錯." 曰: "說得皆分明." 【南升】

27:136 ▲403) 或曰: "恐失之吝嗇, 如何?" 曰: "這'約'字, 又不如此,

399) ▲: "古者言之不出, 恥躬之不逮也."
400) ▲: "以約失之者鮮."
401) ▲: '以約失之者鮮.'
402) ▲: 是
403) ▲: "'以約失之者鮮矣.' 凡事要約, 約底自是少失矣."

只凡事自收斂. 若是吝嗇, 又當放開. 這箇, 要人自稱量看, 便得. 如老子之學全是約, 極而至於楊氏不肯拔一毛以利天下, 其弊必至此. 然淸虛寡慾, 這又是他好處. 文景之治漢, 曹參之治齊, 便是用此. 本朝之仁宗·元祐, 亦是如此. 事事不敢做, 兵也不敢用, 財也不敢用, 然終是少失. 如熙·豐不如◇[404], 便多事."【僩】

「君子欲訥於言章」

27:137 問: "言[405]懼其易, 故欲訥. 訥者, 言之難出諸口也. 行懼其難, 故欲敏. 敏者, 力行而不惰也[406]." 曰: "然."【南升】

「德不孤章」

27:138 問: "▲[407] 鄰是朋類否?" 曰: "然. 非惟君子之德有類, 小人之德亦自有類."【僩】

27:139 "德不孤", 以理言, "必有鄰", 以事言.【僩】

27:140 『論語』▲[408]"德不孤"是"同聲相應, 同氣相求." 吉人爲善, 便自有吉人相伴, 凶德者亦有凶人[409]同之, 是"德不孤, 必有鄰[410]"也. 『易』中"德不孤", 謂不只一箇德, 蓋內直而外方, 內外皆是德, 故"不

404) ◇: 此
405) 言: 徽州本에서는 이 앞에 君子欲訥於言敏於行, 凡事言時易, 行時難이 더 들어 있다.
406) 也: 『小分』에서는 也也를 교정부호로 바로잡았다.
407) ▲: '德不孤, 必有鄰.'
408) ▲: 中
409) 人: 徽州本에서는 德으로 되어 있다.
410) 必有鄰: 『小分』에서는 有必有鄰을 교정부호로 바로잡았다.

孤"是訓爻辭中"大"字. 若有敬而無義, 有義而無敬411), 卽孤矣.【營】

27:141 ▲412)

27:142 問: ▲413) 明道卻指此作'與物同', 如何?" 曰: "亦未安."【可學】

27:143 ▲414) 謝・楊引「繫辭」簡易之文, 說得未是. ▲415)伊川▲416)言▲417)是事之驗.【謨】

「事君數章」

27:144 問: "『集注』引胡氏一段, 似專主諫而言. 恐交際之間, 如諂媚之類, 亦是數, 不止是諫." 曰: "若說交際處煩數, 自是求媚於人, 則索性是不好底事▲418), 是不消說. 以諫而數者, 卻是意善而事未善耳, 故聖人特言之以警學者."【雉】

---

411) 敬: 『小分』에서는 敬引을 교정부호로 바로잡았다.

412) ▲: 問"德不孤, 必有鄰." 曰: "此處恐不消得引『易』中來說. 『語』所說'德不孤, 必有鄰', 只云有如此之德, 必有如此之類應. 如小人爲不善, 必有不善之人應之. 『易』中言'敬以直內', 須用'義以方外', '義以方外', 須用'敬以直內.' 孤, 猶偏也. 敬義旣立, 則德不偏孤, 言德盛. 若引『易』中來說, 恐將『論語』所說攪得沒理會了."【南升】

413) ▲: "『語』云'德不孤, 必有鄰', 是與人同.【饒本作: "是說人之相從."】『易』云'敬義立而德不孤', 卻是說德不孤吝.【饒本作"德之大."】

414) ▲: "德不孤", 是善者以類應.

415) ▲: 只用

416) ▲: 說,

417) ▲: "德不孤, 必有鄰",

418) ▲: 了

『朱子語類』卷第二十八

「『論語』十」

「公冶長上」

「子謂公冶長章」

28:1 ▲[1] '雖在縲絏[2]之中', 特因而擧之, 非謂以非罪而陷縲絏[3]爲可妻也."【南升】

28:2 南容爲人, 觀其三復白圭, 便是能謹其言行者. "邦有道", 是君子道長之時, 南容必不廢棄, "邦無道", 是小人得志以陷害君子之時, 南容能謹其言行, 必不陷於刑戮.【南升】

28:3 問: "▲[4] 如其三復白圭, 固見其謹於言矣. 謹於行處雖未見, 然言行實相表裏, 能謹於言, 必能謹於行矣." 曰: "然."【燾】

28:4 問: "▲[5] 伊川以'避嫌之事, 賢者不爲, 况聖人乎'? 自今人觀之, 閨門中安知無合着避嫌處?" 曰: "聖人正大, 道理合做處便做, 何用避嫌!" 問: "'古人門內之治恩掩義, 門外之治義斷恩.' 寓恐閨門中主恩,

---

1) ▲: 問"子謂公冶長"章. 曰: "子謂'可妻', 必有以取之矣.
2) 絏: 『朱子語類』에서는 紲로 되어 있다.
3) 絏: 『朱子語類』에서는 紲로 되어 있다.
4) ▲: '子謂南容'章, 『集注』云: '以其謹於言行.'
5) ▲: 公冶長可妻,

怕亦有避嫌處?" 曰: "固是主恩, 亦須是當理方可. 某看公浙人, 多要避嫌. 程子所謂'年之長幼, 時之先後', 正是解或人之說, 未必當時如此. 大抵二人都是好人, 可托. 或先是見公冶長, 遂將女妻他, 後來見南容亦是箇好人, 又把兄之女妻之. 看來文勢, 恐是孔子之女年長, 先嫁, 兄之女少, 在後嫁, 亦未可知. 程子所謂'凡人避嫌者皆內不足', 實是如此." 【寓】

28:5 ▲6)問程子避嫌之說. 曰: "合當委曲, 便是道理當如此. 且如避嫌亦不能無. 如做通判, 與太守是親戚, 也合當避嫌. 第五倫之事非不見得如此, 自是常有這心在, 克不去. 今人這樣甚多, 只是徇情恁地去, 少間將這箇做正道理了, 大是害事. 所以古人於誠意・正心上更著工夫, 正怕到這處." 【寓】

「子謂子賤章」

28:6 ▲7) 雖有聖人在, 也須博取於人, 方能成德."

28:7 ▲8): "居鄉而多賢, 其老者, 吾當尊敬師事, 以求其益, 其行輩與吾相若者, 則納交取友, 親炙漸磨, 以涵養德性, 薰陶氣質." 【賀孫】

28:8 ▲9): "看來聖人以子賤爲'君子哉若人!' 此君子亦是大概說. 如'南宮适出, 子曰〈君子哉若人!〉'一般. 大抵『論語』中▲10)說得最高者, 有大概說, 如▲11)賢者之類. 若言子賤爲君子, 而子貢未至於不器, 恐

6) ▲: 叔蒙
7) ▲: 或問"魯無君子, 斯焉取斯." 曰: "便
8) ▲: 問"魯無君子, 斯焉取斯." 曰
9) ▲: 問"子謂子賤"章. 曰
10) ▲ 有
11) ▲: 言

子賤未能强似子貢. 又子賤因魯多君子而後有所成就, 不應魯人强似子貢者如此之多."【南升】

「子貢問賜也何如章」

28:9 ▲[12]問: "子貢通博明達, 若非止於一能者, 如何卻以器目之? 莫是亦有窮否?" 曰: "畢竟未全備."【賀孫】

28:10 子貢是器之貴者, 可以爲貴用. 雖與賤者之器不同, 然畢竟只是器, 非不器也.【明作】

28:11 問: "▲[13]子貢是合下無規模, 抑是後來欠工夫?" 曰: "也是欠工夫, 也是合下稟得偏了. 一般人資稟疏通明達, 平日所做底工夫, 都隨他這疏通底意思去. 一般人稟得恁地馴善, 自是隨這馴善去. 恰似人喫藥, 五臟和平底人, 喫這藥自流注四肢八脈去. 若是五臟中一處受病受得深, 喫這藥都做那一邊去, 這一邊自勝了, 難作[14]效. 學者做工夫, 正要得專去偏處理會."【寓】

「或曰雍也章」[15]

28:12 "仁而不佞", 時人以佞爲賢. "屢憎於人", 是他說得大驚小怪, 被他驚嚇者豈不惡之.【明作】

28:13 佞, 只是捷給辯口者, 古人所說皆如此, 後世方以"諂"字解之.

---

12) ▲: 叔蒙
13) ▲: 子貢得爲器之貴者, 聖人許之. 然未離乎器, 而未至於不器處, 不知
14) 作: 賀本에서는 得으로 되어 있다.
15) 「或曰雍也章」: 徽州本에서는 「雍也仁而不佞章」으로 되어 있다.

【祖道】

28:14 佞是無實之辯.【道夫】

28:15 ▲16)問: "孔子於仲弓'不知其仁', ▲17)" 曰: "孔子旣不保他, 必是也有病痛. 然這一章是不佞要緊. 佞, 不是諂佞, 是箇口快底人. 事未問是不是, 一時言語便抵當得去. ▲18)〉子曰: 〈是故惡夫佞者!〉' 子路未問是與不是, 臨時撰得話來也好, 可見是佞."【寓】

28:16 問: "'爲人君, 止於仁.' ▲19)夫子旣許仲弓南面, 而又曰'未知其仁', 如何?" 曰: "言仁有麤20)細, 有只是指那慈愛而言底, 有就性上說底, 這箇便較細膩. 若有一毫不盡, 不害爲未仁. 只是這箇仁, 但是那箇是淺底, 這箇是深底, 那箇是疏底, 這箇是密底."【義剛】

「子使漆雕開仕章」

28:17 ▲21): "此章當於'斯'字上看. '斯', 是指箇甚麼? '未之能信'者, 便是於這箇道理見得未甚透徹, 故信未及. 看他意思, 便把箇仕都輕看了."【時學】

28:18 ▲22) 他是不肯更做小底. 所謂"有天民者, 達可行於天下而後行之者也."【道夫】

---

16) ▲: 林一之
17) ▲: 如何?
18) ▲: '子路使子羔爲費宰, 子曰: 〈賊夫人之子!〉 子路曰: 〈何必讀書, 然後爲學?
19) ▲: 若是未仁, 則不能視民猶己, 而不足爲君. 然
20) 麤: 成化本・賀本에서는 粗로 되어 있다.
21) ▲: 陳仲卿問"子使漆雕開仕"章. 曰
22) ▲: "吾斯之未能信",

28:19 ▲[23]: "'斯'之一字甚大. 漆雕開能自言'吾斯之未能信', 則其他[24]已高矣. '斯', 有所指而云, 非只指誠意・正心之事. 事君以忠, 事父以孝, 皆是這箇道理. 若自信得及, 則雖欲不如此做, 不可得矣. 若自信不及, 如何勉强做得! ▲[25]須是自有所得無遺, 方是信."【祖道 ○去僞[26]同.】

28:20 問: "'子使漆雕開仕. 對曰: 〈吾斯之未能信〉.' 斯者, 此理也. 漆雕開能信[27]此理而言, 便是心目之間已有所見. 未能信▲[28], 未能眞知其實然, 而自保其不叛. 以此見'漆雕開已見大意', 方欲進進而不已. 蓋見得大意了, 又要眞知到至實無妄之地, 它日成就其可量乎! 此夫子所以悅其篤志也."【祖道 ○按此 ○[29]無答語, 姑從蜀本存之.】

28:21 ▲[30]: "知得深, 便信得篤. 理合如此者, 必要如此, 知▲[31]不如此, 便不得如此, 只此是信. 且如人孝, 亦只是大綱說孝, 謂有些小不孝處亦未妨. 又如忠, 亦只是大綱說忠, 謂便有些小不忠處, 亦未妨. 卽此便是未信. 此是▲[32]開心上事. 信與未信, 聖人何緣知得. 只見他其才可仕, 故使之仕. 他揆之於心, 有一毫未得, 不害其爲未信, 仍更有志於學, 聖人所以說之." ▲[33]問: "謝氏謂'其器不安於小成', ▲[34]" 曰: "▲[35]他▲[36]才, 已自可仕. 只是他不伏如此, 又欲求進. 譬

---

23) ▲: 或問: "'吾斯之未能信', 如何?" 曰
24) 他: 賀本에서는 地로 되어 있다.
25) ▲: 欲要自信得及, 又
26) 去僞: 徽州本에서는 謨錄으로 되어 있다.
27) 信: 『朱子語類』에서는 指로 되어 있다.
28) ▲: 者
29) 按此 ○: 『朱子語類』에서는 按: 此로 되어 있다.
30) ▲: 或問"吾斯之未能信." 曰
31) ▲: 道
32) ▲: 漆雕
33) ▲: 又
34) ▲: 何也?
35) ▲: 據

如一株樹, 用爲椽桁, 已自可矣. 他不伏做椽桁, 又要做柱, 便是不安於小成也."【文蔚】

28:22 ▲[37] 所謂信者, 眞見得這道理是我底, 不是問人假借將來. 譬如五穀可以飽人, 人皆知之. 須是五穀灼然曾喫得飽, 方是信得及. 今學者尙未曾見得, 卻信箇甚麽! 若見人說道這箇善, 這箇惡, 若不曾自見得, 都不濟事, 亦終無下手處矣."【時擧】

28:23 信者, 自保得過之意, 知與行皆然. 自保得知得, 自保得行得. ▲[38]開只是見得分明, 然亦不敢自保如此, 故曰: "吾斯之未能信." 蓋其絲毫隱微之間, 自知之爾.【端蒙】

28:24 問: "▲[39]開都見得許多道理, 但未能自保其終始不易." 曰: "他於道理, 已自透徹了." 又問: "▲[40] 恐是自覺行處有些勉强在." 曰: "未須說行, 在目卽便有些少[41]窒礙處."【胡泳】

28:25 ▲[42]: "也不是要就用處說. 若是道理見未破, 只且理會自身己, 未敢去做他底. 亦不是我信得了, 便定着去做. 道理自是如此. 這裏見得直是分曉, 方可去做." ▲[43]問: "明道所言'漆雕開・曾點已見大意', 二子固是已見大體了. 看來漆雕開見得雖未甚快, 卻是通體通用都知了. 曾點雖是見得快, 恐只見體, 其用處未必全也." 先生以爲然. ▲[44] 寓曰: "開之未信, 若一理見未透, 卽是未信." 曰: "也不止說一

---

36) ▲: 之
37) ▲: 立之問"吾斯之未能信." 曰: "漆雕開已見得這道理是如此, 但信未及.
38) ▲: 漆雕
39) ▲: 竊意
40) ▲: 他說未能信,
41) 少: 『朱子語類』에서는 小로 되어 있다.
42) ▲: 敬之問此章. 曰
43) ▲: 寓因

理. 要知信不過, 不眞知決是如此. '行一不義, 殺一不辜, 得天下不爲.' 須是眞見得有不義不辜處, 便不可以得天下. 若說略行不義, 略殺不辜, 做到九分也未甚害, 也不妨, 這便是未信處. ▲45)須玩味省察, 體認存養, 亦會見得決定恁地, 而不可不恁地. 所謂脫然如大寐之得醒, 方▲46)是信處耳." 聞47): "格物·窮理之初, 事事物物也要見到那裏了." 曰: "固是要見到那裏. 然也約摸是見得, 直到物格·知至, 那時方信得及."【寓】

28:26 ▲48) 他眼前看得闊, 只是踐履未純熟. 他是見得箇規模大, 不入這小底窠坐. ▲49)

28:27 ▲50): "信是於這箇道理上見得透, 全無些疑處. 他看得那仕與不仕, 全無緊要51). ▲52)"【植】

28:28 "▲53)知, 只是有深淺. 須是知之深, 方信得及, 如▲54)開'吾斯之未能信'是也. 若說道別有箇不可說之知, 便是釋氏之所謂悟也." 問:

---

44) ▲: 問寓有何說,
45) ▲: 這裏更
46) ▲: 始
47) 聞: 英祖刊本·成化本·賀本에서는 問으로 되어 있다.
48) ▲: 漆雕開"吾斯之未能信", 斯是甚底? 他是見得此箇道理了, 只是信未及.
49) ▲: 曾皙被他見得高, 下面許多事皆所不屑爲. 到他說時, 便都恁地脫灑. 想見他只是天資高, 便見得恁地, 都不曾做甚工夫, 卻與曾子相反. 曾子便是著實步步做工夫, 到下梢方有所得. 曾皙末流便會成莊老. 想見當時聖人亦須有言語敲點他, 只是『論語』載不全.【賀孫】
50) ▲: 問"吾斯之未能信." 曰
51) 緊要:【附箋紙】"緊要"下"植"字, 小字.
52) ▲: 曾點亦然. 但見得那日用都是天理流行, 看見那做諸侯卿相不是緊要, 卻不是高尙要恁地說, 是他自看得沒緊要. 今人居鄉, 只見居鄉利害, 居官, 只見居官利害, 全不見道理. 他見得道理大小大了, 見那居官利害, 都沒緊要, 仕與不仕何害!
53) ▲: 知, 只是一箇
54) ▲: 漆雕

"子張[55]所謂'德性之知不萌於聞見', ▲[56]" 曰: "此亦只是說心中自曉會得後, 又信得及耳." 【廣】

28:29 問: "▲[57]雕開[58]循守者乎?" 曰: "循守是守一節之廉, 如原憲之不容物是也. 漆雕開卻是收斂近約." 【伯羽】 ▲[59]

28:30 問: "注▲[60]信是'眞知其如此, 而無毫髮之疑', ▲[61]" 曰: "便是'朝聞道'意思. ▲[62]." 問: "是見得吾心之理, 或是出仕之理?" 曰: "都是這箇理, 不可分別. ▲[63]開卻知得, 但知未深耳, 所以未敢自信." 問: "程子云'曾點・漆雕開已見大志[64]', ▲[65]" 曰: "▲[66]開, 想見他已知得八分了." 因說: "物格・知至, 他只▲[67]有些子未至耳. 伊川嘗言虎傷者, 曾經傷者, 神色獨變, 此爲眞見得, 信得. 凡人皆知水蹈之必溺, 火蹈之必焚. 今試教他去蹈水火, 定不▲[68]去. 無他, 只爲眞知." 【寓 ○『集注』[69]】

28:31 ▲[70]問: "▲[71] 注云: '未有以眞知其實然, 而保其不叛也.' 聖

---

55) 子張: 『朱子語類』에서는 張子로 되어 있다.
56) ▲: 是如何?
57) ▲: 漆
58) 開: 成化本・賀本에는 없다.
59) ▲: 【道夫錄云: "原憲不能容物, 近於狷. 開卻是收斂近約."】
60) ▲: 謂
61) ▲: 是如何?
62) ▲: 須是自見得這道理分明, 方得
63) ▲: 漆雕
64) 志: 『朱子語類』에서는 意로 되어 있다.
65) ▲: 如何?
66) ▲: 也是見得這意思. 漆雕
67) ▲: 有些子未格,
68) ▲: 肯
69) 『集注』: 徽州本에서는 賀孫錄同으로 되어 있다.
70) ▲: 或
71) ▲: '吾斯之未能信',

門弟子雖曰有所未至, 然何至於叛道?" 曰: "如此, 則曾子臨終更說'戰戰兢兢, 如履薄冰'做甚麽?" 或曰: "起居動作有少違背, 便是叛道否?" 曰: "然." 【『集注』係舊本[72]. ○僩】

28:32 ▲[73]: "是他見得大了, 【謙之錄云: "是大底意思."】便小合殺不得. 『論語』中說曾點處亦自可見. 如▲[74]開只是此一句, 如何便見得他已見大意處? 然工夫只在'斯'字與'信'字上. ▲[75]: "斯, 只是這許多道理見於日用之間, 君臣父子仁義忠孝之理. 信, 是雖已見得如此, 卻自斷當恐做不盡, 不免或有過差, 尙自保不過. 雖是知其▲[76]然, 未能決其將然, ▲[77]." 【嶅】

28:33 ▲[78]

28:34 ▲[79]: "大意便是本初處. 若不見得▲[80], 如何下手作工夫. 若已見得▲[81], 而不下手作工夫, 亦不可. ▲[82]問: "開自謂未能信, 孔子何爲使之仕?" 曰: "孔子見其可仕, 故使之仕. 它隱之於心, 有未信處." 【可學】

28:35 ▲[83]開, 想是灰頭土面, 朴實去做工夫, 不求人知底人, 雖見

---

72) 係舊本: 徽州本에서는 與今定本文不同으로 되어 있다.
73) ▲: 問: "'曾點·漆雕開已見大意.' 如何是'已見大意'?" 曰
74) ▲: 漆雕
75) ▲: 且說'斯'字如何?" 嶅等各以意對. 曰
76) ▲: 已
77) ▲: 故曰'吾斯之未能信'
78) ▲: 楊丞問: "如何謂之大意?" 曰: "規模小底, 易自以爲足. 規模大, 則功夫卒難了, 所以自謂未能信." 【璘】
79) ▲: 問: "'漆雕開已見大意', 如何?" 曰
80) ▲: 大意
81) ▲: 大意
82) ▲: 孔門如曾點·漆雕開皆已見大意." 某
83) ▲: 問"曾點·漆雕開已見大意." 曰: "漆雕

大意, 也學去[84]到. 若曾晳, 則只是見得, 往往卻不曾下工夫."【時擧】

28:36 ▲[85]問: "子說▲[86]?" 曰: "明道云: '▲[87]已見大意.' ▲[88] '孔子與點, 蓋與聖人之志同, 便是堯・舜氣像[89].' ▲[90] 看得此意, 方識得聖人意."【賀孫】

28:37 ▲[91]問: "▲[92]已見大意', ▲[93]" 曰: "此當某問公, 而公反以問某▲[94]? 此在公自參取." 旣而曰: "所謂'斯之未信', 斯者, 非大意而何? 但其文理密察, 則二子或未之及." 又問: "大意竟是如何?" 曰: "若推其極, 只是'惟皇上帝降衷于[95]下民.'"【壯祖】

28:38 ▲[96]胡明仲說'禹・稷・顔回同道.' 其意謂禹・稷是就事上做得成底, 顔子見道, 是做未成底, 此亦相類. 開是着實做事, 已知得此理. 點見識較高, 但卻着實處不如開. 開卻進未已, 點恐不能進."【銖】

28:39 ▲[97] 點更規模大. 開尤縝密."【道夫】

28:40 ▲[98]: "舊看▲[99]曾點高. 今看來, 卻是開着實, 點頗動蕩."【可

---

84) 去: 『朱子語類』에서는 未로 되어 있다.
85) ▲: 或
86) ▲: 開意如何
87) ▲: 曾點・漆雕開
88) ▲: 又云:
89) 像: 『朱子語類』에서는 象으로 되어 있다.
90) ▲: 看這語意是如何?
91) ▲: 王景仁
92) ▲: 程子言'曾點與漆雕開
93) ▲: 何也?
94) ▲: 邪
95) 于: 賀本에서는 於로 되어 있다.
96) ▲: 或問"曾點・漆雕開已見大意." 曰: "曾記
97) ▲: 直卿問程子云云. 曰: "開更密似點,

學】

28:41 ▲100)點▲101)高, ▲102)開▲103)確實, ▲104)【文蔚】

28:42 ▲105)點開闊, ▲106)開深穩.【方子】

28:43 ▲107)論見處, 雕108)未必如點透徹, 論做處, 點又不如開着實. ▲109)【儒用】110)

28:44 ▲111)

28:45 ▲112)

---

98) ▲: 問: "漆雕開與曾點孰優劣?" 曰
99) ▲: 皆云
100) ▲: 問: "恐漆雕開見處未到曾點." 曰: "曾
101) ▲: 見雖
102) ▲: 漆雕
103) ▲: 卻
104) ▲: 觀他'吾斯之未能信'之語可見."
105) ▲: 曾
106) ▲: 漆雕
107) ▲: "曾點·漆雕開已見大意." 若
108) 雕: 英祖刊本·賀本에서는 開로 되어 있다.
109) ▲: 邵堯夫見得恁地, 卻又只管作弄去.
110)【儒用】: 徽州本에서는【元秉】으로 되어 있다.
111) ▲: "曾點已見大意", 卻做得有欠缺. 漆雕開見得不如點透徹, 而用工卻密. 點天資甚高, 見得這物事透徹. 如一箇大屋, 但見外面牆圍周匝, 裏面間架卻未見得, 卻又不肯做工夫. 如邵康節見得恁地, 只管作弄. 又曰: "曾子父子卻相反. 曾子初間卻都不見得, 只從小處做去. 及至一下見得大處時, 他小處卻都曾做了."【賜】
112) ▲: 曾點見得甚高, 卻於工夫上有疏略處. 漆雕開見處不如曾點, 然有向進之意. 曾點與曾參正相反. 曾參卻是積累做去, 千條萬緒, 做到九分八釐, 只有這些子未透. 既聞夫子一貫之旨, 則前日之千條萬緒, 皆有著落矣. "忠恕而已矣", 此是借學者之忠恕, 以影出聖人自然之忠恕也.

28:46 ▲[113] 若不見大意者, 只安於小成▲[114]. 如人食藜藿與食芻豢, 若未食芻豢, 只知藜藿之美, 及[115]食芻豢, 則藜藿不足食矣.【賀孫】

「道不行章」

28:47 ▲[116]

28:48 問: "子路資質剛毅, 固是箇負荷容受得底人. 如何卻有▲[117] '聞之喜'及'終身誦之'之事?" 曰: "也只緣他好勇, 故凡事麤[118]率, 不能深求細繹那道理, 故有此[119]事."【廣】

「孟武伯問子路仁乎章」

28:49 ▲[120]可使治賦, 才也. "不知其仁", 以學言也.【升卿】

28:50 ▲[121] 夫子但言三子才各有所長, 若仁則不是易事. 夫子雖不說三子無仁, 但言"不知▲[122]", 則無在其中矣. 仁是全體不息. 所謂全體者, 合下全具此心, 更無一物之雜. 不息, 則未嘗休息, 置之無用處.

---

113) ▲: 上蔡言漆雕開"不安於小成." 是他先見大意了, 方肯不安於小成. 若不見大意, 如何知得他不肯安於小成?
114) ▲: 耳
115) 及: 賀本에서는 旣로 되어 있다.
116) ▲: 夫子浮海, 假設之言, 且如此說, 非是必要去. 所以謂子路勇, 可以從行, 便是未必要去.【明作】
117) ▲: 那
118) 麤: 賀本에서는 粗로 되어 있다.
119) 此: 賀本에서는 如로 되어 있다.
120) ▲: 仲由
121) ▲: 孟武伯問三子仁乎,
122) ▲: 其仁

全體似箇桌子四脚, 若三脚便是不全. 不息, 是常用他[123]. 或置之辟[124]處, 又被別人將去, 便是息. ▲[125] 所以息者, 是私欲間之. 無一毫私欲, 方是不息, 乃三月不違以上地位. 若違時, 便是息. 不善底心固是私, 若一等閑思慮亦不得, 須要照管得此心常在. 【明作】

28:51 ▲[126]問: "雖全體未是仁, 苟於一事上能當理而無私心, 亦可謂之一事之仁否?" 曰: "不然. ▲[127]纔說箇'仁'字, 便用以全體言. 若一事上能盡仁, 便是他全體是仁了. 若全體有虧, 這一事上必不能盡仁. 纔說箇'仁'字, 便包盡許多事, 無不當理無私了. 所以三子當不得這箇'仁'字, ▲[128]." 【僩】

28:52 問: "▲[129] 孔子▲[130] 皆許其才而不許其仁." 曰: "何故許其才不許其仁?" 對曰: "三子之才, 雖各能辨[131]事, 但未知做得來能無私心否?" 曰: "然. 聖人雖見得他有駁雜處, 若是不就這裏做工夫, 便待做得事業來, 終是麤[132]率, 非聖賢氣象. 若有些子偏駁, 便不是全體."
【南升】

28:53 ▲[133] "仁, 譬如一盆油一般, 無些子夾雜, 方喚做油. 一點水落在裏面, 便不純是油了. 渾然天理便是仁, 有一毫私欲便不是仁了.

---

123) 他: 賀本에서는 也로 되어 있다.
124) 辟: 『朱子語類』에서는 僻으로 되어 있다.
125) ▲: 此心具十分道理在, 若只見得九分, 亦不是全了.
126) ▲: 問"孟武伯問三子之仁, 而聖人皆不之許, 但許其才"云云. 曰: "大概是如此." 又
127) ▲: 蓋
128) ▲: 聖人只稱其才
129) ▲: 孔門之學, 莫大於爲仁. 孟武伯見子路等皆孔門高第, 故問之.
130) ▲: 於三子者,
131) 辨: 賀本에서는 辦으로 되어 있다.
132) 麤: 成化本・賀本에서는 粗로 되어 있다.
133) ▲: 林問子路不知其仁處. 曰:

子路之心, 不是都不仁. '仁, 人心也.' 有發見之時, 但是不純, 故夫子以不知答之."【卓】

28:54 ▲[134] 仁如白, 不仁如黑. 白, 須是十分全白, 方謂之白. 纔是一點墨點破, 便不得謂之[135]白了.【夔孫】

28:55 ▲[136] "聖門工[137]夫, 自有一條坦然路徑. ▲[138] 所謂工[139]夫者, 不過居敬窮理以修身也. 由·求只是這些工[140]夫未到此田地, 不若顏子, 故夫子所以知其不[141]仁. 若能主敬以窮理, ▲[142] 則德性常用, 物欲不行, 而仁流行矣."【銖】

28:56 ▲[143]問: "▲[144] 後來求乃爲季氏聚斂, 由不得其死. 聖人容有不能盡知者." 曰: "大綱[145]也只稱其材堪如此, 未論到心德處. 看'不知其仁'之語, 裏面卻煞有說話."【木之】

「子謂子貢曰章」

28:57 ▲[146] 大率比較人物, 亦必稱量其斤兩之相上下者. 如子貢

134) ▲: "不知其仁."
135) 謂之: 賀本에는 없다.
136) ▲: 或問: "由·求所以未仁, 如何?" 曰: "只爲它功夫未到." 問: "何謂工夫?" 先生不答. 久之, 乃曰:
137) 工: 成化本·賀本에서는 功으로 되어 있다.
138) ▲: 諸公每日理會何事?
139) 工: 成化本·賀本에서는 功으로 되어 있다.
140) 工: 成化本·賀本에서는 功으로 되어 있다.
141) 不: 『朱子語類』에서는 未로 되어 있다.
142) ▲: 功夫到此,
143) ▲: 子升
144) ▲: 聖人稱由也可使治賦, 求也可使爲宰.
145) 綱: 賀本에서는 約으로 되어 있다.
146) ▲: 問: "'回·賜孰愈'一段,

▲147)其德行▲148)在冉·閔之下. 然聖人卻以之比較顏子, 豈以其見識敏悟, 雖所行不逮, 而所見亦可幾及與?" 曰: "然. 聖人之道, 大段用敏悟. 曉得時, 方擔荷得去. 如子貢雖所行未實, 然他卻極是曉得, 所以孔子愛與他說話. 緣他曉得, 故可以擔荷得去. 雖所行有未實, 使其見處更長一格, 則所行自然又進一步. 聖門自曾·顏而下, 便用還149)子貢. 如冉·閔非無德行, 然終始150)曉不甚得, 擔荷聖人之道不去. 所以孔子愛呼子貢而與之語, 意蓋如此."【僩】

28:58 ▲151) "知十, 亦不是聞一件定知得十件, 但言知得多, 知得周偏152)." ▲153)問: "聖人生知, 其與顏子不同處, 是如何154)?" 曰: "聖人固生知, 終不成更不用理會. 但聖人較之顏子又知得多. ▲155)"【賀孫○『集注』】

28:59 ▲156)問: "▲157)'聞一知十', 是'明睿所照', 若孔子則如何?" 曰: "孔子又在明睿上去, 耳順心通, 無所限際. 古者論聖人, 都說聰明, 如堯'聰明文思', '惟天生聰明時又158)', '亶聰明作元后', '聰明睿知足以有臨也.' 聖人直是聰明!"【淳】

---

147) ▲: 之在孔門,
148) ▲: 蓋
149) 用還: 賀本에서는 須遜으로 되어 있다.
150) 始: 『朱子語類』에서는 是로 되어 있다.
151) ▲: 居父問: "回也'聞一知十', '卽始見終', 是如何?" 曰:
152) 偏: 孝宗刊本·英祖刊本·成化本에서는 徧으로 되어 있고, 賀本에서는 遍으로 되어 있다.
153) ▲: 又
154) 如何: 賀本에서는 何如로 되어 있다.
155) ▲: 今且未要說聖人, 且只就自家地位看. 今只就這一件事聞得, 且未能理會得恰好處, 況於其他!
156) ▲: 胡
157) ▲: 回
158) 又: 孝宗刊本·英祖刊本·賀本에서는 乂로 되어 있다.

28:60 問: "顏子'明睿所照', 合下已得其全體, 不知於金聲玉振體段俱到否?" 曰: "顏子於金聲意思卻得之, 但於玉振意思卻未盡." 賀孫問: "只是做未到, 卻不是見未到?" 曰: "是他合下都自見得周備, 但未盡其極耳." 【賀孫】

28:61 "▲159)明睿所照, ▲160)推測而知", 此兩句當玩味, ▲161) 顏子是眞箇見得徹頭徹尾. 子貢只是暗度想像, ▲162) 顏子雖是資質純粹, 亦得學力, 所以見得道理分明. 凡人有不及人處, 多不能自知, 雖知, 亦不肯屈服. 而子貢自屈於顏子, 可謂高明, 夫子所以與其弗如之說. 【明作】

28:62 "明睿所照", 如箇明鏡在此, 物來畢照. "推測而知", 如將些子火光逐些子照去推尋. 【僩】

28:63 問: "'▲163)推測而知', 亦是格物·窮理否?" 曰: "然. 若不格物·窮理, 則推測甚底!" 【燾】

28:64 問: "謝氏▲164)謂材之高下, 無與入165)德之優劣. 顏子雖聞一知十, 然亦未嘗以此自多. 而子貢以此論之, 乃其所以不如顏子者. 夫子非以子貢之知二, 爲不如顏子之知十也. 此固非當時問答166)之旨, 然詳味謝氏語勢, 恐其若是." 曰: "上蔡是如此說. 吳材老『十說』中亦如此論." 【必大 ○『集義』】

---

159) ▲: 顏子
160) ▲: 子貢
161) ▲: 見得優劣處.
162) ▲: 恰似將一物來比並相似, 只能聞一知二.
163) ▲: 子貢
164) ▲: 解'女與回也孰愈'章, 大抵
165) 入: 賀本에서는 人으로 되어 있다.
166) 問答: 『朱子語類』에서는 答問으로 되어 있다.

「吾未見剛者章」167)

28:65 ▲168)剛是堅强不屈之意, 便是卓然有立, 不爲物欲所累底人, 故夫子以爲未見其人. 或人不知剛之義, 夫子以爲"棖也慾, 焉得剛"! 慾與剛正相反. 最怕有慾!【南升】

28:66 問: "剛亦非是極底地位, 聖門豈解無人? 夫子何以言未見?" 曰: "也是說難得. 剛也▲169)難得." 又言: "也是難得.【淳錄作170): "無慾便是剛, 眞難得."】 如那撑眉努眼, 便是慾. 申棖便是恁地, 想見他做得箇人也大故勞攘." 義剛問: "秦・漢以下, 甚麼人可謂之剛?" 曰: "只看他做得如何. 那拖泥帶水底▲171)是慾, 那壁立千仞底便是剛." ▲172)問: "剛莫是好仁, 惡不仁否? 蓋剛有那勇猛底意思." 曰: "剛則能果斷, 謂好惡爲剛, 則不得. 如這刀有此鋼, 則能割物, 今叫173)割做鋼, 卻不得." 又言: "剛與勇也自別. 故'六言・六蔽'有'好剛不好學', 又有'好勇不好學.'"【義剛 ○淳錄略.】

28:67 ▲174) 慾者, 溺於愛而成癖者也.【人傑】

---

167) 「吾未見剛者章」: 徽州本에서는 「棖也慾章」으로 되어 있고, 이 앞에 「宰予晝寢章」이 더 들어 있으며 그 장의 본문으로 問: "宰我當晝而睡. 夫君子進德修業, 須是志能帥氣, 方終日乾乾. 若當晝而睡, 便是志氣昏惰, 不敬莫大焉. 雖有教無所施, 故以朽木糞墻深責之." 又問: "始吾於人聽其言而信其行. 必是宰予平日說得做工夫道理, 及下手做時卻昏惰如故. 聖人自言而今而後當聽言觀行, 乃是因宰予而致此. 夫聖人洞見眉睫之間, 不待是而後能言. 此者旣以重警宰予, 又使學者謹言敏行." 曰: "皆是如此."가 더 들어 있다.

168) ▲: 子曰: "吾未見剛者." 蓋

169) ▲: 是

170) 淳錄作: 【頭注】"淳錄作"下有"無"字.

171) ▲: 便

172) ▲: 叔器

173) 今叫: 成化本·賀本에서는 叫로 되어 있다. 【頭注】"今"下不書字, 似是"叫"字.

174) ▲: "棖也慾."

28:68 ▲[175]耳之欲聲, 目之欲色之類, 皆是慾. 才有些被它牽引去, 此中便無所主, 焉得剛! ▲[176]申棖▲[177]必是外面悻悻自好. 聖人觀人, 直從裏面看出. 見得它中無所主, 只是色莊, 要人道好, 便是欲▲[178]【南升】

28:69 ▲[179] "人之資質, 千條萬別, 自是有許多般, 有剛於此而不剛於彼底, 亦有剛而多慾, 亦有柔而多慾, 亦有剛而寡慾, 亦有柔而寡慾, 自是多般不同, 所以只要學問. 學問進則[180]見得理明, 自是勝得他. 若是不學問, 只隨那資質去, 便自是屈於慾, 如何勝得他! 蓋學問則持守其本領, 擴充其知[181]識, 所以能勝得他而不爲所屈也. 此人之所貴者, 惟學而已矣."【申棖也不是箇榻颯[182]底人, 是箇剛悻做事聒噪人底人. ○燾】

28:70 上蔡[183]▲[184]最說得好: "爲物揜之謂慾, 故常屈於萬物之下." 今人▲[185]貪這一件物事, 便被這物事壓得頭低了. 申棖想只是箇悻悻自好底人, 故當時以爲剛. 然不知悻悻自好, 只是客氣如此, 便有以意氣加人之意, 只此便是慾也.【時擧 ○『集注』】

28:71 ▲[186] "剛者外面退然自守, 而中不屈於慾, 所以爲剛. 悻悻

---

175) ▲: "吾未見剛者." 慾與剛正相反, 若
176) ▲: 或者以
177) ▲: 爲剛,
178) ▲: 了, 安得爲剛!
179) ▲: 問"吾未見剛者"一章. 曰:
180) 則: 賀本에서는 而로 되어 있다.
181) 知: 賀本에는 없다.
182) 颯: 成化本・賀本에서는 颯으로 되어 있다.
183) 上蔡: 徽州本에서는 이 앞에 問棖也慾焉得剛曰이 더 들어 있다.
184) ▲: 這處
185) ▲: 纔要
186) ▲: 或問: "剛與悻悻何異?" 曰:

者, 外面有崛强之貌, 便是有計較勝負之意, 此便是慾也."【時擧】

「子貢曰我不欲人之加諸我章」

28:72 子貢謂此等不善底事, 我欲無以加於人, 此意可謂廣大. 然▲187)子貢功夫未到此田地. 學者只有箇"恕"字, 要充擴此心, 漸漸勉力做向前去. 如今便說"無欲188)加諸人", 無者, 自然而然. 此等地位, 是本體明淨, 發處盡是不忍之心, 不待勉强, 乃仁者之事. ▲189)【南升】

28:73 問: "▲190)'欲無加諸人', ▲191)'勿施於人', 何以異?" 曰: "異處在'無'字與'勿'字上. 伊川說'仁也', '恕也', 看得精."【大雅】

28:74 ▲192) "程先生語錄中解此數段, 終是未剖判. 唯▲193)經解之言, 是晚年仁熟, 方看得如此分曉, 說出得如此分明. 兩句所以分仁恕, 只是生熟・難易之間." ▲194)

28:75 子貢曰"▲195) 吾亦欲無加諸人", 未能忘我故也. 顔淵曰"願無伐善, 無施勞", 能忘我故也. 子路曰"願車馬, 衣輕裘, 與朋友共, 敝之而無憾", 未能忘物也. ▲196)【鎬 ○此條可疑.】

---

187) ▲: 夫子謂"非爾所及", 蓋是
188) 無欲: 賀本에서는 欲無로 되어 있다.
189) ▲: 子貢遽作此言, 故夫子謂"非爾所及", 言不可以躐等.
190) ▲: 子貢
191) ▲: 夫子敎之
192) ▲: 問: "此如何非子貢所能及?" 曰:
193) ▲: 伊川
194) ▲: 【洽】
195) ▲: 我不欲人之加諸我也,
196) ▲: "一簞食, 一瓢飮, 在陋巷, 人不堪其憂, 回也不改其樂", 能忘物也.

28:76 ▲[197] "正在'欲'字上, 不欲時, 便是全然無了這些子心. ▲[198] 人若能不欲爲其所不當爲, 便是這箇心都無了, 是甚地位? 未到這地位, 便自要擔當了, 便不去做工夫. 聖人所以答他時, 且要它退一步做工夫. 只這不自覺察, 便是病痛."【怡 ○亦可疑.】

「子貢曰夫子之文章章」

28:77 子貢▲[199]見得聖門之敎不躐等. 又見其言及此, 實有不可以耳聞而得之者.【道夫】

28:78 ▲[200] 性, 是就人物上說, 天道, 是陰陽五行.【僴】

28:79 ▲[201] "譬如一條長連底物事, 其流行者是天道, 人得之者爲性. 乾之'元亨利貞', 天道也, 人得之, 則爲仁義禮智之性."【蓋卿 ○佐錄云: "天道流行是一條長連底, 人便在此天道之中, 各得一[202]了▲[203]."】

28:80 自"性與天道"言之, 則天道者, 以天運而言. 自"聖人之於天道"言之, 則天道又卻以性分而言. 這物事各有箇頓放處.【人傑】

28:81 ▲[204] "'天有四時, 春夏秋冬, 風雨霜露, 無非敎也. 地載神氣, 神氣風霆, 風霆流形, 庶物露生, 無非敎也.' 此可以觀性與天道."【雉】

---

197) ▲: 至之問此章. 曰:
198) ▲: 且如所不當爲之事,
199) ▲: 性與天道之歎,
200) ▲: "性與天道",
201) ▲: 吉甫問性與天道. 曰:
202) 天道之中, 各得一:【附箋紙】小註"天地之中, 各得一"下有"截"字.
203) 一了: 『朱子語類』에서는 截子로 되어 있다.
204) ▲: 問性與天道. 曰:

28:82 ▲[205]問: "▲[206]性與天道, 亦只是說五常, 人所固有者, 何故不可得聞? 莫只是聖人怕人躐等否?" 曰: "這般道理, 自是未消得理會. 且就它威儀[207]・文辭處學去. 這處熟, 性・天道自可曉." 又問: "子貢既得聞之後, 嘆[208]其不可得聞, 何也?" 曰: "子貢亦用功至此, 方始得聞. 若未行得淺近者, 便知得他高深作甚麽! 教聖人只管說這般話, 亦無意思. 天地造化陰陽五行之運, 若只管說, 要如何? 聖人於『易』, 方略說到這處. '子罕言利, 與命, 與仁.' 只看這處, 便見得聖人罕曾說及此." 又舉"子所雅言, 『詩』・『書』・執禮, 皆雅言也." "這處卻是聖人常說底. 後來孟子方說那話較多." 【寓】

28:83 問: "▲[209] 天理自然之本體', ▲[210]" 曰: "此言天運, 所謂'繼之者善也', 卽天理之流行者也. 性者, 着人而行之." 【人傑】

28:84 問: "'夫子之文章[211]', 凡聖人威儀言辭, 皆德之著見於外者, 學者所共聞也. 至於性與天道, 乃是此理之精微[212]. 蓋性者是人所受於天, 有許多道理, 爲心之體者也. 天道者, 謂自然之本體所以流行而付與萬物, 人物得之以爲性者也. 聖人不以驟語學者, 故學者不得而聞. 然子貢卻說得性與天道如此分明. 必是子貢可以語此, 故夫子從而告之[213]." 曰: "文振看得文字平正, 又浹洽. ▲[214]." 【南升】

---

205) ▲: 寓
206) ▲: 『集注』說, 性以人之所受而言, 天道以理之自然而言. 不知
207) 威儀: 【頭注】"威儀"下白圈非也, 乃"文"字之闕.
208) 嘆: 賀本에서는 歎으로 되어 있다.
209) ▲: 『集注』謂'天道者,
210) ▲: 如何?
211) 章: 徽州本에서는 이 뒤에 可得而聞者가 더 들어 있다.
212) 微: 徽州本에서는 이 뒤에 聖人敎人不躐等, 學者工夫未到此, 聖人不以語之, 恐失其下學之義.가 더 들어 있다.
213) 之: 徽州本에서는 이 뒤에 子貢獲聞至論, 不覺嘆美, 以爲學者不得聞而己得聞, 但不明言之爾.가 더 들어 있다.
214) ▲: 若看文字, 須還他平正, 又須浹洽無虧欠, 方得好

28:85 問: “子貢是因文章中悟性・天道, 抑後來聞孔子說邪?” 曰: “是▲[215]來聞孔子說.” 曰: “文章亦性・天道之流行發見處?” 曰: “固亦是發見處. 然他當初只是理會文章, 後來是聞孔子說性與天道. 今不可硬做是因文章得. 然孔子這般也罕說. 如‘一陰一陽之謂道, 繼之者善也, 成之者性也’, 因繫『易』方說此, 豈不是言性與天道. 又如‘鼓萬物而不與聖人同憂’, ‘大哉乾元, 萬物資始’, 豈不是[216]言性與天道.”【淳】

28:86 ▲[217]問: “性[218]與天道, 子貢雖[219]得聞而歎美之. 舊時說, 性與天道, 便在這文章裏, 文章處卽是天道.” 曰: “此學禪者之說. 若如此, 孟子也不用說性善, 『易』中也不須說‘陰陽不測之謂神.’ 這道理也着知. 子貢當於[220]未知得, 到這裏方始得聞耳.”【寓】

28:87 問: “孔子言性與天道, 不可得而聞, ▲[221]孟子敎人乃開口便說性善, ▲[222]” 曰: “孟子亦只是大概說性善. 至於性之所以善處, 也少得說. 須是如說‘一陰一陽之謂道, 繼之者善也, 成之者性也’處, 方是說性與天道爾.”【時擧】

28:88 ▲[223]問: “謝氏文章性・天道之說, 先生何故不取?” 曰: “程先生不曾恁地說. 程先生說得實, 他說得[224]虛.” 安卿問: “先生不取謝氏說者, 莫是爲他說‘只理會文章, 則性・天道在其間否’?” 曰: “▲[225]性

215) ▲: 後
216) 是: 賀本에는 없다.
217) ▲: 器之
218) 性: 徽州本에서는 이 앞에 夫子之言이 더 들어 있다.
219) 雖: 『朱子語類』에서는 始로 되어 있다.
220) 於: 『朱子語類』에서는 初로 되어 있다.
221) ▲: 而
222) ▲: 是如何?
223) ▲: 叔器
224) 他說得: 【頭注】“他說得”下有“虛”字.

・天道只在文章中. 然聖人教人也不恁地. 子貢當時不曾恁地說. 如'天命之謂性', 便是分明指那性. '大哉乾元, 萬物資始', 便是說天道[226]. '一陰一陽之謂道, 繼之者善也, 成之者性也', 便是性與天道. 只是不迎頭便恁地說."【義剛】

225) ▲: 也是
226) 天道: 賀本에서는 道理로 되어 있다.

『朱子語類』卷第二十九

「『論語』十一」

「公冶長下」

「子路有聞章」

29:1 問: "▲[1]子路好學如此, 而仕衛之出處乃如彼[2]. 曰: "今只當就'子路有聞[3]'上考究, 不須如此牽二三說[4]. ▲[5] 就此言之, 見得子路勇於爲善處. 他這處直是見得如此分明. 到得聞其正名處, 卻鶻突. 學者正要看他這處, 在衛又是別項說話也." 又曰: "可見古人爲己之實處. 子路急於爲善, 唯恐行之不徹. 譬如人之飮食, 有珍羞異饌, 須是喫得盡方好. 若喫不透, 亦徒然. 子路不急於聞, 而急於行. 今人惟恐不聞, 旣聞得了, ▲[6]在冊字[7]上便了, 不去行處着工夫[8]."【賀孫 ○寓錄略.】

---

1) ▲: 子路有聞, 未之能行, 惟恐有聞", 因擧子路數事, 以明
2) 彼: 徽州本에서는 이 뒤에 不知如何가 더 들어 있다.
3) 聞: 徽州本에서는 이 뒤에 一段이 더 들어 있다.
4) 說: 徽州本에서는 이 뒤에 子路未知能行, 惟恐有聞, 卻纏做子路仕衛不是處去가 더 들어 있다.
5) ▲: 不知要就此處學子路'未之能行, 惟恐有聞', 還只要求子路不是處. 如此看, 恐將本意失了.
6) ▲: 寫
7) 字: 『朱子語類』에서는 子로 되어 있다.
8) 夫: 徽州本에서는 이 뒤에 又曰: "文字可汲汲看, 悠悠不得. 急看方接得前面看了底, 若放慢, 則與前面意思不相接矣." 先生因自謙曰: "莫學某, 看文字看到六十一歲方略見得通透. 今老矣, 看得做甚? 使學某, 不濟事, 公宜及早向前."이 더 들어 있다.

「子貢問曰孔文子章」

29:2 問: “▲[9] 孔姞[10]之事如此不好, 便‘敏而好學, 不恥下問’, 濟得甚事! 而聖人取之, ▲[11]” 曰: “古人謚法甚寬, 所謂‘節以一惠’, 言只有一善亦取之. 節者, 節略而取其一善也. 孔文子固是不好, 只節此一惠, 則敏學下問, 亦是它好處.” 【銖】

29:3 ▲[12] “古人有善雖多, 而擧一以爲謚. 如有十事皆善, 只擧一善可以包之. 如九事不善, 只有一善, 則亦可以一善爲謚. 皆無一善, 而後名之曰‘幽’·‘厲.’ 凡二字謚, 非禮也. 如‘貞惠文子’, ‘睿聖武公’, 皆是饒兩字▲[13]. 周末王亦有二字謚.” 【淳】

29:4 問: “▲[14] 謚之以‘文’, 莫是見其躬行之實不足否?” 曰: “不要恁地說. 不成文王便是不能武, 武王便是不能文! ‘謚以尊名, 節以一惠’, 如有十事皆善[15], 【云云, 同淳錄. ○至】 名之曰‘幽’·‘厲.’ 它而今是能勤學好問, 便謚之以‘文’, 如何見得它躬行之不足? 那不好底自是不好, 而今旣謚之以‘文’, 便見得它有這一長, 如何便說道是將這一字來貶它人[16]!” ▲[17]問: “孫宣公力言雙字謚之非, 不知雙字謚起於何時.” 曰: “‘謚以尊名, 節以一惠’, 便是只以一字謚爲惠. 而今若加二字, 或四字, 皆是分外有了. 若如文王之德如此, 卻將幾箇字謚方盡! 如雙字謚, 自周已是如此了, 如威烈王·愼靚王, 皆是.” 【義剛】

---

9) ▲: 孔文子,
10) 姞: 【附箋紙】“姞”, 乃“姞”字之誤.
11) ▲: 何也?
12) ▲: 問孔文子之謚. 曰:
13) ▲: 了
14) ▲: ‘勤學好問爲文’,
15) 皆善: 賀本에서는 不善으로 되어 있다.
16) 人: 『朱子語類』에는 없다.
17) ▲: 又

29:5 ▲[18] 此一段專論諡, 故註[19]云: "非經天緯地之'文'也." 『周禮』, 諡只有二十八字. 如"文"字, 文王諡曰"文", 周公亦諡爲"文", 今孔文子亦諡爲"文", 不成說孔文子與文王一般. 蓋人有善多者, 則摘其尤一事爲諡. 亦有只有一善, 則取一善爲諡, 而隱其他惡者, 如孔文子事是也.【僩】

29:6 ▲[20] "經天緯地, 是▲[21]一橫一直皆有文理, 故謂之'文.' 孔文子之文是其小者. 如今[22]朝楊文公之屬, 亦謂之'文.'"【蓋卿】

29:7 ▲[23] "經是直底, 緯是橫底. 理會得天下事橫者直者各當其處, 皆有條理分曉, 便是經天緯▲[24]. 其次如文辭之類, 亦謂之'文', 但是文之小者耳." 直卿云: "伊川謂'論[25]理明順曰〈文〉', 此言甚好."【佐】

29:8 ▲[26]問: "文之大者, 莫是唐・虞・成周之文?" 曰: "'裁成天地之□[27], 輔相天地之宜', 此便是經天緯地之文." 問: "文只是發見于[28]外者爲文?" 曰: "處事有文理, ▲[29]是文."【節】

29:9 ▲[30] "聖人寬腸大度, 所以責人也寬."【燾】

---

18) ▲: "孔文子何以謂之文也"?
19) 註: 『朱子語類』에서는 注로 되어 있다.
20) ▲: 吉甫問"經天緯地之'文.'" 曰:
21) ▲: 有文理.
22) 今: 『朱子語類』에서는 本으로 되어 있다.
23) ▲: 問"經天緯地曰'文.'" 曰:
24) ▲: 地
25) 論: 『朱子語類』에서는 倫으로 되어 있다.
26) ▲: 問: "文如何經天緯地?" 曰: "如織布絹, 經是直底, 緯是橫底." 或
27) □: 『朱子語類』에서는 道로 되어 있다.
28) 于: 賀本에서는 於로 되어 있다.
29) ▲: 是處
30) ▲: 因論孔文子, 曰:

29:10 ▲31)文子▲32)好學', 與顔子▲33)如何34)?" 曰: "文子與顔子所以不同者, 自是顔子所好之學不同, 不干'以能問於不能'事. 使文子'以能問於不能', 亦只是文子之學." 【伯羽】

「子謂子産章」

29:11 問: "子産溫良慈愷, 莫短於才否?" 曰: "孔子稱子産'有君子之道四', 安得謂短於才? 子産政事儘35)做得好, 不專愛人. 做得不是, 他須以法治之. 孟子所言'惠而不知爲政'者, 偶一事如此耳." 【僩】

29:12 問: "'使民也義', 是敎民以義?" 先生應. 【節】

29:13 ▲36) '義'字有剛斷之意. 其養民則惠, 使民則義. '惠'字與'義'字相反, 便見得子産之政不專在於寬. 就'都鄙有章'處, 看見得37)'義'字在子産上, 不在民上." 【南升】

29:14 ▲38) 有服, 是貴賤衣冠各有制度. 鄭國人謂'取我田疇而伍之, 取我衣冠而褚之', 是子産爲國時, 衣服有定制, 不敢着底, 皆收之囊中, 故曰'取而褚之.'" 【至39) ○蓋卿錄云: "有章, 是一都一鄙40)各有規矩, 有服, 是衣冠服用皆有等級高卑."】

---

31) ▲: 問: "'孔
32) ▲: 敏而
33) ▲: 之好學,
34) 如何: 『小分』에서는 何如를 교정부호로 바로잡았다.
35) 儘: 賀本에서는 盡으로 되어 있다.
36) ▲: 問: "'其使民也義', 如'都鄙有章, 上下有服, 田有溝洫, 廬井有伍'之類. 謂爲之裁處得是當, 使之得其定分也." 曰: "'義'字說得未是.
37) 見得: 賀本에서는 得見으로 되어 있다.
38) ▲: 吉甫問"都鄙有章, 上下有服." 曰: "有章, 是有章程條法
39) 至: 徽州本에서는 從周로 되어 있다.
40) 一都一鄙: 賀本에서는 都鄙로 되어 있다.

「臧文仲居蔡章」

29:15 "山節藻梲", 爲藏龜之室, 以瀆鬼神, 便是不知. 古人卜筮之事固有之, 但一向靠那上去, 便是無意智了. 如祀爰居, 是見一鳥飛來, 便去祀他, 豈是有意智! 看他三不知, 皆是瀆鬼神之事. 山節藻梲不是僭, 若是僭▲[41], 孔子當謂之不仁. 臧文仲在當時旣沒, 其言立, 人皆說是非常底人, 孔子直是見他不是處. 此篇最好看, 便見得聖人"微顯闡幽"處.【南升 ○時擧錄見下.】

29:16 ▲[42]問"臧文仲"·"季文子"·"令尹子文"·"陳文子"▲[43]. 曰: "此數段是聖人'微顯闡幽'處. 惟其似是而非, 故聖人便分明說出來, 要人理會得. 如臧文仲, ▲[44]皆以爲知, 聖人便說道它旣惑於鬼神, 安得爲知! 蓋卜筮之事, 聖人固欲使民信之. 然藏蓍龜之地, 須自有箇合當底▲[45] 今文仲乃爲山節藻梲▲[46], 便[47]是它心一向倒在卜筮上▲[48], 如何得爲知! 古說多道它僭. ▲[49]若是僭, 則▲[50] 便是不仁了. 聖人▲[51]只主不知而言也."【時擧】

29:17 ▲[52] '大夫不藏龜', 禮家乃因此立說."【必大】

---

41) ▲: 時
42) ▲: 文振
43) ▲: 數段
44) ▲: 人
45) ▲: 去處.
46) ▲: 以藏之
47) 便: 賀本에서는 須로 되어 있다.
48) ▲: 了
49) ▲: 某以爲
50) ▲: 不止謂之不知,
51) ▲: 今只說他不知, 便是
52) ▲: 問: "居蔡之說, 如『集注』之云, 則是藏龜初未爲失, 而山節藻梲亦未爲僭. 臧文仲所以不得爲知者, 特以其惑於鬼神, 而作此室以藏龜爾." 曰: "山節藻梲, 恐只是華飾, 不見得其制度如何. 如夫子只譏其不知, 便未是僭, 所謂'作虛器'而已.

29:18 臧文仲無大段善可稱. 但▲[53]不好處, 如▲[54]居蔡之事, 左氏言"不仁不知者二[55]", 卻占頭項多了. 然他是▲[56]會說道理底人, 如教行父事君之禮, 如宋大水, 魯遣使歸言宋君之意, 臧曰: "宋其興乎! 成·湯[57]罪己, 其興也勃焉, 桀·紂罪人, 其亡也忽焉." 皆是他會說. 【燾】

「子張問曰令尹子文章」

29:19 ▲[58]問: "令尹子文之忠, ▲[59]果無私意, 出於至誠惻怛, 便可謂之仁否?" 曰: "固是. 然不消泥他事上說, 須看他三仕三已, 還是當否. 以舊政告新令尹, 又須看他告得是否. 只緣他大體旣不是了, 故其小節有不足取. 如管仲之三歸·反坫[60], 聖人卻與其仁之功者, 以其立義正也. 故管仲是天下之大義, 子文是一人之私行耳. 譬如伏[61]節死義之人, 視坐亡而立化者雖未必如他之脩然, 然大義卻是. 彼雖去得好, 卻不足取也."【時舉】

29:20 三仕三已所以不得爲仁, 蓋不知▲[62]三仕之中, 是有無合當仕否? 三已之中, 又不知有無合當已否?【明作】

29:21 ▲[63]問"子文"·"文子"一[64]節. 曰: "今人有些小利害, 便至於

53) ▲: 他
54) ▲: 『論語』中言
55) 二: 『朱子語類』에서는 三으로 되어 있다.
56) ▲: 箇
57) 成·湯: 賀本에서는 禹·湯으로 되어 있다.
58) ▲: 或
59) ▲: 若其
60) 坫: 賀本에서는 玷으로 되어 있다.
61) 伏: 賀本에서는 仗으로 되어 있다.
62) ▲: 其事是如何:
63) ▲: 黃先之

顔[65]紅面赤, 子文卻三仕三已, 略無喜慍. 有些少[66]所長, 便不肯輕以告人, 而子文乃盡以舊政告之新令[67]尹. 此豈是容易底事! 其地位亦甚高矣. 今人有一毫係累, 便脫洒不得, 而文子有馬十乘, 乃棄之如敝屣然. 此亦豈是易事! 常人豈能做得. 後人因孔子不許他以仁, 便以二子之事爲未足道, 此卻不可. 須當思二子所爲如此高絶, 而聖人不許之以仁者, 因如何未足以盡仁. 就此處子細看, 便見得二子不可易及, 而仁之體段實是如何, 切不可容易看也."【時舉】

29:22 履之說子文・文子. 曰: "公推求得二子大[68]苛刻, 不消如此. 某注中亦說得甚平, 不曾如公之說. 聖人之語本自渾然, 不當如此搜索他後手. 今若有箇人能三仕三已▲[69]喜慍, 也是箇甚麼樣人! 這箇强不得, 若强得一番無喜慍, 第二番定是動了. 又如有馬十乘, 也自是箇巨室有力量人家, 誰肯棄而違之! 文子卻脫然掉了去, 也自是箇好人, 更有多少人拚[70]捨去不得底, 所以聖人亦許其忠與淸, 只說'未知, 焉得仁'! 聖人之語, 本自渾然, 不當如此苛刻搜人過惡, 兼也未消論到他後來在."【僩 ○燾錄別出.】

29:23 ▲[71]三仕三已而無喜慍, 已是難了, 不可說他只無喜慍之色, 有喜慍之心. 若有喜慍之心, 只做得一番過, 如何故得兩三番過. 舊令尹之政必告新令尹, 亦不可說他所告是私意, 只說未知所告者何事. 陳文子有馬十乘, 亦是大家, 他能棄而去之, 亦是大段放得下▲[72]. 亦

---

64) 一: 賀本에서는 二로 되어 있다.
65) 顔: 『朱子語類』에서는 頭로 되어 있다.
66) 少: 『朱子語類』에서는 小로 되어 있다.
67) 令: 『朱子語類』에는 없다.
68) 大: 『朱子語類』에서는 太로 되어 있다.
69) ▲: 無
70) 拚: 成化本·賀本에서는 棄로 되어 있다.
71) ▲: 或問"令尹子文"一章. 曰: "如子文之
72) ▲: 了

不可說他是避利害，如此割舍．且當時有萬[73]千拚[74]捨不得不去底，如公之論，都侵過說，太苛刻了．聖人是平說，本自渾然，不當如此搜索他後手．"【燾】

29:24 問："▲[75]若言徒知有君而不知有天子，徒知有國而不知有天下，▲[76]固見其不皆出於天理也．至於▲[77]分明全無私欲．先生何以識破他有私處?" 曰："也不曾便識破．但▲[78]夫子旣不許之以仁，必是▲[79]猶或有未善也．"【壯祖 ○『集注』】

29:25 問："▲[80]'當理而無私心▲[81]'，先言當理而後言無私心者，莫只是指其事而言之歟?" 曰："然．"【廣】

29:26 ▲[82]'當理而無私心'，二子各得其一．蓋子文之無喜慍，是其心固無私，而於事則未盡善，文子潔身去亂，其事善矣，然未能保其心之無私也．仁須表裏心事一一中理，乃可言．聖人辭不迫切，只言未知如何而得仁，則二子之未仁自可見．"【銖 ○此說可疑．】

29:27 問："『集注』論忠・清，與本文意似不同．" 曰："二子忠・清而未盡當理，故止可謂之忠・清，而未得[83]爲仁，▲[84]．"【賜】

---

73) 萬:【頭注】"馬"，乃"萬"字之誤．
74) 拚: 成化本·賀本에서는 棄로 되어 있다．
75) ▲: 令尹子文之事，『集注』言: '未知皆出於天理而無人欲之私，故聖人但以忠許之．' 竊詳子文告新令尹一節，
76) ▲: 推之
77) ▲: 三仕無喜，三已無慍，
78) ▲: 是
79) ▲: 三仕三已之間，
80) ▲: 先生謂
81) ▲: 則仁矣
82) ▲: 或問: "子文・文子未得爲仁，如何?" 曰: "仁者
83) 得:【頭注】"能"字疑"得"字．
84) ▲: 此是就其事上著實硏究出來．若不如此，卽不知忠・清與仁有何分別．此須做

29:28 問: "▲85)忠▲86)淸, 聖人只87)就其一節可取. 如仁, 卻是全體, 所以不許▲88)." 曰: "▲89) 如'三仁', 聖人也只是就他一節上說. 畢竟一事做得是時, 自可以見其全體. 古人謂觀鳳一羽, 足以知其五色之備. 如三子之事皆不可見, 聖人當時許之, 必是有以見得他透徹. 若二子之事, 今皆可考, 其病敗亦可見. 以表證裏, 則其裏也可知矣." 【燾】

29:29 ▲90) "此只就二子事上說. 若比干・伯夷之忠・淸, 是就心上說. ▲91) 比干・伯夷已是仁人, 若無讓國・諫討92)之事, 亦只是仁人, 蓋二子忠・淸元自仁中出. 若子文・文子, 夫子▲93)只見94)兩件事是淸與忠, 不知其如何得仁也." ▲95) "夫欲論仁, 如何只將一兩件事便識得▲96)破! 須是盡見得他表裏, 方識得破." 【去僞】97)

29:30 夷・齊之淸・忠98), 是本有底, 故依舊是仁. 子文・文子之忠・淸, 只得喚做忠・淸. 【賜】

29:31 問: "子文若能止僭王猾夏, 文子去就若明, 是仁否?" 曰: "若

箇題目入思議始得, 未易如此草草說過
85) ▲: 子文之
86) ▲: 文子之
87) ▲: 是
88) ▲: 他
89) ▲: 也恁地說不得.
90) ▲: 問: "子文之忠, 文子之淸, '未知, 焉得仁?'" 曰:
91) ▲: 若論心時,
92) 討: 賀本・成化本·徽州本에서는 紂로 되어 있다. 【頭注】"計"字, 乃"討"字之誤.
93) ▲: 當時
94) ▲: 此
95) ▲: 又曰:
96) ▲: 此人
97) 【去僞】: 徽州本에서는 【祖道】로 되어 있다.
98) 淸・忠: 『朱子語類』에서는 忠・淸으로 되어 있다.

此卻是以事上論." 曰: "注中何故引此?" 曰: "但見其病耳." 【可學】

29:32 ▲[99]文子資稟甚高. 只緣他不講學, 故失處亦大." 29:33 ▲[100] 事上跡上是忠・淸, 【上蔡解.】見處是仁. 子文只是忠, 不可謂之仁. 若比干之忠, 見得時便是仁. 也容有質厚者能之. 若便以爲仁, 恐子張識忠・淸, 而不識仁也. 【方 ○『集義』】

29:34 五峰說令尹子文・陳文子[101]處, 以知爲重. 說"未知, 焉得仁", 知字絶句[102]. 今『知言』中有兩章[103]說令尹處, 云: "楚乃古之建國, 令尹爲相, 不知首出庶物之道." 若如此, 則是謂令尹爲相, 徒使其君守僭竊之位, 不能使其君王天下[104]耳. 南軒謂恐意不如此. 然南軒當時與五峰相與往復, 亦只是講得箇大體. 南軒只做識仁體認, 恐不盡領會五峰意耳. 五峰『疑孟』[105]之說, 周遮全不分曉. 若是恁地分疏孟子[106], 剗地沉淪, 不能得出! 【螢[107]】

29:35 問: "五峰問南軒: '陳文子之淸, 令尹子文之忠, 初無私意. 如何聖人不以仁許之?' ▲[108]嘗思之, ▲[109] 仁之體大, 不可以一善名. 須是事事盡合於理, 方謂之仁. 若子文▲[110]其君僭王竊號, 而不能正

---

99) ▲: 師鄭問云云. 曰: "大概看得也是. 若就二子言之, 則
100) ▲: "子文・文子"一章,
101) 陳文子: 賀本에서는 陳子文으로 되어 있다.
102) 說"未知, 焉得仁", 知字絶句: 徽州本에는 없다.
103) 章: 徽州本에서는 이 뒤에 在兩處一章說令尹一章說文子가 더 들어 있다.
104) 天下: 徽州本에서는 於楚로 되어 있다.
105) 『疑孟』: 徽州本에서는 二子로 되어 있다.
106) 孟子: 徽州本에서는 二子로 되어 있다.
107) 螢: 徽州本에서는 이 뒤에 ○五峯謂子文輔佐楚成, 不知首出庶物之道, 安於僭竊侵陵諸夏, 與齊·晉爭衡, 務强大以濟私欲而已, 可謂知乎? 故曰: "未知. 焉得仁!" 又謂仁者處斯, 出必思有以易天下, 因汙隆而起變化, 無可無不可也. 文子不然, 幾至無所容其身, 則可謂有知乎? 故曰: "未知. 焉得仁!"이 더 들어 있다.
108) ▲: 枅
109) ▲: 而得其說曰,

救. 文子▲111) 崔氏無君, 其惡已著, 而略不能遏止▲112). 是盡於此, 而不盡於彼, 能於其小, 而不能於其大者, 安足以語仁之體乎?" 曰: "▲113) 如公之說, 只是一說, 非聖人當日本意. 夫仁者, 心之德. 使二子而果無私心, 則▲114) 當不特謂之忠淸115)而謂之仁, ▲116) 正以其事雖可觀, 而其本心或有不然也." 【枅】

29:36 ▲117) 或曰: "南軒解此, 謂'有一毫私意皆非仁. 如令尹子文·陳文子以終身之事求之, 未能無私, 所以不得爲仁.'" 曰: "孔子一時答他, 亦未理會到他終身事. 只據子張所問底事, 未知是出於至誠惻怛, 未知是未能無私. 孔子皆不得而知, 故曰: '未知, 焉得仁!' 非是以仕已無喜慍118), 與棄而違之爲非仁也. 這要在心上求. 然以心論之, 子文之心勝文子之心. 只是心中有些小不慊快處, 便不是119)仁." 文蔚曰: "所以孔子稱夷·齊曰: '求仁而得怨120), 又何怨!'"曰: "便是要見得到此." 【文蔚】

「季文子三思而後行章」

29:37 ▲121) "思之有未得者, 須着子細去思. 到思而得之, 這方是一

110) ▲: 之忠, 雖不加喜慍於三仕三已之時, 然
111) ▲: 之淸, 雖棄十乘而不顧, 然
112) ▲: 之
113) ▲: 讀書不可不子細.
114) ▲: 其仕已而無喜慍,
115) 淸: 『朱子語類』에는 없다.
116) ▲: 棄十乘而不居, 當不特謂之淸而謂之仁. 聖人所以不許二子者,
117) ▲: "令尹子文·陳文子等, 是就人身上說仁. 若識得仁之統體, 卽此等不難曉矣."
118) 喜慍: 『小分』에서는 慍喜를 교정부호로 바로잡았다.
119) 不是: 賀本에서는 是不로 되어 있다.
120) 怨: 『朱子語類』에서는 仁으로 되어 있다.
121) ▲: 問"季文子三思而後行"章. 曰:

思. 雖見得已是, 又須平心更着思一遍. 如此, 則無不當者矣. 若更過思, 則如稱子稱物相似, 推來推去, 輕重卻到不定了."【時擧】

29:38 ▲[122] "聖人也只是大概如此說. ▲[123]如明理底人, 便思三兩番, 亦不到得私意▲[124]. 又如魯鈍底人, 思一兩番不得, 第三四番思得之, 無定. 然而多思, 大率流▲[125]入私意底多. 雖此是聖人就季文子身上說, 然而▲[126]自是渾厚, 占得地位闊. '再, 斯可矣', 是常法大概當如此."【燾】

29:39 ▲[127] 某云: "若是思之未透, 雖再三思之何害?" ▲[128]曰: "不然. 且如凡事, 初一▲[129]商量, 已得成箇體段了, 再思一番, 與之審處當行不當行, 便自可決斷了. 若於其中又要思量那箇是利, 那箇是害, 則避害就利之心便起, ▲[130])"【炎】

29:40 ▲[131] 賀孫曰: "▲[132]'微生高'·'季文子▲[133]'二章, ▲[134] "向看時[135]如乞醯事, 也道是着如此委曲. 三思事, 也道是着如此審細. 如今看來, 乃天理·人欲相勝之機." 曰: "便是▲[136]凡事固是着審細,

---

122) ▲: "季文子三思而後行. 子曰: '再, 斯可矣.'" 曰:
123) ▲: 謂
124) ▲: 起
125) ▲: 而
126) ▲: 聖人之言
127) ▲: "'季文子三思而後行', 程子所謂'三則私意起而反惑', 如何?" 曰: "這是某當問公底."
128) ▲: 先生
129) ▲: 番
130) ▲: 如何不是私?
131) ▲: 問: "看「雍也」, 更有何商量處?"
132) ▲: 向看「公冶長」一篇, 如
133) ▲: 三思
134) ▲: 覺得於人情未甚安." 曰: "是如何未安? 如今看得如何?" 曰:
135) 時: 賀本에서는 得으로 되어 있다.

才審一番, 又審一番, 這道理是非, 已自分曉. 少間纔去計較利害, 千思百算, 不能得了, 少間都衮[137]得一齊沒理會了." 問: "這差處是初間略有些意差, 後來意上生意, 不能得了." 曰: "天下事那裏被你算得盡! 才計較利害, 莫道三思, 雖百思也只不濟事. 如今人須要計較到有利無害處, 所以人欲只管熾, 義理只管滅. 橫渠說: '聖人不教人避凶而趨吉, 只教人以正信勝之.' 此可破世俗之論. 這不是他看這道理洞徹, 如何說得到這裏. 若不是他堅勁峭絶, 如何說得到這裏." 又云: "聖人於微處一一指點出來教人. 他人看此二章, 也只道匹[138]似閑."【賀孫】

29:41 ▲[139] 天下事固有難易. 易底, 是非自易見. 若難事, 初間審一審, 未便決得是非, 更審一審, 這是非便自會分明. 若只管思量利害, 便紛紛雜雜, 不能得了. 且如只是思量好事, 若思得紛雜, 雖未必皆邪, 已自不正大, 漸漸便入於邪僻. 況初來原頭自有些子私意了, ▲[140]

「甯武子邦有道則知章」

29:42 ▲[141] "武子不可不謂知. 但其知, 時人可得而及."【南升】

---

136) ▲: 這般所在, 本是平直易看. 只緣被人說得支蔓, 故學者多看不見這般所在. 如一件物事相似, 自恁地平平正正, 更不著得些子蹺欹. 是公鄉里人去說這般所在, 卻都勞攘了.

137) 衮: 英祖刊本·成化本·賀本·萬曆本에서는 滾으로 되어 있다.

138) 匹: 英祖刊本에서는 是로 되어 있고, 賀本에서는 疋로 되어 있다.

139) ▲: 又問"乞醯"及"三思"章. 曰: "三思是亂了是非.

140) ▲: 如乞醯, 若無, 便說無. 若恁地曲意周旋, 這不過要人道好, 不過要得人情. 本是要周旋, 不知這心下都曲小了. 若無便說無, 是多少正大! 至若有大急難, 非己可成, 明告於衆, 以共濟其急難, 這又自不同. 若如乞醯, 務要得人情, 這便與孟子所謂'士未可以言而言, 可以言而不言, 是皆穿窬之類也'同意. 『易』比之九五云: '顯比. 王用三驅, 失前禽. 邑人不誡, 吉.' 聖人之於人, 來者不拒, 去者不追, 如何一一要曲意周旋! 纔恁地, 便滯於一偏, 況天理自不如此."【賀孫】

29:43 ▲[142] 邦有道, 安分做去, 故無事可稱. 邦無道, 則全身退聽非難, 人皆能如此. 惟其不全身退聽, 卻似愚. 然又事事處置得去, 且不自表著其能, 此所以謂'其愚不可及也.'" 【賜】

29:44 ▲[143] 邦雖無道, 是他只管向前做那事去, 又卻能沉晦不露, 是非避事以免禍也. 言"不可及", 亦猶莊子之"難能", 深予之之辭. 【端蒙】

29:45 ▲[144] "愚, 非愚魯之謂, 但是有才不自暴露. 觀衛侯爲晉 文公所執, 他委曲調護, 此豈愚者所能爲! 故文公以爲忠而免之. 忠豈愚之謂! 當亂世而能如此, 此其所以免禍也." 【可學】

29:46 ▲[145]武子當衛 成公出奔時, 煞曾經營着力來. 愚, 只是沉晦不認爲己功, 故不可及. 若都不管國家事, 以是爲愚, 豈可以爲不可及也! 【去僞】

29:47 ▲[146] "他人於邦無道之時, 要正救者不能免患, 要避患者又卻偸安. 若甯武子之愚, 旣能韜晦以免患, 又自處不失其正, 此所以爲不可及." 因擧齊[147]人有送酒者云: "'可力飮此, 勿預時事.' 如此之愚, 則人皆能之也." 【人傑】

29:48 ▲[148] "愚有兩節, 有一般愚而冒昧向前底, 少間都做壞了事.

---

141) ▲: 問"甯武子"章. 曰:
142) ▲: 問甯武子. 曰: "此無甚可疑.
143) ▲: 甯兪"邦有道則智, 邦無道則愚."
144) ▲: 通老問甯武子之愚. 曰:
145) ▲: 甯
146) ▲: 問"甯武子其愚不可及." 曰:
147) 齊: 英祖刊本・成化本・賀本에서는 晉으로 되어 있다.
148) ▲: 甯武子"邦無道則愚." 曰:

如甯武子雖冒昧向前, 不露圭角, 只猝猝做將去, 然少間事又都做得了, 此其愚不可及[149]也."【燾】

29:49 ▲[150]問: "當衛之無道, ▲[151]卻不明進退之義, 而乃周旋其間, ▲[152] 是如何?" 曰: "武子九世公族, 與國同休戚, 要與尋常無干涉人不同. 若無干涉人, 要去也得, 住也得. 若要去時, 須早去始得. 到那艱險時節卻要去, 是甚道理!"【寓】

29:50 問: "▲[153]武子世臣, 他人不必如此." 曰: "然. 又看事如何. 若羈旅之臣, 見幾先去則可. 若事已爾, 又豈可去! 此事最難, 當權其輕重."【可學】

29:51 ▲[154]不自表暴, 而能周旋成事, 伊川所謂'沈晦以免患'是也."【木之 ○『集注』】

29:52 問: "先生謂武子仕成公無道之君云云[155], '此其愚之不可及也.' 後面又取程子之說曰: '邦無道, 能沈晦以免患, 故曰〈不可及也〉. 亦有不當愚者, 比干是也.' 若所謂'亦有不當愚者', 固與先生之意合. 若所謂'沈晦以免患'者, 卻似與先生意異." 曰: "武子不避艱險以濟其君, 愚也. 然卒能全其身者, 知[156]也. 若當時不能沈晦以自處, 則爲人所害矣, 尙何君之能濟哉! 故當時稱知, 又稱其愚也."【廣】

---

149) 不可及: 『小分』에서는 得을 及으로 고쳤다. 【頭注】"不可得"之"得"字, 乃"及"字之誤.
150) ▲: 器之
151) ▲: 武子
152) ▲: 不避艱險,
153) ▲: 甯
154) ▲: 問甯武子愚處. 曰: "蓋
155) 云云: 徽州本에서는 至於失國. 而武子周旋其間, 盡心竭力, 不避艱險, 凡其所處, 皆智巧之士所深避而不肯爲者, 而卒能保其身以濟其君으로 되어 있다.
156) 知: 賀本에서는 智로 되어 있다.

29:53 ▲[157] "武子當文公有道之時, ▲[158]無事可見, 此'其知可及也.' 至成公無道失國, 若智巧之士, 必且去深僻處隱避▲[159]. 武子竭力其間, 至誠懇惻, 不避艱險, 卻能擺脫禍患, 卒得兩全. 非它能沈晦, 何以致此. 若比以智自免之士, 武子卻似箇愚底人, 但其愚得來好. 若使他[160]人處之, 縱免禍患, 不失於此, 則失於彼, 此武子之愚所以不可及. 若'比干諫而死', 看來似不會愚底人. 然它於義卻不當愚, 只得如此處, 又與武子不同▲[161]."【銖】

29:54 問: "比干何以不當愚?" 曰: "世間事做一律看不得. 聖人不是要人人學甯武子, 但如武子, 亦自可爲法. 比干卻是父族, 微子旣去之後, 比干不容於不諫. 諫而死, 乃正也. 人當武子之時, 則爲武子, 當比干之時, 則爲比干, 執一不得也."【時擧】

「子在陳章」

29:55 "斐然成章", 也是自成一家了, 做得一章有頭有尾. 且如狂簡, 眞箇了得狂簡底事, 不是半上落下. 雖與聖賢中道不同, 然畢竟是他做得一項事完全, 與今學者有頭無尾底不同. 聖人不得中道者與之, 故不得已取此等狂狷之人, 尙有可裁節, 使過不及歸于中道. 不似如今人不曾成得一事, 無下手脚裁節處. 且如眞箇了得一箇狂簡地位, 已[162]自早不易得. 釋・老雖非聖人之道, 卻被他做得成一家.【明作】

29:56 成章, 是做得成片段, 有文理可觀. 蓋他狂也是做得箇狂底人

157) ▲: 周元興問甯武子. 曰:
158) ▲: 不得作爲, 然它亦
159) ▲: 不肯出來
160) 他: 成化本·賀本에서는 別로 되어 있다.
161) ▲: , 故伊川說: '亦有不當愚者, 比干是也'
162) 已: 賀本에서는 也로 되어 있다.

成, 不是做得一上, 又放掉了. 狷也是他做得[163)]狷底成, 不是今是今[164)]日狷, 明日又不狷也. 如孝眞箇是做得孝成, 忠眞箇是做得忠成. 子貢之辯, 子路之勇, 都是眞箇做得成了. 不是半上落下, 今日做得, 明日又休也.【僴】

29:57 "斐然成章." 狂簡進取, 是做得透徹, 有成就了. 成章, 謂如樂章, 五聲變成文之謂, 如五采成文之謂章. 言其做得成就, 只恐過了, 所以欲裁之. 若是半靑半黃, 不至成就, 卻如何裁得!

29:58 ▲[165)]行者朝夕有商量, 無可憂者. 但留在魯國之人, 惟其狂簡, 故各自成章, 有頭有尾, 不知裁度. 若異端邪說, 釋・老之學, 莫不自成一家, 此最害義. 如坐井觀天, 彼自以爲所見之盡. 蓋留[166)]在井裏, 所見自以爲足, 及到井上, 又卻尋頭不着. 寧可理會不得, 卻自無病.【人傑】

29:59 ▲[167)]後來曾晳之徒弔喪而歌, 全似老・莊. 不知聖人旣裁之後, 何故如此?" 曰: "裁之在聖人, 而聽不聽在他也."【時擧】

29:60 ▲[168)] "孟子謂'不忘其初', 便是只管一向過高了." ▲[169)]【南升】

---

163) 得: 徽州本에서는 이 뒤에 這個가 더 들어 있다.
164) 是今: 賀本에는 없다.
165) ▲: 子在陳, 曰: "歸歟! 歸歟! 吾黨之小子狂簡, 斐然成章." 當時從
166) 留: 成化本・賀本에서는 窟로 되어 있다.
167) ▲: 先之問: "孔子在陳, 小子狂簡, 欲歸而裁之. 然至
168) ▲: 問: "孔子在陳曰: '歸歟! 歸歟!' 此蓋夫子歷聘諸國, 見當時不能行其道也, 故欲歸而傳之門人. 狂簡者立高遠之志, 但過高而忽略, 恐流於異端. 故孔子思歸, 將以裁正之也." 曰:
169) ▲: 又曰: "文振說文字, 大故細."

29:61 ▲[170]問: "▲[171] 看得夫子行道之心, 切於傳道之心." 曰: "也不消如此說. 且如人而今做事, 還是做目前事, 還是做後面事? 蓋道行於時, 自然傳於後. 然行之於時, 而傳之於後, 則傳之尤廣也." 或曰: "如今日無非堯·舜·禹·湯之道." 曰: "正此謂也." 又問: "裁之爲義, 如物之不正, 須裁割令正[172]也." 曰: "自是如此. 且如狂簡底人, 不裁之則無所收檢, 而流入於異端. 蓋這般人, 只管是要他身高, 都不理會事, 所以易入於異端. 大率異端皆是遯世高尙底人, 素隱行怪之人, 其流爲佛·老.【又曰: "遯世高尙, 皆是善[173]行底人."】而今所以無異端, 緣那樣人都便入佛·老去了. 且如孟之反不伐, 是他自占便宜處, 便如老氏所謂'不爲天下先'底意思. 子桑戶[174]死, 琴張弔其喪而歌, 是不以生死芥帶, 便如釋氏.【子桑戶不衣冠而處, 夫子譏其"同人道於牛馬." 或問又云: "皆老氏之流也."】如此等人, 雖是志意高遠, 然非聖人有以裁正之, 則一向狂去, 更無收殺, ▲[175]." 又云: "仁民愛物, 固是好事. 若流入於墨氏'摩頂放踵而利天下爲之', 則全不好了. 此所以貴裁之也."【燾】

29:62 ▲[176]問: "▲[177] 何故只思狂士, 不說狷者?" 曰: "狷底已自不濟事. 狂底卻有箇軀殼[178], 可以鞭策. 斐, 只是自有文采. 『詩』云'有斐君子', '萋兮斐兮.' 成章, 是自有箇次第, 自成箇模樣." 賀孫問: "『集注』謂'文理成就而著見', 是只就他意趨自成箇模樣處說?" 又云: "'志大而略於細', 是就他志高遠而欠實做工夫▲[179]否?" 曰: "然. 狷者只是

---

170) ▲: 或
171) ▲: '子在陳'一章,
172) 令正:【頭注】"令色"之色, 乃"正"字之誤.
173) 善: 『朱子語類』에서는 苦로 되어 있다.
174) 戶: 成化本·賀本에서는 子로 되어 있다.
175) ▲: 便全不濟事了
176) ▲: 蜚卿
177) ▲: 孔子在陳,
178) 殼: 英祖刊本·賀本에서는 殼으로 되어 있다.
179) ▲: 說

自守得些, 便道是了, 所謂'言必信, 行必果'者是也."【賀孫 ○『集注』】

29:63 問: "先生解▲180)所謂文, 是文辭邪? 亦指事理言之邪?" 曰: "非謂文辭也, 言其所爲皆有文理可觀也." 又問: "狂簡旣是'志大而略於事', 又卻如何得所爲成章?" 曰: "隨他所見所習, 有倫有序, 有首有尾▲181)做得成就▲182)可觀也."【廣】

29:64 ▲183)狂簡非中, 然卻做得這箇道理成箇物事, 自有可觀, 不是半上落下. 故聖人▲184)取其成一箇道理. 大率孔門弟子, 隨其資質, 各能成就. 如子路之勇, 眞箇成一箇勇, 冉求之藝, 眞箇成一箇藝. 言語・德行之科皆然, 一齊被他做得成就了."【銖】

29:65 ▲185)問: "▲186)'罔念作狂'之'狂', 與此'狂'▲187)如何?" 曰: "也不干事." 又問: "'狂而不直'▲188)" 曰: "此卻略相近. '狂而不直', 已自是不好了, 但尙不爲惡在. 若'罔念作狂', 則是如桀・紂様迷惑了."【義剛】

29:66 問: "▲189) 如莊烈190)之徒, 莫是不得聖人爲之依歸而無所取裁者否?" 曰: "也是恁地." 又問: "子夏敎門人就洒掃應對上用工, 亦可謂實. 然不一再傳, 而便流爲莊周, 何故?" 曰: "也只是韓退之恁地說,

180) ▲: 云: '斐, 文貌. 成章, 言其文理成就, 有可觀者.' 不知
181) ▲: 也. 便是異端, 雖與聖人之道不同, 然
182) ▲: 底, 亦皆隨他所爲, 有倫序, 有首尾
183) ▲: 問: "『集注』謂'文理成就', 如何?" 曰: "雖是
184) ▲: 雖謂其狂簡而不知所裁, 然亦
185) ▲: 符舜功
186) ▲: 『集注』釋'狂簡'之'狂', 皆作高遠之意, 不知
187) ▲: 字
188) ▲: 如何?
189) ▲: '恐其過中失正而或流於異端.'
190) 烈: 『朱子語類』에서는 列로 되어 있다.

『漢書』也說得不甚詳. 人所見各不同, 只是這一箇道理, 才看得別, 便從那別處去."【義剛】

29:67 ▲[191] "古來異端, 只是遁世高尙之士, 其流遂至於釋・老. 如子桑戶死, 琴張臨其喪而歌, 是不以死生芥蔕胸次. 孟之反不伐, 便如道家所謂三寶, '一曰不敢爲天下先'是也. ▲[192]."【枅】[193]

「伯夷・叔齊章」

29:68 "▲[194]不念舊惡", 要見得他胸中都是義理.【拱壽】

29:69 ▲[195] "此與顏子'不遷怒'意思相似. 蓋人之有惡, 我不是惡其人, 但是惡其惡耳. 到他旣改其惡, 便自無可惡者. 今人見人有惡便惡之, 固是. 然那人旣改其惡, 又從而追惡之, 此便是因人一事之惡而遂惡其人, 卻不是惡其惡也."【時擧 ○南升錄▲[196] 其所惡者, 因其▲[197]可惡而惡之, ▲[198] 及其能改, ▲[199]只見它善處, 不見它惡處. 聖賢之心皆是如此."】

29:70 ▲[200] 昨日爲善, 今日爲惡, 則惡之而不好矣, 昨日爲惡, 今日爲善, 則好之而不惡矣, 皆非爲其人也. 聖人大率如此, 但伯夷平日

---

191) ▲: 問狂簡處. 先生云:
192) ▲: 似此等人, 雖則志意高遠, 若不得聖人裁定, 亦不濟事
193)【枅】: 賀本에서는【節】로 되어 있다.
194) ▲: 伯夷・叔齊
195) ▲: 文振問"不念舊惡, 怨是用希." 曰:
196) ▲: 云: "此與'不遷怒'一般.
197) ▲: 人之
198) ▲: 而所惡不在我.
199) ▲: 又
200) ▲: "不念舊惡", 非惡其人也, 惡其人之無狀處.

以隘聞, 故特明之.【方子】[201)]

29:71 ▲[202)]"這箇▲[203)]只是恰好, 只是當然. ▲[204)]伯夷▲[205)] 他[206)]卻是箇介僻底人, 宜其惡惡直是惡之. 然能'不念舊惡', 卻是他淸之好處."【燾】

29:72 問: "蘇氏言: '二子之出, 意其父子之間有違言焉, 若申生之事歟!' '不念舊惡', 莫是父子之間有違言處否?" 曰: "然." 問: "孟子所言伯夷事自是如此孤潔. 諫武王伐商, 又都是伯夷, 而叔齊之事不可得見. 未知其平時行事如何, 卻並以'不念舊惡'稱之." 曰: "讓國二子同心, 度其當時, 必是有怨惡處." 問: "父欲立叔齊, 不立伯夷, 在叔齊何有怨惡?" 曰: "孤竹君不立伯夷而立叔齊, 想伯夷當時之意亦道: '我不當立, 我弟卻當立.' 叔齊須云: '兄當立不立, 卻立我!' 兄弟之間, 自不能無此意." 問: "兄弟旣遜讓, 安得有怨?" 曰: "只見得他後來事. 當其初豈無怨惡之心? 夫子所以兩處皆說二子無怨." 問: "某看'怨是用希'之語, 不但是兄弟間怨希. 這人孤立, 易得與世不合, 至此無怨人之心, 此其所以爲伯夷·叔齊歟?" 曰: "是如此."【寓 ○『或問』】

29:73 問: "蘇氏'父子違言'之說, 恐未穩▲[207)]" 曰: "蘇氏之說, 以爲己怨, 而'希'字猶有些怨在. 然所謂'又何怨', 則絶無怨矣, 又不相合. 恐只得從伊川說, 怨是人怨. 舊惡, 如'衣冠不正, 望望然去'之類. 蓋那人有過, 自家責他, 他便生怨. 然他[208)]過能改卽止, 不復責他, 便不怨

---

201)【方子】: 徽州本에서는【閎祖】로 되어 있다.
202) ▲: 問"伯夷不念舊惡." 曰:
203) ▲: 也
204) ▲: 且如人之有惡, 自家合當怒之. 人旣改了, 便不當更怒之. 然
205) ▲: 之淸,
206) 他: 賀本에서는 也로 되어 있다.
207) ▲: 否?
208) 他: 徽州本에서는 聞으로 되어 있다.

矣. 其所怨者, 只是至愚無識, 不能改過者耳."【淳】

「孰謂微生高直章」

29:74 醯, 至易得之物, 尙委曲如此, 若臨大事, 如何? 當有便道有, 無便道無. 才枉其小, 便害其大, 此皆不可謂誠實也.【去僞】[209]

29:75 ▲[210]問: "或朋友間急來覓一物, 自家若無, 與他去鄰家覓之, 卻分明說與, 可否?" 曰: "這箇便是自家要做一面人情, 蓋謂是我爲你乞得."【燾】

29:76 問: "看孔子說微生高一章, 雖一事之微, 亦可見王霸心術之異處: 一便見得皞皞氣象, 一便見得驩虞氣象." 曰: "然. 伊川解'顯比'一段, 說最詳."【賀孫[211]】

29:77 ▲[212]'曲意徇物, 掠美市恩'▲[213] 其用心要作甚?"【南升 ○『集注』】

29:78 問: "▲[214]'千駟萬鍾, 從可知▲[215]', 莫是說以非義而予, 必有非義而取否?" 曰: "不是說如此予, 必如此取. 只看他小事尙如此, 到處千駟萬鍾, 亦只是這模樣. 微生高用心也是怪, 醯有甚難得之物! 我

209) 【去僞】: 徽州本에서는 【祖道·謨·人傑錄同.】으로 되어 있다.
210) ▲: "只'乞諸其鄰而與之', 便是屈曲處." 又
211) 賀孫: 徽州本에서는 이 뒤에 顯比, 謂當顯明其比, 道誠意待之. 親己與否在人, 而己不可巧言令色, 曲從苟合, 以求人之比己也.가 더 들어 있다.
212) ▲: 問: "微生高不過是
213) ▲: 而已. 所枉雖小, 害直甚大. 聖人觀人, 每於微處, 便察見心術不是." 曰: "所謂'曲意徇物, 掠美市恩',
214) ▲: 范氏言
215) ▲: 焉

無了, 那人有, 敎他自去求, 可矣. 今卻轉乞與之, 要得恩歸於己. 若敎他自就那人乞, 恩便歸那人了, 此是甚心術!【淳錄云: "若是緊要底物, 我無, 則求與之猶自可."】 若曰宛轉濟人急難, 則猶有說. 今人危病, 轉求丹藥之類, 則有之." 問: "'取予'二字有輕重否? 寓以爲寧過於予, 必嚴於取, 如何?" 曰: "如此卻好. 然看'一介不以與人, 一介不以取人', 本不分輕重. 今看予, 自是予他人, 不是入己, 寧過些不妨, 卻不干我事. 取, 則在己取之, 必當嚴." 楊問: "文中子言: '輕施者必好奪.' 如何?" 曰: "此說得亦近人情."【寓】

29:79 問: "張子韶有一片論乞醯不是不直. 上蔡之說亦然." 曰: "此無他, 此乃要使人回互委曲以爲直爾. 噫! 此鄕原之漸, 不可不愼[216]. 推此以往, 而不爲'枉尺直尋'者幾希!"【大雅】

29:80 ▲[217] "人煞有將此一段做好說, 謂其不如此抗直, 猶有委曲之意. 自張子韶爲此說, 今煞有此說. 昨見戴少望『論語講義』, 亦如此說.

○[218] 這一段下連'巧言・令色・足恭', 都是一意. 當初孔門編排此書, 已從其類. 只自看如今有人來乞些醯, 亦是閑底事, 只是與他說自家無, 鄰人有之, 這是多少正大, 有何不可. 須要自家▲[219]來, 卻做自底與之, 是甚氣象! 這本心是如何? 凡人欲恩由己出, 皆是偏曲之私. 恩由己出, 則怨將誰歸!"【賀孫】

「巧言令色足恭章」

---

216) 愼: 『朱子語類』에서는 謹으로 되어 있다.
217) ▲: 行夫問此一章. 曰:
218) ○: 『朱子語類』의 29:80을 『小分』에서 별도의 항목으로 나누었다.
219) ▲: 取

29:81 ▲[220] "所謂足者, 謂本當只如此, 我卻以爲未足, 而添足之, ▲[221] 若本當如此, 而但如此, 則▲[222] 乃不是足. 凡制字如此類者, 皆有兩義."【義剛】

29:82 ▲[223]

29:83 "足", ▲[224]是加添之意. 蓋能恭, 則禮已止矣. 若又去上面加添些子, 求足乎恭, 便是私欲也.【僩】

29:84 巧言・令色・足恭, 與匿怨, 皆不誠實者也. 人而不誠實, 何所不至! 所以可恥, 與上文乞醯之義相似.【去僞】[225] ▲[226]

29:85 問: "'巧言・令色・足恭', 是旣失本心, 而外爲諂媚底人. '匿怨而友其人', 是內懷險詖, 而外與人相善底人[227]." 曰: "門人記此二事相連. 若是微生高之心, 弄來弄去, 便做得這般可恥事出來."【南升】

29:86 問: "左丘明, 謝氏以爲'古之聞人', 則『左傳』非丘明所作." 曰: "左丘是古有此姓, 名明, 自是一人. 作傳者乃左氏, 別自是一人. 是撫州鄧大著【名世, 字元亞.】 如此說, 他自作一書辯此."【義剛】

---

220) ▲: 義剛說"足恭", 云: "只是過於恭." 曰:

221) ▲: 故謂之足.

222) ▲: 自是足了,

223) ▲: 問"足恭." 曰: "'足'之爲義, 湊足之謂也. 謂如合當九分, 卻要湊作十分, 意謂其少而又添之也. 才有此意, 便不好."【燾】

224) ▲: 去聲讀, 求足乎恭也,

225)【去僞】: 徽州本에서는【謨・人傑・去僞錄同.】으로 되어 있다.

226) ▲:【燾錄云: "這便是乞醯意思一般, 所以記者類於此."】

227) 相善底人: 徽州本에서는 이 뒤에 此二樣人, 皆是心術不正, 故古之人有左丘明者甚耻之, 我亦耻之. 言丘明, 亦"竊比老彭"之意, 且使學者以此爲戒而立心以直.이 더 들어 있다.

29:87 丘明所恥如此,『左傳』必非其所作.

「顔淵·季路侍章」

29:88 ▲[228] "善是自家所有之善, 勞是自家做出來底."【燾】

29:89 ▲[229]

29:90 問: "▲[230]朋友則是其等輩, 老者則是上一等人, 少者則是下一等, 此三者足以該盡天下之人否?" 曰: "然."【廣】

29:91 問: "安老懷少, 恐其間多有節目. 今只統而言之, 恐流兼愛." 曰: "此是大概規模, 未說到節目也."【人傑】

29:92 ▲[231] 子路所以少[232]如顔淵者, 只是工夫粗, 不及顔淵細密. ▲[233] 便有不周徧[234]隔礙處. 又曰: "子路只是願車馬·衣服與人共, 未有善可及人也."【僩】

29:93 ▲[235]

---

228) ▲: 問: "'無伐善, 無施勞', 善與勞如何分別?" 曰:
229) ▲: 問: "'施勞'之'施', 是張大示誇意否?" 曰: "然."【淳】
230) ▲: '老者安之, 朋友信之, 少者懷之.' 孔子只舉此三者, 莫是
231) ▲: "顔淵·季路侍"一段,
232) 少: 『朱子語類』에서는 小로 되어 있다.
233) ▲: 工夫粗,
234) 徧: 成化本·賀本에서는 遍으로 되어 있다.
235) ▲: 問"願車馬, 衣輕裘, 與朋友共." 曰: "這只是他心裏願得如此. 他做工夫只在這上, 豈不大段粗." 又曰: "子路所願者粗, 顔子較細向裏來, 且看他氣象是如何."【僩】

29:94 ▲[236] "子路只是說得麤[237]，若無車馬輕裘，便無工夫可做. 顔子▲[238]便細膩有工夫. 然子路亦是無私而與物共者."【銖】

29:95 子路▲[239]畢竟是疏. ▲[240] 顔子，則心常在這裏做工夫，然終是有些安排者[241].【恪】

29:96 ▲[242]顔子，▲[243] 只就性分上理會. ▲[244] 然▲[245]比之孔子，則▲[246]猶是有箇善，有箇勞在. 若孔子，便不見有痕跡了. 夫子"不厭不惓[247]"，便是"純亦不已."【植】

29:97 問▲[248] 顔・季皆是願，夫子則無'願'字." 曰: "夫子也是願." 又曰: "子路底收斂，也可以到顔子，顔子底純熟，可以到夫子."【節】

29:98 子路・顔淵・夫子都是不私己，但有小大之異耳. 子路▲[249]所志已狹. 顔子將善與衆人公共，何伐之有. "施諸己而不願，亦勿施於人"，何施勞之有? 卻已是煞展拓. 然不若聖人，分明是天地氣象!【端蒙】

---

236) ▲: 或問子路・顔淵言志. 曰:
237) 麤: 賀本에서는 粗로 되어 있다.
238) ▲: '無伐善，無施勞'，
239) ▲: 如此做工夫，
240) ▲: 是有這箇車馬輕裘，方做得工夫，無這車馬輕裘，不見他做工夫處. 若
241) 者: 『朱子語類』에서는 在로 되어 있다.
242) ▲: 子路須是有箇車馬輕裘，方把與朋友共. 如
243) ▲: 不要車馬輕裘，
244) ▲: "無伐善，無施勞"，車馬輕裘則不足言矣.
245) ▲: 以顔子
246) ▲: 顔子
247) 惓: 『朱子語類』에서는 倦으로 되어 있다.
248) ▲: 顔子・子路優劣. 曰: "子路粗，用心常在外. 願車馬之類，亦無意思. 若無此，不成不下工夫! 然卻不私己. 顔子念念在此間.
249) ▲: 只車馬衣裘之間，

29:99 ▲[250] "子路與顏淵固均於無我. 然子路做底都向外, 不知就身己上自有這工夫. 如顏子▲[251]只是就自家這裏做." ▲[252]問: "子路後來工夫進, 如'衣敝縕袍, 與衣狐貉者立而不恥', 這卻見於裏面有工夫." 曰: "他也只把這箇做了. 自着破弊[253]底, 卻把好底與朋友共, 固是人所難能, 然亦只是就外做. 較之世上一等切切於近利者大不同."【賀孫】

29:100 ▲[254] "今學者只從子路比上去, 不見子路地位煞高. 是上面有顏子底一層, 見子路低了, 更有夫子一層, 又見顏子低了. 學者望子路地位, 如何會做得他底. 他這氣象煞大. 不如是, 何以爲聖門高弟!"【植】

29:101 叔器曰: "子路但及朋友, 不及他人, 所以較小. 曰: ▲[255]以朋友有通財之義, 故如此說. 那行道之人, 不成無故解衣衣之. 但所以較淺小者, 他能舍得車馬輕裘, 未必能舍得勞善. 有善未必不伐, 有勞未必不施. 若能退後省察, 則亦深密, 向前推廣, 則亦闊大. 范益之云: '顏子是就義理上做工夫, 子路是就事上做工夫.'" 曰: "子路是就意氣上做工夫. 顏子自是深潛淳粹, 【淳錄作"縝密."】較別. 子路是有些戰國俠士氣象, 學者亦須如子路恁地割捨得. '士而懷居, 不足以爲士矣.' 若今人恁地畏首畏尾, 瞻前顧後, 粘手惹脚, 如何做得事成! 恁地□[256]道做好人不成, 便做惡人也不成!"【先生至此, 聲極洪.】叔器再反覆說前章. 先生曰: "且麄說, 人之生, 各具此理. 但是人不見此理, 這裏都黑淬淬[257]地. 如猫[258]兒狗子, 饑[259]便待物事喫, 困便睡. 到富

250) ▲: 問"顏淵・季路侍"一章. 曰:
251) ▲: '無伐善, 無施勞',
252) ▲: 恭甫
253) 弊: 賀本에서는 敝로 되어 있다.
254) ▲: 問顏淵・季路・夫子言志. 曰:
255) ▲: '願車馬, 衣輕裘, 與朋友共.'
256) □: 『朱子語類』에서는 莫으로 되어 있다.

貴, 便極聲色之奉. 一貧賤, 便憂愁無聊. 聖人則表裏精粗無不昭徹, 其形骸雖是人, 其實只是一團天理, 所謂'從心所欲, 不踰矩.' 左來右去, 盡是天理, 如何不快活!" 【義剛】

29:102 ▲[260]問: "子路▲[261]曰: "這也不是他做工夫. 亦是他心裏自見得, 故願欲如此. 然必有別做工夫處. 若依如此做工夫, 大段麄了." 又問: "此卻見他心." 曰: "固是. 此見得他心之恢廣[262], ◇[263]去得那私意. 然也只去得那麄底私意. 如顏子, 卻是磨去那近裏底了, 然皆是對物我而言." 又云: "狂簡底人, 做來做去沒收殺, 便流入異端. 如子路底人, 做來做去沒收殺, 便成狂[264]狹[265]去." 又問: "學者做工夫, 須自子路工夫做起." 曰: "亦不可如此說. 且如有顏子資質底, 不成交他做子路也!" 【燾】

29:103 ▲[266]問子路▲[267] 曰: "就聖人上看, 便如日出而爝火息, 雖無伐善無施勞之事, 皆不必言矣. 就顏子上看, 便見得雖有車馬衣裘共敝之善, 旣不伐不施, 卻不當事了, 不用如子路樣着力去做. 然子路雖不以車馬輕裘爲事, 然畢竟以此爲一件功能. 此聖人・大賢氣象所以不同也." 【時學】

29:104 子路有濟人利物之心, 顏子有平物我之心, 夫子有萬物得其

257) 淬淬: 成化本·賀本에서는 卒卒로 되어 있다.
258) 猫: 賀本에서는 貓로 되어 있다.
259) 饑: 賀本에서는 飢로 되어 있다.
260) ▲: 或
261) ▲: '願車馬, 衣輕裘, 與朋友共', 是他做功夫處否?"
262) 廣: 【頭注】"廣"下有"磨"字.
263) ◇: 磨
264) 狂: 『朱子語類』에서는 任으로 되어 있다.
265) 狹: 『朱子語類』에서는 俠으로 되어 있다.
266) ▲: 亞夫
267) ▲: 言志處.

所之心.【道夫】

29:105 ▲268) "子路所言, 只爲對着一箇不與朋友共敝之而有憾在. 顏子所言, 只爲對着一箇伐善施勞在. 非如孔子之言, 皆是循其理之當然, 初無待乎有所懲創也. 子路之志, 譬如一病人之最重者, 當其旣甦, 則曰: '吾當謹其飮食起居也.' 顏子之志, 亦如病之差輕者, 及其旣甦, 則曰: '吾當謹其動靜語默也.' 夫出處起居動靜語默之知所謹, 蓋由不知謹者爲之對也. 曾不若一人素能謹護調攝, 渾然無病, 問其所爲, 則不過曰饑269)則食而渴則飮也. 此二子之所以異於聖人也. ▲270)."【壯祖 ○閎祖錄▲271) 無憾, 對憾而言也, 無伐無施, 對伐施而言也. 二子日前想亦未免此病, 今方不然. 如人病後, 始願不病, 故有此言. 如夫子, 則更無懲創, 不假修爲, 此其所以異也."】

29:106 顏淵·子路只是要克去"驕吝"二字. 如謝氏對伊川云, 知矜之爲害而改之, 然謝氏終有矜底意. 如解"孟之反不伐", 便着意去解.【人傑】

29:107 舊▲272)說▲273)老者安於我, 朋友信於我, 少者懷於我. 此說較好. 蓋老者安於我, 則我之安之必盡其至, 朋友信於我, 則我之爲信必無不盡, 少者懷於我, 則我之所以懷之必極其撫愛之道. 卻是見得聖人說得自然處.【義剛 ○『集注』】

---

268) ▲: 吳伯英講子路·顏淵·夫子言志. 先生問衆人曰: "顏子·季路所以未及聖人者何?" 衆人未對. 先生曰:

269) 饑: 賀本에서는 飢로 되어 있다.

270) ▲: 至就二子而觀之, 則又不容無優劣. 季路之所志者, 不過朋友而已, 顏子之志則又廣矣. 季路之所言者粗, 顏子之所言者細也

271) ▲: 云: "子路·顏淵·夫子言志, 伊川諸說固皆至當. 然二子之所以異於夫子者, 更有一意:

272) ▲: 或

273) ▲: "老者安之"一段, 謂

29:108 ▲[274]問: "▲[275]'安於我, 懷於我, 信於我', ▲[276]" 曰: "如『大學』'君子賢其賢而親其親, 小人樂其樂而利其利'一般, 蓋無一物不得其所也. ▲[277] 又問顏子・子路所答. 曰: "此只是各說身己上病痛處. 子路想平日不能與朋友共裘馬, 顏子平日未能忘伐善施勞, 故各如此言之. 如新病安來說方病時事, 如說我今日病較輕得些, 便是病未曾盡去, 猶有些根脚, 更服藥始得. 彼云願, 則猶有未盡脫然底意思. 又如病起時說願得不病, 便是曾病來. 然二子如此說時, 便是去得此病了, 但尚未能如夫子自然而已. 如夫子則無此等了, 曠然如太空, 更無些滯礙. 其所志但如此耳, 更[278]◇[279]消着力." 又曰: "古人揀己偏重處去克治. 子路是去得箇'吝'字, 顏子是去得箇'驕'字."【祖道】 ▲[280]

29:109 問: "▲[281]安之▲[282] 安我▲[283]兩說只一意." ▲[284]曰: "語意向背自不同." 賀孫云: "若作安老者說, 方是做去. 老者安我說, 則是自然如此了." 曰: "然." 因舉『史記』「魯世家」及『漢書』「地理志」云: "'魯道之衰, 洙・泗之間齗齗如也.' 謂先魯盛時, 少者代老者負荷, 老者卽安之. 到後來少者亦知代老者之勞, 但老者自不安於役少者, 故道路之間只見遜讓, 故曰'齗齗如也.' 注云: '分辯之意也.'"【賀孫】

---

274) ▲: 或
275) ▲: 『集注』云
276) ▲: 何也?
277) ▲: 老者, 我去安他, 他便安於我, 少者, 我去懷他, 他便懷於我, 朋友, 我去信他, 他便信於我."
278) 更:【頭注】"耳更"下有"不"字.
279) ◇: 不
280) ▲:【夔孫錄云: "'二子言志, 恰似新病起人, 雖去得此病了, 但著服藥隄防, 願得不再發作. 若聖人之志, 則曠然太虛, 了無一物.' 又曰: '古人爲學, 大率體察病痛, 就上面克治將去.'"】
281) ▲: '老者
282) ▲: '云云, 一說: '安者,
283) ▲: 也.' 恭父謂
284) ▲: 先生

29:110 問: "仲由何以見其求仁?" 曰: "他人於微小物事, 尙戀戀不肯捨. 仲由能如此, 其心廣大而不私己矣, 非其意在於求仁乎?" 【升卿】

29:111 ▲285)子路・顔子・聖人, 只是見處有淺深大小耳, 皆只是盡我這裏底. ▲286) 就子路地位更收斂近裏, 便會到'無伐善, 無施勞'處, 就顔子地位更極其精微廣大, 便到安老・懷少・信朋友爾." 【寓】287)

29:112 ▲288) "伊川云: '孔子二子之志, 皆與物共者也, 有淺深小大之間耳.' 子路底淺, 顔子底深, 二子底小, 聖人底大. ▲289) 子路譬如脫得上面兩件鏖糟底衣服了, 顔子又脫得那近裏面底衣服了, 聖人則和那裏面貼肉底汗衫都脫得赤骨立了." 【僩】

29:113 問: "▲290) 纔與物共, 便是仁. ▲291) 求仁者是有志於此理, 故其氣象高遠, 可以入道, 然猶自車馬輕裘上做工夫. 顔子則就性分上做工夫, ▲292) 然未免於有志293), 只是不違仁氣象. 若孔子, 則不言而行, 不爲而成, 渾然天理流行而不見其跡, 此安仁者也." 曰: "說得

---

285) ▲: 叔蒙問"夫子安仁, 顔子不違仁, 子路求仁." 曰: "就

286) ▲: 子路常要得車馬輕裘與朋友共, 據他煞是有工夫了. 輕財重義, 有得些小潑物事, 與朋友共, 多少是好! 今人計較財物, 這箇是我底, 那箇是你底, 如此見得子路是高了. 顔子常要得無伐善施勞, 顔子工夫是大段縝密. 就顔子分上, 正恰好了, 也只得如此. 到聖人是安仁地位. 大抵顔子'無伐善, 無施勞', 也只與願車馬輕裘與朋友共敝相似, 夫子安老・懷少・信朋友, 也與'無伐善, 無施勞'相似, 但有淺深大小不同.

287) 【寓】: 徽州本에서는 【文蔚】로 되어 있다.

288) ▲: 問"夫子安仁, 顔淵不違仁, 子路求仁." 曰:

289) ▲: 子路底較粗, 顔子底較細膩. 子路必待有車馬輕裘, 方與物共, 若無此物, 又作麼生. 顔子便將那好底物事與人共之, 見得那子路底又低了, 不足爲, 只就日用間無非是與人共之事. 顔子底儘細膩, 子路底只是較粗. 然都是去得箇私意了, 只是有粗細.

290) ▲: 觀子路・顔子・孔子之志, 皆是與物共者也.

291) ▲: 然有小大之別: 子路, 求仁者也, 顔子, 不違仁者也, 孔子, 安仁者也.

292) ▲: 能不私其己, 可謂仁矣.

293) 志: 賀本에서는 意로 되어 있다.

也穩. 大凡人有已則有私. 子路▲[294] 其志可謂高遠, 然猶未離這軀殼裏. 顏子▲[295]高於子路. 然▲[296]猶有此心, 但願無之而已, 是一半出於軀殼裏. 孔子則離了軀殼, 不知那箇是己, 那箇是物. 凡學, 學此而已."【南升 ○時舉錄云: "文振問此章. 先生曰: '子路是不以外物累其心, 方剝得外面一重麤[297]皮子去. 顏淵卻又高一等, 便是又剝得一重細底皮去, 猶在軀殼子裏. 若聖人, 則超然與天地同體矣!'"】

29:114 問: "孔子安仁, 固無可言. 顏子不違仁, 乃是已得之, 故不違, 便是'克己復禮'底事. 子路方有與物共之志, 故曰求仁." 曰: "然." ▲[298]當時只因子路說出那一段, 故顏子就子路所說上說, ▲[299] 孔子又就顏子所說上說, 皆是將己與物對說. 子路便是箇舍己忘私底意思. 今若守定他這說, 曰此便是求仁, 不成子路每日都無事, 只是如此! 當時只因子路偶然如此說出, 故顏子・孔子各就上面說去, 其意思各自不同. 使子路若別說出一般事, 則顏子・孔子又自就他那一般事上說, 然意思卻只如此."【文蔚】

29:115 子路・顏淵[300]・孔子言志, 須要知他未言時如何. 讀書須迎前看, 不得隨後看. 所謂"考跡以觀其用, 察言以求其心." 且如公說從仁心上發出, 所以忘物我, 言語也無病, 也說得去, 只是尙在外邊. 程先生言"不私己而與物共", 是三段骨體. 須知義理不能已之處, 方是用得. 大抵道理都是合當恁地, 不是過當. 若到是處, 只得箇恰好. "事親若曾子可也."【從周】

---

294) ▲: '願車馬, 衣輕裘, 與朋友共',
295) ▲: 不伐其善, 不張大其功, 則
296) ▲: '願無伐善, 無施勞', 便是
297) 麤: 賀本에서는 粗로 되어 있다.
298) ▲: 又曰: "這般事, 如今都難說. 他
299) ▲: 便見得顏子是箇已得底意思.
300) 淵: 賀本에서는 子로 되어 있다.

29:116 顔子之志, 不以己之長方人之短, 不以己之能媿[301]人之不能, 是與物共.【道夫】

29:117 ▲[302] "能輕己之所有以與人共, 勢利之人豈肯如此! 子路志願, 正學者事."【寓】

29:118 問: "車馬輕裘與朋友共, 亦常人所能爲之事. 子路擧此而言, 却似有車馬衣裘爲重之意, 莫與氣象煞遼絶否?" 曰: "固則是. 只是如今人自有一等鄙吝者, 直是計較及於父子骨肉之間, 或有外面勉强而中心不然者, 豈可與子路同日而語! 子路氣象, 非富貴所能動矣. 程子謂: '豈可以勢利拘之哉!'"【木之】

29:119 問: "浴沂地位恁高. 程子稱'子路▲[303]亞於浴沂', 何也?" 曰: "子路學雖粗, 然它資質也高. 如'人告以有過則喜', '有聞未之能行, 惟恐有聞', 見善必遷, 聞義必徙, 皆是資質高, 車馬輕裘都不做事看, 所以亞於浴沂. 故程子曰: '子路只爲不達爲國以禮道理, 若達, 便是這氣象也.'"【淳】

29:120 問: "▲[304] 浴沂是自得於中, 而外物不能以累之. 子路雖未至自得, 然亦不爲外物所動矣." 曰: "是."【義剛】

29:121 問: "▲[305] 曾點事煞高, 子路只此一事, 如何便亞得他?" 曰: "子路是箇資質高底人, 要不做底事, 便不做. 雖是做工夫處麤, 不如

---

301) 媿: 成化本·賀本에서는 愧로 되어 있다.
302) ▲: 問: "伊川言: '子路勇於義者, 觀其志, 豈可以勢利拘之哉!'" 曰:
303) ▲: 言志,
304) ▲: '亞於浴沂者也',
305) ▲: 車馬輕裘與朋友共, 此是子路有志求仁, 能與物共底意思, 但其心不爲車馬衣裘所累耳, 而程子謂其'亞於浴沂.' 據先生解,

顔子之細密, 然其資質卻自甚高. 若見得透, 便不干事."【廣】

29:122 ▲[306]點言志一段, 『集注』盛贊其雖答言志之問, 而初實未嘗言其志之所欲爲. 以爲曾點但知樂所樂, 而無一毫好慕之心, 作爲之想. 然則聖人殆不及曾點邪?" 曰: "聖人言[307]言, 雖有及物之意, 然亦莫非循其理之自然, 使物各得其所, 而己不勞焉, 又何害於天理之流行哉! ◇[308]言, 卻[309]是意思, 聖人所言, 盡是事實."【壯祖】[310]

29:123 問: "'不自私己, 故無伐善, 知同於人, 故無施勞', 恐是互擧." 曰: "他先是作勞事之'勞'說. 所以有那'知同於人'一句. 某後來作功勞之'勞', 皆只是不自矜之意. '無伐善.' 是不矜己能, '無施勞', 是不矜己功." ▲[311] "『易』有'勞而不伐', 與'勞謙, 君子有終', 皆是以勞爲功."【義剛】

29:124 問: "施勞與伐善, 意思相類." ▲[312] 問: "▲[313]善自其平生之所能言, 勞以其一時之功勞言." 曰: "亦是. 勞是就事業上說." 問: "▲[314] '不自私己'與'知同於人', 亦有些相似." 曰: "不要如此疑. 以善者己之所有, 不自有於己, 故無伐善, 以勞事人之所憚, 知同於人, 故無施勞."【寓】

29:125 問: "『集注』▲[315]: '羈靮▲[316].'" 曰: "這只是天理自合如此.

---

306) ▲: 問: "'願聞子之志', 雖曰比子路・顔子分明氣象不同, 然觀曾
307) 言: 徽州本에서는 之로 되어 있고 賀本에서는 所로 되어 있다.
308) ◇: 蓋曾點所
309) 言卻: 【頭注】"言卻"上疑"蓋曾點所"四字.
310) 【壯祖】: 賀本에는 없다.
311) ▲: 至之云: "'無施勞', 但作'己所不欲, 勿施於人'意思解, 也好." 曰:
312) ▲: 曰: "是相類."
313) ▲: 看來
314) ▲: 程子言:'不自私己, 故無伐善, 知同於人, 故無施勞.' 看來
315) ▲: 云

【淡[317]錄云: “天下事合恁地處, 便是自然之理.”】如‘老者安之’, 是他自帶得安之理來, ‘朋友信之’, 是他自帶得信之理來, ‘少者懷之’, 是他自帶得懷之理來. 聖人爲之, 初無形跡. 季路・顏淵便先有自身了, 方做去. 如穿牛鼻, 給[318]馬首, 都是天理如此, 恰似他生下便自帶得此理來. 又如放龍蛇, 驅虎豹, 也是他自帶得驅除之理來. 如剪滅蝮虺, 也是他自帶得剪滅之理來. 若不驅除剪滅, 便不是天理. 所以說道‘有物必有則.’ 不問好惡底物事, 都自有箇則子.” 又云: “子路更修敎細密, 便是顏子地位, 顏子若展拓敎開, 便是孔子地位. ▲[319].” 又問: “▲[320]‘皆與物共▲[321].” 曰: “這道理只爲人不見得全體, 所以都自狹小了. 最患如此. 聖人如何得恁地大! 人多[322]不見道理, 形骸之隔, 而物我判爲二.” 又云: “‘强恕而行, 求仁莫近焉.’ 若見得‘萬物皆備於我’, 如何不會開展.” 又問: “顏子恐不是强恕意思. 子路卻是强恕否?” 曰: “顏子固不是强恕, 然學者須是强恕始得. 且如今人有些少[323]物事, 有箇好惡, 自定去把了好底, 卻把不好底與人. 這般意思如何得開闊? 這般在學者, 正宜用工. 漸漸克去, 便是求仁工夫.”【賀孫】

29:126 ▲[324] “要看聖賢氣象則甚? 且如看子路氣象, 見其輕財重義如此, 則其胸中鄙吝消了幾多. 看顏子氣象, 見其‘無伐善, 無施勞’如此, 則其胸中好伐[325]好施之心消了幾多. 此二事, 誰人胸中無. 雖顏子亦只願無, 則其胸中亦尙有之. 聖人氣象雖非常人之所可能, 然其如天底氣象, 亦須知常以是涵養於胸中.” 又云: “亦須看子路所以不及

---

316) ▲: 以御馬, 而不以制牛.’ 這箇只是天理, 聖人順之而已
317) 淡: 『朱子語類』에서는 炎으로 되어 있다.
318) 給: 『朱子語類』에서는 絡으로 되어 있다.
319) ▲: 子路只緣粗了
320) ▲: 『集注』云:
321) ▲: 者也, 但有小大之差耳’
322) 多: 賀本에서는 都로 되어 있다.
323) 少: 賀本에서는 小로 되어 있다.
324) ▲: “伊川令學者看聖賢氣象.” 曰:
325) 好伐: 賀本에는 없다.

顏子處, 顏子所以不及聖人處, 吾所以不及賢者處, 卻好做工夫."

29:127 ▲326)問: "先識聖賢327)氣象, ▲328)" 曰: "也不要如此理會. ▲329)要看如何做得到這裏. 且如'願車馬, 衣輕裘, 敝之無憾', 自家眞能如此否? 有善眞能無伐否? 有勞眞能無施否? 今不理會聖賢做起處, ▲330) 卻只只331)去想他氣象, 則精神卻只在外, 自家不曾做得着實工夫. 須是'切問而近思.' ▲332)

29:128 ▲333)問: "有人於此, 與朋友共, 實無所憾. 但貧乏不能復有所置, 則於所敝未能恝然忘情, 則如之何?" 曰: "雖無憾於朋友, 而眷眷不能忘情於已敝之物, 亦非賢達之心也."【道夫 ○附.】

29:129 問: "謝氏▲334)謂其以有志爲至道之病, 因及其所論浴沂御風, 何思何慮之屬, ▲335) 竊謂謝氏論學, 每有不屑卑近之意, 其聖門狂簡之徒歟? ▲336)." 曰: "上蔡▲337)分明是釋・老意思. 向見其雜文

---

326) ▲: 叔器
327) 賢: 賀本에서는 人으로 되어 있다.
328) ▲: 如何?
329) ▲: 聖賢等級自分明了, 如子路定不如顏子, 顏子定不如夫子. 只
330) ▲:【義剛錄作: "今不將他做處去切己理會, 體認分明著."】
331) 只:『朱子語類』에는 없다.
332) ▲: 向時朋友只管愛說曾點・漆雕開優劣, 亦何必如此. 但當思量我何緣得到漆雕開田地, 何緣得到曾點田地. 若不去學他做, 只管較他優劣,【義剛錄作: "如此去做, 將久便解似他. 他那優劣自是不同, 何必計較."】 便較得分明, 亦不干自己事. 如祖公年紀自是大如爺, 爺年紀自是大如我, 只計較得來也無益." 叔器云: "希顏錄曾子書, 莫亦要如此下工夫否?" 曰: "曾子事雜見他書, 他只是要聚做一處看. 顏子事亦只要在眼前, 也不須恁地起模畫樣. 而今緊要且看聖人是如何, 常人是如何, 自家因甚便不似聖人, 因甚便只似常人. 就此理會得, 自是超凡入聖!"【淳 ○義剛同.】
333) ▲: 或
334) ▲: 解'顏淵季路侍'章, 或問
335) ▲: 每每如此.
336) ▲:『集注』云: '狂簡, 志大而略於事也'

一編, 皆不帖帖地. 如『觀復堂記』, 如謝人啓事數篇, 皆然. 其啓內有云: '志在天下, 豈若陳孺子之云乎? 身寄人間, 得如馬少游而足矣.'" 【必大 ○『或問』】

「已矣乎章」

29:130 問: "程子曰: '自訟不置, 能無改乎!' 又曰: '罪己責躬不可無, 然亦不當長留在心胸爲悔.' 今有學者幸知自訟矣, 心胸之悔, 又若何而能不留耶?" 曰: "改了便無悔." 又問: "已往之失卻如何?" 曰: "自是無可救了." 【必大】

29:131 ▲[338]問: "伊川云: '自訟不置, 能無改乎!' 譬如人爭訟, 一訟未決, 必至於再, 必至於三, 必至於勝而後已. 有過, 則亦必當攻責不已, 必至於改而後已." 曰: "伊川怕人有過只恁地訟了便休, 故說教着力. 看來世上也自有人徒恁地訟, 訟了便休. 只看有多少事來, 今日又恁地自訟, 明日又恁地自訟, 今年又恁地自訟, 明年又恁地自訟. 看來依舊不曾改變, 只是舊時人. 他也只知箇自話[339]是好事, 只是不誠於自訟." 【賀孫】

「十室之邑章」

29:132 ▲[340]問: "美底資質固多, 但以聖人爲生知不可學, 而不知好學." 曰: "亦有不知所謂學底. 如三家村裏有好資質底人, 他又那知所謂學, 又那知聖人如何是聖人, 又如何是生知, 堯如何是堯, 舜如何是

337) ▲: 有此等病, 不是小,
338) ▲: 時可
339) 話: 『朱子語類』에서는 訟으로 되어 있다.
340) ▲: 或

舜. 若如此, 則亦是理會不得底了."【燾】

29:133 義剛說: "'忠信如聖人生質之美者也.' 此是表裏粹然好底資質." 曰: "是."【義剛】

『朱子語類』卷第三十

「『論語』十二」

「雍也篇一」

「雍也可使南面章」

30:1 問: "'寬洪簡重', 是說仲弓資質▲[1]." 曰: "夫子旣許它南面, 則須是有人君之度, 意其必是如此. 這又無稽考, 須是更將它言行去看如何."【義剛】

30:2 ▲[2]一章凡五說, 今從伊川·尹氏之說. 范氏曰'仲弓可以爲諸侯', ▲[3] 不如爲政卻渾全. 謝氏曰: '〈仁而不佞〉, 其才宜如此.' 楊氏亦曰: '雍也仁矣.' 據'仁而不佞', 乃或人之問. 夫子曰'不知其仁', ▲[4] 謂仲弓爲仁▲[5]. 不知▲[6]何所據, 恐▲[7]曰: "南面者, 人君聽政之位, 言仲弓德度簡嚴, 宜居[8]位. ▲[9] 然謂仲弓未仁, 卽下語太重▲[10]."【榦】

---

1) ▲: 恁地
2) ▲: 問: "'雍也可使南面', 伊川曰: '仲弓才德可使爲政也.' 尹氏曰: '南面, 謂可使爲政也.' 第
3) ▲: 似不必指諸侯爲南面
4) ▲: 則與'未知, 焉得仁'之語同,
5) ▲: 矣
6) ▲: 兩說
7) ▲: '仁'字聖人未嘗輕許人."
8) 居: 徽州本에서는 이 뒤에 此가 더 들어 있다.
9) ▲: 不知其仁, 故未以仁許之.
10) ▲: 矣

「仲弓問子桑伯子章」

30:3 ▲11)仲弓平日也疑這人, 故因而發問. 夫子所謂可也者, 亦是連上面意思說▲12) 仲弓謂"居敬而行簡", 固是居敬後自然能簡, 然亦有居敬而不行簡者. 蓋居敬則凡事嚴肅, 卻要亦以此去律事. 凡事都要如此, 此便是居敬而不行簡也.【時擧】

30:4 仲13)弓爲人簡重, 見夫子許其可以南面, 故以▲14)伯子▲15)一箇簡底人來問▲16) 夫子云此人亦可者, 以其簡也. 然可乃僅可而有未盡之辭. 故仲弓乃言"居敬行簡", 夫子以爲然.【南升】17)

30:5 ▲18)問▲19)伯子. 曰: "行簡, 只就臨民上說. 此段若不得仲弓下面更問一問, 人只道'可也簡', 便道了也是利害. 故夫子復之曰: '雍之言然.' 這亦見仲弓地步煞高, 是有可使南面之基, 亦見得他深沉詳密處. ▲20)簡已是好資稟, 較之繁苛瑣細, 使人難事, 亦煞不同. 然是居敬以行之, 方好."【賀孫】

30:6 問: "'居敬▲21)'之'居', 如居室之'居'?" 先生應. 復問: "何謂簡?"

---

11) ▲: 仲弓見聖人稱之, 故因問子桑伯子如何. 想見
12) ▲: 也.
13) 仲: 徽州本에서는 이 앞에 問: 仲弓問子桑伯子, 子曰: 可也簡. 仲弓曰: 居敬而行簡. 蓋聖人若居之以敬, 則自治甚嚴, 而此心不至於走失, 自然靜虛而動直. 凡事自有一箇條理, 不至繁曲細碎. 若居之以簡, 是不做工夫, 但聽其疏略, 帥意而行. 以此治民, 必至於無法度, 故爲太簡. 先生云이 더 들어 있다.
14) ▲: 子桑
15) ▲: 亦是
16) ▲: 孔子, 看如何.
17)【南升】: 賀本에서는【南】으로 되어 있다.
18) ▲: 行夫
19) ▲: 子桑
20) ▲: 論來
21) ▲: 行簡

曰: "簡是凡事據見定." 又曰: "簡靜." 復問: "'簡者不煩[22]', 何謂煩?" 曰: "煩是煩擾." 又曰: "居敬是所守正而行之以簡."【節】

30:7 居敬・行簡, 是兩件工夫. 若謂"居敬則所行自簡", 則有偏於居敬之意.【人傑】

30:8 問"居敬而行簡." 曰: "▲[23] 如公所言, 則只是居敬了, 自然心虛理明, 所行自簡, 這箇只說得一邊. 居敬固是心虛, 心虛固能理明. 推着去, 固是如此. 然如何會居敬了, 便自得他理明? 更有幾多工夫在. 若如此說, 則居敬行簡底, 又那裏得來? 如此, 則▲[24]伯子大故是箇居敬之人▲[25] 世間有▲[26]居敬而所行不簡. 如上蔡說, 呂進伯是箇好人, 極至誠, 只是煩擾. 便是請客, 也須臨時兩三番換食次, ▲[27] 又有不能居敬, 而所行卻簡易者, ▲[28] 如曹參之治齊, 專尚清靜, 及至爲相, 每日酣歌[29]不事事, 隔墻小吏酣歌叫呼, 參亦酣飮歌呼以應之, 何有於居敬耶! ▲[30]曰: "須是兩頭盡, 不只偏做一頭. 如云內外, 不只是盡其內而不用盡其外, 如云本末, 不只是致力於本而不務乎其末. 居敬了, 又要行簡. 聖人▲[31], 不只偏說一邊."【僩】

30:9 問: "▲[32] 程子曰: '居敬則心中無物, 故所行自簡.' ▲[33]『集注』

22) ▲: 之謂
23) ▲: 這箇是兩件工夫.
24) ▲: 子桑
25) ▲: 矣.
26) ▲: 那
27) ▲: 又自有這般人.
28) ▲: 每事不能勞攘得, 只從簡徑處行.
29) 歌: 『朱子語類』에서는 飮으로 되어 있다.
30) ▲: 據仲弓之言, 自是兩事, 須子細看始得." 又
31) ▲: 教人爲學皆如此
32) ▲: 注言: '自處以敬, 則中有所主而自治嚴.'
33) ▲: 二說不相礙否?" 先生問: "如何?" 曰: "看

是就本文說, 伊川就居簡處發意." 曰: "伊川說有未盡."【寓 ○『集注』】

30:10 ▲34) 居上煩碎, 則在下者如何奉承得! 故曰'臨下以簡', 35). 程子謂敬則自然簡, 只說得敬中有簡▲36) 亦有▲37)自處以敬, 而所行不簡, ▲38) 聖人所以曰居敬, 曰行簡, ▲39)者須要周盡."【淳】

30:11 居敬行簡, 是有本領底簡, 居簡行簡, 是無本領底簡40). ▲41) "居敬則所行自簡." 此是程子之意, 非仲弓本意也.【人傑】

30:12 ▲42) 它說'而行簡▲43) 這'而'字是別喚起. 今固有居敬底人, 把得忒重, 卻反行得煩碎底. ▲44)【義剛】

30:13 ▲45)問: "『集注』▲46)不全用程說?" 曰: "程子▲47), 只是說▲48)敬中有簡▲49) 但亦有敬而不簡者, 某所以不敢全依它說. ▲50)

---

34) ▲: 胡問: "何謂行簡?" 曰: "所行處簡要, 不恁煩碎,
35) ▲: 須是簡
36) ▲: 底人.
37) ▲: 人
38) ▲: 卻說不及.
39) ▲: 二
40) 簡: 徽州本에서는 이 뒤에 此是仲弓因子桑伯子之簡而言之가 더 들어 있다.
41) ▲: 程子曰:
42) ▲: 胡叔器問: "'居敬則心中無物, 而所行自簡', 此說如何?" 曰: "據某看, '居敬而行簡, 以臨其民',
43) ▲: 以臨民', 則行簡自是一項,
44) ▲: 今說道'居敬則所行自簡', 恐卻無此意. '臨下以簡, 御衆以寬.' 簡自別是一項, 只是揀那緊要底來行." 又問: "看'簡'字, 也有兩樣." 曰: "只是這箇簡, 豈有兩樣!" 又曰: "看它諸公所論, 只是爭箇'敬'字."
45) ▲: 叔器
46) ▲: 何
47) ▲: 只說得一邊
48) ▲: 得
49) ▲: 底意思, 也是如此.
50) ▲: 不簡底自是煩碎, 下面人難爲奉承. '御衆以寬, 臨下以簡.' 便是簡時, 下面人

○[51] 問: "敬是就心上說, 簡是就事上說否?" 曰: "簡也是就心上做出來. ▲[52], 須是心裏安排後去行, ▲[53]"【義剛】

30:14 問: "▲[54] 亦猶內直而外方歟? 若居簡而行簡, 則是喜靜惡動·怕事苟安之人▲[55]." 曰: "程子▲[56] 只作一事. 今看將來, 恐是兩事. ▲[57]."【廣】

30:15 問: "伊川說▲[58]." 曰: "是有些子差, 但此說自不相害. 若果能居敬, 則理明心定, 自是簡. ▲[59] 行簡是外面說. 居敬自簡, ▲[60]就裏面說. ▲[61] 固要知得與本文少異, 又要知得與本文全不相妨."【賀孫】

30:16 ▲[62] "'可也簡', 當從伊川說. '剩卻一〈簡〉字', 正是解太簡之

也易爲奉承, 自不煩擾. 聖人所以說'居敬行簡', 二者須是兩盡." 義剛

51) ○: 『朱子語類』의 30:13을 『小分』에서 별도의 항목으로 나누었다.

52) ▲: 而今行簡

53) ▲: 豈有不是心做出來!

54) ▲: 居敬則內直, 內直則外自方. 居敬而行簡,

55) ▲: 矣

56) ▲: 說'居敬而行簡',

57) ▲: 居敬是自處以敬, 行簡是所行得要

58) ▲: '居敬則心中無物而自簡.' 意覺不同

59) ▲: 這說如一箇物相似, 內外都貫通.

60) ▲: 又

61) ▲: 看這般所在,

62) ▲: 問: "'仲弓問子桑伯子'章, 伊川曰: '內主於敬而簡, 則爲要直, 內存乎簡, 則爲疏略. 仲弓可謂知旨者.' 但下文曰: '子桑伯子之簡, 雖可取而未盡善, 故夫子云可也.' 恐未必如此. '可也簡', 止以其簡爲可爾. 想其他有未盡善, 特有簡可取, 故曰可也. 游氏曰: '子桑伯子之可也, 以其簡. 若主之以敬而行之, 則簡爲善.' 楊氏曰: '子桑伯子爲聖人之所可者, 以其簡也.' 夫主一之謂敬, 居敬則其行自簡, 但下文'簡而廉'一句, 舉不甚切. 今從伊川·游氏·楊氏之說. 伊川第二第三說皆曰, 居簡行簡, 乃所以不簡. 先有心於簡, 則多卻一簡, 恐推說太過. 既曰疏略, 則太簡可知, 不必云'多卻一簡.' 如所謂'乃所以不簡', 皆太過. 范氏曰: '敬以直內, 簡以臨人, 故堯·舜修己以敬, 而臨下以簡.' 恐敬·簡不可太分說. '居'字只訓'主'

意. '乃所以不簡'之說, 若解文義, 則誠有剩語, 若以理觀之, 恐亦不爲過▲63) 據此文及『家語』所載, 伯子爲人, 亦誠有太簡之病. 謝氏'因上章而發明'之說是."【榦】

30:17 徒務行簡, 老子是也, 乃所以爲不簡. ▲64)【升卿】

「哀公問弟子章」

30:18 問: ▲65)'不遷怒, 不貳過'二事, 若不相類, ▲66)" 曰67): "聖人因見其有此二事, 故從而稱之." 柄謂: "喜怒發於當然者, 人情之不可無者也, 但不可爲其所動耳. 過失則不當然而然者, 旣知其非, 則不可萌於再, 所謂'頻復之吝'也. 二者若不相類, 而其向背實相對." 曰: "聖人雖未必有此意, 但能如此看, 亦好."【柄】

30:19 顔子自無怒. 因物之可怒而怒之, 又安得遷!

30:20 問: "'不遷怒', ▲68)是▲69)與聖人同處否?" 曰: "聖人固是'不遷怒', 然'不遷'字在聖人分上說便小, 在顔子分上說便大. 蓋聖人合下自

字, 若以爲主之敬而行之簡, 則可, 以爲居則敬而行則簡, 則不可. 若云修己, 臨下, 則恐分了. 仲弓不應下文又總說'以臨其民也.'" 又曰: "子桑伯子其處己亦若待人. 據夫子所謂'可也簡', 乃指子桑伯子說. 仲弓之言乃發明'簡'字, 恐非以子桑伯子爲居簡行簡也. 尹氏亦曰: '以其居簡, 故曰可也.' 亦范氏之意. 呂氏以爲引此章以證前章之說, 謝氏以爲因前章以發此章之問, 皆是旁說. 然於正說亦無妨. 謝氏又曰: '居敬而行簡, 擧其大而略其細.' 於'敬'字上不甚切, 不如楊氏作'主一而簡自見.'" 曰:

63) ▲: 也. 范固有不密處, 然敬・簡自是兩事, 以伊川語思之可見.
64) ▲: 子桑伯子, 或以爲子桑戶.
65) ▲: "聖人稱顔子好學, 特擧
66) ▲: 何也?
67) 曰: 賀本에는 없다.
68) ▲: 此
69) ▲: 顔子

是無那遷了, 不著說不遷. 才說, 似猶有商量在. 若堯·舜則無商量了. 是無了, 何遷之有, 何不遷之有!"【燾】

30:21 內有私意, 而至於遷怒者, 志動氣也, 有爲怒氣所動而遷者, 氣動志也. 伯恭謂: "不獨遷於他人爲遷, 就其人而益之, 便是遷." 此卻是不中節, 非遷也.【道夫】

30:22 "▲70) 怒與過自不同. 怒, 卻在那不遷上. 過, 才說是過, 便是不好矣.【僩】

30:23 ▲71)問顏子"▲72)過." 曰: "過只是過. 不要問▲73)是念慮之過與形見之過, 只▲74)看他不貳處. 旣能不貳, 便有甚大底罪過也自消磨了."【時學】

30:24 ▲75) "重處▲76) 只在不遷不貳上. 今不必問過之多77)小, 怒之淺深78). 只不遷, 不貳, 是甚力量! ▲79) 佛家所謂'放下屠刀, 立地成佛', 若有過能不貳, 直是難. 貳, 如貳官之'貳', 已有一箇, 又添一箇也." ▲80)問"守之也, 非化之也." 曰: "聖人則都無這箇. 顏子則疑於遷貳與不遷貳之間."【賜】 ▲81)

---

70) ▲: 不遷怒, 不貳過." 據此之語,
71) ▲: 或
72) ▲: 不貳
73) ▲: 他
74) ▲: 消
75) ▲: 問"不遷怒, 不貳過." 曰:
76) ▲: 不在怒與過上,
77) 多: 『朱子語類』에서는 大로 되어 있다.
78) 淺深: 賀本에서는 深淺으로 되어 있다.
79) ▲: 便見工夫.
80) ▲: 又
81) ▲:【祖道錄云: "貳不是一二, 是長貳之'貳.'" 餘同.】

30:25 ▲[82] 多只說"過"字, 不曾說"不貳"字. 所謂不貳者, "有不善未嘗不知, 知之未嘗復行也." 如顏子之克己, 旣克己私, 便更不萌作矣.【人傑】

30:26 ▲[83] "自非禮勿視聽言動, 積習之久, 自見這箇意思."【夔孫】

30:27 問: "學顏子, 當自'不遷怒, 不貳過'起?" 曰: "不然. 此是學已成處." 又問: "如此, 當自四勿起?" 曰: "是. 程子云: '顏子事斯語, 所以至於聖人, 後之學者宜服膺而勿失也.'"【過】

30:28 不遷不貳, 非言用功處, 言▲[84]到此地位, 有是效驗耳. 若夫所以不遷不貳之功, 不出於非禮勿視勿聽勿言勿動四句[85]耳.【伯羽 ○ 謨錄云: "此平日克己工夫持養純熟, 故有此效."】

30:29 ▲[86] "此是▲[87]好學之符驗▲[88] 卻不是只學此二件事. 顏子學處, 專在非禮勿視聽言動上. 至此純熟, 乃能如此."【時學】[89]

30:30 ▲[90] "夫子說時, 也只從他克己效驗上說. 但克己工夫未到時, 也須照管. 不成道我工夫未到那田地, 而遷怒・貳過只聽之耶!"【義剛】

---

82) ▲: 尋常解"不貳過",
83) ▲: "'不遷怒, 不貳過', 一以爲克己之初, 一以爲用功之處." 曰:
84) ▲: 顏子
85) 句: 徽州本에서는 者로 되어 있다.
86) ▲: 行夫問"不遷怒, 不貳過." 曰:
87) ▲: 顏子
88) ▲: 如此,
89) ▲:【賀孫錄云: "行夫問云云, 曰: '〈不遷怒, 不貳過〉不是學, 自是說顏子一箇證驗如此.' 恭父云: '顏子工夫盡在〈克己復禮〉上.' 曰: '〈回雖不敏, 請事斯語矣〉, 是他終身受用只在這上.'"】
90) ▲: 問: "不遷怒・貳過, 是顏子克己工夫到後, 方如此, 卻不是以此方爲克己工夫也." 曰:

30:31 ▲[91] 或曰: "不遷不貳, 亦見得克己工夫卽在其中." 曰: "固是. 然克己亦非一端, 如喜怒哀樂, 皆當克, 但怒是粗而易見者耳." 或曰: "顏子平日但知克己而已. 不遷不貳, 是聖人見得他效驗如此." 曰: "但看'克己復禮', 自見得."

30:32 問: "'不遷怒'是見得理明, '不貳過'是誠意否?" 曰: "此二者拆開不得, 須是橫看. 他▲[92]是層層趲上去, 一層了, 又一層. '不遷▲[93]不貳▲[94]', 是工夫到處." ▲[95] "顏子只是得孔子說'克己復禮', 終身受用只是這四箇字. '不違仁', 也只是這箇, '不遷怒, 不貳過', 也只是這箇, '不改其樂', 也只是這箇. '克己復禮', 到得人欲盡, 天理明, 無些査[96]滓, 一齊透徹, 日用之間, 都是這道理."【賀孫】

30:33 ▲[97] "這是夫子稱他, ▲[98]他終身到處." ▲[99] 如'無伐善, 無施勞', 是他到處, '不遷怒, 不貳過', 也是他到處." 問: "▲[100]不遷不貳▲[101]似有些淺深." 曰: "這如何淺深?" 曰: "'不遷怒'是自然如此, '不貳過'是略有過差, 警覺了方會不復行." 曰: "這不必如此看. 只看他'不遷怒, 不貳過'時心下如何."【賀孫】

30:34 ▲[102] 顏子到這裏, 直是渾然更無些子査[103]滓. '不遷怒', 如

---

91) ▲: 或問: "顏子工夫只在克己上, 不遷不貳乃是克己效驗."
92) ▲: 這箇
93) ▲: 怒,
94) ▲: 過
95) ▲: 又曰:
96) 査: 賀本에서는 渣로 되어 있다.
97) ▲: 問: "不遷不貳, 此是顏子十分熟了, 如此否?" 曰:
98) ▲: 是
99) ▲: 問: "若非禮勿視聽言動, 這是克己工夫. 這工夫在前, 分外著力, 與不遷不貳意思不同." 曰: "非禮勿視聽言動, 是夫子告顏子, 教他做工夫. 要知緊要工夫卻只在這上.
100) ▲: 就
101) ▲: 上看, 也

鏡懸水止, '不貳過', 如冰消凍釋. 如'三月不違', 又是已前事. 到這裏, 已自渾淪, 都是道理, 是甚次第!" 問: "過, 容是指已前底說否?" 曰: "然." 問: "過是逐事上見得, 如何?" 曰: "固是逐事上見. 也不是今日有這一件不是, 此後更不做, 明日又是那一件不是, 此後更不做. 只顏子地位高, 纔見一不善不爲, 這一番改時, 其餘是這一套須頓消了. 當那時須頓進一番. 他聞一知十, 觸處貫通. 他覺得這一件過, 其餘若有千頭萬緒, 是這一番一齊打併掃斷了." ▲104) 這▲105)原頭, 卻在'非禮勿視, ▲106)聽, ▲107)言, ▲108)動'上面. 若是'不遷▲109)'時, 更無形跡. 但初學如何須要敎他'不遷▲110) 不貳▲111) 且只將克己事時時就身己檢察, 下梢也便會到'不遷▲112) 不貳▲113)'地位, 是亦顏子而已. ▲114)

---

102) ▲: 又云: "看文字, 且須平帖看他意, 緣他意思本自平帖. 如夜來說'不遷怒, 不貳過', 且看不遷不貳是如何.

103) 查: 賀本에서는 渣로 되어 있다.

104) ▲: 曰: "如此看'不貳過', 方始見得是'三月不違'以後事." 曰: "只

105) ▲: 工夫

106) ▲: 非禮勿

107) ▲: 非禮勿

108) ▲: 非禮勿

109) ▲: 怒

110) ▲: 怒,

111) ▲: 過'得? 這也便要如此不得, 只是克己工夫. 孔子不以告其他門人, 卻獨以告顏子, 可見是難事, 不是顏子擔當不得這事. 其他人也只逐處教理會. 道無古今,

112) ▲: 怒,

113) ▲: 怒,

114) ▲: 須是子細體認他工夫是如何, 然後看他氣象是如何, 方看他所到地位是如何. 如今要緊只是箇分別是非. 一心之中, 便有是有非, 言語, 便有是有非, 動作, 便有是有非, 以至於應接賓朋, 看文字, 都有是有非, 須著分別敎無些子不分曉, 始得. 心中思慮纔起, 便須是見得那箇是是, 那箇是非. 才去動作行事, 也須便見得那箇是是, 那箇是非. 應接朋友交遊, 也須便見得那箇是是, 那箇是非. 看文字, 須便見得那箇是是, 那箇是非. 日用之間, 若此等類, 須是分別敎盡, 毫釐必計始得. 孔子曰: '三人行, 必有我師焉. 擇其善者而從之, 其不善者而改之.' 且如今見人行事, 聽人言語, 便須著分別箇是非. 若是他做不是, 說不是, 雖不可誦言之, 自家是非, 須先明諸心始得. 若只管恁地鶻突不分別, 少間一齊都滾做不好處去, 都不解知. 孟子亦說道: '我知言: 詖辭知其所蔽, 淫辭知其所陷, 邪辭知其所離, 遁辭知其所窮.' 這不是分別得分明, 如何得胸次恁地瞭然! 天下只

30:35 問: "前夜承敎, ▲115)'不遷▲116) 不貳▲117)', 乃顔子極至處, 又在'三月不違仁'之後. 據賀孫看, ▲118)不貳, 是逐事不貳, 不是▲119)統說. 而'三月不違', 乃是統說. 前後淺深, 殊有未曉." 曰: "不須泥這般所在. 某那夜是偶然說如此, 實亦不見得甚淺深, 只一箇是死後說, 一箇是在生時說. 讀書且要理會要緊處. 如某舊時, 專揀切身要緊處理會. 若偏旁有窒礙處, 只恁地且放下. 如看這一120)一章, 只認取'不

是箇分別是非. 若見得這箇分明, 任你千方百計, 胡說亂道, 都著退聽, 緣這箇是道理端的著如此. 如一段文字, 纔看, 也便要知是非. 若是七分是, 還他七分是, 三分不是, 還他三分不是. 如公鄕里議論, 只是要酌中, 這只是自家不曾見得道理分明. 這箇似是, 那箇也似是, 且捏合做一片, 且恁地過. 若是自家見得是非分明, 看他千度萬態, 都無遯形. 如天下分裂之時, 東邊稱王, 西邊稱帝, 似若不復可一. 若有箇眞主出來, 一齊卽見退聽, 不朝者來朝, 不服者歸服, 不貢者入貢. 如太祖之興, 所謂劉・李・孟・錢, 終皆受倂, 天下混一. 如今道理箇箇說一樣, 各家自守以爲是, 只是未得見這公共道理是非. 前日曾說見道理不明, 如'居天下之廣居, 立天下之正位, 行天下之大道', 是大丈夫, 若後車千乘, 傳食諸侯, 喚做大丈夫也得." 問: "是非本吾心之固有, 而萬物萬事是非之理莫不各具. 所以是非不明者, 只緣本心先蔽了." 曰: "固是. 若知得事物上是非分明, 便是自家心下是非分明. 程先生所以說'纔明彼, 卽曉此.' 自家心下合有許多道理, 事物上面各各也有許多道理, 無古今, 無先後. 所以說'先聖後聖, 其揆則一'下, 又說道: '若合符節.' 如何得恁地? 只緣道理只是一箇道理. 一念之初, 千事萬事, 究竟於此. 若能先明諸心, 看事物如何來, 只應副將去. 如尺度, 如權衡, 設在這裏, 看甚麽物事來, 長底短底, 小底大底, 只稱量將去, 可使不差毫釐. 世上許多要說道理, 各家理會得是非分明, 少間事跡雖不一一相合, 於道理卻無差錯. 一齊都得如此, 豈不甚好! 這箇便是眞同. 只如今諸公都不識所謂眞同, 各家只理會得半截, 便道是了. 做事都不敢盡, 且只消做四五分. 這邊也不說那邊不是, 那邊也不說這邊不是. 且得人情不相惡, 且得相和同, 這如何會好! 此乃所以爲不同. 只是要得各家道理分明, 也不是易. 須是常常檢點, 事事物物, 要分別敎十分分明. 是非之間, 有些子鶻突也不得. 只管會恁地, 這道理自然分明. 分別愈精, 則處事愈當. 故『書』曰: '惟精惟一, 允執厥中.' 堯・舜・禹數聖人出治天下, 是多多少少事! 到末後相傳之要, 卻只在這裏. 只是這箇精一直是難!" 【賀孫】

115) ▲: 以
116) ▲: 怒,
117) ▲: 怒,
118) ▲: 若
119) ▲: 體
120) 一: 英祖刊本·成化本·賀本에는 없다.

遷▲121) 不貳▲122)'意思是如何, 自家合如何, ▲123)會做工夫. 如射箭, 要中紅心, 他貼上面煞有許多圈子, 善射者不須問他外面圈子是白底, 是黑底, 是朱底, 只是一心直要中紅心始得. '不貳▲124)', 不須看他已前, 只看他不貳後氣象. 顏子固是於念慮處少差輒改. 而今學者未到顏子地位, 且125)須逐事上檢點. 過也不論顯微, 如大雷雨也是雨, 些子雨也是雨, 無大小都喚做過. 只是淸126)明時節, 靑天白日, 更127)無些子雲翳, 這是甚麽氣象!"【賀孫】

30:36 問: "顏子能克己, 不貳過, 何爲三月之外有違仁處?" 曰: "孔子言其'有不善未嘗不知', 便須亦有不善時." 又問: "顏子之過如何?" 曰: "伊川復卦所言自好. 未到'不勉而中, 不思而得', 猶常用力, 便是心有未順處. 只但有纖毫用意處, 便是顏子之過." 【營】 128)

30:37 ▲129)問: "顏子▲130) 莫只是靜後能如此否?" 曰: "聖賢之意不如此. 如今卒然有箇可怒底事在眼前, 不成說且教我去靜! 蓋顏子只是見得箇道理透, 故怒於甲時, 雖欲遷於乙, 亦不可得▲131)旣知有過, 自不復然. 如人錯喫烏132)喙, 才覺了, 自不復喫. 若專守虛靜, 此乃釋・老之謬學, 將來和怒也無了, 此成甚道理? ▲133) 所以伊川謂▲134)

---

121) ▲: 怒,
122) ▲: 怒,
123) ▲: 便是
124) ▲: 怒,
125) 且: 賀本에서는 只로 되어 있다.
126) 淸: 『朱子語類』에서는 晴으로 되어 있다.
127) 更: 賀本에서는 便으로 되어 있다.
128) 【營】: 賀本에는 없다.
129) ▲: 敬之
130) ▲: '不遷怒, 不貳過',
131) ▲: 而遷也. 見得道理透, 則
132) 烏: 孝宗刊本・英祖刊本・賀本에서는 烏로 되어 있다.
133) ▲: 聖賢當怒自怒, 但不遷耳. 見得道理透, 自不遷不貳.
134) ▲: 顏子之學,

'必先明諸心, 知所往, 然後力行以求至', 蓋欲見得此道理透▲[135]問: "明道云: '能於怒時遽忘其怒, 而觀理之是非.' ▲[136]" 曰: "此是明道爲學者理未甚明底說, 言於怒時且權停閣這怒, 而觀理之是非, 少間自然見得當怒不當怒. 蓋怒氣易發難制, 如水之澎漲, 能權停閣這怒, 則如水漸漸歸港. 若顏子分上, 不消恁地說, 只見得理明, 自不遷不貳矣."【時擧 ○賀孫別錄[137]出.】

30:38 ▲[138]問: "'不遷▲[139] 不貳▲[140]', 顏子多是靜處做工夫." 曰: "不然. 此正是交袞[141]頭. 顏子▲[142] 只是看得道理分明. 且如當怒而怒, 到不當怒處, 要遷自不得. 不是處便見得, 自是不會貳." ▲[143]又問: "顏子深潛純粹, 所謂不遷不貳, 特其應事之陳跡." 曰: "若如此說, 當▲[144]時節, 此心須別有一處安頓着. 看公意, 只道是不應事接物, 方存得此心. 不知聖人敎人, 多是於動處說, 如云'出門如見大賓, 使民如承大祭', 又如告顏子'克己復禮爲仁', 正是於視聽言動處理會. 公意思只是要靜, 將心頓於黑卒卒地, ▲[145] 這不成道理, 此卻▲[146]佛家之說. 佛家高底也不如此, 此是一等低下底如此. ▲[147] 人固有初學未有執守, 應事紛雜, 暫於靜處少息, 也只是略如此. 然做箇人, 事至便著應, 如何事至, 且說道待自家去靜處! 當怒卽怒, 當喜卽喜, 更無定時. 只當於此警省, 如何是合理, 如何是不合理. 如何要將心頓放在

---

135) ▲: 也." 立之因
136) ▲: 又是怎生?
137) 別錄: 『朱子語類』에서는 錄別로 되어 있다.
138) ▲: 敬之
139) ▲: 怒,
140) ▲: 怒,
141) 袞: 英祖刊本·賀本에서는 滾으로 되어 있다.
142) ▲: 此處無他,
143) ▲: 敬之
144) ▲: 這
145) ▲: 說道只於此處做工夫.
146) ▲: 是
147) ▲: 這道理不是如此.

閒[148]處得? 事父母, 便有事父母許多酬酢, 出外應接, 便有出外許多酬酢."【賀孫】

30:39 ▲[149] 先生▲[150]語余先生【宋傑】[151]云: "怒是箇難克治底. 所謂'怒, 逆德也.' 雖聖人之怒, 亦是箇不好底物事[152], 蓋是惡氣感得恁地. 某尋常怒多, 極長. 如公性寬怒少, 亦是資質好處."【燾】[153]

30:40 問: "'今也則亡, 未聞好學', 覺▲[154]上句重, 下句寬, 恐有引進後人意否?" 曰: "看文字, 且▲[155]將他正意平直看去, ▲[156]要見得正道理▲[157] 不須滯在這般所在. 這兩句意只同. 與哀公言, 亦未有引進後學意, 要緊只在'不遷怒, 不貳過'六字上. ▲[158]."【賀孫】

30:41 問: "『集注』'怒不在血氣則不遷', 只是不爲血氣所動否?" 曰: "固是." 因擧公聽斷人, 而自家元不動. 又曰: "只是心平."【植 ○『集注』】

30:42 問: "'不貳過', 乃是略有便止. 如韓退之說'不貳[159]之於言行', 卻粗了." 曰: "自是文義不如此." 又問: "'不貳過', 卻有過在. '不遷怒',

---

148) 閒: 孝宗刊本·成化本·賀本에서는 閑으로 되어 있다.
149) ▲: 問顏子不遷怒.
150) ▲: 因
151) 【宋傑】: 賀本에서는 본문으로 되어 있다.
152) 物事: 賀本에서는 事物로 되어 있다.
153) 【燾】: 賀本에서는 【壽】로 되어 있다.
154) ▲: 語意
155) ▲: 要
156) ▲: 只
157) ▲: 貫通,
158) ▲: 看道理要得他如水相似, 只要他平直滔滔流去. 若去看偏旁處, 如水流時, 這邊壅一堆泥, 那邊壅一堆沙, 這水便不得條直流去. 看文字, 且把著要緊處平直看敎通徹, 十分純熟. 見得道理, 如人一身從前面直望見背後, 從背直望見前面, 更無些子遮蔽, 方好
159) 貳: 賀本에서는 二로 되어 있다.

已至聖人, 只此一事到." 曰: "纔云不遷, 則與[160]聖人之怒, 亦有些異." 曰: "如此, 則程先生引舜, 且借而言." 曰: "然."【可學[161]】

30:43 ▲[162] 便大[163]過, 不貳也難."【儒用】

30:44 問: "▲[164]『集注』▲[165]'過於前者, 不復於後', 則是言形見之過. 伊川▲[166]似言念慮之過. ▲[167]曰: "不必問是念慮之過與形見之過, 但過不可貳耳."【時擧】

30:45 ▲[168]問: "▲[169]'不遷▲[170]', 伊川說得太高, 渾淪是箇無怒了. '不貳過', 又卻低." 曰: "'喜怒哀樂發而皆中節', '天下之達道', 那裏有無怒底聖人! 只聖人分上著'不遷'字不得. 顔子'不遷怒', 便尙在夾界處, 如曰'不改其樂'然." 曰: "'不貳過', 只是此過不會再生否?" 曰: "只是不萌於再."【淳】

30:46 問: "黎兄疑張子謂'慊於己者, 不使萌於再', 云: '夫子只說〈知之未嘗復行〉, 不是說其過再萌于[171]心.' 廣疑張子之言尤加精密. 至

160) 與: 賀本에서는 於로 되어 있다.
161) 可學: 徽州本에서는 이 뒤에 伊川云: 如舜誅四凶, 怒在四凶, 舜何與焉! 蓋因人有可怒之事而怒之, 聖人之心本無怒也.가 더 들어 있다.
162) ▲: 問: "伊川謂: '顔子地位, 豈有不善! 所謂不善, 只是微有差失.'" 曰: "如今學者且理會不遷·不貳.
163) 大: 賀本에서는 不로 되어 있다.
164) ▲: '不貳過',
165) ▲: 云
166) ▲: 乃云: '如顔子地位, 豈有不善! 所謂"不善", 只是微有差失. 纔差失, 便能知之, 纔知之, 便更不萌作.' 又
167) ▲: 不知當如何看." 先生
168) ▲: 陳後之
169) ▲: 顔子
170) ▲: 怒
171) 于: 賀本에서는 於로 되어 있다.

程子說'更不萌作', 則兼說'行'字矣." 曰: "萌作亦只是萌動. 蓋孔子且恁大體說. 至程子·張子又要人理[172]會得分曉, 故復如此說到精極處. 只管如此分別, 便是他不會看, 枉了心力."【廣 ○士毅錄云: "程子·張子怕後人小看了, 故復說到精極處, 其實則一[173]."】

30:47 ▲[174]程先生▲[175]論說得條理, 只依此學, 便可以終其身也." ▲[176]問: "先生前此云: '不遷怒·貳過, 是〈克己復禮〉底效驗.' 今又以爲學卽在此, 何也?" 曰: "爲學是總說, '克己復禮'又是所學之目也." ▲[177]【時擧】

30:48 ▲[178]問好學論似多頭項. 曰: "伊川文字都如此多▲[179] 不恁纏去, ▲[180] 此論須做一意纏看. '其本也眞而靜', 是說未發. 眞, 便是不雜, 無人僞, 靜, 便是未感. '覺者約其情, 使合於中, 正其心, 養其性', 方是大綱說. 學之道'必先明諸心, 知所往, 然後力行以求至', 便是詳此意. 一本作'知所養', 恐'往'字爲是, '往'與'行'字相應."【淳】

30:49 ▲[181] "儲, 謂儲蓄. ▲[182]得二氣之精聚, 故能生出萬物."【廣】

---

172) 理: 賀本에는 없다.
173) 則一:【頭注】小註"則"字下有"一"字.
174) ▲: 問顏子"不遷怒, 不貳過." 曰: "看
175) ▲: 顏子所好何學
176) ▲: 立之因
177) ▲: 又云: "天理人欲, 相爲消長. 克得人欲, 乃能復禮. 顏子之學, 只在這上理會. 仲弓從莊敬持養處做去, 到透徹時, 也則一般." 時擧問: "曾子爲學工夫, 比之顏子如何?" 曰: "曾子只是箇守. 大抵人若能守得定, 不令走作, 必須透徹." 時擧云: "看來曾子所守極是至約. 只如守一箇'孝'字, 便後來無往而不通, 所謂'推而放諸四海而準', 與夫居敬·戰陣, 無不見得是這道理." 曰: "孝者, 百行之源, 只爲他包得闊故也."
178) ▲: 蔡元思
179) ▲: 頭項,
180) ▲: 其實只是一意. 如『易傳』包荒便用馮河, 不遐遺便朋亡, 意只是如此. 他成四項起, 不恁纏說,
181) ▲: 問: "'天地儲精', 如何是儲精?" 曰:

30:50 ▲183) 精氣流過184), 若生物時闌定. 本, 是本體, 眞, 是不雜人僞, 靜, 是未發." 復問: "上旣言靜, 下文又言未發, 何也?" 曰: "疊這一句." ▲185)【節】

30:51 氣散則不生, 惟能住便生. 消息, 是消住了, 息便生.【因說"天地儲精"及此. ○士毅】

30:52 "▲186) 只說五行而不言陰陽者, 蓋做這人, 須是五行方做得成. 然陰陽便在五行中, 所以周子云: '五行一陰陽也.' 舍五行無別討陰陽處. 如甲乙屬木, 甲便是陽, 乙便是陰, 丙丁屬火, 丙便是陽, 丁便是陰. 不須更說陰陽, 而陰陽在其中矣." 或曰: "如言四時而不言寒暑耳." 曰: "然."【僩】

30:53 ▲187) 五性便是眞, 未發時便是靜, 只是疊說.【僩】

30:54 問: "▲188) 性上如何說鑿?" 曰: "性固不可鑿. 但人不循此理, 任意妄作, 去傷了他耳. 鑿, 與孟子所謂鑿一般, 故孟子只說'養其性.' 養, 謂順之而不害."【廣】

30:55 問: "▲189)人之有生, 五常之性, 渾然一心之中. 未感物之時, 寂然不動而已, 而不能不感於物, 於是喜怒哀樂七情出焉. 旣發而易

---

182) ▲: 天地儲蓄
183) ▲: 問: "何爲儲精?" 曰: "儲, 儲蓄, 精, 精氣.
184) 過: 英祖刊本・賀本에서는 通으로 되어 있다.
185) ▲: 復問: "下文'明諸心, 知所養', 一本作'知所往', 孰是?" 曰: "'知所往'是, 應得力行求至."
186) ▲: '得五行之秀者爲人.'
187) ▲: "其本也眞而靜, 其未發也五性具焉."
188) ▲: 程子云: '情旣熾而益蕩, 其性鑿矣.'
189) ▲: 顏子之所學者, 蓋

縱, 其性始鑿. 故顔子之學得見[190]此理分明, 必欲約其情以合於中, 剛決以克其私. 私欲旣去, 天理自明, 故此心虛靜, 隨感而應. 或有所怒, 因彼之可怒而怒之, 而己無與焉. 怒才過, 而此心又復寂然, 何遷移之有! 所謂過者, 只是微有差失. 張子謂之'慊於己', 只是略有些子不足於心, 便自知之, 卽隨手消除, 更不復萌作. 爲學工夫如此, 可謂眞好學矣[191]." 曰: "所謂學者, 只是學此而已. 伊川所謂'性其情', 『大學』所謂'明明德', 『中庸』所謂'天命之謂性', 皆是此理."【南升】

30:56 "'明諸心, 知所往', 窮理之事也. '力行[192]求至', 踐履之事也. 窮理, 非是專要明在外之理. 如何而爲孝弟, 如何而爲忠信, 推此類通之, 求處至當, 卽窮理之事也."【人傑】

30:57 聖人無怒, 何待於不遷? 聖人無過, 何待於不貳? 所以不遷不貳者, 猶有意存焉, ▲[193]."【人傑】

30:58 文振▲[194]說▲[195]好學論, 曰: "此是程子二十歲時已做得這文好. 這箇說話, 便是所以爲學之本. 惟知所本, 然後可以爲學. 若不去大本上理會, 只恁地茫茫然, 卻要去文字上求, 恐也未得."【時舉】

30:59 伊川文字, 多有句相倚處, 如顔子好學論.【可學】

---

190) 得見: 『朱子語類』에서는 見得으로 되어 있다.

191) 矣: 徽州本에서는 이 뒤에 不幸死矣. 蓋顔子地位去聖人只一息, 若夫假之年, 則化矣. 自顔子之沒, 眞個就心性上做工夫, 以求復其初者, 未有其人也가 더 들어 있다.

192) 力行: 【頭注】"力"下有"行"字.

193) ▲: 與"願無伐善, 無施勞"之意同. 猶今人所謂願得不如此. 是固嘗如此, 而今且得其不如此也. 此所謂"守之, 非化之也

194) ▲: 再

195) ▲: "顔子好學"一章. 因說程先生所作

30:60 問: "顏子短命, 是氣使然. 劉質夫所錄一段又別." 曰: "大綱如此說."【可學 ○按: 此條『集義』在「先進」篇章.】

30:61 問: "呂與叔引橫渠說解遷怒事, 又以'三月不違'爲氣不能守. ▲[196)]." 曰: "不須如此說. ▲[197)]."【人傑】

30:62 "伊川曰: '顏子之怒, 在物不在己, 故不遷. 有不善未嘗不知, 知之未嘗復行, 不貳過也.' 游氏曰: '不遷怒者, 怒適其可而止, 無溢怒之氣也. 『傳』所謂'怒於室而色於市'者, 遷其怒之甚也. 不遷怒, 則發而中節矣. 喜怒哀樂不能無也, 要之, 每發皆中節之爲難耳. 不貳過者, 一念少差而覺之早, 不復見之行事也. 蓋惟聖人能寂然不動, 故無過. 顏子能非禮勿動而已, 故或有不善始萌于中, 而不及復行, 是其過在心, 而行不貳焉.' 但其間正心・修身之說, 若以不貳過作正心, 不遷怒作修身, 亦可. 恐不必如此. 右[198)]◇[199)]三章, 凡八說, 今從伊川・游氏之說. 伊川外五說大率相類, 其說皆正, 故不盡錄, 然亦不出第一說之意. 橫渠第一第二說皆曰: '怒於人者, 不使遷乎其身.' 呂氏亦曰: '不使可怒之惡反遷諸己, 而爲人之所怒.' 此說恐未安. 如此, 只是不貳過之意. 聖人何以旣曰'不遷怒', 又曰'不貳過'? 若使惡不遷諸己, 則只說得'不貳過.' 又, 橫渠曰: '慊於己者, 不使萌於再.' 萌字說太深, 不如游氏作'行不貳', 伊川作'未嘗復行', 乃正. 范氏曰: '不遷怒者, 性不移於怒也.' 此說不可曉. 若謂性不移於怒而後能不遷怒, 卻穩, 與伊川'怒不在己'之說同. 若謂不遷怒, 則性不移於怒, 恐未當. 以'移'字訓'遷'字, 則說太深. 餘說亦寬. 謝氏曰: '不患有過, 蓋不害其爲改.' 其說又太淺. 顏子不應有過而後改, 特知之未嘗復行爾. 又與橫渠不

---

196) ▲: 恐是張子・呂氏皆是以己之氣質論聖人之言

197) ▲: 如說這一段, 且只就這一段平看. 若更生枝節, 又外面討一箇意思橫看, 都是病." 人傑因曰: "須是這裏過一番, 旣聞敎誨, 可造平淡." 曰: "此說又是剩了

198) 右:【頭注】"右"下有"第"字.

199) ◇: 第

萌之說相反, 皆未爲[200]當. 楊氏不放心之說無甚差, 但稍寬耳. 其他皆解得, 何止不放心而已. 又說'今也則亡'一句, 作'無'字說. 不知合訓'無'字, 合作死亡之亡? 若訓無字, 則與下句重, 若作死亡之亡, 則與上句重, 未知孰是. 尹氏用伊川說, 故不錄." 先生曰: "游說不貳過, 乃韓退之之意, 與伊川不同. 伊川意卻與橫渠同. 外書第五卷有一段正如此, 可更思之. 須見游氏說病處. 橫渠遷怒之說固未然, 然與貳過殊不相似. 亡, 卽無也, 或說[201]當讀作無."【榦】

200) 未爲: 賀本에서는 爲未로 되어 있다.
201) 說: 賀本에는 없다.

定本 朱子語類小分 (一)

초판 1쇄 발행 2010년 12월 24일

편　자 | 송시열 외
표점·교감 | 충북대학교 우암연구소 우암자료집성및정본화사업팀
펴낸이 | 최원필
편　집 | 양상모
펴낸곳 | 심산출판사
주　소 | 서울시 은평구 불광동 219-7 예은 101
전　화 | 02-357-0633
팩시밀리 | 02-357-0631
E-mail | simsan@korea.com
등　록 | 제1-2114호(1996년 11월 28일)
ISBN | 978-89-94844-01-5 93150
978-89-94844-00-8 (전4권)